D1726212

V&R unipress

Zeitgeschichte im Kontext

Band 5

Herausgegeben von Oliver Rathkolb

Die Bände dieser Reihe sind peer-reviewed.

Maria Wirth

Christian Broda

Eine politische Biographie

Mit 28 Abbildungen

V&R unipress

Vienna University Press

„Dieses Hardcover wurde auf FSC-zertifiziertem Papier gedruckt. FSC (Forest Stewardship Council) ist eine nichtstaatliche, gemeinnützige Organisation, die sich für eine ökologische und sozialverantwortliche Nutzung der Wälder unserer Erde einsetzt."

FSC
Mix
Produktgruppe aus vorbildlich bewirtschafteten Wäldern, kontrollierten Herkünften und Recycl ngholz oder -fasern
Zert.-Nr. GFA COC 1209
www.fsc.org
© 1996 Forest Stewardship Council

Bibliografische Information der Deutschen Nationalbibliothek

Die Deutsche Nationalbibliothek verzeichnet diese Publikation in der Deutschen Nationalbibliografie; detaillierte bibliografische Daten sind im Internet über http://dnb.d-nb.de abrufbar.

ISBN 978-3-89971-829-4

Veröffentlichungen der Vienna University Press erscheinen im Verlag V&R unipress GmbH.

Gedruckt mit freundlicher Förderung des Bundesministeriums für Wissenschaft und Forschung in Wien, der Stadt Wien (MA 7) und der Historisch-Kulturwissenschaftlichen Fakultät der Universität Wien.

Für meine Familie

Inhalt

Vorwort des Bundespräsidenten Dr. Heinz Fischer

Im Herbst 2009 ist aus Anlass des 100. Geburtstags von Hertha Firnberg eine von Marlen Schachinger verfasste Biographie über diese großartige Frau und langjährige Wissenschaftsministerin erschienen.

Im Oktober 2010 hat Wolfgang Petritsch »Die Biographie« von Bruno Kreisky im Vorfeld zum 100. Geburtstag dieses herausragenden österreichischen Staatsmannes, der die längste Amtszeit als Bundeskanzler seit der Gründung der Republik aufzuweisen hat, der Öffentlichkeit vorgestellt.

Und nunmehr erscheint im Frühjahr 2011, rund um den 95. Geburtstag von Christian Broda, die von Maria Wirth verfasste Biographie des großen österreichischen Justizreformers, der nicht weniger als 19 Jahre an der Spitze des Justizministeriums gestanden ist, von 1957 bis 1983, also 26 Jahre, dem Österreichischen Bundesrat bzw. dem Österreichischen Nationalrat angehört hat und in dieser Zeit das österreichische Justizwesen grundlegend reformiert hat.

Ich begrüße das Erscheinen dieser Biographie außerordentlich. Einerseits deshalb, weil ich mit Christian Broda jahrzehntelang persönlich und politisch eng befreundet war; und andererseits deshalb, weil man aus dem Lebensweg und dem Lebenswerk von Christian Broda unglaublich viel lernen kann.

Die Reformen von Christian Broda werden noch über Generationen hinweg das Leben der Menschen in Österreich in positiver Weise beeinflussen.

Er hat Maßstäbe in der Justizpolitik gesetzt.

Auch nach seinem Ausscheiden aus der Bundesregierung am 24. Mai 1983 – es war dies genau jener Tag, an dem ich als Bundesminister für Wissenschaft und Forschung in die neue Bundesregierung eintrat – blieb Christian Broda politisch sehr interessiert und sehr aktiv.

Er diskutierte, telefonierte, publizierte, hielt seine Kontakte aufrecht und nahm lebhaften Anteil an der politischen und gesellschaftlichen Entwicklung.

Eine ganz besondere Freude bereitete ihm die Würdigung seines Lebenswerkes durch die Verleihung des Europäischen Menschrechtspreises am Sitz des Europarates in Straßburg am 28. Jänner 1987.

Dieser – vielleicht schönste – Tag in seinem Leben war zugleich Höhepunkt und Schlusspunkt.

Denn wenige Tage später, am 1. Februar 1987, verstarb Christian Broda plötzlich und unerwartet an einem Herzversagen.

Es mag gerade aus heutiger Sicht interessant und berührend sein, dass er in seiner Dankesrede für die Verleihung des Menschenrechtspreises, also bei seinem letzten öffentlichen Auftritt, eine umfassende europäische Initiative zum Schutz der Menschenrechte von Flüchtlingen und Asylwerbern gefordert hat.

»Die Welt von heute ist auch eine Welt von Millionen von Flüchtlingen und politisch Verfolgten, sowie von Gastarbeitern. Eine große Anzahl von ihnen lebt in den Mitgliedstaaten des Europarates. Ich glaube, dass der Zeitpunkt für eine umfassende europäische Initiative zum Schutz der Menschenrechte der Flüchtlinge und Ausländer, vor allem der Gastarbeiter gekommen ist«, formulierte Christian Broda als ein Vermächtnis aus dem Jahr 1987.

Christian Broda war ein weitblickender und langfristig denkender Politiker, aber er war kein Illusionist.

Ganz im Gegenteil. Ich kenne kaum einen Politiker, der seine Züge am Schachbrett der Politik so sorgfältig überlegt und langfristig geplant hat. Für Gegenargumente war er dankbar, und er konnte um 5 Uhr früh zum Telefon greifen, um einer am Vortag geführten Diskussion einen neuen Gedanken oder ein zusätzliches Gegenargument hinzuzufügen.

Ich habe Christian Broda 1957 als Funktionär der Sozialistischen Studenten persönlich näher kennengelernt. Ab 1959 war ich in einem ständigen, regelmäßigen Kontakt mit dem Ehepaar Christian und Hilda Broda sowie mit ihrer Tochter Johanna. Ich habe ab diesem Zeitpunkt zahlreiche Urlaube im Sommer und Winter oder auch an Wochenenden bei den Brodas in ihrem Refugium in Fünfturm in der Südsteiermark verbracht, wo sich auch Viola, die betagte Mutter von Christian Broda, und sein Onkel, der Filmregisseur G. W. Papst, häufig aufhielten. In den 60er Jahren kam zu der persönlichen Freundschaft die berufliche Zusammenarbeit hinzu, da Christian Broda 1959 in den Nationalrat gewählt wurde und ich ab 1962 als Sekretär in der Sozialdemokratischen Parlamentsfraktion tätig war.

Christian Broda hat das Parlament und die parlamentarische Arbeit sehr geschätzt und sehr hoch bewertet. Obwohl er in seiner 26jährigen politischen Laufbahn nicht weniger als 19 Jahre Mitglied der Bundesregierung war, hat er immer auch – und vielleicht sogar primär – als Parlamentarier gedacht und gefühlt. Schließlich hat er sein Nationalratsmandat auch während seiner Ministerschaft ausgeübt. Zwischen Justizreform, parlamentarischer Überzeugungsarbeit und dem Kampf um die öffentliche Meinung bestand für ihn ein untrennbarer Zusammenhang.

Die eigentliche Blütezeit der Broda'schen Rechtsreformen begann 1970 als Christian Broda – mit 54 Jahren – zum zweiten Mal die Leitung des Justizministeriums übernahm und 13 Jahre lang behalten sollte.

Im Zentrum seiner Reformbemühungen stand damals die große Strafrechtsreform, und ich habe in meiner fast 40jährigen Tätigkeit im Parlament nie erlebt, dass ein legislatives Projekt so langfristig, umsichtig, engagiert und sorgfältig vorbereitet und erarbeitet wurde wie diese Strafrechtsreform. Broda hat in seiner eigenen Partei enorm viel Überzeugungsarbeit geleistet, aber er hat sich auch über Parteigrenzen hinweg unter Richtern, Staatsanwälten, Rechtsanwälten (beiderlei Geschlechts) etc. Verbündete geschaffen, und er hat nicht zuletzt einen hochqualifizierten Kreis von Wissenschaftern und Juristen als eine Art von »Braintrust« aufgebaut, der nicht nur im Rahmen der Beratungen in der Strafrechtskommission, sondern auch bei öffentlichen Diskussionen eine wichtige Rolle gespielt hat. Über diese große Reform und über viele, viele andere Reformen und Projekte von Christian Broda wird in diesem Buch sorgfältig berichtet.

Wenn man viel bewegt und große Reformen in Angriff nimmt, dann ist man naturgemäß auch Gegenstand kontroverser Diskussionen, und man bleibt nicht frei von Kritik.

Ich will nicht als Apologet auftreten, der behauptet, dass Christian Broda fehlerlos agiert hat und auch mit der Weisheit des Rückblickes alles noch einmal genauso gemacht hätte, wie es geschehen ist. Aber manche Kritiker haben es sich viel zu leicht gemacht.

Ein Vorwurf lautete zum Beispiel: Christian Broda hätte sich in seiner Justizpolitik mehr um die Täter als um die Opfer gekümmert, er hätte sich unrealistischen Utopien wie zum Beispiel jener von der »gefängnislosen Gesellschaft« verschrieben und damit nur die Bevölkerung verunsichert.

Das Zeugnis, das ich dazu abgeben kann, lautet, dass hier ein großes – absichtliches oder unabsichtliches – Missverständnis vorliegt.

Christian Broda war ein genauer Kenner der Rechtsgeschichte und hat diese – in Übereinstimmung mit den meisten Wissenschaftern – als Geschichte einer Entwicklung vom Tatstrafrecht zum Täterstrafrecht betrachtet. Das heißt, dass neben dem objektiven Verbrechenstatbestand immer mehr auch der subjektive Faktor, also die Rolle des Täters in den Vordergrund tritt und daher auch immer mehr – zum Teil prophylaktische – Aufmerksamkeit erfordert, wenn man die Gesellschaft wirksam und dauerhaft schützen will. Niemand kann leugnen, dass die Rechtsgeschichte durch diese Entwicklungslinie charakterisiert ist, und es spricht nichts dafür, dass diese Entwicklung gerade zu Lebzeiten des Reformers Christian Broda zum Stillstand kommen sollte.

In diesem Sinn war das Wort von einer »gefängnislosen Gesellschaft« nicht Ausdruck der Kapitulation der Gesellschaft vor dem Unrecht oder gar vor dem

Verbrecher, sondern Ausdruck der kriminalpolitischen Zielsetzung, dass wir nicht nur Folter, Ketten, Pranger und Todesstrafe hinter uns gelassen haben, sondern dass wir im Laufe der Zeit über wirksamere, sicherere und zweckmäßigere Mittel des Schutzes der Gesellschaft vor dem Verbrecher und dem Verbrechen finden werden, als jahrelanger Freiheitsentzug im Kerker.

Und einen weiteren wichtigen Gedanken von Christian Broda möchte ich hier noch kurz erwähnen bzw. nicht unerwähnt lassen. Es war seine Überzeugung von der Gültigkeit des Satzes der »Erhaltung der geistigen Energie«.

Christian Broda meinte damit, dass es in der Physik das Gesetz der Erhaltung der Energie gibt, wonach Energie nicht verloren gehen oder vernichtet werden kann, sondern nur umgewandelt werden kann. Und dieser in der Physik geltende Grundsatz habe insofern auch jenseits der Physik, nämlich im Bereich der Geistesgeschichte, Gültigkeit, als geistige Arbeit, das Bemühen, Probleme zu lösen oder das Entwickeln von Reformkonzepten und Theorien, auch wenn sie nicht sofortige Akzeptanz und Realisierung finden, nachhaltige Auswirkungen haben und die weitere gesellschaftliche Entwicklung beeinflussen.

Auch geistige Energie geht nicht verloren. »Was einmal gedacht und erdacht, diskutiert und kommuniziert wurde, hat Relevanz und erzielt Wirkung«, meinte Christian Broda. Und in dieser Überlegung ist ein gutes Stück Wahrheit enthalten.

*

Christan Broda hat Spuren hinterlassen. Er war ein Mensch mit einer bewegten Biographie, mit einem großen Freundeskreis, mit der Fähigkeit zu zwischenmenschlicher Solidarität, mit großer Intelligenz und politischer Klugheit, mit eindrucksvollen Geschichtskenntnissen und mit erstaunlicher Distanz zu sich selbst. Zu seinen Lieblingsbüchern zählte der Roman »Der Leopard« von Giuseppe Tomasi di Lampedusa, und er zitierte immer wieder jene Passage, wo Don Fabrizio von sich selbst sagte, er sei »frei von Illusionen« und es fehle ihm die Fähigkeit »sich selbst zu täuschen«.

In diesem Sinne fühlte er sich mit Don Fabrizio verwandt.

Ich begrüße die Fertigstellung dieser Biographie und wünsche diesem Buch – auch im Namen von Frau Dr. Johanna Broda, der in Mexiko lebenden Tochter von Christian Broda – eine gute Aufnahme in der Öffentlichkeit.

Wien, im Dezember 2010   Dr. Heinz Fischer
                                                          Bundespräsident

Vorwort des Reihenherausgebers Professor Oliver Rathkolb

Maria Wirths Monographie »Christian Broda. Eine politische Biographie« stellt in jeder Hinsicht einen weiteren Meilenstein in der wissenschaftlichen biographischen Forschung zur Politikgeschichte der Zweiten, aber auch der Ersten Republik und der dazwischen liegenden radikal-autoritären Phase des Dollfuß-Schuschnigg-Regimes und des NS-Staates dar.

Die Autorin beginnt mit einem kurzen, prägnanten Kapitel über die Theorie der Biographie und geht dann auf die Spezifika der Sozialisation von Christian Broda ein, der im Rahmen seiner politischen Tätigkeit immer wieder in aufsehenerregende, fast filmreife Verwicklungen involviert war. Auf der anderen Seite war Broda, und hier stimmen wohl alle RechtshistorikerInnen und kritischen BeobachterInnen der Zweiten Republik überein, der prägende reformerische Justizminister nach 1945 – vor allem in der Ära Kreisky, aber auch ansatzweise als Justizminister von 1960 bis 1966.

Maria Wirth arbeitet entlang chronologisch-biographischer und thematischer Vorgaben und zeichnet ausgehend von seiner großbürgerlichen Sozialisation den Weg über den Verband Sozialistischer Mittelschüler und die Sozialistische Arbeiterjugend in den Kommunistischen Jugendverband nach. Hier nimmt sie auch die erste »dunkle Stelle« in der öffentlichen biographischen Auseinandersetzung über Christian Broda auf, die unter anderem vom ehemaligen SPÖ-Innenminister Franz Olah thematisiert wurde – die sogenannte »Affäre Semmelmann«, einen Mordfall im »kommunistischen Agentenmilieu«, der aufgrund aufgefundener Briefe auch ins Hause Broda führte. Nachgezeichnet wird dabei einerseits die mediale Darstellung, in der nicht zuletzt die Wohnverhältnisse der großbürgerlichen Familie – die elterliche Wohnung in der Prinz-Eugen-Straße und das so genannte »Fünfturm-Schlössl« in der Steiermark – angesprochen wurden. Andererseits wird ausgeführt, dass eine Verstrickung Brodas in kommunistische Geheimdienstaktivitäten nicht nachgewiesen werden konnte. Dies ändert jedoch nichts daran, dass Broda bereits in jungen Jahren Teil eines kommunistischen Netzwerks war und im Kommunistischen Jugendverband auch rasch Karriere machte.

Immer wieder, und das ist ein prägender Faktor, taucht sein Onkel, der international bekannte Filmregisseur G. W. Pabst, in der Arbeit auf, den Broda nach einer schweren Erkrankung auch ein Jahr lang in den USA besuchte. Sein Studium im Fachbereich Geschichte konnte Christian Broda nach der Rückkehr nach Österreich nur mit großen Schwierigkeiten 1936/37 an der Universität Wien beginnen, da er als bekannter kommunistischer Aktivist 1934 verhaftet und vorerst vom Studium ausgeschlossen war. Trotz seines Geschichtsstudiums, das er 1940 mit einer Dissertation bei dem prominenten deutschnationalen, und später auch offen nationalsozialistisch agitierenden Heinrich Ritter von Srbik abschloss, blieb er in der Untergrundbewegung tätig und exponierte sich 1938 in einer Gruppe, die für die Souveränität Österreichs in einer Volksbefragung durch das Schuschnigg-Regime aktiv Werbung betrieb. Zum späteren SPÖ-Vorsitzenden und Bundeskanzler Bruno Kreisky hatte Broda bereits zu jener Zeit Kontakt.

Ein zweiter, in der öffentlichen Diskussion immer wieder negativ thematisierter Punkt war Brodas Dissertation, die im Jahre 1940 mit dem Titel »Volk und Führung. Ein Beitrag zum Problem der politischen Willensbildung im Zweiten Deutschen Reich« approbiert und von Srbik auch akzeptiert wurde. Zuletzt wurde die Doktorarbeit vom Schriftsteller Josef Haslinger in einer Artikelserie im »Falter« 1992/93 heftig kritisiert. Eine erste mediale Kontroverse um die Arbeit gab es schon 1965, wenige Jahre später wurde sie dann von Franz Olah (etwa in seinem Anti-Broda-Pamphlet) bzw. von Simon Wiesenthal aufgegriffen. Genaue Studien der Arbeit zeigen jedoch, dass sie ein »großdeutsches Thema« fokussierte und von einer starken Ablehnung des Liberalismus geprägt war, ohne sich wirklich dem Nationalsozialismus anzubiedern.

Brodas Widerstandstätigkeit im Zweiten Weltkrieg und sein Kriegsgerichtsverfahren sowie die Tatsache, dass er am 21. August 1943 nur zu drei Monaten Haft verurteilt wurde, stellt einen dritten Bereich dar, der öffentlich kritisch debattiert wurde. Aufgriffen wurde das Thema wiederum von Franz Olah und Simon Wiesenthal. Beweise dafür zu finden, dass Broda seine Widerstandskameraden im Verfahren verraten hat und er deshalb mit einem milden Urteil davon gekommen ist, gelang ihnen nicht. Hingegen scheint einiges dafür zu sprechen, dass nicht zuletzt das weitreichende Beziehungsnetzwerk von Broda dazu beigetragen hat, dass er überleben konnte bzw. sein Verfahren mit einer kurzen Haftstrafe geendet hat.

Wie nicht zuletzt diese Beispiele zeigen, war Maria Wirth erstmals in der Lage, alle vorhandenen, auch öffentlichen Konstruktionen und Auseinandersetzungen über spezifische biographische Elemente in der Vita Christian Brodas zu rekonstruieren. Geprägt und motiviert waren diese immer wieder durch den stark ausgeprägten Antikommunismus bzw. den Kalten Krieg nach 1945. Dass und wie Broda trotzdem in der SPÖ nach 1945 Karriere machte, weist die Autorin klar nach. Erstens nahm er nach seiner endgültigen Trennung von der KPÖ im Jahr 1946 eine deutliche Distanzierung zum Kommunismus vor, zweitens spielte sein juristisches Fachwissen eine zentrale Rolle. Broda wurde nach einem absolvierten Jus-Studium ein erfolgreicher Rechtsanwalt mit einer großen, auch international agierenden Kanzlei und rutschte über den Bund Sozialistischer Akademiker (BSA) in die SPÖ hinein. Dort wurde er nicht zuletzt von Bruno Kreisky unterstützt, der Brodas juristische Qualifikation, aber auch seine starke politische Prägung erkannte.

Maria Wirth thematisiert präzise die Rolle Brodas als Justizminister in den Jahren von 1960 bis 1966, vor allem seine heftige Auseinandersetzung mit Franz Olah, die wohl gravierendste Nachkriegskrise der SPÖ, aber auch seine Position in der »Habsburg-Frage«. Kritisch beleuchtet sie auch die Rolle Brodas in der Auseinandersetzung mit NS-Verbrechen, wo er die schon vor seiner Amtszeit eingeschlagene Amnestierungslinie fortsetzte und nicht bereit war, eine Trendwende vorzunehmen. Letzten Endes akzeptierte und verteidigte er damit auch die skandalösen Geschworenengerichtsurteile, die zum Freispruch offensichtlicher Kriegsverbrecher geführt haben. Im Bereich der wissenschaftlichen Forschung agierte er hingegen in einem engen Kreis – darunter sein Jugendfreund, der spätere Universitätsprofessor Karl R. Stadler, sowie Bruno Kreisky – zugunsten zeithistorischer Auseinandersetzung über den Widerstand gegen das NS-Regime. Desgleichen spielte er auch eine Rolle bei der Konstruktion des österreichischen Nationalfeiertages und der österreichischen Identität.

In den Jahren der ÖVP-Alleinregierung Klaus kehrte Broda in seine Anwaltskanzlei zurück und beteiligte sich an der Diskussion über die Oppositionsrolle der SPÖ.

In der SPÖ-Alleinregierung blieb er, obwohl er Kreisky bei seiner Wahl zum Parteivorsitzenden 1967 nicht unterstützt hatte, »der« unverzichtbare Rechtsexperte für den Bundeskanzler und brachte in den 1970er Jahren die bereits Jahrzehnte andauernde Strafrechts- und Familienrechtsreformen zum Abschluss. In die Diskussion um das neue Parteiprogramm 1978 brachte er nicht zuletzt seine »Vision einer gefängnislosen Gesellschaft« ein. Im Konflikt zwischen Bundeskanzler Kreisky und seinem Finanzminister Hannes Androsch bezog er eindeutig für Androsch Position und entfernte sich immer mehr von seinem früheren zentralen Förderer in der SPÖ.

In seiner kurzen Pensionszeit engagierte sich Christian Broda für Asyl- und Menschenrechte, nachdem er schon als Justizminister immer ein offenes Ohr für Menschenrechtsfragen gehabt hatte und auch für AktivistInnen auch privat immer erreichbar war.

Ein höchst spannendes Kapitel über Brodas »Nachleben« 1983 – 2010 dokumentiert nochmals die unterschiedliche biographische Sichtweise auf Broda in den Medien und im öffentlichen Diskurs. Sehr geschickt thematisiert Maria

Wirth auf der einen Seite konstruierte Elemente in der Fremd-Biographie, aber auch in der Selbstdarstellung Brodas und ordnet diese anhand der vorliegenden Quellenunterlagen historisch konzise ein.

Insgesamt steht mit dieser Studie eine sehr wichtige Arbeit für die Geschichte der Zweiten Republik und der davor liegenden Jahrzehnte zur Verfügung.

Wien, im Jänner 2011   Univ.-Prof. DDr. Oliver Rathkolb

Einleitung

Christian Broda hat keine Autobiographie hinterlassen. Von seinem Freund und engem Weggefährten seit Jugendtagen an, dem Historiker Karl R. Stadler, wurde er zwar aufgefordert, eine solche zu verfassen,[1] nachgekommen ist Broda dieser Anregung jedoch nicht. Auch von Seiten der Medien wurde er nach seinem Ausscheiden aus der Regierung 1983 gefragt, ob er nicht seine Lebenserinnerungen zu Papier bringen möchte. Broda zog es jedoch vor, seine Tätigkeit weiterhin in den Dienst der Rechtspolitik zu stellen. Diese hatte für ihn – so Broda 1986 gegenüber dem Journalisten Peter Pelinka – weiterhin Priorität.[2] Als im selben Jahr – zum zweiten Mal nach 1962[3] – eine Sammlung seiner Reden und Schriften erschien, hieß es seitens Brodas, dass die »Sache für sich selbst sprechen soll«.[4] Eine Arbeit, die einen stärkeren biographischen Charakter aufweise, könne »allenfalls« Gegenstand einer späteren Publikation sein. Umgesetzt oder geplant wurde eine solche jedoch nie.[5]

Eine Biographie über den langjährigen Justizminister Christian Broda zu schreiben, bleibt somit der Nachwelt überlassen und ist bis dato – abgesehen von vereinzelten Darstellungen[6] – ausgeblieben. Sich biographisch mit Christian

---

1 Vgl. Schreiben von Karl R. Stadler an Christian Broda vom 24.6.1974, AChB, ÖNB, Handschriftensammlung, Ib.276.
2 Pelinka, Peter, Gespräch mit einem Großen. Zum 70. Geburtstag von Christian Broda, in: Die Zukunft 4 (1986) S. 11.
3 Broda, Christian, Demokratie – Recht – Gesellschaft. Ausgewählte Aufsätze, Vorträge und Reden, Wien/Stuttgart/Zürich 1962. Vgl. hierzu auch Christian Broda in der Radio-Sendung »Von Tag zu Tag« am 4.8.1986.
4 Broda, Christian, Rechtspolitik – Rechtsreform. Ein Vierteljahrhundert Arbeit für Demokratie und Recht, Wien/München/Zürich 1986, S. VIIf.
5 So berichten auch Dr. Michael Neider und Dr. Sepp Rieder, die in diesen Jahren in engem Kontakt mit Christian Broda standen, dass dieser nie ankündigte, Memoiren schreiben zu wollen. Interview mit Dr. Sepp Rieder am 20.5.2010 und mit Dr. Michael Neider am 27.5.2010.
6 Vgl. etwa: Rásky, Béla, Christian Broda, in: Dachs, Herbert / Gerlich, Peter / Müller, Wolfgang C. (Hg.), Die Politiker. Karrieren und Wirken bedeutender Repräsentanten der Zweiten Republik, Wien 1995, S. 87–93, Christian Broda, in: Uni Salzburg / ORF Landesstudio Salzburg (Hg.), Zeitzeugen. Wege zur Zweiten Republik, Wien 1987, S. 53–67 sowie Hoffmann-Os-

Broda zu beschäftigen, ist ein spannendes Abenteuer und eine große Herausforderung zugleich. Motivation und Schwierigkeit des Unterfangens liegen hierbei eng beieinander und sind in folgenden Punkten begründet:

Christian Broda zählt zu den einflussreichsten Politikern der Zweiten Republik, der mit seinen Reformen im Rechtsbereich – verwiesen sei hier stellvertretend auf die während seiner Ministerschaft durchgeführten Reformen im Bereich des Strafrechts und des Strafvollzugs oder im Familienrecht – deutliche Spuren in Politik und Gesellschaft hinterlassen hat. Besonders mit seiner »Vision einer gefängnislosen Gesellschaft«, die Ausdruck seiner festen Überzeugung war, dass das Gefängnis eine der erfolglosesten Erfindungen des Menschen ist, die stets aber nur als Utopie bzw. im Sinne einer weiteren Zurückdrängung der Haft formuliert war, hat er die Gesellschaft seiner Zeit polarisiert und tut es noch heute.

Auch wenn die Rechtspolitik und -reform als steter Anpassungsprozess an eine sich ständig wandelnde Gesellschaft und als Instrument zu einer Mitgestaltung sozialen Lebens zweifellos einen zentralen Platz im Leben und in der Politik Brodas einnahm, war er dennoch stets mehr als »nur« ein Rechtspolitiker. Besonders in den Jahren vor 1970 hat er sich rege in die Innenpolitik eingebracht, eine Auseinandersetzung mit seinem Leben führt in verschiedene Politikbereiche und ihre jeweils eigene Geschichte. So spielte Christian Broda eine zentrale Rolle in der Auseinandersetzung um die Rückkehr Otto Habsburgs nach Österreich in den frühen 1960er Jahren oder in dem innerparteilichen Konflikt um Franz Olah, der für die SPÖ vor allem mit der Frage der Positionierung der Partei und ihrer zukünftigen Ausrichtung verbunden war. Während Franz Olah für einen neuen pragmatisch-populistischen Führungsstil in der Partei stand und für eine Politik eintrat, die weniger an Programmen als an Personen orientiert sein sollte, war Broda Vertreter eines Flügels, der auf Programme und Ideologie setzte. Ausdruck hiervon ist nicht zuletzt das kontinuierliche Interesse Brodas an theoretischen Fragestellungen und Programmdiskussionen – seien dies nun Partei- oder Justizprogramme oder eine (häufig publizistische Auseinandersetzung) mit grundsätzlichen gesellschafts- und demokratiepolitischen Themen.

Wohl auch aufgrund seines biographischen Hintergrunds hat Christan Broda stets ein großes Interesse für Fragen der Medienpolitik gezeigt. Verwiesen sei etwa auf seine Rolle bei der Gründung der Tageszeitung »Express« 1958 oder seine legistischen Überlegungen zu einem neuen Presse- bzw. Mediengesetz.

Als Justizminister war er in den 1960er und 1970er Jahren mit der Frage der justiziellen Ahndung von NS-Verbrechen beschäftigt. Hier wird Broda – wie in

---

tenhof, Georg / Nagy, Peter / Wimmer, Gebhard, Der lange Marsch zum Seelenfrieden, in: Extrablatt 2 (1978) S. 26–34 und Zerbs, Hans, Marxist auf Samtpfoten, in: Wochenpresse 51 (1963) S. 1–2.

Hinblick auf die »NS-Richter«, die sich nach 1945 im Dienst der österreichischen Justiz befanden – im Gegensatz zu seiner Würdigung als liberaler Rechtsreformer deutlich kritischer beurteilt und ihm, dem ehemaligen Widerstandskämpfer – so auch immer wieder von Simon Wiesenthal – vorgeworfen, ein zu geringes Engagement entwickelt zu haben.

Immer wieder in Diskussion waren zudem der Umgang Brodas mit seinem ministeriellen Weisungsrecht und die Frage, inwiefern er nicht nur ein Sach- sondern auch ein Machtpolitiker sei. Nicht selten wurde in diesem Zusammenhang auch der Vorwurf laut, er schütze politische Freunde und verwende die ihm gegebenen Möglichkeiten als Justizminister gegen seine Feinde.

Seine Vergangenheit, seine Herkunft aus einem großbürgerlichen Haus, das Kontakte zu einflussreichen Persönlichkeiten hatte, und seine Mitgliedschaft im kommunistischen Jugendverband bzw. die Gründung der oppositionellen Jugendgruppe »Ziel und Weg« waren ebenso wiederholt ein Thema in den Medien wie sein kurzes Engagement für die Kommunisten 1945: in den Wahlkämpfen der Zweiten Republik oder während seiner Auseinandersetzungen mit Franz Olah, der im Kampf gegen Broda die durch seine Unterstützung (wieder)gegründete »Kronen-Zeitung« auf seiner Seite wusste.

Die Stationen des Lebens von Christian Broda – geboren 1916, gestorben 1987 – reflektieren weit über das Biographische hinaus die politischen und gesellschaftlichen Brüche und dynamischen Veränderungen in der österreichischen Geschichte – von der Ersten Republik, dem autoritären »Ständestaat« und Nationalsozialismus hin zur Zweiten Republik. Seine Tätigkeit führt in verschiedene Themenkomplexe – Rechtspolitik, Medienpolitik, der Umgang der österreichischen Gesellschaft mit der NS-Vergangenheit –, die Broda in der historischen Analyse zu einer wichtigen Schnittstelle in der Nachkriegspolitik und der Entwicklung der Zweiten Republik machen. Zusammen mit dem Diskurs über seine Person, sei dies nun über den »liberalen Rechtsreformer« oder den »ehemaligen Kommunisten«, erlaubt dies wichtige Einblicke in das »Sittenbild« der Zweiten Republik und ihrer politischen Kultur.

Christian Broda hat keine Lebenserinnerungen geschrieben. Er hat aber einen umfangreichen Nachlass hinterlassen, der heute als Archiv Christian Broda in der Handschriftensammlung der Österreichischen Nationalbibliothek lagert. Dieser dokumentiert seine politische Entwicklung und Tätigkeit von frühesten Jahren an bis zu seinem Tod: von der Jugend im Wien der Zwischenkriegszeit, seiner Tätigkeit als Anwalt in den Jahren nach 1945 bis zu seiner Zeit als Minister. Hinterlassen hat er eine Vielzahl an publizierten und nicht veröffentlichten Texten und Redebeiträgen, die festhalten, mit welchen politischen Fragestellungen er sich im Laufe seines Lebens beschäftigte. Sie zeigen Broda als einen Politiker, dem es besonders in Fragen der Rechtspolitik wichtig war, seine politischen Vorhaben publizistisch zu begleiten, zu erklären und zu begründen.

Neben seinen zahlreichen Ausführungen zur Rechtsreform sind Texte zur Demokratiepolitik, zur Abschaffung der Todesstrafe, zur nationalsozialistischen
Vergangenheit und zum Kommunismus in Osteuropa vorhanden, die wohl auch
als biographischer Beitrag zur Auseinandersetzung mit der eigenen Vergangenheit und der Trennung von der kommunistischen Partei verstanden werden
können. Autobiographische Texte, die einzelne Stationen in seinem Leben beleuchten, liegen hingegen nur vereinzelt vor.

Christian Broda hat ein öffentliches Leben geführt. Die Medien haben über
weite Strecken seine Entwicklung und Politik mitverfolgt, kommentiert und
analysiert. Neben seinem Nachlass, parlamentarischen Unterlagen, Interviews
mit WeggefährtInnen und einer Vielzahl anderer Quellen in österreichischen
und internationalen Archiven stellen sie eine zentrale Quelle dar, um Leben und
Politik Christian Brodas zu rekonstruieren und zu erkunden, wie er in seiner
Zeit und heute rezipiert wurde und wird.[7]

Trotz des enormen Quellenmaterials – allein sein Nachlass fasst tausende
thematisch geordnete Mappen – ist es jedoch nicht möglich, das Leben und die
Tätigkeit Christian Brodas vollständig wiederzugeben. Häufig fehlen gerade zu
jenen Punkten, die besonders interessieren, Unterlagen, die klare Aussagen oder
einen letzten Schluss erlauben würden, während in anderen Bereichen – vorwiegend zu Fragen der Rechtsreform – eine kaum überschaubare Quantität an
Quellen vorhanden ist. Der Versuch, sein Leben vollständig einfangen zu wollen,
muss daher – wie die moderne Biographietheorie grundsätzlich für das biographische Arbeiten festgestellt hat – scheitern. Vielmehr ist der/die Bio-
graphierende, wie es der Autor Julian Barnes im Rahmen seiner viel beachteten
Studie über den Schriftsteller Gustave Flaubert einmal formuliert hat, mit einem
Fischer zu vergleichen, der seit Netz auswirft und doch immer nur einen
Bruchteil der Meeres einfangen kann. Was er nicht einholen kann, bleibt stets
mehr, als was sein Netz einbringen kann.[8]

Was für Christian Broda zudem in einem hohen Ausmaß zutrifft, ist wohl
auch, dass er biographisch nur beschränkt »eingefangen« werden wollte. So war
er – etwa im Gegensatz zu Bruno Kreisky, der oft über sein Leben sprach und sich
mit zwei Auftragswerken und dann vor allem mit seinen dreibändigen Memoiren die Deutungshoheit über seine Biographie sichern wollte[9] – immer sehr

---

7 Im Rahmen der Arbeit wurde auf die Pressedokumentationen zu Christian Broda in der
   Bibliothek der Wirtschaftskammer Wien und der SOWIDOK in der Arbeiterkammer Wien
   ebenso wie auf Pressemeldungen im AChB zurückgegriffen.
8 Barnes, Julian, Flauberts Papagei, Berlin 1984, S. 42.
9 Gemeint sind mit den beiden Auftragswerken: Reimann, Viktor, Bruno Kreisky, Wien 1972
   und Lendvai, Paul / Ritschel, Karl Heinz, Kreisky. Portrait eines Staatsmannes, Düsseldorf/
   Wien 1974. Vgl. zu den Memoiren: Rathkolb, Oliver / Kunz, Johannes / Schmidt, Margit (Hg.),
   Bruno Kreisky. Memoiren in drei Bänden, überarb. Neuausgabe, Wien/München/Zürich 2000

zurückhaltend, was Erzählungen über das eigene Leben betrifft. Auch in der eigenen Familie hat er über seine Biographie nur wenig gesprochen. Publizistisch hat er nur zu ausgewählten Kapiteln seines Lebens Stellung genommen. Überliefert sind vor allem Stellungnahmen dazu, wie er »Schlüsseljahre« in der österreichischen Geschichte, etwa 1934, 1938 oder 1945, erlebt hat. Nach außen hin hat er sich als Politiker gezeigt, der gerne über seine politischen Vorhaben gesprochen hat, und das Gespräch – wenn nach dem Biographischen gefragt wurde – bald wieder in den politischen Bereich gelenkt hat. Dort fühlte er sich, der nie ein Schulter klopfender Politiker war, sondern immer eine gewisse Distanz wahrte, sichtlich wohler. In den Medien wurde seine »chinesische Höflichkeit« so auch immer wieder als eine Art »Schutzschild« betont,[10] in Erinnerungen an Christian Broda wird sie mindestens ebenso häufig genannt, wie seine Vorliebe dafür, Ansichtskarten in rauen Mengen zu verschicken.[11]

Zum Abenteuer wird eine biographische Studie über Christian Broda jedoch nicht nur aufgrund des beschriebenen Themen- und Quellenreichtums bzw. darin feststellbarer Lücken. Auch die Frage des »Wie«, jene des Schreibens, stellt eine Herausforderung dar. Der biographische Zugang als Herangehens- und Schreibweise ist somit nicht nur Mittel zum Zweck, sondern auch ein zentraler Bestandteil der Arbeit selbst, der ein hohes Maß an Aufmerksamkeit und Reflexion einfordert. Insbesondere eine Auseinandersetzung mit dem Biographiediskurs der letzten Jahrzehnte zeigt, dass das Genre Biographie eigene Anforderungen stellt, die nicht unterschätzt werden dürfen, sondern ganz im Gegenteil in den Vordergrund treten müssen. Der Darstellung von Christian Broda ist daher ein theoretisch-methodisches Kapitel über die Biographie als Form der historischen Darstellung vorangestellt, das einen Überblick über Geschichte und Theorie der Biographie und Auskunft über die Schwerpunke und zentralen Fragestellungen dieser Arbeit gibt. Der Versuch, den hier formulierten Zugang einzulösen, wird auf den folgenden Seiten gemacht. Ihm angeschlossen ist ein »Abstecher in die Gegenwart« und eine Skizze über das »Nachleben« von Christian Broda bzw. darüber, wie er nach seinem Tod gesehen wurde und wird.

---

und zur Identitätspolitik von Kreisky: Röhrlich, Elisabeth, Kreiskys Außenpolitik. Zwischen österreichischer Identität und internationalem Programm (Zeitgeschichte im Kontext 2), Göttingen 2009.

10 Freundlichkeit ist seine beste Waffe, in: Kleine Zeitung, 30.6.1976, Hoffmann-Ostenhof/Nagy/Wimmer, Der lange Marsch zum Seelenfrieden, S. 7 f. oder Broda: Spanisch lernen für die Enkelin in Mexiko, in: Oberösterreichische Nachrichten, 6.7.1984.

11 Vgl.: Vogel, Hans-Jochen, Nachsichten. Meine Bonner und Berliner Jahre, München/Zürich 1996, S. 95 oder Vogel, Hans-Jochen, Christian Broda, in: Neider, Michael (Hg.), Christian Broda – Zum 70. Geburtstag, Wien 1986, S. 146.

1. Biographietheoretische Überlegungen und zentrale Fragestellungen

Über die Biographie als Form der (historischen) Darstellung ist in den letzten Jahrzehnten viel diskutiert und publiziert worden. Während die Biographie im anglophonen und romanischen Sprach- und Wissenschaftsraum seit je her eine hohe Wertschätzung genießt,[12] ist ihr im deutschsprachigen Raum in der Wissenschaft besonders in den 1970er und frühen 1980er Jahren vehemente Kritik entgegen gebracht worden. Vorgebracht wurde etwa, dass sie ein »atavistischer Wurmfortsatz veralteter Disziplintraditionen« sei, der den narrativen Konstruktionen des realistischen Romans des 19. Jahrhunderts folge, sie zur Hagiographie und zum Psychologismus neige und es der Biographie an Wissenschaftlichkeit mangle. Die Frage des Verhältnisses von Individuum und Gesellschaft wurde aufgeworfen, die Chronologie und die Erzählbarkeit von Leben wurden angezweifelt und zur Diskussion gestellt, wer zum Gegenstand einer Biographie gemacht wurde, werden kann und werden soll.[13]

Mittlerweile kann nicht nur von einem »Waffenstillstand« mit der Biographie als Form der historischen Darstellung in den Wissenschaften, sondern sogar von einer steigenden Akzeptanz, wenn nicht sogar einer neuen Wertschätzung oder einem »biographical turn« gesprochen werden. Während die Biographie sich bei den LeserInnen auch im deutschsprachigen Raum über die Jahrzehnte hinweg als »unverwüstliche Gattung« gezeigt hat, die sich einer hohen Beliebtheit erfreut, werden mittlerweile auch hier im universitären Umfeld vermehrt Biographien geschrieben. Nach Jahren, in denen vorwiegend nach Prozessen und

---

12 Einen guten Überblick über die regionale Entwicklung der Biographie findet sich in: Klein, Christian (Hg.), Handbuch Biographie. Methoden, Traditionen, Theorien, Stuttgart/Weimar 2009.

13 Vgl. zur Kritik an der Biographie etwa: Klein, Christian, Einleitung: Biographik zwischen Theorie und Praxis. Versuch einer Bestandsaufnahme, in: Ders. (Hg.), Grundlagen der Biographik. Theorien und Praxis des biographischen Schreibens, Stuttgart/Weimar 2002, S. 1 – 22 sowie das Themenheft 7/8 (2001) von »Literaturen«, darunter insbesondere folgende Beiträge: Löffler, Sigrid, Biografie (S. 14 – 17) und Bair, Deirdre, Die Biografie ist akademischer Selbstmord (S. 38 – 39).

Struktur gefragt wurde, ist es in der Geschichtswissenschaft wieder ein legitimer Zugang, sich mit dem Menschen zu beschäftigen. Es ist – wie Reinhard Sieder im Jahr 2004 formulierte – eine »Rückkehr des Subjekts in den Kulturwissenschaften« festzustellen.[14] Wichtige Arbeiten wurden – um nur einige Beispiele zu nennen – in Deutschland 1996 von Ulrich Herbert mit seiner Biographie über Werner Best, den Stellvertreter von Reinhard Heydrich,[15] oder 2005 von Jan Eckel mit seiner Studie über den Historiker Hans Rothfels vorgelegt.[16] Was Österreich betrifft, ist auf eine »frühe«, 1975 publizierte Biographie Peter Huemers über Robert Hecht, Sektionschef im Heeresministerium und juristischer Berater von Engelbert Dollfuß,[17] und zuletzt auf die Gründung eines eigenen Ludwig Boltzmann-Instituts für Geschichte und Theorie der Biographie im Jahr 2005[18] bzw. den Zeitgeschichtetag 2010 zu verweisen.[19]

Die vielzitierte Kritik, die an die Biographie in den letzten Jahrzehnten herangetragen wurde, war jedoch nicht zu deren Nachteil, sondern ganz im Gegenteil ein wesentlicher Katalysator für die Weiterentwicklung von deren Form. Auch wenn die moderne Biographie ihr Gesicht nicht völlig gewandelt hat und ihr bestimmte Merkmale immer zu eigen sein werden – die Beschreibung eines Lebens, häufig in mehr oder weniger chronologischer Form mit dem Anspruch einen gewissen Erzählwert zu bieten[20] – ist sie, zumindest in ihrer wissenschaftlichen Form, reflexiver geworden, eine Auseinandersetzung mit der Frage, was Leben eigentlich ist und wie es erzählt werden kann, unabkömmlich.

Die Anleitung zum Schreiben einer historischen Biographie gibt es trotz der intensiven Auseinandersetzung mit der Biographie als Form aber dennoch nicht. Sieht man von der grundsätzlichen Voraussetzung ab, dass über die

---

14 Vgl.: Sieder, Reinhard, Die Rückkehr des Subjekts in den Kulturwissenschaften, in: Ders., Die Rückkehr des Subjekts in den Kulturwissenschaften, Wien 2004, S. 15–59, Berlepsch, Hans-Jörn von, Die Wiederentdeckung des »wirklichen Menschen« in der Geschichte. Neue biographische Literatur, in: Archiv für Sozialgeschichte 1989, S. 488–510 oder Gradmann, Christoph, Geschichte, Fiktion und Erfahrung – kritische Anmerkungen zur neuerlichen Aktualität der historischen Biographie, in: Internationales Archiv für Sozialgeschichte der deutschen Literatur 2 (1992) S. 1–16.

15 Herbert, Ulrich, Best. Biographische Studien über Radikalismus, Weltanschauung und Vernunft. 1903–1989, Bonn 1996.

16 Eckel, Jan, Hans Rothfels. Eine intellektuelle Biographie im 20. Jahrhundert, Göttingen 2005.

17 Huemer, Peter, Sektionschef Robert Hecht und die Zerstörung der Demokratie in Österreich. Eine historisch-politische Studie, München 1975.

18 Vgl. zu den Arbeiten des Ludwig Boltzmann-Instituts für Geschichte und Theorie der Biographie insbesondere: Hemecker, Wilhelm (Hg.), Die Biographie – Beiträge zu ihrer Geschichte, Berlin/New York 2009 sowie Fetz, Bernhard (Hg.), Die Biographie – Zur Grundlegung ihrer Theorie, Berlin/New York 2009.

19 Vgl. hierzu: Zeitgeschichte 3 (2010).

20 Vgl. hierzu etwa: Le Goff, Jacques, Wie schreibt man eine Biographie?, in: Braudel, Fernand u. a. (Hg.), Der Historiker als Menschenfresser. Über den Beruf des Geschichtsschreibers, Berlin 1990, S. 103–125.

Person, über die man schreiben möchte, ein Mindestmaß an Quellen vorhanden sein muss[21], gilt wohl, was Hedwig Röckelein einmal festgestellt hat, nämlich, »dass für die jeweils spezifische Problematik einer Biographie [...] eine individuelle Form zu finden« ist.[22] Christian Klein hat 2002 zum biographischen Arbeiten folgenden einfachen und zugleich zentralen Hinweis gegeben:

> »Zunächst sollte man sich einen Überblick über den Theoriestand und die unterschiedlichen grundsätzlich zu beachtenden Fragen und aktuellen Probleme verschaffen, sich anschließend darüber informieren, wie es andere gemacht haben und schließlich in Erfahrung bringen, wie man auf keinen Fall vorgehen darf.«[23]

Diesem Ratschlag folgend erschien es im Rahmen der vorliegenden Arbeit unerlässlich, sich mit Fragen der Biographietheorie und -kritik (zumindest ansatzweise) zu beschäftigen, ihrer Geschichte nachzugehen und zu erkunden, wie es andere gemacht haben.

1.1. Kurze Geschichte und Theorie der Biographie

Um die Kritik an der Biographie in den letzten Jahrzehnten verstehen zu können, ist ein historischer Rückblick, zumindest bis ins 19. Jahrhundert, erforderlich. Richtig ist, dass zwar seit jeher Texte geschrieben wurden, die Personen in den Mittelpunkt der Erzählung stellen, seien dies nun die Viten der Antike oder die Lob- und Preisreden von Herrschern oder die Heiligendarstellungen des Mittelalters. Der endgültige Durchbruch der Individualbiographie erfolgte jedoch im 19. Jahrhundert.[24]

Im Zentrum des biographischen Arbeitens, das auch aufgrund dieser Geschichte häufig als »bürgerliche Kunstform« qualifiziert wurde, standen Künstler- und Gelehrtenbiographien sowie – abgesichert durch die These des

---

21 Meier, Christian, Die Faszination des Biographischen, in: Niess, Frank (Hg.), Interesse an der Geschichte, Frankfurt/Main und New York 1989, S. 102.

22 Röckelein, Hedwig, Der Beitrag der psychohistorischen Methode zur »neuen historischen Biographie«, in: Dies. (Hg.), Biographie als Geschichte, Tübingen 1993, S. 19.

23 Klein, Einleitung: Biographik zwischen Theorie und Praxis, S. 22.

24 Der folgende Überblick über die Geschichte der Biographik orientiert sich im Wesentlichen an: Klein, Einleitung: Biographik zwischen Theorie und Praxis, S. 1–22. Einen guten Überblick über die Geschichte der Biographie gibt auch: Fetz, Bernhard, Die vielen Leben der Biographie. Interdisziplinäre Aspekte einer Theorie der Biographie, in: Ders. (Hg.), Die Biographie – Zur Grundlegung ihrer Theorie, Berlin/New York 2009, S. 3–66. Vgl. hierzu auch: Engelberg, Ernst / Schleier, Hans, Zu Geschichte und Theorie der historischen Biographie, in: Zeitschrift für Geschichtswissenschaft 3 (1990) S. 195–217 oder Hähner, Olaf, Historische Biographik. Die Entwicklung einer geschichtswissenschaftlichen Darstellungsform von der Antike bis ins 20. Jahrhundert, Frankfurt am Main/Berlin/Bern/New York/Paris/Wien 1999.

Historikers Heinrich von Treitschke, wonach es »große Männer« seien, die »Geschichte machen« – Politikerbiographien. Hinsichtlich der Darstellung des Lebens setzte sich eine chronologische Form durch, die einer Dreiteilung in Kinder- und Jugendzeit, Studium und Herausbildung der Persönlichkeit und eigentliche schöpferische Phase folgte. Das dargestellte Individuum folgte nach Wilhelm Dilthey einem festen »Lebensplan«. Ein Weltbezug wurde in den Biographien des 19. Jahrhunderts häufig geleugnet, vielmehr wurde der Eindruck erweckt, der Biographierte wäre ein isolierter Einzelner, der von der Außenwelt nicht tangiert wird.

Ins Gegenteil verkehrt wurde dieser Zugang durch den Positivismus. Nun war es das Milieu, das den Menschen determinierte, das Verhältnis zwischen Mensch und Umwelt war aber immer noch nicht ausgeglichen. Ganze Fragenkataloge wurden ausgearbeitet, um den Biographierten in ein durch Fakten abgesichertes überpersonales Bezugssystem zu setzen. Ergebnis dieses Zugangs waren Megabiographien, die sich in hunderten von Seiten ergingen und eine Übermenge an Detailwissen produzierten, die die LeserInnen förmlich »erschlugen«. So hatte etwa – um ein extremes Beispiel zu zitieren – Carl Friedrich Glasenapps sechsbändige Richard-Wagner-Biographie insgesamt 3218 Seiten.[25]

Die Jahre nach dem Ersten Weltkrieg zeichnen sich durch eine Zunahme im biographischen Arbeiten aus. Zuweilen wird deshalb auch davon gesprochen, dass die Biographie ein »Krisenphänomen« sei und sie besonders dann gelesen und geschrieben werde, wenn sich Gesellschaften im Umbruch befinden und Halt und Vorbild im Leben der anderen gesucht werden – eine Annahme, die wie die Aussage, dass die Biographie ein Genre sei, das in Oligarchien reüssiere, bisher jedoch nicht empirisch belegt ist. Verantwortlich für den Biographien-Boom war vor allem die historische Belletristik rund um Emil Ludwig[26] und der so genannte George-Kreis, der allgemein mit einem mythischen Zugang in der Biographik charakterisiert wird. Während die historischen Belletristen ihre Helden vollständig einfangen, ihnen nahezu »unter die Röcke« schauen wollten und dabei vieles im Bereich des Psychologisierens blieb, zeichnete sich der George-Kreis durch eine hoheitsvolle Distanz und mythische Überhöhung der Biographierten aus.[27] Platz fanden hier auch Legenden. Für den Historiker Ernst

---

25 Scheuer, Helmut, Biographie. Studien zur Funktion und zum Wandel einer literarischen Gattung vom 18. Jahrhundert bis zur Gegenwart, Stuttgart 1979, S. 97.
26 Gradmann, Christoph, »Historische Belletristik«. Die historischen Biographien Werner Hegemanns und Emil Ludwigs in der Weimarer Republik, in: BIOS 1 (1990) S. 95–112, Kehr, Eckart, Der neue Plutarch. Die »historische Belletristik«, die Universität und die Demokratie, in: Wehle, Hans-Heinrich (Hg.), Eckart Kehr, der Primat der Innenpolitik, Berlin 1970, S. 270–278.
27 Scheuer, Helmut, »Nimm doch Gestalt an« – Probleme einer modernen Schriftsteller/innen-Biographik, in: Von der Lühe, Irmela / Runge, Anita (Hg.), Biographisches Erzählen (Querelles. Jahrbuch für Frauenforschung 6), Stuttgart/Weimar 2001, S. 23 f.

Hartwig Kantorowicz etwa war ein Leben ohne Legende nicht vorstellbar, nicht vollständig. Teil seiner heftig kritisierten Biographie über den Staufer-Kaiser Friedrich II. waren deshalb die Mythen um seine Person aus dem 12. und 13. Jahrhundert. Zentral war folgendes: »Der Mensch lebt im Bild, entwirft und begreift sich im Bild und lässt sich seinerseits nicht ohne dieses Bild und seine Wandlungen erfassen und verstehen.«[28]

Neben einer Zunahme im biographischen Schreiben zeichnen sich die Jahre der Zwischenkriegszeit auch durch eine zunehmende Kritik an der geübten Form des Biographierens aus, die der Biographik wichtige theoretische Implikationen verlieh. Einer der profilierten Kritiker war Siegfried Kracauer, für den die Biographie 1930 eine »neubürgerliche Kunstform« war, die ihre Popularität in der Hinwegtäuschung der »zunehmenden Identitätsdissoziation, im Schwund der geschlossenen, handlungsfähigen Persönlichkeit« hatte, die die Voraussetzung für die bürgerliche Literatur vor dem Ersten Weltkrieg gewesen ist. Die Biographie war für ihn Ausdruck der Flucht des Bürgertums vor seiner schwindenden Bedeutung.[29] Um weiterhin eine legitime Form der Geschichtsschreibung zu sein, musste sie sich nach Kracauer von der Individual- zur »Gesellschaftsbiographie« entwickeln. Als Beispiel hierfür legte er eine Arbeit über Jacques Offenbach und seine Zeit vor.[30]

Während des Nationalsozialismus gab es zwar Versuche, eine der NS-Ideologie konforme biographische Schreibweise zu finden. Um die Eliten des NS-Regimes wurde ein ausgeprägter Personenkult betrieben und gleichzeitig die Anzahl der biographiewürdigen Personen – keine Juden oder politisch Andersdenkende etc. – minimiert. Eine eigenständige nationalsozialistische Biographik wurde jedoch nicht entwickelt.

Die Jahre nach 1945 zeichnen sich durch eine Rückkehr zur »konservativen« Vorkriegsbiographie aus. In den 1960er, 1970er und den 1980er Jahren dominierten sozial- und strukturgeschichtliche Fragestellungen und Zugänge die Geschichtswissenschaft. Die Frage, ob Einzelne oder die Struktur Geschichte machen, stand im Zentrum der Debatte. Der Biographik wurde vorgeworfen, die

---

28 Raulff, Ulrich, Das Leben – buchstäblich. Über neuere Biographik und Geschichtswissenschaft, in: Klein, Christian (Hg.), Grundlagen der Biographik. Theorie und Praxis des biographischen Schreibens, Stuttgart/Weimar 2002, S. 63.

29 Kracauer, Siegfried, Die Biographie als neubürgerliche Kunstform, in: Ders., Das Ornament der Masse. Essays, Frankfurt/Main 1963, S. 75–80.

30 Im Vorwort zu seiner Biographie umreißt Kracauer sein biographisches Konzept folgendermaßen: »... eine Gesellschaftsbiographie in dem Sinne, dass es [das Buch über Jacques Offenbach und seine Zeit, Anm. M. W.] mit der Figur Offenbachs die der Gesellschaft erstehen läßt, die er bewegte und von der er bewegt wurde«. Zitiert nach: Klein, Christian, Lebens*beschreibung* als Lebens*erschreibung*? Vom Nutzen biographischer Ansätze aus der Soziologie für die Literaturwissenschaften, in: Ders. (Hg.), Grundlagen der Biographik. Theorien und Praxis des biographischen Schreibens, Stuttgart/Weimar 2002, S. 79.

Geschichte grob zu vereinfachen, indem man sie auf das Wirken Einzelner be-
schränken würde, ohne strukturelle Rahmenbedingungen zu berücksichtigen.
Eine neue Geschichtswissenschaft entstand, die das Hauptaugenmerk auf die
Gruppenbeziehungen, die gesellschaftlichen Institutionen und die Mentalität
der Massen legte und darin die entscheidenden Faktoren innerhalb des kollektiven Entwicklungsprozesses sah. Die theoretische Grundierung dieser neuen
Geschichtswissenschaft kam hauptsächlich von der Schule der Annales aus
Frankreich. Wie Theodore Hamerow ausführt, kann die Kritik an der Biographie
in den Sozialwissenschaften dieser Zeit aber auch als Ausdruck der Rebellion
gegen die Geschichtsschreibung der Väter mit ihrem Festhalten an Autoritäten
und in Reaktion auf den Personenkult des Nationalsozialismus als Teil einer
Suche nach demokratischeren Zugängen in der Geschichtswissenschaft gesehen
werden.[31]

Eine gewisse »Versöhnung« zwischen Sozialgeschichte und Biographie fand
schließlich im Zuge der Erforschung der Alltagsgeschichte ab den 1980er Jahren
statt. Auch der biographische Ansatz wurde nun als Mittel gesehen, um das
Alltagsleben zu beschreiben. Was interessierte, war jedoch nicht die »Helden-
biographie«, sondern die »Normalbiographie«, die des Arbeiters oder Bauern
oder diejenige des Kollektivs (Prosopographie[32]), wozu in der Oral History ein
probater Weg gesehen wurde.[33]

Zentrale Bedeutung für die Biographik hatte gleichfalls der ab Mitte der
1960er Jahre feststellbare linguistic turn und damit die Debatte um die Funktion
des Narrativen in der historischen Wissenschaft. Auch bei der Biographie
musste nun berücksichtigt werden, dass das Leben nicht einfach eine chrono-
logisch darstellbare Abfolge kausal sich bedingender Ereignisse ist, sondern
sprachlich erfunden wird. Fragen von Authentizität und Identität rückten in den
Vordergrund. Betont wurde, dass Leben nicht einfach etwas Gelebtes, sondern
etwas Gestaltetes ist. Begriffe wie »unmittelbar« und »real« wurden durch

---

31 Hamerow, Theodore S., Die Kunst der historischen Biographik in Deutschland von 1871 bis
   zur Gegenwart, in: Grimm, Reinhold / Jost, Hermann (Hg.), Vom Anderen und vom Selbst.
   Beiträge zu Fragen der Biographie und Autobiographie, Königstein/Ts. 1982, S. 30 – 44.

32 Prosopographie bezeichnet die Untersuchung der allgemeinen Merkmale einer Gruppe von
   handelnden Personen der Geschichte durch ein zusammenfassendes Studium ihrer Le-
   bensläufe. Definition nach Gallus, Alexander, Biographik und Zeitgeschichte, in: Aus Politik
   und Zeitgeschichte 01 – 02/2005, online: http://www.bpb.de/veranstaltungen/C3BULDpu
   blikationen/249NFW,1,0,Biographik_und_Zeitgeschichte.html (4. 2. 2008).

33 Vgl. zum Diskurs in den 1970er Jahren etwa: Geiss, Imanuel, Die Rolle der Persönlichkeit in
   der Geschichte: zwischen Überbewerten und Verdrängen, in: Bosch, Michael (Hg.), Persönlichkeit und Struktur in der Geschichte. Historische Bestandsaufnahmen und didaktische Implikationen, Düsseldorf 1977, S. 10 – 24 oder Kocka, Jürgen, Struktur und Persönlichkeit als methodologisches Problem der Geschichtswissenschaft, in: Bosch, Michael
   (Hg.), Persönlichkeit und Struktur in der Geschichte. Historische Bestandsaufnahme und
   didaktische Implikationen, Düsseldorf 1977, S. 152 – 168.

»konstruiert« und »inszeniert« ersetzt. Der Biographierte oder seine Wahrnehmung wurden nun dekonstruiert und festgehalten, dass das »Selbst« vor allem durch die Identifikation mit der eigenen Erzählung bzw. Vertretung gegenüber anderen entsteht, das Leben somit durchaus ein »ideologisches Unterfangen« ist.[34]

Pierre Bourdieu thematisierte in diesem Zusammenhang die Illusion der Biographie und sah in der sie bestimmenden Chronologie, Teleologie und Entelechie den Versuch, der Existenz eine Sinnhaftigkeit zu geben. Das Leben als Abfolge von Ereignissen zu betrachten, die ihren Sinn allein dadurch erhalten, dass man sie auf ein »Subjekt« bezieht, das nur durch die fiktive Konstanz eines Eigennamens bestimmt ist, ist für Bourdieu »so absurd wie der Versuch, eine Fahrt mit der U-Bahn zu erklären, ohne die Struktur des Netzes zu berücksichtigen.«[35] Für ihn ergab sich die gesellschaftliche Laufbahn eines Akteurs (im Gegensatz zum »Lebensplan«) vielmehr aus den verschiedenen Positionen, die er im Verlauf seines Lebens in einem oder mehreren sozialen Feldern (wie der Politik, der Wirtschaft etc.) eingenommen hat, wobei sich diese, das heißt die sozialen Räume oder Felder, ständig weiterentwickeln. Biographisches Arbeiten bedeutete für Bourdieu somit die Rekonstruktion der einzelnen sozialen Felder und die von den AkteurInnen darin eingenommenen Positionen, die auf die Gesamtheit aller anderen im selben Feld handelnden AkteurInnen bezogen werden sollen.[36]

Michel Foucault wiederum wies darauf hin, dass der Einzelne sowohl durch eine Konstitution der Macht als auch durch eine Selbstkonstitution eine Biographie erhalten kann. Als Beispiel hierfür nannte er einerseits das »Leben der infamen Menschen«, die erst durch die Berührung mit dem Staat oder der Justiz in den Akten verewigt wurden. Andererseits war für ihn eine Selbstkonstitution durch bewusste »Akte des Selbst« möglich, wie etwa durch das »ecire de soi«, das Schreiben über sich selbst.[37]

Die feministische Wissenschaft kritisierte hingegen an der Biographie, dass

---

34 Sieder, Reinhard, Nach dem Ende der biographischen Illusion: Leben im Konditional, in: Petschar, Hans / Rigele, Georg (Hg.), Geschichte. Schreiben, Wien 2004, S. 21–47 sowie Sieder, Reinhard, Gesellschaft und Person: Geschichte und Biographie. Nachschrift, in: Ders. (Hg.), Brüchiges Leben. Biographien in sozialen Systemen, Wien 1999, S. 252 ff.

35 Bourdieu, Pierre, Die biographische Illusion, in: Ders., Praktische Vernunft. Zur Theorie des Handelns, Frankfurt/Main 1998, S. 29 ff. Erstmals auf Deutsch erschienen ist der Text in der Zeitschrift BIOS: Bourdieu, Pierre, Die biographische Illusion, in: BIOS 1 (1990) S. 75–81.

36 Liebau, Eckart, Laufbahn oder Biographie? Eine Bourdieu-Lektüre, in: BIOS. Zeitschrift für Biographieforschung und Oral History 1 (1990) S. 83–89, Niethammer, Lutz, Kommentar zu Pierre Bourdieu: Die biographische Illusion, in: BIOS 1 (1990) S. 91–93.

37 Vgl. hiezu: Raulff, Ulrich, Das Leben – buchstäblich. Über neue Biographik und Geschichtswissenschaft, in: Klein, Christian (Hg.), Grundlagen der Biographik. Theorie und Praxis des biographischen Schreibens, Stuttgart/Weimar 2002, S. 55–68.

diese ein männliches Genre und die Geschichte der Biographie eine Geschichte des Ausschlusses der Frau sei, die sich an den »männlichen Parametern« Beruf und Macht orientiere. Als Ergebnis dieser Feststellung hatte bereits die alte Frauenbewegung begonnen, Archive anzulegen, die weibliches Leben dokumentieren. »Heldinnenbiographien« wurden in Analogie zu den Biographien über die »großen Männer« geschrieben. Die Frauenbewegung der 1970er Jahre, die im wissenschaftlichen Raum lange in der Sozialgeschichte beheimatet war, stellte hingegen die Kriterien einer Biographie in Frage und forderte, dass neben dem Beruf und einem öffentlichen Amt auch das Private, die Familie, ihre Berechtigung in der Biographie haben müssen. Ein ganzheitlicher Zugang, der diesem Umstand Rechnung trägt, wurde gefordert.[38]

Verbunden mit dem Einzug des Digitalen in die Biographik war schließlich die Forderung, sich vom eindimensionalen, kausalen Denken zu verabschieden. Gleichzeitigkeit, Mehrschichtigkeit und Multilinearität wurden zur Grundlage von Lebensbeschreibungsmodellen. Festgehalten wurde, dass das Leben als Ansammlung unterschiedlicher Informationseinheiten gesehen werden kann, die je nach Wahl des Lesewegs - entsprechend dem Hypertext - immer wieder neu miteinander im »Netz der Gesellschaft« kombiniert werden können. Das Leben müsse als komplexe dynamische Einheit ohne feste lineare Erzählstrategie begriffen werden, denn nur dieser Zugang würde den modernen Patchwork-Biographien und dem »flexiblen Selbst« der Gegenwart entsprechen.[39]

Insgesamt ist die Biographie nach dem »Ende der biographischen Illusion« somit brüchig geworden. Eine geschlossene Identität besteht nicht mehr. Identität wird fragmentiert, der feste »Lebensplan« ist - so noch einmal Sieder - durch ein »Leben im Konditional« abgelöst worden.[40]

---

38 Vgl. zur feministischen Kritik etwa: Von der Lühe, Irmelda / Runge, Anita (Hg.), Biographisches Erzählen (Querelles. Jahrbuch für Frauenforschung 6), Stuttgart/Weimar 2001, Dausien, Bettina, Leben für andere oder eigenes Leben? Überlegungen zur Bedeutung der Geschlechterdifferenz in der biographischen Forschung (Werkstattberichte des Forschungsschwerpunktes Arbeit und Bildung 19), Bremen 1992, S. 37–70, Dausien, Bettina, Biographieforschung als »Königinnenweg«. Überlegungen zur Relevanz biographischer Ansätze in der Frauenforschung, in: Diezinger, Angelika / Kitzer, Hedwig / Anker, Ingrid / Bingel, Irma / Haas, Erika / Odierna, Simone (Hg.), Erfahrung mit Methode. Wege sozialwissenschaftlicher Frauenforschung, Freiburg/Breisgau 1994, S. 129–153, Reulecke, Anne-Kathrin, »Die Nase der Lady Hester«. Überlegungen zum Verhältnis von Biographie und Geschlechterdifferenz, in: Röckelein, Hedwig (Hg.), Biographie als Geschichte, Tübingen 1993, S. 117–142.

39 Oels, David / Promobka, Stephan, Netzlebenslinien. Probleme der Biographie im digitalen Zeitalter, in: Klein, Christian (Hg.), Grundlagen der Biographik. Theorie und Praxis des biographischen Schreibens, Stuttgart/Weimar 2002, S. 129–142.

40 Sieder, Nach dem Ende der biographischen Illusion, S. 21–47.

1.2. Theoretisch-methodische Überlegungen zu einer Biographie über Christian Broda

Fasst man die Kritik, die an die Biographie in den letzten Jahren herangetragen wurde, zusammen, steht fest, dass eine Rückkehr zu den biographischen Traditionen des 19. Jahrhunderts nicht mehr möglich ist.

Sozial- und strukturgeschichtliche Aspekte sind zu berücksichtigen. Der historische, sozioökonomische und gesellschaftliche Kontext, die sozialen Felder, in denen ein Akteur/eine Akteurin handelt, sind nicht mehr aus einer modernen Biographie wegzudenken. Dem Diskurs und somit der Frage von Konstruktion und Dekonstruktion wurde ein Platz in der Biographieforschung eingeräumt. Interessant ist, wie über den Biographierten/die Biographierte gesprochen wird und wie sich dieser/diese selbst inszeniert. Der »Lebensplan« als neuzeitlicher Leitgedanke und mit ihm die Chronologie als einzig logische Darstellungsform sind zu Bruch gegangen. Dem Zufall wird nun sein historisches Recht in der Biographie eingeräumt, Möglichkeitsdimensionen, Handlungsoptionen und Entscheidungssituationen rücken in den Vordergrund. Kontinuitäten und Brüche, Umwege, Rückschläge, das Diskontinuierliche erscheinen nun interessant. Einflüsse und Parallelitäten sollen aufgezeigt werden. Von der Vorstellung, eine einzig mögliche folgerichtige Erzählung vorlegen zu können, hat man sich verabschiedet. Ins Zentrum der Biographik sind Arbeiten getreten, die die Biographierten unter einem bestimmten Aspekt, in Hinblick auf eine bestimmte Fragestellung erörtern. Betont wird, dass eine Biographie immer nur eine Annäherung, eine Interpretation sein kann, dass das Leben etwas Dynamisches, Fließendes ist, das keinem vorgelegten Plan folgt, es aus Privatem und Öffentlichem, Beruf, Amt und Familie besteht und somit mehrdimensional ist, dass Männer und Frauen Biographien (mit oft unterschiedlichen gesellschaftlichen Handlungs- und Gestaltungsmöglichkeiten) haben und die Geschichte nicht nur aus jener der »großen Männer« besteht.

Eine Biographie über Christian Broda vor dem Hintergrund der Biographie-Diskussion der letzten Jahre zu schreiben, ist nicht einfach und macht das Unterfangen zu einer komplexen Aufgabe. Der Theoriediskussion der letzten Jahrzehnte können jedoch zahlreiche wichtige Anregungen und Hinweise entnommen werden, während auf andere Punkte grundsätzlich zu antworten ist.

Wichtigste Erkenntnis aus der Beschäftigung mit der Theorie ist der bereits eingangs angeführte Umstand, dass im Rahmen dieser Arbeit nur eine Annäherung an Christian Broda geleistet werden kann. Zahlreiche BiographInnen haben in den letzten Jahren (auch aufgrund der Kritik, die an die Biographie in den letzten Jahrzehnten herangetragen wurde) nur einen bestimmten Lebensabschnitt, ein bestimmtes Betätigungsfeld oder einen bestimmten Aspekt im

Leben einer historischen oder zeitgenössischen Person zum Gegenstand ihrer Arbeit gemacht. Da der besondere Reiz einer Biographie über Christian Broda – zumindest in meinen Augen – aber darin liegt, zu zeigen, wie sich sein Leben entwickelte und in welchen Politikbereichen er eine Rolle spielte, ihn als »Schnittstelle« in der Politik der Zweiten Republik zu erörtern, wurde in dieser Arbeit von einem solchen Konzept Abstand genommen.

Die vorliegende Arbeit versucht vielmehr eine biographische Annäherung an Broda, die einen Überblick über Leben und Politik im historischen Kontext gibt. Sie fokussiert aber bestimmte thematische Schwerpunkte, die im Spannungs-verhältnis von Demokratie, Recht und Gesellschaft angesiedelt sind, womit sie sich in jenem thematischen Dreieck bewegen, in dem Broda selbst seine Arbeit immer wieder platziert hat.[41] Sie betreffen in erster Linie seine Tätigkeit in den Bereichen Rechts-, Medien- und Demokratiepolitik, Umgang mit der NS-Ver-gangenheit, Kampf um die Wahrung der Menschenrechte und Abschaffung der Todesstrafe. Der Privatmann Broda, der Anwalt, seine Tätigkeit als ARBÖ-Präsident oder als Mitglied der österreichischen Gesellschaft für China-For-schung werden demgegenüber minimiert, Brodas Tätigkeit im Bund Sozialis-tischer Akademiker (BSA) wird nur in ausgewählten Bereichen verfolgt – etwa dahingehend, dass sein Einstieg in die SPÖ im Jahr 1948 über den BSA erfolgte.

Relevante Fragestellungen, die sich aufgrund der politischen Laufbahn von Broda ergeben, sind jene von Bruch und Kontinuität, das Spannungsfeld von Macht- und Sachpolitik gemessen an den umfassenden (beinahe als theoretisch zu bezeichnenden) Schriften Brodas zur Demokratie-, Gesellschafts- und Rechtspolitik sowie Widersprüche – wie etwa, wenn dem ehemaligen Wider-standskämpfer vorgeworfen wird, zu wenig in der Verfolgung von NS-Verbre-chern zu tun. Gefragt wird nach zentralen Ereignissen und Erlebnissen, seinen Netzwerken und Themen, die in seinem Leben nur peripher eine Rolle spielten, die über Jahre hinweg Bedeutung hatten bzw. im Laufe der Zeit immer wichtiger wurden. Es interessieren seine politische Vorgehens- und Argumentationsweise und immer wieder seine ideologische Positionierung, die besonders vor seinem biographischen Hintergrund – nach der Trennung vom Kommunismus und der Hinwendung zur Sozialdemokratie – als wesentlich erscheint.

Ergebnis aus der Beschäftigung mit der Theorie ist auch die Erkenntnis, dass Lebensweg und Tätigkeit Brodas kontextualisiert werden müssen: mit seiner familiären Herkunft, mit der politischen und gesellschaftlichen Entwicklung in der Ersten Republik, im »Ständestaat«, Nationalsozialismus und der Zweiten Republik, den politischen Feldern und Parteien, in denen Broda aktiv war und jenen Menschen, die das Leben Brodas kreuzten, ihn beeinflussten, förderten oder gegen ihn waren und ihn bekämpften. Wesentlich ist diese Form der

---

41 Vgl. hierzu etwa: Broda, Demokratie – Recht – Gesellschaft.

Kontextualisierung nicht zuletzt dafür, vorhandene Handlungsmöglichkeiten aufzuzeigen, Positionen – etwa im Vergleich zu anderen politischen AkteurInnen oder WeggefährtInnen – auszuloten und jenes »Sittenbild« der Zweiten Republik entstehen zu lassen, das sich anhand der häufig umstrittenen, noch heute polarisierenden Person Christian Broda so gut zeichnen lässt.

Wichtige Implikationen soll die Arbeit zudem aus den Erkenntnissen des linguistic turn erhalten. In diesem Sinn interessiert, wie Christian Broda im Laufe der Zeit rezipiert wurde und wie er heute gesehen wird. Wesentlich erscheint dabei einerseits, dass Christian Broda sehr früh, mit 15 Jahren, die Aufmerksamkeit der Medien auf sich zog und dies über weite Strecken seines Lebens so blieb. Andererseits war kaum ein Politiker der Zweiten Republik so heftig umstritten wie Christian Broda. Die Diskussion über seine Person und sein politisches Werk ermöglicht somit wichtige Einblicke in die Zweite Republik. Der Name Broda ist – insbesondere wenn von der »gefängnislosen Gesellschaft« gesprochen wird – noch heute Synonym für eine Gesellschaftspolitik, an der sich die Geister scheiden.

Angewendet werden können die Erkenntnisse des linguistic turn aber auch auf die eigenen Schriften Brodas. Auch hier gilt es nach Inszenierung und Konstruktion zu fragen, und das besonders dann, wenn er sich – was nur vereinzelt der Fall ist – im Sinne Foucaults »ecrire de soi« seine Biographie selbst schreibt. Quellen sollen offengelegt werden, wobei dies nicht nur durch Belege in Fußnoten, sondern immer wieder im Text selbst erfolgen soll, um deutlich zu machen, wer wie wann und wo spricht, wo Unterlagen vorhanden sind, fehlen oder sich widersprechen. Durch eine stete Betonung der Medienberichterstattung zu bzw. über Christian Broda und einem abschließenden Kapitel über dessen Wahrnehmung nach seinem Tod soll die biographische Trias Leben – Werk – Gesellschaft schließlich durch einen weiteren Zugang, den des Narrativen, ergänzt werden.

Was die äußere Form der Arbeit betrifft, wird großteils – um eine gewisse Erzählbarkeit zu garantieren – ein chronologischer Zugang verfolgt. Dieser wird jedoch mehrfach durch Vor- und Rückblicke, »Hyperlinks« im »Netz« der Biographie Brodas, und thematische Längsschnitte unterbrochen. Dabei wird das biographische Genre ganz bewusst in jenen Bereichen »gesprengt«, die im Rahmen der Arbeit zentral sind: in der Rechts-, Medien- und Demokratiepolitik, dem Umgang mit der NS-Vergangenheit und der Menschrechtspolitik. Notwendig erscheint dies vor allem deshalb, um nicht in die von Bourdieu vorgezeichnete Falle der »biographischen Illusion« zu geraten bzw. um Brodas Tätigkeit in einem Feld verankern zu können. Mit der Übernahme politischer Ämter tritt Broda schließlich aber auch hier immer mehr als Akteur in den Vordergrund. Das, was zuvor als historischer Hintergrund, quasi als »Vorspann«, aufgezeigt wurde, wird nun von ihm immer stärker mitbestimmt.

Besonders die feministische Wissenschaft hat der Biographik in den letzten Jahrzehnten vorgeworfen, sich mit »großen, wirkungsmächtigen Männern« zu beschäftigen und bei der Beschreibung von Leben »männliche Parameter« (Macht, Amt und Beruf) anzulegen. Mit der Wahl von Christian Broda als Gegenstand einer biographischen Studie und der Fokussierung auf den Politiker Broda, das heißt der weitgehenden Ausklammerung des Privaten, wird auch eine Erwiderung auf diese Kritik notwendig. Wichtig erscheint es mir daher, bereits eingangs zu betonen, dass die Entwicklung Brodas – seien es nun seine Tätigkeit als Anwalt oder seine Funktionen, die er als Politiker eingenommen hat – nicht nur durch Herkunft, Bildung, sein persönliches Streben und ein enormes Arbeitspensum möglich waren. Auch sein Geschlecht und der Umstand, dass Männern in der Zweiten Republik weitaus größere Chancen zur Verfügung standen (und stehen) als Frauen spielen zweifellos eine Rolle. Frauen sichtbar zu machen – etwa wenn es um die Frauenbewegung und ihren Anteil an der Rechtsreform geht – ist daher auch ein besonderes Anliegen dieser Arbeit.

2. Frühe Jahre 1916–1938

Christian Broda wurde am 12. März 1916 (mittags zwischen ein und zwei Uhr) als zweites Kind von Viola und Ernst Broda in Wien geboren. Sein älterer Bruder Engelbert Egon August Ernst Broda, später ein bedeutender Experte auf dem Gebiet der physikalischen Chemie sowie ein engagierter Umwelt- und Friedensschützer sowie Wissenschaftshistoriker,[42] war bereits sechs Jahre zuvor, am 29. August 1910, geboren worden. Auf Grund der Vorliebe der Mutter für den dänischen Märchenerzähler Hans-Christian Andersen wurde er am 7. Mai 1916 in der Lutherischen Stadtkirche im ersten Wiener Gemeindebezirk auf den Namen Hans Christian Karl Felician getauft.[43] Einer seiner beiden Taufpaten war der später berühmt gewordene Rechtsprofessor Hans Kelsen, der ein enger Freund der Eltern war.[44] Seine vier Vornamen benutzte er im Schrift- und amtlichen Verkehr nie. In jungen Jahren zeichnete er mit Hans Christian Broda oder (wie auf Schulzeichnungen deutlich wird) bereits damals schon mit Christian Broda, in den Jahren nach 1945 führte er nur mehr seinen zweiten Vornamen.

---

42 Vgl. hierzu: Broda, Engelbert, Ludwig Boltzmann. Mensch – Physiker – Philosoph, Wien 1955.

43 Lutherische Stadtkirche, Wien, Taufbuch 1916, Eintrag 54 sowie Unser Kind, AChB, ÖNB, Handschriftensammlung, X.2.1. Hinsichtlich des zweiten Taufpaten ist im Album »Unser Kind« Dr. Karl Keck notiert, im Taufbuch heißt es »Dr. Carl Kelsen«. Es ist davon auszugehen, dass beim Eintrag im Taufbuch ein Fehler passiert ist, jedenfalls scheint der Name Karl Keck auch in späteren Korrespondenzen auf. Vgl. zur Namenswahl: Keller, Heinrich, Christian Brodas Werk bleibt Auftrag und Verpflichtung, in: Sozialistische Korrespondenz vom 2.2. 1987.

44 Gespräch mit Christian Broda, in: Die Ohnmacht der Henker. Franz Kreuzer im Gespräch mit Hans Zeisel und Christian Broda, Wien 1986, S. 35 und Minister Broda in: Hans Kelsen-Institut (Hg.), Hans Kelsen zum Gedenken (Schriftenreihe des Hans Kelsen-Instituts 1), Wien 1974, S. 70 ff.

2.1. Der familiäre Hintergrund

Christian Broda wuchs in einem großbürgerlichen Haus auf. Die Mutter, Viola
Broda, geborene Pabst, entstammte einer katholischen Familie von Eisen-
bahnangestellten. Schon ihr Großvater väterlicherseits, Franz Pabst, war in Prag
bei der Bahn gewesen. Ihr Vater August Franz Pabst, geboren in der Nähe von
Znaim, war später Stationsvorsteher auf dem Wiener Ostbahnhof. Ihre Mutter,
Elisabeth Maria Lodovica Noe, geboren in Oravicabanya bei Temesvar, wuchs
ebenfalls als Tochter eines Stationsvorstehers auf und war künstlerisch interessiert.[45] Viola Pabst wurde am 25. Mai 1884 in Raudnitz an der Elbe in Böhmen
geboren. Ein Jahr später kam hier auch ihr jüngerer Bruder, Georg Wilhelm
Pabst, zur Welt. Viola Broda zog es zum Schauspiel. Sie ging 1898 zur Bühne und
wurde eine erfolgreiche Schauspielerin, die vor allem als Soubrette reüssierte.
Theater, an denen sie spielte, waren etwa das Raimundtheater, das Stadttheater
Lübeck oder das Großherzogliche Hoftheater in Mecklenburg-Schwerin. Stücke,
in denen sie auftrat, waren unter anderem »Alt Heidelberg« (Franz Gottsched),
»Wildfeuer« (Friedrich Halm) oder das »Käthchen von Heilbronn« (Heinrich
von Kleist).[46] Nach der Geburt der beiden Kinder gab sie ihren Beruf jedoch auf.
Ihr Interesse für Kunst und Kultur behielt sich Viola Broda, die als äußerst
gebildete Frau mit einer großen Freude an Blumen und der Gartenarbeit beschrieben wird, jedoch ihr Leben lang bei.[47]
   Ihr jüngerer Bruder, G. W. Pabst, zu dem Viola Broda stets ein sehr enges
Verhältnis hatte und der über seine Schwester ebenfalls den Weg zum Theater
fand,[48] wurde mit Filmen wie »Die freudlose Gasse«, »Die Büchse der Pandora«,
»Tagebuch einer Verlorenen« oder »Westfront 1918« zu einem der bedeu-
tendsten Filmregisseure der Zwischenkriegszeit. Vor allem aufgrund seiner
Stoffauswahl (etwa der Darstellung von Not und moralischem Verfall im Wien
der Inflationszeit in der »Freudlosen Gasse«) und seinen häufig weiblichen
Protagonistinnen (wie etwa Greta Garbo, Asta Nielsen oder Louise Brooks) er-
warb er sich den Namen »roter Pabst« bzw. die Charakterisierung, ein »Regisseur der Frauen« zu sein.[49]
   Der Vater, Ernst Broda, geboren am 27. Oktober 1885 in Wien, entstammte
einer wohlhabenden jüdischen Familie von Zuckerfabrikanten mit Stammsitz

---

45 Georg Wilhelm Pabst, http://www.cinegraph.de/lexikon/Pabst_GW/biografie.html (12.10.
    2009).

46 Vgl. zu Viola Broda: AChB, ÖNB, Handschriftensammlung, X.96 – X.99.

47 Interview mit Univ.-Prof. Dr. Johanna Broda am 6.8.2010.

48 Ebenda.

49 Vgl. zu G. W. Pabst etwa: Jacobsen, Wolfgang (Hg.), G. W. Pabst, Berlin 1997 oder die
    Begleitpublikation zur Filmretrospektive und Ausstellung des Filmarchiv Austria »Ge-
    heimnisvolle Tiefe. G. W. Pabst« vom 16.–29. April 1998 in Wien.

Viola Broda als Schauspielerin

im mährischen Nikolsburg, wo eine große jüdische Gemeinde bestand. Wie Paul Broda in einer biographischen Notiz über seinen Vater, Engelbert Broda, ausführt, gab es in der väterlichen Linie von Ernst Broda einst einen bedeutenden Rabbiner aus Prag. In der mütterlichen Linie des Vaters war Abraham Auspitz zur Zeit Maria Theresias das »Haupt der mährischen Judenschaft«. Der Stammbaum der Familie Broda[50] reicht bis in die zweite Hälfte des 18. Jahrhunderts zurück und beginnt mit Moses Brodi und Therese Auspitz, die eine große Familie gründeten, zu der im weiteren Umfeld so einflussreiche Familien wie die Gomperz, die Epsteins und die Wertheimsteins gehörten.[51] Der Großvater von Christian Broda, Engelbert Moritz Broda, wurde 1844 geboren und ist – wie Forschungen von Felix Gundacker ergeben haben – noch in den Geburtsmatriken der Israelitischen Kultusgemeinde von Nikolsburg verzeichnet.[52] Bei seiner Heirat mit der aus Wien stammenden Helene Bauer, die 1879 in der

---

50 Vgl.: Zentralbibliothek für Physik, Nachlass Engelbert Broda, Bilder Broda F 83 – 051. Das Original des gezeichneten Stammbaums befindet sich im Besitz von Marietheres Frauendorfer.

51 Interview mit Marietheres Frauendorfer am 16. 3. 2007.

52 Vgl. die Geburtsmatriken der IKG Nikolsburg 1763 – 1845, die sich heute im Jüdischen Museum in Prag befinden. Eine Kopie des entsprechenden Eintrages in den Geburtsmatriken wurde mir von Ing. Felix Gundacker zur Verfügung gestellt.

Helenenkirche in Baden bei Wien erfolgte, wurde er ebenso wie seine Eltern bereits als Katholik geführt. Helene Bauer hatte – nach dem zitieren Aufsatz von Paul Broda – erst in diesem Jahr die jüdische Gemeinde verlassen.[53] Bei ihren Eltern wurde in den Heiratsmatriken hingegen noch »mosaische Religion« notiert.[54] Der Sohn von Engelbert Moritz Broda und Helene Bauer, Ernst Broda, wurde rund zwei Monate nach der Geburt katholisch getauft.[55] Wie viele andere Juden dieser Zeit waren seine Eltern vom jüdischen zum katholischen Glauben konvertiert.[56] Nach der Hochzeit bezogen sie eine Mietwohnung in einem neu erbauten Haus des Prinzen Schwarzenberg in der Heugasse (heute Prinz-Eugen-Straße), die über 100 Jahre lang von der Familie – zuletzt von Engelbert Broda – bewohnt werden sollte.[57]

Engelbert Moritz Broda und Helene Bauer hatten fünf Kinder – die Söhne Rudolf und Ernst und die Töchter Hedwig, Emmi und Grete.

Rudolf Broda, geboren 1881, war ein aktiver Pazifist, Sozialdemokrat und Soziologe, der stets viel reiste und besonders enge Beziehungen in die USA hatte. Beruflich war er als Soziologe und Universitätslehrer in der ganzen Welt, unter anderem in Paris, Zürich, der Harvard University in Boston oder der Antioch University in Yellow Springs, tätig. Als überzeugter Pazifist gründete er den »Bund für Menschheitsinteressen und Organisierung menschlichen Fortschrittes« und gab von 1909 bis 1914 die »Dokumente des Fortschritts« heraus, die in englischer, deutscher und französischer Sprache erschienen. Mitarbeiter waren unter anderem Jean Jaures, Ramsay Mac Donald und Hjalmar Branting. Sowohl der »Bund für Menschheitsinteressen und Organisierung menschlichen Fortschritts« als auch die »Dokumente des Fortschritts«, die schon früh die Idee des Völkerbundes vertraten, zählten zu den geistigen und organisatorischen Zentren der internationalen Friedens- und Abrüstungsbewegung vor und während des Ersten Weltkriegs. Rudolf Broda, der während des Ersten Weltkriegs aktiv den Militärdienst verweigerte und deswegen in Österreich (in Abwesenheit, Broda lebte zu jener Zeit in der Schweiz) auch des Hochverrats bezichtigt wurde, starb 1932 in den USA, wo er zu diesem Zeitpunkt bereits seit mehreren Jahren gelebt hatte. Zu seinen Publikationen zählen eine »Naturgeschichte der politischen Parteien«, eine sozialpsychologische Studie über das

53 Broda, Paul, Meine Aufzeichnungen über E. B., in: Broda, Paul / Deutsch, Gitta / Markl, Peter / Schönfeld, Thomas / Springer-Lederer, Helmut (Hg.), Engelbert Broda. Wissenschaft – Verantwortung – Frieden. Ausgewählte Schriften, Wien 1985, S. 304.

54 Heiratsmatriken Pfarre St. Helena, Baden (nun Pfarre St. Christoph, Baden), 1879.

55 Pfarre St. Karl, Wien, Taufbuch, Bd. 33, 1880–1886, Taufregister Eintrag 326, Broda, Ernst Viktor.

56 Vgl. zum Themenkomplex ausführlich die umfangreichen Arbeiten von Anna-Lea Staudacher.

57 Broda, Meine Aufzeichnungen über E. B., S. 304.

Ernst Broda (vierter von links) mit seinen Geschwistern

moderne Proletariat, eine Untersuchung über die gesetzliche Fixierung der Löhne – Broda war zeitweise auch ein Mitarbeiter des Internationalen Arbeitsamtes – sowie eine Studie zum Problem des Proportionalwahlrechts in Österreich. Die Vorträge von Rudolf Broda wurden unter anderem vom seinem jungen Neffen besucht.[58]

Ernst Broda, der Vater von Christian Broda, war promovierter Jurist, der sich während seines Studiums auch mit Nationalökonomie beschäftigt hatte.[59] Er trat 1910 in den Staatsdienst ein und war bis 1913 bei der Finanzprokuratur tätig. Während des Ersten Weltkrieges wurde er dem k. und k. Kriegsministerium zur Dienstleistung zugewiesen. Nach der Beendigung des Krieges war er zunächst im Bundesministerium für Äußeres, dann im Finanzministerium beschäftigt, ab 1920 war er als Jurist in der Privatindustrie (gemeinsam mit G. W. Pabst im

---

58 AChB, ÖNB, Handschriftensammlung, X.112, Österreichisches Biographisches Lexikon 1815–1950, Bd. 1, S. 115, Rudolf Broda gestorben, in: Arbeiter-Zeitung, 20.5.1932.

59 Ernst Broda wurde immer wieder – so auch von Christian Broda – als Nationalökonom bezeichnet. Ein eigenes Studium der Nationalökonomie bestand in den Jahren, in denen Ernst Broda studierte, nicht. Vorlesungen in Nationalökonomie konnten jedoch im Rahmen des rechtswissenschaftlichen Studiums belegt werden. Vgl.: AChB, X.1.7, Archiv der Universität Wien, Nationale der Juridischen Fakultät WS 1903/1904 – SS 1908.

Filmbereich) und als Rechtsanwalt tätig.[60] Wie sein älterer Bruder, Rudolf Broda, meldete sich auch Ernst Broda immer wieder publizistisch zu Wort. Überliefert sind im Nachlass von Christian Broda politische, ökonomische und juristische Überlegungen zur wirtschaftlichen Lebensfähigkeit Österreichs nach dem Ersten Weltkrieg (die Ernst Broda bejahte), zum »Wesen der Gesetzeswissenschaft«, zur »bosnischen Okkupation als Kriegsursache und ihre Bekämpfung durch die Deutschen Österreichs« oder zur Frage, ob »die tschechoslowakische Republik zu ihrer wirtschaftlichen Lebensfähigkeit den Anschluss an fremdländische Gebiete benötigt«.[61]

Seine Schwester Hedwig Broda heiratete Ferdinand Marek, der ähnlich wie G. W. Pabst eine wichtige Rolle im Leben von Engelbert und Christian Broda spielte und diesen immer wieder Unterschlupf und Hilfe bot, wenn diese in Not oder während des austrofaschistischen »Ständestaats« auf der Flucht vor der Polizei waren.[62] Marek, geboren 1881, war nach 1918 der erste österreichische Botschafter in der Tschechoslowakei. Nach dem Einmarsch deutscher Truppen in Österreich im März 1938 wurde er aus dieser Funktion entlassen. Den Zweiten Weltkrieg verbrachte er als Beschäftigter bei einer tschechischen Firma in Prag, wo er am 23. Mai 1945 von Offizieren der sowjetischen Spionageabwehr »Schmersch« verhaftet wurde. Vorgeworfen wurde Marek, dass er ein Geheimagent der Gestapo gewesen sei und für den deutschen Nachrichtendienst gegen die Sowjetunion spioniert habe.[63] In Folge wurde er in die Sowjetunion verschleppt, wo er – was erst später bekannt wurde – am 4. Mai 1947 in einem Moskauer Gefängnis starb. Alle Versuche der Familie sowie österreichischer und tschechischer Behörden, etwas über das Verbleiben von Ferdinand Marek zu erfahren, blieben zunächst erfolglos. Dokumentiert sind in diesem Zusammenhang zahlreiche Versuche Christian Brodas, der auch der Abwesenheitskurator von Ferdinand Marek war, Genaueres über das Schicksal seines Onkels

---

60 Bericht der Bundespolizeidirektion Wien an den Bundeskanzler in Hinblick auf die Vernehmung von Ernst Broda im Zusammenhang mit der Ermordung von Georg Semmelmann vom 20.8.1931. ÖStA/AdR, BKA, Polizeidirektion Wien Berichte, Ktn. 17, GZ 3412/28/31.

61 AChB, ÖNB, Handschriftensammlung, X.91 – X.96 und Nachtrag, XXI.9.

62 Interview mit Marietheres Frauendorfer am 16.3.2007.

63 Wie Herbert Steiner in seiner Studie über Ferdinand Marek ausführt, ergaben die ausführlichen Verhöre mit Marek, dass dieser zwar zeitweise von der Gestapo erpresst wurde, aber keine Spionage gegen die UdSSR betrieben habe. Er hatte lediglich einige Berichte über außenpolitische Fragen verfasst und der Gestapo übergeben. Erpresst wurde Marek von der Gestapo mit der jüdischen Herkunft seiner Frau Hedwig, die bereits 1939 in die Schweiz emigrierte, und dem Wohl seiner Kinder. Hedwig Marek kehrte nach dem Krieg – im Jahr 1948 – nach Österreich zurück und lebte dann in Schruns/Vorarlberg, wo sie auch begraben wurde. Vgl.: Steiner, Herbert, První rakouský vyslanec v Praze Ferdinand Marek: jeho osudy v letech 1938–1947 / Der erste österreichische Gesandte in Prag Ferdinand Marek: sein Schicksal in den Jahren 1938–1947, Praha/Prag 1995, insbesondere S. 65, S. 92 f und S. 98.

in Erfahrung zu bringen. Erst im Juli 1954 wurde den österreichischen Behörden von Seiten Moskaus jedoch ein Totenschein übermittelt.[64]

Emmi Broda ehelichte Oberst Eduard Obst von Tarrawehr, der mit Leib und Seele in der k-und-k-Armee diente und dort einen so hohen Rang innehatte, dass er sogar am Tisch des Kaisers – wenn auch weit von diesem entfernt – speiste. Nach dem Zusammenbruch der Monarchie übersiedelten sie nach Graz, nachdem Eduard Obst von Tarrawehr dort von einem Freund der Familie, dem Humanic-Besitzer Mayer-Rieckh, eine Stelle angeboten worden war.

Grete Broda, das jüngste Familienmitglied, heiratete nie und blieb stets in der elterlichen Wohnung in der Prinz-Eugen-Strasse, wo sie bei einem tragischen Unfall – von einem neuen Ofen in ihrem Zimmer trat Gas aus – als junge Frau umkam.[65]

Viola und Ernst Broda

64 StBKA, BMAA Staatssekretariat, Box 1953 ff, ungeordnet. Vgl. zum Schicksal von Ferdinand Marek zudem: Was ist mit dem Gesandten Marek, in: Arbeiter-Zeitung, 29. 10. 1953, Österreichisches Biographisches Lexikon 1815 – 1950, Bd. 6, S. 75 sowie Steiner, Der erste österreichische Gesandte in Prag Ferdinand Marek.

65 Interview mit Marietheres Frauendorfer am 13. 12. 2010.

Die Eltern von Christian Broda, beide zum evangelischen Glauben konvertiert, heirateten am 23. März 1909 in der Lutherischen Stadtkirche im ersten Wiener Gemeindebezirk – an jenem Tag, an dem Ernst Broda zum Dr. jur. promovierte.[66] Sein 1905 verstorbener Vater, Engelbert Moritz Broda, hatte jedem seiner vier überlebenden Kinder ein stattliches Privateinkommen hinterlassen, das aus den Auspitz'schen Zuckerfabriken in Rohatetz stammte und seinen Kindern ein sorgenfreies Leben ermöglichte.[67] Während Ernst Broda – so dessen Sohn Engelbert – eine »zarte, oft bedrückte Natur« war, war Viola Broda die »unbestritten dominante und vitale Persönlichkeit der Familie«, die gerne Freunde um sich versammelte und ein »großes Haus [hielt], soweit es ihre finanzielle Lage nur irgendwie erlaubte«.[68] Zum weit gestreckten Freundes- und Bekanntenkreis der Familie zählten etwa Max und Jenny Adler, der Völkerrechtler Alfred Verdross, Hans Kelsen, der Rechtsanwalt Egon Schönhof (Taufpate von Engelbert Broda), Otto Bauer und Karl Renner.[69] Robert Danneberg, einer der maßgeblichen Gestalter des Roten Wien, der als Jurist auf Seiten der Sozialdemokraten regen Anteil an der Verfassungsdiskussion nahm, war ein Schulkollege des Vaters.[70] Zum Komponisten Wilhelm Kienzl, der die Musik für die erste Bundeshymne der Ersten Republik schuf – der Text stammte von Karl Renner –, bestand ebenso ein verwandtschaftliches Verhältnis wie zum späteren Stadtschulratspräsidenten von Wien, Leopold Zechner.[71] Für Leo Trotzki soll die Familie – so Paul Broda – vor 1914 eine Zeit lang als »Postfach« fungiert haben.[72]

Engelbert und Christian Broda hatten ein gutes Verhältnis zu ihren Eltern. Die Beziehung zu ihnen hat Christian Broda als »wunderbar, frei und gerade deshalb von tiefer und echter Herzlichkeit« beschrieben. Sie haben – so Broda – »viel dazu beigetragen, dass wir Kinder – mein älterer Bruder Engelbert und ich – von sehr jungen Jahren an rege geistige Anregung erhielten.«[73] Dazu gehörte, dass in der Familie und ihrem Umfeld »sehr viel von Politik und Politikern die Rede«

---

66 Vgl.: Archiv der Universität Wien, Juristische Fakultät, Promotionsprotokolle 1909, Lutherische Stadtkirche, Wien, Trauungsbuch, 1909, Eintrag 231.

67 Broda, Meine Aufzeichnungen über E. B., S. 304.

68 Hoffmann-Ostenhof/Nagy/Wimmer, Der lange Marsch zum Seelenfrieden, S. 8.

69 Persönliche Vorbemerkungen, in: Broda, Demokratie – Recht – Gesellschaft, S. 9, Hoffmann-Ostenhof/Nagy/Wimmer, Der lange Marsch zum Seelenfrieden, S. 8.

70 Broda, Christian, Bei der AG, in: AZ-Journal, Nr. 18, 3. 5. 1975, S. 11. Vgl. zu Robert Danneberg auch: Hindels, Josef, Robert Danneberg. Gelebt für den Sozialismus – ermordet in Auschwitz, Wien 1985.

71 Kienzl war in zweiter Ehe mit Henny Bauer verheiratet. Diese wiederum war eine Tochter des Bruders von Helene Bauer-Broda. Mit Leopold Zechner war die Familie über dessen Frau Elsa verwandt. Interview mit Marietheres Frauendorfer am 13. 12. 2010.

72 Broda, Meine Aufzeichnungen über E. B., S. 304, Interview mit Marietheres Frauendorfer am 16. 3. 2007.

73 AChB, ÖNB, Handschriftensammlung, X.1.7.

Christian Broda (erster von links) mit Elisabeth und Hans-Georg Marek sowie Engelbert Broda im Garten des Schlosses Belvedere, Wien

war[74] und auch »viel über Rechtsprobleme gesprochen wurde.«[75] Die politische Einstellung seiner Großeltern bezeichnete Paul Broda in der bereits zitierten biographischen Skizze über seinen Vater Engelbert als »fortschrittlich«. An anderer Stelle, einem Bericht aus dem Jahr 1978, dem ein Interview mit Christian Broda und Aussagen von Engelbert Broda zugrunde liegen, wird das Elternhaus als »liberal« beschrieben. Viola Broda tendierte hiernach eher zur Sozialdemokratie, während Ernst Broda christlichsozial gewählt haben soll.[76] Christian Broda selbst hat 1975 festgehalten, dass beide Eltern (zumindest in seiner Jugend) keine Sozialdemokraten waren.[77] Für spätere Jahre, ab den späten 1950er Jahren, ist jedoch überliefert, dass Viola Broda Mitglied der SPÖ war.[78] Insgesamt spielte der Sozialismus im größeren Familienkontext (Rudolf Broda, G. W. Pabst, Leopold Zechner) eine große Rolle.[79] Für Johanna Broda, die Tochter von Christian Broda, die heute Universitätsprofessorin für prähispanische Kulturen in Mexiko ist, steht fest, dass der Humanismus des Elternhauses und dessen Fortschrittlichkeit für ihren Vater prägend waren.[80]

---

74 Ebenda.
75 Gespräch mit Christian Broda, in: Die Ohnmacht der Henker, S. 35.
76 Broda, Meine Aufzeichnungen über E. B., S. 304, Hoffmann-Ostenhof/Nagy/Wimmer, Der lange Marsch zum Seelenfrieden, S. 8.
77 Broda, Bei der AG, S. 11.
78 Viola Broda ist Ende 1958 der SPÖ beigetreten. AChB, ÖNB, Handschriftensammlung, X.97.
79 Interview mit Marietheres Frauendorfer am 16.3.2007.
80 Interview mit Univ.-Prof. Dr. Johanna Broda am 18.7.2006.

2.2. Die Kindheit

Christian Broda wuchs zunächst in wohlhabenden Verhältnissen sowohl in Wien, in der Prinz-Eugen-Straße 14, als auch auf dem so genannten »Fünfturm-Schlössl« nahe Leibnitz in der Steiermark auf. »Fünfturm«, das entgegen seinem Namen nicht als Schloss, aber als größeres, sehr schön gelegenes Anwesen bezeichnet werden kann, war von der Familie 1921 erworben worden.[81] Wenig später verlor der Vater durch die Nachkriegsinflation jedoch einen Großteil des Vermögens. In Folge war Ernst Broda über die Vermittlung von G. W. Pabst als juristischer Berater in der Filmindustrie und als Rechtsanwalt tätig. Um die finanzielle Situation zu verbessern, wurde in »Fünfturm« aber auch Paprika und Kren angepflanzt – ein Unterfangen, das von keinem großen Erfolg beschieden war und von Engelbert Broda kritisiert wurde, während sein jüngerer Bruder dem Vater hierbei half.[82] Nach dem frühen Tod Ernst Brodas am 1. Mai 1933[83] war die Familie dann immer wieder auf die finanzielle Unterstützung von G. W. Pabst angewiesen.[84] Pabst, der seinen Neffen schon früh einen Einblick ins Filmgeschehen ermöglicht hatte – beide statierten in seinen Filmen: Engelbert Broda in »Die Büchse der Pandora« und Christian Broda in »Die freudlose Gasse«[85] – wurde in den folgenden Jahren auch zu einer wichtigen »Vaterfigur« für Christian und Engelbert Broda.[86] Infolge der schlechten Einkommensverhältnisse der Familie übernahm er in den 1930er Jahren auch das »Fünfturm-Schlössl«. Rund 20 Jahre später, als sich die finanzielle Situation von G. W. Pabst verschlechtert hatte, wurde es wieder von Christian Broda erworben, der mittlerweile ein erfolgreicher Anwalt geworden war.[87]

Während Engelbert Broda als Volksschule die private Schwarzwald-Schule besuchte, absolvierte Christian Broda von 1922 bis 1926 die Volksschule der Lehrerinnen-Bildungsanstalt in der Wiener Hegelgasse, danach – von 1926 bis 1934 – wie der ältere Bruder und bereits sein Vater das Akademische Gymna-

---

81 Vgl. zum »Fünfturm-Schlössl«: http://www.burgen-austria.com/Archiv.asp?Artikel= F%FCnfturm (2.9.2008).

82 Broda, Meine Aufzeichnungen über E. B., S. 305. Marietheres Frauendorfer erinnert sich demgegenüber daran, dass Knoblauch angebaut wurde. Interview mit Marietheres Frauendorfer am 16.3.2007.

83 Auf der Todesanzeige von Ernst Broda ist vermerkt, dass er der Familie durch einen Gehirnschlag entrissen wurde, im Totenschein ist in der Rubrik »Krankheit und Todesart« Epilepsie bzw. Fallsucht vermerkt. AChB, ÖNB, Handschriftensammlung, X.91 und X.97 (Mappe Dokumente).

84 Brief Christian Brodas an Viola Broda vom 19.2.1935. AChB, ÖNB, Handschriftensammlung, X.7.1.

85 Keller, Christian Brodas Werk bleibt Auftrag und Verpflichtung, S. 4, Broda, Meine Aufzeichnungen über E. B., S. 307.

86 Interview mit Marietheres Frauendorfer am 16.3.2007.

87 AChB, ÖNB, Handschriftensammlung, III.115/1.4. und X.9

Kinderfoto von Christian Broda

sium in Wien (Beethovenplatz 1).[88] Hier zählten der katholische Publizist, Autor und Historiker Friedrich Heer und der spätere Länderbank-Generaldirektor Franz Ockermüller, mit denen Christian Broda eine lebenslange Freundschaft verband, ebenso zu seinen Mitschülern wie der Publizist Janko Musulin.[89] Sein Schulgeld verdiente Christian Broda angesichts der finanziell zugespitzten Situation der Familie (zumindest teilweise) durch Nachhilfestunden selbst.[90] In schulischer Hinsicht lagen seine Stärken in den humanistischen Fächern, wenn auch hier eine zunehmende Verschlechterung in Latein und Griechisch im Laufe der Jahre feststellbar ist. In den Schulzeugnissen scheint er ab dem Schuljahr 1932/33 als konfessionslos auf.[91]

---

88 Handschriftlicher Lebenslauf. AChB, ÖNB, Handschriftensammlung, X.1.4.
89 Persönliche Vorbemerkungen, in: Broda, Demokratie – Recht – Gesellschaft, S. 9.
90 Schreiben von Christian Broda vom 27. 5. 1932. RGASPI, f. 533, o., 10, d. 77, II. 93 – 95. Kopie im Besitz von Univ.-Doz. Dr. Barry McLoughlin. Interview mit Univ.-Prof. Dr. Johanna Broda am 18. 7. 2007.
91 AChB, ÖNB, Handschriftensammlung, X.2.4. Im Haupt- und Klassenkatalog des Akademischen Gymnasiums für das Schuljahr 1932/1933 ist angemerkt, dass Christian Broda in Folge des Bescheides des Magistratischen Bezirksamtes für den IV. Bezirk vom 8. 3. 1933 aus der evangelischen Kirche ausgetreten ist.

2.3. Prägendes Erlebnis: Brand des Wiener Justizpalastes 1927

Christian Broda wuchs nicht nur in einem höchst politischen Umfeld auf, er
nahm auch von frühester Jugend an aktiv an der Politik teil. Als Angehöriger der
Generation, die während des Ersten Weltkrieges bzw. knapp danach geboren
wurde, war er – wie es Friedrich Heer formulierte – Teil einer »Jugend zwischen
Hoffnung und Hass«, bei der – so Broda – nach dem »›Umsturz‹ des Jahres 1918
[…] die Überzeugung beherrschend [war], dass diese Gesellschaft zum baldigen
Untergang verurteilt war«.[92] Das prägende Ereignis für den heranwachsenden
Christian Broda war der Brand des Wiener Justizpalastes 1927 – jenes Gebäudes,
in dem er Jahre später als Justizminister tätig sein sollte, bis das österreichische
Justizministerium zu Beginn der Ära Kreisky in seine neuen Amtsräume ins
Palais Trautson überwechselte.[93]

Durch die militärische Niederlage im Ersten Weltkrieg war Österreich von der
Vielvölkermonarchie zum Kleinstaat geworden. Kaiser Karl musste am
11. November 1918 den Verzicht auf jeden Anteil an den Regierungsgeschäften
erklären. Einen Tag später, am 12. November, riefen die politischen Parteien, die
inzwischen die Macht übernommen hatten, die Republik Deutsch-Österreich
aus und verkündeten den Anschluss an Deutschland. An die Lebensfähigkeit des
neuen »Rumpfstaates« glaubte besonders angesichts der schlechten wirtschaftlichen Situation niemand. Mit Böhmen, Mähren und Ungarn hatte
Österreich jene Gebiete verloren, die über eine entwickelte Landwirtschaft und
Industrie sowie wichtige Rohstoffreserven verfügten. Die Angliederung an
Deutschland wurde Österreich im Friedensvertrag von St. Germain 1919 aber
ebenso verboten, wie die Nachfolgestaaten Österreich-Ungarns bestätigt wurden. Trotzdem war der Anschluss-Gedanke bei allen Parteien vorhanden, der
Glaube an ein selbständiges, unabhängiges Österreich musste sich erst allmählich entwickeln – am deutlichsten wurde er vor 1938 von den Kommunisten
und ihrem Parteitheoretiker Alfred Klahr in einer Untersuchung über die
»österreichische Nation« formuliert.[94]

Den Staatsaufbau betrieben 1918 die politischen Parteien, vor allem die Sozialdemokraten und die Christlichsozialen. Die verschiedenen deutschnationalen Parteien und die in den revolutionären Nachkriegstagen gegründete
Kommunistische Partei Österreichs[95] spielten demgegenüber nur eine be-

---

92 Broda, Christian, Karl Stadler, der Mensch und sein Werk, in: Konrad, Helmut (Hg.), Geschichte als demokratischer Auftrag. Karl R. Stadler zum 70. Geburtstag, Wien/München/
   Zürich 1988, S. 301.
93 Vgl. zum Gebäude: Bundesministerium für Justiz (Hg.), Der Wiener Justizpalast, Wien 2007.
94 Ucakar, Karl, Österreichs Geschichte, in: Wehling, Hans Georg (Red.), Österreich, Stuttgart
   1988, S. 68.
95 Vgl. zur Entstehung und Geschichte der KPÖ etwa: Autorenkollektiv der Historischen

scheidene Rolle. Die besonders in Deutschland und Ungarn starke Rätebewegung wurde in Österreich von der Sozialdemokratischen Partei kontrolliert,[96] die sich in den Beratungen in der Nationalversammlung mit ihren Staatsvorstellungen durchsetzen konnte: Österreich sollte eine parlamentarische Republik werden. Den Wahlen vom Februar 1919, bei denen erstmals in der österreichischen Geschichte auch die Frauen (die Prostituierten allerdings erst 1923) wahlberechtigt waren, folgte die Bildung einer großen Koalition aus Christlichsozialen und Sozialdemokraten. Das drohende Chaos, die Gefahr der Anarchie, eines Umsturzes von links und die wirtschaftliche Katastrophe führten zur Zusammenarbeit, während deren Bestehens wichtige Schritte in Richtung einer modernen Sozialgesetzgebung getan wurden. Bereits im Frühjahr 1920 kam es jedoch zum Bruch der Koalition, dem eine Machtverschiebung in der Christlichsozialen Partei vorausgegangen war: Der konfliktbereite bürgerliche Flügel um Ignaz Seipel und Leopold Kunschak hatte sich gegen den konsensbereiten bäuerlichen Flügel um Jodok Fink durchgesetzt.[97] Trotzdem gelang es der Koalition noch einmal zusammenzufinden und im Oktober 1920 einen Beschluss über ein Bundesverfassungsgesetz zu erreichen, das Österreich als stark parlamentarisch orientierte Demokratie festschrieb. Maßgeblich beteiligt an dessen Ausarbeitung war der Rechtswissenschaftler Hans Kelsen, der – wie ausgeführt wurde – der Taufpate von Christian Broda war. Als die vorzeitigen Neuwahlen des Jahres 1920 den bürgerlichen Parteien einen großen Zuwachs an Stimmen brachten, erneuerten die Christlichsozialen die Koalition mit den Sozialdemokraten nicht mehr.[98] Von nun an blieben die Sozialdemokraten als knapp zweitstärkste Parlamentspartei (mit einem Stimmenanteil um die

---

Kommission beim ZK der KPÖ unter der Leitung von Friedl Fürnberg. Geschichte der Kommunistischen Partei Österreichs, 1918 – 1955. Kurzer Abriss, Wien 1977, McLoughlin, Barry / Leidinger, Hannes / Moritz, Verena, Kommunismus in Österreich 1918 – 1938, Innsbruck/Wien/Bozen 2009 sowie Mugrauer, Manfred (Hg.), 90 Jahre KPÖ. Studien zur Geschichte der Kommunistischen Partei Österreichs, Wien 2009.

96 Vgl. zur Geschichte der Rätebewegung in Österreich ausführlich: Hautmann, Hans, Geschichte der Rätebewegung in Österreich 1918 – 1924, Wien 1987 sowie zusammenfassend: Leidinger, Hannes, »… von vornherein provisorischer Natur«: Rätebewegung und Kommunismus in Österreich 1918 – 1924, in: Karner, Stefan / Mikoletzky, Lorenz (Hg.), Österreich. 90 Jahre Republik. Beitragsband zur Ausstellung im Parlament, Innsbruck/Wien/ Bozen 2008, S. 91 – 99.

97 Vgl. zur Entwicklung der Christlichsozialen Partei in der Ersten Republik: Kriechbaumer, Robert, Paralyse, Neuorientierung, Staatspartei: die Christlichsoziale Partei 1918 – 1922, in: Karner, Stefan / Mikoletzky, Lorenz (Hg.), Österreich. 90 Jahre Republik. Beitragsband der Ausstellung im Parlament, Innsbruck/Wien/Bozen 2008, S. 71 – 79, Binder, Dieter, Fresko in schwarz? Das christlichsoziale Lager, in: Konrad, Helmut / Maderthaner, Wolfgang (Hg.), … der Rest ist Österreich, Bd. 1, Wien 2008, S. 261 – 280 sowie Staudinger, Anton / Müller, Wolfgang C. / Steininger, Barbara, Die Christlichsoziale Partei, in: Tálos, Emmerich / Dachs, Herbert / Hanisch, Ernst / Staudinger, Anton (Hg.), Handbuch des politischen Systems Österreichs. Erste Republik 1918 – 1933, Wien 1995, S. 160 – 176.

98 Ucakar, Österreichs Geschichte, S. 61.

40 Prozent) bis zum Ende der Ersten Republik von der Regierung ausgeschlossen. Auch als sie 1931 im Zuge der großen Wirtschafts- und Bankenkrise
von Ignaz Seipel zur Teilnahme an der Regierung eingeladen wurden, blieben sie
dieser fern.[99] Selbst der pragmatische Karl Renner, der im Gegensatz zum linken
Flügel um Otto Bauer, einer Regierungsbeteiligung prinzipiell nicht negativ
gegenüberstand, lehnte eine solche angesichts des Umstandes, dass die Sozialdemokraten die ungeheuren sozialen Lasten des Sanierungskurses hätten mit-
tragen müssen, ab.[100] Mit der Sozialdemokratischen Partei und der von ihr
vertretenden ArbeiterInnenschaft stand somit ein Großteil der Bevölkerung in
Opposition zur Regierung, wenn es auch zu partiellen Kooperationen – wie etwa
bei der Sanierung der Creditanstalt – kam. Verschärft wurde der Gegensatz noch
dadurch, dass Wien sozialdemokratisch regiert wurde und somit das »Rote
Wien« der »schwarzen Bundesregierung« gegenüber stand. Die folgenden Ko-
alitionsregierungen zwischen den Christlichsozialen und den verschiedenen
bürgerlichen oder großdeutschen (Klein-) Parteien (Bürgerblock) dominierten
die Christlichsozialen – eine stark heterogene Gruppierung, deren AnhängerInnen sich aus dem bäuerlichen Milieu, den Gewerbetreibenden, den Kleinbetrieben und jenen Teilen der Arbeiterschaft speisten, die sich gegen die Idee
des Klassenkampfes wandten. Die führenden Personen in der Partei waren
entweder hohe Beamte oder stammten aus der katholischen Kirche, wie Prälat
Ignaz Seipel, der in der Ersten Republik mehreren Kabinetten als Bundeskanzler
vorstand und als Exponent eines radikalen politischen Katholizismus zum
Feindbild der »Linken« in der Ersten Republik wurde.

Der schon in der Zeit der Koalition kaum überlagte Gegensatz der beiden
großen politischen Kräfte brach mit dem Ende der Koalition immer offener
zutage. Die beiden großen Parteien und ihre AnhängerInnen standen sich als
geschlossene »Teilgesellschaften«, als streng abgegrenzte Lager mit unterschiedlichen Weltanschauungen und ideologisch bestimmten Gesellschafts-
konzepten gegenüber, die die Gesellschaft immer mehr spalteten. Beide Lager
verfügten über einen hohen Organisationsgrad. Mit ihren zahlreichen Teil- und
Vorfeldorganisationen, reichend von der »Wiege bis zur Bahre«, gelang es den
politischen Parteien ihre AnhängerInnen nicht nur institutionell an sich zu
binden, sondern auch besonders intensive Loyalitäten im Sinne einer schnellen
und sicheren Mobilisierbarkeit aufzubauen. Während eine absolute Loyalität
nach innen bestand, wurde das feindliche Lager bekämpft. Zudem sahen beide
Lager im bestehenden parlamentarischen System nicht die endgültig erstrebte

---

99 Maderthaner, Wolfgang, Die Sozialdemokratie, in: Tálos, Emmerich / Dachs, Herbert /
    Hanisch, Ernst / Staudinger, Anton (Hg.), Handbuch des politischen Systems Österreichs.
    Erste Republik 1918 – 1933, Wien 1995, S. 190, Hanisch, Ernst, Der lange Schatten des
    Staates. Österreichische Gesellschaftsgeschichte im 20. Jahrhundert, Wien 1994, S. 301.
100 Ebenda, S. 301.

Regierungs- und Staatsform. Während Teile der Christlichsozialen an einer
ständischen Gesellschaftsordnung festhielten, trat Seipel im Laufe der Jahre
immer offener für sein autoritäres Konzept der »wahren Demokratie« ein, das
nicht von mehr Mitsprache durch die BürgerInnen, sondern von »mehr Verantwortlichkeit der Führer in der Demokratie« ausging. Ziel der sozialdemokratischen Gesellschaftsvorstellungen war der Sozialismus. Der Weg zu diesem
sollte – im Gegensatz zu den Kommunisten – jedoch ein parlamentarischer sein.
Die Eroberung der Herrschaft in der demokratischen Republik sollte die Demokratie nicht aufheben, sondern sie in den Dienst der Arbeiterklasse stellen.
Lediglich im »Bedrohungsfall« – so das von Otto Bauer formulierte Linzer
Programm aus dem Jahr 1926 – sollte »die Arbeiterklasse [...] den Widerstand
der Bourgeoisie mit den Mitteln der Diktatur [...] brechen.«[101]

Verschärft wurde diese Entwicklung noch dadurch, dass beide Seiten über
bewaffnete, milizähnliche Wehrverbände verfügten, deren Ursprünge auf die
Umbruchstage des Jahres 1918 zurückgehen, als die einzelnen politischen Kräfte
nach dem Zusammenbruch des Heeres ihre eigenen Ordnungseinheiten aufzubauen begannen. Somit standen sich nicht nur die Christlichsozialen und die
Sozialdemokraten, sondern auch Heimwehr und Republikanischer Schutzbund
als zwei feindliche Blöcke gegenüber, deren Gewaltbereitschaft mit der zunehmenden wirtschaftlichen Not und der damit verbundenen Radikalisierung der
Innenpolitik stieg.

Neben der Umstellung der Wirtschaft eines Großstaates auf jene eines
Kleinstaates hatte Österreich vor allem mit einer hohen Arbeitslosigkeit und
Inflation zu kämpfen, die auch die Familie Broda ergriff und sie einen Großteil
ihres in Kriegsanleihen investierten Vermögens kostete. Die Währungssanie-
rung, durchgeführt mit Hilfe einer Völkerbundanleihe (»Seipel-Sanierung«),
und die Einführung des Schillings ebneten zwar längerfristig den Boden für eine
wirtschaftliche Selbständigkeit Österreichs, führten zunächst aber zu einer
schweren Erschütterung des ökonomischen Gefüges und einem weiteren Ansteigen der Arbeitslosigkeit auf über 20 Prozent der ArbeitnehmerInnen.[102] Ein

---

101 Auch wenn das Linzer Programm von 1926, das gemeinsam mit den Vorstellungen vom
»neuen Menschen« zu den zentralen Grundpfeilern des Austromarxismus gehört, lediglich
von defensiver Gewalt spricht und die politische Praxis der Partei, ihrer historischen
Tradition seit dem Parteitag in Hainfeld 1888/89 entsprechend, auf das Engste mit dem
Parlamentarismus verbunden blieb, bot dieses eine Angriffsfläche, um auch im Zusammenhang mit der Sozialdemokratischen Partei vor der »roten Gefahr« zu warnen.

102 Vgl. zur Entwicklung der Arbeitslosigkeit im Langzeitvergleich: Tálos, Emmerich / Fink,
Marcel, Arbeitslosigkeit: eine Geißel, die nicht verschwindet, in: Karner, Stefan / Mikoletzky, Lorenz (Hg.), Österreich. 90 Jahre Republik. Beitragsband der Ausstellung im Parlament, Innsbruck/Wien/Bozen 2008, S. 229–241 sowie zur Nachkriegsinflation: Weber,
Fritz, Zusammenbruch, Inflation und Hyperinflation. Zur politischen Ökonomie und

nach der Hyperinflation des Jahres 1922 langsam einsetzender Konjunkturauf-
schwung wurde durch die Weltwirtschaftkrise 1929/30 und den Zusammenbruch der Creditanstalt als Ausdruck einer veritablen Bankenkrise harsch unterbrochen. Die österreichische Wirtschaft wurde von ihr getroffen, als sie sich
vom Strukturbruch des Jahres 1918 noch lange nicht erholt hatte und konnte
diese schwerer als andere Volkswirtschaften überwinden; erst 1937 kann von
einer allmählichen Überwindung der Krise gesprochen werden. »Die ökonomische Stagnation, dann die Krise selbst übten einen Dauerdruck auf das demokratische politische System aus«.[103]

Gewalttätige Auseinandersetzungen – in der Ersten Republik keine Seltenheit
– waren die Folge. Sie gehörten ebenso wie die regelmäßig stattfindenden Aufmärsche der Wehrverbände zu den Machtdemonstrationen der verschiedenen
politischen Gruppierungen und sind Ausdruck des staatlichen Machtverlusts,
der hohen Gewaltbereitschaft und der tief greifenden Militarisierung der Gesellschaft. Zweifellos ihren Höhepunkt erreichten diese am 15. Juli 1927 mit dem
Brand des Wiener Justizpalastes als Reaktion auf den »Schattendorfer Prozess«.
Bei einem Aufmarsch des Republikanischen Schutzbundes im Burgenländischen Schattendorf waren am 30. Jänner 1927 ein Kriegsinvalide und ein Kind
von ebenfalls aufmarschierenden Frontkämpfern erschossen worden.[104] Protestdemonstrationen in Wien und ein fünfzehnminütiger Generalstreik waren
die Folge. Als die Schützen von Schattendorf am 14. Juli 1927 von einem Wiener
Geschworenengericht freigesprochen wurden, führte dies zu einem leiden-
schaftlichen Protest der linken Presse. Aufgebrachte ArbeiterInnen marschierten zum Justizpalast und setzten diesen als Symbol für eine politisch motivierte
Justiz, eine »Klassenjustiz«, in Brand. Der politischen Führung der sozialdemokratischen Partei, die zögerlich agierte, war ihre AnhängerInnenschaft ent-
glitten. Während die sozialdemokratische Spitze noch debattierte, ob man gegen
Urteile von Geschworenengerichten protestieren solle, die als Errungenschaft
der demokratischen Entwicklung gesehen wurden, hatte sich die Masse bereits
formiert und den Zug auf den Justizpalast begonnen. Polizeipräsident Schober
erhielt von Bundeskanzler Seipel den Auftrag, die Protestdemonstrationen zu
unterdrücken und ließ in die Menge schießen: Beinahe 90 Menschen, darunter
auch Kinder, wurden getötet, Hunderte wurden verwundet. Der in ganz Österreich von der sozialdemokratisch bestimmten Gewerkschaft ausgerufene Generalstreik brach nach kurzer Zeit zusammen. Bundeskanzler Seipel weigerte

Geldentwertung in Österreich 1918–1922, in: Konrad, Helmut / Maderthaner, Wolfgang
(Hg.), … der Rest ist Österreich, Bd. 2, Wien 2008, S. 7–32.

103 Hanisch, Der lange Schatten des Staates, S. 283 ff.

104 Vgl. hierzu ausführlich: Bayer, Pia (Red.), Konsens und Konflikt. Schattendorf 1927 –
Demokratie am Wendepunkt. Begleitband zur Ausstellung (Wissenschaftliche Arbeiten aus
dem Burgenland 119), Eisenstadt 2007.

sich in gewohnter Härte, gegen die Schuldigen des 15. Juli 1927 Milde walten zu lassen – daher auch seine Charakterisierung als »Prälat ohne Milde« – und trat für eine strenge Bestrafung derselben ein. Seipel und Schober wurden so einmal mehr zum Feindbild der »Linken«. Aber auch die Sozialdemokratische Arbeiterpartei hatte – nicht zuletzt wegen des langen Schweigens ihrer Führer, als die Massen bereits marschierten – eine schwere Niederlage erlitten. Der Mythos ihrer Macht war zerbrochen. Viele enttäuschte AnhängerInnen wechselten in Folge zu den Kommunisten.[105]

Die Bedeutung des 15. Juli 1927 für sich und seine Generation hat Christian Broda 50 Jahre später folgendermaßen beschrieben:

> »Niemand von uns – wie jung wir auch waren und was wir später geworden sind – hat im Leben jemals vergessen können, was am 15. Juli 1927 gewesen ist. Die Erinnerung an den 15. Juli 1927 hat uns mitbestimmt und geformt. Wir wussten: Gleiches sollte sich niemals wieder in unserer Stadt und in unserem Land ereignen dürfen.«[106]

2.4. Mitglied im Verband Sozialistischer Mittelschüler und in der Sozialistischen Arbeiterjugend

Zwei Jahre nach dem Brand des Justizpalastes 1927, noch nicht 14 Jahre alt, trat Christian Broda dem Verband sozialistischer Mittelschüler (VSM) bei. Seinen Eintritt in den VSM beschrieb er 1975 folgendermaßen:

> »Für uns Schüler des Akademischen Gymnasiums gehörte damals der Wiener Eislaufverein sozusagen zur Schule. Es war an einem Sonntagvormittag im Dezember 1928 [richtig: im November 1928, Anm. M. W.].[107] Ich war auf dem Eislaufplatz; da kam Georg Feri – ein etwas älterer Schulkollege aus dem Akademischen Gymnasium – zu mir. […] Georg Feri meinte, dass ich doch jeden anderen Tag eislaufen könne. Heute gäbe es etwas Interessanteres: eine Versammlung zur Feier des zehnjährigen Jubiläums der Vereinigung Sozialistischer Mittelschüler (VSM) – November 1918 bis 1928. Ich sagte zu und ging mit meinem Kollegen ins Schwedenkino, wo die Veranstaltung stattfand. Es sprachen Ludwig Wagner, damals Redakteur des Kleinen Blattes […] und Staatskanzler a. D. Dr. Karl Renner.«

Ungefähr ein Jahr später, im Herbst 1929, erhielt Christian Broda, als er gerade in der Steiermark war, einen Brief von seinem Klassenkollegen Franz Ockermüller.

---

105 Vgl. hierzu ausführlich: Bundesministerium für Justiz / Ludwig Boltzmann-Institut für Geschichte und Gesellschaft / Cluster Geschichte (Hg.), 80 Jahre Justizpalastbrand, Innsbruck/Wien/Bozen 2008.

106 Broda, Christian, Den inneren Frieden hüten, in: Arbeiter-Zeitung, 15.7.1977.

107 In persönlichen Lebenserinnerungen sprach Christian Broda davon, dass er am 11. November 1928 seine erste politische Veranstaltung besuchte. Tonbandaufzeichnung über die Jugenderlebnisse von Christian Broda.

Der Brief enthielt zwei Broschüren, »Das Kommunistische Manifest« und »Karl Marx, der Mann und sein Werk« von Robert Danneberg. Gleichzeitig teilte Ockermüller Broda mit, dass sich am Akademischen Gymnasium eine Gruppe gebildet habe, die sozialistische Klassiker lese, um sich eine theoretische Wissensgrundlage für die Mitarbeit im VSM zu erarbeiten, und dass man ihn »dabeihaben« wolle. Broda teilte seinem Freund Ockermüller sein Einverständnis mit und machte sich mit »Feuereifer an das erste Selbststudium des Marxismus« in seinem Leben. Nach Wien zurückgekehrt, nahm er regelmäßig an den Monatszusammenkünften der Gruppe teil, die sich zunächst »Arbeitsgemeinschaft«, später einfach »AG«, nannte. Weitere Mitglieder der Gruppe waren Ernst Hoch (später Grafiker in England[108]), Arthur Kogan (später Historiker in den USA), Eli Freud (später Musiker und Dirigent in Israel) und der spätere Psychoanalytiker Ernst Federn, der nach der Befreiung aus dem KZ in die USA emigrierte und von Broda 1972 eingeladen wurde, nach Österreich zurückzukehren und bei der Reform des Strafvollzugs mitzuarbeiten.[109] Im November 1929 trat er dann in aller Form dem Verband sozialistischer Mittelschüler (VSM) bei und erhielt die »erste Mitgliedskarte einer sozialistischen Organisation«. In Folge nahm er an den Abenden der Sektion 1 im Bezirksparteisekretariat Innere Stadt teil. Wie Broda 1975 ausführte, wurde er bei seinem »ersten Sektionsabend« auch zum ersten Mal mit einem Thema konfrontiert, das ihn Jahre später intensiv beschäftigen sollte: mit der Strafrechtsreform bzw. einem Vortrag von Rechtsanwalt Dr. Oswald Richter über die Strafgesetznovelle 1929 und ihre verschärften Strafbestimmungen zum Schutz der Sittlichkeit. Am 1. Mai 1930 beteiligte er sich dann zum ersten Mal am traditionellen Mai-Aufmarsch der SozialdemokratInnen.[110] Dem Beitritt zum VSM folgte 1929 jener zur Sozialistischen Arbeiterjugend (SAJ).[111]

Christian Broda blieb jedoch nicht lange im Verband Sozialistischer Mittelschüler und der Sozialistischen Arbeiterjugend. Bereits 1931 wurde er Mitglied des Kommunistischen Jugendverbandes (KJV). Er ging – wie er dies in einem Lebenslauf 1985 formulierte – »noch weiter nach links«.[112] Hintergrund hierfür

108 Broda, Christian, Ernst Hoch zum Gedenken, in: Arbeiter-Zeitung, 18. 6. 1985.
109 Wiener Auszeichnungen für Prof. Ernst Federn und Renée Howie, Archivmeldung der Rathauskorrespondenz vom 10. 5. 2005, online: http://www.wien.gv.at/vtx/rk?DATUM=20050510&SEITE=020050510020 (25.4.2010).
110 Broda, Bei der AG, S. 11. Tonbandaufzeichnung über die Jugenderlebnisse von Christian Broda.
111 Schreiben Christian Brodas an Bruno Kreisky betreffend seine politische Vergangenheit vom 14. 5. 1960. StBKA, Korrespondenzen, Broda Christian sowie AChB, ÖNB, Handschriftensammlung, III.115/1.1 Vgl. zur sozialistischen Jugendbewegung ausführlich: Neugebauer, Wolfgang, Bauvolk der kommenden Welt. Geschichte der sozialistischen Jugendbewegung in Österreich, Wien 1975.
112 Lebenslauf von Christian Broda. AChB, ÖNB, Handschriftensammlung, X.1.7.

ist die ökonomisch angespannte Situation der Familie, die sich mit dem frühen
Tod von Ernst Broda im Frühjahr 1933 noch einmal zuspitzen sollte, sowie eine
weitere Radikalisierung der Innenpolitik. Zweifellos eine Rolle spielte aber auch,
dass sich sein älterer Bruder Engelbert zu jener Zeit bereits zu den Kommunisten
zählte.

2.5. Mitglied im Kommunistischen Jugendverband

1929 war es auf Druck der immer mehr erstarkenden Heimwehr zu einer Reform
der Bundesverfassung gekommen, die unter anderem deren autokratisches
Element, den Bundespräsidenten, gegenüber dem Parlament stärkte. Von nun an
sollte der Bundespräsident vom Volk gewählt werden und erweiterte Kompetenzen haben. Dies bedeutete zwar eine Stärkung der Staatsautorität, die Etablierung eines autoritären Regimes, wie es die Heimwehr anstrebte, war damit
aber nicht umgesetzt – ihr Druck auf das demokratische System sollte somit
nicht nachlassen, sondern in den Folgejahren vielmehr noch zunehmen. Deutlich ausgesprochen wurde dies im »Korneuburger Eid« des Jahres 1930, in dem
offen von einer Verwerfung des westlichen demokratischen Parlamentarismus
und des Parteienstaats die Rede ist. Bei den letzten freien Wahlen der Ersten
Republik im Jahr 1930 erlangten die Sozialdemokraten die Stimmenmehrheit,
wurden aber nicht mit der Regierungsbildung betraut. Noch einmal bildete
Ignaz Seipel eine Regierung, die angesichts der Wirtschafts- und Bankenkrise
einen harten Sanierungskurs verfolgte, der zu einem weiteren Ansteigen der
Arbeitslosigkeit und einer Verelendung großer Teile der Bevölkerung führte.
Eine Regierungsbeteiligung lehnten die Sozialdemokraten – wie bereits ausgeführt – ab. Die Sanierung der im Zuge der Weltwirtschaftskrise zusammenge-
brochenen Creditanstalt trugen sie aber mit. International war der Faschismus
im Erstarken.[113]
    In dieser Situation sahen viele junge engagierte Linke die Sozialdemokrati-
sche Partei im Kampf gegen den Faschismus und für eine klassenlose Gesellschaft als zu kompromissbereit und zu wenig radikal an. Viele enttäuschte SozialdemokratInnen wechselten daher – besonders in den Jahren 1927 und 1934 –
zum Kommunismus, wie dies auch Christian Broda und sein älterer Bruder
Engelbert taten. Engelbert Broda, der 1928 den Sozialdemokratischen Studenten
und später auch der SP beigetreten war, trat 1930 der Kommunistischen Partei
bei (im Frühling 1930 Eintritt in die Freie Vereinigung sozialistischer Studenten,
die spätere Rote Studentengruppe, im Herbst Eintritt in die Partei).[114] Christian

---

113 Hanisch, Der lange Schatten des Staates, S. 301.
114 Die Daten sind einem Lebenslauf von Engelbert Broda in dessen Kaderakt im Russischen

Broda folgte ihm im Jänner 1931 und wurde Mitglied des Kommunistischen Jugendverbandes (KJV).[115] Besonders Engelbert Broda dürfte hierbei stark vom Rechtsanwalt Egon Schönhof, seinem Taufpaten, beeinflusst worden sein.[116]

Egon Schönhof war während des Ersten Weltkrieges in russische Gefangenschaft geraten und hatte hier die Oktoberrevolution miterlebt. Als er nach Österreich zurückkehrte, war er ein überzeugter Kommunist, der die junge KPÖ in politischen Prozessen vertrat und die Broschüre »Wie verhält sich der Proletarier vor Gericht?« herausgab. Er arbeitete aktiv in der »Roten Hilfe« mit, die in Österreich ab 1925 von Malke Schorr geleitet wurde und sich unter anderem um politische Flüchtlinge aus den Nachbarländern kümmerte, und wurde zu einem Begründer und Hauptexponenten der »Freunde der Sowjetunion«. 1934 von den Austrofaschisten verhaftet, verbrachte er zwei Jahre im Anhaltelager Wöllersdorf. 1938 wurde er noch in der Nacht des Einmarsches von den Nationalsozialisten verhaftet und in mehrere Konzentrationslager – nach Dachau, Buchenwald und Auschwitz – verschleppt, wo er im Oktober 1942 an einer Benzin-Injektion starb.[117]

Georg Scheuer, ein Weggefährte von Christian Broda, beschreibt das Lebensgefühl vieler junger Linker dieser Zeit in seinen Erinnerungen »Nur Narren fürchten nichts. Szenen aus dem dreißigjährigen Krieg 1915–1945«. Im Zuge der innenpolitischen Radikalisierung trauten er und viele andere nur mehr der Kommunistischen Partei zu, eine neue, sozialistische Gesellschaftsordnung zu verwirklichen. Als eindrucksvolles Beispiel für diese Entwicklung nennt er ein Zusammentreffen von Mitgliedern der Sozialistischen Arbeiterjugend im Gasthaus Rossak in Wien-Hütteldorf (Hütteldorferstraße/Ecke Johnstraße) im Frühjahr 1931, bei dem ein offener Appell an die Mitglieder der Sozialistischen Arbeiterjugend (SAJ) erfolgte, zum KJV zu wechseln.[118] In diesem heißt es:

Staatsarchiv für politische und soziale Geschichte entnommen. RGASPI, f. 495, o. 187, d. 3052, II.1–3, 8. Eine Kopie befindet sich im Besitz von Univ.-Doz. Dr. Barry McLoughlin.

115 Befragung von Christian Broda durch die Bundespolizeidirektion Wien am 29.7.1931. Hier heißt es, dass Christian Broda im Jänner 1931 »Mitglied der kommunistischen Partei« wurde. Landesgericht Wien, 9 Vr 3084/31 (Kopie des Gerichtsaktes auf Mikrofilm am Institut für Zeitgeschichte der Universität Wien) sowie AChB, ÖNB, Handschriftensammlung, X.2.5.

116 Broda, Meine Aufzeichnungen über E. B., S. 306.

117 Vgl. zu Egon Schönhof etwa: Broda, Engelbert, Dr. Egon Schönhof, in: Historische Kommission beim ZK der KPÖ (Hg.), Aus der Vergangenheit der KPÖ. Aufzeichnungen und Erinnerungen zur Geschichte der Partei. Genossen Johann Koplenig zum 70. Geburtstag, Wien 1961, S. 37–43, Gedenkrede von Bundesminister für Justiz Dr. Christian Broda bei der Jahresversammlung des DÖW am 11. März 1974, Weinert, Willi, Der Anwalt an der Seite des Proletariats. Ein Name bekommt ein Gesicht, in: Mitteilungen der Alfred Klahr Gesellschaft 1 (2007) S. 5–9.

118 Scheuer, Georg, Nur Narren fürchten nichts. Szenen aus dem dreißigjährigen Krieg 1915–1945, Wien 1991, S. 27 f.

»Die revolutionäre SAJ.-Opposition Wien richtet an alle Mitglieder der SAJ. sowie an die gesamte Jugendarbeiterschaft aller Länder folgenden Appell: Das kapitalistische System, das sich in seiner schwersten Krise befindet, sucht sich durch unerhörte Ausbeutung der Arbeiter und insbesondere der Jungarbeiterschaft zu retten. Auch bei uns in Österreich bereitet die Bourgeoisie ebensolche Angriffe vor. […] Die SAJ. will uns durch ihre heiteren Abende, Spiel und Tanz vom Klassenkampf abhalten und unterstützt die arbeiterfeindliche Politik der SP. […] Wir Wiener Jungsozialisten haben dies bereits erkannt und mit dem Kommunistischen Jugendverband die proletarische Einheitsfront geschaffen. […] Wir haben es erkannt, so wie auch Ihr SAJ.-ler und Jungarbeiter aller Länder es erkennen müßt, daß der Kapitalismus uns alle knechtet und unterdrückt und wir daher g e m e i n s a m kämpfen müssen. In diesem gemeinsamen Kampfe haben wir gesehen, dass der KJV. die einzige Organisation des Jungproletariats ist, die uns zum Sozialismus führt, so wie er jetzt in Sowjetrußland aufgebaut wird. Wir rufen euch, Mitglieder der SAJ., in allen Ländern zu: Heraus aus der SAJ., und macht es uns Wiener Jungproleten nach und reiht euch ein in die roten Kampfreihen der Kommunistischen Internationale und Jugendinternationale!«[119]

Scheuer erwähnt in seinen Erinnerungen ebenfalls, dass sich unter den UnterzeichnerInnen dieser Erklärung neben Karl Stavarits (später Karl Stadler) und Ernst Hoch auch Christian Broda befunden haben soll.[120] In einem Bericht der »Roten Fahne«, dem Zentralorgan der KPÖ, der die UnterzeichnerInnen des Aufrufs auflistet, scheint der Name Broda, der sich zu dieser Zeit bereits zu den Kommunisten zählte, jedoch nicht auf.[121] Für Broda war die Versammlung im Gasthaus Rossak trotzdem »unvergesslich«, weil er – wie er 1974 ausführte – hier zum ersten Mal einen engen Weggefährten in den folgenden Jahren getroffen habe: den 1913 im Wiener Arbeiterbezirk Favoriten geborenen Karl R. Stadler, der nach 1945 zu einem renommierten Zeitgeschichtsforscher, Volksbildner und zum ersten Leiter des Dr.-Karl-Renner-Instituts, der 1972 gegründeten Bildungsakademie der SPÖ, wurde.[122] Karl Stadler, der ein lebenslanger Freund von Christian Broda bleiben sollte, datierte den ersten Kontakt mit Christian Broda ebenfalls ins Jahr 1931, nannte demgegenüber aber das Jugendheim eines Gemeindebaus in Wien-Favoriten als Ort der ersten Begegnung:

> »Es muß in meinem letzten Jahr als Mittelschüler gewesen sein [Karl R. Stadler maturierte 1931 und begann in diesem Jahr ein Studium an der Universität Wien,[123] Anm.

---

119 60 SAJ.-Jungarbeiter erklären: »Reiht Euch ein in die roten Kampfreihen der Kommunistischen Internationale!«, in: Die Rote Fahne, 4. 6. 1931.

120 Scheuer, Nur Narren fürchten nichts, S. 27.

121 60 SAJ.-Jungarbeiter erklären: »Reiht Euch ein in die roten Kampfreihen der Kommunistischen Internationale!«, in: Die Rote Fahne, 4. 6. 1931.

122 Vorwort von Christian Broda, in: Botz, Gerhard / Hautmann, Hans / Konrad, Helmut (Hg.), Geschichte und Gesellschaft. Festschrift für Karl R. Stadler zum 60. Geburtstag, Wien 1974, S. 9.

123 Karl R. Stadler: Lebenslauf in Daten, in: Botz, Gerhard / Hautmann, Hans / Konrad, Helmut

M. W.], als ich Christian Broda kennen lernte. Er war zu uns in meinen Heimatbezirk Wien-Favoriten gekommen, wo sich eine Gruppe von Mittelschülern und Arbeiterjugendlichen im Jugendheim eines Gemeindebaus trafen [sic!], um politische Aktionen gegen die immer offener auftretende faschistische Gefahr zu planen. Ich weiß nicht, wie er den Kontakt zu uns gefunden hatte, aber nun war er da, wie ein Sendbote aus einer anderen Welt: Schüler des akademischen Gymnasiums im ersten Wiener Gemeindebezirk, politisch unerhört gut informiert und voll guter Ideen für unsere Arbeit.«[124]

2.6. Die »Affäre Semmelmann«

Ebenfalls 1931 wurde auch die Polizei in Zusammenhang mit seiner Tätigkeit für die Kommunistische Partei auf Christian Broda aufmerksam. Grund hierfür war, dass in den Unterlagen des am 25. Juli 1931 in der Wiener Hockegasse 28 erschossenen Georg Semmelmann zwei Briefe gefunden wurden, die den Absender Christian Broda trugen bzw. diesen nannten. Wie sich im Laufe der polizeilichen Ermittlungen herausstellte, handelte es sich bei dem aus Köln stammenden Semmelmann um einen ehemaligen Agenten verschiedener kommunistischer Militär- bzw. Geheimdienste – vor allem des rumänischen GRU-Netzes –, der über ein weit gestrecktes Informationsnetz in ganz Europa verfügte. Wohl wegen seiner früheren Verbindung zu rechten Kreisen in Deutschland, verschiedenen leichtsinnigen Aktionen und dem Umstand, dass er zunehmend als unzuverlässig eingestuft wurde, war er im Frühjahr 1931 aus seiner Agententätigkeit entlassen worden. Frisch verheiratet und unter steigendem finanziellen Druck stehend, versuchte Semmelmann hierauf sein Geheimwissen an die Presse oder die Botschaften anderer Staaten zu verkaufen, was nicht unentdeckt blieb: Semmelmann wurde in den Morgenstunden des 25. Juli 1931 durch zwei Schüsse von einem serbischen Studenten, dem Kommunisten Andreas Piklovic, getötet. Die Medien schrieben von einem »Renegaten-Mord unter Kommunisten«. Piklovic, der über seine Hintermänner schwieg, wurde unmittelbar nach der Tat gefasst. Deren Hintergründe, Verbindungen zu Geheimdienstkreisen und zu Mitgliedern der KPÖ beschäftigten die Sicherheitsbehörden aber über Monate und führten aufgrund der gefundenen Briefe auch ins Hause Broda. In den bei Semmelmann gefundenen Schreiben wurde diesem einerseits eine Zahlung von 100 RM in Aussicht gestellt und er aufgefordert, nach Wien zu reisen, andererseits wurde ihm mitgeteilt, dass sich die bisherige Kontaktadresse insofern geändert habe, als »Du anstelle des bisherigen ersten Namens (Engelbert) Christian schreibst«. In einer Notiz die ebenfalls bei den Unterlagen Semmel-

---

(Hg.), Geschichte und Gesellschaft. Festschrift für Karl R. Stadler zum 60. Geburtstag, Wien 1974, S. 307.

124 Stadler, Karl R., Christian Broda, nach 55 Jahren, in: Neider, Michael (Hg.), Christian Broda – Zum 70. Geburtstag, Wien 1986, S. 141.

manns gefunden wurde, hieß es zudem, dass die »Adresse für Agenten in Wien«
Christian Broda, Prinz-Eugen-Straße 14, heiße.[125]

Von der Polizei bei einer Radtour in Kärnten (Faak am Faakersee) gefasst, bei
der er gemeinsam mit Freunden, darunter Ernst Hoch, Arthur Kogan und Franz
Ockermüller, für die »Freunde der Sowjetunion« warb, gab Christian Broda am
29. Juli 1931, damals gerade 15 Jahre, an, dass die Briefe nicht von ihm seien. Er
habe aber seinem seit März 1931 in Berlin lebenden Bruder Engelbert erlaubt,
seinen Namen für Post zu verwenden und habe auch schon für diesen Briefe
weitergeleitet.[126] Er selbst sei seit Jänner 1931 Mitglied der Kommunisten,
nachdem er vom Medizinstudenten Ernst Kelen für die Kommunistische Partei
geworben worden sei. In der Partei würde er keine Funktion ausüben, er werbe
aber Mitglieder für diese und veranstalte unter Schulkollegen, mit denen er sich
zu einer Arbeitsgemeinschaft zusammengeschlossen habe, Treffen (auch in der
elterlichen Wohnung in der Prinz-Eugen-Straße), bei denen unter anderem über
die Probleme der Sowjetunion gesprochen würde.[127]

Engelbert Broda, der zu jener Zeit in Berlin studierte, war dort für die KPD
tätig und nahm rasch eine führende Rolle bei den kommunistischen Studenten
ein. Er war Polleiter [politischer Leiter, Anm. M. W.] der kommunistischen
Studentenfraktion und 1932 Reichsleiter der kommunistischen Studenten.[128] Bei
seiner Einvernahme in »Fünfturm« am 23. August 1931 gab er an, dass er für die
Arztgattin Dora Fassler, die er bei einer kommunistischen Veranstaltung kennen
gelernt habe, gelegentlich chiffrierte Briefe entgegengenommen und weitergegeben habe. Über den Inhalt der Briefe könne er nichts sagen, wie ihm auch
Georg Semmelmann und Andreas Piklovic unbekannt seien.[129]

Die Eltern, Viola Broda und der aus Berlin angereiste Ernst Broda, der zu jener
Zeit dort im Filmbereich tätig war, gaben in ihren Befragungen zwar an, davon
zu wissen, dass ihre Kinder mit der Kommunistischen Partei sympathisierten.
Viola Broda sagte auch aus, ihren Söhnen »in der geistigen Betätigung [...]
vollkommen freien Lauf« zu lassen, zumal beide ausgezeichnete Schüler bzw.
Studenten seien. Sowohl sie wie die befragten Dienstboten, die es trotz der
schlechter werdenden finanziellen Situation noch gab, bestritten aber, dass die

---

125 Landesgericht Wien, 9 Vr 3084/31 sowie AChB, ÖNB, Handschriftensammlung, X.2.5.
126 Befragung von Christian Broda durch die Bundespolizeidirektion Wien am 29.7.1931,
      Landesgericht Wien, 9 Vr 3084/31 sowie AChB, ÖNB, Handschriftensammlung, X.2.5.
127 Befragung von Christian Broda durch die Bundespolizeidirektion Wien am 29.7.1931,
      Landesgericht Wien, 9 Vr 3084/31 sowie AChB, ÖNB, Handschriftensammlung, X.2.5.
128 Lebenslauf von Engelbert Broda in dessen Kaderakt im russischen Staatsarchiv. RGASPI, f.
      495, o. 187, d. 3052, II.1–3, 8. Eine Kopie befindet sich im Besitz von Univ.-Doz. Dr. Barry
      McLoughlin.
129 Bericht der Bundespolizeidirektion Wien an den Bundeskanzler vom 10.9.1931. ÖStA/
      AdR, BKA/Inneres, Polizeidirektion Wien, Berichte, Ktn. 17, Zl. Pr.Z.-IV-3412/31/24.

Wiener Wohnung in der Prinz-Eugen-Straße – wie in der Medienberichterstattung zu lesen sei – eine »kommunistische Nachrichtenzentrale« sei.

Bei den Hausdurchsuchungen auf »Fünfturm« und in der Prinz-Eugen-Straße
wurden zwar kommunistische Zeitungen und Propagandamaterial gefunden
und festgestellt, dass Christian Broda zwei Dienstboten für die »Freunde der
Sowjetunion« geworben hatte.[130] Der Nachweis einer Verstrickung in kommunistische Geheimdienst-Aktivitäten konnte aber nicht erbracht werden. Dasselbe galt für die Wohnung von Dora Fassler – auch hier konnte keine Verbindung zu Piklovic nachgewiesen werden. Zu einer Anklage gegen Christian oder
Engelbert Broda kam es daher nicht.[131]

In den innerparteilichen Auseinandersetzungen zwischen Franz Olah und
Christian Broda in den 1960er Jahren sowie in den Wahlkämpfen dieser Jahre
sollte der Semmelmann-Mord aber immer wieder zitiert werden, wenn es um die
»dunklen Flecken« in der kommunistischen Vergangenheit von Christian Broda
ging. Von den Medien wurde die Causa Semmelmann-Mord bereits 1931 intensiv
verfolgt. Ein spektakulärer Mordfall im Agentenmilieu, eine »kommunistische
Nachrichtenzentrale« in einem Wiener Palais bzw. einem steirischen »Schloss«,
die großbürgerliche Familie Broda, die zum Teil in Wien, Berlin und »Fünfturm«
lebte, boten den Stoff für eine reißerisch aufgemachte Fortsetzungsgeschichte:
Die LeserInnen wurden (nicht selten mit erheblichen Fehlern) kontinuierlich
über den Ermittlungsvorgang informiert und in der Form eines Groschenro-
mans unterhalten. Besonders in den Monaten Juli und August 1931 waren die
Brodas mehrfach Gegenstand der journalistischen Berichterstattung.[132]

2.7. Rasche Karriere im Kommunistischen Jugendverband

Im Kommunistischen Jugendverband machte Christian Broda rasch Karriere. 1932 war er Mitglied des ZK des KJV und Redakteur der »Proletarierjugend«,
des Zentralorgans des KJV.[133] In einem im russischen Staatsarchiv, Bestand

---

130 Bericht der Bundespolizeidirektion Wien an den Bundeskanzler vom 20.8.1931. ÖStA/
     AdR, BKA/Inneres, Polizeidirektion Wien, Berichte, Ktn. 17, Zl. Pr.Z.-IV-3412/18/31, Be-
     richt der Polizeidirektion Graz an das Bundeskanzleramt vom 29. Juli 1931. ÖStA/AdR,
     BKA, Sicherheitsdirektion 22/Wien 179.057 – GDI/31. Eine Kopie des Akts befindet sich in
     der Stiftung Bruno Kreisky Archiv. StBKA, Korrespondenzen, Broda Christian.
131 Vgl. ausführlicher zum Semmelmann-Mord: McLoughlin, Barry, Kommunistische Feme-
     morde in Österreich, in: McLoughlin, Barry / Leidinger, Hannes / Moritz, Verena, Kom-
     munismus in Österreich 1918 – 1938, Innsbruck/Wien/Bozen 2009, S. 450 – 470.
132 Vgl. hierzu die Berichterstattung in der Neuen Freien Presse und der Wiener Allgemeinen
     Zeitung im Juli und August 1931.
133 Schreiben Christian Brodas an Bruno (Kreisky) über seine politische Vergangenheit vom

Kommunistische Jugendinternationale, erhaltenen biographischen Abriss von Christian Broda, datiert mit 27. 5. 1932, beschrieb Broda die wichtigsten Stationen seiner Tätigkeit folgendermaßen:

> »Infolge politischer Erwägungen und Erkenntniß der jungarbeiterfeindlichen Rolle der SAJ bin ich zum KJV übergetreten. Das war knapp vor dem Verbot des Verbandes [die polizeiliche Auflösung erfolgte am 23. 9. 1931, Anm. M. W.], 1 Monat war ich Gegnerleiter in einer Straßenzelle Wien V, dann dort 3 Monate Polleiter und Kreisleitungsmitglied, Wien 2. Auf dem erweiterten Plenum des ZK im Februar 1932 wurde ich in das ZK gewählt. Dort war ich zuerst Propagandaleiter und jetzt seit einem Monat AgitPropLeiter.
> Verfolgungen: Infolge der Verbandsarbeit stehe ich vor dem Ausschluß aus der Schule. Somit habe ich bis jetzt 2 Polizeistrafen von kurzer Dauer wegen Plakatieren und Demonstrationsbeteiligung.«[134]

Kurz zuvor, im Mai desselben Jahres, hatte Broda an einer Konferenz der Redakteure der Kommunistischen Jugendzeitungen in Moskau teilgenommen.[135] Von 1934 bis 1936 bestand – so Christian Broda im Jahr 1960 – die Leitung der illegalen Kommunistischen Jugendorganisation aus Konrad Hermes, Leo Gabler, Josef Lauscher und ihm selbst.[136]

Wie auch die Kommunistische Partei war der Kommunistische Jugendverband 1918 gegründet worden. Nachdem seine Mitgliederzahl Anfang der 1920er Jahre bei etwa 1500 Personen lag, hat sich der Mitgliederstand 1928 bei rund 1000 Personen – davon der Großteil in Wien ansässig – konsolidiert, bis er aufgrund der politischen Entwicklung und intensiver Werbeaktionen vor allem in den Jahren 1933 und 1934 seinen Mitgliederanteil erheblich erhöhen konnte. Von seinem organisatorischen Aufbau her entsprach der KJV in großen Zügen der KPÖ: An der Spitze des KJV stand ein von den Delegiertentagen gewähltes Gremium, das ab 1926 Zentralkomitee genannt wurde. Aus seiner Mitte wurde der Generalsekretär gewählt. Die direkte Verbandsleitung bestand aus drei Personen: dem Generalsekretär, einem technischen Leiter und dem Chefredakteur der Verbandszeitung (ab 1922 »Proletarierjugend«). 1931 wegen einer Statutenübertretung aufgelöst, konnte der KJV (behördlich bis dahin eingetragen als »Verband der Proletarierjugend Österreichs«, später kurzfristig, da wieder aufgelöst, unter dem Namen »Roter Jugendverband«) bis 1933 in einer »halblegalen Phase« durch seine Deckung in der KPÖ bestehen; mit dem Verbot der Partei 1933 wurde seine Tätigkeit vollständig illegal.[137]

---

14. 5. 1960. AChB, ÖNB, Handschriftensammlung, III. 115/1.1. und StBKA, Korrespondenzen, Broda Christian.

134 RGASPI, f. 533, o., 10, d. 77, II. 93 – 95. Kopie im Besitz von Univ.-Doz. Dr. Barry McLoughlin.

135 Ebenda

136 Ebenda.

137 Vgl. zur Geschichte des KJV: Göhring, Walter, Der illegale kommunistische Jugendverband

2.8. Bürgerkrieg 1934

1932 bildete Engelbert Dollfuß eine Bürgerblock-Regierung bestehend aus
Christlichsozialen, Großdeutschen, dem Landbund und der Heimwehr. 1933
nahm die Regierung den Rücktritt der drei Präsidenten des Nationalrates wegen
einer Verfahrensfrage zum Anlass, das Parlament aus dem politischen Prozess
auszuschalten, nachdem bereits 1932/1933 in einer Schwächung des Parlaments
bzw. in einer Stärkung der Regierung ein »adäquater Weg« zu einer Lösung der
ökonomischen Krise gesehen wurde. Dollfuß und sein Kabinett, das zunehmend
mehr unter dem Einfluss des faschistischen Italien stand, regierten Österreich
seither auf Basis des Kriegswirtschaftlichen Ermächtigungsgesetzes aus dem
Jahr 1917. Ein rapider Abbau der in der ersten Nachkriegsphase errungenen
Sozialgesetze setzte ein, die Anzahl der Arbeitslosen stieg weiter an, der soziale
Konflikt verschärfte sich weiter.[138]

Die Kommunistische und die Nationalsozialistische Partei wurden 1933
verboten. 1934 – nach dem Bürgerkrieg im Februar – folgte auch das Verbot der
Sozialdemokratischen Partei. Ausgangspunkt der Februarkämpfe 1934 war die
Weigerung des Linzer Schutzbundes, ein Parteiheim, in dem Waffen vermutet
wurden, durchsuchen zu lassen. Kämpferische Auseinandersetzungen zwischen
dem rechten (Bürgerblock, Heimwehr) und dem linken (Sozialdemokraten,
Kommunisten, Republikanischer Schutzbund) Österreich, die in Wien vor allem
in den Gemeindebauten geführt wurden, waren die Folge. Die von der Heimwehr
intendierte Zerschlagung der Arbeiterschaft war das Ziel.[139] Die Führung der
verbotenen Sozialdemokratischen Partei musste nach dem verlorenen Bürgerkrieg ins Exil nach Brünn fliehen, ihre AnhängerInnen gingen – wie es Nationalsozialisten und KommunistInnen bereits getan hatten – in den Untergrund.
In der Illegalität bildeten sich – vor allem von jungen SozialdemokratInnen
getragen – die Revolutionären Sozialisten, die den Kampf gegen den Faschismus
fortsetzten.[140] Offiziell war eine politische Betätigung außerhalb der neu ge-

Österreichs, Univ.-Diss., Wien 1971, Göhring, Walter, Der kommunistische Jugendverband
in den Jahren der Halblegalität von 1931–1934, in: Weg und Ziel 4 (1972) S. 161–163,
Historische Kommission beim ZK der KPÖ (Hg.), Beiträge zur Geschichte der kommunistischen Jugendbewegung, Wien 1981.

138 Vgl. zum austrofaschistischen »Ständestaat«: Tálos, Emmerich, Austrofaschistische Dik-
tatur 1933–1938, in: Achenbach, Michael / Moser, Karin (Hg.), Österreich in Bild und Ton.
Die Filmwochenschau des austrofaschistischen Ständestaates, Wien 2002, S. 11–27 sowie
Tálos, Emmerich / Neugebauer, Wolfgang (Hg.), Austrofaschismus. Politik – Ökonomie –
Kultur 1933–1938, 5., völlig überarb. und erg. Aufl., Wien 2005.

139 Vgl. im Überblick: Maderthaner, Wolfgang, 12. Februar 1934: Sozialdemokratie und
Bürgerkrieg, in: Steininger, Rolf / Gehler, Michael (Hg.), Österreich im 20. Jahrhundert.
Von der Monarchie bis zum Zweiten Weltkrieg, Wien/Köln/Weimar 1997, S. 153–202.

140 Vgl.: Pelinka, Peter, Erbe und Neubeginn. Die Revolutionären Sozialisten in Österreich
1934–1938 (Materialien zur Arbeiterbewegung 20), Wien 1981.

schaffenen Vaterländischen Front verboten, die symbolisch mit dem Krucken-
kreuz, einem alten Zeichen der Kreuzfahrer, sowohl dem »gottlosen Marxismus«
als auch dem »heidnischen« (ursprünglich aus Indien stammenden) Haken-
kreuz den Kampf ansagte.[141] SystemgegnerInnen wurden verfolgt und in Anhaltelager – wie in das zwischen Wien und Wiener Neustadt gelegene Lager
Wöllersdorf – gebracht.

Das autoritäre Führungsprinzip, das Bundeskanzler Dollfuß bereits in seiner
berühmt gewordenen Trabrennplatz-Rede 1933 formuliert hatte, wurde am
1. Mai 1934 in einer neuen Verfassung festgeschrieben, die jedoch nie in Kraft
trat. Sie besiegelte den radikalen Bruch mit der nach dem Ersten Weltkrieg
festgelegten parlamentarischen Demokratie und ist Ausdruck der angestrebten
ständischen Gesellschaftsstruktur. Nicht mehr Klassen, sondern Stände – wie
man sie in der mittelalterlichen Gesellschaft verwirklicht sah – sollten das
Ordnungsprinzip einer harmonischen Gesellschaft sein. Freie Wahlen waren in
der neuen Verfassung freilich nicht vorgesehen. Herrschaftsträger des neuen
Systems waren das Heer, die Bürokratie und die katholische Kirche. Eine Aufwertung der Aristokratie und ein Rückgriff auf die Symbole der Monarchie
wurden zum Ausdruck des konservativen Duktus des »Ständestaats«. Eine breite
religiöse Offensive setzte ein, auch die neue Verfassung wurde im Namen Gottes
erlassen.[142] Ein immer stärker betonter Österreich-Patriotismus, die Propagierung von »Heimatliebe« und »Vaterlandstreue«, sollte zu einer Akzeptanz bzw.
Legitimation des Regimes nach innen und außen dienen.

Außenpolitisch stand das autoritäre System zunächst unter dem Schutz Italiens, das die Unabhängigkeit Österreichs gegenüber Deutschland garantierte.
Mit der Annäherung Italiens an Deutschland in Folge des Abessinien-Krieges
1935/36 änderte Italien, das nun seinerseits auf die Unterstützung von
Deutschland angewiesen war, jedoch seine Haltung. Der Druck des nationalsozialistischen Deutschland auf Österreich wuchs. Im Juli 1934 wurde Bundeskanzler Dollfuß bei einem Putschversuch der Nationalsozialisten ermordet; sein
Nachfolger Kurt von Schuschnigg musste mit dem Juliabkommen 1936 einen
»inneren Anschluss« hinnehmen. Im Gegenzug für die Verbesserung der Han-
delsbeziehungen zu Deutschland und der Anerkennung Österreichs als zweitem
deutschen Staat durch das nationalsozialistische Deutschland musste
Schuschnigg zwei Vertreter der »nationalen Opposition« in sein Kabinett aufnehmen, eine Außenpolitik in Anlehnung an die deutsche Außenpolitik betreiben und inhaftierte Nationalsozialisten freilassen. »In der Folge fand eine

---

141 Vgl. zur Vaterländischen Front u.a.: Kriechbaumer, Robert, Ein Vaterländisches Bilderbuch. Propaganda, Selbstinszenierung und Ästhetik der Vaterländischen Front 1933–1938,
   Wien 2002.
142 Ucakar, Demokratie und Wahlrecht, S. 454 f.

nationalsozialistische Unterwanderung auf verschiedenen Ebenen des Herr-
schaftsapparates, im Kulturbetrieb, in der Schule und in anderen Bereichen
statt.«[143] Fast 17.000 illegale Nationalsozialisten wurden amnestiert; der formal
weiterhin verbotenen NSDAP wurde praktisch die Möglichkeit zu einer politischen Tätigkeit gegeben.[144]

Vom Ausbruch des Bürgerkriegs am 12. Februar erfuhr Christian Broda
durch einen Anruf des mit seiner Mutter befreundeten Max Adler, nachdem
Broda an diesem Tag nicht in die Schule gegangen war, sondern es nach einem
Motorradausflug mit seinem Bruder Engelbert vorgezogen hatte, zu Hause zu
bleiben und ein Werk Lenins zu lesen. Informiert durch Adler machte sich Broda
auf den Weg, um sich selbst ein Bild von der Situation in der Stadt zu machen
und sich mit seinen Freunden zu versammeln.[145] Ende Februar 1934[146] wurde er
wegen der »Veranstaltung einer Zusammenkunft von 14 kommunistischen
Parteigängern in einer Privatwohnung im IX. Wiener Gemeindebezirk vom
Bundespolizeikommissariat Alsergrund mit sechs Wochen Arrest bestraft.«[147]
Seinen 18. Geburtstag verbrachte er in Folge der 42-tägigen Haft im Gefängnis.[148]

26 Jahre später berichtete er StudentInnen an der Universität Wien Folgendes
über die Bedeutung des Februar 1934 für sich und seine Generation:

> »Für mich und – und irgendwie gilt das für meine ganze Generation – war das Ende der
> Demokratie in Österreich ein höchstpersönliches Erlebnis, das zu vergessen mir bis
> ans Ende des Lebens unmöglich sein wird.
> Montag, den 12. Februar 1934, 2 Minuten nach dreiviertel zwölf mittags, sind alle
> Straßenbahnen Wiens stehengeblieben. Die Bediensteten der Städtischen E-Werke
> waren dem Ruf zum Generalstreik gefolgt, als sie die Nachricht von dem am Morgen
> des 12. Februar 1934 erfolgten Ausbruch des Kampfes zwischen Exekutive und Re-
> publikanischem Schutzbund in Linz erfahren hatten.
> Wenige Stunden später standen die Angehörigen des Republikanischen Schutzbundes
> auch in Wien im Kampf mit den überlegenen Kräften der seit Ausschaltung des Par-
> laments am 4. März 1933 für diese Auseinandersetzung vorbereiteten, aus Selbst-
> schutzverbänden, Polizei und Bundesheer zusammengesetzten Truppen der Regierung
> Dollfuss. Das Ende ist bekannt.
> Das war für uns alle, die wir diesen 12. Februar 1934 miterlebt haben, das Ende der
> Demokratie in Österreich.
> Wissen Sie, welches Bild mir in den mehr als 25 Jahren, die seither vergangen sind,
> nicht mehr von meinem geistigen Auge weicht?

---

143 Ucakar, Österreichs Geschichte, S. 68.
144 Hanisch, Der lange Schatten des Staates, S. 321.
145 Tonbandaufzeichnung über die Jugenderlebnisse von Christian Broda.
146 In den Akten scheinen unterschiedliche Daten, der 23. und der 24.2.1934 auf.
147 Bericht der Bundespolizeidirektion Wien an das Bundesministerium für Unterricht vom
      25.1.1936, Pr. Zl.IV-11879/1/35, BMU 4083/36. Archiv Dr. Michael Neider.
148 Persönliche Vorbemerkungen, in: Broda, Demokratie – Recht – Gesellschaft, S. 9.

Die städtischen elektrischen Uhren über unseren Straßenkreuzungen waren wegen des Stromausfalls um 11 Uhr 47 Minuten stehengeblieben – bis die Februarkämpfe vorbei waren und das E-Werk seine Tätigkeit wieder aufgenommen hatte.

Dieser Stillstand der öffentlichen Uhren war wie ein Symbol: Die Uhr der österreichischen Demokratie war abgelaufen. Die politisch tragende Generation der Zwischenkriegszeit hatte die österreichische Demokratie – wenige Jahre vorher, am 12. November 1918, Wirklichkeit geworden – nicht zu bewahren verstanden. Sie hatte nur zum Teil ein inneres Verhältnis zur Demokratie gefunden. Die Kräfte, die zur Demokratie standen, waren zu schwach. Schließlich erlagen sie jenen, denen die Demokratie nichts galt, die glaubten, auf sie verzichten zu können.«[149]

Seine Reifeprüfung legte Christian Broda am 18. Juni 1934 am Akademischen Gymnasium ab.[150] In Folge seiner Teilnahme an den Februarkämpfen war er – wie es im Klassenkatalog des Akademischen Gymnasiums für das Schuljahr 1933/34 heißt – in den »Stand des Privatisten« übergetreten.[151] Anzumerken ist hierbei, dass Broda bereits in früheren Jahren immer wieder als »Privatist« in den Schulunterlagen des Akademischen Gymnasiums aufscheint,[152] im Maturaprotokoll aber notiert ist, dass er »die Studien im Jahre 1926 am Akademischen Gymnasium begonnen und daselbst ununterbrochen fortgesetzt« hat.[153]

Christian Broda hat Jahre später über seine Schulzeit ausgesagt, dass er es mit seiner zunehmenden politischen Aktivität mit dem Schulbesuch »nicht so genau« genommen habe. Trotzdem habe er in der Schule wichtige Impulse erhalten, und das besonders von zwei Lehrern, die später im Holocaust ermordet wurden: von seinem Geschichtslehrer John Edelmann und seinem Griechisch- und Lateinlehrer David Ephraim (bzw. Ernst David) Oppenheim. Edelmann, der

---

149 Broda, Rechtsstaat und Demokratie. Vortrag vor den Studenten der Wiener Universität am 16. November 1960, in: Broda, Rechtspolitik – Rechtsreform, S. 37 f.

150 Das Maturazeugnis von Christian Broda weist die Noten »Sehr gut« (Naturgeschichte, philosophische Propedeutik, Geographie/Geschichte), »Gut« (Deutsche Sprache, Turnen) und »Genügend« (Lateinische Sprache, Griechische Sprache, Mathematik, Physik) auf. Archiv des Akademischen Gymnasiums Wien, Haupt- und Klassenkatalog der VII a(g) und VIII (rg) Klasse Schj 1933/34 und Hauptprotokoll der Reifeprüfungen Sommer 1933 bis Frühjahr 1935.

151 Archiv des Akademischen Gymnasiums Wien, Haupt- und Klassenkatalog der VII a(g) und VIII (rg) Klasse Schj 1933/34 und Hauptprotokoll der Reifeprüfungen Sommer 1933 bis Frühjahr 1935.

152 So ist etwa im Haupt- und Klassenkatalog für das Schuljahr 1931/32 des Akademischen Gymnasiums vermerkt, dass Christian Broda mit 30.4.1932 in den Stand des Privatisten übergetreten ist. Im Haupt- und Klassenkatalog für die Schuljahre 1930/31, 1929/1930 und 1928/1929 ist er zeitweise ebenfalls als Privatist festgehalten (hier handelt es sich vermutlich um verspätete Schuleintritte). Vgl.: Archiv des Akademischen Gymnasiums Wien, Haupt- und Klassenkataloge für die Schuljahre 1931/32 1929/1930 und 1928/1929.

153 Archiv des Akademischen Gymnasiums Wien, Haupt- und Klassenkatalog der VII a(g) und VIII (rg) Klasse Schj 1933/34 und Hauptprotokoll der Reifeprüfungen Sommer 1933 bis Frühjahr 1935.

Schulfoto vom Akademischen Gymnasium: Christian Broda (2. Reihe links außen), Franz
Ockermüller (2. Reihe Fünfter von links) Friedrich Heer (2. Reihe rechts außen)

überzeugter Sozialdemokrat war, machte seine SchülerInnen – so Broda – mit
den Grundbegriffen des historischen Materialismus bekannt. Oppenheim
brachte Broda und seinen MitschülerInnen das klassische Bildungsideal des 19.
Jahrhunderts nahe und konnte sie damit – zumindest kurzfristig – der angespannten politischen Realität entrücken.[154]

2.9. In den USA

Wenig später, im Herbst desselben Jahres ging Christian Broda nach einer
schweren Krankheit zu seinem Onkel G. W. Pabst in die USA, der damals versuchte, in Hollywood als Filmregisseur Fuß zu fassen.[155] In einer Unterlage der
Neurologischen Filialstation der Wiener Universitäts-Nervenklinik aus dem Jahr
1939 heißt es hierzu, dass Christian Broda 1934 wegen »meningialen Reizer-

---

154 Gespräch mit Christian Broda, in: Die Ohnmacht der Henker, S. 43 sowie Tonbandaufzeichnung über die Jugenderlebnisse von Christian Broda. Vgl. zu Oppenheim auch:
Kenner, Klara, Der zerrissene Himmel. Emigration und Exil der Wiener Individualpsychologie, Göttingen 2007, S. 164–166.
155 Heinrich Keller hat in einem Nachruf auf Christian Broda vermerkt, dass er auf Einladung
von Peter Lorre in die USA gegangen sein soll; andere InterviewpartnerInnen haben jedoch
davon gesprochen, dass er bei G. W. Pabst war, was auch ein erhaltener Brief und die
Unterlagen zum Studienausschluss nahelegen. Interview mit Marietheres Frauendorfer am
16. 3. 2007, mit Dr. Michael Neider am 27. 5. 2010 und mit Univ.-Prof. Dr. Johanna Broda am
6. 8. 2010 sowie Keller, Christian Brodas Werk bleibt Auftrag und Verpflichtung, S. 4.

scheinungen (Doppelbildern, Erbrechen und hochgradiger Benommenheit) vermutlich nach Insolation in der Grazer Nervenklinik und später im Childspital in Wien mit Verdacht auf Hirntumor lag«.[156] Broda ging – wie Marietheres Frauendorfer, die Tochter seiner Cousine Erika (geborene Obst von Tarrawehr), berichtet – in die USA, um eine bestmögliche ärztliche Betreuung zu erhalten.[157] Wie ein Entwurf für eine Bestätigung über seine Studienunterbrechung zwischen 1934 und 1936 aus dem Jahr 1947 nennt, möglicherweise aber auch »um sich einer neuerlichen Verhaftung zu entziehen.«[158]

In den USA, wo er über G. W. Pabst Kontakt zu namhaften KünstlerInnen hatte – lernte Broda in jungen Jahren doch nicht nur Peter Lorre, Fritz Lang oder Charlie Chaplin[159] kennen – blieb er über ein Jahr. In einem aus dieser Zeit erhaltenen Brief wird deutlich, wie sehr Viola Broda damals auf die finanzielle Unterstützung durch G. W. Pabst angewiesen war, aber auch wie inspirierend der USA-Aufenthalt und die damit verbundenen neuen Eindrücke für Christian Broda waren. An seine Mutter schrieb er im Februar 1935, dass er viel studiere, »einen Pack neuer Pläne« habe und noch immer Medizin studieren wolle.[160]

Zurückgekehrt nach Europa war Christian Broda im Wintersemester 1935/1936 Hörer an der Deutschen Universität in Prag, wo Verwandte – Ferdinand Marek und seine Familie – für seinen Lebensunterhalt sorgten.[161] Ende 1935/Anfang 1936 kehrte er aus der Tschechoslowakei nach Wien zurück und bemühte sich um eine Zulassung zum Studium an der Universität Wien.[162] Nach dem bereits zitierten Entwurf für eine Bestätigung über die Studienunterbrechung zwischen 1934 und 1936 aus dem Jahr 1947 soll die Rückkehr nach der »Einstellung eines anhängigen Strafverfahrens« erfolgt sein. Zitiert wird ein

---

156 Bestätigung über eine medizinische Untersuchung der Neurologischen Filialstation der Wiener Universitäts Nervenklinik vom 28.8.1939. AChB, Nachtrag, ÖNB, Handschriftensammlung, XXI.2.1.

157 Interview mit Marietheres Frauendorfer am 16.3.2007.

158 Entwurf für eine Amtsbestätigung vom 13.1.1947 über die Studienunterbrechung. AChB, Nachtrag, ÖNB, Handschriftensammlung, XXI.2.9.

159 Keller, Christian Brodas Werk bleibt Auftrag und Verpflichtung, S. 8.

160 Brief Christian Brodas an Viola Broda, Santa Monica, 19.2.1935. AChB, ÖNB, Handschriftensammlung, X.7.

161 Vgl.: Mitteilung des Dekanats der Philosophischen Fakultät der Deutschen Universität in Prag vom 23.11.1935, wonach Christian Broda mit Erlass des Ministeriums für Schulwesen und Volkskultur vom 31.10.1935 als ordentlicher Hörer zugelassen wurde. Dekanat der Philosophischen Fakultät der Deutschen Universität in Prag, Zl. 714/1/35, AChB, ÖNB, Handschriftensammlung, X.100.1. sowie eigenhändiger Lebenslauf in: Archiv der Universität Wien, Philosophische Fakultät, Rigorosenakt Hans Christian Broda, Nr. 15.080.

162 In den vorhandenen Akten wird als Zeitpunkt der Rückkehr nach Wien einerseits der Dezember 1935, andererseits Anfang 1936 genannt. Vgl.: Amtsbestätigung (nicht gezeichnet oder gestempelt, ausstellende Stelle nicht erkennbar) vom 13.1.1947. AChB, Nachtrag, ÖNB, Handschriftensammlung, XXI.2.9. sowie ÖStA/AVA, Sign. 4D1, Fasz. 782, GZ 4083-I/36 sowie ÖStA/AVA, Sign. 4D2, Fasz. 786 GZ 34360-I/36 und GZ 37380-I/36.

neuerliches Strafverfahren jedoch nur an dieser Stelle, in den Unterlagen der Bundespolizeidirektion Wien aus dem Jahr 1936 fehlt ein Hinweis hierauf ebenso wie in der tatsächlich ausgestellten Bestätigung über die Studienunterbrechung.[163] Probleme bei der Zulassung zum Studium hatte Christian Broda aber allemal, wie er in den kommenden Monaten feststellen sollte.

2.10. Ausschluss vom Studium

Aufgrund eines Ende 1934 erlassenen Gesetzes über die Aufrechthaltung der Disziplin unter den Studierenden an den Hochschulen konnten unliebsame Studierende – wie Christian Broda einer war – vom Studium ausgeschlossen werden.[164] Viola Broda setzte sich zwar bei der Polizei, der Universität Wien und im Unterrichtsministerium wiederholt für ihren Sohn ein, konnte vorerst aber nichts erreichen. Sie verwies darauf, dass ihr Sohn zum Zeitpunkt seiner Verhaftung 1934 erst 18 Jahre war und unter dem Eindruck seines Bruders Engelbert gestanden sei, diesem durch den Aufenthalt in den USA aber »entrückt« wäre. Als »Witwe eines höheren Staatsbeamten« würde ihr ein »Herzenswunsch« erfüllt werden, wenn ihr Sohn durch die Zulassung zum Studium wieder einem »geordneten Leben« zugeführt werden könnte. Von Seiten der Bundespolizeidirektion Wien wurde Christian Broda jedoch kein positives Urteil ausgestellt. In einem Bericht vom 25. Jänner 1936 an das Unterrichtsministerium wird vermerkt, dass »eine aufrichtige innere Wandlung« im Hinblick auf »seine radikale Gesinnung [...] kaum ernstlich anzunehmen ist« und dass sich auch Engelbert Broda gegenwärtig auf der Flucht von der Polizei befinde. Infolge seiner Verhaftung 1934 und seiner aktenkundigen Betätigung für die Kommunistische Partei wurde Christian Broda daher am 19. Februar 1936 für die Dauer des Sommersemesters 1936 und des Wintersemesters 1936/1937 von der Aufnahme an allen österreichischen Hochschulen ausgeschlossen.[165]

Hierauf verwies nun auch Christian Broda in einem Gnadengesuch darauf, dass er sich seit seiner Haft 1934 »in keiner Weise politisch betätigt« habe und »der Aufenthalt in Amerika sowie die politische Entwicklung in Österreich [in ihm] eine bessere Einsicht und andere Einstellung zu den politischen Problemen [habe] entstehen lassen«. Er »stehe heute ehrlich auf dem Boden des österreichischen Staates und lehne jede illegale Betätigung ab« und bitte daher um eine Einbeziehung seines Falles in die »Befriedungsaktion der Bundesregierung«.

---

163 Ebenda bzw. insbesondere ÖStA/AVA, BMU, Sign. 4D2, Faszikel 786, GZ 37380-I/36.
164 Bundesgesetz vom 6.9.1934, BGBl. II Nr. 252 betreffend die Aufrechterhaltung der Disziplin unter den Studierenden an den Hochschulen.
165 Vgl. hierzu ÖStA/AVA, Sign. 4D1, Fasz. 782, GZ 4083-I/36 sowie ÖStA/AVA, Sign. 4D2, Fasz. 786 GZ 34360-I/36 und GZ 37380-I/36 sowie DÖW 20.414.

Broda nahm somit Bezug auf die im Zuge des mit Deutschland geschlossenen Juliabkommens erfolgte Amnestierung politischer Gegner des autoritären »Ständestaates«, die zahlreiche Nationalsozialisten wieder in die Freiheit führte. Die »Begnadigung« erfolgte aber erst nachdem auch die Bundespolizeidirektion Wien dieser zugestimmt hatte. Diese berichtete dem Unterrichtsministerium am 2. November 1936, dass Broda seit seiner im Februar 1934 erfolgten Bestrafung keinen Anlass mehr zu nachteiligen Wahrnehmungen geboten habe. Er habe sich dem Vernehmen nach »von [der] Politik und seinen ehemaligen politischen Freunden vollständig zurückgezogen«, worauf der Studienausschluss durch eine Entscheidung des Unterrichtsministeriums vom 10. November 1936 auf das Sommersemester 1936 beschränkt und Broda mit dem Wintersemester 1936/37 wieder zum Studium zugelassen wurde.[166] Wie ihm in einem Schreiben des Unterrichtsministeriums mitgeteilt wurde, konnte er aufgrund seiner früheren verbotenen politischen Tätigkeit aber jederzeit wieder von der Universität verwiesen werden, wenn sich an der von ihm besuchten Hochschule »Anschläge gegen die Ruhe und Ordnung« ereignen sollten.[167]

Mit der oben bezeichneten Zulassung zum Studium begann Christian Broda, der bereits an der Deutschen Universität in Prag diese Studienrichtung gewählt hatte,[168] im Wintersemester 1936/1937 ein Studium der Geschichte an der Universität Wien, das er im Jahr 1940 mit einer Dissertation bei Heinrich Ritter von Srbik abschloss. Die Nationalen für ordentliche Hörer an der philosophischen Fakultät zeigen Broda als einen Studenten, der sich nicht nur für die österreichische, sondern auch für die europäische und russische Geschichte interessierte und der immer wieder kunst- und kulturwissenschaftliche Vorlesungen besuchte.[169]

2.11. Die Gruppe »Ziel und Weg«

Anders als Christian Broda in seinem Gnadengesuch an das Unterrichtsministerium ausführte, hatte er sich nicht von der Politik abgewandt. Zum Zeitpunkt seines Schreibens war er nach wie vor in der Kommunistischen Partei tätig. Seine politische Haltung deckte sich jedoch immer weniger mit der offiziellen Linie der KPÖ bzw. jener des KJV und führte vor allem wegen unterschiedlicher Ansichten hinsichtlich der Bekämpfung des Faschismus Ende 1936/Anfang 1937

---

166 Ebenda.
167 Archiv der Universität Wien, Disziplinarakt Hans Christian Broda, RS 185.997.
168 Archiv der Karls Universität Prag, Nationale der Philosophischen Fakultät an der Deutschen Universität Prag, WS 1935/36 (Broda, Hans Christian).
169 Archiv der Universität Wien, Nationale der Philosophischen Fakultät, WS 1936–1937 bis WS 1939–40 (Broda, Hans Christian).

zur Bildung der oppositionellen Jugendgruppe »Ziel und Weg«. Der Gruppe, benannt nach ihrem Organ (in Umkehr der offiziellen KPÖ-Zeitschrift »Weg und Ziel«), gehörten neben Broda auch Karl. R. Stadler und Eduard Rabofsky an.

Beide, Stadler und Rabofsky, stammten aus dem Arbeitermilieu und waren aus der Sozialdemokratie kommend zu Beginn der 1930er Jahre ebenfalls – wie dies Christian Broda für die eigene Entwicklung formuliert hatte – »noch weiter nach links« gegangen. Stadler, geboren 1913 im Wiener Arbeiterbezirk Favoriten, hatte, nachdem er die Bundeserziehungsanstalt für begabte Kinder aus armem Hause besucht hat, 1931 ein Studium an der Universität Wien begonnen (zuerst an der juridischen Fakultät, dann an der philosophischen Fakultät Germanistik, Anglistik und Geschichte), bis er 1938 emigrieren musste und im englischen Exil neuerlich ein Studium begann.[170] Rabofsky, geboren 1911, absolvierte eine Schlosserlehre, da die materiellen Verhältnisse der Eltern nichts anders erlaubten und holte die Matura (abgelegt im August 1945) mühsam im zweiten Bildungsweg nach. 1948 promovierte er zum Doktor der Rechte und wurde zu einem renommierten Arbeitsrechtler.[171] Während des Nationalsozialismus war er im Widerstand (erst bei den Saurer Werken und dann in der Wehrmacht) tätig, nachdem er als ausgezeichneter Bergkenner bereits ab 1933 bedrohte Personen aus dem nationalsozialistischen Deutschland ins Ausland gebracht hatte.[172]

Die Entstehung der Gruppe »Ziel und Weg« hat Eduard Rabofsky 1988 in einem Beitrag in »Weg und Ziel« geschildert. Hiernach stand ein Referat von Isaak Weintraub (nach 1945 Franz West) bei einer Sitzung des ZK des KJV im Herbst 1936 bzw. die sich daran anschließende Diskussion, an der neben Broda (Deckname Janda), Stadler (damals noch Stavaritsch, Deckname Reiter) und Rabofsky (Deckname Lorenz) auch Fritz Schwager aus Knittelfeld teilnahmen, am Beginn von »Ziel und Weg«. Weintraub hatte in seinem Referat »die politischen Grundlagen für die Aufgabenstellung der antifaschistischen Kräfte erläutert« und in seinem Referat insbesondere die Einheitsfrontlinie der Komintern fokussiert. Bei der nachfolgenden Diskussion, die sich insbesondere mit dem Vormarsch des Faschismus in Deutschland und Spanien sowie den damit verbundenen Schwierigkeiten für den antifaschistischen Kampf in Österreich beschäftigte, stand vor allem die Zusammenarbeit mit den freien Gewerkschaften im Zentrum. Broda und Stadler brachten aber auch die Frage der internationalen Politik ein und kritisierten eine zu geringe Unterstützung der

---

170 Karl R. Stadler: Lebenslauf in Daten, S. 307, Konrad, Helmut, Karl R. Stadler, in: Stadler, Friedrich (Hg.), Vertriebene Vernunft II. Exil und Emigration österreichischer Wissenschaft. Internationales Symposion 19.–23. 10. 1987 in Wien, Wien/München 1988, S. 509 f.

171 Vgl. zu Eduard Rabofsky ausführlich: Oberkofler, Gerhard, Eduard Rabofsky. Jurist der Arbeiterklasse. Eine politische Biographie, Innsbruck/Wien 1997.

172 Ebenda.

linken Kräfte durch die Sowjetunion im spanischen Freiheitskampf. Gleichfalls bemängelten sie – wie Rabofsky ausführt – die Orientierung auf den nationalen Widerstandskampf, aber »weniger weil sie die Thesen von Klahr ablehnten, als dass sie diese als Desorientierung der auf internationale Solidarität auszurichtenden Bewegung der Arbeiterklasse betrachteten«.[173]

Wesentlich für das Verständnis der Kritik von Broda und Stadler an der offiziellen Politik der Kommunistischen Partei ist eine veränderte Politik der KPÖ in Hinblick auf die Bekämpfung des aufstrebenden Faschismus in Europa. Nach dem Bürgerkrieg 1934 war die KPÖ nicht nur von ihrer »Sozialfaschismus«-These abgegangen, wonach die Sozialdemokratie als »bürgerliche Partei« ein »Flügel des Faschismus« sei. Vielmehr suchte sie eine Zusammenarbeit mit den nach 1934 entstandenen Revolutionären Sozialisten und strebte darüber hinaus – entsprechend der auf dem VII. Weltkongress der Komintern im Jahre 1935 proklamierten Volksfrontpolitik – einen Zusammenschluss aller antifaschistischen Kräfte zur Bekämpfung des Faschismus an. Georgi Dimitroff, Mitglied des politischen Sekretariats der Kommunistischen Internationale, hatte damals dazu aufgerufen, beim Abwehrkampf gegen den Faschismus das Augenmerk auf die Gewinnung des »städtischen Kleinbürgertums« und der »werktätigen Bauernschaft« zu richten und unter »bestimmten Umständen« mit den diese Schichten repräsentierenden Organisationen Bündnisse zu schließen.[174] Ein Jahr später, 1936, stellte die KPÖ die Erhaltung der Unabhängigkeit Österreichs in den Mittelpunkt des Kampfes gegen den Nationalsozialismus. Das Zentralkomitee rief zum Kampf für die Unabhängigkeit Österreichs auf und beauftragte den Parteitheoretiker Alfred Klahr damit, die Frage einer österreichischen Nation historisch und theoretisch zu erörtern. Im März und April 1937 erschien daraufhin eine Artikelserie von Klahr in »Weg und Ziel«, in der er den Nachweis dafür erbrachte, dass »die Österreicher zu der Zeit, als sich endgültig die deutsche Nation herausbildete (zweite Hälfte des 19. Jahrhunderts), mit den Deutschen weder staatlich noch wirtschaftlich eine Gemeinschaft bildeten«. Klahr stellte daher fest, »dass es eine von der deutschen verschiedene österreichische Kulturtradition gibt.«[175] Hintergrund für die veränderte Politik der KPÖ, die Festlegung auf eine eigenständige »österreichische Nation« und die Volksfrontpolitik, war nicht zuletzt der seit dem Juliabkommen 1936 gewachsene Druck des nationalsozialistischen Deutschland auf Österreich.

Auf die vorgebrachte Kritik reagierte West – so Rabofsky – mit brüsker Ablehnung und tadelte die »politische Schwäche« von »vier leitenden Genossen des

173 Rabofsky, Eduard, Mit verkehrten Vorzeichen, Die parteifeindliche Fraktion »Ziel und Weg«, in: Weg und Ziel 7/8 (1988) S. 299.
174 Keller, Fritz, KPÖ und nationale Frage, in: Österreichische Zeitschrift für Politikwissenschaft 2 (1977) S. 185.
175 Beiträge zur Geschichte der Kommunistischen Jugendbewegung, S. 44.

KJV«. Nach dem Verlassen des Sitzungsorts lud Broda Stadler, Rabofsky und Schwager zu einer Besprechung in ein Kaffeehaus ein, bei der sich »die Miss-stimmung über die von uns als Verletzung der innerparteilichen Demokratie ausgelegte Diskussionsführung von Franz West« entlud und beschlossen wurde, die »›offen‹ gebliebenen Fragen in schriftlicher Form zu fassen und den Funk-tionären des KJV zur Diskussion vorzulegen.« Die Herausgabe einer illegalen Zeitung innerhalb der illegalen Organisation, zu der Eduard Rabofsky unter anderem den Namen »Ziel und Weg« beisteuerte, wurde bereits während des zitierten Gesprächs geplant; der Zusammenschluss wurde geheim gehalten.[176]

Die erste Nummer von »Ziel und Weg« erschien im Jänner 1937. Hier hieß es im Eingangsartikel, dass die »tiefe Angst um die Richtigkeit des Weges unserer kommunistischen Partei« die Gruppe gezwungen habe, das Wort zu ergreifen. Thematisiert wurden in der 30 Seiten starken ersten Ausgabe von »Ziel und Weg« vor allem die Losung der »demokratischen Republik«, die Volksfrontpolitik, Fragen der internationalen Solidarität (auch Fehler der KP im Spanischen Freiheitskampf) und die fehlenden Möglichkeiten einer innerparteilichen Aussprache. So hieß es, dass »Ziel und Weg« nicht erscheinen müsste, wenn »wir unsere Meinung in ›Weg und Ziel‹ vertreten [könnten]«, dieses aber nicht seiner Aufgabe, Spiegelbild der Meinung der Kommunisten zu sein, gerecht wird«. Versagt bzw. nicht stattgefunden habe der innerparteiliche Diskussionsprozess insbesondere in Hinblick auf die Losung der demokratischen Republik, gegen die schwere revolutionäre Bedenken eingebracht wurden. Die Volksfrontpolitik wurde grundsätzlich bejaht, aber betont, dass das Klassenziel bei der Bekämp-fung des Nationalsozialismus nicht außer Augen verloren werden dürfe. Ziel der kommunistischen Politik müsse nach wie vor die Diktatur des Proletariats sein und nicht die Verteidigung der demokratischen Republik, da sie die Kommu-nisten ins Schlepptau der österreichischen Bourgeoisie führen könne: »Konse-quenter Kampf gegen den Faschismus ist in seinem Ergebnis Kampf gegen das kapitalistische System und kann über die proletarische Revolution nur zur Diktatur des Proletariats führen«.[177]

Insgesamt zeichnete sich »Ziel und Weg« – wie auch die folgenden bis Anfang 1938 erscheinenden Ausgaben[178] zeigen – durch eine Kritik der KP-Politik »von

---

176 Rabofsky, Mit verkehrten Vorzeichen, S. 299.
177 Ziel und Weg. Beiträge zur Theorie und Praxis der kommunistischen Bewegung 1, Jänner 1937. AChB, ÖNB, Handschriftensammlung, X.3.
178 Im AChB sind folgende Ausgaben vorhanden: Nr. 1 Jänner 1937, Nr. 2 Mitte Februar 1937, Nr. 6 Juli 1937, Nr. 8 November 1937, II. Jg. Nr. 1, Jänner 1938. Ergänzend hierzu gibt es im Dokumentationsarchiv des Österreichischen Widerstandes: Nr. 3 vom März 1937 sowie Flugblätter der Gruppe »Ziel und Weg«. Vgl.: AChB, ÖNB, Handschriftensammlung, X.3., DÖW 4009a/18, DÖW 4095/1 und DÖW 4073/49 sowie: Dokumentationsarchiv des Österreichischen Widerstandes (Hg.), Widerstand und Verfolgung in Wien 1934–1945. Eine Dokumentation, Bd. 1, 2. Aufl., Wien 1984, S. 533–539.

links« aus.[179] Gefordert wurde ein Kampf »Klasse gegen Klasse« vom »reinen proletarischen Klassenstandpunkt« aus. Der Faschismus sollte durch eine sozialistische Revolution bekämpft werden, die Volksfrontpolitik wurde immer stärker als »Revisionismus«, als Abkehr von einer revolutionären Politik, kritisiert. Herbe Kritik zog insbesondere die »Katholikenarbeit« der Kommunisten nach sich, wobei betont wurde, dass im Zentrum der kommunistischen Agitation nach wie vor der Arbeiter stehen müsse. Anzumerken ist dabei, dass in den Monaten zuvor besonders Karl R. Stadler eine wichtige Funktion in der Zusammenarbeit mit den konservativen Kräften gespielt hatte. Insbesondere in der »überparteilichen« Friedensarbeit, in der Jugendliche aus den verschiedenen politischen Gruppierungen vertreten waren, spielte er eine bedeutende Rolle. Unter anderem war er auch 1936 bei der von Ludovica Hainisch organisierten Enquete »Was soll die Jugend für den Frieden tun?« als flammender Redner aufgetreten.[180] In internationaler Hinsicht wurden von »Ziel und Weg« Verfehlungen der Komintern und der Kommunistischen Parteien (vor allem hinsichtlich einer Nichtausnützung des »revolutionären Potentials« im Zuge der Volksfrontpolitik) angeprangert und immer wieder Stellungnahmen zum Bürgerkrieg in Spanien veröffentlicht, wo »Ziel und Weg« mit der POUM (Partido Obrero de Unificación Marxista, Arbeiterpartei der Marxistischen Einheit) sympathisierte, die ebenfalls die Volksfrontpolitik ablehnte und den direkten Kurs auf eine Revolution einschlagen wollte.[181]

Die zur selben Zeit stattfindenden Moskauer Schauprozesse, in denen Stalin fast die gesamte noch aus der Revolutionszeit stammende Führungsschicht der Bolschewiken ermorden ließ, wurden demgegenüber in den Ausgaben von »Ziel und Weg« nur vereinzelt und vorsichtig thematisiert. So hieß es in der Nummer 2 aus dem Februar 1937 hinsichtlich des Radek-Prozesses, dass dazu mehrere Diskussionsartikel eingegangen sind, dieses Problem aber so ernst genommen werde, dass »wir erst nach eingehendstem Studium des gesamten Prozessmaterials dazu Stellung nehmen werden.«[182] In der Nummer 8 vom November 1937 wurde schließlich festgehalten, dass »wir es ab[lehnen], jeden russischen Trotzkisten als Agenten des Faschismus zu bezeichnen, wir glauben nicht, dass die meisten Kampfgefährten Lenins zu ›tollen Hunden der Konterrevolution‹ geworden sind.« Gleichzeitig wurde aber auch angemerkt, dass »Ziel und Weg« »auf Grund der offiziellen Berichte [...] nicht in der Lage« sei, »zu

---

179 West, Franz, Die Linke im Ständestaat Österreich. Revolutionäre Sozialisten und Kommunisten 1934–1938, Wien 1978, S. 264–266 (hier S. 264) sowie McLoughlin, Barry, Die Partei, in: McLoughlin, Barry / Leidinger, Hannes / Moritz, Verena, Kommunismus in Österreich 1918–1938, Innsbruck/Wien/Bozen 2009, S. 364.

180 Konrad, Karl R. Stadler, S. 509. Vgl. auch: ÖVA, Nachlass Karl R. Stadler, 13.

181 Vgl.: Beiträge zur Geschichte der kommunistischen Jugendbewegung, S. 46 und S. 49.

182 »Ziel und Weg«, Nr. 2, Mitte Februar 1937.

diesen Fragen der Richtigkeit oder Unrichtigkeit der Auffassungen kommunistischer Oppositioneller in der SU Stellung zu nehmen.« Konkret ausgeführt
wurde lediglich, dass die »Massenprozesse und Massenabsetzungen führender
Funktionäre des russischen Staatsapparates« von »Ziel und Weg« als »gewisse
Entartungserscheinungen innerhalb des Verwaltungsapparates der proletarischen Diktatur« gesehen werden. Zu diesen würden – was der Gruppe wichtig
war – auch die fehlenden Möglichkeiten einer innerparteilichen Diskussion
zählen. Die Konsequenz dieser Entartungserscheinungen könne aber nicht der
Trotzkismus und eine Kritik an der Sowjetunion sondern nur der Kampf gegen
die Bourgeoisie im eigenen Land sein.[183]

Wie Eduard Rabofsky in seinem Beitrag über die Geschichte von »Ziel und
Weg« fortsetzt, sollen die Moskauer Schauprozesse auch in der Gründungsge-
schichte der Gruppe keine Rolle gespielt haben.[184] Christian Broda, über den
Rabofsky an anderer Stelle festhielt, dass er schon 1936 entschieden gegen die
Moskauer Prozesse auftrat,[185] hat demgegenüber die Bildung von »Ziel und Weg«
in späteren Jahren immer wieder als Reaktion auf diese beschrieben.[186] Für ihn
wurde »1936/37 eine große Hoffnung für diese Welt in den Hinrichtungskellern
der GPU begraben«. Zumindest in den vorhandenen Ausgaben von »Ziel und
Weg« finden sich aber nur vereinzelt Textpassagen, in denen auf die Moskauer
Schauprozesse verwiesen wird, was laut Georg Scheuer (zumindest nach den
ersten Ausgaben von »Ziel und Weg«) bei anderen Linksgruppierungen mitunter
zu Erstaunen führte.[187]

Unruhe löste »Ziel und Weg« demgegenüber in den Reihen des KJV aus. Wie
Fritz Keller in seiner Studie »Gegen den Strom. Fraktionskämpfe in der KPÖ.
Trotzkisten und andere Gruppen 1919–1945« ausführt, war »Ziel und Weg« bei
weitem nicht die einzige Gruppe, die sich in diesen Jahren abseits der offiziellen
kommunistischen Parteilinie bildete, sie konnte aber besonders im Wiener

---

183 »Ziel und Weg«, Nr. 8, November 1937.
184 Rabofsky, Mit verkehrten Vorzeichen, S. 299. Demgegenüber soll es nach einem Bericht
     über die »Tätigkeit und die Entlarvung einer trotzkistischen Schädlingsgruppe in der
     Führung des KJVOe« aus dem Zentralen Parteiarchiv der KPÖ von den späteren »Ziel und
     Weg«-Mitgliedern, gemeint ist hier Karl Stadler, bereits vor der Gründung der Gruppe
     Kritik an den Moskauer Prozessen gegeben haben. Bericht 0194–17. Mai 1937 aus dem
     Zentralen Parteiarchiv der KPÖ. Kopie im Besitz von Univ.-Prof. Dr. Hans Hautmann.
185 Schreiben von Eduard Rabofsky (vermutlich an Friedrich Heer) vom 12.3.1966. AChB,
     Nachtrag, ÖNB, Handschriftensammlung, XX.3.26.
186 Vgl.: Speiser, Wolfgang, Die sozialistischen Studenten Wiens 1927–1938, Wien 1986,
     S. 151 ff., Broda, Karl Stadler – Der Mensch und sein Werk, S. 302, Pelinka, Peter, Gespräch
     mit einem Großen. Zum 70. Geburtstag von Christian Broda, in: Die Zukunft 4 (1986) S. 12,
     StBKA, Korrespondenzen, Broda Christian sowie AChB, ÖNB, Handschriftensammlung,
     III.115/1.1.
187 Scheuer, Georg, Die Moskauer Prozesse und ihr Echo in Wiener Linksgruppen 1936–38, in:
     Archiv. Jahrbuch des Vereins für die Geschichte der Arbeiterbewegung 1986, S. 179.

Raum einen gewissen Einfluss entwickeln.[188] Nach Christian Broda, der 1984 zur Gruppe »Ziel und Weg« Stellung nahm, war sie »die einzige ernstzunehmende Opposition zur KPÖ in dieser Zeit«, mit der ein Großteil der Wiener Organisation des KJV sympathisiert haben soll.[189] Die Zeitung wurde illegal im KJV-Büro hergestellt und durch ihre Kanäle verbreitet. Wer hinter »Ziel und Weg« stand, wusste die Führung der Kommunistischen Partei jedoch lange nicht und wurde dieser erst nach einigen Monaten bekannt, als Eduard Rabofsky zur offiziellen Parteilinie zurückkehrte.[190] Motivation für das Handeln Rabofskys war, dass er sich nicht mehr am »parteischädigenden Verhalten« von »Ziel und Weg« beteiligen wollte. Zugleich war es auch zu Differenzen mit Christian Broda gekommen, der innerhalb von »Ziel und Weg« bald zum »großen Organisator« avanciert war. Grund hierfür sollen unter anderem Brodas nicht offen kommunizierte Verhandlungen mit den Revolutionären Sozialisten gewesen sein, die laut Eduard Rabofsky vermutlich über Peter Strasser liefen.[191] Rabofsky soll so nur durch Zufall davon erfahren haben, dass innerhalb der Revolutionären Sozialisten die »Existenz einer von Broda geleiteten Opposition im KJV bereits bekannt war und sie sogar an der Verbreitung von ›Ziel und Weg‹ mitarbeiteten«. Gleichfalls soll er – ohne vorherige Information – festgestellt haben, dass »Broda und Stavaritsch ihre Ansichten mit der RS-Führung abstimmten.« Broda soll zudem »einige Funktionäre der damaligen einheitlichen Studentenorganisation in die Fraktionsarbeit einbezogen und über diese durch Kontakte mit Peter Strasser versucht [haben], die Oppositionstätigkeit in der Partei zu verbreiten.«[192] Von Broda selbst wurden Kontakte zu den Revolutionären Sozialisten vor 1938 nie geleugnet – im Gegenteil hat er nach 1945, nach seiner Trennung von der KPÖ, immer wieder auf diesen Umstand verwiesen, um seine »frühe Abkehr vom Kommunismus« zu untermauern.[193] Verwunderlich erscheint eine Kooperationen zwischen »Ziel und Weg« und den Revolutionären Sozialisten aber auch deswegen nicht, da es nach dem Februar 1934 wiederholt zu Zusammenschlüssen unterschiedlicher Linksgruppierungen im Kampf gegen den Fa-

---

188 Keller, Fritz, Gegen den Strom. Fraktionskämpfe in der KPÖ. Trotzkisten und andere Gruppen 1919–1945, Wien 1978.

189 Speiser, Die sozialistischen Studenten Wiens 1927–1938, S. 152 (Speiser nennt, dass Broda ihm 1984 ein Interview zu »Ziel und Weg« gab). Vgl. zum Einfluss von »Ziel und Weg« auch einen Bericht von Herbert Roth im Dokumentationsarchiv des Österreichischen Widerstandes. DÖW 12.239.

190 Keller, Gegen den Strom, S. 149 und S. 232 (FN 137), Rabofsky, Mit verkehrten Vorzeichen, S. 300.

191 Vgl. hierzu auch die Memoiren von Josef T. Simon, der davon spricht, dass sich Broda und Strasser erst nach 1945 das erste Mal getroffen haben sollen. Simon, Joseph T., Augenzeuge, Wien 1979, S. 384.

192 Rabofsky, Mit verkehrten Vorzeichen, S. 299 f.

193 Schreiben von Christian Broda an Karl R. Stadler vom 5.9.1954, ÖVA, Nachlass Karl R. Stadler, 17/2.

schismus kam und weil die Revolutionären Sozialisten beziehungsweise ihre Jugendorganisation, die RSJ, den KJV in diesen Jahren »links überholten«.[194] Insbesondere hinsichtlich einer stärken Betonung des revolutionären Moments oder einer größeren Ablehnung der Zusammenarbeit mit konservativen Kräften, stand »Ziel und Weg« den Revolutionären Sozialisten mitunter näher als der KPÖ und dem KJV. Aber auch wenn es zu Kooperationen kam, blieb das Verhältnis angesichts der alles dominierenden unterschiedlichen ideologischen Wurzeln und der Furcht der Sozialisten vor einer Mitgliederabwerbung durch die Kommunisten bestehen.[195]

Der Rückkehr Rabofskys zur offiziellen Linie der illegalen KP folgte die Entlarvung der Gruppe und der Ausschluss ihrer Mitglieder aus der Partei bzw. dem KJV, wie zwei Berichte aus dem Zentralen Parteiarchivarchiv der KPÖ dokumentieren. So heißt es in einem Bericht vom 17. Mai 1937, dass im »März 1937 im Verlauf einer ordentlichen Verbandskonferenz [in Prag, Anm. M. W.] eine konterrevolutionäre trotzkistische Gruppe entlarvt wurde«, wobei Broda und Stadler nicht nur eine Unterwanderung der KPÖ, sondern auch Verbindungen zu trotzkistischen Kreisen in Paris und London vorgeworfen wurden.[196] Zugleich wurde in einer Entschließung des KJV vom 22. Mai 1937 die Aufdeckung und Entlarvung der »partei- und verbandsfeindlichen trotzkistischen Gruppe Janda-Lorenz-Reiter-Keller im KJVOe« begrüßt und als Erfolg für die gesamte Partei gewertet. Neben Trotzkismus wurde Broda und den anderen Mitgliedern von »Ziel und Weg« unter anderem eine Behinderung des kommunistischen Kampfes gegen den Faschismus vorgeworfen.[197] Dass »Ziel und Weg« eine trotzkistische Gruppe gewesen sein soll, ist hierbei jedoch nicht allzu wörtlich zu nehmen. Vielmehr musste der Trotzkismus in jener Zeit – auch in Hinblick auf die Moskauer Prozesse – für eine Diffamierung jeglicher Kritik herhalten.[198] Und auch Eduard Rabofsky hält bezüglich des Trotzkismus-Vorwurfes fest, dass »Ziel und Weg« wohl nur in »sehr begrenztem Rahmen und in ›ideologischen‹ Ansätzen« für den österreichischen Trotzkismus in Anspruch genommen werden kann.[199]

Der Entlarvung von »Ziel und Weg« folgte eine in der Geschichte des KJV einzigartige Diffamierung ihrer einstigen Mitglieder. Die kommunistische

---

194 Beiträge zur Geschichte der kommunistischen Jugendbewegung, S. 46.
195 Ebenda.
196 Bericht 0194 – 17. Mai 1937 aus dem Zentralen Parteiarchiv der KPÖ. Kopie im Besitz von Univ.-Prof. Dr. Hans Hautmann.
197 Entschließung 0199 – 22. Mai 1937 aus dem Zentralen Parteiarchiv der KPÖ. Kopie im Besitz von Univ.-Prof. Dr. Hans Hautmann.
198 Gärtner, Heinz, Eine sowjetorientierte KP – Die Kommunistische Partei Österreichs – Ein Vergleich, in: Österreichische Zeitschrift für Politikwissenschaft 1 (1978) S. 46.
199 Rabofsky, Mit verkehrten Vorzeichen, S. 300.

Presse gab – so Wolfgang Speiser – hemmungslos die illegalen Decknamen der Ausgeschlossenen bekannt, was sie in eine gefährliche Situation gegenüber der Polizei brachte. An der »Hetze beteiligten sich alle Organisationen, welche mit der KPÖ sympathisierten.«[200] So wurde der »Ziel und Weg«-Gruppe in der »Proletarierjugend« (wie im zitierten Bericht vom 17. Mai 1937) eine Zusammenarbeit mit der Polizei und Verrat an den eigenen Mitgliedern vorgeworfen.[201] Unterstellt wurde ihnen aber auch, dass sie die »besten Freunde der Faschisten« wären, die die »Polizei zu schätzen wisse«.[202] Ihre »Rolle als Polizeispitzel« hätte auch »der berüchtigte Polizeihäuptling Dr. Berger selbst bestätigt.«[203] Janda, Lorenz, Reiter, Keller und andere hätten von einer »schnellen Führerkarriere« geträumt, seien aber wegen ihrer Unfähigkeit abgesetzt worden.[204] Im »Hochschulkampf« wurde der Ausschluss der »Ziel und Weg«-Mitglieder aus dem vereinten Roten Studentenverband mit »Schach dem Trotzkismus« verkündet.[205] Trotzdem blieb der Einfluss von Christian Broda – wie Berichte belegen – innerhalb der linken Jugendgruppen in Wien in der Folgezeit groß:

> »Wir [...] waren alle sehr lernbegierig und haben uns deshalb an ›Janda‹, der sehr viel wußte, gewandt. Wir haben uns mit ihm am Donaukanal getroffen, wo jetzt der Rosenpark ist. Im Sommer sind wir dort abends im Gras gesessen, und er hat uns über die Geschichte der Arbeiterbewegung unterrichtet, bis zur russischen Revolution. Wir haben ihn darum gebeten, obwohl wir wußten, daß er ›Trotzkist‹ war. Manchmal haben wir uns auch im Überschwemmungsgebiet getroffen. Wir waren drei, vier oder fünf Jugendliche, Burschen und Mädchen.«[206]

Auch bei einem Ende November 1937 stattgefundenen Hörerstreik an der Universität Wien, der gegen eine rückwirkende Verordnung gerichtet war, die das Medizinstudium um ein Jahr verlängert hätte und mit dem sich sämtliche Fakultäten solidarisierten, spielte Broda eine Rolle.[207] Der spätere Ökonom Philipp Rieger,[208] damaliger Polleiter des Geeinten Roten Studentenverbandes an der Universität Wien, konnte etwa noch Jahrzehnte später in diesem Zusammenhang über Christian Broda berichten:

---

200 Speiser, Die sozialistischen Studenten Wiens 1927–1938, S. 153 f.
201 Proletarierjugend 3/1937. Zitiert nach: Keller, Gegen den Strom, S. 149 und S. 233.
202 Proletarierjugend 1/1938. Zitiert nach: Keller, Gegen den Strom, S. 149 und S. 233.
203 Ebenda.
204 Proletarierjugend 4/1937, DÖW 4019/25.
205 Zitiert nach: Speiser, Die sozialistischen Studenten Wiens 1927–1938, S. 154.
206 Bericht von Otto Weichselbraun, abgedruckt in: Tidl, Die Roten Studenten, S. 136.
207 Anzumerken ist in diesem Zusammenhang, dass die geplante Verordnung abgeändert wurde und in geänderter Form, mit Zugeständnissen an die Studierenden, erlassen wurde. Vgl.: Speiser, Die sozialistischen Studenten Wiens 1927–1938, S. 158.
208 Vgl. zu Rieger: Festschrift für Theodor Prager und Philipp Rieger (Wirtschaft und Gesellschaft 8/1982), Wien 1982.

»Ich kann mich erinnern, daß die Universität ganz voll war und Broda eine flammende, phantastische Rede hielt. Er riß die Leute mit und es kam dann zu Demonstrationszügen......«[209]

Broda selbst hat sich folgendermaßen an die Studentendemonstrationen 1937 erinnert:

»Am Gang der juridischen Fakultät, nahe dem Aufgang, hatten sich die Studenten massiert. Ich wurde von ihnen auf die Schulter gehoben und sprach ein paar Minuten. Ich rief zu Aktionen auf. Die geplanten Maßnahmen seien ein Ausdruck der tatsächlichen Isolierung des Schuschnigg-Systems. Nach meiner kurzen Rede reichte mir ein unbekannter Kollege einen Hut, sodaß ich mich sozusagen verkleiden konnte und rasch entfernen, denn man rief bereits: ›die Polizei kommt‹«.[210]

Wenn Broda auch nach seinem Ausschluss aus der Kommunistischen Partei von manchen jungen Kommunisten als Gesprächspartner gesucht wurde, führten die Bildung der illegalen Gruppe »Ziel und Weg« und deren Entlarvung dennoch zu einer schweren Erschütterung seines Verhältnisses zu Engelbert Broda. Die Beziehung zu seinem Bruder war danach – wie Marietheres Frauendorfer als enge Vertraute von Engelbert Broda berichtet – belastet und verschlechterte sich mit der endgültigen Trennung Christian Brodas von der KPÖ 1946 nochmals.[211]

Wie der Historiker Barry McLoughlin anmerkt, hätte die Aufdeckung von »Ziel und Weg« aber auch für Engelbert Broda negative Folgen haben können. Dieser war, nachdem er in Folge seiner politischen Tätigkeit im Frühjahr 1933 aus Deutschland ausgewiesen worden war, nach Wien zurückgekehrt, wo er sein Studium bei Hermann Mark am Chemischen Institut der Universität Wien abschloss. Nach seiner Promotion 1934 wurde er der Privatassistent von Mark. 1935 flüchtete Engelbert Broda – nachdem er bereits in den Jahren 1933 und 1934 verhaftet worden war – nach Prag, wo er das Parteiarchiv der Kommunisten führte. Ab Ende Dezember 1935 verbrachte er einige Monate in der Sowjetunion, wo er als Chemiker in zwei Industriebetrieben arbeitete. Ende 1936 kehrte er – eine für Nationalsozialisten gedachte Amnestie ausnützend – nach Österreich zurück, büßte eine weitere Haftstrafe (Jänner bis Februar 1937) ab und erhielt im Oktober 1937 eine erste Anstellung als Patentanwaltsanwärter.[212] Wäre er zum Zeitpunkt der Aufdeckung von »Ziel und Weg« noch in der Sowjetunion gewesen, hätte dies – so Barry McLoughlin – Engelbert Broda zweifelsohne in eine schwierige Situation bringen können.[213]

---

209 Speiser, Die sozialistischen Studenten Wiens 1927–1938, S. 157.
210 Ebenda, S. 158.
211 Interview mit Marietheres Frauendorfer am 16.3.2007.
212 Kaderakt von Engelbert Broda im Russischen Staatsarchiv für politische und soziale Geschichte. RGASPI, f. 495, o 187, d 3052, ll 8. Kopie im Besitz von Univ.-Doz. Dr. Barry McLoughlin, Broda, Meine Aufzeichnungen über E. B., S. 307 ff.
213 Gespräch mit Univ.-Doz. Barry McLoughlin am 12.3.2007.

3. Während des Nationalsozialismus 1938–1945

3.1. Machtübernahme der Nationalsozialisten in Österreich

Die Gruppe »Ziel und Weg« hat – wie die erhaltenen Hefte und Flugblätter belegen – nach ihrer Entlarvung und dem Ausschluss ihrer Mitglieder aus der Kommunistischen Partei weiter bestanden.[214] Wie Christian Broda 1960 gegenüber Bruno Kreisky schilderte, war dies auch die Zeit, in der er mit Kreisky und Alois Reitbauer in Verbindung war, der ebenfalls wie Kreisky später ins schwedische Exil ging und eine diplomatische Laufbahn einschlug.[215] Gekannt haben sich Broda und Kreisky aber schon früher. Wie der Journalist und Buchautor Paul Lendvai mit Bezug auf eine Aussage Kreiskys ausführt, hatte Broda als Obmann einer Jugendgruppe in den Wiener Bezirken Wieden und Margarethen, als er noch für die Kommunisten aktiv war, versucht, Mitglieder der größeren Jugendgruppe von Kreisky abzuwerben, worauf Broda und seine »Kommunisten-Buam« ihre »Watschen gekriegt hätten.«[216]

Kontakte bestanden in dieser Zeit seitens der Gruppe »Ziel und Weg« bzw. Brodas – wie Fritz Keller in seiner Studie über die Fraktionskämpfe in der KPÖ 1918 bis 1945 ausführte – jedoch nicht nur zu den Revolutionären Sozialisten, sondern auch zu anderen antinationalsozialistisch gesinnten Gruppierungen.

---

214 Wie Fritz Keller ausführt, soll die Gruppe auch nach dem März 1938 weiter bestanden haben. Er schreibt, dass ein Teil der Funktionäre emigrieren musste und in Paris eine Auslandsleitung bildete. Mit dieser Auslandsleitung, die zeitweise auch mit der Berliner Opposition um Karl Volk zusammen arbeitete, soll der Kontakt bis August 1939 aufrecht gewesen sein. Die Inlandsgruppe suchte Widerstandszentren aus RS- und KPÖ-Mitgliedern und Parteilosen zu formieren, bis der Gestapo-Terror allmählich ihre organisatorischen Verbindungen auflöste. Vgl.: Keller, Gegen den Strom, S. 152.

215 Schreiben Christian Brodas an Bruno Kreisky betreffend seine politische Vergangenheit vom 14.5.1960. StBKA, Korrespondenzen, Broda Christian sowie AChB, ÖNB, Handschriftensammlung, III.115/1.1.

216 Lendvai, Paul, Mein Österreich. 50 Jahre hinter den Kulissen der Macht, Salzburg 2007, S. 188. Vgl. hierzu auch ein Interview von Christian Broda in der Radio-Sendung »Im Brennpunkt« am 29.4.1983, in der Broda die Beziehung zu Kreisky und deren Entwicklung skizzierte.

Auf der Basis einer Einheitsfront von KPÖ, RS und freien Gewerkschaften sollte eine Aktionseinheit aller Werktätigen unter Einschluss katholischer Arbeiterorganisationen gebildet werden.[217] Wie Karl R. Stadler in seinen Erinnerungen »Christian Broda, nach 55 Jahren« ausführt, hatte Broda bereits in den Jahren zuvor wichtige Verbindungen zu »fortschrittlichen Demokraten im Bürgertum« und zu »Vertretern katholischer Jugendorganisationen hergestellt[218] und versucht, diese für ihre Ziele, die Kommunistische Partei oder »Ziel und Weg« zu gewinnen. Forciert wurde die Zusammenarbeit mit anderen antinationalsozialistischen Kräften nochmals in den Wochen vor dem Einmarsch deutscher Truppen in Österreich. Christian Broda – und über seine Vermittlung auch Friedrich Heer – führte dies in die Nähe des damaligen Bürgermeisters von Wien, Richard Schmitz, der unmittelbar vor dem »Anschluss« einen bewaffneten Widerstand initiieren wollte, der schlussendlich jedoch ausblieb.[219]

Mit dem Treffen zwischen Hitler und Schuschnigg in Berchtesgaden am 12. Februar 1938 war sowohl der innere als auch der äußere Druck der Nationalsozialisten neuerlich gewachsen. Das nationalsozialistische Deutschland befand sich auf Expansionskurs, die Zugeständnisse, die Österreich im Juliabkommen 1936 gemacht hatte, reichten Deutschland nicht aus. Hitler hatte bereits Ende 1937 im so genannten »Hoßbach-Protokoll« seiner militärischen Führungsspitze erklärt, dass seine nächsten Ziele die Einverleibung Österreichs und der Tschechoslowakei wären. Den »Anschluss« wollte Hitler als ehemaliger Österreicher, der es dort zu nichts gebracht hatte, aus emotionalen und aus ökonomischen Gründen; hier gab es nicht nur rüstungswichtige Rohstoffe und Wasserkraft, sondern auch den »Alpendollar«, der durch Gold und Devisen gedeckt war. Deutschland übte daher nicht nur auf wirtschaftlichem Gebiet – durch Importbeschränkungen etc. – Druck auf Österreich aus, sondern vor allem auch auf politischem Gebiet. Deutlich wurde dies etwa in dem im Jänner 1938 bekannt gewordenen »Tavs-Plan«, nachdem die österreichischen Nationalsozialisten so lange Unruhe stiften sollten, bis Hitler zur »Wiederherstellung von Ruhe und Ordnung« einmarschieren könne. Das Treffen zwischen Hitler und Schuschnigg in Berchtesgaden führte – fernab jeglicher diplomatischer Gepflogenheiten – schließlich zur offenen Erpressung Österreichs: Unter Androhung eines Einmarsches wurde die Aufnahme von zwei nationalsozialisti-

---

217 Keller, Gegen den Strom, S. 152.

218 Stadler, Christian Broda, nach 55 Jahren, S. 141 f.

219 Heer, Friedrich, Broda und Olah, in: Die Furche 18 (1964) S. 1 sowie Adunka, Evelyn, Friedrich Heer (1916 – 1983). Eine intellektuelle Biographie, Innsbruck/Wien 1995, S. 37 und S. 140. Adunka erwähnt, dass Christian Broda ihr dies gegenüber noch bestätigte (FN 61, S. 140). Vgl. zu Schmitz ausführlich: Braun, Fritz, Der politische Lebensweg des Bürgermeisters Richard Schmitz. Beiträge zur Innenpolitik der Ersten Republik und zur Geschichte der Christlichsozialen Partei, Univ.-Diss., Wien 1968.

schen Ministern in die Regierung und die Amnestierung aller Nationalsozialisten gefordert. Insbesondere das Innenministerium sollte den Nationalsozialisten überlassen werden, womit seitens der Polizei de facto nichts mehr gegen die planmäßig organisierten nationalsozialistischen Aufmärsche getan werden konnte. Schuschnigg musste die Forderungen Hitlers akzeptieren. Angesichts des Ernsts der Situation suchte er in letzter Situation aber auch das Einvernehmen mit der Arbeiterschaft, nachdem er als Justizminister im Februar 1934 noch Todesurteile gegen Sozialisten bestätigt hatte.[220] Neben den beiden Nationalsozialisten wurde auch ein ehemaliger Sozialdemokrat (Adolf Watzek als Staatssekretär für Arbeiter und Angestellte) in die Regierung aufgenommen und die Amnestierung der nationalsozialistischen Gefangenen in eine allgemeine Amnestie ausgeweitet. Gespräche über eine Einbindung der Arbeiterschaft in den »nationalsozialistischen Abwehrkampf«, die vor allem über Friedrich Hillegeist aus der ehemaligen Bundesleitung der Freien Gewerkschaften geführt wurden, wurden aufgenommen und für den 13. März eine Volksbefragung über die Unabhängigkeit Österreichs angesetzt. Bereitschaft zu einer Zusammenarbeit mit der Regierung hatten die Kommunisten immer wieder signalisiert, während die Sozialisten diese an bestimmte Zugeständnisse gebunden hatten. Die Initiative zur Einbindung der Arbeiterschaft bzw. der in Zahlen der rechten (Nationalsozialisten) bei weitem unterlegenen linken Opposition in den Kampf gegen Hitler-Deutschland erfolgte aber zu spät. Hitler verlangte angesichts der geplanten Volksbefragung unter erneuten militärischen Drohungen den Rücktritt Schuschniggs und die Ernennung des nationalsozialistischen Innenministers Seyß-Inquart zum Bundeskanzler. Beides und die Absage der für den 13. März 1938 geplanten Volksbefragung erfolgten am 11. März 1938. Trotzdem marschierten in der Nacht des 12. März 1938 nationalsozialistische Truppen in Österreich ein, wo sich die Verhandlungsergebnisse von Berchtesgaden »dynamisierend« auf die Aktionen der Nationalsozialisten ausgewirkt hatten. Der Exekutive war der Befehl erteilt worden, den einmarschierenden deutschen Truppen keinen Widerstand entgegenzusetzen. Hitler verkündete am 15. März 1938 unter dem Jubel tausender ÖsterreicherInnen auf dem Wiener Heldenplatz den »Anschluss« Österreichs an das Deutsche Reich, den er durch eine von der NSDAP kontrollierte Volksabstimmung am 10. April 1938 bestätigen ließ.[221] Für die GegnerInnen des Nationalsozialismus, Juden und Jüdinnen, Roma und Sinti, so genannte »Asoziale« und Homosexuelle bedeutete der »Anschluss« Verfolgung, Konzentrationslager und Mord. Die Flucht ins Exil gelang nur wenigen.

---

220 Vgl. zu Schuschnigg: Lackner, Herbert, Der tragische Kanzler, in: Profil 9 (2008) S. 36–45.
221 Haas, Hans, Der »Anschluss«, in: Tálos, Emmerich / Neugebauer, Wolfgang / Sieder, Reinhard (Hg.), NS-Herrschaft in Österreich. Ein Handbuch, Wien 2002, S. 26–54, Hanisch, Der lange Schatten des Staates, S. 317 ff. und S. 337 ff.

Der nationalsozialistischen Rassenpolitik bzw. dem Holocaust fielen insgesamt rund 6.000.000 Menschen, darunter rund 65.000 ÖsterreicherInnen, zum Opfer; der von den Nationalsozialisten mit dem Überfall auf Polen am 1. September 1939 begonnene Zweite Weltkrieg kostete Schätzungen zufolge rund 60 Millionen Menschen, Soldaten und ZivilistInnen, das Leben.

Für Christian Broda waren die Wochen zwischen dem Berchtesgadener Treffen von Hitler und Schuschnigg und dem 12. März 1938 eine Zeit intensiver antinationalsozialistischer Propagandatätigkeit. Mit Kreisky und anderen Vertretern der Revolutionären Sozialisten wurde eine neue Zeitung für die Arbeiterjugend geplant[222] und mit Karl Stadler ein Flugblatt im Hinblick auf die geplante Volksbefragung entworfen. Ziel des Flugblattes war es, die ÖsterreicherInnen dazu aufzurufen, bei der Volksbefragung am 13. März mit einem »Ja« für Österreich zu stimmen. Bezug genommen wurde im Flugblatt auf Anregung von Broda auf den Ausbruch der Wiener Märzrevolution am 13. März 1848. Namentlich unterzeichnet wurde es von mehreren Personen – darunter auch Karl Stadler, nicht aber Christian Broda:[223]

> »Für die Freiheit!
> Österreich der Jugend!
> Die Jugend für Österreich!
> Vier Jahre nach den blutigen Schicksalskämpfen des Jahres 1934 – am 12. Februar 1938 – wurde die österreichische Arbeiterschaft und ihre Jugend vor die Frage gestellt: Was soll aus Österreich werden?
> Nach der Reise des Bundeskanzlers nach Berchtesgaden setzten Umtriebe verantwortungsloser Gesellen ein, die den Frieden im Lande – und damit in Europa – auf das schwerste gefährdeten.
> Österreichs Arbeiterjugend will den Frieden, denn der Friede ist Voraussetzung für unseren Kampf um Freiheit und Arbeit.
> Die Stunde ist ernst, es geht ums Ganze. Die Arbeiterjugend will ein freies, soziales Österreich.
> Sammlung heißt die Parole.
> Eine freie Arbeiterjugendbewegung für Österreichs Freiheit! Am 13. März gehen wir zur Urne. Es ist ein historischer Tag, an dem wir unser Bekenntnis für ein freies und unabhängiges Österreich ablegen. Folgen wir dem Beispiel derer, die vor neunzig Jahren, am 13. März 1848, für die Freiheit kämpften.
> An dem ehernen Wall der einigen Arbeiterjugend werden die Feinde der Freiheit und des Friedens zerschellen. Es geht um Österreich! Es geht um uns!«
> Unsere Losung: Ja!«[224]

---

222 Rathkolb, Oliver / Kunz, Johannes / Schmidt, Margit (Hg.), Bruno Kreisky. Zwischen den Zeiten, Der Memoiren erster Teil, Wien/München/Zürich 2000, S. 281.

223 Stadler, Christian Broda, nach 55 Jahren, S. 142 f.

224 ÖVA, Nachlass Karl R. Stadler, 13. Das Flugblatt ist auch abgedruckt in: Broda, Christian, Die Zeichen nahenden Unglücks mehrten sich, in: Bundesvorstand Sozialistischer Freiheitskämpfer Österreichs (Hg.), März 1938, Wien 1978, S. 28.

Von Christian Broda, Karl Stadler, Theodor Schwager [späterer Anwaltskollege von Christian Broda, Anm. M. W.] und anderen wurde das Flugblatt in Großbetrieben, auf Straßen und mittels organisierter Lastwagen in den Arbeiterbezirken verteilt.[225] Davon, dass die geplante Volksbefragung bereits abgesagt war, erfuhr die Gruppe erst, als sie bereits begonnen hatte, das Flugblatt zu verteilen. Christian Broda sprach in mehreren Erinnerungen an die März-Tage 1938 davon, dass es in den Morgenstunden des 11. März 1938 noch »Aktivität und Hoffnung – wenn auch eine zitternde, von Bangen und unheimlicher Vorahnung überdeckte und mehr und mehr verdunkelte Hoffnung« gab, die in den Nachmittagsstunden einem »finis Austriae« wich. Während ein Teil der Gruppe von PassantInnen während des Verteilens der Flugblätter darüber informiert wurde, dass die für den 13. März geplante Volksbefragung bereits abgesagt worden war, erfuhr Christian Broda von deren Absage, als er gerade den Präsidenten der Rechtsanwaltskammer, Dr. Siegfried Kantor, in dessen Büro aufsuchte. Von Kantor, den Broda um Geld für das von Friedrich Hillegeist gebildete gewerkschaftliche Widerstandskomitee bitten wollte, erfuhr er im »Halbdunkel des sinkenden grauen Nachmittag«, dass »alles schon aus« ist. Broda, als kommunistischer Renegat und Gegner des Nationalsozialismus bekannt, musste – wie er selbst berichtete – untertauchen:

> »Ich ging nach Hause und holte mir ein paar Toilettsachen. Ich wollte nicht warten, bis die Gestapo kommen würde. Als ich mich von meiner Mutter verabschiedete, erzählte sie mir von der Radioansprache Schuschniggs. Einige Monate Illegalität folgten. Ernst Hoch[226] beherbergte mich in der ersten Nacht (für die folgenden übersiedelte ich zu Hans Weigel,[227] der im 7. Bezirk in der Buchfeldgasse wohnte). Inzwischen zogen die Fackelzüge der singenden SA aus dem Dunkel der Vorstädte in die Innere Stadt. Die Apokalypse hatte begonnen.«[228]

Am 12. März 1938, als der Einmarsch deutscher Truppen erfolgte, wurde Christian Broda 22 Jahre alt. Einen Tag später verabschiedete er sich im

---

225 Stadler, Christian Broda, nach 55 Jahren, S. 142 f., Konrad, Helmut, Karl R. Stadler, in: Stadler, Friedrich (Hg.), Vertriebene Vernunft II. Exil und Emigration österreichischer Wissenschaft. Internationales Symposion 19.–23. 10. 1987 in Wien, Wien/München 1988, S. 510, Tidl, Die Roten Studenten, S. 23.

226 Ernst Hoch, der längere Zeit Obmann des illegalen »Geeinten Roten Studentenverbandes« war, emigrierte – wie bereits genannt – später nach England.

227 Demgegenüber sagte Hans Weigel, der 1938 in die Schweiz emigrierte und 1945 nach Österreich zurückkehrte, 1982, dass Broda die erste Nacht nach dem Einmarsch der deutschen Truppen in seiner Wohnung verbrachte. Vgl.: Weigel, Hans, Plädoyer für Christian Broda, in: Kleine Zeitung, 12. 8. 1982.

228 Broda, Die Zeichen nahenden Unglücks mehrten sich, S. 29. Vgl. hierzu auch: Gedenkrede gehalten von Bundesminister für Justiz Dr. Christian Broda bei der Jahresversammlung des DÖW am 11. März 1974, in: Zeitgeschichte 8 (1974) S. 181, Broda, Vorwort, in: Geschichte und Gesellschaft, S. 10 sowie Weigel, Hans, Plädoyer für Christian Broda, in: Kleine Zeitung, 12. 8. 1982.

Schlosspark von Schönbrunn von seinem Freund Karl R. Stadler, der ebenso wie sein Bruder Engelbert Broda ins englische Exil ging.[229]

Beide, Karl Stadler und Engelbert Broda, fanden in England im universitären Bereich ein Betätigungsfeld; beide wurden nach dem Ausbruch des Zweiten Weltkrieges als »feindliche Ausländer« zeitweise interniert. Karl Stadler studierte in England erst Germanistik und Anglistik, dann Geschichte. In beruflicher Hinsicht hatten sich bereits vor 1945 jene beiden Bereiche heraus kristallisiert, in denen er in Zukunft tätig sein sollte: die Volks- oder Erwachsenenbildung und die Zeitgeschichtsforschung. Ab 1946 unterrichtete Stadler, der erst in den 1960er Jahren endgültig nach Österreich zurückkehrte, an der Universität Nottingham. In politischer Hinsicht soll er sich bereits in den ersten Monaten in England den Positionen der Exilsozialisten angenähert haben.[230]

Engelbert Broda wurde noch 1938 als Rockefeller-Stipendiat am Medical Research Council am University College London aufgenommen, wo er mit Versuchen zu einer Solubilisierung des Sehpurpurs beschäftigt war. Von 1941 bis 1946 war er im Cavendish Laboratory in Cambridge tätig, wo er in die britischen Forschungen zur Kernspaltung eingebunden war. Wie neuere Forschungen erhärtet haben, soll Broda, der aufgrund seiner kommunistischen Einstellung über Jahre hinweg vom Secret Service observiert wurde, hier auch für die Sowjetunion Atomspionage betrieben haben.[231] Aktiv war Engelbert Broda zudem in der »Freien Österreichischen Bewegung« (Free Austrian Movement). Nach Österreich zurückkehren konnte Engelbert Broda erst 1947, da er militärisch wichtige Kenntnisse besaß und diese erst an Aktualität verlieren mussten. In Wien war er zunächst Mitarbeiter im Bundesministerium für Elektrifizierung und Energiewirtschaft, das von 1945 bis 1947 vom Kommunisten Karl Altmann geleitet wurde. Ende 1947/Anfang 1948 habilitierte er sich in Wien und war bis zu seiner Emeritierung am Institut für physikalische Chemie tätig. Eine ordentliche Professur erhielt er – wohl vor allem deshalb, weil er sich weiterhin zu den Kommunisten zählte – aber erst 1968.[232]

---

229 Broda, Die Zeichen nahenden Unglücks mehrten sich, S. 30 und Broda, Meine Aufzeichnungen über E. B., S. 309.

230 Vgl.: Konrad, Karl R. Stadler, S. 509–514 sowie einen persönlichen Lebenslauf von ihm in: AChB, ÖNB, Handschriftensammlung, III.344.

231 Vgl. hierzu etwa: Zöchling, Christa, »Nicht die Finger verbrennen«, in: Profil 21 (2008) S. 30–33.

232 Broda, Meine Aufzeichnungen über E. B., S. 309 ff., Preining, Othmar, Engelbert Broda, in: Stadler, Vertriebene Vernunft II, S. 706–708, Broda, Engelbert, Wissenschaft, Emigration und Exil, Reflexion und Erinnerungen, in: Stadler, Friedrich (Hg.), Vertriebene Vernunft II. Emigration und Exil österreichischer Wissenschaft. Internationales Symposion 19. bis 23. Oktober 1987 in Wien, Wien/München 1988, S. 681–692, Zentralbibliothek für Physik (Hg.), Engelbert Broda (1910–1983). Wissenschaft und Gesellschaft, Wien 1993 sowie Holzheu, Barbara, Zurückgekehrt oder nur zu Besuch?, Dipl.-Arb., Wien 2001. Der

3.2. »Volk und Führung. Ein Beitrag zum Problem der politischen Willensbildung im zweiten Deutschen Reich« – Doktor phil.

Christian Broda verbrachte die Tage rund um den »Anschluss« im März 1938 – wie bereits ausgeführt – bei Ernst Hoch und Hans Weigel. Wo er sich in den folgenden Wochen und Monaten aufhielt, kann nicht mit Sicherheit gesagt werden.

So hat Christian Broda in einer Bestätigung über die »politische Zuverlässigkeit« von Hans Hofer 1947 einerseits festgehalten, dass er sich, sobald er Wien verlassen konnte, nach »Fünfturm« in der Steiermark begeben habe. Hier bzw. in Tillmitsch/Altenburg (Bezirk Leibnitz), zu dem »Fünfturm« gehört, habe inzwischen Hans Hofer, der Broda gegenüber seine »Sympathien für den Nationalsozialismus« nie verheimlicht habe und der sich später – so Broda – zum offenen Gegner des NS-Staates entwickelt haben soll, die Funktion eines Ortsgruppenleiters der NSDAP übernommen. Obwohl Hofer von seiner kommunistischen Einstellung wusste, habe er ihm im Juni 1938 durch eine Intervention beim Landrat in Leibnitz zu einem Auslandspass verholfen. Infolge dessen sei er für einige Monate nach Frankreich (Paris) gegangen, um dort abzuwarten, ob eine Rückkehr möglich sei. Gleichfalls soll er dort auch die Verbindung mit Antifaschisten in der Emigration hergestellt haben, wobei interessant ist, dass der Gruppe »Ziel und Weg« wiederholt nachgesagt wurde, Verbindungen ins Ausland (nach Frankreich) besessen zu haben. Ende 1938 sei er nach Wien zurückgekehrt.[233]

Andererseits scheint Christian Broda in den Nationalen für ordentliche Hörer an der philosophischen Fakultät vom Wintersemester 1936/37, das heißt seit Studienbeginn, bis zum Wintersemester 1939/40 ohne Unterbrechung auf. Brodas Angaben erscheinen auf den ersten Blick somit unglaubwürdig. Betrachtet man die Inskriptionszeiten genauer, scheinen die beiden Angaben jedoch (zumindest theoretisch) vereinbar zu sein.[234] Dass ein Reisepass für

---

Nachlass von Engelbert Broda lagert in der Österreichischen Zentralbibliothek für Physik in Wien.

233 Vgl.: Schreiben von Christian Broda an Hans Hofer vom 30. April 1947, AChB, Nachtrag, ÖNB, Handschriftensammlung, XX.3.20 und Steiermärkisches Landesarchiv, LGStrS Graz, Vg 1 Vr-6301/1946.

234 Die Inskriptionsfrist begann im Sommersemester 1938 am 1. 2. 1938 und endete am 21. 2. 1938 mit einer Nachfrist vom 22. 2. bis 7. 3. 1938, das heißt noch vor dem »Anschluss« und somit vor jenem Zeitpunkt, als Christian Broda untertauchen musste. Die Inskriptionsfrist im Wintersemester 1938/1939 begann am 20. 10. 1938 und endete am 15. 11. 1938 (ohne angegebene Nachfrist), wobei das Studienblatt Brodas für das Wintersemester 1938/1939 den Stempel »Universitäts Quästur Wien 22. November 1938« trägt, er also »Ende 1938« inskribierte. Vgl.: Posch, Herbert / Ingrisch, Doris / Dressel, Gert, »Anschluss« und Ausschluss 1938. Vertriebene und verbliebene Studierende der Universität Wien, Wien 2008,

Christian Broda – zumindest unter seinem richtigen Namen – ausgestellt wurde, konnte durch eine Recherche im Steiermärkischen Landesarchiv jedoch nicht bestätigt werden.[235] Die zitierte Aussage, wonach Christian Broda über die Intervention Hofers zu einem Auslandspass gekommen sei bzw. ihm ein solcher in Leibnitz ausgestellt worden sei und er diesen für eine Ausreise nach Frankreich genutzt habe, findet sich aber auch in einem hier verwahrten Akt über den Volksgerichtsprozess von Hans Hofer bzw. einer darin dokumentierten Zeugenaussage von Broda. Abweichend zum zitierten Schreiben – wurde Hofer doch wegen Hochverrat angeklagt – fehlte nun aber der Verweis auf die »Sympathien mit dem Nationalsozialismus« vor 1938. Zudem geht aus dem Verfahrensakt hervor, dass Hofer zwischen 1942 und 1944 und nicht 1938 kommissarischer Ortsgruppenleiter war. Dass er zuvor Zellenleiter gewesen sei, bestritt Hofer; dass er an der »Wahl« 1938 [gemeint ist die Volksabstimmung vom 10. April 1938, Anm. M. W.] mitgearbeitet habe bzw. dies tun »musste«, gab er jedoch zu.[236]

An anderer Stelle – einem kurzen Bericht Christian Brodas über persönliche Erinnerungen an Hans Kelsen – ist von einer »kurzen Auslandsreise« im Sommer 1938 die Rede:

> »Es war im Hochsommer 1938, dass ich als junger Student während einer kurzen Auslandsreise – es war schon nach der Besetzung Österreichs durch den Nationalsozialismus – Hans Kelsen, der damals Professor in Genf gewesen ist, das letzte Mal vor Kriegsausbruch besucht habe. Er war naturgemäß tief deprimiert. Er sah, so wie wir jungen Menschen ja auch, den Krieg heraufziehen.«[237]

Die Aussage, wonach Broda 1938 Österreich (zumindest kurzfristig) verlassen hat, wird hier somit bestätigt, ein Verweis darauf, dass dies aus Sicherheitsgründen erfolgt sei, fehlt jedoch.

Wohnhaft war Christian Broda seit dem 1. Mai 1939 als Untermieter in der Wohnung Czapkagasse 8/24 (Wien 3).[238] Seine Dissertation zum Thema »Volk und Führung. Ein Beitrag zum Problem der politischen Willensbildung im

---

S. 102 ff. sowie Archiv der Universität Wien, Nationale der Philosophischen Fakultät, WS 1936–1937 bis WS 1939–40 (Broda, Hans Christian).

235 Im Wiener Stadt- und Landesarchiv befinden sich keine Bestände, die eine Überprüfung erlauben würden, ob hier ein Pass für Broda ausgefertigt wurde.

236 Dass er zuvor Zellenleiter gewesen sei, bestritt Hofer. Dem folgend sagte Broda, der Hofer ebenso wie G. W. Pabst unterstützte, in seiner Zeugeneinvernahme nur mehr (ohne eine Funktion zu nennen) aus, dass sich Hofer für ihn bei der Ortsgruppe Tillmitsch eingesetzt habe. Eine Zeitangabe, wie lange er im Ausland gewesen sei, machte Broda in seiner Vernehmung nicht mehr. Steiermärkisches Landesarchiv, LGStrS Graz, Vg 1 Vr-6301/1946.

237 Minister Broda, in: Hans Kelsen zum Gedenken, S. 72.

238 ÖStA/AdR, DWM, FU 12/13 (Broda, Hans Christian). In den Meldeunterlagen im Wiener Stadt- und Landesarchiv scheint Christian Broda mit der Adresse Czapkagasse 8/4/24 von 15.5.1939–6.5.1942 auf, von 18.4.–2.5.1939 lautete seine Wohnadresse Marokkanergasse 13/3. Schreiben an die Verfasserin vom 2.9.2009, MA 8- B-MEW-5332/2009.

zweiten Deutschen Reich« (1867–1914, Anm. M. W.) wurde am 13. April 1940 approbiert.[239] Von Brodas Dissertationsbetreuer Heinrich Ritter von Srbik wurde die Arbeit am 11. April 1940 als »ungewöhnlich reif und gedankenreich« mit »Sehr gut« beurteilt. Otto Brunner hielt als Zweitbegutachter am 13. April 1940 fest, dass er mit der Arbeit bzw. der Beurteilung Srbiks »einverstanden« sei.[240] Die am 4. Mai 1940 erfolgte mündliche Prüfung, zu der Broda als Hauptfach Mittlere und Neue Geschichte und als Nebenfach Römische Altertumskunde gewählt hatte, wurde von Srbik und Brunner mit »ausgezeichnet« bzw. »sehr gut« benotet. Promoviert hat Christian Broda am 6. Mai 1940.[241] Seine Promotionsgebühren wurden ihm – auch weil dies von Heinrich Ritter von Srbik aufgrund der Qualität der Arbeit befürwortet worden war – erlassen. In seinem Begründungsschreiben hatte Broda darauf verwiesen, dass seine Mutter Witwe sei, sein Vater, ein mehrfach ausgezeichneter Oberleutnant der Reserve, an den Folgen einer Kriegsverletzung gestorben sei, kein Vermögen hinterlassen habe und er die Studienmittel durch Mitarbeit auf der Landwirtschaft seines Onkels aufgebracht habe. Zum aktiven Wehrdienst sei er seit 1. Februar 1940 eingezogen, zur Beendigung des Studiums wäre er aber beurlaubt worden.[242]

Ähnlich wie die Dissertation anderer Politiker – so jene von Bruno Pittermann in den 1960er Jahren[243] oder jene von Kurt Waldheim in den 1980er Jahren[244] – war auch die Dissertation von Christian Broda im Nachkriegdiskurs wiederholt Gegenstand heftiger, medial ausgetragener Kontroversen. Spannend ist dabei, dass einerseits versucht wurde, Broda im Zusammenhang mit seiner Dissertation eine Anbiederung an den Nationalsozialismus zu unterstellen bzw. eine solche zumindest zu suggerieren, seine Arbeit aus dem Jahr 1940 andererseits aber auch als Ausdruck von linkem Gedankengut gesehen wurde.

Die Liste der »Entdecker« von Brodas Dissertation ist lang und reicht von Politikern der ÖVP über Franz Olah und den jüdischen »Ausweg« in den 1960er Jahren bis hin zum Schriftsteller Josef Haslinger und eine Artikelserie in der Wiener Stadtzeitung »Falter« zur Jahreswende 1992/1993. Während die Entdeckung der Dissertation durch die ÖVP 1965 – wie die »Kleine Zeitung« be-

239 Broda, Christian, Volk und Führung. Ein Beitrag zum Problem der politischen Willensbildung im zweiten Deutschen Reich, Univ.-Diss., Wien 1940.
240 Archiv der Universität Wien, Philosophische Fakultät, Rigorosenakt Nr. 15.080 (Broda, Hans Christian).
241 Archiv der Universität Wien, Philosophische Fakultät, Rigorosenprotokoll Nr. 15.080 (Broda, Hans Christian) und Rigorosenakt Nr. 15.080 (Broda, Hans Christian).
242 AChB, ÖNB, Handschriftensammlung, X.4.1.
243 Pittermann schrieb eine Dissertation zum Thema »Die Judenpolitik der Habsburger in Wien anhand der Judenordnungen 1421–1782« und schloss sein Geschichte-Studium 1928 ab. Vgl.: Die Dissertanten, in: Wochenpresse 11.8.1965.
244 Kurt Waldheim schloss sein Jusstudium 1944 mit einer Dissertation zum Thema »Die Reichsidee bei Konstantin Frantz« ab.

richtete – durch eine Verschärfung des innerkoalitionären Klimas bedingt war,[245] sprach Olah die Broda-Dissertation im Zuge harter innerparteilicher Auseinandersetzungen an. Im jüdischen »Ausweg« wurde sie – worauf später noch ausführlich eingegangen wird – hingegen im Zusammenhang von Brodas Auseinandersetzungen mit Simon Wiesenthal und der »Affäre Ableitinger« bzw. der Kritik Brodas, dass sich Wiesenthal unerlaubter Mittel in der Ermittlung von NS-Verbrechern bedient habe, thematisiert. Haslinger berichtete Ende 1992 im »Falter« von einem Besuch in der Universitätsbibliothek Wien, wo er die Dissertation unter den gesperrten Büchern quasi im »Giftschrank« der Universitätsbibliothek gefunden habe. Einen Hinweis auf eine »nationalsozialistische Gesinnung des Autors« fand er – wie auch seine Vorgänger – nicht. Er spricht aber von einer »Anbiederung an den autoritären Staat«, einem Verschweigen dieses Doktorats durch Christian Broda und einer Vertuschung der kommunistischen Vergangenheit nach 1945.[246] Thema der parlamentarischen Erörterung war die Dissertation im Zuge eines von Franz Olah vorgelegten »Broda-Pamphlets« Ende 1969, in dem die Tätigkeit Brodas in Ried im Innkreis 1945 und der von ihm mitbegründeten »Bezirksvertretung Freies Österreich« »beleuchtet« werden sollte.[247]

Herhalten für eine Broda-Kritik mussten in Hinblick auf seine Dissertation immer wieder folgende Punkte: Der Titel der Arbeit, Teile der Einleitung und des Schlusskapitels, der Umstand, dass die Dissertation in den Jahren nach 1945 zeitweise in Verlust geraten war bzw. – wie es auch hieß – von ihm »aus dem Verkehr gezogen« worden sei – sowie die Feststellung, dass Broda bei Heinrich Ritter von Srbik promovierte.

Hinsichtlich des zeitweisen Verschwindens der Dissertation und des damit verbundenen Vorwurfs an Broda[248] ist festzuhalten, dass die Arbeit in der Universitätsbibliothek tatsächlich vor 1972 in Verlust geriet. Wie es dazu kam, lässt sich heute nicht mehr klären. Noch in den 1970er Jahren wurden daher – laut einer Information des ehemaligen Direktors der Universitätsbibliothek Wien –

---

245 DDr. Broda, in: Kleine Zeitung, 31.7.1965.
246 Haslinger, Josef, Im Giftschrank, oder: Die verbotenen Bücher, in: Falter 50 (1992) S. 8 – 11, Fischer, Heinz, Brodas Dissertation (Leserbrief), in: Falter 51/52 (1992) S. 6, Haslinger, Josef, Brodas Widersprüche, in: Falter 1 – 2 (1993) S. 6 – 9, Neider, Michael, Keine braunen Schatten, in: Falter 1 – 2 (1993) S. 9 – 10, Broda, Johanna, Christian Broda (Leserbrief), in: Falter 6 (1993) S. 4, Als Broda noch der Hans Christian war, in: Die Furche 51 (1992) S. 5.
247 Vgl. hierzu: Broda-Pamphlet von Franz Olah, in: ÖVA, Nachlass von Karl R. Stadler, 17/4 sowie AChB, ÖNB, Handschriftensammlung, IV.107.1, StPNR, XI. GP. 159. Sitzung, 2.12. 1969, S. 13683 sowie Parlamentskorrespondenz vom 2.12.1969 oder Schwerste Anwürfe Olahs gegen Broda, in: Südost-Tagespost, 3.12.1969.
248 Vgl. hierzu etwa: Haslinger, Josef, Im Giftschrank, oder: Die verbotenen Bücher, in: Falter 50 (1992) S. 8 – 11 oder Olah, Franz, Die Erinnerungen, Wien 1995, S. 258.

Kopien angefertigt, die frei zugänglich gewesen sein sollen.[249] Dass ein Exemplar der insgesamt drei in der Universitätsbibliothek vorhandenen Ausgaben der Broda-Dissertation gesperrt wurde, erklärte der Direktor der Universitätsbibliothek 1993 damit, dass dies vermutlich aus Sicherheitsgründen erfolgt sei, da die Arbeit ja einmal in Verlust geraten war.[250] Was die ebenfalls wiederholt anzutreffende Aussage betrifft, dass in den 1960er Jahren auch kein Exemplar der Dissertation an der Nationalbibliothek bzw. nicht einmal eine entsprechende Karteikarte vorhanden waren, ist hingegen festzuhalten, dass von der Nationalbibliothek erst im Jahr 2003 ein Exemplar der Dissertation von Christian Broda antiquarisch angekauft wurde. Hinweise darauf, dass zuvor ein Exemplar vorhanden war bzw. entwendet wurde, sind keine vorhanden.[251] Ob Brodas Dissertation am historischen Institut der Universität Wien – ebenfalls in den 1960er Jahren – von einem Beamten des Justizministeriums im Auftrag Brodas entlehnt und erst »auf Druck« wieder zurückgegeben wurde,[252] lässt sich hingegen weder verifizieren noch falsifizieren.[253] Gegenwärtig ist die Arbeit jedenfalls in allen drei Bibliotheken – darunter das Original in der Bibliothek des Instituts für Geschichte – problemlos zugänglich. Auszüge aus der Dissertation und eine Kopie des gesamten Texts sind ebenfalls im Simon Wiesenthal Archiv in Wien dokumentiert. Das Deckblatt der Arbeit war bereits 1969 Bestandteil des

---

249 Haslinger schrieb demgegenüber 1992, dass sein Versuch, ein Exemplar an der Universitätsbibliothek zu bestellen, 1983 noch negativ verlief und er einen Retour-Schein erhielt, der »nicht vorhanden« festhielt. Vgl.: Haslinger, Josef, Im Giftschrank, oder: Die verbotenen Bücher, in: Falter 50 (1992) S. 11 und Haslinger, Josef, Belastende Werke. Betrifft »Broda-Dissertation« wieder da (Leserbrief), in: Der Standard, 17. 12. 1992.

250 Schreiben von Hofrat Dr. Ferdinand Baumgartner, Direktor der Universitätsbibliothek, an Dr. Michael Neider vom 22. 12. 1992. Archiv Dr. Michael Neider sowie Broda-Dissertation wieder da, in: Der Standard, 12./13. 12. 1992.

251 Nachdem der Österreichischen Nationalbibliothek ein Exemplar der Dissertation von Christian Broda durch ein Wiener Antiquariat angeboten worden war, wurde dieses 2003 zum Preis von 250 Euro angekauft. Erworben wurde ein Durchschlag aus der Zeit der Entstehung der Arbeit. Zuvor gab es kein Exemplar der Dissertation von Christian Broda an der Nationalbibliothek. Anzumerken ist hierbei, dass es sich bei der Dissertation Brodas um keinen Einzelfall handelte bzw. dass aus früheren Jahren wiederholt Dissertationen fehlen. Mündliche Information von Mag. Peter Steiner, Österreichische Nationalbibliothek, vom 26. 5. 2010.

252 Vgl. hinsichtlich des Zugangs zu Brodas Dissertation in den 1960er Jahren an der Nationalbibliothek und der Bibliothek am Institut für Geschichte der Universität Wien etwa: Schwerste Anwürfe Olahs gegen Broda, in: Südost-Tagespost, 3. 12. 1969 sowie Haslinger, Josef, Brodas Widersprüche, in: Falter 1 – 2 (1993) S. 6. Hierin schreibt er, dass Simon Wiesenthal erfahren musste, »dass es in der Nationalbibliothek kein Exemplar gibt, dass das Exemplar der Universitätsbibliothek verschollen ist und das Exemplar des historischen Instituts seit drei Jahren entlehnt [ist]: von einem Beamten des Justizministeriums«.

253 Mündliche Information von Dr. Harald Tersch, Institut für Geschichte der Universität Wien, vom 28. 5. 2010.

»Olah-Pamphlets«. Einzelne Passagen wurden 1969 auch in der jüdischen Zeitschrift »Ausweg« abgedruckt.[254]

Zu Heinrich Ritter von Srbik ist festzuhalten, dass dieser bereits vor dem März 1938 für seine »gesamtdeutschen Geschichtsbetrachtungen« bekannt war und nach dem »Anschluss« Österreichs an das Deutsche Reich eine steile akademische Karriere machte. Srbik, seit 1917 Professor für Geschichte an der Universität Graz und ab 1922 an der Universität Wien tätig, war 1929/30 Unterrichtsminister im Kabinett Schober II und wurde nach dem »Anschluss« Österreichs an das Deutsche Reich von Hitler zum Mitglied des Reichstags ernannt. Gleichfalls wurde er im Herbst 1938 auch zum Präsidenten der Akademie der Wissenschaften in Wien bestellt. In den »politischen Gutachten« aus der NS-Zeit wurde er von der NSDAP und ihren Einrichtungen als verdienter Historiker und »großdeutsch«, aber nicht als Nationalsozialist und Antisemit beschrieben. Kritisiert wurde hier insbesondere, dass er in seinem Geschichtszugang ein »Vertreter der ideengeschichtlichen Betrachtungsweise ist« und eine »Bewertung rassischer Triebkräfte in der Geschichte ablehnt« bzw. dass er in seiner »Vertretung der Reichsidee von einem [mittel-] europäisch-universalistischen Gedanken aus[gehe], der ihm den Begriff der Nation als den untergeordneten Träger des übergeordneten Reichsbegriffes werten lässt.«[255] Kritische Forschungen zu Srbik, dessen Universitätskarriere 1945 aufgrund seiner exponierten Stellung im NS-Staat endete (während Otto Brunner ab 1954 wieder eine ordentliche Professur in Hamburg hatte), konstatieren demgegenüber, dass sich Srbik im Nationalsozialismus politisch deutlich mehr exponierte als im »Ständestaat«. Gleichzeitig machen sie in der »Dynamik der nationalsozialistischen Herrschaftsverhältnisse [auch] eine zunehmende Radikalisierung seines Denkens« fest und betonen – etwa mit Bezug auf Srbiks »Deutsche Einheit« aus dem Jahr 1942 –, dass hier auch ein deutlicher Antisemitismus nicht fehlte.[256]

---

254 Vgl. die zwei Mappen zu Christian Broda im Simon Wiesenthal Archiv, Wien sowie DDr. Hans Christian Broda. Was nicht im »Who is Who« steht, in: Der Ausweg, Nr. 5, Dezember 1969, S. 2.

255 ÖStA/AdR, GA (»Gauakt«) 49.317 (Srbik, Heinrich, 10.11.1878).

256 Vgl. u. a.: Gerbel, Christian, Zur »gesamtdeutschen« Geschichtsauffassung, der akademischen Vergangenheitspolitik der Zweiten Republik und dem politischen Ethos der Zeitgeschichte, in: Gerbel, Christian / Lechner, Manfred / Lorenz, Dagmar C. G. / Marchart, Oliver / Öhner, Vrääth / Steiner, Ines / Strutz, Andrea / Uhl, Heidemarie (Hg.), Transformationen gesellschaftlicher Erinnerung. Studien zur »Gedächtnisgeschichte« der Zweiten Republik, Wien 2005, S. 86–130 (hier S. 89 und S. 90 f.), Derndarsky, Michael, Der Fall der gesamtdeutschen Historie: Heinrich von Srbik im Spannungsfeld von Wissenschaft und Politik, in: Hanák, Péter / Heindl, Waltraud / Malfèr, Stefan / Somogyi, Eva (Hg.), Kultur und Politik in Österreich und Ungarn, Wien/Köln/Weimar 1994, S. 163 oder Heiss, Gernot, Von der gesamtdeutschen zur europäischen Perspektive? Die mittlere, neuere und österreichische Geschichte sowie die Wirtschafts- und Sozialgeschichte an der Universität Wien

Was die Arbeit betrifft, lässt vor allem der Titel »Volk und Führung« markigen NS-Geist vermuten. In der Arbeit selbst wird er – wie bereits 1965 in der konservativen »Wochenpresse« betont wurde und hier ausdrücklich festgehalten werden soll – aber vergeblich gesucht.[257] Vielmehr trifft – was ebenfalls bereits in den 1960er Jahren festgestellt wurde – zu, dass die Broda-Dissertation so abgefasst war, dass sich in ihr sowohl dezidiert »Linke«, zu denen sich Christian Broda zählte, als auch »Rechte« und ein Ordinarius wie Heinrich Ritter von Srbik finden konnten. Maßgeblich dafür sind in erster Linie eine strikte Ablehnung des Liberalismus und eine geforderte (totale) Verpolitisierung des Menschen.[258]

Mit der Vorbemerkung, dass seine Arbeit »unter dem Eindruck der politischen Veränderungen der letzten Jahre mit all ihren massenpsychologischen Problemen« entstanden ist, legte Broda in der Einleitung seiner Dissertation dar, dass er die Frage fokussiert, »wie weit jeweils die Geschichte von den, die Gesellschaft bildenden, Massen, als solche erlebt und gestaltet wird«. Untersucht werden sollte somit »wie weit in bestimmten historischen Prozessen das Objekt der geschichtlichen Ereignisse auch Subjekt der Entwicklung ist« und die Fähigkeit des politischen Organismus, die letzten Energien des Volkes zu wecken und in entsprechende Formen zu gießen«. Die Geschichte habe gezeigt,

»zu welchem ungeheuren Maße von Heroismus und Selbstaufopferung [...] die Menschen, die eben noch uninteressiert und träge am öffentlichen Leben gar nicht teilgenommen haben, fähig [sind], wenn sie erkennen oder zu erkennen glauben, dass es ihre eigene Sache ist, für die sie eintreten. [...] Man denke nur an die französische Revolution und das Geheimnis ihrer militärischen Siege oder jüngst auch an den Weltkrieg, der nicht zu denken ist, ohne die mindestens bis in die letzte Zeit währende Überzeugung der Volksmassen, dass ihre ureigenste Sache auf der Tagesordnung steht. Dafür einzutreten, millionenfach unter Zurückstellung aller persönlichen, beruflichen und familiären Bindungen, war eine Selbstverständlichkeit, für Völker, die sich als die Herren der Ereignisse fühlten. [...] Sache der staatlichen Organisation ist es, diesen Menschen über seine Verhältnisse hinaus zum politischen Menschen zu machen.«[259]

»Eines müsse jede Politik, bei Strafe ihres alsbaldigen völligen Scheiterns« verhindern: die Atomisierung der zur Verfügung stehenden Energien.

»Staatliche Systeme, die es nicht verstehen, den inneren Bau ihres Organismus so zu gestalten, dass ein Rad in das andere greift, die die Kraftübertragung vom Einzelnen bis zur Staatsspitze nicht sicher stellen können, vergeuden ihre Kraft. Die bewusste und organisierte Ausschaltung breiter Schichten der Bevölkerung von Gesetzgebung und Verwaltung muss noch nicht Atomisierung und Vergeudung der Kräfte sein. In be-

---

1945 – 1955, in: Grandner, Margarete / Heiss, Gernot / Rathkolb, Oliver (Hg.), Zukunft mit Altlasten. Die Universität Wien 1945 bis 1955, Innsbruck/Wien/München/Bozen 2005, S. 189 – 210.

257 Die Dissertanten, in: Wochenpresse 11. 8. 1965.
258 Ebenda.
259 Broda, Volk und Führung, S. 1 – 5.

stimmten Situationen mag das sogar eine durchaus energiesteigernde Politik sein. Man denke an die altrömische Diktatur. Als Vergeudung ist vor allem die für den Liberalismus bezeichnende Ignorierung, die Leugnung der organisatorischen Aufgaben des Staates anzuführen, die nach Beseitigung der historischen Gliederung zwischen Basis und Spitze der Gesellschaftspyramide, nichts an die Stelle der alten fehlenden Formen setzte.«[260]

Wesentlich war für Broda daher »das Problem des Kaders«, wobei für ihn prinzipiell zwei Arten der Kaderbildung möglich waren: die Bildung eines kleinen effizienten »Elitenkaders« oder die bewusste Erfassung aller Staatsbürger. Nicht akzeptabel war für ihn jedoch ein Weg des Kompromisses wie er vom Liberalismus beschritten worden war. Dieser habe die Initiative von oben gehemmt und die von unten sich nicht entwickeln lassen.

> »In diesem Staat starben die lebendigen Verbindungsglieder zwischen Spitze und Basis, zwischen Volk und Führung allmählich ab. Die Transmissionsriemen der Kraftübertragung verfaulten.«[261]

Was die Wahl zwischen den beiden Wege anbelange, so wäre diese jedoch nicht »souverän den Menschen unterstellt«, sondern durch »eine Anzahl Faktoren, voran die allgemeinen gesellschaftlichen Verhältnisse«, bestimmt. Die Bildung städtischer Siedlungen mit Industrie habe – im Gegensatz zur bäuerlichen Lebensform früherer Jahrhunderte – eine umfassende Volksbildung und eine Beschäftigung der Masse mit Politik ermöglicht. An die Stelle der Kaderbildung von oben, die für den Agrarstaat typisch war, sei jene von unten getreten:

> »Der moderne Industriestaat, der Kapitalismus des 19. Jahrhunderts hat Lebensbedingungen geschaffen, die unausweichlich den Drang des gesamten Volkes nach politischer Mitbestimmung auf die Tagesordnung gesetzt hat [...] Darum zweitens. Im Ringen der Gegenwart, wird die staatliche Lebensform siegen und Bestand haben, die jedem ihrer Millionen Glieder die Möglichkeit verschafft, durch ständig gesicherte Kanäle die gewaltige schöpferische Kraft, die dem Menschen innewohnt, der Gesamtheit mitzuteilen.«[262]

Wenn Broda – wie eingangs festgehalten wurde – prinzipiell die Bildung eines Elitenkaders für möglich erachtete und in diesem Zusammenhang (die zurecht immer wieder kritisierte) Aussage tätigte, dass auch die »bewusste und organisierte Ausschaltung breiter Schichten der Bevölkerung von Gesetzgebung und Verwaltung« keine »Atomisierung und Vergeudung der Kräfte sein« muss, präferierte er somit dennoch eine organisatorisch breite Erfassung des »Volkes« bzw. eine Politisierung der großen Masse.

---

260 Ebenda, S. 5–7.
261 Ebenda, S. 7–10.
262 Ebenda, S. 12–14.

Sein ursprüngliches Ziel war – wie Broda in seiner Einleitung anmerkte – eine umfassende Erörterung der politischen Willensbildung im zweiten Deutschen Reich. Auf Grund der »Schwierigkeit der Beschaffung des Materials«, dem »Umfang des Stoffes« und vor allem den »persönlichen Forderungen der Zeit« musste die Arbeit jedoch auf eine Parteiengeschichte unter dem skizzierten Fokus reduziert werden. Die Dissertation sollte damit nur Teil einer größeren Arbeit sein.[263] Das Thema der politischen Willensbildung hat Broda – wie sich seine Tochter erinnert – ein Leben lang beschäftigt. Noch nach seinem Ausscheiden aus der österreichischen Bundesregierung im Jahr 1983 plante er, dieses Thema erneut zu bearbeiten.[264]

Hinsichtlich der verwendeten Methode war es ihm wichtig, in seiner Disposition der Gesamtarbeit anzumerken, dass »ein Studium der politischen Willensbildung immer an eine genaue Kenntnis der wirtschaftlichen und sozialen Verhältnisse gebunden« ist.

> »Die Art des Produktionsprozesses, die Länge der durchschnittlichen Arbeitszeit, die vorhandene Freizeit, Unterricht und Volksbildung sind so entscheidende Grundelemente der politischen Willensbildung, daß ihr gründlichstes Studium unabdingbare Voraussetzung für fruchtbringende Forschungen auf eem [sic!] Gebiet des Kaderproblemes ist.«

Notwendig war es für Broda daher, auf Methoden der Statistik, Wirtschaftsgeschichte und Wirtschaftsgeographie zurückzugreifen,[265] wie sie zu jener Zeit an der Universität Wien vor allem von Otto Brunner entwickelt wurden, der zu einem »Gründerväter« der Sozialgeschichte im deutschsprachigen Raum wurde und auch als Zweitbegutachter von Broda fungierte.[266]

Im Anschluss an die eben beschriebene Einleitung gab Broda ausgehend von der Grundlegung des zweiten Deutschen Reiches im Reichstag des Norddeutschen Bundes von 1867 und der Einführung des allgemeinen (Männer-) Wahlrechts unter Bismarck einen mit vielen (und langen) Zitaten belegten Abriss über die Geschichte des zweiten Deutschen Reiches und seiner politischen Parteien. Unterschieden hat er hierbei nach weltanschaulichen Kriterien[267] in Konservative, zu denen er auch den politischen Katholizismus zählte, Liberale und Sozialdemokraten, wobei folgende Themen im Vordergrund seines Interesses standen: die gesellschaftliche Zusammensetzung der Parteien, ihre Organisationsformen und der darüber geführte Diskussionsprozess, inwiefern

---

263 Ebenda, S. 15–20.
264 Interview mit Univ.-Prof. Dr. Johanna Broda am 18.7.2006.
265 Ebenda, S. 15–20.
266 Vgl. zu Otto Brunner: Blänkner, Reinhard, Nach der Volksgeschichte, in: Hettling, Manfred (Hg.), Volksgeschichten im Europa der Zwischenkriegszeit, Bonn 2003, S. 326–366.
267 Broda, Volk und Führung, S. 132.

eine Adressierung und Organisation der breiten Massen versucht bzw. welche
Mittel hierzu gewählt wurden und wie die Parteien ihrer politischen Erziehungs-
und Führungsaufgabe nachkamen. Insgesamt musste

> »der Bestand des neuen Reiches [...] davon abhängen, wie weit es gelang, Einzel-
> menschen, in höheren Einheiten organisiert, in ein klares Verhältnis zum Reich zu
> bringen [...] Ging die Staatsführung über diese Tatsache, die sie nicht ändern konnte
> und sollte, hinweg, vernachlässigte sie sie, mußten andere Kräfte an ihre Stelle treten,
> den leer gebliebenen Platz einnehmen.«[268]

Als Ergebnis seiner Arbeit fasste Broda zusammen, dass es nur dem politischen
Katholizismus und der Sozialdemokratie gelungen sei, Massenorganisationen
zu bilden. Die Sozialdemokratie, die grundsätzlich als erste Partei auf dem
Boden der breitesten Massenorganisation stand, hätte nach dem Ersten Weltkrieg jedoch die Anbindung an die Massen verloren und sei »unwirklich und
konservativ« geworden. Sie »war ihrem Entstehen und ihrem Werden nach, viel
zu eng mit dem Bismarck-Reich verbunden, um es innerlich überdauern zu
können«.[269] Geschlossen hat Broda mit einer umfassenden Kritik. Eine
Schlussfolgerung ließ er in seiner über 350 Seiten umfassenden Arbeit – wie dies
auch Heinrich Ritter von Srbik in seinem Gutachten vermerkte[270] – aber offen:

> »Uns scheint das Grundproblem des zweiten deutschen Reiches darin gelegen gewesen
> zu sein, dass sich die Politisierung und Organisierung des deutschen Volkes zwischen
> 1867 und 1914 ausschließlich zu Gunsten der Parteien vollzog, die grundsätzlich neben
> der Reichsführung, bzw. gegen sie standen. Jenseits der Wertung des Ausganges jener
> Epoche steht die Leistung und der Platz der großen deutschen Parteien in der Ge-
> schichte fest. Hat der Liberalismus das Recht des deutschen Volkes auf politische
> Mitbestimmung formuliert, so wiesen die Massenparteien des Katholizismus und des
> Sozialismus den Weg zur praktischen Betätigung dieses Rechtes. Sie bildeten die Schule
> für das deutsche Volk einer späteren Zeit, in der Politik und politische Betätigung für
> jeden Einzelnen von uns zum Schicksal und zur Aufgabe geworden ist.«[271]

Wenn im Vorfeld der Darstellung von Brodas Dissertation aus dem Jahr 1940
festgehalten wurde, dass sich in einer strikten Ablehnung des Liberalismus und
einer totalen Verpolitisierung des Menschen sowohl dezidiert »Linke« als auch
»Rechte« finden können, gilt dies somit auch für das offene Ende der Arbeit und
nicht zuletzt ebenfalls für die verwendete Sprache. Während sich im Titel mit
»Volk« und Führung« zwei Signalworte befinden, die im Sprachhaushalt der
Nationalsozialisten einen zentralen Stellenwert einnahmen, wird – wie etwa

---

268 Ebenda, S. 94 f.
269 Vgl. zur Sozialdemokratie: Ebenda, S. 318–355, insbesondere S. 354 f., und S. 133.
270 Archiv der Universität Wien, Philosophische Fakultät, Rigorosenakt Nr. 15.080 (Broda,
      Hans Christian).
271 Broda, Volk und Führung, S. 357 f.

Georg Scheuer 1993 vermerkte – hinsichtlich der Frage, wie das Volk vom »Objekt der Geschichte« zum »Subjekt der Geschichte« werden kann und jener der »Kaderbildung« auf eine marxistische Terminologie zurückgegriffen.[272] Für Scheuer war die Dissertation von Broda in diesem Sinn eine »marxistische Analyse deutscher Zustände vor 1914«. Indirekt vorweggenommen hat sie für ihn am Beispiel des zweiten Deutschen Reiches (durch die Ignorierung des Volkswillens und dem schlussendlich erfolglosen Versuch Bismarcks, die sozialdemokratische Tätigkeit einzuschränken) auch das »Fiasko des ›Dritten Reiches‹«.[273]

Insgesamt kann somit der Schluss gezogen werden, dass es Christian Broda gelungen ist, ein Thema seines Interesses, das in jener Zeit auch von den Linksparteien intensiv diskutiert wurde, so zu erörtern, dass er einerseits – soweit dies 1940 möglich war – seinen marxistischen Überzeugungen treu bleiben konnte und andererseits Aussicht auf eine Approbation an der Universität Wien bestand. Von Wolfgang Neugebauer, dem langjährigen Leiter des Dokumentationsarchivs des Österreichischen Widerstandes, wurde sie 2008 sogar als »an der Grenze der damals gerade noch vertretbaren linken Inhalte« gewertet[274] – eine Einschätzung, die sich vor allem dann ergibt, wenn nicht nur Einleitung und Schluss sondern auch der umfangreiche Mittelteil gelesen werden.

Warum die Wahl des Betreuers auf Srbik fiel, zu dem keine Kontakte Brodas nach 1945 bekannt sind, muss offen bleiben. Anzumerken ist jedoch, dass Broda mehrere Lehrveranstaltungen bei Srbik besuchte und dass die Auswahl an möglichen Doktorvätern im Jahr 1940 beschränkt war. Gleichfalls kann auf Basis der heute vorhandenen Quellen nicht eindeutig geklärt werden, warum Broda, nachdem er 1947 sein zweites, juridisches Doktorat erworben hatte, nur einen einfachen Doktortitel führte. In den österreichischen Medien sind hierfür verschiedene Motivationen genannt worden. Spekuliert wurde zum einen mit »antiintellektuellen Tendenzen in der SPÖ« und einer gewissen Bildungsfeindlichkeit, wonach ein einfacher Doktor für die Akademikergegner in der SPÖ immer noch eher akzeptabel sei als ein zweifacher Doktor.[275] Zum anderen wurde der Vorwurf laut, Broda habe dies getan, um sein Doktorat in Geschichte

---

272 Gleichfalls ist im Text auch vom »Unterbau der Gesellschaft« (S. 72) und vom »ordinären Manchesterstandpunkt« (S. 86) oder von »Klassen« bzw. »Klasseninteressen« (S. 95) zu lesen.

273 Legal agieren konnte nur die Reichstagsfraktion, zahlreiche Vereine wurden durch das Sozialistengesetz verboten. Vgl.: Scheuer, Georg, Christian Brodas »unbekannte« Dissertation. Eine marxistische Analyse deutscher Zustände vor 1914, in: Archiv. Jahrbuch des Vereins für Geschichte der Arbeiterbewegung, 1993, S. 177 – 188.

274 Neugebauer, Wolfgang, Der österreichische Widerstand 1938 – 1945, Wien 2008, S. 93.

275 DDr. Broda, in: Kleine Zeitung, 31. 7. 1965.

zu verschweigen,[276] wenngleich ihm die kommunistische Vergangenheit in den Jahren des Kalten Krieges auch ungemein mehr Schwierigkeiten bereitete als dieses. In den von Christian Broda in seinem Nachlass überlieferten Lebensläufen wird sein Doktorat in Geschichte teilweise angeführt. In den offiziellen Lebensläufen und amtlichen Ausweisen fehlt es jedoch.[277] Auch im offiziellen Briefverkehr trat Broda nur als »Dr. Christian Broda« in Erscheinung, wie etwa der Briefkopf des Anwalts und später der des Ministers belegen. Broda, der seine historische Bildung gerne betonte, sich ein Interesse für Geschichte immer bewahrte und seine rechtspolitischen oder programmatischen Texte gerne in einen historischen Kontext setzte, hat sowohl die Ablegung des ersten Vornamens als auch seines zweiten Doktorats mit »Gründen der Vereinfachung« erklärt.[278] Als seine Dissertation Ende 1969 Gegenstand der parlamentarischen Diskussion wurde, bekannte er sich ausdrücklich zu seiner Arbeit aus dem Jahr 1940 und bot an, diese allen, die sich für sie interessierten, zur Verfügung zu stellen.[279]

3.3. Beginn des rechtswissenschaftlichen Studiums

Das Studium der Rechtswissenschaft begann Broda im 2. Trimester 1940. Maßgeblich dafür, dass er nach dem absolvierten Geschichtsstudium auch an der juridischen Fakultät inskribierte, dürfte gewesen sein, dass seine spätere Frau, Hilda Broda, ebenfalls Juristin war und sich in der Familie mehrere Juristen finden.[280]

Christian Broda heiratete die um sechs Jahre ältere Hilda Prucha, verwitwete Bettelheim, am 30. April 1942. Ihr erster Mann, Kurt Bettelheim, den Broda durch das gemeinsame politische Engagement kannte und über den sich Hilda und Christian Broda kennengelernt hatten, war ein Jahr nach ihrer Heirat im Jahr 1931 an Multipler Sklerose erkrankt und 1940 verstorben.[281] Hilda Broda, die die Schwarzwaldschule besuchte und später Rechtswissenschaft studierte, entstammte einer sozialdemokratischen Familie – ihr Vater, Karl Prucha, war in

---

276 Vgl. hierzu: DDr. Hans Christian Broda. Was nicht im »Who is Who« steht, in: Der Ausweg, Nr. 5, Dezember 1969, S. 1 f. sowie die Kontroverse im »Falter« 1992/1993.

277 Vgl. hierzu etwa: DDr. Hans Christian Broda. Was nicht im »Who is Who« steht, in: Der Ausweg, Nr. 5, Dezember 1969. Auch auf der Homepage des Österreichischen Parlaments, die Biographien aller ParlamentarierInnen seit 1918 umfasst, wird Broda noch heute nur als »Dr. Christian Broda« geführt. Vgl.: http://www.parlinkom.gv.at (1.6.2010).

278 DDr. Broda, in: Kleine Zeitung, 31.7.1965.

279 StPNR, XI. GP. 159. Sitzung, 2.12.1969, S. 13683.

280 Interview mit Dr. Nikolaus Siebenaller am 6.7.2006.

281 Interview mit Univ.-Prof. Dr. Johanna Broda am 18.7.2006 und am 6.8.2010. Vgl. hierzu das Kunstprojekt »Album« von Ana Casas-Broda, der Enkelin von Christian Broda, online: http://www.anacasasbroda.com/album_english.html (18.12.2010).

der Gewerkschaft aktiv – und war ebenso wie ihre Schwester Grete Kammerer, die nach 1945 Direktorin der Kindergärten in Wien wurde, eine politisch interessierte Frau. Zu ihrem Freundeskreis zählten unter anderem der Politologe Roman Rosdolsky und dessen Frau Emily, die wie Christian Broda ein Mitglied von »Ziel und Weg« war,[282] Josef Afritsch, Karl Mark, Josef Holaubek oder Hans Zeisel – der bekannte Mitautor der Studie über die Arbeitslosen von Marienthal, der später zu einem Pionier der Rechtssoziologie und wichtigen Experten für Christian Broda in Fragen der Strafvollzugsreform wurde. Beruflich war Hilda Broda seit 1. Mai 1938 in der Rechtanwaltskanzlei von Dr. Albrecht Alberti tätig, die Christian Broda 1943 in seinem Militärgerichtsprozess zur Seite stand. Nach der Geburt der gemeinsamen Tochter Johanna zog sich Hilda Broda, die eine passionierte Fotografin war, jedoch aus dem Berufsleben zurück und widmete sich der Familie, die in der Adolfstorgasse 11 (Wien 13) ihr Zuhause fand.[283]

In den Nationalen für Hörer an der juridischen Fakultät ist Christian Broda bis zum Wintersemester 1941/42 verzeichnet.[284] Im Dezember 1940 wurde ihm auf sein Ansuchen hin die Anrechnung eines philosophischen Semesters auf sein Rechtsstudium vom Reichsjustizprüfungsamt in Berlin gewährt, nachdem dies vom Vorsitzenden des Justizprüfungsamtes beim Oberlandesgericht Wien befürwortet worden war. In dessen Stellungnahme wurde darauf hingewiesen, dass Broda sein »bisheriges Studium durchwegs mit ausgezeichnetem Erfolg absolviert hat.« »Im Falle der Anrechnung eines Semesters und dem Erhalt von Studienurlaub« könnte er »nach [der] Inskription eines weiteren Semesters auf Grund der Verordnung über die Anrechnung von Wehrdienst bei der Zulassung zu den vereinfachten juristischen Prüfungen vom 27. 11. 1940 RGBl. I S. 1530 zur vereinfachten Staatsprüfung zugelassen werden.«[285] Die juristische Staatsprüfung (Referendarexamen) absolvierte Christian Broda im März 1941,[286] sein Studium konnte er kriegsbedingt – worauf später noch ausführlicher eingegangen wird – jedoch erst 1947 mit der Promotion abschließen.

---

282 Keller, Fritz, Emily Rosdolsky gestorben, in: SoZ – Sozialistische Zeitung, Nr. 22, 25. 10. 2001, S. 15, online: http://www.vsp-vernetzt.de/soz/0122152.htm (5. 4. 2010).

283 Interview mit Univ.-Prof. Dr. Johanna Broda am 18. 7. 2006 und am 6. 8. 2010 sowie mit Marietheres Frauendorfer am 16. 3. 2007, ÖStA/AdR, DWM, FU 12/13, Dr. Broda Hans Christian, 12. 3. 1916 sowie Meldeunterlagen zu Christian Broda im Wiener Stadt- und Landesarchiv. Schreiben an die Verfasserin vom 2. 9. 2009, MA 8- B-MEW-5332/2009.

284 Archiv der Universität Wien, Nationale der Juridischen Fakultät, II. Trimester 1940 – SS 1947 (Broda, Hans Christian). Vgl. zum rechtswissenschaftlichen Studium von Broda zudem Archiv der Universität Wien, Juridische Fakultät, Studentische Personalakten, S 186.100 (Broda, Hans Christian).

285 BA Dahlwitz-Hoppegarten, Reichsjustizprüfungsamt p 6 2785/40, Beilage zum Schreiben des BA Dahlwitz-Hoppegarten an Dr. Michael Neider vom 19.2.1993. Archiv Dr. Michael Neider.

286 Handschriftlicher Lebenslauf von Christian Broda, AChB, ÖNB, Handschriftensammlung, X.1.4.

3.4. In der Wehrmacht

Noch im selben Monat, als Christian Broda sein Geschichtsstudium an der Universität Wien abschloss, wurde er in die Deutsche Wehrmacht eingezogen, wo er von 20. Mai 1940 bis 3. Mai 1945 ohne Unterbrechung blieb.[287] Seiner Mutter schrieb er am 19. Mai 1940, dass »das Armeeoberkommando zur Überzeugung gekommen [sei], dass es ohne meine Mitarbeit weiterhin nicht mehr auskommen kann«, sie aber beruhigt sein könne, da sich »diese [...] auf die Sanität, und zwar auf ein Reservelazarett im IX. Bezirk beschränken [werde]. Da ich ohnehin einmal Medizin studieren wollte, gar nicht so uneben.«[288]

Versehen war der Brief mit der Information, dass er für Viola Broda Familienunterhalt beantragt hatte.[289] Nach seiner Heirat bzw. der Geburt seiner Tochter Johanna am 14. Jänner 1943 bezogen auch Hilda und Johanna Broda Familienunterhalt.[290] Hilda Broda hatte sich – wie genannt – nach der Geburt ihrer Tochter aus dem Berufsleben zurückgezogen. Viola Broda hatte bis 1940 die Bewirtschaftung von »Fünfturm« übernommen und hier vor allem Edelobstanbau betrieben, danach war sie bei der Firma »Helenium: Staudenkulturen – Baumschulen – Gartengestaltung – Kulturtechnik« in Wien-Weidlingau beschäftigt.[291] In den Jahren nach 1945 betrieb sie in »Fünfturm« einen Pfirsichanbau und verbrachte mehrere Monate im Jahr in der Südsteiermark.[292]

Wie aus dem Schreiben an seine Mutter hervorging, wurde Christian Broda in der Deutschen Wehrmacht bei der Sanität eingesetzt, wobei hierfür – so Johanna Broda – sein gesundheitlicher Zustand maßgeblich gewesen soll.[293] Das Wehrstammbuch Christian Brodas, das eine genaue Rekonstruktion seiner Tätigkeit in der Deutschen Wehrmacht erlauben würde, ist heute nicht mehr vorhanden. Aufgrund der bestehenden Unterlagen – vor allem den vorhandenen Familienunterhaltsakten – kann aber rekonstruiert werden, dass er – wie oben vermerkt – anfangs einem Reservelazarett im IX. Bezirk, dann (zumindest 1941 und 1942) der Sanitätsersatz- und Ausbildungsabteilung 17, Wien 16, in der Radetzkyka-

---

287 ÖStA/AdR, BKA, Staatskanzlei, Personalakt Broda, Hans Christian (12. 3. 1916).
288 Brief Christian Brodas an seine Mutter, Viola Broda, vom 19. 5. 1940, AChB, ÖNB, Handschriftensammlung, X.7.
289 Ebenda.
290 ÖStA/AdR, DWM, FU 12/13 (Broda, Hans Christian).
291 AChB, ÖNB, Handschriftensammlung, X.97.
292 Interview mit Univ.-Prof. Dr. Johanna Broda am 6. 8. 2010.
293 Vgl. hierzu eine Bestätigung über eine medizinische Untersuchung der Neurologischen Filialstation der Wiener Universitäts Nervenklinik vom 28. 8. 1939, in der auch auf die Erkrankung Brodas 1934 Bezug genommen wird. AChB, Nachtrag, ÖNB, Handschriftensammlung, XXI.2.1.

serne zugeteilt war.[294] Ende Mai 1943 wurde Christian Broda im Zusammenhang mit der Aufdeckung der Widerstandsgruppe »Soldatenrat« festgenommen und wegen der Nichtanzeige einer hochverräterischen Unternehmung zu drei Monaten Haft verurteilt. Nach seiner Entlassung aus dem Wehrmachtsgefängnis (Hardtmuthgasse, Wien 10) Anfang September 1943 war Christian Broda – wiederum bei der Sanität – im Reservelazarett St. Wolfgang und im Reservelazarett in Amstetten stationiert.[295] Tätig war Broda, nachdem er in der Wehrmacht den Autoführerschein gemacht hatte,[296] als Fahrlehrer bzw. – so 1945 in Amstetten – als Schreiber.[297] Als passionierter Auto- und Motorradfahrer – Christian Broda war bereits vor dem Krieg ein leidenschaftlicher Motorradfahrer – wurde er 1962 (nach Karl Maisel) auch Präsident des ARBÖ [Auto-, Motor- und Radfahrerbund Österreichs, Anm.: M. W.]: eine Funktion, die er bis 1987, seinem Todesjahr, ausüben sollte. Zum ersten Mal in einem Auto gesessen hatte Christian Broda 1921 als Fünfjähriger, als seine Eltern zu einer Fahrt in einem offenen Austro-Daimler von Wien nach Laxenburg eingeladen wurden. »Die Fahrt war eine Sensation. Nicht nur für das Kind.«[298]

3.5.　Widerstand gegen das NS-Regime

Christian Brodas Kontakte zum antinationalsozialistischen Widerstand blieben auch nach seiner Einberufung in die Deutsche Wehrmacht intakt. Wie aus den spärlich zu dieser Thematik vorhandenen Unterlagen hervorgeht, war Broda in verschiedene Widerstandsgruppen eingebunden bzw. mit verschiedenen Gruppierungen in Verbindung. Vor allem war er aber selbst aktiv im Widerstand gegen den NS-Staat tätig. Vorauszuschicken ist dabei, dass die Kommunisten, darunter zahlreiche Frauen, eine besonders aktive Kraft gegen den NS-Staat waren. Die führenden Personen kannte Broda – trotz seines Ausschlusses aus der Kommunistischen Partei bzw. dem KJV 1937 – zum Teil seit mehreren Jahren. Andererseits ist in Hinblick auf die Biographie von Christian Broda relevant,

---

294　ÖStA/AdR, DWM, FU 12/13 (Broda, Hans Christian) sowie Archiv der Universität Wien, Juridische Fakultät, Studentische Personalakten, S 186.100 (Broda, Hans Christian).

295　ÖStA/AdR, DWM, FU 12/13 (Broda, Hans Christian).

296　Interview mit Dr. Herbert Schachter am 31.10.2005.

297　Vgl. hierzu etwa: Erlaubnis zur Inskription an der Rechts- und Staatswissenschaftlichen Fakultät der Universität Wien vom 20.11.1941, Archiv der Universität Wien, Rechtswissenschaftliche Fakultät, Studentische Personalakten, S 186.100 (Broda, Hans Christian), Christian Broda ein Sechziger, in: Arbeiterzeitung, 12.3.1976 sowie Gedenkrede von Hans Hobl (Vizepräsident des ARBÖ) bei der Bundeskonferenz des ARBÖ am 13.6.1987 in Wien, in: Gedenkschrift des ARBÖ zum Ableben von Christian Broda, AChB, Nachtrag, ÖNB, Handschriftensammlung, XXI.17.7.

298　Manuskript für »Freie Fahrt«, 18.11.1962, AChB, ÖNB, Handschriftensammlung, Ia.26.

dass sich während des Krieges die Lazarette und Sanitätsabteilungen neben den Fabriken und Kasernen zu wichtigen Schauplätzen des Widerstandes entwickelten. Als zentraler Ort des Widerstandes wird in den Erinnerungen von WiderstandskämpferInnen – so etwa in Marie Tidls »Die Roten Studenten« oder von Eduard Rabofsky – immer wieder die Sanitätsersatz- und Ausbildungsabteilung in der Radetzkykaserne genannt, das heißt jener Ort, an dem auch Christian Broda stationiert war.[299]

Christian Broda in den 1940er Jahren

Wie aus den vorhandenen Quellen hervorgeht, reichten Christian Brodas Verbindungen im Widerstand von einem Kreis um den späteren Stadtschulratspräsidenten von Wien, Leopold Zechner, mit dem Broda – wie ausgeführt – auch verwandt war, bis zur »Gruppe Soldatenrat«. Zusammen mit Theodor Schwager, seinem späteren Kanzleikollegen soll er (zumindest zeitweise) auch das Zentrum der Widerstandsbewegung in der Sanitätsersatz- und Ausbildungsabteilung in der Radetzkykaserne gebildet haben.[300] Stationiert waren in

---

299 Tidl, Die Roten Studenten, S. 239, Rabofsky, Eduard, Über das Wesen der »Gruppe Soldatenrat«. Erinnerungen und Einschätzungen, in: Konrad, Helmut / Neugebauer, Wolfgang (Hg.), Arbeiterbewegung – Faschismus – Nationalbewusstsein. Festschrift zum zwanzigjährigen Bestand des Dokumentationsarchivs des Österreichischen Widerstands und zum 60. Geburtstag von Herbert Steiner, Wien/München/Zürich 1983, S. 224.
300 AChB, ÖNB, Handschriftensammlung, III.115/1.1.

der Radetzkykaserne neben Broda zahlreiche weitere Mitglieder der »Gruppe Soldatenrat« wie Alfred Rabofsky oder Walter Burstein. Die Kaserne war somit ein wichtiger »Stützpunkt« der »Gruppe«. Laut Eduard Rabofsky, der selbst Kontakt zu dieser hatte und dessen Bruder Alfred im Zusammenhang mit deren Tätigkeit hingerichtet wurde, bewog das Eintreten gegen den Krieg hier bereits 1942 ausgesprochen bürgerlich orientierte Kreise, selbst im Offiziersrang, Mitarbeiter der »Gruppe Soldatenrat« zu fördern. Besonders deutlich sei ihm dies 1944 geworden, als er persönlich auf Wehrmachtsangehörige, z. T. gehobenen Dienstgrades, stieß, die noch von seinem Bruder Alfred zum Widerstand aufgefordert worden waren. »Die Sanitäts-Ersatz- und Ausbildungs-Abteilung 17 in der Radetzkykaserne, insbesondere deren Kraftfahrgruppe, hatte vom damaligen Hauptmann Hahn abwärts überwiegend antifaschistische Soldaten in ihren Reihen.«[301]

Nicht nur hier, sondern auch bei der Gruppe um Leopold Zechner spielte die Medizin bzw. die Sanität eine besondere Rolle. Zechner, zu dem Christian Broda – wie er es selbst formulierte – bis 1938 kaum in Verbindung war,[302] hat die um ihn bestehende Widerstandsgruppe 1966 mit einer Größe von rund 30 Personen aus den verschiedenen politischen und weltanschaulichen Richtungen beschrieben und betont, dass fast alle »mit der Medizin zu tun« hatten, einige auch der Wiener Sanitätskompanie angehörten. Verbindungen sollen gleichfalls zu den militärischen Zentralstellen in Berlin und zu höheren Militärärzten bestanden haben. Die Tätigkeit des Kreises, zu deren »tätigsten Mitgliedern« er Christian Broda zählte, war dahin gerichtet, »Nazi, die sich vom Fronteinsatz drücken wollten, an die Front zu schicken, und Nazigegner möglichst lang und, wenn möglich, gänzlich vom Fronteinsatz zu befreien. Sonst konnten wir durch die Verbindung mit einem Wiener Pfarramt einigen Personen bei ihren ›Arisierungsbestrebungen‹ behilflich sein.«[303]

Von der Ärztin Ella Lingens, die untergetauchten Juden und Jüdinnen half bzw. selbst versteckte und hierfür mehrere Jahre im Konzentrationslager verbrachte, wurden Christian Broda und seine Frau im Zuge ihres Opferfürsorgeantrags 1948 als Zeugen für ihre Widerstandtätigkeit genannt.[304] Später war

---

301 Rabofsky, »Über das Wesen der »Gruppe Soldatenrat«, S. 224.
302 Broda, Christian, Leopold Zechner. Worte der Erinnerung zum 85. Geburtstag, in: Die Zukunft 13–14 (1969) S. 16 f.
303 DÖW 4887, DÖW 20000/B582 sowie AChB, ÖNB, Handschriftensammlung, Ib.196. Vgl. hierzu auch: Broda, Leopold Zechner, S. 16 f. Univ.-Prof. Dr. Johanna Broda erinnert sich ebenfalls daran, dass ihr Vater in eine Widerstandsgruppe eingebunden war, die versuchte, Nationalsozialisten an die Front zu schicken und Nazigegner vor dem Kriegseinsatz zu bewahren. Interview mit Univ.-Prof. Dr. Johanna Broda am 18.7.2006.
304 DÖW 20.000/L 275. Vgl. hierzu auch: Dokumentationsarchiv des Österreichischen Widerstandes (Hg.), Erzählte Geschichte. Berichte von Widerstandskämpfern und Verfolgten. Bd. 3: Jüdische Schicksale, Wien 1992, S. 634 und zwei Korrespondenzen mit Kurt Lingens

Broda auch in die Scheidung von Ella und Kurt Lingens eingebunden bzw. hat er Kurt Lingens zumindest von Zeit zu Zeit zur Zahlung von Alimenten aufgefordert. Unterstützt hat Broda Ella Lingens, die seit Jugend an Sozialdemokratin war, sich (nicht zuletzt wegen mangelnder Unterstützung in beruflicher Hinsicht) nach 1945 aber mehr und mehr enttäuscht von der SPÖ zeigte, schließlich auch darin, dass sie eine pragmatisierte Stelle im Sozialministerium erhielt.[305]

3.6. Die »Gruppe Soldatenrat« und Brodas Widerstandsprozess

Christian Broda hat in einem Lebenslauf 1945 angegeben, dass er während seiner »Dienstzeit innerhalb der Deutschen Wehrmacht« an der Bildung und Organisierung von Widerstandsgruppen innerhalb verschiedener Truppenteile des Heeres teilgenommen« hat und dass er »1941 und 1942 […] an der Herausgabe illegaler Flugschriften und Zeitungen, die sich an die Soldaten richteten, beteiligt« war.[306]

Im Frühsommer 1943 wurde er wegen des »Verdachts der kommunistischen Betätigung« bei seinem Truppenteil in Brüssel festgenommen.[307] Vorgeworfen wurde Broda, dass er »nach den Angaben des Kämpf [gemeint ist der kommunistische Widerstandskämpfer Walter Kämpf, Anm. M. W.] im Winter 1941/42 RM 50,– als Spende für die Beschaffung eines Abziehapparates zur Verfügung gestellt« habe. »Weiters hat B.« – so der Tagesbericht Nr. 4 der Gestapo Leitstelle Wien vom 11.–14. Juni 1943 – »die Flugschrift ›Die Rote Jugend‹ zur Weiterverbreitung erhalten«. Zudem stand er »im Verdacht, Mitglied der kommunistischen Organisation ›Der Soldatenrat‹ gewesen zu sein.«[308]

Der Name »Gruppe Soldatenrat« leitet sich von der gleichnamigen, erstmals im Juli 1941 hergestellten Flugschrift »Der Soldatenrat« ab, von der bis April 1942 vier Nummern hergestellt wurden. Ihre Mitglieder rekrutierten sich großteils aus dem ehemaligen Kommunistischen Jugendverband, aus dem heraus die »Gruppe« entstanden ist. Verbindungen bestanden aber auch zur früheren sozialistischen Jugendbewegung sowie vereinzelt zum bürgerlichen

---

aus dem Jahr 1949, AChB, ÖNB, Handschriftensammlung, Ib.196. In ihren Memoiren ist Ella Lingens nicht auf Christian Broda eingegangen. Vgl.: Lingens, Ella, Gefangene der Angst. Ein Leben im Zeichen des Widerstands, hg. und mit einem Vorwort versehen von Peter Michael Lingens, Wien 2003.

305 Lingens, Peter Michael, Ansichten eines Außenseiters, Wien 2009, S. 99 und S. 435 sowie Scheuba-Tempfer, Mena Maria, Ella Lingens (Eine Biographie), Dipl.-Arb., Wien 2005, S. 114.

306 ÖStA/AdR, BKA, Staatskanzlei, Personalakt Hans Christian Broda (12.3.1916).

307 Dass die Verhaftung in Brüssel erfolgt ist, geht aus einem Lebenslauf Brodas aus dem Jahr 1945 hervor. Vgl. hierzu: ÖStA/AdR, BKA, Staatskanzlei, Personalakt Hans Christian Broda (12.3.1916) sowie AChB, Nachtrag, ÖNB, Handschriftensammlung, XXI.2.7.

308 Gestapo Tagesbericht Nr. 4 vom 11.–14. Juni 1943, DÖW 8475 und DÖW 5734c.

Lager. Auffallend hoch war der Anteil von Mädchen und Frauen unter den Mitgliedern der »Gruppe« sowie jener der Studenten, wenn auch die Arbeiterjugend dominierte. Das Zentrum der »Gruppe«, die keine organisatorische Einheit im eigentlichen Sinn war, bildeten – bis zu einer ersten Zerschlagung des Führungskerns 1942 – der Chemiker Walter Kämpf, von dem vermutlich der Name der Flugschrift »Soldatenrat« stammt, und der Mediziner Walter Burstein.[309] Im Zeitraum ihrer höchsten Aktivität zwischen 1940/1941 und 1942 handelt es sich bei ihr – so Maria Szecsi, Karl Stadler, Walter Göhring oder Eduard Rabofsky – um eine »der umfangreichsten Organisationen des österreichischen Widerstands«, zumindest was die Jugend betrifft. Die Aktivität der »Gruppe«, der Wolfgang Neugebauer eine radikalere Linie attestiert als der auf Volksfrontpolitik und österreichischen Patriotismus orientierten Partei,[310] konzentrierte sich vor allem auf die Tätigkeit in der Wehrmacht und die »Soldatenarbeit«. Die Soldaten sollten davon überzeugt werden, dass »Hitler den Krieg schon verloren hat« – so der Text eines Flugblatts aus dem Oktober 1941 – bzw. dass der Krieg gegen die Sowjetunion nicht gewonnen werden könne. Gleichfalls wurde zur Sabotage oder Desertion aufgerufen. Begonnen haben die Aktionen der »Gruppe Soldatenrat« – laut Walter Göhring – damit, dass Flugblatt- und Zeitschriftenaktionen in den Wiener Lazaretten durchgeführt wurden, später folgten Frontbriefaktionen und die Herstellung und Verteilung der Flugschrift »Soldatenrat«. Vor allem Urlauber und in Wien stationierte Wehrmachtseinheiten sollten dafür Sorge tragen, dass der »Soldatenrat« von Wien an die Front ging. Sabotageakte wurden geplant und – laut Eduard Rabofsky – auch durchgeführt. In der Praxis handelte es sich dabei – so Rabofsky – um gezielte Einzelschläge, aber keine fortdauernden Aktionen. Die »Gruppe« überlebte bis zum Frühjahr 1942 mehrere »Aderlässe«. Schon 1941 wurde eine Reihe von AktivistInnen verhaftet und in der Folge hingerichtet (etwa Franz Reingruber oder Leopoldine Kovarik, beide hingerichtet 1943). 1942 folgten weitere Verhaftungen, darunter der leitende Kern (Walter Burstein, Walter Kämpf, Alfred Fenz, Elfriede Hartmann und Alfred Mastny, die – alle bis auf Walter Burstein, der eines natürlichen Todes starb – 1943 hingerichtet wurden).[311] Bis zum Sommer 1943 war die organisatorische Basis zerschlagen, weitere Verhaftungen, darunter jene von Christian Broda und Sophie Vitek sowie wenig später jene von Alfred Rabofsky, dem Bruder von Eduard Rabofsky (hingerichtet im September 1944), folgten.[312] Danach wurde der Kampf in Kleinstgruppen und durch Einzelkämpfer fortgeführt. Gegen Herbst 1944 entwickelten sich – so Eduard Ra-

---

309 Laut Marie Tidl war Walter Burstein Mediziner, nach Szecsi/Stadler war er Jurist.
310 Neugebauer, Der österreichische Widerstand 1938–1945, S. 90.
311 Nach Radomir Luza gaben Gestapo-Spitzel (»Ossi« und Kahane) Exemplare an die Gestapo weiter. Vgl. Luza, Radomir, Der Widerstand in Österreich 1938–1945, Wien 1985, S. 152.
312 Vgl. zur Verhaftung von Alfred Rabofsky: Oberkofler, Eduard Rabofsky, S. 56.

bofsky – aus der Tätigkeit der »Gruppe Soldatenrat« antifaschistische, systematisch aufgebaute Jugendorganisationen, die auf eine wesentlich breitere Unterstützung stießen als 1941 bis 1943. Kamen die Mitglieder des »Soldatenrats« besonders in seinen Anfangstagen aus dem Kommunistischen Jugendverband, konnten nun auch politisch Andersdenkende angesprochen werden. Im Jahr 1944 stellte sich heraus, dass von der »Gruppe« her noch wichtige Verbindungen zu österreichischen Truppenteilen und Stäben, insbesondere in Wien und Umgebung, bestanden, wobei diese vor allem über Unteroffiziere und Stammkader liefen.[313]

Wenn Christian Broda von der Gestapo vorgeworfen wurde, Mitglied der »Gruppe Soldatenrat« gewesen zu sein, besteht in den Erinnerungen ehemaliger Widerstandskämpfer aus den Reihen der »Gruppe« hierüber keine Einigkeit. Dass er in Kontakt mit den Mitgliedern des »Soldatenrats« stand, steht jedoch fest. Alfred Rabofsky hat seinem Bruder Eduard gegenüber erklärt, dass Broda nicht Teil der »Gruppe« war.[314] Gleichzeitig hat Eduard Rabofsky in einer Erinnerung an Christian Broda 1987 aber festgehalten, dass er Teilnehmer der »legendären Sitzung« der kommunistischen »Soldatengruppe« im September 1942 im Lainzer Tiergarten war. Hier habe er auch die Ansicht geäußert, dass die Rote Armee den Krieg nicht gewinnen könne, weshalb eine lange Zeit der faschistischen Herrschaft bevorstünde – eine Meinung, die von den anderen Teilnehmern der Sitzung strikt abgelehnt wurde.[315] Marie Tidl hat in ihrer Studie über die »Roten Studenten« – nicht nur bezogen auf die Tätigkeit der »Gruppe Soldatenrat« – den Umstand, dass Broda »von seinen Kollegen oft und immer wieder, aber nie als Träger einer bestimmten Funktion genannt wird« auf seine politischen Ansichten zurückgeführt, die keiner »offiziellen Parteilinie« ent-

---

313 Vgl. zur Gruppe »Soldatenrat«: Rabofsky, Über das Wesen der »Gruppe Soldatenrat«, S. 213 – 224, Rabofsky, Eduard, Hitlers Überfall auf die Sowjetunion und der österreichische Widerstand, in: Österreichisch-Sowjetische Gesellschaft (Hg.), 70 Jahre Friedenspolitik und die österreichisch-sowjetischen Beziehungen, Wien 1989, S. 75 – 77, Rabofsky, Eduard, Die Gruppe Soldatenrat. Aus einer Arbeit von Eduard Rabofsky, in: Weg und Ziel 7/8 (1983) S. 295 – 297, Oberkofler, Gerhard / Rabofsky, Eduard, Pflichterfüllung für oder gegen Österreich. Historische Betrachtungen zum März 1938, Wien 1988, S. 32 – 88, Szecsi, Maria / Stadler, Karl, Die NS-Justiz in Österreich und ihre Opfer, Wien/München 1962, S. 85 – 88, Göhring, Walter, Junge Österreicher im Kampf gegen den Hitlerstaat, in: Der Widerstandskämpfer 17 (1972) S. 62 – 67.

314 Rabofsky, Über das Wesen der »Gruppe Soldatenrat«, S. 221.

315 o. A. (Rabofsky, Eduard), Im Gedenken an Christian Broda, in: Mitteilungen der Österreichischen Vereinigung Demokratischer Juristen (ÖVDJ), März 1987, S. 7, Oberkofler, Eduard Rabofsky, S. 52. Marie Tidl berichtet im Vergleich hierzu auf Basis der Erinnerung von Otto Weichselbraun, dass Broda eine kritische Einstellung zur Sowjetunion und eine positive Haltung zu den Westmächten eingenommen habe. Vgl.: Tidl, Die Roten Studenten, S. 137.

Christian Broda, 1943

sprachen.[316] Gleichfalls zitiert sie in ihrer Studie auf Basis einer Erzählung des Widerstandskämpfers Otto Weichselbraun, dass Broda beim Redigieren der Soldatenbriefe geholfen hat,[317] während Rabofsky berichtet, dass es Christian Broda war, der 1939/1940 die Verbindung zwischen Friedrich Heer und ihm bzw. dem bürgerlich-katholischen Lager und den kommunistischen Widerstands-kämpferInnen hergestellt hat.[318]

Friedrich Heer studierte zu jener Zeit wie Broda an der Universität Wien und entwickelte nach dem »Anschluss« ein enges Verhältnis zu Albert Massiczek, der für sich in einer äußerst kritisch zu lesenden Autobiographie später in Anspruch genommen hat, sich vom illegalen Mitglied der SS zum Gegner des NS-Staates entwickelt zu haben.[319] Nachdem Friedrich Heer über Broda die Bekanntschaft

---

316 Tidl, Die Roten Studenten, S. 135.
317 Ebenda, S. 143.
318 Rabofsky nennt einerseits den Winter 1939 als den Zeitpunkt, in dem Broda Heer und den Soldatenrat bekannt machte. Oberkofler nennt demgegenüber den Spätherbst 1940 als Zeitpunkt des Kennenlernens von Heer und Rabofsky, ebenfalls genannt wird das Jahr 1940 in einer gemeinsamen Publikation von Oberkofler und Rabofsky. Vgl.: Rabofsky, Hitlers Überfall auf die Sowjetunion und der österreichische Widerstand, S. 75, Oberkofler, Eduard Rabofsky, S. 50, Oberkofler/Rabofsky, Pflichterfüllung für oder gegen Österreich, S. 37 f. und Adunka, Friedrich Heer, S. 34 und S. 127.
319 Vgl.: Massiczek, Albert, Ich habe nur meine Pflicht erfüllt. Von der SS in den Widerstand,

mit Eduard Rabofsky gemacht hatte, soll er auch Kontakte zu anderen christlichen Widerstandskämpfern hergestellt und selbst Flugblätter versandt haben. Gleichfalls soll er an die »Gruppe« mehrmals höhere Geldbeträge – rund 1000 RM – aus katholischen Kreisen übergeben haben.[320] 1954 hielt Heer im Landesgericht Wien auch die Gedenkrede anlässlich des zehnten Todestages von Alfred Rabofsky, die ursprünglich Christian Broda hätte halten sollen.[321] Den ehemaligen Lehrer am Akademischen Gymnasium David Ephraim (bzw. Ernst David) Oppenheim und dessen Frau Amalie soll er gemeinsam mit Albert Massiczek auch unterstützt haben.[322] Friedrich Heers Tätigkeit im Widerstand, die (aufgrund Heers eigenen Aussagen, vor allem was seine sechs Verhaftungen betrifft,) zuletzt von Adolf Gaisbauer heftig in Frage gestellt wurde,[323] hat Broda bei dessen Trauerfeier am Wiener Zentralfriedhof 1983 gewürdigt. Verwiesen hat er hierbei darauf, »dass er in den Kriegsjahren mutig zu unseren jüdischen Lehrern stand« und er vor dem März 1938 zum Kampf gegen den Nationalsozialismus, nötigenfalls mit der Waffe in der Hand, bereit gewesen wäre.[324]

Nachdem Christian Broda nach Angaben der Gestapo am 1. Juni 1943 (nach eigenen Worten am 31. Mai 1943 in Brüssel) festgenommen worden war, wurde er am 9. Juni 1943 der Gestapo in Wien überstellt. Interessant ist hierbei, dass er auf einer Liste der Gestapo Staatspolizeileitstelle Wien, in der er (nach der Aussage von Alfred Fenz) bereits im Juni 1942 als »Janda« identifiziert worden war, als »Mischl. I«[325] geführt wurde. Auf allen anderen bekannten Schriftstücken aus der NS-Zeit findet sich jedoch kein solcher Verweis. So ist im Tagesbericht 4 vom 11.–14. Juni 1943, in dem die Verhaftung Brodas (nach der Verurteilung von Walter Kämpf) dokumentiert ist, kein solcher Vermerk vorhan-

Wien 1989 sowie zu einer Kontroverse um Massiczek 2007/2008 u. a.: Was ist ein ''Nazi''? Am Beispiel von Albert Massiczek. Eine Replik von Wolfgang Neugebauer, Christine Schindler und Peter Schwarz auf Albrecht K. Konecnys Beitrag in der Zukunft (Ausg. April 2007), online: http://www.doew.at/thema/massiczek/m_zukunft.html (4.7.2010) sowie Stellungnahme von Wolfgang Neugebauer, Christine Schindler und Peter Schwarz zum Profil-Artikel vom 9.5.2008, online: http://www.doew.at/thema/massiczek/m_2008.html (4.7.2010).

320 Oberkofler/Rabofsky, Pflichterfüllung für oder gegen Österreich, S. 37 f., Oberkofler, Eduard Rabofsky, S. 51 sowie Adunka, Friedrich Heer, S. 34.

321 Die Rede ist abgedruckt in: Adunka, Friedrich Heer, S. 34 f.

322 Vgl. hierzu vor allem: Massiczek, Ich habe nur meine Pflicht erfüllt, vor allem S. 44 ff., aber auch spätere Kapitel.

323 Gaisbauer, Adolf, »Heer-Bilder« oder: Ein Widerruf mit Folge(rungen), in: Faber, Richard / Scheichl, Sigurd Paul (Hg.), Die geistige Welt des Friedrich Heer, Wien/Köln/Weimar 2008, S. 251–312 (hier 293 ff.).

324 AChB, ÖNB, Handschriftensammlung, Ib.233. Vgl. hierzu auch: Broda, Christian, Das war Friedrich Heer. Ein Brief an junge Freunde, in: Leser, Norbert (Hg.), Heer-Schau. Briefe an und über Friedrich Heer, Wien/Köln/Graz 1985, S. 47–49.

325 »Mischl. I« war nach den Nürnberger Rassegesetzen wer von zwei jüdischen Großeltern abstammte.

den.[326] Und auch in der im Jahr 2000 im Wiener Stadt- und Landesarchiv aufgefundenen Erkennungsdienstlichen Kartei der Gestapo Wien ist keine solche Angabe notiert.[327] Vielmehr legen die Unterlagen im Nachlass von Christian Broda nahe, dass er nachweisen konnte, dass weder er noch seine Eltern und Großeltern jüdisch waren.[328] Generell ist keine Verfolgung aufgrund seiner jüdischen Wurzeln im Gegensatz zu seiner politischen Tätigkeit bekannt.

In Wien wurde gegen Christian Broda – so derselbe im Jahr 1946 – durch das Referat IVa1 eine Erhebung zur Anklage wegen Hochverrats vor dem Reichskriegsgericht geführt.[329] Inhaftiert wurde er im Wehrmachtsgefängnis in der Hardtmuthgasse, von wo er regelmäßig zu Verhören mit der Gestapo abtransportiert wurde. Dabei hatte Broda, sowohl was die Unterbringung im Wehrmachtsgefängnis als auch die Gestapo-Verhöre betrifft, Glück. Wie Christian Broda in einem Beitrag für die »Wiener Bücherbriefe« 1965 ausführte, erleichterte ihm der Umstand, dass er in Haft lesen durfte, den Gefängnisalltag enorm:

> »Sobald ich die Bücher erhalten hatte, war ich nicht mehr allein. Ich war auch nicht mehr in Einzelhaft. Thiers und Balzac teilten die Zeile mit mir. Ich hatte eine genaue Zeiteinteilung. Vormittag und Nachmittag arbeitete ich das Geschichtswerk von Thiers durch. Nach dem Essen und vor dem Schlafengehen gönnte ich mir Balzac. Noch heute zehre ich von dieser Lektüre. Ich kenne alle Phasen der europäischen Politik zwischen 1794 und 1815; alle Kriegszüge Napoleons und alle Landschaften, in denen er Schlachten gewonnen und verloren hat. Damals stellte ich fest, dass der französische Historiker korrekt und zutreffend die geographischen Verhältnisse in Aspern und Wagram, Enns und Leoben geschildert hat; fast so, wie wenn es zur Zeit Napoleons schon den »Baedeker« gegeben hätte.
> Und wie freute ich mich jeden Tag während der Kriegszüge Napoleons darauf, dass ich wenige Stunden später mit Balzac wieder den Abend in Paris verleben würde, inmitten der turbulenten Gesellschaft der Restaurationsperiode mit ihrem Helden Rastignac an

---

326 Beide Unterlagen befinden sich in Kopie in den Unterlagen zu Christian Broda im Simon Wiesenthal Archiv, Wien. Vgl. hierzu auch DÖW 8475, 5734c und 9169 sowie AChB, ÖNB, Handschriftensammlung, X.97.

327 WStLA, 2.5.2.K1 – Gestapo-Kartei 1938–1945, Broda, Johann Christian, 12.3.1916. Die Kartei wurde vom Dokumentationsarchiv des Österreichischen Widerstandes digitalisiert und ist über dessen Website frei zugänglich. Vgl.: http://www.doew.at

328 Vgl. hierzu einen Abstammungsnachweis von Ernst Broda, in dem beide Eltern von ihm mit »katholisch« geführt wurden, sowie einen mit »gültig zum Nachweis der arischen Abstammung« gestempelten Totenschein von Helene (Bauer) Broda, beides in: AChB, ÖNB, Handschriftensammlung, X.97. Wie es dazu kam, dass Broda einmal als »Mischl. I« geführt wurde und dieser Hinweis später verschwindet, konnte im Rahmen dieser Arbeit nicht geklärt werden. Eine Recherche im (gut erhaltenen) Bestand Gausippenamt im Wiener Stadt- und Landesarchiv hat keine Hinweise darauf ergeben, dass sich dieses mit Broda beschäftigte. Ebenso war eine Recherche im Bestand Reichssippenamt im Bundesarchiv in Berlin nicht erfolgreich.

329 Bestätigung über die Widerstandtätigkeit von Roman Donner vom 14.4.1946, AChB, Nachtrag, ÖNB, Handschriftensammlung, XX.3.8.

der Spitze. Welche Erholung war so ein Abend in einem Pariser Salon nach den Ent-
behrungen in Russlands Eiswüsten, nach den Schlachten von Boradino und Smolensk,
die ich in jeder Phase bei Thiers und Balzac verbrachte. Keinen von beiden traf ich nach
Kriegsende wieder.

Sie sind mir beide, der professorale, umständliche Geschichtsschreiber und der un-
vergleichliche Erzähler, Freunde fürs Leben geblieben. Lebendiger als viele, viele
Menschen, mit denen ich im Leben viel länger beisammen war, sind mir heute noch
Thiers und Balzac gegenwärtig.«[330]

Hinsichtlich der Verhöre durch die Gestapo soll er hingegen davon profitiert
haben, dass es seinen Freunden aus der Widerstandsbewegung, genauer aus der
Radetzkykaserne, gelungen war, Broda über einen Gestapomann wichtige Informationen über sein Verfahren zuspielen zu können. Wie Broda in einer Be-
scheinigung über die Widerstandtätigkeit des Gestapo-Mannes Roman Donner
1946 ausführte, soll er auf den Fahrten von der Hardtmuthgasse zum Morzinplatz regelmäßig über sein Verfahren unterrichtet worden sein, weshalb er genau
wusste, was ihm die Gestapo nachweisen konnte und was nicht:

»Ich habe während meiner Verantwortung vor der Gestapo, in der ich alle wesentlichen
Punkte der mich belastenden Aussagen bestritt, ausserordentlich Nutzen daraus gezogen, dass ich laufend während der Überstellung vom Wehrmachtsuntersuchungs-
gefängnis, Wien X, Hardtmuthgasse, zur Gestapo am Morzinplatz durch den mich im
Auto bewachenden untergeordneten Gestapobeamten über den Gang der Untersuchung, soweit er sich hinter meinem Rücken abspielte, informiert wurde. So wusste ich
von dieser Seite, dass Uffz. Rabofsky, der die genaueste Kenntnis meiner eigenen
illegalen Betätigung hatte, mich in seiner Aussage vollkommen entlastet hatte. […]
Während meiner Haft konnte ich mir die Hilfestellung durch den genannten Gestapobeamten nicht recht erklären. Nach meiner Enthaftung wurde ich von meinen Kameraden in der Widerstandsgruppe der Radetzkykaserne, Dr. Franz Ritschel und Dr.
Donner dahingehend aufgeklärt, dass meine Informierung bezw. die Hilfestellung für
mich während der Gestapountersuchung auf Vermittlung und unter Beteiligung des
Bruders Dr. Donner, Roman Donner, erfolgt war. Dieser war als Beamter der früheren
österreichischen Polizei nach 1938 ohne sein Zutun zur Gestapo übernommen worden
und nach der damaligen Angabe der beiden Vorgenannten dort, bemüht, österreichischen Freiheitskämpfern behilflich zu sein.«[331]

Trotz des Vorliegens von belastenden Angaben, die – so Broda – »offenbar von
einem Spitzel aus der Gruppe Uffz. Burstein (gest. 27. April 1942) – Uffz. Rabofsky – Obgfr. Kämpf (s. o.) herrührten, war die Gestapo nicht in der Lage,
genügend Beweismaterial zusammenzutragen, um vom Kriegsgericht mehr als
eine Anklage wegen ›Nichtanzeige eines hochverräterischen Unternehmens‹

---

330 Broda, Christian, Über das Buch, in: Wiener Bücher Briefe 3 (1965) S. 75.
331 Bestätigung über die Widerstandtätigkeit von Roman Donner vom 14. 4. 1946, AChB,
    Nachtrag, ÖNB, Handschriftensammlung, XX.3.8.

nach § 139 RSTG zu erlangen.«[332] Das Verfahren wurde somit – wie Christian Broda in einem bereits zitierten Lebenslauf 1945 ausführte – »mangels Beweisen eingestellt« und Broda nur wegen der »Nichtanzeige eines hochverräterischen Vorhabens« angeklagt und auch verurteilt.[333]

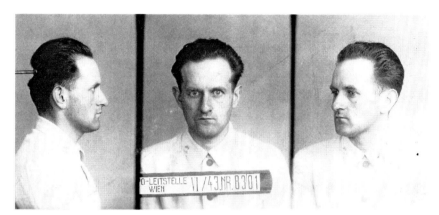

Foto von Christian Broda in der Erkennungsdienstlichen Kartei der Gestapo Wien

Unterlagen zum genauen Hergang des Verfahrens sind – abgesehen von Brodas eigenen Aussagen – heute nur mehr vereinzelt vorhanden. Dass kein Akt mehr besteht,[334] der eventuell auch die mehrfach angesprochene Frage klären könnte, warum Broda vor einem Wehrmachtsgericht und nicht etwa vor dem Volksgerichtshof angeklagt wurde,[335] mussten Simon Wiesenthal und Franz Olah bereits in den 1960er Jahren feststellen, als sie sich hierfür interessierten.[336]

---

332 Ebenda.

333 ÖStA/AdR, BKA, Staatskanzlei, Personalakt Hans Christian Broda (12.3.1916).

334 Kontaktiert wurden im Rahmen dieser Arbeit folgende Archive: Österreichisches Staatsarchiv/Archiv der Republik, Wehrmachtsauskunftsstelle Berlin, Deutsches Bundesarchiv – Militärarchiv Freiburg i. Breisgau. Dr. Michael Neider, der sich in Folge des Artikels von Josef Haslinger im »Falter« um Klarheit über die Verhaftung und Verurteilung bemühte, hat von folgenden Stellen eine negative Nachricht erhalten: Deutsches Bundesarchiv – Zentralnachweisstelle Aachen, Wehrmachtsauskunftsstelle Berlin, Deutsches Bundesarchiv – Militärarchiv Freiburg i. Breisgau, Deutsches Bundesarchiv – Abteilung Potsdam, Deutsches Bundesarchiv – Abteilung Koblenz, Deutsches Bundesarchiv – Zwischenarchiv Dahlwitz-Hoppegarten. Archiv Dr. Michael Neider.

335 Vgl.: Haslinger, Josef, Brodas Widersprüche, in: Falter 1-2- (1993) S. 8 und einen (in dieser Arbeit noch ausführlich zitierten) Bericht Brodas an Kreisky vom 6.7.1970 über eine Mitteilung Fritz Moldens hinsichtlich eines Gespräches mit Simon Wiesenthal, wonach diesem der seinerzeitige Chefankläger in Nürnberg mitgeteilt habe, dass »die Übergabe Dris. Broda an den Volksgerichtshof durch die Wehrmacht abgelehnt worden sei«. StBKA, Wiesenthal Box IV, Mappe Informationen für BK 1.

336 Dass Wiesenthal gezielt Recherchen zu Christian Broda in Hinblick auf seinen Militärgerichtsprozess anstellte, geht aus den beiden Personenmappen zu Christian Broda im Simon

Dokumentiert sind heute lediglich weitere, Broda entlastende Aussagen von Widerstandskämpfern aus der »Gruppe Soldatenrat« im Dokumentationsarchiv des Österreichischen Widerstandes. Weiters existiert eine beglaubigte Abschrift der Anklageverfügung wegen der Nichtanzeige eines hochverräterischen Unternehmens im Nachlass von Christian Broda und eine im Österreichischen Staatsarchiv vorhandene Wehrgerichtsstrafsachenliste, die einen groben Überblick über das Verfahren von Christian Broda vor dem Gericht der 177. Division gibt.[337]

Hierbei geht aus den Unterlagen im Dokumentationsarchiv hervor, dass nicht nur die Aussagen von Alfred Rabofsky,[338] sondern auch jene von Alfred Fenz Broda schützten. So hatte Fenz in seinen Vernehmungen durch die Gestapo Wien im Frühjahr 1942 betont, dass »Janda«, den er nie persönlich kennen gelernt habe, aus dem KJV ausgeschlossen worden war und mit ihm deshalb keine Zusammenarbeit gewünscht wurde. Er und Friedrich Mastny hätten daher auch Walter Kämpf nahe gelegt, die von »Janda« erhaltenen Geldbeträge für den Lit-Apparat [Literatur-Apparat, Anm. M. W.] zurückzugeben und ihm »Die Rote Jugend« bzw. anderes Propagandamaterial nicht mehr zur Verbreitung zu geben.[339]

In der zitierten Anklageverfügung wegen der Nichtanzeige eines hochverräterischen Unternehmens wurde Broda schließlich vorgeworfen, dass er:

»... verdächtig ist, im April 1942 zu Wien von dem Vorhaben eines Hochverrates glaubhafte Kenntnis erhalten und es unterlassen zu haben, der Behörde hiervon zur rechten Zeit Anzeige zu machen.
Der Angekl. stand vor dem Umbruch mit sozialistischen und kommunistischen Kreisen in enger Verbindung und kannte von dieser Zeit her den inzwischen verstorbenen San.Uffz. Walter Burstein, der nach den Ermittlungen der Geh. Staatspol., Leitstelle Wien, Komm. Spitzenfunktionär war.

Wiesenthal Archiv, Wien hervor. In Hinblick auf Franz Olah ist auf seine Memoiren aus dem Jahr 1995 und ganz besonders auf sein »Broda-Pamphlet« vom 29. 11. 1969 zu verweisen. ÖVA, Nachlass von Karl R. Stadler, 17/4 sowie AChB, ÖNB, Handschriftensammlung, IV.107.1.

337 Vgl. zur NS-Justiz allgemein: Form, Wolfgang / Neugebauer, Wolfgang / Schiller, Theo (Hg.), NS-Justiz und politische Verfolgung in Österreich 1938–1945. Analysen zu den Verfahren vor dem Volksgerichtshof und dem Oberlandesgericht Wien, München 2006 sowie Manoschek, Walter (Hg.), Opfer der NS-Militärjustiz. Urteilspraxis – Strafvollzug – Entschädigungspolitik in Österreich, Wien 2003.

338 Schreiben Christian Brodas an das ZK der Kommunistischen Partei Österreichs vom 11. August 1945 aus dem Zentralen Parteiarchiv der KPÖ. Kopie im Besitz von Univ.-Prof. Dr. Hans Hautmann. Der Brief wurde abgedruckt in: Mitteilungen der Alfred Klahr Gesellschaft 2 (1999) S. 1, online auf: http://www.klahrgesellschaft.at/Mitteilungen/Archiv_2_99.html (27. 8. 2007). Vgl. hierzu auch Brodas Würdigung von Alfred Rabofskys Leistungen im Widerstand in: Oberkofler/Rabofsky, Pflichterfüllung für oder gegen Österreich, S. 37.

339 Vernehmung von A. Fenz durch die Gestapo. DÖW 9169.

Am 9.4.42 traf der Angekl. wieder mit Burstein zusammen. Damals teilte ihm Burstein mit, dass er gehofft habe, ihn für den ›Soldatenrat‹ zu interessieren und zu gewinnen. Auf Grund dieser Äusserung des Burstein war dem Angeklagten klat [sic], dass dieser nicht nur mit den Kommunisten sympathisierte, sondern sich aktiv für die KPÖ betätigt hat.

Trotz Kenntnis dieser Umstände hat es der Angekl. unterlassen, hievon Mitteilung zu machen.

Beweismittel: 1./Geständnis des Angekl. (Bl. 30 ff) 37, 38

2./Schlußbericht der Geh. Staatspolizei, Staatspol. Leitstelle Wien vom 15.7.42., Bl. 40 ff d. A.«[340]

Die Anklageverfügung erfolgte nach der genannten Strafsachenliste am 16. August und die Hauptverhandlung sowie Urteilsverkündung am 21. August 1943. Rechtskraft hatte das Urteil mit 31. August 1943. Christian Broda wurde zu drei Monaten Haft verurteilt, die Untersuchungshaft wurde ihm auf die Haftzeit angerechnet.[341] Aus der Haft entlassen wurde er, den Rang eines Obergefreiten behaltend, am 31. August 1943.[342]

Die Frage, wie es zu diesem vergleichsweise »milden« Urteil nach dem Kriegseintritt der Sowjetunion kommen konnte, als verstärkt gegen jede Art von kommunistischem Widerstand vorgegangen wurde, hat nach 1945 verschiedene Personen – allen voran Simon Wiesenthal[343] und Franz Olah[344] im Zuge ihrer Auseinandersetzungen mit Christian Broda – beschäftigt. Eduard Rabofsky, der seinen Bruder durch den NS-Terror verloren hat und der nach 1945 unermüdlich »wider die Restauration im Recht« anschrieb,[345] soll – so dessen Biograph Gerhard Oberkofler – die »Aufbereitung eines denunziatorischen Umfelds« gegen Christian Broda stets abgelehnt haben.[346] Selbst wegen seiner Widerstandstätigkeit 1941 verhaftet, verdankte Eduard Rabofsky sein Überleben der Verschwiegenheit seiner Genossen und dem Umstand, dass ihm die Gestapo nichts nachweisen konnte. Maßgeblich für seine Entlassung aus der Haft war, dass Irene

---

340 AChB, ÖNB, Handschriftensammlung, Ib.196.1.

341 ÖStA/AdR, Militärakten NS-Zeit, Gericht der 177. Division, 1943, Abt. I, Bd. 3 der Strafsachenliste No. 689–1230 (Eintragung Nr. 754 Broda, Hans Christian)

342 Schreiben Christian Brodas an Bruno Kreisky vom 14.5.1960. AChB, ÖNB, Handschriftensammlung, III.115/1.1, StBKA, Korrespondenzen, Broda Christian.

343 So hat Simon Wiesenthal – wie in dieser Arbeit später noch erörtert wird – Fritz Molden gegenüber einmal den Verdacht geäußert, dass es bei der Enthaftung von Broda »nicht mit rechten Dingen zugegangen sein könne«, und auch Eduard Rabofsky hat er darauf angesprochen, gegen Broda im Zusammenhang mit dem Todesurteil gegen seinen Bruder und dem Überleben von Christian Broda vorzugehen. Rabofsky soll aber nicht an der Treue Brodas gegen seine Freunde im Widerstand gezweifelt haben. Vgl. Oberkofler, Eduard Rabofsky, S. 33 f.

344 Olah, Die Erinnerungen, S. 259.

345 Vgl. hierzu: Maßl, Wolfgang / Noll, Alfred J. / Oberkofler, Gerhard (Hg.), Eduard Rabofsky. Wider die Restauration im Recht. Ausgewählte Artikel und Aufsätze, Wien 1991.

346 Vgl.: Oberkofler, Eduard Rabofsky, S. 33 f.

de Crinis, die er aufgrund der gemeinsamen Liebe für das Bergsteigen kannte, für ihn erfolgreich bei RSHA-Chef Ernst Kaltenbrunner intervenieren konnte.[347]
Christian Broda führte sein Überleben – wie bereits die zitierten Aussagen belegen – nicht nur darauf zurück, dass die Gestapo nicht genug Material gegen ihn sammeln konnte, sondern bezeichnete dieses immer wieder auch als Leistung der Widerstandsbewegung.[348] Mehrfach hingewiesen hat er auf die Hilfe seiner »Freunde aus allen politischen Lagern«, die damals seiner Frau zur Seite standen.[349] Er schuldete – so Rudolf Wassermann im Vorwort zu den gesammelten rechtspolitischen Schriften von Christian Broda – sein Überleben aber auch antinationalsozialistischen Richtern und einem ebenso gesinnten Ankläger beim Divisionsgericht. Sie waren – so Broda – »österreichische Patrioten im deutschen Offiziersrock«[350] und haben dazu beigetragen, dass er nach 1945 darauf verwies, dass es auch während des Nationalsozialismus Richter und Ankläger gab, die »geholfen haben, so gut sie nur konnten.«[351] Namentlich nannte er im Zuge einer Kontroverse mit Simon Wiesenthal um sein Verfahren aus dem Jahr 1943 folgende Personen:

- Dr. Karl Trauttmansdorff (szt. Oberkriegsgerichtsrat, später Rechtsanwalt in Wien)
- Dr. Hilda Broda
- Dr. Rudolf König (später Rechtsanwalt in Wien)

---

347 Ernst Kaltenbrunner, der in Graz Rechtswissenschaft studiert hatte, war der Familie von Irene de Crinis verpflichtet, da sich diese 1934 beim Fürstbischof von Graz-Seckau erfolgreich für inhaftierte Naziputschisten eingesetzt hatte. Irene der Crinis unterstützte Eduard Rabofsky nicht nur als er in Haft war, sie hat sich auch aktiv an den illegalen Funkaktionen von Eduard Rabofsky in den Bergen beteiligt. Vgl.: Oberkofler, Eduard Rabofsky, S. 60 ff.

348 ÖStA/AdR, BKA, Staatskanzlei, Personalakt Hans Christian Broda (12.3.1916), Schreiben Christian Brodas an Bruno Kreisky betreffend seine politische Vergangenheit vom 14.5.1960. AChB, ÖNB, Handschriftensammlung, III.115/1.1, StBKA, Korrespondenzen, Broda Christian.

349 Broda, Demokratie – Recht – Gesellschaft, S. 9.

350 Wassermann, Rudolf, Einführung, in: Broda, Christian, Rechtspolitik – Rechtsreform. Ein Vierteljahrhundert Arbeit für Demokratie und Recht, Wien/München/Zürich 1986, S. 4.

351 Vgl. etwa: Broda, Christian, 1938–1974: Was ist geblieben? Rede bei der Jahresversammlung des Dokumentationsarchivs des Österreichischen Widerstandes am 11. März 1974 in Wien, in: Zeitgeschichte 8 (1974) S. 183, Broda, Christian, Die Republik hat den Schlußstrich gezogen. Was 1945 Recht war, muss 1965 billig sein, in: Forum 144 (Dezember 1965) S. 572 sowie Stellungnahme von Christian Broda beim Symposion Justiz und Zeitgeschichte 1980, in: Bundesministerium für Justiz / Bundesministerium für Wissenschaft und Forschung in Zusammenarbeit mit dem Institut für Zeitgeschichte der Universität Wien und dem Institut für neuere Geschichte und Zeitgeschichte der Johannes-Kepler-Universität Linz (Hg.), 25 Jahre Staatsvertrag. Protokolle des wissenschaftlichen Symposions »Justiz und Zeitgeschichte«, 24.–25. Oktober 1980, Wien 1980, S. 109.

- Dr. Karl Ramharter (später Oberlandesgerichtsvorsteher, Gerichtsvorsteher in Gföhl, NÖ)
- Dr. Karl Sager (später Disziplinaranwalt der Rechtsanwaltskammer für Wien, NÖ und Burgenland)
- Dr. Arnold Sucher (Landeshauptmann von Kärnten 1934–1938, später Oberlandesgerichtspräsident)
- Dr. Albrecht Alberti (später Rechtsanwalt in Kärnten)
- Dr. Edward Hausar (später Rechtsanwalt)
- Rechtsanwalt Dr. Ferdinand Kopriva (später Rechtsanwalt in Korneuburg)

Den Vorsitz bei der Verhandlung führte – so Christian Broda im Jahr 1969 – Dr. Kopriva, als Ankläger fungierte Dr. Trauttmansdorff.[352] Dr. Hausar versah zu jener Zeit »an wichtiger Stelle« Dienst im Wehrkreiskommando 17 in Wien.[353] Dr. Alberti fungierte als Verteidiger Brodas, in dessen Kanzlei neben Dr. Rudolf König, Dr. Karl Ramharter, Dr. Sucher und Dr. Sager auch Hilda Broda, die Frau von Christian Broda, vor der Geburt der gemeinsamen Tochter Johanna gearbeitet hatte. Ihr Anteil an der Knüpfung verschiedenster Verbindungen kann nicht hoch genug eingeschätzt werden. Sie selbst war Juristin und hatte vielfältige Kontakte, die Christian Broda nun helfen konnten.

Albrecht Alberti, der Verteidiger von Christian Broda, stammte aus einer alten italienischen Adelsfamilie und war vor 1938 an exponierter Stelle bei der Heimwehr aktiv. Nach Geheimverhandlungen mit den illegalen Nationalsozialisten wurde er aber 1934 aus dieser ausgeschlossen und ins Anhaltelager nach Wöllersdorf verbracht. 1937 folgte die Gründung eines Heimatschutzkameradschaftsverbandes, 1938 ein Bekenntnis zur NSDAP und die Aufnahme in dieselbe mit einer Mitgliedsnummer aus dem so genannten »Illegalenblock«. Nach dem Krieg wurde er wegen Hochverrats vor dem Volksgericht angeklagt. Später wurde er beschuldigt, sich ab etwa 1957 als Obmann des (1959 aufgelösten) »Bundes heimattreuer Jugend« in Kärnten im nationalsozialistischen Sinn wiederbetätigt zu haben, da er die nationalen Jugendverbände finanziell unterstützt, nationalsozialistische Schulungen in seiner Anwaltskanzlei abgehalten und nationalsozialistisches Schriftmaterial besessen habe. Zu einer Anklage kam es aufgrund eines psychiatrischen Gutachtens, das Alberti als nicht

---

352 Vgl. zu den Verfahren vor dem Feldkriegsgericht der Division 177 sowie zu Kopriva und Trauttmansdorff, die beide als »eher mild« beschrieben werden: Forster, David / Geldmacher, Thomas / Walter, Thomas, Österreicher vor dem Feldkriegsgericht der Division 177, in: Manoschek, Walter (Hg.), Opfer der NS-Militärjustiz. Urteilspraxis – Strafvollzug – Entschädigungspolitik in Österreich, Wien 2003, S. 399–419, insbesondere S. 411 und 412 f. sowie S. 815–827.

353 Vgl.: Broda, Christian, Leserbrief, in: Wochenpresse 53 (1969) S. 5, Broda, Demokratie – Recht – Gesellschaft, S. 9, AChB, ÖNB, Handschriftensammlung, IV.249.1.

zurechungsfähig bezeichnete, jedoch nicht.[354] Christian Broda stand Alberti, der
erst beim VdU, dann bei der FPÖ in Kärnten politisch aktiv war,[355] 1947/48 in
seinem Volksgerichtsverfahren zur Seite – zumindest findet sich sein Verfahren
in einem überlieferten anwaltlichen Geschäftsbuch von Broda.[356] Als sich Albertis persönliche und finanzielle Situation Ende der 1950 zuspitzte und er auf
den Verkauf eines Grundstücks angewiesen war, setzte sich Broda als Abgeordneter zum Nationalrat dann auch für Alberti bei der Stadt Klagenfurt ein und
hielt fest, dass sich dieser »im Jahre 1943 als mein Verteidiger vor dem Kriegsgericht nicht nur sehr menschlich, sondern auch höchst persönlich eingesetzt
[hat].«[357] Anzumerken ist dabei, dass Alberti auch in der Biographie von Ella
Lingens aufscheint, sie Post im KZ Auschwitz über seine Kanzlei erhielt und sich
auch Hilda Broda sehr dafür eingesetzt hat, dass sie Pakete erhalten konnte.[358]

Karl Trauttmansdorff, mit dem Broda nach 1945 ebenfalls in Verbindung war,
dankte er in den Persönlichen Vorbemerkungen zu seinem 1962 erschienenen
Buch »Demokratie – Recht – Gesellschaft« mit den Worten, dass seine
»Furchtlosigkeit [...] ebenso unerschütterlich [war] wie seine rechtsstaatliche
Gesinnung« für seinen Einsatz im Jahr 1943.[359]

Inwiefern bzw. ob sich auch die familiären Beziehungen zu G. W. Pabst
günstig auf seinen Prozess ausgewirkt haben, kann hingegen nur vermutet
werden. Familienintern wird offen angesprochen, dass der engste Familienkreis
– ohne direkt auf Christian Broda einzugehen – vielleicht auch deshalb überlebt
haben könnte, weil die Nationalsozialisten »immer auf die Mitarbeit von G. W.
Pabst gehofft hatten.«[360] Aussagen von Christian Broda oder G. W. Pabst, der
über die NS-Zeit (auch in der Familie) nicht gerne sprach, sind hierzu jedoch

---

354 Hiervon wusste Christian Broda spätestens seit Anfang der 1960er Jahre, wie Unterlagen
     zum Thema Rechtsextremismus in seinem Nachlass belegen: AChB, ÖNB, Handschrif-
     tensammlung, III.203.
355 Wiltschegg, Walter, Die Heimwehr. Eine unwiderstehliche Volksbewegung?, Wien 1985,
     S. 342 f. sowie AChB, ÖNB, Handschriftensammlung, III.203 (1. Mappe) Abschrift des
     Entwurfs einer Anklageschrift der Staatsanwaltschaft Wien gegen Konrad Windisch u. a. 1
     St. 26278/59, 30 Vr 565/60.
356 Vgl.: Anwaltliches Geschäftsbuch 24.11.1947–4.2.1948, AChB, Nachtrag, ÖNB, Hand-
     schriftensammlung, XIX.1.10. Zu Alberti ist folgende Geschäftszahl notiert: Vg 6c Vr 6610/
     46. Wie eine Recherche im Wiener Stadt- und Landesarchiv ergeben hat, ist der Akt jedoch
     nicht mehr auffindbar.
357 Schreiben Christian Brodas an Magistratsdirektor Dr. Florian Gröll vom 30.9.1959. AChB,
     ÖNB, Handschriftensammlung, Ib.286.1.
358 Scheuba-Tempfer, Ella Lingens, S. 89. Vgl. zu Alberti und seinen Hilfestellungen in der NS-
     Zeit auch S. 34 in derselben Arbeit sowie DÖW 20.214/21 betreffend Rechtsanwalt Rudolf
     König.
359 Broda, Demokratie – Recht – Gesellschaft, S. 9. Über die Familie von Karl Trauttmansdorff,
     Botschafter Dr. Ferdinand Trauttmansdorff, konnten bis zum Abschluss des Manuskripts
     leider keine zusätzlichen Informationen über das Verfahren gewonnen werden.
360 Broda, Meine Aufzeichnungen über E. B., S. 313.

keine bekannt. Gleichfalls liefert die Filmographie von G. W. Pabst keinen direkten Beweis dafür, dass sich dieser zum Zeitpunkt der Verhaftung Christian Brodas für die Zwecke der Nationalsozialisten einspannen ließ. G. W. Pabst, der 1936 aus den USA nach Europa (damals Frankreich) zurückgekehrt war, wurde – nachdem er sich endgültig zu einem Umzug in die USA entschlossen hatte – auf »Fünfturm«, wo er sich von seiner Familie verabschieden wollte, vom Ausbruch des Zweiten Weltkrieges »überrascht«. Versuche, über Rom in die USA zu gelangen, scheiterten. G. W. Pabst, der sich bisher allen Angeboten der Nationalsozialisten widersetzt hatte, blieb in Nazi-Deutschland und machte hier auch Filme (»Komödianten« 1941 und »Paracelsus« 1943), die »wenn nicht als Propagandawerke, so doch als konform mit der vom NS-Staat geforderten ›deutschen‹ Haltung einzustufen« sind. Die Zusammenarbeit mit Leni Riefenstahl am Film »Tiefland« scheiterte 1941 wegen Meinungsverschiedenheiten zwischen den beiden Regisseuren.[361] Nach 1945 gelang es Pabst, dem sein Bleiben in Deutschland den Ruf eines Opportunisten eingebracht hatte – auch wenn er mit Filmen wie »Der Prozess«, »Der letzte Akt« oder »Es geschah am 20. Juli« noch großartige Filme machte – nicht mehr, an seinen Weltruf aus der Zwischenkriegszeit anzuschließen. Verschlechtert hat sich in den Jahren nach 1945 jedoch nicht nur sein Einfluss als Regisseur, sondern auch seine finanzielle Situation. G. W. Pabst war nun in Umkehr zur Situation in der Zwischenkriegszeit mitunter auf die Unterstützung von Christian Broda angewiesen,[362] der 1957 auch das »Fünfturm-Schlössl« wieder zur Gänze übernahm.[363]

Insgesamt legen die vorhandenen Unterlagen somit den Schluss nahe, dass das Zusammenwirken verschiedener Personengruppen – der Familie und des von ihr alarmierten Freunden- und Bekanntenkreises, den WiderstandskämpferInnen, die geschwiegen haben, sowie »antinationalsozialistischen Anklägern und Richtern« – dazu führte, dass Christian Broda überleben konnte. Nach dem Krieg wurde die Verurteilung Brodas getilgt. Im August 1948 entschied das Landesgericht Wien die Verurteilung Brodas am 21. August 1943 als »nicht erfolgt anzusehen«.[364] Dafür, dass Broda die Tilgung seiner Verurteilung zum

---

361 Biografie, in: Geheimnisvolle Tiefe, Wien 1998 (ohne Seitenangaben) sowie Bock, Hans-Michael, Biographie, in: Jacobsen, Wolfgang (Hg.), G. W. Pabst, Berlin 1997, S. 251–284.
362 So soll Christian Broda für G. W. Pabst, der an Parkinson erkrankte, auch die Auszahlung einer Künstlerpension organisiert haben. Interview mit Univ.-Prof. Dr. Johanna Broda am 6.8.2010.
363 AChB, ÖNB, Handschriftensammlung, III.115/1.4. und Ib.273.
364 DÖW 20000/B 582 sowie Magistrat der Stadt Wien MA 15 Referat V/1 Opferfürsorge, Opferfürsorgeakt Hans Christian Broda. Hinsichtlich der Tilgung der Verurteilung Brodas wurde auch der Frage nachgegangen, ob über diese Näheres zur Verurteilung 1943 in Erfahrung gebracht werden kann bzw. ob der Akt über den Prozess Brodas eventuell im Landesgericht für Strafsachen »liegen geblieben« oder später dem Wiener Stadt- und

Anlass nahm, seinen Wehrgerichtsakt verschwinden zu lassen oder dass der Akt
– so Olah – später von Broda angefordert und dann in die »Verwahrung eines
kommunistischen osteuropäischen Staates übergegangen« sei, gibt es keine
Beweise.[365] Dass der Akt nicht mehr auffindbar bzw. vorhanden ist, wurde bereits gesagt.

3.7. Die »Bezirksvertretung Freies Österreich« in Ried im Innkreis und der »Landesausschuss Oberösterreich der österreichischen Freiheitsbewegung«

Die letzten Kriegstage verbrachte Christian Broda im Innviertel. Ende März 1945
hatten sowjetische Truppen das Burgenland erreicht und zogen weiter nach
Wien, Niederösterreich und die Steiermark. Ende April überschritten französische Truppen die Vorarlberger Grenze. Amerikanische Truppen erreichten aus
Bayern kommend Anfang Mai 1945 Tirol, Salzburg und Oberösterreich. Die
Briten stießen über Kärnten nach Österreich vor und besetzten Osttirol, Teile
des Lungaus und der westlichen Steiermark. Die bedingungslose Kapitulation
der Deutschen Wehrmacht beendete am 8. Mai 1945 den Zweiten Weltkrieg in
Europa. Ihre Einflusssphären (und damit eine Trennung in das von der Sowjetunion befreite und nun von dieser besetzte Osteuropa und ein demokratisch
bestimmtes Westeuropa) hatten die Alliierten bereits in der Konferenz von Jalta
im Februar 1945 abgesteckt. Die Vorgehensweise hinsichtlich Deutschlands
wurde auf der Konferenz von Potsdam im Juli und August 1945 geregelt. Dass
Österreich als eigenständiger Staat wiedererstehen sollte, war in der alliierten
Nachkriegsplanung (das heißt vor allem jener der USA und von Großbritannien)
nicht von vornherein gegeben, kristallisierte sich aber ab 1943/1944 immer
deutlicher heraus. Festgeschrieben wurde die Wiedererrichtung eines eigenständigen Österreich schließlich in der Moskauer Deklaration vom November
1943, die jedoch weniger als offizielle politische Grundsatzerklärung für Nachkriegsösterreich als mehr zur Anstachelung des österreichischen Widerstandes
gedacht war. Von Österreich, das in der Moskauer Erklärung als erstes freies
Land bezeichnet wurde, das der typischen Angriffspolitik Hitlers zum Opfer
gefallen ist, aber auch eine Verantwortung an der »Teilnahme am Kriege« trägt,
wurde somit ein Beitrag zu seiner Befreiung gefordert.[366] Gleichfalls unklar war

---

     Landesarchiv übergeben wurde. Die Recherche im Wiener Stadt- und Landesarchiv verlief
     jedoch erfolglos.

365   Vgl. hierzu Haslinger, Josef, Brodas Widersprüche, in: Falter 1/2 (1993) S. 8 sowie Olahs
     »Broda-Pamphlet« vom 29. 11. 1969, in: ÖVA, Nachlass von Karl R. Stadler, 17/4 sowie
     AChB, ÖNB, Handschriftensammlung, IV.107.1

366   Vgl. zur Moskauer Deklaration: Keyserlingk, Robert H., 1. November 1943: Die Moskauer

in den alliierten Nachkriegsplanungen, ob es zu einer raschen Austrofizierung der politischen Macht kommen sollte.[367] Dass der Wiederaufbau – wenn auch unter alliierter Kontrolle – schnell in österreichische Hände gelegt wurde, war vor allem dadurch beeinflusst, dass sich die politischen Kräfte bzw. die »alten Parteien« des Österreich vor 1938, bereits gegen Ende des Zweiten Weltkrieges zu formieren begannen und den Anspruch auf die politische Vertretung anmeldeten.

Christian Brodas letzte Dienstverwendung in der Deutschen Wehrmacht war die eines »Ia Schreibers« im Reserve-Lazarett Amstetten, wo ihm die Bearbeitung der Akten des Personals des Reserve-Lazaretts und der Verwundeten und Kranken des Lazaretts oblag. Am 20. April 1945 wurde angesichts des sowjetischen Vormarschs das Lazarett von Amstetten nach Ried im Innkreis verlegt,[368] was Broda – so derselbe im Jahr 1975 – dazu benutzte, die Marschbefehle von in der Umgebung beheimateten Soldaten aufgrund des ihm zur Verfügung stehenden Rundstempels und Dienstsiegels in Entlassungspapiere zu ändern.[369] Im Innviertel fand Broda Aufnahme bei seinem Kameraden Josef Itzinger in Pattigham, wo die Familie »gut österreichisch gesinnt und immun gegen NS-Propaganda« war. »In der Nacht wurde bei verhängten Fenstern Radio London gehört«, aus dem Broda auch von der Bildung einer österreichischen Regierung unter Karl Renner erfuhr.

ÖVP, SPÖ und KPÖ hatten sich (sowohl in Wien als in den Ländern) bereits im Frühjahr 1945 in auffallender struktureller und personeller Kontinuität zum »alten Österreich« vor 1933 zu reorganisieren begonnen und sich in Wien auf die Bildung einer provisorischen Staatsregierung unter Karl Renner, dem ersten Staatskanzler der Ersten Republik, geeinigt. Wiederbegründet wurde als erste Partei die KPÖ, da ihre Errichtung in Moskau, wo ein Teil der KP-Emigranten

---

Deklaration – Die Alliierten, Österreich und der Zweite Weltkrieg, in: Steininger, Rolf / Gehler, Michael (Hg.), Österreich im 20. Jahrhundert, Bd. 2, Vom Zweiten Weltkrieg bis zur Gegenwart, Wien/Köln/Weimar 1997, S. 9–39 sowie Bischof, Günter, Die Instrumentalisierung der Moskauer Deklaration nach dem 2. Weltkrieg, in: Zeitgeschichte 11/12 (1993) S. 345–367.

367 Vgl. hierzu: Bischof, Günter, Die Planung und Politik der Alliierten 1940–1954, in: Steininger, Rolf / Gehler, Michael (Hg.), Österreich im 20. Jahrhundert, Bd. 2, Vom Zweiten Weltkrieg bis zur Gegenwart, Wien/Köln/Weimar 1997, S. 107–146, Rauchensteiner, Manfried / Etschmann, Wolfgang (Hg.), Österreich 1945. Ein Ende und viele Anfänge, Graz/ Wien/Köln 1997, Rauchensteiner, Manfred, Stalinplatz 4. Österreich unter alliierter Besatzung, Wien 2005.

368 Zeitzeugen, ORF-Landesstudio Salzburg, 1986. Vgl. zu Ried im Innkreis 1945: Eichsteininger, Hannes, Die Trümmer der Erinnerung. Kriegsende, amerikanische Besatzung und Aufbauzeit. Skizzen aus der »Republik Ried« 1945/1946, Dipl.-Arb., Salzburg 2004.

369 Broda, Christian, Ried im Innkreis – Mai 1945, in: Zeitgeschichte 7 (1975) S. 162. Vgl. hierzu auch: Broda, Christian, Der Geist von 1945, in: Forstner, Herbert / Machkgott, Gerhart / Slapnicka, Harry / Zauner, Alois (Hg.), Oberösterreicher. Landeshauptmann Heinrich Gleißner. Zeitgenossen berichten, Linz 1985, S. 232–243.

bereits auf die Rückkehr wartete, abgesprochen worden war.[370] Wenig später, am
14. April 1945, erfolgte im Roten Salon des Wiener Rathauses durch Vertreter der
ehemaligen SdAP und der in der Illegalität entstandenen Revolutionären Sozialisten die offizielle Neugründung der Sozialistischen Partei Österreichs (Sozialdemokraten und Revolutionäre Sozialisten). Die Gründung der ÖVP als
bürgerlich-bäuerliche, antimarxistische Sammelpartei war am 17. April 1945 im
Wiener Schottenstift erfolgt, wobei sich diese trotz starker personeller Kontinuitäten in deutlicher Ablehnung zur Christlichsozialen Partei der Zwischenkriegszeit einen neuen Namen gab. Da die Westmächte mit der Anerkennung der
Provisorischen Staatsregierung unter Karl Renner, die am 27. April 1945 die
Unabhängigkeit Österreichs erklärt hatte, zögerten und in ihrer Zulassung
durch die sowjetische Besatzungsmacht eine Verletzung der gemeinsamen
Vorgangsweise bzw. in Renner eine Marionette der Russen sahen, war ihr Wirkungsbereich vorerst jedoch auf einen kleinen Teil Ostösterreichs beschränkt.
Erst nach drei Länderkonferenzen im Herbst des Jahres 1945 konnte sie ihren
Einflussbereich auf ganz Österreich ausweiten und eine Sicherung des Gesamtstaates sowie eine Anerkennung durch die westlichen Besatzungsmächte
erreichen. Die Verbindungen von Wien in den Westen Österreichs, auch nach
Oberösterreich, wo sich Christian Broda zu jener Zeit befand, mussten erst
aufgebaut werden.[371]

Wie von der Bildung der Provisorischen Staatsregierung unter Karl Renner
erfuhr Christian Broda auch vom Tod Adolf Hitlers aus dem Radio, was für ihn
den direkten Anlass bot, sich gemeinsam mit seinem Kriegskameraden Josef
Itzinger von seiner Dienststelle, die in einer der Schulen von Ried untergebracht
war, in Richtung Pattigham, der Heimatgemeinde Itzingers, abzusetzen. Am
3. Mai 1945, als die Amerikaner »ohne nennenswerten Widerstand« die Stadt
Ried besetzten, übernahmen Broda und Itzinger unblutig die Macht in Pattigham, von wo aus sie Kontakt mit den Amerikanern in Ried aufnahmen:

> »In der Nacht vom 3. auf den 4. Mai überquerten wir mit Ausweisen in deutscher und
> englischer Sprache und mit rot-weiß-roten Armbinden, die uns als Vertreter der neuen
> österreichischen Gemeindeverwaltung auswiesen, die ›Linien‹ der amerikanischen
> Truppen und meldeten uns beim US-Kommando im Hotel Gärner in Ried im Innkreis.
> Wir fanden freundliche, interessierte Aufnahme und informierten die amerikanischen
> Offiziere, dass der Weg in Richtung Salzburg feindfrei sei. Für den kommenden Tag,
> den 4. Mai 1945, 12 Uhr vormittags, wurde das Eintreffen der Vorhut der amerikani-
> schen Truppen am Ortseingang von Pattigham vereinbart. [...] Wir hatten uns mit den
> einzelnen Bauern abgesprochen, dass wir die Soldaten, die wir als die ersten Sendboten
> und Repräsentanten unserer Befreier betrachteten, als Mittagsgäste einladen wollten.

---

370 Rauchensteiner, Manfried, Die Zwei. Die Große Koalition in Österreich 1945–1966, Wien
1987, S. 33.
371 Ucakar, Demokratie und Wahlrecht, S. 457 ff.

Es war der 4. Mai 1945. Für die Bevölkerung von Pattigham bei Ried im Innkreis, aber auch für mich war der 2. Weltkrieg zu Ende [...].«[372]

In Pattigham übernahm Itzinger die Gemeindegeschäfte, während Broda in den kommenden Wochen in Ried politisch aktiv wurde. Über Vermittlung seines Militärkameraden Rudolf Freyer stieß er Anfang Mai 1945 zu einer ersten Besprechung unter Rieder Bürgern, wo die Konstituierung einer repräsentativen Vertretung, die Fühlungnahme mit den amerikanischen Militärbehörden und die Ausarbeitung eines »Sofortprogramms« für den Wiederaufbau beschlossen wurde.[373] Zugleich wurde auf Vorschlag Brodas die überparteilich zusammengesetzte Bezirksvertretung »Freies Österreich« ins Leben gerufen, der neben Broda, der als »Unabhängiger« den Vorsitz über den »Siebener-Ausschuss« übernahm, folgende Personen angehörten: Wilhelm Soukup (Ch), Oktavian Baumgartner (KP), Rudolf Enzenberger (Ch), Hans Fischer (KP), Alois Maier (KP) und Johann Samhaber (Ch).[374] Später, nach dem Ausscheiden von Hans Fischer in Folge von dessen Einzug in den Gemeinderat, kamen noch Max Vorauer und Alexander Puttinger zum »Siebener-Ausschuss« hinzu.[375] In die provisorische Gemeindevertretung der Stadt Ried wurden folgende Personen bestellt: Bürgermeister: Wilhelm Soukup, Bürgermeister-Stellvertreter: Oktavian Baumgartner, Gemeinderäte: Rudolf Enzenberger (Finanzen), Hans Fischer (wirtschaftliche Betriebe), Dr. Ewald Geigl (Polizei), Karl Gabriel (Schule, Kultur), Franz Kirsch (Fürsorge), Johann Praust (Gemeindeeinrichtungen), Johann Samhaber (Bauwesen), Dr. Fritz Sengmüller (Gesundheitswesen). Zum Bezirkshauptmann wurde Regierungsrat Dr. Karl Straßl, zu seinem Stellvertreter Professor Karl Gabriel bestellt. Mitarbeiter von Dr. Ewald Geigl wurde der gleichfalls bei Gericht tätige (spätere Nationalratsabgeordnete, Justizsprecher der ÖVP und Staatssekretär im Innenministerium[376]) Dr. Otto Kranzlmayr. Zum Wiederaufbau der Stadtpolizei wurde neben anderen auch Hans Mittendorfer berufen.[377] In Sicherheitsfragen wurden – nach einer Aufstellung von Anfang Juni 1945 – neun Personen namhaft gemacht – darunter an erster Stelle Dr. Hans Christian Broda (in allen Fragen grundsätzlicher und allgemeiner Natur).[378]

---

372 Broda, Ried im Innkreis – Mai 1945, S. 163.
373 Ebenda, S. 164.
374 Eine Aufstellung der Mitglied der Bezirksvertretung (samt Angaben zur Parteizugehörigkeit) befindet sich in StBKA, Korrespondenzen, Broda Christian (Mappe Dr. B.) sowie (ohne Angaben zur Parteizugehörigkeit) in: AChB, ÖNB, Handschriftensammlung, X.5.5.
375 Schreiben der Bezirksvertretung Freies Österreich in Ried im Innkreis an das Counter Intelligence Corps in Ried vom 20. 6. 1945, gezeichnet von Broda. StBKA, Korrespondenzen, Broda Christian (Mappe Dr. B.).
376 Kranzlmayr war von 1961 bis 1963 Staatssekretär im Innenministerium.
377 Broda, Ried im Innkreis – Mai 1945, S. 168. Vgl. hierzu auch: AChB, ÖNB, Handschriftensammlung, X.5.5 sowie Rieder Volkszeitung, 16.5.1945.
378 Schreiben der Bezirksvertretung Freies Österreich in Ried im Innkreis an das Counter

Mit der Ausarbeitung des in der konstituierenden Sitzung des »Siebener-Ausschusses« beschlossenen »Sofortprogramms« für die Bezirksvertretung »Freies Österreich« wurde noch am 5. Mai 1945 begonnen. Abgedruckt wurde es in der von der Bezirksvertretung herausgegebenen »Innviertler Volkszeitung« am 16. Mai 1945. Diese war eine der ersten von ÖsterreicherInnen herausgegebenen freien Zeitungen, die in zwei Ausgaben (vom 16. und 24. Mai 1945) erschein (bis sie von der Besatzungsmacht verboten wurde) und wurde von Broda noch 1975 als »liebstes Kind« in »diesen hektischen Wochen« bezeichnet.[379]

»1. Nach dem Untergang des NS, der dem ö. Volk nach 7 Jahren der Unterdrückung eine schreckliche Erbschaft des gesellschaftlichen Chaos und des voraussichtlichen Hungers hinterlassen hat, ist es die erste Aufgabe des ›Freien Österreich‹ unter Zusammenfassung aller antifaschistischen Kräfte und unter Aufbietung aller verfügbaren Energien die Lebensgrundlage des österreichischen Volkes zu sichern.

2. Zu diesem einzigen politischen Ziel zusammengeschlossen, erachtet es das ›Freie Österreich‹ für unumgänglich notwendig, daß unter bewußter Ausschaltung jeglicher Racheakte dennoch der kommunale und Verwaltungsapparat unverzüglich von allen nationalsozialistischen Elementen restlos gereinigt wird. […]

3. Die vordringlichste Aufgabe der kommunalen und staatlichen Verwaltung ist die Sicherstellung der Ernährung. Unter Erhaltung und Öffnung aller Reserven ist an die freiwillige Mitarbeit der Bauernschaft zur Lösung dieser ersten Lebensfrage zu appellieren. Die Organisierung der Lebensmittelaufbringung wird in die Hände der neu zu bildenden Ortsbauernräte und des Bezirksbauernrates gelegt. […]

4. Im Rahmen der von der alliierten Militärregierung aufgestellten Richtlinien ist die öffentliche Sicherheit mit allen Mitteln, vor allem durch Aufstellung einer aus verläßlichen Gegnern des NS bestehenden Hilfspolizei wiederherzustellen und aufrechtzuerhalten.

5. Industrien und Verkehrsanlagen sind so weit als möglich schnellstens wieder in Funktion zu bringen. […]

6. Kommunale und staatliche Verwaltung werden alles daran setzen, um durch sofortige Organisation des öffentlichen Gesundheitswesen die Folgen des sechsjährigen Krieges auf dem Gebiet der Volksgesundheit auf ein tragbares Maß herabzudrücken.

7. Ohne späteren einheitlichen Maßnahmen der österreichischen demokratischen Regierung vorgreifen zu wollen, erachtet es das ›Freie Österreich‹ schon jetzt als seine Aufgabe, mit der Reinigung des kulturellen und geistigen Lebens vom nationalsozialistischen Geist zu beginnen. […]«[380]

Intelligence Corps in Ried vom 9.6.1945. StBKA, Korrespondenzen, Broda Christian (Mappe Dr. B.).

379 Broda, Ried im Innkreis – Mai 1945, S. 166 sowie StBKA, Korrespondenzen, Broda Christian (Mappe Dr. B.).

380 Innviertler Volkszeitung, 16.5.1945, S. 2, AChB, ÖNB, Handschriftensammlung, X.5.3.

Übergeordnetes Ziel sollte – wie Broda in einem Leitartikel in derselben Nummer ausführte – die »Achtung und Sicherung der Demokratie« sein.[381] Den Charakter der Bezirksvertretung »Freies Österreich« hat er in der zweiten Ausgabe der »Innviertler Volkszeitung« vom 24. Mai 1945 als »eine aus der Not der nationalsozialistischen Zwangsherrschaft geborene elementare Volksbewegung, die alle antifaschistischen Kräfte des österreichischen Volkes umfasst«, als »ein Bündnis der Arbeiter und Bauern, sowie der nicht nationalsozialistischen städtischen Intelligenz« beschrieben.

> »Es ist ein Kampfblock mit der einzigen, zeitlich begrenzten Zielsetzung, das Wiedererstehen der demokratischen Republik in Österreich zu erreichen. Das ›Freie Österreich‹ will die politischen Parteien nicht verwischen, sondern ihrer Tätigkeit und ihrer Organisation den Weg bahnen dadurch, dass es die Grundlagen zu einer funktionierenden Demokratie legt. In dieser wird es Parteien geben, da die Demokratie ohne Gesinnungsgemeinschaften in organisierter Form, eben Parteien, nicht denkbar ist […] Kampfziel ist Aufbau und Sicherung eines demokratischen Staates und Verwaltungsapparates bis zu dem Zeitpunkt, an dem in allen österreichischen Bundesländern freie demokratische Wahlen stattfinden können.«[382]

Nach der Bildung der Bezirksvertretung »Freies Österreich« war es Broda, der vor allem aufgrund seiner ausgezeichneten Englischkenntnisse die Verbindung zu den Amerikanern aufnahm. Unmittelbar nach der Konstituierung des »Siebener-Ausschusses« wandte er sich – der nationalsozialistische Bürgermeister residierte noch immer in Ried – an den von den amerikanischen Truppen eingesetzten Bezirkskommandanten Captain Clyde M. Mead. Dieser amtierte – so Broda 1975 – in Ried in »einsamer Isolation« und bestätigte die Existenz des Ausschusses und den vorgeschlagenen Bürger- und Vizebürgermeister.[383] Als am 8. Mai der Zweite Weltkrieg in Europa zu Ende ging, »konnte die Stadt Ried mit dem Läuten der Kirchenglocken und der Beflaggung ihrer Häuser in Rotweißrot auch das Entstehen der neuen österreichischen Verwaltung […] bege-

---

381 Broda schreibt hier: »War politische Demokratie in den Jahren vor Hitlers Machtergreifung für viele nur eine Staatsform ohne lebendigen Inhalt, möglicherweise mit den verschiedensten Mängeln behaftet, so ist sie in der Notzeit der faschistischen Diktatur für die Gesamtheit des einfachen anständigen Volkes zur unveräußerlich notwendigen Lebensgrundlage der Gesellschaftsordnung überhaupt geworden. Gewiß ist die politische Demokratie allein noch kein Staatsinhalt, aber sie ist die unter allen Umständen notwendige Grundlage des politischen Lebens und Atmens überhaupt. Sie zu sichern und auf ihr aufzubauen, ist zum unerschütterlichen, gemeinsamen, verbindlichen Entschluß aller derer geworden, die die vergangenen sieben Jahre durchlebt haben und niemals die Hoffnung aufgegeben haben, dass am 11. März 1938 nicht das letzte Wort über Österreichs Zukunft gesprochen wurde.« Innviertler Volkszeitung, 16. 5. 1945, S. 1, AChB, ÖNB, Handschriftensammlung, X.5.3. Dass der Artikel von Broda stammt, geht hervor aus: Broda, Ried im Innkreis – Mai 1945, S. 167.
382 Innviertler Volkszeitung, 24. 5. 1945, S. 1 f. AChB, ÖNB, Handschriftensammlung, X.5.2.
383 Broda, Ried im Innkreis – Mai 1945, S. 165.

hen«.[384] Wie Kurt Tweraser in einer Studie über die US-Militärregierung in Oberösterreich ausführt, war es für den Bezirk Ried und die Anerkennung der Bezirksvertretung »Freies Österreich« ein »Segen«, dass die regionale US-Militärregierung in Linz noch nicht installiert war, da diese die gebildeten Widerstandsgruppen als »zu politisch« ablehnte. Vielmehr setzte diese auf »unpolitische« Beamte, verbot am 14. Mai 1945 die politischen Parteien und installierte ein »unpolitisches« Beamtenkabinett mit Adolf Eigl an der Spitze. Grund hierfür mag – so Harry Slapnicka – gewesen sein, dass die Amerikaner anfangs nicht wissen konnten, wem sie mehr trauen sollten: den Exponenten der früheren Parteien, die den Versuch zur Bildung einer Landesregierung unternommen hatten, aber der Besatzungsmacht gegenüber nicht einheitlich auftreten konnten, oder den Vertretern des Widerstands.[385] Mead hingegen hatte sogar eine bewaffnete Rieder Polizei erlaubt und zeigte sich auch in anderen Bereichen bereit dazu, auf die Wünsche der Rieder Funktionäre einzugehen. Als sich diese mit der amerikanischen Entnazifizierungspraxis unzufrieden zeigten und vorschlugen, ehemalige Nationalsozialisten zu verhaften und Plakate anzuschlagen, die die Gräuel in den Konzentrationslager zeigen sollten, fand dies zwar die Zustimmung der lokalen Militärregierung und des CIC [amerikanischer Nachrichtendienst, Anm. M. W.], nicht aber jene der regionalen Militärregierung in Linz, die mittlerweile ihre Kompetenzen deutlich stärker in Anspruch nahm.[386]

Bald nach der Konstituierung der Bezirksvertretung »Freies Österreich« wurde auch versucht, Verbindung zu anderen oberösterreichischen Bezirksstädten aufzunehmen. Zuerst wurde – so Broda 1975 – Kontakt zur ähnlich entstandenen »Republik Ischl« aufgenommen, später wurden auch Verbindungen mit Linz hergestellt.[387] Als es im Juni 1945 zu Verhandlungen wegen der Bildung eines »Landesausschusses Oberösterreich der österreichischen Freiheitsbewegung« gab, war Broda auch an diesen maßgeblich beteiligt, ging der Vorschlag zur Bildung des Landesausschusses – wie es in einem Bericht über die Tagung der Vertreter der »Österreichischen Freiheitsbewegung« in Ried am 3. Juni 1945 heißt – doch auf ihn zurück.[388] Das Verbot der politischen Betätigung wurde im ganzen Land immer rigoroser gehandhabt, die Anführer des Widerstands mussten, wenn sie weiterhin politisch aktiv sein wollten, die Initiative auf Landesebene ergreifen. Ein Treffen der Widerstandsgruppen wurde

384 Ebenda, S. 165. Vgl. hierzu auch: Gesellschaft und Recht, in: Broda, Rechtspolitik – Rechtsreform, S. 38.

385 Slapnicka, Harry, Oberösterreich – zweigeteiltes Land: 1945–1955, Linz 1986, S. 121.

386 Tweraser, Kurt, US-Militärregierung Oberösterreich, Bd. 1: Sicherheitspolitische Aspekte der amerikanischen Besatzung in Oberösterreich-Süd 1945–1950, Linz 1995, S. 128 f. sowie Eichsteininger, Die Trümmer der Erinnerung, S. 154.

387 Broda, Ried im Innkreis – Mai 1945, S. 167.

388 StBKA, Korrespondenzen, Broda Christian (Mappe Dr. B.).

für den 10. Juni 1945 anberaumt und Ried, das nicht so streng wie Linz von den Amerikanern kontrolliert wurde, als Tagungsort bestimmt.[389] Vorberatungen zum Treffen hatte es – wie genannt – bereits Anfang Juni gegeben. Gleichfalls war ein Mindestprogramm der »Österreichischen Freiheitsbewegung« ausgearbeitet worden. Interessant ist hierbei ein Protokoll einer (ebenfalls am 10. Juli 1945 abgehaltenen) vorbereitenden Sitzung, das ein starkes Interesse Brodas an Medienfragen zeigt. So trat er nicht nur dafür ein, dass es die »Selbstachtung der österreichischen Freiheitsbewegung« erfordere, dass sie den Anspruch auf Übernahme der Landesregierung stellt, sondern betonte auch, dass sie ein Sprachrohr benötige: »Wir haben die ganzen Jahre in Österreich illegale Zeitungen herausgegeben, wir werden uns auch weiterhin ein Sprachrohr finden«. Den Amerikanern müsse daher klar gemacht werden, dass in der Herausgabe österreichischer demokratischer Zeitungen keine Illoyalität gegen sie bestünde, diese aber vorhanden sein müssen, um sich an die oberösterreichische Bevölkerung wenden zu können.[390]

Bei der Sitzung des »Landesausschuss Oberösterreich der österreichischen Freiheitsbewegung« wurde Broda (Wertung der Amerikaner »non-party leftist«) als Vertreter des Bezirkes Ried in den Exekutivausschuss der »Österreichischen Freiheitsbewegung« gewählt. Neben ihm waren in diesem vertreten: Für Linz Ludwig Bernaschek (SP), Rudolf Reisetbauer (Ch), Franz Haider (KP), Dr. Franz Blum (SP) sowie Dr. Alfred Maleta (Ch), für Wels Leopold Lindner (keine Partei), für Grießkirchen Dr. Josef Hofer (führender Mann des bürgerlichen Widerstands), für Vöcklabruck Dr. Hans Weißmann (Ch), für Steyr Prof. Erich Zdenek (SP), für das Salzkammergut Josef Plieseis (KP/SP), Johann Weidenholzer (Bauernbund, Bezirk Grieskirchen), Peter Mandorfer (Bauernbund, Bezirk Steyr). Zum Vorsitzenden des Landesausschusses wurde auf Vorschlag von Broda Ludwig Bernaschek gewählt, der nach 1945 viele Jahre die SPÖ in Oberösterreich anführte.[391]

Die Forderungen des »Landesausschuss Oberösterreich der österreichischen

---

389 Tweraser, US-Militärregierung Oberösterreich, S. 146.
390 AChB, ÖNB, Handschriftensammlung, X.5.4.
391 Diese Namen finden sich auch in einer Aufstellung des Exekutivausschusses Oberösterreich der Österreichischen Freiheitsbewegung, die in der Stiftung Bruno Kreisky Archiv vorhanden ist. In der Sitzung vom 10.6.1945 selbst wurden nur folgende Personen in den Exekutivausschuss delegiert: Bernaschek, Reisetbauer, Haider, Dr. Blum, Dr. Hofer, Dr. Weißmann, Fischer, Plieseis, Lindner, Dr. Broda. Leicht abweichende Namen nennen auch Rathkolb (hier fehlt Peter Mandorfer) und Harry Slapnicka, der für Linz zusätzlich Harringer (SP) nennt. Vgl.: StBKA, Korrespondenzen, Broda Christian (Mappe Dr. B.), AChB, ÖNB, Handschriftensammlung, X.5.4, Rathkolb, Oliver (Hg.), Gesellschaft und Politik am Beginn der Zweiten Republik. Vertrauliche Berichte der US-Militäradministration aus Österreich 1945 in englischer Originalfassung, Wien/Köln/Graz 1985, S. 231 und Slapnicka, Oberösterreich – zweigeteiltes Land, S. 123.

Freiheitsbewegung« wurden in einem bereits am 9. Juni 1945 erstellten und später ergänzten Minimalprogramm zusammengefasst:

> »1. Die Landesregierung muß umgebildet werden, um alle antifaschistischen demokratischen Kräfte zu repräsentieren und um zu vermeiden, dass die öffentliche Verwaltung im Schema einer staatlichen Administration erstarrt.
> 2. Das Verbot jeder politischen Betätigung schadet der gesunden Entwicklung einer demokratischen österreichischen Republik.
> 3. Zur erfolgreichen Durchführung der Entnazifizierung ist die Zusammenarbeit zwischen Militärregierung und einer zentral gelenkten Widerstandsorganisation unentbehrlich.
> 4. Die unverzügliche Säuberung der Landes- und Gemeindebehörden und der privaten Wirtschaft von allen nationalsozialistischen Elementen sowie ihre Ersetzung durch Personen, die das Vertrauen der demokratischen Bevölkerung besitzen, ist erforderlich.
> 5. Um ein rasches Funktionieren aller Organe der Wirtschaft zu sichern, ist die sofortige Bildung von verantwortlichen demokratischen Körperschaften wie Bezirks- und Landeshauptmannschaften, freigebildeten Einheitsgewerkschaften, Industrie-, Handels- und Gewerbekammern u. dgl. vorzunehmen.
> 6. Der Druck demokratischer Zeitungen ist zu erlauben.«[392]

Gleichzeitig wurde der Anspruch der Freiheitsbewegung auf die politische Führung betont und der Rücktritt des Beamtenkabinetts Eigl gefordert. Wichtig war der Freiheitsbewegung weiter – wie es in einer Denkschrift heißt – als politischer Faktor und nicht nur als Administrationsgehilfe der Amerikaner in Erscheinung treten zu können.[393]

Massiv kritisiert wurde das Beamtenkabinett Eigl – wie das Vorgehen der amerikanischen Militärregierung – auch vom Office of Strategic Services (OSS, Vorläufer der CIA), das einer Zusammenarbeit mit dem Widerstand deutlich positiver gegenüberstand als die Militärregierung.[394] Von dieser wurde der »Landesausschuss Oberösterreich der österreichischen Freiheitsbewegung« in den folgenden Verhandlungen vom 15., 21. und 29. Juni nicht anerkannt. Vielmehr erklärte die Militärregierung, dass die Rieder Zusammenkunft »illegal« gewesen sei. Oberst Snook, der Chef der amerikanischen Militärregierung, hatte sich über die politische Vergangenheit der Widerständler genau informieren

---

392 Das Mindestprogramm wurde zitiert nach: Tweraser, US-Militärregierung Oberösterreich, S. 147. Vgl. hierzu auch einen Arbeitsplan des Exekutivausschusses der oberösterreichischen Freiheitsbewegung vom 9.6.1945. StBKA, Korrespondenzen, Broda Christian (Mappe Dr. B.).
393 StBKA, Korrespondenzen, Broda Christian (Mappe Dr. B.).
394 Vgl. zum OSS auch: Beer, Siegfried, Oberösterreich nach dem Krieg. Vertrauliche Berichte des amerikanischen Geheimdienstes OSS aus dem Jahre 1945. Eine exemplarische Dokumentation, in: Marckhgott, Gerhart (Red.), Oberösterreich April bis Dezember 1945 (Quellen Oberösterreichs 2), Linz 1991, S. 177 – 232.

lassen und beurteilte Broda abschätzig als »distinctly a political«. Kritisch angemerkt wurde zudem, dass die Widerstandsbewegung in Ried von der lokalen
amerikanischen Militärregierung unterstützt worden war.[395] Eine von Broda
formulierte und vom Linzer Bürgermeister Ernst Koref abgeschwächte Resolution für eine »echte Demokratisierung«, die eine Umbildung der Landesregierung und Beteiligung der Freiheitsbewegung intendierte, sowie die in diesem
Zusammenhang durchgeführte Unterschriftenaktion bei den oberösterreichischen Bürgermeistern führte erneut zu einer strengen Ermahnung durch die
Amerikaner.[396]

Broda wurde in diesem Sinn am 21. Juni 1945 von Oberstleutnant Hend-
rickson (Hendrycksen) auch mitgeteilt, dass lediglich aufgrund der Fürsprache
von Oberst Snook von einer Strafverfolgung gegen ihn abgesehen werde. Ende
Juni scheiterten die Verhandlungen hinsichtlich der Zulassung des »Landesausschuss Oberösterreich der österreichischen Freiheitsbewegung« endgültig.
Am 29. Juni 1945 erklärte Snook, dass er die Freiheitsbewegung und ihren
Exekutivausschuss nicht anerkenne. Rund zwei Wochen zuvor hatte die regionale Militärregierung auch die volle Kontrolle über die 13 Military Government-
Detachments in den Bezirken übernommen. Die amerikanische Militärregierung sei nicht in der Lage, »die Einmischungen irgendeiner Gruppe zu dulden
bzw. könne nicht zulassen, dass die Bewegung ihren Willen den österreichischen
Bürgern aufzwinge«. Die »Bürgermeister-Denkschrift« wurde als eklatanter
Vertrauensmissbrauch gewertet, wenn es wahr wäre, dass sich Nationalsozialisten in der Landesregierung befänden – wie reklamiert wurde –, sollten Beweise vorgelegt werden.[397] Für die Freiheitsbewegung wurde die Entscheidung
von Broda und Bernaschek zur Kenntnis genommen. Broda wurde – so Tweraser
– von der Militärregierung als »Hauptverschwörer« betrachtet und als »ausgesprochen unverschämt angesehen«, aber auch Bernaschek ließ es nicht an
Deutlichkeit fehlen. Er betonte, dass die Nichtanerkennung der Freiheitsbewegung von schwerem Nachteil für die Militärregierung, die Demokratie und das
oberösterreichische Volk sein werde und verwies darauf, dass Oberösterreich
der letzte Teil Österreichs sei, wo in keiner Form die Mitarbeit der demokratischen Bevölkerung zugelassen werde, gleichzeitig könne man von wahren De-

---

395 Tweraser, US-Militärregierung Oberösterreich, S. 147.
396 Im ursprünglichen »Broda-Entwurf« war die Erfüllung der demokratischen Forderungen
　　mit einem Passus verbunden, der als kollektive Rücktrittsdrohung durch die Bürgermeister
　　empfunden werden konnte und daher von Koref gestrichen wurde. Tweraser, US-Militär-
　　regierung Oberösterreich, S. 148 und Rathkolb, Gesellschaft und Politik, S. 214 und S. 232.
　　Die Deklaration ist in Deutsch und Englisch vorhanden in: StBKA, Korrespondenzen,
　　Broda Christian (Mappe Dr. B.).
397 Slapnicka, Oberösterreich, S. 124 und AChB, ÖNB, Handschriftensammlung, X.5.4.

mokraten nicht erwarten, dass sie einer mit Nationalsozialisten durchsetzten Landesregierung trauen.[398]

Anders als die Amerikaner agierten die Sowjets in Oberösterreich. Als diese Anfang August 1945 das Mühlviertel besetzten, ließen sie einen politischen Beirat, eine Art Teil-Landesregierung, aus Vertretern der drei politischen Parteien mit Johann Blöchl (ÖVP) an der Spitze, zu. Dadurch geriet Oberösterreich südlich der Donau, wo es Ende August 1945 zur Verhaftung von Landeshauptmann Eigl und in Folge zur Absetzung mehrerer Mitglieder des »Beamtenkabinetts« wegen ihrer NS-Vergangenheit kam, was die Demokratisierung betraf, nicht nur gegenüber den anderen Ländern, sondern auch gegenüber seinem nördlichen Landesteil ins Hintertreffen. Pläne zur Installierung eines politischen Beirats mit Vertretern aus den wieder gebildeten politischen Parteien und der Freiheitsbewegung scheiterten. Am 19. September 1945 wurden schließlich die politischen Parteien von der US-Militärregierung in Oberösterreich zugelassen und am 26. Oktober 1945 eine neue Landesregierung unter Heinrich Gleißner (ÖVP), der bereits von 1934 bis 1938 oberösterreichischer Landeshauptmann gewesen war und auch dem Kabinett Eigl angehört hatte, installiert. Das bedeutete – so Slapnicka – schließlich das Ende der »Österreichischen Freiheitsbewegung«, die politische Handlungsmacht war nun endgültig wieder auf die politischen Parteien übergegangen. Wichtigste Aufgabe der neuen Landesregierung war neben den laufenden Verwaltungsaufgaben vor allem das politische Leben und die Wahlen vorzubereiten. Ihr Wirkungsgrad war angesichts der Teilung Oberösterreichs in einen sowjetischen und einen amerikanischen Teil – auch wenn Johann Blöchl als Vorsitzender des von den Sowjets eingesetzten »Parteien-Beirats« in dem von ihnen besetzten Landesteil der neuen Landesregierung angehörte – ungewiss.[399]

Als im Oktober 1945 die neue Landesregierung unter Heinrich Gleißner gebildet wurde, hatte Christian Broda Oberösterreich bereits verlassen. Er reiste im Spätsommer 1945, gemeinsam mit seiner Familie, die nach Ried gekommen war, und einem »letter of recommendation« vom 6. Juni 1945[400] sowie einem

---

398 Tweraser, US-Militärregierung Oberösterreich, S. 149 und Slapnicka, Oberösterreich – zweigeteiltes Land, S. 123 f. Vgl. hierzu auch ein Gedächtnisprotokoll über die Aussprachen des Exekutivausschusses der oberösterreichischen Freiheitsbewegung mit Oberst Snook. StBKA, Korrespondenzen, Broda Christian (Mappe Dr. B.).

399 Slapnicka, Oberösterreich – zweigeteiltes Land, S. 125 ff.

400 Im Schreiben von Anthony Lobb (Headquarters XX Corps C.I.C. Detachment No. 220, A.P.O. 340) vom 6.6.1945 heißt es »Dr. Hans Christian Broda, of Ried, has been of very great help to the U.S. Army CIC during their work in this Area. Through his connections with the Free Austrian Committee, he has aided the CIC in controlling subversives elements in and around Ried, and his associates have helped to pick up many persons who have been Nazi or higher officials of the Oberdonau Region.« Vgl.: StBKA, Korrespondenzen, Broda Christian (Mappe Dr. B.) sowie AChB, Nachtrag, ÖNB, Handschriftensammlung, XXI.2.4.

vom 5. August 1945[401] in das zerstörte Wien zurück.[402] Auf den Widerstandskämpfer und späteren Herausgeber der »Presse«, Fritz Molden, hatte Christian Broda, als sie sich im Sommer 1945 das erste Mal begegneten, den Eindruck eines »ehrgeizigen Mannes« gemacht, der »in der Politik weiterkommen wollte«, was – so Molden – nur in Wien möglich war. Molden, der in den kommenden Jahren noch in verschiedenen Bereichen mit Broda zusammenarbeiten sollte, stammte aus großbürgerlichem Haus – sein Vater, Ernst Molden, war vor 1938 Chefredakteur der traditionsreichen »Neuen Freien Presse« gewesen, seine Mutter, Paula von Preradović, war Dichterin und die spätere Verfasserin des Textes der österreichischen Bundeshymne – und hatte sich seit dem März 1938 im Widerstand gegen den Nationalsozialismus betätigt.[403] Gegen Kriegsende fungierte er als Verbindungsmann zwischen den Alliierten und dem österreichischen Widerstand. In Tirol, wo es dem Widerstand gelungen war, den Alliierten eine befreite Landeshauptstadt übergeben zu können, hatte der Exekutivausschuss der Widerstandsbewegung den späteren Außenminister Karl Gruber zum Landeshauptmann bestellt. Im Sommer 1945, als Molden Christian Broda das erste Mal traf, befand er sich als Mitarbeiter Grubers in dessen Auftrag auf einer politischen Erkundungsreise in Richtung Osten.[404]

Im Vorfeld der Wahlen vom 25. November 1945 – es fanden an diesem Tag sowohl Nationalrats-, Landtags- und Gemeinderatswahlen in Oberösterreich statt – reiste Christian Broda aber erneut nach Ried und unterstützte die Kommunistische Partei im Wahlkampf. Während Broda bei der Bildung der Bezirksvertretung »Freies Österreich« in Ried und jener des »Landesausschuss Oberösterreich der österreichischen Freiheitsbewegung« als Unabhängiger aufgetreten war, hatte er sich dem Zentralkomitee der Kommunistischen Partei

---

401 Im Schreiben Meads vom 5.8.1945 heißt es: »The undersigned Officer came into this town, Ried, Austria, 8 May 1945, and took over command of Military Government within this Bezirk. Among the first Austrians to become active in activities of the new Austrian administration here was Dr. Hans Christian Broda, who identified himself as being chairman of the ›Free Austrian Commitee‹. He was screened and recommended to this detachment by CIC of the XXth U.S. Army Corps. Since that date he has worked hard and cooperated to the fullest with this detachment and CIC toward weeding-out nazis and helping to reorganize the local Administration. It is believed that he can contribute to the future free Austrian Government. In addition, he speaks and writes very good English.« Vgl.: StBKA, Korrespondenzen, Broda Christian (Mappe Dr. B.).

402 Broda, Ried im Innkreis – Mai 1945, S. 166.

403 Molden war erst im katholischen Widerstand tätig, später innerhalb der österreichischen Widerstandsbewegung O5.

404 Interview mit Prof. Fritz Molden am 21.2.2007. Vgl. hierzu auch: Molden, Fritz, Besetzer, Toren, Biedermänner. Ein Bericht aus Österreich 1945–1962, Wien 1980, S. 21 sowie Molden, Fritz, »Vielgeprüftes Österreich«. Meine politischen Erinnerungen, Wien 2007, S. 29 ff. Die hier genannten Äußerungen Christian Brodas zur KPÖ und vor allem ihrer Bedeutung im Wahlkampf 1945 sind jedoch mit Skepsis zu betrachten.

bereits am 11. August 1945 als Kommunist zu verstehen gegeben. Er erklärte, dass er sich seit frühester Jugend an als Kommunist betrachtet habe und sich auch in Zukunft nur als »Beauftragte[n] der kommunistischen Partei Österreichs« sehe bzw. sich ihr gegenüber verantwortlich fühlen werde. Seine oppositionelle Tätigkeit im Jahr 1936 wertete er nun als Fehler. Mit dem Sieg des Nationalsozialismus über Österreich im Jahre 1938 habe er uneingeschränkt die führende Rolle der KPÖ im antifaschistischen Befreiungskampf anerkannt und es als seine Aufgabe betrachtet, die kommunistischen Organisationen, wo er nur konnte, ohne selbst Mitglied zu sein, zu unterstützen.[405] Dem folgend warb Broda im Wahlkampf 1945 für die KPÖ, indem er als Wahlredner auftrat – wie etwa in einer Wählerversammlung in Ried im Innkreis am 21. November, in der auch Oktavian Baumgartner und Franz Haider sprachen[406] – und indem er öffentliche Wahlaufrufe für die KPÖ verfasste. In einem Beitrag über die Widerstandsbewegung in der »Neuen Zeit«, dem Organ der KPÖ Oberösterreichs, schrieb Broda etwa »dass die Kommunistische Partei wie in ganz Europa auch in Österreich die Partei der Gegenwart und der Zukunft ist. Die Wahlen werden das am 25. November in Oberösterreich beweisen«.[407] Dass Broda – wie behauptet wurde[408] – auf einer Kandidatenliste der KPÖ für die Nationalratswahlen 1945 stand, trifft jedoch weder für Wien noch für Oberösterreich zu.[409] Ob er 1945 von der KPÖ als Kandidat für den Posten eines Rates im Verfassungsgerichtshof gehandelt wurde, wie ihm 1963 hinsichtlich seiner kommunistischen Vergangenheit vorgeworfen wurde, konnte hingegen weder verifiziert noch falsifiziert werden. Angesichts dessen, dass Broda zu jenem Zeitpunkt sein Jusstudium noch nicht abgeschlossen hatte, erscheint es jedoch sehr unwahrscheinlich.[410]

Mit Brodas Rückkehr nach Ried und seinem Auftritt im Wahlkampf 1945 war das Kapitel »Ried im Innkreis« für ihn aber noch nicht abgeschlossen. Nachdem 1960 anlässlich seiner Bestellung zum Justizminister in der »Rieder Zeitung«

---

405 Brief von Hans Christian Broda an das ZK der KPÖ vom 11.8.1945. Eine Kopie des Briefes aus dem Zentralen Parteiarchiv der KPÖ wurde mir von Univ.-Prof. Dr. Hans Hautmann zur Verfügung gestellt und später auch in einem Nachtrag zum AChB gefunden. Abgedruckt wurde der Brief in: Mitteilungen der Alfred Klahr Gesellschaft 2 (1999) S. 8, online auf: http://www.klahrgesellschaft.at/Mitteilungen/Archiv_2_99.html (1.10.2007). Vgl. ebenso: AChB, Nachtag, ÖNB, Handschriftensammlung, XX.3.1.

406 Siehe hierzu ein entsprechendes Plakat. AChB, Nachtrag, ÖNB, Handschriftensammlung XX.3.2.

407 Erinnerungen um Dr. Christian Broda: Der künftige Justizminister war 1945 in Ried politisch tätig, in: Rieder Volkszeitung, 23.6.1960 sowie Broda, Hans Christian, Die Widerstandsbewegung in Ried, in: Neue Zeit, 15.11.1945.

408 Hoffmann-Ostenhof/Nagy/Wimmer, Der lange Marsch zum Seelenfrieden, S. 9.

409 Dies hat eine Durchsicht der Ausgaben der »Volksstimme« und der »Neuen Zeit« ergeben, in der die KandidatInnenlisten für die Nationalratswahl vom 25.11.1945 abgedruckt wurden.

410 Vgl.: Verschwörung des Schweigens, in: aktuell 3 (1962) S. 14.

festgehalten wurde, wie sehr sich Broda 1945 für Ried und seine BürgerInnen eingesetzt habe,[411] thematisierten Mitte der 1960er Jahre eine Reihe lokaler Medien, vor allem die Oberösterreich-Ausgabe des »Echo der Heimat«,[412] aber auch der Hausverwalter-Zentralwerbedienst für Wien und die Bundesländer[413] zwei in den Nachkriegstagen begangene »Fememorde« an Nationalsozialisten. Hiernach wurden der Amtsarzt Dr. Emmerich Mösenbacher und der als Fernsprechtechniker bei der Gestapo angestellte Andreas Blaschofsky, der als SS- und SD-Mitglied von 1940 bis 1944 in Paris »tätig« war, in der Nacht vom 8. auf den 9. Mai 1945 erschossen, nachdem sie von einem Kommando Mittendorfers bzw. der neuen Rieder Stadtpolizei abgeholt worden seien.[414] In Folge wurde nicht nur nach dem genauen Hergang der Ereignisse, sondern auch danach gefragt, was Broda von diesen Vorgängen wusste.[415] Vor allem Franz Olah, der sich im Zuge seiner Auseinandersetzungen mit Christian Broda des Themas annahm, stellte die Frage, was Broda von den Morden bekannt war, ob er nichts zu deren Aufklärung getan bzw. noch schlimmer, diese (auch als Justizminister) gedeckt habe. So wandte er der Causa Mösenbacher-Blaschofsky in einem Anti-Broda-Pamphlet, das er Ende 1969 gezielt an österreichische Abgeordnete verbreitete, große Aufmerksamkeit zu. Mit Bezug auf den Titel der Dissertation von Broda aus dem Jahr 1940 stellte er unter der Überschrift »Volk und Führung in Ried i. I. im Jahre 1945. Ein Beitrag zum Problem der politischen Willensbildung in Ried i. I. unter Dr. Hans Christian Broda [...]« eine Reihe belastender Fragen an Broda und unterstellte diesem, als Justizminister eine Aufklärung der Ereignisse in Ried 1945 behindert zu haben. Die 1964 angestellten Untersuchungen der Sicherheitsdirektion für Oberösterreich seien – so Olah – versandet, nachdem diese im Sommer dieses Jahres dem zuständigen Staatsanwalt Dr. Ewald Geigl vorgelegt worden seien, der im Mai 1945 für das Ressort Polizei in der Bezirksvertretung Freies Österreich verantwortlich war. Schließlich wäre das Verfahren gegen unbekannte Täter 1966 abgebrochen worden.[416]

Broda besuchte, als sich die Medien Mitte der 1960er Jahre mit den Vorfällen in Ried zu beschäftigten begannen, demonstrativ Ried. Wilhelm Soukup, der

---

411 Erinnerungen um Dr. Christian Broda: Der künftige Justizminister war 1945 in Ried politisch tätig, in: Rieder Volkszeitung, 23.6.1960.
412 Vgl. die Ausgaben des »Echo der Heimat«. Oberösterreich-Ausgabe aus den Jahren 1964 und 1965.
413 Vgl.: DÖW 20821 sowie AChB, ÖNB, Handschriftensammlung, IV.153/1.1.
414 Vgl. hierzu auch: Fragen an Dr. Broda: Was geschah am 8. Mai 1945?, in: Die Furche 49 (1969) S. 5.
415 Broda, Ried im Innkreis – Mai 1945, S. 168.
416 Broda-Pamphlet von Franz Olah, in: ÖVA, Nachlass von Karl R. Stadler, 17/4 sowie AChB, ÖNB, Handschriftensammlung, IV.107.1, Olah, Die Erinnerungen, S. 259 f. und Broda, Christian, in: StPNR, XI. GP., 159. Sitzung, 2.12.1969, S. 13681 f., Parlamentskorrespondenz vom 2.12.1969.

erste ÖVP-Nachkriegsbürgermeister von Ried, der bereits der »Bezirksvertretung Freies Oberösterreich« angehört hatte, bezeichnete den Vorwurf, dass Broda einer illegalen Polizeitruppe angehört habe, als »Unwahrheit und Verdrehung von Tatsachen.«[417] Gleichfalls stellte das »Echo«, das einige Jahre zuvor das Augenmerk auf die Ereignisse in Ried im Innkreis gelenkt hatte, im Dezember 1969 im Zusammenhang mit dem Pamphlet Olahs fest, dass ihre Recherchen ergeben hätten, dass Broda nichts mit den beiden Rachemorden zu tun hatte, sondern hier »lokale Interessen« ausgetragen worden seien. Etwas anderes hätten sie nie behauptet.[418] Als das Olah-Pamphlet 1969 Gegenstand der parlamentarischen Debatte war, bekannte sich Broda ausdrücklich zu seiner Tätigkeit in Ried und verwies darauf, dass über seine dortige Tätigkeit auch die beiden ÖVP-Abgeordneten Kranzlmayr und Maleta Auskunft geben können, insbesondere mit Kranzlmayr hätte er in Ried eng zusammengearbeitet.[419] Justizminister Klecatsky ließ im Jänner 1970 verlauten, dass nun das Justizministerium selbst prüfen werde, ob Anlass zu weiteren Erhebungen besteht.[420] Als Broda wenig später – nach dem Wahlsieg der SPÖ – wiederum die Leitung des Justizressorts übernahm, wurde festgehalten, dass auf Grund der Befangenheit des Justizministeriums die Oberstaatsanwaltschaft Linz die weitere Prüfung »unmittelbar und im eigenen Wirkungskreis ohne Berichterstattung an das Bundesministerium für Justiz« durchführen soll.[421] Zugleich kam es Anfang der 1970er Jahre über die Vermittlung von Bundeskanzler Kreisky auch zu einem Gespräch zwischen Broda und der Witwe des 1945 ermordeten Andreas Blaschofsky.[422] Eine lückenlose Aufklärung der Vorfälle im Mai 1945 ist (vermutlich) nie erfolgt, jedenfalls wurde das Verfahren – so der Historiker Hannes Eichsteininger – »juristisch niemals abgeschlossen«.[423]

---

417 Rieder Altbürgermeister verteidigt Broda, in: Salzburger Nachrichten, 22.3.1966.
418 Broda fürchtet nicht Wiesenthal, in: Echo 50 (1969) S. 28.
419 Broda, Christian, in: StPNR, XI. GP., 159. Sitzung, 2.12.1969, S. 13681.
420 Fragen an Dr. Broda: Um »allfällig Ermittlungsaufträge« wird gebeten, in: Die Furche 2 (1970) S. 4 und Endlich: Der Justizminister »prüft«…, in: Die Furche 3 (1970) S. 6.
421 Mitteilung vom 23.4.1970, AChB, ÖNB, Handschriftensammlung, X.5.6. Eine Anfrage im Oberösterreichischen Landesarchiv hat ergeben, dass sich dort keine Unterlagen befinden, die Auskunft über die Ermittlungen ab 1970 ergeben können. In den 1990er Jahren wurden verschiedene Akten der Oberstaatsanwaltschaft Linz an das Bundesministerium für Justiz übergeben. Möglicherweise könnten sich hierunter Unterlagen befinden, die interessant für weitere Recherchen zum Fall Mösenbacher-Blaschofsky sind.
422 Eichsteininger, Die Trümmer der Erinnerung, S. 214–220 sowie StBKA (untergebracht in ÖStA), Allgemeine Korrespondenz, Stritzinger, Rosa (Kopie in: StBKA, Korrespondenzen, Broda Christian).
423 Eichsteininger, Die Trümmer der Erinnerung, S. 212

4. Politischer Aufstieg in der SPÖ 1945/1948 – 1960

Als Christian Broda im Spätsommer 1945 nach Wien zurückkehrte, erreichte ihn in der Nachkriegsnot ein Lebensmittelpaket seines Taufpaten Hans Kelsen aus Berkeley.[424] Kelsen hatte Österreich bereits 1930 erst in Richtung Köln, dann in Richtung Genf, Prag und wiederum Genf verlassen, nachdem er in Österreich als Ordinarius für Staats- und Verwaltungsrecht an der Universität Wien und Richter am Verfassungsgerichtshof antisemitischen, fachlichen, politischen und persönlichen Anfeindungen ausgesetzt und 1930 auch als Richter am Verfassungsgerichtshof abgesetzt worden war. Viel früher als andere gewichtige Vertreter des geistigen Lebens in Österreich war er somit – wie Christian Broda betonte – aus Österreich vertrieben worden.[425] 1940 emigrierte Kelsen in die USA, wo er bis 1942 an der Harvard Law School, dann an der University of California, Berkeley (ab 1945 als Professor) unterrichtete.[426] In den 1960er Jahren, als Christian Broda bereits die Leitung des Justizministeriums übernommen hatte, sollte er sich dann sehr darum bemühen, Kelsen wieder nach Österreich einzuladen.[427] Reaktiviert wurde in den unmittelbaren Nachkriegsmonaten und -jahren jedoch nicht nur der Kontakt zu Kelsen, sondern – wie Korrespondenzen im Nachlass von Christian Broda belegen – auch der Kontakt zu vielen anderen Freunden, die Österreich 1938 verlassen mussten und über deren Schicksal man sich nun erstmals genauer informieren konnte, darunter Karl Stadler, Ernst Hoch oder Arthur Kogan.[428]

Die Wiedererrichtung Österreichs als freier eigenständiger Staat unter alliierter Kontrolle war bei Brodas Rückkehr nach Wien bereits voll im Gang. Re-

---

424 Schreiben von Hans Kelsen an Christian Broda vom 10.4.1946, AChB, ÖNB, Handschriftensammlung, Ib.242.
425 Broda, Christian, Er war der Vater der Verfassung, in: Arbeiter-Zeitung, 21.4.1973.
426 Vgl. aktuell zu Kelsen: Walter, Robert (Hg.), Hans Kelsen: Leben – Werk – Wirksamkeit, Wien 2009 sowie Jestaedt, Matthias (Hg.) in Kooperation mit dem Hans Kelsen-Institut, Hans Kelsen im Selbstzeugnis, Tübingen 2006.
427 Vgl. hierzu auch: Minister Broda, in: Hans Kelsen zum Gedenken, S. 72 f.
428 Vg. hierzu insbesondere: AChB, Nachtrag, ÖNB, Handschriftensammlung, XX.3.

Viola Broda (zweite von links) mit dem Ehepaar Kelsen und Heinz Fischer in der Wohnung von
Christian Broda in der Adolfstorgasse

volutionäre Bestrebungen, die auf eine grundlegende Änderung der bestehenden Gesellschaftsordnung abzielten, waren im Gegensatz zu 1918, als sich in
Deutschland und Österreich Arbeiter- und Soldatenräte gebildet hatten, keine
vorhanden. Die politischen Parteien, die den Widerstand – allen voran die O5
und das POEN (Provisorisches Österreichisches Nationalkomitee der Widerstandsbewegung) – als politischen Faktor rasch ausgeschalten hatten, machten
sich an den Staatsaufbau sowie den Wiederaufbau von Demokratie und Verwaltung und erreichten in drei Länderkonferenzen im Herbst 1945 die Sicherung
des Gesamtstaates. Folge der Länderkonferenzen war nicht nur ein eindrückliches Bekenntnis zum Gesamtstaat und die Anerkennung der Provisorischen
Staatsregierung Renner, die von Anfang an die Vertretung für ganz Österreich
beansprucht hatte, durch die westlichen Alliierten, sondern auch der Beschluss,
möglich baldigst Wahlen in Bund und Ländern abzuhalten, was einem ausdrücklichen Wunsch der Alliierten entsprach.

Verfassungsrechtlich wurde an die Institutionen der Ersten Republik angeknüpft – hieß es doch bereits in der Unabhängigkeitserklärung vom 27. April
1945, dass die demokratische Republik Österreich wiederhergestellt und im
Geiste der Verfassung von 1920 einzurichten sei. Die Verfassung der Ersten
Republik wurde damit auch zur Grundlage der politischen Demokratie der
Zweiten Republik. Von Seiten des Exils und der Alliierten hatte es zwar durchaus
die grundsätzliche Option einer Verfassungsdiskussion gegeben, und insbesondere Karl Renner und die Kommunisten erwogen bzw. drängten auf die

Ausarbeitung einer neuen Verfassung. Angesichts der alliierten Präsenz bzw. der Gefahr, durch einen Verfassungsdiskurs in Richtung Volksdemokratie gedrängt zu werden und der Ablehnung von Adolf Schärf, der Renner in dieser Frage beeinflussen konnte, blieb diese jedoch aus.[429] Mit dem Verfassungsüberleitungsgesetz vom 1. Mai 1945 wurden daher (ohne die Zustimmung der Sowjets im Alliierten Rat[430]) das Bundes-Verfassungsgesetz 1920 in der Form von 1929 und alle übrigen Verfassungsbestimmungen mit Stand 5. März 1933 in Kraft gesetzt. Eine »vorläufige Verfassung« übertrug bis zum vollen Inkrafttreten der Verfassung von 1920 in Form von 1929 vorerst jedoch die Aufgaben der obersten Vollziehung und der Gesetzgebung (darunter auch solche der Landtage) der Provisorischen Staatsregierung. Wirksam wurde die Verfassung von 1920 in der Form von 1929 erst nach den Wahlen vom 25. November 1945, die in einem zweiten Verfassungsüberleitungsgesetz vorbereitet worden waren.

Durchgeführt wurden die ersten Wahlen der Zweiten Republik am 25. November 1945 auf Basis eines eigenen Wahlgesetzes, das ehemalige Mitglieder der NSDAP und von deren Wehrverbänden, insgesamt rund 500.000 Personen, von der Wahl ausschloss. Zugelassen zu den Wahlen wurden von den Alliierten vier Parteien. Neben ÖVP, SPÖ und KPÖ konnte in Kärnten mit Zustimmung der Briten auch die Demokratische Partei kandidieren. In ihrem Beschluss vom 11. September 1945 hatten die Alliierten ÖVP, SPÖ und KPÖ anerkannt und die Zulassung weiterer Parteien von ihrer Genehmigung abhängig gemacht. Abgesehen von der Demokratischen Partei, die 1945 in Kärnten kandidieren konnte, trat zu den »etablierten Parteien« ÖVP, SPÖ und KPÖ erst 1949 mit der Gründung des VdU (Verband der Unabhängigen) als Sammelbecken der ehemaligen Nationalsozialisten eine vierte Partei hinzu.[431] Anzumerken ist dabei, dass die Kandidatur des VdU durch die Unterstützung von SPÖ-Innenminister Oskar Helmer ermöglicht wurde, der sich in der Hoffnung auf eine Spaltung des bürgerlichen Lagers hierfür bei den Briten eingesetzt hatte. Von Seiten der ÖVP, die das Wählersegment der ehemaligen NationalsozialistInnen für sich gewinnen

---

429　Vgl. hierzu die Beiträge von Theo Öllinger (Der Rückgriff auf die Bundesverfassung 1929),
　　　Edwin Loebenstein (Verfassungspolitische Zielvorgaben des Jahres 1945 und ihre Ver-
　　　wirklichung aus der Sicht eines Zeitzeugen), Erika Weinziel (Verfassungsüberleitung 1945
　　　aus historischer Sicht) und Oliver Rathkolb (»Verfassungs«-Projekte der Alliierten, der
　　　Exilanten und der Gründungsväter der Zweiten Republik 1944/45) beim Symposion Justiz
　　　und Zeitgeschichte 1993, in: Weinzierl, Erika / Rathkolb, Oliver / Ardelt, Rudolf G. / Mattl,
　　　Siegfried (Hg.), Justiz und Zeitgeschichte. Symposionsbeiträge 1976–1993, Bd. 2, Wien
　　　1995, S. 746–888.
430　Die Sowjets forderten die Ausarbeitung einer neuen Verfassung bis 1.7.1946, was jedoch
　　　von ÖVP und SPÖ abgelehnt wurde. Eine fehlende neue Verfassung wurde auch später von
　　　ihnen eingemahnt.
431　Rauchensteiner, Die Zwei, S. 22 f., Enderle-Burcel, Gertrude, Die österreichischen Parteien
　　　1945 bis 1955, in: Sieder, Reinhard / Steinert, Heinz / Tálos, Emmerich (Hg.), Österreich
　　　1945–1995. Gesellschaft – Politik – Kultur, Wien 1995, S. 80–94.

wollte, war im Vorfeld der Wahlen hingegen versucht worden, die Parteigründung bzw. Kandidatur des VdU – auch durch eine Integration von Vertretern der »Ehemaligen« in die ÖVP, wie sie in einem Geheimtreffen in Oberweis bei Gmunden im Mai 1949 besprochen wurde – zu verhindern.[432]

Die Wahlen vom 25. November 1945 wurden von der ÖsterreicherInnen und den Alliierten mit großer Spannung erwartet, wobei sich besonders die Frage stellte, welchen Anteil die Kommunistische Partei an der zukünftigen Politik haben würde. Das Wahlergebnis, das vorwiegend von den Frauen bestimmt wurde, die 63 Prozent der WählerInnen stellten,[433] sprach eine deutliche Sprache: Die ÖVP wurde mit 49,8 Prozent der abgegebenen Stimmen deutlich zur stärksten Partei gewählt. Die SPÖ, die im Vorfeld der Wahlen mit einem Sieg gerechnet hatte, erlangte 44,6 Prozent der abgegebenen Stimmen und wurde zweitstärkste Partei, womit sich eine auffallende Konstanz der politischen Lager in Österreich über die Zeit des Nationalsozialismus hinweg ergab. Deutlich schlechter als von vielen – auch von der sowjetischen Besatzungsmacht – erwartet, schnitt hingegen die KPÖ ab. Sie erreichte nur 5,4 Prozent der abgegebenen Stimmen.[434] Ihre Hoffnungen – und jene der Sowjetunion – auf eine friedlich evolutionäre Entwicklung hin zu einer Volksdemokratie als Gegenmodell zum bürgerlich-kapitalistischen Staat hatten durch das Wahlergebnis einen herben Rückschlag erlitten und sollten sich auch bei den nächsten Wahlen nicht erfüllen. An einen gewaltsamen Putsch wurde jedoch nicht gedacht, wenn auch in einer stärker klassenkämpferisch geprägten Phase ab 1947 von Seiten der KPÖ gezielt auf eine verschärfte Oppositionspolitik, aggressive Propaganda, Streiks und Demonstrationen gesetzt wurde.[435] Angesichts von Übergriffen der sowjetischen Besatzungsmacht und der Entwicklung in Südost- und Osteuropa,

---

432 Vgl. zur Gründung des VdU: Rathkolb, Oliver, NS-Problem und politische Restauration. Vorgeschichte und Etablierung des VdU, in: Meissl, Sebastian / Mulley, Klaus-Dieter / Rathkolb, Oliver (Hg.), Verdrängte Schuld, verfehlte Sühne. Entnazifizierung in Österreich 1945 – 1955, Wien 1986, S. 73 ff., Höbelt, Lothar, Von der vierten Partei zur dritten Kraft. Die Geschichte des VdU, Graz 1999.

433 Hanisch, Der lange Schatten des Staates, S. 404.

434 Ucakar, Demokratie und Wahlrecht, S. 461.

435 Mugrauer, Manfred, Die Politik der KPÖ in den Jahren 1945 bis 1955/56, in: Ders. (Hg.), 90 Jahre KPÖ. Studien zur Geschichte der Kommunistischen Partei, Wien 2009, S. 37 – 52, Müller, Wolfgang, Sowjetische Österreich-Planungen 1938 – 1945, in: Bruckmüller, Ernst (Hg.), Wiederaufbau in Österreich 1945 – 1955. Rekonstruktion oder Neubeginn?, Wien/München 2006, S. 27 – 54 sowie Müller, Wolfgang, Die gescheiterte Volksdemokratie. Zur Österreich-Politik von KPÖ und Sowjetunion 1945 bis 1955, in: Jahrbuch für historische Kommunismusforschung 2005, S. 141 – 170. Vgl. zu diesem Themenbereich außerdem: Karner, Stefan / Stelzl-Marx, Barbara, Die Rote Armee in Österreich. Sowjetische Besatzung 1945 bis 1955, Graz/Wien 2005, Müller, Wolfgang / Suppan, Arnold / Naimark, Norman M. / Bordjugov, Gennadij (Hg.), Sowjetische Politik in Österreich 1945 – 1955. Dokumente aus russischen Archiven, Wien 2005, Müller, Wolfgang, Die sowjetische Besatzung in Österreich 1945 – 1955 und ihre politische Mission, Wien 2005.

wo in den Jahren nach 1945 sukzessive Volksdemokratien nach sowjetischem Muster errichtet wurden, war die Furcht vor dem Kommunismus aber auch im Nachkriegsösterreich präsent und wurde entsprechend politisch instrumentalisiert.

Von ÖVP-Obmann Leopold Figl wurde bereits einen Tag nach der Wahl vom 25. November 1945 eine Konzentrationsregierung skizziert. Eine Allparteienregierung, wie sie bereits die Provisorische Staatsregierung Renner dargestellt hatte, wurde mit Bundeskanzler Figl (ÖVP) und Vizekanzler Adolf Schärf (SPÖ) an der Spitze gebildet. Dies entsprach dem ausdrücklichen Wunsch der Alliierten, insbesondere der USA, wurde aber auch von den Parteien selbst als notwendig erachtet.[436] Die Allparteienregierung aus ÖVP, SPÖ und KPÖ dauerte bis zum 20. November 1947 und endete mit dem Ausscheiden des kommunistischen Ministers für Elektrifizierung und Energiewirtschaft, Karl Altmann, aus der Regierung.[437] Im Nationalrat vertreten waren die Kommunisten bis 1959.[438] An die Stelle der Konzentrationsregierung trat 1947 eine Große Koalition bestehend aus ÖVP und SPÖ, die bis zur Erreichung des Staatsvertrages im Jahr 1955, der Österreich seine volle Souveränität brachte, als nationales Zweckbündnis gegen Kriegsnot und Besatzungsmächte außer Frage stand. Die Große Koalition wurde sowohl nach der Wahl 1949 als auch nach der Nationalratswahl 1953 verlängert.[439] Als bei der Wahl 1949 erstmals die so genannten »Minderbelasteten«, das Gros der ehemaligen Nationalsozialisten, wieder wählen konnten und der VdU als »Sammelbecken der Ehemaligen« das erste Mal kandidierte, konnte dieser auf Anhieb 11,6 Prozent der Stimmen erreichen. 1953 wurde von Seiten der ÖVP der Versuch unternommen, eine Dreiparteienregierung bestehend aus ÖVP, SPÖ und dem VdU zu bilden. Der Versuch scheiterte jedoch an der Ablehnung der SPÖ und jener von Bundespräsident Theodor Körner.[440] Es blieb bei der Großen Koalition, die auch nach den Wahlen 1956, 1959 und 1962 verlängert wurde, und erst im Jahr 1966 ihr Ende fand.

Der äußere Druck, der durch die Besatzung gegeben war, die wirtschaftliche Notlage und die damit verbundene Anstrengung des Wiederaufbaus bildeten 1945 ein starkes Motiv für die Zusammenarbeit. Politisch entscheidend war vor allem aber die prinzipielle Konsensbereitschaft der Parteieliten, die auf die Entwicklung der Ersten Republik zurückführbar ist. »Nie wieder Bürgerkrieg« war eine Lektion, die von allen gelernt worden war. Trotzdem blieb ein großes Maß an gegenseitigem Misstrauen bestehen. Der Bürgerkrieg 1934 hatte das Verhältnis der Parteien zueinander nachhaltig geprägt: Die Gräben, die er auf-

---

436 Rauchensteiner, Die Zwei, S. 66.
437 Ebenda, S. 111.
438 Ucakar, Demokratie und Wahlrecht, S. 470.
439 Ebenda, S. 463 ff.
440 Rauchensteiner, Die Zwei, S. 186 ff.

geworfen hatte, blieben lange bestehen. Noch 1961 sahen 55 Prozent der ÖsterreicherInnen außerparlamentarische Unruhen als Alternative zur Großen Koalition,[441] für die Sozialdemokratie blieb das Jahr 1934 bis herauf in die Gegenwart ein zentraler Erinnerungsort und Trauma zugleich. Darüber, wie Engelbert Dollfuß zu sehen ist, gehen die Parteimeinungen noch heute auseinander.[442] Die Zusammenarbeit 1945 stand somit mehr im Zeichen des »Burgfriedens« als von gegenseitigem Vertrauen. Die Große Koalition und der mit ihr verbundene Proporz in Staat, Verwaltung und schließlich der Verstaatlichten Industrie resultierte somit weniger aus der Vertretung gemeinsamer Interessen als aus dem Bestreben nach gegenseitiger Kontrolle und Machtbeschneidung. Ausdruck hiervon sind in der Regierung auch die den einzelnen Fachministern zugeordneten Staatssekretäre der jeweils anderen Fraktion, die eine Kontrollfunktion auszuüben hatten und dem Prinzip von Proporzdemokratie und Bereichsopposition folgten: Kritisiert wurde jener Bereich, für den der Koalitionspartner in der Regierung verantwortlich war. Der »Lagergegensatz« als wesentliches Element der politischen Kultur blieb sowohl im Bewusstsein der Parteien als auch der Bevölkerung bestehen und fand seinen Ausdruck »in der geradezu totalitären Strategie, sich jedes organisierbare Interesse lagermäßig einzuverleiben«. Während das eigene Lager unkritisch akzeptiert wurde, war das andere Lager lange nicht nur Konkurrent, sondern Feind.[443] Deutlich wurde dies etwa in den Wahlkämpfen der jungen Zweiten Republik.[444] Nicht selten wurde hier von Seiten der SPÖ mit dem Verweis auf die politische Entwicklung vor 1938 und das Bürgerkriegsjahr 1934 argumentiert. Die ÖVP hingegen bemühte regelmäßig das Schreckgespenst der Volksdemokratie und warf der SPÖ vor, der KPÖ Schützenhilfe bei der Etablierung des Kommunismus zu leisten, auch wenn diese selbst den Kommunismus strikt ablehnte und der gemeinsame Antikommunismus zu einer wesentlich Klammer der Großen Koalition geworden war. Auf Grund des weggefallenen äußeren Drucks und des dadurch erzwungenen maximalen Konsenses wurde die Große Koalition in den Jahren nach 1955 aber immer reibungsgeladener. Deutlich sichtbar wurde dies im Niedergang ihres zentralen Entscheidungsraumes, des Koalitionsausschusses. Er erlaubte als verfassungsmäßig nirgendwo definiertes System mit seiner maximalen Form-

---

441 Rudzio, Wolfgang, Entscheidungszentrum Koalitionsausschuß – zur Realverfassung Österreichs unter der Großen Koalition, in: Politische Vierteljahrsschrift 1 (1971) S. 88.

442 Vgl. hierzu etwa: Historiker machen sich an Dollfuß-Aufarbeitung, in: Der Standard, 6.5.2010.

443 Hanisch, Der lange Schatten des Staates, S. 397, Kaindl-Widhalm, Demokraten wider Willen, S. 5 ff., Klamper, Elisabeth, Ein einig Volk von Brüdern: Vergessen und Erinnern im Zeichen des Burgfriedens, in: Zeitgeschichte 5 – 6 (1997) S. 170 – 185.

444 Vgl. hierzu: Hölzl, Norbert, Propagandaschlachten. Die österreichischen Wahlkämpfe 1945 bis 1971, Wien 1974 sowie das Onlinemodul »Politische Bildstrategien« auf www.demokratiezentrum.org

losigkeit und seiner minimalen Öffentlichkeit ein »Packeln« hinter verschlossenen Türen, das neben einer gewissen Oligarchisierung und starken Machtpositionen in den Parteien vor allem eine grundsätzliche Bereitschaft zum Kompromiss voraussetzte. Als diese mit dem Abschluss des Staatsvertrages immer mehr dahin schwand, wurde das Ende der Großen Koalition langsam, aber unaufhaltsam eingeläutet.[445]

Ihr Pendant fand die Große Koalition auf Ebene der Interessensvertretungen in der Zusammenarbeit der großen Arbeitergeber- und Arbeitnehmerorganisationen. Basierend auf einer Politik der Interessensabstimmung und Konfliktvermeidung gewann die Sozialpartnerschaft als Zusammenarbeit der großen Interessenvertretungen einerseits und dieser mit den staatlichen Institutionen andererseits als eine Art »Nebenregierung« einen zentralen Einfluss auf die Politikgestaltung. Die Voraussetzungen für die Entwicklung sozialpartnerschaftlicher Politikfindungsmuster wurden zwar bereits im 19. und zu Beginn des 20. Jahrhunderts mit der Ausbildung des Kammernstaats gelegt, und auch in der Ersten Republik ist es vereinzelt zur Kooperation der Interessenvertretungen mit dem Staat gekommen. Aber erst die Jahre nach 1945 und ihre spezifischen Voraussetzungen – die Bereitschaft zur Zusammenarbeit, der Wunsch nach sozialem Frieden und politischer Stabilität sowie ein hoher Konzentrations- und Zentralisationsgrad – führten zur andauernden, über bestimmte Anlassfälle hinauswirkenden Politik der Kooperation und Interessensabstimmung unter Bedachtnahme auf gesamtgesellschaftliche Interessen. Wesentliche Stationen in der Entwicklung der Sozialpartnerschaft bildeten die fünf zwischen 1947 und 1951 abgeschlossenen Lohn- und Preisabkommen. Bald gewann die Sozialpartnerschaft jedoch einen über ihre ursprünglichen Interessensgebiete im Bereich der Wirtschafts- und Sozialpolitik hinausreichenden Einfluss, der sie auch in Bereiche führte, mit denen sie nichts zu tun hatte und der umso größer wurde, umso weniger die Große Koalition ihre Position in der Politikgestaltung wahrnahm.[446]

445　Vgl. zum Funktionsmechanismus der Großen Koalition ausführlich: Wirth, Maria, Demokratiereform – Diskussion und Reformen in der Zeit der Alleinregierungen Klaus und Kreisky 1966 – 1983, Dipl.-Arb., Wien 1997, S. 14 – 25.

446　Vgl. zur Entwicklung der Sozialpartnerschaft etwa: Tálos, Emmerich / Kittel, Bernhard, Sozialpartnerschaft. Zur Konstituierung einer Grundsäule der Zweiten Republik, in: Sieder, Reinhard / Steinert, Heinz / Tálos, Emmerich (Hg.), Österreich 1945 – 1995. Gesellschaft – Politik – Kultur, Wien 1995, S. 107 – 122, Tálos, Emmerich (Hg.), Sozialpartnerschaft. Kontinuität und Wandel eines Modells, Wien 1993, Tálos, Emmerich, Sozialpartnerschaft. Ein zentraler politischer Gestaltungsfaktor in der Zweiten Republik, Innsbruck/Wien 2008.

4.1. Trennung vom Kommunismus

Während Christian Broda im Wahlkampf 1945 noch für die Kommunistische
Partei in Oberösterreich aufgetreten war und einen flammenden Wahlaufruf in
der »Neuen Zeit« vom 15. November 1945 verfasst hatte, trennte er sich nach den
Wahlen vom 25. November 1945 bzw. in den kommenden Monaten von der KPÖ.
Er tat dies einerseits – wie er stets betonte – ohne 1945 Mitglied der KPÖ
geworden zu sein.[447] Broda hatte – wie er Friedl Fürnberg am 12. Mai 1946
mitteilte – zwar eine Beitrittserklärung ausgefüllt aber keine Mitgliedskarte erhalten.[448] Andererseits setzte er diesen Schritt – so Eduard Rabofsky – ohne
vorher seine früheren WeggefährtInnen informiert zu haben.[449] Broda infor-
mierte lediglich Eduard Rabofsky und seinen Bruder Engelbert im Mai 1946
über ein entsprechendes Schreiben an das ZK der Kommunistischen Partei bzw.
– wie er an seinen Bruder schrieb – über seinen »Abschied aus der aktiven
Politik«.[450]

Das Verhältnis zu Engelbert Broda, der der KPÖ ein Leben lang treu blieb, hat
dies (und dann v. a. auch der Beitritt zur SPÖ) nach der Gründung von »Ziel und
Weg« im Jahr 1936 neuerlich schwer belastet. Gelitten hat hierunter vor allem
Viola Broda – konnte man die Beiden doch nicht einmal mehr gemeinsam
einladen. Zu einer Verbesserung der Beziehung zwischen Engelbert und
Christian Broda kam es erst zu Beginn der 1960er Jahre nach einem Familien-
begräbnis bzw. nach dem Tod von Viola Broda im Jahr 1971 und im Zuge der
Strafrechtsreform, deren liberale Zielsetzungen von Engelbert Broda begrüßt
wurden. In späteren Jahren unternahmen die beiden dann sogar wieder gemeinsame Ausflüge.[451]

Die Trennung Brodas von der KPÖ wurde in der Literatur, insbesondere jener
der Kommunistischen Partei, wiederholt als schlichter Opportunismus in Folge
des unerwartet schlechten Wahlergebnisses gesehen.[452] Broda, der vor allem

---

447 Vgl. hierzu etwa ein Schreiben von Christian Broda an das Generalkonsulat der Vereinigten
     Staaten von Amerika vom 7. 1. 1950, StBKA, Korrespondenzen, Broda Christian.
448 Schreiben von Christian Broda an Friedl Fürnberg vom 12. 5. 1946 im Zentralen Parteiar-
     chiv der KPÖ (Alfred Klahr Gesellschaft).
449 Oberkofler, Eduard Rabofsky, S. 30 f.
450 Schreiben an Engelbert Broda vom 30. 5. 1946, Schreiben an Eduard Rabofsky vom 12. 5.
     1946 und Schreiben von Eduard Rabofsky vom 14. 5. 1946, AChB, Nachtrag, ÖNB, Hand-
     schriftensammlung, XX.3.6.
451 Broda, Meine Aufzeichnungen über E.B., S. 309, Oberkofler, Eduard Rabofsky, S. 28, In-
     terview mit Marietheres Frauendorfer am 16. 3. 2007 und mit Univ.-Prof. Dr. Johanna Broda
     am 6.8.2010.
452 Vgl. etwa: Das Beispiel Broda: Opportunistische Erwartungen, in: KPÖ-Oberösterreich
     (Hg.), 60 Jahre Befreiung. 60 Jahre Zweite Republik. Widerstand & Befreiung. Widerstand
     & Restauration. Die KPÖ-Oberösterreich im Jahre 1945 – Eine Dokumentation, Linz 2005,

Christian, Engelbert und Viola Broda

auch deswegen immer wieder zu seiner kommunistischen Vergangenheit Stellung nehmen musste, da sie fixer Bestandteil der Wahlkämpfe der 1960er Jahre war, hat seine Trennung vom Kommunismus hingegen immer wieder auf dessen antidemokratischen Charakter zurückgeführt. Es habe zwar schon – wie genannt – in den 1930er Jahren im Zusammenhang mit der Gründung von »Ziel und Weg« Zweifel an der Richtigkeit des kommunistischen Wegs gegeben. Die Moskauer Schauprozesse, die in den überlieferten Ausgaben von »Ziel und Weg« allerdings nur sehr vorsichtig angesprochen wurden, und das Vorgehen der stalinistischen Kommunisten gegen die POUM im Spanischen Bürgerkrieg hätten – so Broda 1948 im Zuge seiner Werbung für den BSA – zwar schon damals zu einer innerlichen Trennung geführt.[453] Nach Kriegsende sei er aber zur Kommunistischen Partei zurückgekehrt, da er – wie Broda oftmals wiederholte – unter dem starken Eindruck der Leistungen des kommunistischen Widerstands gegen den Nationalsozialismus gestanden sei.[454] Gleichfalls habe er von einer Verbindung von KPÖ und SPÖ zu einer einheitlichen Arbeiterpartei geträumt, wie sie im Frühjahr 1945 auch tatsächlich von Teilen der Kommunisten und linken SozialdemokratInnen angestrebt wurde. Die KPÖ hatte sich bereits im Juni 1944 in einem Manifest für den Zusammenschluss aller Arbeiter

---

S. 9, online auf: http://www.kpoe.at/ooe/images/befreiung.pdf (20.10.2007) oder Fernsehsendung ohne Weitblick, in: Tiroler Tageszeitung, 6.6.1964.

453 Rosenzweig, Wilhelm, Der politische Weg Christian Brodas, in: Neider, Michael (Hg.), Christian Broda – Zum 70. Geburtstag, Wien 1986, S. 123.

454 Dr. Withalm gegen Dr. Withalm, in: Arbeiter-Zeitung, 25.3.1962.

in einer Einheitspartei ausgesprochen.[455] Theoretische Grundlage für solche Überlegungen auf sozialistischer Seite war vor allem Otto Bauers »integraler Sozialismus«, den er in seinem letzten großen Werk »Zwischen zwei Weltkriegen« formuliert hatte[456] – ein Buch, das Christian Broda bei einem Aufenthalt im Lemberg im Oktober 1941 kennen gelernt hatte.[457] Die Initiativen zur Bildung einer Einheitspartei, die besonders in Oberösterreich stark ausgeprägt waren,[458] wo Broda das Kriegsende verbrachte, scheiterten aber ebenso rasch wie die Versuche, eine Aktionseinheit zu bilden. Vor allem der »rechte Flügel« in der SPÖ um Adolf Schärf und Oskar Helmer, der die Parteiführung übernommen hatte, votierte hiergegen. Aber auch die führenden Männer in der KPÖ wie Johann Koplenig und Ernst Fischer traten (zumindest vorerst) für die Gründung einer eigenständigen Kommunistischen Partei ein. Die Einheitspartei wurde ihrerseits (und das bereits im zitierten Manifest aus dem Jahr 1944) eher als langfristiges Ziel anvisiert. Befürwortet wurde aber eine Zusammenarbeit mit der SPÖ in Aktionseinheiten bzw. die »Einheitsfront« unter Einschluss aller politischen Parteien, das heißt auch jener der ÖVP.[459] Von Seiten der SPÖ-Spitze wurde dies jedoch abgelehnt. So fand auch das auf Wunsch der Kommunisten im August 1945 eingesetzte Kontaktkomitee zwischen den beiden Arbeiterparteien im Herbst 1945 auf Wunsch von Schärf sein Ende.[460]

---

455 Mugrauer, Manfred, Die Politik der KPÖ in der Provisorischen Regierung Renner, Innsbruck/Wien/Bozen 2006, S. 76 ff. (hier S. 80).

456 Bauers »Zwischen zwei Weltkriegen«, das den illegalen Aktivisten gewidmet war, beschäftigte sich mit den Ursachen und Folgen der Spaltung der Arbeiterbewegung. Bauer kam hierin zum Ergebnis, dass der »Bruderkampf« in der Arbeiterschaft den Sieg des Faschismus ermöglicht habe, er setzte sich positiv-kritisch mit der Entwicklung in der Sowjetunion auseinander und zeigte Unterlassungen der sozialdemokratischen Parteien auf. Desgleichen votierte er für einen Zusammenschluss von Sozialisten und Kommunisten in einer Partei als Synthese der beiden Gruppen.

457 Broda, Über das Buch, S. 76.

458 Weber, Fritz, Der kalte Krieg in der SPÖ. Koalitionswächter, Pragmatiker und Revolutionäre Sozialisten 1945 – 1950, Wien 1986, S. 14 ff. sowie S. 28 ff. und Spira, Leopold, KPÖ und SPÖ 1945 – 1982, in: Weber, Fritz u. a., SPÖ – Was sonst? Die Linke in der SPÖ – Geschichte und Bilanz, Wien 1983, S. 134. Vgl. zu Oberösterreich insbesondere einen Briefwechsel zwischen der Sozialistischen Partei Oberösterreichs und den oberösterreichischen Kommunisten aus dem August 1945, in: Information für die Mitglieder und Funktionäre der Kommunistischen Partei Österreichs, Nr. 1, Ende August 1945.

459 Enderle-Burcel, Die österreichischen Parteien 1945 bis 1955, S. 84. Vgl. hierzu auch Mugrauer, Die Politik der KPÖ in der Provisorischen Regierung Renner, S. 76 ff., Müller, Die sowjetische Besatzung in Österreich 1945 – 1955, S. 85 f. und Autorenkollektiv der Historischen Kommission beim ZK der KPÖ, Geschichte der Kommunistischen Partei Österreichs, S. 251 ff.

460 Mugrauer, Manfred, Die Politik der Kommunistischen Partei Österreichs in der Provisorischen Regierung Renner, in: Mitteilungen der Alfred Klahr Gesellschaft 2 (2005), online: http://www.klahrgesellschaft.at/Mitteilungen/Mugrauer_2_05.html (4.10.2007) sowie Spira, KPÖ und SPÖ 1945 – 1982, S. 134 ff.

An Bruno Kreisky schrieb Christian Broda hinsichtlich seiner Trennung vom Kommunismus in diesem Sinn am 14. Mai 1960 folgendes:

> »Im August 1945 bin ich dann zurück nach Wien. Dort hat für mich eine Zeit sentimentaler Illusionen begonnen. Ich habe an die Möglichkeit und Notwendigkeit der Bildung einer proletarischen Einheitspartei geglaubt. In diesem Sinn habe ich in den letzten Monaten 1945 den kommunistischen Standpunkt unterstützt. Der KPOe beigetreten bin ich formell nicht. Der Sozialistischen Partei wollte ich nicht beitreten (Bernaschek hat sich sehr darum bemüht, mich zu werben und zu veranlassen, dass ich in Linz bleiben sollte). Ende 1945 war ich von meinen Illusionen vollständig geheilt. Anfang 1946 habe ich jede, auch persönliche Verbindung zur kommunistischen Organisation abgebrochen. (›Man stirbt wieder in Buchenwald‹) Immerhin waren die Russen in Wien noch sehr mächtig und ich galt als alter ›Trotzkist‹«.[461]

Anzumerken ist dabei jedoch, dass Broda – wie ausgeführt – das ZK der KPÖ und auch Eduard Rabofsky erst im Mai 1946 über seine Trennung von der KPÖ unterrichtete und dass sich in seinem (nicht erhaltenen) Brief an das ZK der KPÖ wohl keine »Abrechnung« mit dem Kommunismus findet, sondern Broda vielmehr die nicht erzielte »Einheit der österreichischen Arbeiterbewegung« als Grund für seinen »Abschied aus der aktiven Politik« genannt hat.[462] Zugleich hatte er – wie aus seinem Nachlass hervorgeht – auch noch nach dem Mai 1946 persönliche Kontakte zur Kommunistischen Partei. Friedl Fürnberg, dem Generalsekretär der KPÖ, ließ er etwa noch zu Weihnachten 1946 ein Geschenk zukommen.[463]

Stellung genommen hat Christian Broda zu seiner kommunistischen Vergangenheit auch in den persönlichen Vorbemerkungen zu seinem 1962 erschienenen Buch »Demokratie – Recht – Gesellschaft«. Hier spricht er davon, dass er die »Wege und manchmal die Irrwege« seiner Generation gegangen sei und davon, dass ihn der Kommunismus – wie viele aus seiner Generation – beeindruckte, als in Mitteleuropa bereits jede Grundlage für den Fortbestand der Demokratie geschwunden war.

> »In der ersten Zeit nach Kriegsende war ich noch durch die sehr aktive Tätigkeit der Kommunisten und der Widerstandsbewegung beeindruckt. Einige Wochen hindurch unterstützte ich die Kommunistische Partei, weil ich glaubte, daß auch sie ihre Stellung

---

461 StBKA, Korrespondenzen, Broda Christian sowie AChB, ÖNB, Handschriftensammlung, III.115/1.1.

462 So teilte Christian Broda Friedl Fürnberg am 19.5.1946 mit, dass er in einem früheren Brief an ihn davon gesprochen habe, »dass ich mich angesichts der Verhältnisse in Österreich überhaupt nicht politisch betätigen zu können glaube. Das könne sich nur ändern, wenn ich die Möglichkeit sehen würde, mich, wenn auch in bescheidenem Ausmass, dür [sic!] die Einheit der österreichischen Arbeiterbewegung wirkungsvoll einzusetzen.« Kopie im Besitz von Univ.-Prof. Dr. Hans Hautmann.

463 Dankesschreiben von Friedl Fürnberg an Christian Broda vom 24.12.1946, AChB, Nachtrag, ÖNB, Handschriftensammlung, XX.3.17.

zur Demokratie geändert habe [...] 1945 hat sich mein Weg von den Gefährten aus dem
Widerstand gegen Hitler getrennt, die nicht erkennen wollten oder konnten, daß die
Ablehnung der Diktatur unteilbar sein muß und daß man nicht den totalitären Nationalsozialismus ablehnen konnte, wenn man den totalitären Kommunismus weiter
bejahte.«

Er selbst habe seinen Platz (wieder) bei jenen Freunden der Jugendbewegung,
gefunden, die sich nach dem Wiedererstehen Österreichs der SPÖ angeschlossen hatten, und sei sozusagen dorthin zurückgekehrt, wo seine politische Sozialisation begonnen hat: in die Sozialdemokratie. In Folge habe er vieles von
der Entwicklung seines eigenen Denkprozesses in den Büchern von Ignazio
Silone und Arthur Koestler sowie in den Lebensbeschreibungen des Buches »Der
Gott, der keiner war«[464] wiedergefunden.[465]

Ähnlich wie hier, das heißt mit dem Hinweis auf die Leistungen der Kommunisten im Widerstand gegen das NS-Regime, wenn Broda hier auch ausdrücklich vermerkte, dass er selbst zwischen 1938 und 1945 keiner kommunistischen Gruppe angehört habe, antwortete er auch ÖVP-Generalsekretär
Withalm, der im Wahlkampf 1962 öffentlichkeitswirksam Brodas Wahlaufruf für
die KPÖ aus dem Jahr 1945 verbreitete.[466] Im Wahlkampf 1966 nahm Broda
schließlich für sich wie für andere das Recht auf »politischen Irrtum« in Anspruch; wesentlich seien die Lehren, die man aus dem eigenen Leben und der
Geschichte des Landes ziehe.[467] Nach 1970 spielte Brodas kommunistische
Vergangenheit im Wahlkampf – vor allem deswegen, weil Bruno Kreisky als
neuer Parteiobmann mit der Eisenstädter Erklärung 1969 eine klare Distanzierung zum Kommunismus vorgenommen hatte – keine Rolle mehr.

Wohl auch vor dem Hintergrund seiner eigenen Vergangenheitsbewältigung
sind die aus den 1950er Jahren stammenden und im zitierten Sammelband
»Demokratie – Recht – Gesellschaft« vereinten Beiträge zu sehen, in denen sich
Christian Broda intensiv mit der Entwicklung des Weltkommunismus beschäftigte. In diesen zeigte er sich als profunder Kenner des Marxismus und
nahm zur Entwicklung in Ungarn (Aufstand gegen die kommunistische Diktatur
1956) und Polen (Posener Aufstand 1956 und »Nationalkommunismus« von
Władysław Gomułka) ebenso wie zu jener in Jugoslawien (hinsichtlich des
neuen Programms der Kommunisten 1959) Stellung. So war der Ungarn-Auf-

---

464 Ein Gott, der keiner war. Arthur Koestler, Andre Gide, Ignazio Silone, Louis Fischer, Ri-
    chard Wright, Stephen Spender schildern ihren Weg zum Kommunismus und ihre Abkehr,
    Zürich/Stuttgart/Wien 1952. Das Buch erschien 1950 zuerst auf Englisch, 1952 dann auch
    auf Deutsch.
465 Persönliche Vorbemerkungen, in: Broda, Demokratie – Recht – Gesellschaft, S. 10 f.
466 Dr. Withalm gegen Dr. Withalm, in: Arbeiter-Zeitung, 25.3.1962.
467 Die Kunst der Selbstverteidigung. Wenn Dr. Broda die ÖVP zu seiner Wahlmanagerin
    ernennt / Probst: Schweigen über Fußach, in: Kurier, 1.3.1966.

stand 1956 für ihn mit Bezug auf James Burnhams' »Managerial Revolution«, nach dem die Manager die Macht in Wirtschaft, Politik und Staat übernommen hatten, die erste »antimanagerial revolution« und somit Teil der großen Revolutionen der Weltgeschichte. Gomułka und seinem Nationalkommunismus warf er hingegen vor, dass eine Rückkehr zum Leninismus eine wirkliche Demokratisierung nicht ersetzen könne, während er am neuen Programm der jugoslawischen Kommunisten zahlreiche Widersprüche festmachte und betonte, dass die hier formulierten Ansprüche an einer demokratischen Praxis zu messen sein werden.[468]

Dissidenten und Regimekritiker wie Milovan Djilas oder Vladimir Dedijer, später auch Andrej Sacharow, haben auf Broda großen Eindruck gemacht und diesen intensiv beschäftigt. Milovan Djilas' Buch »Die neue Klasse«, in dem Djilas als ehemaliger enger Weggefährte Titos und Spitzenfunktionär der Kommunistischen Partei Jugoslawiens die neue kommunistische Herrschaftsordnung scharf kritisierte, wurde von Broda wiederholt als eines der wichtigsten Bücher seiner Zeit bezeichnet. Djilas erörtert hier, dass sich im kommunistischen System, in Politik und Verwaltung, ein neues Machtzentrum, eine neue Elite herausgebildet hat, die dem propagierten Gleichheitsprinzip radikal widerspricht und sich durch eine allumfassende Herrschaft und Unterdrückung auszeichnet. Broda ist, als Djilas für seine Regimekritik inhaftiert wurde, für diesen auch wiederholt – in Artikeln in den österreichischen Medien oder auf den Parteitagen der SPÖ – aufgetreten.[469] Auch seine erste Parteitagsrede, gehalten auf dem Parteitag der SPÖ 1957, war der Solidarität mit Milovan Djilas gewidmet. Vladimir Dedijer, den Biographen Titos, der ebenfalls wie Djilas mit Tito brach, sich später mit diesem aber wieder versöhnte, hat er im Zusammenhang eines fingierten Interviews 1957/1958 als Anwalt vertreten.[470] Anwaltlich tätig soll er – so Norbert Leser, der Broda (nicht zuletzt wegen der gemeinsamen Arbeit am Buch »Demokratie – Recht – Gesellschaft«) gut kannte – auch für Milovan Djilas gewesen sein.[471] Und auch im Familien- und Freundeskreis war die Entwicklung des Kommunismus und der Sowjetunion seit den

---

468 Vgl.: Broda, Christian, Die alten Losungen gelten noch, in: Forum 36 (Dezember 1956) S. 435–438, Broda, Christian, Das Zwischenspiel »Restauration«, in: Forum 47 (November 1957) S. 388–389, Broda, Christian, Das neue Programm der jugoslawischen Kommunisten, in: Die Zukunft 2 (1959) S. 39–45 sowie das Kapitel Auseinandersetzung mit dem Kommunismus, in: Broda, Demokratie – Recht – Gesellschaft, S. 187–226.

469 Vgl.: Broda, Christian, Helft Milovan Djilas!, in: Arbeiter-Zeitung, 13.10.1957 (Der Beitrag ist auch abgedruckt in: Broda, Demokratie – Recht – Gesellschaft, S. 195) sowie Christian Broda auf dem Parteitag der SPÖ vom 21.–23.11.1957 im Kongresshaus Salzburg. Protokoll des Parteitags der SPÖ vom 21.–23.11.1957, S. 110 f.

470 AChB, ÖNB, Handschriftensammlung, II.16.1, II.16.2 und II.16.3.

471 Leser, Norbert, Zeitzeuge an Kreuzwegen. Autobiographische Bekenntnisse, Wien 2003, S. 204 f.

1930er Jahren – wie sich Johanna Broda erinnert – in den 1950er und 1960er Jahren immer wieder ein Thema, das heftigst diskutiert wurde.[472]

Wie Willhelm Rosenzweig in Hinblick auf eine Unterhaltung mit Christian Broda über seine kommunistische Vergangenheit festhält, soll sich Broda im Gegensatz zu anderen ehemaligen Kommunisten jedoch nicht als »Kommunistenhasser« betrachtet haben.[473] Trotzdem war er – wie hier im Kapitel über die Kommunistischen Jugendfestspiele 1959 in Wien ausgeführt wird – in den 1950er Jahren aber an Initiativen beteiligt, die sich gegen die KPÖ bzw. kommunistische Veranstaltungen wandten. Und auch die zitierten Beiträge, in denen sich Broda in den 1950er Jahren mit dem Kommunismus in Europa beschäftigte, erschienen nicht in irgendeinem Medium, sondern ursprünglich zum größten Teil in der ab 1954 von Friedrich Torberg herausgegebenen Monatsschrift »Forum«, die mit finanzieller Hilfe des Congress of Cultural Freedom als »publizistische Waffe« im Kalten Krieg entstanden war.[474] Broda, der als Mitbegründer des »Forum« fungierte, war bis zu seinem Eintritt in die Regierung 1960 auch dessen »Rechtsfreund«.[475]

4.1.1. Bekenntnis zum Austromarxismus

Seine kommunistische Vergangenheit hat Christian Broda zwar nicht geleugnet, gerne daran erinnert wurde er im Zeitalter des Kalten Krieges und eines ausgeprägten Antikommunismus in der österreichischen Nachkriegsgesellschaft, auch in der SPÖ, jedoch nicht. Verbunden war das Eingeständnis, einst in den Reihen der KPÖ gestanden zu haben, immer mit einer deutlichen Distanz zum Kommunismus in der Gegenwart. Eine politische Notwendigkeit war dies vor allem im Wahlkampf, wenn SPÖ und KPÖ von der ÖVP als »zwei Früchte vom selben Baum« gebrandmarkt wurden.

Ein »Linker« blieb Broda dennoch. Als solcher bezeichnete er sich auch 1948 gegenüber Wilhelm Rosenzweig im Zuge seiner Aufnahme in den Bund Sozialistischer Akademiker (BSA). Schon während seiner Zeit im VSM wäre er, würde man die frühere Sozialdemokratie in eine »rechte« Gruppe um Karl Renner und eine »linke« Gruppe um Otto Bauer untergliedern, der Gruppe um Bauer näher

---

472 Interview mit Univ.-Prof. Dr. Johanna Broda am 18.7.2006.

473 Rosenzweig, Der politische Weg Christian Brodas, S. 124.

474 Vgl.: Corbin, Anne-Marie, »Das FORVM ist mein Kind«. Friedrich Torberg als Herausgeber einer publizistischen Speerspitze des kalten Krieges, in: Atze, Marcel / Patka, Marcus G. (Hg.), Die »Gefahren der Vielseitigkeit«. Friedrich Torberg 1908 – 1979, Wien 2008, S. 201 – 221.

475 Vgl. hierzu die einleitenden Bemerkungen zu: Broda, Christian, Wie schützt man den Staat?, in: Forum 100 (April 1962) S. 131.

gestanden. Ein »Marxist« sei er heute noch, als er »die Geschichtsauffassungen von Karl Marx und Friedrich Engels über die Bedeutung des ökonomischen Unterbaus für den ideologischen Überbau und die Wechselwirkung zwischen Unterbau und Überbau für richtig halte«. Ein Anhänger des philosophischen Materialismus wäre er jedoch nicht, gleichfalls halte er die Idee von der Zwangsläufigkeit der Entwicklung für falsch. Dem politischen Willen und dem politischen Handeln komme – so Broda auch im Zuge der Parteiprogramm-Diskussion 1958 – für die Entwicklung der menschlichen Gesellschaft große Bedeutung zu.[476] Zentraler Bezugspunkt in der Selbstdarstellung von Broda, der in den 1950er Jahren Journalisten geraten haben soll, sich mit marxistischer Denkweise zu befassen, da einem die dialektische Methode viel gäbe,[477] und der von eben dieser Methode auch in den 1980er Jahren noch mit großer Anerkennung sprach,[478] wurde der Austromarxismus. So nahm er ebenfalls auf diesen Bezug, als er viele Jahre später seine politische Grundeinstellung gegenüber dem Journalisten Peter Pelinka charakterisierte:

> »Meine vom Austromarxismus geprägte Grundeinstellung hat sich nicht verändert: die Zukunftsverheißung einer nicht nur verbesserten, sondern besseren Welt. Geändert hat sich mein Glaube an einen Determinismus, der Glaube an die Zwangsläufigkeit der geschichtlichen Entwicklung hin zum Sozialismus. Nichts kann verwirklicht werden, ohne dass die Menschen dafür eintreten, das ist die Lehre, die ich aus der Entwicklung in der Sowjetunion gezogen habe. Kein Ziel kann so gut sein, dass es schlechte Methoden rechtfertigt.«

Seine »völlige Loslösung vom Leninismus« bezeichnete Broda hier (beginnend mit der Gründung von »Ziel und Weg«) als einen Prozess, der ein volles Jahrzehnt gedauert habe.[479]

4.2. Angestellter im Bundeskanzleramt

Beruflich fasste Christian Broda – was nur wenigen seiner späteren WeggefährtInnen bekannt ist – 1945 zunächst als Vertragsangestellter im Bundeskanzleramt Fuß. Er war von November 1945 bis September 1946 als Anwärter für

---

476 Rosenzweig, Der politische Weg Christian Brodas, S. 125. Interessant im Zusammenhang mit der Gegenüberstellung von Bauer und Renner ist auch folgender Text Brodas aus den 1960er Jahren: Broda, Christian, Wie lernt man aus der Geschichte? Über das neue Buch von Norbert Leser, in: Die Zukunft 23/24 (1968) S. 34–38.

477 Christian Broda 60 Jahre: »Gerichtsvollzieher der SPÖe«, in: Die Presse, 12.3.1976.

478 Vgl. hierzu auch ein Interview von Christian Broda in der Radio-Sendung »Im Brennpunkt« am 29.4.1983.

479 Pelinka, Peter, Gespräch mit einem Großen. Zum 70. Geburtstag von Christian Broda, in: Die Zukunft 4 (1986) S. 12.

den höheren Bibliotheksdienst in der Administrativen Bibliothek im Bundeskanzleramt tätig[480] und schied aus diesem auf sein Ansuchen am 30. September
1946 wieder aus. In seinem Bewerbungsschreiben für den Staatsdienst vom
27. September 1945 hatte Broda zwar noch geschrieben, dass er sich seit Beginn
seiner Studien für die wissenschaftliche Bibliothekslaufbahn interessiert habe,
nun reizte ihn der Anwaltsberuf bzw. der Übertritt in die Rechtsanwaltspraxis
aber mehr. Von Seiten des Bundeskanzleramtes wurde dieser Schritt Brodas
bedauert und erklärt, dass das Bundeskanzleramt die Absicht gehabt habe,
Broda in den pragmatisierten Personalstand zu übernehmen. Zugleich wurde
Broda attestiert, dass er aller Voraussicht nach ein »ausgezeichneter Beamter«
geworden wäre, da er nicht nur über »vorzügliche Fachkenntnisse auf dem
Gebiet der Rechts- und Staatswissenschaft sowie der Geschichte« verfüge, sondern auch eine »über das Durchschnittsmaß weit hinausreichende allgemeine
Bildung«, Sprachkenntnisse (Englisch und Französisch) und ausgezeichnete
Umgangsformen besitze, die selbst »hochgespannten Anforderungen« ent-
sprächen.[481]

4.3.   Doktor jur. – Rechtsanwalt in Wien

Die juristische Staatsprüfung (Referendarsexamen) hatte Christian Broda noch
während des Zweiten Weltkrieges im März 1941 abgelegt. Nach seinem Ausscheiden aus dem Bundeskanzleramt war er ab Anfang Oktober 1946 ganztägig
und vollberuflich als Rechtsanwaltsanwärter – Broda wurde als solcher mit
2. Oktober 1946 bei der Rechtsanwaltskammer für Wien, Niederösterreich und
das Burgenland eintragen[482] – in der Kanzlei von Rechtsanwalt Dr. Oskar Müller
beschäftigt. Untergebracht war die Kanzlei Müllers erst noch in dessen Privatwohnung im 18. Wiener Gemeindebezirk, Gregor-Mendelstraße 35, später im
ersten Wiener Gemeindebezirk in der Bognergasse 7. Zum Doktor der Rechte
promovierte Broda am 6. Mai 1947, nachdem seine Arbeit zum Thema »Die
Menschenrechte und das Völkerrecht« von beiden Begutachtern, Alfred Ver-
dross-Drossberg und Ludwig Adamovich, im Februar 1947 mit »ausgezeichnet«
beurteilt worden war und Broda auch das judizielle und staatswissenschaftliche

---

480 Im Personalakt Brodas aus dem Bundeskanzleramt heißt es, dass Broda seine Tätigkeit in
     der Administrativen Bibliothek im Bundeskanzleramt am 26.11.1945 aufgenommen hat,
     der Dienstvertrag wurde am 17.11.1945 abgeschlossen, bestätigt wurde im Akt eine Ver-
     wendung von 1.11.1945 bis 30.9.1946. ÖStA/AdR, BKA/Staatskanzlei, Personalakt Broda,
     Hans Christian.
481 Ebenda.
482 Schreiben der Rechtsanwaltskammer Wien an die Verfasserin vom 12.12.2007.

Rigorosum bestanden hatte.[483] Ein Angebot vom Wiener Polizeipräsidenten Josef Holaubek, ihn in den Dienst der Polizeidirektion Wien aufzunehmen, lehnte Broda im Frühjahr 1948 dankend ab.[484] Die Rechtsanwaltsprüfung legte er im Spätherbst 1948 vor dem Oberlandesgericht Wien mit sehr gutem Erfolg ab.[485] Wenig später, am 7. Dezember 1948, wurde Christian Broda mit der Adresse Wien 1, Bognergasse 7 in die Rechtsanwaltsliste eingetragen, nachdem er an diesem Tag das in § 7 der Rechtsanwaltsordnung vorgesehene Gelöbnis in die Hand des damaligen Präsidenten der Rechtsanwaltskammer, Dr. Emmerich Hunna, abgelegt hat.[486] Der Ausschuss der Rechtsanwaltskammer für Wien, Niederösterreich und das Burgenland hatte Christian Broda bereits am 11. Februar 1947 erklärt, dass ihm für seine Tätigkeit in der Wehrmacht drei Jahre und 61 Tage in die siebenjährige praktische Verwendung als Rechtsanwaltsanwärter angerechnet werden. Ein Ansuchen um eine weitere Anrechnung von zwei Jahren, das sich auf die Studienbehinderung zwischen 1934 und 1936 bezog, war ursprünglich abgelehnt worden. Broda brachte sein Anliegen jedoch bis vor dem Obersten Gerichtshof, der sein Ansuchen ursprünglich ebenfalls negativ beschied, später aber seiner Berufung Folge leistete, weshalb er außergewöhnlich rasch in die Rechtsanwaltsliste eingetragen werden konnte.[487] Als Dr. Oskar Müller 1951 seine Kanzlei in die Schottengasse 4 verlegte, verließ auch Christian Broda, der seit Ende 1949 eine eigene Kanzlei führte,[488] die Bognergasse. In Folge bestanden in der Schottengasse 4 die Kanzleien von Müller und Broda, die – obzwar formell getrennt – eng zusammen arbeiteten. Mitglied des Ausschusses der Rechtsanwaltskammer für Wien, Niederösterreich und das Burgenland war Broda von 1955 bis 1960.[489]

Mitarbeiter von Christian Broda in dessen Kanzlei waren der bereits genannte Theodor Schwager, Nikolaus Siebenaller und Herbert Schachter. Theodor

---

483 Broda hatte alle Promotionsleistungen am 27. 3. 1947 erbracht, die Promotion fand am 6. 5. 1947 statt. Archiv der Universität Wien, Juridische Fakultät, Juridische Rigorosenprotokolle J 13.50 (Broda, Hans Christian) und Zertifikationsbestände, Promotionsprotokoll R 85.1 (Broda, Hans Christian).

484 Schreiben Christian Brodas an Josef Holaubek vom 24. 6. 1948, AChB, ÖNB, Handschriftensammlung, Ib.95.

485 Schuppich, Walter, Christian Broda, in: Neider, Michael (Hg.), Christian Broda – Zum 70. Geburtstag, Wien 1986, S. 133.

486 Schuppich, Christian Broda, S. 133 und Schreiben der Rechtsanwaltskammer Wien an die Verfasserin vom 12.12.2007.

487 AChB, Nachtrag, ÖNB, Handschriftensammlung, XXI.2.10/1 und Schreiben der Rechtsanwaltskammer Wien an die Verfasserin vom 7.5.2008.

488 Vgl. hierzu: Schreiben von Dr. Franz Zamponi an Christian Broda, in dem er ihm für die Nachricht vom 20. 12. 1949 dankt, wonach er eine eigene Kanzlei eröffnet habe. AChB, ÖNB, Handschriftensammlung, Ib.195.

489 Handschriftlicher Lebenslauf von Christian Broda. AChB, ÖNB, Handschriftensammlung, X.1.4.

Christian Broda (vorne links) mit Hilda und Johanna Broda (vorne rechts) in Tristach, 1946

Schwager, 1945 Bezirksleiter der KPÖ Wien IX, kannte Christian Broda bereits aus dem Widerstand gegen »Ständestaat« und Nationalsozialismus. Nikolaus Siebenaller trat 1952 als Konzipient in die Kanzlei Broda ein. Herbert Schachter, der Broda als ARBÖ-Präsident nachfolgte, war seit 1958 als Konzipient in der Kanzlei von Broda beschäftigt. Als Broda, der sich stets lieber als »Advokat« denn als »Rechtsanwalt« bezeichnete,[490] 1960 Justizminister wurde und auf die Ausübung seines Anwaltsberufes verzichtete, führten seine vormaligen Mitarbeiter Schwager und Siebenaller die Kanzlei weiter.

Anders als man aufgrund der späteren Entwicklung glauben könnte, war die Kanzlei von Christian Broda, aus der nur vereinzelt Unterlagen erhalten geblieben sind, keine ausgesprochene Strafrechtskanzlei. Vielmehr handelte es sich bei dieser um eine erfolgreiche Wirtschaftskanzlei, die auch in Scheidungsfragen gerne kontaktiert wurde.[491] Tätig war die Kanzlei – wohl aufgrund der Verbindung mit G. W. Pabst – im Filmbereich, in Presse- und Medienfragen, in der Vertretung von Firmen und Einzelpersonen sowie für die Wiener SPÖ, zum Teil auch für die Gewerkschaft. Befasst war sie zudem – was etwa den Fall Rieger[492] betrifft – mit Restitutionsfragen. Wie ein Geschäftsbuch aus den Jahren 1947 und 1948 zeigt, war Christian Broda aber auch mit Verfahren vor dem

---

490 Schuppich, Christian Broda, S. 134.
491 Hoffmann-Ostenhof/Nagy/Wimmer, Der lange Marsch zum Seelenfrieden, S. 9.
492 Vgl. hierzu auch: Kerschbaumer, Gert, Meister des Verwirrens. Die Geschäfte des Kunst-
　　　händlers Friedrich Welz, Wien 2000.

Volksgericht beschäftigt.[493] Zu den Klienten der Kanzlei aus dem Film- und Künstlerbereich gehörten (vor und nach 1960) etwa Ludwig Polsterer als Eigentümer der Cosmopol-Film (unter anderem was »Die letzte Brücke« mit Maria Schell und den G. W. Pabst-Film »Der letzte Akt« mit Albin Skoda und Oskar Werner betrifft), mehrere US-Filmfirmen, deren Vertretung Broda in Österreich übernahm – darunter die Walt Disney-Productions[494] – sowie Anni Rosar, Josef Meinrad, Susanne Almassy, Peter Weck, Hans Weigel oder Helmut Qualtinger, der ein Schulkollege von Nikolaus Siebenaller war. Aufsehen erregte insbesondere Brodas Vertretung von Hans Weigel im so genannten »Theaterprozess« gegen Käthe Dorsch, die Weigel aufgrund einer schlechten Kritik wutentbrannt ins Café Raimund gefolgt war und diesen dort öffentlich geohrfeigt hatte.[495] Eine Vertretung, für die sich Broda – so sein Anwaltskollege Nikolaus Siebenaller – besonders interessierte, war jene der Kärntner Elektrizitäts AG KELAG.[496] Medienwirksam war Brodas Vertretung einer Interessensgruppe hinsichtlich des Kaufs der Nobel Dynamit AG.[497] Unterlagen aus dem Nachlass von Christian Broda belegen zudem, dass er auch für die ÖMV anwaltlich tätig war.[498]

Christian Broda als »Parteianwalt« der SPÖ zu bezeichnen, ist – obwohl seine Kanzlei die Wiener SPÖ, mitunter die Gewerkschaft und SPÖ-Politiker, so Bruno Pittermann und später Bruno Kreisky (etwa in Presseklagen) vor Gericht vertrat – sowohl nach Nikolaus Siebenaller als nach Herbert Schachter – falsch. Beide bezeichnen vielmehr Wilhelm Rosenzweig, über den Broda in den BSA und später in die SPÖ fand, als den Parteianwalt der SPÖ.[499] Dieser war unter anderem als Rechtsvertreter der »Arbeiter-Zeitung« tätig. Trotzdem spielte Brodas Know How als Anwalt eine wesentliche Rolle bei seinem Ein- und Aufstieg in der SPÖ. Auch die Übernahme politischer Ämter ist – wie zu zeigen sein wird – in direkter Verbindung mit einer erfolgreichen Vertretung der Stadt Wien zu sehen.

In den Medien wurde Broda nicht selten als einflussreicher »Staranwalt« bezeichnet. Engelbert Broda hat ihm im Zusammenhang mit seiner erfolgrei-

---

493 Vgl.: Anwaltliches Geschäftsbuch 24.11.1947 – 4.2.1948, AChB, Nachtrag, ÖNB, Handschriftensammlung, XIX.1.10.

494 Schreiben an Leopold Gratz vom 28.2.1958, AChB, ÖNB, Handschriftensammlung, Ib.286.9.

495 Vgl.: Christian Broda, in: Heute, 26.4.1958 sowie Interview mit Dr. Herbert Schachter am 31.10.2005.

496 Interview mit Dr. Nikolaus Siebenaller am 6.7.2007.

497 Vgl. hierzu: AChB, ÖNB, Handschriftensammlung, Ib.273 sowie Ib.199 und Anwaltskanzlei Dr. Broda: Vertretung für Interessensgruppe bei Kauf der Nobel Dynamit AG, in: Oberösterreichische Nachrichten, 4.5.1961.

498 Vgl.: AChB, Nachtrag, ÖNB, Handschriftensammlung, XIX.1.5. und XIX.1.6.

499 Interview mit Dr. Herbert Schachter am 31.10.2005 und mit Dr. Nikolaus Siebenaller am 6.7.2007.

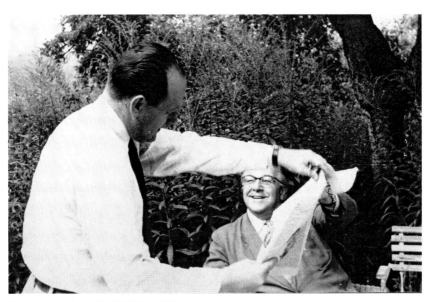

Christian Broda und G. W. Pabst, 1955

chen Anwaltskanzlei Anfang der 1950er Jahre nicht nur vorgeworfen, den
Kommunismus überwunden, sondern sich ganz im Gegenteil zum »Anwalt des
Kapitalismus« gemacht zu haben. Hierfür habe er sich auch einer SPÖ von
Helmer und Schärf ausgeliefert. Die persönliche Hilfsbereitschaft, die Christian
Broda auch Kommunisten gegenüber an den Tag legte, wertete er als bloßen
Versuch, sein schlechtes Gewissen zu beruhigen.[500] Dass die Anwaltskanzlei von
Christian Broda immer wieder Pro-Bono-Fälle oder Fälle, die finanziell nicht
lukrativ waren, übernahm und Broda als Minister versuchte, Hilfsbedürftigen
über seine frühere Kanzlei und seine ehemaligen Kanzleikollegen zu helfen,
berichten auch Nikolaus Siebenaller und Herbert Schachter. Sie sehen – eben-
falls wie Elisabeth Schilder, auf die als enge politische Mitstreiterin in der
Rechtsreform an späterer Stelle noch ausführlicher eingegangen wird – Brodas
Vorgehen jedoch in einem tief verwurzelten Humanismus begründet.[501]

---

500 Schreiben von Engelbert Broda an Christian Broda vom 3.5.1953. AChB, Nachtrag, ÖNB,
      Handschriftensammlung, XX.3.11.
501 Interview mit Dr. Herbert Schachter am 31.10.2005 und mit Dr. Nikolaus Siebenaller am
      6.7.2006 sowie Schilder, Elisabeth, Willkommen für Christian Broda, in: Forum 150 – 151
      (Juni/Juli 1966) S. 355.

4.4. Über den BSA in die SPÖ

Den Weg Christian Brodas in den BSA und später in die SPÖ hat Wilhelm Rosenzweig 1986 in einem Beitrag für die Festschrift Christian Brodas zu dessen 70. Geburtstag beschrieben.

Wilhelm Rosenzweig, geboren 1908, gestorben 1992, war nach seiner Promotion zum Doktor der Rechte im Jahr 1932 ab 1937 als Rechtsanwalt tätig und musste als Jude und politischer Gegner des Nationalsozialismus – Rosenzweig war bereits als Mittelschüler im Rahmen der Sozialdemokratie aktiv – Österreich nach der nationalsozialistischen Machtübernahme im März 1938 verlassen und nach England flüchten. 1945 nahm er seine Tätigkeit als Rechtsanwalt in Wien wieder auf und wurde zu einem Mitbegründer des Bundes Sozialistischer Akademiker (BSA), in dem Rosenzweig von 1946 bis 1962 geschäftsführender Obmann und von 1962 bis 1985 Vizepräsident war. Erster Obmann des BSA war Alfred Migsch, dem im April 1947 Theodor Körner und im März 1950 Karl Waldbrunner nachfolgten. Mitglied des Verfassungsgerichtshofes war Rosenzweig von 1954 bis 1979 (zunächst als Ersatzmitglied, ab 1958 als Mitglied).[502] Als Max Scheffenegger, der ehemalige Unterstaatssekretär für Justiz in der Provisorischen Staatsregierung Renner und Vorsitzender der Vereinigung Sozialistischer Juristen, Ende 1953 wegen der Erreichung der Altersgrenze aus dem Verfassungsgerichtshof ausschied, hatte sich auch Broda für diese Funktion interessiert, seine Kandidatur aber zurückgezogen, nachdem er von der Bewerbung Rosenzweigs gehört hatte.[503]

Wie Rosenzweig, der in den Jahren nach 1945 zu einem engen Freund Christian Brodas werden sollte, im genannten Beitrag aus dem Jahr 1986 schildert, war es Theo Neumann, ein Freund aus dem VSM, den er auch vom englischen Exil her kannte, der ihn auf Broda aufmerksam machte. Neumann legte Rosenzweig nahe, Broda, der ein ehemaliger Kommunist sei, für den BSA und die SPÖ zu werben.[504] Anzumerken ist dabei, dass sich der BSA in jenen Jahren intensiv um neue Mitglieder bemühte und – wie Forschungen belegen – auch als Integrationsforum für ehemalige (zum Teil schwer belastete) Natio-

---

502 Fischer, Heinz, Dr. Wilhelm Rosenzweig ist 75, in: Arbeiter-Zeitung, 26./27. 11. 1983 sowie Machacek, Rudolf / Kostelka, Peter / Martinek, Oswin, Wilhelm Rosenzweig, sein Leben und Wirken. Würdigung des Jubilars durch die Herausgeber, in: Machacek, Rudolf / Kostelka, Peter / Martinek, Oswin (Hg.), Dimensionen und Perspektiven des Rechts. Festschrift für Wilhelm Rosenzweig, Wien 1988, S. 1 – 6, Machacek, Rudolf, Über Wilhelm Rosenzweig – Das Leben eines Kronjuristen, in: Kienzl, Heinz / Kirchner, Susanne (Hg.), Ein neuer Frühling wird in der Heimat blühen. Erinnerungen und Spurensuche, Wien 2002, S. 89 – 91.

503 Rosenzweig, Der politische Weg Christian Brodas, S. 129.

504 Ebenda, S. 123.

nalsozialisten (wie den Arzt Heinrich Gross[505]) diente, diese in ihrer Karriere
förderte und protegierte. Wichtig von Seiten des BSA und der SPÖ war es, das
»AkademikerInnen-Manko« gegenüber der ÖVP ausgleichen zu können[506] oder
wie es Bruno Pittermann formuliert hatte, den seit 1945 fehlenden »Intelligenz-
und Funktionärsnachwuchs vor allem aus Böhmen und aus den Reihen der
jüdischen Intellektuellen« zu kompensieren.[507] Negative Auswirkungen waren
insbesondere bei der Besetzung von Stellen in der öffentlichen Verwaltung und
der Verstaatlichten Industrie zu verhindern. In den unmittelbaren Nachkriegsjahren wurden daher seitens des BSA, der seine Mitgliederzahl von 1.573
Ende 1946 auf 9.096 mit Stand 1. Juli 1954 erhöhen konnte,[508] mehrfach Werbeaktionen durchgeführt.

   Zu einem ersten Gespräch zwischen Broda und Rosenzweig, das besonders
dazu dienen sollte, abzuklären, inwiefern eine Tätigkeit Brodas im BSA mit
dessen politischer Vergangenheit vereinbar sein könnte, kam es im Herbst 1948
im Wiener Café Mozart. Broda sprach hier offen über seine kommunistische
Vergangenheit, auch darüber, dass er die KPÖ im Wahlkampf 1945 unterstützt
hatte und bekannte sich als »Linker«. Er gab offen zu, dass er der marxistischen
Denkweise manches abgewinnen könne, aber ihren Determinismus ablehne und
konnte Rosenzweig davon überzeugen, dass es sich bei ihm um keinen »ge-
tarnten Kommunisten« handle. Hinsichtlich eines Beitritts zur SPÖ hatte Broda
jedoch Bedenken, für die Rosenzweig auch das angespannte Verhältnis zu Engelbert Broda verantwortlich machte. Christian Broda wurde deshalb zunächst
nur einfaches Mitglied im BSA, wofür eine Mitgliedschaft in der SPÖ nicht
erforderlich war. Karl Waldbrunner, zu jener Zeit Obmann des BSA, riet zunächst zur Vorsicht. Nachdem sich Stadtrat Josef Afritsch, der mit der Familie
Broda gut befreundet war, und Karl Mark für Broda eingesetzt hatten, wurde
dieser aber 1948 in den BSA aufgenommen.[509] Ein »persönlichen Naheverhält-

505 Vgl. zu Heinrich Gross etwa: Lehmann, Oliver / Schmidt, Traudl, In den Fängen des Dr.
     Gross. Das misshandelte Leben des Friedrich Zawrel, Wien 2001 sowie den Film »Meine
     liebe Republik« von Elisabeth Scharang.
506 Vgl. zum BSA: Neugebauer, Wolfgang / Schwarz, Peter, Der Wille zum aufrechten Gang.
     Offenlegung der Rolle des BSA bei der gesellschaftlichen Reintegration ehemaliger Natio-
     nalsozialisten, Wien 2005 sowie Lang-Kremsmayer, Ulrike, Aspekte zur Funktion der In-
     tellektuellen in der SPÖ – am Beispiel des BSA. Unter besonderer Berücksichtigung der
     Wiederaufbauphase in Österreich, Univ.-Diss., Wien 1987.
507 Vodopivec, Alexander, Wer regiert in Österreich? Ein politisches Panorama, Wien 1960,
     S. 77.
508 Diese Zahlen stammen aus: Rosenzweig, Wilhelm, Die Entwicklung und Organisation des
     BSA, in: Der Sozialistische Akademiker 9/10 (1954) S. 11 – 13. Vgl. zu den Werbeaktionen
     des BSA in den Jahren nach 1945 die entsprechenden Jahrgänge von »Der Sozialistische
     Akademiker« sowie Zwanzig Jahre BSA, in: Der Sozialistische Akademiker 5 (1966) S. 2 –
     14.
509 Rosenzweig, Der politische Weg Christian Brodas, S. 125.

nis« zu Waldbrunner entwickelte sich – so Broda – erst ab Mitte der 1960er Jahre rund um die Auseinandersetzungen mit Franz Olah.[510]

Im Mai 1949 wurde Broda auf Vorschlag Rosenzweigs auch in den Vorstand der Vereinigung Sozialistischer Juristen gewählt, die nach den Ärzten und Ingenieuren den drittstärksten Fachverband im BSA stellten. Erforderlich für die Annahme der Wahl und die Ausübung der genannten Funktion war nun jedoch eine Mitgliedschaft in der SPÖ, gegen die sich Broda nicht länger versperrte. Broda wurde am 1. September 1949 Mitglied der SPÖ,[511] die mit Stichtag 1. 1. 1950 bereits 614.366 Mitglieder zählte.[512] In den folgenden Jahren wurde er ein engagiertes Mitglied im BSA und Schriftführer der Vereinigung Sozialistischer Juristen. Er initiierte – so Wilhelm Rosenzweig – Arbeitsgemeinschaften, die sich mit Fragen der Rechtsreform, insbesondere mit Fragen des materiellen Strafrechts, des Strafverfahrens und des Familienrechts befassten, nahm aktiv an diesen teil und stellte sich der sozialistischen Fraktion des Justizausschusses als Berater zur Verfügung, da die meisten Fraktionsmitglieder keine JuristInnen waren.[513] Publikationen im »Sozialistischen Akademiker«, dem Organ des BSA, sind von Broda, der innerhalb des BSA auch intensiv an der Parteiprogramm-diskussion 1958 teilnahm, jedoch erst aus den 1960er Jahren bekannt.

4.5. Aufstieg und Funktionen in der SPÖ

4.5.1. Die Ära Schärf-Helmer

Als Christian Broda 1949 der SPÖ beitrat, hatte diese bereits ihre erste große innerparteiliche Krise hinter sich, in der es um das Verhältnis von »rechtem« und »linkem« Parteiflügel und die Ausrichtung der Partei ging.

Als die SPÖ im April 1945 formell wieder gegründet wurde, stellte sie einen Zusammenschluss von VertreterInnen der alten SdAP vor 1934 und der in der Illegalität entstandenen Revolutionären Sozialisten dar, der sich (bis zum Herbst 1945) auch im Parteinamen »Sozialistische Partei Österreichs (Sozialdemokraten und Revolutionäre Sozialisten)« niederschlug. Der erste provisorische

510 Broda, Christian, Karl Waldbrunner – Intellektueller, Sozialist, Mensch, in: Sozialistische Partei Österreichs / Klub der Sozialistischen Abgeordneten und Bundesräte / Sozialistische Fraktion des Österreichischen Gewerkschaftsbundes / Bund Sozialistischer Akademiker, Intellektueller und Künstler (Hg.), Festschrift für Karl Waldbrunner zum 65. Geburtstag, Wien 1971, S. 137.

511 Vgl. SPÖ-Mitgliedsbuch von Christian Broda. AChB, Nachtrag, ÖNB, Handschriften-sammlung, XXI.25.1.

512 SPÖ Bildungszentrale – Referat für politische Schulung, Referentenmaterial, Frühjahr 1960, AChB, ÖNB, Handschriftensammlung, IX.5.2, S. 20.

513 Rosenzweig, Der politische Weg Christian Brodas, S. 126.

Parteivorstand war mit den ehemaligen Revolutionären Sozialisten Josef Afrit-
sch und Felix Slavik (die bald in den Wiener Stadtsenat aufgenommen wurden),
Josef Pfeffer, Hilde Krones und Gabriele Proft sowie Adolf Schärf, Paul Speiser,
Heinrich Schneidmadl und vermutlich Anton Weber aus dem Kreis der alten
Sozialdemokratie ferner Theodor Körner, der eine Sonderstellung eingenommen hatte, noch paritätisch aus Vertretern beider Gruppierungen zusammengesetzt. Erster provisorischer Parteivorsitzender wurde Adolf Schärf, der in der
Ersten Republik sozialdemokratischer Klubsekretär im Parlament und Sekretär
von Nationalratspräsident Karl Renner war. Der Parteivorsitz wurde für Karl
Seitz, der diese Funktion von 1918 bis 1934 ausgeübt hatte, freigelassen und von
diesem im Juni 1945 nach seiner Rückkehr aus einem Thüringer KZ übernommen. Seine Stellvertreter wurden Adolf Schärf und Oskar Helmer, der inzwischen zum stellvertretenden Landeshauptmann von Niederösterreich
avanciert war. Erste Leiter des Parteisekretariats wurden im April 1945 Josef
Afritsch und Felix Slavik, später Erwin Scharf und Franz Popp.

Durchbrochen wurde das Gleichgewicht zwischen »alten« Sozialdemokraten
und Revolutionären Sozialisten jedoch schon wenig später mit der Aufnahme
sozialdemokratischer Gewerkschafter in den provisorischen Parteivorstand.
Dem auf der ersten Reichskonferenz am 26. Oktober 1945 gewählten Parteivorstand gehörten sechs Vertreter der »alten Sozialdemokratie« und der Revolutionären Sozialisten, vier Repräsentanten der sozialistischen Gewerkschaften,
eine Vertreterin des Frauenzentralkomitees, der Vorsitzende der Sozialistischen
Jugend (Peter Strasser) und Oscar Pollak an, der aus dem englischen Exil zurückgekehrt war und erneut Chefredakteur der »Arbeiter-Zeitung« wurde. Noch
weiter minimiert wurde die »Linke« in der Partei auf dem ersten ordentlichen
Parteitag der SPÖ am 14./15. Dezember 1945 und der hier gewählten Parteivertretung, bestehend aus Parteivorstand und -kontrolle.[514] Maßgeblich hierfür
war nicht zuletzt das Ergebnis der Wahlen vom 25. November 1945, wobei vor
allem Schärf und Helmer den Wahlsieg der ÖVP damit erklärten, dass sich die
ÖVP als »verlässlichste antikommunistische Kraft« präsentieren konnte und das
schlechte Abschneiden der KPÖ auf ihre Verbindungen zur sowjetischen Besatzungsmacht (und die von den Russen begangenen Übergriffe auf die Zivil-
bevölkerung) zurückgeführt wurde. Neuer Parteivorsitzender wurde im Dezember 1945 Adolf Schärf. Der von seiner Zeit im KZ gezeichnete Karl Seitz
wurde zum Ehrenvorsitzenden gewählt. Zu den StellvertreterInnen Schärfs
wurden Oskar Helmer, Gabriele Proft und Paul Speiser bestimmt.[515]

---

514 Vgl. zur Wiedergründung der SPÖ 1945: Weber, Der kalte Krieg in der SPÖ, S. 19 ff., SPÖ
     Wien (Hg.), Tage im April. Festschrift aus Anlass des 50. Jahrestages der Neugründung der
     SPÖ am 21. April 1945, Wien 1995.
515 Göhring, Walter, 1000 Daten SPÖ, Wien 1985, S. 34 sowie Weber, Der kalte Krieg in der SPÖ,
     S. 70.

Einen weiteren herben Rückschlag erlitt die »Linke« in der Partei in den folgenden Jahren. Vorauszuschicken ist dabei jedoch, dass sich die »Linke«, die sich im Wesentlichen aus Vertretern der ehemaligen Revolutionären Sozialisten und Teilen der sozialistischen Jugendorganisationen (der Sozialistischen Jugend und dem VSStÖ) zusammensetzte und von ihrer Größe her mit dem »gemäßigten« oder »rechten Flügel« in der Partei nicht konkurrieren konnte, keine einheitliche Gruppe war. Vielmehr gab es verschiedene Gruppierungen, die zueinander in Opposition standen und sich mitunter scharf kritisierten. Eine der zweifellos wichtigsten Strömungen bildete eine Gruppe von »orthodoxen Linkssozialisten« um Zentralsekretär Erwin Scharf und Hilde Krones, zu der auch Karl Mark, der erste Bezirksbürgermeister von Döbling, und einzelne Revolutionäre Sozialisten in den Bundesländern (wie etwa Albrecht Gaiswinkler in Bad Aussee) gezählt werden können. Sie traten 1945 unter der Berufung auf Otto Bauers »integralen Sozialismus« für eine Einheitspartei mit den Kommunisten ein, waren für die Zusammenarbeit mit der KPÖ in Aktionskomitees und vertraten darüber hinaus eine positiv-kritische Einstellung zur Sowjetunion. Eine weitere Strömung in der Partei bildete die als »sozialdemokratische Linke« zu bezeichnende Gruppe, der Josef Hindels, Paul Blau und Peter Strasser (SJ), der nie zu den radikal linken Kräften in der Partei zählte, angehörten. Sie orientierten sich am Konzept des »dritten Weg des demokratischen Sozialismus«, waren der Sowjetunion gegenüber kritisch eingestellt und gingen – besonders als der »Kalte Krieg in der SPÖ« virulent wurde – auf deutliche Distanz zu den »orthodoxen Linkssozialisten« in der Partei.[516]

Ihren Höhepunkt fanden die Auseinandersetzungen zwischen »rechtem« und »linkem« Flügel auf dem Parteitag der SPÖ 1947 durch eine Resolution von Erwin Scharf. In dieser wurden die Koalitionspolitik der SPÖ und die Tatsache, dass der Schwerpunkt des innenpolitischen Kampfes gegen die lächerlich kleine KPÖ gerichtet sei, kritisiert und eine sozialistische Wirtschaftspolitik, die Entfernung aller ehemaligen Faschisten aus dem Staatsapparat und eine Rückbesinnung auf die »glanzvolle kämpferische Tradition« der SPÖ gefordert. Geführt hat die heute vergleichsweise harmlos klingende Resolution, die eher an der Erreichung eines möglichst großen Unzufriedenenkreis als an politischer Klarheit interessiert war, zur Absetzung Scharfs als Zentralsekretär und zur Verhängung eines einjährigen Redeverbots. Weitaus schärfer formuliert war eine ebenfalls auf dem Parteitag 1947 von der Sozialistischen Jugend eingebrachte Entschließung, die ähnliche Fragestellungen ansprach. Da sie im Gegensatz zur Resolution Scharfs aber einen scharfen Angriff gegen die KPÖ in-

---

516 Weber, Fritz, Rechtsvorrang. Wie die Linken 1945 in die Sackgasse gerieten, in: Maimann, Helene (Hg.), Die ersten 100 Jahre. Österreichische Sozialdemokratie 1888–1988, Wien/München 1988, S. 244.

kludierte, war sie jedoch nicht dem Verdacht einer »Liebäugelei« mit dem Kommunismus ausgesetzt und blieb ohne Folge. Als Scharf entgegen seinem Redeverbot die gegen den Parteivorstand gerichtete Broschüre »Ich darf nicht schweigen« publizierte, in der er die Parteiführung als »konterrevolutionäre Instanz« kritisierte, wurde er auf dem Parteitag 1948 aus der SPÖ ausgeschlossen. Sein Nationalratsmandat ging an den Gewerkschafter Franz Olah, der als dezidierter Antikommunist auftrat und innerhalb der Partei in den folgenden Jahrzehnten zum wichtigsten Gegner Christian Brodas wurde. 1950, als es im Zusammenhang mit dem vierten Lohn- und Preisabkommen zu Streikmaßnahmen kam, spielte er in der Niederschlagung der vor allem von den Kommunisten getragenen Streikbewegung, die häufig fälschlich als »Putschversuch« bezeichnet wurde, eine wichtige Rolle, die seine Karriere in der SPÖ enorm beförderte.[517] Hilde Krones, die ebenfalls als »Kryptokommunistin« verunglimpft wurde, beging im Dezember desselben Jahres Selbstmord. Erwin Scharf gründete mit kommunistischer Unterstützung nach seinem Ausschluss aus der SPÖ eine eigene Partei, die Linkssozialisten, später Sozialistische Arbeiter-Partei, die schlussendlich aber personell in der KPÖ aufging.[518]

In der Partei hatte die »Rechte« einen klaren Sieg errungen. Das eigentliche Machtzentrum in der SPÖ blieb bis Mitte der 1950er Jahre die Achse um Adolf Schärf und Oskar Helmer, die als Vizekanzler und Innenminister auch zentrale Funktionen in der Großen Koalition mit der ÖVP bekleideten. Schärf übte die Funktion des Parteivorsitzenden in den Jahren von 1945 bis 1957 aus, Obmann des sozialistischen Parlamentsklubs war er von 1945 bis 1956. Die Führung der Partei nahm der gelernte Jurist in erster Linie von seinem Arbeitszimmer am Ballhausplatz wahr und betrachtete diese als korrekt auszuübende Verwaltungsaufgabe. Er hielt die Fäden in allen Fragen, die ihn interessierten, »fast autokratisch« in der Hand, blieb aber gerne im Hintergrund.[519] Die politischen Auseinandersetzungen mit dem Koalitionspartner überließ er gerne dem gelernten Buchdrucker Helmer, der zwischen 1945 und 1959 die Funktion eines Stellvertreters von Schärf als Parteivorsitzendem, von 1945 bis 1959 die Funktion eines Innenministers und von 1945 bis 1957 jene eines Landesparteivorsitzenden der SPÖ Niederösterreich ausübte.[520]

---

517 Vgl. hierzu ausführlich: Streibel, Robert / Mulley, Klaus-Dieter / Ludwig, Michael (Hg.), Der Oktoberstreik 1950. Ein Wendepunkt der Zweiten Republik, Wien 1991.

518 Weber, Fritz, Der Kampf für eine austromarxistische Partei – Die ersten Nachkriegsjahre, in: Weber, Fritz u. a., SPÖ – Was sonst? Die Linke in der SPÖ – Geschichte und Bilanz, Wien 1983, S. 24.

519 Vgl. zu Adolf Schärf: Schärf, Adolf, Österreichs Erneuerung 1945 – 1955. Das erste Jahrzehnt der Zweiten Republik, Wien 1955, Schärf, Adolf, Erinnerungen aus meinem Leben, Wien 1963, Stadler, Karl, Adolf Schärf. Mensch, Politiker, Staatsmann, Wien/München/Zürich 1982.

520 Vgl. zu Oskar Helmer: Helmer, Oskar, 50 Jahre erlebte Geschichte, Wien 1957, Svoboda,

Der so genannte Flügel um Schärf, Helmer und Karl Renner, der nach der Wahl vom 25. November 1945 zum ersten Bundespräsidenten der Zweiten Republik ernannt wurde und somit dem Schussfeld der Innenpolitik entzogen wurde, propagierte einen demokratischen Sozialismus. Er trat für die Aufgabe der in der Ersten Republik eingenommenen Oppositionsrolle ein und propagierte die Übernahme politischer Verantwortung und die Überwindung von Klassenkampfstandpunkten. Er distanzierte sich – wie auch die »Affäre Scharf« zeigt – besonders im Zuge des aufkommenden Kalten Krieges deutlich von der KPÖ.[521] Die »Arbeiter-Zeitung« wurde unter Chefredakteur Oscar Pollak zur Zeitung, »die sich was traut« und die immer wieder offen gegen die sowjetische Besatzungsmacht anschrieb.[522] In der Partei stellte er insofern eine Ausnahme dar, als er zu den wenigen ExilantInnen gehörte, die nach Kriegsende nach Österreich zurückkamen bzw. von der SPÖ zurückgeholt wurden und hier (im Gegensatz zu Otto Leichter, der das Land bald wieder enttäuscht verließ) auch blieben – war die Parteiführung insgesamt doch nicht an einer Rückkehr ihrer ExilantInnen interessiert und wollte diesmal, da der Anteil an jüdischen Funktionären in der Partei der Ersten Republik hoch war, vermeiden, erneut als »Judenpartei« zu gelten.[523] Generell war die Parteiführung – wie Fritz Weber festhält – jedoch nicht grundsätzlich neu. »Sie war Kontinuität und Diskontinuität zugleich und griff auf politische Konzepte zurück, die in der Zwischenkriegszeit vom rechten Flügel der Sozialdemokratischen Arbeiterpartei um Karl Renner, Helmer, Schneidmadl und andere vertreten worden waren. Die Wandlung bestand [nun aber] darin, daß diese rechtssozialistischen Tendenzen nach 1945 zur Parteidoktrin erhoben und in ihrer praktischen Anwendung perfektioniert wurden«. Stützen konnte sich die Parteispitze dabei »auf starke Strömungen in der Arbeiterschaft [...], deren revolutionäre Potenz durch die zermürbende Arbeitslosigkeit der Zwischenkriegszeit, das ›Versagen‹ des Austromarxismus im Kampf gegen den Alpenfaschismus und schließlich durch die siebenjährige NS-Herrschaft gebrochen worden war.«[524]

Wilhelm, Die Partei, die Republik und der Mann mit den vielen Gesichtern. Oskar Helmer und Österreich II. Eine Korrektur, Wien 1993.

521 Enderle-Burcel, Die österreichischen Parteien 1945 bis 1955, S. 83.

522 Vgl. zur Geschichte der Arbeiter-Zeitung: Pelinka, Peter / Scheuch, Manfred, 100 Jahre AZ, Wien 1989 sowie zum Kalten Krieg und den österreichischen Medien: Molden, Berthold, »Die Ost-West-Drehscheibe«. Österreichs Medien im Kalten Krieg, in: Rauchensteiner, Manfried (Hg.), Zwischen den Blöcken. NATO, Warschauer Pakt und Österreich, Wien/Köln/Weimar 2010, S. 687–774.

523 Vgl. hierzu etwa: Maimann, Helene, »Die Rückkehr beschäftigt uns ständig«. Vom Flüchten und Wiederkommen, in: Dies. (Hg.), Die ersten 100 Jahre. Österreichische Sozialdemokratie. 1888–1988, Wien/München 1988, S. 235–242 sowie Neugebauer, Wolfgang / Ganglmair, Siegwald, Remigration, in: Dokumentationsarchiv des österreichischen Widerstandes (Hg.), Jahrbuch 2003, Wien 2003, S. 96–102, insbesondere S. 100.

524 Weber, Fritz, Die Angst der Parteiführung vorm Klassenkampf. Die SPÖ 1945–1950, in:

Innerparteilich wurden während der Amtszeit von Schärf alle weltanschaulichen und ideologischen Diskussionen mit dem Potential von politischer Sprengkraft (wie das Konkordat oder das Verhältnis zum Marxismus bzw. die Programmatik der Partei) grundsätzlich zurückgestellt. Außenpolitisch legte sich die SPÖ in den Jahren nach 1945 auf eine Beteiligung am Marshallplan und eine deutliche Westorientierung fest. Wichtige Verbindungen bestanden insbesondere zur Labour-Partei nach Großbritannien, bei der sich Oskar Helmer auch für die Bildung und Kandidatur des VdU 1949 eingesetzt hatte. Dominierend in der Ausrichtung der SPÖ-Führung war der Kampf gegen den Kommunismus und nicht die Niederringung des Kapitalismus. So sind auch die 1946 und 1947 von der Konzentrationsregierung durchgeführten Verstaatlichungsmaßnahmen weniger auf das Ziel einer Sozialisierung der Wirtschaft zurückführbar, sondern vielmehr vor dem Hintergrund zu sehen, dass diese nicht an die sowjetische Besatzungsmacht fallen sollte. Mit ihrem »Befehl 17« hatte die UdSSR Ende Juni/Anfang Juli 1946 im Gegensatz zu den anderen Besatzungsmächten die Inanspruchnahme des ehemaligen deutschen Eigentums in ihrer Besatzungszone beschlossen und damit den Startschuss zur Bildung der USIA (Uprawlenje Sowjetskim Imuschestwom w Awstrij, Bezeichnung für die Verwaltung des sowjetischen Vermögens in Österreich) gegeben, auf die es nun zu reagieren galt. In der öffentlichen Rhetorik der SPÖ wurde die Verstaatlichung aber trotzdem als erster Schritt in Hinblick auf eine radikale Veränderung der Wirtschaftsstruktur oder – so Adolf Schärf – als »die Axt an der wirtschaftlichen und politischen Macht des Bürgertums« propagiert. Sie diente letztendlich aber nicht als »Vehikel der gesellschaftlichen Transformation«, sondern beförderte die »Integration der Sozialistischen Partei in den bestehenden Staat«. Ihre große politische Bedeutung lag darin, dass sie den »Antikapitalismus der Arbeiterschaft besänftigte« und dass sie zu einem wichtigen Motor für den Wiederaufbau (im Sinne einer wirtschaftlichen Restauration des allerdings modifizierten Kapitalismus) wurde.[525]

Die »Linke« in der SPÖ kritisierte auf den kommenden Parteitagen zwar weiterhin, nun aber viel moderater die »Koalitionsgesinnung« der SPÖ.[526] Ihre Kritik an der Parteiführung versteckte sie aber immer mehr hinter einem Angriff auf die ÖVP. Insgesamt hatte sie aus der »Affäre Scharf« gelernt, dass – wollte man politisch in der SPÖ überleben – eine deutliche Distanzierung vom Kom-

---

Pelinka, Peter / Steger, Gerhard (Hg.), Auf dem Weg zur Staatspartei. Zu Geschichte und Politik der SPÖ seit 1945, Wien 1988, S. 11.

525 Weber, Der kalte Krieg in der SPÖ, S. 72 ff., Weber, Die Angst der Parteiführung vorm Klassenkampf, S. 16.

526 Vgl. hierzu etwa: Müller, Wolfgang C., SPÖ und große Koalition. Zur innerparteilichen Begründung und Diskussion der Regierungsbeteiligung (1945–1966), in: Pelinka, Peter / Steger, Gerhard (Hg.), Auf dem Weg zur Staatspartei. Zu Geschichte und Politik der SPÖ seit 1945, Wien 1988, S. 23–46.

munismus und von zu linkem Gedankengut erforderlich war. »Die Mehrheit der ehemaligen Revolutionären Sozialisten passte sich – so Fritz Weber – »innerhalb weniger Jahre den innerparteilichen und gesellschaftlichen Machtverhältnissen an. Manche resignierten; andere wiederum wurden durch die sowjetische Besatzungspolitik und die Stalinisierung der Volksdemokratien in eine Nähe zum rechten Flügel gedrängt.« Aber auch die Einbindung in bürokratische Funktionen in Partei und Verwaltung und individuelle Karrierechancen verstärkten die »Tendenz zu Anpassung und Resignation.«[527] Eine größere Rolle spielte die »Linke« in der SPÖ erst wieder im Rahmen der Diskussion um ein neues Parteiprogramm 1958.[528]

4.5.2. Generationswechsel in der SPÖ – die »Jungtürken« in der Partei

Als es Mitte/Ende der 1950er Jahre zu einem Generationswechsel an der Spitze der SPÖ kam, zählte Christian Broda gemeinsam mit dem geschäftsführenden Klubobmann und Vize-Obmann der Wiener SPÖ Bruno Pittermann, Bruno Kreisky, seit 1953 Staatssekretär im Außenministerium, und Franz Olah, dem damaligen geschäftsführenden ÖGB-Vizepräsidenten, bereits zu den »Jungtürken« und Hoffnungsträgern in der SPÖ. Wie Franz Olah in seinen Memoiren ausführt, hatte sich unmittelbar nach dem Abschluss des Staatsvertrages im Jahr 1955 in der SPÖ ein nicht weiter definierter Kreis gebildet, der sich Gedanken über die Zukunft der Partei machte und maßgeblichen Einfluss auf die weitere Entwicklung der Partei hatte. Ihm gehörten neben Pittermann, Kreisky und Olah der Wiener Landesparteisekretär Felix Slavik, Raimund Gerhart (Generaldirektor der Perlmooser Zement, vormals Staatssekretär im Handelsministerium) und der Gewerkschafter Fritz Klenner an. Christian Broda wurde – so Olah – auf Wunsch Pittermanns als »liberaler Jurist« hinzugezogen, während die beiden Zentralsekretäre Karl Waldbrunner und Otto Probst ausgeschaltet wurden.[529] Als die schillerndste Persönlichkeit in diesem Kreis bezeichnete der Journalist und Buchautor Alexander Vodopivec 1966 Bruno Pittermann. Kreisky beschrieb er als die durch seine skandinavischen Jahre am meisten pragmatisch-sozialis-

---

527 Weber, Rechtsvorrang, S. 244 ff.
528 Weber, Die Angst der Parteiführung vorm Klassenkampf, S. 18, Weber, Der Kampf für eine austromarxistische Partei, S. 25 ff.
529 Olah schreibt weiter, dass auch Eduard Weikhart und Franz Jonas bewusst aus der Gruppe ausgeschaltet wurden, während Kreisky in seinem Memoiren festhält, dass Weikhart, damals Staatssekretär im Ministerium für Handel und Wiederaufbau, bei der Gruppe gewesen sein soll. Vgl.: Olah, Die Erinnerungen, S. 160, Rathkolb, Oliver / Kunz, Johannes / Schmidt, Margit (Hg.), Bruno Kreisky. Im Strom der Politik. Der Memoiren zweiter Teil, Wien/München/Zürich 2000, S. 358.

tisch ausgeprägte Persönlichkeit und Olah als widersprüchlichste Person. Broda, der sich zu jener Zeit auch in einem Zirkel befand, der sich mit maßgebenden konservativen und katholischen Kreisen – Dr. Kurt Skalnik (Publizist), Dr. Rosenmayr (gemeint ist vermutlich der Soziologe Leopold Rosenmayr), Dr. Jedlitzka (sic!; gemeint ist vermutlich der Historiker Ludwig Jedlicka) – zu einem regelmäßigen Meinungsaustausch traf,[530] wurde von Vodopivec als der Intellektuellste unter den viern bezeichnet.[531]

Eines der zentralen Anliegen der Gruppe war es, die Wachablöse in der SPÖ vorzubereiten. Als zur Jahreswende 1956/57 Bundespräsident Körner starb, der 1951 Karl Renner in dieser Funktion nachgefolgt und der erste direkte gewählte Bundespräsident war, wurde auch in diesem Kreis beschlossen, dass Adolf Schärf ihm als Präsidentschaftskandidat und Bruno Pittermann Schärf als Parteivorsitzender nachfolgen sollte. Beides erfolgte 1957. Schärf, der sich ursprünglich gegen die Aufgabe des Parteivorsitzes gewandt hatte und erst mühsam von Kreisky zur Bundespräsidentenkandidatur überredet werden musste, wurde am 5. Mai 1957 gegen den gemeinsamen Kandidaten von ÖVP und FPÖ, den Mediziner Wolfgang Denk, zum Bundespräsidenten gewählt. Zuvor hatte Franz Olah in Gesprächen mit Kardinal Franz König – gegen die Zusicherung, eine Lösung der Konkordatsfrage herbeizuführen, auf die der Vatikan schon lange drängte – sichergestellt, dass sich die katholische Kirche gegenüber dem bekennenden Agnostiker Adolf Schärf neutral verhalten würde. Pittermann, der in seiner politischen Karriere vor allem von Adolf Schärf gefördert worden war, übernahm den Parteivorsitz am 8. Mai 1957 und übte diese Funktion bis 1967 aus. Zugleich übernahm der studierte Historiker und Jurist, der sich 1934 den Revolutionären Sozialisten angeschlossen hatte und seit 1945 Nationalratsabgeordneter der SPÖ war, von Schärf auch die Funktion des Vizekanzlers und den Vorsitz im SPÖ-Parlamentsklub, was er als Parlamentarier mit Leib und Seele und brillanter Redner bis 1970 blieb. Geschäftsführender Obmann des SPÖ-Parlamentsklubs wurde Franz Olah, der 1959 zudem zum ÖGB-Präsidenten avancierte. Karl Waldbrunner, der ebenfalls eine Übernahme des Parteivorsitzes angestrebt hatte, hatte sich wohl auch deswegen, weil er keinen wirklichen Generationswechsel bedeutet hätte, innerparteilich nicht durchsetzen können. In der Partei besaß er aufgrund seines Amtes als mächtiger Verstaatlichtenminister zwar eine große Autorität. Nachdem im Juli 1946 und im März 1947 die ersten beiden Verstaatlichungsgesetze im Nationalrat beschlossen worden waren, stand er ab 1949 einem gewaltigen Ministerium vor, das die Ressorts Bahn, Post,

---

530 Schreiben von Christian Broda an Staatssekretär Dr. Karl Stephani vom 3.1.1957 und an Bruno Kreisky vom 22.12.1956. AChB, ÖNB, Handschriftensammlung, Ib. 286.17.

531 Vodopivec, Alexander, Die Balkanisierung Österreichs. Die große Koalition und ihr Ende, Wien/München 1966, S. 88.

Luftfahrt, Rundfunk, Schifffahrt und die gesamte staatliche Industrie mit Ausnahme der Banken umfasste. Besonders beliebt war Waldbrunner, der vor allem seitens der ÖVP unter Beschuss geriet, in der Partei jedoch nicht. Sowohl 1953 als auch 1956, als die SPÖ nach dem Abzug der sowjetischen Besatzungsmacht die vormaligen USIA-Betriebe und die Erdölwirtschaft, dem Waldbrunner-Ministerium eingliedern wollte, war es ein erklärtes Ziel der ÖVP das »Königreich Waldbrunner« zu zerschlagen. Gelungen ist ihr das mit ihrem Wahlsieg 1956 und der Bildung der proporzmäßig gegliederten Österreichischen Industrie- und Bergbauverwaltungs GesmbH.«, die im Bundeskanzleramt angesiedelt wurde und die aus dem Waldbrunner-Ministerium ausgegliederte Verstaatlichte Industrie (mit Ausnahme der Energiewirtschaft) ebenso umfasste wie die ehemaligen USIA-Betriebe. Waldbrunner blieb trotzdem bis zu seinem Ausscheiden aus der Regierung 1962 und seinem Wechsel ins Präsidium des Nationalrats bis in die 1970er Jahre eine der einflussreichsten Personen in der SPÖ.[532] Neuer Parteiobmann wurde 1957 – wie ausgeführt – Bruno Pittermann.

Bei der Übernahme dieser Funktion war er mit einer gewissen Stagnation konfrontiert. Der Durchbruch zur Mehrheitspartei war trotz mehrjähriger Regierungsbeteiligung nicht gelungen, bei den Nationalratswahlen 1953 hatte die SPÖ zwar mehr Stimmen als die ÖVP, aufgrund eines abgeschwächten Verhältniswahlrechts aber weniger Mandate als diese erreicht. 1956 folgte bereits wieder ein Rückschlag. Bei den Wahlen vom 13. Mai 1956 konnte die ÖVP mehr Stimmen als die SPÖ erreichen. Der »Staatsvertragskanzler« Julius Raab, der Leopold Figl 1952 als ÖVP-Obmann und 1953 als Bundeskanzler abgelöst hatte, befand sich auf dem Höhepunkt seiner Macht. Der Abschluss des Staatsvertrages 1955 war von der ÖVP im Wahlkampf 1956 gekonnt als ihre Leistung vermarktet worden, während der Abschluss des Allgemeinen Sozialversicherungsgesetzes (ASVG) als wichtige sozialpolitische Leistung, für die sich vor allem die SPÖ eingesetzt hatte, im Wahlkampf nur eine untergeordnete Rolle spielte. Waldbrunner und sein »Königreich« wurden demgegenüber von der ÖVP umso härter attackiert. Insbesondere im Hinblick auf den Einschluss der nach dem Abzug der sowjetischen Besatzungsmacht an Österreich zurückfallenden USIA-Betriebe, darunter wichtige Bereiche der Mineralölverwaltung, wurde im Wahlkampf plakatiert, dass Waldbrunner alles »einstecken«, der Verstaatlichung zuführen und aus seinem »Königreich« ein »Kaiserreich« machen wolle.

---

532 Vgl.: Androsch, Hannes (Hg.), Karl Waldbrunner. Pragmatischer Visionär für das neue Österreich, Wien 2006, Sozialistische Partei Österreichs / Klub der Sozialistischen Abgeordneten und Bundesräte / Sozialistische Fraktion des Österreichischen Gewerkschaftsbundes / Bund Sozialistischer Akademiker, Intellektueller und Künstler (Hg.), Festschrift für Karl Waldbrunner zum 65. Geburtstag, Wien 1971, Fischer, Heinz, Karl Waldbrunner, in: Dachs, Herbert / Gerlich, Peter / Müller, Wolfgang C. (Hg.), Die Politiker. Karrieren und Wirken bedeutender Repräsentanten der Zweiten Republik, Wien 1995, S. 578 – 585.

Folge der Wahlschlappe war für die SPÖ somit auch eine Zerschlagung des
»Königsreichs Waldbrunner« und eine Beschränkung seines Einflussbereichs
auf Post, Verkehr und Energiewirtschaft.[533]

Pittermann versuchte nach der Übernahme des Parteivorstands eine Modernisierung der Parteiorganisation durch den Einsatz neuer technischer Mittel
und einer Forcierung der politischen Meinungsforschung zu erreichen, in
programmatischer Hinsicht sollte mit der Ausarbeitung eines neuen Parteiprogramms zu einer Erneuerung der Partei beigetragen werden. Der anfangs
vorhandene Reformeifer, der sich bei den Nationalratswahlen 1959 positiv
niederschlug, erlahmte jedoch bald, und der notwendige Modernisierungsschub
blieb aus. Gleichzeitig wurde der Handlungsspielraum Pittermanns in der Regierung und Partei in den Folgejahren immer enger. In der Großen Koalition
führten das schwierige Verhältnis zu Bundeskanzler Raab und die zunehmend
geringer werdende Kompromissbereitschaft zu einer zunehmenden Blockie-
rung und dem Ausbleiben von Lösungen in wichtigen Sachfragen. Der Koalitionsausschuss als zentrale Arena der Politikfindung in den Jahren zuvor erlebte
seinen Abstieg. Anstelle des Bargainings, des politischen Tauschgeschäfts, das
die Große Koalition in den Jahren zuvor gekennzeichnet hatte, trat das Junktim.
Die Zustimmung in einer Sachfrage wurde zunehmend häufiger von einem
Zugeständnis des Koalitionspartners in einer mit dem eigentlichen Thema nicht
verbundenen Frage abhängig gemacht. Konnte aber kein Junktim gefunden
werden, was angesichts des auch persönlich verschlechterten Klimas in der
Koalition sehr wahrscheinlich war, so unterblieb jegliche Entscheidung. Eine
Politik des Aufschiebens und des »Fortwurstelns«, das heißt die fortlaufende
Aneinanderreihung von Übergangslösungen, machte sich breit. Immer mehr
Zeit wurde mit Prestigefragen und Streitereien über nebensächliche Angelegenheiten vergeudet. In der SPÖ umgaben Pittermann mit Waldbrunner, Olah
und Kreisky starke Persönlichkeiten. Die Partei und ihre Gremien gewannen an
Einfluss. Pittermann wurden keine großen Vollmachten, wie sie von ihm auch
nicht verlangt wurden, erteilt.[534] Generell fanden unter Pittermann »mehr Sitzungen als jemals zuvor und vor allem danach« statt. Pittermann, der selbst
wiederholt von einer »kollektiven Führung« in der SPÖ gesprochen hat, un-
tergrub sich seine eigene Machtposition mitunter aber auch selbst dadurch, dass
er seine Kompetenzen als Parteiführer nicht entschieden genug bzw. – wie an der
»Olah-Affäre« deutlich wird – nicht rechtzeitig in Anspruch nahm. Insgesamt
war der Zusammenhalt innerhalb der ab Mitte der 1950er Jahre an die Partei-

---

533 Vodopivec, Wer regiert in Österreich, S. 84.
534 Müller, Wolfgang C., Bruno Pittermann, in: Dachs, Herbert u. a. (Hg.), Die Politiker. Kar-
       rieren und Wirken bedeutender Repräsentanten der Zweiten Republik, Wien 1995, S. 448.

spitze drängenden neuen Führungsgruppe der SPÖ bedeutend geringer als unter den Funktionären der älteren Generation.[535]

4.5.3. Juristischer Fachberater – Bundesrat – Nationalrat

Eine wichtige Rolle bei Christian Brodas Entwicklung in der SPÖ spielte – wie bereits im Zusammenhang mit seiner Tätigkeit als Anwalt vorausgeschickt wurde – sein juristisches Fachwissen. Broda stellte sich nach seinem Beitritt zu BSA und SPÖ dem SPÖ-Parlamentsklub als Berater zur Verfügung und wurde bald zum »juristischen Hauptberater des SPÖ-Klubs«.[536]

Erste wichtige Funktionen in der Partei übernahm er Mitte der 1950er Jahre. 1955 wurde er in das Schiedsgericht der SPÖ delegiert und ihm somit eine Aufgabe überantwortet, die als großer innerparteilicher Vertrauensbeweis gilt – werden Schieds- oder Parteigerichte doch bei Streitigkeiten zwischen den Mitgliedern und Parteiorganisationen, bei Verletzungen des Organisationsstatuts oder ehrenrührigen Vorwürfen (Ehrengerichte) tätig.[537]

Als Bundesrat Leo Geiger das Nationalratsmandat von Adolf Schärf übernahm, der zum Bundespräsidenten gewählt worden war, zog er am 25. Juli 1957 als Vertreter des Landes Wien in die Länderkammer des Parlaments ein.[538] Direkt zurückführbar ist sein Einzug in den Bundesrat – wie Karl Mark in seinen Memoiren ausführt – auf eine erfolgreiche anwaltliche Vertretung der Stadt Wien vor Gericht:

>»Bei einer Einladung der Familie Harnisch geriet ich mit meinem Schwager Pepo Afritsch, der auch geladen war, wie gewöhnlich heftig aneinander. Ein junger Mann, der mir unbekannt war, versuchte Pepo zu beruhigen und sagte: ›Überleg dir das doch einmal. Da ist schon einiges richtig an dem, was Herr Mark sagt.‹ So lernte ich Christian Broda kennen. Als ich ihn zufällig wieder in der Bahn traf, stellte ich ihm die Frage: ›Warum gehen Sie nicht in die Politik?‹ – ›Adolf Schärf mag mich nicht‹, sagte er sehr offen. Es verging nicht viel Zeit bis Johann Resch, der Wiener Finanzreferent, sich in einer Wiener Vorstandssitzung darüber beklagte, das ein wichtiger Prozess der Stadt Wien so schlecht geführt wurde, dass es besser sei, damit zu rechnen, dass er verloren wurde. Ich schlug ihm vor, sich doch einen jungen Anwalt zu suchen, der nicht mit Vorurteilen belastet wäre. ›Ja, du hast recht‹, pflichtete er mir bei, ›aber wen denn?‹ Ich nannte Christian Broda. Er gewann den Prozess. Resch sorgte dafür, dass er bei nächster Gelegenheit in den Bundesrat delegiert wurde.«[539]

---

535 Vodopivec, Wer regiert in Österreich, S. 87 und S. 90.
536 Ebenda, S. 85.
537 Vgl. hierzu etwa das aktuelle Organisationsstatut der SPÖ, online auf: www.spoe.at (19.11. 2007).
538 Der Nachfolger Dr. Schärfs im Nationalrat, in: Neues Österreich, 23.5.1957.
539 Mark, Karl, Roter Hund. Lebenserinnerungen, Wien/Köln 1990, S. 51.

Wie auch Medienberichte belegen, handelt es bei dem von Mark angesprochenen
Verfahren um die erfolgreiche Vertretung der Stadt Wien in einem Verfahren vor
dem Verfassungsgerichtshof, mit der Broda zwischen November 1955 und April
1957 beauftragt war. Gegenstand des Verfahrens war eine Neuaufrollung des
klinischen Mehraufwandes. Nachdem die Stadt Wien in einem Vorverfahren vor
dem Verfassungsgerichtshof bereits im Jahr 1953 wegen 17.643,731,38 Schilling
unterlegen war und die von der Stadt eingebrachte Klage auf Ersatz des klinischen Mehraufwandes in dieser Höhe vom Verfassungsgerichtshof abgewiesen
worden war, brachte Broda eine neue Klage für die Jahre 1951 und 1952 ein. Diese
führte zur Nachzahlung von 36.000.000,00 Schilling an die Stadt Wien. Sie hatte
aber auch Bedeutung für die Zukunft, wie Broda in einem Schreiben an Vizebürgermeister Lois Weinberger wegen seines Erfolgshonorars in der Höhe von
angeblich 700.000 Schilling am 8. Februar 1958 ausführte.[540] So konnte durch das
Verfahren nicht nur geregelt werden, dass eine Prozessführung hinsichtlich der
Kostentrennung für den klinischen Mehraufwand zwischen Bund und Stadt in
Zukunft nicht mehr notwendig sein werde, sondern auch angenommen werden,
»dass [...] der Stadt Wien jährlich ein Betrag von 20.000,000 unter dem Titel
Klinischer Mehraufwand ersetzt wird, den bisher die Stadt Wien zu tragen
hatte.«[541]

Initiiert wurde die Bestellung Brodas zum Bundesrat durch die Wiener SPÖ
und Karl Mark. Gewinnen konnte er hierfür – so Wilhelm Rosenzweig – die
Unterstützung von Pittermann, Kreisky und von Franz Olah als damaligem
Obmann des sozialistischen Parlamentsklubs,[542] was angesichts der späteren
Entwicklung schwer nachvollziehbar erscheint, aber insofern von Johanna
Broda bestätigt wird, als sie sich daran erinnert, dass die Beziehung der beiden
nicht von Beginn an von starken Feindseligkeiten bestimmt war.[543] Vielmehr
ging Olah – vor allem mit Bezug auf dessen kommunistische Vergangenheit –
erst dann gegen Broda vor, als sie sich politisch in die Quere kamen bzw. als es
um die Bekleidung zentraler Machtpositionen in der Partei ging. Kreisky hingegen hat – so wiederum Rosenzweig – auch in der Folge zu jenen gehört, die
Broda förderten, wenn sich ihr Verhältnis in den folgenden Jahren, vor allem im

---

540 Im »Bildtelegraf« wurde am 9. 11. 1957 hingegen davon berichtet, dass Broda ein Honorar in
      der Höhe von 555.720 Schilling ausbezahlt worden sei. Vgl.: Lachender Dritter: Anwalt
      erhält halbe Million Schilling Honorar, in: Bildtelegraf, 9.11.1957.
541 AChB, Nachtrag, ÖNB, Handschriftensammlung, XIX.1.8. sowie Zerbs, Marxist auf Samt-
      pfoten, S. 2.
542 Rosenzweig, Der politische Weg Christian Brodas, S. 126 f.
543 Interessant ist hierbei, dass sich Johanna Broda auch daran erinnert, dass eine Zeit lang
      Pläne bestanden, wonach sich ihre Mutter nicht nur mit Vera Kreisky, der Frau von Bruno
      Kreisky, sondern auch mit der Frau von Franz Olah anfreunden sollte. Da Hilda Broda
      hieran kein Interesse hatte, kam es jedoch nicht hierzu. Mit der Familie Kreisky wurde aber
      auf Urlaub gefahren. Interview mit Univ.-Prof. Dr. Johanna Broda am 6.8.2010.

Zuge der »Olah-Krise«, auch sukzessive verschlechterte und bereits durch die Entwicklung in der Illegalität, als beide in unterschiedlichen Lagern – Broda bei den Kommunisten und Kreisky bei den Revolutionären Sozialsten – standen, nicht friktionsfrei war. Gute Verbindungen in der Partei hatte Broda zudem zu Josef Hindels und dem damaligen Wiener Stadtschulratspräsident Leopold Zechner, mit dem Broda auch verwandt war. Desgleichen bestanden solche zum Wiener Polizeipräsidenten Josef Holaubek, der Christian Broda 1948 angeboten hatte, ihn in den Dienst der Polizeidirektion Wien aufzunehmen[544] und zu Josef Afritsch, womit sich Broda nicht zuletzt auf die Freunde seiner Frau und auf ihr Umfeld bei der Integration in der SPÖ und dem Aufstieg in der Partei stützen konnte.[545] Eine besondere Stellung im Leben von Christian Broda, und dies nicht nur als innerparteilicher Förderer, sondern auch als Freund, nahm neben Josef Afritsch jedoch Peter Strasser ein.[546]

Josef Afritsch, geboren 1901 in Wien, stammte aus einer sozialdemokratischen Familie. Sein Vater Anton Afritsch hatte 1908 die sozialdemokratischen Kinderfreunde gegründet und war in der Ersten Republik sozialdemokratischer Stadtrat in Graz gewesen. Wie dieser war Josef Afritsch, der den Beruf eines Gartentechnikers erlernte und ab 1923 in der Wiener Stadtgartenverwaltung tätig war, ebenfalls bereits seit frühen Jahren in der Sozialdemokratie aktiv. Er übernahm nach dem Februar 1934 gemeinsam mit Fritz Jahnel die Leitung der Hilfsaktion der Quäker in Wien, spielte eine wichtige Rolle in der Februarhilfe und besorgte 1938 jenes Flugticket, das Bruno Kreisky die Flucht aus dem nationalsozialistischen Wien ermöglichte. 1942 wurde er als Gegner des Nationalsozialismus aus dem öffentlichen Dienst entlassen, verhaftet und zu zwei Jahren Zuchthaus verurteilt. Es gelang ihm jedoch unterzutauchen und als »U-Boot« bei Freunden das Kriegsende abzuwarten. 1945 zählte er zu den Gründervätern der SPÖ. Er wurde Mitglied des Wiener Gemeinderats und des Landtags, was er bis 1959 blieb, nachdem er nach der Ernennung zum Stadtgartendirektor 1951 gleichzeitig beurlaubt worden war, um sein Stadtratsamt weiter ausüben zu können. Abgeordneter des Nationalrats war Afritsch in den Jahren von 1962 bis 1964, die Funktion des Innenministers bekleidete er von 1959 bis 1963. Sowohl 1945 als auch nach dem Ungarn-Aufstand 1956 spielte er als Präsident der Volkshilfe eine zentrale Rolle in den Hilfsaktionen für die Vertriebenen und Flüchtlinge. 1964 starb Afritsch in Wien, nachdem er den Startschuss zum Fall Franz Olahs gegeben hatte.[547]

---

544 Schreiben Christian Brodas an Josef Holaubek vom 24.6.1948, AChB, ÖNB, Handschriftensammlung, Ib.195, Interview mit Maria Strasser am 12.4.2006 und mit Marietheres Frauendorfer am 16.3.2007.

545 Interview mit Univ.-Prof. Dr. Johanna Broda am 6.8.2010.

546 Rosenzweig, Der politische Weg Christian Brodas, S. 126.

547 Vgl.: Josef Afritsch plötzlich gestorben, in: Arbeiter-Zeitung, 27.8.1964, Broda, Christian,

Peter Strasser wurde am 3. Juli 1917 in Jena geboren. Seine Eltern, Isa und Josef Strasser, stammten aus der sozialdemokratischen Bewegung, standen ursprünglich dem linken Flügel in der SdAP nahe, wandten sich jedoch später dem Kommunismus zu, wurden zu Mitbegründern der KPÖ[548] und verbrachten einen Großteil der 1920er Jahre in Moskau, während die Kinder bei den Großeltern in Deutschland blieben. Nach ihrer Rückkehr nach Wien, trennten sie sich 1929 jedoch wieder vom Kommunismus. Peter Strasser wurde – so Christian Broda – durch die Erfahrungen seiner Eltern gegen die »kommunistische Versuchung immunisiert.«[549] Er wurde Mitglied der Roten Falken, der Sozialistischen Mittelschüler und der Revolutionären Sozialisten (zuletzt Vorsitzender der Revolutionären Sozialistischen Jugend) und war beruflich in den Jahren vor 1938 in einem Übersetzungsbüro und im Zeitungsvertrieb tätig. 1938 musste er mit seiner ersten Frau Jenny nach Frankreich flüchten, wo er zehn Monate interniert wurde. 1940, nach dem Waffenstillstand mit dem Deutschen Reich, floh er aus dem Lager und hielt sich in Folge 14 Monate illegal in Frankreich auf. Er wurde verhaftet und 1942 mit seiner Familie nach Wien überstellt, wo er als Schweißer und Schweißtechniker in der Rüstungsindustrie arbeiten musste. 1945 wurde Strasser, der nun als Journalist tätig war, zum ersten Vorsitzenden der Sozialistischen Jugend (bis 1954) und in den Parteivorstand der SPÖ gewählt. Er wurde 1948 Vorsitzender der Internationalen Union der Sozialistischen Jugend und 1949 der bis dato jüngste Nationalratsabgeordnete. Österreichischer Delegierter zum Europarat war er ab 1956. In seiner politischen Arbeit zeigte Strasser in den Jahren nach 1945 vor allem ein Interesse an Fragen der Außen- und Rechtspolitik, insbesondere an Fragen des Presserechts, der Strafrechtsreform und der Strafvollzugsreform. Peter Strasser, der als große Nachwuchshoffnung in der SPÖ galt, starb Anfang Juni 1962 44-jährig an einer Krebserkrankung in Wien.Nach seinem Tod lebte Christian Broda mit seiner Witwe, Maria Strasser (geb. Potocki), die Peter Strasser nach dem Ungarn-Aufstand 1956 kennen gelernt hatte, zusammen und kümmerte sich äußerst engagiert um das Andenken an seinen verstorbenen Freund.[550] Die Ehe von Christian und Hilda Broda wurde offiziell jedoch nie geschieden.

Erinnerung an Josef Afritsch, in: Die Zukunft 24 (1964) S. 6, Gedenkrede von Christian Broda gehalten am 24. 8. 1974 auf dem Wiener Zentralfriedhof bei der Feier der Hietzinger Sozialisten aus Anlass des 10. Todestages von Josef Afritsch, AChB, ÖNB, Handschriftensammlung, Ia.73.18.

548 Josef Strasser war auch Chefredakteur der »Roten Fahne«, des Zentralorgans der KPÖ.

549 Vgl. hierzu auch: Strasser, Isa, Land ohne Schlaf, Wien/Frankfurt/Zürich 1970.

550 Vgl. zu Peter Strasser: Peter Strasser, in: Arbeiter-Zeitung, 7. 6. 1962, Broda, Christian, Peter Strasser, in: Leser, Norbert (Hg.), Werk und Widerhall. Große Gestalten des österreichischen Sozialismus, Wien 1964, S. 403–408, Broda, Christian, Demokrat, Sozialist, Internationalist. Peter Strassers 20. Todestag, in: Arbeiter-Zeitung, 5. 6. 1982, Broda, Christian, Rede bei der Gedenkfeier anlässlich der 20. Wiederkehr des Todestages und des 65. Ge-

Maria und Peter Strasser

Im selben Jahr als Christian Broda in den Bundesrat entsandt wurde, war er auch erstmals Delegierter auf einem Parteitag der SPÖ. In der hier gehaltenen Rede trat er – wie bereits genannt wurde – mit einem Aufruf zur Solidarität mit Milovan Djilas vor die Parteiöffentlichkeit, der in Jugoslawien aufgrund seiner Kritik am kommunistischen Regime eben erst zu einer weiteren Haftstrafe und somit zu insgesamt neun Jahren Gefängnis verurteilt worden war.[551] Auf dem Parteitag 1958 äußerte er sich in seiner zweiten Parteitagsrede – dem Thema des Parteitags entsprechend – zum neuen Parteiprogramm der SPÖ, an dessen Erarbeitung er intensiven Anteil genommen hatte. Ein Jahr später, als am 19. Mai 1959 vorgezogene Nationalratswahlen stattfanden, hatte Christian Broda (neben Franz Olah und Wilhelmine Moik) bereits einen sicheren Listenplatz im Wahlkreis Wien-West inne, als dessen Vertreter er nach der Wahl auch in den Nationalrat einzog.[552]

---

burtstages von Peter Strasser, Wien 1982 (DÖW 44.357), Strasser, Peter, Sozialistische Initiative. Reden und Aufsätze, Wien 1963.

551 Christian Broda auf dem Parteitag der SPÖ vom 21.–23. 11. 1957 im Kongresshaus Salzburg. Protokoll des Parteitags der SPÖ vom 21.–23. 11. 1957, S. 110 f.

552 Der Parteirat der SPÖ beschloss unter dem Vorsitz des Wiener Bürgermeisters Jonas und in Anwesenheit von Vizekanzler Bruno Pittermann am 15. April 1959 die Kandidatenliste für die kommenden Nationalratswahlen. Im Wahlkreis Wien-West (Penzing, Ottakring, Hernals), in dem Broda kandidierte, wurden insgesamt 14 Personen nominiert, wobei zu-

Am Wahlkampf 1959 beteiligte sich Broda publizistisch und durch persönliche Auftritte. In programmatischer Hinsicht hatte er bereits Ende 1958 festgehalten, dass die SPÖ ihre Wahlpropaganda 1959 auf die Losungen »Mitbestimmung. Mitverantwortung. Führungswechsel.« konzentrieren und den Wahlkampf auf folgende Themen fokussieren soll: für Verfassungstreue und gegen bürokratische Überwucherungen, eine volle Ausschöpfung der parlamentarischen Kontrollrechte, gegen bürokratische Überheblichkeit und kontrolllose Willkür, Mitbestimmung des Einzelnen, die jedoch eine Mitverantwortung voraussetzt.[553] Später fügte dem Broda (wohl auch in Hinblick auf das besonders von ihm vertretene Antikorruptionsgesetz) in einer Umfrage unmittelbar vor dem Wahlen noch hinzu, dass die parteiunabhängigen Wähler am besten durch das Eintreten gegen jede Art von Korruption gewonnen werden können.[554] Ihren Wahlkampf bestritt die SPÖ, die 1959 erstmals moderne Wahlkampfmethoden einsetzte, jedoch mit dem Slogan »Pittermann für jedermann – Jedermann für Pittermann« und den Wahlaufrufen »Geht mit der Zeit! Geht mit der SPÖ«, »Sichert das Gleichgewicht, verhindert die Alleinherrschaft der ÖVP!« und »Nicht Dollfuß-Straße sondern Renner-Weg«.[555] Zum Wahlkampf dominierenden Thema wurde seitens der SPÖ die Beibehaltung der Großen Koalition, nachdem sich Bundeskanzler Raab nach den für die ÖVP so erfolgreichen Wahlen 1956 die Erreichung der absoluten Mehrheit erhoffte.[556] Umgesetzt wurde dies auf den Wahlplakaten der Partei mittels eines »Staatsschiffs«, das bei einer ÖVP-Mehrheit zu sinken droht. Broda hatte sich mit seinem Vorschlag, demokratiepolitische Themen im Wahlkampf in den Vordergrund zu rücken, somit nicht durchsetzen können. Trotzdem sollte er bei den Nationalratswahlen 1962 eine ähnliche thematische Präferenz zeigen.

Hingewiesen wurde im Wahlkampf 1959, was die Person Brodas betrifft, sowohl auf seinen juristischen Hintergrund als auch auf seine kommunistische Vergangenheit.[557] Interessant ist dabei, dass auch in der Schaffung eines Antikorruptionsgesetzes (richtig Strafgesetznovelle 1959) in den Jahren 1958 und

---

mindest die ersten vier KandidatInnen (Franz Olah, Wilhelmine Moik, Christian Broda und Karl Kysela) mit einem Einzug in den Nationalrat rechnen konnten, während sich der an fünfter Stelle gereihte Felix Slavik, damals Stadtrat in Wien, bereits auf einem »Kampfmandat« befand. Vgl.: Die Kandidaten der Sozialisten, in: Arbeiter-Zeitung, 16.4.1959 sowie SPÖ: Die »großen Alten« scheiden aus, in: Salzburger Nachrichten, 17.4.1959.

553 Unterlage vom 30.12.1958 zu den Nationalratswahlen 1959. AChB, ÖNB, Handschriftensammlung, XVIII.77.

554 Wahlgeflüster, in: Die Wochenpresse, Nr. 18, 2.5.1959.

555 SPÖ Bildungszentrale – Referat für politische Schulung, Referentenmaterial, Frühjahr 1960, AChB, ÖNB, Handschriftensammlung, IX.5.2.

556 Kaufmann, Fritz, Sozialdemokratie in Österreich. Idee und Geschichte einer Partei von 1889 bis zur Gegenwart, Wien/München 1978, S. 450.

557 Laut Broda befassten sich etwa die Salzburger Nachrichten mit seiner kommunistischen Vergangenheit. Vgl.: AChB, ÖNB, Handschriftensammlung, X.5.7.

1959 der Marxist Broda gesehen wurde. Broda, der sich voll und ganz hinter das Antikorruptionsgesetz stelle, das auch von Justizminister Tschadek, Peter Strasser und Karl Mark betrieben wurde, wurde vorgeworfen, den Einfluss des Staates in der Wirtschaft quasi durch die Hintertür weiter ausbauen zu wollen. Hintergrund der Gesetzesinitiative war eine Parteispendenaffäre rund um den Vorsitzenden der Wiener ÖVP, Fritz Polcar, der dem Unternehmer Johann Haselgruber im Gegenzug für eine Zahlung an die ÖVP Millionenkredite bei der Girozentrale beschafft hatte. Ziel des Gesetzesentwurfes, der das eigentliche Problem der Parteienfinanzierung ausklammerte und von der SPÖ propagiert wurde, da sie nicht in die Affäre involviert war und sich somit als moralisch integre Partei profilieren konnte, war es unter anderem die strengen Begriffe des Beamtenstrafrechts auf den Bereich der verstaatlichten Unternehmungen zu übertragen und diese einer stärken Kontrolle zu unterziehen.[558] In der Reaktion auf den Gesetzesentwurf, der von der ÖVP zunächst mitgetragen wurde, dann aber an ihrem Veto scheiterte, war hiervon jedoch weniger die Rede. Zu vernehmen war vielmehr, dass mit dem Antikorruptionsgesetz die bisherigen Unterschiede zwischen der direkten und indirekten Verstaatlichung weitgehend aufgehoben, die Verstaatlichung quasi vertieft[559] bzw. die Einflussmöglichkeiten des Parlaments auf die Banken im Staatsbesitz – auch was zukünftige Veräußerungen von Gesellschaftsanteilen betraf – enorm vergrößert würden.[560]

Ergebnis des Wahlkampfs war ein Zugewinn an Stimmen für die SPÖ. An Mandaten blieb sie jedoch auf Grund des damals bestehenden abgeschwächten Verhältniswahlrechts hinter der ÖVP zurück. Folge des Wahlergebnisses war die Bildung einer neuerlichen Großen Koalition, die bis 1962 dauern sollte. In der Koalition hatte die SPÖ jedoch wieder bessere Karten als nach der Wahl von 1956, was sich unter anderem darin ausdrückte, dass die Verwaltung der verstaatlichten Betriebe, die 1956 dem Bundeskanzleramt unterstellt wurden, nun in den Kompetenzbereich von Pittermann als Vizekanzler fiel und Kreisky – nachdem ihm ursprünglich das Finanzministerium angeboten worden war – das Außenministerium übernahm. In der ÖVP läutete der Rückschlag bei den Nationalratswahlen 1959 das Ende der Ära Raab ein. Ein Jahr später folgte Alfons Gorbach dem erkrankten Julius Raab – er hatte bereits 1957 einen leichten Schlaganfall erlitten – als Obmann der Volkspartei nach. Alfred Maleta wurde von Hermann Withalm als Generalsekretär abgelöst. 1961 löste Gorbach Julius Raab auch als Bundeskanzler ab.[561] Wie in der SPÖ begann sich in der Volks-

---

558 Broda, Christian, Das Antikorruptionsgesetz, in: Die Zukunft 4 – 5 (1959) S. 110 – 115 sowie AChB, ÖNB, Handschriftensammlung, III.13 – 16.

559 Über das Führungsteam der Sozialistischen Partei. Personelles im Gedanken an die Wahlen und nachher (II), in: Berichte und Informationen, Heft Nr. 665, 17. 4. 1959, S. 3.

560 Vodopivec, Wer regiert in Österreich, S. 155 ff.

561 Vgl. zu Alfons Gorbach: Bleier-Bissinger, Barbara Hanna, Bundeskanzler Alfons Gorbach

partei ein Generationswechsel abzuzeichnen. Die »Reformer«, allen voran der Salzburger Landeshauptmann Josef Klaus, seit 1960 auch stellvertretender Bundesobmann der ÖVP, und Hermann Withalm, nun Generalsekretär der ÖVP, drängten an die Parteispitze und verlangten, dass die Große Koalition, die nun nicht mehr prinzipiell außer Frage gestellt wurde, aus ihrer Erstarrung heraus kommen müsse. Die Forderung nach einer »Versachlichung« der Politik und einer »Verlebendigung der Demokratie« wurde laut.[562] Christian Broda zog nach der Wahl vom 10. Mai 1959 als Vertreter des Wahlkreises Wien-West in den Nationalrat ein und blieb hier ohne Unterbrechung bis 1983 Abgeordneter der SPÖ.

4.5.4. Kein Gesetzesentwurf ohne Broda, »Startgerüst« Publizistik und Demokratiekritik

In thematischer Hinsicht war Christian Broda als juridischer Fachberater der SPÖ und Abgeordneter zum Bundes- und Nationalrat in den 1950er Jahren mit einer Vielzahl von Gesetzesmaterien, man könnte fast sagen mit allen wesentlichen und weniger wichtigen Gesetzesvorhaben der Großen Koalition beschäftigt. Wie aus einem persönlichen Lebenslauf von ihm aus den frühen 1960er Jahren hervorgeht, war er in den Jahren bis 1955 in seiner Tätigkeit für die SPÖ vor allem mit der Verfassung von Rechtsgutachten für den sozialistischen Abgeordnetenklub im Rahmen der Vereinigung Sozialistischer Juristen beschäftigt.[563] Besonders erwähnenswert erschien ihm in diesem Zusammenhang, dass es auch die Vereinigung Sozialistischer Juristen war, die 1952/53 die Forderung nach einer großen Strafgesetz-, Strafprozess- und Strafvollzugsreform erhoben hatte, worauf 1954 auf Entschluss des Nationalrats eine Kommission zur Ausarbeitung eines neuen österreichischen Strafgesetzes geschaffen wurde, der Broda als stimmberechtigtes Mitglied seit seiner Berufung in den Bundesrat 1957 angehörte.[564]

Als Arbeitsgebiete von 1955 bis 1957, das heißt vom Abschluss des Staatsvertrages bis zur Delegierung in den Bundesrat, nannte Broda die Mitarbeit an neun Staatsvertragsdurchführungsgesetzen und die Verhandlungen über die Neuregelung des Österreichischen Rundfunks bzw. die Ausarbeitung eines Ge-

---

und seine Zeit. Leben und Sterben der Nachkriegskoalition, Graz 1988, Kriechbaumer, Robert, Alfons Gorbach, in: Dachs, Herbert / Gerlich, Peter / Müller, Wolfgang C. (Hg.), Die Politiker. Karrieren und Wirken bedeutender Repräsentanten der Zweiten Republik, Wien 1995, S. 160–167.

562 Vgl. zu den Reformern in der ÖVP: Wirth, Demokratiereform, S. 27–30.
563 StBKA, Korrespondenzen, Broda Christian.
564 Ebenda.

sellschaftsvertrages der Österreichischen Rundfunkgesellschaft.[565] Interessant ist dabei, dass Broda – im Gegensatz zu anderen Politikern wie etwa Julius Raab, der meinte, dass sich das Fernsehen nie durchsetzen werde – schon früh die politische Bedeutung des neuen Mediums erkannte und bereits in einer Analyse des Wahlganges 1959 festhielt, dass das Fernsehen das entscheidende Medium für zukünftige Wahlgänge sein werde.[566]

Von Juli 1957 bis 1959 war Broda insbesondere in folgenden Bereichen aktiv: Finanzstrafgesetz (BGBl. Nr. 129/1958), Besatzungsentschädigungsgesetz (BGBl. Nr. 126/1958), Kriegs- und Verfolgungssachschädengesetz (BGBl. Nr. 127/1958), Spätheimkehrergesetz (BGBl. Nr. 128/1958), Verhandlungen über die Abgeltung der auf Grund des Staatsvertrages erhobenen vermögensrechtlichen Ansprüche der katholischen Kirche, Ausarbeitung des »Bundesgesetzes vom 17. Dezember 1958, mit dem einige weitere Bestimmungen zur Durchführung des Artikels 26 des Staatsvertrages, BGBl. Nr. 152/1955, hinsichtlich kirchlicher Vermögensrechte getroffen werden«, Entwurf für ein »Antikorruptionsgesetz« (Ende 1958/Anfang 1959).

Ab Mai 1959, das heißt seiner Wahl in den Nationalrat, nannte Broda folgende Arbeitsgebiete, wobei er besonders sein Eintreten für die Wiederherstellung des Budgetrechts des Nationalrats hervorhob: Teilnahme an den Verhandlungen über die Ausarbeitung des Kompetenzgesetzes 1959 (BGBl. Nr. 173/1959), Änderung des Art. 77 der Bundesverfassung (BGBl. Nr. 171/59), Verstaatlichungsentschädigungsgesetz (BGBl. Nr. 3/1960). Außerdem wurde er (mit Ausnahme der Krankenkassensanierung und des Straßenpolizeigesetzes) in alle Unterausschüsse des Nationalrats entsendet, die legistische Arbeit zu leisten hatten (4. Rückstellungsanspruchsgesetz, 3. Auffangorganisationengesetznovelle, Unterhaltsschutzgesetz, Adoptionsgesetz, Glücksspielgesetz, Gutsangestelltengesetz, Menschenrechtskonvention usw.).[567]

Publizistisch meldete sich Christian Broda – wie im Wahlkampf 1959 deutlich wurde – in den 1950er Jahren nicht nur zur politischen Entwicklung in den kommunistischen Staaten Osteuropas zu Wort. Vor allem Fragen der Demokratiekritik und -reform erregten sein Interesse und ließen die Publizistik – so eine Charakterisierung aus dem Jahr 1963 – neben seinen juristischen Fachkenntnissen zu einem zweiten »Startgerüst« werden.[568]

Fragen, die Broda in seinen demokratiepolitischen Artikeln beschäftigten, waren der politische Stil der Zweiten Republik, der Stellenwert des Parlaments seit 1945 und immer wieder das Problem der Manager in der modernen De-

---

565 Ebenda.
566 Broda, Christian, Österreich geht seinen eigenen Weg. Die Wahlen vom 10. Mai 1959 und ihre Bedeutung, in: Neue Generation 3 (1959) S. 2.
567 StBKA, Korrespondenzen, Broda Christian.
568 Zerbs, Marxist auf Samtpfoten, S. 2.

mokratie, das Broda auch in die Diskussion um das neue Parteiprogramm der SPÖ 1958 einbrachte. Geprägt waren die Beiträge Brodas vom Kampf um die Parlamentshoheit, verbunden mit jenem um die Freiheit der Abgeordneten gegenüber der Parteidisziplin, von der Kritik an den politischen Parteien sowie vom Werben um das Vertrauen in die Verlässlichkeit des Koalitionspartners.[569] Er stellte als neuer Abgeordneter zum Nationalrat eine Kompromittierung des Parlaments fest und kritisierte, dass das Parlament weder in der Gesetzgebung noch in der Kontrolle der Vollziehung eine Bedeutung habe gewinnen können. Verantwortlich hierfür machte er sowohl die Regierung und den hochgradig inoffiziellen Koalitionsausschuss als auch das Wesen der politischen Parteien, die eine offene Diskussion im Parlament – und dies vor allem aufgrund des Klubzwangs – verhinderten. Insgesamt hätten die Parteien noch zu sehr den Charakter der Weltanschauungsparteien der Ersten Republik, was sich daran zeigen würde, dass sie auch nach 1945 einen Staat im Staat gebildet hatten. Im Wahlkampf würden regelmäßig die »apokalyptischen Reiter« gegen den politischen Mitbewerber hervorgeholt, was der Demokratie schade und die Lösung wichtiger Sachfragen verunmögliche – ein Zustand, den Broda vor allem ab dem Jahr 1956 konstatierte.[570] Mit seiner Kritik am politischen System der Zweiten Republik wurde er Teil der in den späten 1950er Jahren einsetzenden Demokratiereform-Debatte,[571] die vorerst von der ÖVP und den hier aufs politische Tapet drängenden Reformern aus den Bundesländern besetzt wurde und die sich um so mehr intensivierte, je weniger die Große Koalition funktionierte.

Außerhalb seiner parlamentarischen Tätigkeit, dafür aber verbunden mit seiner Tätigkeit als Anwalt und mit seinem publizistischen Engagement, war Broda in den späten 1950er Jahren in zwei weiteren Bereichen aktiv, die die SPÖ in jenen Jahren beschäftigten: dem Versuch, neue Wege in der Medienpolitik zu gehen und mit einem neuen Parteiprogramm der SPÖ eine neue programmatische Grundlage zu geben. Brodas Beteiligung an der Initiative zu einem »demokratischen Gegenfestival« in Hinblick auf die 1959 in Wien stattfindenden kommunistischen Weltjugendfestspiele erscheint – wie bereits im Zuge von Brodas Trennung vom Kommunismus angesprochen wurde – hingegen nicht nur im Kontext des Kalten Krieges und der antikommunistischen Ausrichtung

---

569 Ebenda.
570 Vgl. hierzu: Broda, Christian, Gegen die Hektik in der Demokratie, in: Forum 69 (September 1959) S. 318 – 320, Broda, Christian, Um den Stil der Zweiten Republik, in: Forum 59 (November 1958) S. 393 – 396, Broda, Christian, Hat das Parlament noch Funktionen?, in: Forum 73 (Januar 1960) S. 8 – 9, Broda, Christian, Das entblätterte Parlament, in: Heute 19 (1959) S. 1, Broda: Koalitionskrise seit 1956, in: Die Presse, 5. 8. 1963 sowie die gesammelten Beiträge zu diesem Thema in: Broda, Demokratie – Recht – Gesellschaft, S. 25 – 54.
571 Vgl. hierzu auch: Klenner, Fritz, Das Unbehagen in der Demokratie, Wien 1956.

der SPÖ, sondern besonders auch vor seinem biographischen Hintergrund interessant.

4.5.4.1. Der »Express«

In den 1950er Jahren befand sich die österreichische Presselandschaft in einem massiven Umbruch. Der allmähliche Rückzug der Alliierten aus dem Pressewesen, Spannungen zwischen den Parteizeitungen und den so genannten unabhängigen Medien, deren unaufhaltsamer Aufstieg sich in diesen Jahren abzeichnete, Polarisierungen zwischen den Wiener Zeitungen und jenen in den Bundesländern führten zu Verunsicherungen, neuen Herausforderungen und neuen Akteuren auf dem österreichischen Pressemarkt, unter denen sich für die SPÖ auch Christian Broda befand.

Nachdem es bereits in den Jahren 1933 und 1934 zu einem Verbot kommunistischer und sozialistischer Medien gekommen war, führte der »Anschluss« im März 1938 zu weiteren einschneidenden Veränderungen auf dem österreichischen Zeitungsmarkt,[572] dessen Wiederaufbau ab 1945 unter alliierter Kontrolle erfolgte. Die Alliierten, die selbst eigene Medien herausgaben, entschieden darüber, welche Zeitungen erscheinen konnten und waren (bis Mai 1946) auch für die Papierzuteilung zuständig. Restriktiv in der Vergabe von Zeitungslizenzen zeigten sich besonders die Sowjets und Briten, die in der ersten Nachkriegszeit neben den Besatzungszeitungen ausschließlich die Zeitungen von ÖVP, SPÖ und KPÖ zuließen.[573]

Die erste Zeitung, die im befreiten Österreich (erstmals am 21. April 1945) erschien, war die im Auftrag der sowjetischen Besatzungsmacht herausgegebene »Österreichische Zeitung«. Nach dem Einmarsch der westlichen Alliierten gaben auch Amerikaner, Briten und Franzosen eigene Zeitungen heraus: die Amerikaner den »Wiener Kurier«, der als einziger Besatzungszeitung Erfolg beschieden war, die Briten die »Weltpresse« und die Franzosen »Die Welt am abend«. Die erste nicht von den Alliierten herausgegebene Zeitung, deren Erscheinen von den Russen am 23. April 1945 gestattet worden war, war das »Neue Österreich«, das als »Organ der demokratischen Einigung« als Drei-Parteien-Blatt und ab 1947, nach dem Ausscheiden der Kommunisten aus der Redaktion, als Zwei-Parteien-Blatt erschien.[574]

---

572 Vgl. hierzu etwa: Hausjell, Fritz, Die gleichgeschaltete österreichische Presse als nationalsozialistisches Führungsmittel (1938–1945), in: Tálos, Emmerich / Hanisch, Ernst / Neugebauer, Wolfgang / Sieder, Reinhard (Hg.), NS-Herrschaft in Österreich. Ein Handbuch, Wien 2002, S. 627–641.

573 Vgl. in diesem Zusammenhang auch Molden, »Die Ost-West-Drehscheibe«, S. 687–774.

574 Fritz Csoklich merkt in diesem Zusammenhang an, dass die Kommunisten Ende 1947 zum Verlassen der Redaktion veranlasst wurden, an der Zeitung aber noch einige Jahre beteiligt

Nach der Entscheidung des Alliierten Rates im Juli 1945, den politischen Parteien Lizenzen für die Herausgabe von eigenen Parteizeitungen zu erteilen, standen den informationshungrigen ÖsterreicherInnen – der Zeitungsabsatz in der unmittelbaren Nachkriegszeit war enorm – auch wieder Organe von politischen Parteien zur Verfügung. Die SPÖ gab ab August 1945 wieder die traditionelle »Arbeiter-Zeitung« heraus und meldete erfolgreich ihre Besitzansprüche an der Vorwärts-Druckerei in der Rechten Wienzeile an. Chefredakteur der wiedergegründeten »Arbeiter-Zeitung« wurde der aus dem englischen Exil zurückgekehrte Oscar Pollak, der diese Funktion bereits seit 1931 ausgeübt hatte und die »Arbeiter-Zeitung« nun eindeutig pro westlich positionierte und immer wieder die Politik der Sowjetunion kritisierte. Die Kommunisten entschieden sich mit der Herausgabe der »Österreichischen Volksstimme«, die in der ehemaligen Druckerei Steyrermühl am Wiener Fleischmarkt gedruckt wurde, für eine Neugründung und knüpften somit nicht an die »Rote Fahne« der Ersten Republik an. Gleichfalls als Neugründung erschien auf Seiten der ÖVP, die als einzige der drei Parteien über keine eigene Druckerei verfügte, »Das Kleine Volksblatt«, nachdem eine Reaktivierung der »Reichspost« aufgrund ihrer Unterstützung für den autoritären »Ständestaat« nicht in Frage kam. Abgelöst als Zentralorgan wurde das »Kleine Volksblatt« im Juni 1947 von der »Wiener Tageszeitung« (später »Österreichische Neue Tageszeitung«), die unter maßgeblicher Beteiligung von Julius Raab entstanden war, der über ein eigenes »Leibblatt« und zudem über ein »großes Blatt« verfügen wollte.[575]

Weitere Zeitungen erschienen im Osten Österreichs vorerst nicht. In den westlichen Bundesländern waren mit den »Salzburger Nachrichten« und »Oberösterreichischen Nachrichten« oder der »Tiroler Tageszeitung« hingegen starke parteiunabhängige Zeitungen entstanden, die ursprünglich von den Amerikanern gegründet worden waren, aber bald in private Hände übergeben wurden. Weitere neue Zeitungen – sowohl auf Seiten der Parteien als auch der Unabhängigen – folgten vor allem in Oberösterreich und Salzburg in Folge des am 1. Oktober 1945 vom Alliierten Rat beschlossenen »Dekrets über die Wiederherstellung einer freien Presse in Österreich«. Zur heimlichen Pressehauptstadt wurde in den kommenden Jahren Salzburg, wo die einflussreichen »Salzburger Nachrichten« erschienen.[576] Ein »Spätstart« im Pressebereich erfolgte hingegen im Süden Österreichs in der britischen Besatzungszone. Hier wurden – nachdem anfangs nur Medien der Besatzungsmacht erschienen – erst

---

blieben. Csoklich, Fritz, Massenmedien, in: Weinzierl, Erika / Skalnik, Kurt (Hg.), Das neue Österreich. Geschichte der Zweiten Republik, Graz/Wien/Köln 1975, S. 261.
575 Muzik, Peter, Die Zeitungsmacher. Österreichs Presse. Macht, Meinungen und Milliarden, Wien 1984, S. 107 und S. 129 f., Csoklich, Massenmedien, S. 260 ff.
576 Csoklich, Massenmedien, S. 262.

im Vorfeld der Wahl vom 25. November 1945 Parteimedien zugelassen; parteilose Zeitungen hatten vorerst keine Chance auf eine Publikation.[577]

Eine der ersten parteiunabhängigen Zeitungen, die in Ostösterreich wieder
erscheinen konnte, war die von Ernst Molden und ab 1953 von seinem Sohn Fritz
herausgegebene »Presse«. Aufgrund von Papierknappheit und politischem
Widerstand konnte die bis ins Jahr 1848 zurückreichende Zeitung aber vorerst
nur als Wochenblatt und erst ab 19. Oktober 1948 als Tageszeitung erscheinen.
Als die »Presse«, die von ÖVP-nahen Wirtschaftskräften abhängig war,[578] 1949
in eine arge Finanzkrise schlitterte, war es durch die Kontakte Fritz Moldens in
die USA möglich, die nötigen Gelder für die Sicherung der »Presse« aufzutrei-
ben. Molden, der zu jener Zeit mit der Tochter von CIA-Chef Allan Dulles
verheiratet war, hatte seit dem Ende des Zweiten Weltkrieges, als er ein wichtiger
Verbindungsmann der Widerstandsbewegung zu den Amerikanern, unter anderem zum amerikanischen Geheimdienst OSS war, gute Verbindungen in die
USA.[579] Nachdem er seine Tätigkeit als Sekretär von Außenminister Karl Gruber
bald beendet hatte, war er 1945/46 als Auslandsredakteur tätig und schlug in
Folge eine kurze diplomatische Karriere ein, in deren Zusammenhang er auch
als Leiter der österreichischen Informationsstelle in New York fungierte. 1950
übernahm Fritz Molden schließlich als Verlagsdirektor die kaufmännischen
Agenden der »Presse« und gründete im selben Jahr die »Wochenpresse«.[580] Eine
weitere parteiunabhängige Zeitung, diesmal im Süden Österreichs, wurde im
Herbst 1948 von Karl Maria Stepan, Generaldirektor des katholischen »Styria«-
Verlags,[581] mit der »Kleinen Zeitung« begründet. Die »Kleine Zeitung« war 1904
als »Massenblatt ohne besondere politische oder geistige Ambition« gegründet
worden, wurde 1938 dem NS-Gauverlag einverleibt und konnte sich nach ihrer

---

577 Vgl.: Muzik, Die Zeitungsmacher, S. 110 ff. und Csoklich, Massenmedien, S. 262 ff. Einen
    Überblick über die Entwicklung im Pressebereich gibt auch: Steinmaurer, Thomas,
    Österreichs Mediensystem – Ein Überblick, in: Steinmaurer, Thomas (Hg.), Konzentriert
    und verflochten. Österreichs Mediensystem im Überblick (Beiträge zur Medien- und
    Kommunikationsgesellschaft 10), Innsbruck/Wien/München/Bozen 2002, S. 12 ff.
578 Rathkolb, Oliver, Die paradoxe Republik. Österreich 1945 bis 2005, Wien 2005, S. 229.
579 Vgl. zu Molden und seinen Beziehungen zum OSS insbesondere eine Kontroverse zwischen
    Siegfried Beer und Fritz Molden im Jahr 1998, darunter: Beer, Siegfried, Laßt die Doku-
    mente sprechen, in: Risse im Context XXI. Magazin zur Alpenbegradigung 3 (1999), online:
    http://www.contextxxi.at/context/content/view/77/28/ (14.3.2010) und in diesem Zusam-
    menhang auch, dass 2009 bekannt wurde, dass Otto Schulmeister, seit 1961 Chefredakteur
    der »Presse«, im Dienst der CIA stand: Zöchling, Christa, Ex-»Presse«-Chef im Dienste der
    CIA: Otto Schulmeister agierte für den Geheimdienst, in: Profil 17 (2009), online: http://
    www.profil.at/articles/0916/560/239634/ex-presse-chef-dienste-cia-otto-schulmeister-ge
    heimdienst (1.4.2009).
580 Vgl. zur Biographie Moldens: Molden, Besetzer, Toren, Biedermänner sowie Molden,
    »Vielgeprüftes Österreich«.
581 Die Styria ging aus dem 1869 gegründeten Katholischen Preßverein in Graz hervor.

Wiedergründung 1948 nur nach großen Startschwierigkeiten, vor allem durch das journalistische Geschick des jungen Hans Dichand, durchsetzen. Gemeinsam hatten die in den westlichen Bundesländern und nun auch die im Osten und Süden Österreichs erscheinenden unabhängigen Zeitungen, dass sie von Anfang an auf deutliche Distanz zu den offiziellen Parteizeitungen gingen. Im Hintergrund der Zeitungen oder ihrer Druckereien befanden sich trotz »Unabhängigkeit« – wie etwa das Beispiel der »Oberösterreichischen Nachrichten« oder die beiden nachfolgenden Beispiele beweisen – aber nicht selten die politischen Parteien.[582]

Das Jahr 1954 brachte mit der Entstehung des »Bildtelegraf« und des »Neuen Kurier« zwei weitere neue Zeitungen. Mit dem »Bildtelegraf« hatten Gustav A. Canaval von den »Salzburger Nachrichten«, Hans Behrmann, der ehemalige Herausgeber und Mitbegründer der »Oberösterreichischen Nachrichten«, und Josef Moser von der »Tiroler Tageszeitung« im Frühjahr 1954 versucht, in Anknüpfung an den »Telegraf« der Ersten Republik den Wiener Boulevardmarkt einzunehmen. Der »Bildtelegraf«, den groß angelegte Bildberichte, Klatsch und Tratsch aller Art, aber auch ein anspruchsvoller Kulturteil ausmachten und dem unter ihrem Chefredakteur Gerd Bacher schon bald ein journalistischer Erfolg beschieden war, war offiziell ein unabhängiges Boulevardblatt. In Folge rasch auftretender finanzieller Schwierigkeiten, die in Zusammenhang mit dem raschen Erfolg des »Neuen Kurier« zu sehen sind, geriet er jedoch bald in den finanziellen Einflussbereich der ÖVP. Der »Neue Kurier« erschien ab Oktober 1954 als Nachfolgeblatt des von den Amerikanern herausgegebenen »Wiener Kurier«. Er wurde vom umtriebigen Mühlen-Besitzer Ludwig Polsterer, der mit seiner Filmfirma »Cosmopol« im Filmbereich aktiv war und in diesem Zusammenhang auch Kontakte zu Christian Broda hatte, übernommen und von den beiden ersten Chefredakteuren Hans Dichand, der 1954 nach Wien gewechselt war, und Hugo Portisch, zuvor Direktor des österreichischen Informationsdienstes in New York, rasch zu einer erfolgreichen Zeitung aufgebaut. Gedruckt wurde der »Neue Kurier« in der (später Polsterer gehörenden) Druckerei Waldheim-Eberle, die sich ursprünglich je zur Hälfte in Händen des ÖAAB und in jenen des Betriebsrats befand. Am »Kurier« beteiligt war neben Polsterer anfangs – auf Druck von Waldheim-Eberle – auch der ÖAAB. Offizieller Alleineigentümer des »Neuen Kurier« wurde Polsterer erst 1958. Auch dann blieb allerdings noch für zehn Jahre ein stiller ÖVP-Gesellschafter, der eine allzu ÖVP-kritische Berichterstattung verhinderte.[583]

Der sich bereits rasch in Geldnöten befindende »Bildtelegraf« wurde hingegen auf Basis eines günstigen Vertrags seit dem Frühjahr 1957 bei Fritz Molden

---

582 Muzik, Die Zeitungsmacher, S. 112 f. sowie Rathkolb, Die paradoxe Republik, S. 235.
583 Ebenda, S. 135 ff.

in dessen Pressehaus am Fleischmarkt gedruckt. Molden hatte nach dem Abzug der Russen die von diesen beschlagnahmte Druckerei am Fleischmarkt, die sich nun wieder im Besitz der (sozialistischen) Steyrermühl AG befand, übernommen und musste sich nun – hatte er doch die größte Druckerei der Stadt gepachtet – um neue Druckereikunden bemühen. So konnte er neben dem »Bildtelegraf« auch die ehemals britische »Weltpresse« gewinnen. Sie war wie bereits zuvor die französische »Welt am abend«, die allerdings bald (1948) eingestellt wurde, 1950 in sozialistische Hände geraten und wurde ursprünglich im Vorwärts-Gebäude gedruckt. 1957 wechselte sie jedoch zu Molden, wofür – so Fritz Molden – die »liberal-fortschrittlichen Kaufleute« bzw. namentlich Christian Broda, den Molden bereits seit einer Begegnung in Ried im Innkreis 1945 kannte, und der spätere Länderbank-Generaldirektor Franz Ockermüller verantwortlich waren.[584] Ockermüller war – wie bereits ausgeführt – ein Schulfreund von Broda, den dieser in seiner Karriere in der Länderbank auch soweit als möglich unterstützte. Motiviert war ihr Vorgehen durch das Bestreben, der »Neuen Weltpresse« einen stärker unabhängigen Charakter zu geben und dem Einfluss Oscar Pollaks zu entziehen, der aus der »Neuen Weltpresse« eine stramme Parteizeitung machen wollte.[585] Die ehemals russische »Österreichische Zeitung« und die gesamte KPÖ, die sich nun am Wiener Hochstädtplatz das Globus Verlagshaus baute, gingen jedoch als Kunden verloren.

In den Druckvertrag für den »Bildtelegraf« ließ Molden die Klausel einfügen, dass er eine dem »Bildtelegraf« ähnliche Zeitung herausbringen könne, sobald dieser mehr als zwei Millionen Schulden bei ihm haben sollte. Von Bedeutung wurde dieser Punkt im Herbst 1957, als ein Korruptionsverdacht gegen den Vorsitzenden der Wiener ÖVP, Fritz Polcar, laut wurde, über den die »Presse« und der »Bildtelegraf« intensiv berichteten und der – wie ausgeführt – auch Motivation für die Arbeiten am Antikorruptionsgesetz Ende der 1950er Jahre war. Die Druckschulden des »Bildtelegraf«, hinter dem in finanzieller Hinsicht mittlerweile die ÖVP und Bundeskanzler Raab standen, wurden immer größer. Molden witterte ein Komplott und glaubte, dass der konkursreife »Bildtelegraf« so lange mit der Anmeldung der Insolvenz warten würde, bis sein Pressehaus vor dem Ruin stehen würde. Er befürchtete, dass der Titel dann gerade noch rechtzeitig an den »Kurier«-Besitzer Polsterer verkauft werden würde, damit dieser eine vergleichbare Zeitung heraus bringen könnte, während er wegen der Eintreibung der bei ihm bestehenden Schulden gegen ein in Konkurs befindliches Unternehmen prozessieren müsste. Entschlossen dieses Vorhaben zu vereiteln, wandte sich Molden in dieser Situation an die Eigentümer-Vertreter der »Neuen Weltpresse« und erhielt von diesen, das heißt von Christian Broda und

---

584 AChB, ÖNB, Handschriftensammlung, Ib.288.2
585 Interview mit Prof. Fritz Molden am 21.2.2007.

Franz Ockermüller, die Zusage, ihn in dieser Situation so weit als möglich, nötigenfalls auch finanziell, zu unterstützen. Zudem wurde die Herausgabe einer sofortigen Nachfolgezeitung im Falle einer Einstellung des »Bildtelegraf« besprochen.[586]
Wahr gemacht hat Molden seinen Plan, als weitere Mahnungen hinsichtlich der Einbringung der ausstehenden Zahlungen nicht fruchteten: Als Nachfolgezeitung des »Bildtelegraf« brachte er Mitte März 1957, nachdem sich beinahe die gesamte Redaktion des »Bildtelegraf« zur Mitarbeit an der neuen Zeitung bereit erklärt hatte, das »Bild-Telegramm« heraus. Von Moldens Kontrahenten wurde darauf die Herausgabe des »Bild-Telegramms« gefordert, die ihrerseits nun mit einer neuen Belegschaft eine beinahe identische Zeitung mit dem alten Namen »Bildtelegraf« herausbrachten. Molden blieb jedoch bei seiner Entscheidung, eine neue Zeitung herauszubringen. In Wien tobte der »Zeitungskrieg«. Wechselnde Beschlagnahmungen der bei Molden herausgegebenen Titel und Strafanzeigen waren an der Tagesordnung bis der »Wiener Zeitungskrieg« mit der Geburt des »Express« am 26. März 1958 im Wesentlichen sein Ende fand. Während der »Bildtelegraf« noch einige Zeit – und das alles andere als erfolgreich – weitergeführt und später von Polsterer an Molden verkauft wurde, trat der »Express« nun an die Stelle des »Bildtelegramm« und der bei Molden gedruckten, in sozialistischem Besitz befindlichen (und mit Geldern des ÖGB finanzierten) »Neuen Weltpresse«.[587]
Der »Express« war – wie Fritz Molden in seinen Erinnerungen ausführt – ein Kind langer Gespräche und Überlegungen zwischen ihm, Fritz Czerwenka, seinem Anwalt, Gerd Bacher und Christian Broda, der schon seit frühester Jugend an ein reges Interesse für Medien gezeigt hatte. Presseerfahrung hatte er bereits in seiner Zeit beim Kommunistischen Jugendverband und 1945 in Ried im Innkreis gesammelt, und auch in den folgenden Jahren schrieb er mit Begeisterung in der »Zukunft«, im »Forum« und anderen Orts. Der »Express«, der anfangs von der Fritz Molden Verlagsges.m.b.H. und dann von der Express Verlagsges.m.b.H. getragen wurde, sollte – wie zwischen Molden und Broda vereinbart worden war – als unabhängige Zeitung erscheinen. Die Geschäftsanteile an der Express Verlagsgesellschaft wurden in einem Treuhandvertrag vom 23. Dezember 1958 folgendermaßen aufgeteilt: die Gruppe um Christian Broda erhielt 50 Prozent, Fritz Molden 25,5 und Gerd Bacher 24,5 Prozent der Anteile. Ein Optionsrecht auf ein 51. Prozent wurde für die Gruppe Broda verankert, um die Finanzierung der Zeitung sollte sich Broda kümmern.[588] Wie

---

586 Molden, Besetzer, Toren, Biedermänner, S. 243 ff.
587 Ebenda, S. 269 f.
588 Molden, Besatzer, Toren, Biedermänner, S. 270, AChB, ÖNB, Handschriftensammlung, II.27.

Franz Olah in seinen Memoiren und im Zuge seines Prozesses 1969 ausführte, wurden die nötigen Finanzmittel durch Kredite der Arbeiterbank (später BAWAG) organisiert; als sich diese einmal weigerte, einen Kredit zu geben, soll aber auch er mit Gewerkschaftsgeldern eingesprungen sein.[589] In seinen Inhalten sollte der »Express«, wie es zwischen Molden, Bacher und Broda vereinbart worden war und wie es in der ersten Ausgabe publiziert wurde, folgenden Grundsätzen folgen:

»1. ›Express‹ ist parteiunabhängig und wird von keiner politischen Partei oder einer ihrer Gruppen direkt oder indirekt Weisungen entgegennehmen.
2. ›Express‹ bekennt sich zur Demokratie; es wird jedoch jeden Misstand im demokratischen Staatswesen anprangern.
3. ›Express‹ tritt für die größtmögliche Freiheit des Staatsbürgers im Rahmen der Gesetze ein.
4. ›Express‹ betrachtet die Bekämpfung der Korruption, wo immer sie auch nisten möge, als eine seiner Hauptaufgaben.
5. ›Express‹ ist gegen die Auswüchse des Kammerstaates, jedoch für eine stärkere Stellung des Parlaments.
6. ›Express‹ ist ein sozialkritisches, im echten Sinne des Wortes fortschrittliches Blatt, das die Dinge schonungslos beim rechten Namen nennen wird.«[590]

Für die SPÖ bot sich mit der Beteiligung am »Express« – wie zuvor bereits mit der Übernahme der britischen »Weltpresse« – die Möglichkeit, ihre Position auf dem österreichischen Pressemarkt auszubauen und auf den sich in diesen Jahren bereits abzuzeichnenden Niedergang der Parteizeitungen sowie den unaufhaltsamen Aufstieg der parteiunabhängigen Presse zu reagieren. Innerparteilich möglich wurde dieser »Flirt« mit der unabhängigen Presse durch den sich Mitte der 1950er Jahre abzeichnenden Generationenwechsel in der SPÖ und der in diesem Zusammenhang erfolgten Reduzierung des Einflusses von Oscar Pollak, der die sozialistische Presse in den Jahren zuvor fest in seiner Hand gehalten hatte. Während Pollak für das Konzept der klassischen Parteizeitung stand, waren die nunmehr aufstrebenden Männer in der Partei – Kreisky, Broda und Olah – neuen Wegen in der Pressepolitik durchaus aufgeschlossen.[591] Beispiel

---

589 Olah, Die Erinnerungen, S. 178 ff. sowie Konrad, Helmut / Lechner, Manfred, »Millionenverwechslung«. Franz Olah – Die Kronenzeitung – Geheimdienste, Wien/Köln/Weimar 1992, S. 113.
590 Was wir wollen!, in: Express am Morgen, 26.3.1958 sowie AChB, ÖNB, Handschriftensammlung, II.27.1.
591 Über das Führungsteam der Sozialistischen Partei. Personelles im Gedanken an die Wahlen und nachher (II), in: Berichte und Informationen, Heft Nr. 665, 17.4.1959, S. 3. Vgl. zum Einfluss Oscar Pollaks auch: Piperger, Alois, Zu meiner Zeit. Ein Leben im Spiegel unseres Jahrhunderts, Wien/Köln/Graz 1988 sowie zur Medienpolitik der SPÖ: Fabris, Hans Heinz, Zwischen Lager-Öffentlichkeit und Telekratie. Vom schwierigen Umgang der SPÖ mit den Medien, in: Pelinka, Peter / Steger, Gerhard (Hg.), Auf dem Weg zur Staatspartei. Zu

und Ausdruck hierfür ist, dass der Druck der »Neuen Weltpresse« ab 1957 bei Fritz Molden am Fleischmarkt erfolgte und die Entstehung des »Express«. Aber auch die zwischen 1958 und 1961 erschienene, linksintellektuelle, von Kreisky unterstützte Wochenzeitung »Heute«, zu deren Erstlingsnummer auch Christian Broda einen Beitrag beisteuerte[592] sowie das Engagement von Franz Olah bei der Wiedergründung der »Kronen-Zeitung« im Jahr 1959 sind in diesem Zusammenhang zu sehen.

In der Literatur wurde hinsichtlich der Gründung des »Express« wiederholt von einem »Pressekonzept« Brodas gesprochen, wonach sich die SPÖ durch die Beteiligung an einer unabhängigen Zeitung zumindest insofern einen gewissen Einfluss auf dem bürgerlich dominierten Printmediensektor sichern wollte, als dieses Blatt der SPÖ und der Gewerkschaft gegenüber zumindest neutral, wenn nicht sogar wohlwollend eingestellt sein sollte. Ein Boulevardblatt, das über einen gewissen Anspruch verfügt, sollte als »kleines Blatt« zur »Arbeiter-Zeitung« mit hohem politischen Anspruch treten und neue LeserInnen fernab der SPÖ ansprechen.[593] Von Broda selbst, dessen Tätigkeit im Bereich des »Express« in seinem Nachlass dokumentiert ist, sind jedoch keine solchen Überlegungen erhalten.[594] Deutlich wird hier vielmehr, dass Broda – wie von Molden ausgeführt – als dessen Ansprechpartner fungierte und – ebenso wie bei der »Weltpresse« – mit der Abwicklung juridischer und bilanztechnischer Fragen beschäftigt war. Anzumerken ist dabei, dass Broda nach außen hin nicht als Vertreter des »Express« aufschien. Als Treuhänder für ihn Molden und Bacher trat der Rechtsanwalt Fritz Czerwenka auf; im Handelsregister wurde Fritz Molden als Geschäftsführer geführt.[595] Broda seinerseits agierte – wie Unterlagen aus seinem

---

Geschichte und Politik der SPÖ seit 1945, Wien 1988, S. 391 – 402, Geschichte sozialdemokratischer Medienpolitik in Österreich (Medienpapiere 2 der Themeninitiative Medienpolitik in der SPÖ Wien), Wien 1995.

592 Broda, Christian, Ruf nach der Todesstrafe, in: Heute 1 (1958) S. 1.

593 Vgl. etwa Heissenberger, Eva Anna, Die Wiener Boulevardpresse in der ersten Hälfte der Zweiten Republik unter besonderer Berücksichtigung des »Express«, Dipl.-Arb., Wien 1995, S. 68 – 70, Venus, Theodor, Zerbrochene Medienträume. »Express«, »Kronen-Zeitung« und »Arbeiter-Zeitung«, in: Bruno Kreisky. 1911-1970-1983-1990. Seine Zeit und mehr. Wissenschaftliche Begleitpublikation zur 240. Sonderausstellung des Historischen Museums der Stadt Wien, 18. September bis 15. November 1998, Wien 1998, S. 127 – 147.

594 Am interessantesten erscheinen in diesem Zusammenhang noch folgende, nicht datierte Notizen »P.V. – ›was sollen die Genossen erfahren?‹« und »höchstens Neutralisierung (der ›Presse‹) – Molden, Bacher soviel Geld für mäßigenden Einfluss Beschlussfassung.« Vgl.: AChB, ÖNB, Handschriftensammlung, II.27.4. und II.27.5. Zum Themenbereich »Neue Weltpresse«, »Express« sind folgende Mappen im AChB vorhanden: II.27, II.104, II.105, AChB, Nachtrag, ÖNB, Handschriftensammlung, XVIII.30.

595 Vgl. hierzu: Handelsgericht Wien/Wiener Stadt- und Landesarchiv: Neue Weltpresse Zeitungs- und Zeitschriften Verlagsges.m.b.H. HRB 7084 sowie Express Verlags Ges.m.b.H. HRB 6824, HRB 8979, 13.134a (Die Registerbände befinden sich in Handelsgericht Wien, die entsprechenden Akten im Wiener Stadt- und Landesarchiv, wobei der Akt HRB 6824

Nachlass belegen – (zumindest ab Ende 1958) für die sich in sozialistischen Händen befindliche, 1958 gegründete »Progress Werbeagentur«, in deren Aufsichtsrat sich Broda (zumindest) 1959 auch befand.[596]

Das Konzept, neue LeserInnen auf dem österreichischen Zeitungsmarkt anzusprechen, ging anfangs gut auf. Als moderne und großzügig aufgemachte Boulevardzeitung mit einem dreimal täglichen Erscheinen entwickelte sich der »Express« hinter dem »Kurier« schon bald zum zweitgrößten Abendblatt Österreichs.[597] Nachdem der Einfluss der SPÖ auf die Zeitung größer wurde, war diese aber zum Scheitern verurteilt. Wie Fritz Molden ausführt, ging der wachsende Druck der Partei jedoch nicht auf Broda, sondern vor allem auf Franz Olah zurück. Broda war in Fragen des »Express« für Molden und Bacher bis 1960 der Ansprechpartner. Als er im Juni 1960 ins Justizministerium wechselte und in diesem Zusammenhang seine Tätigkeit als Anwalt einstellte, schied er als Treuhänder für die sozialistischen Anteile am »Express« aus. Er übergab – wie Unterlagen in seinem Nachlass belegen – in einem Treuhandvertrag vom 20. Juni 1960 die von ihm für die Progress Werbegesellschaft innegehabten Rechte an Dr. Czerwenka als Treuhänder von Dr. Johann Levar. Levar, der Vertrauensanwalt Olahs, vertrat – wie einst Broda – die Progress-Werbung.[598] Zugleich wurde das Ausscheiden Brodas auch in einem weiteren Treuhandvertrag vom 24. Juni 1960 hinsichtlich der Vereinbarung mit Molden und Bacher fixiert und festgehalten, dass die von Broda vertretenen 50 Prozent am »Express« und das Optionsrecht auf ein 51. Prozent an Dr. Levar übergehen.[599]

Von Molden wurde die Zusammenarbeit mit Broda mehrfach als bestens bezeichnet und festgehalten, dass es zu keinen Einmischungen in die inhaltliche Gestaltung der Zeitung kam.[600] Als nach dem Wechsel Brodas ins Justizministerium Franz Olah, der Wiener Vizebürgermeister Felix Slavik und SPÖ-Zentralsekretär Alois Piperger seine Ansprechpartner wurden, forderte besonders Franz Olah einen größeren politischen Einfluss auf die Zeitung und drohte mit der Inanspruchnahme des Optionsrechts auf das 51. Prozent am »Express«. Broda hatte – wie Molden betont – seinerzeit erklärt, dass er dieses Recht nie in Anspruch nehmen werde. Olah zeigte sich nun im Gegensatz zu Slavik und

---

nicht mehr aufgefunden werde konnte. Heissenberger konnte diesen für ihre 1995 abgeschlossene Arbeit noch einsehen).

596 AChB, ÖNB, Handschriftensammlung, II.27, II.61.1, AChB, Nachtrag, ÖNB, Handschriftensammlung, XVIII.103 sowie Handelsgericht Wien: HRB 7292, HRB 10.057, HRB 29.562a, FN 92.989.

597 Vgl. zur Entwicklung des »Express« ausführlich: Heissenberger, Die Wiener Boulevardpresse in der ersten Hälfte der Zweiten Republik unter besonderer Berücksichtigung des »Express«, S. 66–108.

598 AChB, ÖNB, Handschriftensammlung, II.27.2.

599 Ebenda.

600 Interview mit Prof. Fritz Molden am 21.2.2007.

Piperger, die sich gegenüber Molden und Bacher eher gesprächsbereit gaben, aber fest entschlossen, im »Express« das Sagen zu haben. Das Ergebnis einer langen Reihe von Verhandlungen war die Übernahme des kompletten »Express« durch Olah bzw. die SPÖ. Molden und Bacher zogen sich daraufhin per 31. Dezember 1960 aus dem »Express« zurück.[601] Bacher hatte Broda noch im November 1960 im Zuge eines Disputs mit SPÖ-Zentralsekretär Probst über die Unabhängigkeit der Zeitung geschrieben, dass Österreich zu manchem offensichtlich »noch nicht reif« sei.[602] Molden musste aus Geldnöten wenig später die »Presse« an Kommerzialrat Fred Ungart von der Internationalen Werbegesellschaft verkaufen, zog sich bald darauf ganz aus dem Zeitungs- und Zeitschriftengeschäft zurück und gründete einen Buchverlag. Gerd Bacher wurde 1967 Generaldirektor des ORF.

Der »Express«, der nach seiner Gründung innerhalb weniger Jahre zur zweitstärksten Zeitung geworden war, wurde 1970 als herabgewirtschaftetes Blatt im Zuge des so genannten »zweiten Zeitungskriegs«[603] an eine »anonyme private Gruppe« verkauft. Pläne von Kreisky, den »Express« in eine gehobene, parteiunabhängige Tageszeitung vom Niveau der »Süddeutschen Zeitung« umzuwandeln, waren gescheitert.[604] Vielmehr hatte der marode »Express« unter Chefredakteur Struwe zuletzt mit immer mehr Sensationsgeschichten und nackter Haut versucht, seine Absatzzahlen zu erhöhen. 1971, nach der Übergabe an die »anonymen Käufer«, die sich als Hans Dichand und Kurt Falk herausstellten, wurde das Blatt schließlich eingestellt.[605] Wenig zuvor, im Jahr 1970 hatte Molden auch sein neues, 1963 fertig gestelltes Pressehaus in Wien-Heiligenstadt an die »Ingebe«, eine Tochtergesellschaft der Gewerkschaftsbank BAWAG, verkauft. Bald darauf kam es jedoch zu einer Beteiligung von Dichand und Falk am Pressehaus,[606] was nicht unerheblich für den endgültigen Nieder-

---

601 Molden, Besatzer, Toren, Biedermänner, S. 316 ff. sowie Molden, »Vielgeprüftes Österreich«, S. 131 ff.

602 AChB, ÖNB, Handschriftensammlung, II.27.3.

603 Vgl. hierzu: Kriechbaumer, Robert, Der zweite Zeitungskrieg. Ein Kapitel österreichischer Zeitgeschichte, in: Zeitgeschichte 2 (1980) S. 43 – 60.

604 Rathkolb, Die paradoxe Republik, S. 238.

605 Anzumerken ist dabei, dass der »Express« nicht das einzige Printmedium war, das zu jener Zeit von der Bildfläche verschwand. Eingestellt wurde in diesem Jahr auch das ÖVP-Organ »Volksblatt«, der Nachfolger des »Kleinen Volksblatts«, nachdem Raabs »Leiborgan«, die »Österreichische Neue Tageszeitung«, bereits 1964 eingestellt worden war. Die von der SPÖ finanzierte, ab 1967 im Raum Wien erscheinende »Neue Zeitung« wurde 1971 eingestellt. Die »Arbeiter-Zeitung« bestand bis 1991.

606 Grund für den Verkauf war, dass Dichand und Falk ankündigten, das Pressehaus, in dem damals die »Kronen-Zeitung« gedruckt wurde, zu verlassen, wenn dieses in die Hände der Gewerkschaft übergehen würde – befanden sich die »Kronen-Zeitung« und der ÖGB doch zu jener Zeit in einem heftigen Rechtsstreit um die Zeitung. Mit Krediten der BAWAG wurde deshalb eine Beteiligung am Pressehaus ermöglicht. Vgl.: Kriechbaumer, Der zweite Zei-

gang des »Express« sein sollte, bis schließlich auch das Pressehaus mehrheitlich an diese ging.[607] Dichand und Falk hatten 1959, ein Jahr nachdem der »Express« entstanden war, mit finanzieller Hilfe von Franz Olah die »Kronen-Zeitung« wiedergegründet. Bei den stark medial ausgetragenen Auseinandersetzungen zwischen Olah und Broda in den 1960er Jahren sollte die »Kronen-Zeitung« – wie noch auszuführen sein wird – eine zentrale Rolle spielen. Vorausgeschickt soll an dieser Stelle schon jetzt werden, dass sich Broda, wenn er sich im Zusammenhang mit dem »Express« als liberaler Medienpolitiker zeigte, in der »Causa Kronen-Zeitung« bei direkten Angriffen auf seine Person deutlich weniger freizügig gab.

4.5.4.2. Das Parteiprogramm 1958

Wie viele andere Mitglieder und Funktionäre beteiligte sich auch Christian Broda in den 1950er Jahren intensiv an der Schaffung eines neuen Parteiprogramms. Dass er dabei seinen »marxistischen Wurzeln« treu blieb, wurde von nicht wenigen Kommentatoren festgehalten. Verbunden war der Wunsch nach einem klaren sozialistischen Bekenntnis jedoch mit demokratiepolitischen Forderungen, einem Themenbereich, der Broda – wie genannt – in den 1950er Jahren vor allem publizistisch intensiv beschäftigte und für ihn auch in den kommenden Jahren ein wichtiges Thema bleiben sollte.

Als die SPÖ 1945 von VertreterInnen der »alten« Sozialdemokratie vor 1934 und der in der Illegalität entstandenen Revolutionären Sozialisten wieder gegründet wurde, wurde auch in programmatischer Hinsicht an das historische Erbe der Partei angeknüpft. Zur Grundlage der Partei wurden das Linzer Programm aus dem Jahr 1926 und die Prinzipienerklärung der Revolutionären Sozialisten aus dem Jahr 1934. 1947 wurde – maßgeblich ausgearbeitet von Julius Deutsch, der in den Jahren nach 1945 die Publikationen im Vorwärts-Verlag leitete – ein Aktionsprogramm verabschiedet.[608] Das offizielle Parteiprogramm der SPÖ blieb aber nach wie vor das Linzer Programm aus dem Jahr 1926, das maßgeblich von Otto Bauer formuliert worden war und eines der zentralen Dokumente des Austromarxismus darstellt.

Im Linzer Programm hieß es, dass die Sozialdemokratische Arbeiterpartei Deutschösterreichs gestützt auf die Lehren des wissenschaftlichen Sozialismus den Befreiungskampf der Arbeiterklassen führt und eine Überwindung der

---

tungskrieg, S. 45, Csocklich, Massenmedien, S. 270 und AChB, ÖNB, Handschriftensammlung, IV.79.

607 Vgl. zur Entwicklung des »Express« ausführlich: Heissenberger, Die Wiener Boulevardpresse in der ersten Hälfte der Zweiten Republik unter besonderer Berücksichtigung des »Express«, S. 66 – 108.

608 Kaufmann, Sozialdemokratie in Österreich, S. 447.

kapitalistischen sowie den Aufbau der sozialistischen Gesellschaftsordnung
anstrebt. Die demokratische Republik wurde als Leistung des Freiheitskampfs
der Arbeiterbewegung beschrieben, auf deren Boden nun die Klassenherrschaft
der Bourgeoisie und das Großkapital gestürzt werden und eine Enteignung von
Kapitalisten und Großgrundbesitzern sowie der Vergesellschaftung von Groß-
grundbesitz und Produktionsmitteln erfolgen soll. Lediglich dann, wenn sich die
Bourgeoisie gegen diese gesellschaftliche Umwälzung auf demokratischer
Grundlage stellen würde, sollte ihr Widerstand mit den Mitteln der Diktatur
gebrochen werden. Als Aufgaben der Partei wurden – handelte es sich doch um
das erste nach dem Ende der Monarchie verabschiedete Parteiprogramm der
SdAP – der Ausbau der Republik, der Wirtschaftsdemokratie und des Sozialstaates, vor allem im Bereich des ArbeiterInnenschutzes, genannt. Der Gleichberechtigung der Frau, bevölkerungs-, schul- und kulturpolitischen Forderungen wurde ebenso ein eigenes Kapitel gewidmet wie dem Verhältnis von Sozialdemokratie und Religion bzw. Kirche. Die Religion wurde zur Privatsache
erklärt und die Trennung von Staat und Kirche gefordert, wobei sich die SdAP
dort kampfbereit zeigte, wo Kirche und Religionsgemeinschaften ihre Macht
dazu benützen würden, dem Befreiungskampf der Arbeiterklasse entgegenzuwirken. Als Voraussetzung für die Überwindung der kapitalistischen und den
Aufbau der sozialistischen Gesellschaft wurde das Zusammenwirken der Arbeiterklassen aller Länder gesehen, da die »sozialistische Gesellschaftsordnung
[…] nicht in einem einzelnen, kleinen, von den kapitalistischen Weltmächten
abhängigen Land aufgebaut werden« kann. Die 1926 erhobene Forderung nach
einem Anschluss Deutschösterreichs an das Deutsche Reich wurde nach der
Machtübernahme Hitlers in Deutschland jedoch noch im Oktober 1933 aus dem
Programm gestrichen.[609]

Im 1947 einstimmig angenommenen Aktionsprogramm, das sich auf den
Boden des Linzer Programms stellte und »Otto Bauerschen Geist atmete«, wenn
hier auch der Verweis auf die Lehren des wissenschaftlichen Sozialismus, sprich
den Marxismus, fehlte,[610] erklärte sich die SPÖ zur »Partei des arbeitenden
Volkes in Stadt und Land«. Als zentrale Forderung fand sich hier – noch vor der
programmatischen Äußerung, dass es »keine Rückkehr mehr zum kapitalistischen System der Vorkriegszeit« geben könne – der Kampf um die volle Souve-

---

609 Vgl.: Das Linzer Programm. Programm der Sozialdemokratischen Arbeiterpartei Öster-
       reichs, beschlossen vom Parteitag zu Linz am 3. November 1926, in: Neugebauer, Wolfgang,
       Modelle für die Zukunft. Die österreichische Sozialdemokratie im Spiegel ihrer Programme
       1889 – 1978, Wien 1985, S. 41 ff.
610 Kreissler, Felix, Die Entwicklung der SPÖ in ihren Programmen und in ihrer Politik: Vom
       Austromarxismus zum »Austrosozialismus« (1945 – 1973), in: Botz, Gerhard / Hautmann,
       Hans / Konrad, Helmut (Hg.), Geschichte und Gesellschaft. Festschrift für Karl R. Stadler
       zum 60. Geburtstag, Wien 1974, S. 215.

ränität Österreichs und die Freiheit von der Besatzung. Erst dann wurde ausgeführt, welchen grundsätzlichen staats- und wirtschaftspolitischen Zielvorstellungen die SPÖ folgt und ein eindrückliches Bekenntnis zur Demokratie
abgelegt. Im Gegensatz zu 1926 fehlte hier nun auch der schüchterne Hinweis auf
eine defensive Benützung der Diktatur im Falle des Widerstands der Bourgeoisie, das der SdAP bzw. SPÖ viel Kritik eingebracht hatte. Vielmehr ist nun
von einer grundsätzlichen Ablehnung der Diktatur die Rede. In wirtschaftspo-
litischer Hinsicht skizzierte das Programm – ähnlich wie 1926 – ein Modell, das
aus verstaatlichter Groß- und Schlüsselindustrie und privaten Kleinbetrieben
bestehen sollte. Gefordert wurde eine Enteignung des Großgrundbesitzes (Bo-
denreform) und eine weitere Verstaatlichung von Schlüssel- und Monopolun-
ternehmungen ebenso wie eine strenge Rohstoffbewirtschaftung und eine
Planwirtschaft im Sinne einer »Planung der Gesamtproduktion durch eine
Vorrangordnung für die einzelnen Industriezweige und Aufstellung von Grup-
penplänen für die wichtigsten Produktions- und Verbrauchsgüterindustrien«.
Insgesamt dominierten – der Problemlage der Nachkriegsjahre entsprechend –
wirtschafts-, energie- und ernährungspolitische Fragestellungen das Aktionsprogramm. Andere zentrale gesellschaftspolitische Fragenkomplexe, wie der
weitere Ausbau der demokratischen Republik, das Verhältnis der Geschlechter,
der Rechtsstaat, Kunst und Kultur, wurden hingegen nur kurz angesprochen und
hinsichtlich des Verhältnisses der SPÖ zu Religion und Kirche nur stichwort-
artig festgehalten, dass Religion Privatsache sei und die SPÖ gegen jeden Ge-
wissenszwang auftreten werde.[611]

Nachdem das Aktionsprogramm auf dem Parteitag in Wien Ende Oktober
1947 beschlossen worden war, erlahmte die Programmdiskussion in der SPÖ für
beinahe zehn Jahre. »Die pragmatische Einstellung der Führerschaft der Ära
Schärf ließ« – wie Fritz Kaufmann in seiner Geschichte der Sozialdemokratie in
Österreich ausführt – »die Aufstellung eines formellen Programms als nicht
übermäßig wichtig erscheinen. Man war gewohnt, Entscheidungen von Fall zu
Fall auf Grund praktischer Erwägungen zu treffen und die Ideologie der jeweiligen Situation anzupassen. Die Rücksicht auf ein veröffentlichtes Programm
konnte diese Handlungsfreiheit möglicherweise in unerwünschter Art ein-
schränken«.[612] Der Startschuss zu einem neuen Parteiprogramm wurde erst auf
dem Parteitag Ende 1955 nach dem Abschluss des Staatsvertrages gegeben.[613] In
Bewegung kam die Arbeit am neuen Parteiprogramm, für die der Parteivorstand
eine kleine Kommission einsetzte, aber erst nach den vorverlegten National-

---

611 Vgl.: Aktionsprogramm, beschlossen auf dem Parteitag in Wien, 23. bis 26. Oktober 1947,
  in: Neugebauer, Modelle für die Zukunft, S. 65 ff.
612 Kaufmann, Sozialdemokratie in Österreich, S. 447.
613 Bericht an den Parteitag der SPÖ 1957 in Salzburg, 21.–23. November 1957, S. 19.

ratswahlen 1956 und der Wahlniederlage der SPÖ. Mitglieder der Kommission waren Benedikt Kautsky, Bruno Kreisky, Fritz Klenner und Alois Piperger, die allesamt nicht dem linken Flügel der SPÖ zugerechnet werden konnten.[614] Aufgabe der Kommission war es, ein zeitgemäßes Programm zu erarbeiten, das die SPÖ dem alten Bauer'schen Traum von der Erreichung von über 50 Prozent der WählerInnenstimmen näher bringen sollte. An die Stelle des alten Linzer Programms von 1926 sollte daher ein Programm treten, das die Entwicklung der SPÖ hin zu einer »linken Volkspartei« verdeutlichen sollte. Aber auch die Überwindung der ersten Nachkriegszeit, Staatsvertrag und Neutralität sowie die positive wirtschaftliche und soziale Entwicklung und die inzwischen eingenommene Rolle einer Regierungspartei machten eine Neufassung des Parteiprogramms notwendig.[615]

Der auf dem Salzburger Parteitag Ende 1957 vorgelegte Vorentwurf zu einem neuen Parteiprogramm fand jedoch keine Zustimmung, auch wenn, bevor es überhaupt zu einer Abstimmung über das Programm kam, beschlossen worden war, den Programmentwurf zur Diskussion freizugeben.[616] Maßgeblich formuliert hatte den Entwurf Benedikt Kautsky, Privatdozent an der Grazer Universität, der später auch an der Erarbeitung des Godesberger Programms der SPD beteiligt war, das diese in Richtung einer linken Volkspartei führte.[617] An der Debatte, die allgemein als »lebendiges Zeichen der innerparteilichen Demokratie« gewertet wurde, beteiligten sich weite Teile der Partei und ihrer Gliederungen. Insgesamt führte die Diskussion – wie Bruno Pittermann auf dem Parteitag 1958 ausführte – zu 1.073 schriftlichen Abänderungsanträgen und rund 7.500 Veranstaltungen mit rund 315.000 TeilnehmerInnen.[618] Die endgültige Formulierung des Programms wurde einer vergrößerten Programmkommission bestehend aus Karl Czernetz, dem Leiter der SPÖ-Bildungszentrale und

---

614 Vodopivec, Wer regiert in Österreich, S. 83.
615 Neugebauer, Modelle für die Zukunft, S. 76.
616 Vgl. hierzu: Kautsky, Benedikt, Der Weg zum neuen Programm der SPÖ. Bericht und Erläuterungen von Benedikt Kautsky. Eine Diskussionsgrundlage, Wien 1958 sowie den Programmentwurf selbst: AChB, ÖNB, Handschriftensammlung, IX.2.3. Anzumerken ist dabei, dass Kautsky in seinem ausführlichen Referat auf dem Parteitag 1957, auf dem der Programmentwurf vorgestellt wurde, über weite Strecken orthodoxer war als der Programmentwurf selbst. Vgl.: Kriechbaumer, Robert, Parteiprogramme im Widerstreit der Interessen. Die Programmdiskussion und die Programme von ÖVP und SPÖ 1945 – 1986 (Österreichisches Jahrbuch für Politik, Sonderband 3), Wien/München 1990, S. 298.
617 Pollak, Walter, Sozialismus in Österreich. Von der Donaumonarchie bis zur Ära Kreisky, Wien/Düsseldorf 1979, S. 264.
618 Broda, Christian, Vom »Vorentwurf« (1957) zum Parteiprogramm (1958). Über ein Stück sozialistischer Ideengeschichte in Österreich, in: Fischer, Heinz (Hg.), Bruno Pittermann, Ein Leben für die Sozialdemokratie, Wien/München/Zürich 1985, S. 27 f. sowie Protokoll des außerordentlichen Parteitags der Sozialistischen Partei Österreichs, Wien, 13./14. Mai 1958, S. 28 f.

nachmaligen Chefredakteur der »Zukunft«, Rosa Jochmann, Benedikt Kautsky, Fritz Klenner, Bruno Kreisky, Alois Piperger, Bruno Pittermann und Oscar Pollak übertragen. Wesentlichen Anteil an der Textierung des neuen Partei- programms, das auf dem Parteitag der SPÖ am 13. und 14. Mai 1958 im Wiener Konzerthaus einstimmig verabschiedet wurde, hatte Bruno Pittermann als neuer Parteivorsitzender der SPÖ.[619]

Wie Christian Broda in einer Schilderung der Programmdiskussion aus dem Jahr 1985 ausführt, kreiste die Beratung des Vorentwurfs, die in der »Zukunft«, dem theoretischen Organ der SPÖ, nachgelesen werden kann, vor allem um zwei Punkte: das Verhältnis der SPÖ zum Marxismus bzw. Austromarxismus und die Begriffsbestimmung der sozialistischen Gesellschaftsordnung. Kritik erregte dabei besonders eine Textstelle, in der es hieß, dass sich »die moderne Gesell- schaft […] völlig anders entwickelt [habe], als Marx es im Kommunistischen Manifest voraussagte.«[620] Zu den Wortführern der Kritik am grundsätzlichen Teil des Vorentwurfs wurden Josef Hindels, Ernst Winkler und Karl Czernetz. Aber auch von Christian Broda kam grundsätzliche Kritik am Kautsky' schen Ent- wurf. Von der Programmkommission war er im Februar 1957 zur Mitarbeit aufgefordert worden. Im BSA, der einen kompletten Neuentwurf des Partei- programms ausarbeitete, hatte er sich intensiv – etwa hinsichtlich der Bereiche Verfassung, Verwaltung und Parlamentarismus sowie Rechtspolitik – in die Programmdiskussion eingebracht.[621]

Broda, der bereits nach der für die SPÖ verlustreichen Nationalratswahl 1956 die Diskussion des Wahlergebnisses auf grundsätzliche programmatische Fra- gestellungen bringen wollte und somit für einen ideologisch-programmatischen

---

619 Broda, Vom »Vorentwurf« (1957) zum Parteiprogramm (1958), S. 37 f. sowie Piperger, Alois, Bruno Pittermann und das Parteiprogramm von 1958, in: Fischer Heinz (Hg.), Bruno Pittermann. Ein Leben für die Sozialdemokratie, Wien/München/Zürich 1985, S. 145 – 153.

620 Robert Kriechbaumer hält hinsichtlich des Vorentwurfs des Parteiprogramms fest, dass er vor allem in zwei Punkten mit der austromarxistischen Tradition brach: mit seiner Aussage zur Entwicklung, die anders verlief als im Kommunistischen Manifest vorausgesagt wurde, und der Absage an den Weltanschauungscharakter der SPÖ, der im Kapitel »Sozialismus und Kirche« erfolgte. Eine dritte Revision sieht er in der Absage an Otto Bauers integralen Sozialismus und der im Vorentwurf festgehaltenen Ablehnung von Faschismus und Kommunismus bzw. Stalinismus. Im Gegensatz dazu fielen die Formulierungen im Vor- entwurf über den Bereich Wirtschaft »orthodox« aus. Das Ausmaß der Verstaatlichung nennt er als drittes zentrales Diskussionspunkt in der Programmdiskussion. Vgl.: Kriechbaumer, Parteiprogramme im Widerstreit der Interessen, S. 296 f. und S. 305.

621 AChB, ÖNB, Handschriftensammlung, IX.2 sowie AChB, Nachtrag, ÖNB, Handschriften- sammlung, XVIII.92 – 94. In der Oktoberausgabe des »Sozialistischen Akademikers« 1977 wird darauf verwiesen, dass Broda auch dem Redaktionsteam angehörte, das den kom- pletten Programmentwurf des BSA 1958 betreute. Vgl.: Vorwort, in: Der Sozialistische Akademiker 10 (1977) S. 3.

Diskurs eintrat,[622] äußerte sich in den Jahren 1957 und 1958 in mehreren Texten zur Positionsbestimmung der SPÖ. Hinsichtlich des grundsätzlichen Teils am Vorentwurf des neuen Parteiprogramms begrüßte er, dass hier »nach den Abwertungen der Theorie in der Praxis der letzten Jahrzehnte« endlich der Versuch gemacht werde, den Sozialismus zu definieren. Erforderlich sei dies um so mehr, als dies auch 1926 nicht vorgenommen worden war und es die aktuelle weltpolitische Entwicklung verlange, der vorgenommene Versuch aber nicht ausreichend sei. Zwar wolle man heute keinen Messianismus mehr in einem Parteiprogramm, aber »etwas Verheißung« müsse ein Programm schon enthalten, »wenn es diesen Namen verdienen will.« Zudem würde »weder Anlass noch Notwendigkeit [bestehen,] im Programm darauf zu verzichten, den Sozialismus – im Gegensatz zu allen anderen gesellschaftlichen Systemen in der überlieferten Geschichte der Menschheit – als klassenlose Gesellschaft zu definieren.« Ein wirklicher Mangel am Programm wäre jedoch, ausgehend von Burnhams »Managerial Revolution«, das Fehlen des Problems der Manager. Burnhams Werk war – wie bereits genannt wurde – ein Buch, das Broda intensiv beschäftigte, seit er im Herbst 1945 darauf gestoßen war und das er neben Djilas »Die neue Klasse« und George Orwells »1984« als eines der wichtigsten Bücher seiner Zeit betrachtete:

»Von der Tendenz der modernen, komplizierten und arbeitsteiligen Wirtschaft, ein Managertum zu entwickeln, das sich ohne Rücksicht auf seine klassenmäßige und gesellschaftliche Herkunft über seine Auftraggeber erhebt und kraft der Beherrschung aller Schlüsselpositionen in Wirtschaft und Gesellschaft zur neuen herrschenden Klasse zu werden droht, spricht der Vorentwurf kaum«.[623]

---

622 Broda, Christian, Die Diskussion über das Wahlergebnis. Undatiertes Manuskript. AChB, Nachtrag, ÖNB, Handschriftensammlung, XVIII.77.
623 Broda, Christian, Was ist Sozialismus, in: Die Zukunft 1 (1958) S. 3.
     Burnham ging in seiner 1941 erschienenen »Managerial Revolution« von der These aus, dass sich die Aufhebung der bürgerlich-kapitalistischen Gesellschaft aus ihr selbst heraus entwickeln würde. Wie die Geschichte gezeigt habe, hatte sich diese Aufhebung jedoch weniger als ein Prozess von unten durch das moderne Industrieproletariat dargestellt. Vielmehr sei durch die Dynamik des modernen Kapitalismus eine Aufhebung von oben erfolgt, die eine neue Führungsschicht als Nachfolger des Kapitalisten des 19. Jahrhunderts hervorgebracht hätte: die Spezialisten oder Manager, wobei diese im Gegensatz zum Kapitalisten weniger nach Profit, sondern nach Macht streben würden, die sie durch die von ihnen geschaffenen und beherrschten Organisationen auszuüben vermögen. Burnhams »Managerial Revolution« zählte zu den einflussreichsten Studien seiner Zeit und inspirierte viele – darunter auch George Orwell mit seiner negativen Utopie »1984« – in ihrer Gesellschaftsanalyse. Vgl.: Burnham, James, Die Revolution der Manager (Deutsche Übersetzung von The Managerial Revolution), Wien 1949, Kriechbaumer, Parteiprogramme im Widerstreit der Interessen, S. 155 f. sowie Broda, Christian, Wie zähmen wir die Manager?, in: Die Furche 14 (1958) S. 6 f. und Broda, Christian, Wie zähmen wir die Manager?, in: Broda, Demokratie – Recht – Gesellschaft, S. 37 – 41.

Von Broda wurde daher die Aufnahme einer entsprechenden Textpassage gefordert, wonach die Manager in ihre Schranken gewiesen werden sollen.[624]

In der Frage der klassenlosen Gesellschaft war für Broda klar, dass diese die Umwandlung des großkapitalistischen Eigentums in gesellschaftliches Gemeineigentum voraussetze und nur auf Basis der Demokratie verwirklicht werden könne. So hatte er bereits Anfang 1957 in der »Zukunft« festgehalten, dass er eine Veränderung der Eigentumsgrundlagen in der Wirtschaft für eine »demokratische Veränderung der Wirtschaftsstruktur als unentbehrlich« erachte.[625] Verbunden hiermit war jedoch die Feststellung, dass die Verstaatlichung nicht bereits die Vergesellschaftung bedeute, sondern diese erst erreicht sei, wenn der Einzelne die Überzeugung gewonnen habe, dass es sich bei den verstaatlichten Produktionsmitteln um seine Produktionsmittel und beim Produktionserfolg um seinen Produktionserfolg handle. Dies setze aber eine Erziehung zur Demokratie voraus, wie sie in der Sowjetunion nach der siegreichen Oktoberrevolution 1917 nicht stattgefunden habe. In Österreich wären mit der 1946/47 erfolgten Verstaatlichung erste Schritte zu einer Vergesellschaftung getan worden, die juristischen Veränderungen im Eigentum an den Produktionsmitteln hätten aber erst in geringem Ausmaß die Stellung des Einzelnen im Produktionsprozess verändert. Ziel müsse es daher sein – Broda verwendete hier wie in seiner Dissertation 1940 die Objekt-Subjekt-Dichotomie –, den Menschen vom Objekt zum Subjekt der Produktionsverhältnisse zu machen, was nicht ohne den Ausbau der sozialen und politischen Demokratie und einen gesellschaftlichen Umerziehungsprozess gehe.[626]

Hinsichtlich des Verhältnisses der SPÖ zur katholischen Kirche merkte er in einem Beitrag im »Forum« (neben anderen Feststellungen zum Parteiprogramm) Anfang 1958 an, dass sich in der geschichtlichen Entwicklung das Verhältnis von Partei und Kirche verschoben habe und trat für eine Aussöhnung mit derselben ein.[627] Interessant ist hierbei, dass Broda, der auch Beziehungen ins katholisch-konservative bürgerliche Lager hatte, bereits 1956 in Hinblick auf die Frage der weltanschaulichen Positionierung der SPÖ »mehr Klassenkampf aber keinen Kulturkampf« gefordert hatte.[628]

Die intensive Diskussion des Kautsky'schen Programmentwurfs und die an

---

624 Broda, Christian, Was ist Sozialismus? Zum grundsätzlichen Teil des Programmentwurfs, in: Die Zukunft 1 (1958) S. 2–5.

625 Vgl. hierzu auch: Lingens, Ansichten eines Außenseiters, S. 99 ff.

626 Broda, Christian, Die sozialistische Bewegung und das »Endziel«, in: Die Zukunft 1 (1957) S. 8–11. Vgl. hierzu auch: Kreissler, Die Entwicklung der SPÖ in ihren Programmen und in ihrer Politik, S. 217.

627 Broda, Christian, Die Neuerungen im Programm der SPÖ, in: Forum 49 (Januar 1958) S. 9–12.

628 Vgl.: Broda, Christian, Die Diskussion über das Wahlergebnis. Undatiertes Manuskript. AChB, Nachtrag, ÖNB, Handschriftensammlung, XVIII.77.

diesen – nicht nur von Broda – herangetragene Kritik, wonach er zu wenig »sozialistischen Geist« atmen würde, führte zu einer weitgehenden inhaltlichen Umgestaltung des Programms. Die Formulierung, wonach sich die Welt »völlig anders« entwickelt habe, als Marx es im Kommunistischen Manifest vorausgesagt hatte, wurde aus dem Programm gestrichen. Gleichzeitig wurde auf eine marxistische Analyse und eine Interpretation der gesellschaftlichen Entwicklung verzichtet. Im Gegensatz zum Godesberger Programm der SPD von 1959 wurde jedoch an der sozialistischen Zielvorstellung einer klassenlosen Gesellschaft festgehalten, weshalb im Zusammenhang mit dem neuen Programm der SPÖ nicht selten von einem Triumph des »linken Flügels« über die Modernisierer in der Partei die Rede ist.[629] Die »sozialistischen Postulate früherer Epochen« – wurden so Fritz Kaufmann – jedoch »in einem allgemeinen Humanismus aufgelöst«, deren Formulierungen »im Grunde jedermann, hart gesottene Reaktionäre vielleicht ausgenommen, ohne weiteres zustimmen konnte.«[630] Auf dem Parteitag der SPÖ im Mai 1958 fand der neue Programmvorschlag somit allseitige Zustimmung. Wenn auch Kritik blieb, konnte er nun auch von Kritikern wie Josef Hindels und Karl Czernetz als »sozialistisches Programm« bzw. als austromarxistisches Erbe angenommen werden.[631]

Festgeschrieben wurde im neuen Programm der SPÖ, dass die Sozialisten eine Gesellschaftsordnung anstreben, »deren Ziel die freie Entfaltung der menschlichen Persönlichkeit ist, dass sie die Klassen beseitigen und den Ertrag der gesellschaftlichen Arbeit gerecht verteilen« wollen. Als einziger Boden, auf dem die freie Entfaltung der menschlichen Persönlichkeit möglich sei, wurde die Demokratie festgehalten, womit erneut eine deutliche Distanzierung vom Linzer Programm aus dem Jahr 1926 erfolgte. Die SPÖ, die sich – wie bereits 1947 – als »Partei aller Arbeitenden« charakterisierte, erklärte sich daher als ebenso kompromisslose Gegnerin des Faschismus wie des Kommunismus. Als zentrales Ziel wurde im Wiener Programm wie in den Programmen zuvor die Überwindung des Kapitalismus bzw. – wie es nun hieß – der Kampf für einen »sozialistischen Humanismus« genannt. Die Vergesellschaftung wurde in ausdrücklicher Anerkennung des Prinzips der vollen Entschädigung für Enteignungen ausschließlich vom Gemeinwohl abhängig gemacht. Klein- und Mittelbetriebe sollten ausgenommen werden. Eine Koexistenz von Privatwirtschaft und Gemeinwirtschaft wurde vorgesehen, wobei der Planung, die im Sinne der Erreichung und Sicherung der Vollbeschäftigung stehen sollte, ein wichtiges Moment zukommen sollte. Die Macht der Manager in Wirtschaft und Verwaltung sollte

---

629 Vgl. hierzu etwa: Vodopivec, Wer regiert in Österreich, S. 88 oder Leser, Norbert, Salz der Gesellschaft. Wesen und Wandel des österreichischen Sozialismus, Wien 1988, S. 112 ff.
630 Kaufmann, Sozialdemokratie in Österreich, S. 449.
631 Protokoll des außerordentlichen Parteitags der Sozialistischen Partei Österreichs am 13./ 14. Mai 1958 im Konzerthaus Wien, S. 43 ff.

der Demokratie untergeordnet werden, die parlamentarische Demokratie wurde als wirksamster Schutz gegenüber den Herrschaftsbestrebungen der Manager in der Verwaltung gesehen. Hinsichtlich des Verhältnisses zwischen Religion, Kirche und Sozialismus, der nun nicht mehr nur aufgrund marxistischer Analysen, sondern auch auf anders motivierte (soziale, religiöse oder humanistische) Grundsätze zurückgeführt wurde, wurde ausdrücklich festgehalten, dass Sozialismus und Religion keine Gegensätze bzw. Sozialismus und Christentum vereinbar seien.[632] Staat und Gesellschaft (mit einem Unterkapitel zur demokratischen Republik und darin einem Abschnitt zum Rechtswesen), der Wirtschaft, Sozialpolitik und Kultur wurden eigene Kapitel gewidmet.

Begrüßt wurde der veränderte Programm-Text auch von Christian Broda. Auf dem Parteitag der SPÖ 1958 zeigte er sich zufrieden darüber, dass die Zielvorstellung einer klassenlosen Gesellschaft Eingang ins neue Programm der Partei gefunden hatte und hielt fest, dass dieses »bestes marxistisches Gedankengut« sei und direkt auf das Kommunistische Manifest von 1847 zurückgehe. Eine Distanzierung vom Marxismus wäre – so Broda in seiner Parteitagsrede – nicht nötig. Gelöst habe sich die SPÖ aber vom Marxismus in seinem Glauben an die Zwangsläufigkeit der Geschichte, da die historische Entwicklung gezeigt habe, dass »alles, was in der Welt geschieht, das Werk von Menschen ist«. Eingebracht hat er damit die für ihn charakteristische Distanzierung zum Kommunismus, aber auch zum Linzer Parteiprogramm von 1926,[633] wie er dies bereits während der Programm-Diskussion getan hatte.[634] In der »Zukunft und im »Forum« lobte er Mitte 1958 ebenfalls das im Programm verankerte Bekenntnis zur klassenlosen Gesellschaft und hielt hinsichtlich der grundsätzlichen Funktion von Parteiprogrammen fest, dass nicht die aktuelle Realisierbarkeit eines Ziels entscheidend sei, aber eine Orientierung geben werden müsse, was mit dem Wiener Programm erreicht worden sei. Positiv vermerkt wurde zudem, dass sich das neue Programm – wenn auch keineswegs ausführlich – zu den Managern in der modernen Demokratie äußerte. Und auch der neuerliche Hinweis darauf, dass die klassenlose Gesellschaft nicht nur mit einer Vergesellschaftung der Produktionsmittel erreicht werden könne, sondern diese durch einen Erziehungsprozess begleitet werden muss, fehlte nicht. Wie Broda betonte, würde die Aufhebung des Privateigentums an den Produktionsmitteln – wie Milovan Djilas in »Die neue Klasse« gezeigt hatte – nicht zur klassenlosen Gesellschaft führen, »wenn nicht verstärkte und aktive demokratische Institutionen geschaffen

---

632 Das Parteiprogramm 1958, in: Neugebauer, Modelle für die Zukunft, S. 78 ff.

633 Protokoll des außerordentlichen Parteitags der Sozialistischen Partei Österreichs am 13./ 14. Mai 1958 im Konzerthaus Wien, S. 56 ff. sowie Glaser, Herbert, Erbe ohne Zukunft. Die Geschichte der SPÖ von Karl Marx bis Bruno Pittermann, Wien/Melk 1966, S. 130.

634 Vgl. hierzu etwa: Broda, Die Neuerungen im Programm der SPÖ, S. 11.

werden, durch deren Einschaltung die Verfügungsgewalt über das Kollektiveigentum an den Produktionsmitteln kontrolliert werden kann.«[635]

Weder im Zuge der veröffentlichten Programm-Diskussion noch in den publizistischen Reaktionen auf das neue Parteiprogramm der SPÖ ging Christian Broda jedoch auf die Frage der Rechtspolitik ein. Wenn er im BSA und anderen Orts auch intensiv an der Formulierung des rechtspolitischen Teils des Wiener Programms beteiligt war, fehlte dieser Bereich in seinen Beiträgen in der »Zukunft« oder im »Forum« komplett. In der Öffentlichkeit wurde Christian Broda daher ausnahmslos mit seinen Forderungen nach einer klaren sozialistischen Positionierung wahrgenommen. Gewertet wurde er in diesem Zusammenhang als »Linker«. Für den Publizisten und Buchautor Alexander Vodopivec kam etwa »hinter dem Image des liberalen Sozialisten« im Zuge der Programmdiskussion 1957/1958 erstmals die »marxistische Grundeinstellung« von Broda vor einer breiteren Öffentlichkeit »zum Vorschein«.[636] Für andere Journalisten wie Hans Zerbs von der »Wochenpresse« zeigte sich bei der Programm-Diskussion 1958 demgegenüber jedoch vielmehr Brodas kritischer Zugang zum Sozialismus, der »verknöcherte Genossen« damit schockierte, dass »die Verwirklichung des Sozialismus viel mehr Demokratie voraussetzen werde, als früher angenommen wurde«.[637]

4.5.4.3. Die kommunistischen Weltjugendfestspiele 1959

Wenn Broda sich zu seinen »marxistischen Wurzeln« bekannte, war dies – wie auch die Parteiprogrammdiskussion 1958 zeigt – immer deutlich mit einer Ablehnung des Kommunismus und einem Bezug auf den Austromarxismus verbunden. Auffallend ist vor diesem Hintergrund, dass er – wie im Zuge von Brodas Trennung von der Kommunistischen Partei bereits ausgeführt wurde – besonders in jenen Jahren, in denen er erste politische Ämter in der SPÖ einnahm, publizistisch und das vor allem im strikt antikommunistischen »Forum«, zu den Veränderungen in Ost- und Südosteuropa Stellung nahm und seine erste Parteitagsrede 1957 der Solidarität mit Milovan Djilas widmete.

Wie Unterlagen aus seinem Nachlass belegen, arbeitete er nach dem Ungarn-Aufstand 1956 gemeinsam mit Innenminister Oskar Helmer und Zentralsekretär Otto Probst auch daran, die KPÖ als politische Kraft auszuschalten und ehemalige KommunistInnen der SPÖ zuzuführen.[638] Ob die Initiative hierzu von

---

635 Broda, Christian, Das Wiener Programm und die klassenlose Gesellschaft, in: Die Zukunft 6 (1958) S. 155 – 158 sowie Broda, Christian, Fazit der Erneuerung, in: Forum 54 (Juni 1958) S. 209 – 212.
636 Vodopivec, Die Balkanisierung Österreichs, S. 94.
637 Zerbs, Marxist auf Samtpfoten, S. 2.
638 AChB, ÖNB, Handschriftensammlung, II.43/1.3.

Broda ausging oder ob er von Helmer in Hinblick auf seine kommunistischen »Insider-Kenntnisse« kontaktiert wurde, ob Broda durch die Beteiligung an dieser Aktion von sich aus einen Beweis für seine Abkehr vom Kommunismus geben wollte oder dies gefordert wurde, kann jedoch nur vermutet werden.

Als im Sommer 1959 die kommunistischen Weltjugendfestspiele in Wien stattfanden, gehörte Broda zusammen mit Bruno Kreisky, Fritz Molden und Peter Strasser jedenfalls wieder einem Personenkreis an, der ein »demokratisches Gegenfestival« – diesmal unabhängig von den politischen Parteien, dafür aber mit heimlicher finanzieller Unterstützung des CIA – organisierte. Molden und Strasser waren zuvor bereits in der Ungarnhilfe aktiv geworden und hatten auch der späteren Lebensgefährtin von Christian Broda, Maria Potocki, die Flucht aus Ungarn ermöglicht. Adeliger Herkunft, war sie 1944 der Kommunistischen Partei beigetreten. In Folge des Rajk-Prozesses – der ehemalige Führer der illegalen KP wurde 1949 als »imperialistischer Agent« und »Titoist« zum Tode verurteilt – war sie zu 12 Jahren Gefängnis verurteilt worden und verbrachte die Zeit von Mai 1950 bis Mai 1956 in Haft. Viele Monate hiervon war sie gemeinsam mit Anna Kéthly, einer führenden Vertreterin der ungarischen Sozialdemokratie, in einer Zweierzelle untergebracht. Nach der Flucht aus Budapest, für die Fritz Molden ein Passfoto seiner Frau zur Verfügung gestellt hatte, heiratete sie Peter Strasser, der sich kurz zuvor von seiner ersten Frau Jenny hatte scheiden lassen. Die Romanze der beiden soll – so Norbert Leser – zum Teil in dem 1958 entstandenen amerikanischen Film »Die Reise« (Regie: Anatole Litvak, Drehbuch: George Tabori) verarbeitet worden sein. Nach dem frühen Tod von Peter Strasser Anfang Juni 1962 in Folge einer schweren Krebserkrankung lebte Maria Strasser, die als Bildhauerin tätig war,[639] – wie bereits genannt wurde – bis zu dessen Lebensende mit Christian Broda zusammen.[640]

Wie Fritz Molden in seinen bereits mehrfach zitierten Memoiren ausführt, trafen sich im Frühjahr 1958 sieben Personen in Meran, um ein »Gegenprojekt« zu den für Ende Juli/Anfang August 1959 geplanten Weltjugendfestspielen in Wien zu organisieren. Beteiligt am Treffen in Meran waren Bruno Kreisky (damals Staatssekretär im Außenamt), Peter Strasser (SPÖ-Abgeordneter und Vorsitzender der Sozialistischen Jugend), Dr. Georg Fürstenberg (Bankier in

---

639 So schuf sie etwa den Grabstein von Josef Afritsch und auch die Plastik vor dem »Peter Strasser-Hof« im dritten Wiener Gemeindebezirk. Beim »Peter Strasser-Hof« handelt es sich um eine Wohnanlage der »jungen generation«, die nach Peter Strasser benannt und 1962 eröffnet wurde. Vgl.: Interview mit Marietheres Frauendorfer am 16.3.2007, Zum Andenken an NR Peter Strasser, in: Rundschau, Nr. 43, 27.10.1962, S. 1 sowie Stimmer, Kurt (Hg.), Die Arbeiter von Wien. Ein sozialdemokratischer Stadtführer, Wien 1988, S. 94 f.

640 Strasser, Maria, Zerstörte Hoffnung – Der Anfang vom Ende. Ungarn 1956, Eigenverlag, Wien 1991, Molden, Besetzer, Toren, Biedermänner, S. 277 sowie Leser, Zeitzeuge an Kreuzwegen, S. 91 f.

Wien), Klaus Dohrn (Journalist mit guten Verbindungen zum Time-Life-Konzern), C. D. Jackson (Vizepräsident des Time-Life-Konzerns aus New York und Propagandaexperte der Eisenhower-Administration), Fritz Molden, damals Herausgeber der »Presse« und Christian Broda. Vorausgegangen waren dem Treffen informelle Gespräche in Wien, Zürich, Paris und New York, nachdem von Seiten der Österreichischen Bundesregierung im März 1958 grünes Licht für die Abhaltung der VII. Weltfestspiele der Jugend und Studenten für Frieden und Freundschaft in Wien gegeben worden war.[641] Vor dem Hintergrund, dass Österreich erst vor wenigen Jahren den Staatsvertrag erhalten hatte und sich bereits im Zuge des Ungarn-Aufstands 1956 bei der Sowjetunion unbeliebt gemacht hatte, ging es Bundeskanzler Raab trotz massiver Bedenken von Innenminister Helmer darum, seinen guten Willen gegenüber Moskau zu demonstrieren. Damit konnten die Weltjugendfestspiele, die offiziell als unabhängiges und unpolitisches, internationales Jugendfestival deklariert wurden, erstmals außerhalb des Eisernen Vorhangs stattfinden. Zum Festival, das zwischen 26. Juli und 4. August 1959 stattfand und aus einer Reihe von Sport- und Kulturveranstaltungen bestand, wurden rund 15.000 Jugendliche aus der ganzen Welt erwartet.[642]

Besprochen wurden – so Molden – beim Treffen in Meran Vorschläge für eine »Gegendemonstration der Freiheit«. Man wollte den TeilnehmerInnen des Festivals »nicht negativ, sondern positiv« begegnen, diesen aber die Realität und undemokratische Verfasstheit des Kommunismus und das westliche Gegenbeispiel vor Augen führen. In diesem Sinne sollten eine Reihe von Gegenveranstaltungen, Besichtigungsfahrten zum Eisernen Vorhang, Festivalinformationsstellen, der persönliche Kontakt mit den FestivalteilnehmerInnen hergestellt und eine eigene Zeitung herausgegeben werden. Vor allem aber sollte ein Presseboykott der österreichischen Medien gewährleisten, dass die kommunistischen Jugendfestspiele nicht zu einer kommunistischen Propaganda instrumentalisiert werden konnten und das Festival, gegen das mittlerweile auch die USA protestierten,[643] kein medialer Erfolg werden würde.

Molden selbst war bereit, sich um die Pressefrage zu kümmern. Er organisierte die Herausgabe der »Wiener Nachrichten«, die als »Festivalzeitung« in sieben Sprachen erschien und kümmerte sich um deren Vertrieb.[644] Bruno

---

641 Molden, Besatzer, Toren, Biedermänner, S. 275 ff. sowie Molden, »Vielgeprüftes Österreich«, S. 143 f.
642 Rathkolb, Oliver, Washington ruft Wien. US-Großmachtpolitik und Österreich 1953 – 1963. Mit Exkursen zu CIA-Waffenlagern, NATO-Connection, Neutralitätsdebatte, Wien/Köln/Weimar 1997, S. 206.
643 Rauchensteiner, Die Zwei, S. 410.
644 Molden, Besatzer, Toren, Biedermänner, S. 282 ff. sowie Interview mit Prof. Fritz Molden am 21.2.2007.

Kreisky, der von Oliver Rathkolb als Hauptinitiator des Gegenfestivals genannt wird, sich in Folge seiner Bestellung zum Außenminister 1959 aber immer mehr aus dem Projekt zurückzog und seine »rechte Hand« Alois Reitbauer in das Team des Gegenfestivals delegierte, hatte gemeinsam mit Klaus Dohrn die Verbindungen in die USA hergestellt, wo vor allem eine finanzielle Unterstützung des Festivals gesucht wurde. Über die Kontakte von Dohrn und J. D. Jackson wurden in den USA auch Gelder des CIA organisiert. Ob Kreisky, der in der Frage des Gegenfestivals zudem Kontakt zu den amerikanischen Gewerkschaften (Jay Lovestone) aufgenommen hatte, die ebenfalls Beziehungen zum CIA hatten, von den CIA-Geldern wusste, ist jedoch ungewiss. Die Verwaltung der Gelder und ihren Transfer nach Wien übernahm der Bankier Georg Fürstenberg. Weitere finanzielle Mittel stellte die ÖMV unter der Leitung der vormals in die UdSSR verschleppten Margarethe Ottillinger zur Verfügung.[645] Aber auch im Bereich der Gewerkschaftsorganisationen und der Industrie konnten finanzielle Mittel für das Gegenfestival lukriert werden, wenn dieses für den damaligen Gewerkschaftspräsidenten und betonten Antikommunisten Franz Olah auch zu »aufklärerisch« und mit zu wenig direkter Konfrontation verbunden war.[646]

Gemeinsam mit Molden galt Fürstenberg den USA gegenüber – so Rathkolb – auch als Garant dafür, dass Kreisky, Broda und Strasser das Gegenfestival nicht zu parteipolitischen Zwecken missbrauchen würden. Zu den Initiatoren des Festivals gehörten ja ausschließlich Politiker der SPÖ, wenn sie im Rahmen dieser Aktion auch nicht als Vertreter ihrer Partei oder eines politisches Amtes in Erscheinung treten durften. Die ÖVP hingegen blieb dem Festival, wenn es – so Molden – auch vereinzelte Kontakte in dieser Frage zu ÖVP-Politikern gab, im Wesentlichen fern.[647] Die katholische Kirche, darunter Kardinal Franz König, zeigte am Gegenfestival dafür ein umso größeres Interesse. Katholische und sozialistische Jugendfunktionäre wurden somit auch gezielt zusammengeführt, um sich in über 50 Treffen an der Ausarbeitung von Programmen für das Gegenfestival zu beteiligen. Kontakt hinsichtlich des Gegenfestivals bestand darüber hinaus zu dem auf US-Seite entstandenen »Independent Service for Information on the Vienna Youth Festival«, das von der späteren renommierten Frauenrechtlerin Gloria Steinem geleitet wurde und versuchte, die US-TeilnehmerInnen gegen die kommunistischen Ziele des Festivals zu »immunisieren«.[648]

Durchgeführt wurde das Gegenfestival mit »stiller Duldung« der österreichischen Bundesregierung, die der Eröffnung des Festivals im Wiener Stadion am 26. Juli 1959 fernblieb. Ihr wohnten seitens der Republik Österreich nur Dr.

---

645 Vgl. hierzu: Schödl, Ingeborg, Im Fadenkreuz der Macht. Das außergewöhnliche Leben der Margarethe Ottillinger, Wien 2004.
646 Rathkolb, Washington ruft Wien, S. 207 ff.
647 Interview mit Prof. Fritz Molden am 21.2.2007.
648 Rathkolb, Washington ruft Wien, S. 209 ff.

Chaloupka, Sektionschef im Bundeskanzleramt, und Vizebürgermeister Felix
Slavik seitens der Stadt Wien bei, was auf sowjetischer Seite zu einem entrüsteten
Protest und vermutlich dazu führte, dass Bundeskanzler Raab und ÖVP-
Staatssekretär Grubhofer am Festabend der sowjetischen Delegation am 28. Juli
1959 im Wiener Konzerthaus teilnahmen.[649]

Im Rahmen des Weltjugendfestivals, das heißt des ursprünglichen Festivals
fanden – so Hans Hautmann – rund 800 Veranstaltungen mit Delegierten aus
112 Ländern statt. Das Programm reichte von sportlichen und künstlerischen
Darbietungen – darunter das Leningrader Ballett, die Pekinger Oper oder Re-
zitationen des Schauspielers Klaus Kinsky – und Filmvorführungen bis zu
Freundschaftstreffen zwischen den Delegationen, Berufstreffen junger ArbeiterInnen und wissenschaftlichen Seminaren. Orte der Veranstaltungen waren
die Stadthalle, der Messepalast, das Musikvereinsgebäude, das Konzerthaus und
die Sofiensäle, das Ronacher und Raimundtheater, der Kursalon, Volksgarten
und Volksprater, mehrere Kinos (Burg-, Forum-, Flotten-, Künstlerhaus- und
Kolosseum-Kino), Sportplätze, Gastwirtschaften und Freilichtbühnen. Höhe-
punkte des Festivals waren neben der Eröffnungsveranstaltung die »Feier für
den Frieden und die Freundschaft zwischen den Völkern, gegen Atomwaffen, für
Abrüstung und friedliche Koexistenz« am Samstag, dem 1. August 1959 auf dem
Wiener Heldenplatz, für die Pablo Picasso eigenhändig eine Zeichnung angefertigt hatte, sowie die Abschlussveranstaltung am 4. August 1959 auf dem
Rathausplatz.[650]

Das Programm des Gegenfestivals umfasste – dem dargelegten Konzept
entsprechend – eine Reihe von Gegenveranstaltungen sportlicher und kultu-
reller Natur. Vorgesehen waren Informationsstellen an möglichst vielen öffentlichen Orten, wie dem Stephansplatz, dem Praterstern oder dem Karlsplatz, die
Ausgabe von Büchern, die den FestivalteilnehmerInnen den »wahren Charakter
des Kommunismus« zeigen sollten (wie etwa Djilas' »Die neue Klasse« oder
Pasternaks »Doktor Schiwago«), regelmäßige Besichtigungsfahrten zum Eisernen Vorhang an der österreichisch-ungarischen Grenze und eine Gedenkfeier im
Konzentrationslager Mauthausen, die im Zeichen der Gräuel jedes totalitären
Systems stand. Eingesetzt wurden im Rahmen des Gegenfestivals aber auch
Flugzeuge, die mit Spruchbändern die FestivalteilnehmerInnen überflogen (und
zuweilen den Protest der WienerInnen erregten) oder Jugendliche, die Flugzettel
verteilten. Zentraler Bestandteil des Gegenfestivals war jedoch – so Fritz Molden
– die Ausgabe der eigenen Festivalzeitung »Wiener Nachrichten«. Sie erschien –

---

649 Rauchensteiner, Die Zwei, S. 410.
650 Hautmann, Hans, Die Weltjugendfestspiele 1959 in Wien, in: Mitteilungen der Alfred Klahr
     Gesellschaft 3 (1999), online:
     http://www.klahrgesellschaft.at/Mitteilungen/Hautmann_3_99.html (1.2.2008).

wie bereits genannt – täglich in sieben Sprachen, wurde in Wien und München gedruckt, teilweise über das Personal in die Hotels der TeilnehmerInnen eingeschleust und stellte neben dem Boykott des Jugendfestivals durch die österreichischen Medien, der von sowjetischer Seite kritisiert wurde, das zentrale medienpolitische Instrument des Gegenfestivals dar. Von den jeweiligen BetreiberInnen wurden sowohl die Weltjugendfestspiele als auch das Gegenfestival als großer Erfolg gewertet, wobei Molden vor allem den Medienboykott in Österreich als große Leistung bilanzierte und ihm neben den »Wiener Nachrichten« wesentlichen Anteil am Erfolg des Gegenfestivals zusprach.[651]

Christian Broda war – wie aus den Erinnerungen von Fritz Molden und den in seinem Nachlass erhaltenen Unterlagen hervorgeht – bei der Konzeption und Organisation des Gegenfestivals beteiligt. Er beobachtete dessen Durchführung genau und beteiligte sich an der Ausarbeitung der Bücherlisten für die Bücherausgaben an die TeilnehmerInnen des Jugendfestivals. Wichtig war ihm hierbei insbesondere die Verteilung von Milovan Djilas »Die neue Klasse«. Zugleich brachte Broda sein juristisches Wissen bei der Organisation des Gegenfestivals, etwa hinsichtlich des rechtlichen Rahmens der Herausgabe der »Wiener Nachrichten« ein. Broda votierte hier für die Gründung einer eigenen Gesellschaft, der Junior Publikationsgesellschaft m.b.H., die im Mai 1959 von Rechtsanwalt Czerwenka treuhänderisch für Broda, Fürstenberg und Molden ins Handelsregister eingetragen wurde. In einer Besprechung vom 28. Jänner 1959 wurden ihm des Weiteren folgende Aufgaben übertragen: die Beschaffung von Informationen über das Gegenfestival bzw. darüber, »was im Rahmen der Leitung des Festivals vorgehe«, die Herstellung von Verbindungen mit den österreichischen Behörden zwecks Information über dasselbe und die Anmietung von Plakatflächen und Räumlichkeiten (Kinos, Stadthalle) für Maßnahmen und Veranstaltungen im Rahmen des Gegenfestivals. Erwähnenswert ist im Zusammenhang dieser Aufgaben-Nennung und im speziellen des Punktes »Herstellung von Verbindungen mit den österreichischen Behörden«, dass sich im Nachlass von Christian Broda auch Berichte der Staatspolizei, gezeichnet mit Peterlunger (Chef der Wiener Staatspolizei), über das Festival finden. Ob die hier ebenfalls dokumentierten Manuskripte für Beiträge in den »Wiener Nachrichten«, für die erste und letzte Ausgabe der Festivalzeitung, von Broda stammen, der in den 1950er und 1960er oft Artikel für österreichische Medien schrieb, kann demgegenüber nur vermutet werden.[652]

---

651 Vgl. hierzu: Hautmann, Die Weltjugendfestspiele 1959 in Wien, Molden, Besatzer, Toren, Biedermänner, S. 290 f. bzw. S. 302 f., Interview mit Prof. Fritz Molden am 21. 2. 2007 sowie insgesamt zu den Weltjugendfestspielen auch Röhrlich, Kreiskys Außenpolitik, S. 143 – 151.
652 Vgl. hierzu: AChB, ÖNB, Handschriftensammlung, II.103 und AChB, Nachtrag, ÖNB, Handschriftensammlung, XVIII.162.

5. Justizminister 1960–1966

Rund ein Jahr nachdem die kommunistischen Weltjugendfestspiele in Wien stattgefunden hatten, erlebte Christian Broda einen weiteren Karrieresprung: er wurde zum Bundesminister für Justiz ernannt und blieb dies, auch nach den Nationalratswahlen 1962, bis zur Bildung der ÖVP-Alleinregierung im Jahr 1966.

Hintergrund für die Ernennung Christian Brodas zum Justizminister ist, dass Otto Tschadek, der bisherige Justizminister, in die niederösterreichische Landesregierung wechselte. Tschadek folgte in Niederösterreich – wie von der Parteivertretung unter Vorsitz von Bruno Pittermann Ende Mai beschlossen worden war – erst Landesrat Felix Stika, der aufgrund der Erreichung der 1959 beschlossenen Altersgrenze aus diesem Amt ausscheiden musste, und im Oktober desselben Jahres Franz Popp als Landeshauptmann-Stellvertreter nach. Hinsichtlich seiner Nachfolge als Bundesminister für Justiz wurde in derselben Sitzung der Parteivertretung auf Wunsch von Pittermann und mit Unterstützung von Peter Strasser beschlossen, Christian Broda als Nachfolger für Tschadek zu nominieren.[653]

Massiv gegen Broda trat in dieser Situation Franz Olah auf, der – wie er in seinen Memoiren ausführt – auch im Auftrag von Bundespräsident Schärf agiert haben soll – eine Aussage, die sich im Nachlass von Adolf Schärf nicht verifizieren lässt, aber glaubwürdig scheint, da Broda selbst im Vorfeld seines Einzugs in den Bundesrat festhielt, dass ihn Schärf »nicht möge«. Maßgeblich für das Vorgehen Olahs war nicht zuletzt, dass es in einer zentralen rechtspolitischen Frage zwischen den beiden im Frühjahr 1960 zu einer harten Auseinandersetzung gekommen war. Ein spektakulärer Mädchenmord in der Wiener Florianigasse, der auch die Medien intensiv beschäftigte, hatte zu einer Debatte um die (1950 im ordentlichen Verfahren abgeschaffte) Todesstrafe bzw. zur Forderung, dass »Lebenslang lebenslang bleiben muss« geführt. Von Olah als dama-

---

653 Olah, Die Erinnerungen, S. 191 sowie Dr. Christian Broda wird Justizminister, in: Arbeiter-Zeitung, 28.5.1960.

ligem Klubobmann des sozialistischen Parlamentsklubs wurde ein Antrag im Klub eingebracht, wonach es bei Personen, die zu einer lebenslangen Haft verurteilt waren, keine bedingte Entlassung geben soll. Von Broda wurde dieser Antrag zwar bekämpft, im Parlament fand er jedoch eine Zustimmung.[654] Als wenige Wochen später die Bestellung Brodas zum Justizminister anstand, brachte Olah, um Broda als Justizminister zu verhindern, sogar einen eigenen Gegenkandidaten ein: Viktor Kleiner, den Kammeramtsdirektor der oberösterreichischen Arbeiterkammer. Als Gründe für die Nominierung Kleiners nennt Olah in seinen Memoiren, dass endlich einmal kein Strafrechtsexperte, sondern ein Arbeits- und Sozialrechtler das Ministerium übernehmen sollte, wobei jedoch anzumerken ist, dass Broda zwar Mitglied der Kommission zur Ausarbeitung eines neuen Strafrechts war, er aber – und dies vor allem was seine Kanzlei betraf – kein ausschließlicher Strafrechtler war. Zudem wäre – so Olah weiter – die Bestellung des Oberösterreichers Kleiner ein wichtiges Symbol in Richtung der Länder gewesen, auf deren Unterstützung er auch bei der Bestellung Kleiners zum Justizminister hoffte. Olah fühlte sich seiner Sache sicher. Die Abstimmung in der Parteivertretung, die auf Antrag von Peter Strasser geheim durchgeführt wurde,[655] brachte – so Wilhelm Rosenzweig – eine Zwei-Drittel-Mehrheit für Broda, nach Olah eine knappe Mehrheit für Broda.[656] Kleiner, den Olah für den Tag der Abstimmung sogar in den ÖGB bestellt hatte, damit er diesen sofort als den neuen Justizminister hätte präsentieren können, hatte nicht die erforderlichen Stimmen erhalten.[657]

Christian Broda konnte bei seiner Nominierung zum Justizminister auf die Unterstützung von Bruno Kreisky, der sich – so Broda im Jahr 1983 – sehr für ihn stark machte,[658] Peter Strasser und Karl Mark zählen. Stützen konnte er sich somit auf eine Reihe von Personen, die sich bereits dafür eingesetzt hatten, dass er als Abgeordneter der SPÖ ins österreichische Parlament einziehen konnte.[659] Ausgesprochen haben sich für ihn zudem Parteivorsitzender Bruno Pittermann, Felix Slavik und Karl Waldbrunner,[660] während Rosa Jochmann – vermutlich aufgrund der Tatsache, dass beide im KZ waren – für Olahs Kandidaten vo-

---

654 Rosenzweig, Der politische Weg Christian Brodas, S. 127, Olah, Die Memoiren, S. 193.
655 Leser, Norbert, Salz der Gesellschaft. Wesen und Wandel des österreichischen Sozialismus, Wien 1988, S. 153.
656 Rosenzweig, Der politische Weg Christian Brodas, S. 127.
657 Olah, Die Erinnerungen, S. 193, Konrad/Lechner, »Millionenverwechslung«, S. 194, Interview mit Prof. Alfred Ströer am 20.2.2007.
658 Christian Broda in der Radio-Sendung »Im Brennpunkt« am 29.4.1983.
659 Pelinka, Peter, Christian Broda: Mit ihm starb ein Architekt des »Österreichischen Wegs«, in: AZ-Tagblatt, 3.2.1987.
660 Hoffmann-Ostenhof/Nagy/Wimmer, Der lange Marsch zum Seelenfrieden, S. 11, Olah, Die Erinnerungen, S. 193.

tierte.[661] Die Länder unterstützten Olah, anders als von diesem erhofft, nur beschränkt: Während die Niederösterreicher und die Bauarbeiter Olah folgten, votierten die Oberösterreicher gegen Kleiner.[662] Peter Strasser konnte Christian Broda somit telefonisch mitteilen lassen: »Sag dem Vater vom Othello [Othello war der Name des schwarzen Spaniels von Broda, Anm. M. W.], es ist gutgegangen!«[663] Olah kommentierte die Wahl Brodas zum Justizminister – so der Widerstandskämpfer, SPÖ-Politiker und Gewerkschafter Alfred Ströer[664] – mit den Worten: »Fein, heute steht es 1:0 für dich, aber das ist nicht das letzte Wort«.[665] Der unerbittliche Machtkampf der beiden, der in den folgenden Jahren zu einer schweren Zerreißprobe der SPÖ führen sollte, hatte begonnen. Die Wahl Brodas zum Justizminister brachte somit auch den endgültigen Bruch jener Runde, die oft als »Jungtürken« bezeichnet werden und versucht hatten, eine Vordenkerrolle in der SPÖ zu übernehmen.[666]

Als Christian Broda am 23. Juni 1960 von Bundespräsident Schärf zum Bundesminister für Justiz ernannt wurde, war er der vierte Minister, der in der Zweiten Republik dieses Amt bekleidete. Wie Manfred Matzka in einem Beitrag über die Rechtspolitik der SPÖ seit 1945 ausführt, übernahm er damit ein Ressort, das innerhalb der Partei in den Jahren zuvor keine besonders große Attraktivität aufwies und »eher ein wenig nebenbei betreut wurde«, was Matzka darauf zurückführt, dass Parteivorsitzender Schärf – selbst Jurist und Anwalt – dieses Amt nicht allzu prominent besetzt haben wollte.[667] 1945 bis 1949 und 1952 bis 1954 stand das Justizministerium unter der Leitung des parteiunabhängigen, aber von der SPÖ nominierten Josef Gerö. Gerö war nach dem Studium als Staatsanwalt und Beamter im Justizministerium tätig. Nach dem »Anschluss« wurde er von den Nationalsozialisten in die Konzentrationslager Dachau und Buchenwald verschleppt und (nach seiner Freilassung) 1941 erneut eingekerkert. In den Jahren nach 1945 nahm Gerö eine zentrale Funktion beim Wiederaufbau von Justiz und Rechtsstaat und der Entnazifizierungsgesetzgebung ein. In der Zeit zwischen seinen beiden Ministerschaften war Gerö, der lange Zeit dem Österreichischen Fußballbund und dem Österreichischen Olympischen Komitee vorstand, Präsident des Oberlandesgerichtes Wien.[668] Von 1949 bis 1952

---

661 Interview mit Prof. Alfred Ströer am 20.2.2007.

662 Ebenda, Olah, Die Erinnerungen, S. 193.

663 Fischer, Heinz, Reflexionen, Wien 1998, S. 76 f.

664 Vgl. zu Alfred Ströer: Toth, Wilhelm, Alfred Ströer. Eine Biographie. Vom Volksgerichtshof in die Gewerkschaftsspitze, Wien 2003.

665 Interview mit Prof. Alfred Ströer am 20.2.2007.

666 Olah, Die Memoiren, S. 191.

667 Matzka, Manfred, Reformen abseits der Partei, in: Pelinka, Peter / Steger, Gerhard (Hg.), Auf dem Weg zur Staatspartei. Zu Geschichte und Politik der SPÖ seit 1945, Wien 1988, S. 304.

668 Vgl. zu Gerö etwa: Der neue Justizminister: Dr. Josef Gerö, in: Arbeiter-Zeitung, 17.9.1952,

Amtsübergabe im Justizministerium 1960

und dann neuerlich von 1956 bis 1960 hatte Otto Tschadek von der SPÖ, der sich innerhalb der Partei besonders um eine Versöhnung mit der katholischen Kirche bemühte, die Funktion des Justizministers ausgeübt. Nach dem Rechtsstudium war Tschadek Gemeindeamtsleiter in Mannersdorf am Leithagebirge und wurde als solcher 1934 vom Dienst enthoben. In Folge schlug er beruflich den Weg eines Rechtsanwalts ein und wurde Konzipient in einer Anwaltskanzlei. Die Aufnahme in die Verteidigerliste erfolgte problemlos, nicht jedoch die Aufnahme in die Rechtsanwaltskammer, weshalb er vorübergehend ein Studium der Medizin an der Universität Wien begann. 1940 zur Wehrmacht einberufen, hatte Tschadek ab 1941 die Funktion eines Marinerichters inne und war somit Teil der NS-Justiz.[669] 1945/46 war er kommissarischer Oberbürgermeister von Kiel, bis er nach Österreich zurückkehrte und sich hier wiederum als Anwalt niederließ.[670]

Justizminister Josef Gerö gestorben, in: Arbeiter-Zeitung, 29.12.1954, sowie www.aeiou.at (12.3.2008).

669 Vgl.: Geldmacher, Thomas, Der gute Mensch von Kiel? Marinerichter Otto Tschadek (1904–1969), in: Geldmacher, Thomas / Koch, Magnus / Metzler, Hannes / Pirker, Peter / Rettl, Lisa (Hg.), »Da machen wir nicht mehr mit …« Österreichische Soldaten und Zivilisten vor Gerichten der Wehrmacht, Wien 2010, S. 215–227, Zöchling, Christa, Die gefälschte Biografie, in: Profil 36 (2010) S. 30–33, Ex-Justizminister Tschadek war ein »Blutrichter«, in: Der Standard, 4./5.9.2010.

670 Vgl. hierzu: Tschadek, Otto, Erlebtes und Erkanntes, Wiener Neustadt 1962, Petznek, Friedrich, Ein bedeutender Brucker – Dr. Otto Tschadek, Bruck a.d. Leitha 2004, Broda,

Nur kurze Zeit, in den Jahren 1955 und 1956, nach dem plötzlichen Tod Gerös und der neuerlichen Übernahme des Justizministeriums durch Otto Tschadek bekleidete Hans Kapfer, der ebenfalls von der SPÖ nominiert wurde, die Funktion eines Justizministers. Kapfer, wie Gerö ein Opfer des Nationalsozialismus – er war im KZ Theresienstadt –,[671] leitete vor seiner Bestellung zum Justizminister die Strafsektion im Justizministerium, nachdem er lange Jahre im Bereich der Zivilistik, vor allem im Bereich des Arbeitsrechts, tätig gewesen war.[672]

Der Rechtsanwaltskammer teilte Christian Broda am 29. Juli 1960 in Folge seiner Ernennung zum Justizminister mit, dass sein neues Amt nicht mit der Tätigkeit als Anwalt vereinbar sei und er daher seinen Beruf während seiner Ministerschaft nicht ausüben werde.[673] Ins Justizministerium übersiedelt, begann Christian Broda das Ministerzimmer gründlich umzukrempeln. Das alte, dunkle, massiv geschnitzte Mobiliar wurde durch eine helle, nüchtern-zweckmäßige Büroeinrichtung ersetzt. Um seinen Schreibtisch wurden Aktenregale angebracht, die von Christian Broda mit folgenden Worten erklärt wurden:

> »Wenn ich mir jedes Mal die Akten erst aus der betreffenden Sektion kommen lassen müsste – das hielte mein Temperament nicht aus.«[674]

Wie in den Medien festgestellt wurde – und für die Zeit ab 1970 von Heinrich Keller und Sepp Rieder, zwei engen Mitarbeitern Brodas bestätigt wird[675] – war er sichtlich bestrebt, die Arbeitsweise, die er sich in seinem Beruf als Anwalt zurechtgelegt hatte, auch als Minister beizubehalten. Broda, der im Vergleich zu anderen Ministern personell gesehen mit einem kleinen Büro auskam,[676] sagte selbst, dass das Justizressort ebenso wie eine gut geführte Rechtsanwaltskanzlei geführt werden müsse. Was er damit meinte, waren – so der langjährige Präsident der Rechtsanwaltskammer Walter Schuppich – »offenbar Pünktlichkeit, genaue und verläßliche Arbeit, das Sammeln aller für eine Idee und ihre Verwirklichung tauglichen Belegstellen, die Evidenzhaltung aller dienlichen Grundlagen und jeglicher Literatur, das konsequente Durchdenken aller möglichen Folgen, die Zielstrebigkeit in der Verfolgung eines einmal gefassten Entschlusses und die Bereitschaft, um dieses Zieles willen mit jedem über alles zu reden.«[677] Typisch für Broda und ebenfalls aus seiner Arbeitsweise als Anwalt

---

Christian, Otto Tschadek, in: Der Sozialistische Akademiker 3 (1969) S. 2, Abschied von Otto Tschadek, in: Arbeiter-Zeitung, 5.2.1969 sowie www.parlinkom.gv.at (12.3.2008).

671 Rathkolb, Die paradoxe Republik, S. 384.
672 Sektionschef Kapfer als Justizminister vorgeschlagen, in: Wiener Zeitung, 15.1.1955.
673 Schuppich, Christian Broda, S. 134.
674 Zerbs, Marxist auf Samtpfoten, S. 2.
675 Interview mit Dr. Heinrich Keller am 12.10.2009 und mit Dr. Sepp Rieder am 20.5.2010.
676 Zerbs, Marxist auf Samtpfoten, S. 2 und Interview mit Dr. Heinrich Keller am 12.10.2009.
677 Schuppich, Christian Broda, S. 132.

ableitbar ist zudem, dass er sich zu jedem Vorgang eigene Aufzeichnungen oder Handakten anlegte.[678] Seine ursprüngliche Vorstellung, das Ministerium wie seine frühere Anwaltskanzlei zu führen, konnte Broda jedoch – wie auch in einem ausführlichen Portrait in der »Wochenpresse« Ende 1963 festgehalten wurde – nicht verwirklichen. Die Aktenberge wurden nicht abgebaut, sondern quollen immer mehr über. Als Grund hierfür wurde nicht zuletzt gesehen, dass Broda mit dem ihm eigenen Tatendrang zu viele Baustellen gleichzeitig aufgerissen hatte und er wohl auch erst lernen musste, dass in der Politik andere Regeln als in einer Anwaltskanzlei gelten.[679] Dass er ständig neue Reformen ankündigte, sollte jedoch ein Wesenzug bleiben, dem Broda bis zu seinem endgültigen Ausscheiden aus der Politik 1983 treu blieb.

Das Arbeitsprogramm, das sich Broda als neuer Minister auferlegte, war alles andere als bescheiden. Große Reformen blieben in den Jahren von 1960 bis 1966 jedoch aus. Vielmehr geriet Broda in der Koalition, der eigenen Partei und der Öffentlichkeit immer mehr unter Beschuss. Im März 1962 brachte ÖVP-Generalsekretär Withalm die kommunistische Vergangenheit und den Wahlaufruf Brodas für die KPÖ 1945 aufs politische Tapet, nachdem es zwischen der SPÖ und ÖVP zur Auseinandersetzung um das von Broda lancierte »Staatsschutzgesetz« oder »Gesetz zum Schutz des inneren Friedens« gekommen war. Auslöser für diesen Gesetzesvorschlag waren neonazistische Übergriffe, die Anfang der 1960er Jahre zugenommen hatten: Grabschändungen in Innsbruck und Klagenfurt, das Absingen neonazistischer Lieder in der Wiener Opernpassage, ein Anschlag auf das Denkmal der Republik bzw. Schüsse auf das österreichische Parlament, Sprengstoffanschläge auf die italienische und amerikanische Botschaft. Verantwortlich dafür waren Mitglieder der Burschenschaften – in Innsbruck der »Brixia«, »Germania«, »Suevia« und in Wien der »Olympia« –, die sich besonders aktiv in der rechten Szene zeigten. Zu sehen sind sie im Zusammenhang mit dem Anfang der 1960er Jahre zunehmenden Südtirol-Terrorismus, der auch auf Österreich überschwappte und ausgehend von einem Kampf um die Selbstbestimmung und Autonomierechte der Südtiroler zu einem Kampfboden für das »Deutschtum«, für die neonazistische Szene und ihre Ziele wurde. Ihren Höhepunkt erlebten die rechtsextremen Ausschreitungen 1965 – wie noch zu zeigen sein wird – im Fall Borodajkewycz.[680] Für Christian Broda, der (wie

---

678 Interview mit Dr. Sepp Rieder am 20.5.2010.
679 Zerbs, Marxist auf Samtpfoten, S. 2.
680 Vgl. zu diesem Thema eine Artikel-Diskussion in der »Zukunft« im Februar 1962, darunter auch: Broda, Christian, Die Grenzen der Toleranz, in: Die Zukunft 2 (1962) S. 33 f. sowie eine Artikelserie zum Thema »Ist Antisemitismus ein Verbrechen« aus dem Frühjahr 1965, in dem Broda ebenfalls auf das »Staatsschutzgesetz« und seine Bestimmungen Bezug nahm: Broda, Christian, Den Anfängen wehren, in: Die Zukunft 4 (1965) S. 6 f. sowie AChB, ÖNB, Handschriftensammlung, III.203 (2 Mappen).

Innenminister Afritsch[681]) sowohl davor warnte, den Neonazismus zu überschätzen als auch ihn zu bagatellisieren, boten sie 1961/1962 Anlass dazu, ein
»Staatsschutzgesetz« zu lancieren, das dort Platz greifen sollte, wo die Bestimmungen des Verbotsgesetzes nicht angewendet werden konnten, wo dieses Lücken aufwies bzw. seine Bestimmungen zu schwer wogen und nicht zum Tragen
kamen. Sein Vorschlag zu einem »Staatsschutzgesetz«, das die »Grenzen der
Toleranz« aufzeigen sollte und der Justiz die Möglichkeit geben sollte, ein neues
»Stoppschild« in der Demokratie aufzustellen, umfasste Regelungen gegen
Angriffe auf die Republik und ihre Symbole, gegen Rassenhetze und einen
verstärkten Schutz gegen Werkspionage wie allgemein gegen Spionagetätigkei-
ten auf österreichischem Boden.[682] Er fand jedoch nicht die Zustimmung der
ÖVP. Sie kritisierte am Gesetzesvorschlag nicht nur das eigenmächtige, nicht in
der Koalition abgestimmte Vorgehen Brodas,[683] sondern auch, dass die neuen
Bestimmungen auf die Vorfälle der letzten Zeit nicht angewandt werden könnten
(bzw. kein wirksames Mittel zur Verfolgung neonazistischer Übergriffe sein
würden[684]), worauf die »Arbeiter-Zeitung« polemisierte, dass sich in Österreich
wohl vorrangig die SPÖ für den Staatsschutz interessiere. Die Folge darauf war
ein direkter Angriff auf Broda, dem vorgehalten wurde, als ehemaliger Kommunist wohl nicht dazu berufen zu sein, sich als »Staatsschützer« hervorzutun
und der ÖVP mangelndes Interesse zu unterstellen.[685] Vorausgegangen war der
Attacke Withalms im März 1962 bereits ein ähnlicher Angriff auf Broda, der aus
Deutschland kam. Das deutsche Wochenmagazin »aktuell« hatte ihm – ebenfalls
im Zusammenhang mit dem »Staatsschutzgesetz« – bereits im Januar vorgeworfen, nach wie vor im kommunistischen Sinn tätig zu sein,[686] wobei Broda
auch hier konservative Journalisten, Withalm und den späteren bayrischen
Ministerpräsidenten Franz Josef Strauß im Hintergrund vermutete. Was folgte,
war eine Beschlagnahmung des »aktuell«, das gezielt an österreichische Richter
und Staatsanwälte verteilt worden war, sowie eine Presseklage gegen das Blatt, in

---

681 Afritsch, Josef, Nicht überschätzen, nicht bagatellisieren, in: Die Zukunft 2 (1962) S. 34.
682 Neonazi dürfen nicht mit Toleranz rechnen, in: Wiener Zeitung, 1.12.1961.
683 Paragraphen gegen Neonazi: Die wunden Punkte, in: Wochenpresse Nr. 50, 16.12.1961.
684 Graz: Alle Bombenwerfer enthaftet, in: Volksstimme, 23.12.1961.
685 Vgl. zu den Auseinandersetzungen Withalm-Broda und zum »Staatsschutzgesetz«: SPÖ-
     Monopol auf Staatsschutz? Minister Broda 1945 und heute, in: Österreichische Neue Ta-
     geszeitung, 23.2.1962, Kein Schutz für den inneren Frieden sowie das Nein der ÖVP, in:
     Arbeiter-Zeitung, 14.3.1962, Withalm: »Broda war Kommunist«, in: Österreichische Neue
     Tageszeitung, 24.3.1962, Broda: Ich gehörte zu den Kommunisten, in: Österreichische
     Neue Tageszeitung, 25.3.1962, Dr. Withalm gegen Dr. Withalm, in: Arbeiter-Zeitung, 25.3.
     1962, Withalm irrt, in: Arbeiter-Zeitung, 31.3.1962, Justizminister Broda: »Ich gehörte zu
     den Kommunisten!«, in: Wien-Morgen, Nr. 3, Mai 1962 sowie AChB, ÖNB, Handschrif-
     tensammlung, X.5.7, III.115/1.1. und III.203 (2 Mappen)
686 Verschwörung des Schweigens, in: aktuell, Nr. 3 vom 21.1.1962, S. 12 – 15.

der Broda von seinem Freund Wilhelm Rosenzweig vertreten wurde. Sie führte im Februar 1962 zu einem Verfall des Druckwerks.[687]

Zu sehen ist beides, sowohl die Attacke des »aktuell«, als auch der Schlagabtausch in Österreich – wie Broda bewusst war – in erster Linie vor dem Hintergrund der im November 1962 stattfindenden Nationalratswahlen. Auch wenn im März 1962, zum Höhepunkt der Broda-Kritik in Österreich, ein genauer Wahltermin noch nicht einmal feststand, konnte der Gesetzesvorschlag zum Staatsschutzgesetz trotzdem gezielt dazu verwendet werden, politisches Kleingeld zu verdienen. Broda distanzierte sich im Zuge der Angriffe auf seine Person zwar von seiner kommunistischen Vergangenheit und betonte, dass besonders seine Publikationen der letzten Jahre Ausdruck hiervon seien und ging sogar so weit zu sagen, in der Widerstandsbewegung keiner kommunistischen Gruppe angehört zu haben.[688] Politisch hatte ihm die »Aufdeckung« seiner kommunistischen Vergangenheit aber enorm geschadet. Ähnlich, vielleicht noch stärker als in den Jahren zuvor, machte die ÖVP bei den Nationalratswahlen 1962 den Antikommunismus und die Abwehr der »roten Gefahr« zu ihrem wichtigsten Wahlkampfthema. Sie plakatierte »...es steht 79:78. Nur ein sozialistisches Mandat mehr und die sozialistische Herrschaft beginnt« und nannte Österreich ein »Land an der roten Grenze«, das es zu beschützen gilt. Die SPÖ zeichnete sie entgegen jeder politischen Realität als »linke« (kommunistische) Bedrohung, während diese im Gegensatz zum aggressiven Auftreten der ÖVP 1962 einen defensiven, vor allem an der Erhaltung des Gleichgewichts orientierten Wahlkampf führte.[689]

Broda setzte im Wahlkampf – ähnlich wie 1959 – auf demokratie- und rechtspolitische Themen: auf die Verabschiedung des Antikorruptionsgesetzes,[690] einen Ausbau der parlamentarischen Kontrolleinrichtungen, die Verabschiedung des Pressegesetzes, die herbeizuführende Übereinstimmung von Verfassungsrecht und Verfassungswirklichkeit, die Sicherung der Rechnungshofkontrolle und eine Fortsetzung der begonnenen Rechtsreform.[691] Im Mai 1962 hatte er – als demokratiepolitisch wichtiges Zeichen – seinen Taufpaten Hans Kelsen nach Österreich eingeladen, damit dieser bei der Österreichischen Richterwoche in Weißenbach am Attersee und bei den Wissenschaftsgesprächen

---

687 Zeitschrift »aktuell« beschlagnahmt, in: Österreichs Neue Tageszeitung, 18.1.1962, AChB, ÖNB, Handschriftensammlung III.115/1.

688 Eine Erklärung des Justizministers Dr. Broda, in: Sozialistische Korrespondenz vom 24.3.1962. AChB, ÖNB, Handschriftensammlung, X.5.7.

689 Rauchensteiner, Die Zwei, S. 449.

690 Aus dem Wahlkampf: Antikorruptionsgesetz notwendig. Das neue Strafgesetz soll Bestimmungen zur Bekämpfung der Korruption im öffentlichen Leben enthalten, in: Wiener Zeitung, 10.10.1962.

691 Nicht auf den Rechtsstaat vergessen, in: Wiener Zeitung, 17.10.1962 sowie Ein Sieben-Punkte-Programm für den Rechtsstaat, in: Kurier, 17.10.1962.

in Salzburg, aber auch vor sozialdemokratischen Abgeordneten über grundlegende rechtspolitische Fragen und die Entstehung der österreichischen Bundesverfassung sprechen konnte. Rund ein Jahr zuvor, im September 1961, war
Hans Kelsen anlässlich seines 80. Geburtstages das Ehrendoktorat an der Universität Wien verliehen worden.[692] Zum Wahlkampf beherrschenden Thema
wurde die Demokratiereform, die auch von den ÖVP-Reformern (u. a. mit
Aufwertung der direkten Demokratie) angesprochen wurde, jedoch nicht.[693]

Die Wahlen vom 18. November 1962 brachten einen Wahlerfolg für die ÖVP
und führten neuerlich zur Bildung einer Großen Koalition. Sowohl von Seiten
der ÖVP als auch der SPÖ wurde vor den Nationalratswahlen – im Sinne der
Suche nach Alternativen zum erstarrten System der Großen Koalition – aber
auch Gespräche mit der FPÖ geführt. Zu einer Beteiligung der Freiheitlichen an
der Regierung oder einer Kleinen Koalition kam es schlussendlich aber nicht.
Die ÖVP unter der Führung von Gorbach hatte zusammen mit Teilen der steirischen Industrie unmittelbar vor der Nationalratswahl 1962 auf eine Initiative
des Steirers Josef Krainer (Sen.) hin Gespräche mit der FPÖ aufgenommen und
Verhandlungen nach der Wahl vereinbart, die jedoch scheiterten, da parteiin-
tern keine Mehrheit für eine Kleine Koalition gefunden werden konnte.[694] Innerhalb der SPÖ hatte sich insbesondere Franz Olah um eine Annäherung an die
FPÖ bemüht, die nicht nur aus Verhandlungen, sondern – was allerdings erst im
Zuge einer gewerkschaftsinternen Untersuchung im Jahre 1964 bekannt werden
sollte – auch aus einer finanziellen Unterstützung für die sich in Geldnöten
befindlichen FPÖ bestanden hatte. Ausgesprochen gegen eine Kleine Koalition
hatte sich in der SPÖ, gleichgültig wie realistisch diese damals tatsächlich war,
Bundespräsident Schärf.[695]

In die sich über vier Monate hinziehenden Regierungsverhandlungen, die so
lange dauerten wie noch keine Koalitionsverhandlungen zuvor, wurde Seitens
der ÖVP und der hier maßgeblichen Reformer auch die Frage einer Auflockerung der Großen Koalition eingebracht. Gefordert wurde eine Aufwertung oder
bessere Nutzbarkeit des seit 1956 bestehenden, in der Praxis aber bedeutungs-
losen, koalitionsfreien Raumes. Um die Möglichkeit der freien Abstimmung im
Parlament vergrößern zu können, sollten die Koalitionsparteien über Gesetz-
gebungsmaterien, über die nach Ablauf einer bestimmten Frist keine Einigung
erzielt werden konnte, frei abstimmen können.[696] Die ÖVP schlug außerdem vor,

---

692 AChB, ÖNB, Handschriftensammlung, Ib.242.
693 Vgl. hierzu etwa: Österreich erhalten – Europa gewinnen!, in: Volksblatt, 6.10.1962.
694 Bleier-Bissinger, Bundeskanzler Alfons Gorbach und seine Zeit, S. 390 ff.
695 Er steht damit in der Tradition Körners, der sich bereits 1953 gegen eine Einbeziehung der
Freiheitlichen in die Regierung wandte. Vgl.: Rauchensteiner, Die Zwei, S. 451.
696 Zuvor war eine freie Abstimmung bei Regierungsfragen nur möglich, wenn ein entsprechender Beschluss der Regierung gefällt worden war (1956) bzw. keine Verbindlichkeit

Volksabstimmungen über Gesetze durchführen zu können, wenn diese im Parlament nicht innerhalb einer bestimmten Dauer behandelt wurden. Dies scheiterte jedoch am Einspruch der SPÖ (darunter jenem von Christian Broda). Sie sah hierin eine Umgehung des Parlaments. Verwirklicht wurde jedoch eine Aufwertung des koalitionsfreien Raumes, von dem aber gewisse Themenbereiche – darunter im Zivil- und Strafrecht jene Fragen, die Weltanschauungs- oder Gewissensfragen betrafen – ausgeschlossen waren. In Folge konnte der koalitionsfreie Raum – so Hermann Withalm in einer Rückschau – aber »nicht so recht befriedigen«, da er sich als »kein taugliches Instrument« erwies, um das Parlament aufzuwerten.[697] Er konnte nicht wirklich zu einer Auflockerung der Großen Koalition verbunden mit einer größeren Entscheidungsfreiheit beitragen und erwies sich in der Habsburg-Frage vielmehr noch als »Bumerang« für die ÖVP.[698]

In der ÖVP verließen die Reformer Gorbach immer mehr. Innerparteilich wurde ihm vorgeworfen, bei den Regierungsverhandlungen 1962 zu konziliant gegenüber der SPÖ gewesen zu sein. Aber auch sonst schien Gorbachs Politik Klaus und Withalm in vielen Bereichen zu gemäßigt. 1963 folgte der radikalere Reformer Klaus, der sich eine »Versachlichung der Politik« und einen neuen politischen Stil auf seine Fahnen geschrieben hatte, Gorbach erst als Parteivorsitzender und 1964 auch als Bundeskanzler nach und läutete mit Generalsekretär Withalm eine härtere Gangart in der Koalition ein.

Christian Broda zog nach den Wahlen 1962 wieder als Abgeordneter in den Nationalrat ein. Dass er wiederum als Justizminister fungieren würde, stand jedoch nicht fest. Vielmehr forderte die ÖVP, die der SPÖ zwei Mandate abgenommen hatte, dass sich ihr Wahlsieg in zusätzlichen Kompetenzen in der Bundesregierung und der Besetzung weiterer zentraler Positionen in der Verwaltung niederschlagen müsse. Gefordert wurden von der ÖVP, für die vor allem Generalsekretär Withalm das Wort führte, das Außen- und das Justizministerium. Als mögliche Nachfolger für Broda wurden in den Medien bereits die ÖVP-Abgeordneten Otto Kranzlmayr und Franz Hetzenauer genannt.[699] Aufgrund des entschiedenen Auftretens von Franz Olah, der den eher zur »Kapitulation« neigenden Pittermann dazu bewegen konnte, in den Koalitionsverhandlungen hart zu bleiben und nötigenfalls mit einem Ende der Großen Koalition zu drohen, was der im Gegensatz zu Withalm gemäßigtere ÖVP-Obmann und Bundeskanzler Gorbach nicht riskieren wollte, konnten jedoch beide Ressorts für die SPÖ erhalten bleiben. Bekannt geworden ist in diesem Zusam-

---

vereinbart wurde. Bei allen sonstigen Anträgen mussten die Parteien die Freigabe absprechen (1956 und 1959). Vgl. Rauchensteiner, Die Zwei, S. 545 ff.

697 Withalm, Aufzeichnungen, S. 102.

698 Vgl. zu den Regierungsverhandlungen 1962: AChB, ÖNB, Handschriftensammlung, III.211.

699 ÖVP verlangt neue und fruchtbarere Methoden, in: Tiroler Nachrichten, 1.12.1962.

menhang der Ausspruch Olahs, wonach das Außenministerium nicht am Weihnachtsbaum der ÖVP hänge. Olah wurde nach den Wahlen – wohl auch aufgrund seiner erfolgreichen Beeinflussung der Koalitionsverhandlungen – neuer Innenminister und trat dafür von der Spitze des ÖGB zurück. Christian Broda wurde am 27. März 1963 neuerlich zum Justizminister ernannt. Er erhielt in der Person von Franz Hetzenauer aber einen Staatssekretär aus den Reihen der ÖVP zur Seite gestellt,[700] nachdem Raab im Parteivorstand erklärt hatte, dass im Justizministerium ein »Wachhund für Broda« nötig sei.[701] Das Verhältnis Broda-Hetzenauer wurde – wie in den Medien festgehalten wurde – lange Zeit als Idealfall der Kooperation eines roten Ministers mit einem schwarzen Staatssekretär bezeichnet.[702] Franz Hetzenauer führte dies viele Jahre später jedoch nicht nur auf die Persönlichkeit der beiden Politiker, sondern auch auf den Umstand zurück, dass Broda bewusst war, dass hinter ihm die mächtige ÖVP stand.[703] Mitglied im Parteivorstand der SPÖ wurde Christian Broda ebenfalls im Jahr 1963.[704]

Neuerlich massiv in die Schlagzeilen – und das nicht mit den von ihm favorisierten demokratie- oder rechtspolitischen Themen – geriet Christian Broda 1963 im Zuge der »Habsburg-Krise«, den harten Auseinandersetzungen, die er sich besonders 1964 und 1966 mit Franz Olah lieferte und 1965 im Zuge einer Diskussion über NS-Richter im Dienst der österreichischen Justiz. Im Wahlkampf 1966 wurde wiederum seine kommunistische Vergangenheit zu einem wesentlichen Thema, diesmal jedoch lanciert von Franz Olah auf dem neuen Kampfboden »Kronen-Zeitung«.

5.1. Rechtspolitik – blockierte Reformen

Noch als einfacher Abgeordneter hatte Christian Broda in seiner dritten Parteitagsrede 1959 gefordert, dass eine Konsequenz des Wahlerfolgs bei den Nationalratswahlen 1959 sein müsse, dass sich die SPÖ verstärkt in den Dienst der Rechtsreform stelle. Nach dem Abschluss des Staatsvertrages sei in einer Zeit der wirtschaftlichen Erholung und politischen Ruhe nun »die Zeit großer und

---

700 Olah, Die Erinnerungen, S. 208, Rauchensteiner, Die Zwei, S. 448 ff. und S. 536. Vgl. zu einer Bilanzierung der Regierungsverhandlungen: Politische Perspektiven, 29. 3. 1963, in: AChB, ÖNB, Handschriftensammlung, III.211.
701 Interview mit Dr. Franz Hetzenauer, in: Kriechbaumer, Robert (Hg.), Die Ära Klaus. Österreich in den »kurzen« sechziger Jahren, Bd. 2: Aus der Sicht von Zeitgenossen und in Karikaturen von Ironimus, Wien/Köln/Weimar 1999, S. 203.
702 Chorherr, Thomas, Bleiben, steigen oder fallen?, in: Die Presse, 2.3.1966.
703 Interview mit Dr. Franz Hetzenauer, S. 203 f.
704 AChB, ÖNB, Handschriftensammlung, X.1. Rásky nennt in seinem Beitrag fälschlich 1965. Vgl.: Rásky, Christian Broda, S. 93.

umfassender gesetzgeberischer Akte« gekommen, die eine »gesetzliche Verankerung aller Errungenschaften und Ergebnisse der gewaltigen Kämpfe und sozialen Umwälzungen seit 1914« bringen müsse.[705] Nachdem in den Jahren unmittelbar nach Kriegsende der Rechtsstaat und die Justiz organisatorisch und
personell erst wieder aufgebaut werden mussten, in den späten 1940er Jahren
wichtige Schritte im Bereich des Arbeits-, Sozial-, Miet- und Wohnrechts gesetzt
wurden und ein Schwerpunkt der Rechtspolitik in den 1950er Jahren die Verabschiedung des ASVG bildete,[706] sollte nun der Rechtsreform Priorität zukommen, wobei – andernorts – von Broda festgehalten wurde, dass diese in
»revolutionären Zeiten« freilich viel schneller voranschreite, als in vergleichsweise ruhigen Phasen.[707] Ausdrücklich Bezug genommen wurde von ihm auf die
von seinen Vorgängern Gerö und Tschadek bereits begonnenen Reformvorhaben im Bereich des Straf- und Familienrechts, gefordert wurden von ihm aber
auch neue Gesetze für die Presse.[708]

In seiner ersten Presseerklärung als neuer Justizminister gab Christian Broda
am 15. Juli 1960 bekannt, dass allen seinen Handlungen als neuer Justizminister
die Prämisse zugrunde liegen soll, den Rechtsstaat zu sichern, da dessen Schutz
gleichzeitig Schutz der Demokratie sie. Aufgabe des Justizressorts müsse es
daher sein, den Rechtsstaat im Alltag zu verwirklichen und damit »sicherzustellen, dass der einzelne Bürger der demokratischen Republik zu seinem Recht
kommt.« Als konkrete Maßnahmen kündigte er Reformen im Bereich der
Strafprozessordnung und des Jugendstrafrechts bzw. -vollzugs, ein neues Mili-
tärgesetz, die Verabschiedung eines neuen Pressegesetzes und eine neue Initiative zu einem Antikorruptionsgesetz an.[709] Auf der Tagesordnung blieben
natürlich aber auch die Strafrechts- und die Familienrechtsreform. Im Mai 1963,
nachdem Broda zum zweiten Mal Justizminister geworden war, nannte er als
Gegenstand seines Arbeitsprogramms die Strafgesetz-, Strafprozess- und
Strafvollzugsreform, Reformen im Bereich des Familienrechts (mit der Neuordnung des Erbrechts des Ehegatten und des ehelichen Güterstandes und der
Neuregelung der Rechtsstellung des unehelichen Kindes). Er erwähnte die
Schaffung einer modernen Sozialgerichtsbarkeit, die ihn bereits in seiner ersten
Amtsperiode beschäftigt hatte, ein neues Aktiengesetz, die Verlängerung der

---

705 Christian Broda auf dem Parteitag der SPÖ vom 11. bis 13. November 1959 im Sofiensaal,
     Wien. Protokoll des Parteitags der SPÖ vom 11. bis 13.11.1959, S. 146 ff.
706 Matzka, Reformen abseits der Partei, S. 303 ff.
707 Vgl. hierzu auch: Broda, Christian, Rechtsentwicklung – Spiegelbild der Gesellschaft, in:
     Die Zukunft 5 (1971) S. 13–15.
708 Christian Broda auf dem Parteitag der SPÖ vom 11. bis 13. November 1959 im Sofiensaal,
     Wien. Protokoll des Parteitags der SPÖ vom 11. bis 13.11.1959, S. 146 ff.
709 Oberste Aufgabe des Justizressorts: den Rechtsstaat im Alltag verwirklichen, in: Neues
     Österreich, 16.7.1960 sowie Minister Broda über den Ausbau des Rechtsstaats, in: Die
     Presse, 16.7.1960.

Verjährungsfristen bei NS-Verbrechen und wiederum das Antikorruptions- und Pressegesetz.[710] Weitere Initiativen betrafen unter anderem das bereits erörterte »Staatsschutzgesetz« oder ein neues Dienstnehmerhaftpflichtgesetz.[711] Als besondere »Herzensangelegenheit« bezeichnete Broda besonders in den frühen 1960er Jahren die Schaffung eines modernen Pressegesetzes.[712] Mit großer Leidenschaft trat er zudem – wie seine Artikel im »Forum« und oder der »Zukunft« belegen – auch für das Antikorruptionsgesetz ein. Die Strafrechtsreform fand vor allem mit dem Abschluss der Arbeiten in der Strafrechtskommission eine publizistische Begleitung durch Broda, während auffallend ist, dass Broda zur Frage der Familienrechtsreform – zumindest in der »Zukunft«, in der die Reformdebatte gut nachgelesen werden kann – in diesen Jahren nichts veröffentlichte.

Stützen konnte sich Broda mit seinen Forderungen nach einer Rechtsreform auf das 1958 verabschiedete neue Programm der SPÖ, an dessen Ausarbeitung er intensiv mitgewirkt hatte und das deutlich seine Handschrift trägt.[713] Ausgehend davon, dass »die Veränderungen des gesellschaftlichen Lebens dazu geführt [haben], dass das geschriebene Recht in vielen Fällen nicht mehr den tatsächlichen Verhältnissen entspricht«, wurden im Wiener Programm des Jahres 1958, in dem erstmals ein eigener (wenn auch kurzer) Abschnitt zum Rechtswesen bestand, Veränderungen im Zivil- und Wirtschaftsrecht – und was bereits einer sozialistischen Tradition entsprach – Reformen im Bereich des Familien- und Strafrechts gefordert.[714]

Erstmals in einer Regierungserklärung wurde die Rechtsreform als explizit gefasster Programmpunkt im Jahr 1959 festgehalten. Hier wurden – wenn auch nicht an prominenter Stelle – unter dem Punkt »Reform unseres Rechts« Veränderungen im Strafrecht, Strafvollzug und Strafprozessrecht, im Familien- und Presserecht angekündigt.[715] In der Regierungserklärung des Jahres 1963 wurde explizit die Reform des Strafrechts, des Strafverfahrens- und des Strafvollzug-

---

710 Zu Beginn seiner zweiten Amtsperiode kündigte Christian Broda im April 1963 im Zuge der Budgetdebatte folgende Gesetzesvorhaben an: Antikorruptionsgesetz, Pressegesetz, neues Familienrecht, eheliches Güterrecht, Erbrecht der Ehegatten. Neuerlich kundgetan hat Broda sein Arbeitsprogramm im Mai 1963. Vgl. hierzu: Das Antikorruptionsgesetz kommt, in: Neues Österreich, 20. 4. 1963 sowie Ein umfangreiches Arbeitsprogramm des Justizministeriums. Entwurf eines Antikorruptionsgesetzes für die Herbstsession, in: Tagblatt, 18.5.1963.

711 Dienstnehmerhaftpflichtgesetz, BGBl. Nr. 80/1965.

712 11,7 Groschen pro Kopf und Tag für die Rechtspflege, in: Neues Österreich, 17.11.1961.

713 Matzka, Reformen abseits der Partei, S. 305.

714 Vgl.: Das Parteiprogramm 1958, in: Neugebauer, Modelle für die Zukunft, S. 78 ff.

715 Vgl.: Regierungserklärung vom 17. Juli 1959, StPNR, IX. GP, 3. Sitzung. Abgedruckt in: Gottschlich, Maximilian / Panagl, Oswald / Welan, Manfried, Was die Kanzler sagten. Regierungserklärungen der Zweiten Republik 1945 – 1987, Wien/Köln 1989, S. 130 ff. (besonders S. 135).

rechts genannt.[716] Inhaltlich näher bestimmt wurde das Reformvorhaben hier
jedoch nicht.

Der große Durchbruch in der Rechtsreform – und dies vor allem was die
beiden großen Reformbereiche Familien- und Strafrecht betrifft – gelang in den
Jahren von 1960 bis 1966 jedoch nicht. Mit dem Jugendgerichtsgesetz 1961, der
Strafprozessnovelle 1962, dem von Broda so massiv betriebenen Antikorruptionsgesetz und dem Strafrechtsänderungsgesetz 1965, auf die hier an späterer
Stelle eingegangen wird, wurden zwar wichtige Schritte in der Strafrechtspflege
gesetzt, die »große Strafrechtsreform« und mit ihr ein neues Strafvollzugs- und
Strafprozessrecht blieben jedoch aus. Auch das neue Pressegesetz, das von Broda
massiv gefordert wurde, konnte nicht verwirklicht werden. Im Bereich des Zi-
vilrechts wurden ein neues Raten-, Aktien- und Dienstnehmergesetz verabschiedet. Damit verbunden waren eine gewisse »Demokratisierung des Akti-
enrechts«, die Verbesserung der Rechte der KonsumentInnen bei Ratenge-
schäften und die Einschränkung der Haftung von DienstnehmerInnen für
Schäden, die während der Arbeit entstanden. Ein Durchbruch in der Familienrechtsreform konnte jedoch ebenso wenig erreicht werden, wie keine Einigkeit
über einen 1965 im Justizministerium fertig gestellten Gesetzesentwurf für eine
moderne Arbeits- und Sozialgerichtsbarkeit erzielt werden konnte.[717] Der Grund
dafür, dass in der Rechtsreform nur Teilerfolge erzielt werden konnten, ist jedoch nicht nur im (über-)großen Tatendrang von Broda zu sehen, sondern auch
vor dem Hintergrund, dass es in der Großen Koalition immer schwieriger wurde,
zu gemeinsamen Lösungen zu kommen. Daneben drifteten die gesellschaftspolitischen Zielvorstellungen von SPÖ und ÖVP immer deutlicher auseinander
bzw. wurden immer stärker in ihrer Unterschiedlichkeit betont.

Anzumerken ist dabei nochmals, dass im Koalitionsabkommen 1963 zwar
eine Aufwertung des koalitionsfreien Raumes festgehalten war, hiervon aber
jene Bereiche ausgeschlossen sein sollten, die Weltanschauungs- oder Gewissensfragen betrafen. Dass Broda sich als Justizminister vorstellen konnte, »alle
Justizgesetze« für den koalitionsfreien Raum freizugeben, geht aus einer Unterlage aus seinem Nachlass hervor, in der er dies im Zuge der Regierungsverhandlungen 1962/1963 gegenüber Bruno Pittermann vorschlug.[718] Öffentlich
gedroht mit einer Inanspruchnahme des koalitionsfreien Raumes hat Broda

---

716 Regierungserklärung vom 3. April 1963, StPNR, X. GP, 8. Sitzung. Abgedruckt in: Gott-
    schlich/Panagl/Welan, Was die Kanzler sagten, S. 153 ff. (hier besonders S. 159).
717 Vgl. zu Brodas ersten beiden Amtsperioden: Schilder, Elisabeth, Rechtspolitik und Ge-
    setzgebung, in: Die Zukunft 4 (1966) S. 17–20 sowie Broda, Christian, Die legislativen
    Arbeiten im Bereich des Justizressorts in der X. Gesetzgebungsperiode des Nationalrates,
    in: Österreichische Notariats-Zeitung 1 (1966) S. 1–6.
718 AChB, ÖNB, Handschriftensammlung, III.211.2.

schließlich beim »Prestigeprojekt« Antikorruptionsgesetz.[719] In Fragen der Strafrechts- und Familienrechtsreform zeigte er sich hingegen als Konsenspolitiker, der bestrebt war, eine möglichst weitreichende Übereinstimmung zu erzielen. Vor der engeren Parteiöffentlichkeit – so etwa im Rahmen von Parteitagen – schloss er aber auch in diesen Fällen den koalitionsfreien Raum nicht aus.[720] Schlussendlich kam es im Fall des Antikorruptionsgesetzes – im Gegensatz zur Familien- und Strafrechtsreform – aber doch zu einer gemeinsamen Verabschiedung des Gesetzes durch ÖVP und SPÖ. Das Angebot der FPÖ an die SPÖ, mit dieser gemeinsam das Antikorruptionsgesetz zu beschließen, wurde nicht ergriffen. Nachdem die Vorlage zum neuen Gesetz – von der Strafgesetznovelle 1959 bis zum Antikorruptionsgesetz 1964 – mehrfach umgearbeitet (und dabei auch verwässert) worden war, fand sie sogar die Zustimmung der Wirtschaft. Gebracht hat das Gesetz neue Bestimmungen hinsichtlich der Untreue, der Geschenkannahme durch leitende Personen eines Unternehmens, an dem die öffentliche Hand zu mehr als der Hälfte beteiligt ist, der Bestechung eben dieser Personen und der verbotenen Intervention.[721] Für die SPÖ, die in der Strafrechtsreform harter Kritik von der ÖVP bzw. bürgerlich-kirchlicher Seite ausgeliefert war, bedeute das Antikorruptionsgesetz – so der Rechtssoziologe Wolfgang Stangl – sich »kriminalpolitisch zumindest teilweise in legitimatorischer Weise [...] zu rehabilitieren«.[722] Christian Broda brachte es das Image eines »gewieften Juristen« ein, der sich seine Wege zur Durchsetzung von Gesetzvorhaben sucht und auch findet. Brodas »Wendigkeit«, die auch in der SPÖ mit Verunsicherung beobachtet wurde, wurde in Folge vor allem in der ÖVP mit Argwohn beobachtet.[723]

5.1.1. Die Reform des Pressegesetzes

Ein Reformthema, für das sich Christian Broda zu Beginn der 1960er Jahre besonders stark engagierte und von dem auch in den Medien festgehalten wurde, dass es eine »Herzensangelegenheit« Brodas sei,[724] war die Reform des Pressegesetzes. Zu sehen ist das Interesse Brodas einerseits vor dessen biographischem

---

719 Vgl. hierzu etwa: Broda legt Antikorruptionsgesetz vor. Auch der Bestecher soll strafbar sein, in: Arbeiter-Zeitung, 24.10.1963.
720 Vgl. hierzu etwa: Bericht von Christian Broda an den Parteitag 1963, S. 92.
721 Antikorruptionsgesetz, BGBl. Nr. 116/1964. Vgl. zum gesamten Themenkomplex: AChB, ÖNB, Handschriftensammlung, III.13-III.16.
722 Stangl, Wolfgang, Die Entstehung des Antikorruptionsgesetzes – Ein Stück österreichischer Koalitionsfolklore, in: Kriminalsoziologische Bibliographie 34 (1982) S. 49–62 (hier S. 58).
723 Zerbs, Marxist auf Samtpfoten, S. 2. Vgl. hierzu auch: Kürbisch, Fritz, Broda – Österreichs Justizminister auf den Spuren Metternichs, in: Neue Ordnung, Juli 1964, S. 10 f.
724 11,7 Groschen pro Kopf und Tag für die Rechtspflege, in: Neues Österreich, 17.11.1961.

Hintergrund, seinem stets großen Interesse an den Medien und dem Umstand, dass er wenige Jahre zuvor eine wichtige Rolle bei der Gründung des »Express« gespielt hatte. Andererseits muss genannt werden, dass die Reform des Pressegesetzes – ebenso wie die Schaffung des Antikorruptionsgesetzes und die Strafrechtsreform – neben Broda vor allem von seinen Freunden in der SPÖ, allen voran Peter Strasser und Karl Mark, gefordert wurde.

Das zu Beginn der 1960er Jahre gültige Pressegesetz reichte bis in die Erste Republik zurück. 1945 wurde das Pressegesetz des Jahres 1922[725] wieder in Kraft gesetzt, an dessen Ausarbeitung Friedrich Austerlitz als langjähriger Chefredakteur der »Arbeiter-Zeitung« maßgeblich mitgewirkt hatte.[726] 1948 und 1950 wurden im Nationalrat Pressegesetzentwürfe eingereicht, die jedoch keine parlamentarische Behandlung erfuhren. Im Zuge der Pressegesetznovelle 1952 wurde zunächst eine weitgehende Änderung des Pressegesetzes erwogen, schlussendlich brachte die Novelle jedoch nur Änderungen in Teilbereichen.[727] Wichtigstes Ziel der Novelle war eine Stärkung des Ehrenschutzes in Reaktion auf die erbitterten Wahlkämpfe der 1950er Jahre, die durch verstärkte bzw. erhöhte Geldbußen umgesetzt wurde.[728] Immerhin bot die Novelle für den Nationalrat aber Anlass dazu, die Forderung nach einer grundlegenden Gesamtreform des Presserechts an das Bundesministerium für Justiz zu stellen. Der Entwurf für ein neues Pressegesetz folgte 1954. Er wurde zur Begutachtung ausgesandt, die hierauf eingegangenen Anregungen wurden in einen neuen Presserechtsentwurf eingearbeitet, der im April 1955 zum Gegenstand einer parlamentarischen Enquete wurde. Ein neues Pressegesetz wurde auf Basis des Entwurfs 1955 jedoch nicht beschlossen. 1958 ratifizierte Österreich die Europäische Menschenrechtskonvention, auf die bei einer Reform des Presserechts Bedacht genommen werden musste. Zentral waren insbesondere die Artikel 10, 6 und 8, die sich auf die Gewährung der Meinungsfreiheit, die Garantie des Rechts auf ein Verfahren vor einem unparteiischen Gericht und das Recht auf den Schutz des Privat- und Familienlebens beziehen. 1959 folgte ein neuer Presserechtsentwurf, der auf dem Pressegesetz 1922 fußte und eine Reform ohne gleichzeitigen Bruch mit der österreichischen Rechtstradition vorsah, wozu sich Broda – noch als Abgeordneter zum Nationalrat – auch ausdrücklich bekann-

---

725 Vgl. hierzu ausführlich: Holzschuster, Josef, Das Preßgesetz vom 7. April 1922. Die Forderungen um ein freiheitliches Pressgesetz, Dipl.-Arb., Graz 1995.

726 Vgl. hierzu: Neider, Michael, Friedrich Austerlitz, der Schöpfer des Presserechtes der Ersten Republik, in: Weinzierl, Erika / Rathkolb, Oliver / Ardelt, Rudolf G. / Mattl, Siegfried (Hg.), Justiz und Zeitgeschichte. Symposionsbeiträge 1976 – 1993, Bd. 2, Wien 1995, S. 559 – 564.

727 Bundesgesetz vom 7. Mai 1952, womit presserechtliche Vorschriften geändert werden (Pressegesetznovelle 1952), BGBl. Nr. 118/1952.

728 Hartmann, Rudolf, Presserecht 1945 – 1982, in: Weinzierl, Erika / Rathkolb, Oliver / Ardelt, Rudolf G. / Mattl, Siegfried (Hg.), Justiz und Zeitgeschichte. Symposionsbeiträge 1976 – 1993, Bd. 2, Wien 1995, S. 625.

te.[729] 1961, als Broda bereits Minister war, kam es auf dieser Basis und unter Einschluss der Ergebnisse eines eigens eingesetzten Arbeitskreises zur Presserechtsreform zu einem neuen Pressegesetzentwurf.[730] An den Sitzungen des Arbeitskreises, der unter dem Vorsitz von Oscar Pollak stand, hatten neben Politikern (etwa Peter Strasser) auch Medienvertreter und Pressejuristen teilgenommen und ein Jahr lang die Reform des Presserechts beraten.[731]

Der Entwurf sollte – wie Broda gerne betonte – das Pressegesetz der Zweiten Republik bringen. Nachdem in jeder Phase der österreichischen Verfassungsgeschichte – 1848, 1862, 1867 und schließlich 1918/1922 – ein neues Pressegesetz geschaffen worden war, sollte nun der Zeitpunkt gekommen sein, diese Entwicklung fortzusetzen und Österreich ein Gesetz zu geben, das der modernen Gesellschaft und den neuen Massenmedien entspricht. Wichtigstes Anliegen des Entwurfs war es, gesetzlich festzuschreiben, dass – wie dies für den österreichischen Rechtsbereich erstmals vom Salzburger Rechtswissenschaftler René Marcic formuliert worden war[732] – die Presse eine »öffentliche Aufgabe« erfüllt. Von Broda wurde dies als Abgeordneter zum Nationalrat und als Justizminister nicht nur mit der Notwendigkeit einer gesetzlichen Änderung aufgrund der Europäischen Menschrechtskonvention, sondern vor allem demokratiepolitisch mit dem Hinwies auf die Kontrollfunktion der Medien im modernen politischen System und der Pressefreiheit als Grundsäule der Demokratie begründet:

> »Für den Gesetzgeber gibt es gar keine Alternative der pressefeindlichen oder pressefreundlichen Einstellung. Ein Gesetzgeber, der eine lebendige und funktionierende Demokratie will, muss legislativ alles vorkehren, damit eine freie Presse in der Demokratie ihre gesellschaftliche Funktion in vollem Umfang erfüllen kann. Die Pressefreiheit ist ein Fundament der Demokratie. Ohne Pressefreiheit gibt es keine Demokratie.«[733]

Festgeschrieben wurde die öffentliche Aufgabe der Presse in § 1 des Pressegesetzentwurfes 1961 als Verfassungsbestimmung. Hier wurde ausgeführt, dass die Presse eine öffentliche Aufgabe erfüllt, wenn sie im Rahmen der gesetzlichen Ordnung wahre Nachrichten, an denen ein Interesse der Allgemeinheit besteht, beschafft, verbreitet und zu solchen Nachrichten sachlich Stellung nimmt, in-

---

729 Vgl. hierzu: Broda, Christian, Der Entwurf für ein neues Pressegesetz, in: Die Zukunft 3 (1960) S. 65–68.
730 Regierungsvorlage betreffend die Presse (Pressegesetz 1961), StPNR, IX. GP, Blg. 375.
731 Vgl. zur Entwicklung im Presserecht: Jandl, Birgit, Das Medienrecht – Vom Ursprung bis zur Gegenwart, Univ.-Diss., Graz 1994 sowie zum neuen Entwurf 1961: Broda, Christian, Die Presse ist am Zug, in: Forum 85 (Januar 1961) S. 9–13.
732 Ebenda, S. 11.
733 Broda, Christian, Das Pressegesetz der Zweiten Republik, in: Die Zukunft 9 (1961) S. 249. Vgl. zum gesamten Themenkomplex auch: Das Werden des Pressegesetzes, in: Broda, Demokratie – Recht – Gesellschaft, S. 134–158.

soweit die Nachricht oder die Stellungnahme nicht Tatsachen des Privat- und Familienlebens betrifft oder lediglich der Befriedigung des Unterhaltsbedürfnisses oder der Sensationslust dient.[734]

Weitere Neuerungen, die der Pressegesetzentwurf 1961 brachte, betrafen die Einführung von Legaldefinitionen der wichtigsten presserechtlichen Begriffe. Die Anzeige der Herausgabe und der Verfall von Druckwerken wurden neu geregelt. Festgehalten wurde des Weiteren, dass es in bestimmten Fällen einer ungerechtfertigten Beschlagnahme zu einem Schadensersatz des Bundes oder des Privatanklägers kommen soll und dass der verantwortliche Redakteur bei einer nicht der Wahrheit entsprechenden Meldung unter bestimmten, im Gesetz vorgesehenen Voraussetzungen, einer Verurteilung entgehen kann, wenn er nachweisen kann, in gutem Glauben gehandelt zu haben.[735]

Besonders heftig diskutiert wurden neben der Festschreibung der öffentlichen Funktion der Presse das Verhältnis von Pressefreiheit und Persönlichkeitsschutz sowie die Frage der Ausgestaltung der Gegendarstellung, wobei sich Broda in der Diskussion äußerst liberal zeigte. Wohl auch vor dem Hintergrund, dass Pressebeschlagnahmungen und Ehrenbeleidigungsklagen in den 1950er und 1960er Jahren keine Seltenheit waren, wovon Broda nicht zuletzt weden seiner anwaltlichen Tätigkeit wusste, stellte er in der Frage Pressefreiheit versus Persönlichkeitsschutz die Frage, ob Politiker heute nicht zu »empfindlich« seien, was die Kritik von Seiten der Medien betrifft:

> »Zeitungen und Journalisten haben in den vergangenen Jahren viel nachhaltiger in sehr heiklen Situationen der österreichischen Demokratie gerade durch scharfe Schreibweise und Veröffentlichungen genützt als in Einzelfällen geschadet.«[736]

Nachdem der neue Pressegesetzentwurf – im Gegensatz zu den vorhergehenden Entwürfen – im Nationalrat am 7. März 1961 als Regierungsvorlage eingebracht wurde, beriet ein Unterausschuss des Justizausschusses des Nationalrats die Regierungsvorlage ab dem Sommer 1961. Er schlug in zahlreichen Bestimmungen Änderungen vor, konnte jedoch zu keiner vollen Einigung gelangen. Schuld hieran war in erster Linie die genannte Festschreibung der öffentlichen Aufgabe der Presse im neuen Gesetz und in der Verfassung, Differenzen bestanden aber auch in der Frage des Entgegnungsrechtes bzw. (wie es nun hieß) bei der Gegendarstellung.[737] Berichterstatter des Unterausschusses gegenüber

---

734 Ebenda, S. 250.
735 Vgl. hierzu: Jandl, Das Medienrecht, S. 111–114 und Broda, Das Pressegesetz der Zweiten Republik, S. 249–253 sowie Justizminister Broda für das neue Pressegesetz, in: Arbeiter-Zeitung, 25.11.1960.
736 Broda, Das Pressegesetz der Zweiten Republik, S. 250.
737 Vgl. hierzu: Broda, Christian, Der neue Nationalrat und die Presse, in: Die Zukunft 3 (1963) S. 10–12.

dem Justizausschuss war Peter Strasser, eine Lesung im Plenum über den Pressegesetzentwurf 1961 fand nicht statt.

Bei der österreichischen Richterwoche in Weißenbach am Attersee im Mai 1964 bekannte sich Broda neuerlich zur Presserechtsreform und zu den tragenden Grundgedanken des Pressegesetzentwurfes 1961. Im Mittelpunkt der weiteren Diskussion sollten folgende Punkte stehen:

> »1. Die verfassungsrechtliche Sicherung der öffentlichen Aufgaben der Presse (Art. 10 EMRK).
> 2. Die Neuregelung des Entgegnungsrechts.
> 3. Eine Zeitungsbeschlagnahme soll durch den Richter abgelehnt werden können, wenn das Interesse der Informierung der Öffentlichkeit gegenüber dem Rechtsschutzinteresse der Beteiligten an der Durchführung einer Beschlagnahme überwiegt.
> 4. Die Beschlagnahme von Druckwerken soll durch ausdrückliche gesetzliche Bestimmungen den unabhängigen Gerichten vorbehalten bleiben.
> 5. Im Falle ungerechtfertigter Beschlagnahme, die durch die Rechtsmittelinstanz aufgehoben wird, soll durch den Staat volle Entschädigung geleistet werden.«

Gleichzeitig kündigte er an, dass das Justizministerium vorerst keinen neuen Pressegesetzentwurf ausarbeiten werde und es auch keinen Sinn haben würde, den Entwurf 1961 noch einmal dem Nationalrat zuzuleiten, da die Zeit inzwischen über diesen hinaus geschritten sei. Vielmehr werde das Justizministerium dem Nationalrat in der Herbstsession einen Bericht über den bisherigen Verlauf der Arbeiten zur Neuregelung des Presserechtes seit 1945 unter Berücksichtigung der internationalen Erfahrungen und der zwischenstaatlichen Verpflichtungen Österreichs auf Grund der Europäischen Menschenrechtskonvention vorlegen. Hierdurch sollten die Mitglieder des Nationalrates bzw. des Justizausschusses in die Lage versetzt werden, das Justizministerium durch eine Entschließung wissen zu lassen, nach welchen Grundsätzen ein neuer Pressegesetzentwurf erstellt werden soll.[738]

Den Pressegesetzentwurf 1961 bezeichnete Broda als vorerst gescheitert. Gleichzeitig hielt er aber fest, dass auch Entwürfe, die nie Gesetz werden, Einfluss auf die Rechtsentwicklung haben können. Verantwortlich für das Scheitern des Entwurfs, der tatsächlich wichtig für die weitere Diskussion wurde, war nach Broda – ausgehend von der Feststellung, wonach die Gesetzgebung die Erzie-

---

738 Freie Presse gegen Machtmonopole, in: Neues Österreich, 15.5.1964 sowie Broda, Christian, Der Journalisten neue Kleider, in: Forum 142 (Oktober 1965) S. 426–428. Die Redebeiträge bei der Österreichischen Richterwoche wurden gesammelt publiziert in: Nenning, Günther (Hg.), Richter und Journalisten. Über das Verhältnis von Recht und Presse, Wien/Frankfurt/Zürich 1965.

hung der Öffentlichkeit verlange –, dass diese noch nicht weit genug gediehen war: »Man muss die Erziehungsarbeit fortsetzen.«[739]

Der auf der Richterwoche in Weißensee am Attersee angekündigte Bericht über die Presserechtsreform wurde dem Nationalrat mit 31. März 1965 übermittelt,[740] vom Justizausschuss aber nicht mehr beraten.[741] Das Presserecht wurde nicht reformiert. Realisiert wurde jedoch die Errichtung des Österreichischen Presserats durch eine Vereinbarung vom 31. Jänner 1961. In diesem schlossen sich die Berufsorganisation der Zeitungs- und Zeitschriftenherausgeber (VÖZ) und der Journalisten (Journalistengewerkschaft) zu einer freiwilligen Selbstkontrolle der österreichischen Presse zusammen. Vorgeschlagen hatte dies Oscar Pollak bereits 1954/1955,[742] befürwortet hatte einen Presserat auch der frühere Justizminister Gerö. Christian Broda sah in der »Selbstkontrolle der Presse«, dort wo »Schmutz und Schund« nicht mehr oder noch nicht strafgesetzlich erfassbar sind, einen wichtigen Beitrag zur Sicherung der Pressefreiheit und der demokratischen Entwicklung des Landes.[743] Neu konstituiert wurde der Österreichische Presserat nach einer vorübergehenden Lahmlegung durch einen Zwist zwischen Herausgebern und Journalisten im Jahr 1964.[744]

5.1.2. Die Strafrechtsreform

Das beim Amtsantritt Christian Brodas 1960 gültige Strafrecht stammte aus dem Übergang von der Feudalgesellschaft zum bürgerlichen Zeitalter. Es reichte bis ins Jahr 1803 bzw. 1852 zurück, als es im Wesentlichen nur zu einer ergänzenden Ausgabe des Strafgesetzbuches von 1803 kam. Viele Bestimmungen dieses Strafgesetzes waren jedoch zum ersten Mal mit dem Westgalizischen Strafgesetzbuch erlassen worden, das am 1.1.1797 in den damals österreichischen Teilen Polens in Kraft gesetzt wurde.[745] Ähnlich wie das österreichische Familienrecht hatte das Strafgesetz zu Beginn der 1960er Jahre eine bereits rund 100 Jahre dauernde Reformdiskussion – mit unterschiedlichen Zielvorstellun-

---

739 Broda, Der Journalisten neue Kleider, S. 428. Vgl. hierzu auch: Broda, Christian, Die Reform des österreichischen Presserechts, in: Der Staatsbürger 5 (1973) S. 1.
740 StPNR, X. GP, Blg. III-83.
741 Broda, Die legislativen Arbeiten im Bereich des Justizressorts in der X. Gesetzgebungsperiode des Nationalrates, S. 5.
742 Vgl. hierzu: Pollak, Oscar, Presse und Recht. Ein Vorschlag zur Bildung eines österreichischen Presserates, in: Forum 12 (Dezember 1954) S. 8–10.
743 Vgl. hierzu etwa: Broda, Die Presse ist am Zug, S. 12 f.
744 Broda, Der Journalisten neue Kleider, S. 427.
745 Broda, Christian, Strafrechtsreform – dritter Anlauf, in: Forum 129 (September 1964) S. 413.

gen – hinter sich. Erste Reformbemühungen reichen bis in die frühen 1860er Jahre zurück.

Bereits 1861 wurde durch eine kaiserliche Entschließung der Auftrag zur Ausarbeitung eines neuen Strafgesetzbuches erteilt. Die hierauf 1867 im Abgeordnetenhaus eingebrachte Regierungsvorlage stieß jedoch von Anfang an auf Kritik, und auch über einen umgearbeiteten Entwurf aus dem Jahr 1874, der wesentliche Impulse vom deutschen Reichsstrafgesetz erhielt, konnte keine Einigkeit erzielt werden. Er wurde schließlich 1895 als veraltet im Reichsrat zurückgezogen. Der bürgerlichen Revolution von 1848 ist es somit – wie Christian Broda gerne betonte – nicht gelungen, deutliche Spuren im österreichischen Strafrecht mit einem neuen Strafgesetzbuch zu hinterlassen, wenn es 1873 auch zu einem neuen Strafprozessrecht kam und 1867 Änderungen im Strafrecht erfolgten, die im Zuge der Revolution von 1848 und dem Staatsgrundgesetz von 1867 humanere Anschauungen im Strafvollzug festhielten.[746] Die SPÖ sollte daher – wie dies Broda in der Rechtsreform, auch in der Frage der Strafrechtsreform, oftmals für seine Partei reklamierte – zu einer Verwalterin des liberalen Erbes werden.

Weitere Initiativen in der Strafrechtsreform erfolgten in der Monarchie mit einem Vorentwurf 1909 und dem Strafgesetzentwurf 1912, der dem Reichsrat zwar zur Beratung zugewiesen, aber nicht beschlossen wurde, da der Ausbruch des Ersten Weltkrieges die Reform zum Stoppen brachte.[747]

In der Zeit der Ersten Republik kam der Rechtsvereinheitlichung mit Deutschland in der Strafrechtsreform ein besonderes Augenmerk zu. 1927 kam es zu einem gemeinsamen deutsch-österreichischen Strafgesetzentwurf, der parlamentarisch eingebracht wurde. Die Reform wurde in Sonderausschüssen des deutschen Reichstages und des österreichischen Nationalrates beraten, zudem tagte auch wiederholt eine deutsch-österreichische Strafrechtskommission, die Reform scheiterte aber an der politischen Entwicklung der 1930er Jahre.[748] Wichtige Schritte in der Strafrechtsreform konnten in der Ersten Republik jedoch mit der verfassungsrechtlichen Abschaffung der Todesstrafe im

---

746 Vgl. etwa: Broda, Christian, Die Rechtsreform in der Zweiten Republik, in: Ders., Die österreichische Strafrechtsreform, Wien 1965, S. 11 f. oder Broda, Christian, Die Strafrechtsreform, die noch nicht stattfand, in: Stadler, Karl (Hg.), Probleme der österreichischen Politik, Bd. 2, Wien 1968, S. 23 ff.

747 Nowakowski, Friedrich, Probleme der österreichischen Strafrechtsreform, Opladen 1972, S. 8.

748 Foregger, Egmont / Serini, Eugen, Das österreichische Strafgesetz samt den wichtigsten Novellen und Nebengesetzen, Wien 1962, S. VII. Vgl. zudem: Von Mayenburg, David, Mitteleuropäische Strafrechtsvereinheitlichung – Internationale Zusammenarbeit versus Großraumkonzeption (1914–1933), in: Duss, Vanessa / Lindner, Nikolaus / Kastl, Kartin / Börner, Christina / Hirt, Fabienne / Züsli, Felix (Hg.), Rechtstransfer in der Geschichte, München 2006, S. 135–160.

ordentlichen Verfahren – im Standrecht blieb sie damals bestehen –, dem Gesetz über die bedingte Verurteilung 1920 und dem Jugendgerichtsgesetz 1928 gesetzt werden. Das Gesetz über die bedingte Verurteilung schuf durch die Möglichkeit der bloßen Androhung einer Freiheitsstrafe, ohne dass sie tatsächlich verhängt werden muss, Raum für neue kriminalpolitische Zielsetzungen durch die Zulassung der bedingten Entlassung nach der Verbüßung von zwei Dritteln einer verhängten Freiheitsstrafe. Dem besserungsfähigen Rechtsbrecher, der mit dem Gesetz in Konflikt geraten war, sollte dadurch die Möglichkeit der Rückkehr in die Gesellschaft erleichtert werden. Das Jugendgerichtsgesetz des Jahres 1928 setzte sich das Ziel, an Stelle des Strafens den Erziehungsgedanken bei der Behandlung jugendlicher Rechtsbrecher in den Vordergrund zu stellen bzw. auf deren besondere Situation einzugehen.

Während des Nationalsozialismus blieben das österreichische Straf- und Strafverfahrensrecht grundsätzlich in Kraft. Maßgeblich dafür, dass das deutsche Strafgesetzbuch in Österreich nicht eingeführt wurde, war in erster Linie, dass zu jenem Zeitpunkt in Deutschland an einer Revision des aus dem Jahr 1871 stammenden deutschen Strafgesetzes gearbeitet wurde. Zugleich machte sich aber auch Widerstand unter den österreichischen Juristen gegen die Einführung des deutschen Strafgesetzbuches breit, wobei einerseits technische Gründe angeführt wurden, andererseits aber auch zu hören war, dass »das österreichische Strafrecht besser zur Bekämpfung demokratischer Regungen geeignet sei als das deutsche.« Die schlussendlich nicht erfolgte Verabschiedung eines gänzlich neuen nationalsozialistischen Strafgesetzbuches führte dazu, dass das deutsche Strafgesetzbuch in Österreich nicht eingeführt wurde. Gleichzeitig wurden aber eine Reihe nach 1933 in Deutschland neu geschaffene oder geänderte Gesetze sowie verfahrensrechtliche Bestimmungen, die Ausdruck des nationalsozialistischen Terrorregimes waren, auch in Österreich wirksam.[749] Aufgehoben wurden diese durch das Rechtsüberleitungsgesetz vom 1. Mai 1945. Zugleich wurde mit zwei Gesetzen vom 12. Juni 1945 zum österreichischen Strafrecht und der österreichischen Strafprozessordnung in der Fassung vom 13. März 1938 zurückgekehrt.[750]

---

749 Vgl. hierzu: Garscha, Winfried R., NS-Strafrecht in Österreich. Zur Einführung deutscher Rechtsnormen in der »Ostmark«, in: Rosner, Willibald (Hg.), Recht und Gericht in Niederösterreich. Die Vorträge des 17. Symposions des Niederösterreichischen Instituts für Landeskunde, Stift Ardagger, 30. Juni bis 4. Juli 1997, St. Pölten 2002, S. 233–246, Rathkolb, Oliver, »Transformation« der Strafprozessordnung und das nationalsozialistische Regime in Österreich, in: Weinzierl, Erika / Rathkolb, Oliver / Ardelt, Rudolf G. / Mattl, Siegfried (Hg.), Justiz und Zeitgeschichte. Symposionsbeiträge 1976–1993, Bd. 2, Wien 1995, S. 425–439 sowie Stadler, Wolfgang, »Juristisch bin ich nicht zu fassen.« Die Verfahren des Volksgerichtes Wien gegen Richter und Staatsanwälte 1945–1955, Wien/Berlin 2007, S. 61 f.
750 Serini, Eugen, Entwicklung des Strafrechtes, in: Weinzierl, Erika / Skalnik, Kurt (Hg.), Österreich. Die Zweite Republik, Graz/Wien/Köln 1972, S. 110 f.

In den folgenden Jahren schenkte zunächst vor allem die SPÖ der Strafrechtsreform eine größere Beachtung,[751] wenngleich diese auch nur für eine Hand von Personen ein vorrangiges Anliegen darstellte. ExponentInnen der Partei, die sich hierfür einsetzten, waren neben den Justizministern Tschadek und Broda, Marianne Pollak, Elisabeth Schilder, Karl Mark, der von 1945 bis 1966 Justizsprecher der SPÖ war,[752] und Peter Strasser – somit Personen, die zum engsten Umfeld Brodas in der Partei zählten, die ihn förderten und mit denen er auch persönlich befreundet war.[753]

Zwei strafrechtlich wichtige Entscheidungen nach der Rückkehr zum Strafgesetz in der Fassung vom März 1938 fielen 1950: Am 24. Mai 1950 beschloss der Nationalrat in geheimer Abstimmung bei 86 gegen 64 Stimmen die Abschaffung der Todesstrafe im ordentlichen Verfahren. Nachdem die Todesstrafe in der Ersten Republik im Jahr 1919 im ordentlichen Verfahren abgeschafft und vom autoritären »Ständestaat« 1933/1934 wieder eingeführt worden war,[754] war sie 1945 ins österreichische Recht übergeleitet worden. Ein Widerspruch bestand in den Jahren bis 1950 insofern, als 1945 die Verfassung in ihrem Wortlaut vom 5. März 1933 (wo die Todesstrafe in Art. 85 abgeschafft worden war) wiederhergestellt wurde, gleichzeitig aber auf das Strafrecht, wie es am 13. März 1938 gegolten hat (und wo die Todesstrafe vorhanden war), zurückgegriffen wurde. Durch ein eigenes Verfassungsgesetz 1946, das insgesamt zweimal verlängert wurde, wurde die Todesstrafe infolge auch im ordentlichen Verfahren für zulässig erklärt. 1950 wurde sie für das ordentliche Verfahren endgültig abgeschafft, 1968 – worauf noch ausführlich einzugehen sein wird – dann auch im Standrecht. Ebenfalls 1950 wurde die (1934 abgeschaffte) Geschworenengerichtsbarkeit, eine Einrichtung, die in ihrer Geschichte vor allem von den SozialdemokratInnen befürwortet wurde,[755] mit dem Geschworenengerichtsgesetz 1950, das mit 1. Jänner 1951 in Kraft trat, voll wieder hergestellt.[756] Eingesetzt

---

751 Dies zeigt auch eine Durchsicht der Parteiprogramme. Vgl. hierzu: Weinzierl, Justizreformvorschläge in österreichischen Parteiprogrammen, in: Neider, Michael (Hg.), Christian Broda – Zum 70. Geburtstag, Wien 1986, S. 157 sowie Kadan, Albert / Pelinka, Anton, Die Grundsatzprogramme der österreichischen Parteien. Dokumentation und Analyse, St. Pölten 1979.

752 Karl Mark gehörte auch der 1954 eingesetzten Strafrechtskommission an.

753 Broda, Die Strafrechtsreform, die noch nicht stattfand, S. 27 f.

754 1933 wurde das Standrecht verhängt, 1934 eine neue Verfassung verabschiedet, die im Gegensatz zum alten B-VG die Todesstrafe nicht untersagte und wenig später die Todesstrafe auch im ordentlichen Verfahren wieder eingeführt hatte.

755 Vgl. hierzu etwa die Parteiprogramme seit dem Hainfelder Programm von 1888/89.

756 Broda, Die Rechtsreform in der Zweiten Republik, S. 13. Vgl. zur Todesstrafe auch: Kuretsidis-Haider, Claudia / Halbrainer, Heimo / Ebner, Elisabeth (Hg.), Mit dem Tod bestraft. Historische und rechtspolitische Aspekte zur Todesstrafe im 20. Jahrhundert und der Kampf um ihre weltweite Abschaffung, Graz 2008 sowie Haas, Karl, Zur Frage der Todesstrafe in Österreich 1945 bis 1950, in: Weinzierl, Erika / Rathkolb, Oliver / Ardelt, Rudolf G. /

werden Geschworenengerichte bei den schwersten Verbrechen sowie bei politischen Delikten.[757]

Der eigentliche Startschuss zur Strafrechtsreform erfolgte jedoch 1953. Der
Justizausschuss des Nationalrates nahm die Regierungsvorlage zu einer Strafgesetznovelle zum Anlass, den Präsidenten des Nationalrates zu ersuchen, gemeinsam eine Enquete zur Vorbereitung einer Strafgesetzreform einzuberufen.
Angenommen wurde diese Entschließung mit den Stimmen der Abgeordneten
aller im Parlament vertretenen Parteien am 16. Dezember 1953. Die Enquete, an
der Strafrechtsprofessoren, Rechtsanwälte, Richter, Staatsanwälte, Parlamentarier, Ärzte und Vertreter einzelner Interessensvertretungen – darunter nur eine
einzige Frau, Gabriele Proft (SPÖ) – teilnahmen, fand am 2. April 1954 statt und
führte – ähnlich wie in der BRD, wo ebenfalls (wieder) eine große Strafrechtsreform in Angriff genommen wurde – zur Einsetzung einer Strafrechtskommission.[758] Am 2. Juni 1954 forderte der Nationalrat das Bundesministerium für
Justiz mit einer einstimmigen Entschließung auf, eine Kommission zur Ausarbeitung eines Strafgesetzentwurfes zu berufen. Entsprechend dem Beschluss der
Enquete vom 2. April 1954 sollte eine Gesamtreform des Strafrechts vorgenommen werden, dringende Teilreformen sollten vorgezogen werden können.
In Folge berief Justizminister Gerö eine zunächst aus 18, später aus 20 Mitgliedern – ausschließlich Männern – bestehende Kommission, die ihre konsti-
tuierende Sitzung am 25. Oktober 1954 abhielt. Die Mitglieder der Kommission
setzten sich aus Parlamentariern, Strafrechtsprofessoren, Rechtsanwälten und
hohen Richtern, dem Generalprokurator und Beamten der Legislativabteilung
des Justizministeriums zusammen.[759] Zu ihrem Vorsitzenden wählte die Kommission den Strafrechtsprofessor Ferdinand Kadecka, der 1874 geboren, damals
bereits 80 Jahre alt war. Als Nestor der österreichischen Strafrechtswissenschaft
hatte Kadecka, von 1912 bis 1934 im Justizministerium (in der Legislativabei-
lung, zuletzt als Sektionschef) beschäftigt, bereits maßgeblichen Anteil an der
Strafrechtsreform der Ersten Republik gehabt. Zu nennen sind in diesem Zusammenhang vor allem das Tilgungsgesetz 1918, das Gesetz über die bedingte
Verurteilung und die bedingte Entlassung, der Strafgesetzentwurf 1927, das
Jugendgerichtsgesetz 1928 und das Arbeitshausgesetz 1932. 1934 erhielt Kadecka eine ordentliche Professur an der Universität Wien, an der er noch nach

---

Mattl, Siegfried (Hg.), Justiz und Zeitgeschichte. Symposionsbeiträge 1976–1993, Bd. 1,
Wien 1995, S. 386–405.

757 Vgl. zur Geschworenengerichtsbarkeit ausführlich: Sadoghi, Alice, Thesen zur Geschworenengerichtsbarkeit – historische Aufarbeitung und Perspektiven, Linz 2007.

758 Vgl. zur Enquete: Serini, Eugen, Die parlamentarische Enquete zur Vorbereitung einer
Strafrechtsreform, in: Österreichische Juristenzeitung 13/14 (1954) S. 341–345.

759 Vgl. zu den Mitgliedern der Kommission: Stangl, Die neue Gerechtigkeit, S. 118 f., Bundesministerium für Justiz (Hg.), Strafrechtsreform konkret, Wien 1971, S. 14 f. und Entwurf
eines neuen Strafrechtes, in: Wiener Zeitung, 22.4.1956.

1940, als er in Altersruhestand versetzt wurde, Vorlesungen hielt. Eingebunden war Kadecka – wie bereits in früheren Jahren – damals auch in die Verhandlungen zu einer Vereinheitlichung des deutschen und österreichischen Strafgesetzbuches. In diesem Zusammenhang wandte er sich im März 1940 gegen die Übernahme des deutschen Strafgesetzes, da »erst bei Einführung eines reformierten, dem nationalsozialistischen Denken entsprechenden Strafrechts [...] die Ostmark [...] wieder jener Errungenschaften teilhaftig werden [würde], die vor mehr als 100 Jahren schon in der Ostmark in Geltung waren«.[760] 1944 ging er für zwei Jahre nach Tirol. Zurückgekehrt nach Wien nahm er hier 1946 als Honorarprofessor erneut die Lehrtätigkeit auf. Seine letzten Vorlesungen hielt er im Studienjahr 1954/1955.[761] In der 1954 eingesetzten Strafrechtskommission leitete Kadecka, der 1964 90jährig starb, die Kommissionsarbeit während der ganzen Dauer der ersten Lesung und auch noch während der zweiten Lesung bis Ende 1961.[762] Kadeckas Stellvertreter in der Strafrechtskommission wurde der achtundsiebzigjährige (seit 1912 an der Universität Innsbruck lehrende) Strafrechtsprofessor Theodor Rittler. Ebenso wie Kadecka hatte er bereits in den Reformbestrebungen der Ersten Republik eine führende Rolle gespielt. Ab 1902 Mitarbeiter des Justizministeriums, war er bereits an der Ausarbeitung der Strafrechtsentwürfe 1909 und 1912 beteiligt gewesen.[763] Wie Christian Broda und Friedrich Nowakowski betonten, war somit nicht nur in personeller, sondern auch in inhaltlicher Hinsicht die Kontinuität in der Rechtspolitik und Strafrechtsreform gewahrt.[764]

Christian Broda gehörte der Strafrechtskommission seit seiner Berufung in den Bundesrat im Jahr 1957 als stimmberechtigtes Mitglied an. 1958 hatte er – auch als Mitglied des BSA – maßgeblichen Anteil an der Formulierung des rechtspolitischen Abschnitts des neuen Parteiprogramms, in dem die Strafrechtsreform ausdrücklich festgehalten wurde. Im Programm bekannte sich die SPÖ zu einem neuen Strafrecht, das »in gleichem Maße dem Schutz der Gesellschaft wie der Wiedereinfügung der Rechtsbrecher in die Gemeinschaft der

---

760 Garscha, NS-Strafrecht in Österreich, S. 244.
761 Vgl. zu Ferdinand Kadecka: Rittler, Theodor / Nowakowski, Friedrich, Dr. Dr. h. c. Ferdinand Kadecka, Gesammelte Aufsätze, Innsbruck 1959, Grass, Nikolaus, Österreichische Rechts- und Staatswissenschaften. Die Gegenwart in Selbstdarstellungen, Innsbruck 1952, S. 104–116, Prof. Kadecka gestorben, in: Volksblatt, 17.3.1964 sowie ÖStA/AdR, GA (Gauakt) 124510, Kadecka, Ferdinand, 16.7.1874.
762 Broda, Die Rechtsreform in der Zweiten Republik, S. 15 f.
763 Vgl. zu Theodor Rittler: Grass, Nikolaus, Österreichische Rechts- und Staatswissenschaften. Die Gegenwart in Selbstdarstellungen, Innsbruck 1952, S. 160–166, Lichtenegger, Susanne, Die Rechts- und Staatswissenschaftliche Fakultät der Universität Innsbruck 1945–1955. Zur Geschichte der Rechtswissenschaft in Österreich im 20. Jahrhundert, Frankfurt/Main 1999, S. 67 ff.
764 Broda, Die Rechtsreform in der Zweiten Republik, S. 15 f., Nowakowski, Probleme der österreichischen Strafrechtsreform, S. 9.

Die Strafrechtskommission (im Vordergrund links Franz Pallin, im Vordergrund rechts Friedrich Nowakowski, am Tischende Christian Broda)

redlichen Staatsbürger dienen« sollte, im Vordergrund sollte »nicht die Sühne, sondern die Besserung« stehen.[765] An den Sitzungen der Strafrechtsreform nahm Broda – wie sein Vorgänger Otto Tschadek – auch als Minister teil. Dann jedoch übte Broda, der als Minister bestrebt war, das Tempo in der Ausarbeitung des Strafrechtsentwurfs voranzutreiben,[766] aber kein Stimmrecht mehr aus.[767]

Brodas engster Mitarbeiter in der Frage der Strafrechtsreform war der bereits genannte Innsbrucker Universitätsprofessor Friedrich Nowakowski, der als Mitglied der Strafrechtskommission und Schüler von Ferdinand Kadecka nach dessen Ausscheiden – so Christian Broda – »sein Werk« fortsetzte.[768] Als Konsulent des Justizministeriums hatte Nowakowski, der vielfach als »Chefideologe der Strafrechtsreform« und »Jahrhundertjurist« bezeichnet wurde, wesentlichen Anteil an der Formulierung der Ministerialentwürfe 1964 und 1966 bzw. insgesamt an der Reform bis zu ihrem Abschluss. Ebenso wie Broda warb er in der Öffentlichkeit durch zahlreiche Publikationen intensiv für die Strafrechtsreform und zeigte ein über seine Konsulentenstelle hinaus reichendes Engagement für

765 Neugebauer, Modelle für die Zukunft, S. 83 f.
766 Schilder, Willkommen für Christian Broda, S. 355.
767 Vgl. zur Einberufung der Strafrechtskommission und zur Ausübung des Stimmrechts durch Broda in der Strafrechtskommission: Stangl, Die neue Gerechtigkeit, S. 29 ff. und S. 119, Broda, Die Rechtsreform in der Zweiten Republik, S. 15 ff, Nowakowski, Probleme der österreichischen Strafrechtsreform, S. 8 f.
768 Broda, Die Rechtsreform in der Zweiten Republik, S. 16.

die Rechtsreform – darunter auch für Rechtsbereiche abseits des Strafrechts. Was Nowakowski zudem mit Broda verband, war eine entschiedene Ablehnung der Todesstrafe.[769] Gedeutet wurde diese nicht zuletzt von Eduard Rabofsky als Konsequenz aus Nowakowskis »erstem Leben« vor 1945, als er als Teil des NS-Justizapparates auch an der Verhängung von Todesurteilen beteiligt war. Friedrich Nowakowski, 1914 in Wien geboren, promovierte 1938 an der Universität Wien. Als Rechtsanwaltsanwärter begann er am 3.1.1939 die Gerichtspraxis in Wien (beim LGZRS, Landesgericht für Zivilrechtssachen) und wurde am 27.1.1939 zunächst zum Gerichtsreferendar und am 21.3.1942 zum Gerichtsassessor ernannt und in Folge dem Jugendgericht Wien als Richter zugeteilt. Im Juni 1942 erfolgte eine Zuteilung zur Staatsanwaltschaft Wien, worauf Nowakowski auch bei der Anklagebehörde beim Sondergericht tätig war. Im Juli 1943 wurde er schließlich zum Staatsanwalt in Wiener Neustadt unter Aufrechterhaltung der Zuteilung zur Staatsanwaltschaft Wien ernannt. Eine 1944 an der Universität Wien eingereichte Habilitationsschrift musste Nowakowski, der seit 1940 Mitglied der NSDAP war, noch Ende desselben Jahres aufgrund des Widerstands des damaligen Ordinarius für Strafrecht, Erich Schwinge, jedoch zurückziehen. Trotz der Unterstützung Kadeckas war dieser nicht bereit, den seit frühester Jugend an zuckerkranken, leicht körperbehinderten und einen leichten Sprachfehler aufweisenden Nowakowski zu habilitieren. Nowakowski hatte Schwinges Vorstellungen eines »arischen« Rechtsprofessors nicht entsprochen, vor allem wollte er aber seine eigenen Schüler fördern und kritisierte an Nowakowski, dass dieser (aufgrund seiner Zuckerkrankheit) nicht eingerückt sei. Ebenfalls 1944 (im August) übersiedelte Nowakowski nach Überlingen am Bodensee, wo er auch das Kriegsende erlebte, um eine Lungentuberkulose zu kurieren. Von Sommer 1945 bis Mai 1946 war er Angestellter der Direction de l'Economie Generale Service des Statistiques et d'Etudes Economiques der Militärregierung der französischen Besatzungszone. Im Mai 1946 wurde er zum Richter und 1949 zum Staatsanwalt in Innsbruck ernannt, nachdem das Oberlandesgericht Wien 1947 die Übernahme Nowakowskis auf einen Posten in Wien abgelehnt hatte, »da in diesem Fall über Veranlassung der in der ns. Zeit vom Sondergericht verurteilten Personen in der Öffentlichkeit Angriffe gegen Dr. Nowakowski zu gewärtigen wären.« Nowakowski verblieb somit in Innsbruck, wo er – nach einem weiteren gescheiterten Versuch – 1948 mit der Unterstützung von Theodor Rittler (und jener von Kadecka) seine Habilitation als »Minderbelasteter« (mit der Habilitationsschrift aus dem Jahr 1944) erreichen konnte.

---

769 Vgl.: Nowakowski, Friedrich, Die Todesstrafe in Österreich, in: Zukunft 2 (1960) S. 37–41 und Zukunft 3 (1960) S. 73–77 sowie Nowakowski, Friedrich, Die Todesstrafe in Österreich, in: Koestler, Arthur / Camus, Albert / Müller-Meiningen, Ernst / Nowakowski, Friedrich, Die Rache ist mein, Stuttgart 1961, S. 325–352.

Schließlich folgte er Rittler auch als Ordinarius für Strafrecht nach. 1954 wurde
Friedrich Nowakowski in die Strafrechtskommission delegiert. 1960 wurde er
von Broda zum Konsulenten für die Strafrechtsreform im Justizministerium
bestellt. Von Nowakowskis NS-Vergangenheit wusste Broda − wenn nicht schon
früher − spätestens seit 1965. Nachdem Nowakowski von der Österreichischen
Widerstandsbewegung im Zuge der NS-Richter-Debatte im »Forum« thematisiert worden war, erkundigte er sich auch explizit nach dessen Biographie. Wie
Eduard Rabofsky ausführt, hatte Nowakowski Broda in zahlreichen Gesprächen
glaubhaft machen können, dass er seine Tätigkeit beim Sondergericht bedauere
− wenn er in seinen Texten über die Ächtung der Todesstrafe auch keine biographischen Bezüge herstellte. Vor allem stand Nowakowski aber auch dann treu
und loyal zu Broda, wenn dieser − wie etwa im Wahlkampf 1962 − scharf attackiert wurde und die Befürchtung im Raum stand, dass Broda das Justizministerium verlieren könnte.[770]

Das Klima in der Strafrechtskommission bzw. ihren Charakter haben Broda
und Nowakowski in einer Reihe von Beiträgen beschrieben. Geschildert wurde
es von ihnen als durchgängig positiv und frei von Grundsatz- und parteipolitischen Diskussionen. In Fragen, die politisch oder weltanschaulich akzentuiert
waren (wie der Abtreibungsfrage oder der Entkriminalisierung der Homosexualität), wurden − so Friedrich Nowakowski − knappe Mehrheiten vermieden.
Die Kommission selbst wurde von Nowakowski trotz des hohen Alters von
Kadecka und Rittler als durchaus »reformfreudig« bezeichnet,[771] wenn Christian
Broda auch betonte, dass sie keinen revolutionären Charakter hatte:

> »Weder in der Strafrechtskommission saßen Revolutionäre noch waren unter den
> Gutachtern Umstürzler. Ihre große Mehrheit war von durchaus konservativer
> Grundhaltung. Sie gehörten allerdings zur Elite der österreichischen Juristen. So waren
> ihre Beschlüsse und Meinungsäußerungen repräsentativ für den Stand der Straf-
> rechtswissenschaft in Österreich nach dem Zweiten Weltkrieg.«[772]

Vorgegangen wurde in der Kommission so, dass Ferdinand Kadecka die Dis-
kussionsunterlagen erarbeitete, über die dann mit einfacher Mehrheit abge-

---

770 Vgl. zu Friedrich Nowakowski: Rabofsky, Eduard, Friedrich Nowakowski. Ein Beitrag zur
     österreichischen Rechtsgeschichte, in: Mitteilungen der Österreichischen Vereinigung
     Demokratischer Juristen (ÖVDJ), Juni 1989, S. 1−3, Oberkofler, Eduard Rabofsky, S. 110 f.,
     Lichtenegger, Die Rechts- und Staatswissenschaftliche Fakultät der Universität Innsbruck
     1945−1955, S. 73 ff., S. 81 ff. und S. 343 ff., Oberkofler, Gerhard / Goller, Peter, Geschichte
     der Universität Innsbruck (1669−1945), Frankfurt am Main/Berlin/New York/Paria/Wien
     1996, S. 260, Oberkofler, Gerhard, Universitätszeremoniell. Ein Biotop des Zeitgeists, Wien
     1999, S. 74 ff., ÖStA/AdR, GA (Gauakt) 55295, Nowakowski Friedrich, 15.10.1914, DÖW
     21807 sowie AChB, ÖNB, Handschriftensammlung, Ib.257, Ib.258 und III.136.
771 Nowakowski, Probleme der österreichischen Strafrechtsreform, S. 9.
772 Broda, Die Strafrechtsreform, die noch nicht stattfand, S. 33.

stimmt wurde. Gearbeitet wurde in erster Linie rechtsdogmatisch, fallweise spielten höchstgerichtliche Entscheidungen eine Rolle, pragmatische Überlegungen von Rechtspraktikern waren vielfach von Bedeutung, fallweise wurde auch die Rechtsvergleichung herangezogen.[773] Angeknüpft wurde – so Broda – bei den Arbeiten bewusst an der österreichischen Strafrechtstradition der Entwürfe 1912 und 1927. »Fortgesetzt hat die Strafrechtskommission dort, wo andere österreichische Juristen vor ihnen aufgehört hatten.«[774]

Insgesamt hatte die Strafrechtskommission der Jahre 1954 bis 1960 – wie Wolfgang Stangl festhält – den Charakter einer unpolitischen »Expertenreform«. Sie arbeitete in den Jahren 1954 bis 1960 ohne großes Interesse der Öffentlichkeit und der politischen Parteien quasi im »politischen Windschatten« als »unpolitisches Expertenforum« und blieb ein »Expertenanliegen« – auch wenn der Auftrag zur Bildung der Kommission aus dem Parlament gekommen war. Zudem wurde das Strafrecht zwar als alt oder veraltet betrachtet, der Mehrzahl der Experten oder gar der Öffentlichkeit erschien es aber keineswegs als untaugliches Instrument zur Bekämpfung der Kriminalität,[775] wenn auch festgehalten wurde, dass das Strafrecht unübersichtlich geworden sei, Strafdrohungen über verschiedene Gesetze verteilt seien und es kein einheitliches Ordnungsprinzip (mehr) aufweise.[776] Generell kämpft jede Strafrechtsreform – wie Christian Broda 1968 betonte – mit dem Problem, dass ihr (abgesehen von Reformforderungen in Reaktion auf spektakuläre Kriminalfälle) zur Durchsetzung häufig die »Schwerkraft des großen gesellschaftlichen Gruppeninteresses« fehlt und mit ihr insbesondere »kein ökonomischer Ansporn zur gesellschaftlichen Aktivität« verbunden ist.[777]

Zu einer Politisierung der Strafrechtsdebatte kam es erst im Jahr 1960 und den Folgejahren, wobei das Thema Strafrechtsreform immer mehr an Aufmerksamkeit gewann und im Wahlkampf 1966 – verbunden mit harten Angriffen auf Broda – sogar zum Wahlkampfthema wurde. Deutlich wurden die sich verhärtenden Fronten noch vor dem Abschluss der ersten Lesung bzw. dem Vorliegen eines Kommissionsentwurfs zum ersten Mal auf einem von der österreichischen Bischofskonferenz am 19./20. Oktober 1960 veranstalteten Symposium in Salzburg und dem Österreichischen Anwaltstag vom 9. bis 12. November 1960.[778] Trotzdem konnte nach 140 Sitzungen in der ersten Lesung in der Kommission im November 1960 im Wege eines Kompromisses noch ein

---

773 Stangl, Die neue Gerechtigkeit, S. 31 und 37.
774 Broda, Die Strafrechtsreform, die noch nicht stattfand, S. 33.
775 Stangl, Die neue Gerechtigkeit, S. 35 ff.
776 Zweckstrafrecht statt Vergeltungsstrafe, in: Wiener Zeitung, 3.4.1954.
777 Broda, Die Strafrechtsreform, die noch nicht stattfand, S. 29.
778 Vgl.: Broda, Christian, Österreich auf dem Weg zum neuen Strafrecht, in: Der Staatsbürger 24 (1960) S. 1 – 2.

Strafrechtsentwurf beschlossen werden, der als relativ fortschrittlich zu bezeichnen ist. Ab nun begann sich – wie Friedrich Nowakowski rückblickend
festhielt – nicht nur der Arbeitsmodus, sondern auch das Klima in der Kommission zu verändern:

> »In der zweiten Lesung sollten die Ergebnisse geglättet und aufeinander abgestimmt
> werden. In diesem Stadium hatte sich das Bild etwas geändert. Hatte ursprünglich
> Kadecka die Unterlagen für die Beratung ausgearbeitet, so ging diese Aufgabe nun an
> die Vertreter des Bundesministeriums für Justiz über. Gab es ursprünglich keine
> starren Blöcke, so schloss sich nun eine weltanschaulich-politisch konservative Gruppe
> zusammen.«[779]

Zu sehen ist die Politisierung der Reform in erster Linie vor dem Hintergrund,
dass die ÖVP und die katholische Kirche ihr Interesse an der Strafrechtsreform
entdeckten sowie der immer mehr zerbrechenden Großen Koalition. In der ÖVP
hatte der Führungswechsel neue Männer an die Spitze der Partei gebracht, die –
obwohl sie als Reformer für »mehr Sachlichkeit in der Politik« eintraten –
deutlich wertkonservativ waren und die liberalen Zielsetzungen der Strafrechtsreform ablehnten. Vor allem konnte die Strafrechtsreform, die mit der
ersten Lesung des Kommissionsentwurfs noch als Erfolg der SPÖ gewertet
werden konnte, aber auch zur eigenen ideologischen Profilierung im Zuge einer
verstärkten »Politisierung der Politik« verwendet werden.[780] Insgesamt war das
sich formierende konservativ-klerikale Lager jedoch viel heterogener als das
sozialdemokratische, das in der Strafrechtskommission bisher dominiert hatte.
Es umfasste Einzelpersonen, Repräsentanten von Interessensgruppen verschiedener politischer Herkunft (ÖVP, VdU, später FPÖ), insgesamt spielte die
katholische Kirche, zum überwiegenden Teil mit der ÖVP verbündet, eine
wichtige Rolle.[781]

Dass das sich bildende konservativ-klerikale Lager innerhalb der Strafrechtskommission an Einfluss gewann, wurde im Rahmen der zweiten Lesung
des Strafgesetzentwurfes – wie dies Justizminister Tschadek formulierte – vor
allem an den beiden »heißen Eisen« der Strafrechtsreform, der Abreibungsfrage
und der Homosexualität unter Erwachsenen deutlich.[782] Hinsichtlich der Neuregelung der Schwangerschaftsunterbrechung, die nun auch in der Öffentlichkeit zunehmend kritisiert wurde, war in der ersten Lesung in der Kommission
noch mit großer Mehrheit beschlossen worden, dass die Obergrenze der im

---

779 Nowakowski, Probleme der österreichischen Strafrechtsreform, S. 9.
780 Mesner, Maria, Frauensache? Zur Auseinandersetzung um den Schwangerschaftsabbruch
    in Österreich, Wien 1994, S. 146.
781 Stangl, Die neue Gerechtigkeit, S. 44 und 55.
782 Tschadek, Otto, Die heißen Eisen des Strafgesetzentwurfes, in: Der modernen Gesellschaft
    ein modernes Strafrecht!, Wien/Frankfurt/Zürich 1968, S. 59–63.

Gesetz vorgesehenen Strafe bei der Schwangerschaftsunterbrechung nur mehr ein Jahr betragen sollte, dass in besonders leichten Fällen von einer Strafe abgesehen werden konnte und dass es eine begünstigte Verjährungsfrist von zwei Jahren geben sollte.[783] Bis dato galt der Schwangerschaftsabbruch nach den §§ 144 – 148 STG als Verbrechen, das mit einer Kerkerstrafe von sechs Monaten bis zu einem Jahr für versuchte und einem Strafmaß bis zu fünf Jahren für eine erfolgte Abtreibung geahndet wurde. Die Möglichkeit einer Straffreiheit bestand nur dann, wenn die Schwangerschaftsunterbrechung vorgenommen wurde, um eine Lebensgefahr der Schwangeren oder die Gefahr eines dauernden schweren Schadens an der Gesundheit abzuwenden.[784] Nun begann sich dagegen aber ebenso Widerstand zu formieren wie gegen die Möglichkeit eines Absehens von der Strafe und eine erweiterte medizinische Indikation mit einer sozialen, ethischen und eugenischen Komponente. In der Strafrechtskommission wurde deshalb ein Minderheitenvotum verabschiedet, das unter anderem die Unterschriften von Rittler, den beiden ÖVP-Politikern Hetzenauer und Piffl-Percevic und Landesgerichtspräsident Malaniuk trug.[785] Beim zweiten »heißen Eisen« der Strafrechtsreform, der Homosexualität unter Erwachsenen, verlief die Entwicklung ähnlich. Hier votierte in der ersten Lesung des Strafgesetzentwurfes im September 1957 mit zehn gegen zwei Stimmen – jene von Ferdinand Kadecka und Theodor Ritter – noch eine überwiegende Mehrheit gegen die Beibehaltung der Strafbarkeit der Homosexualität unter Erwachsenen. In der zweiten Lesung im August 1962 lautete das Verhältnis bereits elf gegen fünf Stimmen, wobei das Minderheitsvotum die Unterschrift von Rittler, Hetzenauer, Piffl-Percevic und Malaniuk trug.[786] Um einem drohenden Konflikt zu entgehen, wurde deshalb beschlossen, in umstrittenen Teilbereichen wie der Abtreibung und Homosexualität nur mehr en bloc abzustimmen ohne auf Einzelheiten einzugehen. Wie die Historikerin Maria Mesner ausführt, war damit ein Weg gefunden worden, um in der Kommission doch noch zu einem Ergebnis zu kommen, wenn auch allen Beteiligten klar war, dass der Entwurf somit noch gesetzgeberisch überarbeitet werden musste.[787]

Abgeschlossen wurde die zweite Lesung des Strafgesetzentwurfes unter dem Vorsitz von Justizminister Broda im Rahmen einer dreiwöchigen Abschlussta-

---

783 Eine Aufstellung über die Veränderungen hinsichtlich der Abtreibungsparagraphen findet sich in: AChB, ÖNB, Handschriftensammlung, V.727/1.

784 Vgl. zur Reformdiskussion in den Jahren vor 1960 neben der Studie von Maria Mesner im Überblick auch: Keller, Heinrich, Das Problem der Abtreibung im österreichischen Strafrecht, in: Die Zukunft 12 (1971) S. 9 – 13.

785 Mesner, Frauensache?, S. 148.

786 Vgl. hierzu: Broda, Christian, Der Weg zur Strafrechtsreform, in: Die Zukunft 13 (1967) S. 10 f. sowie Broda, Die Strafrechtsreform, die noch nicht stattfand, S. 35 ff.

787 Mesner, Frauensache?, S. 148 f.

gung der Strafrechtskommission im »Haus Rief« in Hallein (Salzburg) am
7. September 1962.[788] In Folge arbeitete das Justizministerium, auf dem Entwurf
der zweiten Lesung aufbauend, bis Anfang 1964 einen 353 Paragraphen bzw. 452
Druckseiten umfassenden Strafgesetzentwurf aus. Der Entwurf reagierte – wie
an der Abtreibungsfrage deutlich wird – bereits auf die Kritik an den Kom-
missionsentwürfen und nahm diesen die umstrittensten »Spitzen«. Dennoch
versuchte er aber den Liberalisierungsgedanken so weit als möglich beizubehalten. Publizistisch begleitete Broda, der bereits zuvor zahlreiche Vorträge zur
Strafrechtsreform gehalten hatte,[789] den Strafgesetzentwurf 1964 mit der Herausgabe einer eigenen Monographie, die die Intention verfolgte, Anliegen und
Ziel der Strafrechtsreform zu erklären bzw. für diese zu werben.[790] Gleichzeitig
wurde der Strafrechtsentwurf 1964 auch über den Buchhandel öffentlich zugänglich gemacht, die Publikation wurde – so Broda – eine »Art juristischer
Bestseller«.[791]

Konkret sah der Strafgesetzentwurf 1964 folgende Neuerung vor: Vorbeugende Maßnahmen wurden mit der Einrichtung von Anstalten für geistig abnorme Rechtsbrecher, für Alkoholiker und Suchtgiftsüchtige und Rückfallstäter
eingeführt, wobei geplant war, die Maßnahmen vor dem Vollzug der Freiheitsstrafe zu vollziehen und auf die Dauer der Strafe anzurechnen. Dies sollte der
Forderung Rechnung tragen, dass ein modernes Strafrecht Erkenntnisse aus der
Psychiatrie und Psychologie berücksichtigen müsse. Eine Entwicklung von
Tatstrafrecht hin zum Täterstrafrecht, das den Täter stärker berücksichtigte, wie
dies bereits von Justizminister Tschadek immer wieder verkündet worden war,
sollte Platz greifen. Anstelle der alten Dreiteilung der Delikte in Verbrechen,
Vergehen und Übertretungen wurde nun eine Gliederung in Verbrechen und
Vergehen vorgenommen, die Einheitsstrafe wurde anstatt der bisherigen Di-
versifizierung in Kerker, Gefängnis und Arrest bei der Strafandrohung eingeführt.[792] Die angedrohten Strafen waren zum Teil erheblich niedriger als jene des
alten STG, aber auch als jene des 1973 beschlossenen StGB (etwa bei Massen-
delikten wie Diebstahl, Sachbeschädigung, Unterschlagung oder Betrug). Die
Sanktionen waren im Sinne der Zweckstrafe differenzierter formuliert als nach
dem alten STG, die Möglichkeit der bedingten Verurteilung und Entlassung

---

788 Vgl. hierzu: Sie formen die Zukunft, in: Salzburger Nachrichten, 8.9.1962.
789 Vgl. hierzu etwa das Kapitel »Strafe und Recht«, in: Broda, Demokratie – Recht – Gesell-
     schaft, S. 89–133.
790 Broda Christian, Die österreichische Strafrechtsreform, Wien 1965.
791 Broda, Christian, Überstimmen? – Übereinstimmen!, in: Arbeiter-Zeitung, 25.6.1966.
792 Broda, Christian, Legislative und administrative Probleme des Strafvollzugs. Nach einem
     Vortrag, gehalten am 3. Mai 1962 in der Österreichischen Gesellschaft für Strafrecht und
     Kriminologie [erstmals erschienen in: Juristische Blätter 15/16 (1962) S. 407–413], in:
     Broda, Die österreichische Strafrechtsreform, S. 48.

wurde erweitert – auch bei lebenslanger Freiheitsstrafe sollte eine bedingte Entlassung nicht gänzlich ausgeschlossen sein – und auf das Institut der strafbefreienden tätigen Reue ausgedehnt. Eine Verurteilung ohne Strafe sollte bei Bagatelldelikten möglich sein. Der Mord-Paragraph wurde in mehrere Bestimmungen zerlegt, die lebenslange Freiheitsstrafe für die vorsätzliche Tötung eines Menschen war nach dem Entwurf nur noch bei erschwerenden Umständen vorgesehen. In der Frage der Schwangerschaftsunterbrechung blieb entsprechend der Kritik im Rahmen der zweiten Lesung des Strafgesetzentwurfes nur mehr die sozialmedizinische Komponente der medizinischen Indikation übrig, der Strafrahmen wurde auf drei Jahre erhöht und die Möglichkeit der Absehung von der Strafe gestrichen. Die Homosexualität unter Erwachsenen wurde entkriminalisiert, die Tilgungsfrist wurde von drei auf fünf Jahre erhöht, aber die Auskunftsmöglichkeiten – im Sinne besserer Reintegrationsmöglichkeiten – beschränkt. An der Spitze des neuen Strafrechts bzw. der schützenswerten Güter sollte der Mensch und nicht mehr wie im alten STG der Staat stehen.[793]

Wenn Broda sich 1960 auch durchaus skeptisch gezeigt hatte, ob »die österreichische Demokratie die Kraft zur überfälligen großen Strafrechtsreform haben wird«,[794] gab er sich nun demonstrativ optimistisch und kündigte an, dass das Justizministerium voraussichtlich 1965 dem Parlament den Entwurf für ein neues Strafgesetz zukommen lassen werde – und das, obwohl er wusste, dass sich die Fronten in der Strafrechtsreform verhärtet hatten. So bezeichnete er auch das 1961 vom Parlament einstimmig verabschiedete Jugendgerichtsgesetz, mit dem die Bewährungshilfe in Österreich eingeführt wurde, als »einen verheißungsvollen Vorgriff auf das Gelingen der großen Strafrechtsreform«.[795] Wesentlichen Anteil an der Ausarbeitung des Jugendgerichtsgesetzes bzw. an der Einführung der Bewährungshilfe im Jugendstrafrecht hatte die bereits genannte Juristin und Volkswirtschaftlerin Elisabeth Schilder. Nach der Rückkehr aus dem französischen Exil war Elisabeth Schilder im Jugendamt der Stadt Wien tätig und wurde zu einer wichtigen Expertin in Fragen des Jugendstrafrechts, zu einer Pionierin der Sozialarbeit und zu einer wichtigen Ansprechpartnerin von Christian Broda in Fragen der Familienrechtsreform. Später wurde sie, da sie sich im Jugendamt mit Kritik an den bestehenden Umständen nicht immer beliebt machte, quasi strafweise in die Abteilung für Staatsbürgerschaft versetzt. 1965 ließ sie sich frühpensionieren und widmete sich in Folge sehr engagiert dem Auf- und

---

793 Vgl. hierzu. Stangl, Die neue Gerechtigkeit, S. 43 f., Broda, Christian, Strafrechtsreform – dritter Anlauf, in: Forum 129 (September 1964) S. 413–415 und Broda, Christian, Strafrechtsreform – dritter Anlauf (II), in: Forum 130 (Oktober 1964) S. 487–489. Dieser Text findet sich unter dem Titel »Einige Probleme der österreichischen Strafrechtsreform« auch in: Broda Christian, Die österreichische Strafrechtsreform, Wien 1965, S. 75–89.
794 Broda, Der Entwurf für ein neues Pressegesetz, in: Die Zukunft 3 (1960) S. 66.
795 Broda, Die Rechtsreform in der Zweiten Republik, S. 18 f.

Ausbau der Bewährungshilfe in Österreich. Kennen gelernt hatten sich Christian Broda und Elisabeth Schilder bereits in der Illegalität, als Christian Broda in der Gruppe »Ziel und Weg« und Elisabeth Schilder bei den Revolutionären Sozialisten aktiv waren, intensiver wurde der Kontakt jedoch erst in den Jahren nach 1945 über das gemeinsame Ziel der Rechtsreform.[796]

Großen Wert legte Broda bei der Präsentation des Ministerialentwurfs 1964 – wie dies sein Vorgänger Justizminister Tschadek getan hatte[797] – auf die Betonung, dass zur großen Strafrechtsreform auch die Reform des Strafprozess- und des Strafvollzugrechts – bis dato gab es kein eigenes Strafvollzugsgesetz – sowie ein neues Tilgungsrecht und ein zeitgemäßes Militärstrafgesetz gehören würden. Tragender Gedanke eines neuen Strafvollzugsrechtes sollten die Individualisierung und Klassifizierung der Insassen unter Heranziehung von Psychologen, Psychiatern und anderen wissenschaftlichen Beratern sein, um einen sinnvollen, der Individualität des Rechtsbrechers angepassten Strafvollzug zu ermöglichen. Dem produktiven Arbeitseinsatz der Insassen, ihrer Entlohnung und der Berufsausbildung sollte besondere Aufmerksamkeit gewidmet werden. Das resozialisierungsfeindliche System einer nachträglichen Einforderung von Haftkosten sollte – wie es für junge Rechtsbrecher bereits mit dem Jugendgerichtsgesetz 1961 verwirklicht worden war – beseitigt werden,[798] und die Einrichtung der Bewährungshilfe für bedingt verurteilte bzw. bedingt entlassene Rechtsbrecher den Strafvollzug sinnvoll ergänzen. Im Strafprozessrecht sollten die Bestimmungen für die Verhängung einer Untersuchungshaft in Hinblick auf die individuellen Freiheitsrechte überprüft und das Rechtsmittelverfahren verbessert werden, insbesondere der Grundsatz der Waffengleichheit zwischen dem

---

796 Vgl. zu Elisabeth Schilder: Keller, Heinrich / Leirer, Herbert / Neider, Michael / Steinert, Heinz (Hg.), Sozialarbeit und soziale Demokratie. Festschrift für Elisabeth Schilder, Wien 1979, Broda, Christian, Zum Andenken an Elisabeth Schilder, in: Arbeiter Zeitung, 19. 2. 1983, Schindler, Elisabeth, in: Röwekamp, Marion, Juristinnen – Lexikon zu Leben und Werk, Baden-Baden 2005, S. 355 – 357, Wolfgruber, Gudrun, Schilder, Elisabeth, in: Keintzel, Brigitta / Korotin, Ilse (Hg.), Wissenschafterinnen in und aus Österreich. Leben – Werk – Wirken, Wien/Köln/Weimar 2002, S. 646 – 649, http://www.neustart.org/AT/de/ Ueber_Neustart/Wir_ueber_uns/Geschichte/Wegbereiter (28. 6. 2008) sowie Simon, Maria, Von der Fürsorge zur Sozialarbeit, Vortrag im Rahmen des Workshops »Vom Umgang mit fachlichen Traditionen in der Sozialarbeit – oder: Wie packe ich einen Rucksack?« am 16. 2. 2006 in Wien, online: http://www.sozialearbeit.at/veranstaltung.php?documentation= true&detail=4&event=true&getDoc=b382dd96… (26.6.2008).

797 Vgl. hierzu etwa: Viel Arbeit an der Justizreform. Strafrechtsreform, moderner Strafvollzug, Reform des Familienrechtes, in: Arbeiter-Zeitung, 29.5.1957.

798 1960 kam es zu insgesamt 17.501 Exekutionsverfahren zur Hereinbringung der Haftkosten. Der Vorschlag zu einem Strafvollzugsgesetz sah eine verpflichtende Arbeitsleistung vor. Aus dem Arbeitsverdienst sollten die Haftkosten beglichen werden. Sollte ein Überschuss vorhanden sein, sollte dieser dem Gefangenen für die Zeit nach der Haftentlassung bleiben. Vgl.: Broda, Legislative und administrative Probleme des Strafvollzugs, S. 54 sowie Schilder, Willkommen für Christian Broda, S. 356.

öffentlichen Ankläger und dem Verteidiger sollte ausgebaut werden. Durch die Strafprozessnovelle 1962, die im Zuge des Beitritts Österreichs zur Europäischen Menschenrechtskonvention zu sehen ist, war die Position des Angeklagten bereits insofern verbessert worden, als das nichtöffentliche Berufungsverfahren in Strafsachen durch ein Berufungsverfahren ersetzt worden war, in dem neben dem Staatsanwalt in jeder Phase auch der Angeklagte bzw. sein Verteidiger teilnehmen konnte.[799]

Präsentiert wurde der neue Strafrechtsentwurf, der das Ziel verfolgte, der modernen pluralistischen Gesellschaft zu entsprechen, als »weltanschaulich neutral«. Hinsichtlich der weiteren Vorgehensweise in der Strafrechtsreform als »Teil des großen Nachziehverfahrens, mit dem die Zweite Republik Österreich den juristischen Überbau unseres Staatswesens an die veränderten gesellschaftlichen Verhältnisse unserer Zeit anzupassen bemüht ist«, bekannte sich Broda – wie bereits in den Jahren zuvor – zum Kompromiss und zum Konsens.

> »In der Strafgesetzgebung verzichten wir darauf, Lösungen vorzuschlagen, die keine Aussicht haben im Parlament eine Mehrheit zu finden. […] Der Gesetzgeber in der parlamentarischen Demokratie muss Kompromisse schließen, um zum Ziele zu kommen.«[800]

Wie Broda es auch für die Familienrechtsreform formulierte, sollte es kein Strafrecht der 51 gegen 49 Prozent geben: »Solche Vorhaben müssen von der großen Mehrheit unseres Volkes innerlich akzeptiert und bejaht werden oder sie werden scheitern.«[801] Vor der Parteiöffentlichkeit wollte er demgegenüber die Möglichkeit des koalitionsfreien Raumes in der Rechtsreform nicht ausschließen, hieß es doch in seinem Bericht an den Parteitag 1963:

> »Die große Rechtsreform, an der im Bundesministerium für Justiz gearbeitet wird, wird zu ihrer Verwirklichung möglicherweise auf die Bestimmungen des Arbeitsübereinkommens der beiden Regierungsparteien über den ›koalitionsfreien Raum‹ und freie Mehrheitsbildungen im Nationalrat zurückgreifen müssen.«[802]

Konkrete Schritte zu einer Verschiebung der Strafrechtsreform in den koalitionsfreien Raum wurden jedoch keine gesetzt. Vielmehr wurde der Strafrechtsentwurf 1964 einem umfassenden Begutachtungsverfahren unterzogen. Die in Reaktion auf den Strafgesetzentwurf 1964 einlangenden Stellungnahmen um-

---

799 Broda, Die Rechtsreform in der Zweiten Republik, S. 18 f. Vgl. hierzu auch: Broda, Christian, Österreich auf dem Weg zum neuen Strafrecht, in: Der Staatsbürger 24 (1960) S. 1 f.
800 Broda, Strafrechtsreform – dritter Anlauf, in: Forum 129 (September 1964) S. 413.
801 Christian Broda bei der Eröffnung des Österreichischen Juristentages 1961. Vgl.: Die Pflicht zur Gesetzgebung, in: Arbeiter-Zeitung, 15.6.1961.
802 Bericht an den Parteitag, 6.–8. Juni 1961, Sofiensaal Wien, S. 92.

fassten durchwegs mehrere hundert Seiten[803] und lehnten den Ministerialentwurf großteils ab. Lediglich die Gutachten der Rechtsanwaltskammer für Wien, Niederösterreich und das Burgenland, der Wiener Arbeiterkammer und bedingt jenes der Universität Graz sprachen sich grundsätzlich für den Entwurf aus. Bemängelt wurde am Ministerialentwurf ähnlich wie am Kommissionsentwurf 1960, dass er kein Bekenntnis zur Schuld als Missbrauch der Wahlfreiheit und zum Sinn der Strafe als Vergeltung enthalte. Verbunden damit war auch der Vorwurf eines »apersonalen Kollektivismus«, der auch vor Brodas kommunistische Vergangenheit interessant erscheint. Des Weiteren wurde bemängelt, dass der Entwurf nicht hart genug sei und insbesondere die Abtreibung und die »gleichgeschlechtliche Unzucht« nicht »ernst genug« nehme. Deutlich wurde an den Reaktionen somit, dass ein »starkes«, moralisierendes Strafrecht (etwa was die Streichung der Ehestörung betrifft) mit hohen Vergeltungsstrafen noch vielfach begrüßt wurde.[804]

Broda und Nowakowski, die an einer Politisierung der Strafrechtsdebatte, insbesondere an einer Diskussion über das »Menschenbild im Strafrecht« nicht interessiert waren und die Strafrechtsreform – auch in Hinblick auf ihre Durchsetzbarkeit – mit dem gesellschaftlichen Nachziehverfahren, der historischen Kontinuität des Strafrechtsentwurfes und der Anknüpfung an den Reformvorschlag 1927 argumentierten, reagierten auf die Kritik am Strafrechtsentwurf defensiv.[805] Der Kritik am Strafrechtsentwurf 1964 wurde in einem neuen Strafrechtswurf 1966 Rechnung getragen, der deutlich hinter den Entwurf 1964 zurücktrat und an der Differenzierung der Freiheitsstrafen in Arrest, Gefängnis und Kerker festhielt. An der Abschaffung der Strafbestimmungen gegen die Homosexualität unter Erwachsenen wurde zwar weiterhin festgehalten, in der Abtreibungsfrage erreichte der neue Entwurf aber beinahe den alten Stand. Auch die sozialmedizinische Komponente fiel dem Bestreben um einen Kompromiss zum Opfer, der Strafrahmen sollte aber wieder – wie im Entwurf 1964 vorgesehen – höchstens drei Jahre betragen und die Abtreibung als Vergehen gelten.[806] Broda begründete sein Vorgehen später damit, dass er den Vorschlag der Strafrechtskommission »bei den geltenden politischen Kräfteverhältnissen in Österreich für undurchsetzbar« gehalten habe.[807] Nowakowski kommentierte

803 Broda, Christian, Vorwort, in: Ders., Die österreichische Strafrechtsreform, Wien 1965, S. 5.
804 Nowakowski, Probleme der österreichischen Strafrechtsreform, S. 10 und Stangl, Die neue Gerechtigkeit, S. 58 ff.
805 Stangl, Die neue Gerechtigkeit, S. 72.
806 Vgl. Mesner, Frauensache?, S. 152 f., Keller, Das Problem der Abtreibung im österreichischen Recht, S. 11. sowie zur Entwicklung der Abtreibungsparagraphen im Überblick: AChB, ÖNB, Handschriftensammlung, V.727/1.
807 Broda, Christian, Der Weg zur Strafrechtsreform. Antwort an Justizminister Klecatsky, in: Die Zukunft 13 (1967) S. 11.

ihn damit, dass »man der Meinung sein [konnte], dass der Entwurf 1966 in seiner Kompromissbereitschaft zu weit gegangen ist. Er war eben als Regierungsvorlage in einer Koalitionsregierung gedacht und musste deshalb auf die Möglichkeit eines einstimmigen Beschlusses im Ministerrat angelegt sein.«[808]

Zu einer Aussendung des Entwurfes 1966 oder gar zu einer Einbringung als Regierungsvorlage im Parlament kam es vor den am 6. März 1966 stattfindenden Nationalratswahlen nicht mehr. Bekannt gemacht wurde der Strafgesetzentwurf 1966 erst nachdem bereits feststand, dass die SPÖ die Wahlen verloren hatte.[809] Im Wahlkampf spielte die Strafrechtsreform hinsichtlich der Person Brodas jedoch eine nicht unbedeutende Rolle.

5.1.3. Die Familienrechtsreform

Das Erfordernis einer Familienrechtsreform begründete Christian Broda nach seinem Amtsantritt nicht nur damit, dass das geltende Familienrecht – wie das geltende Straf- und Presserecht – veraltet sei und hier ein Nachziehprozess an eine neue gesellschaftliche Wirklichkeit von Nöten sei. Er argumentierte die Notwendigkeit einer Familienrechtsreform, hinsichtlich der er sich – wie bereits genannt wurde – in jenen Jahren in publizistischer Hinsicht auffallend zurückhielt,[810] vor allem mit der Forderung nach einer Gleichstellung von Mann und Frau und stellte die Reform – wie er es bei der Strafrechts- und Pressereform tat – wiederholt in einen historischen Kontext. Er betonte, dass der 1848 proklamierte, 1867 verfassungsrechtlich geschützte und später in Artikel 7 der Bundesverfassung niedergelegte Gleichheitsgrundsatz im Familienrecht nicht verwirklicht sei und hielt fest, dass es keinen Rechtsstaat ohne eine Rechtsgleichheit geben könne. Gefordert sei deshalb eine Familienrechtsreform, die »ein altes Unrecht« an den Frauen beseitigen müsse.[811]

Wie das geltende Strafrecht reichte das beim Amtsantritt Brodas 1960 geltende Familienrecht als Überbegriff für das Ehe-, Kindschafts- und Vormundschaftsrecht inklusive des Ehegüter- und des Ehescheidungsrechts bis ins frühe 19. Jahrhundert, auf das Allgemeine Bürgerliche Gesetzbuch des Jahres 1811,

---

808 Nowakowski, Probleme der österreichischen Strafrechtsreform, S. 10.

809 Vgl. hierzu: Dr. Brodas letzte Eigenmächtigkeit: Strafgesetz-Entwurf ohne ÖVP-Billigung, in: ÖVP-Pressedienst, 15.4.1966.

810 Hinzuweisen ist in diesem Zusammenhang auch darauf, dass in dem 1962 erschienenen Sammelband »Demokratie – Recht – Gesellschaft« kein Beitrag von Broda zur Familienrechtsreform vorhanden ist.

811 Vgl. stellvertretend für zahlreiche andere Stellungnahmen: Große Reform des Familienrechts: Die Frau wird nun gleichberechtigt, in: Neues Österreich, 16.10.1962 oder Die Rechtsreform in der Zweiten Republik, S. 19 ff.

zurück. Es hatte – wie die Historikerin Ingrid Bauer ausführt – eine Form der Familie zur Rechtsnorm gemacht, die sich um das Vermögen und den Erwerb des Mannes konstituierte[812] und ein bipolares hierarchisiertes Geschlechtermodell mit dem Mann als »Haupt der Familie« festgeschrieben.[813]

Die Familie wurde der Leitungsgewalt bzw. dem Führungsanspruch des Mannes unterstellt, der für seine Ehegattin und die Kinder zu sorgen und einen standesgemäßen Unterhalt zu leisten hatte. Als Inhaber der väterlichen Gewalt bestimmte er Erziehungsziele, Ausbildungsgang und Berufswahl der ihm zu Gehorsam verpflichteten Kinder, wenn die Eltern auch »einverständlich die Handlungen ihrer Kinder zu leiten hatten«. Die Frau, die die Rechte seines Standes genoss, erhielt seinen Namen als »Privileg«, musste ihm an seinen Wohnsitz folgen, hatte seine Entscheidungen zu befolgen bzw. befolgen zu machen und war verpflichtet, dem Mann bei seiner »Erwerbung nach Kräften beizustehen«. Ihr Verantwortungsbereich beschränkte sich vornehmlich auf die Arbeit im Haushalt und die Pflege der Kinder. Der Mann hatte zwar nicht generell das Recht, der Frau eine Berufstätigkeit zu verbieten, doch durften hierunter die Haushaltsführung und die Kinderbetreuung nicht leiden. Die Vertretung der Familie, vor allem der Kinder, nach außen oblag dem Mann. Zudem konnte er auch die Vertretung der Frau, die zwar voll handlungs- und prozessfähig war, nach außen vornehmen. Was den ehelichen Güterstand betrifft, bestand prinzipiell die Gütertrennung, doch existierte eine Reihe von Bestimmungen, die diese modifizierten. So existierte einerseits etwa die rechtliche Vermutung, dass die Frau – so lange sie nicht widersprochen hatte – dem Mann die gesetzliche Verwaltung ihres freien Vermögens anvertraut hatte und dass der Mann ihr hierfür – wenn es nicht ausdrücklich bedungen war – nicht rechenschaftspflichtig war und sich die Nutzungen aneignen konnte. Anderenfalls wurde im Zweifelsfall vermutet, dass während der Ehe erworbenes Vermögen vom Manne herstammt, was umso schwerer wog, als die Frau zur unentgeltlichen Mitarbeit im Unternehmen des Mannes verpflichtet war.[814] Ehen, die KatholikInnen vor einem Priester schlossen, waren im Gegensatz zu Ehen Andersgläubiger nicht auflösbar; insbesondere war nach einer »Scheidung von

---

812 Bauer, Ingrid, Frauen, Männer, Beziehungen. Sozialgeschichte der Geschlechterverhältnisse in der Zweiten Republik, in: Burger, Johann / Morawek, Elisabeth (Hg.), 1945–1995. Entwicklungslinien der Zweiten Republik (Sonderband der Informationen zur Politischen Bildung), Wien 1995, S. 112.

813 Mesner, Maria, Die »Neugestaltung des Ehe- und Familienrechts«: Re-Definitionspotentiale im Geschlechterverhältnis der Aufbau-Zeit, in: Zeitgeschichte 5–6 (1997) S. 186.

814 Aumayr, Doris / Gratz, Sabine / Hüttler, Bernhard, / Kiesenhofer, Gerhard, Die Rechtsstellung der Frau in der Familie im 19. und 20. Jahrhundert, in: Floßmann, Ursula / Lehner, Oskar (Hg.), Frau. Recht. Gesellschaft. Seminar zur Frauengeschichte, Linz 1985, S. 111 ff.

Tisch und Bett« keine Wiederverehelichung möglich.[815] Uneheliche Kinder genossen nicht die gleichen Rechte wie die Ehelichen.

Reformbestrebungen reichten – ebenfalls wie in der Strafrechtsreform – bis ins 19. und frühe 20. Jahrhundert zurück und waren eng mit der Entwicklung von der Agrar- hin zur Industriegesellschaft und der Entstehung von Liberalismus und Sozialismus als zwei neuen politischen Strömungen verbunden, die das traditionelle christliche Ehemodell in Frage stellten.

Die sich entwickelnde Erste Frauenbewegung drängte nicht nur auf politische Partizipationsrechte, das Wahlrecht und verbesserte Bildungsmöglichkeiten (vor allem das Frauenstudium), sondern auch auf eine Reform des Ehe- und Familienrechts. Teilnovellen zum Allgemeinen Bürgerlichen Gesetzbuch erfolgten durch drei kaiserliche Notverordnungen in den Jahren 1914, 1915 und 1916. An der grundsätzlichen Aussage des Familienrechts, insbesondere des Verhältnisses von Mann und Frau, änderte sich jedoch nichts, wenn auch die Zurücksetzung der Frau im Vormundschaftsrecht gemildert wurde, sie nun Testamentszeugin werden konnte und das uneheliche Kind, das bis dato von allen Familien- und Verwandtschaftsrechten ausgeschlossen war, in die mütterliche Familie eingegliedert wurde.[816]

In der Ersten Republik brachten die sozialdemokratischen Abgeordneten eine Reihe von Anträgen zur Reform des Familienrechts ein. 1925 stellten Adelheid Popp, Gabriele Proft und Genossen im Nationalrat einen Initiativantrag zu einem »Gesetze über die Gleichstellung der Geschlechter im Familienrecht«, der – ebenso wie ein im Wesentlichen gleich lautender Initiativantrag aus dem Jahr 1927 (erweitert um eine Neuordnung der Rechtsstellung des unehelichen Kindes)[817] – im Parlament wegen der dort herrschenden Mehrheitsver-

---

815 Das ABGB unterschied in »Scheidung von Tisch und Bett« und »Trennung«, wobei nur die Trennung die gänzliche Auflösung der Ehe bewirkte und eine neuerliche Wiederverehelichung – nicht jedoch für KatholikInnen – ermöglichte. Ehen wurden vor einem Geistlichen geschlossen. Nachdem Joseph II. die durch einen Priester geschlossene Ehe unter staatliche Jurisdiktion gestellt hatte – der Geistliche wurde damit de facto zu einem staatlichen Organ –, lehnte sich das ABGB weitgehend an das Josephinische Ehepatent an. Durch das Konkordat von 1855 wurde die Eheschließung allerdings wieder unter kirchliche Jurisdiktion gestellt. 1868 wurde das Eheschließungsrecht des ABGB von 1811 leicht modifiziert durch die Einführung einer Notzivilehe wieder in Kraft gesetzt. Vgl.: Lehner, Oskar, Familie – Recht – Politik. Die Entwicklung des österreichischen Familienrechts im 19. und 20. Jahrhundert. Mit einem Geleitwort von Christian Broda und Walter Hauser, Wien/New York 1987, S. 36–39.

816 Lehner, Oskar, Von der bürgerlich-patriarchalen zur partnerschaftlichen Ehe, in: Floßmann, Ursula / Lehner, Oskar (Hg.), Frau. Recht. Gesellschaft. Seminar zur Frauengeschichte, Linz 1985, S. 135.

817 Eypeltauer, Doris, Familienrechtsreform (Politische Bildung 14), Wien 1981, S. 12.

hältnisse niemals in Beratung gezogen wurde.[818] Wie Christian Broda oftmals betonte, umfasste der Antrag, soweit es sich um die Gestaltung der Rechtsbeziehungen zwischen den Ehegatten bzw. zwischen den Eltern und den ehelichen Kindern handelte, »die meisten der wesentlichen Bestimmungen – bereits ausformuliert – […], die seither zum festen Bestandteil aller weiteren Initiativen der Familienrechtsreform in Österreich gehört haben.«[819] Kernpunkt der Initiative, der den Grundsatz gleicher Rechte und Pflichten statt der Leitungsfunktionen des Mannes als »Haupt der Familie« in die Rechtsordnung einführen wollte, war die in der Verfassung festgeschriebene Gleichheit der Geschlechter, die im öffentlichen Recht bereits verwirklicht worden war, auch im Privatrecht, insbesondere im Familienrecht, herzustellen.[820] Gleichzeitig blieb es der Sozialdemokratie – da es dem Liberalismus nicht gelungen war, dies in der Ära des Konstitutionalismus zu verwirklichen – vorbehalten, auch nach der Ausrufung der Republik 1918 die Forderung von einer Trennung von Kirche und Staat, nach der obligatorischen Zivilehe und einer leichteren Auflösung der Ehe fortzuführen.[821] Im Linzer Programm aus dem Jahr 1926 wurde – wenn auch nicht explizit das Familienrecht genannt wurde – die Aufhebung aller Gesetze gefordert, durch die die Frauen rechtlich benachteiligt werden.[822] Zu einer entsprechenden Gesetzesänderung, die eine Besserstellung der Frau im Familienrecht bringen sollte, kam es aufgrund der politischen Machtverhältnisse jedoch nicht.

Im Konkordat des Jahres 1933 erkannte die Republik Österreich »den gemäß dem kanonischen Recht geschlossenen Ehen die bürgerliche Rechtswirkungen zu« und sprach den kirchlichen Behörden auch in der Frage der Ungültigkeit der Ehen und dem Dispens Kompetenzen zu.[823] Das von den Nationalsozialisten eingeführte neue Eherecht brachte nicht nur den Einzug der NS-Rassenideologie

---

818 Ent, Herbert, Österreichisches Familienrecht – Fünf Jahrzehnte Reform. Beitrag zur Festschrift »50 Jahre Fachverband der österreichischen Standesbeamten«, 1997, online auf: http://www.ris.at/company/standesbeamte/download/Familienrecht_50_Jahre_Herbert_Ent.pdf (1.2.2008).

819 Vgl. etwa: Broda, Christian, Die österreichische Sozialdemokratie und die Familienrechtsreform, in: Frühauf, Wolf (Hg.), Wissenschaft und Weltbild. Festschrift für Hertha Firnberg, Wien 1975, S. 62.

820 Ebenda, S. 61.

821 Besonders der sozialdemokratische niederösterreichische Landeshauptmann Sever nützte in der Ersten Republik eine unklare Bestimmung im ABGB hinsichtlich des landesfürstlichen Gnadenrechts zur Dispensation von Ehehindernissen dazu, Ehen aufzulösen, wonach die Ehewerber vor einer staatlichen Behörde im Weg einer Notzivilehe oder nach einem Religionswechsel vor dem Seelsorger einer nichtkatholischen Religionsgemeinschaft eine zweite Ehe schließen konnten. Hinsichtlich der Gültigkeit dieser Ehen entstand in Folge jedoch ein jahrelanger Konflikt zwischen dem OGH und dem VfGH. Lehner, Familie – Recht – Politik, S. 107 ff.

822 Das Linzer Programm, in: Neugebauer, Modelle für die Zukunft, S. 50.

823 Lehner, Familie – Recht – Politik, S. 115.

ins Eherecht, der sich vor allem im Ehehindernisrecht und in Eheverboten (Blutschutzgesetz, Ehegesundheitsgesetz etc.) niederschlug, sondern auch die Einführung der obligatorischen Zivilehe, die zuvor vom Liberalismus und der Sozialdemokratie gefordert worden war und eigentlich auf das deutsche Gesetz über die Eheschließung von 1875 zurückging. Die Ehe musste nun – wie es in weiten Teilen Europas bereits üblich war – vor einem weltlichen Beamten geschlossen werden. Neue Bestimmungen brachte das neue Eherecht auch im Bereich der Auflösbarkeit von Ehen, wobei seither der Terminus »Scheidung« in Österreich für eine vollständige Auflösung einer Ehe verwendet wird. Ein allgemeines Ehescheidungsrecht ohne Rücksicht auf das religiöse Bekenntnis der Ehegatten wurde eingeführt und leichtere Scheidungsmöglichkeiten geschaffen. Möglich war nun auch für KatholikInnen eine Wiederverheiratung nach der Auflösung der Ehe.[824] Auf dem Gebiet des Ehegüterrechts brachte die so genannte »Häferlverordnung« eine Besserung, als nun der Richter die Ehewohnung und den Hausrat entsprechend bestimmter Grundsätze nach Billigkeit aufzuteilen hatte.[825] Ein neues, einheitliches Ehe- und Familienrecht wurde – ähnlich wie im Bereich des Strafrechts – jedoch nicht geschaffen.[826]

1945 wurde das Bundesverfassungsgesetz 1920 in der Form von 1929 nach dem Stand vom 5. 3. 1933 wieder in Kraft gesetzt. Die während des Nationalsozialismus erlassenen, einfachgesetzlichen Bestimmungen wurden in einem eigenen Rechtsüberleitungsgesetz behandelt. Das Ehegesetz 1938 blieb mit einigen Ausnahmen, die typisches Gedankengut des Nationalsozialismus waren und vor allem in der Rassenideologie verwurzelt waren, jedoch in Kraft.[827] Wie der Rechtshistoriker Oskar Lehner anmerkt, entzündete sich die Diskussion darüber, ob sich im österreichischen Familienrecht noch nationalsozialistisches oder autoritäres Gedankengut befinde, in den folgenden Jahren jedoch nicht an der Frage, warum der NS-Staat einen Großteil der früheren österreichischen Familienrechtsordnung ohne Änderungen in sein Rechtssystem übernehmen konnte, sondern vielmehr an der Beibehaltung der obligatorischen Zivilehe und der Einschränkung der Scheidungsmöglichkeit. Insgesamt waren die »Mehrzahl der Angriffe auf das EheG in den ersten Jahren nach 1945 [...] nicht getragen von einem Streben nach Liberalisierung und Demokratisierung des Eherechts,

---

824 Ebenda, S. 154 ff.
825 Aumayr/Gratz/Hüttler/Kiesenhofer, Die Rechtsstellung der Frau in der Familie im 19. und 20. Jahrhundert, S. 119.
826 Für den Zeitraum zwischen der Eheschließung und der Scheidung galt auch während des Nationalsozialismus das ABGB.
827 Im Bereich des Familienrechts wurden folgende Bestimmungen außer Kraft gesetzt: das Gesetz zum Schutz des deutschen Blutes und der deutschen Ehre, das Gesetz zur Verhütung erbkranken Nachwuchses und das Gesetz zum Schutz der Erbgesundheit des deutschen Volkes.

sondern zielten auf die Zurückdrängung konservativer Eckpfeiler in der österreichischen Rechtsordnung ab.«[828]

So wurde (begleitet von der Frage der Gültigkeit des Konkordats von 1933) vor
allem auch die Beibehaltung der obligatorischen Zivilehe bzw. der Wunsch der
katholischen Kirche nach der staatlichen Wirkung der nach kirchlichem Recht
geschlossenen Ehen zum Konflikt behafteten Thema zwischen ÖVP und SPÖ.
Während sich die ÖVP für eine fakultative Zivilehe aussprach und diese Forderung in ihre programmatischen Leitsätze aus dem Jahr 1945 aufnahm,[829]
wandte sich die SPÖ ausgehend davon, dass die Religion Privatsache sei, gegen
eine solche und beharrte auf der obligatorischen Zivilehe, wenn es auch Vertreter wie Otto Tschadek gab, die sich grundsätzlich eine fakultative Zivilehe
vorstellen konnten. Generell war Tschadek ein Vertreter in der SPÖ, der – im
Gegensatz zur strikt antiklerikalen Linie der Partei in jenen Jahren – um ein
gutes Verhältnis zur Kirche bemüht war. 1957 wurde – wie bereits ausgeführt –
das Konkordat durch die Große Koalition formell anerkannt, 1960 wurden die
vermögensrechtlichen Bestimmungen und 1962 die schulrechtlichen Fragen neu
geregelt. Die Frage des Eherechts wurde jedoch ausgespart und blieb unverändert.[830]

Die Forderung nach einer Gleichberechtigung der Frau im Familienrecht
wurde demgegenüber von den Frauenorganisationen von SPÖ und KPÖ erhoben.[831] Angeknüpft wurde dabei an die Reformbestrebungen aus der Zwischenkriegszeit. Frauen, die sich innerhalb der Sozialdemokratie (in der Ersten
und der Zweiten Republik) für eine Reform des Familienrechts einsetzten, waren
Therese Schlesinger, Adelheid Popp, Gabriele Proft, Marianne Pollak, Rosa
Rück, Herta Winkler, Jutta Jungwirth, Hertha Firnberg und Elisabeth Schilder,
die – wie oben gezeigt – auch in der Frage der Strafrechtsreform, vor allem im
Bereich des Jugendstrafrechts, eine wichtige Vorreiterrolle spielte.[832] Wie
Christian Broda 1975 in einer Festschrift für Hertha Firnberg festhielt, wurde

---

828 Lehner, Familie – Politik – Recht, S. 217 f.
829 Neben einem Familienlastenausgleich und der fakultativen Zivilehe wurde die Familien-
     rechtsreform ansonsten nicht angesprochen. Vgl.: Weinzierl, Erika, Zum Anteil der Frauen
     an der Reform des österreichischen Familienrechts, in: Weinzierl, Erika / Stadler, Karl R.
     (Hg.), Geschichte der Familienrechtsgesetzgebung in Österreich. Beiträge des Symposion
     »Justiz und Zeitgeschichte« 1977, Wien 1978, S. 221 f.
830 Lehner, Familie – Politik – Recht, S. 218 ff.
831 Vgl. hierzu auch: Weinzierl, Zum Anteil der Frauen an der Reform des österreichischen
     Familienrechts, S. 217 – 237.
832 Vgl. hierzu auch ihre in der »Zukunft« erschienenen Beiträge zur Familienrechtsreform:
     Schilder, Elisabeth, Bemerkungen zur Reform des Familienrechts, in: Die Zukunft 4 (1950)
     S. 93 – 96, Schilder, Elisabeth, Ein neues deutsches Familienrecht, in: Die Zukunft 12 (1957)
     S. 331 – 335, Schilder, Elisabeth, Die rechtliche Stellung des unehelichen Kindes, in: Die
     Zukunft 9/10 (1958) S. 277 – 79, Schilder, Elisabeth, Ein neues Adoptionsrecht in Sicht, in:
     Die Zukunft 12 (1958) S. 3 – 6.

auch in der SPÖ die Frage der Familienrechtsreform allzu lange »in erster Linie als Angelegenheit der Frau oder überhaupt als eine ›Frauenfrage‹ betrachtet«.[833]

Von Seiten des Justizministeriums wurde unter Justizminister Gerö unmittelbar nach 1945 nicht an einer Reform des Familienrechts gearbeitet. Sein Nachfolger Otto Tschadek, der hierzu auch mehrfach in der »Zukunft« schrieb,[834] räumte der Familienrechtsreform dann eine größere Bedeutung ein. Er setzte 1949 eine Kommission ein, nachdem kurz zuvor die SPÖ-Frauen – vermutlich, um den neuen Minister in die Pflicht zu nehmen – ihrerseits eine Kommission zur »Mitarbeit an Reformvorschlägen auf dem Gebiet des veralteten Familienrechtes« mit Rafaela Kikiewicz und Elisabeth Schilder an der Spitze eingesetzt hatten.[835] Der von Tschadek gebildeten Kommission gehörte hingegen keine einzige Frau an, obzwar verschiedene Frauenorganisationen ihr Interesse an der Beteiligung angemerkt hatten.[836] Die von Tschadek eingesetzte Reformkommission beriet auf Basis eines vom Justizministerium ausgearbeiteten Fragen- und Problemkatalogs in insgesamt acht Sitzungen folgende Bereiche: die Rechtsstellung der Ehegatten zueinander, das Rechtsverhältnis zwischen Eltern und Kindern, die Rechtsstellung des außerehelichen Kindes und das eheliche Güterrecht. Anschließend arbeitete das Ministerium auf Grundlage dieser Beratungen – Tschadek erhielt hierbei auch die Unterstützung von Rafaela Kikiewicz und Elisabeth Schilder[837] – bis 1951 in 48 Punkten Richtlinien für eine gesetzliche Neuordnung des Familienrechts aus, die – obzwar nie umgesetzt – bedeutend für den weiteren Reformdiskurs wurden und zu denen nun auch die Frauenorganisationen Stellung nehmen konnten. In den Richtlinien wurden Mann und Frau – bei einer prinzipiellen Beibehaltung der geschlechtsspezifischen Rollenverteilung – grundsätzlich gleichgestellt, wobei jedoch abweichende Regelungen etwa im Bereich der Haushaltsführung oder des Namens-, Staatsbürgerschafts- oder Unehelichenrechts bestanden. Der Mann verlor seine Stellung als »Haupt der Familie«, die Frau sollte einer Erwerbstätigkeit nachgehen können, wenn diese mit den Pflichten gegenüber der Familie vereinbar war. Gegenüber den ehelichen Kindern sollten Vater und Mutter gleichgestellt sein, die rechtliche Stellung der Frau im Ehegüterrecht wurde verbessert und

---

833 Broda, Die österreichische Sozialdemokratie und die Familienrechtsreform, S. 70.
834 Vgl. hierzu etwa: Tschadek, Otto, Justizreformpläne, in: Die Zukunft 2 (1950) S. 37–39, Tschadek, Otto, Die Rechtsstellung des unehelichen Kindes, in: Die Zukunft 1 (1952) S. 4–6, Tschadek, Otto, Die Familienrechtsreform, in: Die Zukunft 12 (1951) S. 325–327, Tschadek, Otto, Familienpolitik und Familienrecht, in: Die Zukunft 11 (1959) S. 298–300.
835 Mesner, Die »Neugestaltung des Ehe- und Familienrechts«, S. 190.
836 Vgl. zur Zusammensetzung der Kommission und deren personellen Kontinuitäten vor 1945: Niederkofler, Heidi, Die Krux mit der Gleichheit, in: Österreichische Zeitschrift für Geschichtswissenschaft 3 (2009) S. 115 f.
837 Weinzierl, Zum Anteil der Frauen an der Reform des österreichischen Familienrechts, S. 224.

unter anderem die Rechtsannahme beseitigt, dass während der Ehe erworbenes Vermögen vom Manne stammt. Bei der Auflösung einer Ehe sollte der Frau ein Anteil am Ehegewinn zukommen, das uneheliche Kind sollte hinsichtlich Unterhalt und Erbrecht (sic!) dem ehelichen Kind völlig gleich gestellt werden.[838]

Zuspruch erhielten die Reformvorschläge Tschadeks jedoch nur von Seiten der Frauenorganisationen von SPÖ und KPÖ, während sich die ÖVP-Frauen bzw. die Österreichische Frauenbewegung, die der ÖVP zuzurechnende Frauenorganisation, ebenso wie jene des VdU und wie die parteiungebundenen Frauenorganisationen gegen die Reform stellten. Ihnen waren die Reformvorschläge – im Gegensatz zu den Frauen von SPÖ und KPÖ, die sich noch weiter gehende Reformen wünschten – zu radikal. Kritisiert wurde von den ÖVP-, VdU- und katholischen Frauenorganisationen etwa, dass der Mann nicht mehr das Oberhaupt der Familie sein sollte. Auch die Gleichstellung von ehelichen und unehelichen Kindern wurde von den ÖVP-Frauen und der katholischen Frauenorganisation abgelehnt. Hinsichtlich der Berufstätigkeit der Frau wollten die einen (SPÖ- und KPÖ-Frauen) verankert haben, dass diese unabhängig von den Pflichten gegenüber der Familie möglich sein soll, während die anderen (ÖVP- und katholische Frauen) sichergestellt haben wollten, dass durch eine Berufstätigkeit die Familie nicht vernachlässigt werde.[839] Zudem bekundete die ÖVP, dass eine Änderung des Eherechts vor allem das Ziel der Einführung der fakultativen Zivilehe verfolgen müsse. War in den unmittelbaren Nachkriegsjahren von SPÖ und ÖVP noch darauf geachtet worden, dass es in der Frage der obligatorischen Zivilehe bzw. der kirchlichen Trauung zu keinem »Kulturkampf« kommt, zeichnete sich nun eine Eskalation ab.[840] Eine im November 1951 einberufene Enquete, die eigentlich zu einer Propagierung der Reformvorschläge beitragen sollte, führte zu einem wahren Tumult (und dies nicht nur wegen der Frage der Zivilehe). Wie der Rechtsprofessor Fritz Schwind rückblickend festhält, ging dieser Versuch einer Reform des Familienrechts »in einer turbulenten Szene, wie ich sie im Rahmen der Rechtspolitik sonst nie erlebte«, unter.[841]

Als die Familienrechtsreform im Dezember 1951 im Zuge der Budgetdebatte angesprochen wurde, argumentierte der Abgeordnete Gschnitzer von der ÖVP sogar vulgär-biologistisch mit der »unterschiedlichen Natur von Mann und Frau« gegen die Reform.[842] Justizminister Tschadek reagierte hierauf mit einem

---

838 Lehner, Familie – Politik – Recht, S. 224 ff.
839 Vgl.: Ebenda, S. 228 ff. und Niederkofler, Die Krux mit der Gleichheit, S. 124 ff.
840 Mesner, Die »Neugestaltung des Ehe- und Familienrechts«, S. 191.
841 Schwind, Fritz, Begegnung mit Christian Broda, in: Neider, Michael (Hg.), Christian Broda
     – Zum 70. Geburtstag, Wien 1986, S. 138 und Lehner, Familie – Politik – Recht, S. 230.
842 Hierauf entwickelte sich auch eine lebhafte Diskussion in der »Zukunft«, an der sich Otto

Umbau der Familienrechtskommission und dem Versuch, in die Kommission je eine Vertreterin von ÖVP und SPÖ aufzunehmen. Nachgekommen ist dieser Einladung jedoch nur die SPÖ.[843] Nachdem Tschadek im September 1952 seinen Rücktritt bekannt gegeben hatte, den er mit Angriffen auf seine Person und die Unabhängigkeit der Justiz erklärte,[844] folgte ihm wiederum Josef Gerö als Justizminister nach. Unter ihm kamen die Arbeiten an der Familienrechtsreform de facto zum Erliegen. Ähnlich wie Gerö agierte auch sein Nachfolger Hans Kapfer,[845] der unmittelbar nach der Übernahme des Justizministeriums Journalisten gegenüber ankündigte, dass er in der Frage der Eherechtsreform angesichts der »herrschenden Gegensätze« eine »abwartende Haltung« einnehmen werde[846] und die Arbeiten an der Familienrechtsreform durch Weisung einstellen ließ.[847]

Als Tschadek 1956 neuerlich die Leitung des Justizministeriums übernahm, setzte er die Familienrechtsreform wieder auf die Agenda. Er hielt fest, dass mit einer Neuregelung des Verhältnisses zur katholischen Kirche und der Klärung der Bereinigung der bestehenden Differenzen zwischen den Parteien bzw. zwischen dem Staat und der Kirche der Weg zur Familienrechtsreform gebahnt werden könne. Angesprochen wurden somit die bevorstehenden Konkordatsverhandlungen.[848] Begonnen werden sollte mit jenen Bereichen, in denen am ehesten ein Konsens möglich sein würde bzw. dort, wo »eine Überbrückung der weltanschaulichen Gegensätze am ehesten erreichbar« schien: den Arbeiten zu einem neuen Adoptionsrecht und zu einem neuen Ehegüterrecht. Tschadek ging somit von seinem Konzept einer vierten Teilnovelle des ABGB ab,[849] und auch auf die Einsetzung einer neuerlichen Familienrechtskommission wurde verzichtet,

---

Tschadek, Franz Gschnitzer, Marianne Pollak und Jutta Jungwirth beteiligten. Vgl. hierzu die Ausgaben der »Zukunft« aus dem Zeitraum Dezember 1951 bis April 1952.

843 Dies betraf die Abgeordnete Gabriele Proft. Seitens der ÖVP war an die Abgeordnete Lola Solar gedacht worden. Vgl.: Bericht an Christian Broda über den Stand der Familienrechtsreform vom 8.7.1960. AChB, ÖNB, Handschriftensammlung, III.32.2.

844 Vgl. hierzu etwa: Justizminister Tschadek tritt zurück, in: Arbeiter-Zeitung, 14.9.1952.

845 Vgl. hierzu auch: Gerö für beschleunigte Verfahren, in: Neue Wiener Tageszeitung, 18.9.1952. Bereits unmittelbar nach seiner Angelobung wies Gerö hinsichtlich der Familienrechtsreform darauf hin, dass Erfahrungen der letzten Zeit gezeigt haben, dass die zu Ende gehende Legislaturperiode nicht für umwälzende Änderungen im Ehe- oder Familienrecht geeignet sein, eine legistische Tätigkeit könne er sich im Bereich des Miet- oder Pachtrechts vorstellen.

846 Minister Kapfer über seine Mission, in: Die Presse, 18.1.1955.

847 Lehner, Familie – Politik – Recht, S. 228 ff. sowie Broda, Die österreichische Sozialdemokratie und die Familienrechtsreform, S. 65 f.

848 Viel Arbeit an der Justizreform: Strafrechtsreform, moderner Strafvollzug, Reform des Familienrechtes, in: Arbeiter-Zeitung, 29.5.1957.

849 Lehner, Familie – Politik – Recht, S. 232 und Bericht an Christian Broda über den Stand der Familienrechtsreform vom 8.7.1960. AChB, ÖNB, Handschriftensammlung, III.32.2.

da sich bereits am Beispiel der Strafrechtskommission zeigte, dass eine derart vorbereitete Gesamtreform Jahre in Anspruch nehmen würde.[850]

Im neuen Parteiprogramm aus dem Jahr 1958 bekannte sich die SPÖ zur Beseitigung der »Benachteiligung der Frau im Familienrecht.«[851] Verschärfte Strafbestimmungen bei einer Verletzung der Unterhaltspflicht und das von Tschadek mehrfach angekündigte Adoptionsrecht, das das Wohl des Kindes stärker ins Zentrum rückte und bemüht war, für das Wahlkind familiale Verhältnisse nachzubilden,[852] wurden im Nationalrat am 17. Februar 1960 beschlossen.[853] Beide Regelungen können – nach Herbert Ent, der bereits in den frühen 1960er Jahren im Justizministerium an der Familienrechtsreform mitarbeitete – als Auftakt zur Familienrechtsreform gewertet werden, da das neue Adoptionsgesetz »bereits von den Gedanken der Gleichberechtigung des Vaters und der Mutter und des verbesserten Schutzes für Kinder getragen« ist.[854]

Als Christian Broda im Juni 1960 die Leitung des Justizministeriums übernahm, blieb er – wie dies auch in seinem Nachlass dokumentiert ist – bei Tschadeks Strategie der Teilschritte und der Annäherung von den »Randgebieten« zum »Kern« des Familienrechts.[855] In thematischer Hinsicht sind die Jahre seiner Ministerschaft bis 1966 von zwei Themenkomplexen geprägt: einer Neuregelung des ehelichen Güterrechts sowie des gesetzlichen Erbrechts und der rechtlichen Besserstellung des unehelichen Kindes. Die Kernpunkte der Neuregelung des ehelichen Güterrechtes umschrieb er im Juni 1961 folgendermaßen:

> »Vor allem soll die Bestimmung beseitigt werden, dass im Zweifelsfall während der Ehe erworbenes Vermögen als vom Manne stammend angesehen wird. Die Verwaltung und die Nutzung des Vermögens jedes Ehegatten soll jenem Teil zustehen, dem das Vermögen gehört. Bei Auflösung einer Ehe durch Scheidung oder Tod sollen grundsätzlich Mann und Frau gleichen Anteil an dem Vermögen haben, das in der Ehe erworben wurde. [...] Dadurch wird in der Praxis endlich anerkannt werden, dass die Erwerbstätigkeit des Mannes und die Erwerbung von Vermögen in der Ehe in der Regel nur dadurch ermöglicht wird, dass die Frau den Haushalt führt und dass ihr die Erziehung der Kinder obliegt [...]. In Zukunft soll die Frau einen Rechtsanspruch an

850 Bundesministerium für Justiz (Hg.), Familienrechtsreform konkret, 3. Aufl., Wien 1975, S. 20.

851 Neugebauer, Modelle für die Zukunft, S. 84.

852 Dr. Tschadek über Rechtsprobleme, in: Wiener Zeitung, 14.3.1958.

853 Bundesgesetz vom 17.2.1960 über die Neuordnung des Rechtes der Annahme an Kindesstatt, BGBl. Nr. 58/1960, Eypeltauer, Familienrechtsreform, S. 22 sowie Neues Adoptionsgesetz verabschiedet, in: Wiener Zeitung, 18.2.1960.

854 Ent, Österreichisches Familienrecht – Fünf Jahrzehnte Reform, S. 3.

855 Vgl. zur Familienrechtsreform in den 1960er Jahren: AChB, ÖNB, Handschriftensammlung, III.49, III.107 und IV.32 sowie zur Vorgangsweise in Etappen auch: Gleiches Recht für Mann und Frau, in: Arbeiter-Zeitung, 17.6.1961.

allen diesen Vermögenswerten haben, der bei Auflösung der Ehe grundsätzlich in Geld abzugelten ist [...]. Es soll in Zukunft auch unmöglich sein, dass ein Ehegatte ohne Wissen des anderen eheliches Vermögen, insbesondere Hausrat, verkauft.«[856]

Mit der Ausarbeitung von Reformvorschlägen, die diesen Vorgaben entsprechen sollten, wurde im Justizministerium unmittelbar nach deren Ankündigung begonnen. Anzumerken ist dabei, dass das eheliche Güterrecht (bzw. das Familienrecht in einem umfassenden Sinn) in jenen Jahren in mehreren europäischen Staaten diskutiert bzw. geändert wurde – darunter auch in der Bundesrepublik Deutschland mit dem Gleichberechtigungsgesetz vom 18. Juni 1957, das ähnliche Reformpunkte umfasste, wie sie in Österreich debattiert wurden.[857] In Österreich lag ein erster Entwurf zur Neuregelung des gesetzlichen Güterstandes, der die Zugewinngemeinschaft vorsah, bereits im Herbst 1961 vor.[858] Damit sollte die Annahme beseitigt werden, dass während der Ehe erworbenes Vermögen im Zweifelsfall von Manne stammt. Aufgrund der zum Teil massiven Kritik (vor allem von Seiten der Bundeswirtschaftskammer und der Industriellenvereinigung, die unter anderem negative Auswirkungen auf das Betriebsvermögen befürchteten) musste er jedoch mehrfach umgearbeitet werden.[859]

Zentrales Thema war die Familienrechtsreform (bzw. ein zweiter Vorschlag Brodas) auch auf dem ersten Österreichischen Juristentag 1961 und dem Österreichischen Anwaltstag 1962 in Wien.[860] Im Mai 1962 brachte Broda dann einen in wenigen Detailfragen abgeänderten dritten Entwurf in den Ministerrat ein, um ihn als Regierungsvorlage beschließen zu lassen. Da die ÖVP dem – auch angesichts der zu erwartenden Neuwahlen – nicht zustimmte, kam es jedoch nicht dazu. Vielmehr wurde ein Ministerkomitee zur Reform eingesetzt und im Wahlkampf des Jahres 1962 von der SPÖ öffentlichkeitswirksam ein klares Bekenntnis zur Familienrechtsreform abgelegt, wobei der Hinweis nicht fehlte, dass sie einst für das Frauenwahlrecht gekämpft habe und es nun für eine Gleichberechtigung der Frauen im Familienrecht tue.[861] Broda zeigte sich, nachdem am neuen Entwurf keine grundsätzliche Kritik (oder zumindest nicht mehr in jener Intensität wie beim ersten Entwurf) geübt wurde, optimistisch,

---

856 Ebenda.
857 Vgl. zur Diskussion über das deutsche Gleichberechtigungsgesetz in Österreich etwa: Schilder, Elisabeth, Ein neues deutsches Familienrecht, in: Die Zukunft 12 (1957) S. 331 – 335 oder Haydn, Ludwig, Reform des Ehe- und Familienrechtes, in: Der Staatsbürger 3 (1959) S. 1 – 2, Neues Ehegüterrecht »geeignet, Ehen zu zerstören«, in: Kurier, 6.5.1963, Bedenken gegen Brodas Eherechtsplan, in: Österreichs Neue Tageszeitung, 22.2.1964.
858 Gleiches Güterrecht für Mann und Frau, in: Arbeiter-Zeitung, 10.10.1961.
859 Vgl. zu den Entwürfen: AChB, ÖNB, Handschriftensammlung, III.49 sowie zur Kodifikationsgeschichte Lehner, Familie – Recht – Politik, S. 455 ff.
860 Vgl. dazu: AChB, ÖNB, Handschriftensammlung, III.107.
861 Große Reform des Familienrechts. Die Frau wird gleichberechtigt, in: Neues Österreich, 16.10.1962.

dass der Gesetzesvorschlag dem neu gewählten Nationalrat so bald wie möglich zur Beratung und Beschlussfassung vorgelegt werde. Zugleich strich er heraus, dass der Vorschlag der Erkenntnis folge, dass die Frau durch die Arbeit im Haushalt, die Betreuung der Kinder oder die Mithilfe im Betrieb des Mannes genauso zum Ehegewinn beitrage.[862]

Eingebracht wurde die entsprechende Regierungsvorlage über die Neuordnung des gesetzlichen Erbrechtes des Ehegatten und des gesetzlichen ehelichen Güterstandes (als vierter praktisch unveränderter Entwurf) schließlich im Mai 1963 im Nationalrat, nachdem im Ministerrat am 30. April grünes Licht gegeben worden war. Bei der Information darüber, dass sich der Ministerrat auf eine entsprechende Vorlage geeinigt habe, fehlte seitens Broda der Hinweis nicht, dass die jetzt in parlamentarische Beratung gehenden Vorschläge auf die Initiative seines Vorgängers, Otto Tschadek, zurückgehen würden. Nach der Einsetzung eines Unterausschusses wurde die Regierungsvorlage dort allerdings nur einmal (am 8. Juli 1964) beraten.[863] Zu einer Verabschiedung entsprechender Regelungen im österreichischen Parlament kam es in der IX. Gesetzgebungsperiode nicht, wenn sich Staatssekretär Hetzenauer auch sehr um eine Annäherung in der Frage der Zugewinngemeinschaft bemühte, die vielfach im Zentrum der Kritik und der Änderungen seitens des Ministeriums stand.[864]

Hinsichtlich der weiteren Vorgehensweise in der Familienrechtsreform ließ Broda – wie dies auch in einem Arbeitsbericht zur Vorbereitung des österreichischen Anwaltstages 1962 festgehalten worden war[865] – im Mai 1963 verlauten, dass das Justizministerium bereits mit der Ausarbeitung eines Gesetzesentwurfs für die gesetzliche Neuregelung der Rechtsstellung des unehelichen Kindes begonnen habe.[866] Ausgangspunkt war die Feststellung, dass Unehelichkeit, die sich vor allem als Unterschichtenphänomen zeigte,[867] fast immer Benachteiligung bedeute und diese durch eine Verbesserung der Rechtsstellung des unehelichen Kindes abgebaut werde müsse.[868] Gegenstand der Reform sollten eine Neuregelung der Feststellung der Vaterschaft, Veränderungen im Namensrecht, den Unterhaltsregelungen, den Erziehungs- und Vertretungsbestimmungen sowie eine Aufwertung des unehelichen Kindes im Erbrecht sein. Eine ent-

---

862 Ebenda sowie Rede vor Sozialistischen Frauen in Gmunden, 13.10.1962, in: AChB, ÖNB, Handschriftensammlung, Ia.26.4.
863 StPNR, X. GP, Blg. 94, Bundesministerium für Justiz, Familienrechtsreform konkret (1975), S. 137.
864 Lehner, Familie – Recht – Politik, S. 472.
865 AChB, ÖNB, Handschriftensammlung, III.107.2.
866 Ein Fortschritt in der Familienrechtsreform, in: Neues Österreich, 1.5.1963.
867 Lehner, Familie – Recht – Politik, S. 266.
868 Vgl. hierzu etwa die Erläuternden Bemerkungen zum Entwurf eines Bundesgesetzes über die Neuordnung der Rechtsstellung des unehelichen Kindes aus dem Jahr 1964, AChB, ÖNB, Handschriftensammlung, III.49.3.

sprechende Regierungsvorlage passierte am 15. Juni 1965 den Ministerrat und wurde am folgenden Tag dem Nationalrat als Regierungsvorlage zugewiesen. Vorausgegangen waren ihr sowohl die Erhebung soziologischer und statistischer Daten und in gesetzgeberischer Hinsicht umfangreiche Vorarbeiten – so unter anderem ein Vorentwurf, ein Entwurf aus dem Jahr 1963 und ein Entwurf aus dem Jahr 1964, der nach einer gründlichen Umarbeitung dann als die oben bezeichnete Regierungsvorlage eingebracht wurde.[869] Nach der Einsetzung eines Unterausschusses kam es hier aber nicht einmal zu einer Beratung durch diesen.[870] Der Grund hierfür war nicht nur, dass der Justizausschuss (bzw. ein Unterausschuss) mit der Beratung des Ehegüterrechts beschäftigt war und die anderen familienrechtlichen Verhandlungen (trotz eines hier bereits eingetretenen Stillstands aufgrund des Widerstands der ÖVP) blockierte, sondern auch dass die Koalition zu diesem Zeitpunkt bereits praktisch zerfallen war.[871]

Sowohl im Bereich des ehelichen Güterrechts als auch im Bereich der rechtlichen Besserstellung unehelicher Kinder konnten somit auch in der X. Gesetzgebungsperiode keine Erfolge erzielt werden. Wie Oskar Lehner in seiner Geschichte des österreichischen Familienrechts festhält, haben sich die »Überlegungen, das Ehegüterrecht zu forcieren, weil hier eine einhellige Zustimmung aller Frauenorganisationen bestand und dieses Gebiet als weniger ›ideologiebelastet‹ galt als die persönlichen Rechtswirkungen der Ehe [...] als falsch heraus [gestellt]«. Anders als in der BRD, wo das neue Ehegüterrecht (im Gegensatz zu den neuen Bestimmungen der Ehegatten untereinander) ohne grundsätzliche Differenzen beschlossen wurde,[872] wurden in Österreich – wie auch anhand der juristischen Diskussion über die Gesetzesinitiativen nachgelesen werden kann[873] – die ökonomischen Interessen unterschätzt, die hinter dem ABGB-Ehegüterrecht standen. Negativ zum Gesetzesvorschlag äußerten sich etwa die Bundeswirtschaftskammer und die Präsidentenkonferenz der Landwirtschaftskammern. Die ÖVP zeigte insgesamt mit Ausnahme eines einsamen Vorstoßes der Abgeordneten Nadine Paunovic in den »Österreichischen Monatsheften«, dem theoretischen Organ der ÖVP, im Jahr 1950[874] und einer viel beachteten Rede der Vorsitzenden der ÖVP-Frauen, Lola Solar, in der Budgetdebatte im Nationalrat im Dezember 1959 nur ein geringes Interesse an

---

869 StPNR, X. GP, Blg. 763, Bundesministerium für Justiz, Familienrechtsreform konkret (1975), S. 24 f. und S. 133 sowie zu den Entwürfen AChB, ÖNB, Handschriftensammlung, III.49.

870 StPNR, X. GP, Blg. 763, Bundesministerium für Justiz, Familienrechtsreform konkret (1975), S. 133.

871 Vgl. zur Kodifikationsgeschichte ab 1960 im Detail: Lehner, Familie – Recht – Politik, S. 271 ff.

872 Schilder, Ein neues deutsches Familienrecht, S. 333.

873 Haydn, Ludwig, Reform des Ehe- und Familienrechtes, in: Der Staatsbürger 3 (1959) S. 1 f.

874 Weinzierl, Der Anteil der Frauen an der Reform des österreichischen Familienrechts, S. 223.

einer Reform des Familienrechts und vertrat ein noch stark von der katholischen Kirche geprägtes, patriarchales Familienbild. Fehl gedeutet wurde seitens der SPÖ und auch seitens des Justizministeriums vor allem die Rede von Solar aus dem Dezember 1959, die Hoffnung auf eine Meinungsänderung in der ÖVP und einen möglichen Konsens in der Familienrechtsreform gegeben hatte, aber nicht mit der Partei akkordiert war und somit nicht der Parteilinie entsprach.[875] Wie Christian Broda anlässlich des Abschlusses der Familienrechtsreform 1978 im Parlament ausführte, soll sie auch maßgeblich dafür gewesen sein, dass sich das Justizministerium in den 1960er Jahren auf eine Reform des Ehegüterrechts konzentrierte.[876]

Angesichts der geringen Übereinstimmung mit dem Koalitionspartner versuchte Broda vor allem im Rahmen des Begutachtungsverfahrens die Unterstützung der Öffentlichkeit für die Reform zu erzielen, weshalb die Entwürfe zu einem Unehelichenrecht und zum Ehegüterrecht/Ehegattenerbrecht auch so häufig überarbeitet wurden, bevor sie als Regierungsvorlagen im Nationalrat eingebracht wurden. Die Fachöffentlichkeit konnte jedoch nur beschränkt für die Reform gewonnen werden, eine Verabschiedung der Gesetze im Nationalrat konnte nicht erreicht werden. Insgesamt hatte die Familienrechtsreform – wie Oskar Lehner festhält – in den 1950er und 1960er Jahren keine Chancen auf eine Realisierung. Die Positionen der Parteien waren zu unterschiedlich, ein Konsens in der Frage der Familienrechtsreform wurde nicht ernsthaft gesucht. Vielmehr wurde diese – wie Maria Mesner ausführt – auch zum Gegenstand symbolischer Politik, wobei es darum ging, die AnhängerInnen des eigenen Lagers zu mobilisieren und die Grenzen zum Koalitionspartner zu schärfen.[877]

5.2. Die »Habsburg-Krise«

Während Christian Broda in Fragen der Strafrechts- und Familienrechtsreform als äußerst konzilianter Politiker in Erscheinung trat, zeigte er in der »Frage Habsburg«, die innenpolitisch das Jahr 1963 erschütterte und die Große Koalition in die größte Krise seit ihrem Bestehen stürzte, ein anderes – so Friedrich Heer – »verhärtetes Gesicht«. Hier trat er als Politiker hervor, der als »Ruten-

---

875 Vgl. hierzu: Lehner, Familie – Recht – Politik, S. 233 sowie Broda, Die österreichische Sozialdemokratie und die Familienrechtsreform, S. 66.
876 Christian Broda in der Parlamentsdebatte vom 15.6.1978. StPNR, XIV. GP, 96. Sitzung, 15.6.1978, S. 9379 f.
877 Lehner, Familie – Recht – Politik, S. 233–235 sowie Mesner, Die »Neugestaltung des Ehe- und Familienrechts«, S. 192.

schwinger« ungewöhnlich heftig agierte und als Justizminister nicht davor zurückschreckte, von einem »Justizputsch« zu sprechen.[878]

Mit dem so genannten Habsburger-Gesetz vom 3. April 1919, das später in den Verfassungsrang erhoben wurde, wurden alle Herrscherrechte und sonstigen Vorrechte (Titel) des Hauses Habsburg-Lothringen aufgehoben und das gebundene Familienvermögen mit Ausnahme des persönlichen Privatvermögens konfisziert. Alle Mitglieder des Hauses Habsburg wurden des Landes verwiesen, gleichzeitig wurde ihnen jedoch die Möglichkeit zur Rückkehr eingeräumt, wenn sie auf die Mitgliedschaft zum Haus Habsburg sowie alle damit zusammenhängenden Herrschaftsrechte verzichteten und sich als treue BürgerInnen der Republik bekannten. Darüber, ob die geforderte Erklärung ausreichend sei, sollte die Staatsregierung im Einvernehmen mit dem Hauptausschuss der Nationalversammlung entscheiden. 1945 wurde das Bundesverfassungsgesetz von 1920 in der Fassung von 1929 und damit auch das Habsburger-Gesetz, das vom autoritären »Ständestaat« aufgehoben worden war, wieder in Kraft gesetzt und 1955 im Staatsvertrag bekräftigt,[879] nachdem sich Bundeskanzler Raab in den Staatsvertragsverhandlungen mit seinem Vorstoß, den Artikel 10 Abs. 2 aus dem Staatsvertrag zu streichen, nicht gegen den Koalitionspartner hatte durchsetzen können.[880]

Während eine Reihe von Mitgliedern des Hauses Habsburg bereits in der Ersten Republik und dann auch in der Zweiten Republik eine solche Loyalitäts- und Verzichtserklärung abgegeben hatten, unterließ es der erst geborene Sohn des letzten österreichischen Kaisers Karl, Otto Habsburg, bis zum Jahr 1961 eine solche Erklärung abzugeben. Als er Ende der 1950er Jahre ankündigte, nach Österreich zurückkehren zu wollen und auch die Rückgabe einiger Besitzungen forderte, die den Habsburgern vom autoritären »Ständestaat« im Rahmen der Gründung des Familienversorgungsfonds zurückgegeben und dann vom NS-Staat auf das Land Österreich und später auf das Deutsche Reich übertragen worden waren, löste dies bei den Koalitionsparteien Kopfzerbrechen aus. Besonders massive Bedenken gegen eine Rückkehr Ottos hatten die Sozialdemokraten. Maßgeblich hierfür waren in erster Linie historische Gründe, die im Verlauf der kommenden Ereignisse auch immer wieder hervorgehoben wurden. Relevant waren aber auch Äußerungen und Handlungen von Otto Habsburg in den Jahren nach 1945 bis herauf in die Gegenwart, die nicht dazu beitragen

---

878 Heer, Friedrich, Broda und Olah, in: Die Furche 18 (1964) S. 1.

879 Mommsen, Margareta, Die »Staatskrise« über den »Justizputsch« in der Causa Habsburg 1963 und der Niedergang der Großen Koalition, in: Gehler, Michael / Sickinger, Hubert (Hg.), Politische Affären und Skandale in Österreich. Von Mayerling bis Waldheim, 2. erw. Ausg., Thaur/Wien/München 1996, S. 438 f.

880 Bitschnau, Wolfram, Heimkehr der Habsburger. Der Kampf um das Ende der Landesverweisung, Graz 2005, S. 9.

konnten, das Vertrauen in ihn und seine Loyalitätserklärung zur Republik
Österreich zu stärken.[881]

Während des autoritären »Ständestaats«, der die Monarchie generell wieder
aufgewertet und das Habsburger-Gesetz aufgehoben hat, hatte Otto Habsburg
als »Kaisersohn« gute Kontakte zu Dollfuß und Schuschnigg, die – wie bekannt
ist – Sozialisten verfolgen ließen. 1937 hatte er gegenüber einem Kriegerverein
in Liechtenstein erklärt, Österreich brauche »sein legitimes Oberhaupt« und
dass erst wieder Ordnung im Staat herrschen würde, sobald er »die Zügel der
Regierung ergriffen« habe. Im Februar 1938 hatte er sich angesichts der nationalsozialistischen Bedrohung Schuschnigg gegenüber – ohne formale Wiederherstellung der Monarchie – auch als Kanzler angeboten. 1945 hatte er, was die
Sozialisten besonders erzürnte, als »Otto of Austria« mit der Habsburgerkrone
als Briefkopf an den amerikanischen Präsidenten Truman geschrieben, um
diesen zur Nichtanerkennung der provisorischen Allparteienregierung unter
Staatskanzler Renner zu bewegen, da ansonsten »das kommunistisch beherrschte Regime« in Wien »das Land zur Anarchie führen« würde. 1949 hatte er
in Widerspruch zur österreichischen Verfassung eine Reihe von Personen in den
Adelsstand erhoben. Wenig später hatte er in einem Interview in einer Wiener
Tageszeitung eine aus »monarchischen und republikanischen Elementen gemischte Staatsform« befürwortet. Und auch unmittelbar nachdem Otto Habsburg gegenüber der österreichischen Bundesregierung angekündigt hatte, nach
Österreich zurückkehren zu wollen, tätigte er ähnliche Aussagen. Ende 1958
sagte er gegenüber dem »Neuen Kurier«, dass seiner Meinung nach die konsti-
tutionelle Monarchie die beste Staatsform sei. Gegenüber der französischen
Zeitung »Paris Match« führte Habsburg – eine Äußerung, die er in dieser Form
später bestritten hat – aus: »Wenn ich aber einmal zurückgekehrt und ein einfacher Staatsbürger geworden bin, wer soll mich dann daran hindern, politisch
für meine Ideen zu kämpfen, und welches Gesetz könnte dann die Staatsbürger
davon abhalten, mich zum Kaiser zu wählen?«[882]

Alle diese Punkte erregten bei der SPÖ heftigen Widerstand gegen Otto
Habsburg, als er seine Absicht bekundete, nach Österreich zurückkehren zu
wollen und gleichzeitig die Forderung nach der Restitution von vormaligem
Habsburgervermögen aus dem so genannten Familienversorgungsfonds stellte.
Habsburg trat der Republik Österreich somit an zwei »Fronten« gegenüber.
Vorerst eskalierte der »Habsburg-Krieg« – wie es der Journalist Hellmut Andics
formulierte – jedoch in der Vermögensfrage. Während von Seiten des Bundes-

---

881 Andics, Hellmut, Der Fall Otto Habsburg, Wien/München 1965, S. 157.
882 Entstehung und Entwicklung der Causa Habsburg. AChB, ÖNB, Handschriftensammlung,
    III.71.5 sowie Mommsen-Reindl, Margareta, Die österreichische Proporzdemokratie und
    der Fall Habsburg, Wien/Köln/Graz 1976, S. 171 ff.

kanzleramtes bereits der Auftrag erteilt worden war, abzuklären, um welche Besitzstände es sich bei einer möglichen Rückgabe handeln könne, hier sogar, ohne den Koalitionspartner einzuschalten, Gespräche mit den Österreichischen Bundesforsten geführt und ein entsprechender Gesetzesentwurf in Auftrag gegeben worden waren,[883] schaltete die SPÖ in dieser Frage auf stur und griff Habsburg dafür medial hart an. Otto Habsburg, der immer mehr erkannte, dass er sich in beiden Fragen, der Heimkehr und der Vermögensfrage, wohl nicht durchsetzen werden könne, beschränkte seine Bemühungen in der Folge auf die Ermöglichung einer Einreise nach Österreich. Wie Hellmut Andics vermutet, war Otto in der Zwischenzeit wohl klar geworden, dass sich für ihn als Familienoberhaupt aus der Reaktivierung des Familienversorgungsfonds nicht nur Rechte, sondern auch Pflichten gegenüber den anderen Familienmitgliedern ergeben würden.[884]

Als Otto Habsburg eine mit 31. Mai 1961 datierte Erklärung bei der österreichischen Bundesregierung einbrachte, in der er den Verzicht auf alle Herrschaftsansprüche aussprach, sich als getreuer Bürger der Republik erklärte und darum ersuchte, diese Erklärung als ausreichend für die Beendigung der seit 1919 über ihn verhängten Landesverweisung zu betrachten, verfolgte er somit primär das Einreiseziel. Eine Erklärung, in Österreich nicht politisch aktiv sein zu wollen (und somit von seinen staatsbürgerlichen Rechten Abstand zu nehmen), wollte Habsburg, der seinen Sohn Karl noch wenige Monate vor der Unterzeichnung der Loyalitätserklärung als »Karl von Habsburg, Erzherzog zu Österreich, königlicher Prinz von Ungarn« in das Taufregister von Pöcking hatte eintragen lassen, jedoch nicht ablegen.[885]

In der Regierung, die laut dem Habsburger-Gesetz gemeinsam mit dem Hauptausschuss des Nationalrats über Verzichts- und Loyalitätserklärungen entscheiden sollte, konnte jedoch keine Einigkeit über den »Fall Habsburg« erzielt werden. In der Sitzung des Ministerrats vom 13. Juni 1961, in der die Habsburg-Frage erläutert wurde, sprach sich zwar Bundeskanzler Gorbach für eine Annahme der Erklärung aus, die Zustimmung der SPÖ konnte jedoch nicht

---

883 AChB, ÖNB, Handschriftensammlung, III.70 und Ib.263.
   Vgl. hierzu insbesondere ein Schreiben von Bruno Pittermann an Karl Waldbrunner vom 28.6.1960, wonach ihm Sektionschef Loebenstein mitgeteilt habe, dass er vor geraumer Zeit von Bundeskanzler Raab den Auftrag erhalten habe, »einen Gesetzesentwurf über die Rückstellung des Habsburger-Vermögens« auszuarbeiten und Raab »jetzt auf Fertigstellung« dränge bzw. wonach es auch Besprechungen mit den beteiligten Ressortbeamten bzw. mit Generaldirektor Dr. Aicher von den Österreichischen Bundesforsten gegeben habe. AChB, ÖNB, Handschriftensammlung, III.70.4.
884 Vgl.: Andics, Der Fall Habsburg, S. 165 ff.
885 Entstehung und Entwicklung der Causa Habsburg sowie Unterlagen zur Frage der Glaubwürdigkeit der Loyalitätserklärung Dr. Otto Habsburgs, in: AChB, ÖNB, Handschriftensammlung, III.71.5.

erzielt werden. Da die Erklärung Habsburgs – wie Margareta Mommsen in einer Untersuchung über die »Causa Habsburg« festhält – auch nicht in das praktizierte System des Bargaining bzw. jenes der Bereichsopposition passte, blieb der »Fall Habsburg« unerledigt. Im Beschlussprotokoll der Ministerratssitzung wurde deshalb festgehalten, dass »keine übereinstimmende Auffassung erzielt werden konnte.« Rund eine Woche später, am 21. Juni 1961, wurde dem hinzugefügt, »dass damit der Antrag als abgelehnt gilt«, nachdem bereits am 14. Juni 1961 eine entsprechende Meldung in der »Wiener Zeitung« verlautbart worden war.[886] Der Hauptausschuss des Nationalrates wurde von der Regierung nicht zu Rate gezogen und ergriff, was für das völlig im Sog der Regierung stehende Parlament der Proporzdemokratie beinahe eine Selbstverständlichkeit war, auch von sich aus nicht die Initiative zum Handeln. Des Weiteren wurde Otto Habsburg – nicht einmal in dieser Frage konnte in der Regierung Einigung erzielt werden – mit Ausnahme der zitierten Meldung in der »Wiener Zeitung« auch nicht über die ablehnende Haltung der Bundesregierung informiert. Die SPÖ drängte zwar auf eine solche, und Christian Broda hielt in diesem Zusammenhang fest, dass »mit dem Unterbleiben der Verständigung des Anwalts Dr. Habsburgs voraussichtlich der Weg zur Anrufung des an sich gar nicht zuständigen Verwaltungsgerichtshofes mit einer Säumnisbeschwerde eröffnet werden würde«,[887] zu einem entsprechenden Schreiben kam es jedoch nicht.

In Folge rief Otto Habsburg zunächst den Verfassungsgerichtshof und später tatsächlich den Verwaltungsgerichtshof an. Dabei knüpfte Habsburg an den kurzen Bericht über die Ablehnung seiner Verzichtserklärung in der Wiener Zeitung an und erhob Beschwerde aufgrund von Art. 144 B-VG, demzufolge der Verfassungsgerichtshof »über Beschwerden gegen Bescheide (Entscheidungen oder Verfügungen) der Verwaltungsbehörden erkennt, soweit der Beschwerdeführer durch den Bescheid in einem verfassungsgesetzlich gewährleisteten Recht verletzt zu sein behauptet«. Der Verfassungsgerichtshof erklärte sich am 16. Dezember 1961 jedoch für nicht zuständig. Entscheidend für seine Argumentation war jedoch nicht der Umstand, dass gar kein Bescheid in der »Causa Habsburg« ergangen war, sondern die Überlegung, dass die Parlamentarier in ihren Entschlüssen frei sind und deshalb auch Entscheidungen, die von der Regierung und vom Parlament (bzw. vom Hauptausschuss des Nationalrats) gemeinsam gefällt werden, diese Justizfreiheit zukommt.[888] Die Beurteilung von

---

886 Vgl. Entscheidung des Verfassungsgerichtshofes vom 16. Dezember 1961. AChB, ÖNB, Handschriftensammlung, III.71.5 sowie Mommsen, Die österreichische Proporzdemokratie und der Fall Habsburg, S. 111 ff.
887 Entstehung und Entwicklung der Causa Habsburg. AChB, ÖNB, Handschriftensammlung, III.71.5.
888 Entscheidung des Verfassungsgerichtshofes vom 16. Dezember 1961. AChB, ÖNB, Hand-

Verzichtserklärungen sollte sich somit jeglicher Gerichtskontrolle entziehen.[889] Obwohl das Parlament in der »Causa Habsburg« gar nicht tätig geworden war, wurde somit gerade seine Mitwirkung an der Beurteilung von Verzichtserklärungen zum Angelpunkt der Argumentation des Verfassungsgerichtshofes, die vom »radikalparlamentarischen« Kontext ausging, in dem das Habsburger-Gesetz 1919 entstanden war. Wie Margareta Mommsen in ihrer bereits zitierten Studie ausführt, trat der Verfassungsgerichtshof mit dieser »rechtstheoretisch und verfassungshistorisch untermauerten Verlegenheitslösung« letztendlich die Flucht vor einer politischen Entscheidung an, worauf sich Otto Habsburg – wie dies Christian Broda vorausgesehen hatte – im Rahmen einer Säumnisbeschwerde nach Art. 132 B-VG an den Verwaltungsgerichtshof wandte.[890]

Dieser forderte entsprechend den verfahrensrechtlichen Bestimmungen vorerst die Regierung um eine Gegendarstellung bzw. um die Ausstellung des versäumten Bescheides auf. Nachdem dies nicht erfolgte, erklärte er die vom Verfassungsgerichtshof vertretene Theorie des justizfreien Hoheitsakts für obsolet und sich selbst für zuständig. Obwohl dies (und das auch nur in einem stärkeren Maße) erst für die Verfassung von 1929 zutrifft, grenzte er die Bundesverfassung von 1920 als ein streng gewaltentrennendes System von der betont parlamentarischen Verfassungsordnung von 1919 ab und unterstellte, dass die ursprünglichen Mitwirkungsrechte des Parlaments im Zuge der Aufnahme der Habsburger-Gesetze in die neue Verfassungsordnung implizit verloren gegangen seien. Beweise hierfür wurden unter anderem darin gesehen, dass die Geschäftsordnungen des Nationalrates aus den Jahren 1920 und 1961 ein Mitspracherecht des Hauptausschusses in der Habsburgerfrage nicht erwähnten. Außer Acht gelassen wurde dabei – so Margareta Mommsen – neben dem Selbstverständnis der Verfassungsväter von 1920 und den gängigen verfassungshistorischen Auffassungen aber, dass im Zuge einer Ergänzung der vermögensrechtlichen Bestimmungen des Habsburger-Gesetzes 1925 das parlamentarische Mitwirkungsrecht bestätigt worden war. Zuständig für die Entscheidung, ob die Erklärung Habsburgs ausreichend für eine Einreise nach Österreich war, sollte nach Meinung des Verwaltungsgerichtshofs somit ausschließlich die Bundesregierung sein. Da diese aber keine Entscheidung gefällt hatte, übernahm es der Verwaltungsgerichtshof, der dann tätig wird, wenn andere Verwaltungsbehörden ihrer Entscheidungspflicht nicht nachkommen, zu

---

schriftensammlung, III.71.5. sowie Mommsen, Die österreichische Proporzdemokratie und der Fall Habsburg, S. 127 ff.

889 Entscheidung des Verfassungsgerichtshofes vom 16. Dezember 1961. AChB, ÖNB, Handschriftensammlung III.71.5. sowie Mommsen, Die österreichische Proporzdemokratie und der Fall Habsburg, S. 127 ff.

890 Vgl. in diesem Zusammenhang: Ringhofer, Kurt, Grenzen der verwaltungsrechtlichen Kontrolle, in: Österreichisches Verwaltungsarchiv 4/5 (1964) S. 105–114 und 5 (1964) S. 155–163.

entscheiden und bestimmte die Erklärung Habsburgs am 24. Mai 1963 für ausreichend. Problematisch war dabei, dass der Verwaltungsgerichtshof diese Entscheidung im Sinne seiner Zuständigkeiten »bloß als juristischen Akt« betrachten konnte, quasi als Abgleich von Gesetz und Erklärung, losgelöst von der Politik und vom Republikschutzmotiv, womit einmal mehr deutlich wurde, dass das Nichthandeln der Großen Koalition nicht nur ein Rechtschaos ausgelöst, sondern auch die Justiz überfordert hatte.[891]

Gerade die betont politische Enthaltsamkeit des Verwaltungsgerichtshofes stand dann aber in einem krassen Gegensatz zu dem, was dem Erkenntnis folgte: den schärfsten politischen Auseinandersetzungen, die Österreich seit 1945 erlebt hatte. In vielen Aufrufen wurde von Betriebsräten und sozialistischen Organisationen gegen das Erkenntnis des Verwaltungsgerichtshofes Stellung genommen.[892] Die SPÖ rief mit dem Hinweis darauf, dass es auch 1933 hohe Beamte und Juristen waren, die zur Ausschaltung des Parlaments beigetragen hatten, Erinnerungen an die Zwischenkriegszeit wach und sah im »Justizputsch« des Jahres 1963 einen Kampfboden zur Verteidigung der parlamentarischen Demokratie. Zwischen ÖVP und SPÖ entwickelte sich ein emotional stark aufgeladener Konflikt zwischen Politik und Recht, der auch die von Lager zu Lager divergierenden Demokratie- und Rechtsstaatskonzepte offenbarte und sich in der Frage Rechtsstaat- oder Verfassungsstaat zuspitzte.

Besonders deutlich wurde dies in der auf Wunsch der sozialistischen Abgeordneten am 5. Juni 1963 einberufenen außerordentlichen Sitzung des Nationalrats, die Christian Broda wiederholt als »Junischlacht« bezeichnete, womit auch hier die verwendete kriegerische Terminologie im »Fall Habsburg« auffällt.[893] Zu Wort meldete sich zunächst Karl Czernetz, der aufgrund seiner Position als Chefredakteur der »Zukunft« oft als »Chefideologe der Partei« bezeichnet wurde. Nachdem er mit zahlreichen Hinweisen auf die Vergangenheit vorgegeben hatte, dass die Erklärung Habsburgs abgelehnt werden müsse, da sie eine Mentalreservation beinhalte, ergriff Broda das Wort. Broda, dessen Anwaltskanzlei mit Catherine Habsburg-Lothringen auch ein Mitglied der Familie Habsburg zu ihren KlientInnen zählte,[894] und dem 1964 von Franz Olah vorge-

891 Mommsen, Die »Staatskrise« über den »Justizputsch« in der Causa Habsburg, S. 444 ff. sowie Entscheidung des Verwaltungsgerichtshofes vom 24. Mai 1963. AChB, ÖNB, Handschriftensammlung, III.71.5. Vgl. hierzu auch: Broda, Christian, Gesetzgeber und Richter, in: Der Staatsbürger 13–14 (1963) S. 1 f., abgedruckt in: Broda, Christian, Heraus aus der Sackgasse. Die sozialistische Initiative für Österreich. Reden und Aufsätze, Wien 1964, S. 35.

892 Bitschnau, Heimkehr der Habsburger, S. 13, Interview mit Univ.-Prof. Dr. Hans Klecatsky am 20.4.2009.

893 Vgl. hierzu etwa: Broda, Christian, Sozialistische Initiative. Die Junischlacht und ihre Lehren, in: Die Zukunft 15 (1963) S. 1–5.

894 Vgl. hierzu: AChB, ÖNB, Handschriftensammlung, Ib.273.

halten wurde, dass er, als er noch nicht Minister war, zu einer Rechtsvertretung
Otto Habsburgs bereit gewesen wäre,[895] äußerte sich nicht zur Person Otto
Habsburgs. Seinen Redebeitrag (und alle folgenden Reden und Artikel zu die-
sem Thema) widmete er verfassungsrechtlichen Fragen und der Sicherung
parlamentarischer Rechte – entsprechend den vielen Texten und Reden, in
denen er sich als konsequenter Parlamentarier gezeigt und für eine Aufwertung
des Parlaments in der Proporzdemokratie der Großen Koalition votiert hatte.
Wie Hellmut Andics festhält, schwang damals bei Broda – abgesehen von der
Möglichkeit zu einer Profilierung in der Partei – auch tatsächlich »eine echte
Sorge mit – eine Sorge, deren Wurzeln wieder einmal in der unbewältigten
Vergangenheit der Jahre 1933 und 1934 zu suchen ist«.[896] Und auch Heinrich
Keller, ein späterer Mitarbeiter von Christian Broda, sieht die Heftigkeit in
Brodas Vorgehen darin begründet, dass für ihn das Parlament der unbedingte
Mittelpunkt jeder Willensbildung in der modernen Repräsentativdemokratie
sein musste. Für Broda galt es allen Tendenzen entgegenzuwirken, die einen
Schwerpunkt auf außerparlamentarische Kräfte (sei es die Vollziehung, die
Bürokratie oder die Gerichtsbarkeit) verlagern wollten.[897] In der Parlamentssitzung vom 5. Juni 1963 bestritt er ausgehend von der Feststellung, dass es
keinen Rechtsstaat ohne einen funktionierenden Verfassungsstaat geben könne,
die Zuständigkeit des Verwaltungsgerichtshofes und hielt fest, dass – wenn es in
allen Phasen rechtsstaatlich zugegangen sei – nur der Verfassungsgerichtshof,
der für die Auslegung von Verfassungsgesetzen berufen sei, zuständig gewesen
wäre. Ein Parlament, das eine solche Gerichtsentscheidung hinnehme, würde
sich selbst aufgeben.

> »Ich warne als freigewählter Abgeordneter dieses Nationalrates davor, dass in der
> Zweiten Republik so wie einmal in der Ersten Republik von Juristen, auch im Rich-
> tertalare, eine Staatsstreichtheorie vertreten und versucht wird, sie juristisch zu un-
> terbauen. Es ist eine Staatsstreichtheorie, wenn dieses Erkenntnis sagt, dass der ein-

---

895 Anzumerken ist hierbei, dass Broda diesen Vorwurf ebenso zurückwies wie er es verneinte,
   in der Habsburgfrage der juristische Berater der SPÖ gewesen zu sein und an Geheimge-
   sprächen mit Max Hohenberg, einem Vertrauten Otto Habsburgs, teilgenommen zu haben.
   In den Medien war mit Bezug auf Olah von Brodas Bereitschaft zu einer Rechtsvertretung
   von Habsburg zu lesen. Wörtlich sagte Olah im März 1965 auf die Frage »Ist es wahr, dass
   Justizminister Broda sagte, Habsburg wäre schon lange in Österreich, wenn er ihn vertreten
   hätte?« folgendes: »Als Broda noch nicht Minister war, sagte er einmal: Dies ist ein reiner
   Rechtsfall, der mich reizen würde.« Vgl. hierzu: SP verteidigt sich gegen Olah, in: Die
   Presse, 28.11.1964, Broda: Niemals bereit, Habsburgs Anwalt zu werden, in: Wiener Zeitung, 28.11.1964 sowie zum wörtlichen Zitat: Abgeordneter Franz Olah sprach in Graz (am
   22.3.1965), in: AChB, ÖNB, Handschriftensammlung, III.142/5.1.
896 Andics, Der Fall Otto Habsburg, S. 186.
897 Keller, Christian Brodas Werk bleibt Auftrag und Verpflichtung, S. 6, Interview mit Dr.
   Heinrich Keller am 12.10.2009.

fache Gesetzgeber als Geschäftsordnungsgesetzgeber die Bundesverfassung abändern kann, wie es dort heißt, die Handhabung der Verfassung zurückdrängen kann.«[898]

Das letzte Wort in der »Causa Habsburg« sei noch nicht gesprochen. Nun gelte es den Gesetzgeber und das Volk als letzte Instanz einzuschalten. Gefordert wurde von Broda in diesem Sinn eine authentische Interpretation des Habsburger-Gesetzes. Der Gesetzgeber sollte damit in Hinblick auf die sich widersprechenden Erkenntnisse sagen, was er endgültig authentisch, als seine, die Gerichte bindende Auffassung erklärt, wobei diese natürlich rückwirkend Geltung haben sollte. Dann aber, wenn der Hauptausschuss des Nationalrates entschieden habe, sollte eine endgültige Entscheidung durch das Volk erfolgen. Es sollte dann erklären, was es will: die Rückkehr von Habsburg oder dessen Ablehnung. Gefordert wurde von Broda (und der SPÖ) somit eine Volksabstimmung über die Einreise Habsburgs, womit ein Instrumentarium gewählt werden sollte, dem die SPÖ traditionell eher skeptisch gegenüberstand und in dessen Zusammenhang – etwa schon von Karl Renner – immer wieder davor gewarnt hatte, dass es die Bevölkerung überfordern bzw. in populistischer Absicht missbraucht werden könne.[899]

Die Abgeordneten der ÖVP setzten sich in ihren Redebeiträgen in keiner Weise mit den Beschuldigungen gegen Otto Habsburg auseinander, sie betonten – auch wenn sie dem Spruch des Verwaltungsgerichtshofes nicht in allen Teilen zustimmten – vielmehr rechtsstaatliche Prinzipien und verteidigten die unumstößliche Autorität des letztinstanzlichen Spruchs. Die von Broda erhobenen Forderungen wurden abgelehnt, da beides den Rechtsstaat, die Gewaltenteilung und somit auch die Demokratie ad absurdum führen würde. Die Debatte ließ somit nicht nur divergierende Demokratie- und Rechtsstaatskonzepte offensichtlich werden, das »von rechts gehandelte Bekenntnis zum klassischen Gewaltenteilungsmodell und das von links stilisierte Ideal der absoluten Volkssouveränität«, sondern erinnerte auch an die Verfassungskämpfe der 1920er Jahre, in denen vor allem von christlichsozialer Seite versucht worden war, das radikaldemokratische Modell der Sozialdemokraten zugunsten eines gewaltenteiligen Systems zu überwinden.[900]

Das Ergebnis der Sitzung vom 5. Juni 1963 war, dass die SPÖ mit der oppositionellen FPÖ einen Entschließungsantrag verabschiedete, in dem folgendes gefordert wurde: eine authentische Interpretation des Habsburger-Gesetzes durch den Nationalrat und eine Gesetzesvorlage, wonach nicht ein Höchstge-

---

898 Redebeitrag von Christian Broda in der Sitzung des Nationalrates vom 5. Juni 1963, abgedruckt in: Broda, Heraus aus der Sackgasse, S. 15 f.
899 Ebenda, S. 16 ff.
900 Rauchensteiner, Die Zwei, S. 457 sowie Mommsen, Die österreichische Proporzdemokratie
        und der Fall Habsburg, S. 174 ff.

richt gegen ein anderes entscheiden kann. Das gemeinsame Vorgehen von SPÖ und FPÖ bedeutete einen spontanen Durchbruch in den koalitionsfreien Raum, der die Große Koalition schwer erschütterte und sich völlig anders gestaltete, als es sich die ÖVP-Reformer erhofft hatten.

Als einen Tag später der Parteitag der SPÖ begann, dominierte auch diesen die Habsburg-Frage. In der Partei hatte sich – so Günther Nenning – mit dem »Habsburgerkannibalismus« eine »seltene Art der Fresslust« breit gemacht.[901] Christian Broda erneuerte hier seinen Vorwurf gegenüber der ÖVP, dass sie sich gegen eine Verständigung Habsburgs gestellt habe, und bekräftigte seine Kritik am Verwaltungsgerichtshof bzw. spitzte diese noch zu, indem er öffentlich erklärte, dass die SPÖ nicht gewillt sei, das Erkenntnis hinzunehmen, er »Anklage« gegen die Richter erhob und aussagte, dass auch die Richter »nicht unter Denkmalschutz« stünden:

> »Ich schütze ganz bestimmt die Richter. Das wissen alle Genossen in der Regierung und alle Genossen im Parlament, alle Abgeordneten, die einstimmig unserem Richtergesetz, das auch für den Verwaltungsgerichtshof Gültigkeit hat, zugestimmt haben, weil wir glauben, dass die unabhängige Rechtssprechung überhaupt eine Grundlage der modernen demokratischen Gesellschaft ist. Aber auch Richter stehen nicht unter Denkmalschutz (stürmischer Beifall), auch Richter müssen sich Kritik gefallen lassen, denn auch wir lassen uns kritisieren.«[902]

In Folge blieben die Angriffe Brodas und der SPÖ auf die Verwaltungsrichter nicht unbeantwortet. Für die ÖVP forderte Generalsekretär Withalm den Rücktritt Brodas.[903] Heftigen Protest erhoben auch die Mitglieder des Verwaltungsgerichtshofes und mit ihnen weite Teil der Justiz – darunter zahlreiche Universitätsprofessoren, der Präsident des Verfassungsgerichtshofes, die Vereinigung österreichischer Richter und Staatsanwälte in der Gewerkschaft der öffentlich Bediensteten. Sie zeigten sich empört über den schweren Angriff auf die Justiz und die richterliche Unabhängigkeit und griffen Brodas Vorschlag einer authentischen (rückwirkenden) Interpretation des Habsburger-Gesetzes an, den Broda unter anderem auch damit verteidigte, dass in ausgewählten Situationen (zum Wohle der Demokratie) auch ein Eingreifen des Gesetzgebers

---

901 Nenning, Günther, Anschluss an die Zukunft. Österreichs unbewältigte Gegenwart und Vergangenheit, Wien 1963, S. 30.
902 Christian Broda auf dem Parteitag der SPÖ vom 6.–8. Juni 1963. Protokoll des Parteitags der SPÖ, 6.–8. Juni 1963, S. 47 ff. Der Redebeitrag von Christian Broda wurde unter dem Titel »Rettung der Legalität« auch in einer Artikelserie zum Fall Habsburg im »Forum« abgedruckt: Broda, Christian, Rettung der Legalität, in: Forum 115–116 (Juli/August 1963) S. 339–342. Ebenfalls abgedruckt wurde der Beitrag in dem 1964 von Christian Broda herausgegebenen Sammelband »Heraus aus der Sackgasse« (hier unter dem Titel »Lasst das Volk entscheiden!«).
903 Interview mit Univ.-Prof. Dr. Hans Klecatsky am 20.4.2009.

in die Justiz erforderlich sein könne.[904] Als besonders heftiger Kritiker Brodas in der Öffentlichkeit trat Universitätsprofessor Günther Winkler auf, während sich der Präsident des Verfassungsgerichtshofes mit der Bitte, ausfällige Angriffe gegen Richter zu verhindern, sogar an den Nationalratspräsidenten wendete.[905] Hans Klecatsky, der Nachfolger Brodas im Justizministerium, der im Verwaltungsgerichtshof mit der Ausarbeitung des Erkenntnisses in der »Causa Habsburg« betraut war, stellte zusammen mit jüngeren Kollegen in der Juristenkommission den Antrag, Broda wegen seinem Angriff auf die Verwaltungsrichter zu verurteilen.[906] Eine Klage gegen Broda, wie sie von Seiten des Verwaltungsgerichtshofes überlegt wurde, lehnte er jedoch ab und trug dazu bei, dass eine solche im Gegensatz zu einer Klage gegen die »Arbeiter-Zeitung«, die in der Habsburg-Frage heftig polemisiert hatte, unterblieb.[907]

Die SPÖ und Broda blieben auch nach der einsetzenden Kritik an ihrem Verhalten bei ihren in der »Junischlacht« erhobenen Forderungen. In der Sitzung des Nationalrats vom 4. Juli 1963 wurde mit den Stimmen aller im Parlament vertretenen Parteien eine authentische Interpretation des Habsburger-Gesetzes beschlossen, die den Zweck hatte, entgegen dem Urteil des Verwaltungsgerichtshofes das Mitspracherecht des Hauptausschusses bei der Beurteilung von Verzichtserklärungen zu bestätigen. Die ÖVP hatte sich angesichts des Zusammengehens von SPÖ und FPÖ gezwungen gesehen, von ihrer ursprünglichen Rechtsposition abzugehen. Gleichzeitig wagten SPÖ und FPÖ einen neuen Vorstoß in den koalitionsfreien Raum, indem sie in einem weiteren Entschließungsantrag der Regierung den Auftrag gaben, die Rückkehr Otto Habsburgs nach Österreich zu verhindern, da dies mit der Gefahr politischer Auseinandersetzungen verbunden sei. Die ÖVP verwahrte sich nun in einem Minderheitsbericht gegen die Entschließung von SPÖ und FPÖ, die auch als Demonstration der Einigkeit der beiden Parteien in der Habsburgfrage verstanden werden kann. Zugleich brachte sie am 19. Juli 1963, rund eine Woche, nachdem Christian Broda eine Aussprache mit den Verwaltungsrichtern zur

904 Vgl. hierzu etwa: Broda, Gesetzgeber und Richter, S. 1 f.
905 Mommsen, Die österreichische Proporzdemokratie und der Fall Habsburg, S. 177 ff. sowie »Fall Otto«: Einheitsfront aller Professoren, in: Kurier, 19.6.1963, Winkler, Günther, Fußtritte für den Rechtsstaat, in: Forum 115−116 (Juli/August 1963) S. 343−347 oder Das beschämende Schauspiel. Universitätsprofessor Dr. Günther Winkler zum Streit um den Richterspruch in der Sache Habsburg, in: Wochenpresse, Nr. 25, 22.6.1963, S. 5.
906 Interview mit Dr. Hans Klecatsky, in: Kriechbaumer, Robert (Hg.), Die Ära Klaus. Österreich in den »kurzen« sechziger Jahren, Bd. 2: Aus der Sicht von Zeitgenossen und in Karikaturen von Ironimus, Wien/Köln/Weimar 1999, S. 191.
907 Professor Klecatsky als zukünftiger Justizminister umstritten, in: Neues Österreich, 17.4.1966 sowie Interview mit Univ.-Prof. Dr. Hans Klecatsky am 20.4.2009.

Besserung des angespannten Verhältnisses führen musste,[908] eine in die gleiche
Richtung zielende Resolution im Bundesrat ein, in dem sie die Mehrheit hatte.
Olah ordnete in Folge als Innenminister die Grenzbehörden an, dass Otto
Habsburg nur einreisen könne, wenn er einen österreichischen Pass vorweisen
kann, wobei Kreisky als Außenminister die Direktive ausgegeben hatte, dass in
diesem Fall nicht das Konsulat entscheiden, sondern die Anfrage an das Außenamt in Wien weitergeleitet werden soll.[909]

Insgesamt kam das Vorgehen der SPÖ einer Brüskierung der ÖVP, vor allem
von Bundeskanzler Gorbach, gleich. Durch das zweimalige Zusammengehen
von SPÖ und FPÖ war die Große Koalition tief erschüttert worden. Die Habsburg-Krise war – wie Christian Broda bereits auf dem SPÖ-Parteitag richtig
erkannt hatte – das »Symptom für eine viel tiefergehende Krise«, für die Zusammenarbeit von ÖVP und SPÖ in der Großen Koalition.[910] Von Teilen der SPÖ
– Franz Olah – wurden zu diesem Zeitpunkt bereits Überlegungen über eine
Koalitionsmöglichkeit mit der FPÖ angestellt und hierzu – wie noch zu zeigen
sein wird – auch schon konkrete Schritte gesetzt. Offiziell wurde die FPÖ jedoch
erst im Zuge der »Causa Habsburg« zu einer politischen Kraft, die wichtige
Entscheidungen mitbestimmen konnte. So sprach sich Christian Broda, dem in
diesem Zusammenhang mitunter ein »Liebäugeln mit einer Kleinen Koalition«
nachgesagt wurde,[911] davon, dass die »Junischlacht« im Parlament nicht nur eine
Verlebendigung des österreichischen Parlamentarismus, sondern auch eine
»Aufwertung« der FPÖ gebracht habe. Sie habe nun die Chance, ein »politischer
Faktor von echter Bedeutung« zu werden und auch bei anderen Anlässen par-
lamentarisch mitzuentscheiden. Ob diese Entwicklung der FPÖ weitergehen
werde, hänge von ihrer weiteren inneren Konsolidierung und demokratischen
Integration ab.[912] Nur wenig später zog Broda die der FPÖ entgegen gestreckte
Hand (zumindest ein Stück weit) jedoch wieder zurück, was – so Margareta
Mommsen – vor dem Hintergrund des Protests der Gewerkschafter gegen einen
neuen Koalitionspartner, aber auch vor der rund um Franz Olah aufbrechenden

---

908 Vgl. hierzu: Broda musste sich entschuldigen, in: Österreichs Neue Tageszeitung, 10.7.1963
     oder Was ist Broda?, in: Österreichs Neue Tageszeitung, 11.7.1963.
909 Andics, Der Fall Habsburg, S. 193 f.
910 Christian Broda auf dem Parteitag der SPÖ vom 6.–8. Juni 1963 im Sofiensaal Wien. Pro-
     tokoll des Parteitags der SPÖ, 6.–8. Juni 1963, S. 47 ff.
911 Interessant ist, dass Franz Olah in seinen Memoiren auch folgendes schreibt: Broda soll
     1961 Friedrich Peter und Emil van Tongel bei Bundespräsident Schärf eingeführt haben und
     geschmeichelt auf deren Kommentar gelächelt haben, wonach er der ideale Kanzler für eine
     Kleine Koalition wäre. Anzumerken ist hierbei, dass Schärf als Großkoalitionär der FPÖ
     äußerst kritisch gegenüberstand und Broda zu dieser Zeit (aber auch später) nicht das
     innerparteiliche Gewicht gehabt hätte, als Kanzlerkandidat auch nur in Frage zu kommen.
     Vgl.: Olah, Die Erinnerungen, S. 237 f.
912 Broda, Christian, Sozialistische Initiative, in: Die Zukunft 15 (1963) S. 5.

Führungskrise in der SPÖ zu sehen ist.[913] Broda, der im Oktober 1963 erstmals selbstbewusst den Führungsanspruch für die SPÖ stellte, deutete nun die Lehren aus der »Junischlacht« so, dass die Große Koalition gewissermaßen unter ihrem Wert verkauft worden sei bzw. dass »vernünftigerweise [...] jeder Einsichtige der Fortsetzung der Koalition der beiden großen Parteien den Vorzug geben [wird] – wenn sie arbeitsfähig ist. Basis für das Ringen um eine Arbeitsfähigkeit in der Koalition sollte ein gemeinsames Programm zur Lösung der dringlichsten Probleme sein«. Erforderlich sei zudem – wie Broda wenig später hinzufügte – ein Mehr an Koalitionsgesinnung und eine »kontrollierte Abrüstung« der Parteipropaganda und über allem die Beibehaltung eines aktiven Parlamentarismus, auch mit wechselnden Mehrheiten.[914]

In der ÖVP beschleunigte die »Causa Habsburg« die Ablöse von Bundeskanzler Gorbach an der Regierungsspitze. Gorbach wurde von den Reformern – neben der Regierungsbildung 1962 – auch in der Frage Habsburg vorgeworfen, gegenüber der SPÖ zu wenig hart aufzutreten und seine Ablöse vorbereitet.[915] Als ihm 1964 der weniger konziliante Reformer Klaus (nachdem er Gorbach im September 1963 bereits als Parteiobmann abgelöst hatte) als Bundeskanzler nachfolgen wollte, musste die ÖVP diesen Schritt gegenüber der SPÖ teuer erkaufen. ÖVP-Generalsekretär Withalm musste im März 1964 einen Bittgang zu Otto Habsburg unternehmen und konnte von diesem die Erklärung erreichen, dass er bis zum Ablauf der gegenwärtigen Legislaturperiode nicht nach Österreich einreisen werde. In das neue Regierungsprogramm wurde ein Passus aufgenommen, wonach die Regierungsparteien die Habsburgerfrage in Wahrung der Verfassung und des Rechtsstaates gemeinsam auf Dauer lösen wollen und die Bundesregierung dafür Sorge tragen werde, dass es mittlerweile nicht durch übereilte Schritte irgendeiner Seite, insbesondere durch eine Rückkehr Habsburgs zu politischer Zwietracht und damit zu einer Bedrohung der Zusammenarbeit kommen werde.[916] Als Otto Habsburg schließlich Ende 1965 die Ausstellung eines österreichischen Reisespasses beantragte, den er vorerst nicht für Reisen nach Österreich zu verwenden beabsichtigte, wurde (ebenso wie im Fall der Reisepässe für seine Kinder) erneut ein komplizierter juristischer

---

913 Mommsen-Reindl, Die österreichische Proporzdemokratie und der Fall Habsburg, S. 207.
914 Broda, Christian, Ein Programm für Österreich, in: Die Zukunft 20 (1963) S. 12–13, auch abgedruckt in: Broda, Heraus aus der Sackgasse!, S. 55–59 sowie: Broda, Christian, Zwei Programme für Österreich, in: Forum 120 (Dezember 1963) S. 567–569, ebenfalls abgedruckt in: Broda, Heraus aus der Sackgasse, S. 62–69, Broda begründet SPÖ-»Führungsanspruch«, in: Kleine Zeitung, 20.10.1963, Zerbs, Marxist auf Samtpfoten, S. 2 und Broda schlägt vor: Wettkampf um die Führung mit Programmen, in: Arbeiter-Zeitung, 13.12.1963.
915 Dickinger, Christian, Die Habsburg-Krise, in: Ders., Die Skandale der Republik. Haider, Proksch & Co., Wien 2001, S. 24.
916 Bitschnau, Heimkehr der Habsburger, S. 14.

Prozess losgetreten. Ein neues Zugeständnis, erst dann nach Österreich zurückzukehren, wenn sich hierzu eine Zweidrittelmehrheit finden würde, wurde
von Otto Habsburg jedoch abgelehnt.[917]

Angelobung der Österreichischen Bundesregierung (Kabinett Klaus I.) 1964, im Bild vorne:
Anton Proksch und Otto Probst, im Bild hinten: Otto Rösch, Christian Broda, Bruno Kreisky
und Franz Olah

Die SPÖ – und hier auch Christian Broda – blieben nach den Wahlen vom
6. März 1966 bei ihrer Ablehnung einer Einreise Otto Habsburgs nach Österreich. Unter der neuen ÖVP-Alleinregierung wurde Otto Habsburg jedoch ein
österreichischer Reisepass ausgestellt, wogegen die SPÖ heftig protestierte und
am 8. Juni einen Entschließungsantrag einbrachte, der von der ÖVP und der
FPÖ, die die Fronten gewechselt hatte, jedoch abgelehnt wurde. Habsburg reiste
am 31. Oktober 1966 erstmals nach Österreich ein; die Folge waren erneute
Protestmaßnahmen von ArbeiterInnen.[918] In den 1970er Jahren war es seitens
der SPÖ dann Bruno Kreisky, der den Ausgleich mit Otto Habsburg suchte und
diesem 1972 die Hand reichte. Heute erregen die Besuche Ottos Habsburgs keine
Emotionen mehr, vielmehr ist heute kaum mehr nachvollziehbar, warum die

---

917 Andics, Der Fall Habsburg, S. 190 ff.
918 Vgl. hierzu: Otto-Einreise: Proteste, in: Arbeiter-Zeitung, 3.11.1966.

Schatten der habsburgischen Vergangenheit die sozialistischen Gemüter in den 1960er Jahren noch so stark erregen konnten.[919]

5.3. Die »Olah-Krise« – Parteikrise und unerbittlicher Machtkampf Olah-Broda

Nicht ein Jahr, nachdem die Habsburg-Frage die politische Arena und Öffentlichkeit dominiert hatte, stand Christian Broda erneut im Zentrum der medialen Aufmerksamkeit. Grund hierfür war, dass der sich schon seit längerem zuspitzende Konflikt mit Franz Olah eskalierte.

Franz Olah, von dem in dieser Arbeit bereits an mehreren Stellen die Rede war, hatte nach 1945 eine steile Karriere in Gewerkschaft und SPÖ gemacht und zählte Mitte der 1960er Jahre zu den mächtigsten und machtbewusstesten Politikern in Österreich. Geboren am 13. März 1910 in Wien, verbrachte Olah seine Kindheit zum Teil in Wien, Laibach und Budapest. Den Besuch des Gymnasiums musste er aus Geldmangel abbrechen und stattdessen eine Lehre als Klaviermacher beginnen. 1924, mit dem Lehrbeginn, wurde er Mitglied der Jugendabteilung der Gewerkschaft, wenig später engagierte sich Olah, der im Zuge der Wirtschaftskrise der Zwischenkriegszeit in den folgenden Jahren wiederholt arbeitslos war, in seinem Heimatbezirk Hernals auch für die Arbeiterjugend. Nach dem Bürgerkrieg des Februar 1934 schloss sich Olah, der zwischen 1934 und 1938 zwei Mal in Haft war, den Revolutionären Sozialisten an und zählte bald zu den fünf Kreisleitern der Wiener Organisation. 1935 stieg er in das Zentralkomitee der Revolutionären Sozialisten auf. Anfang März 1938 nahm er an den Beratungen mit der Schuschnigg-Regierung teil, die den gemeinsamen Abwehrkampf des Nationalsozialismus zum Ziel hatten. Nach dem »Anschluss« wurde er mit dem so genannten Prominenten-Transport ins KZ Dachau gebracht. Weitere KZs folgten. Insgesamt verbrachte Olah sieben Jahre in KZ-Haft, wobei die Erfahrungen, die er dort machte, seinen Charakter unzweifelhaft geprägt haben. Zugleich gab seine Rolle in dieser Zeit auch zu vielfältigen Spekulationen Anlass, ein außergerichtlicher Vergleich mit dem Widerstandskämpfer Hermann Langbein verhinderte jedoch die Publikation von Details.[920]

Nach Wien zurückgekehrt, soll sich Olah – wie verschiedentlich, so auch von

---

919 Rathkolb, Die paradoxe Republik, S. 403 ff.
920 Lechner, Manfred, Franz Olah, in: Dachs, Herbert / Gerlich, Peter / Müller, Wolfgang C. (Hg.), Die Politiker. Karrieren und Wirken bedeutender Repräsentanten der Zweiten Republik, Wien 1995, S. 426 f., Lechner, Manfred, ».. Jener, dessen Namen unter den Lebenden nicht genannt werden mag.« Der »Fall Olah« – Ein Megaskandal der Zweiten Republik?, in: Gehler, Michael / Sickinger, Hubert (Hg.), Politische Affären und Skandale in Österreich. Von Mayerling bis Waldheim, 2. erw. Ausg., Thaur/Wien/München 1996, S. 420 f.

seinem Biographen Wilhelm Svoboda festgehalten wird – der KPÖ als Mitglied angeboten haben, von dieser aber abgelehnt worden sein.[921] In den folgenden Jahren trat er dann als strikter Antikommunist auf, der – als sich die Beziehungen verschlechtert hatten – auch Christian Broda immer wieder wegen seiner kommunistischen Vergangenheit attackierte. Olah wurde in der Gewerkschaft der Bau- und Holzarbeiter und der SPÖ aktiv und nahm »als junger Mann in Eile«[922] rasch wichtige Funktionen ein. 1945 wurde er von ÖGB-Chef Johann Böhm zum Sekretär der Gewerkschaft der Bau- und Holzarbeiter bestellt und in den Wiener Gemeinderat gewählt, 1947 war er bereits Obmann der SPÖ in Hernals und nahm als einer der jüngsten Gewerkschaftssekretäre an den Verhandlungen zum ersten Lohn- und Preisabkommen teil. 1948 zog er in den Nationalrat ein und übernahm, nachdem der rechte Flügel um Schärf, Helmer und Renner den »Kalten Krieg in der SPÖ« gewonnen hatten, das Nationalratsmandat von Erwin Scharf. Olah, der aufgrund seiner Biographie international gut herzeigbar war, entwickelte gute Beziehungen zur amerikanischen Gewerkschaftsbewegung, übernahm 1949 den Vorsitz in der Gewerkschaft der Bau- und Holzarbeiter, der damals zweitgrößten (und in der Zeit des Wiederaufbaus auch äußerst selbstbewussten) Teilgewerkschaft und zog damit in den Vorstand des ÖGB ein.[923]

Zum entscheidenden Sprungbrett in der Karriere Olahs wurden jedoch die Demonstrationen rund um das 4. Lohn- und Preisabkommen vom September/Oktober 1950, die oft fälschlich – und das ganz gezielt auch von Olah – als »Kommunistenputsch« bezeichnet wurden.[924] Olah, der an der Niederschlagung des »Aufstands« entscheidenden Anteil hatte und dessen Neigung zum »Volkstribun« hier breitenwirksam deutlich wurde, gehörte 1952 zu den meist bekannten Politikern. Das Image des tapferen und kämpferischen Arbeiterführers, des Mannes der Tat, der »keine ideologischen Theorien spinnt«, begann sich zu verfestigen. Den Amerikanern galt Olah, dessen Charakter immer wieder als cholerisch, unberechenbar, ungeduldig und unwirsch, vor allem aber machtbewusst beschrieben wurde,[925] als Garant für die kommunistische Abwehr. Olah begann mit Mitteln aus einem Sonderprojekt im Auftrag des amerikanischen Geheimdienstes versteckte (unkontrollierte) Waffenlager in Österreich

---

921 Svoboda, Wilhelm, Franz Olah. Eine Spurensicherung, Wien 1990, S. 24, Karlhofer, Ferdinand / Lichtenberger, Eva, Franz Olah – Eine anachronistische Karriere. Zum Funktionswandel politischer Eliten in der Zweiten Republik, in: Pelinka, Anton (Hg.), Populismus in Österreich, Wien 1987, S. 132, SP-Dokumentation gegen Olah, in: Die Presse, 8.10.1964.
922 Diese Charakterisierung wird Adolf Schärf zugeschrieben. Svoboda, Franz Olah, S. 23.
923 Lechner, Franz Olah, S. 427, Lechner, »..Jener, dessen Namen unter den Lebenden nicht genannt werden mag«, S. 421 ff.
924 Vgl. hierzu ausführlich: Streibl/Mulley/Ludwig, Der Oktoberstreik 1950.
925 Vgl. hierzu auch: Klenner, Fritz, Der Fall Olah, in: Die Zukunft 23 (1964) S. 3.

aufzubauen, die von einem komplizierten Netz von geheimen Konten und Tarnfirmen begleitet waren. Seinen direkten Zugang auf den »kleinen Mann« zeigte er unter anderem, als er 1952 öffentlichkeitswirksam erklärte, eine von Finanzminister Kamitz angekündigte Kürzung des öffentlichen Bauvolumens nicht hinnehmen zu wollen.[926]

Olah, dessen Machtstreben schon in diesem Zusammenhang recht deutlich wurde, weshalb auch die Übernahme eines Ministeramts in der Partei 1953 verhindert wurde, wurde 1955 Vizepräsident des ÖGB und 1957 – im selben Jahr, in dem er in Gesprächen mit der katholischen Kirche dazu beitrug, dass der sozialistische Kandidat Adolf Schärf bei den Bundespräsidentschaftswahlen reüssieren konnte – geschäftsführender Obmann des Parlamentsklubs der SPÖ. 1959, nach dem Tod von Johann Böhm, wurde er ÖGB-Präsident und Zweiter Präsident des Nationalrats – eine Funktion, die er ebenso wie sein Nationalratsmandat 1961 in einer spektakulären Aktion zurücklegte. Die SPÖ hatte dem Budgetentwurf 1962 zugestimmt, Olah lehnte diesen in Solidarität mit dem »kleinen Mann« jedoch aus Protest gegen die fehlende Berücksichtigung der Steuerprogression für niedere Einkünfte ab und brüskierte damit öffentlich die Partei. Als Sozialpartner unterzeichnete er, ganz seiner Tendenz zu einsamen Entscheidungen entsprechend, im selben Jahr, das heißt Ende 1961, das so genannte Raab-Olah-Abkommen. Es erhellte »wie ein greller Blitz die Öffentlichkeit«,[927] stand in einem deutlichen Zusammenhang mit dem Autoritätsverlust an der Regierungsspitze und bedeutete einen gewaltigen Entwicklungssprung in der sozialpartnerschaftlichen Entwicklung, da sich die Sozialpartner hierin erstmals für Grundsatzfragen der Wirtschaftspolitik zuständig erklärten.[928]

Nach den Nationalratswahlen 1962 sicherte Olah der SPÖ in harten Verhandlungen mit der ÖVP wichtige Einflussbereiche. Wohl als »Dank« hierfür wurde Olah, der bei den Wahlen 1962 als Spitzenkandidat im Bezirk Wiener Neustadt aufgetreten war, wo er vom früheren Innenminister Oskar Helmer protegiert wurde, zum Innenminister ernannt. Einer, der sich – so Olah – vehement gegen diese Bestellung aussprach, war Christian Broda. Nachdem es drei Jahre vorher Olah war, der Broda als Minister verhindern wollte, trat nun Broda gegen Olah als zukünftigen Innenminister auf und begründete dies damit, dass mit dieser Bestellung auch über die künftige Führung der SPÖ entschieden werde.[929] Trotzdem wurde Olah zum Innenminister ernannt, womit er Josef

---

926 Karlhofer/Lichtenberger, Franz Olah, S. 126 ff.

927 Ucakar, Demokratie und Wahlrecht, S. 471.

928 Tálos, Sozialpartnerschaft. Entwicklung und Entwicklungsdynamik kooperativ-konzertierter Politik, S. 78.

929 Persönliche Verteidigungsschrift Franz Olahs, 1969. Zitiert nach: Lechner/Konrad, »Millionenverwechslung«, S. 197.

Afritsch, der ein enger Freund und Förderer Christian Brodas war, in dieser Funktion ablöste. Gleichzeitig legte er den Vorsitz im ÖGB zurück, was wohl sein schwerster politischer Fehler war, da er hiermit seine Hausmacht verlor. Im Innenministerium machte er im Gegensatz zum ruhigen Afritsch mit seiner hemdsärmeligen Amtsführung, umstrittenen Personalentscheidungen und einer Reihe von Versetzungen auf sich aufmerksam. Sein Kontrollwahn trieb ihn dazu, über alle Vorgänge informiert sein zu wollen.[930] Medien, die sich kritisch mit Olah beschäftigten, wie etwa die »Wochenpresse«, wurden beschlagnahmt.

Als er Ende Jänner 1964 via Fernsehen die Existenz von Spitzelakten im Innenministerium bekannt gab und hierfür indirekt seine Vorgänger aus den Reihen der SPÖ verantwortlich machte, gab er den (willkommenen) Startschuss zu seiner Demontage. Afritsch, der sich die Angriffe Olahs sehr zu Herzen nahm und noch im selben Jahr verstarb – wurde ihm doch auch vorgeworfen, 1934 und 1938 Pässe verkauft zu haben –, äußerte sich in einer persönlichen Erklärung zum Fernsehauftritt Olahs.[931] In der »Zukunft«, von der Olah verächtlich sagte, dass jene, die hier theoretische Artikel schreiben, es nie zu etwas bringen würden,[932] trat Karl Czernetz eine Diskussion über »Führungsprobleme in der Demokratie« los. Christian Broda setzte mit einem zweiten Beitrag fort und proklamierte, dass die SPÖ »keine Führerpartei« sei. Weitere Beiträge von Jacques Hannak, Fritz Klenner, Walter Hacker, Josef Hindels, Ernst Mattes und Günther Nenning folgten.[933]

Von der zeitgeschichtlichen Forschung – etwa von Helmut Konrad und Manfred Lechner, die sich intensiv mit dem »Fall Olah« beschäftigten – wird besonders die Diskussion in der »Zukunft« heute als ein Zeichen des Ringens um die zukünftige Ausrichtung der SPÖ gesehen. Während auf der einen Seite die »Traditionalisten« standen, zu denen vorwiegend die Wiener, darunter auch Christian Broda, zählten, befanden sich auf der anderen Seite die »Modernisierer«, die sich mit der Führungspersönlichkeit Olahs identifizierten und eher aus den Bundesländern stammten.[934] Aber auch in den 1960er Jahren selbst wurde erkannt, dass hinter den Auseinandersetzungen Führungsprobleme in

---

930 Svoboda, Franz Olah, S. 54 ff.
931 Broda, Christian, Erinnerung an Josef Afritsch, in: Die Zukunft 24 (1964) S. 6 sowie Svoboda, Franz Olah, S. 68 f.
932 Vgl. hierzu: Hindels, Josef, Die zwei Gesichter des Franz Olah, in: Die Zukunft 21/22 (1964) S. 13 sowie Karlhofer/Lichtenberger, Franz Olah, S. 134.
933 Vgl. hierzu die Nummern 5, 7, 8 und 21/22 der »Zukunft« aus dem Jahr 1964, insbesondere: Broda, Christian, Die sozialistische Partei ist keine »Führer«-Partei, in: Die Zukunft 7 (1964) S. 21 f.
934 Konrad/Lechner, »Millionenverwechslung«, S. 138 ff., Lechner, ».. Jener, dessen Namen unter den Lebenden nicht genannt werden mag.«, S. 431 f., Rehak, Günter, Antifaschismus, Olah-Krise, Koalitionsende – Die sechziger Jahre, in: Weber, Fritz u. a., SPÖ – was sonst?, Wien 1983, S. 42 – 59.

der Partei standen, die mit grundsätzlichen Fragestellungen verbunden waren. Während die einen auf Programme, Ideologie und eine »kollektive Führung«, auf Vernunft und weniger auf Emotionen bauten und in ihren Vorstellungen stark in den sozialdemokratischen Traditionen der Ersten Republik verankert waren, verkörperte Olah einen neuen pragmatisch-populistischen Führungsstil, der mehr auf Personen anstatt auf Programme setzte und materielle Verbesserungen vor allem durch eine gewerkschaftliche Politik erreichen wollte.[935] Die SPÖ erschütterte ein erbitterter Machtkampf, der beinahe zur Spaltung der Partei führte. Auch durch das gemeinsame Vorgehen in der Habsburgerfrage konnte die tiefe Krise der SPÖ nur kurzfristig überdeckt werden. Interessant ist dabei, dass so manche Kommentatoren, wie etwa Hugo Portisch, im Hochspielen der Affäre Habsburg auch einen Beleg dafür sahen, dass einzelne Politiker damit ihre Position an der Parteispitze festigen wollten – konnten durch eine Anklage Habsburgs doch auch klassische sozialistische Werte betont und die Parteibasis befriedigt werden.[936]

In der öffentlichen Wahrnehmung wurde die Parteikrise immer mehr auf den »Kampf Broda gegen Olah« zugespitzt, woran die »Kronen-Zeitung« wesentlichen Anteil hatte. Unmittelbar nachdem die Beiträge von Czernetz und Broda in der »Zukunft« erschienen waren, folgten hier wilde Attacken gegen diese. Broda wurde im April und Mai 1964 in mehreren Artikel nicht nur vorgeworfen, aufgrund seiner kommunistischen Vergangenheit eine Gefahr für die Demokratie zu sein. Auch die Glaubwürdigkeit in der Frage der Familienrechtsreform wurde ihm abgesprochen, da er von seiner Frau getrennt lebe:

> »Wie glaubwürdig ist einer, der sich vom Kommunisten über einen Staranwalt in- und ausländsicher Großunternehmen zum Gralshüter der Demokratie entwickelt und wie echt ist diese Wandlung? Und wer sein Bekenntnis zu persönlicher Sauberkeit und Moral im öffentlichen Leben ernst meint, der möge bei sich zu Hause damit beginnen. Wir meinen, dass es nicht in Ordnung ist, in einer Zeitung verlauten zu lassen, man verbringe die Weihnachtsfeiertage mit seiner Frau daheim, wenn man die Frau seit Jahr und Tag verlassen hat.«[937]

Mit Artikeln wie dem oben zitierten wurde ein Vorgehen der »Kronen-Zeitung« eingeleitet, das von verschiedenen anderen (auch ÖVP-nahen) Medien und der Journalistengewerkschaft scharf zurückgewiesen wurde. Kritik am Vorgehen der »Kronen-Zeitung« wurde aber auch von Künstlern wie dem Kabarettisten Gerhard Bronner, den die Kanzlei von Broda auch vertrat, laut. Im »Zeitventil«,

---

935 Vgl. etwa: »Was ÖVP hinter sich hat, steht der SPÖ bevor«, in: Linzer Volksblatt, 8.4.1964, Leignitz, Rainer, Führungsprobleme, in: Neue Tageszeitung, 9.4.1964 oder Heer, Friedrich, Broda und Olah, in: Die Furche 18 (1964) S. 1.
936 Vgl. hierzu etwa: Portisch, Hugo, Die Führungskrise in der SPÖ, in: Morgen Kurier, 25.4.1964.
937 Cato, Die Antwort, in: Kronen-Zeitung, 12.4.1964.

einer Kabarettsendung im Fernsehen, schuf Bronner einen »Wandererpreis, der für die verlogenste, kitschigste und geschmackloseste Meldung der letzten Wochen verliehen wird«. Zum ersten Mal vergeben wurde der »rostige Hufnagel« an die »Kronen-Zeitung«.[938] Insgesamt bedeutete deren Vorgehen einen entscheidenden Qualitätssprung in der medialen Berichterstattung: Bis dato war das Privatleben von Politikern weitgehend verschont geblieben. Nun wurde auch gezielt mit Informationen aus Brodas Familienleben gegen diesen vorgegangen. In manchen Medien wurde deshalb laut die Vermutung ausgesprochen, ob Broda bespitzelt würde.[939] Olah, der mehrfach mit dem Vorwurf konfrontiert wurde, seine Gegner überwachen zu lassen, ließ alle Medien, die den Verdacht der Bespitzelung durch ihn äußerten – wie die »Wochenpresse« im Falle von Gottfried Lipovitz, Generalinspektor der Wiener Sicherheitswache – prompt beschlagnahmen.[940] Weitere gegen Broda gerichtete Artikel hatten immer wieder dessen kommunistische Vergangenheit, sein Vorgehen in der Habsburg-Frage oder auch den »Schlossbesitzer Broda« zum Inhalt. Als schließlich auch die kommunistische »Volksstimme« Kritik am Vorgehen der »Kronen-Zeitung« laut werden ließ, stellte sie sogar die Frage, ob Broda etwa noch als Mitglied der Kommunistischen Partei geführt werde.[941]

Motiviert war das Vorgehen der »Kronen-Zeitung« dadurch, dass Franz Olah finanzielle Starthilfe bei der Wiedergründung der »Kronen-Zeitung« im Jahr 1959 durch Hans Dichand geleistet hatte. Gleichzeitig hatte Olah Hans Dichand auch Kurt Falk, den Sohn eines Freundes aus der Gewerkschaft der Bau- und Holzarbeiter, und Ferdinand Karpik, einen alten Freund aus dem KZ, als Geschäftspartner zur Seite gestellt. Wie im Zuge gewerkschaftsinterner Untersuchungen immer deutlicher wurde, hatte Franz Olah mehrmals eigenmächtig, ohne vorherige Befragung der entsprechenden Gremien, Gelder des ÖGB, allerdings nicht zu seiner persönlichen Bereicherung, verwendet. 1959 hatte er es zur Wiedergründung der »Kronen-Zeitung« und deren Finanzierung in der schwierigen Anfangszeit durch die Verpfändung von Sparbüchern der Bau-

---

938 AChB, ÖNB, Handschriftensammlung, Ib.273.1.

939 Vgl. hierzu: SP-Krise treibt auf Entscheidung zu, in: Oberösterreichische Nachrichten, 14.4.1964, Bruderkrieg der Sozialisten wird dramatisch, in: Süd-Ost Tagespost, 14.4.1964, Broda bestätigt Krise der SPÖ, in: Vorarlberger Volksblatt, 15.4.1964 und zur Journalistengewerkschaft: Cato, Die Antwort, in: Kronen-Zeitung, 28.4.1964.

940 Svoboda, Franz Olah, S. 70 ff.

941 Vgl. zu den Angriffen auf Broda in der »Kronen-Zeitung« etwa: Cato, Die Antwort, in: Kronen-Zeitung, 12.4.1964, Cato, Mit offenem Visir, in: Kronen-Zeitung, 15.4.1964, Cato, Einflüsse, in: Kronen-Zeitung, 16.4.1964, Cato, Zurückhaltung…, in: Kronen-Zeitung, 17.4.1964, Cato, Der Konflikt, in: Kronen-Zeitung, 18.4.1964, Cato, Vielleicht doch…?, in: Kronen-Zeitung, 21.4.1964, Die Chinesen, in: Kronen-Zeitung, 25.4.1964, Cato, Die Antwort, in: Kronen-Zeitung, 28.4.1964, Cato, Orden für Broda, in: Kronen-Zeitung, 30.4.1964, Cato, Eine Frage, in: Kronen-Zeitung, 10.5.1964.

Holz-Gewerkschaft für die benötigten Kredite getan. 1962 hatte er der FPÖ aus Finanzmitteln, die ihm für die Sanierung des »Express« übergeben worden waren, eine Million Schilling als Wahlkampfunterstützung zukommen lassen. Erfolgt war diese Finanztransaktion wie auch die Finanzierung der »Kronen-Zeitung« ohne Information der Partei, womit Olahs »geheimbündlerischer Politikstil« (nach dem Sonderprojekt) einmal mehr deutlich wurde. Lediglich Felix Slavik und Bruno Kreisky sollen später informiert worden sein. Eine weitere Finanzspritze an die FPÖ folgte 1963. Erste Zahlungen an die FPÖ – allerdings in geringerem Ausmaß – sollen bereits 1959 erfolgt sein.[942] Sukzessive aufgedeckt wurden die Machenschaften Olahs, hinsichtlich dessen Verwendung von Gewerkschaftsgeldern sich erste Auffälligkeiten bereits 1949 im Zuge des Ausbaus eines Schulungsheims der Gewerkschaft gezeigt hatten,[943] nachdem Fritz Klenner, der Obmann der Kontrollkommission im ÖGB, im Frühjahr 1963 Untersuchungen über die Finanzgebarung des ÖGB eingeleitet hatte.[944]

Als Gründe für sein Vorgehen nannte Olah später – so etwa in seinen Memoiren –, dass er die »Kronen-Zeitung«, die wohl erfolgreichste Mediengründung der Zweiten Republik, unterstützt habe, um zu verhindern, dass sich eine andere Partei, aber auch der eigene Parteiapparat, der noch jedes Medium zugrunde gerichtet habe, der Zeitung bemächtige. Hans Dichand, der sowohl die »Kleine Zeitung« und den »Kurier« zu erfolgreichen Zeitungen gemacht hatte, war 1958 nach einem Streit mit dessen Eigentümer, Ludwig Polsterer, aus dem »Kurier« ausgeschieden und hatte die Idee entwickelt, die 1900 entstandene und 1944 eingestellte »Kronen-Zeitung« wieder ins Leben zu rufen. Auf der Suche nach möglichen Finanziers hatte er auch Gespräche mit der SPÖ geführt, die sich kurz zuvor an der Gründung des »Express« beteiligt hatte. Interessant ist dabei, dass sowohl Olah und Dichand davon berichten, dass es im Herbst 1958 ein Zusammentreffen von Dichand mit Parteiobmann Pittermann in dessen Lieblingscafé, dem Café Resch in Wien-Meidling, gegeben habe, bei dem auch Christian Broda und Franz Olah anwesend waren. An das Gelingen von Dichands Plan wurde in der SPÖ, auch von Kreisky, jedoch nicht geglaubt. Das Treffen im Café Resch führte somit zu keiner Zusammenarbeit von Dichand und der SPÖ bei der Gründung der »Kronen-Zeitung«, und auch das Angebot Pittermanns an Dichand, in Zukunft für den sozialistischen »Vorwärts-Verlag« tätig zu sein, wurde abgelehnt. Später ist dann jedoch Franz Olah auf Dichand zugegangen und hat ihm seine Unterstützung bei der Wiedergründung der

---

942 Konrad/Lechner, »Millionenverwechslung«, S. 116.
943 Svoboda, Franz Olah, S. 29 ff.
944 Vgl. zu beiden Themenkomplexen ausführlich: Konrad/Lechner, »Millionenverwechslung«.

Zeitung angeboten.[945] Wie Olah 1970 in einem Interview ausführte, habe er dabei jedoch nicht den Plan verfolgt, eine Zeitung für die SPÖ oder den ÖGB zu machen. Vielmehr sollte die »Kronen-Zeitung« eine unabhängige Zeitung sein, die ihm wahrscheinlich aber »etwas sympathischer gegenüber gestanden« wäre, da er doch an deren Entstehung mitgeholfen habe.[946] Olah betonte somit, dass er erkannt hatte, dass den unabhängigen Medien die Zukunft gehört. Hierbei ist jedoch deutlich daran zu erinnern, dass es Olah war, der den »Express« in mehrheitlich sozialistische Hände überführte – und das zu einem Zeitpunkt, als er sich im Hintergrund bereits für die Wiedergründung der »Kronen-Zeitung« einsetzte. Die FPÖ habe er hingegen – wie Olah in einer persönlichen Verteidigungsschrift 1969 ausführte – unterstützt, da sich diese aufgrund eines Rückzugs der Industriellenvereinigung in einer finanziell schwierigen Situation befunden habe. Erfolgt sei sie ganz im Sinne der von der SPÖ bereits begonnenen Annäherung an die FPÖ, in deren Sinn bereits 1959 eine Änderung des Wiener Wahlrechts diskutiert worden war, die der FPÖ verbesserte Wahlchancen bringen sollte. Zu sehen ist die Wahlhilfe aber auch im Kontext eines von Olah ausgearbeiteten Wahlrechtsentwurfs auf Bundesebene aus dem Jahr 1963, die ebenso wie das gemeinsame Vorgehen von SPÖ und FPÖ in der Frage Habsburg als wichtiger Schritt in Richtung einer möglichen Kleinen Koalition mit der FPÖ gewertet werden muss. Jene Person, die hier zweifellos eine wichtige Rolle eingenommen hätte, wäre Franz Olah gewesen.[947] Wenn Olah in beiden Fragen – hinsichtlich der finanziellen Starthilfe bei der Neugründung der »Kronen-Zeitung« und noch deutlicher bei der Wahlhilfe der FPÖ – später auch aussagte, nicht zu seinem eigenen Wohl gehandelt zu haben,[948] hätten beide »Hilfsleistungen« somit in erster Linie doch seinem eigenen Machtausbau gedient.

Dass die »Kronen-Zeitung«, die mit Olah auch verschiedene Wertvorstellungen und Zugangsweisen (einen stark ausgeprägten Antikommunismus und Populismus) verband, auch tatsächlich für Olah in die Bresche sprang, wurde bei der sukzessiven Demontage Olahs in der SPÖ und den damit verbundenen Angriffen auf seine innerparteilichen Gegner, vor allem Christian Broda, immer deutlicher. Dass es zu den Angriffen der »Kronen-Zeitung« auf Broda einen

---

945 Olah, Die Erinnerungen, S. 182 ff., Dichand, Hans, Kronen-Zeitung, Die Geschichte eines Erfolgs, Wien 1977, S. 187 ff., Janitschek, Hans, Nur ein Journalist. Hans Dichand. Ein Mann und drei Zeitungen, Wien 1992, S. 119 ff.
946 Vgl. hierzu auch ein Interview mit Olah in der »Furche« vom 10. Oktober 1970, das von Konrad/Lechner wiedergegeben wird: Konrad/Lechner, »Millionenverwechslung«, S. 156.
947 Persönliche Verteidigungsschrift Franz Olahs, 1969, zitiert nach: Konrad/Lechner, »Millionenverwechslung«, S. 195 und 197 f. und Wirth, Demokratiereform, S. 31–34.
948 Vgl. hierzu etwa: Interview mit Olah: »Ich bin kein Bonze – das ist mein Fehler.« Die Hintergründe meines Rücktritts, in: National-Zeitung, 4.12.1964, S. 1 und S. 4.

direkten Auftrag Olahs an Dichand gab, geht aus einer Notiz des Wirtschaftswissenschafters Eduard März über ein Gespräch mit Hans Dichand hervor, die von diesem auch bestätigt wurde. Ein reißerisch aufgemachter Artikel gegen Anton Benya, den Nachfolger von Franz Olah an der Spitze des ÖGB, gestaltete sich – wie ebenfalls aus der Notiz von März hervorgeht – hingegen als »Betriebsunfall«. Benya, 1912 in ärmlichen Verhältnissen in Wien geboren, hatte schon während seiner Lehre als Elektromechaniker zur Gewerkschaftsbewegung gefunden und später mit der Unterstützung von Karl Maisel als Vertreter der Metallarbeiter im ÖGB Karriere gemacht.[949] Nach der Übernahme der ÖGB-Spitze im September 1963 ließ er die Finanztransaktionen von Olah untersuchen.[950] Die Redaktion der »Kronen-Zeitung« reagierte hierauf mit »vorauseilendem Gehorsam« und druckte im Sommer 1964 in der Abwesenheit von Dichand eine groß aufgemachte Geschichte, wonach ein Gewalttäter namens Friedrich Benya gefasst worden war. Dieser gab sich fälschlich als der Neffe von Anton Benya aus und wurde hierauf auch prompt wieder frei gelassen – ein »Skandal«, den die »Kronen-Zeitung« groß ausschlachten wollte.[951]

In der Partei wurde erstmals nach Olahs TV-Auftritt über die Spitzelakten überlegt, ihn als Innenminister abzuberufen. Vorerst einigte sich der Parteivorstand am 28. April 1964 jedoch darauf, die direkte und indirekte Mitarbeit an nichtsozialistischen Presseerzeugnissen ohne vorherige Genehmigung der Partei zu verbieten.[952] Als Olah gegen dieses Verbot verstieß, folgten weitere Schritte. Er gab am 14. September 1964 der »Presse« ein Interview, in dem er aussagte, von niemandem so stark angegriffen zu werden, wie von den Genossen aus der eigenen Partei. Als seine Hauptwidersacher nannte er Broda und »vielleicht auch« den Wiener Polizeipräsidenten Josef Holaubek, der ein guter Freund von Broda war. Olah unterstellte seinen Gegnern in der Partei nicht nur, dass sie ihm das Amt als Innenminister wegnehmen wollten, sondern tat auch kund, dass ein psychiatrisches »Ferngutachten« über ihn in Auftrag gegeben worden wäre. So hieß es einerseits in der »Kronen-Zeitung«, dass Broda, Ho-

---

949 Vgl. zur Biographie von Anton Benya: Schefbeck, Günther, Anton Benya, in: Dachs, Herbert / Gerlich, Peter / Müller, Wolfgang C. (Hg.), Die Politiker. Karrieren und Wirken bedeutender Repräsentanten der Zweiten Republik, Wien 1995, S. 48–57, Kramser, Annemarie (Red.), Anton Benya – »Der Vertrauensmann«, Wien 2003, Benya, Anton, Mein Weg. Lebenserinnerungen eines Gewerkschafters und Demokraten ergänzt um Aussagen aus seinem letzten Lebensjahrzehnt, 2., erg. Aufl., Wien 2002.
950 Konrad/Lechner, »Millionenverwechslung«, S. 140.
951 Lechner, ».. Jener, dessen Namen unter den Lebenden nicht genannt werden mag.«, S. 433, Konrad/Lechner, »Millionenverwechslung«, S. 140 f.
952 Der Fall Olah, Informationsschrift für Vertrauensleute, Oktober 1964, AChB, ÖNB, Handschriftensammlung, III.141.1.

laubek und Waldbrunner das Amt des Innenministers anstreben würden.[953] Andererseits war (auch im Wahlkampf 1966) zu vernehmen, dass Broda hinter dem psychiatrischen »Ferngutachten« stehen würde[954] – war Broda mit dem Leiter des Psychiatrischen Krankenhauses am Steinhof, Prof. Hoff, der als Verfasser des Gutachtens genannt wurde, dies selbst jedoch bestritt, doch aus der gemeinsamen Arbeit an der Strafrechtsreform bekannt.[955]

Nur wenige Tage nach dem Interview in der »Presse«, am 17. September 1964, wurde Olah von einem am 15. September eingesetzten Partei- (Schieds-) Gericht scharf ermahnt und von der Parteivertretung seine Abberufung als Innenminister mit der (heute mehr als anachronistisch klingenden) Begründung der »Mitarbeit an nichtsozialistischen Presseerzeugnissen« beschlossen. Von den eigenmächtigen Finanztransaktionen Olahs war im Spruch des Schiedsgerichts, dem Ludwig Kostroun, Rosa Jochmann und Felix Slavik, nicht aber Christian Broda angehörten, (noch) keine Rede,[956] obwohl diese zu jener Zeit – ausgehend von ersten Ungereimtheiten Anfang 1963, der Aufrollung von Unklarheiten in den »Express«-Geldern seit Mai 1964, und »entscheidenden Feststellungen« im Sommer 1964 – bereits seit längerem untersucht wurden.[957]

Widerstand gegen die Abberufung Olahs machte sich vor allem aus Niederösterreich breit, wo Olah von Oskar Helmer als neuer starker Mann aufgebaut worden war. Einer, der sich besonders für Olah einsetzte, und in Folge auch politisch vieles von dem fortsetzte, für das Olah stand – die Entwicklung der SPÖ hin zur Catch-All-Party, eine »Amerikanisierung« der Wahlkämpfe und eine stärkere Beachtung der Funktion der Medien, die Aussöhnung mit der katholischen Kirche und die Annäherung an das dritte Lager – war Bruno Kreisky. Begründet war sein Vorgehen vor allem damit, dass es Franz Olah war, der ihm, als er aus dem schwedischen Exil nach Österreich zurückkehrte, half, erst in Wien (Hernals) und dann in Niederösterreich, politisch Fuß zu fassen. Zugleich war es auch Olah, der ihm nach den Wahlen 1962 das Außenministerium gerettet hatte.[958] Trotzdem wurde nach dem Urteil des Schiedsgerichts Franz Olah in der Sitzung der Parteivertretung vom 17. September 1964 mit 34 zu 13 Stimmen auf Antrag von Bruno Pittermann, der in der »Frage Olah« lange gezögert und damit

---

953 Vgl.: Warum wissen die Parteizeitungen eigentlich nichts über die eigenen Parteien zu berichten?, in: Kronen-Zeitung, 21.2.1964.

954 Vgl.: Olah stellt sich heute der Partei. Interview über SP-Konflikt: Rücktritt nur nach Parteibeschluss, in: Die Presse, 15.9.1964.

955 Vgl. hierzu: Olah, Die Erinnerungen, S. 261 ff., Svoboda, Franz Olah, S. 115 und S. 122 und Porta, Hans T., Fall Olah. Ein Symptom, Wien/Melk 1965, S. 105.

956 Porta, Fall Olah, S. 23 ff.

957 Vgl. hierzu: Die Millionenjongleure, in: AChB, ÖNB, Handschriftensammlung, IV.105/2 sowie Kreuzer, Franz, Die ganze Wahrheit, in: Arbeiter-Zeitung, 4.11.1964.

958 Vgl. hierzu ausführlich: Pesendorfer, Harald, Bruno Kreisky – Transformation der SPÖ? Bruno Kreisky wird Parteiobmann, Dipl.-Arb., Wien 1996, S. 37–39.

eine starke Führungsschwäche gezeigt hatte, die Abberufung von Franz Olah als Innenminister beschlossen.[959] Neben Kreisky stimmten für Olah unter anderem Rosa Jochmann und der Wiener Vizebürgermeister Felix Slavik. Broda soll von Jochmann – so Olah – als einzig »lachendes« Gesicht in dieser Situation bezeichnet worden sein, während von Olah selbst die Information stammt, dass ihm Broda in dieser Sitzung mitgeteilt habe, dass zwei anonyme Anzeigen wegen der Transaktionen von Gewerkschaftsgeldern gegen ihn eingegangen seien, die verfolgt werden müssen.[960]

In Wien kam es rund um die Entscheidung der Parteivertretung zu »bürgerkriegsähnlichen Zuständen«, zu spontanen Streiks und zu Demonstrationen von Arbeitern vor der Parteizentrale in der Löwelstraße, bei der auch antisemitische Töne nicht fehlten. Kurzfristig wurden sogar der Strom abgeschaltet und die Straßenbahnen eingestellt. Olah, von dem so manche in dieser Situation ein anderes Verhalten erwartet hätten, beruhigte die Arbeiter, die mit Sprechchören wie »Laßt Olah in Ruhe! Weg mit Broda!« aufmarschiert waren, und wünschte die Einsetzung eines Ehrengerichts. Beschäftigen sollte sich dieses auch mit den Olah vorgeworfenen Finanztransaktionen im ÖGB.[961] In Niederösterreich attackierte Kreisky Broda auf einer Sitzung der Landesparteivertretung scharf, indem er diesem vorwarf, dass er sich »in seinem blinden, wütenden Haß derart gesteigert [habe], dass er sich nicht scheute, den Staatsanwalt, der ja ein von ihm abhängiger und weisungsgebundener Beamter ist, in die Gewerkschaft zu schicken«, worauf sich Broda die Einleitung eines Schiedsgerichts gegen Kreisky vorbehielt.[962]

Die Bundesfraktion der sozialistischen Gewerkschafter beschäftigte sich am 27. Oktober mit dem Bericht der Kontrollkommission vom 22. Oktober und stellte in diesem Zusammenhang die eigenmächtige Transaktion von Gewerkschaftsgeldern fest. Olah musste noch am selben Tag alle Funktionen im Bundesvorstand des ÖGB und in der Gewerkschaft der Bau- und Holzarbeiter zurücklegen.[963] Indessen demonstrierten die Arbeiter weiter für Olah, der zu jener Zeit [trotz der Vorwürfe gegen seine Person!, Anm. M. W.] von der SPÖ noch im niederösterreichischen Landtagswahlkampf eingesetzt wurde und attackierten begleitet von »Wir wollen Olah!«-Rufen Broda, Pittermann und Benya. Broda

---

959 SPÖ beruft Olah als Innenminister ab, in: Arbeiter-Zeitung, 18.9.1964 sowie Porta, Fall Olah, S. 28 f.

960 Olah, Die Erinnerungen, S. 267 und Persönliche Verteidigungsschrift Franz Olahs, 1969. Zitiert nach: Lechner/Konrad, »Millionenverwechslung«, S. 200.

961 Porta, Fall Olah, S. 41 f.

962 Schreiben an Vizekanzler Bruno Pittermann vom 21.9.1964 sowie Gedächtnisprotokoll der Sitzung der Landesparteivertretung Niederösterreich vom 18.9.1964 (in diesem sind die Aussagen Kreiskys auf dessen Wunsch wörtlich protokolliert). Beides in: AChB, ÖNB, Handschriftensammlung, III.142.9.

963 AChB, ÖNB, Handschriftensammlung, III.141.2.

wurde im Zuge einer Sitzung der Parteiexekutive bzw. des Parteivorstandes, die sich abermals mit Franz Olah beschäftigte, am 29. Oktober vor der Parteizentrale sogar tätlich angegriffen. Ihm gelang es – wie etwa ein Bericht im »Neuen Österreich« dokumentiert – nur mit Hilfe von herbei eilenden Polizeibeamten, sich in Sicherheit bringen zu können:

> »12.01 Uhr: Noch immer verhandelt die Abordnung der Demonstranten mit den führenden Parteifunktionären. Die Ungeduld der Wartenden wächst und findet eine Minute später ihren dramatischen Ausbruch [...] Broda aber bleibt stehen, will sich der tobenden Menge stellen und dreht sich um. In der nächsten Sekunde wird er von Dutzenden Demonstranten umringt. Die Kriminalbeamten boxen sich durch den Menschenknäuel und schirmen den Minister ab. Aber sie sind in der Minderzahl. Ein Arbeiter drängt sich an die Staatspolizisten heran, und ehe jemand etwas unternehmen kann, trifft die Faust des Arbeiters den Minister. Broda, kalkweiß im Gesicht, muss noch einige weitere Hiebe einstecken.«[964]

Die Vehemenz, mit der die Anhänger Olahs für diesen eintraten, erschütterte wohl nicht nur die Spitze der SPÖ, sondern ganz Österreich.

Am 3. November 1964 wurde Franz Olah auf Antrag von Pittermann, und nicht etwa von Broda, einstimmig aus der SPÖ ausgeschlossen, nachdem das gegen ihn einberufene (am 24. September gebildete) Ehrengericht bestehend aus Verkehrsminister Otto Probst, Hans Bögl, Landeshauptmann des Burgenlands, und Andreas Korp, Konsumgenossenschaft, erkannt hatte, dass die gegen Olah vorgebrachten Vorwürfe berechtigt wären. Maßgeblich hierfür waren in erster Linie die Finanzierung des »Express« und die Finanzspritze an die FPÖ sowie weitere Ungereimtheiten in den Finanztransaktionen Olahs, wobei der »Fall Kronen-Zeitung« noch nicht restlos aufgeklärt war.[965] Von einem neuerlichen Schiedsgericht bestehend aus Karl Waldbrunner, Minister Probst und dem niederösterreichischen Parteivorsitzenden Winkler wurde der Parteiausschluss am 16. November bestätigt.[966] Anfang 1965 wurde Franz Olah auch als Angestellter des ÖGB entlassen. Sein Mandat als Abgeordneter zum Nationalrat

---

964 Olah-Fanatiker schlugen Justizminister. Demonstranten belagerten SPÖ, in: Neues Österreich, 30.10.1964. Vgl. hierzu auch: Attacke gegen Dr. Broda. Die Polizei musste den Minister schützen und Die Attacke, in: Kurier, 30.10.1964, Die Schande, in: Arbeiter-Zeitung, 30.10.1964. Pittermann und Benya weg, in: Kleine Zeitung, 30.10.1964, Broda wurde attackiert. Pittermann und Benya weg, in: Kleine Zeitung, 30.10.1964 sowie einen mehrseitigen Beitrag in der Kronen-Zeitung: SPÖ-Zentrale von Arbeitern belagert. Broda bekam Hiebe, in: Kronen-Zeitung, 30.10.1964.

965 Erkenntnis des Ehrengerichts vom 3. November 1964, in: AChB, ÖNB, Handschriftensammlung, III.141.2, Bericht des Ehrengerichtes über Franz Olah. Eine Dokumentation für Vertrauenspersonen der SPÖ, November 1964, AChB, ÖNB, Handschriftensammlung, III.142./6.4, Porta, Franz Olah, S. 42 und S. 86 ff., Einstimmig: SPOe schließt Olah aus – Er will »wilder« Abgeordneter bleiben, in: Arbeiter Zeitung, 4.11.1964.

966 Olah, Die Erinnerungen, S. 276 ff. und Porta, Franz Olah, S. 92.

weigerte sich Olah entgegen einer vormals unterzeichneten Blankomandats-
verzichtserklärung jedoch zurückzulegen.[967]

In der Öffentlichkeit wurde Olah von nicht wenigen, und das nicht nur von
seinen AnhängerInnen, als Opfer einer Parteiintrige gesehen. Schuld hieran war
– wie Konrad/Lechner feststellen – nicht zuletzt, dass die ermittelten Fakten über
Olahs eigenwillige Finanztransaktionen der Öffentlichkeit gegenüber nur
langsam und spärlich kund gemacht wurden. Und auch als diese bekannt wurden, stellten so manche – wie etwa Kurt Skalnik in der »Furche« – fest, dass es
letztendlich nicht die Finanztransaktionen waren, die zu seinem Sturz führten,
sondern das »Volkstribunat«, das Olah anstrebte, und sein direkter (oft populistischer) Zugang auf die Massen, der den Parteiapparat ignorierte.[968] Olah
selbst, aber auch Norbert Leser, der ursprünglich Christian Broda nahe stand,
später aber zu einem Kritiker Brodas wurde, haben im Zusammenhang der
Demontage Olahs immer wieder betont, dass Broda geradezu »generalstabmä-
ßig« die Kaltstellung und Kriminalisierung Olahs geplant habe und dass bei ihm
»alle Fäden zusammenliefen«. So soll sich – laut Leser – auch der Beisitzer in
Olahs Schiedsgerichtsverfahren, Ludwig Kostroun, »in den entscheidenden
Tagen« bei Broda aufgehalten haben. Hans Bögl als Vorsitzender des Ehrengerichts habe ihm hingegen – ohne Bezug auf Broda – bei einem Besuch im Burgenland bereits vor der entscheidenden Sitzung des Ehrengerichts gegen Olah
mitgeteilt, dass die Verurteilung Olahs eine beschlossene Sache sei.[969] Belege
dafür, dass Broda versuchte, die Parteiverfahren gegen Olah zu beeinflussen,
sind in seinem Nachlass nicht vorhanden. Dass Broda die Demontage Olahs
wünschte, diesen als Gefahr für die Partei sah und angesichts der persönlichen
Angriffe auf seine Person kein Interesse an einem Verbleib von Olah in der
Regierung und der SPÖ haben konnte – hatte sich der gegenseitige Hass doch in
ein ungeheures Maß gesteigert – trifft jedoch zu.

Für die SPÖ und Broda war der »Fall Olah« mit dessen Ausschluss aus der
SPÖ jedoch noch lange nicht abgeschlossen, und auch die Justiz beschäftigte
sich in den Folgejahren intensiv mit Franz Olah und seinen Finanztransaktionen. Im Vorfeld der Nationalratswahlen vom 6. März 1966 gründete Franz Olah
mit seiner Demokratisch Fortschrittlichen Partei eine eigene Partei. Ähnlich wie
vorher Christian Broda, dem Olah unterstellt hatte, zu einer Rechtsvertretung
Habsburgs bereit gewesen zu sein, wurde nun diesem – wie in den Medien oder

---

967   Vgl. hierzu: Protokoll über die Sitzung der Hauptwahlbehörde am 18.11.1964 (Beschluss-
      fassung über die Frage des Mandatsverzichtes des Abgeordneten zum Nationalrat Franz
      Olah). AChB, ÖNB, Handschriftensammlung, III.142/2.1
968   Skalnik, Kurt, Der letzte der Tribunen, in: Die Furche, 7.11.1964, zitiert nach: Lechner, »..
      Jener, dessen Namen unter den Lebenden nicht genannt werden mag.«, S. 435.
969   Leser, Zeitzeuge an Kreuzwegen, S. 95 f. sowie Leser, Salz der Gesellschaft, S. 147 ff. (insb.
      S. 154.).

einer vertraulichen Information im Nachlass von Christian Broda zu lesen ist – eine Anbiederung an Habsburg oder »ein Monarchist« zu sein, unterstellt.[970] Christian Broda wurde im Wahlkampf 1966 in der »Kronen-Zeitung« noch härter als 1964 angegriffen und gegen ihn eine Kampagne gestartet, die einzigartig in der Zweiten Republik war.

5.4. Umgang mit der NS-Vergangenheit

Mitte der 1960er Jahre, als die Olah-Krise auf ihrem Höhepunkt war, war Christian Broda nicht nur mit Fragen der Rechtsreform beschäftigt. Ein Thema, das für ihn und das Justizministerium immer stärker in den Vordergrund trat, war jenes des Umgangs mit der NS-Vergangenheit. 1961 fand in Jerusalem der Prozess gegen Adolf Eichmann, einen der Hauptorganisatoren des Holocaust, statt, der auch in Österreich und der BRD große Aufmerksamkeit fand. In Österreich stand eine rechtliche Klärung der Verjährungsfristen von NS-Verbrechen auf der politischen Tagesordnung, und die Justiz war – bis in die Mitte der 1970er Jahre – mit großen Kriegsverbrecherprozessen beschäftigt. In der Öffentlichkeit wurde breit thematisiert, dass sich NS-Richter und -Staatsanwälte, die in der NS-Zeit an der Fällung von Todesurteilen beteiligt waren, im Dienst der österreichischen Justiz befinden. 1965 erschütterte der Fall Borodajkewycz, der zum ersten politischen Todesopfer der Zweiten Republik führte, die Öffentlichkeit. Bei den Demonstrationen gegen Taras Borodajkewycz, der in seinen Vorlesungen an der Hochschule für Welthandel durch antisemitische Äußerungen aufgefallen war und hierbei auch Hans Kelsen nicht ausgespart hatte, wurde der ehemalige kommunistische Widerstandskämpfer Ernst Kirchweger durch den Rechtsextremisten Günther Kümel tödlich verletzt. Hans Kelsen, der zum 600jährigen Gründungsjubiläum der Universität Wien nach Österreich kommen wollte, sagte angesichts dessen zunächst seinen geplanten Wien-Aufenthalt ab,[971] kam schlussendlich aber doch als Gast der Bundesregierung nach Wien.[972] Christian Broda war einer jener, die mithalfen, den Trauermarsch auf der Wiener Ringstraße zu organisieren.[973] Das offizielle Österreich bereitete sich auf das Jubiläum 20 Jahre Zweite Republik vor und setzte ein Ministerkomitee ein, das – ganz im Sinne der vorherrschenden Op-

---

970 Vgl. hierzu etwa: Olah ein Monarchist?, in: Wiso. Wochenspiegel der Wirtschaft, Nr. 24, 8.6.1965, S. 3 f. sowie AChB, ÖNB, Handschriftensammlung, III.142/4.1.
971 AChB, ÖNB, Handschriftensammlung, Ib.242.
972 Fischer, Reflexionen, S. 124.
973 o. A. (Rabofsky, Eduard), Im Gedenken an Christian Broda, in: Mitteilungen der Österreichischen Vereinigung Demokratischer Juristen (ÖVDJ), März 1987, S. 7, Oberkofler, Eduard Rabofsky, S. 33.

ferdoktrin – die Geschichte des österreichischen Widerstands erforschen sollte. In der Wissenschaft setzte eine erste Auseinandersetzung mit der NS-Vergangenheit bzw. dem Widerstand ein.[974]

Christian Broda mit Hans Kelsen, 1965

Christian Broda war als Justizminister in all diese Fragenkomplexe eingebunden und zeigte in den einzelnen Bereichen ein unterschiedliches Engagement. Während er an der wissenschaftlichen Erforschung des Widerstands großes Interesse zeigte und diese als Justizminister unterstützte, ließ er dieses Engagement in der Frage der NS-Richter und der justiziellen Ahndung von NS-Verbrechen jedoch vermissen. Für viele tat er zu wenig – und das vor allem für seine ehemaligen WeggefährtInnen aus dem Widerstand oder Simon Wiesenthal, der als ehemaliger KZ-Häftling einen Großteil seiner Familie im Holocaust

---

974 Vgl. zur Entwicklung der österreichischen Zeitgeschichtsforschung in Österreich im Überblick: Uhl, Heidemarie, Gesellschaft – Gedächtnis – Kultur. Zu den Transformationen der österreichischen Zeitgeschichtsforschung, in: Franz, Margit / Halbrainer, Heimo / Lamprecht, Gerald / Schmidlechner, Karin M. / Staudinger, Eduard G. / Stromberger, Monika / Strutz, Andrea / Suppanz, Werner / Zettlbauer, Heidrun, Mapping Contemporary History. Zeitgeschichten im Diskurs. Festschrift zum 60. Geburtstag von Helmut Konrad, Wien 2008, S. 27 – 49.

verloren hatte und nun sein Leben in den Dienst der Ausforschung von NS-Tätern stellte. Broda hatte sich in ihren Augen dem herrschenden politischen Mainstream angepasst. Als Privatmann war er noch in den späten 1940er Jahren aktiv gegen die Bestellung von Josef Nadler[975] und Hans Sedlmayer[976] an die Universität Wien aufgetreten und hatte auch sein Umfeld alarmiert, um zu verhindern, dass Nadler und Sedlmayer, die beide in der NS-Zeit in hohen akademische Würden standen, an die Universität zurückkehren konnten. 1955 soll Broda, als er bereits als Anwalt tätig war, seinem ehemaligen Klassenkollegen Friedrich Heer gegenüber jedoch bereits gesagt haben, dass der »Nationalsozialismus heute überhaupt kein Problem mehr sei«.[977] In den 1960er Jahren richtete Broda den Blick – und das nicht nur in der Rechtsreform – lieber in die Zukunft als in die Vergangenheit. Auch in der Frage des Umgangs mit der NS-Vergangenheit spielte das Heute und das Morgen in seiner Argumentation eine große Rolle, wobei das »Nie mehr wieder«, die Bekämpfung neonazistischer und antisemitischer Ausschreitungen in der Gegenwart, die Erziehung zu einer liberalen-demokratischen Gesellschaft für Broda zumindest die gleiche, wenn nicht eine größere Bedeutung hatte wie die Aburteilung von NS-Verbrechern.

5.4.1. Die justizielle Ahndung von NS-Verbrechen

1945 wurden mit dem Verbots- und dem Kriegsverbrechergesetz die beiden zentralen Gesetze für die Entnazifizierung beschlossen. Mit dem Verbotsgesetz vom 8. Mai 1945 wurden die NSDAP, ihre Wehrverbände, ihre Gliederungen und angeschlossenen Verbände sowie alle nationalsozialistischen Organisationen und Einrichtungen aufgelöst und eine Neubildung ebenso verboten wie eine Betätigung für die NSDAP oder ihre Ziele. Ehemalige Mitglieder der NSDAP und ihrer Wehrverbände (auch wenn die Zugehörigkeit nur eine zeitweise war) sowie Parteianwärter und Personen, die sich um die Aufnahme in die SS beworben hatten, mussten sich bei der Gemeinde registrieren lassen. Verbunden damit waren als Teil der so genannten administrativ-bürokratischen Entnazifizierung auch Entlassungen und Sühneabgaben. Gleichzeitig sah das Verbotsgesetz aber auch Strafbestimmungen hinsichtlich einer nationalsozialistischen Wiederbetätigung, wegen Registrierungsbetrug [der Unterlassung einer Registrierung

---

975 AChB, ÖNB, Handschriftensammlung, Ib.196.
976 Schreiben an Bruno Pittermann vom 28.10.1960, AChB, ÖNB, Handschriftensammlung, Ib.261.
977 Adunka, Friedrich Heer, S. 48.

oder Falschmeldung, Anm. M. W.] und wegen Illegalität[978] bis zur Todesstrafe vor.[979]

Das Kriegsverbrechergesetz vom 26. Juni 1945 richtete sich demgegenüber gezielt gegen all jene Taten, die »den natürlichen Anforderungen der Menschlichkeit widersprechen« – unabhängig davon, ob sie zum Zeitpunkt der Begehung unter Strafe gestellt waren oder ob sie »auf Befehl« ausgeführt wurden. Das Kriegsverbrechergesetz enthielt damit – neben Tatbeständen, die bereits bei ihrer Begehung strafbar waren – auch rückwirkende Strafbestimmungen, die speziell auf den nationalsozialistischen Gewaltstaat abgestimmt waren. Formal wurde damit der Rechtsgrundsatz verletzt, dass keine Tat rückwirkend zu einer strafbaren Handlung erklärt werden kann. Angesichts der ungeheuren Dimensionen des NS-Gewaltregimes bestand 1945 unter den europäischen Juristen aber ein Konsens darüber, dass dies in der gegebenen Situation gerechtfertigt sei. Erfasst wurden vom Kriegsverbrechergesetz Kriegshetzerei, Quälerei und Misshandlungen, Verletzungen der Menschenwürde und Menschlichkeit, missbräuchliche Bereicherung, Denunziation und Hochverrat am österreichischen Volk. Gleichzeitig enthielt es auch Tatbestände, die durch die bloße Zugehörigkeit zu einer bestimmten Personengruppe definiert waren, da diese in ihrer Gesamtheit an verbrecherischen Handlungen beteiligt war. Hierdurch sollte die Verurteilung von »Schreibtischtätern«, denen ein individueller unmittelbarer Tatbeitrag nur selten nachzuweisen war, erleichtert werden. Als Strafmaß sah das Kriegsverbrechergesetz – neben dem Vermögensverfall – je nach Anklagepunkt von einem Jahr Kerker bis zur Todesstrafe vor.[980]

Mit der Aburteilung von NS-Verbrechen, für die neben dem Verbots- und dem Kriegsverbrechergesetz auch das österreichische Strafgesetz und das

---

978   Als »Illegaler« galt, wer sich zwischen dem 1. Juli 1933 und dem 13. März 1938 für die NSDAP betätigt hatte. Ebenfalls als »Illegaler« wurde betrachtet, wer vor dem 1. Juli 1933 Mitglied der NSDAP war und nach dem März 1938 als »alter Kämpfer« anerkannt wurde. Vor Gericht gestellt wurden »Illegale« jedoch nur unter bestimmten Umständen, etwa, wenn sie neuerlich straffällig wurden, sie eine politische Funktion ausgeübt hatten oder Handlungen aus besonders verwerflicher Gesinnung bzw. wider die Menschlichkeit begangen hatten. Vgl. zum Mitgliederwesen der NSDAP ausführlich: Wirth, Maria, Personelle (Dis)kontinuitäten im Bereich der Österreichischen Bundesforste / Reichsforstverwaltung 1938-1945-1955, in: Rathkolb, Oliver / Wirth, Maria / Wladika, Michael, Die »Reichsforste« in Österreich 1938 – 1945. Arisierung, Restitution, Zwangsarbeit und Entnazifizierung, Wien/Köln/Weimar 2010, S. 57 ff.

979   Verfassungsgesetz vom 8. Mai 1945 über das Verbot der NSDAP (Verbotsgesetz), StGBl. Nr. 13/1945.

980   Verfassungsgesetz vom 26. Juni 1945 über Kriegsverbrechen und andere nationalsozialistische Untaten (Kriegsverbrechergesetz), StGBl. Nr. 32/1945 sowie Garscha, Winfried R. / Kuretsidis-Haider, Claudia, Die strafrechtliche Verfolgung nationalsozialistischer Verbrechen – eine Einführung, in: Albrich, Thomas / Garscha, Winfried R. / Polaschek, Martin F. (Hg.), Holocaust und Kriegsverbrechen vor Gericht. Der Fall Österreich, Innsbruck/Wien/ Bozen 2006, S. 11 ff.

deutsche Reichsstrafgesetz von Bedeutung waren, wurden eigene Sondergerichte, die so genannten Volksgerichte, betraut. Diese bestanden bei den Landesgerichten in Wien, Linz, Graz, Innsbruck (zum Teil mit Außensenaten) und setzten sich aus zwei Berufsrichtern, von denen einer den Vorsitz führte, und drei Schöffen zusammen, wobei Berufs- und Laienrichter in gemeinsamer Beratung zur Urteilsfindung gelangten. Tätig waren die österreichischen Volksgerichte bis 1955, womit die Jahre von 1945 bis 1955 bzw. vor allem die Jahre bis 1948 zweifellos die Zeit der intensivsten Verfolgung von NS-Verbrechen darstellen. Insgesamt wurden vor den Volksgerichten 136.829 Ermittlungen anhängig gemacht, wobei rund 80 Prozent der Erhebungen vor dem März 1948 eingeleitet wurden, die Volksgerichte oft mit »Formaldelikten« wie Registrierungsbetrug oder »Illegalität« überlastet waren, sie mit dem Problem von fehlenden Unterlagen und der parallel arbeitenden alliierten Gerichtsbarkeit sowie einer unzulänglichen Situation im Bereich der Rechtshilfe zu kämpfen hatten. Anklage erhoben wurde in 28.148 Fällen, in 23.477 Fällen ergingen rechtskräftige Urteile, davon 9.870 Freisprüche und 13.607 Schuldsprüche. Die Todesstrafe wurde insgesamt 43 Mal verhängt und 30 Mal vollstreckt.[981]

1948, das heißt zu einem Zeitpunkt als bereits eine breite Amnestierungswelle für ehemalige Nationalsozialisten eingesetzt hatte und sich alle Parteien für eine rasche Wiedereingliederung der einfachen »Mitläufer« in die österreichische Gesellschaft aussprachen, wurde jedoch schon laut über eine Abschaffung der Volksgerichte diskutiert. Der Plan von Justizminister Gerö war es, sämtliche schwebende Verfahren nach dem Kriegsverbrecher- und Verbotsgesetz bis Ende 1948 abzuschließen, wodurch die Volksgerichte überflüssig geworden wären.[982] Der Wunsch nach einem baldigen Abschluss der Aufarbeitung der NS-Vergangenheit, auch einer justiziellen »Abrechnung« mit den NS-Verbrechen, und einem »Übergang zur Tagesordnung« wurde seitens der Großen Koalition oder ihrer maßgeblichen Funktionäre immer deutlicher. Innenpolitisch wurde eine Reintegration der ehemaligen Nationalsozialisten, vor allem der einfachen »Mitläufer« propagiert. Nach außen hin wurde – entsprechend der These vom »ersten Opfer« – eine strikte Abgrenzung vom Nationalsozialismus vorgenommen, für den vor allem Deutschland die Verantwortung tragen sollte. Auf legistischer Ebene trug diesem Bestreben zunächst eine Novellierung des Verbotsgesetzes Rechnung, die im Februar 1947 mit Zustimmung der Alliierten

---

981 Kuretsidis-Haider, Claudia, NS-Verbrechen vor österreichischen und bundesdeutschen
     Gerichten, in: Albrich, Thomas / Garscha, Winfried R. / Polaschek, Martin F. (Hg.), Holocaust und Kriegsverbrechen vor Gericht. Der Fall Österreich, Innsbruck 2006, S. 329
     sowie Undatierter Bericht an den Minister zum persönlichen Gebrauch, AChB, ÖNB,
     Handschriftensammlung, III.137.5. Die genannten Zahlen stammen von Claudia Kuretsidis-Haider, im zitierten Bericht weichen diese leicht ab.
982 Vgl.: http://www.nachkriegsjustiz.at/service/gesetze/gs_einleitung.php (16.3.2009).

beschlossen wurde. Das Nationalsozialistengesetz 1947 ging von der Illegalität als zentralem Kriterium in der Entnazifizierung ab und brachte eine neue Unterscheidung in »Belastete« und »Minderbelastete«. Anstelle formaler Gesichtspunkte (wie etwa dem Eintrittsdatum in die NSDAP) wurde nun das Ausmaß der Aktivität für den Nationalsozialismus stärker in den Vordergrund gerückt. Als »belastet« galten in diesem Sinn alle Funktionäre vom Zellenleiter aufwärts, Angehörige der SS, der Gestapo, des SD (Sicherheitsdiensts), Untersturmführer oder höhere Ränge von SA, NSKK, NSFK, höhere Funktionäre sonstiger Gliederungen, Organisationen oder angeschlossener Verbände, Träger hoher nationalsozialistischer Orden sowie wegen § 10, 11 und 12 VG (»Illegale« oder illegale Förderer der NSDAP) oder nach dem Kriegsverbrechergesetz Verurteilte. Alle anderen Personen wurden als »minderbelastet« eingestuft und sollten rasch wieder zu gleichberechtigten Mitgliedern der österreichischen Gesellschaft werden.[983] Eine Reihe von Amnestien – vorerst für die »Minderbelasteten« – bis hin zu finalen NS-Amnestie 1957, die die Amnestierungswelle schließlich auch auf die »Belasteten« ausweitete, nachdem eine solche 1952 noch am Einspruch der Alliierten gescheitert war, setzten diese Entwicklung fort. Besonders die Nationalratswahlen 1949, bei denen die »Minderbelasteten« wieder wählen konnten, führten zu einem heftigen Werben der Parteien um die Stimmen der »Ehemaligen« und ihrer Familien. Die »Ehemaligen« wurden zu einem WählerInnenreservoir, um das sich alle Parteien bemühten. Die Aufhebung der Volksgerichte, die Justizminister Gerö bereits im Juni 1948 im Nationalrat angekündigt hatte, scheiterte vorerst jedoch am Einspruch der Alliierten. Als Ende November 1950 im Nationalrat ein entsprechendes Gesetz beschlossen wurde, versagte der Alliierte Rat diesem erneut seine Zustimmung. 1955, nach der vollen Wiederherstellung der österreichischen Souveränität durch den Staatsvertrag, wodurch keine Genehmigung durch die Alliierten mehr nötig war, folgte neuerlich ein entsprechender Vorstoß. Die Volksgerichte wurden mit Ende 1955 abgeschafft und die Ahndung von NS-Verbrechen Geschworengerichten übertragen. Bestehend aus acht Geschworenen und drei Berufsrichtern hatten hier nur die Geschworenen das Urteil zu fällen. Die Festlegung des Strafausmaßes erfolgte in gemeinsamer Beratung von Berufs- und LaienrichterInnen.[984] Bereits seit Anfang der 1950er Jahre war es zudem – wie in einer vertraulichen Information im Nachlass von Christian Broda nachgelesen werden kann – zu einer Welle von Einzelgnadenakten gekommen, die dazu führten, dass »nahezu alle nach 1945 Verurteilten auf freien Fuß gesetzt wurden.« Als in den Jahren nach 1953 bzw. 1955 dann eine Reihe von Personen aus der Sowjetunion nach

---

983 Bundesverfassungsgesetz vom 6. Februar 1947 über die Behandlung der Nationalsozialisten (Nationalsozialistengesetz), BGBl. Nr. 25/1947.

984 http://www.nachkriegsjustiz.at/prozesse/geschworeneng/index.php (16.3.2009).

Österreich überstellt wurden, gegen die ein Strafverfahren lief, wurde auch hier »großzügig mit Einstellung bzw. Abolition« vorgegangen.[985]

Mit der bereits angesprochenen NS-Amnestie 1957 wurde schließlich nicht nur das Verbotsgesetz teilweise außer Kraft gesetzt, sondern auch das Kriegsverbrechergesetz aufgehoben. Deutlich wurde damit – so Claudia Kuretsidis-Haider von der Zentralen österreichischen Forschungsstelle Nachkriegsjustiz – nach der Abschaffung der Volksgerichte neuerlich ein klares Desinteresse des Gesetzgebers an der weiteren Verfolgung von NS-Verbrechern. Die NS-Amnestie, mit der man einen »Schlussstrich« unter die NS-Vergangenheit ziehen wollte, bewirkte »nicht nur die Einstellung einer ganzen Reihe von noch offenen Verfahren, sondern darüber hinaus die Verstärkung der bereits seit Jahren feststellbaren Tendenz zur Bagatellisierung der NS-Verbrechen«.[986] Abzuurteilen waren NS-Verbrechen nun nach dem Strafgesetz, auf das die österreichische Justiz neben dem Verbots- und Kriegsverbrechergesetz bereits in den Jahren zuvor zurückgegriffen hatte. Im Gegensatz zum Kriegsverbrechergesetz, das erlassen worden war, um dem besonderen Charakter von NS-Verbrechen gerecht zu werden und mit dem auch »Schreibtischtäter« gefasst werden konnten, wurde damit deren Verfolgung aber enorm erschwert. Während unmittelbar nach 1945 – so wiederum Claudia Kuretsidis-Haider – noch eher mit dem Strafgesetz allein eine Verfolgung von NS-Tätern möglich bzw. in späteren Jahren »Sondergesetze wie das österreichische Kriegsverbrechergesetz […] eher notwendig« gewesen wären, stand dies jedoch nicht mehr zur Verfügung.[987] Zugleich stellte sich die (im Nachlass von Christian Broda mehrfach dokumentierte) Überlegung, wonach die Abschaffung der Volksgerichte bzw. die Aufhebung des Kriegsverbrechergesetzes auch dadurch motiviert gewesen sei, dass »man angenommen hat«, bis zu diesem Zeitpunkt alle unter diese Bestimmungen fallenden Verbrechen bereits abgeschlossen oder zumindest gerichtsanhängig gemacht zu haben, als grobe Fehleinschätzung heraus.[988]

985　Vertrauliche Information betreffend die Behandlung der ns. Gewaltverbrechen in Österreich vom 10. März 1965, AChB, ÖNB, Handschriftensammlung, III.139.4. Vgl. zur Entnazifizierung in Österreich allgemein: Stiefel, Dieter, Entnazifizierung in Österreich, Wien/München/Zürich 1981 oder Schuster, Walter / Weber, Wolfgang (Hg.), Entnazifizierung im regionalen Vergleich: der Versuch einer Bilanz, Linz 2004 und zu den Begnadigungen auch: Kuretsidis-Haider, Claudia, »Persönliche Schuld ist faktisch keine vorhanden« – Innenminister Oskar Helmer und die Begnadigung von verurteilten NS-Tätern, in: Justiz und Erinnerung 8 (2003) S. 1–6.

986　Kuretsidis-Haider, NS-Verbrechen vor österreichischen und bundesdeutschen Gerichten, S. 333.

987　Ebenda, S. 348.

988　Vgl. hierzu etwa: 1. Ministerratsvortrag zum Entwurf eines Bundesgesetzes über die Verlängerung von Verjährungsfristen vom 28.2.1963 sowie Erläuternde Bemerkungen zur Regierungsvorlage zu einem Bundesgesetz über die Verlängerung von Verjährungsfristen

Vielmehr wurden mit den späten 1950er Jahren neue ausländische Akten-
bestände zugänglich, die auch für die österreichischen Kriegsverbrecherprozesse von Bedeutung waren. In der BRD wurde 1958 von den Landesjustizver-
waltungen in Ludwigsburg eine zentrale Stelle zur Aufklärung nationalsozialistischer Gewaltverbrechen gegründet, um die Ermittlungen der deutschen
Staatsanwaltschaften gegen NS-Täter zu koordinieren. In Jerusalem fand vom
10. April bis 15. August 1961 der Prozess gegen Adolf Eichmann statt, der auch
in Österreich ein großes Medienecho hervorrief und Politik und Justiz dazu
zwang, der Verfolgung von NS-Tätern wieder größere Aufmerksamkeit zu
schenken bzw. – um es noch drastischer zu formulieren – die Entscheidung, die
Verfolgung von NS-Tätern allmählich einem Ende zuzuführen, zu revidieren.
Der Prozess verlieh – wie Christian Broda im April 1964 gegenüber der israelischen Zeitung »Maariv« bestätigte – der Suche nach Nazi-Verbrechern
»zweifellos« neue Impulse.[989] Nicht zuletzt wurde als direkte Folge des Eichmann-Prozesses im österreichischen Innenministerium 1963 – sozusagen als
Pendant zu Ludwigsburg – eine eigene Abteilung (erst unter der Bezeichnung
Abteilung IIC, dann unter der Bezeichnung Abteilung 18) eingerichtet. Ihre
Aufgabe war es, die polizeiliche Ermittlungsarbeit voranzutreiben, wenn auch
die Anzahl der Staatsanwälte, die die NS-Verbrecher vor Gericht bringen sollte,
nach wie vor gering blieb. Broda soll hier – wie Simon Wiesenthal oft betonte –
nach der Übernahme des Justizministeriums zwar eine Verbesserung in Aussicht gestellt haben, diese – so Wiesenthal, der Broda gerne damit konfrontierte,
dass er mit den deutschen Stellen viel besser zusammenarbeiten könne und dort
die Verfolgung von NS-Tätern auch viel engagierter betrieben werde – aber nicht
verwirklicht haben.[990] Neu aufgerollt wurde als Folge des Eichmann-Prozesses
und der internationalen Entwicklung auch die Frage der Verjährung von NS-
Verbrechen, auf die die Kultusgemeinde bereits seit längerem gedrängt hatte.[991]
Vorauszuschicken ist hierbei folgendes: 1945 wurde im Verbots- und
Kriegsverbrechergesetz festgeschrieben, dass die in diesen Gesetzen mit Strafe
bedrohten Handlungen frühestens mit dem Inkrafttreten der Gesetze beginnen.

---

im Strafverfahren, StPNR, X. GP, 143 Blg., in: AChB, ÖNB, Handschriftensammlung,
III.137.1 und III.137.2.
989 Interview mit Christian Broda in »Maariv« am 12.4.1964, in: AChB, ÖNB, Handschriftensammlung, III.135.5.
990 Vgl. hierzu: Gespräch mit Simon Wiesenthal, in: Bilanz. Das österreichische Studenten-
magazin, Juni 1965, S. 10–12 sowie »Wiesenthal-Memorandum« an die österreichische
Bundesregierung vom 12.10.1966, in: AChB, ÖNB, Handschriftensammlung, V.508.1.
991 Vgl. hierzu: Garscha, Winfried R., Eichmann: Eine Irritation, kein Erdbeben. Zu den
Auswirkungen des Prozesses von Jerusalem auf das Österreich des »Herrn Karl«, in: Falch,
Sabine / Zimmermann, Moshe (Hg.), Israel – Österreich. Von den Anfängen bis zum
Eichmann-Prozess 1961, Innsbruck/Wien/Bozen 2005, S. 186–226 sowie Der Eichmann-
Prozess und die österreichische Justiz. Undatiertes Manuskript, in: AChB, ÖNB, Hand-
schriftensammlung, III.134.2

Im Nationalsozialistengesetz 1947 wurde betreffend die Novellierung des Verbotsgesetzes bestimmt, dass die Verjährungsfrist frühestens mit dem 6. Juni 1945 bzw. hinsichtlich der Novellierung des Kriegsverbrechergesetzes mit dem 29. Juni 1945 beginnt. Desgleichen sollte auch für Taten, die nur in den allgemeinen Strafgesetzen mit Strafe bedroht waren, die Verjährung frühestens mit dem 29. Juni 1945 beginnen, »sofern der Täter aus nationalsozialistischer Gesinnung oder aus Willfährigkeit gegenüber Anordnungen gehandelt hat, die im Interesse der nationalsozialistischen Gewaltherrschaft oder aus nationalsozialistischer Einstellung ergangen sind«. Eine nach dem Strafgesetz schon eingetretene Verjährung sollte der Untersuchung und Bestrafung nicht entgegenstehen.[992] Ausgeschlossen von einer Verjährung waren nach dem geltenden österreichischen Strafgesetz damals alle Verbrechen, auf die die Todesstrafe stand. Als die Todesstrafe 1950 im ordentlichen Verfahren abgeschafft und bestimmt worden war, dass an ihre Stelle die Strafe des lebenslangen schweren Kerkers tritt, betrug die längste in Österreich vorgesehene Verjährungsfrist generell nur mehr 20 Jahre – wenn unter den österreichischen Juristen auch keine Einigkeit bestand, ob mit der Todesstrafe automatisch die Unverjährbarkeit der früher damit bedrohten Strafen aufgehoben worden war.[993] Zugleich setzte mit der Abschaffung des Kriegsverbrechergesetzes die Verjährungsfrist für alle Delikte mit dem Zeitpunkt der Begehung der Tat ein. Spätestens mit Mai 1965 wäre somit keine Verfolgung von NS-Tätern mehr möglich gewesen, was angesichts der geschilderten Situation – dem Eichmann-Prozess in Jerusalem, den neuen Aktenbeständen und der Entwicklung in der BRD – untragbar geworden war.

Am 10. Juli 1963 wurde daher in Anlehnung an das Kriegsverbrechergesetz im Nationalrat mit den Stimmen von ÖVP und SPÖ (gegen jene der FPÖ) eine Verlängerung der Verjährungsfrist beschlossen. Hiernach sollte »bei gerichtlich strafbaren Handlungen, die der Täter aus nationalsozialistischer Gesinnung oder aus Willfährigkeit gegenüber Anordnungen begangen hat, die im Interesse der nationalsozialistischen Gewaltherrschaft oder aus nationalsozialistischer Einstellung ergangen sind«, die Verjährung frühestens mit dem 29. Juni 1945 beginnen.[994] Eine bereits eingetretene Verjährung sollte die Strafverfolgung ausschließen, da durch die Verjährung ein Anspruch des Täters nicht mehr verfolgt zu werden, entstanden war und »unter den geordneten Verhältnissen der Gegenwart und angesichts der schon seit langer Zeit eingetretenen inner-

---

992 Bundesverfassungsgesetz vom 6. Februar 1947 über die Behandlung der Nationalsozialisten (Nationalsozialistengesetz), BGBl. Nr. 25/1947.

993 Vgl. hierzu: Erläuternde Bemerkungen zur Regierungsvorlage zu einem Bundesgesetz über die Verlängerung von Verjährungsfristen im Strafverfahren, StPNR, X. GP, Blg. 143 sowie Regierungsvorlage für das Strafrechtsänderungsgesetz 1965, StPNR, X. GP, Blg. 650.

994 Bundesgesetz vom 10. Juli 1963 über die Verlängerung von Verjährungsfristen im Strafverfahren, BGBl. Nr. 180/1963.

politischen Befriedung« nicht mehr vertretbar wäre.[995] Die Bedeutung des Gesetzes unterstrich Broda im Nationalrat am 10. Juli 1963 mit den Worten:

> »Wenn Sie jetzt über den vom Justizausschuss zur Annahme vorgeschlagenen Geset
> zesentwurf abstimmen, werden Sie zu entscheiden haben, ob in Zukunft furchtbare
> Bluttaten, deren Täter neu entdeckt werden, noch verfolgt werden können oder un
> gesühnt bleiben sollen.«[996]

Relevant war die Verlängerung der Verjährungsfristen jedoch nur für jene NS-
Verbrechen, die zwischen 1943 und 1945 begangen worden waren, womit immer
noch der Gedanke im Raum stand, die justizielle Ahndung von NS-Verbrechen
einem baldigen Ende zuzuführen. Die Staatsanwaltschaften wurden angewiesen,
überall dort, wo es möglich war, Verfahren einzuleiten, um einer Verjährung
zuvorzukommen und setzten gerichtliche Verfolgungsschritte »schon bei Vorliegen auch nur entferntester Verdachtsgründe«.[997] Aus »formal-juristischen
Gründen« wurde – wie dies etwa im bereits zitierten Interview in »Maariv« aus
dem Frühjahr 1964 nachgelesen werden kann – jedoch daran festgehalten,
überall dort, wo die Gerichtsbehörden bis 1965 nicht eingeschritten waren,
»einen Strich unter diese traurige Zeit« zu ziehen, was – so Broda – jedoch nicht
bedeuten sollte, die Naziverbrechen der Vergessenheit anheim fallen zu lassen.
Ganz im Gegenteil sollte die Justiz auch nach dem Eintritt der Verjährung durch
das Zugänglichmachen von Unterlagen für die Öffentlichkeit zu einem Erziehungsprozess beitragen, den Broda hier und in späteren Beiträgen immer wieder
betonte. Dabei vermerkte er, dass natürlich auch von den NS-Prozessen ein
solcher Erziehungsprozess ausgehen könne. Da die Durchführung solcher
Prozesse von Jahr zu Jahr schwieriger werde und oft nicht das gewünschte Ziel
erreicht würde, würden sie aber auch die Gefahr bergen, diese erzieherische
Aufgabe zu verhindern bzw. noch vielmehr ins Gegenteil zu verkehren. Broda,
der im Beitrag in »Maariv« auch seine eigene Widerstandstätigkeit nicht unerwähnt ließ und eine »Reinigung« der österreichischen Justiz betonte, die hier
zweifellos besser dargestellt wurde, als sie wirklich war, äußerte sich somit
skeptisch über die Erfolgsaussichten weiterer NS-Prozesse. Angesprochen
wurde im Interview auch der Fall Murer und die Tendenz der Geschworenengerichte, NS-Verbrecher freizusprechen.[998] Insgesamt war es – wie eine Aufstellung der Zentralen österreichischen Forschungsstelle Nachkriegsjustiz zeigt

---

995 Regierungsvorlage zu einem Bundesgesetz über die Verlängerung von Verjährungsfristen
    im Strafverfahren, StPNR, X. GP, Blg. 143, in: AChB, ÖNB, Handschriftensammlung,
    III.137.2.
996 AChB, ÖNB, Handschriftensammlung, III.137.3.
997 Undatierter Bericht an den Minister zum persönlichen Gebrauch, AChB, ÖNB, Handschriftensammlung, III.137.5.
998 Interview mit Christian Broda in »Maariv« am 12.4.1964, in: AChB, ÖNB, Handschriftensammlung, III.135.5.

– seit der Abschaffung der Volksgerichte 1955 bis zum April 1964 zur Anklage gegen 23 Personen gekommen, wobei diese Verfahren (ebenfalls bis 1964) mit 16 Freisprüchen und 6 Schuldsprüchen abgeschlossen wurden.[999] Das Verfahren gegen Franz Murer, der wegen der Tötung und Misshandlung von sowjetischen Juden als leitender Angehöriger des Gebietskommissariats Wilna angeklagt war, führte 1963 zu einem Freispruch, der durch den Obersten Gerichtshof in Folge einer Nichtigkeitsbeschwerde der Staatsanwaltschaft Graz aufgehoben wurde. 1974 wurde das Verfahren durch das Landesgericht Graz eingestellt.[1000]

Die Frage der Verjährungsfristen blieb trotz der dargestellten Skepsis auf Seiten Brodas – und das nicht zuletzt aufgrund der internationalen Entwicklung und dem Druck der Opfer- und Widerstandsverbände – jedoch auf der Tagesordnung und intensivierte sich mit Ende 1964 erneut. Im Justizministerium wurde die Frage einer Verlängerung der Verjährungsfrist in verschiedener Hinsicht geprüft. Rechtstheoretische, rechtstechnische, moralische und staatspolitische Aspekte wurden ebenso berücksichtigt wie die Entwicklung im Ausland. Hierbei wurde in rechtstechnischer Hinsicht vor allem die Frage nach einer Zulässigkeit von rückwirkenden Strafbestimmungen erörtert. In staatspolitischer Hinsicht dominierte die Frage nach dem Ansehen Österreichs im Ausland, aber auch die Gefahr, dass Österreich zum Zufluchtsort von flüchtigen NS-Tätern werden könnte, da diese – wenn keine Strafverfolgung im eigenen Land mehr möglich war – auch nicht ausgeliefert hätten werden können. Und in moralischer Hinsicht wurde festgestellt, dass das Rechtsgefühl der Bevölkerung noch nicht beruhigt sei.[1001] In Hinblick auf die realen Konsequenzen einer weiteren Verlängerung der Verjährungsfrist warnte ein Bericht für den persönlichen Gebrauch des Ministers davor, dass ein »weiteres Hinausschieben des Endes der Verjährungsfrist« in der Öffentlichkeit wahrscheinlich zwar große Erwartungen entstehen lassen würde, praktisch würde dies aber »voraussichtlich kaum wesentliche Bedeutung haben«, weil

»1.) sich die Beweislage mit dem zunehmenden zeitlichen Abstand zu den Straftaten immer rascher zu ungunsten der Verfolgungsbehörden verschlechtert [..];

2.) die Neigung der Geschworenen zu Freisprüchen in politischen Prozessen (vgl. auch die Haltung in der Zwischenkriegszeit: Schattendorf, Simmering) sicherlich nicht geringer werden wird.«

---

999 Bis zur Nationalratswahl vom 6. März 1966 wurden noch sechs weitere Personen vor Gericht gestellt, wobei die Verfahren jedoch nur in vier Fällen bis Ende 1966 abgeschlossen wurden.
Vgl.: http://www.nachkriegsjustiz.at/prozesse/geschworeneng/chronik_wg.php (28.3.2009).

1000 Vgl. hierzu: Wisinger, Marion, Über den Umgang der österreichischen Justiz mit nationalsozialistischen Gewaltverbrechern, Univ.-Diss., Wien 1991.

1001 AChB, ÖNB, Handschriftensammlung, III.137.5.

Es müsse daher damit gerechnet werden, dass »in Zukunft nur mehr ganz wenige Personen angeklagt werden können«.[1002]

In der BRD, wo in den letzten Monaten ebenfalls über die Verjährungsfrage debattiert worden war, fiel im Dezember 1964 die Entscheidung, die Verjährungsfrist aus verfassungsrechtlichen Gründen nicht zu verlängern, was auf internationalen Protest stieß. Statt dessen erfolgte hier ein Aufruf an die Öffentlichkeit im In- und Ausland zur Bekanntgabe aller noch nicht bekannten Materialien über Verbrechen in der NS-Zeit, damit noch vor dem Einsetzen einer Verjährung – auch in der BRD betrug zu diesem Zeitpunkt die längste bestehende Verjährungsfrist 20 Jahre – eine Verfolgung eingeleitet werden könne.[1003]

Christian Broda berichtete dem Ministerrat am 15. Dezember 1964 in einem Zwischenbericht über die Arbeiten des Justizministeriums und kündigte einen abschließenden Bericht zur Verlängerung der Verjährungsfrist für Jänner 1965 an, nachdem er in dieser Frage entsprechende Memoranden des Bundes sozialistischer Freiheitskämpfer, des Bundesverbandes österreichischer Widerstandskämpfer (KZ-Verband) und der Israelitischen Kultusgemeinde erhalten hatte. Vor einer endgültigen Entscheidung wollte er erst noch eine Stellungnahme des Verfassungsdienstes im Bundeskanzleramt und des Außenministeriums einholen. Mit Innenminister Czettel und Außenminister Kreisky sprachen sich zu diesem Zeitpunkt jedoch bereits gewichtige Regierungsmitglieder für eine Verlängerung der Verjährungsfristen aus. Maßgeblich war sowohl für Czettel als auch Kreisky, dass neues, im Ausland zur Verfügung gestelltes Belastungsmaterial vorhanden sei. Kreisky, der Broda schon zuvor immer wieder mit Informationen über die Reaktionen auf die österreichischen NS-Prozesse im Ausland versorgt hatte,[1004] hatte Broda zudem bereits im Vorfeld der Ministerratsbesprechung ausdrücklich seine »volle Unterstützung« in der Verlängerung der Verjährungsfristen zugesagt.[1005]

Broda, der – wie genannt – noch die Berichte des Verfassungsdienstes und des Außenministeriums abwarten wollte, sagte indessen dem Bund sozialistischer Freiheitskämpfer am 16. Dezember in Beantwortung von dessen Memorandum seine Unterstützung zu, wenn sein Glaube an die Erfolgsaussichten weiterer Prozesse – wie spätere Stellungnahmen belegen – auch nicht größer geworden

---

1002 Undatierter Bericht an den Minister zum persönlichen Gebrauch, AChB, ÖNB, Handschriftensammlung, III.137.5.

1003 Vgl. hierzu vor allem eine Information von Außenminister Kreisky an Christian Broda, in der er auf die Reaktionen in Polen verwies. Schreiben von Bruno Kreisky an Christian Broda vom 4.12.1964, in: AChB, ÖNB, Handschriftensammlung, III.137.5 sowie Aufruf Bonns zur Bekanntgabe von NS-Verbrechen, in: Süddeutsche Zeitung, 21./22.11.1964.

1004 Notizen über die Ministerratssitzung vom 15.12.1964, AChB, ÖNB, Handschriftensammlung, III.137.5.

1005 Schreiben von Bruno Kreisky an Christian Broda vom 9.12.1964, in: AChB, ÖNB, Handschriftensammlung, III.137.5.

sein dürfte.[1006] Nachdem im Jänner 1965 dann positive Stellungnahmen des Verfassungsdienstes und des Außenministeriums und eine entsprechende Empfehlung des Europarats vom 28. Jänner vorlagen, teilte Broda dem Ministerrat am 5. Februar mit, dass das Justizministerium der Bundesregierung in Bälde eine Regierungsvorlage zu einem Strafrechtsänderungsgesetz 1965 für die Weiterleitung an die Organe der Bundesgesetzgebung zukommen lassen werde. Dieses werde es ermöglichen, auch nach dem 29. Juni 1965 »Straftaten zu verfolgen, welche schon zur Zeit ihrer Begehung und bis zur Abschaffung der Todesstrafe [...] unverjährbar gewesen sind.«[1007] Ein Entwurf für ein Strafrechtsänderungsgesetz 1965, der von Staatssekretär Hetzenauer ausgearbeitet worden war und auch einzelne Punkte des von Broda betriebenen Gesetzes zum Schutz des inneren Friedens enthielt, lag zu diesem Zeitpunkt bereits vor und wurde von Friedrich Nowakowski in zwei Berichten ausführlich kommentiert. Anzumerken ist hierbei, dass auch Nowakowski aus rechtstechnischer Sicht keine Widerstände gegen eine Verlängerung der Verjährung sah. Vielmehr merkte auch er an, dass die starke Beschäftigung der Öffentlichkeit mit den NS-Verbrechen eine strafrechtliche Reaktion verlange und auch generalpräventive bzw. politisch-pädagogische Wirkung für die Zukunft haben könne, da mit den NS-Prozessen Werthaltungen transportiert werden könnten. Generell hielt er eine Unverjährbarkeit im österreichischen Strafrecht aus grundsätzlichen kriminalpolitischen Erwägungen jedoch für verfehlt und kritisierte am Entwurf von Hetzenauer, dass – wenn schon eine Aufhebung der Verjährung vorgenommen werde – in der gewählten Formulierung tunlichst vermieden werden muss, an die Todesstrafe zu erinnern, da diese sonst eine Aufwertung erfahren würde. Insgesamt befürchtete Nowakowski, dass mit einem neuen Strafrechtsänderungsgesetz die große Strafrechtsreform konterkariert bzw. sogar ganz zu Grabe getragen würde. Was die Verjährung betrifft, wurde von ihm zudem angemerkt, dass auch der Strafgesetzentwurf keine Unverjährbarkeit vorgesehen habe und dies im Begutachtungsverfahren auch nicht kritisiert worden sei.[1008]

Die Entscheidung für das Strafrechtsänderungsgesetz 1965 war zu diesem Zeitpunkt jedoch bereits gefallen. Von Christian Broda wurde es knapp vor dessen Verabschiedung im »Sozialistischen Akademiker« als die »Erfüllung einer Ehrenschuld« bezeichnet. Wie in den Monaten zuvor warnte er aber auch erneut vor überhöhten Erwartungen an das Gesetz, da man die »unvorstellbaren Schrecknisse des totalitären Systems [...] mit gerichtlichen Mitteln nicht erfassen, aber auch nicht ›gutmachen‹« könne. Er betonte, dass viele verschiedene

---

1006 Schreiben von Christian Broda an den Bund Sozialistischer Freiheitskämpfer und Opfer des Faschismus vom 16.12.1964, AChB, ÖNB, Handschriftensammlung, III.137.5.
1007 Mündlicher Vortrag an den Ministerrat vom 5.2.1965, in: AChB, ÖNB, Handschriftensammlung, III.295.9.
1008 AChB, ÖNB, Handschriftensammlung, III.138.2 und III.138.3.

Faktoren zusammenwirken müssten, um der heranwachsenden Jugend nahe zu bringen, warum sich niemals wiederholen darf, was einmal gewesen ist, und dass die Justiz hierzu nur einen Beitrag leisten könne. Worauf es schließlich ankomme, sei der Erziehungsprozess und nicht etwa die Zahl der nach 20 Jahren gefällten Schuldsprüche oder das Ausmaß der verhängten Freiheitsstrafen.[1009]

Im Nationalrat wurde das Strafrechtsänderungsgesetz 1965 am 31. März 1965 beschlossen. Es bestimmte, dass bei Verbrechen, bei denen die Strafe des lebenslangen schweren Kerkers angedroht ist, keine Verjährung besteht, womit – wie in den Beilagen zum Gesetzesvorschlag nachgelesen werden kann – ein für allemal Rechtssicherheit in die Frage der Verjährung gebracht werden sollte. Gelten sollte dies auch für strafbare Handlungen, die vor dem Inkrafttreten des Strafrechtsänderungsgesetzes 1965 begangen worden waren, womit eine Verjährung rückwirkend ausgeschlossen wurde. Zugleich wurden in das Strafrechtsänderungsgesetz – wie es das von Broda propagierte Gesetz zum Schutz des inneren Friedens vorgesehen hatte – Bestimmungen aufgenommen, die die Herabwürdigung österreichischer Symbole zum Inhalt hatten. Ebenso unter Strafsanktion gestellt wurden die Tätigkeit für einen militärischen Nachrichtendienst oder für einen fremden Staat, die Auskundschaftung eines Geschäfts- oder Betriebsgeheimnisses, auch zugunsten des Auslandes, der Missbrauch von Tonaufnahme- oder Abhörgeräten und der unbefugte Gebrauch von Fahrzeugen.[1010] Die anderen im Entwurf des Staatsschutzgesetzes vorgesehenen Strafsanktionen wie die »Aufhetzung zum Hass und zur Verachtung einer bestimmten Gruppe von Menschen, die einer Religion, Rasse, Nation usw. angehörten«, wurden – so Elisabeth Schilder – jedoch nicht in das Strafrechtsänderungsgesetz inkludiert, da sie vom Koalitionspartner nicht akzeptiert worden waren.[1011]

1965 hat sich Österreich somit zu einer »großen« Lösung durchgerungen – wenn diese mitunter auch dahingehend kommentiert wird, dass sie so schnell erfolgte, um einer breiten öffentlichen Debatte zu entgehen.[1012] In der BRD fiel ebenfalls im März 1965 die Entscheidung, die Verjährung mit 31. Dezember 1949 anzusetzen, nachdem 1964 eine Verlängerung der Verjährungsfrist noch abgelehnt worden war. Endgültig aufgehoben wurde die Verjährung für Mord hier

---

1009 Broda, Christian, Erfüllung einer Ehrenschuld. NS-Kriegsverbrechen werden nicht verjähren, in: Der Sozialistische Akademiker 3 (1965) S. 3 f.

1010 Bundesgesetz vom 31. März 1965, womit das Strafgesetz und die Strafprozessordnung geändert und ergänzt werden (Strafrechtsänderungsgesetz 1965), BGBl. Nr. 79/1965. Vgl. zur Entstehungsgeschichte im Detail: AChB, ÖNB, Handschriftensammlung, III.295.

1011 Schilder, Rechtspolitik und Gesetzgebung, S. 18.

1012 Garscha, Winfried, Simon Wiesenthals Beitrag zur gerichtlichen Verfolgung der NS-Täter in Österreich. Referat im Rahmen der Tagung »Österreichs Umgang mit der NS-Täterschaft« anlässlich des 90. Geburtstags von Simon Wiesenthal, S. 9, online: http://www.doew.at/thema/wiesenthal/garscha.pdf (29.3.2009).

erst 1979, nachdem 1969 in der BRD die Verjährung für Völkermord aufgehoben und die Verjährungsfrist für Mord auf 30 Jahre heraufgesetzt worden war. Im Gegensatz zur BRD, wo die Verfolgung von NS-Tätern durch die Gründung der zentralen Stelle zur Aufklärung nationalsozialistischer Gewaltverbrechen in Ludwigsburg zweifellos eine neue Intensität erreichte, nachdem sich auch die bundesdeutschen Strafverfolgungsbehörden in den 1950er Jahren am Rande einer »Justizverweigerung« bewegten,[1013] entschied sich Österreich somit früher für eine Unverjährbarkeit von NS-Mordtaten.

Positiv zur Kenntnis genommen wurde dies auch von Simon Wiesenthal. Weiterhin heftig kritisiert wurden von ihm aber die Bedingungen für die Durchführung von NS-Prozessen. So nannte er in einem Memorandum an die österreichische Bundesregierung vom 12. Oktober 1966, das somit bereits in die Alleinregierung Klaus datiert, dass für die Verfolgung von NS-Tätern viel zu wenig Personal zur Verfügung stehe. In der Abteilung 18 im Innenministerium stünden, anstatt der ursprünglich zehn Beamten, 1966 nur mehr sechs Beamte zur Verfügung. Und auch die Anzahl der für die Verfolgung von NS-Verbrechern zuständigen Staatsanwälte wäre viel zu gering, bearbeiteten doch – wie aus dem Nachlass von Christian Broda hervorgeht – bei der Staatsanwaltschaft Wien im Februar 1964 nur drei Staatsanwälte 21 Tatkomplexe, darunter so große Bereiche wie Auschwitz oder Treblinka.[1014] »Grob geschätzt« liefen im März 1965 – wie ebenfalls aus dem Nachlass von Christian Broda ersichtlich wird – gegen 1000 Personen »Erhebungen wegen ns. Gewaltverbrechen«.[1015] Wiesenthal nannte demgegenüber in seinem Memorandum im Oktober 1966, dass bei den öster-reichischen Gerichten derzeit Vorerhebungen gegen etwa 1100 Personen geführt würden.[1016] Viel zu wenige Staatsanwälte waren somit mit einer Vielzahl von Verfahren überlastet. Rechtshilfeabkommen und eine Zusammenarbeit mit der Zentralen Stelle zur Aufklärung nationalsozialistischer Gewaltverbrechen in Ludwigsburg halfen zwar bei der Täterforschung. Ein Rechtsinstrumentarium, das die Anklage von NS-Verbrechern im Gegensatz zu der unmittelbaren

---

1013 Kuretsidis-Haider, NS-Verbrechen vor österreichischen und bundesdeutschen Gerichten, S. 334.

1014 Strafverfahren wegen NS-Gewaltverbrechen bei der StA Wien, Bericht vom 7.2.1964. AChB, ÖNB, Handschriftensammlung, III.134.5 (= III.134. 2. Mappe).

1015 Vertrauliche Information betreffend die Behandlung der ns. Gewaltverbrechen in Österreich vom 10. März 1965, in: AChB, ÖNB, Handschriftensammlung, III.139.4.

1016 »Wiesenthal-Memorandum« an die österreichische Bundesregierung vom 12.10.1966, in: AChB, ÖNB, Handschriftensammlung, V.508.1. Vgl. zum Memorandum auch: Loitfellner, Sabine, Simon Wiesenthals »Schuld und Sühne Memorandum« an die Bundesregierung 1966 – Ein zeitgenössisches Abbild zum politischen Umgang mit NS-Verbrechen in Österreich, in: Halbrainer, Heimo / Kuretsidis-Haider, Claudia (Hg.), Kriegsverbrechen, NS-Gewaltverbrechen und die europäische Strafjustiz von Nürnberg bis Den Haag, Graz 2007, S. 281–288.

Nachkriegszeit erschwerte und vor allem mangelnde personelle Kapazitäten machten die Verfolgung und Aburteilung von NS-Verbrechern aber immer schwieriger. Kam es zu einer Anklage, erfolgten nicht selten die angesprochenen Freisprüche oder Fehlurteile der Geschworenengerichte, die einer heftigen Kritik ausgesetzt waren. Hingewiesen wurde – so auch von Wiesenthal – etwa darauf, dass die Geschworenen bei den NS-Prozessen überfordert seien und sich auch herausgestellt habe, dass sich unter ihnen ehemalige Nationalsozialisten befunden haben. Gefordert wurde daher ein grundsätzliches Überdenken der Geschworenengerichtsbarkeit (etwa durch die Installation eines großen Schwur- oder Schöffengerichts, bei dem Berufsrichter und Geschworene gemeinsam über Schuld und Strafmaß entscheiden)[1017] bzw. – so Wiesenthal – zumindest eine Regelung, die sicherstellen sollte, dass sich keine ehemaligen Nationalsozialisten oder politisch Verfolgten unter den Geschworenen befinden können, um eine Befangenheit auszuschließen.[1018] Christian Broda war sich dieser Kritik bewusst. So ließ er etwa nach dem Prozess gegen Franz Razesberger 1961[1019] prüfen, ob mehr Einfluss auf die Zusammensetzung der Geschworenen genommen werden könne, welche Möglichkeiten der Hilfestellung für die Geschworenen bestünde und inwiefern die Geschworenenurteile in größerem Maß durch den Obersten Gerichtshof überprüft werden könnten.[1020] 1965 wurde als Teil der großen Strafrechtsreform auch der Entwurf für ein Strafprozessänderungsgesetz vorgelegt, der eine verbesserte Nichtigkeitsbeschwerde bei Geschworenenurteilen vorsah – und das vor allem dann, wenn sich aus den Akten erhebliche Bedenken gegen die Richtigkeit der Geschworenenurteile ergaben. Abgehen vom System der Geschworenengerichtsbarkeit wollte er jedoch nicht. Für Broda stellte die Geschworenengerichtsbarkeit eine so zentrale demokratische Errungenschaft und gesellschaftliche Kontrolleinrichtung im Verfassungsstaat dar, dass er unbedingt an dieser festhalten wollte. Die Geschworenengerichtsbarkeit gehörte für ihn »zu unserer Demokratie so wie das allgemeine, gleiche, geheime, direkte Wahlrecht«, und so wies er auch im bereits zitierten Interview in »Maariv« im April 1964 darauf hin, dass die Geschworenengerichtsbarkeit ein Ergebnis der Revolution von 1848 sei, für deren Erfolg auch viel jüdisches Blut geflossen

---

1017 Vgl. grundsätzlich zur Kritik an der Geschworenengerichtsbarkeit: Pelinka, Anton, Der Laie als Richter, in: Die Furche 48 (1965) S. 3 oder Pelinka, Anton, Zur Reform der Geschworenengerichte, in: Die Zukunft 3/4 (1967) S. 39 f.

1018 »Wiesenthal-Memorandum« an die österreichische Bundesregierung vom 12.10.1966, in: AChB, ÖNB, Handschriftensammlung, V.508.1.

1019 Franz Razesberger wurde wegen der Mitwirkung an Massenmorden an sowjetischen Juden in Shitomir und Berditschew im August 1942 angeklagt und von einem Geschworenengericht am Landesgericht Wien am 26. Juli 1961 freigesprochen. Eine Antwort auf die Anfrage Brodas ist in dessen Nachlass nicht erhalten.

1020 Auftrag an Generalanwalt Pallin vom 27. Juli 1961. AChB, ÖNB, Handschriftensammlung, III.134.3. Eine Antwort auf die Anfrage Brodas ist in dessen Nachlass nicht erhalten.

sei.[1021] Nicht zuletzt waren die Geschworenen für Broda aber auch ein Teil der Gesellschaft und ihr Urteil eines der Gesellschaft,[1022] das es im Sinne der Achtung des Rechtsstaates zu respektieren galt – und das auch dann, wenn dieses ausgesetzt werden musste.[1023] Die Konsequenz, die aus der andauernden Kritik an den Entscheidungen der Geschworenengerichte gezogen wurde, war somit – wie die Entwicklung in den 1970er Jahren zeigen sollte – nicht deren Abschaffung, sondern jene, sie nicht mehr zum Einsatz kommen zu lassen.

5.4.2. NS-Richter und -Staatsanwälte im Dienst der österreichischen Justiz[1024]

Im Oktober 1965, das heißt nicht ganz ein halbes Jahr nachdem das Strafrechtsänderungsgesetz 1965 beschlossen worden war, wurde ein (auch international große Beachtung findendes[1025]) Sonderheft des »Forum« publiziert. In diesem thematisierte Oscar Bronner unter dem Titel »Die Richter sind unter uns«, dass sich Richter und Staatsanwälte, die in der NS-Zeit an der Fällung bzw. Verhängung von Todesurteilen beteiligt waren, im österreichischen Justizdienst befanden. Der Text, der durch Abbildungen von Gerichtsakten begleitet war, erschien als Sonderheft, um – wie es in dessen Einleitung hieß – eine mögliche Beschlagnahme des gesamten Oktoberheftes zu vermeiden.[1026] In der regulären Oktober-Ausgabe des »Forum« war nicht nur ein Beitrag von Hans Kelsen, sondern auch einer von Christian Broda erschienen, der dem »Forum« seit dessen Gründung nicht nur als »Rechtsfreund« zur Seite gestanden war, sondern hier auch immer wieder Artikel publiziert hatte.

Mit der Frage der NS-Richter und -Staatsanwälte im Dienst der österreichischen Justiz hatte Bronner ein Thema aufgegriffen, das das Justizministerium

---

1021 Interview mit Christian Broda in »Maariv« am 12.4.1964, in: AChB, ÖNB, Handschriftensammlung, III.135.5.

1022 Broda, Christian, Geschworenengerichte und Demokratie, in: Die Zukunft 3/4 (1967) S. 41 f. und Geschworenengerichte gehören zur Demokratie. Ein Gespräch mit Justizminister a. D. Broda über aktuelle Rechtsfragen in Österreich, in: Salzburger Nachrichten, 29.10.1966. Vgl. zur Frage der Geschworenengerichte zudem: AChB, ÖNB, Handschriftensammlung, IV.54 und VI.24.

1023 Vgl. hierzu besonders ein Schreiben von Christian Broda an den Bund Sozialistischer Freiheitskämpfer und Opfer des Faschismus vom 3. Juli 1961 zum Prozess gegen Egon Schönpflug. AChB, ÖNB, Handschriftensammlung, III.134.3.

1024 Vgl. zu diesem Kapitel auch: Wirth, Maria, Oscar Bronner: »Die Richter sind unter uns« – Zur NS-Richterdiskussion im FORVM 1965, in: Pirker, Peter / Wenninger, Florian (Hg.), Wehrmachtsjustiz. Kontext – Praxis – Nachwirkungen (im Erscheinen).
sowie rezent auch: Engl,, Marianne, Schlussstriche, in: Profil 36 (2010) S. 32 f.

1025 Vgl. hierzu etwa: Auslandsecho auf eine Forum-Beilage, in: Forum 143 (November 1965) S. 491 – 494.

1026 Bronner, Oscar, Die Richter sind unter uns, 1. Sonderheft des Forum, Herbst 1965.

ausgehend von Eingaben der Widerstandsbewegungen, der Entwicklung in der BRD und Pressemeldungen in Österreich bereits seit längerer Zeit beschäftigt hatte. Als Bronner im Oktober 1965 sein Sonderheft auf Grund von Hinweisen des überparteilichen Vereins Österreichische Widerstandsbewegung publizierte,[1027] hatten Broda und das Justizministerium in der Frage der NS-Richter bzw. was seitens des Ministeriums gegen diese unternommen (oder vielmehr nicht unternommen) werden könne auch bereits Position bezogen. An dieser sollte sich auch nach der Sondernummer von Bronner nichts ändern. Vielmehr war Broda nun jedoch gefordert, sein Vorgehen in der Frage der NS-Richter stärker als zuvor zu begründen.

Wie aus dem Nachlass von Christian Broda hervorgeht, war Broda seit Beginn des Jahres 1962 mit der Frage der NS-Richter und -Staatsanwälte konfrontiert. Verantwortlich hierfür waren wiederholte Schreiben der Widerstandsbewegungen an das Justizministerium, in denen auf NS-Juristen im österreichischen Justizdienst aufmerksam gemacht wurde, die an der Verhängung von Todesurteilen beteiligt waren. Maßgeblich war aber auch die Entwicklung in der BRD, die sich zu diesem Zeitpunkt – vor allem durch Bekanntgaben aus der DDR – bereits seit längerer Zeit mit ihren »Blutrichtern«, so die Diktion der Zeit, auseinandersetzen musste.[1028] 1961 wurde hier auch ein neues Richtergesetz verabschiedet, mit dem den NS-Richtern und -Staatsanwälten die Möglichkeit gegeben wurde, sich freiwillig frühzeitig pensionieren zu lassen. Wörtlich wurde es allen Richtern und Staatsanwälten, die »in der Zeit vom 1. September 1939 bis zum 9. Mai 1945 in der Strafrechtspflege mitgewirkt« hatten, ermöglicht, bei ungeschmälerten Pensionsbezügen den Dienst zu quittieren.[1029] Als 1962 der »Fall Fränkel« die westdeutsche Öffentlichkeit erschütterte bzw. deutlich wurde, dass der neu zum Generalbundesanwalt bestellte Wolfgang Immerwahr Fränkel in der NS-Zeit an der Verhängung zahlreicher Todesurteile beteiligt war, führte dies zu noch weiter reichenden Gesetzvorschlägen. Erwogen wurde in der BRD 1965 sogar, das Grundgesetz so zu ändern, dass eine Zwangspensionierung möglich sein würde.[1030] In Österreich wurde der »Fall Fränkel« zum Anlass

---

1027 Stimeder, Klaus / Weissenberger, Eva, Trotzdem. Die Oscar Bronner Story, Wien 2008, S. 47.

1028 Vgl. zu diesem Thema: Wer steht an der Spitze des Westdeutschen Staates? Eine Dokumentation des Deutschen Friedensrates über Hitlerfaschisten in der Führung der deutschen Bundesrepublik. AChB, ÖNB, Handschriftensammlung, III.57/1.

1029 Hierfür war eine Frist bis 1. Juli 1962 vorgesehen. Vgl. hierzu: Berlins braune Richter zogen ihre Roben aus, in: Berliner Morgenblatt, 16.6.1961.

1030 Eine entsprechende Änderung des Grundgesetzes wurde jedoch im deutschen Bundestag im März 1965 abgelehnt. Vgl.: Für Pensionierung belasteter Richter, in: Süddeutsche Zeitung, 13./14.3.1965 sowie Greve, Michael, Täter oder Gehilfen. Zum strafrechtlichen Umgang mit NS-Gewaltverbrechen in der Bundesrepublik Deutschland, in: Weckel, Ulrike

genommen, nach NS-Richtern im Dienst der österreichischen Justiz zu fragen bzw. eine »Säuberung« der österreichischen Justiz zu verlangen. Einer der immer wieder (etwa in der kommunistischen »Volksstimme« oder im »Tagebuch«) auf die fortgesetzte Tätigkeit von NS-Richtern und -Staatsanwälten im Justizdienst hinwies, war Eduard Rabofsky – der Jugendfreund von Christian Broda aus dem kommunistischen Widerstand.[1031]

Besondere Aufmerksamkeit in der vom »Fall Fränkel« ausgehenden Diskussion verdient jedoch ein Artikel im »Neuen Österreich« bzw. der hierzu gehörende Briefwechsel zwischen Walter Hacker, dem stellvertretenden Chefredakteur des »Neuen Österreich«, und Christian Broda aus dem Frühsommer 1962.[1032] Hacker hatte in einer Titelgeschichte am 12. Juli 1962 nicht nur das Vorgehen in der BRD gewürdigt, als nach dem Bekanntwerden von belastenden Materialien eine parlamentarische Untersuchung zu Fränkel eingerichtet und dieser als Generalbundesanwalt abgesetzt worden war,[1033] sondern auch gefordert, dass sich »Österreichs Justiz [...] am Säuberungsprozess der westdeutschen wohl ein Beispiel nehmen sollte.« Broda gab einen Tag nach dem Erscheinen des Artikels im Justizministerium den Auftrag, zu prüfen, wie der österreichische Justizapparat hinsichtlich seiner Vergangenheit zusammengesetzt sei, wie die Entnazifizierung im Justizdienst und die Wiedereinstellung von nach 1945 entlassenen Juristen erfolgt war und wie viele Spitzenfunktionäre in der Justiz zwischen 1938 und 1945 außer Dienst gestellt worden waren. Der entsprechende Bericht erreichte ihn am 19. Juli und hielt unter anderem folgendes fest:

> »Seit 1945 neu eingestellt: Richter 617, Staatsanwälte 66
> 1938 bis 1945 außer Dienst gestellt: Richter 94, Staatsanwälte 19
> Richter und Staatsanwälte, die in der NS-Zeit Dienst versahen und jetzt noch Dienst versehen: Richter: rund 660, Staatsanwälte: rund 48«[1034]

In seiner Antwort an Hacker, die umgehend folgte, schickte Broda voraus, dass die demokratische Verlässlichkeit der Richter und Staatsanwälte von größter Bedeutung sei und dass im Justizwesen nach 1945 schwere Hypotheken abzutragen waren, Österreich die Aufgabe der Wiederherstellung des Rechtsstaates

---

/ Wolfrum, Edgar (Hg.), »Bestien« und »Befehlsempfänger«. Frauen und Männer in NS-Prozessen nach 1945, Göttingen 2003, S. 199.

1031 Maßl, Wolfgang / Noll, Alfred J. / Oberkofler, Gerhard (Hg.), Eduard Rabofsky. Wider die Restauration im Recht. Ausgewählte Artikel und Aufsätze, Wien 1991.

1032 Hacker, Walter, Und in Österreich?, in: Neues Österreich, 12.7.1962.

1033 Fränkel wurde erst beurlaubt und dann frühzeitig pensioniert, wobei für seine Pensionierung maßgeblich war, dass seine Tätigkeit in der NS-Zeit aus allgemein-politischen und justizpolitischen Gründen nicht mit dem Amt des Generalbundesanwalts als vereinbar gesehen wurde.

1034 Information für den Herrn Minister zum Schreiben vom 13.7.1962. AChB, ÖNB, Handschriftensammlung, III.57/1.

und seiner Einrichtungen im Wesentlichen aber nicht schlecht gemacht habe. Broda, der stets lieber über die Opfer und den Widerstand[1035] unter den Juristen sprach und auch mit dem Verweis auf seine Biographie festhielt, dass sich auch unter den NS-Juristen solche befunden haben, die versucht hatten zu helfen, wo sie nur konnten,[1036] betonte den »schweren Blutzoll«, den die Richter und Staatsanwälte nach dem »Anschluss« entrichten mussten und – gestützt auf den ihm vorliegenden Bericht –, wie viele 1938 entlassene und gemaßregelte Juristen nach 1945 wieder eingestellt worden waren bzw. sich gegenwärtig in Spitzenfunktionen der österreichischen Justiz befanden.[1037] Hinsichtlich der Einstellungen nach 1945 führte er aus, dass 1945 zuerst nach dem »Anschluss« entlassene Juristen wieder in den Justizdienst aufgenommen wurden. Die Wiedereinstellung von Nationalsozialisten wäre nach einer genauen Prüfung ihrer Tätigkeit während der NS-Zeit in (von allen drei Parteien besetzten) Kommissionen erfolgt.[1038] Würde kein neues Tatsachenmaterial bekannt werden, könnten abgeschlossene Personalakten nicht wieder aufgenommen werden. Eine allgemeine Initiative zur Wiederaufrollung abgeschlossener Personalfälle in der österreichischen Justiz, wie sie in der Bundesrepublik für notwendig gehalten wurde, wollte Broda nicht vorschlagen. So hieß es in einem ersten Entwurf für das Antwortschreiben, dass er eine solche »fast 20 Jahre nach Kriegsende [...] nicht für zielführend« erachte.[1039] In einem weiteren, schlussendlich auch verwendeten Entwurf war davon die Rede, dass mehr als die Hälfte der nun im österreichischen Justizdienst tätigen Richter und Staatsanwälte ihre Funktion

---

1035 Vgl.: Bundesminister für Justiz Dr. Broda über die österreichische Anwaltschaft und ihren Anteil am Widerstand gegen das NS-Regime, in: Österreichisches Anwaltsblatt 5 (1974) S. 143 f., Broda, Christian, Kollegen, die nicht wiederkamen, in: Österreichisches Anwaltsblatt, Sondernummer, Juli 1985, S. 17 – 19.

1036 Vgl. etwa: Broda, Demokratie – Recht – Gesellschaft, S. 9, Broda, Christian, Die Republik hat den Schlusstrich gezogen. Was 1945 recht war, muss 1965 billig sein, in: Forum 144 (Dezember 1965) S. 572 sowie Broda, 1938 – 1974: Was ist geblieben?, S. 183.

1037 Anzumerken ist, dass er hier im Gegensatz zum zitierten Bericht die Zahl 150 nannte.

1038 Die gesetzliche Grundlage für die Entnazifizierung im gesamten öffentlichen Dienst bildeten das Verbotsgesetz 1945 bzw. das Nationalsozialistengesetz 1947. Generell aus dem öffentlichen Dienst zu entlassen waren nach dem Verbotsgesetz 1945 die sogenannten »Illegalen«. Alle anderen Personen, die der Registrierungspflicht unterlagen, konnten nur dann weiterbeschäftigt werden, wenn eigens geschaffene Sonderkommissionen zu dem Urteil kamen, dass diese »nach ihrer bisherigen Betätigung Gewähr dafür bieten, dass sie jederzeit rückhaltlos für die unabhängige Republik Österreich eintreten werden.« Nach dem Nationalsozialistengesetzes 1947 waren jedenfalls die »Belasteten« aus dem öffentlichen Dienst zu entlassen. Die »Minderbelasteten« konnten nur bei Bedarf und nur nach besonderer Prüfung ihres politischen Verhaltens vor dem 27. April 1945 verwendet werden, wobei besonderes strenge Bestimmungen im Justizbereich galten. Nach der Minderbelasteten-Amnestie 1948 fielen schließlich auch diese Kommissionen weg. Vgl.: Stadler, »Juristisch bin ich nicht zu fassen.«, S. 122 ff.

1039 Vgl.: Briefentwürfe von Christian Broda an Walter Hacker vom 19. und 20.7.1962. AChB, ÖNB, Handschriftensammlung, III.57/1.

erst nach 1945 eingenommen hatten und dass jedes Jahr diese Ziffern weiter zugunsten der neu herangezogenen und heranwachsenden Generation verschieben werde, die NS-Richterfrage also »biologisch« gelöst werden würde. Brodas Stellungnahme wurde am 21. Juli in leicht gekürzter Fassung im »Neuen Österreich« publiziert. Zu lesen war hierin neben den oben angeführten Ausführungen auch, dass Broda zwar weiterhin zur Wachsamkeit aufrief, gleichzeitig aber um die Unterstützung der öffentlichen Meinung bat, damit keine »alten und neuen Wunden der so schwer errungenen österreichischen Demokratie« aufgerissen werden.[1040]

Walter Hacker nahm auf die Antwort Brodas am 23. Juli Bezug und kritisierte an den Ausführungen Brodas, dass allein die Tatsache, dass die 1945 Entlassenen später mit der Zustimmung aller drei Parteien wiedereingestellt worden waren, wohl nicht allzu viel hinsichtlich deren demokratischer Legitimation aussage. Immerhin sei bekannt, was von den beiden großen Parteien alles wieder ein- und wieder angestellt worden war. Und auch der Umstand, dass damals auch die KPÖ zugestimmt hatte, war für ihn kein Beweis für die neu entdeckte demokratische Gesinnung der Richter oder Staatsanwälte. Vielmehr stellte er die pointierte Frage, ob die österreichischen Richter und Staatsanwälte wirklich so pauschaliter die Verteidigung Brodas verdienen bzw. – wenn tatsächlich alle Richter und Staatsanwälte in der übergroßen Zahl über jeden Verdacht erhaben sein würden –, warum dann nicht für den verbleibenden kleinen Teil das westdeutsche Beispiel angewendet werden könne.[1041]

Broda antwortete wieder prompt und betonte noch bestimmter als zuvor, dass ohne neues Beweismaterial nicht begonnen werden könne, eine »Säuberung« des Justizdienstes durchzuführen, die in den Jahren nach 1945 nicht erfolgt sei. Darauf, dass sich auch die Kommunisten in den Kommissionen befunden haben, wollte er weiterhin hinweisen, weil er es »satt habe«, sich von diesen Vorhaltungen machen zu lassen. Wiedereinstellungen ehemaliger NS-Juristen habe es – wie Hacker in seinem Schreiben richtig nachgefragt hatte – auch in den Jahren nach 1948, das heißt nach dem Ende der Entnazifizierungskommissionen gegeben, »und zwar auch solche, die von mir sicherlich nicht durchgeführt worden wären. Das ändert aber nichts daran, dass man 15 und mehr Jahre später abgeschlossene dienstrechtliche Verfahren ohne neues Beweismaterial nicht wieder aufnehmen kann.« Den in Deutschland eingeschlagenen Weg verwarf Broda für Österreich erneut, da von den mehr als 11.000 Richtern in Deutschland nur 143 von der Möglichkeit der Pensionierung Ge-

---

1040 Justizminister Broda schreibt dem »Neuen Österreich«. Österreichs Justiz – ein Teil unserer Demokratie, in: Neues Österreich, 21.7.1962.
1041 Schreiben von Walter Hacker an Christian Broda vom 23.7.1962. AChB, ÖNB, Handschriftensammlung, III.57/1.

brauch gemacht hätten. In Österreich würde das bei einer Zahl von 1.200 Richtern und 140 Staatsanwälten eine so verschwindend kleine Vergleichszahl ergeben, dass dies den Aufwand nicht lohnen würde. Insbesondere wäre es aber seine grundsätzliche Überzeugung, dass man, nachdem man die Wiedereinstellungen durchgeführt habe, jetzt nicht zweierlei Gruppen von Richtern und Staatsanwälten schaffen könne. Eine solche Betrachtungsweise lehne er aus grundsätzlichen Erwägungen ab.[1042]

Dem Bundesverband der Österreichischen Widerstandskämpfer und Opfer des Faschismus (KZ-Verband) antwortete Broda am 3. Oktober 1962 in Hinblick auf deren Memoranden vom 27. Februar und 9. Mai 1962 in ähnlicher Weise. Auf die Forderung, NS-Richter und -Staatsanwälte, die an Todesurteilen beteiligt waren, zur Verantwortung zu ziehen bzw. generell eine Untersuchung über das Verhalten der Tätigkeit von Österreichs Richtern und Staatsanwälten in der NS-Zeit einzuleiten, reagierte er mit dem Verweis darauf, dass derartige Untersuchungen nur im Rahmen der geltenden Gesetze erfolgen könnten und kein Anlass oder eine Möglichkeit bestehe, diese zu ändern. Die gesetzliche Lage, die hier zweifelsohne verzerrt dargestellt wurde, sei folgende: Eine strafrechtliche Handlung bestehe nur dann, wenn Richter sich über die damals herrschenden Gesetze hinweggesetzt haben. Dies gelte auch für Todesurteile, auch das Kriegsverbrechergesetz habe nur Strafbestimmungen gegen einen sehr eingeschränkten Kreis von unter der nationalsozialistischen Gewaltherrschaft tätig gewesenen Justizfunktionären, nämlich gegen die Mitglieder des Volksgerichtshofes, gegen den Oberreichsanwalt oder dessen Stellvertreter beim Volksgerichtshof, vorgesehen. Beschlossen habe dies die provisorische Staatsregierung, in der alle damals bestehenden Parteien tätig waren.[1043] Von der strafrechtlichen Seite zu trennen sei die Frage der Wiederverwendung sowie der disziplinären Verantwortlichkeit der nationalsozialistischen Justizfunktionäre, wobei die Wiedereinstellung von Beamten, die der NSDAP angehört hatten, »nur nach reiflicher Prüfung« durch die im Verbotsgesetz vorgesehenen Kommis-

---

1042 Mit 10. September 1962 waren dies bereits 149 Richter und Staatsanwälte. Schreiben von Christian Broda an Walter Hacker vom 24.7.1962. AChB, ÖNB, Handschriftensammlung, III.57/1 sowie Bronner, Oscar, Die Richter bleiben unter uns, in: Forum 143 (November 1965) S. 494.

1043 Das Kriegsverbrechergesetz erfasste eine Reihe von Tatbeständen und bestimmte darüber hinaus einen gewissen Personenkreis rein aufgrund von dessen Funktionen im NS-Staat zu Kriegsverbrechern. Hierunter befanden sich auch die bestellten Mitglieder des Volksgerichtshofes sowie der Oberreichsanwalt beim Volksgerichtshof und dessen Stellvertreter, möglich war aber auch die Verfolgung anderer NS-Richter und Staatsanwälte. In der Praxis blieb diese jedoch vielfach unbefriedigend. Insgesamt dominierte der Vorwurf von Illegalität und Hochverrat und – wenn dies auch nicht explizit ausgesprochen wurde – das Prinzip, dass »das, was von 1938 bis 1945 Recht war, nach 1945 nicht Unrecht sein konnte«. Vgl.: Stadler, »Juristisch bin ich nicht zu fassen.«, insbesondere S. 290 ff.

sionen erfolgt sei. Würde der österreichischen Justizverwaltung neues, seinerzeit noch nicht bekanntes Beweismaterial gegen den einen oder anderen wiedereingestellten Beamten zukommen, könnte dies auf eine rechtliche Möglichkeit hin geprüft werden, keinesfalls bestehe jedoch ein Anlass, »generell ohne konkrete Unterlagen abgeschlossene dienstrechtliche Verfahren nach nahezu zwei Jahrzehnten wieder aufzunehmen.« Insgesamt wäre der »Demokratie viel besser damit gedient, dass wir den Blick in die Zukunft richten und dafür sorgen, dass es in Österreich nie wieder Zustände geben möge, wie sie alle Diktaturen zwangsläufig mit sich bringen.« Diese hätten »stets noch das Menschenrecht mit Füßen getreten und das Menschenglück verachtet.«[1044]

Stärker unter Druck geriet Broda Anfang 1965, als die Österreichische Widerstandsbewegung in einem Schreiben vom 8. März 1965 mitteilte, dass sie belastendes Material über den Senatsrat beim Oberlandesgericht Wien Walter Lillich besitze und dieses in Kürze veröffentlichen werde. Lillich, ab 1942 Leiter der Sondergerichtsabteilung beim Landesgericht Wien, war von Broda noch im Februar 1962 gegenüber dem Bund der Opfer des politischen Freiheitskampfes in Tirol mit dem Verweis auf seine Wiedereinstellung durch eine Kommission nach § 19 NS-Gesetz [Verbotsgesetz 1947, Anm. M. W.] verteidigt worden. Diese hätte ebenso wie ein Verfahren vor dem Volksgericht festgestellt, dass er nicht an der Fällung von Todesurteilen beteiligt war. Im Juli 1962 hatte sich das Justizministerium nach der Thematisierung von Lillich in den kommunistischen Medien mit dem Verweis auf die Entnazifizierungskommission dann auch vor diesen gestellt.[1045] Nun lagen nicht nur Unterlagen vor, die seine Unschuld klar widerlegten. Auch Lillich selbst hatte zugegeben, häufig bei Hinrichtungen anwesend gewesen zu sein und der Widerstandsbewegung weitere Juristen in hohen Ämtern genannt, die »in gleichem Maße wie er schuldig oder nicht schuldig« seien: Vizepräsident des Landesgerichts I Hofrat Dr. Ernst Hanak, Oberstaatsanwalt Hofrat Dr. Johann Kerschbaum, Senatspräsident des Obersten Gerichtshofs Dr. Johann Sabaditsch, Hofrat Dr. Richard Spernoga, Oberster Gerichtshof, Generalanwalt Dr. Oskar Willmar, Generalprokuratur, Hofrat Dr. Konrad Zachar, Oberster Gerichtshof. Ebenfalls zur gleichen Gruppe gehöre

---

1044 Schreiben von Christian Broda an das Präsidium des Bundesverbandes österreichischer Widerstandskämpfer und Opfer des Faschismus (KZ-Verband) vom 3.10.1962. AChB, ÖNB, Handschriftensammlung, III.57/1.

1045 Vgl.: Die Blutrichter in Österreich – nicht genannt sollen sie werden, in: Volksstimme, 25.7.1962 und Verwendung von Richtern aus der NS-Ära, in: Wiener Zeitung, 26.7.1962 sowie biographisch zu Walter Lillich: Neugebauer/Schwarz, Der Wille zum aufrechten Gang, S. 199–210.

auch Dr. Nowakowski, Brodas engster Mitarbeiter in der Strafrechtsreform, der Lillich zeitweise auch unterstellt war.[1046]

Broda, der zuvor eine ablehnende Haltung bei der Überprüfung der Justizfunktionäre eingenommen hatte, berichtete der Parteivertretung und der Ministerratsfraktion am 23. März nicht nur vom Schreiben der Österreichischen Widerstandsbewegung, sondern auch davon, dass er die hier genannten sieben aktiven Richter bzw. Staatsanwälte im Einvernehmen mit dem Präsidenten des Obersten Gerichtshofes ersucht habe, gegen sie die Einleitung von Disziplinarverfahren zu beantragen. Würden die Betroffenen nicht selbst die Disziplinaranzeige erstatten, sollte die Einleitung des Disziplinarverfahrens durch die zuständige Dienstbehörde beantragt werden. »Mehr zu tun« gedachte Broda, der ausdrücklich betonte, dass die Wiedereinstellungen lange vor seiner Amtsübernahme, jedenfalls aber unter Justizminister Gerö erfolgt seien, nicht, da er in einer Prüfung durch das Disziplinargericht den korrektesten Weg sah. Falls mehr geschehen sollte, etwa eine Pensionierung im Wege einer speziellen gesetzlichen Regelung, müsste dies gesondert besprochen werden.

Brodas Bericht wurde von der Partei bzw. den eingeschalteten FunktionärInnen mit Zustimmung zur Kenntnis genommen. Davon, dass die angesprochenen Richter keineswegs dazu bereit waren, gegen sich eine Disziplinaranklage zu erheben, hatte Ludwig Viktor Heller, Präsident des Obersten Gerichtshofs, Broda jedoch bereits am 23. März berichten können – ist doch in Brodas Nachlass in einem ebenfalls mit 23. März 1965 datierten Bericht nachzulesen, dass Heller Broda mitteilte, wie er vergeblich versucht hatte, Johann Sabaditsch, Senatspräsident des Obersten Gerichtshofs, dazuzubringen, ein Disziplinarverfahren gegen sich einzuleiten. Zudem habe er in die Akten der Sondergerichte Einsicht genommen und hier ganz gewiss »nichts Schönes« vorgefunden. Wie die von Broda immer wieder zitierten Entnazifizierungskommissionen gearbeitet hätten, könne er hingegen aus eigener Erfahrung berichten: diese hätten »an einem Vormittag Dutzende Akten« erledigt, wobei es meist nur um die Prüfung des Wohlverhaltens ging, eine wirkliche Prüfung des Verhaltens und der Tätigkeit der Wiedereinstellungswerber wäre technisch gar nicht möglich gewesen.[1047]

Mängel in der Arbeit der Entnazifizierungskommissionen, wenn auch moderater, räumte auch Brodas Vorgänger, Justizminister Tschadek ein. In einem Beitrag in der Radio-Reihe »Wir blenden auf, wir blenden ein« vom Juni 1965, der der Veröffentlichung von Beweismaterialien durch die Widerstandsbewegung folgte und von Broda im Vorfeld gerne verhindert worden wäre, sprach

---

1046 Schreiben der Österreichischen Widerstandsbewegung an Christian Broda vom 8.3.1965. AChB, ÖNB, Handschriftensammlung, III.57/1.
1047 Bericht vom 23.3.1965. AChB, ÖNB, Handschriftensammlung, III.136.4.

Tschadek, in der NS-Zeit selbst Marinerichter und später wie Heller Mitglied einer Entnazifizierungskommission darüber, dass die Beweisführung in den Kommissionen schwierig war, da vielfach wichtige Akten gefehlt hätten. Zugleich äußerte er sich auch zur »Unabhängigkeit der NS-Justiz« und bejahte die Frage, ob es auch während des Nationalsozialismus möglich war, »menschlich Recht zu sprechen«. Dass er selbst Todesurteile unterzeichnet hatte, wurde von ihm hier – wie in seinen 1962 erschienenen Memoiren[1048] – jedoch mit keinem Wort erwähnt.[1049] Wären nachträglich belastende Akten aufgetaucht, die einen Richter in Konflikt mit dem Kriegsverbrechergesetz gebracht hätten, wäre dies – so Tschadek – ein wirksames Mittel gewesen, um diese Leute aus dem Justizdienst entfernen zu können. Heute wäre die Entfernung der Richter schwierig. Einen Weg sah Tschadek, der für seine Person festhielt, dass er »Gott sei Dank« mit diesem Thema nichts mehr zu tun hatte, aber darin, wenn sich die Richter ihre Einstellung erschlichen hätten. Auch wenn das 1961 beschlossene neue Richterdienstgesetz (im Gegensatz zur Dienstpragmatik für die Staatsanwälte) eine Verjährung (bei Verletzungen der Standes- und Amtspflichten) nach fünf Jahren vorsah, hätte seiner Meinung nach im Falle einer echten Erschleichung die Entlassung im Wege eines Disziplinarverfahrens doch noch irgendwie möglich sein müssen.[1050]

Broda forderte nach seiner Ankündigung, Disziplinarverfahren gegen die beschuldigen Richter einzuleiten, einerseits die Österreichische Widerstandsbewegung zur Erbringung von Beweisen auf und ließ andererseits auf der Basis von Personalakten und Akten der NS-Sondergerichtsbarkeit prüfen, ob Tatsachen vorlagen, die bei deren Wiedereinstellungen nicht bekannt waren. Der Parteivertretung berichtete er am 29. Juni 1965 über das bisherige Prüfungsergebnis. Hiernach waren die frühere Verwendung und deren Umstände bei der Wiedereinstellung der betreffenden Richter und Staatsanwälte in den Jahren 1945 bis 1949 bekannt, woraus sich ergebe, dass »heute nach dem Gesetz weder die Voraussetzungen noch die Möglichkeiten gegeben« seien, »Maßnahmen gegen die erwähnten Justizfunktionäre einzuleiten.« Die Partei einigte sich im Anschluss auf folgende Position:

> »Die SPÖ. bekennt sich zur gleichen Behandlung aller Staatsbürger vor dem Gesetz, gleichgültig, welche Stellung diese Mitbürger in der Vergangenheit eingenommen und welche Ansichten sie vertreten haben, falls sie sich keiner Verletzung geltender Gesetze oder dienstrechtlicher Vorschriften schuldig gemacht haben. Die SPÖ. versichert alle Staatsbürger und alle Beamten ihres vollen Schutzes, wenn sie seit Jahrzehnten treu zur

---

1048 Tschadek, Erlebtes und Erkanntes.
1049 Geldmacher, Der gute Mensch von Kiel?, S. 215–227, Zöchling, Die gefälschte Biografie, S. 30–33, Ex-Justizminister Tschadek war ein »Blutrichter«, in: Der Standard, 4./5.9.2010.
1050 Undatierte Transkription einer Radio-Sendung. AChB, ÖNB, Handschriftensammlung, III.136.5.

Republik gestanden sind, die sie in schwerster Zeit wieder in ihren Dienst genommen hat. Gleichzeitig wiederholt die SPÖ. ihre Entschlossenheit zum unbeugsamen Widerstand gegen jedes Wiederaufleben und gegen jede Verbreitung von NS-Gedankengut und gegen antiösterreichische und antisemitische Aktivität in jeder Form. Die SPÖ. fühlt sich damit eines Sinnes mit der überwiegenden Mehrheit des österreichischen Volkes, das längst den Schlußstrich unter eine unselige Vergangenheit gezogen hat und diesen Schlußstrich auch von jedermann respektiert wissen will.«[1051]

Der Öffentlichkeit ließ Broda am 24. Juli 1965 in Absprache mit Staatssekretär Hetzenauer[1052] in der »Wiener Zeitung« das gesamte Prüfungsergebnis mitteilen. Nach diesem habe die nunmehr im gesamten Justizbereich abgeschlossene Prüfung ergeben, »dass der Dienstbehörde bei allen heute noch im Dienst der österreichischen Justiz stehenden Richtern und Staatsanwälten, soweit sie vor 1945 bei Sondergerichten oder in politischen Strafsachen mitgewirkt haben, diese Tatsache und die Umstände ihrer damaligen Tätigkeit bei der Wiedereinstellung aktenmäßig bekannt bzw. offenkundig waren.« Die Weiterverwendung bzw. die Wiedereinstellung sei entweder durch Beschluss der seinerzeitigen Kommissionen nach § 19 des Verbotsgesetz, in der die Vertreter aller 1945 wieder zugelassenen politischen Parteien Sitz und Stimme hatten, oder nach Überprüfung durch die zuständigen Sonderkommissionen bzw. Dienstbehörden und in jenen Fällen, in denen die Zustimmung der Besatzungsmächte erforderlich war, mit deren Genehmigung erfolgt. In allen Fällen hätten die in Frage kommenden hohen Justizbeamten seit ihrer Weiter- oder Wiederverwendung ihren Dienst »ohne jeden Anstand versehen und ihre Pflicht auf Grund ihres Diensteides voll erfüllt.« Bei dieser Sach- und Rechtslage sehe das Bundesministerium für Justiz keine Möglichkeit, die seit Jahren abgeschlossenen Dienstrechtsverfahren wiederaufzurollen.[1053]

Die Österreichische Widerstandsbewegung reagierte auf diese Erklärung – auch wenn die Aussendung zuvor mit Präsident Sobek besprochen worden war – mit Protest.[1054] Bronner konfrontierte die Aussendung des Justizministeriums im Oktober 1965 im »Forum« mit Brodas Erklärung vom Parteitag 1963. Damals hatte Broda im Zusammenhang mit der »Habsburg-Krise« bzw. seinem Angriff auf die Richter des Verwaltungsgerichtshofes verkündet, dass auch die Richter

---

1051 Bericht über die Berichterstattung an die Parteivertretung vom 29. Juni 1965.
     AChB, ÖNB, Handschriftensammlung, III.57/1.2. Vgl. hierzu auch: Notizblock, AChB,
     ÖNB, Handschriftensammlung, III.136.8. sowie: Die beschuldigen Justizbeamten überprüft – Keine Beanstandung, in: Arbeiter-Zeitung, 30.6.1965 und Schlusstrich!, in: Neue Zeit, 1.7.1965.
1052 AChB, ÖNB, Handschriftensammlung, III.136.5.
1053 Saubere Justizverwaltung, in: Wiener Zeitung, 24.7.1965 und Untersuchung gegen NS-Staatsanwälte. Justizministerium kannte Vorleben, in: Volksblatt, 24.7.1965.
1054 AChB, ÖNB, Handschriftensammlung, III.136.5 und Justizaffäre zieht sich weiter, in: Die Presse, 24./25.7.1965.

»nicht unter Denkmalschutz« stehen würden und sich Kritik gefallen lassen müssen. An hohen Justizfunktionären, die in der NS-Zeit an der Fällung von Todesurteilen beteiligt waren, nannte Bronner den Senatsrat im Oberlandesgericht Wien Dr. Walter Lillich, den Senatsvorsitzenden des Landesgerichts für Zivilrechtssachen Dr. Riedel-Taschner, den Hofrat beim Obersten Gerichtshof Dr. Konrad Zachar, den Generalanwalt bei der Generalprokuratur Dr. Wilmar und den Ministerialrat im Bundesministerium für Justiz Walter Haucke (Leiter der Abteilung 18 des Bundesministeriums für Justiz, Personalangelegenheiten der Justizanstalten), der selbst Mitglied einer Entnazifizierungskommission gewesen war. Dem Justizministerium legte Bronner eine Auseinandersetzung mit dem Dienstrechtsverfahrensgesetz 1958 bzw. dem NS-Amnestie-Gesetz 1957 in Hinblick auf Entlassungsmöglichkeiten der NS-»Blutrichter« nahe.[1055] Dieses reagierte auf die Sonderbeilage im »Forum« mit einer neuerlichen, im Wesentlichen gleichlautenden Erklärung. Die Richtervereinigung protestierte auf dem österreichischen Richtertag 1965 gegen die Sonderbeilage Bronners und »verwahrte sich schärfstens gegen solche Anschuldigungen«.[1056]

Broda selbst nahm zur NS-Richter-Diskussion im Dezember 1965 im »Forum« Stellung, nachdem Bronner im November unter dem Titel »Die Richter bleiben unter uns« neue Vorschläge zur Lösung des NS-Richter-Problems publiziert hatte – darunter auch ein Richtergesetz wie es 1961 in Deutschland beschlossen worden war.[1057] Unter dem Titel »Die Republik hat einen Schlussstrich gezogen. Was 1945 recht war, muss 1965 billig sein« zeigte sich Broda nicht nur empört über die ihm im Oktober 1965 unterstellte Beschlagnahmeabsicht, sondern argumentierte in gewohnter Weise seinen Standpunkt: mit dem Verweis auf die Prüfung der Entnazifizierungskommissionen nach 1945, dass die nach 1945 wieder in Dienst gestellten Richter und Staatsanwälte seither tadelsfrei und pflichtgetreu ihren Dienst für die Republik Österreich geleistet hätten, der Prüfung im Frühjahr 1965 und der Feststellung, dass bei der Wiedereinstellung nach 1945 die Tätigkeit in der NS-Zeit bekannt war. Wenn man sein Vorgehen, das im völligen Einvernehmen mit ÖVP-Staatssekretär Hetzenauer erfolgt sei, als »formalistisch« bezeichne, so stünde er dazu, da von einem Justizminister nur Maßnahmen verlangt werden könnten, die auf den Grundlagen der Rechtsordnung basieren. Zu Lillich musste Broda klarstellen, dass sein zitiertes Schreiben an die Österreichische Widerstandsbewegung aus dem Februar 1962 auf unvollständigen Informationen beruht habe, dass aber auch hier eine 1962 durch den Obersten Gerichtshof durchgeführte Untersuchung ergeben

---

1055 Bronner, Die Richter sind unter uns, S. 1 und S. 8.
1056 DÖW 21807.
1057 Bronner, Die Richter bleiben unter uns, S. 491 ff.

habe, dass kein Ansatzpunkt für ein Dienstrechtsverfahren bestünde. Insgesamt müsse man sich zum »Schlusstrich« bekennen:

> »Man muss sich zu dem Schlusstrich bekennen, den die Republik Österreich unter eine unselige Vergangenheit gezogen hat – soweit es sich nicht um Straftaten handelt, die nach den österreichischen Gesetzen als unverjährbar gelten. Dieser Schlusstrich unter die Vergangenheit ist umso notwendiger, wenn man sich glaubwürdig und wirksam gegen antidemokratische und antiösterreichische Bestrebungen der Gegenwart wehren will.«

Eine freiwillige Pensionierung wie sie in Deutschland für die NS-Richter geschaffen und auch von Bronner für Österreich angeregt worden war, lehnte Broda erneut ab, da dies – konsequent weitergedacht – bedeuten würde, dass diese Möglichkeit für alle Personen, die in der NS-Zeit im Öffentlichen Dienst gearbeitet haben, eingeführt werden müsste und die Effizienz einer solchen Maßnahme angesichts fehlender Sanktionsmaßnahmen wohl gering wäre. Was die Wiedereinstellungen zwischen 1945 und 1949 betrifft, wäre es zwar möglich, durch ein rückwirkendes Verfassungsgesetz, diese jederzeit aufzuheben. Da sich diese Maßnahme aber gegen Richter und Staatsanwälte wenden würde, die nun seit rund 20 Jahren ihrem Diensteid getreu der Republik Österreich gedient hätten, würde er sich aber von welcher Seite auch immer solche Vorschläge kommen würden, dagegen wenden.[1058] Broda blieb somit bei seiner Position, die er bereits 1962 eingenommen hatte. Und so ist auch in Notizen in seinem Nachlass, in denen Broda verschiedene Möglichkeiten in der NS-Richterfrage erörterte – Pensionierung durch Verfassungsgesetz, freiwilliger Abschied – und die Frage stellte, »nur Justiz? – Polizei, Militär, Verwaltung, Hochschulen«, nachzulesen, dass ein »Ausweg möglich ist«, er ihn aber »nicht befürworte«.[1059]

Günther Nenning, der zum Jahreswechsel 1965/1966 Friedrich Torberg als Herausgeber des »Forum« ablöste und nun sein (links gerichtetes) »Neues Forum« publizierte, nahm in einem »Abschiedsbrief an einen Freund« die von Broda getane Ankündigung, wonach er in Zukunft nicht mehr als »Mitarbeiter und Mitautor« des »Forum« aufscheinen werde, zur Kenntnis. Zugleich zeigte sich Nenning, der mit Bronner die Sondernummer vorbereitet hatte, enttäuscht darüber, dass Broda, dem Intellekt und Dynamik attestiert wurden, anders geantwortet hatte, als es erhofft worden war. Laut ausgesprochen wurde von Nenning nicht nur, dass ihm ein Bedauern Brodas gefehlt habe, sondern auch, dass sich Broda, der schon wegen viel geringerem Anlass Anklage gegen die höchsten Richter erhoben habe, mit den Falschen solidarisiere: »Diese Gesell-

---

1058 Broda, Christian, Die Republik hat einen Schlussstrich gezogen, in: Forum 144 (Dezember 1965) S. 570–573. Vgl. hierzu auch die Notizen für das Antwortschreiben. AChB, ÖNB, Handschriftensammlung, III.136.1.
1059 AChB, ÖNB, Handschriftensammlung, III.136.2.

schaft wird's Dir nicht danken. [...] Du wirst letztlich ihnen doch verdächtig bleiben.«[1060]

Trotzdem blieb Broda bei seiner Position. Er verteidigte diese auch in einem Beitrag in der »Zukunft« im Dezember 1965 und betonte in Verbindung mit seiner Forderung nach einem »Schlusstrich«, dass es um das »Heute« gehe und dass hier das Justizministerium auch aktiv geworden sei: mit dem Vorschlag zu einem Gesetz des inneren Friedens, den Strafbestimmungen gegen Rassenhetze, die von der Strafrechtskommission mit großer Mehrheit angenommen worden waren und dem Gesetzesentwurf zum Schutz der österreichischen Fahne und Symbole.[1061] Einen Vergleich zum Fall Borodajkewycz hatte Broda bereits früher vehement abgelehnt, da sich dieser nach 1945 antisemitisch geäußert habe, während sich die Justizfunktionäre nach 1945 nichts zu Schulden hätten kommen lassen.[1062] Im Fall Borodajkewycz schaltete sich die Staatsanwaltschaft auch mit Untersuchungen nach dem Verbotsgesetz ein und drängte damit auch ÖVP-Unterrichtsminister Piffl-Percevic zum Handeln, der nicht dazu bereit war, ein Disziplinverfahren gegen Borodajkewycz einzuleiten.[1063]

Die Österreichische Widerstandsbewegung, von der Bronner zu seiner Sonderbeilage im »Forum« animiert worden war, wollte es zu keiner »Eskalation« kommen lassen und machte in der Frage der NS-Richter vielmehr einen Rückzieher. Im Vorstand konnte – wie Oscar Bronner mit Entsetzen festhielt – keine Einigung über eine Protestnote erreicht werden.[1064] Als die Österreichische Widerstandsbewegung im Jänner 1966 vom Ministerrat einen Gesetzesentwurf forderte, der eine neuerliche Überprüfung belasteter ehemaliger NS-Juristen ermöglichen sollte, einigte man sich in der Großen Koalition – auch weil Wahlkampf war und das Thema der NS-Richter aus diesem herausgehalten werden sollte – auf ein Nichthandeln. So teilte Staatssekretär Hetzenauer Broda, der seiner Fraktion neuerlich seinen Standpunkt dargelegt hatte, im Zuge einer Ministerratsvorbesprechung mit, dass man in der ÖVP-Regierungsfraktion übereingekommen sei, das Schreiben der Widerstandsbewegung »nicht weiter

---

1060 Nenning, Günter, Abschied von einem Freund. Brief an Christian Broda, in: Forum 144 (Dezember 1965) S. 573 f.

1061 Vgl.: Broda, Christian, Es geht um die Zukunft der Republik – nicht um die Vergangenheit, in: Die Zukunft 24 (1965) S. 13 f. und in diesem Zusammenhang auch: Hindels, Josef, Warum gibt es in Österreich Nazirichter?, in: Die Zukunft 23 (1965) S. 7 – 9.

1062 AChB, ÖNB, Handschriftensammlung, III.57/1.2. Vgl. hierzu auch: Die beschuldigten Justizbeamten überprüft – Keine Beanstandung, in: Arbeiter-Zeitung, 30.6.1965.

1063 Vgl. zum Fall Borodajkewycz: Kasemir, Gerard, Spätes Ende für »wissenschaftlich« vorgetragenen Rassismus. Die Borodajkewycz-Affäre 1965, in: Gehler, Michael / Sickinger, Hubert (Hg.), Politische Affären und Skandale in Österreich. Von Mayerling bis Waldheim, 2. erw. Ausg., Thaur/Wien/München 1996, S. 486 – 501 sowie zur Rolle der Justiz: AChB, ÖNB, Handschriftensammlung, III.26/1, III.26/2, III.26/3.

1064 Stimeder/Weissenberger, Trotzdem, S. 49 f.

zu erörtern«, sondern es so zu behandeln wie alle anderen Einlaufstücke, deren
Eingang vom Bundeskanzleramt unter Punkt 1. der Tagesordnung (Berichte und
Resolutionen) kurz bekannt gegeben wird. Das Geschäftsstück solle dem Justizressort übermittelt und dort nicht weiter bearbeitet werden.[1065] In der Folge
wurde »in diesem Sinn« auch verfahren. Im »Forum« solidarisierten sich unter
dem Titel »Parole Österreich« im Jänner 1966 eine Reihe prominenter Persönlichkeiten mit der Zeitschrift, was bei Broda und seinem Umfeld Ärger und
Aufregung hervorrief. Unterschrieben wurde die Parole unter anderem auch von
Maria Szecsi, mit der Broda erst vor kurzem engen Kontakt bei der Herstellung
des Buches »Die NS-Justiz in Österreich und ihre Opfer« gehabt hatte.[1066]

Die NS-Richter- bzw. »Forum«-Debatte blieb – auch während der folgenden
ÖVP-Alleinregierung – ohne Folgen. »Alle angegriffenen Richter, Staatsanwälte
und Ministerialbeamten blieben im Amt«[1067] und gingen – wie auch eine Prüfung
im Dokumentationsarchiv des Österreichischen Widerstandes ergeben hat – in
den folgenden Jahren unbehelligt in Pension.[1068] Als Christian Broda 1970
neuerlich Justizminister wurde, spielte das Thema der NS-Richter so gut wie
keine Rolle mehr. Lediglich Walter Lillich, der – wenn man so will – einer der
Hauptprotagonisten der Debatte war, erregte weiterhin eine gewisse Aufmerksamkeit.[1069] Als Broda 1971 von Seiten der 1970 gegründeten Zeitschrift »Profil«
auf diesen angesprochen wurde, antwortete er mit seiner Stellungnahme aus
dem Jahr 1965,[1070] und auch noch Jahre später – so 1980 im Zuge eines zeitgeschichtlichen Symposiums – bekannte sich Broda zu seinem Vorgehen in der
Frage der NS-Richter und -Staatsanwälte.[1071] Die Schrecken der NS-Justiz blieben in seiner Rhetorik jedoch allgegenwärtig und waren ein wichtiger Argu-
mentationspunkt in seinem Kampf für ein humanes Strafrecht und gegen die
Todesstrafe. Bezug genommen wurde von Broda hier immer wieder auf die über

1065 Niederschrift vom 18. Jänner 1966 über eine Ministerratsvorbesprechung. AChB, ÖNB,
       Handschriftensammlung, III.136.5.
1066 Parole Österreich, in: Neues Forum 145 (Januar 1966) S. 3 sowie AChB, ÖNB, Hand-
       schriftensammlung, III.57.
1067 Stadler, »Juristisch bin ich nicht zu fassen.«, S. 130.
1068 Hierfür möchte ich Frau Dr. Ursula Schwarz danken.
1069 Vgl. etwa: Gesundes Volksempfinden?, in: Profil 12 (1978) S. 37 – 38.
1070 Schreiben von Christian Broda an Peter Michael Lingens vom 6.12.1971. AChB, ÖNB,
       Handschriftensammlung, V.640.1.
1071 Stellungnahme von Christian Broda beim Symposion Justiz und Zeitgeschichte 1980, in:
       Bundesministerium für Justiz / Bundesministerium für Wissenschaft und Forschung in
       Zusammenarbeit mit dem Institut für Zeitgeschichte der Universität Wien und dem In-
       stitut für neuere Geschichte und Zeitgeschichte der Johannes-Kepler-Universität Linz
       (Hg.), 25 Jahre Staatsvertrag. Protokolle des wissenschaftlichen Symposions »Justiz und
       Zeitgeschichte«, 24.–25. Oktober 1980, Wien 1980, S. 110.

1100 Frauen und Männer, die während der NS-Zeit im Landesgericht für Strafsachen in Wien hingerichtet worden waren.[1072]

5.4.3. Die Buchreihe »Das einsame Gewissen« und das Ministerkomitee für die Herausgabe einer Dokumentation über Österreichs Beitrag zu seiner Befreiung

Neben der justiziellen Ahndung von NS-Verbrechen und der Frage der NS-Richter war die wissenschaftliche Aufarbeitung der NS-Vergangenheit ein weiterer Bereich, in dem Christian Broda in den frühen 1960er Jahren mit der jüngeren Geschichte Österreichs konfrontiert wurde. Umgesetzt werden sollte die zeitgeschichtliche Auseinandersetzung mit der NS-Zeit in zwei Projekten, auf die erstmals der Historiker Gerhard Oberkofler das Augenmerk der Geschichtsforschung gelenkt hat: mit der Buchreihe »Das einsame Gewissen« und dem »Ministerkomitee für die Herausgabe einer geschichtlichen Darstellung über den Beitrag Österreichs zu seiner Befreiung im Sinne der Moskauer Deklaration«.[1073]

Beide Projekte fokussierten – unter maßgeblicher politischer Kontrolle – eine Erörterung des österreichischen Widerstands gegen das NS-Regime und sind nicht nur vor dem Hintergrund der herrschenden Opferdoktrin, sondern – wie dies Elisabeth Röhrlich in einer rezenten Arbeit über Bruno Kreisky festhält – auch vor dem Aufbau einer österreichischen Identität in Abgrenzung zu allem Deutschen zu sehen. Der Widerstand, der nach 1945 nach innen marginalisiert wurde und um seine Anerkennung kämpfen musste, wurde nach außen immer dann betont, wenn dies politisch opportun erschien. Sein Anteil wurde deshalb entsprechend der Moskauer Deklaration des Jahres 1943, die Österreich als das »erste Opfer der typischen Angriffspolitik Hitlers« bezeichnete, gleichzeitig aber auch seine Mitbeteiligung am Krieg auf deutscher Seite festhielt und einen Beitrag zu seiner Befreiung forderte, besonders im Vorfeld des Staatsvertrages betont.[1074] Neue Aktualität erreichte das Thema Anfang der 1960er Jahre, als es

---

1072 Vgl. hierzu: Broda, Christian, Gesetzgebung und Gesellschaftsstruktur, in: Die Zukunft 1 (1982) S. 4, Broda, Christian, Für die weltweite Abschaffung der Todesstrafe, in: Die Zukunft 2 (1978) S. 28, Broda, Christian, Rechtsreform und Gesellschaftsveränderung, in: Die Zukunft 7/8 (1983) S. 30.

1073 Oberkofler, Gerhard, Das Regierungsprojekt einer Dokumentation über den Beitrag Österreichs zu seiner Befreiung, in: Mitteilungen der Alfred Klahr Gesellschaft 3 (2003) S. 7 – 17.

1074 So wurde die »Verantwortungs- und Mittäterklausel« auch am Vorabend der Unterzeichnung des Staatsvertrages auf Betreiben der österreichischen Bundesregierung aus dessen Präambel gestrichen. Vgl. zur Entwicklung des Opfermythos in Österreich u. a. Uhl, Heidemarie, Das »erste Opfer«. Der österreichische Opfermythos und seine Trans-

darum ging, im Kreuznacher Abkommen die deutsche Beteiligung am Abgeltungsfonds für die Verfolgten des NS-Regimes zu regeln[1075] und der jungen Republik ihre offizielle Geschichte zu schreiben. Beteiligt waren an beiden Projekten mit Politikern wie Christian Broda und Bruno Kreisky Personen, für die eine Beschäftigung mit dem Themenkomplex Widerstand auch eine Auseinandersetzung mit der eigenen Vergangenheit bedeutete.[1076] Zudem wurde Broda, der die Unterstützung der Wissenschaft – wie genannt – als wesentlichen Beitrag zu einem Lernprozess hin zu einem »Nie mehr wider« betrachtete, auch hier mit der Frage der NS-Richter konfrontiert.

Die Arbeit an beiden Projekten, die von Broda maßgeblich unterstützt und mitinitiiert wurde, verlief parallel. Die Buchreihe, die im (konservativen) Herold Verlag erschien, in dem bereits 1958 ein Band von Otto Molden über den österreichischen Widerstand publiziert worden war,[1077] wurde jedoch früher gestartet als die Arbeiten des Ministerkomitees. Ein erstes Manuskript für Band eins der Reihe, der unter dem Titel »Die NS-Justiz in Österreich und ihre Opfer« 1962 erschien, lag bereits im Herbst 1960 vor. Erstellt wurde es von der bereits genannten Maria Szecsi, die nach der Rückkehr aus dem amerikanischen Exil als Referentin für sozialpolitische Fragen im Weltgewerkschaftsbund arbeitete und bereits seit längerer Zeit mit Christian Broda befreundet war. In einer späteren Phase war auch – und das wohl über Vermittlung von Broda – Karl R. Stadler an der Studie beteiligt, der – wie bereits ausgeführt wurde – im britischen Exil Geschichte studiert hatte und seit 1946 an der Universität Nottingham unterrichtete. Christian Broda erbat sich das Manuskript unmittelbar nach dessen Vorliegen zur Einsicht und übermittelte es am 13. Februar 1961 auch an Bruno Kreisky, der als Vizepräsident des Theodor-Körner-Stiftungsfonds die finanziellen Mittel für das Buchprojekt und Forschungsreisen (unter anderem solche von Karl R. Stadler in die USA) zur Verfügung stellte. Hierbei bat er Kreisky insbesondere um seine Stellungnahme zu jenem Teil, der sich mit den kommunistischen Organisationen beschäftigte, da er sich hier, »obwohl alles, was gesagt wird, sicherlich historisch einwandfrei und tatsachengetreu ist«, »nicht unbeeinflusst genug« fühlte. Broda holte somit wieder einmal seine kommu-

---

formationen in der Zweiten Republik, in: Österreichische Zeitschrift für Politikwissenschaft 1 (2001) S. 93–108.

1075 Das im November 1961 unterzeichnete Kreuznacher Abkommen beendete die langwierigen deutsch-österreichischen Vermögensverhandlungen zur Bereinigung von Folgen der NS-Zeit. Es führte u. a. zur Installierung eines Abgeltungsfonds für Vermögensverluste in der NS-Zeit, der eine Entschädigung für rassistisch motivierte Abgaben (»Judenvermögensabgabe« und »Reichsfluchtsteuer«), eingezogene Bankkonten, Wertpapiere, Bargeld vorsah.

1076 Vgl. in diesem Zusammenhang auch: Röhrlich, Kreiskys Außenpolitik, S. 168–182.

1077 Molden, Otto, Der Ruf des Gewissens. Der österreichische Freiheitskampf 1938–1945. Beiträge zur Geschichte der österreichischen Widerstandsbewegung, Wien/München 1958.

nistische Vergangenheit ein.[1078] Maria Szecsi bat er hingegen am gleichen Tag, die Namen der Richter bzw. der einzelnen Senate aus dem Manuskript zu eliminieren.[1079]

In einer Besprechung zwischen Kreisky, dem Direktor des Herold Verlages, Willy Lorenz, und Broda wurde nur wenige Tage später das Konzept für die Buchreihe und die geplanten weiteren Bände erörtert. Vorgesehen waren neben dem Band von Maria Szecsi über die Prozesse gegen Widerstandskämpfer im Wiener Landesgericht ein Band über die Rolle österreichischer Offiziere im Kreis der Widerstandskämpfer des 20. Juli 1944 (Ludwig Jedlicka), ein Band über die österreichische Emigration (Karl R. Stadler) und ein Band über den Widerstand im Ötztal bzw. einer über Geistliche und Widerstand (Wolfgang Pfaundler). Zudem wurde von Kreisky die Notwendigkeit eines Bandes über den Widerstand in den Betrieben betont und von Broda vor allem ein Band zum Thema Justiz und Widerstand befürwortet. Zur Arbeit von Maria Szecsi merkte Broda hingegen an, »dass in den Landesgerichtsprozessen zwar eine große Anzahl von Kommunisten verwickelt waren, Frau Szecsi jedoch eine Art der Darstellung gefunden habe, die diesen Umstand in ein historisch adäquates Licht« rücke.[1080] Kreisky, der den Kommunismus schon seit Jugendtagen strikt abgelehnt hatte, antwortete Broda auf seine Anfrage vom Februar am 11. Juli 1961 hingegen nicht nur damit, dass der »minoritäre Charakter des Nazismus in Österreich« (sic!) noch stärker betont werden könne, sondern auch, dass keine kommunistischen Publikationen für das Buch herangezogen werden sollen und dass bei aller »gebotenen Bescheidenheit« auch er, Kreisky, bei den Verhafteten der Führung der Revolutionären Sozialisten zu nennen sei. Im Gegensatz zu Broda und Stadler, die angesichts ihrer Biographie ebenfalls in das Buch hätten aufgenommen werden können, reklamierte sich Kreisky somit in das Manuskript von Maria Szecsi hinein.[1081] In der publizierten (heute zugänglichen) Fassung scheint Kreisky somit als Widerstandskämpfer auf, während Stadler und auch Broda, für den das einen Hinweis auf die kommunistische Vergangenheit bedeutet hätte, fehlen. Nachgekommen ist Maria Szecsi jedoch nicht nur dieser Aufforderung Kreiskys, sondern – wie bereits die geschilderte Äußerung Brodas zeigt – auch jener nach einer Kürzung des Kapitels über den kommunistischen Widerstand. Wie sie Broda im Februar 1962 mitteilte, hatte sie seinem oder Kreiskys Wunsch – so genau konnte sie es nicht mehr sagen – insofern

---

1078 Schreiben von Christian Broda an Bruno Kreisky vom 13.2.1961. AChB, ÖNB, Handschriftensammlung, III.344.2.
1079 Ebenda.
1080 Protokoll über eine Besprechung betreffend die Herausgabe der Schriftenreihe »Das einsame Gewissen« vom 23.2.1961. AChB, ÖNB, Handschriftensammlung, III.346.5.
1081 Schreiben von Bruno Kreisky an Christian Broda vom 11.7.1961. AChB, ÖNB, Handschriftensammlung, III.344.2.

entsprochen, als sie das Kapitel über die kommunistischen Organisationen um ca. ein Viertel gekürzt habe. Getan habe sie das mit gutem Gewissen, da auch ihr dieser Teil überlang erschien.[1082] Weggelassen wurden zudem die Namen der Richter, was in Folge vor allem von Eduard Rabofsky stark kritisiert wurde.[1083] Im Dokumentenanhang am Ende des Buches fehlten zum Teil sogar ganze Passagen, die sich auf die beteiligten Richter und Staatsanwälte bezogen. Nur mit Initialen angegeben wurden vermutlich dort, wo die Namen nicht ohnehin schon bekannt waren, aber zum Teil auch die Namen der Angeklagten.[1084]

Als im Februar 1962 neuerlich über das weitere Vorgehen bei der Buchreihe gesprochen wurde, war nun als zweiter Band jener von Jedlicka über den 20. Juli 1944 vorgesehen. Als dritter Band sollte ein Buch publiziert werden, das vor allem auf den von Stadler in den Archiven in Washington gemachten Studien beruhen sollte. Als vierter Band wurde »Der Widerstand in den Betrieben« oder »Justiz und Widerstand« vorgeschlagen. Wie von Broda angeregt wurde, sollte Hermann Langbein, der bisherige Sekretär des Auschwitz-Komitees, der mittlerweile aus der KPÖ ausgetreten war, für die weiteren Arbeiten an der Reihe herangezogen werden. Maria Szecsi stand hierfür nicht mehr zur Verfügung, da sie durch ihre neue Tätigkeit in der volkswirtschaftlichen Abteilung der Arbeiterkammer nicht mehr genügend Zeit für die Buchreihe hatte. Die Mitarbeit von Karl Stadler war durch seinen ständigen Wohnsitz in Großbritannien nur eingeschränkt möglich. Stadler, der 1962 zum Senior Lecturer für Neuere Geschichte und Internationale Beziehungen an der Universität Nottingham avancierte, konnte erst Mitte der 1960er Jahre nach Österreich zurückkehren – und das mit maßgeblicher Unterstützung Brodas (vor allem zahlreicher Interventionen bei Kreisky aber auch durch seine Einbindung in das Buchprojekt »Das einsame Gewissen« und das Ministerkomitee). 1964 bis 1966 wurde er von seiner englischen Universität beurlaubt, um das in Wien von Bruno Kreisky initiierte Wiener Institut für Entwicklungsfragen aufzubauen und gleichzeitig am Institut für Höhere Studien und an der Diplomatischen Akademie als Gastprofessor zu wirken. 1968 wurde er an die neu gegründete Universität Linz berufen, nachdem sich Broda wiederholt für Stadler im Unterrichtsministerium eingesetzt und Jedlicka sich für die Verfassung notwendiger Gutachten angeboten hatte.[1085]

1082 Schreiben von Maria Szecsi an Christian Broda vom 20.2.1962. AChB, ÖNB, Handschriftensammlung, III.344.3.

1083 Vgl. hierzu: Rabofsky, Eduard, Die Blutjustiz des Dritten Reiches, in: Weg und Ziel 12 (1962) S. 818–828 und Rabofsky, Eduard, Zu einer Methode der Geschichtsschreibung, in: Weg und Ziel 4 (1971) S. 171–173.

1084 Szecsi, Maria / Stadler, Karl, Die NS-Justiz in Österreich und ihre Opfer (Das einsame Gewissen. Beiträge zur Geschichte Österreichs 1938 bis 1945 1), Wien/München 1962. Vgl. zur Rolle Brodas beim Buchprojekt besonders S. 10.

1085 Konrad, Karl R. Stadler, S. 513. Vgl. zu Stadlers Bestellung nach Linz auch: ÖVA, Nachlass von Karl R. Stadler, 17/4.

Erschienen sind schlussendlich bis 1966 noch zwei Bände in der Reihe: der von Ludwig Jedlicka zum 20. Juli 1944 in Österreich und einer von Karl Stadler mit dem Titel »Österreich 1938 – 1945 im Spiegel der NS-Akten«. Zwischen 1969 und 1978 wurde die Reihe mit weiteren Bänden von Otto Molden, Franz Goldner und Otto M. Rebhahn fortgesetzt. Kreisky hatte der Buchreihe als Finanzier jedoch bereits 1965 seine Unterstützung aufgekündigt, nachdem im Herold-Verlag aus Anlass des 50. Geburtstages von Otto Habsburg eine Festschrift »unter deutlicher Missachtung alles Republikanischen« erschienen war. So war es auch nur mit vielen Anstrengungen Brodas möglich, dem Herold Verlag die zugesagte finanzielle Unterstützung des Körner-Fonds für den Band von Jedlicka zukommen zu lassen, der wie Broda, Kreisky, Stadler und Langbein auch in das Ministerkomitee eingebunden war und – was Kreisky besonders erboste – auch an der Habsburg-Festschrift mitgewirkt hatte.[1086] Broda, der immer auch Kontakte ins bürgerliche Lager hatte bzw. – wie er 1983 in einem Interview ausführte – während des Krieges erstmals mit Menschen ganz anderer weltanschaulicher Herkunft zusammengekommen sei und diese auch schätzen gelernt habe,[1087] zeigte sich in dieser Situation somit weniger kategorisch als Kreisky, obwohl es doch er war, der wenige Jahre zuvor in der »Habsburg-Krise« sogar von einem »Justizputsch« gesprochen hatte.

Das an dieser Stelle bereits mehrfach angesprochene Ministerkomitee für die Herausgabe einer geschichtlichen Darstellung über den Beitrag Österreichs zu seiner Befreiung im Sinne der Moskauer Deklaration wurde im Vorfeld der 20-Jahrfeiern der Wiedererrichtung der Republik im Jahre 1965 vom Kabinett Alfons Gorbach I auf Antrag von Außenminister Bruno Kreisky am 27. Februar 1962 eingesetzt.[1088] Das Komitee, das unter dem Vorsitz von Unterrichtsminister Drimmel (später Piffl-Percevic) stand, zu dem Broda ein gutes Verhältnis hatte, da er im Ministerrat neben ihm saß,[1089] und dem die Innenminister Afritsch (später Olah und Czettel) sowie Justizminister Broda angehörten und dem auch Staatssekretär Kranzlmayr und weitere Staatssekretäre und hohe Ministerialbeamte zugezogen wurden, tagte zwischen 1962 und 1965 insgesamt fünfmal. Im Gegensatz zur Buchreihe »Das einsame Gewissen« blieben die Arbeiten des

---

1086 Schreiben von Bruno Kreisky an Christian Broda vom 27.9.1965. AChB, ÖNB, Handschriftensammlung, III.345.1.
1087 Vgl. hierzu auch ein Interview von Christian Broda in der Radio-Sendung »Im Brennpunkt« am 29.4.1983, in der Broda davon sprach, dass er während des Krieges das erste CV-Mitglied seines Lebens kennengelernt habe und er bei der Sanität auch mit vielen Geistlichen zusammengekommen sei, die dort Dienst machen mussten. Gelernt hätte er durch diese Begegnungen den Wert der Toleranz.
1088 Schreiben des Österreichischen Dokumentationsarchivs der Widerstandsbewegung an Bundesminister Drimmel vom 1.7.1963. AChB, ÖNB, Handschriftensammlung, III.346.6.
1089 Interview von Christian Broda in der Radio-Sendung »Im Brennpunkt« am 29.4.1983.

Ministerkomitees jedoch ohne konkretes Ergebnis, obgleich die Arbeiten 1965 bereits weit fortgeschritten waren.

Wie in der ersten Sitzung des Ministerkomitees beschlossen wurde, sollte in Hinblick auf das 20jährige Jubiläum der Zweiten Republik eine gesichtete und ausgewählte Aktendokumentation zum österreichischen Widerstand erscheinen, die nach dem Rot-Weiß-Rot-Buch des Jahres 1946 die zweite wichtige Publikation von Staatsseite über Österreichs Widerstand werden sollte. Herangezogen werden sollte für die Dokumentation eine Reihe von Quellen, wobei die wichtigsten Dokumente im Bereich des Innen- und Justizministeriums erwartet wurden und deshalb den zuständigen Ministern eine besondere Bedeutung zukam. Mit den konkreten Arbeiten sollten Historiker beauftragt werden, wobei bereits in der ersten Sitzung beschlossen wurde, Ludwig Jedlicka, dem Gründer des damals noch außerhalb der Universität Wien angesiedelten Österreichischen Instituts für Zeitgeschichte eine zentrale Leitungsfunktion zukommen zu lassen. Auf Vorschlag von Broda sollte ihm Friedrich Heer, sein alter Schulfreund, zur Seite gestellt werden.[1090] De facto spielte Heer in den Arbeiten aber keine bedeutete Rolle, während Karl Stadler – ebenfalls auf Vorschlag von Broda – ab 1963 wegen seiner Arbeit an der Buchreihe »Das einsame Gewissen« und seinem Aktenstudium in den USA auch in die Arbeiten des Ministerkomitees eingebunden wurde.

Begonnen werden sollte, da die Zeit bereits drängte, mit dem Jahr 1943 (später auch 1944).[1091] Die Akten des Justizministeriums standen für das Projektteam bald zur Verfügung und konnten – ganz im Gegensatz zu jenen aus dem Innenministerium, die trotz mehrfacher Interventionen Brodas nicht zugänglich gemacht wurden – rasch bearbeitet werden. Mit dem 1963 neu entstandenen Dokumentationsarchiv des Österreichischen Widerstandes wurde eine Kooperation begonnen, die darin bestand, dass auch die Akten aus dessen Beständen herangezogen wurden und mit ihm die Beschaffung weiterer Akten aus ausländischen Archiven besprochen wurde. Insgesamt liefen die Arbeiten an der Dokumentation (mit Ausnahme des fehlenden Aktenzugangs im Innenministerium) somit nicht schlecht, als das Ministerkomitee am 6. Juli 1964 zu seiner dritten Sitzung zusammentraf und sich auch hier die Frage stellte, wie mit den in den Akten genannten Namen umzugehen sei. Broda, der Maria Szecsi im Rahmen des gemeinsamen Buchprojekts noch vor wenigen Jahren strikt aufgetragen hatte, die Richternamen aus ihrem Manuskript zu streichen, zeigte sich nun aber

---

1090 Protokoll der konstituierenden Sitzung des Ministerrats für die Herausgabe einer geschichtlichen Darstellung über den Beitrag Österreichs zu seiner Befreiung im Sinne der Moskauer Deklaration vom 4. April 1962. AChB, ÖNB, Handschriftensammlung, III.346.1.
1091 Niederschrift über die Sitzung des Ministerkomitees für die Herausgabe einer Dokumentation über den Beitrag Österreichs zu seiner Befreiung im Sinne der Moskauer Deklaration vom 12. Juli 1963. AChB, ÖNB, Handschriftensammlung, III.346.3.

weniger kategorisch als zuvor. Grundsätzlich teilte er zwar die von Unterrichtsminister Piffl-Percevic geäußerten Bedenken, dass in den Gestapo- und sonstigen Akten »vielfach Unwahrheiten, ja sogar Verleumdungen über die beschuldigten Personen enthalten« seien, die »heute noch lebenden Personen zum Nachteil gereichen könnten«. Dennoch sprach er sich nun aber für die Aufnahme der Akten mit dem vollen Namen und kommentierenden (richtig stellenden) Fußnoten aus.[1092]

Als sich das Ministerkomitee im März 1965 ein viertes Mal auf Anraten von Broda traf, standen die Feierlichkeiten aus Anlass der 20-jährigen Gründung der Zweiten Republik bereits unmittelbar bevor. Eine rechtzeitige Publikation sollte sich – wie bereits feststand – nicht mehr ausgehen. Wie Jedlicka ausführte, lag aber ein rund 950 Seiten umfassendes Manuskript vor, das publikationsreif sei.[1093] Da an Broda aus dem Kreis der österreichischen Widerstandsbewegung (Alfred Ströer) Bedenken gegen die Einteilung des Werkes in das »konservative« und das »linke Lager«, in »Rote« und »Schwarze« herangetragen worden waren, sollte Jedlicka nur noch einmal Verbindung mit dem Dokumentationsarchiv des Österreichischen Widerstandes aufnehmen, er selbst wollte hingegen prüfen lassen, »ob durch die Veröffentlichung des Namens der Zeugen, Angeklagten, Gerichtspersonen usw. Rechte berührt werden. Da die Bundesregierung als Herausgeber aufscheinen sollte, musste »diesbezüglich Klarheit geschaffen werden.«[1094]

Das Projekt der Bundesregierung »Herausgabe einer geschichtlichen Darstellung über den Beitrag Österreichs zu seiner Befreiung im Sinne der Moskauer Deklaration« schien somit einer Finalisierung entgegen zu gehen. Am 3. Mai 1965 trafen sich noch die beiden Vorstandsmitglieder des Dokumentationsarchivs, Ludwig Soswinski und Alfred Ströer, mit Jedlicka und zwei seiner Mitarbeiter sowie Karl Stadler, um über die Reihung der Dokumente zu sprechen.[1095] Am 11. Juni 1965 beriet dann nochmals das Ministerkomitee in einer

---

1092 Niederschrift über die Sitzung des Ministerkomitees für die Herausgabe einer Dokumentation über den Beitrag Österreichs zu seiner Befreiung im Sinne der Moskauer Deklaration vom 6. Juli 1964. AChB, ÖNB, Handschriftensammlung, III.346.3.

1093 Jedlicka konnte berichten, dass das nunmehr vorliegende Manuskript insgesamt 950 Seiten umfasse und folgenden Aufbau aufweise: 1) Das konservative Lager; 2) Sonderfälle; 3) Das Lager der Linken; 4) Bewaffneter Widerstand. Bei der Endredaktion für das konservative Lager wäre Kurt Skalnik, Chefredakteur der katholischen Wochenzeitung »Die Furche«, behilflich gewesen, Stadler habe speziell bei der Bearbeitung des Lagers der Linken beratend mitgearbeitet.

1094 Niederschrift über die Sitzung des Ministerkomitees für die Herausgabe einer Dokumentation über den Beitrag Österreichs zu seiner Befreiung im Sinne der Moskauer Deklaration vom 12. März 1965. AChB, ÖNB, Handschriftensammlung, III.346.4.

1095 Dabei wurde vereinbart folgende Gliederung vorzunehmen: Nach einer Einleitung sollten in einem Abschnitt A »konservative« und »linke« Gruppen (aber ohne Überschrift diesen Inhalts) dokumentiert werden, in einem Abschnitt B sollten folgen: der Widerstand in den

fünften Sitzung. Jedlicka überreichte das Inhaltsverzeichnis über die schon fertig gestellte Dokumentation, ein Vorwort und eine zusammenfassende Darstellung des geschichtlichen Hintergrundes der Zeit des Widerstandskampfes. Der letzte Abschnitt sollte dem letzten der wahrscheinlich vier Dokumentationsbände angeschlossen werden. Eine rund 1,5 Seiten umfassende Einleitung für den ersten Band wurde noch in Aussicht gestellt.[1096] Und auch hinsichtlich der Nennung der vorkommenden Personen schien eine Lösung gefunden, indem man sich – wie Broda Kreisky am 20. Juli 1965 berichtete – aus rechtlichen Gründen auf den Abdruck von Initialen geeinigt hatte, wenn die entsprechenden Akten nicht »bereits in die Geschichtsschreibung eingegangen waren«:

> »Es ist dies nicht eine Frage des Schutzes der damals beteiligten Gerichtspersonen (bis auf eine einzige Ausnahme kommt kein derzeit im aktiven österreichischen Justizdienst tätiger Richter bzw. Staatsanwalt vor), sondern eine Frage des Persönlichkeitsschutzes für Angeklagte und Zeugen. Wir können nicht alle Angeklagten […] und alle Zeugen fragen, ob sie mit der Veröffentlichung einverstanden sind. Da es sich andererseits um Gerichtsakten handelt, die noch innerhalb der sonst für die Öffnung österreichischer Archive geltenden Schutzfristen veröffentlicht wurden, müssen wir aus rechtlichen Gründen vorsichtig sein. Außerdem weißt Du selbst, was alles unter Druck, bei der Gestapo und vor den Volksgerichten von Angeklagten und Zeugen aus begreiflichen Gründen gesagt (und geleugnet) wurde und was heute nicht jedermann gerne in einer amtlichen Dokumentation abgedruckt wissen will.«[1097]

Erschienen ist die Dokumentation jedoch nie, wobei bis heute nicht geklärt ist, warum dies schlussendlich nicht geschah. Verschiedentlich wird dies – so etwa von Gerhard Oberkofler – in Verbindung mit der wachsenden Kritik an Ludwig Jedlicka und seiner Mitarbeit an der Festschrift für Otto Habsburg gesehen. Kreisky attestierte Jedlicka jedenfalls 1965 im Zuge der Habsburg-Festschrift sich zu einem »richtigen Adabei« entwickelt zu haben, der seine Vorträge über die Zweite Republik und ihre Entstehung je nach der Zusammensetzung des Auditoriums adaptiere.[1098] Oliver Rathkolb, der 2005 eine biographische Skizze über Ludwig Jedlicka vorlegte, nennt als möglichen Grund für das Scheitern der Widerstandsdokumentation auch das zunehmend angespanntere Klima in der Großen Koalition.[1099] Die Anpassungsfähigkeit Jedlickas über die Regime hinweg

---

Betrieben, Sondergruppen, Sonderfälle und der bewaffnete Widerstand. Vgl.: Kurzprotokoll einer Besprechung im Österreichischen Institut für Zeitgeschichte vom 3. Mai 1965. AChB, ÖNB, Handschriftensammlung, III.346.8.

1096 Information für den Herrn Minister, undatiert. AChB, ÖNB, Handschriftensammlung, III.346.8.

1097 Schreiben von Christian Broda an Bruno Kreisky vom 20. Juli 1965. AChB, ÖNB, Handschriftensammlung, III.346.8.

1098 Schreiben von Bruno Kreisky an Christian Broda vom 27. September 1965. AChB, ÖNB, Handschriftensammlung, III.345.1.

1099 Ähnlich äußerte sich auch Wolfgang Neugebauer 2008. Vgl.: Neugebauer, Der österreichische Widerstand 1938–1945, S. 14.

betont aber auch er. Jedlicka entwickelte sich vom illegalen Nationalsozialisten, der sich mit dem »Ständestaat« arrangieren konnte, zum Begründer der Zeitgeschichtsforschung in der Zweiten Republik, der – emotional stets der Monarchie verbunden – politisch in den Reihen der ÖVP verankert war, als begnadeter Networker aber auch keine Berührungsängste zur Sozialdemokratie (und zu den Kommunisten) hatte.[1100] Die Arbeiten im Rahmen des Ministerkomitees nützte er gekonnt zur universitären Institutionalisierung seines Österreichischen Instituts für Zeitgeschichte (seit Juni 1966 Institut für Zeitgeschichte der Universität Wien) und zum Aufbau eines eigenen Aktenstocks – verblieben die gesammelten Unterlagen des Ministerkomitee-Projekts, darunter eine umfangreiche Kopiensammlung von Urteilen aus Volksgerichtsverfahren, doch beim »Jedlicka-Institut«.[1101]

## 5.5.	Die Nationalratswahl 1966 – Kampfplatz »Kronen-Zeitung« und Wahlniederlage der SPÖ

Nachdem die Auseinandersetzungen zwischen Franz Olah und Christian Broda im Jahr 1964 ihren ersten Höhepunkt erreicht hatten, folgten 1966 unmittelbar vor den Nationalratswahlen vom 6. März erneut harte Attacken gegen Broda in der »Kronen-Zeitung«. Zu sehen sind diese wiederum im Zusammenhang mit dem »Fall Olah« bzw. dessen finanzieller Hilfeleistung bei der Wiedergründung der Zeitung im Jahr 1959 und einer Reihe von Prozessen, die ab Mitte der 1960er Jahre die Gerichte beschäftigten und um die Eigentumsverhältnisse an der »Kronen-Zeitung« kreisten, aber auch andere Fragen berührten.

Eine erste Klage gegen Franz Olah, Kurt Falk, Hans Dichand unter andere wurde vom ÖGB, vertreten durch Rechtsanwalt Rosenzweig, Anfang 1965 eingebracht. Rosenzweig war – wie bereits ausgeführt – ein enger Freund Brodas und hatte diesen 1948 für den BSA geworben, womit Christian Brodas Parteikarriere in der SPÖ begann. Eine weitere Klage folgte am 11. Februar 1966, das heißt rund einen Monat vor den Nationalratswahlen vom 6. März 1966, wobei sich mit dieser die Zielrichtung der Klagen änderte: Drehten sich jene zuvor um Schadenersatzansprüche, ging es nun um den Besitzanspruch an der »Kronen-Zeitung«. Bereits vor der Klage war es mehrfach zu Beschlagnahmungen der Zeitung gekommen. Dass Broda, damals amtierender Justizminister, über den

1100 Rathkolb, Oliver, Ludwig Jedlicka: Vier Leben und ein typischer Österreicher. Biographische Skizze zu einem der Mitbegründer der Zeitgeschichtsforschung, in: Zeitgeschichte 6 (2005) S. 351–370.

1101 Kopien wurden dem Dokumentationsarchiv des Österreichischen Widerstandes zur Verfügung gestellt.

Kenntnisstand in der »Causa Olah«, darunter auch die Finanzierung der »Kronen-Zeitung«, den strafrechtlichen Aspekt der Untersuchungen und das Vorgehen des ÖGB bzw. Rosenzweigs gut informiert war bzw. seine Beamten in der Untersuchung des Falls anleitete, indem er etwa Berichte zu konkreten Fragestellungen verlangte, geht deutlich aus seinem Nachlass hervor. Auffallend ist dabei vor allem, dass er in der Aufdeckung der »Causa Olah« und den verschiedenen damit in Verbindung stehenden Finanztransaktionen – nicht nur die »Kronen-Zeitung« betreffend – eng mit Rosenzweig zusammenarbeitete und dass Rosenzweig vor der Einbringung von Klagen auch die Meinung von Broda einholte. Deutlich wird dies etwa in einem Schreiben vom 15. November 1965, mit dem Rosenzweig (neben Anton Benya als ÖGB-Präsident) auch Christian Broda den Entwurf einer Klagsschrift gegen Franz Olah (allerdings nicht die »Kronen-Zeitung« betreffend) mit der Bemerkung zuschickte, dass ihm Broda mitgeteilt habe, dass er nach der Einsendung des Klagsentwurfs an Benya mit diesem über die Frage der Klagseinbringung sprechen wollte.[1102]

In den Wahlkampf schaltete sich die »Kronen-Zeitung« erst verhältnismäßig spät, acht Wochen vor der Wahl, ein, dann erklärte sie Christian Broda, von dem sie seit der »Olah Affäre« 1964 nicht mehr abgelassen hatte, aber zu ihrem liebsten Angriffsziel.[1103] Wie Helmut Konrad in der bereits zitierten Studie über Franz Olah und die »Kronen-Zeitung« ausführt, bezogen sich von gezählten 65 Wahlkampf-Beiträgen, in denen aktive Politiker genannt wurden, nicht weniger als 24 auf Christian Broda. Franz Olah und Bruno Pittermann brachten es nur auf sieben Nennungen, Bruno Kreisky und Josef Klaus wurden gar nur zweimal genannt. Und auch die meisten in dieser Zeit erschienenen Wahlkampf-Titelgeschichten handelten vom »Exkommunisten« und »Linksextremisten« Broda und der angestrebten Strafrechtsreform, wie die folgenden Beispiele illustrieren:[1104]

Am 30. Jänner titelte die »Kronen-Zeitung«: »Wenn die SPOe mit Hilfe der KPOe siegt: Linksextremisten und Kommunisten für Broda als Kanzler«. Bezug genommen wurde damit auf die Wahlkampfunterstützung der KPÖ für die SPÖ – kandidierte die KPÖ bei den Wahlen 1966 selbst doch nur in einem einzigen Wahlkreis und empfahl ihren SympathisantInnen diesmal der SPÖ die Stimme zu geben. In der »Kronen-Zeitung« war dies in einer Serie von Artikeln bereits zuvor als Folge der »Linkswende« in der SPÖ nach dem Sturz von Franz Olah 1964 gesehen worden. Nun hieß es aber: »Kommunisten sehen in Broda einen Mann, den zu forcieren ihnen günstig erscheint«, auch die Strafrechtsreform sei

---

1102 Vgl. hierzu insbesondere: AChB, ÖNB, Handschriftensammlung, III.142/4.1. und III.142/8.5.
1103 Konrad/Lechner, »Millionenverwechslung«, S. 118 ff.
1104 Ebenda, S. 145.

Musik in den »kommunistischen Ohren«. Am 13. Februar wurde »Bot Minister Dr. Broda Rücktritt an?« auf die Titelseite gesetzt – eine Meldung, der wenig später eine Entgegnung folgen musste. Am 23. Februar war wiederum die Strafrechtsreform Gegenstand einer Titelgeschichte. Es hieß: »Broda Strafrecht: Ein Geschenk für Schwerverbrecher«. Vermerkt wurde, dass sich die Stimmen aus Richter- und Anwaltskreisen mehren würden, die an Broda Kritik üben würden und angeprangert, dass Schwerverbrechen unter Broda »billiger« würden, womit vor allem auf den neuen Mordparagraphen des Ministerialentwurfs 1964 Bezug genommen wurde. Am 3. März, drei Tage vor der Wahl, wurde das Bedrohungsszenario noch einmal verschärft, indem das Feindesduo Broda und Rosenzweig als kommende Minister – Broda als Innenminister und Rosenzweig als Justizminister – gehandelt wurden.[1105]

Gegenstand der »Broda-Berichterstattung« waren zudem natürlich auch die Beschlagnahmungen der »Kronen-Zeitung«, die sich wiederum groß auf den Titelseiten finden, auf die seitens der »Kronen-Zeitung aber auch mit der Herausgabe eines Flugblatts mit dem Titel »Das freie Wort« reagiert wurde.

Am 8. Februar verkündete die »Kronen-Zeitung« unter dem Titel »Die Säulen der Pressefreiheit« neben einem großen Foto von Christian Broda die bereits dritte Beschlagahmung der Zeitung. Als am gleichen Tag die Staatsanwälte durch eine »Vorstandsverfügung« der Wiener Staatsanwaltschaft angewiesen wurden, im Falle des Erscheinens von kritischen Artikeln, die Presseehrenbeleidigungen an Broda oder Pittermann darstellen könnten, sofort deren Rechtsanwalt (Dr. Rosenzweig), bzw. den ersten Generalanwalt anzurufen, wenn die Privat- oder Parteisphäre betroffen sei, damit unverzüglich Maßnahmen zur Beschlagnahme der betreffenden Zeitung ergriffen werden könnten, hieß es in »Das neue Wort« »Minister Dr. Broda schafft Sonderjustiz«.[1106] Wörtlich hatte die Vorstandsverfügung folgenden Wortlaut:

1105   Ebenda, S. 145 und Stangl, Die neue Gerechtigkeit, S. 74 f. Vgl. zu den Angriffen auf Broda
       auch: AChB, ÖNB, Handschriftensammlung, III.143/7.
1106   Minister Dr. Broda schafft Sonderjustiz, in: Das Freie Wort, undatiert. AChB, ÖNB,
       Handschriftensammlung, III.143.7.

»In Abänderung der Vorstandsverfügung vom 4.2.1966, Jv 380 – 7/66 wird nach grundsätzlicher Weisung seitens des Ersten Generalanwaltes Dr. Douda (hinsichtlich der nachstehenden Punkte 3 und 4) die Vorgangsweise für den Nachtjournaldienst in Pressesachen geregelt, wie folgt: Wenn in einer Zeitung ein beleidigender Artikel gegen ein Organ der Regierung erschienen ist, ist zu verständigen:

1. In der Zeit bis 22 Uhr der in Bereitschaft stehende Gruppenleiter und ist dessen Weisung einzuholen. Überdies ist

2. der Behördenleiter oder dessen Stellvertreter in gleicher Weise sofort zu verständigen und die Stellungnahme des vorerwähnten Gruppenleiters mitzuteilen und die weitere Weisung des Behördenleiters entgegenzunehmen.

3. Für den Fall des Vorliegens einer nach § 495 Abs. 2 StG zu verfolgenden Tat, begangen an Minister Dr. Broda oder Vizekanzler DDr. Pittermann, ist zum Zwecke der Einholung einer allfälligen Ermächtigung zur Verfolgung – der Machthaber der beiden Genannten, Rechtsanwalt Dr. Rosenzweig, Telephon 52 49 97 (Kanzlei) oder 32 21 71 (Wohnung) sofort zu verständigen und um Abgabe einer Erklärung zu ersuchen. § 300 StG ist möglichst in solchen Fällen nicht anzunehmen.

4. In jenen Fällen von Presseehrenbeleidigungen (vornehmlich des Bundesministers für Justiz, Dr. Christian Broda, und des Vizekanzlers DDr. Bruno Pittermann), die lediglich Privat- bzw. Parteisphäre dieser Regierungsorgane betreffen (demnach keinen Fall des § 495 Abs. 2 StG darstellen), ist wie folgt vorzugehen:
Wenn die bezügliche Presseehrenbeleidigung nicht in der ersten Auflage, sondern in einer zweiten oder dritten Auflage der betreffenden Zeitung erschienen ist, hat der diensthabende Journalstaatsanwalt im Nachtdienst den Ersten Generalanwalt Dr. Douda persönlich anzurufen (Tel. 34 22 36) und dessen nähere Weisung zu erbitten.

5. Im Falle der Aufnahme einer Amtshandlung im Sinne einer Beschlagnahme ist sodann mit sofortiger Antragstellung an den journaldiensthabenden Richter des Strafbezirksgerichtes Wien (Name im Pressejournalzimmer ersichtlich) unter Mithilfe der Pressepolizei vorzugehen. Eine Mitwirkung der Staatsanwaltschaft bei einer allfälligen gerichtlichen Hausdurchsuchung und Beschlagnahmung hat zu unterbleiben.
Gleichzeitig tritt die Vorstandsverfügung vom 4. Februar 1966 außer Kraft. Wien, am 8. Februar 1966, Dr. Kubick e.h.«[1107]

Heftig angegriffen wurde dieser Schritt jedoch nicht nur von der »Kronen-Zeitung«, auch in den anderen unabhängigen und konservativen Medien, die sich 1964 noch mit Broda solidarisiert und das Vorgehen der »Kronen-Zeitung« kritisiert hatten, wurde dieses Vorgehen hart attackiert. Ein Angriff auf den Rechtsstaat, eine Beugung des Rechts durch eine bevorzugte Behandlung von zwei SPÖ-Politikern, die Missachtung der Pressefreiheit, die gerade Broda in der Öffentlichkeit immer hoch gehalten und mit der er ebenso wie mit der Bedeutung der Medien in der modernen Demokratie für sein neues Pressegesetz ar-

---

1107 Begangen an Broda oder Pittermann, in: Volksblatt, 11.2.1966.

gumentiert hatte, wurden festgestellt.[1108] Von einer Doppelmoral Brodas war die Rede, wobei auch der Bezug zur »Causa Habsburg« nicht fehlte und etwa im ÖVP-»Volksblatt« zu lesen war, dass die Reaktion der Sozialisten auf den Habsburg-Spruch des Verwaltungsgerichtshofes wohl am deutlichsten gezeigt habe, dass die Unabhängigkeit der Richter und der Gerichte allein die SPÖ noch daran gehindert habe, in der gesamten Justiz ein Mittel zu sehen, mit dem die sozialistische Moral durchgesetzt werden könne. Nun aber hätte sich eine Rechtspraxis gezeigt, wie sie kommunistischen Staaten eigen ist.[1109] Mit Bezug auf Djilas, den Broda gerne für seine persönliche Kommunismuskritik heranzog, war in diesem Sinn – so etwa von Bundeskanzler Klaus – aber auch von einer »marxistischen ›neuen Klasse‹ von Funktionären, die für ihren privaten und parteipolitischen Rechtsschutz den weisungsgebundenen Staatsanwalt heranziehen«, die Rede.[1110]

Auf solche harsche Kritik, die zweifellos ihre Berechtigung hatte und richtigerweise aufdeckte, dass Broda damit sein ambitioniertes neues Pressegesetz und sein Image als liberaler Medienpolitiker konterkarierte, reagierte das Justizministerium, indem es mitteilte, dass die bekannt gewordene Vorstandsverfügung nicht nur für die beiden namentlich genannten Personen, Broda und Pittermann, sondern für alle Betroffenen dieses Personenkreises gelte. Die Staatsanwaltschaft Wien werde, falls Bevollmächtigte namhaft gemacht werden, gegebenenfalls auch deren Zustimmung zu einer strafgerichtlichen Verfolgung einholen. Ebenso werde die in der Vorstandsverfügung vorgesehene Verständigung des Leiters der Strafsektion B in allen gleich gearteten Fällen erfolgen. Dass in der Verfügung die Namen von zwei Mitgliedern der Regierung besonders genannt worden seien, habe seinen Grund nur darin, dass dazu ein aktueller Anlass bestanden habe.[1111] Von den Politikern der ÖVP wurde dieses »Angebot« mit dem Hinweis auf den Verstoß gegen den Verfassungsgrundsatz der Gleichheit aller Staatsbürger vor dem Gesetz jedoch mit Empörung – immerhin war

---

1108 Vgl. hierzu etwa: Wahlbombe aus dem Justizministerium, in: Volksblatt, 10.2.1966, In allzu eigener Sache, in: Die Presse, 11.2.1966, Moral der Partei, in: Volksblatt, 12.2.1966, Die rote Volksfront, in: Volksblatt, 16.2.1966, Broda tritt vor, in: Wochenpresse, 16.2.1966, Ein Broda zuviel, in: Oberösterreichische Nachrichten, 19.2.1966, »Broda-Erlass« gesetzwidrig, in: Die Presse, 28.2.1966.

1109 Moral der Partei, in: Volksblatt, 12.2.1966.

1110 Klaus: Ich warne alle Österreicher, in: Volkszeitung, Klagenfurt, 13.2.1966. Anzumerken ist dabei, dass im Zusammenhang der Vorstandsverfügung mehrfach das Schlagwort »neue Klasse« in die Broda-Kritik eingebracht wurde. Vgl. auch: Die neue Klasse, in: Volksblatt, 18.2.1966.

1111 Nicht nur Pittermann und Broda..., in: Neues Österreich, 15.2.1966. Ähnlich äußerte sich Broda am 11. Februar 1966 auch bei einer Versammlung in Klagenfurt. Vgl.: Broda entlarvt Piffl-Heuchelei, in: Arbeiter-Zeitung, 12.2.1966.

Wahlkampf – abgelehnt.[1112] Staatssekretär Hetzenauer, mit dem Broda ansonsten
ein gutes Arbeitsverhältnis hatte, verlangte in einem Schreiben an Broda empört
die sofortige Aufhebung der Vorstandsverfügung.[1113]

Die »Kronen-Zeitung« wiederum ließ sich – wie die bereits zitierten Meldungen dokumentieren – durch dieses Vorgehen nicht einschüchtern und führte
ihren Kampf gegen Broda weiter. Ununterbrochen war vom »Kommunisten
Broda«, der eine Sonderjustiz schaffen wollte und die Pressefreiheit angegriffen
hatte, die Rede. Selbst ein angeblicher Rücktritt Brodas wurde – wie die zitierte
Pressemeldung vom 13. Februar verdeutlicht – verkündet.

Eine neue Qualität erreichten die Auseinandersetzungen schließlich am
23. Februar, als sich die Frage des Eigentums an der Zeitung mit der politischen
Ebene verband. Wie bereits genannt wurde, hatte der ÖGB, vertreten durch
Rechtsanwalt Rosenzweig, am 11. Februar 1966 eine dritte Klage, diesmal auf
Herausgabe der Zeitung eingebracht. Am 23. Februar wurde dann – wohl auch
angesichts der jüngsten Entwicklung von einem Senat des Landesgerichts für
Zivilrechtssachen unter dem Vorsitz von Oberlandesgerichtsrat Dr. Riedel-
Taschner – ein Name, der bereits im Zuge der Diskussion um die NS-Richter
gefallen ist – eine einstweilige Verfügung erlassen, mit der für die Sicherung des
Anspruchs des ÖGBs gegenüber dem Zeitungsverlag Dichand und Falk
Ges.m.b.H. auf Herausgabe der Zeitung ein gerichtlicher Verwalter eingesetzt
wurde. Dieser, Werner Grosberg, ein ehemaliger stellvertretender Chefredakteur
der Zeitung, der im Unfrieden aus der »Kronen-Zeitung« ausgeschieden war,
erschien gemeinsam mit Rechtsanwalt Rosenzweig noch am 23. Februar 1966 in
der Redaktion und übernahm die »Kronen-Zeitung«. Neuerlich ging ein Sturm
der Entrüstung durch die unabhängigen und konservativen Medien, wiederum
war vom »volksdemokratischen Stil« die Rede. Im ÖVP-»Volksblatt« war zu
lesen, dass die Aktionen einen »Vorgeschmack« darauf geben, »was uns bevorstehen würde, wenn am 6. März die ›rote Volksfront‹ an die Macht käme.«
Zwei Tage lang erschien eine »neue Kronen-Zeitung«. Bereits am 26. Februar
konnte Dichand aber die »Kronen-Zeitung« wieder übernehmen. Mit »Wir sind
wieder wir!« wurde der Triumph über die »Beschlagnahmer« verkündet. Einen
Tag später war zu lesen, dass »der kalte Hauch aus dem Osten« vorbei sei. Broda
wurde neuerlich zum Hauptangriffsziel der Zeitung. In fünf der sechs noch bis
zum Wahltag folgenden Ausgaben wurde er in gewohnter Tradition neuerlich als
kommunistische Bedrohung dargestellt. Wiederum wurde – und das in allen
Broda-Beiträgen – sein Wahlaufruf für die KPÖ aus dem Jahr 1945 abgedruckt
und Broda als Wegbereiter zur Volksdemokratie dargestellt. So wurde Broda am

1112 OeVP lehnt Angebot Dr. Brodas ab, in: Kurier, 16.2.1966, OeVP: Keine Komplizenschaft
     mit Brodas Methoden, in: Tiroler Nachrichten, 16.2.1966.
1113 Minister Broda im Kreuzfeuer, in: Die Presse, 3.3.1966.

4. März in einer Karikatur abgebildet, wie er an Franz Muhri, den Vorsitzenden der KPÖ, eine Schere übergibt, um den Weg in die Volksdemokratie durchschneiden zu können. Am 5. März zeigte eine weitere Karikatur einen verängstigten Wähler unter einem mächtigen Broda-Kopf mit dem Titel »Der mächtige Broda blickt dich an«. Am Dienstag nach den Wahlen klagte Pittermann auf der Titelseite als römischer Herrscher »Broda, Broda gib mir meine Legionen wieder!«, und am 9. März hieß es »Keiner ist so tot wie er: Justizminister Broda«.[1114]

Die SPÖ hatte die Wahlen vom 6. März 1966 verloren. Die ÖVP erreichte 48,35 Prozent der WählerInnenstimmen und gewann aufgrund der damaligen Wahlarithmetik vier Mandate. Insgesamt brachte sie es damit auf 85 Mandate, womit sie die absolute Mandatsmehrheit erreicht hatte, während die SPÖ bei 42,56 Prozent der Stimmen 74 Mandate auf sich vereinigen konnte und einen Verlust von zwei Mandaten hinnehmen musste. Die FPÖ, ebenfalls geschlagen, erreichte bei einem Minus von zwei Mandaten sechs Mandate bzw. 5,35 Prozent der WählerInnenstimmen.[1115] Punkten konnte die ÖVP insbesondere bei einem Großteil der jungen WählerInnen und den Frauen, die bereits bisher traditionell stärker die ÖVP gewählt hatten. Aber auch im städtischen Bereich, vor allem in Wien, konnte die ÖVP an Stimmen gewinnen. Das erstmals bei der Nationalratswahl 1966 deutlich werdende Phänomen des Wechselwählers, das im Zusammenhang mit einem sich in den 1960er Jahren beschleunigenden sozialen Wandel zu sehen ist, kam 1966 vor allem der ÖVP zugute. Durch die Umstrukturierung der traditionellen Wirtschaftsstruktur und deren Technisierung hatte eine Verschiebung der einzelnen Wirtschaftssektoren eingesetzt, die den Sozialtypus des »Angestellten« zur dominanten Konfiguration der Gesellschaft werden ließ. Verbunden hiermit waren eine zunehmende Säkularisierung der Gesellschaft und ihre Entwicklung in Richtung Konsumgesellschaft. Der steigende Wohlstand und der soziostrukturelle Wandel ließen eine »neue Mittelschicht« entstehen, die parteipolitisch weniger gebunden war. Die für das Entstehen des österreichischen Parteiensystems konstitutiv gewesenen Bruchlinien der österreichischen Gesellschaft büßten so immer mehr an Bedeutung ein. Eine Erosion der in den 1950er und frühen 1960er Jahren noch tief im Bewusstsein der Bevölkerung verankerten Lager begann sich zunächst noch langsam, ab 1975 beschleunigt abzuzeichnen. Die Gruppe der »Parteifreien« ohne besondere affektive Bindung zu einer bestimmten politischen Gruppierung nahm zu. Österreichs WählerInnen wurden mobil und gaben 1966 vermehrt der ÖVP ihre Stimmen.[1116]

1114 Konrad/Lechner, »Millionenverwechslung«, S. 147 f. und S. 144
1115 Ucakar, Demokratie und Wahlrecht, S. 488
1116 Vgl. zum Wahlergebnis www.bmi.gv.at/wahlen (5.9.2008) und zur Wahl 1966: Kriechba-

Maßgeblich dafür, dass die ÖVP vielen WählerInnen als die attraktivere Partei schien, war eine Reihe von Gründen, die das Erscheinen der ÖVP, aber auch jenes der SPÖ betrafen. Bei den WählerInnen punkten konnte die ÖVP durch ihr reformfreudiges Erscheinen. Das Reformer-Duo Klaus und Withalm an der Spitze der Partei hatte sich einen »neuen politischen Stil« auf seine Fahnen geheftet und eine »Versachlichung der Politik« gefordert. Ein »neuer Stil in der Politik, ein neues Element der politischen Aktivität« sollte mit der »Aktion 20«, die Klaus bald nach seiner Ernennung zum Bundeskanzler einsetzte, begründet werden. Als »Voraussetzung für die Lösung zahlreicher Fragen des öffentlichen Lebens« wurde eine Zusammenarbeit von Politik und Wissenschaft eingeleitet, bei der einige hundert Wissenschaftler eingeladen wurden, zu sechs zentralen Sachbereichen Reformvorschläge auszuarbeiten.[1117] Einer breiten Öffentlichkeit vorgestellt wurde die »Aktion 20«, die auch als Wahlplattform verwendet wurde, zeitgerecht vor den Nationalratswahlen 1966, womit sich die ÖVP als moderne Partei profilieren konnte.[1118] Das sozialistische »Programm für Österreich«, das ursprünglich als Programm für eine Koalitionsregierung unter sozialistischer Führung dienen sollte, das sich ausdrücklich zur Rechtsreform bekannte und von Broda immer wieder in seiner Wichtigkeit betont wurde, wirkte demgegenüber weniger attraktiv und konnte die WählerInnen im Wahlkampf 1966, in dem vor allem auf Emotionen gesetzt wurde, nur wenig ansprechen.[1119] Vorausgegangen war dem Programm – ähnlich wie bei der Schaffung des Parteiprogramms 1958 – ein groß angelegter Diskussionsprozess,[1120] der als Ausdruck der Stärke der »Ideologen« in der Partei nach dem

---

umer, Robert, Österreichs Innenpolitik 1970–1975 (Österreichisches Jahrbuch für Politik, Sonderband 1), München/Wien 1981, S. 11 ff., Diem, Peter, Das Wahlergebnis im Zahlenspiegel, in: Österreichische Monatshefte 3 (1966) S. 13 f., Lackinger, Otto, Die gesellschaftspolitischen Aussagen des 6. März, in: Österreichische Monatshefte 4 (1966) S. 13 ff., Glatzl, Matthias, Wien im Brennpunkt der Entwicklung, in: Österreichische Monatshefte 3 (1966) S. 18–24, Lackinger, Otto, Die gesellschaftspolitischen Aussagen des 6. März (II), in: Österreichische Monatshefte 5 (1966) S. 25 ff., Blecha, Karl / Kienzl, Heinz, Österreichs Wähler sind in Bewegung, in: Die Zukunft 8/9 (1966) S. 26 ff.

1117 Die einzelnen Arbeitsgruppen der »Aktion 20« wurden zu folgenden Themen eingesetzt: Gesellschaft im Wandel, Fortschritt durch Bildung, Gesundheit für alle, Freiheit in der Ordnung, Österreich in der Welt, Wohlstand durch Wirtschaftskraft. Vgl.: Österreichische Gesellschaft für Politik (Hg.), Symbiose von Politik und Wissenschaft. Aktion 20, Wien 1967 sowie Klaus, Josef, Macht und Ohnmacht in Österreich. Konfrontationen und Versuche, 2. Aufl., Wien/München/Zürich 1971, S. 107 ff.

1118 Reichhold, Ludwig, 25 Jahre Arbeit für Österreich. Der Weg der österreichischen Volkspartei 1945–1970, Wien 1970, S. 209.

1119 Broda, Christian, Die Legitimation zur Führung, in: Die Zukunft 2 (1966) S. 1–3.

1120 Ein Vorentwurf zum Programm wurde auf dem Parteitag 1965 präsentiert, im Anschluss daran fand ein intensiver Diskussionsprozess in der SPÖ statt. Vgl.: Zentralsekretariat der Sozialistischen Partei Österreichs (Hg.), Programm für Österreich. Unterlagen zur Ausarbeitung der Endfassung des »Programms für Österreich«, zusammengestellt aus den

Sturz von Franz Olah gesehen werden kann. Brodas Politikkonzept entsprach er insofern, als besonders er es war, der immer wieder zu einem politischen Wettbewerb auf Basis von Konzepten und Programmen und einer klaren ideologischen Positionierung aufgerufen hatte.[1121]

Politische Fehler wie eine ablehnende Haltung gegenüber dem Rundfunkvolksbegehren 1964 und die so genannte Fußach-Affäre taten das Übrige. Das von den unabhängigen Medien getragene, unter maßgeblicher Beteiligung von Hugo Portisch, dem damaligen Chefredakteur des »Kurier«, lancierte Rundfunkvolksbegehren richtete sich gegen den strengen Parteienproporz im ORF. Kritik an der »Verpolitisierung des Rundfunks« hatte bereits seit längerem bestanden. Ganz im Sinne der zunehmenden Untätigkeit der Großen Koalition reagierten ÖVP und SPÖ auf diese jedoch nicht, weshalb die unabhängige Presse von sich aus aktiv wurde und 832.353 ÖsterreicherInnen dazu mobilisieren konnte, ihre Unterschrift für eine Entpolitisierung des Rundfunks, eine Verhinderung des Proporzes und mehr Unabhängigkeit abzugeben.[1122] Aber auch jetzt noch, nach dem Rundfunkvolksbegehren, sah sich die SPÖ nicht zum Handeln gezwungen, während sich die ÖVP nun auf die Seite der Reformer stellte. Sie blieb gegenüber dem Rundfunkvolksbegehren, dem ersten Volksbegehren in der Geschichte der Zweiten Republik, das die monopolähnliche Vorherrschaft der Parteiblätter im Osten und Süden endgültig brach und unzweifelhaft zeigte, dass das Handeln auf die parteiunabhängigen Zeitungen übergegangen war,[1123] weiterhin ablehnend eingestellt.[1124] In der so genannten »Fußach-Affaire«, bei der der sozialistische Verkehrsminister Probst ein Bodenseeschiff gegen den heftigen Protest der VorarlbergerInnen auf den Namen »Karl Renner« taufen wollte, demonstrierten die Zentralisten in der SPÖ hingegen ihre Arroganz gegenüber den Wünschen aus den Bundesländern.[1125] Massiv geschadet haben der SPÖ bei den Wahlen 1966 jedoch vor allem die Ablehnung der Wahlempfehlung durch die KPÖ und der »Fall Olah«. Indem die SPÖ – eine Ausnahme stellte hier Bruno Kreisky dar[1126] – die Wahlempfehlung

---

Anträgen und Diskussionsbeiträgen zum Vorentwurf für ein »Programm für Österreich«, Wien 1965.

1121 Vgl. hierzu: Broda, Christian, Ideologie und Koalition, in: Die Zukunft 1 (1965) S. 5 f. sowie zum Programm für Österreich: Broda, Christian, Am 6. Mai 1966: »Programm für Österreich« der Sozialisten!, in: Der Sozialistische Akademiker 1/2 (1966) S. 3 f.

1122 Vgl. zum Rundfunkvolksbegehren: Portisch, Hugo, Über das »Rundfunk-Volksbegehren«, in: medien & zeit. Kommunikation in Geschichte und Gegenwart 3 (1999) S. 48 – 56 oder Fischer, Dieter, Das Rundfunk-Volksbegehren 1964, Univ.-Diss., Wien 2005.

1123 Csoklich, Massenmedien, S. 263 f.

1124 Pesendorfer, Bruno Kreisky – Transformation der SPÖ, S. 21 ff.

1125 Vgl. hierzu: Dunajtschik, Harald, Volksaufstand gegen Schiffstaufe, in: Gehler, Michael / Sickinger, Hubert (Hg.), Politische Affären und Skandale in Österreich. Von Mayerling bis Waldheim, 2. erw. Ausg., Thaur/Wien/München 1996, S. 455 – 485.

1126 Rathkolb, Oliver, Transformation der SPÖ, 1966 – 1970, in: Schausberger, Franz (Hg.), Die

der KPÖ für die SPÖ nicht zurückwies, sondern stillschweigend duldete, bewies sie fehlenden politischen Instinkt. Die ÖVP hatte bereits in allen Wahlgängen zuvor mit dem Schreckgespenst der »roten Volksfront« und dem scheinbaren Zusammenspiel von SPÖ und KPÖ gearbeitet und versuchte auch im Wahlkampf 1966 mit der Angst vor dem Kommunismus WählerInnen für sich zu gewinnen.[1127] Neben der »Kronen-Zeitung« war es somit vor allem die ÖVP-Presse, die immer wieder an Brodas kommunistische Vergangenheit erinnerte.[1128] Das steirische ÖVP-Organ »Südost-Tagespost« wurde deswegen – wie auch die »Kronen-Zeitung« – sogar beschlagnahmt.[1129] Der »Fall Olah« hingegen hatte nicht nur die Partei tief erschüttert, sondern auch ein negatives Bild der SPÖ in den Medien gezeichnet. Als Olah bei den Wahlen 1966 mit einer eigenen Partei, der Demokratisch-Fortschrittlichen Partei Österreichs, kandidierte und rund 150.000 Stimmen verbuchen konnte, nahm er der SPÖ auch noch eine nicht unwesentliche Zahl an WählerInnen ab.[1130]

Als Hauptverlierer bei der Wahl galt Christian Broda, der bei den Angriffen gegen seine Person oder auch in jenen gegen die Strafrechtsreform kaum Verteidigung aus den Reihen der SPÖ erfahren hatte. Lediglich Norbert Leser hatte in einem Artikel in der »Arbeiter-Zeitung« Brodas Energie bei der Strafrechtsreform gewürdigt, während Theodor Rittler ihn in einem offenen Brief unterstützt hatte.[1131] Nach der Wahl sollte sich dies nicht ändern. Der Wahlkreis von Christian Broda gehörte zu jenen, in denen die SPÖ am meisten Stimmen verloren hatte, was auch einen deutlichen Rückschluss auf den Einfluss der »Kronen-Zeitung« ermöglichte und – so Helmut Konrad – in der SPÖ vor allem Kreisky zeigte, dass man gegen die »Kronen-Zeitung« keine Politik machen bzw. keine Wahlen gewinnen kann.[1132]

Der ÖGB und Rosenzweig gaben sich mit der Rückgabe der »Kronen-Zeitung« an Hans Dichand und Kurt Falk Ende Februar 1966 nicht geschlagen. Sie machten weiterhin einen Besitzanspruch an der »Kronen-Zeitung« vor Gericht geltend, und setzten – nachdem das Landesgericht für Zivilrechtssachen 1967 erkannt hatte, dass nicht nur die Finanzierung allein den Erfolg eines Unternehmens ausmache – auch auf finanzielle Forderungen. 1969 beendete für viele überraschend dann ein Vergleich zwischen dem ÖGB und Hans Dichand bzw.

Transformation der österreichischen Gesellschaft und die Alleinregierung von Bundeskanzler Dr. Josef Klaus, Salzburg 1995, S. 201.

1127 Vgl. hierzu ausführlich das Projekt »Politische Bildstrategien« und das hieraus entstandene Onlinemodul auf www.demokratiezentrum.org.

1128 Vgl. hierzu exemplarisch: Broda war schon 1931 Kommunist, in: Volksblatt, 3.3.1966.

1129 Minister Broda im Kreuzfeuer, in: Die Presse, 3.3.1966.

1130 Vgl. das Wahlergebnis auf www.bmi.gv.at/wahlen (5.9.2008).

1131 Stangl, Die neue Gerechtigkeit, S. 75 und Broda, Christian, Dreimal österreichische Strafrechtsreform, in: Die Zukunft 6 (1971) S. 15.

1132 Konrad/Lechner, »Millionenverwechslung«, S. 144.

Kurt Falk und der Zeitungsverlag Dichand & Falk Ges.m.b.H. den Rechtsstreit um die »Kronen-Zeitung« mit der Zahlung von 7,825.000 Schilling an den ÖGB.[1133] Anzumerken ist dabei, dass der ÖGB parallel zum gerichtlichen Vorgehen bereits seit längerer Zeit auch versucht hatte, die »Kronen-Zeitung« zu kaufen und dass diese, die längst zu einem florierenden Unternehmen geworden war, ihre Kredite an die Zentralsparkasse, zu deren Besicherung die Gewerkschaftssparbücher gedient hatten, zu diesem Zeitpunkt bereits zurückgezahlt hatte. Das »Abenteuer Zeitungsgründung« war somit gut ausgegangen. Zweifellos hätte es aber – wurde hier doch mit einem hohen finanziellen Risiko auf Kosten von Gewerkschaftsgeldern operiert – auch anders enden können. Der SPÖ hatte die Causa »Kronen-Zeitung« – wie die Wahlen 1966 gezeigt hatten – hingegen enorm geschadet. Es ist somit nicht verwunderlich, dass just vor den Wahlen 1970 der angesprochene Vergleich erfolgte, der den jahrelangen Rechtsstreit um die »Kronen-Zeitung« beendete. Er machte den Wahlsieg der SPÖ 1970 erst möglich. Als kurz darauf neuerlich ein Streit um das Eigentum an der »Kronen-Zeitung« losbrach, der sich vor allem darum drehte, dass sich Olah – was er im Prozess gegen ihn verneint hatte und auch bald widerrief – als Eigentümer der »Kronen-Zeitung« »outete« und in Folge die »Kronen-Zeitung« verkaufen wollte, verhielten sich Broda und die Staatsanwaltschaft – ganz im Gegensatz zu ihrem Vorgehen 1966 – auffallend zurückhaltend.[1134] Von Seiten des »Profil«, das sich 1973 in einer mehrteiligen Serie mit der »Kronen-Zeitung« beschäftigt, wurde deswegen heftige Kritik an Broda geübt.[1135] Gegen die ÖVP-Zeitung »Südost-Tagespost« erging sogar eine Klage wegen Amtsehrenbeleidigung.[1136] Dichand und Falk blieben auch weiterhin im Besitz der »Kronen-Zeitung«. 1970 hatten sie auch den inzwischen herab gewirtschafteten »Express«, der 1971 eingestellt wurde, übernommen.[1137] Gleichfalls ging 1970 – was im Kapitel über den »Express« ebenfalls bereits geschildert wurde – auch das Pressehaus von der BAWAG-Gesellschaft Ingebe an Kurt Falk über, was das Verhältnis zwischen »Kronen-Zeitung« und ÖGB ebenfalls ins Positive verkehrte.[1138] Broda hatte – wie Helmut Konrad ausführt – 1969 mit der »Kronen-

1133 Ebenda, S. 118 ff.
1134 Ebenda, S. 134 ff.
1135 Kriminalfall Kronen-Zeitung, 1. Teil, in: Profil 10 (1973) S. 30 – 50, Kriminalfall Kronen-Zeitung, 2. Teil, in: Profil 11 (1973) S. 31 – 39 (sowie dazu gehörend: Lingens, Peter Michael, Sehr geehrter Herr Justizminister!, S. 40 f.), Kriminalfall Kronen-Zeitung, Schluss, in: Profil 12 (1973) S. 40 – 45 sowie AChB, ÖNB, Handschriftensammlung, V.620.
1136 Vgl. zur Kritik an Broda bzw. der Justiz im »Kriminalfall Kronen-Zeitung«: AChB, ÖNB, Handschriftensammlung, V.640.2.
1137 Anzumerken ist dabei, dass Dichand aus dem »Express« eine qualitativ hoch stehende Zeitung machen wollte. Er konnte sich in dieser Frage jedoch nicht gegen Falk durchsetzen.
1138 Kriechbaumer, Der zweite Zeitungskrieg, S. 45.

Zeitung« Frieden gemacht. Die »Kronen-Zeitung« ihrerseits änderte ihre Haltung gegen Christian Broda und zeigte sich nun – wie etwa im »Profil« 1973 zu lesen war – nicht nur gegenüber der SPÖ und Anton Benya, sondern vor allem auch gegenüber Broda ganz im Gegensatz zu ihrem Auftreten vor den Wahlen 1966 (zumindest für einige Jahre) auffallend wohlwollend.[1139]

Franz Olah wurde am 28. März 1969 wegen Betrug zu einem Jahr schweren Kerker verurteilt.[1140] Seine politische Karriere war damit beendet, ein Versuch gemeinsam mit Hans Klecatsky bei den Nationalratswahlen 1983 mit der »Österreich Partei« in den Nationalrat einzuziehen, scheiterte.[1141] Seine Haftstrafe, die schlussendlich nur acht Monate betrug, trat Franz Olah nach der Bestätigung des Urteils durch den Obersten Gerichtshof im Oktober 1970 an. Als Bruno Kreisky 1974 kurzfristig Bundespräsident Jonas vertreten musste, organisierte er für Olah die Löschung seiner Straffolgen und die Ausbezahlung einer Ministerpension.[1142] Noch bevor Olah seine Haftstrafe antrat, verbreitete er – worauf noch einzugehen sein wird – Ende November 1969 unter den ParlamentarierInnen jedoch noch ein in dieser Arbeit bereits mehrfach zitiertes »Anti-Broda-Pamphlet«.

Davon, dass Franz Olah, der 2009 mit 99 Jahren verstorben ist, seine Auseinandersetzungen mit Broda bis herauf in die jüngste Gegenwart nicht abschließen konnte, zeugen unter anderem seine erstmals 1995 herausgegebenen Memoiren. Ein Großteil des Buches ist noch immer dem Kampf gegen Christan Broda gewidmet.[1143] Broda ist es demgegenüber – wohl auch, weil er aus der Auseinandersetzung mit Olah zwar mit zahlreichen Blessuren und politisch bis ins Jahr 1970 ungemein geschwächt, aber siegreich hervorging – besser gelungen, den »Fall Olah« abzuschließen. Dazu, dass er in Franz Olah, der für ihn eine Art des Peronismus verkörperte, eine Gefahr für die Partei sah, bekannte er sich aber noch 1986, ein Jahr vor seinem Tod, in einem Gespräch mit dem Journalisten Peter Pelinka.[1144]

1139 Der Kriminalfall Kronen-Zeitung, in: Profil 10 (1973) S. 32.
1140 Olah: Ein Jahr Kerker wegen Betrugs. Die SPÖ sprach ihr Urteil schon 1964, in: Arbeiter-Zeitung, 29.3.1969.
1141 Bei den Nationalratswahlen 1983 war Olah Listenerster für die »Österreich Partei«, Listenzweiter war Hans Klecatsky. Vgl.: Die Nationalratswahlen vom 24. April 1983. Bearbeitet im Österreichischen Statistischen Zentralamt, Wien 1984, online: http://www.bmi. gv.at/cms/BMI_wahlen/nationalrat/files/Geschichte/nationalratswahl_2441983.pdf (4.4.2010).
1142 Lechner, Franz Olah, S. 432. Das Urteil findet sich auch in: AChB, ÖNB, Handschriftensammlung, IV.106.
1143 Vgl.: Olah, Die Erinnerungen.
1144 Vgl.: Gespräch mit einem Großen, in: Die Zukunft 4 (1986) S. 12.

6. In der Opposition 1966 – 1970

Christian Broda befand sich nach den Wahlen vom 6. März 1966 am Tiefpunkt seiner politischen Karriere. Wie kein anderer SPÖ-Politiker wurde er neben Bruno Pittermann in den Medien für die Wahlniederlage der Sozialisten verantwortlich gemacht und bereits vor dem Wahlgang offen darüber spekuliert, dass er einer neuen Regierung wohl nicht mehr angehören werde. Als mögliche Broda-Nachfolger wurden in den Medien auf Seiten der ÖVP Franz Hetzenauer, bisher Staatssekretär im Justizministerium, oder Theodor Piffl-Percevic, bisher Unterrichtsminister, gehandelt. Auf Seiten der SPÖ wurden Wilhelm Rosenzweig, Josef Korn, Mitglied des Verfassungsgerichtshofes, oder Generalprokurator Franz Pallin, mit dem Broda seit den späten 1940er Jahren freundschaftlich verbunden war, genannt.[1145] Rosenzweig wurde hier aber vermutlich nur deshalb erwähnt, weil er als bekannter »SPÖ-Jurist« galt. 1966 war er ebenso wie Broda durch die Affäre »Kronen-Zeitung« politisch schwer angeschlagen. Seine verschiedenen Tätigkeiten – Parteianwalt der SPÖ, stellvertretender Obmann des BSA und Mitglied des Verfassungsgerichtshofes – hatten die ÖVP-Medien schon 1965 aufgegriffen. Verbunden hiermit wurde aber auch die (umgehend entkräftete) Anschuldigung Olahs, dass Broda und Rosenzweig ihn in der »Causa Habsburg« 1963 zu einem gesetzeswidrigen Vorgehen anleiten wollten.[1146] Nach

---

1145 Chorherr, Thomas, Bleiben, steigen oder fallen?; in: Die Presse, 2.3.1966.

1146 Diesem Vorwurf musste Broda auch im Parlament begegnen (Anfragebeantwortung vom 15. 7. 1965, StPNR, X. GP, Blg. II-780) Die Richtigstellung des zitierten Gesprächs vom 19. 7.1963 durch Olah wurde auch von Bruno Kreisky (in einem Schreiben vom 21. 7. 1965), der ebenfalls an dieser Sitzung teilnahm, bestätigt. Vom Verfassungsgerichtshof wurde mit Beschluss vom 28. 10. 1965 entschieden, kein Verfahren wegen einer Enthebung von Wilhelm Rosenzweig einzuleiten. Rosenzweig legte aber gegen Ende 1965 seine Funktion als stellvertretender Obmann im BSA zurück. Neuerlich ins Zentrum der ÖVP-Kritik geriet Rosenzweig im Zuge des Olah-Prozesses 1969, als diese mehrere parlamentarische Anfragen zu Rosenzweig stellte. Vgl. zum gesamten Themenkomplex: AChB, ÖNB, Handschriftensammlung, III.221 und III.221/1.

den Wahlen wurde angesichts der Vorgänge in der »Causa Kronen-Zeitung«
auch ein parteiunabhängiger Justizminister in den Medien gefordert.[1147]

Die ÖVP führte nach ihrem Wahlgewinn zwar Koalitionsverhandlungen mit
der SPÖ, zeigte sich in ihren Forderungen – gestärkt durch die Erreichung der
absoluten Mandatsmehrheit – aber deutlich selbstbewusst in den Bedingungen,
die sie für eine Neuauflage der Großen Koalition stellte. Die Forderungen, die sie
brachte, betrafen einerseits die zukünftige Zusammenarbeit in der Regierung,
andererseits erweiterte Kompetenzen. Was die zukünftige Art der Zusammenarbeit anging, sollte die Dauer der Regierung nicht paktiert werden und auf
einen Koalitionspakt bzw. Koalitionsausschuss verzichtet werden. Auch dass die
ÖVP von ihrer Mehrheit im Parlament Gebrauch machen könnte, wenn es zu
keiner einvernehmlichen Lösung mit der SPÖ in einer Sachfrage gekommen ist,
sollte nicht ausgeschlossen sein. Hinsichtlich der erweiterten Kompetenzen
forderte die ÖVP das Justizministerium, weitere Staatssekretäre und insofern
eine Ausweitung ihres Einflussbereiches als die der SPÖ zugesprochenen Ministerien in ihrem Zuständigkeitsbereich beschnitten, jene der ÖVP hingegen
gestärkt werden sollten. Zudem sollten – was von Seiten der SPÖ besonders
negativ gewertet wurde – die Verfügungsermächtigung des Verteidigungsmi-
nisters über das Bundesheer gestärkt und die dem Innenministerium unter-
stehenden Sicherheitsdirektionen aufgelöst und ihre Kompetenzen den Lan-
deshauptleuten übertragen werden. Der Einfluss der ÖVP über Heer und Exekutive – dominierte in vielen Ländern doch die ÖVP – wäre somit entschieden
vergrößert worden, womit einer der wichtigsten Grundsätze der Zweiten Republik gebrochen worden wäre: jener, dass keine der beiden Parteien zu viel
Macht über die Exekutive verfügen soll. Vergrößert werden sollte der Einflussbereich der ÖVP aber auch in der Verstaatlichen Industrie (vor allem über eine
neu zubildende Industrie-Verwaltungs AG) und im Bereich der Bundesbahnen;
wichtige Wirtschaftsgesetze sollten mit Zustimmung der SPÖ verlängert und ein
Teil der Budgetrechte auf das Finanzministerium übertragen werden.[1148]

In den Verhandlungen, die ÖVP und SPÖ nach den Wahlen führten, spielten
alle diese Punkte, nicht aber das Justizministerium, das die SPÖ – wie Elisabeth
Schilder vermerkte[1149] – widerstandslos der ÖVP zu übergeben bereit war, eine
Rolle. Eine erste Verhandlungsphase wurde mit der Feststellung der Parteivertretung der SPÖ abgeschlossen, dass das bisherige Angebot der ÖVP keine

---

1147 Der Mann am Schmerlingplatz, in: Die Presse, 25.3.1966.
1148 Vgl. zu den Regierungsverhandlungen 1966 den Bericht von Bruno Pittermann auf dem
      außerordentlichen Parteitag 1966. Protokoll des außerordentlichen Parteitags der SPÖ in
      der Wiener Stadthalle, 15.4.1966, S. 15–28, AChB, ÖNB, Handschriftensammlung,
      III.211/1-III.211/3 sowie: ÖVP-Bedingungen für SPÖ-Regierungsteilnahme, in: Arbeiter-
      Zeitung, 15.4.1966.
1149 Schilder, Willkommen für Christian Broda, S. 355.

Grundlage für eine Zusammenarbeit sein könne. Gleichzeitig wurden weitere Verhandlungen mit der ÖVP beschlossen und ein außerordentlicher Parteitag für den 15. April 1966 einberufen, der über eine Regierungsbeteiligung entscheiden sollte. In der Partei bestand hinsichtlich der Frage Regierungsbeteiligung Uneinigkeit, wobei diese auch in Verbindung mit der politischen Entwicklung in der Ersten Republik und dem Februar 1934 gesehen wurde. Das Bürgerkriegstrauma und die Befürchtung, dass die ÖVP ihre Macht missbrauchen und die SPÖ aus dem politischen Prozess ausschließen könnte, war besonders bei jenen PolitikerInnen, die das Jahr 1934 erlebt hatten, noch äußerst wach. Zu den stärksten BefürworterInnen einer neuerlichen Großen Koalition – und das verbunden mit der Angst vor dem Aufbrechen alter Gegensätze – zählte Bruno Kreisky. Andere mächtige FunktionärInnen in der SPÖ wie Bruno Pittermann, Anton Benya und Christian Broda votierten hingegen – auch wenn sie das Jahr 1934 nicht ignorierten – immer deutlicher für den Gang in die Opposition. Dem Parteitag wurde von der Parteivertretung quasi als Kompromiss eine Resolution unterbreitet, die Bedingungen formulierte, unter denen die SPÖ zu einer Regierungsbeteiligung bereit wäre. An die Erfüllung dieser Forderungen glaubte, obwohl die Resolution vom Parteitag angenommen wurde, aber vor allem auch deswegen wohl keiner mehr, da die ÖVP deutlich gemacht hatte, dass der Parteitag der SPÖ zu einer eindeutigen Entscheidung komme müsse und nachher keine Verhandlungen mehr stattfinden würden.[1150]

Broda, der von der »Kronen-Zeitung« hämisch wohl auch deswegen als einer der stärksten Befürworter für die Opposition bezeichnet wurde, weil er das Justizministerium verloren hatte,[1151] begründete seine Unterstützung für die Resolution der Parteivertretung in verschiedener Hinsicht. So konnte es für ihn nicht akzeptabel sein, jederzeit fristlos aus der Regierung entlassen oder von der ÖVP majorisiert zu werden, was nur mehr die »Mitwirkung an der Tarnung der Alleinregierung der Volkspartei« bedeutet hätte. Und auch die Kompetenzbeschneidung der sozialistischen Ministerien, wodurch diese zu bloßen »Scheinministerien« geworden wären, konnte nicht hingenommen werden. Als wahre Bedrohung für die Zukunft des Landes bezeichnete er jedoch die Konzentration der gesamten Exekutive und der bewaffneten Macht inklusive der Justiz in einer Hand, wodurch auch das Standrecht in Österreich wieder verhängt werden könnte:

> »Man sage mir nicht: Das ist vorbei, das wird nicht kommen. Auch in der Ersten
> Republik hat man das geglaubt und es ist anders gekommen. Nach den Bestimmungen
> der Strafprozessordnung [...] kann das Standrecht verhängt werden, wenn der Si-

---

1150 Bruno Pittermann auf dem außerordentlichen Parteitag 1966. Protokoll des außerordentlichen Parteitags der SPÖ in der Wiener Stadthalle, 15. 4. 1966, S. 25
1151 SPÖ-Barometer auf Opposition!, in: Kronen-Zeitung, 10.4.1966.

cherheitsdirektor, der Oberlandesgerichtspräsident und der Oberstaatsanwalt zustimmen. Bei Gefahr in Verzug verlagert sich das auf die untere Ebene. Heute haben wir die Möglichkeit, das zu blockieren. Nach den Vorschlägen der Volkspartei – ich möchte Ihnen nur einmal an einem Beispiel zeigen, was das heißt ›Konzentration der Exekutive in einer Hand‹ – werden wir zwar fünf Minister in der Regierung haben, aber die Volkspartei kann – im Standrecht ist es möglich – wieder die Todesstrafe einführen und wir können nichts dagegen tun.«[1152]

Wäre die SPÖ in der Opposition, könnte sie – so Broda weiter – das zwar nicht verhindern, sie würde sich – gegebenenfalls – aber nicht »mitschuldig« machen. Während Broda der ÖVP noch im Wahlkampf in Hinblick auf eine mögliche Alleinherrschaft attestiert hatte, dass sie »selbstverständlich so weit gereift [sei], dass sie die Demokratie nicht außer Kraft setzen will«, er aber bezweifelte, ob die österreichische Demokratie schon gefestigt genug für ein Regieren mit knappen Mehrheiten sei,[1153] zog er diese Einschätzung auf dem Parteitag 1966 somit in Zweifel. Ähnlich wie bei Kreisky, der bereits 1962 bereit gewesen wäre, sein Außenministerium für ein Fortbestehen der Großen Koalition zu opfern,[1154] spielte auch bei Broda somit der Verweis auf die Erste Republik, den autoritären »Ständestaat« und den Bürgerkrieg 1934 eine große Rolle. Die Konsequenzen, die beide daraus zogen, waren jedoch entgegengesetzt. Broda trat für den Gang in die Opposition ein und gehörte in der Partei zu jener Fraktion, die sich in der Frage der Regierungsbeteiligung durchsetzen konnte. Der Entscheidung des Parteitags, das Regierungsangebot der ÖVP abzulehnen, dieser in Form der bereits zitierten Resolution aber nochmals drei Punkte für eine mögliche Regierungsbeteiligung zu nennen,[1155] folgte am 18. April 1966 der Beschluss der Parteivertretung in Opposition zu gehen. Die eigentliche Entscheidung für die Opposition war jedoch bereits in einer Sitzung der Parteiexekutive in der Nacht vom 16. auf den 17. April gefallen. Geleitet wurde die Sitzung von Karl Waldbrunner, da Pittermann nach den anstrengenden Wahlen und der enttäuschenden Wahlniederlage einen Zusammenbruch erlitten hatte. Am 18. April 1966 sprach sich dann auch die Parteivertretung – wiederum unter der Leitung

---

1152 Christian Broda auf dem außerordentlichen Parteitag 1966. Protokoll des außerordentlichen Parteitags der SPÖ in der Wiener Stadthalle, 15. 4. 1966, S. 66.
1153 Die Kunst der Selbstverteidigung, in: Kurier, 1.3.1966.
1154 Bruno Kreisky auf dem außerordentlichen Parteitag 1966. Protokoll des außerordentlichen Parteitags der SPÖ in der Wiener Stadthalle, 15. 4. 1966, S. 44.
1155 Die Resolution lautete: »Der Parteitag ist nur dann bereit, eine Regierungsbeteiligung zu verantworten, wenn 1. die Sozialisten die Gewähr haben, dass die Zusammenarbeit in der Bundesregierung nicht einseitig von der ÖVP zu jedem ihr genehmen Zeitpunkt beendet werden kann, 2. die den Sozialisten angebotenen Ministerien in ihrem Wirkungsbereich erhalten bleiben, wobei vor allem die alleinige Verfügungsgewalt der ÖVP über die Exekutive und Bundesheer vermieden werden muss, 3. durch das Budget eine ausreichende und auf alle Ressorts gerecht verteilte Investitionstätigkeit gesichert ist. Vgl.: Protokoll des außerordentlichen Parteitags der SPÖ, 15. 4. 1966, S. 129.

von Waldbrunner – bei 30 gegen 10 Stimmen für den Gang in die Opposition aus.[1156]

Damit standen sich SPÖ und ÖVP erstmals in der Zweiten Republik als Regierung und Opposition gegenüber. Im Bereich der Sozialpartnerschaft wurde die Zusammenarbeit der beiden Parteien jedoch beibehalten, wenn nicht sogar intensiviert. Insgesamt zählt die Zeit der Alleinregierung Klaus, in der bereits über 50 Prozent der Abgeordneten im Nationalrat gleichzeitig Funktionäre wirtschaftlicher Verbände waren,[1157] zusammen mit dem Ende der Großen Koalition (und auch den Jahren nach 1970) zum Höhepunkt des sozialpartnerschaftlichen Einflusses auf die Politikgestaltung. Wie bereits in den Jahren zuvor erstreckte sich der Einfluss der Sozialpartner auch nach 1966 weit über ihren engeren Wirkungsbereich der Wirtschafts- und Sozialpolitik hinaus. Stärker gestaltend eingreifen konnten die Parteien fast nur mehr in den sozialpartnerschaftlich weniger regulierten Bereichen wie der Rechts-, Bildungs- und Sicherheitspolitik. Dem folgend eigneten sich auch besonders diese Themenbereiche, um unterschiedliche Standpunkte sichtbar zu machen, wie dies bereits der Rechtsdiskurs in der Großen Koalition ab Mitte der 1950er bzw. den frühen 1960er Jahren gezeigt hatte und nun mit dem Gegenüber von Regierung und großer Opposition noch verstärkt wurde.[1158]

6.1. Rechtsanwalt und Nationalrat

Nur einen Tag nach dem Beschluss der Parteivertretung in Opposition zu gehen, nahm Christian Broda nach fünf Jahren und zehn Monaten an der Spitze des Justizministeriums Abschied von seinen Mitarbeitern im Ministerium und legte in seinen Abschiedsworten großen Wert darauf, dass fast alle der unter seiner Amtszeit beschlossenen Gesetze die einstimmige Zustimmung des Parlaments gefunden hatten.[1159] Sein Nachfolger im Justizministerium wurde nicht – wie mehrfach in den Medien vermutet worden war – sein ehemaliger Staatssekretär Franz Hetzenauer, sondern Hans Klecatsky, Hofrat am Verwaltungsgerichtshof und Universitätsprofessor in Innsbruck, der als Unabhängiger die Leitung des Justizministeriums übernahm. Eine offizielle Amtsübergabe durch Christian Broda fand – nach den Erinnerungen von Klecatsky – nicht statt. Als er ins

---

1156 Fischer, Heinz, Die Kreisky-Jahre 1967–1983, 3. Aufl., Wien 1994, S. 22 f.
1157 Hauser, Gunther, Der Parlamentarismus während der ÖVP-Alleinregierung 1966–1970 (Rechts- und Sozialwissenschaftliche Reihe 16), Berlin/Bern/New York/Paris/Wien 1996, S. 64.
1158 Mesner, Frauensache?, S. 158.
1159 Broda: Jetzt ohne Schwimmwesten, in: Express, 20.4.1966 und Minister nahmen Abschied, in: Wiener Zeitung, 20.5.1966.

Justizministerium einzog, hatte Broda dieses bereits verlassen. Lediglich telefonisch und bei einem Treffen im Parlament wurden später einige Details der Amtsübergabe, vor allem was den personellen Bereich betrifft, besprochen.[1160] Viktor Pickl, neben Ernst Weber einer der engsten Mitarbeiter von Broda vor 1966, wurde von Klecatsky auf dessen eigenen Wunsch als Ministersekretär übernommen.[1161] Das Ministerzimmer beließ Klecatsky im Wesentlich so wie es war, lediglich eine schwedische Winterlandschaft hinter dem Ministersessel ersetzte er durch einen Gobelin, die Möbel ließ er neu überziehen.[1162]

Klecatsky, 1920 geboren, hatte in Wien Rechtswissenschaft studiert (Promotion 1947) und war während des Zweiten Weltkriegs zur Luftwehr eingezogen worden. Nach Kriegsende war er erst im Landesgericht für Strafsachen in Wien in einer Untersuchungsrichterabteilung für Eigentumsdelikte, dann einer des Volksgerichts für die Aburteilung von Straftaten nach dem Verbots- und Kriegsverbrechergesetz, schließlich in einer Untersuchungsrichterabteilung für Gewaltdelikte tätig. Ab 1946/1947 war er Mitarbeiter des »Liquidators der Einrichtungen des Deutschen Reiches in der Republik Österreich« im Justizministerium. Von 1947 bis 1951 war er Schriftführer und »Hilfsreferent« am Verwaltungsgerichtshof und von 1951 bis 1959 im Verfassungsdienst des Bundeskanzleramtes tätig, bis er von 1959 bis 1965 neuerlich in den Verwaltungsgerichtshof wechselte. Verantwortlich war er hier – wie bereits ausgeführt wurde – für die Erstellung des Erkenntnis' in der »Causa Habsburg«, das Broda sogar mit dem Vorwurf eines »Justizputsches« bekämpft hatte. Ordinarius für öffentliches Recht an der Universität Innsbruck war Klecatsky von 1965 bis 1991.[1163] Seine Berufung in die Regierung verdankte er – wie Klecatsky selbst Jahre später vermutete – seiner juristisch-publizistischen Tätigkeit und seiner Mitgliedschaft in einem informellen Salzburger Diskussions-Zirkel, dem auch der damalige Salzburger Landeshauptmann Hans Lechner[1164] sowie der Jurist René Marcic angehörten. Marcic, der von 1959 bis 1964 Chefredakteur der »Salzburger Nachrichten« und ab 1963 Professor für Rechts- und Staatsphilosophie an der Universität Salzburg bzw. 1966/67 deren Rektor war, hatte 1957 mit seiner Schrift »Vom Gesetzstaat zum Richterstaat« eine vielbeachtete (und auch heftig kritisierte) Publikation vorgelegt. Im Vergleich zu Hetzenauer war Marcic wohl

---

1160 Interview mit Univ.-Prof. Dr. Hans Klecatsky am 20.4.2009.

1161 Hieraus entwickelte sich in den kommenden Jahren eine tiefe Freundschaft, die die Ministerschaft Klecatskys überdauerte. Klecatsky wurde später auch der Trauzeuge von Viktor Pickl. Interview mit Univ.-Prof. Dr. Hans Klecatsky am 20.4.2009.

1162 Etappensieger Broda, in: Wochenpresse, Nr. 24, 16.6.1971 sowie Interview mit Univ.-Prof. Dr. Hans Klecatsky am 20.4.2009.

1163 Vgl. zur Biographie von Hans Klecatsky: Klecatsky, Hans R., in: Jabloner, Clemens / Mayer, Heinz (Hg.), Österreichische Rechtswissenschaft in Selbstdarstellungen, Wien/ New York 2003, S. 73 – 91.

1164 In dieser Funktion war er der Nachfolger von Bundeskanzler Klaus.

ein wahrscheinlicherer Kandidat für das Amt des Justizministers.[1165] Nachdem
er sich – so Klecatsky – für dieses Amt nicht interessierte, zog jedoch er ins
Justizministerium ein. Zweifellos maßgeblich war nach Franz Hetzenauer, der
1966 zwar nicht an die Spitze des Justiz- dafür (bis 1968) aber an jene des
Innenministeriums wechselte, aber auch Klecatskys Arbeit im Verwaltungsge-
richtshof in der »Habsburg-Frage«, was von Josef Klaus bestätigt wurde.[1166]
Engagiert war Klecatsky, der dem CV nicht angehörte, aber in katholischen
Kreisen (unter anderem auch bei der Herstellung der katholischen Zeitschrift
»Offenes Wort«) aktiv war, neben dem bereits genannten Salzburger Kreis im
Kummer Institut und der Wiener Sozialwissenschaftlichen Arbeitsgemein-
schaft. Die Gesprächsbasis zu Broda war – wie Klecatsky retrospektiv festhielt –
nicht schlecht. Das Gespräch wurde von beiden Seiten wiederholt gesucht.
Freilich standen sich Klecatsky und Broda aber als Vertreter von Regierung und
Opposition mit unterschiedlichen rechtspolitischen Ansichten gegenüber.[1167]

Christian Broda suchte nach dem Gang der SPÖ in die Opposition um eine
Wiedereintragung in die Anwaltsliste an und kehrte nach seiner neuerlichen
Angelobung als Anwalt durch den damaligen Kammerpräsidenten Dr. Wilhelm
Kaan[1168] in die Rechtsanwaltskanzlei in die Wiener Schottengasse zurück. Zu-
gleich nahm er sein Mandat als Abgeordneter zum österreichischen Nationalrat
an und betonte, dass er seinen Beruf so ausüben wolle, dass seine Tätigkeit als
Abgeordneter nicht darunter leiden werde.[1169] Dementsprechend nahm Broda
seine Tätigkeit als Parlamentarier in den folgenden Jahren äußerst ernst und
beobachtete nicht nur genau, welche Schritte der neue ÖVP-Justizminister in der
Rechtspolitik setzte, sondern beschäftigte sich – ganz seiner Vorliebe für Fragen

---

1165 Marcic, René, Vom Gesetzesstaat zum Richterstaat. Recht als Maß der Macht. Gedanken
  über den demokratischen Rechts- und Sozialstaat, Wien 1957. Vgl. hierzu auch: Broda,
  Christian, Das Schiff der Strafrechtsreform auf Grund gelaufen: Reformbedürftige Justiz,
  in: Kleine Zeitung, 10.7.1969.
1166 Interview mit Dr. Franz Hetzenauer, S. 207. Josef Klaus sagte 1980, dass sich Klecatsky
  durch drei Beiträge besonders für das Amt des Justizministers qualifiziert habe: Durch
  einen Aufsatz in den »Juristischen Blättern« 1954, in dem er sich mit der staatlichen
  Privatwirtschaftsverwaltung und deren Agieren im weitgehend rechtsfreien Raum beschäftigt hatte, dem Erkenntnis des Verwaltungsgerichtshofes in der »Causa Habsburg«
  und seiner Beschäftigung mit Verbänden und deren ungeregeltem Einfluss auf die Gesetzgebung. Vgl.: Klaus, Josef, Die »Ära Klecatsky« oder: Der Rechtsstaat ist nicht bequem, in: Adamovich, Ludwig / Pernthaler, Peter (Hg.), Auf dem Weg zur Menschenwürde
  und Gerechtigkeit. Festschrift für Hans R. Klecatsky, 1. Teilband, Wien 1980, S. 419 ff.
1167 Interview mit Dr. Hans Klecatsky, in: Kriechbaumer, Robert (Hg.), Die Ära Klaus.
  Österreich in den »kurzen« sechziger Jahren, Bd. 2: Aus der Sicht von Zeitgenossen und in
  Karikaturen von Ironimus, Wien/Köln/Weimar 1999, S. 189 – 201 und S. 275 f. Vgl. hierzu
  (insbesondere zum Austausch von Publikationen) auch: AChB, ÖNB, Handschriftensammlung, IV.74.
1168 Schuppich, Christian Broda, S. 134.
1169 Broda: Wieder Anwalt, in: Kurier, 22.4.1966.

der Demokratiereform entsprechend – auch in grundsätzlicher Hinsicht mit aktuellen Problemen des österreichischen Parlamentarismus und einer Parlamentsreform. Er wurde zu einem der zentralen Akteure in der Ende der 1960er Jahre ihren Höhepunkt findenden Demokratiereform-Debatte und beteiligte sich intensiv an der Ausarbeitung von Alternativprogrammen für ein modernes Österreich. 1968 erlebte er – wie er oftmals betonte – mit der Abschaffung der Todesstrafe im standrechtlichen Verfahren seinen »schönsten Tag im Parlament« und zeigte ein großes Interesse in der unmittelbar nach der Wahlniederlage 1966 losbrechenden Diskussion um die Frage, wie die Oppositionspolitik der SPÖ aussehen könne und welche Lehren die Partei aus ihrer Wahlniederlage zu ziehen habe.

Christian Broda mit seiner Tochter Johanna und seiner 1965 geborenen ersten Enkeltochter Ana Casas-Broda

Vorauszuschicken ist dabei, dass sowohl seine Beiträge zur Oppositionsfrage als auch der Demokratiereform sowie die Ausarbeitung des neuen, 1969 fertig gestellten Justizprogramms der SPÖ auf ein hohes Maß an Eigeninitiative zurückführbar sind. Mit ihm wollte sich Broda, der nach der Wahlniederlage 1966 enorm geschwächt war, in der SPÖ behaupten und seinen Einfluss sichern. Mehr als je zuvor war Broda, der in der Partei über keine Hausmacht verfügte, auf sein

Engagement angewiesen. Die Jahre der Opposition wollte er sich daher – wie er einmal betonte – wie Kriegszeiten doppelt auf seine Amtszeit als Justizminister anrechnen lassen.[1170]

Die Wiener Partei, aus der Broda kam, war nach der Wahlniederlage 1966 geschwächt, ihr Einfluss befand sich – wie die Entwicklung der kommenden Jahre zeigen sollte – im Sinken. In der SPÖ waren die Reformer aus den Bundesländern, die Bruno Kreisky an ihre Spitze stellten, im Vormarsch. Der BSA, über den Broda den Weg in die SPÖ gefunden hatte, ließ ihn, noch bevor der Diskussionsprozess in der SPÖ über den Wahlausgang richtig begonnen hatte, fallen und verweigerte im April 1966 seine Wahl zum Obmann der BSA-Juristen, für den Broda ursprünglich vorgesehen war. Nicht einmal mehr für die Wahl zum Obmannstellvertreter fand er – wie etwa die »Salzburger Nachrichten« oder die »Kronen-Zeitung« berichteten – die nötige Unterstützung unter den BSA-Juristen.[1171]

6.2. Standortbestimmung und Transformation der SPÖ

Die Niederlage bei den Nationalratswahlen vom 6. März 1966 führte in der SPÖ zu einer intensiven Diskussion über deren Ursachen, die programmatische Positionierung der Partei, Organisations- und Führungsprobleme, wie sie nicht zuletzt in der »Olah-Affäre« deutlich geworden waren. Orte der Diskussion waren die »Arbeiter-Zeitung« und die »Zukunft«, selbständige Publikationen zur Oppositionspolitik der SPÖ und das von Günther Nenning herausgegebene »Neue Forum«, wenn eine Diskussion in den Nichtparteimedien – da nicht kontrollierbar – von vielen in der SPÖ auch nicht goutiert wurde. Ein Losbrechen der Obmanndebatte konnte unmittelbar nach der Wahlniederlage auf Grund einer stark ausgeprägten Parteidisziplin verhindert werden. Auf Dauer ließ sich auch diese Diskussion jedoch nicht vermeiden. Derjenige, dem die Hauptschuld an der Wahlniederlage gegeben wurde, war Bruno Pittermann und mit ihm die Wiener SPÖ. Kritik an der Politik Pittermanns und dem Wiener Zentralismus kam vor allem aus den Bundesländern, von Seiten der Jungen und oft aus der zweiten Reihe der SPÖ. Insgesamt zeigte sich im Zuge der Diskussion immer deutlicher, dass zwei Strömungen in der Frage der Positionierung der SPÖ bestanden. Die eine verlangte personelle und strukturelle Änderungen verbunden mit einer Öffnung der Partei (hin zur Mitte) und einer Stärkung der Länder. Die andere wollte an den traditionellen Strukturen und Werten fest-

---

1170 Christian Broda ein Sechziger, in: Arbeiter-Zeitung, 12.3.1976.
1171 Durchgefallen, in: Salzburger Nachrichten, 29.4.1966 sowie Schlappe für Broda-Rosenzweig. SPOe-Juristen lehnten beide ab, in: Kronen-Zeitung, 28.4.1966.

halten, sie votierte gegen ein »österreichisches Godesberg« bzw. gegen die
Entwicklung hin zu einer »sozialistischen Volkspartei«. Der Reformgeist kam –
wie bereits angeklungen ist – ähnlich wie zuvor in der ÖVP aus den Bundesländern.[1172]

Ein Forum, das in Fragen der Parteireform traditionell stark genutzt wurde,
wenn auch vor allem von einem Kreis in der SPÖ, der sich generell stark für
programmatische Fragestellungen und grundsätzlich-theoretische Überlegun-
gen zur Politikgestaltung interessierte, war die »Zukunft«, das theoretische
Organ der SPÖ. Karl Czernetz, der Herausgeber der »Zukunft«, eröffnete die
Diskussion um das Wahlergebnis bzw. dessen Folgen Mitte März 1966 mit einem
Beitrag, in dem er sich der SPÖ gegenüber weitgehend unkritisch äußerte. Die
Schuld an der Wahlniederlage gab er in erster Linie Franz Olah und dem unfairen
Wahlkampf der ÖVP, angesprochen wurde aber auch die Hetze der »Kronen-
Zeitung« gegen Christian Broda. Insbesondere die Wiener Partei verteidigend,
zu der Czernetz gehörte, forderte er aber trotzdem, dass die SPÖ in Zukunft den
Kontakt zu den Mitgliedern und WählerInnen intensivieren und sich vor allem
mehr um die junge Generation bemühen müsse, die bei den Wahlen deutlich
stärker der ÖVP ihre Stimme gegeben hatte.[1173] Weitaus kritischer als Karl
Czernetz ging Fritz Klenner, Generaldirektor der BAWAG, in der nächsten
Ausgabe der »Zukunft« mit der SPÖ um. Er forderte eine klare Linie der Partei,
ein Zugehen auf die parteiungebundenen WählerInnen, eine Verjüngung der
SPÖ und eine bessere Öffentlichkeitsarbeit. Wie so viele andere in der Diskussion bekannte er sich aber zum Parteiprogramm von 1958 als tragfähiger
Grundlage für eine moderne Politik der SPÖ.[1174] Norbert Leser, theoretisch ge-
schult und in der Geschichte der SPÖ gut bewandert, in der Partei aber nie auf
Seiten der »Linken« stehend, sondern vielmehr zur »Parteirechten« zählend,
forderte hingegen eine kritische Auseinandersetzung mit der austromarxistischen Vergangenheit und ihrem Erbe.[1175] Josef Hindels, Zentralsekretär der
Gewerkschaft der Privatangestellten und Bildungsfunktionär der SPÖ, der –
ebenso wie Czernetz – oftmals als »Dogmatiker« in der Partei bezeichnet wurde,
warnte hingegen vor unkritischen Forderungen nach mehr Diskussion, mehr
Öffentlichkeitsarbeit, mehr geistiger Auseinandersetzung, wenn diese vom
Ehrgeiz beseelt sei, dass die SPÖ eine »bessere Volkspartei« werden soll.[1176]

1172 Reimann, Bruno Kreisky, S. 265.
1173 Czernetz, Karl, 6. März – und was weiter?, in: Die Zukunft 6 (1966) S. 1–6.
1174 Klenner, Fritz, Zu wenig und zu spät, in: Die Zukunft 7 (1966) S. 3 f.
1175 Leser, Norbert, Kein Rückfall in die Vergangenheit, in: Die Zukunft 10 (1966) S. 16–20.
1176 Hindels, Josef, Was ist moderner Sozialismus?, in: Die Zukunft 10 (1966) S. 21–24.

Gleichzeitig polemisierte er gegen die »jungen und dynamischen Reformer« aus
den »Berglandschaften Österreichs«, die nun alles besser machen wollten.[1177]
Eine Beteiligung an der Diskussion im »Neuen Forum« lehnte Hindels mit
dem Verweis auf SPÖ-kritische Beiträge Günther Nennings im Wahlkampf 1966
und der grundsätzlichen Bemerkung ab, dass er die Parteimedien als geeigne-
teres Forum für die Diskussion der inneren Probleme der Partei betrachte. In der
Ausgabe vom April/Mai 1966, in der eine Reihe vor allem junger, nachstrebender
Sozialisten über die Hauptursachen der Wahlniederlage und die daraus zu zie-
henden Schlüsse diskutierten, konnte somit nur sein ablehnender Brief abgedruckt werden. Insgesamt war der Haupttenor der von Nenning eingeladenen
Beiträger – darunter wie in der »Zukunft« keine einzige Frau – eindeutig. Gefordert wurde eine grundlegende Änderung in der Organisation, Struktur und
Politik der SPÖ – reichend von der Medienpolitik, der innerparteilichen Dis-
kussionskultur und fehlendem Fachwissen bis hin zum Problem der Führung
der Partei. Wenn Bruno Pittermann zumeist auch nicht direkt angegriffen
wurde, wurden doch neue Gesichter verlangt und festgestellt, dass die alte
Führungsgarde verbraucht sei und in der Öffentlichkeit ein schlechtes Image
habe.[1178]
Parallel zur Diskussion in den Medien taten sich in der SPÖ noch vor dem
Sommer auch einige Funktionäre der zweiten Reihe, darunter Josef Staribacher
von der Arbeiterkammer, der steirische Bildungsfunktionär Rupert Gmoser,
Klubsekretär Heinz Fischer, Heinz Kienzl vom ÖGB, Günther Nenning und der
Chefredakteur der »Arbeiter-Zeitung«, Franz Kreuzer, zusammen, um an einer
längerfristigen Strategie für die österreichische Sozialdemokratie zu arbeiten.
Gedacht wurde an die Entwicklung eines Programms, das es der SPÖ bis 1974
erlauben sollte, eine Führungsrolle zu übernehmen. Wie noch zu zeigen sein
wird, verlief die Entwicklung jedoch viel schneller. Immerhin gaben die Diskussionen der »Aktion 74« aber doch einen wichtigen Anstoß zu den so genannten »August-Gesprächen«,[1179] die Franz Kreuzer im August 1966 mit zehn
führenden FunktionärInnen der SPÖ führte. Nachdem die Diskussion in der
Partei langsam zu erlahmen schien und bereits in den Medien spekuliert wurde,
dass in der SPÖ (auch in der Führungsfrage) wohl alles beim Alten bleiben
würde, wurden die »August-Gespräche« zu einem wichtigen Katalysator für die
folgende Entwicklung. Auf Grund äußerer Umstände, vor allem dem Umstand,
dass die Interviews großteils in den jeweiligen Urlaubsorten der PolitikerInnen
(Bruno Pittermann, Karl Waldbrunner, Anton Benya, Bruno Kreisky, Felix Sla-

---

1177 Hindels, Josef, Die Legende von den jungen, dynamischen Reformern, in: Die Zukunft 20
      (1966) S. 22 – 24.
1178 SPÖ – was tun? Eine Forum-Diskussion, in: Neues Forum 148/149 (1966) S. 240 – 256.
1179 Fischer, Die Kreisky-Jahre 1967 – 1983, S. 33.

vik, Rosa Jochmann, Alfred Schachner, Hans Sima, Hans Czettel und Leopold Gratz) geführt wurden, bezogen diese freier als sonst zu den Problemen der Partei Stellung. Überraschend war vor allem, dass Pittermann, mit dem das erste der zehn Interviews geführt wurde, offen davon sprach, dass die junge Generation in der Partei für die Ablöse vorbereitet werden müsse. Weitere Punkte, die immer wieder angesprochen wurden, waren Organisationsreformen der SPÖ – darunter die direkte Wahl des Parteivorsitzenden durch den Parteitag, eine organisatorische Stärkung der Ländervertreter in der Bundespartei und eine Aufgabenteilung an der Spitze der SPÖ, das heißt eine Trennung der Funktion des Parteivorsitzenden und jener des Klubobmanns. Einer, der sich in einem besonderen Maß für Reformen aussprach, die oben genannten organisatorischen Reformvorschläge bejahte und zudem für eine offene Diskussion der Probleme der Zeit auch über die Parteigrenzen hinweg und damit verbunden für einen neuen Versammlungsstil und eine offene Pressepolitik eintrat, war Bruno Kreisky. Die Forderung nach einem größeren Stimmgewicht der Länder in der Bundespartei wurde hingegen vor allem vom Kärntner Landeshauptmann Hans Sima und in moderaterer Form auch vom Steirer Alfred Schachner-Blazizek erhoben, wobei viele der genannten organisatorischen Reformvorschläge – wie etwa jener nach der direkten Wahl des Parteiobmanns – auf eine Kärntner Initiative zurückgingen.[1180]

Christian Broda wurde im Rahmen der »August-Gespräche«, in denen die wichtigsten Politiker der SPÖ zu den Problemen der Partei befragt wurden, nicht interviewt. Auch an der Diskussion im »Neuen Forum«, zu dem Broda den Kontakt nach der NS-Richter-Affäre abgebrochen hatte, nahm er nicht teil. Anfang September, das heißt nach dem Ende der »August-Gespräche«, schaltete er sich aber in die Diskussion in der »Zukunft« ein, wo er in der Folge mehrere Beiträge zur Parteireform und Oppositionsrolle der SPÖ publizierte und diese ähnlich wie Hindels und Klenner[1181] im Spätherbst 1966 auch in Buchform vorlegte.[1182] Hierbei betonte Broda, der neben Czernetz und Hindels verschiedentlich dem Lager der Loyalisten (im Gegensatz zu den Reformern)[1183] zugerechnet wird, mehrfach, dass er – ganz seiner Vorliebe für programmatische Diskussionen entsprechend – die rege Debatte in der Partei begrüße. Gleich-

---

1180 Die »August-Gespräche« wurden an folgenden Tagen in der Arbeiter-Zeitung abgedruckt:
      6., 9., 11., 17., 19., 20., 23., 24., 25., 27.8.1966.
1181 Vgl.: Hindels, Josef, Österreichs Sozialisten in der Opposition. Konzept einer grund-
      satztreuen Oppositionspolitik des demokratischen Sozialismus, Wien/Frankfurt/Zürich
      1966 sowie Klenner, Fritz, Umdenken tut not! Die sozialistische Alternative, Wien/
      Frankfurt/Zürich 1966.
1182 Die gesammelten Beiträge wurden publiziert in: Broda, Christian, Die veränderte Ge-
      sellschaft und die neuen Aufgaben der Sozialisten. Österreich nach dem 6. März 1966,
      Wien 1966.
1183 Broda, Christian, Die Partei in der Opposition, in: Die Zukunft 10 (1966) S. 15.

zeitig kritisierte er aber, dass diese seiner Meinung nach in verschiedener Hinsicht eine falsche Entwicklung nehme und bezog auch zur Frage der »Öffnung«, einem der wesentlichsten Punkte der Reformdiskussion 1966, und zum vielstrapazierten Gegensatz »Klassenpartei« versus »Volkspartei« Stellung.

So hielt Broda bereits in seinem ersten Beitrag in der »Zukunft« Anfang September 1966 fest, dass anstatt über personelle und organisatorische Fragen, das Generationenproblem und die Öffentlichkeitsarbeit vielmehr über die Orientierung und den zukünftigen Weg der österreichischen Demokratie debattiert werden sollte. Ausgehend von einer gesellschaftspolitischen Analyse des Wahlergebnisses vom 6. März 1966, die auch als deutlicher Hinweis auf seine theoretische Schulung verstanden werden kann, stand für Broda folgendes fest: Nach den Wahlen vom 6. März 1966 war die Koalition der beiden großen Parteien durch eine »Koalition des Bürgertums und der Agrarier mit den neuen Managerschichten der öffentlichen Wirtschaft samt ihrer Patronage und Klientel« abgelöst worden. Verwirklicht wäre diese Koalition im ÖAAB, der somit auch den Wahlerfolg der ÖVP ermöglicht habe. Gehe es nun darum, Konsequenzen aus dieser Analyse der »klassenmäßigen Grundlagen der bürgerlichen Alleinregierung« zu ziehen, so müsse das Reservoir der »Koalitionspartner« der Alleinregierung, das heißt die WählerInnenschaft des ÖAAB, angesprochen bzw. eine »Wiederentdeckung des Zusammengehörigkeitsgefühls der Lohn- und Gehaltsempfänger« als wichtigste Voraussetzung für eine Änderung des politischen Kräfteverhältnisses bewirkt werden. Dieser Aufgabe könne jedoch weder eine »linksliberale Volkspartei« noch eine »Partei, deren Programm nur die Öffnung kennt, ohne über deren Inhalt etwas auszusagen«, gerecht werden. Zwar werde sich niemand dagegen wenden, »dass eine große Partei allen, die ihre Politik und ihre Ziele bejahen, offenstehen soll«. Einen Sinn habe diese »Öffnung« jedoch nur dann, »wenn sie den Zugang zu sozialistischen Grundsätzen und zu einer zeitgemäßen Politik ermöglicht«.[1184]

Broda begann seine Teilnahme an der Reformdiskussion somit mit einer grundsätzlichen Stellungnahme zur Parteireform. Ebenfalls grundsätzlicher Natur, wenn auch ein wenig konkreter, waren seine folgenden Beiträge. Mitte Oktober 1966 setzte er sich etwa mit der Frage der pluralistischen Gesellschaft und ihrem Verhältnis zum Sozialismus auseinander und nahm erneut Stellung zur Öffnung der Partei. Hierbei hielt er ausdrücklich fest, dass sich die pluralistische Gesellschaft und der Sozialismus nicht ausschließen, sondern im Gegenteil – und das vor allem auf Basis des Parteiprogramms von 1958 – vereinbar wären. Hinsichtlich der oft zitierten Zielvorstellung der »Öffnung« plädierte er jedoch für deren Ersetzung durch den Terminus der »Aufgeschlossenheit«. So brauchte die SPÖ nach Broda, um die Aufgaben in der Opposition erfolgreich

1184 Broda, Christian, Vor dem Parteitag, in: Die Zukunft 17 (1966) S. 14 – 18.

erfüllen zu können, einerseits »Aufgeschlossenheit gegenüber allen Veränderungen in der Gesellschaft«, andererseits »Geschlossenheit im politischen
Handeln«. Was sie vor allem aber sein müsse, sei eine sozialistische Partei »mit
sozialistischen Alternativen und sozialistischen Antworten auf die Fragen, die
an sie gestellt werden.« Würde die Partei keine sozialistische Alternative anbieten, gäbe sie sich als selbständige geistige und politische Kraft auf; sie müsse
sich somit also ihrer Grundsätze besinnen, diese ausbauen und zeitgemäß mit
modernen Methoden vertreten.

Zur oft praktizierten Gegenüberstellung »Klassenpartei« versus »Volkspartei« hielt er hingegen Ende Oktober 1966 fest, dass er diese Diskussion als müßig
betrachte. Dennoch führte er aus, dass die SPÖ für ihn beides sei: eine Klassenpartei, indem sie die unselbständig Erwerbstätigen vertrete, und eine
Volkspartei, wenn sie sich an alle Minderprivilegierten und Schutzbedürftigen
in der Gesellschaft, die Bauern, die Gewerbetreibenden, die Angehörigen der
freien Berufe und andere wende. Wichtiger als die »inhaltsleere und fruchtlose
Diskussion über die Frage ›Klassenpartei‹ oder ›Volkspartei‹« betrachtete es
Broda jedoch, sich den neuen Aufgaben der Sozialistischen Partei zuzuwenden.
Dabei forderte er – wie in der Diskussion mehrfach zu hören war –, dass die
Sozialistische Partei »nicht nur Platz für alle haben muss«, sondern dass sie es
auch verstehen müsse, Talenten ein entsprechendes Feld der Betätigung in der
Gesellschaft zu bieten, was an die vielfach aufgeworfene Forderung nach einer
stärkeren Zusammenarbeit mit Fachleuten bzw. der Wissenschaft erinnert.
Nicht ohne Stolz hielt Broda dabei fest, dass er bereits vor einem Jahrzehnt eine
solche »Öffnung« entwickelt und dann als Justizminister auch in die Tat umgesetzt habe, womit wohl auf die Zusammenarbeit von Ministerium und Ex-
pertInnen bei der Rechtsreform, wie etwa im Rahmen der Strafrechtsreform,
verwiesen wurde.[1185]

Insgesamt legte Broda in der Parteireform-Diskussion 1966 somit ein aus-
drückliches Bekenntnis zum Sozialismus ab.[1186] Er votierte – wie noch genauer
auszuführen sein wird – für die Entwicklung von Alternativvorschlägen auf Basis
des Parteiprogramms von 1958 und sprach sich – bei aller Grundsatztreue – für
moderne Methoden als Basis für eine moderne Politik aus. Organisatorische
Änderungen in der Partei lehnte er jedoch als zweitrangig ab. Der viel geforderten direkten Wahl des Parteivorsitzenden durch den Parteitag und der

---

1185 Vorbemerkung, in: Broda, Christian, Die veränderte Gesellschaft und die neuen Aufgaben
der Sozialisten. Österreich nach dem 6. März 1966, S. 5 – 13. Vgl. zur Zusammenarbeit mit
Fachleuten auch: Schilder, Willkommen für Christian Broda, S. 355.

1186 Vgl. zur Sozialismus-Diskussion auch: Broda, Christian, »Sozialismus in der Gegenwart«,
in: Das Gesellschaftsbild des Sozialismus. Mit Beiträgen von Josef Hindels, Fritz Klenner
und Norbert Leser, Wien 1966, S. 9 – 36 sowie überblicksartig zur Programmatik-Dis-
kussion auch: Kriechbaumer, Parteiprogramme im Widerstreit der Interessen, S. 422 ff.

Trennung von Parteivorsitz und Klubobmann stand er dezidiert ablehnend gegenüber, ebenso sprach er sich – wenn auch nur indirekt – gegen einen Wechsel an der Parteispitze und somit gegen eine Ablöse von Bruno Pittermann aus. In der Partei waren – maßgeblich beeinflusst von den »August-Gesprächen« in der »Arbeiter-Zeitung« – aber genau diese Fragen vollends entbrannt. Neben den südlichen Bundesländern war nun nicht zuletzt auch aus Oberösterreich massive Kritik an der Wiener Führung zu vernehmen. Ernst Koref, der Linzer Altbürgermeister, bekannte sich bei der Gründungsveranstaltung der von Norbert Leser und Alfred Migsch initiierten »Gesellschaft für politische Studien« im Frühherbst 1966 nicht nur zur Parteireform, sondern forderte auch ein notwendiges Opfer, womit wohl Bruno Pittermann gemeint war.[1187] Eine Klärung der Führungsfrage und der Organisationsreform, für die eine Kommission eingesetzt worden war, sollte spätestens auf dem für Anfang 1967 angesetzten Parteitag folgen. In der »Zukunft« und im »Neuen Forum« erschienen zur Jahreswende 1966/67 wieder vermehrt Beiträge zu diesen Fragen. Zum Wunschkandidaten der Länder in der Obmannfrage wurde immer deutlicher Bruno Kreisky.

Kreisky, von dem in dieser Arbeit schon mehrfach die Rede war und der hier nun mit einer kurzen Biographie vorgestellt werden soll, wurde 1911 in eine bürgerliche jüdische Wiener Familie geboren. Die Familie, die Kreisky gerne großbürgerlicher darstellte als sie wirklich war, lebte assimiliert. Kreisky selbst bezeichnete sich nicht als Juden, sondern als »Menschen jüdischer Herkunft«.[1188] Ähnlich wie Broda schloss sich Kreisky früh dem Verband der Sozialistischen Mittelschüler und (nach dem Justizpalastbrand) der Arbeiterjugend an. Im Gegensatz zu Broda wechselte Kreisky, der bereits seit frühester Jugend streng antikommunistisch eingestellt war, im Zuge der innenpolitischen Radikalisierung in der Ersten Republik jedoch nicht zu den Kommunisten. Vielmehr wurde er nach dem Februar 1934 zu einem der Mitbegründer der Revolutionären Sozialistischen Jugend, die in Rivalität zum illegalen Kommunistischen Jugendverband stand, partiell – wie ausgeführt wurde – aber auch mit anderen Jugendgruppen, wie Brodas »Ziel und Weg«-Gruppe zusammenarbeitete. Nach der Teilnahme an der ersten Reichskonferenz der Revolutionären Sozialisten in Brünn wurde er im Jänner 1935 verhaftet und im großen Sozialistenprozess 1936 wegen Hochverrat zu einem Jahr Kerker verurteilt.[1189] Im März 1938 wurde er in »Schutzhaft" genommen, nachdem er kurz nach dem »Anschluss« ein 1929

1187 Kriechbaumer, Robert, Der 18. Parteitag der SPÖ vom 30. Jänner bis 1. Februar 1967, in: Zeitgeschichte 4 (1974) S. 139.

1188 Vgl. hierzu auch: Pelinka, Anton / Sickinger, Hubert / Stögner, Karin, Kreisky – Haider. Bruchlinien österreichischer Identitäten, Wien 2008.

1189 Vgl.: Felber, Ulrike, »Auch schon eine Vergangenheit«. Gefängnistagebuch und Korrespondenzen von Bruno Kreisky, Wien 2009.

begonnenes Jus-Studium noch abschließen konnte. Mit viel Glück – ein sozia-
listisch gesinnter Wachmann hatte seinen Namen von der Liste gestrichen –
konnte er dem »Prominententransport« nach Dachau entgehen und über Vermittlung von Parteifreunden ein Visum nach Schweden erlangen, wo er im Exil
als Korrespondent verschiedener Zeitungen und als Sekretär in der Stockholmer
Konsumgenossenschaft arbeitete. Nach Kriegsende stellte Kreisky die Verbindungen zwischen dem schwedischen Hilfswerk und Österreich her, die Rückkehr nach Österreich gelang nach einem ersten Österreich-Besuch im Jahr 1946
jedoch erst 1951. Wie so viele andere musste auch Kreisky erfahren, dass die
österreichische Nachkriegspolitik und -gesellschaft nicht an der Rückkehr der
EmigrantInnen interessiert war. Trotzdem gelang es Kreisky in den folgenden
Jahren rasch Karriere in der SPÖ zu machen und Mitte der 1950er Jahre bereits
zu den Hoffnungsträgern oder »Jungtürken« in der Partei zu zählen. Er wurde
erst der wirtschaftspolitischen Abteilung der Sektion für auswärtige Angelegenheiten im Bundeskanzleramt zugeteilt, dann zum Kabinettsvizedirektor von
Bundespräsident Körner bestellt, 1953 Staatssekretär im Außenamt und 1959
Außenminister. Seine politische Heimat fand Kreisky – wie bereits ausgeführt
wurde – mit der Unterstützung von Franz Olah, mit dem er bereits in der Illegalität bei den Revolutionären Sozialisten zusammengearbeitet hatte, erst in
Wien-Hernals und dann in Niederösterreich. Nachdem Kreisky bereits in der
Ersten Republik Vorsitzender der niederösterreichischen Regionalorganisation
der Sozialistischen Arbeiterjugend für Purkersdorf, Klosterneuburg und Tulln
war, da er – so derselbige – als Bürgersohn den Wienern nie ganz »geheuer« war,
kandidierte er 1956 als Nachfolger Oskar Helmers für den Nationalrat, wurde
1956 in den Parteivorstand gewählt und 1959 stellvertretender Parteivorsitzender.[1190]
    Anfang Juni 1966 wurde er – und das in direkter Abstimmung – zum Obmann
der niederösterreichischen Landespartei gewählt, womit Kreisky nicht nur über
eine starke Hausmacht verfügte, sondern auch zu einem Vertreter der Länder
wurde, die ihn schließlich als Kandidaten für den Parteivorsitz in Diskussion
brachten. Kreisky, der sich nach seiner Wahl zum niederösterreichischen Lan-
desvorsitzenden auch in der Öffentlichkeit dafür eingesetzt hatte, den Einfluss

---

1190 Zu Bruno Kreisky sind bereits eine Vielzahl biographischer Darstellungen erschienen.
       Hier kann daher – neben den bereits zitierten Auftragswerken von Reimann und Lendvai/
       Ritschel und den Memoiren – nur auf eine Auswahl verwiesen werden: Petritsch, Wolf-
       gang, Bruno Kreisky. Die Biografie, St. Pölten/Salzburg 2010, Röhrlich, Kreiskys Außen-
       politik, Secher, Pierre, Bruno Kreisky. Chancellor of Austria. A Political Biography,
       Pittsburg 1993, Müller, Wolfgang C., Bruno Kreisky, in: Dachs, Herbert / Gerlich, Peter /
       Müller, Wolfgang C. (Hg.), Die Politiker. Karrieren und Wirken bedeutender Repräsen-
       tanten der Zweiten Republik, Wien 1995, S. 353–363, Rathkolb, Oliver, Bruno Kreisky.
       »Seiner Zeit voraus«, in: Dankelmann, Otfried (Hg.), Lebensbilder europäischer Sozial-
       demokraten des 20. Jahrhunderts, Wien 1995, S. 249–271.

der Länder in der Partei auszubauen, stritt öffentlich zunächst jedoch ab, diese Funktion anzustreben und hielt sich – nachdem er einen schüchternen Versuch gewagt hatte, Alfred Schachner-Blazizek als Kandidat ins Spiel zu bringen – in der Führungsdiskussion im Hintergrund. Ein weiterer Kandidat, der von Seiten der Wiener als möglicher neuer Parteiobmann ins Spiel gebracht wurde, war Karl Waldbrunner, der als graue Eminenz in den letzten Monaten zunehmend die Vorgaben auf Führungsebene geleistet hatte. Als Übergangskandidat hätte er die Partei konsolidieren können, aus Alters- und Gesundheitsgründen verweigerte er jedoch eine Kandidatur als Parteivorsitzender. Von Pittermann, der Kreisky unbedingt verhindern wollte (und mit ihm Benya und Waldbrunner) wurde deshalb, nachdem die Länder nicht von Kreisky ließen, der aus Niederösterreich stammende frühere Innenminister Hans Czettel als neuer Kandidat präsentiert. Er sollte die Länderfront sprengen, war jedoch lediglich dazu bereit, im absoluten Notfall zu kandidieren, keinesfalls jedoch an einer Kampfabstimmung teilzunehmen. Als ihn Pittermann auf dem Ende Jänner/Anfang Februar 1967 stattfindenden Parteitag, bei dem vor allem Benya gegen Kreisky auftrat, als seinen Nachfolger vorschlug, sagte er deshalb auch aus, nicht gegen Kreisky anzutreten. Kreisky blieb damit de facto als einziger Kandidat für den neuen Parteivorsitzenden der SPÖ übrig und wurde als solcher auch auf dem 18. Parteitag der SPÖ gewählt. Nachdem Slavik als Vorsitzender der Wiener Landespartei den Wienern die Abstimmung frei gegeben hatte, einigte sich der neu gewählte Parteivorstand in geheimer Abstimmung auf Kreisky als den neuen Parteivorsitzenden, der vom Parteitag mit 347 von 497 Stimmen (69,8 Prozent), das heißt mit einer nicht allzu hohen Zustimmung, als neuer Obmann der SPÖ gewählt wurde.[1191] Bruno Pittermann, der als Parlamentarier mit Leib und Seele signalisiert hatte, dass er weiterhin dem Parlamentsklub vorstehen wolle, wurde auf Vorschlag des neuen Parteivorstandes vom Parteitag als Obmann des Klubs der sozialistischen Abgeordneten und Bundesräte bestätigt, und darüber hinaus ein neues Parteistatut beschlossen, das den Einfluss der Länder auf Bundesebene vergrößerte. Nachdem bereits nach der Wahlniederlage ein erweitertes Parteipräsidium unter Einschluss der Obmänner der Landesparteiorganisationen geschaffen worden war, wurde nun die Vorherrschaft der Wiener in der Gesamtpartei endgültig gebrochen und die Zusammensetzung von Parteivorstand und -kontrolle, Präsidium und erweitertem Präsidium neu geregelt.[1192]

1191 Vgl. zur Wahl Bruno Kreiskys zum Parteivorsitzenden: Pesendorfer, Bruno Kreisky – Transformation der SPÖ?, Kriechbaumer, Der 18. Parteitag der SPÖ vom 30. Jänner bis 1. Februar 1967, Protokoll des 18. Parteitags des SPÖ am 30./31. Jänner und 1. Februar 1967 in der Wiener Stadthalle.

1192 Vgl.: zur Organisationsgeschichte der SPÖ ausführlich: Müller, Wolfgang C., Die Organisation der SPÖ, 1945–1995, in: Maderthaner, Wolfgang / Müller, Wolfgang C. (Hg.), Die Organisation der österreichischen Sozialdemokratie, Wien 1996, S. 195–356.

Bruno Kreisky und Christian Broda in den 1970er Jahren

Kreisky, der im Vorfeld seiner Wahl schwere Befürchtungen hatte, dass diese aufgrund weit verbreiteter antisemitischer Tendenzen in der österreichischen Gesellschaft der SPÖ schaden könnte,[1193] zeigte sich in seiner Schlussrede versöhnlich gegen jene, die ihn nicht gewählt hatten. Dass seine Befürchtungen hinsichtlich antisemitischer Ausfälle nicht unbegründet waren, hatte sich 1966 etwa darin gezeigt, dass er vom ÖVP-Politiker Alois Scheibenreif öffentlich als »Saujude« beschimpft worden war.[1194] Im Wahlkampf 1970 sollte sich Josef Klaus (im Gegensatz zu Kreiskys jüdischer Herkunft) dann als »echter Österreicher« anpreisen; und auch auf den Wahlplakaten der 1970er Jahre, auf denen sich Kreisky ebenfalls aus Angst vor antisemitischen Angriffen erst spät mit seinem Portrait abbilden ließ, waren antisemitische Schmierereien nicht selten.[1195] Auf dem Parteitag 1967 erteilte er – auf die Ideologiedebatte der letzten Monate eingehend – all jenen, die »zu uns kommen« und raten, wir sollen eine »liberale Volkspartei werden, die es allen recht macht« und jenen, die »zu uns kommen und verlangen, dass wir zu den programmatischen Grundsätzen der Zwischenkriegszeit zurückkehren« sollen, eine Abfuhr. Vielmehr legte er ein aus-

---

1193 Bruno Kreisky. Im Strom der Politik, S. 390.
1194 Ebenda, S. 396 f.
1195 Vgl. hierzu die Rubrik »Personen« des Online-Moduls »Politische Bildstrategien« auf
       www.demokratiezentrum.org sowie Stiftung Bruno Kreisky Archiv / Historisches Muse-
       um der Stadt Wien (Hg.), Bruno Kreisky. Seine Zeit und mehr. 1911-1970-1983-1990.
       Wissenschaftliche Begleitpublikation zur 240. Sonderausstellung des Historischen Mu-
       seums der Stadt Wien 18.9.–15. 11. 1998, Wien 1998, S. 260.

drückliches Bekenntnis zum demokratischen Sozialismus und dem Parteiprogramm von 1958 – wenn man so will, dem kleinsten gemeinsamen Nenner in der Ideologiedebatte – ab und forderte, dass sich die Partei dieses Programms in der politischen Alltagsarbeit stärker bedienen müsse. In die Zukunft gerichtet führte er aus, dass sich die SPÖ, auch mit Zuhilfenahme der Wissenschaft, all jenen Problemen stellen müsse, die die sich verändernde Gesellschaft mit sich bringe und dass es ein Ziel sein müsse, neue WählerInnenschichten, darunter vor allem die Jugend, zu gewinnen. Zu beachten wäre hierbei insbesondere der soziale Wandel, die Verlagerung von den ArbeiterInnen zu den Angestellten.[1196]

Christian Broda meldete sich auf dem Parteitag 1967 weder zur Wahl Kreiskys noch zu den anderen diskutierten Fragen zu Wort. Wie Kreisky in seinen Memoiren festhielt, verwehrte ihm Broda jedoch seine Unterstützung, was Broda – direkt von Kreisky darauf angesprochen – damit beantwortet haben soll, dass »eben manchem sehr Einflussreichen in der Partei jeder andere lieber« wäre als er.[1197] Broda, der in seinem Aufstieg in der SPÖ auf die Unterstützung Kreiskys bauen konnte und diesem dankbar hätte sein können, positionierte sich somit klar und gab zu verstehen, dass er in einem anderen Lager, jenem von Bruno Pittermann und Anton Benya, stand. Mit beiden war er nicht zuletzt seit der »Olah-Affäre« eng verbunden. Kreisky seinerseits hatte – wie in dieser Arbeit bereits mehrfach ausgeführt wurde – Olah bis zuletzt die Treue gehalten. Neben alten Reminiszenzen aus der Jugend, als sich Broda und Kreisky in rivalisierenden Jugendgruppen gegenüberstanden, Broda bei den Kommunisten und später bei »Ziel und Weg« und Kreisky im Rahmen der Sozialdemokratie politisch aktiv waren, bildeten somit vor allem unterschiedliche Positionen in der »Frage Olah« eine wesentliche Determinante für die Beziehung zwischen den beiden. In den kommenden Jahren sollten weitere Punkte hinzukommen, die das Verhältnis Broda-Kreisky – und das vor allem aus der Sichtweise Kreiskys – belasteten. Trotz aller Rivalität, die nicht wenig mit Eitelkeit und auf Seiten Kreiskys in den 1970er Jahren mit der Befürchtung verbunden war, von der Parteispitze verdrängt zu werden, waren sich die beiden aber auch der Fähigkeiten des anderen bewusst und mussten – was noch auszuführen sein wird – erkennen, dass sie am anderen nicht vorbeikommen.[1198]

1196 Vgl. in diesem Zusammenhang: Rathkolb, Oliver, Transformation der SPÖ, 1966–1970, in: Schausberger, Franz (Hg.), Die Transformation der österreichischen Gesellschaft und die Alleinregierung von Bundeskanzler Dr. Josef Klaus, Salzburg 1995, S. 199–211.
1197 Bruno Kreisky. Im Strom der Politik, S. 391.
1198 Interview mit Maria Strasser am 12.4.2006 und mit Prof. Alfred Ströer am 20.2.2007.

6.3. Parlamentarische Offensive und Reformprogramme für ein »modernes Österreich«

Neben der Frage der programmatischen Ausrichtung der Partei und der Parteiführung stellte sich für die SPÖ nach der Wahlniederlage vom 6. März 1966 auch die Frage, wie sie ihre Oppositionsrolle ausgestalten sollte. Das »Programm für Österreich«, mit dem die Partei bei den Nationalratswahlen angetreten war, war für eine Koalitionsregierung unter sozialistischer Führung bestimmt, und darüber hinaus hatte die Opposition in der Zweiten Republik, auch wenn die SPÖ während der Großen Koalition verstärkt Bereichsopposition geübt hatte, keine Tradition. Die Frage, wie die Oppositionspolitik der SPÖ auszusehen habe, war offen, ihre Diskussion vordringlich. Eingeleitet wurde sie bereits am Tag des außerordentlichen Parteitags durch einen Artikel von Kurt Wimmer in der »Kleinen Zeitung«.[1199] In Folge setzten sich viele, die sich an der Programmatik-Debatte der SPÖ beteiligten, auch mit der Frage »Opposition – aber wie?« auseinander, da diese beiden Fragenkomplexe eng miteinander verbunden waren. Vorschläge und Gedanken zu einer Ausgestaltung der Oppositionsrolle der SPÖ finden sich somit ebenso in der »Zukunft«, der »Arbeiter-Zeitung«, dem »Neuen Forum« und den selbständig erschienenen Publikationen zur SPÖ in der Opposition. Ein wichtiger Punkt war die Oppositionsrolle natürlich auch in den »August-Gesprächen« und auf dem Parteitag 1967.

Wie viele andere beteiligte sich auch Christian Broda intensiv an dieser Diskussion. Seiner theoretischen Herangehensweise entsprechend, entwickelte er in seinen Beiträgen schrittweise ein Oppositionskonzept der SPÖ, das in seinen Grundzügen auch der Politik der folgenden Jahre entsprechen sollte. Dabei machte er deutlich, dass die Oppositionsrolle der Partei in mehrerlei Hinsicht eine Doppelfunktion haben müsse. Zum einen müsse es eine Aufgabe der SPÖ sein, durch ihr bloßes Dasein die Regierungspartei zu zwingen, sich weiterhin an den Grundkonsens der Zweiten Republik zu halten. Zum andern müsse die sozialistische Opposition aber gleichzeitig auch ihr »eigenes Grundsatzprogramm und ein Programm praktischer Maßnahmen zur weiteren Umgestaltung der Gesellschaftsordnung und zum Ausbau der gesellschaftlichen Einrichtungen als sozialistische Alternative zum System der konservativen Alleinregierung« entwickeln. Ausgehen könne die SPÖ von ihrem »Programm von Österreich«,[1200] zu dem sich auch Pittermann in den »August-Gesprächen« noch ausdrücklich bekannte,[1201] da »weder am Tag der Entscheidung der Sozialistischen Partei, sich an der ÖVP-Regierung nicht zu beteiligen, noch in den

---

1199 Wimmer, Kurt, Opposition – aber wie?, in: Kleine Zeitung, 15.4.1966.
1200 Broda, Vor dem Parteitag, S. 16 f.
1201 »Die Jungen für die Ablöse vorbereiten«, in: Arbeiter-Zeitung, 6.8.1966.

ersten ›Hundert Tagen‹ der ÖVP-Alleinregierung ein fix und fertiges Oppositions-Konzept aus der Retorte und nach Rezept« bestehen könne. »Beobachter, Kritiker und Freunde der Sozialistischen Partei« könnten aber auch sicher sein, dass es, und zwar umso mehr je länger die Koalition mit der ÖVP zurückliege, »in steigenden Maß eine ›Eskalation‹ der Opposition« geben werde. Grundsätzlich werde die sozialistische Opposition immer dann die Mitverantwortung übernehmen, wenn dies sachlich gerechtfertigt sei, sie werde aber auch schrittweise die wirksamste Technik der Opposition ausbauen, die beides meine: Kontrolle der Regierung und Alternative zur Politik der Regierung. Der Zweck der Opposition sei »das bessere Funktionieren der Demokratie«. Formen werde sich das Konzept der Opposition vor allem um das Wirtschaftswachstum, das neue Sozialprogramm der Konsumgesellschaft und die »Demokratisierung« der Demokratie, die vor allem eine »Aktivierung der Demokraten« umfassen müsse und bereits als Hinweis auf die Demokratiereform-Diskussion der späten 1960er Jahre verstanden werden kann, an der sich Broda intensiv beteiligte.[1202]

Kreisky hatte als neuer bestimmender Mann in der SPÖ nach seiner Wahl zum Parteivorsitzenden in seiner Abschlussrede betont, dass unmittelbar nach seiner Wahl von ihm keine »großen und richtungweisenden Deklarationen« erwartet werden könnten. Trotzdem waren seiner Rede – vor allem wenn er die in der Reformdebatte von vielen, darunter auch von Christian Broda, angesprochene Zusammenarbeit von Wissenschaft und Politik thematisierte – bereits einige wichtige Hinweise über seine zukünftigen Initiativen zu entnehmen. Auf theoretisch-methodische Fragestellungen des Oppositionsdaseins wie es Christian Broda in den skizzierten Beiträgen getan hatte, ging er in seiner Rede jedoch nicht ein.[1203] Als taktisch kluger Schachzug erwies sich in den kommenden Jahren insbesondere, dass die Führung des sozialistischen Parlamentsklubs bei Bruno Pittermann verblieb und ihm Kreisky hier weitgehend freie Hand ließ. Pittermann, der auf dem Parteitag 1967 offen aussprach, dass er vor allem das Parlament als Ort der Opposition sehe,[1204] entwickelte in den kommenden Jahren eine effektive Oppositionstaktik, während Kreisky als neuer Parteivorsitzender für andere Aufgaben frei gespielt war.

Mit der Bildung der Alleinregierung Klaus, der eine große Oppositionspartei gegenüberstand, entstand im Parlament eine völlig neue Situation. Der jahrelang als politisches Entscheidungszentrum fungierende Koalitionsausschuss war mit dem Ende der Großen Koalition funktionslos geworden. Die politischen Entscheidungen fielen – abgesehen von der Sozialpartnerschaft, in der die Große

---

1202 Broda, Christian, Opposition – aber wie?, in: Die Zukunft 19 (1966) S. 20–24.
1203 Abschlussrede von Bruno Kreisky, in: Protokoll des 18. Parteitags des SPÖ am 30./31. Jänner und 1. Februar 1967 in der Stadthalle Wien, S. 219–224.
1204 Politisches Referat von Bruno Pittermann, in: Protokoll des 18. Parteitags des SPÖ am 30./31. Jänner und 1. Februar 1967 in der Stadthalle Wien, S. 69–82.

Koalition in gewisser Weise weiter bestand – nun in den einzelnen Parteigre-
mien. Die politische Konfrontation kehrte ins Parlament, ins Plenum und in die
Ausschüsse, zurück. Das Parlament erlebte vor allem in seiner Kontroll- und
Öffentlichkeitsfunktion, aber auch in seiner Gesetzgebungsfunktion eine Aufwertung, was nicht zuletzt am sprunghaften Anstieg der Nationalratssitzungs-
protokolle von 5.150 Seiten in der X. auf 14.984 Seiten in der XI. Gesetzgebungsperiode[1205] nachvollzogen werden kann. Zwar zeigt der jahrelange
Durchschnitt, dass auch in der Alleinregierung Klaus der Großteil der beschlossenen Gesetze auf Regierungsvorlagen zurückging.[1206] Laut Broda, der
regelmäßig »Bilanzen« über die Parlamentsarbeit der SPÖ publizierte,[1207] weshalb ihm einzelne Medien sogar Ambitionen auf den Klubvorsitz unterstellten,[1208] wurden die Vorlagen in den Ausschüssen zum Teil jedoch grundlegend
verändert. Ende 1969 konstatierte er etwa, dass »niemand ernstlich behaupten
[kann], dass im Bereich des Sozialausschusses, des Unterrichtsausschusses
Gesetzentwürfe unverändert nach dem Willen der federführenden Bürokratie
verabschiedet wurden oder lediglich als ›vorfabrizierte‹ Produkte einen for-
malen parlamentarischen Bestätigungsvermerk erhalten haben.«[1209] Hinsichtlich seines 1966 formulierten »Eskalationskonzepts« musste er hingegen bereits
1968 korrigieren, dass »der Prozess der gesellschaftlichen Willensbildung […]
komplizierter und widerspruchsvoller verlaufen [sei], als alle vorausgesehen
haben« und dass sich »im offenen Meer der Opposition eine ganze, in der Vielfalt
ihrer Erscheinungsformen für den Beschauer verwirrende Inselwelt überkom-
mener und neuentstandener innenpolitischer Zusammenarbeit« entwickelt
habe. Insgesamt wurden in der ÖVP-Alleinregierung 72 Prozent aller Gesetze
einstimmig beschlossen. Die Konsensbereitschaft der SPÖ-Opposition beschränkte sich jedoch auf einfachgesetzliche Bestimmungen, darunter ein nicht
unbeachtlicher Anteil von unproblematischen Verwaltungsgesetzen.[1210] Be-
wahrheitet hat sich das »Eskalationskonzept« Brodas vielmehr im Bereich der

---

1205 Müller, Wolfgang C., Das Regierungssystem 1966–1970, in: Schausberger, Franz (Hg.),
      Die Transformation der österreichischen Gesellschaft und die Alleinregierung von Bun-
      deskanzler Dr. Josef Klaus, Salzburg 1995, S. 124.
1206 In der XI. Gesetzgebungsperiode wurden 49 Prozent aller eingebrachten Regierungsvor-
      lagen unverändert vom Parlament übernommen und 51 Prozent verändert, wobei bei
      12,5 Prozent der Gesetze sogar von entscheidenden Veränderungen gesprochen werden
      kann. Vgl.: Müller, Das Regierungssystem 1966–1970, S. 127.
1207 Broda, Die Partei in der Opposition, S. 14–18, Broda, Christian, Innerpolitische Bilanz der
      Gesetzgebungsperiode, in: Die Zukunft 20 (1968) S. 3–7, Broda, Christian, Abschied von
      einer Gesetzgebungsperiode. An der Wende zwischen der XI. und XII. Gesetzgebungs-
      periode des Nationalrates, in: Die Zukunft 18 (1969) S. 1–4.
1208 Das Interesse Brodas an parlamentarischen Fragen, in: Tiroler Tagblatt, 22.10.1968.
1209 Broda, Christian, Abschied von einer Gesetzgebungsperiode. An der Wende zwischen der
      XI. und XII. Gesetzgebungsperiode des Nationalrates, in: Die Zukunft 18 (1969) S. 3.
1210 Müller, Das Regierungssystem 1966–1970, S. 125

Kontrolltätigkeit der SPÖ. In den Jahren zuvor hatten die oppositionellen Abgeordneten von KPÖ und FPÖ aufgrund der gegebenen Geschäftsordnungsbestimmungen im Wesentlichen keine Chance, die Koalition effektiv zu kontrollieren. Der SPÖ standen nun aufgrund ihrer Größe aber alle Minderheitsrechte zur Verfügung, und sie ließ keinen Zweifel daran, dass sie davon auch Gebrauch machen werde. Deutlich ablesbar ist dies an der intensiven Inanspruchnahme des Interpellations- bzw. Frage- und des Enqueterechts, weshalb wiederholt von einer »Zermürbetaktik« der SPÖ im Parlament gesprochen wurde. So stellte die SPÖ allein zwischen 1966 und 1970 1110 schriftliche Anfragen an die Regierungspartei, während in der vorhergehenden Gesetzgebungsperiode insgesamt nur 384 Mal vom schriftlichen Interpellationsrecht Gebrauch gemacht worden war.[1211] Die dringliche Anfrage, eine Sonderform der schriftlichen Anfrage, die Withalm als »die schärfste Waffe der Opposition« bezeichnete, nutzte sie insgesamt 32 Mal, im Vergleich dazu war sie von 1945 bis 1966 von allen Parteien zusammen nur 13 Mal gestellt worden.[1212] Anträge auf die Installierung eines Untersuchungsausschusses brachte die SPÖ fünf ein.[1213] Dies alles, vor allem aber die intensive Inanspruchnahme des Interpellationsrechts, führte zu einem zunehmend gespannteren Verhältnis von ÖVP und SPÖ, phasenweise aber auch zu einer Lahmlegung der Regierungsarbeit, da die Oppositionspartei durch ihre Anfragetätigkeit die Sekretariate der Minister und des Bundeskanzlers blockierte. Die Regierung reagierte nicht selten mit der Verweigerung einer Anfragebeantwortung, die Ausdruck dafür war, wie wenig das Parlament bisher und auch noch von der ÖVP-Regierung ernst genommen wurde.[1214] Die SPÖ als »Trägerin der Aktivierung des Parlaments« und – wie Christian Broda es formulierte – als eigentliche »Parlamentspartei« machte es hingegen zur Wahrerin und Verteidigerin der Parlamentsrechte.[1215]

Kreisky ermöglichte der Umstand, dass die SPÖ die ÖVP parlamentarisch auf Trab hielt und dass sich hierum vor allem Pittermann kümmerte eine Konzentration auf die zukünftige Politik der SPÖ. Dadurch, dass er Pittermann die

---

1211 Nevlacsil, Anton, Die Alleinregierung der ÖVP und die neue Rolle der Opposition, in: Sieder, Reinhard / Steinert, Heinz / Tálos, Emmerich (Hg.), Österreich 1945 – 1995. Gesellschaft – Politik – Kultur, Wien 1995, S. 151.

1212 Müller, Das Regierungssystem 1966 – 1970, S. 124.

1213 Hauser, Der Parlamentarismus während der ÖVP-Alleinregierung 1966 – 1970, S. 258 f.

1214 Nevlacsil, Anton, Die SPÖ in der XI. Gesetzgebungsperiode, Univ.-Diss., Wien 1986, S. 542.

1215 Broda, Christian, Die Sozialistische Partei in der Opposition. Vor dem Beginn der parlamentarischen Herbsttagung – Rückblick und Ausblick, in: Die Zukunft 17/18 (1967) S. 24. Vgl. zum Parlamentarismus in der XI. Gesetzgebungsperiode überblicksartig auch: Wirth, Demokratiereform, S. 60 – 69. Vgl. hierzu auch: Nowakowski, Friedrich, Zur Fragestunde des Nationalrates, in: Die Zukunft 12 (1967) S. 12 – 16, Nowakowski, Friedrich, Fragerecht und Interpellationsrecht, in: Die Zukunft 23/24 (1967) S. 34 – 36.

Vorherrschaft im Parlamentsklub ließ, konnte er nicht nur das angeschlagene Verhältnis zu diesem kitten, dem noch 1967 eine Aussöhnung mit Anton Benya folgte.[1216] Er konnte sich auch voll und ganz um die Reorganisation der Partei, um die inhaltliche Ausrichtung der SPÖ und eine verbesserte Öffentlichkeitsarbeit kümmern. Von zentraler Bedeutung sind hier insbesondere die in der Oppositionszeit entwickelten Reformprogramme der SPÖ für ein »modernes Österreich«, die von den legendären »1400 Experten« der SPÖ erarbeitet wurden und ähnlich wie die frühere »Aktion 20« der ÖVP auf der (vor allem auch im Zuge der Reformdebatte häufig geforderten) Zusammenarbeit von Politik und Wissenschaft basierten.

Wichtig war es für Kreisky, der die Zusammenarbeit von Wissenschaft und Politik in Niederösterreich – orientiert am sozialdemokratisch regierten Hessen[1217] – bereits im Rahmen einer Raumplanungskonferenz verwirklicht hatte, vor allem Wirtschaftskompetenz zu vermitteln und der SPÖ das Image zu nehmen, dass sie nur eine Partei für schlechte Zeiten sei. Unmittelbar nach seiner Wahl zum Parteivorsitzenden gab Kreisky daher den Startschuss zur Ausarbeitung eines Wirtschaftsprogramms, das unter maßgeblicher Beteiligung von Ernst Eugen Veselsky, Josef Staribacher, Hannes Androsch, aber auch von Christian Broda, der sich mit den juristischen Fragen des Programms zu beschäftigen hatte,[1218] Ende 1968 vom Parteitag beschlossen wurde. 1969 folgte unter dem Titel »Im Mittelpunkt der Mensch« das so genannte »Humanprogramm« der SPÖ, zu dem noch 1968 der Startschuss gegeben worden war. Das Programm beschäftigte sich mit Fragen der Gesundheitspolitik und Umwelthygiene und sollte zu einer besseren Lebensqualität beitragen. Erarbeitet wurde es unter der Leitung der 1909 in Wien geborenen studierten Sozial- und Wirtschaftsgeschichtlerin Hertha Firnberg. Firnberg, die beruflich in der Arbeiterkammer Niederösterreich tätig war, hatte sich (neben dem Aufbau einer sozialwissenschaftlich ausgerichteten Bibliothek) dort vor allem um eine Forcierung statistischer Methoden bemüht. 1959 war sie für die SPÖ erst in den Bundesrat und 1963 in den Nationalrat eingezogen, 1967 wurde sie dann auch zur Nachfolgerin von Rosa Jochmann als Vorsitzende des Bundesfrauenkomitees der SPÖ

1216 Fischer, Die Kreisky-Jahre 1967–1983, S. 47. Ein Opfer dieser Versöhnung wurde nicht zuletzt Franz Kreuzer, der durch seine »August-Gespräche« wesentlich zum Wahlsieg Kreiskys beigetragen hatte. Er wurde durch den aus der Gewerkschaft kommenden Paul Blau ersetzt.

1217 Nachdem Ministerpräsident Zinn Ministerialdirigent Otto Georg als Ansprechpartner für das »Hessische Model« genannt worden war, wurde Kreisky dieses von Georg, mit dem er damals bereits bekannt und später befreundet war, näher gebracht. Vgl.: Bruno Kreisky. Im Strom der Politik, S. 393.

1218 Veselsky, Ernst Eugen, Die 1400 Experten der SPÖ, in: Khol, Andreas / Stirnemann, Alfred (Hg.), Österreichisches Jahrbuch für Politik 1981, Wien 1982, S. 186.

gewählt.[1219] Das Justizprogramm der SPÖ, für das Christian Broda verantwortlich war und auf das hier noch genauer einzugehen sein wird, wurde der Öffentlichkeit am 12. November 1969 im Hotel de France in Wien vorgestellt.[1220] Ebenfalls 1969 wurden auch ein Schul- und ein Erwachsenenbildungsprogramm sowie ein Hochschulkonzept als Folge der kulturpolitischen Tagung vom Juni 1969 und der hier eingesetzten Arbeitskreise präsentiert. Erarbeitet wurde das Hochschulkonzept unter der Leitung von Heinz Fischer, der seit 1962 SPÖ-Klubsekretär war. Broda hatte zu Fischer ab 1957 ein enges Verhältnis entwickelt und diesen auch in seiner politischen Laufbahn gefördert, nachdem er bereits den Vater von Fischer kannte und Heinz Fischer auch mit seiner Tochter Johanna seit den gemeinsamen Tagen im Verband Sozialistischer Mittelschüler (VSM) gut befreundet war.[1221] Weitere Programme, die folgten, waren ein Wohnprogramm (ebenfalls 1969) und ein Sozialprogramm, das das Humanprogramm ergänzen sollte. Gearbeitet wurde zudem an einem Konzept über die Massenmedien, einem Strukturkonzept für die staatliche Verwaltung (publiziert 1970) und einem Sportprogramm der Arbeitsgemeinschaft für Sport und Körperkultur (ASKÖ).

Die Verbreitung der Reformprogramme in der Bevölkerung funktionierte gut, wobei in der Öffentlichkeitsarbeit der SPÖ vor allem das Wirtschafts-, Human- und Wohnbauprogramm, weniger jedoch das Justizprogramm beworben wurde.[1222] So wussten im März 1968, das heißt noch vor dessen Fertigstellung, nach einer Umfrage der Sozialwissenschaftlichen Studiengesellschaft bereits 65 Prozent der ÖsterreicherInnen vom Wirtschaftsprogramm der SPÖ. 39 Prozent trauten der SPÖ auch zu, die Wirtschaftsprobleme des Landes besser zu lösen, während nur 36 Prozent der ÖVP eine höhere Wirtschaftskompetenz attestierten, dieser aber zubilligten über mehr Fachleute zu verfügen.[1223] Insgesamt war das Konzept Kreiskys hinsichtlich des Wirtschaftsprogramms, das mit dem Koren-Plan der ÖVP zu konkurrieren hatte, jedoch aufgegangen.

Weitere Schwerpunkte in der Politik Kreiskys zu einer Verbreiterung der

---

1219 Vgl. zu Hertha Firnberg: Steininger, Barbara, Hertha Firnberg, in: Dachs, Herbert / Gerlich, Peter / Müller, Wolfgang C. (Hg.), Die Politiker. Karrieren und Wirken bedeutender Repräsentanten der Zweiten Republik, Wien 1995, S. 134–140 sowie Schachinger, Marlen, Hertha Firnberg. Eine Biographie, Wien 2009. Interessant ist in Schachingers Biographie vor allem das Kapitel über die Familie von Hertha Firnberg und ihre bisher nicht bzw. nur wenig bekannten jüdischen Wurzeln.

1220 Vgl.: Die SPÖ legt Justizprogramm vor, in: Arbeiter-Zeitung, 13.11.1969.

1221 Fischer, Reflexionen, S. 41 und S. 76 sowie Horvath, Elisabeth, Heinz Fischer. Die Biografie, Wien 2009, S. 62 ff.

1222 Vgl. hierzu: Scheuch, Manfred, Der Weg zum 1. März 1970, Wien 1970.

1223 Malota, Ursula, Die Konsolidierung der SPÖ 1966–1970. Für ein modernes Österreich, Dipl.-Arb., Wien 1999, S. 93 f.

WählerInnenbasis der SPÖ umfassten eine Verbesserung des Verhältnisses zur katholischen Kirche und eine deutliche Trennung vom Kommunismus, die mit der Eisenstädter Erklärung 1969, ein Jahr nach dem Einmarsch sowjetischer Truppen in der ČSSR 1968, vorgenommen wurde. Er entwickelte einen neuen, freieren Umgang mit den Medien und wendete der Öffentlichkeits- und PR-Arbeit – wie auch das Beispiel des Wirtschaftsprogramms zeigt – eine große Aufmerksamkeit zu. In vielen Punkten, der angestrebten Verbesserung der Beziehung zur katholischen Kirche, einem strikten Antikommunismus, einem Zugehen auf die FPÖ und dem neuen Umgang mit dem Medien, knüpfte er bei Franz Olah bzw. seiner Politik an. Die SPÖ wurde unter dem »Reformer« Kreisky zu einer Catch-all-Party. Sie setzte damit zwar eine Entwicklung fort, die bereits mit dem Parteiprogramm von 1958 eingeleitet worden war, intensivierte diese aber noch, was nicht zuletzt vor dem Hintergrund des bereits beschriebenen gesellschaftlichen Wandels, dem Entstehen einer neuen parteifreien Mittelschicht und dem damit verbundenen Wertewandel zu sehen ist.[1224]

Die ÖVP, die 1966 noch als reformfreudigere Partei schien, wurde so innerhalb weniger Jahre von der SPÖ als modernere Partei überholt. Die Arbeiten der »Aktion 20«, mit der die ÖVP bei den Wahlen 1966 hatte punkten können, blieben weitgehend unberücksichtigt. Klaus berief zwar einige Experten ohne parlamentarische Vordienstzeit in seine Regierung, sein Anspruch auf mehr Sachlichkeit in der Politik scheiterte jedoch vielfach an den bündischen Strukturen der ÖVP und dem Gewicht der Landesorganisationen. Der Versuch von Klaus, die Gesamtpartei zu stärken, blieb ohne wesentliche Erfolge. Vielmehr rief Klaus wegen seiner überaus korrekten, kompromisslosen und zum Teil auch rechthaberischen Art selbst Kritik hervor. Withalm, der als möglicher Nachfolger von Klaus ins Spiel gebracht wurde, lehnte aus Loyalität zu Klaus zwar eine Übernahme der Parteispitze ab. Die »Hofübergabe« war seit 1967 aber ein Thema in den Medien. Zugleich wurde die ÖVP im Parlament – wie ausgeführt wurde – durch die SPÖ immer mehr herausgefordert und 1967 mit einer einsetzenden Rezession konfrontiert, auf die der neue Finanzminister Koren zwar rasch reagierte, die Früchte hiervon kamen aber der SPÖ zugute. Steuererhöhungen, die an Stelle von Steuersenkungen traten, brachten der Partei den Vorwurf der Konzeptlosigkeit ein und kosteten WählerInnenstimmen, was bei den Kommunal- und Landtagswahlen in der zweiten Hälfte dieser Gesetzgebungsperiode immer deutlicher wurde.

1224 Rathkolb, Transformation der SPÖ, 1966–1970, S. 199–211.

6.4. Die Rechtspolitik in der ÖVP-Alleinregierung und das neue Justizprogramm der SPÖ

Als Bundeskanzler Klaus am 20. April 1966 im Nationalrat seine Regierungs-erklärung abgab, sprach er sich unter anderem für die rasche Verabschiedung von Wirtschaftswachstumsgesetzen, Maßnahmen zur Bildung der Lohn- und Einkommenssteuerprogression, eine Reform der Wohnungswirtschaft, die Re-organisation der Verstaatlichten Industrie und die Sanierung der Bundesbahnen aus. Er attestierte den Verhandlungen mit der EWG über ein Interimsabkommen und der Lösung der Südtirolfrage eine besondere Bedeutung.[1225]

Noch bevor er auf die angeführten Themen einging, legte Klaus, der sich als Bundeskanzler als »Verfassungsminister« verstand,[1226] jedoch ein ausdrückli-ches Bekenntnis zur Verfassung und ihren tragenden Grundsätzen ab. Er be-kannte sich zur parlamentarischen Demokratie, zum Bundesstaat mit seiner föderalen Ausgestaltung und zum Rechtsstaat und nannte den Schutz, die Stärkung und den Ausbau des Rechtsstaates als ein wichtiges Anliegen. Was Klaus hierunter verstand, war einerseits eine Grundrechtsreform, die er als sein unbestrittenes »Lieblingsthema« wiederholt als wichtigste rechtspolitische Aufgabe bezeichnet hatte. Andererseits war damit auch eine unbedingte Ach-tung der Gerichtsbarkeit, vor allem der Obersten Gerichte, die Kontrolle aller Staatsakte durch unabhängige Gerichte und die Gewährleistung einer unpar-teiischen und von politischen Einflüssen freien Rechtsprechung gemeint. So hieß es auch in einem gemeinsam mit Hans Klecatsky ausgearbeiteten Exposé zur Regierungsarbeit, dass die Wirkungsbereiche der einzelnen Staatsorgane Gesetzgebung, Verwaltung und Gerichtsbarkeit streng zu beachten seien und dass weder im Wege der Gesetzgebung noch im Wege der Verwaltung in die unabhängige Rechtspflege eingegriffen werden soll.[1227] Deutlich wurde damit – so Alfred Ableitinger und Wolfgang Stangl – ein in mehrfacher Hinsicht kon-servatives (altliberales) Verständnis im Verhältnis der Gewalten verbunden mit einer entschiedenen Aufwertung der Gerichte, insbesondere der Höchstge-richte.[1228] Für Klaus war die »Verbindung von Demokratie und Rechtsstaat, von Vorherrschaft der Mehrheit und Autorität des Rechts« die »eigentliche Aufgabe der Gegenwart«.[1229] Neben der »Versachlichung der Politik«, der Verrechtlichung

1225 Regierungserklärung vom 20. April 1966, StPNR, XI. GP, 3. Sitzung. Abgedruckt in: Gottschlich/Panagl/Welan, Was die Kanzler sagten, S. 171 ff.
1226 Wirth, Demokratiereform, S. 48.
1227 Klaus, Die »Ära Klecatsky«, S. 418.
1228 Ableitinger, Alfred, Die Ära Klaus – Politikfelder, in: Schausberger, Franz (Hg.), Die Transformation der österreichischen Gesellschaft und die Alleinregierung von Bundes-kanzler Dr. Josef Klaus, Salzburg 1995, S. 174 f. sowie Stangl, Die neue Gerechtigkeit, S. 77.
1229 Klaus, Macht und Ohnmacht, S. 173.

wichtiger Entscheidungsprozesse, die laut Klecatsky vor allem im Bereich der
Privatwirtschaftsverwaltung des Bundes gefordert war, und der Rückkehr zu
den verfassungsrechtlichen Entscheidungsstrukturen, sah er in der unbedingten
Achtung des Rechtsstaates einen wichtigen Beitrag zu einer Demokratiere-
form.[1230] Angesprochen wurde mit der Forderung nach einer bedingungslosen
Achtung der Gerichtsbarkeit – wenn zwar nicht explizit genannt – aber auch die
»Affäre Habsburg« und in diesem Zusammenhang Brodas Polemik gegen den
»Richterstaat«, die zur damaligen Zeit noch äußerst präsent und besonders bei
Klecatsky, der ja an der Ausarbeitung des Verwaltungsgerichtshof-Erkenntnis-
ses beteiligt war, auf heftige Kritik gestoßen war. Sozusagen als drittes wichtiges
Vorhaben in der Rechtspolitik nannte die Regierungserklärung die Rechtsbereinigung. Sie wurde nicht nur im Zusammenhang mit der Grundrechtsreform
in Hinblick auf eine mögliche Neufassung des Textes der Bundesverfassung
angesprochen, sondern auch darüber hinaus als wichtiges Ziel genannt. Über-
flüssige und veraltete Rechtsvorschriften sollten beseitigt und eine Neukodifi-
kation des bereinigten Rechtsstoffes erreicht werden. Im Bereich der Strafrechtspflege thematisierte Klaus in seiner Regierungserklärung eine Neukodi-
fikation des Strafvollzugsrechts sowie eine Teilreform auf dem Gebiet des
Strafprozessrechts, während hinsichtlich der Strafrechtsreform vermerkt wurde,
dass ihr »weiterhin besonderes Augenmerk« zugewendet werden soll. Da es sich
auf diesem Gebiet vielfach um weltanschauliche Gewissensfragen handle, sollte
hier auch der parlamentarischen Arbeit eine besondere Bedeutung zukommen.
Die Familienrechtsreform wurde in der Regierungserklärung nicht angesprochen. Was thematisiert wurde, waren unter anderem eine gerechtere Familien-
besteuerung, der Ausbau des Familienlastenausgleichs und finanziell tragbarer
und ausreichender Wohnraum für Jungfamilien.[1231] Insgesamt bestand – wie
Justizminister Klecatsky rückblickend festhielt – in der ÖVP abgesehen von
Klaus' Vorstellungen zur Grundrechts- und Verfassungsreform nur wenig Interesse an der Rechtspolitik, womit sie sich – wie ausgeführt wurde – nicht
wesentlich von der SPÖ unterschied.[1232] Trotzdem mussten von der ÖVP aber
auch in anderen Bereichen Schritte unternommen werden, und das nicht zuletzt
deshalb, weil die SPÖ, Broda vor allem in der Strafrechtsfrage und Hertha
Firnberg als Vorsitzende der SPÖ-Frauen im Bereich der Familienrechtsreform,[1233] Druck machten.

    Was Klaus »Lieblingsthema«, die Grundrechtsreform, betrifft, wurde – nach

---

1230 Vgl. hierzu auch: Ableitinger, Die Ära Klaus – Politikfelder, S. 168.
1231 Vgl. Regierungserklärung vom 20. April 1966, StPNR, XI. GP, 3. Sitzung. Abgedruckt in:
      Gottschlich/Panagl/Welan, Was die Kanzler sagten, S. 171 ff.
1232 Interview mit Dr. Hans R. Klecatsky, S. 195.
1233 Vgl. hierzu: Weinzierl, Der Anteil der Frauen an der Reform des österreichischen Fami-
      lienrechts, S. 227 ff.

entsprechenden Vorarbeiten, die bis ins Jahr 1962 zurückreichen – bereits 1964, das heißt zu Beginn seiner Kanzlerschaft, im Bundeskanzleramt eine entsprechende Kommission eingerichtet, von der es nun in der Regierungserklärung hieß, dass sie bereits wichtige Teilergebnisse erarbeitet habe.[1234] In der ÖVP-Alleinregierung wurden die Beratungen bereits im April 1966 fortgesetzt, wenn Klecatsky auch festhält, dass die gewählten Politiker mit Ausnahme von Klaus an einer solchen Reform nicht sonderlich interessiert waren bzw. hieran vielmehr akademische Lehrer wie René Marcic ein Interesse zeigten.[1235] Zur Reform kam es – wie auch der Leistungsbericht der Regierung festhält – jedoch nicht.[1236] Verabschiedet wurde in der ÖVP-Alleinregierung Klaus jedoch im Mai 1966 eine Pressegesetznovelle, die die Schadenersatzpflicht für ungerechtfertigte Beschlagnahme regelte. Desgleichen wurde, da die Bundesregierung bei der Verabschiedung der Novelle aufgefordert worden war, den Entwurf zu einem neuen Pressegesetz vorzulegen, dem Nationalrat im Oktober 1966 ein Bericht zu einer Reform des österreichischen Presserechts zugeleitet.[1237] Im September 1968 fand dann ein vom Europarat veranstaltetes Symposion über Fragen der Pressefreiheit und die Neugestaltung des Presserechts in Salzburg statt.[1238] Ein neues Pressegesetz, das auch in Zusammenhang mit Klaus' Bestrebungen nach einer Grundrechtsreform und dem Schutz des Einzelnen vor dem staatlichen und »außerstaatlichen Kollektiv« sowie den Mitteln der modernen Technik zu sehen ist,[1239] folgte jedoch nicht.

Der skizzierten Betonung des Rechtsstaats und der obersten Gerichte in der Regierungserklärung folgten in der Alleinregierung Klaus Überlegungen zu einer Erweiterung der Zuständigkeit des Verfassungs- und des Verwaltungsgerichtshofes sowie zum Problem der Widersprüche in der Rechtssprechung. Ein Bundesgesetz über den Obersten Gerichtshof wurde verabschiedet, das eine Neuregelung der inneren Einrichtung und der Organisation des Obersten Gerichtshofes brachte und diesen endlich auf eine solide gesetzliche Grundlage stellte. Im Bereich der angestrebten Rechtsbereinigung, die vor allem zu einer Verwaltungsvereinfachung führen sollte, wurden zwei Entwürfe zu einem Rechtsbereinigungsgesetz ausgearbeitet, daneben wurde dem Problem der Rechtsvereinfachung in verschiedenen anderen Gesetzesentwürfen Aufmerksamkeit geschenkt.[1240] 1969 wurde ein Bericht zu einer Gesamtreform der

---

1234 Ableitinger, Die Ära Klaus – Politikfelder, S. 155.
1235 Interview mit Dr. Hans R. Klecatsky, S. 195.
1236 Bundeskanzleramt (Hg.), Erfolg für Österreich. Durchführung der Regierungserklärung 1966, Wien 1970, S. 12 f.
1237 Hartmann, Presserecht 1945–1982, S. 626.
1238 Bundeskanzleramt, Erfolg für Österreich, S. 13.
1239 Ableitinger, Die Ära Klaus – Politikfelder, S. 156.
1240 Bundeskanzleramt, Erfolg für Österreich, S. 11 ff.

österreichischen Justiz vorgelegt, der in zwei Teilen eine Neugestaltung der
Organisation der Gerichtsbarkeit und ihre Stellung im Verfassungsgefüge be-
handelte. Ausgearbeitet wurde der Vorschlag von einer Arbeitsgruppe im Justizministerium unter der Leitung von Bundesminister Klecatsky. Zu sehen ist er
sowohl in Zusammenhang mit den Rechtsstaat-Vorstellungen von Klecatsky und
Klaus als auch mit einem aus dem Jahr 1967 stammenden (vom Justizministerium erstellten) Bericht zur Notlage der österreichischen Justiz.[1241] Interessant
erscheint dieser einerseits vor dem Hintergrund, dass Broda immer wieder attestiert wurde, sich vor allem für legistische Reformen und weniger für organisatorische und infrastrukturelle Fragen der Justiz zu interessieren.[1242] Andererseits fällt im Zusammenhang mit Broda insbesondere der zweite Teil des
Programms auf. Vorgesehen war hier eine strengere Trennung von Justiz und
Verwaltung. Niederschlagen sollte sich diese in der Neugestaltung des Gnadenrechts bzw. in der Schaffung einer jeweils für ein Bundesland zuständigen
Gnadeninstanz und der weitgehenden Bindung des Justizministers an die Entscheidung der Gerichte in Hinblick auf die Unterbreitung von Gnadenanträgen
an den Bundespräsidenten sowie in der Abschaffung der Weisungsgebundenheit
der Staatsanwälte. Desgleichen sollten die Vorschläge der richterlichen Senate
für die Besetzung von Richterdienstposten bindende Wirkung haben, das heißt
die Bundesregierung sollte sich bei der Antragstellung an den Bundespräsidenten grundsätzlich an die Besetzungsvorschläge der unabhängigen richterlichen Personalsenate halten. In Hinblick auf das Justizministerium wurde vorgeschlagen, dass dieses eine »parteipolitisch neutrale Spitze«, das heißt einen
»unpolitischen Fachminister«, haben solle. Das Justizministerium sollte zu
einem weitgehend unpolitischen Fachministerium werden, das – wie gesagt –
kein Weisungsrecht mehr haben sollte, dafür aber die Justizverwaltung aller
Gerichte, das heißt auch jene des Verfassungs- und Verwaltungsgerichtshofs,
umfassen sollte, die dem Bundeskanzleramt zugeordnet waren. Auch sie sollten
in den »politisch entlegeneren Bereich des Justizministeriums« überführt werden.«[1243] Unterbreitet wurde somit ein Vorschlag, der klar den Vorstellungen
Brodas widersprach. Er sah die Leitung des Justizministeriums eindeutig als
politisches Amt mit Gestaltungs- und Handlungsmöglichkeiten an, wenn er in
der öffentlichen Rhetorik im Sinne einer Kompromissfindung diesen Zugang
zur Rechtspolitik auch mitunter weniger stark betonte. Und auch in der Frage

---

1241 Bericht über die Notlage der österreichischen Justiz, in: AChB, ÖNB, Handschriften-
       sammlung, IV.65.4.
1242 Vgl. hierzu etwa: Fiedler, Franz, Bilanz der österreichischen Rechtspolitik, in: Khol, An-
       dreas / Stirnemann, Alfred (Hg.), Österreichisches Jahrbuch für Politik 1983, Wien/
       München 1984, S. 145 f.
1243 Bundesministerium für Justiz (Hg.), Gesamtreform der Justiz. Plan einer Neugestaltung
       der Organisation der Gerichtsbarkeit und ihrer Stellung im Verfassungsgefüge, Wien 1969.

der Weisungsgebundenheit der Staatsanwälte und der Inanspruchnahme dieses Rechts durch den Justizminister wollte er unbedingt festhalten. Broda, der in diesem Zusammenhang immer wieder stark kritisiert wurde, legitimierte dies mit seiner Verantwortlichkeit gegenüber dem Parlament. So folgte auf den Vorschlag Klecatskys nicht nur eine Ablehnung seiner organisatorischen Reformpläne und der Überlegung zu einer Verlegung von einzelnen Höchstgerichten oder Teilen davon in die Bundesländer, sondern vor allem auch eine Zurückweisung seines Vorstoßes in Richtung einer Abschaffung des ministeriellen Weisungsrechts. Begründet wurde dies von Broda damit, dass die SPÖ keinen Vorschlägen zustimmen werde, die auf eine »Einschränkung der Verantwortlichkeit des Justizministers gegenüber dem Parlament« bzw. ein »Abschieben der Verantwortung auf die ihm unterstellten Beamten« abzielen würden, die der Volksvertretung nicht unmittelbar verantwortlich seien.[1244] Weitere Maßnahmen, die im Bereich der Justizreform gesetzt wurden, betrafen gewisse Verbesserungen in der Infrastruktur. Wie nicht zuletzt der bereits zitierte Notstandsbericht aus dem Jahr 1967 beweist, befand sich die österreichische Justiz – nicht nur was die personelle Ebene betrifft – in einem Zustand, der Verbesserungen erforderte. Auch die Ausstattung musste verbessert und auf die Möglichkeit des Einsatzes der elektronischen Datenverarbeitung in der Justizverwaltung reagiert werden.[1245]

Im Bereich der Strafrechtspflege kam es in der ÖVP-Alleinregierung zur Verabschiedung eines Strafvollzugsgesetzes, nachdem der Strafvollzug bis dato über Erlässe und gerichtliche Hausordnungen geregelt worden war. Wie Klecatsky rückblickend festhielt, hielten besonders er und Klaus die Frage des Strafvollzugsrechts, das in der Regierungserklärung auch als erster Punkt im Bereich der Strafrechtspflege genannt wurde, als vordringlich. Von Seiten des Verfassungsgerichtshofs war es immer wieder zu Beanstandungen in diesem Bereich gekommen.[1246] Die Beratungen des neuen Gesetzes nahmen den Justizausschuss lange in Anspruch. Als das neue Strafvollzugsgesetz am 26. März 1969 schließlich einstimmig vom Nationalrat beschlossen wurde, nahm Österreich mit ihm eine Vorreiterrolle in Europa ein, wo in vielen Ländern noch kein solches Gesetz bestand.[1247] Besonders erwähnenswert ist, dass mit dem neuen

---

1244 Broda, Christian, Ein weltfremder Reformplan, in: Arbeiter-Zeitung, 15.2.1970, Broda: Justizreform Ja, aber weltfremde Gerichtskonstruktionen Nein, in: Sozialistische Korrespondenz vom 14.2.1970.
1245 Bundeskanzleramt, Erfolg für Österreich, S. 38 ff.
1246 Interview mit Dr. Hans R. Klecatsky, S. 192.
1247 Vgl. zur Entwicklung in der Zweiten Republik: Broda, Christian, Der Strafvollzug und die Rechtspolitik in der 2. Republik, in: Weinzierl, Erika / Rathkolb, Oliver / Ardelt, Rudolf G. / Mattl, Siegfried (Hg.), Justiz und Zeitgeschichte. Symposionsbeiträge 1976–1993, Bd. 1, Wien 1995, S. 787–799.

Strafvollzugsgesetz die Haftkostenrückerstattung – wie dies bereits Broda gefordert hatte – für arbeitende Häftlinge gestrichen wurde.[1248] Des Weiteren wurde die Arbeitsvergütung festgehalten. Reste der Leibstrafe (hartes Lager, Wasser und Brot) und die Einzelhaft wurden gestrichen und für eine schrittweise Vorbereitung des Häftlings auf ein Leben in der Freiheit Vorsorge getroffen,[1249] womit wichtige Verbesserungen im Strafvollzug erreicht werden konnten.[1250] Weitere Gesetze, die im Strafrechtsbereich in der ÖVP-Alleinregierung verabschiedet wurden, waren ein Strafregistergesetz, ein mit dem Strafvollzugsgesetz korrespondierendes Bewährungshilfegesetz und ein strafrechtliches Entschädigungsgesetz. Mit dem neuen Bewährungshilfegesetz wurde die Einrichtung einer durch Bundesbedienstete zu versehenden hauptamtlichen Bewährungshilfe, die 1961 für Jugendliche eingeführt worden war, vorgesehen. Das strafrechtliche Entschädigungsgesetz wurde zur Regelung der Entschädigung für die gesetzwidrige Anhaltung oder unbegründete Strafverfolgung durch den Bund verabschiedet.[1251]

Gleichfalls wurde ein Entwurf zu einem neuen Strafgesetz ausgearbeitet und 1968 in den Nationalrat eingebracht, womit hier zum ersten Mal seit 1927 eine Regierungsvorlage zu einem neuen Strafgesetz vorgelegt wurde. Im Gegensatz zu den oben genannten Gesetzen wurde er jedoch nicht verabschiedet, sondern rief in der Folge vielmehr heftige Kritik hervor. Interessant ist hinsichtlich des Vorgehens in der Strafrechtsreform, dass die ÖVP – wie in der Stellungnahme der konservativen Sozialwissenschaftlichen Arbeitsgemeinschaft zur Regierungsvorlage festgehalten wurde – nach der Amtsübernahme scheinbar nicht wusste, wie sie mit dem kritisierten Strafrechtsentwurf 1966 umgehen sollte und dass auf Drängen Brodas und der die Österreichische Bischofskonferenz beratenden Fachleute schließlich der Entwurf 1968 erarbeitet worden sein soll.[1252]

Christian Broda hatte, als er im Herbst 1966 in der »Zukunft« sein Oppositionskonzept für die SPÖ ausgearbeitet hatte, die Formulierung von Alternativvorschlägen als eine wichtige Aufgabe der SPÖ in der Opposition genannt. Ausdrücklich ausgenommen hatte er damals jedoch die in der Großen Koalition ausgearbeiteten und dem neuen Justizminister vorliegenden Entwürfe für ein

---

1248 Im Gesetz wurde jeder arbeitsfähige Strafgefangene verpflichtet, Arbeit zu leisten. Anders als vorher mussten Strafgefangene nach der Entlassung, von den Fällen mutwilliger Arbeitsverweigerung abgesehen, nicht für die Kosten des Strafvollzugs aufkommen. Vgl. hierzu auch: Rieder, Sepp, Strafrecht und Gesellschaft (Politische Bildung 57/58), Wien 1988, S. 33.

1249 Vollzugsgesetz beschlossen, in: Arbeiter-Zeitung, 27.3.1969.

1250 Vgl. zusammenfassend zum Strafvollzugsgesetz etwa: Serini, Entwicklung des Strafrechtes, S. 127 f.

1251 Bundeskanzleramt, Erfolg für Österreich, S. 35 f., Ableitinger, Die Ära Klaus – Politikfelder, S. 154 f.

1252 Sozialwissenschaftliche Arbeitsgemeinschaft, Gesellschaft und Strafrecht, Wien 1968, S. 9.

Straf-, Strafvollzugs- und Strafprozessänderungsgesetz sowie die Gesetze zur
Familienrechtsreform, die schon an das Parlament weitergeleitet worden sind,
da hier ein »Konzept der Opposition« (sic!) ja schon vorliege.[1253] In den kommenden Jahren sollte sich dieser Zugang jedoch ändern. In dem Maß, in dem
sich die ÖVP vom Strafrechtsentwurf 1966 entfernte und diesen vor allem unter
dem Druck der Bischofskonferenz verschärfte, kehrten Broda und die SPÖ zum
früheren Entwurf 1964 und den Beschlüssen der Strafrechtskommission zurück
– war es doch 1967 in Eisenstadt zu einer Aussprache zwischen Klecatsky und
Bischof László gekommen, die entscheidenden Einfluss auf die inhaltliche Gestaltung des Strafgesetzentwurfs 1968 hatte.[1254]

Der neue Strafrechtsentwurf 1968 baute auf dem konservativen Entwurf aus
dem Jahr 1966 auf, sah aber eindeutige Verschärfungen vor. Der Vergeltungs-
gedanke wurde ebenso wie die individuelle sittliche Schuld des einzelnen Täters
wieder stärker betont. Das Maßnahmenrecht wurde zwar grundsätzlich beibehalten, durch die Beseitigung des Vikariierens, das heißt der Anrechung der
Anhaltung auf die Freiheitsstrafe, in seiner Behandlungsorientierung aber
enorm geschwächt. Alle Taten, die mit einer mehr als dreijährigen Freiheitsstrafe
bedroht waren, wurden als Verbrechen definiert, aber auch unter diese Grenze
fallende Straftaten, wie die Abtreibung, die Blutschande und die Gotteslästerung, wurden zu Verbrechen erklärt. Die bedingte Strafnachsicht wurde bei
Notzucht, auch im Fall des Versuches, und beim Beischlaf mit einer Person unter
15 Jahren ausgeschlossen. Die Bestimmungen gegen den Ehebruch wurden nicht
nur im Vergleich zum Kommissionsentwurf, sondern auch zum alten STG verschärft, und auch das Delikt der Ehestörung wurde beibehalten. Die Schwangerschaftsunterbrechung und die Homosexualität sollten im Umfang des geltenden Rechts strafbar bleiben, allerdings unter geringerer Strafdrohung stehen.
Im Bereich der Schwangerschaftsunterbrechung sollte (wie es bereits der Entwurf 1966 vorgesehen hatte) nur eine eng gefasste rein medizinische Indikation
möglich sein. Dafür war ein Ehrenschutz für gesetzlich anerkannte Kirchen und
Religionsgesellschaften ebenso wie die Bestimmung, wonach die einfache Kör-
perverletzung an einem Seelsorger als schwere Körperstrafe bestraft werden soll,
vorgesehen.[1255]

Noch bevor der neue Strafrechtsentwurf in den Nationalrat eingebracht
wurde, als aber bereits deutlich wurde, in welche Richtung dieser gehen würde,
hielt Broda im Sommer 1967 fest, dass es keine österreichische Strafrechtsreform geben könne, die sich über die Ergebnisse der Strafrechtskommission

---

1253 Broda, Opposition – aber wie?, S. 23.
1254 Serini, Entwicklung des Strafrechtes, S. 131.
1255 Stangl, Die neue Gerechtigkeit, S. 78 f., Nowakowski, Probleme der österreichischen
     Strafrechtsreform, S. 10, Mesner, Frauensache?, S. 165 f.

hinwegsetze. Bei aller Gesprächsbereitschaft mit der katholischen Kirche – auch Broda hatte das Gespräch mit der Bischofskonferenz und der evangelischen Kirche gesucht – betonte er, dass eine moderne Strafrechtsreform einen modernen Rechtsgüterschutz und die Absage an das Vergeltungsprinzip umfassen müsse. Die Strafrechtsreform müsse ein soziales Strafrecht bringen, das die Überreste von Klassenjustiz abbaue. Bei den beiden »heißen Eisen«, der Schwangerschaftsunterbrechung und der Homosexualität unter Erwachsenen, dürfe es keine weitere Verwässerung des Strafgesetzentwurfs 1966 geben. Desgleichen bekannte sich Broda zu einer offenen Strafrechtsdiskussion und deren rascher parlamentarischer Behandlung, wobei er mit Anerkennung festhielt, dass auch Justizminister Klecatsky seinen Standpunkt teilte, dass es keine Strafrechtsreform der 51 zu 49 Prozent geben könne.[1256] Demonstrativ optimistisch in der Frage der Strafrechtsreform gab sich Broda auch noch wenige Wochen später in der »Zukunft«. Er kündigte an, dass nach einer Vereinbarung der beiden großen Parteien die sozialistischen Initiativanträge für die Abschaffung der Todesstrafe im Standrecht verabschiedet werden und hiernach die Zeit für die Strafrechtsreform gekommen sei.[1257]

Angesprochen wurde hiermit einerseits die endgültige Abschaffung der Todesstrafe am 7. Februar 1968. Der Tag, an dem einstimmig beschlossen wurde, die Todesstrafe vollständig abzuschaffen, wurde von Broda, der einen der beiden Initiativanträge stellte,[1258] wiederholt als sein schönster Tag im Parlament bezeichnet.[1259]

> »Und daß wir die Kraft gehabt haben, nicht nur selbstverständlich die Todesstrafe im Jahre 1950 für das ordentliche Verfahren zu beseitigen. Sondern dann auch noch 1968. In einem Parlament, in dem die ÖVP die Mehrheit gehabt hat, in dem die sozialistischen Antragsteller Abgeordnete in Opposition waren, diese historische Entscheidung zu treffen, war für mich die befriedigendste Tat meines langen politischen Wirkens.«[1260]

1256 Broda, Der Weg zur Strafrechtsreform, S. 8 – 12.
1257 Vgl.: Broda, Die Sozialistische Partei in der Opposition, S. 19.
1258 Broda hatte bereits in dem nicht Gesetz gewordenen Ministerialentwurf zu einem Strafprozeßänderungsgesetz 1965 den Entfall des standrechtlichen Verfahrens vorgeschlagen. Nach dem Wahlsieg der ÖVP bei den Nationalratswahlen 1966 brachte er gemeinsam mit Viktor Kleiner, der von 1966 bis 1970 Justizsprecher der SPÖ war, einen Initiativantrag zu einer Beseitigung der Todesstrafe im Standrecht ein, während Otto Probst und Leopold Gratz den Antrag zu einer Änderung des Art. 85 B-VG im Sinne einer totalen Abschaffung der Todesstrafe stellten. Im Verfassungs- und Justizausschuss wurde über beide Anträge ein Konsens gefunden. Die gemeinsam ausgearbeiteten Anträge aller drei Parlamentsparteien wurden dann am 7. Februar 1968 einstimmig angenommen.
1259 Vgl. etwa: Die Reform ist irreversibel. Christian Broda scheidet zuversichtlich: Rechtserneuerung geht weiter, in: Arbeiter-Zeitung, 25. 5. 1983 oder Wassermann, Einführung, S. 5.
1260 Christian Broda, in: Zeitzeugen, S. 66.

Anderseits ist aus der oben zitierten Stellungnahme Brodas in der »Zukunft« deutlich das Votum für eine rasche Strafrechtsreform herauszulesen. Auf einer von der Vereinigung Sozialistischer Juristen Österreichs organisierten Enquete zu Fragen der Strafrechtsreform am 11. Oktober 1967, in der er ebenfalls für eine baldige parlamentarische Behandlung votierte, konnte er sich nötigenfalls sogar eine Abstimmung im Parlament unter Aufhebung des Klubzwanges vorstellen.[1261] Als schließlich am 7. Februar 1968, am selben Tag, als in Österreich die Todesstrafe im standrechtlichen Verfahren abgeschafft wurde, im Nationalrat die Regierungsvorlage zum Strafgesetzentwurf 1968 eingebracht wurde, waren für die Strafrechtsreform neue Bedingungen geschaffen. Die Regierungsvorlage wurde vom sozialistischen Parlamentsklub bereits am 12. März 1968 abgelehnt.[1262] Von Broda, der auf dem Parteitag der SPÖ Anfang Oktober 1968 ausführlich auf den Strafrechtsentwurf einging, wurde dessen »unwahrhaftige, moralisierende Tendenz« kritisiert und beteuert, dass der Strafrichter kein Sittenrichter sein soll. Er attackierte die geplante Erhöhung des Jugendschutzalters und die neuen Bestimmungen hinsichtlich der Schwangerschaftsunterbrechung und Homosexualität unter Erwachsenen und führte aus, dass die »Strafgesetzreform und ihr weiteres Schicksal [...] ein Testfall für die Wahrhaftigkeit und Ehrlichkeit unseres demokratischen Klimas, für die Atmosphäre unserer Gesellschaft« seien. Hinsichtlich der am 18. Oktober 1968 stattfindenden Generaldebatte über die österreichische Strafgesetzreform bekannte er sich dazu, dass »die sozialistischen Abgeordneten [...] ohne Präjudiz und ohne Prestigeerwägungen in diese Beratungen eintreten«, sie aber »keine heuchlerischen Lösungen, die sich fälschlich als Reformen deklarieren«, akzeptieren werden. Nötig sei ein Strafgesetzbuch des Jahres 1968 und nicht eines des Jahres 1768.[1263]

Als am 18. Oktober 1968 im Justizausschuss des Nationalrats die Generaldebatte über den Strafgesetzentwurf eröffnet wurde, äußerte sich Broda ähnlich. Er konstatierte, dass die Veränderungen, die am Entwurf 1966 vorgenommen worden waren, das Gesicht und den Geist des Strafgesetzentwurfes so sehr entfremdet hätten, dass ihnen die sozialistischen Abgeordneten nicht zustimmen können. Negativ hielt er überspannte Strafbestimmungen für den Autoritätsschutz und den Obrigkeitsstaat, insbesondere den privilegierten Schutz für bestimmte Personengruppen, die verschärften Strafbestimmungen gegen die

---

1261 Vgl. zur zitierten Enquete: Der modernen Gesellschaft ein modernes Strafrecht! Mit Beiträgen von Christian Broda, Hans Hoff, Rudolf Machacek, Friedrich Nowakowski, Franz Pallin, Theodor Sagl und Otto Tschadek, Wien/Frankfurt/Zürich 1968 und zur Aufhebung des Klubzwangs besonders S. 13.

1262 Broda, Christian, Der Stand der parlamentarischen Beratungen über den Strafgesetzentwurf, in: Die Zukunft 1/2 (1969) S. 19.

1263 Protokoll des 19. Parteitages der SPÖ, 2. bis 4. Oktober 1968, Wien, Sofiensaal, S. 151.

Schwangerschaftsunterbrechung, das Eingreifen des Staates in die Privatsphäre des Menschen, die wirklichkeitsfremde Heraufsetzung der Altersgrenze für Jugendschutzbestimmungen von 16 auf 18 Jahre (Verbreitungsverbot für Zeitschriften, Kinoverbote usw.) und die Verschärfung der Strafbestimmungen für Handlungen gegen die Religion fest. Als Grundsätze, an denen sich eine moderne Strafrechtreform zu orientieren habe, nannte Broda eine Rationalisierung der Strafgesetze, die Verhängung von Freiheitsstrafen nur dort, wo es keine milderen strafrechtlichen Mittel gäbe, die Vermeidung kurzer Freiheitsstrafen, die Umwandlung kurzer Freiheitsstrafen in Geldstrafen, ein Absehen von der Strafe, wo kein echtes Strafbedürfnis bestehe und die Vermeidung von Rechtsfolgen, die eine Resozialisierung verhindern würden.[1264] Orientieren sollte sich die Strafrechtsreform – wie Broda bereits in früheren Jahren festgehalten hatte – am 1919 verstorbenen Strafrechtsprofessor und Abgeordnetem zum Deutschen Reichstag Franz von Liszt bzw. dessen Postulat, dass es »keine größere Versündigung gegen den Zweckgedanken der Strafe als ihre zu häufige Verwendung« gebe.[1265]

Broda lehnte den neuen Strafrechtsentwurf somit ab. Kritik am Entwurf wurde in der Generaldebatte jedoch nicht nur von ihm, sondern auch seitens der FPÖ laut. So stellte Gustav Zeilinger fest, dass die FPÖ den neuen Strafrechtsentwurf zwar nicht von vornherein ablehne, aber im Entwurf der Strafrechtskommission eine zielführendere Ausgangsbasis gesehen habe. Nowakowski, der mit Broda intensiv in der Strafrechtskommission und bei der Erstellung der Ministerialentwürfe 1964 und 1966 zusammengearbeitet hatte, konnte sich hingegen die Akzeptanz dieses Vorschlags vorstellen. Zwar stellte auch er die Verschärfungen im Vergleich zu den früheren Entwürfen fest. Da trotz aller Veränderungen und Verschlechterungen das Fundament des Entwurfs 1966 in jenem von 1968 erhalten geblieben sei, konnte er sich aber auch die Annahme dieses Vorschlags vorstellen. Im Sinne der lange erhofften Strafrechtsreform hätte er auch diesen Entwurf akzeptiert, wenn er auch meinte, dass sich die Opposition eine spätere Novellierung von Einzelregelungen, die kriminalpolitisch verfehlt seien, ausdrücklich vorbehalten könne.[1266]

Die SPÖ und Broda blieben jedoch bei ihrer Ablehnung und brachten in die Kritik am neuen Strafgesetzentwurf immer mehr ein, dass die ÖVP nicht auf ihre

---

1264 Broda, Der Stand der parlamentarischen Beratungen über den Strafgesetzentwurf, S. 19 ff. und SPÖ für zukunftsweisendes Strafrecht, in: Arbeiter-Zeitung, 19.10.1968.

1265 Broda, Christian, Einige Probleme der österreichischen Strafrechtsreform. Vortrag gehalten vor dem Polnischen Juristenverein in Warschau, in: Ders., Die österreichische Strafrechtsreform, Wien 1965, S. 80 f.

1266 Broda, Der Stand der parlamentarischen Beratungen über den Strafgesetzentwurf, S. 24 sowie Nowakowski, Probleme der österreichischen Strafrechtsreform, S. 10 und Nowakowski, Friedrich, Das neue Strafgesetz, in: Die Zukunft 21 (1968) S. 22–28.

Kritik reagiere bzw. – wie sie es schon vor dem Gesetzesentwurf getan habe –
generell nicht zur Strafrechtsreform Stellung nehme.[1267] Im Parlament kam es zu
keiner weiteren Beratung der Regierungsvorlage, der Justizausschuss war mit
den Arbeiten am neuen Strafvollzugsgesetz beschäftigt. Die Einsetzung eines
Unterausschusses wurde von der SPÖ mit der Begründung abgelehnt, dass keine
Grundsatzdebatte geführt worden sei – und das obwohl sich (so Klecatsky) auch
die Strafrechtskommission gegen eine solche ausgesprochen habe.[1268] Und auch
von Seiten der Kirche wurde nun – wenn diese auch mit der Bischofskonferenz
akkordiert worden war – Kritik an der Regierungsvorlage laut. Wie Klecatsky
rückblickend festhielt, begann 14 Tage nach der Einbringung der Regierungsvorlage die »Kathpress« gegen das Gesetz zu polemisieren.[1269] Vom Sozialreferat
der Diözese in Linz wurde hingegen eine Stellungnahme zum Strafrechtsentwurf
abgegeben, die deutlich eine Liberalisierung verlangte. Insgesamt begann – wie
Wolfgang Stangl festhält – das konservative Lager zu zerfallen.[1270] Die ÖVP, die
schon zuvor nur wenig bis gar kein Interesse an einer Strafrechtsreform gezeigt
hatte, stellte sich nicht hinter den Entwurf Klecatskys, die SPÖ hingegen erhielt
durch die große Strafrechtsreform in Deutschland Auftrieb.[1271]

In der BRD wurden 1969 zwei Gesetze zur Strafrechtsreform (in Kraft ab 1969
und 1970 bzw. 1975) verabschiedet, die eindeutig in eine andere Richtung als der
österreichische Strafrechtsentwurf 1968 tendierten und – so Friedrich Nowakowski – reformfreudiger waren, als es selbst der österreichische Kommissionsentwurf erster Lesung war, der von den österreichischen Entwürfen noch am
Weitesten vorgestoßen war.[1272] Wie bereits genannt, war es auch in der BRD 1954
zur Einsetzung einer Strafrechtskommission gekommen. Diese arbeitete bis
zum Jahr 1959 zwei Strafrechtsentwürfe aus, denen erst 1960 und dann neuerlich
1962 ein Vorschlag der Bundesregierung folgte. Dem Entwurf 1962, der in einem
Sonderausschuss des Deutschen Bundestags behandelt wurde und der selbst von
Mitgliedern der deutschen Strafrechtskommission als kriminalpolitisch nur
wenig fortschrittlich bezeichnet wurde, folgten ab 1966 Alternativentwürfe, die
aus der Privatinitiative einiger deutscher und Schweizer Rechtslehrer und Kri-
minologen entstanden waren. Von der FDP wurden diese in die parlamentari-

---

1267 Broda, Der Stand der parlamentarischen Beratungen über den Strafgesetzentwurf, S. 25
sowie Broda: Drei Fragen an Klecatsky, in: Arbeiter-Zeitung, 16.7.1969.
1268 Klecatsky, Hans R., Die »Große Strafrechtsreform« in der XI. Gesetzgebungsperiode des
Nationalrates, in: Bonin, Herma (Hg.), Festschrift für Ernst Kolb, Innsbruck 1971, S. 172.
1269 Interview mit Dr. Hans R. Klecatsky, S. 192.
1270 Stangl, Die neue Gerechtigkeit, S. 80 f.
1271 Vgl. zur Rezeption der deutschen Strafrechtsreform in Österreich etwa: Nowakowski,
Friedrich, Die deutsche Strafrechtsreform (I), in: Die Zukunft 18 (1969) S. 9 – 13 und
Nowakowski, Friedrich, Die deutsche Strafrechtsreform (II), in: Die Zukunft 19 (1969)
S. 17 – 21.
1272 Nowakowski, Die deutsche Strafrechtsreform (I), S. 9.

schen Beratungen eingebracht. Die Folge hiervon und von einem Wechsel an der Spitze des deutschen Justizministeriums war nicht nur, dass es (in Teilschritten) zu einem Durchbruch in der Strafrechtsreform kam, sondern dass auch ein neues Strafrecht geschaffen wurde, das gegenüber dem Entwurf 1962 durchaus fortschrittlicher war. So wurden mit dem Ersten Strafrechtsänderungsgesetz, das die dringlichsten Reformforderungen vorzog (in Kraft mit 1969 bzw. 1970), im Allgemeinen Teil eine einheitliche Freiheitsstrafe eingeführt und kurzfristige Freiheitsstrafen eingedämmt bzw. durch Geldstrafen ersetzt. Im Besonderen Teil wurden religiöse anderen weltanschaulichen Bekenntnissen im Strafgesetz gleichgestellt, die Strafbarkeit der Gotteslästerung wurde beseitigt, ebenso wurden der Ehebruch und die Homosexualität unter Männern – jene unter Frauen stand in der BRD nicht unter Strafe – entkriminalisiert. Das Zweite Strafrechtsänderungsgesetz, das nach mehreren Verschiebungen erst mit dem 1. Jänner 1975 in Kraft trat, brachte schließlich die Gesamtreform des Allgemeinen Teils. Weitere Änderungen, auf die an späterer Stelle noch zu verweisen sein wird, folgten in den 1970er Jahren.[1273]

Gestärkt wurde die SPÖ jedoch nicht nur durch die Strafrechtsentwicklung in der BRD, auch Gewinne bei den Landtags- und Regionalwahlen – wie bei den Landtagswahlen 1967 in Oberösterreich oder im Burgenland 1968 – gaben ihr Auftrieb. Schließlich soll es – wie Klecatsky mit Bezug auf ein Gespräch mit Bruno Pittermann Ende 1969 festhält – in der SPÖ zu einem Beschluss gekommen sein, wonach die Strafrechtsreform in der laufenden Legislaturperiode auf keinen Fall verabschiedet werden durfte.[1274] Harte Kritik am Strafrechtsentwurf Klecatskys hatte zuvor nicht zuletzt auch Karl Waldbrunner geäußert.[1275] Die Fronten in der Strafrechtsreform hatten sich – wie auch in den Medien festgestellt wurde – somit verhärtet. So hieß es etwa in den »Salzburger Nachrichten« in Zusammenhang mit der deutschen Strafrechtsreform, dass die Tage, »an denen optimistisch von der ›Stunde des Parlaments‹ (Christian Broda) oder davon, dass nun ›das Parlament am Zug‹ wäre (Hans Klecatsky) gesprochen und geschrieben wurde«, vorbei seien. Vielmehr warfen sich die Parteien nun

---

1273 Vgl.: Eser, Albin, Hundert Jahre deutscher Strafgesetzgebung. Rückblick und Tendenzen, in: Kaufmann, Arthur (Hg.), Rechtsstaat und Menschenwürde. Festschrift für Werner Maihofer zum 70. Geburtstag, Frankfurt am Main 1988, S. [109] – 134, online http://www. freidok.uni-freiburg.de/volltexte/3854/pdf/Eser_Hundert_Jahre_deutscher_Straf gesetzgebung.pdf (20. 2. 2009) sowie ausführlich zur Entwicklung in der BRD: Busch, Tim, Die deutsche Strafrechtsreform. Ein Rückblick auf die sechs Reformen des Deutschen Strafrechts (1969 – 1989), Baden-Baden 2005.

1274 Interview mit Dr. Hans R. Klecatsky, S. 193 und Interview mit Univ.-Prof. Dr. Hans Klecatsky am 20.4.2009.

1275 Pallin, Franz, Zum 70. Geburtstag von Christian Broda, in: Neider, Michael (Hg.), Christian Broda – Zum 70. Geburtstag, Wien 1986, S. 113.

gegenseitig vor, die Strafrechtsreform zu verhindern.[1276] Christian Broda betonte in der Öffentlichkeit zwar weiterhin Gesprächsbereitschaft. Öffentlich verlautbarte er aber immer stärker, dass die aktuelle Entwicklung einmal mehr beweise, dass die SPÖ seither die »Wortführerin der österreichischen Strafrechtsreform« gewesen sei und hinsichtlich eines modernen Strafgesetzes der 1970er Jahre nicht auch überlegt werden müsse, ob dieses nicht über die Ergebnisse der Strafrechtskommission und der ihr folgenden Ministerialentwürfe 1964 und 1966 hinausgehen soll.[1277] Versuche von Justizminister Klecatsky, der SPÖ entgegen zu kommen und das Strafrecht zumindest in Teilbereichen zu reformieren – darunter die Aufhebung der Homosexualität unter Erwachsenen nach britischem Muster – mussten somit scheitern.[1278]

Insgesamt engagierte sich Broda während der ÖVP-Alleinregierung noch stärker bzw. auf jeden Fall kämpferischer als in den Jahren zuvor für die Strafrechtsreform und betonte dabei, dass es darum ginge, die öffentliche Meinung als Verbündeten für deren Umsetzung zu gewinnen.[1279] Für die SPÖ und ihre Medien, die der Strafrechtsreform in der XI. Gesetzgebungsperiode breiten Raum, verbunden mit einer Kritik an der ÖVP einräumten, wurde besonders auch in der Strafrechtsfrage ein Weg zur gesellschaftspolitischen Positionierung gesehen.[1280] Zur Fürsprecherin der Familienrechtsreform wurde in der XI. Gesetzgebungsperiode Hertha Firnberg, die auch mit der Ausarbeitung des »Humanprogramms« der SPÖ betraut war. Insgesamt machte die SPÖ – wie im Strafrechtsbereich – vor allem in der zweiten Hälfte der ÖVP-Alleinregierung Klaus Druck auf eine Fortsetzung der Familienrechtsreform.

Im Bereich des Familienrechts kam es 1967 zu einer Reform des Vormundschaftsrechts, die eine Reihe von Benachteiligungen aufhob. Beide Ehegatten bedurften nun zur Übernahme einer Vormundschaft der Zustimmung des Ehepartners, der Vorrang der väterlichen Großeltern bei der Betrauung mit der Vormundschaft gegenüber den anderen Verwandten wurde aufgehoben, und auch einem Mann sollte nun gegen seinen Willen ein Mitvormund beigegeben werden können.[1281] Eine wichtige Rolle bei der Reform des Vormundschaftsrechts spielten – so Oskar Lehner – die Beamten des Justizministeriums, die ein 1959 von Österreich unterzeichnetes Übereinkommen über die politischen

---

1276 Im Strafrecht von den Deutschen überrundet, in: Salzburger Nachrichten, 30.8.1969.
1277 Broda, Der Stand der parlamentarischen Beratungen über den Strafgesetzentwurf, S. 23.
1278 Klecatsky, Die »Große Strafrechtsreform« in der XI. Gesetzgebungsperiode des Nationalrates, S. 176 f. 1967 wurde die Homosexualität unter Erwachsenen in Großbritannien teilentkriminalisiert, sie war nicht mehr strafbar bei Personen über 21 Jahren im Privatbereich, nicht aber in öffentlichen Räumen wie Hotels.
1279 Broda, Der Stand der parlamentarischen Beratungen über den Strafgesetzentwurf, S. 24.
1280 Vgl. dazu auch: Mesner, Frauensache?, S. 173 f.
1281 Eypeltauer, Familienrechtsreform, S. 23.

Rechte der Frau zum Anlass für die Reform des Gesetzes nahmen, indem sie die Vormundschaft als »politisches Amt« interpretierten. Auf den anderen Gebieten der Familienrechtsreform gingen die Arbeiten jedoch nur schleppend voran. Klecatsky ließ unter Beibehaltung des Konzepts der Teilschritte neuerlich Begutachtungsverfahren zum Ehegüterrecht und Unehelichenrecht durchführen, eine Regierungsvorlage zur Neuregelung des Rechtsstellung des unehelichen Kindes wurde am 31. Mai 1967 im Nationalrat eingebracht,[1282] dort aber nie behandelt. Als die SPÖ ihren Druck auf ein rascheres Vorgehen in der Familienrechtsreform erhöhte und auch die ÖVP-Frauen – und hier vor allem wieder Lola Solar – ihre Forderungen nach einer Familienrechtsreform verstärkten,[1283] stand Klecatsky – so Lehner – vor dem Problem, dass er die zur parlamentarischen Beratung und Beschlussfassung reifen Entwürfe zum Unehelichen- und zum Ehegüterrecht in der ÖVP-Fraktion nicht durchsetzen konnte bzw. dass – so Doris Eypeltauer – insbesondere mit den der ÖVP nahestehenden Sozialpartnerverbänden keine Einigkeit erzielt werden konnte.[1284] Klecatsky kehrte daher unter deren Druck zum Konzept der Gesamtreform zurück. Die Einsetzung einer Familienrechtskommission, die von Hertha Firnberg bzw. der SPÖ abgelehnt wurde, kam jedoch nie über eine Planungsphase hinaus.[1285] Ähnlich wie in der Strafrechtsreform begann die SPÖ nun auch in der Familienrechtsreform die Reformvorhaben der ÖVP abzublocken.[1286] Ein 1969 in der BRD beschlossenes Gesetz über die rechtliche Stellung der nichtehelichen Kinder konnte »in dieser Phase nur wenig Impulse auf die österreichische Diskussion ausüben«, längerfristig trug die Reform in der BRD aber dazu bei, in Österreich ein reformgünstigeres politisches Klima zu schaffen.[1287]

Christian Broda legte – wie bereits vorausgeschickt wurde – in der ÖVP-Alleinregierung Klaus ein Schwergewicht auf die Strafrechtsreform. Wenn er wie auf dem Parteitag 1968 davon sprach, dass die Rechtspolitik zu einem Stillstand gekommen sei, nannte er hier jedoch auch die Familienrechtsreform oder eine

---

1282 StPNR, XI. GP, Blg. 503.
1283 Weinzierl, Der Anteil der Frauen an der Reform des österreichischen Familienrechts, S. 228 ff.
1284 Eypeltauer, Familienrechtsreform, S. 16.
1285 Für die Arbeit in der Kommission wurde folgendes Konzept erstellt: Die Reform sollte über das bürgerliche Recht hinausgehen und auch andere, die Familie betreffende Gebiete der Rechtsordnung erfassen, z. B. das Steuer- und Gewerberecht. Aufgabe der Kommission sollte nicht die Erstellung eines Gesetzentwurfes, sondern die Ausarbeitung von Grundsätzen als Vorbereitung für die legistische Tätigkeit des Justizministeriums sein. Geplant war eine Kommission mit ca. 35–40 Personen aus folgenden Institutionen: Ministerien, Bundesländer, Oberster Gerichtshof, Rechtswissenschaft, Kammern und Wirtschaftsverbände, Parteien, Kirchen und Religionsgemeinschaften, Frauenorganisationen und Familienverbänden.
1286 Lehner, Familie – Recht – Politik, S. 235 ff.
1287 Ebenda, S. 275 f.

moderne Sozialgerichtsbarkeit. Interessant in Hinblick auf seine Debattenbeiträge zur Rechtspolitik in der ÖVP-Alleinregierung Klaus ist nicht nur, dass er konstatierte, dass diese als konservative Regierung nicht für eine gesellschaftliche Dynamik geeinigt sei.[1288] Er brachte – wie er es bereits in den Jahren vor 1966 mehrfach getan hatte – auch weiterhin ein, dass die SPÖ in der Rechtsreform das Erbe des Liberalismus übernommen habe bzw. es ihre Aufgabe sei, das umzusetzen, was die Revolution von 1848 Österreich schuldig geblieben sei.[1289] Der oft konstatierte Nachziehprozess an eine gewandelte Gesellschaft wurde von Broda somit weiterhin nicht nur mit Bezug auf die moderne Gesellschaft, sondern auch historisch begründet. Als Norbert Leser in der Diskussion über die Standortbestimmung der SPÖ nach ihrer Wahlniederlage 1966 einbrachte, die SPÖ solle sich in Richtung einer »links-liberalen Volkspartei« entwickeln, wurde dies von Broda jedoch scharf kritisiert. Wenn es um das Gesamtprofil der Partei ging, war es für ihn unerlässlich, dass sich die SPÖ als sozialistische Partei mit einer starken sozialen Profilierung zeigte.[1290]

Im Justizprogramm der SPÖ, einem der Reformprogramme für ein modernes Österreich, wurde auf den Liberalismus keinen Bezug genommen. Im Programm, das bei einer Zusammenkunft der Richter und Staatsanwälte in der Vereinigung Sozialistischer Juristen Österreichs am 12. November 1969 präsentiert und wenig später vom Parteirat der SPÖ beschlossen wurde, ist jedoch davon die Rede, dass die »Rechtsentwicklung in Europa in stürmischer Bewegung« ist und der Nachholbedarf in Österreich besonders groß geworden sei.[1291] Die Rechtsordnung entspreche in vielen Bereichen nicht mehr dem Menschen des ausgehenden 20. Jahrhunderts und könne den Anforderungen, die eine moderne Industriegesellschaft stelle, nicht genügen. Ein weiterer Stillstand der Rechtsreform und der Justizreform in der kommenden Gesetzgebungsperiode würde der Gesellschaft bedeutenden Schaden zufügen und – in Anlehnung an eine Publikation Fritz Klenners aus dem Jahr 1956[1292] – das »Unbehagen in der Demokratie« erhöhen.[1293]

1288 Broda, Innenpolitische Bilanz einer Gesetzgebungsperiode, S. 6.
1289 Vgl. in diesem Zusammenhang: Broda, Christian, Überstimmen? – Übereinstimmen!, in: Arbeiter-Zeitung, 25. 6. 1966, Broda, Vor dem Parteitag, S. 16, Broda, Die Sozialistische Partei in der Opposition, S. 21, Broda, Christian, Die Strafrechtsreform, die noch nicht stattfand, in: Probleme der österreichischen Politik, Bd. 2, Wien 1968, S. 23 und S. 27, Broda, Der Weg zur Verwirklichung der Strafrechtsreform, in: Der modernen Gesellschaft ein modernes Strafrecht!, S. 9.
1290 Broda, Die Partei in der Opposition, S. 14 – 18.
1291 Vgl. hierzu auch: Requate, Jörg (Hg.), Recht und Justiz im gesellschaftlichen Aufbruch (1960 – 1975). Bundesrepublik Deutschland, Italien und Frankreich im Vergleich, Baden-Baden 2003.
1292 Klenner, Das Unbehagen in der Demokratie.
1293 Mehr Rechtsschutz für den Staatsbürger. Justizprogramm für 1970 – 1974, 2. unveränderte Aufl., Wien 1974, S. 5 f.

Eine moderne Rechtsreform wurde daher als vordringlich betrachtet und ein Programm mit Reformvorschlägen ausgearbeitet, von denen es im Vorwort hieß, dass diese zum größten Teil bereits legistisch formuliert seien und daher sehr bald parlamentarisch eingebracht werden könnten. Als Verfasser des Justizprogramms wurden neben Christian Broda, Hagen Fischlschweiger, (1. Oberstaatsanwaltstellvertreter Graz), Josef Gröger (Kreisgerichtspräsident Steyr), Rudolf Machacek (Rechtsanwalt Wien), Ernst Weber (Sektionschef im Bundesministerium für Justiz und früherer Mitarbeiter von Christian Broda) sowie Franz Pallin (Generalprokurator beim Obersten Gerichtshof, Wien) genannt, der den Strafrechtsentwurf 1968 öffentlich mindestens ebenso stark wie Broda abgelehnt hatte.[1294] Maßgeblich getragen wurde es – wie sich die früheren Mitarbeiter von Christian Broda, Michael Neider und Heinrich Keller, erinnern – jedoch von Broda, wenn es nicht sogar auf dessen Initiative zurückgeführt werden kann oder von ihm im »Alleingang« ausgearbeitet worden war.[1295]

An der Spitze des Reformprogramms für die Rechtsreform stand die Familienrechtsreform mit dem Ziel einer Beseitigung der Benachteiligung der Frau im Familien- und Elternrecht, der Neuregelung der Rechtsstellung des unehelichen Kindes und dem Ausbau bzw. der zeitgemäßen Gestaltung des Unterhaltsrechts für Frau und Kinder. Den zweiten Punkt bildete die Forderung nach einer modernen Arbeits- und Sozialgerichtsbarkeit, gefolgt von einer rationalen und zeitgemäßen Strafrechtsreform und der Presserechtsreform, der Broda in der XI. Gesetzgebungsperiode bedeutend weniger Aufmerksamkeit geschenkt hatte als noch in den Jahren zuvor. Hieran anschließend wurden Maßnahmen zu einer Verwaltungsreform, einer Modernisierung der Gerichtsorganisation und des Gerichtsbetriebes sowie Maßnahmen auf dem Personalsektor der Justiz vorgeschlagen, die auch in Klecatskys Programm zu einer Gesamtreform genannt wurden und dort auch von größerer Bedeutung waren. Abgeschlossen wurde das Reformprogramm mit Vorschlägen zu einer Stärkung des Rechtsschutzes des Staatsbürgers, wobei diese unter anderem durch die verfassungsmäßige Institutionalisierung eines »Anwalts des öffentlichen Rechts« als Rechtsschutzbeauftragten des Parlaments erreicht werden sollte.[1296] Angesprochen wurde damit die Übertragung des skandinavischen Ombudsmannes auf Österreich, die seit den frühen 1960er Jahren ein fester Bestandteil der Demo-

---

1294 Pallin, Zum 70. Geburtstag von Christian Broda, S. 113 sowie Mesner, Frauensache?, S. 169.

1295 Interview mit Dr. Michael Neider am 31.5.2006 und Dr. Heinrich Keller am 12.10.2009.

1296 Daneben waren auch eine bestimmte Erweiterung der Verfassungs- und Verwaltungsgerichtsbarkeit und eine allgemeine öffentliche Akteneinsicht (mit nur wenigen Ausnahmen) vorgesehen, für die sich Broda bereits in früheren Jahren ausgesprochen hatte. Vgl. etwa: Justizminister verlangt Aufhebung des Amtsgeheimnisses, in: Die Presse 29.11.1962.

kratiereform-Diskussion war.[1297] Nachdem Broda in den frühen 1960er Jahren
einer solchen Einrichtung gegenüber noch skeptisch eingestellt war, da sie auch
im Zusammenhang mit einem »Justizienkanzler für Otto Habsburg« gefordert
worden war,[1298] votierte nun auch er (mit Bezug auf seinen Taufpaten Hans
Kelsen, der sich einen »Anwalt des öffentlichen Rechts« bereits zur Zeit der
Entstehung der Bundesverfassung hatte vorstellen können) für einen »österreichischen Ombudsmann«. In Folge wurde die Institutionalisierung eines
»Anwalts des öffentlichen Rechts« sowohl in das neue Justizprogramm der SPÖ
als auch in Brodas Vorschläge zu einer Parlamentsreform aufgenommen.[1299]
Ausgeklammert wurden im Justizprogramm der SPÖ 1969 jedoch standes-
rechtliche Anliegen der Justizangehörigen sowie der Rechtsanwaltschaft und des
Notariats. Ihnen sollte – so das Programm – aber in der kommenden Gesetzgebungsperiode große Beachtung zukommen.[1300]

6.5. Parlaments- und Demokratiereform

Ende der 1960er Jahre legte Christian Broda nicht nur ein neues Justizprogramm
vor, das den Weg der SPÖ in der Rechtspolitik für die nächsten vier Jahre
vorgeben sollte. Broda präsentierte als Ergebnis der in der Opposition gesammelten Erfahrungen im Parlament auch eine Reihe von Vorschlägen zu einer
Parlamentsreform, die auf sozialistischer Seite zu einem Herzstück der bereits
mehrfach angesprochenen Demokratiereform-Diskussion der späten 1960er
Jahre wurde. Das Verlangen nach einer Reform der Demokratie war damals
jedoch nicht neu. Mit dem Abschluss des Staatsvertrages und der immer inef-
fizienter werdenden Großen Koalition wurde langsam eine Reformdiskussion
laut, an der sich – wie ausgeführt – auch Christian Broda beteiligt hatte. Die
ÖVP-Reformer, allen voran Josef Klaus und Hermann Withalm, brachten die
Forderung nach einer größeren Freiheit in der Koalition, die sich auch im

---

1297 Wirth, Demokratiereform, S. 148–152.
1298 Fischer, Heinz, Christian Broda und die Volksanwaltschaft, in: Neider, Michael (Hg.),
      Christian Broda – Zum 70. Geburtstag, Wien 1986, S. 95 sowie Broda: Ombudsmann kein
      Exportartikel, in: Salzburger Nachrichten, 21.2.1963.
1299 Der »Anwalt des öffentlichen Rechts« sollte an der Sicherung der Gesetzmäßigkeit der
      ganzen öffentlichen Verwaltung mitwirken und sich an allen Verfahren vor dem Verwal-
      tungs- und vor dem Verfassungsgerichtshof beteiligen und Beschwerde gegen Bescheide
      einer Verwaltungsbehörde beim Verwaltungs- und Verfassungsgerichtshof erheben kön-
      nen, wenn die Parteien einen Rechtsbehelf nicht mehr anfechten konnten. Weiters sollte
      ihm das Antragsrecht hinsichtlich der Verordnungsprüfung beim Verfassungsgerichtshof
      eingeräumt werden. Der »Anwalt des öffentlichen Rechts« sollte von jedermann angerufen
      werden können und hatte einen jährlichen Rechtsschutzbericht zu erstatten.
1300 Mehr Rechtsschutz für den Staatsbürger. Justizprogramm für 1970–1974. Beschlossen
      vom Parteirat der SPÖ am 22. November 1969 in Wien.

Parlament zeigen sollten, auf und reklamierten mehr »Sachlichkeit in der Politik«. Durch die Bildung der Alleinregierung Klaus und dem Wechselspiel von (großer) Opposition und Regierungspartei wurde die Reformdebatte aber enorm intensiviert. Maßgeblich hierfür war, dass die Verlebendigung des Parlaments nicht nur zu einer regelrechten »Parlamentseuphorie« geführt hatte, sondern dass sie auch die Schwächen des österreichischen Parlamentarismus offensichtlich werden ließ. Zu einem wichtigen Katalysator der Reformdebatte wurde zudem, dass das Rundfunkvolksbegehren des Jahres 1964 zu einer kritischeren Auseinandersetzung der Medien mit der Politik geführt hatte sowie der beschriebene gesellschaftliche Wandel, der das politische System insgesamt vor neue Herausforderungen stellte.

Die Forderung nach Modernisierung und Reformen, die den Zeitgeist der späten 1960er Jahre bestimmte, machte auch vor dem politischen System nicht Halt und führte dazu, dass Ende der 1960er Jahre eine Reihe von Beiträgen zu einer »Demokratiereform« erschienen. Thematisiert wurden eine Parlaments- und Wahlrechtsreform, die politischen Parteien und eine Regelung des Verbandseinflusses sowie partiell eine Verfassungsreform und ein Ausbau der direktdemokratischen Instrumente. Konkret angesprochen wurden eine Verbesserung der Arbeitsbedingungen und der Arbeitsweise des Parlaments, eine Stärkung seiner Gesetzgebungs- und Kontrollfunktion, die Stellung des einzelnen Abgeordneten, womit vor allem der Klubzwang und das freie Mandat angesprochen wurden, und eine Wahlrechtsreform, die – je nach Standpunkt – zur Einführung eines Mehrheitswahlrechts oder zu einer Stärkung des Proportionalitätseffekts führen sollte. Gefordert wurden eine stärkere Personalisierung des Wahlrechts und eine Aufwertung des Bundesrats bzw. dessen Umwandlung in einen Verbänderat, worin – neben einem Verbändegesetz – ein Weg zu einer Regelung des Verbandseinflusses gesehen wurde. Diskutiert wurde die Schaffung einer gesetzlichen Grundlage für die Tätigkeit der politischen Parteien, die Einführung einer staatlichen Parteienfinanzierung, die auch durch konkrete Anlassfälle – wie etwa den »Fall Olah« – und dem Wunsch nach Transparenz bei den Parteifinanzen beeinflusst war. Angesprochen wurden aber auch die Frage der Kandidatenaufstellung und jene der innerparteilichen Demokratie.[1301]

1301 Vgl.: hierzu vor allem folgende Texte: Broda, Christian, Die Stunde der Parlamentsreform ist gekommen. Gesammelte Aufsätze aus der XI. Gesetzgebungsperiode 1966 – 1970, Wien 1970 sowie Broda, Christian / Gratz, Leopold, Vorschläge für den Ausbau unserer parlamentarischen Einrichtungen, 2 Aufl., Wien 1969 und 1970, Diem, Peter / Neisser, Heinrich, Zeit zur Reform. Parteireform, Parlamentsreform, Demokratiereform, Wien/München 1969, Busek, Erhard / Wilflinger, Gerhard (Hg.), Demokratiekritik – Demokratiereform, Wien 1969, Busek, Erhard / Peterlik, Meinrad, Die unvollendete Republik, Wien 1969, Ritschel, Karl Heinz (Hg.), Demokratiereform. Die Existenzfrage Österreichs, Wien/ Hamburg 1969, Pelinka, Anton / Welan, Manfried, Demokratie und Verfassung in Österreich, Wien/Frankfurt/Zürich 1971.

Die Vorschläge, die Christian Broda im März 1969 gemeinsam mit Leopold
Gratz vorlegte, konzentrierten sich auf eine Parlamentsreform und waren – wie
Broda betonte – in Einzelbereichen (wie dem Budgetrecht oder dem »Anwalt des
öffentlichen Rechts«, der – wie erläutert wurde – auch Bestandteil des Justiz-
programms der SPÖ war) in enger Zusammenarbeit mit Hannes Androsch und
Landesgerichtsrat Kurt Gottlich entwickelt worden. Sie gingen mit Bezug auf
Kelsens »Vom Wesen und Wert der Demokratie« von der grundsätzlichen
Feststellung aus, dass der Parlamentarismus die einzige reale Form sei, in der die
Idee der Demokratie innerhalb der sozialen Wirklichkeit von heute erfüllt
werden könne, konstatierten aber auf Grund der gemachten Erfahrungen eine
Reihe von Verbesserungsmöglichkeiten. Vorgeschlagen wurden von Broda/
Gratz daher eine Reihe von Reformmaßnahmen, die – wie sie betonten –
»pragmatischer Natur« waren und keine »kühnen Reißbrettkonstruktionen«,
sondern rasch realisierbare Maßnahmen darstellten.[1302] Sie betrafen eine Verbesserung der parlamentarischen Arbeitsbedingungen,[1303] eine Erweiterung der
Kontrollrechte bzw. die Umwandlung wichtiger Kontrollinstrumente in Min-
derheitenrechte sowie die Schaffung von parlamentarischen Kommissionen,
damit das Parlament einen Teil des verloren gegangenen vorparlamentarischen
Raumes zurückgewinnen könne. Sie sahen Reformvorschläge für eine verstärkte
Teilnahme des Nationalrats an der Vollziehung, eine Änderung der Mitwirkung
des Nationalrats beim Zustandekommen und der Vollziehung des Bundesfi-
nanzgesetzes sowie eine Aufwertung des Bundesrats und der Bundesversammlung vor. So sollte etwa der Bundesrat stärker in den Gesetzgebungsprozess
eingebunden werden, während eine Aufwertung der Bundesversammlung unter
anderem dadurch erreicht werden sollte, dass nicht nur der neu zu schaffende
»Anwalt des öffentlichen Rechts«, sondern auch der Rechnungshof als Organ der
Bundesversammlung tätig werden sollte.[1304] Quasi als »Herzstück« umfasste der

---

1302 Vgl. hierzu die Einleitung zur ersten Ausgabe von: Broda, Christian / Gratz, Leopold, Für
      ein besseres Parlament – für eine funktionierende Demokratie. Vorschläge für den Ausbau
      unserer parlamentarischen Einrichtungen, Wien 1969, S. 7 – 10.
1303 Vorgeschlagen wurde etwa eine Abschaffung der Sessionen, damit das Parlament jederzeit
      zusammentreten kann.
1304 Hinsichtlich des Bundesrats lehnten Broda/Gratz ein immer wieder diskutiertes absolutes
      Veto der Länderkammer im Gesetzgebungsprozess ab. Sie votierten aber für eine stärkere
      Beteiligung der zweiten Kammer im Gesetzgebungsprozess – etwa dadurch, dass Geset-
      zesanträge aus dem Bundesrat in jedem Fall einer ersten Lesung im Nationalrat unterzogen
      werden sollten oder durch die Beiziehung von Mitgliedern des Bundesrats mit beratender
      Stimme zu bestimmten Sitzungen der Ausschüsse und Unterausschüsse. Sie sahen eine
      Aufwertung des Bundesrats aber auch durch eine Kompetenzerweiterung der Bundes-
      versammlung vor. Der Rechnungshof und der von Broda/Gratz in die Reformdiskussion
      eingebrachte »Anwalt des öffentlichen Rechts« sollten als Organ der Bundesversammlung
      tätig werden, die Bundesversammlung sollte dem Bundespräsidenten Dreiervorschläge

Vorschlag von Broda/Gratz ein Wahlrechtsmodell, das drei Zielsetzungen gerecht werden sollte: Erstens sollte eine möglichst weitgehende Gleichwertigkeit der WählerInnenstimmen erreicht werden, was durch das bestehende Wahlrecht nicht gegeben war und in der SPÖ immer wieder kritisiert worden war. Nicht zuletzt hatte auch der von Franz Olah 1963 ausgearbeitete Wahlrechtsvorschlag, der im Zuge einer Annäherung an die FPÖ zu sehen ist, die Verstärkung des Proportionalitätseffekts als wichtiges Ziel verfolgt. Zweitens sollte eine möglichst enge Beziehung zwischen dem Abgeordneten und seinem Wahlkreis erreicht werden, womit eine häufig angesprochene Forderung in der Reformdebatte und ein wichtiger Punkt der Befürworter eines Mehrheitswahlrechts (Majorz) aufgegriffen wurde. Neben der Ermöglichung klarer Mehrheiten, die vor dem Hintergrund des Negativbeispiels der Großen Koalition und der Belebung des politischen Systems seit 1966 zu sehen ist, wurde in der Debatte vor allem in der Verbindung zwischen WählerInnen und Abgeordneten in den Wahlkreisen ein wichtiger Pluspunkt für den Majorz gesehen. Drittens strebten Broda/Gratz – wie in der Reformdebatte ebenfalls in der Forderung nach einem Mehrheitswahlrecht deutlich wurde – ein Wahlrecht an, das eine stabile Mehrheitsbildung im Parlament ermöglichen sollte. Vorgeschlagen wurde von ihnen daher ein Einerwahlrecht mit Proporzausgleich, das die Vorteile des Mehrheits- mit jenen des Verhältniswahlrechts verbinden sollte und zur Erreichung stabiler Mehrheiten eine Sperrklausel bei der Mandatsvergabe vorsah.[1305]

Wie bereits die Vielzahl der insgesamt, nicht nur von Broda, angesprochenen Themen zeigt, erreichte die Demokratiereform-Diskussion der späten 1960er Jahre eine enorme Breite. »Das Jahr 1969« wurde – so die Historikerin Erika

---

für die Ernennung des Präsidenten, Vizepräsidenten und der Mitglieder des Verfassungs- und Verwaltungsgerichtshofes vorlegen.

1305 Konkret sah ihr Vorschlag folgendermaßen aus: Die Anzahl der Abgeordneten sollte auf 200 erhöht werden, was mit der Zunahme der parlamentarischen Arbeit begründet wurde. Österreich sollte in ca. 80–90 Einerwahlkreise, von denen jeder etwa 40.000–70.000 Wahlberechtigte umfassen sollte, unterteilt werden. In jedem Wahlkreis sollte ein Kandidat mit relativer Mehrheit gewählt werden, der als Vertreter dieses Wahlkreises in den Nationalrat einziehen sollte. Die restlichen der 200 Mandate sollten aufgrund der Bundesliste nach der Verhältniswahl an die einzelnen Parteien in einem einzigen Bundeswahlkreis vergeben werden. Teilnehmen sollten an der Mandatsverrechnung aber nur jene Parteien können, die in einem Wahlkreis einen direkt gewählten Kandidaten oder im Bundesgebiet mindestens fünf Prozent der Stimmen erzielt hatten. Gewährleisten sollte dieses Wahlrechtsmodell nicht nur die bereits angesprochene gerechtere Vergabe der Mandate und eine bessere Verbindung von Wahlkreis und Abgeordnetem. Dadurch, dass nicht wie beim klassischen Mehrheitswahlrecht alle Mandate in den Einerwahlkreisen vergeben werden sollten, sollte es der Partei im Wege der Bundesliste möglich sein, solche Abgeordnete ins Parlament zu bringen, deren Wahl im Interesse einer ausgeglichenen beruflichen Zusammensetzung des Nationalrats wünschenswert schien oder die über erforderliches Spezialwissen verfügten.

Weinzierl – zum »Jahr der Diskussion um die Demokratiereform«.[1306] Die Frage nach einer Reform der Demokratie stand im Brennpunkt des politischen Interesses, die Demokratiereform wurde zum Schlagwort,[1307] das von Vertretern aller Richtungen gebraucht wurde und war 1970 bereits eine »Standardformel, aus der man Wahlreden zusammenstellt«.[1308] Hinsichtlich der Qualität der Diskussion wurde jedoch, bald nachdem die ersten Vorschläge erschienen waren, die Frage laut, ob diese auch wirklich den Namen einer Demokratiereform verdienen würden. Laut hinterfragt wurde, ob die gemachten Reformvorschläge auch wirklich zu den Kernfragen der Demokratie vorgestoßen seien, ob sie dazu beitragen könnten, Oligarchisierungs- und Hierarchisierungstendenzen in Politik und Gesellschaft zu bekämpfen und das Demokratiebewusstsein zu stärken, oder ob sie nur als »Systemkur« zu einem besseren Funktionieren der politischen Institutionen führen würden. Insbesondere vor dem Hintergrund der StudentInnenbewegung der 1960er Jahre und der von Bruno Kreisky öffentlichkeitswirksam geforderten »Demokratisierung sämtlicher Lebensbereiche« wurde aber auch die Frage gestellt, ob die »Demokratiereform« bei den politischen Institutionen Halt machen könne bzw. ob diese nicht viel breiter gefasst werden müsse.[1309]

1968 wurde zum Höhepunkt des weltweiten Protests der StudentInnen gegen die konservative Nachkriegsgesellschaft und ihren autoritären Duktus. Ausgehend von Amerika fanden auch in vielen europäischen Großstädten Demonstrationen gegen den Vietnam-Krieg, aber auch die Entwicklungen im Iran und in Griechenland statt. Solidaritätsaktionen mit den Befreiungsbewegungen in der »Dritten Welt« wurden abgehalten. Fidel Castro und Che Guevara in Kuba sowie Ho Chi Minh in Vietnam wurden zu den Heroen der linken StudentInnenbewegung. Eine Politisierungswelle, die mit einer massiven Staats- und Gesellschaftskritik verbunden war, ergriff weite Teile der Jugend und führte nicht nur zu einer Kritik am verstaubten Universitätssystem sondern – beeinflusst von den Ideen der Neuen Linken und Marcuses »Der eindimensionale Mensch« – auch zur Kritik an der westlich-kapitalistischen Gesellschaftsordnung, ihren Werten und Zwängen. Die dominante Ausrichtung am Konsum und Leistungsprinzip wurde abgelehnt und neue Formen des Zusammenlebens gesucht, die sich gegen das »bürgerliche Konzept" der Kleinfamilie wandten und

---

1306 Weinzierl, Erika, Demokratiereformdiskussion in Österreich, in: Zeitgeschichte 3 (1974) S. 76.
1307 Welan, Manfried, Demokratische Demokratiereform, in: Der Staatsbürger 19 (1969) S. 1, Scheu, Friedrich, Wie reformiert man die Demokratie?, in: Die Zukunft 13/14 (1969) S. 40.
1308 Pelinka, Anton, Die große und die kleine Demokratiereform, in: Arbeit und Wirtschaft 4 (1970) S. 24.
1309 Vgl. zur Kritik an der Demokratiereform-Diskussion im Überblick: Wirth, Demokratiereform, S. 81–83.

Ausdruck eines sich verändernden Geschlechterverhältnisses waren. Der Hinweis auf die materielle Saturiertheit und darauf, dass es früher schlechter gewesen sei, zählte nicht mehr. Vielmehr wurde die Forderung nach mehr Demokratie und Mitbestimmung erhoben, wenn auch die »1968er-Bewegung« selbst – wie immer stärker betont wird – nicht frei von hierarchischen, autoritären und auch patriarchalen Strukturen war. In Österreich, wo »1968« im internationalen Vergleich, vor allem im Vergleich zur BRD und Frankreich, beschaulicher verlief und nicht nur von marxistischen, sondern auch von liberalen und katholischen Gruppen getragen wurde, begann die »josephinische Staatsfrömmigkeit« zu zerbröckeln. Internationale Wellenlängen erreichten Österreich und führten auch hier dazu, dass der Ruf nach einer grundlegenden Demokratisierung der Gesellschaft laut wurde. Wenn sich »1968« in Österreich auch stark im künstlerisch-kulturellen Bereich abspielte und mit der so genannten »Uni-Ferkelei« im Hörsaal 1 des Neuen Institutsgebäudes in Wien einen Höhepunkt erreichte,[1310] wurde auch hier neben einer linken Gesellschaftskritik die Forderung nach mehr Mitbestimmung im universitären Bereich und einer »Fundamentaldemokratisierung« der Gesellschaft laut.

Kreisky propagierte als neuer Vorsitzender der SPÖ sein Konzept der »Demokratisierung sämtlicher Lebensbereiche«, das wohl auch als Reaktion auf die Forderungen der StudentInnen zu sehen ist, und traf damit den Zeitgeist, der in den späten 1960er Jahren eindeutig von »links« wehte. Er erklärte die soziale Demokratie bzw. den demokratischen Sozialismus als einen Prozess, dessen Ziel es sei, in allen Bereichen des gesellschaftlichen Lebens der Demokratie zum Durchbruch zu verhelfen. Die Mitbestimmungs- und Partizipationsmöglichkeiten sollten verbreitert werden.[1311] Als sich die linke Parteijugend 1967 und 1968 wiederholt gegen das Parteiestablishment stellte und gemeinsam mit »radikaleren« bzw. kommunistischen Gruppen unter »Ho-Ho-Ho-Chi-Minh«-Rufen gegen den Vietnam-Krieg, aber auch das Obristenregime in Griechenland demonstrierte, zeigte sich Kreisky davon jedoch wenig begeistert. Er forderte den Parteiausschluss der »Rädelsführer« und drohte mit einem Ausbleiben der finanziellen Unterstützung. Und auch die Solidarisierung von Teilen des VSStÖ

1310 Bei der so genannten »Uni-Ferkelei« am 7. Juni 1968 im Hörsaal 1 des Neuen Institutsgebäudes in Wien handelte es sich um eine happeningartige Aktion mit dem Titel »Kunst und Revolution«, bei der Künstler (Günter Brus, Otto Mühl, Peter Weibel, Oskar Wiener) versuchten, so viele »bürgerliche Konventionen« wie nur möglich auf einmal zu brechen. Um auf die konservative Verfasstheit der Gesellschaft hinzuweisen und diese zu kritisieren, verrichteten sie – linke Theoretiker rezitierend und die Bundeshymne abspielend – nackt ihre Notdurft auf dem Katheder oder schlugen sich gegenseitig.

1311 Vgl. zu Kreisky exemplarisch: Interview mit Abg. Dr. Bruno Kreisky, in: Ritschel, Karl Heinz (Hg.), Demokratiereform. Die Existenzfrage Österreichs, Wien/Hamburg 1969, S. 367–393 oder Vorwort, in: Broda/Gratz, Für ein besseres Parlament, 2. erw. Aufl., S. 16–18.

mit Arbeitern der Elin-Werke, die von einer Kündigung betroffen waren, rief kein positives Echo hervor, wenn damit eine Kritik an der Politik des ÖGB verbunden war. Als die linke Parteijugend als Teil eines größeren »Aktionskomitees sozialistischer Studenten und Arbeiter« im so genannten »Blasmusikrummel«, einem zweiten Höhepunkt des österreichischen »1968«, schließlich ein Konzert der Gemeinde Wien am Nachmittag des 1. Mai 1968 störte, forderte Kreisky, der KritikerInnen ansonsten durch Integration besänftigen und zum Verstummen bringen wollte, erneut Konsequenzen und den Parteiausschluss der Beteiligten. Bereits wenige Tage zuvor hatte er erklärt, dass er sich »die Vernichtung der Demokratie durch eine Handvoll Menschen, die sehr wohl wissen, was aus all dem werden kann«, nicht gefallen lassen werde, worauf die protestierende Jugend antwortete, dass sie »die Vernichtung der Demokratie durch eine Handvoll Funktionäre und Journalisten, die sehr wohl wissen, was aus all dem werden kann« nicht zulassen werde. Günther Nenning, der sich im »Neuen Forum« auf die Seite der rebellischen Parteijugend gestellt hatte und dessen »Provokationen« die Partei bereits mehrfach gestört hatten, wurde von Kreisky als »Wurstel« bezeichnet. Zuvor hatte ihm Kreisky – ähnlich wie er es den sozialistischen Studenten angedroht hatte – den Geldhahn zugedreht und ihm vorgeworfen, »kommunistische Propaganda« zu betreiben.[1312]

Christian Broda bekannte sich auch nach dem Vorbringen solch grundsätzlicher Kritik an der »Demokratiereform-Diskussion« zu einer Institutionen-Reform. Er betonte weiterhin deren Berechtigung und wies erneut darauf hin, dass er – ausgehend von den gemachten Erfahrungen der XI. Gesetzgebungsperiode – Vorschläge zu einer Parlamentsreform vorgelegt hatte. Diese habe er nie mit einer »Demokratiereform« gleichgesetzt, wenngleich für Broda, der dem parlamentarischen Geschehen in den letzten Jahren eine hohe Aufmerksamkeit geschenkt hatte, auch der Parlamentsreform im Rahmen einer Demokratiereform ein Schwerpunkt zukam. Zudem war es Broda, wie bereits im Vorwort zu seinen 1969 erschienenen Vorschlägen zu einer Parlamentsreform nachgelesen werden kann, wichtig zu betonen, dass die Reformdiskussion so beschaffen sein müsse, dass sie zu konkreten Ergebnissen führen könne. Trotz aller Pragmatik, stand für ihn – wie er besonders nach dem Vorbringen der Kritik an der De-

---

1312 Vgl. zu 1968 in Österreich etwa: Keller, Fritz, Wien, Mai 68. Eine heiße Viertelstunde?, Neuaufl., Wien 2008, Ebner, Paulus / Vocelka, Karl, Die zahme Revolution, Wien 1998, Danneberg, Bärbel / Keller, Fritz / Machalicky, Aly / Mende, Julius (Hg.), die 68er. eine generation und ihr erbe, Wien 1998, Schwendtner, Rolf, Das Jahr 1968. War es eine kulturelle Zäsur?, in: Sieder, Reinhard / Steinert, Heinz / Tálos, Emmerich (Hg.), Österreich 1945–1995. Gesellschaft – Politik – Kultur, Wien 1995, S. 166–176, Rehak, Günter, Antifaschismus, Olah-Krise, Koalitionsende – Die sechziger Jahre, in: Weber, Fritz u. a., SPÖ – was sonst?, Wien 1983, S. 42–59 sowie zusammenfassend zu Kreisky und den StudentInnen: Malota, Die Konsolidierung der SPÖ 1966–1970, S. 101–112.

mokratiereform-Diskussion betonte – aber auch fest, dass es eine Wechselwirkung von Parlaments- und Demokratiereform gebe und dass sich die demokratischen Einrichtungen bzw. das Demokratiebewusstsein nicht im luftleeren
Raum entwickeln würden:

> »Die demokratischen Einrichtungen – das, was wir die Verfassung nennen – werden
> vom ›Demokratiebewusstsein‹ geprägt und gestaltet. Aber die demokratischen Ein-
> richtungen – und wie sie funktionieren – üben ihrerseits einen nachhaltigen Einfluss
> auf die Entwicklung des ›Demokratiebewusstseins‹ in der Gesellschaft aus. [...] Besser
> funktionierende demokratische Einrichtungen stärken das gesellschaftliche ›Demo-
> kratiebewusstsein‹, so wie umgekehrt ein reiferes ›Demokratiebewusstsein‹ die de-
> mokratischen Einrichtungen stärkt.«[1313]

Dass sich die Demokratiereform – wie es Kreisky immer wieder in die Diskussion einbrachte – natürlich auf »viele Bereiche des gesellschaftlichen Lebens
erstrecken« kann und überall dort »fällig« sei, »wo es noch ›autoritäre Strukturen‹ gibt oder wo es sie schon wieder gibt«, bestritt Broda keinesfalls. Die
»unbestreitbare Tatsache der oligopolistischen Tendenzen in der gesellschaftlichen Willensbildung und der Umstand, dass der Ort der gesellschaftlichen
Entscheidungen nicht nur das Parlament beziehungsweise die öffentliche Parlamentssitzung ist«, tat für ihn der Bedeutung des Parlaments als einem »Faktor
der demokratischen Willensbildung von entscheidendem Rang« keinen Abbruch. Insgesamt musste es für Broda – wie er bereits 1967 betont hatte – ein
wichtiges Ziel für die Zukunft sein, dass die Verlebendigung des österreichischen Parlamentarismus erhalten bleibt bzw. dass das »Parlamentsbewusstsein
unter allen veränderten innenpolitischen Verhältnissen in der nächsten Gesetzgebungsperiode nicht wieder verschüttet wird, sondern weiter intensiviert
werden kann.«[1314]

In der Wahlplattform, die ebenso wie ein Großteil der Reformprogramme der
SPÖ für ein modernes Österreich auf dem Parteirat am 22. 11. 1969 beschlossen
wurde, hieß es hinsichtlich einer Demokratiereform bzw. der Demokratisierung
schließlich:

> »Die SPÖ wird dafür sorgen, dass die Grundsätze der Demokratie alle Bereiche des
> gesellschaftlichen Lebens erfassen. Diese Demokratisierung ist jedoch nicht als ein von
> oben gesteuerter Prozess zu verstehen, sondern hat sich auf die bewusste demokrati-

---

1313 Broda, Christian, »Demokratiereform« – »Parlamentsreform«, in: Die Zukunft 8/9 (1969)
      S. 16.
1314 Broda, Die sozialistische Partei in der Opposition, S. 22 f. und Broda, »Demokratiereform«
      – »Parlamentsreform«, S. 18. Vgl. zur Parlamentsreform auch: Broda, Christian, Die
      Stunde der Parlamentsreform ist gekommen. Gesammelte Aufsätze aus der XI. Gesetz-
      gebungsperiode 1966 – 1970, Wien 1970, S. 9 – 30 und Broda, Christian, Parlamentsreform,
      in: Arbeiter-Zeitung, 16.7.1969.

sche Aktivität des einzelnen zu stützen. Eine Erweiterung der politischen Demokratie setzt eine Verbesserung der demokratischen Einrichtungen voraus.«

Festgeschrieben wurde somit eine Formulierung, die quasi als Substrat der Standpunkte Brodas und Kreiskys gelesen werden kann, wenn auch angemerkt werden muss, dass sowohl Kreisky als auch Broda die Notwendigkeit beider Zugänge – der Demokratiereform als Institutionen-Reform und der Demokratisierung aller Lebensbereiche als große gesellschaftspolitische Zielvorgabe – erkannten, diese zumindest in der öffentlich Rhetoriken und in der Publizistik aber unterschiedlich betonten. Verortet war der zitierte Abschnitt des Wahlprogramms im Kapitel »Das Programm zur Verbesserung der staatlichen Einrichtungen«, in dem auch das von Christian Broda ausgearbeitete Justizprogramm und das neue Verwaltungsprogramm der SPÖ lokalisiert waren. Darin hieß es, dass die SPÖ eine Änderung des Wahlrechts anstrebe, die eine stärkere Bindung des Abgeordneten an seinen Wahlkreis und eine gerechte Vertretung der politischen Meinungen im Nationalrat ermöglichen sollte und dass sie für eine sachliche und personelle Organisation des Parlaments eintrete, die die volle Ausschöpfung der Gesetzgebungs- und der Kontrollrechte garantiere. Die SPÖ sprach sich für die Schaffung von parlamentarischen Kommissionen, die Erweiterung des Kontrollrechts des Parlaments, die Aktivierung des Bundesrats und die Modernisierung und Neuregelung des Budgetrechts aus. Sie bekannte sich – wie es im Justizprogramm festgelegt war – zu einer Familienrechtsreform, die die Benachteiligung der Frau im Familien- und Elternrecht beseitigen und eine Neuregelung der Rechtsstellung des unehelichen Kindes bringen sollte. Sie forderte eine moderne Arbeits- und Sozialgerichtsbarkeit, eine rationale Strafrechtsreform, eine Presserechts- und Verwaltungsstrafrechtsreform, die Modernisierung der Gerichtsorganisation, die Erweiterung der Verfassungs- und Verwaltungsgerichtsbarkeit und die Schaffung eines »Anwalts des öffentlichen Rechts«, da die Rechtsordnung in wichtigen Bereichen nicht mehr dem Menschen des ausgehenden 20. Jahrhunderts entsprechen würde.[1315]

Broda, der in den Jahren zuvor die Rechtsreform und die Demokratiereform im Wesentlichen als zwei getrennte Themenbereiche diskutiert hatte, betonte vor der Nationalratswahl 1970 nun auch unmissverständlich, dass für ihn, wie für die SPÖ, die Demokratie- und die Justiz- bzw. Rechtsreform untrennbar zusammen gehörten.[1316] Er konstatierte sowohl im Bereich der demokratischen

---

1315 Leistung – Aufstieg – Sicherheit. Die Alternative der SPÖ für ein modernes Österreich, Wien 1969. AChB, ÖNB, Handschriftensammlung, IV.66.9. Vgl. in diesem Zusammenhang auch die Ausgabe des »Sozialistischen Akademikers« vom Jänner/Februar 1970, in dem das Wahlprogramm der SPÖ vorgestellt wurde.

1316 Broda, Christian, Demokratiereform und Justizprogramm, in: Der Sozialistische Akademiker 1/2 (1970) S. 6 f.

Einrichtungen als auch der Justiz einen großen organisatorischen Nachholbedarf und sprach davon, dass eine »Entrümpelung unserer überalteten Gesetze«
erforderlich sei, damit sich die Gerichte wirklich mit ganzer Kraft den neuen
Aufgaben zuwenden könnten. Im Justizprogramm der SPÖ aus dem Jahr 1969
hieß es, dass das »Unbehagen in der Demokratie« vergrößert würde, wenn nicht
endlich die Rechtsreform erfolgen würde. Wie Broda vor allem in späteren
Jahren betonte, bestand für ihn zwischen der Rechts- und der Demokratieentwicklung vor allem insofern ein Zusammenhang, als die Demokratie gefährdet
werde, wenn die Rechtsordnung und die gesellschaftliche Entwicklung zu weit
auseinanderklaffen, da dann gesellschaftliche Spannungen vorprogrammiert
seien.[1317] Dass die Rechtsreform selbst zu einer Demokratisierung beitragen
könne – wie dies vor allem mit der Gleichstellung der Geschlechter im Familienrecht geplant wurde – wurde seinerseits in den späten 1960er Jahren hingegen
noch weniger betont. Zwar hieß es auch in der Familienrechtsreform, dass diese
zu mehr Gleichberechtigung beitragen soll. Der in den späten 1960er Jahren
gerne zitierte Begriff der Demokratisierung wurde in ihrem Zusammenhang
jedoch nur selten genannt. Wie die Strafrechtsreform wurde die Familienrechtsreform unter dem Topos der »Rechtsreform« behandelt.

6.6. Die »Affäre Ableitinger« – Auseinandersetzungen mit Simon Wiesenthal und die Nationalratswahl 1970

Als im März 1970 Nationalratswahlen vor der Tür standen, war die SPÖ gut
gerüstet. Während die ÖVP in der ersten Halbzeit der Regierung Klaus mit der
Verabschiedung von Wirtschaftsgesetzen, einer Reform der ÖIG und der
Wohnungswirtschaft, der Sanierung der Bundesbahnen und des ORF noch
wichtige Erfolge verbuchen konnte, geriet die Arbeit in der zweiten Hälfte der
Legislaturperiode immer mehr ins Stocken. Von innerparteilichen Problemen
dominiert, schien sie zunehmend uneinig und konnte die in sie gesetzten Erwartungen – vor allem auch was die neue Sachlichkeit in der Politik betraf – nicht
erfüllen. Kam es trotzdem noch zu wichtigen Entscheidungen wie die Verabschiedung des Südtirol-Pakets oder die Annäherung an die EWG, wurde das nur
mangelhaft nach außen kommuniziert. Der SPÖ gelang es hingegen, sich unter
ihrem neuen Parteivorsitzenden Kreisky in wenigen Jahren zu konsolidieren
und in vielen Bereichen als modernere, dem Zeitgeist mehr entsprechende Partei
zu erscheinen. Mit den in der Opposition ausgearbeiteten Reformprogrammen

---

1317 Vgl. hierzu: Broda, Christian, Gesetzgebung und sozialer Wandel, in: Die Zukunft 18
      (1975) S. 10 – 15 sowie Kapitel II Gesellschaft und Recht. Wirkungen und Rückwirkungen,
      in: Broda, Rechtspolitik – Rechtsreform, S. 37 – 81.

konnte sie attraktive Lösungen für ein »modernes Österreich« anbieten. Kreisky hatte sich um eine Aussöhnung mit der katholischen Kirche bemüht und den Medien große Aufmerksamkeit geschenkt. Wie keiner zuvor entwickelte er sich in den kommenden Jahren zum »Medienkanzler«. Gut in Szene setzen konnte er sich vor allem im Fernsehen, das 1970 erstmals auch im Wahlkampf von größerer Bedeutung wurde, nachdem der erste »Fernsehwahlkampf« zehn Jahre zuvor in den USA stattgefunden hatte. Mit ihrer Forderung nach einer »Demokratisierung sämtlicher Lebensbereiche« traf die SPÖ den Zeitgeist der späten 1960er Jahre. Insbesondere für die Jugend war dieses Versprechen eindeutig attraktiver als Klaus' Forderung nach einer »Verlebendigung der Demokratie«, die auf eine Demokratiereform im engeren Sinn abzielte. Klaus, der – so der Historiker Ernst Hanisch – einen »aufgeklärten Konservatismus« verkörperte und stets »oberlehrerhaft« und steif wirkte,[1318] und die ÖVP hatten den additiven Wertewandel der späten 1960er Jahre versäumt.[1319] Deutlich wurde dies auch an der Wahlkampfführung. Die SPÖ setzte 1970 nicht nur auf einen neuen Werbestil, sondern auch auf eine gezielte Propagierung ihrer Konzepte für das »moderne Österreich«, während die ÖVP noch stark am alten Angst- und Feindbilddiskurs festhielt.[1320] Nicht ausgeklammert wurde hierbei auch eine »Warnung« vor der »Gefahr von links«, wie sie noch im Wahlkampf 1962 und 1966 erfolgreich gewesen war. Durch die in der Eisenstädter Erklärung vollzogene Distanzierung der SPÖ vom Kommunismus lief dieser Vorwurf jedoch vollends ins Leere, und auch die WählerInnen wollten 1970 – wenn diese auch von der SPÖ noch nicht völlig ausgespart wurde – wohl etwas anderes hören als die alte Nachkriegswahlkampfrhetorik.[1321]

Christian Broda, der – im Zusammenhang mit seiner kommunistischen Vergangenheit – im Wahlkampf 1966 vor allem von Seiten der »Kronen-Zeitung« unter hartem Beschuss gestanden hatte, setzte im Wahlkampf 1970 auf eine Propagierung seines Justizprogramms. Das Verhältnis der SPÖ zur »Kronen-Zeitung« wurde – wie bereits ausgeführt wurde – 1969 bereinigt. Im Gegensatz zum Wahlkampf 1966 griff die »Kronen-Zeitung« Christian Broda deshalb nicht an. Eine neuerliche Attacke gegen Broda erfolgte im Vorwahlkampf, Ende November 1969, jedoch durch Franz Olah, der sein »Broda-Pamphlet per Post gezielt an österreichische Abgeordnete verteilte. Darin thematisierte Olah ein-

---

1318 Hanisch, Der lange Schatten des Staates, S. 461 und S. 463.
1319 Kriechbaumer, Die ÖVP in der Alleinregierung Klaus, S. 193.
1320 Vgl. hierzu auch die späteren Ausführungen zum Thema Schattenkabinett.
1321 Auch bei der SPÖ hatten im Wahlkampf 1970 die Schreckgespenster früherer Wahlkämpfe noch nicht völlig ausgedient. So griff auch sie in Wahlwerbespots 1970 noch auf das alte »Wahlkampfthema 1934« zurück. Insgesamt dominierte jedoch ein positiver Zukunftsoptimismus in der Wahlwerbung der Partei, wie er etwa in den Wahlplakaten für das »moderne Österreich« deutlich wird. Vgl.: Hölzl, Propagandaschlachten, S. 140 ff.

mal mehr Brodas Vergangenheit: den Semmelmann-Mord 1931, Brodas Dissertation aus dem Jahr 1940, seinen Militärgerichtsprozess 1943 und vor allem seine Tätigkeit in Ried im Innkreis 1945.[1322] Christian Broda, der laut Medienberichten von Hannes Androsch vor dem Pamphlet Olahs und dessen Verbreitung unter den ParlamentarierInnen gewarnt worden sein soll,[1323] bekannte sich in der Sitzung des Nationalrats vom 2. Dezember 1969 mit Ausnahme seiner kommunistischen Zeit ausdrücklich zu seiner Vergangenheit: Zu seiner Dissertation aus dem Jahr 1940 und seiner Tätigkeit in Ried im Innkreis 1945. Hinsichtlich seiner kommunistischen Vergangenheit nahm er jedoch das Recht auf politischen Irrtum als junger Mensch in Anspruch. Hier erfolgte – wie schon so oft zuvor – eine deutliche Distanzierung.[1324]

Eine wesentliche Verschlechterung erlebte Ende 1969, wenige Wochen vor der Wahl, auch das Verhältnis zwischen Simon Wiesenthal und Christian Broda. Maßgeblich verantwortlich war dafür die so genannte »Affäre Ableitinger«, die im Zusammenhang mit der »Causa Euler« und Spionagevorgängen im Innenministerium zu sehen ist. Die Vorgeschichte ist hierbei folgende: Im Jahr 1968 wurde durch eine Information eines ausländischen Geheimdienstes mit Sitz in Bayern offenkundig, dass der in der Pressestelle des Innenministeriums tätige Alois Euler, der auch bei der Bundesparteileitung der ÖVP und als persönlicher Pressereferent von Innenminister Soronics beschäftigt war, Kontakte zum tschechischen – und wie sich später herausstellte auch zum deutschen – Geheimdienst hatte. Zugleich stellte sich ebenfalls 1968 durch eine nicht zustellbare Postsendung heraus, dass der Privatdetektiv Johann Ableitinger Durchschläge von Vernehmungsniederschriften der Bundespolizeidirektion Wien mit tschechischen Flüchtlingen an einen Agenten eines westlichen Nachrichtendienstes verkauft hatte. Ableitinger, der vor der Eröffnung seiner Detektei im staatspolizeilichen Büro der Bundespolizeidirektion Wien tätig war, hatte einen Polizeibeamten zum Amtsmissbrauch angestiftet und die erhaltenen Informationen gegen Bezahlung weitergegeben.

Zur Aufklärung dieser Vorfälle wurde am 11. Dezember 1968 auf Antrag von SPÖ, ÖVP und FPÖ einstimmig ein parlamentarischer Untersuchungsausschuss eingesetzt, der sich mit den Vorfällen im Innenministerium beschäftigen sollte.[1325] Zu den Mitgliedern des Ausschusses, der sich am 13. Februar 1969 konstituierte, gehörte unter anderem Christian Broda. Die Untersuchungen, die im

---

1322 Vgl. hierzu AChB, ÖNB, Handschriftensammlung, IV.107.1 sowie ÖVA, Nachlass Karl R. Stadler, 17/4.
1323 Anti-Typ als Androsch-Freund, in: Kurier, 1.9.1978.
1324 Vgl. hierzu: StPNR, XI. GP, 159. Sitzung, 2.12.1969, S. 13680–13683 sowie die Parlamentskorrespondenz vom 2.12.1969.
1325 Vgl. zu den Fällen Euler und Ableitinger: AChB, ÖNB, Handschriftensammlung, IV.132, IV.249 und V.1039.

Herbst 1969 abgeschlossen wurden, stellten nicht nur eine intensive Tätigkeit ausländischer Nachrichtendienste in Österreich fest.[1326] Sie ergaben im Fall Ableitinger auch, dass dieser im Rahmen so genannter Priorierungen, das heißt der Einholung von Auskünften über Personen auf Grund behördlicher Aufzeichnungen, wiederholt Polizeibedienstete für seine Zwecke eingespannt hatte. Zu jenen, die Kontakt zu Ableitinger hatten, gehörte auch Simon Wiesenthal. Dieser hatte sich der Detektei Ableitingers nicht nur bei der Ausforschung von NS-Verbrechern bedient, sondern Ableitinger auch in einigen Fällen mit Personenrecherchen beschäftigt, die privater Natur waren (so für die jüdische Freimaurerloge Bnai Brith). Zugleich hatte er – wie Ableitinger ausführte – auch den Kontakt zur israelischen Botschaft hergestellt, worauf er – wie in den Untersuchungsunterlagen festgehalten wurde – auch für den israelischen Nachrichtendienst tätig gewesen sein soll.[1327]

Im Ausschussbericht, der am 7. Oktober vorgelegt wurde, ist von Wiesenthal keine Rede. In einem Minderheitsbericht der Abgeordneten Broda, Van Tongel, Gratz, Mondl und Thalhammer, der dadurch motiviert war, die »Affäre Ableitinger« in all ihren Facetten genauer zu beleuchten, als es der Mehrheitsbericht tat, wurde jedoch auf Wiesenthal verwiesen. Neben einer ausführlichen Darstellung darüber, wie Ableitinger nach seinem Ausscheiden aus der Staatspolizei seine Kontakte zu dieser nutzte und dem Verweis darauf, dass Ableitinger auch nach seinem Ausscheiden aus dem Polizeidienst in Verbindung mit seinem früheren Vorgesetzten Oswald Peterlunger, dem nunmehrigen Generaldirektor für die öffentliche Sicherheit, stand, wurde hier auch auf die genannten Verbindungen von Wiesenthal und Ableitinger eingegangen.[1328]

Thematisiert wurde Wiesenthal, gegen den mittlerweile Untersuchungen wegen des Verdachts der Mitschuld am Verbrechen des Amtsmissbrauchs eingeleitet worden waren, von Broda auch in der Nationalratsitzung vom 23. Ok-

---

1326 Vgl. zum Themenkomplex Geheimdienste in Österreich: Irnberger, Harald, Nelkenstrauß ruft Praterstern. Am Beispiel Österreich: Funktion und Arbeitsweise geheimer Nachrichtendienste in einem neutralen Staat, 2. Ausg., Wien 1983, Tozzer, Kurt / Tozzer, Max, Das Netz der Schattenmänner, Geheimdienste in Österreich, Wien 2004 sowie die Diskussion um geheimdienstliche Aktivitäten von Helmut Zilk und Otto Schulmeister im Jahr 2009: Lackner, Herbert, Deckname Holec, in: Profil 13 (2009), online: http://www.profil. at/articles/0912/560/237065/helmut-zilk-spion-zilk-informant-cssr-geheimdienstes (1.4. 2010) sowie Zöchling, Christa, Ex-»Presse«-Chef im Dienste der CIA: Otto Schulmeister agierte im Auftrag der Geheimdienste, in: Profil 17 (2009), online: http://www.profil.at/articles/ 0916/560/239634/ex-presse-chef-dienste-cia-otto-schulmeister-geheimdienst (1.4. 2010).
1327 Dass Ableitinger im »Dienst Israels« tätig war bzw. für die israelische Botschaft in Wien arbeitete, hat zuletzt Tom Segev auf Basis von Unterlagen im israelischen Außenministerium bestätigt. Zugleich weist er auch darauf hin, dass Wiesenthal während der Aufdeckung der »Affäre Ableitinger« in engem Kontakt mit der israelischen Botschaft stand. Vgl.: Segev, Tom, Simon Wiesenthal. Die Biographie, München 2010, S. 299 ff.
1328 StPNR, XI. GP, Blg. 1391.

tober 1969. In der Nationalratsdebatte über die Fälle Euler und Ableitinger bzw. die Ergebnisse des parlamentarischen Untersuchungsausschusses sprach sich Broda vehement gegen ein parapolizeiliches Handeln von privaten Stellen aus und hielt fest, dass der demokratische Rechtsstaat unteilbar sei. Daran habe sich auch Wiesenthal zu halten. Broda betonte, dass für die Angelegenheiten der staatlichen Sicherheit nur die staatlichen Behörden zuständig seien, die auf Grund der österreichischen Gesetze und im Rahmen ihrer Verantwortung vor den österreichischen Gesetzen zu arbeiten hätten, alles andere würde einen Zustand der Rechtsunsicherheit nach sich ziehen und zu einem Scherbenhaufen an Vertrauens- und Autoritätsschwund führen.[1329] Alles in allem dominierten – auch seitens Broda – jedoch andere Punkte als die »Causa Wiesenthal«, vor allem der Fall Peterlunger, die Sitzung vom 23. Oktober 1969.

Die von der Staatsanwaltschaft gegen Wiesenthal eingeleiteten Untersuchungen wurden Ende 1969 eingestellt. Zu einer Anklage kam es nicht, da keine Beweise dafür erbracht werden konnten, dass Wiesenthal Ableitinger dazu angestiftet haben soll, in amtlich verschlossene Quellen Einblick zu nehmen oder für Israel nachrichtendienstlich tätig zu werden. In seiner Vernehmung sagte Wiesenthal zwar aus, dass ihm aufgefallen war, dass Ableitinger ihm Auskünfte geben konnte, die einem normalen Staatsbürger nicht ohne weiteres zugänglich wären. Da er Ableitinger aber als geschulten Staatspolizisten kannte, der wissen musste, was erlaubt ist und was nicht und ihm dieser zudem von Sektionschef Peterlunger empfohlen worden sei, habe er hierin nichts Unrechtes gesehen. Zudem habe er im Zuge seiner langjährigen Tätigkeit als Leiter des Jüdischen Dokumentationszentrums selbst wiederholt von den österreichischen Behörden, auch der Staatspolizei, Informationen erhalten, die ansonsten nicht an jedermann weitergegeben würden. Bekommen habe er diese Informationen, weil die österreichischen Behörden wussten, wofür Wiesenthal diese benötigte und dass er sie nicht missbrauchen würde. Außerdem sei er wiederholt von österreichischen Stellen mit Anfragen konfrontiert worden und habe wichtige Eingaben hinsichtlich der Verfolgung von NS-Tätern gemacht, was ihm vor allem auf Grund seiner internationalen Kontakte möglich war.[1330] Wiesenthal erklärte somit, dass er sich keiner Schuld bewusst sei. Und so leugnete er – etwa auch gegenüber Kreisky, den er persönlich anschrieb – gar nicht, dass er Ableitinger in einigen Fällen auch mit Recherchen beschäftigt hatte, die nicht der Verfolgung von NS-Verbrechern dienten und er Ableitinger auch der Israelischen Botschaft empfohlen habe. Was er für diese dann gemacht habe, entziehe sich jedoch seiner Kenntnis. Vor allem betonte er aber, dass er in der Verfolgung

---

1329 StPNR, XI. GP, 152. Sitzung vom 23.10.1969, S. 13240.
1330 Strafsache gegen Simon Wiesenthal, BMJ GZ 64.241–11/69, in: AChB, ÖNB, Handschriftensammlung, V.1039.

von NS-Tätern oftmals eine kompensatorische Funktion übernommen hatte, was angesichts der Versäumnisse von Politik, Justiz und Polizei in der Verfolgung von NS-Verbrechen nach 1945 zweifellos richtig ist. Eingesprungen sei er immer wieder dann, wenn die österreichischen Behörden zu langsam oder gar nicht reagiert hätten, aus dem Ausland aber Anfragen in der Verfolgung von NS-Tätern gestellt worden waren.[1331]

Das Verhältnis zwischen Broda und Wiesenthal, das bereits seit längerer Zeit angespannt war, verschlechterte sich erneut. Wie Franz Olah – und in früheren Jahren Hermann Withalm auf Seiten der ÖVP – interessierte sich nun Simon Wiesenthal öffentlich für mögliche »dunkle Flecken« in der Biographie Brodas – seine kommunistische Vergangenheit, die Dissertation aus dem Jahr 1940, seinen Widerstandsprozess 1943 und die Ereignisse in Ried im Innkreis 1945[1332] –, die (sichtlich ungeprüft) auch von Tom Segev in einer neuen Biographie über Wiesenthal als solche wiedergegeben werden.[1333] So wurde im jüdischen »Ausweg« im Dezember 1969 öffentlich in Frage gestellt, ob es sich bei Broda auch wirklich um einen Widerstandskämpfer gehandelt habe und wie es möglich war, dass sein Prozess 1943 mit einem so milden Urteil enden konnte. Zugleich wurde mit Bezug auf einzelne Textstellen aus Brodas Dissertation – vor allem jene zitierte Passage, in der er von einer »bewussten und organisierten Ausschaltung breiter Schichten der Bevölkerung von Gesetzgebung und Verwaltung« sprach – die Frage »geklärt«, warum Broda sein historisches Doktorat verschweigen würde.[1334] Broda antwortete hierauf – wie in dieser Arbeit bereits ausgeführt wurde – in der »Wochenpresse« mit dem Verweis auf Dr. Trauttmansdorff sowie die Kanzlei Albertis und nannte namentlich jene Personen, denen er sein Überleben 1943 verdankte. Was hingegen seine Dissertation betraf, so bekannte er sich auch in diesem Zusammenhang zu dieser und merkte an, dass diese jedermann zur Verfügung stehen würde.[1335]

Unterstützung in der Kritik an Broda erhielt Wiesenthal Ende 1969 von der

---

1331 Schreiben von Simon Wiesenthal an Bruno Kreisky vom 21.10.1969. AChB, ÖNB, Handschriftensammlung, IV.249/1.1. Vgl. hierzu auch: Segev, Simon Wiesenthal, S. 301.

1332 Vgl. hierzu neben den unten angeführten Artikeln die beiden Personen-Mappen zu Christian Broda im Simon Wiesenthal Archiv, Wien.

1333 So schreibt Segev wörtlich: »Im Gegenzug brachte Wiesenthal einige hochnotpeinliche Details aus Brodas Vergangenheit ans Tageslicht: Als Gymnasiast war dieser noch Kommunist gewesen, ehe er im Zweiten Weltkrieg eine Doktorarbeit verfasste, die nationalsozialistische Standpunkte zum Ausdruck brachte. Nach dem Krieg dann sollte sich Broda bevorzugt der Jagd nach ehemaligen Nationalsozialisten widmen. Zwei der Gesuchten kamen zu Tode, allem Anschein nach während ihres Verhörs, und der Verdacht fiel auf Broda.« Vgl.: Segev, Simon Wiesenthal, S. 300.

1334 DDr. Hans Christian Broda: Was nicht im »Who is Who« steht.., in: Der Ausweg 5 (Dezember 1969) S. 1 f.

1335 Vgl. hierzu: Rache, in: Wochenpresse, Nr. 51, 17.12.1969 sowie Kommentare: »Rache«, in: Die Wochenpresse, Nr. 52, 31.12.1969.

katholischen Wochenzeitung »Die Furche«, was Broda umso mehr traf, als er mit deren Chefredakteur Willy Lorenz im Zuge der Buchreihe »Das einsame Gewissen« zusammengearbeitet hatte. Auch Karl Stadler, der Broda wie immer treu verbunden war, musste mit Bedauern feststellen, dass man sich in Lorenz tief getäuscht habe.[1336] So war am 1. November 1969 in der »Furche« nicht nur zu lesen, dass Broda und Gustav Zeilinger von der FPÖ im Nationalrat »in seltsamer Geeintheit« die Verbindungen von Wiesenthal und Ableitinger angesprochen haben, sondern auch dass Broda in der SPÖ schon seit jeher zu jenen gehört habe, die sich für einen »Schlussstrich« ausgesprochen hätten. Ohne eine konkrete Quelle zu nennen, wurde zudem vermerkt, dass Broda im privaten Kreis ausgesagt haben soll, dass jeder Kriegsverbrecherprozess der Partei hunderte Mitglieder und Wählerstimmen kosten würde.[1337] Von Broda, der sich von 26. Oktober bis 13. November 1969 bei der Interparlamentarischen Union in New Delhi aufhielt, wurde eine solche Aussage ebenso wie wahltaktische Gründe jedoch umgehend und vehement zurückgewiesen und in der »Arbeiter-Zeitung« darauf verwiesen, dass das katholische Wochenblatt erst unlängst unwahre Behauptungen gegen Kreisky aufgestellt habe, die sie prompt zurücknehmen musste.[1338] In der »Furche« war wenig später – diesmal formuliert von Simon Wiesenthal – jedoch von derselben, Broda zugeschriebenen Aussage zu lesen.[1339]

Broda bekannte sich hierauf einmal mehr zu seinen Aussagen in der Nationalratsdebatte vom 23. Oktober 1969 und zum unteilbaren Rechtsstaat. Auch die Opfer von einst könnten nicht besser geehrt werden, als durch unsere Wachsamkeit im Dienste der rechtsstaatlichen Einrichtungen unserer parlamentarischen Demokratie von heute.[1340] Die »Furche« blieb jedoch bei ihrer Broda-Kritik und wendete sich mit dem Hinweis darauf, dass die Öffentlichkeit ein Recht darauf habe, zu erfahren, wer der Verfasser des Justizprogramms der SPÖ und der mögliche neue Justizminister sei, nun dem Thema Ried in Innkreis zu. Ähnlich wie kurz zuvor Franz Olah forderte sie nun von Broda, dass er zu seiner Tätigkeit in Ried im Innkreis und dem Ableben von Andreas Blaschofsky und

---

1336 Schreiben von Karl R. Stadler an Christian Broda vom 5.12.1969 sowie Schreiben von Willy Lorenz an Karl Stadler vom 27.11.1969. AChB, ÖNB, Handschriftensammlung, IV.249/1.4.

1337 Arbeit für Wiesenthal in: Die Furche 44 (1969) S. 2. Vgl. in diesem Zusammenhang auch: Spione, Budget und Schilling.., in: Die Furche 44 (1969) S. 4.

1338 Unterstellungen der »Furche«: Von A bis Z falsch, in: Sozialistische Korrespondenz, 31.10. 1969, »Furche« – VP-Wahlkampforgan, in: Arbeiter-Zeitung, 1.11.1969. Vgl. hierzu auch: Wiesenthal, Simon, Antwort an DDr. Broda. Mitarbeit bei Suche nach Verbrechern als »Parapolizeilich« deklariert, in: Der Ausweg 4 (November 1969) S. 1 f.

1339 Wiesenthal, Simon, Antwort an Dr. Broda, in: Die Furche 45 (1969) S. 5.

1340 Klarstellung zu Wiesenthal. Manuskript-Entwurf, AChB, ÖNB, Handschriftensammlung, IV.249/1.2.

Emmerich Mösenbacher Stellung beziehen soll[1341] und stellte mit Bezug auf das gemeinsame Vorgehen von SPÖ und FPÖ in der »Causa Ableitinger« die Frage, ob hiermit der Weg für eine Kleine Koalition geebnet werden sollte.[1342]

Die Wahlen vom 1. März 1970 konnte die SPÖ, auch deshalb, weil Kreisky in den Bundesländern gekonnt in Szene gesetzt worden war, für sich entscheiden. Mit 48,42 Prozent der Stimmen bzw. 81 Mandaten ließ die SPÖ die ÖVP mit 44,69 Prozent der Stimmen bzw. 78 Mandaten deutlich hinter sich zurück. Die FPÖ erlangte mit 5,52 Prozent der Stimmen sechs Mandate, nachdem ihrem Antrag auf Wahlwiederholung in drei Wiener Wahlkreisen stattgegeben worden war. Damit erreichte die SPÖ die relative Mandatsmehrheit, die absolute Mandatsmehrheit verfehlte sie, obwohl sie 1970 mehr Stimmen erreichen konnte als die ÖVP 1966 aufgrund der geltenden Wahlarithmetik.[1343] Vorausgesehen wurde ein solcher Wahlsieg, wenn auch die Landtags- und Kommunalwahlen in der zweiten Hälfte der XI. Gesetzgebungsperiode darauf hingedeutet hatten, in der Partei nicht. Auch Kreisky hielt es nur für realistisch, dass die SPÖ erst 1974 zur stärksten Kraft werden könnte.[1344]

Entscheidend für den Wahlausgang war, dass die SPÖ eine breite, wiederholt als sozial-liberal beschriebene WählerInnenkoalition für sich gewinnen konnte, die sie zur hegemonialen Kraft des österreichischen Parteiensystems der 1970er und frühen 1980er Jahre werden ließ.[1345] Hatte sich der in den 1960er Jahren beschleunigende gesellschaftliche Wandel 1966 noch zugunsten der ÖVP ausgewirkt, gelang es nun der SPÖ, die entstehende neue Mittelschicht anzusprechen. Neben den größeren Städten konnte sie nun auch verstärkt im Westen und in den vom Strukturwandel besonders betroffenen Gebieten punkten. Zudem gelang es ihr, nachdem sie in diesem WählerInnensegment 1966 starke Einbußen hinnehmen musste, auch bei der Jugend zu reüssieren, was durch eine Wahlaltersenkung 1968 umso bedeutender war. Kreisky war es – wie Ernst Hanisch betont – gelungen, die großen Themen der Jugendbewegung auf seine Mühlen zu

---

1341 Was geschah am 8. Mai 1945?, in: Die Furche 49 (1969) S. 5 und Peinliche Fragen an Broda, in: Volksblatt, 7. 12. 1969 sowie Fragen an Dr. Broda: Um »allfällige Ermittlungsaufträge« wird gebeten, in: Die Furche 2 (1970) S. 4.

1342 »Weg frei für die kleine Koalition..?«. Ausländische Pressestimmen zum Konflikt Broda-Wiesenthal; in: Die Furche 50 (1969) S. 5.

1343 Die ÖVP hatte 1966 mit 2,19 Millionen WählerInnenstimmen 85 Mandate erreicht, die SPÖ erlangte 1970 mit 2,23 Millionen WählerInnenstimmen jedoch nur 81 Mandate.

1344 Fischer, Die Kreisky-Jahre 1967 – 1983, S. 60.

1345 Vgl. zur sozial-liberalen WählerInnenkoalition: Ulram, Peter, Thematischer Wandel im österreichischen Parteiensystem, in: Pelinka, Anton / Plasser, Fritz (Hg.), Das österreichische Parteiensystem, Wien 1988, S. 210 ff. und mit Bezug auf ein Zitat von Bruno Kreisky auch: Rathkolb, Oliver, Die Kreisky-Ära 1970 – 1983, in: Steininger, Rolf / Gehler, Michael (Hg.), Österreich im 20. Jahrhundert, Bd. 2, Vom Zweiten Weltkrieg bis zur Gegenwart, Wien/Köln/Weimar 1997, S. 305.

lenken[1346] und diese mit dem Slogan »sechs Monate sind genug«, der sich auf eine Verkürzung des Wehrdienstes bezog, direkt anzusprechen. Der Aufforderung »ein Stück des Weges mit der SPÖ zu gehen«, der sich gezielt an Nicht-Partei-mitglieder wendete und diesen die Hemmung vor einer Stimmabgabe für die Sozialisten nehmen solle, schlossen sich 1970 aber auch viele Angehörige des klassischen ÖVP-WählerInnenblocks an. Neben der Jugend, der traditionell eher der ÖVP nahe stehenden Mittelschicht und den Angestellten, begannen 1970 aber auch verstärkt die oberen Bildungsschichten und die Frauen, die zuvor stärker für die ÖVP votiert hatten, die SPÖ zu wählen.[1347]

1346 Hanisch, Der lange Schatten des Staates, S. 465.
1347 Rathkolb, Transformation der SPÖ, 1966–1970, S. 205 f. Vgl. zur Wahl 1970 zudem: Blecha, Karl, Analyse einer Wahl (I), in: Die Zukunft 5/6 (1970) S. 5–10 und Blecha, Karl, Analyse einer Wahl (II), in: Die Zukunft 7 (1970) S. 2–6.

7. Justizminister in der Ära Kreisky 1970–1983

Die Nationalratswahl vom 1. März 1970 gab – was damals noch niemand ahnen konnte – den Startschuss zu einer 13jährigen Alleinregierung der SPÖ. Christian Broda gehörte sämtlichen Kabinetten der Ära Kreisky als Justizminister an und schied erst 1983 – und das, wie zu zeigen sein wird – nicht ganz freiwillig aus der Regierung aus. Neben Hertha Firnberg gehörte er in den folgenden Jahren zu den wichtigsten »ReformministerInnen« von Bundeskanzler Kreisky.

Regierung Kreisky I. Vordere Reihe von links nach rechts: Christian Broda, Gertrude Wondrack, Bruno Kreisky, Hertha Firnberg, Rudolf Häuser. Hintere Reihe von links nach rechts: Ernst Eugen Veselsky, Hans Freihsler, Josef Staribacher, Josef Moser, Otto Rösch, Rudolf Kirchschläger, Erwin Frühbauer, Leopold Gratz, Hannes Androsch, Johann Öllinger

Mit absoluten Mehrheiten regieren konnte die SPÖ jedoch erst ab 1971. 1970 kam es zunächst zur Bildung einer Minderheitsregierung. Dem Wahlsieg der SPÖ folgte am 3. März die Demissionierung der Regierung Klaus. Bruno Kreisky erhielt den Auftrag zur Bildung einer Regierung und nahm am 5. März erste

Kontaktgespräche mit der ÖVP auf. Definitive Koalitionsgespräche wurden jedoch erst ab dem 17. März geführt, da die ÖVP erst noch klären musste, wer auf
ihrer Seite die Koalitionsverhandlungen führen bzw. wer in Zukunft an der
Spitze der Partei stehen sollte. Josef Klaus hatte nach dem Wahlsieg der SPÖ
seinen Rücktritt aus der Politik erklärt. Nachdem er bereits im Wahlkampf
erklärt hatte, keiner Koalitionsregierung vorstehen zu wollen, war er unmittelbar nach der Wahl auch als Parteivorsitzender zurückgetreten. In der SPÖ wurde
indessen beschlossen, dass die Reformprogramme der »1400 Experten« die
Grundlage der Regierungsverhandlungen sein sollten. Beim Zustandekommen
einer möglichen neuen Großen Koalition sollte es keinen Koalitionspakt und
keinen Koalitionsausschuss mehr geben. Sollte ein Minister mit seiner Initiative
vom Regierungspartner abgelehnt werden, sollten ihm zwei Monate Zeit zur
Verfügung stehen, um die Gegensätze zu überbrücken. Andernfalls würde ihm
die Möglichkeit offen stehen, den Gesetzesentwurf in der Form eines Berichts an
den Nationalrat zu übermitteln, wo dann frei über ihn entschieden werden sollte.
Ähnlich wie die ÖVP 1966 zeigte sich die SPÖ in den Regierungsverhandlungen
mit der ÖVP somit deutlich selbstbewusst.[1348] Im Hauptausschuss des Nationalrats forderte sie die eindeutige Mehrheit und in der Ressortverteilung neben
dem Bundeskanzleramt das Innen-, Finanz-, Sozial-, Unterrichts-, Verkehrs-
und Justizministerium.[1349] Zu Zugeständnissen an die ÖVP, die diese Bedingungen nicht akzeptieren konnte, war die SPÖ in den Verhandlungen nur sehr
beschränkt bereit – und das vor allem deshalb, weil Kreisky parallel zur ÖVP
auch Gespräche mit der FPÖ führte. Zu einem ersten Treffen zwischen Kreisky
und FPÖ-Obmann Friedrich Peter war es noch in der Wahlnacht gekommen.
Gegenstand der Verhandlungen mit der FPÖ in den kommenden Wochen war
die Unterstützung einer SPÖ-Minderheitsregierung im Gegenzug für die Ein-
lösung des bereits 1963 gegebenen Versprechens einer Wahlrechtsreform, die
den Proportionalitätseffekt steigern und somit bessere Bedingungen für kleine
Parteien im Parlament schaffen sollte.[1350] Für die FPÖ, die im Wahlkampf noch
mit der Erklärung »Kein roter Bundeskanzler, keine schwarze Alleinregierung«
geworben und erklärt hatte, dass sie »aus sachlichen und personellen Gründen«

1348 Das Verhandlungsteam bestand auf Seiten der SPÖ aus Kreisky, Firnberg, Slavik, Wald-
brunner und Czettel und auf Seiten der ÖVP aus Withalm, Maleta, Schleinzer, Koren,
Bauer und Krainer. Das Regierungsprogramm für eine SPÖ-ÖVP-Koalition wurde von
Hannes Androsch und Heinz Fischer (SPÖ) sowie Karl Pisa und Hans Kronhuber (ÖVP)
ausgearbeitet. Vgl.: Erste Verhandlungen 2 Stunden. Neue Gesprächsrunde Dienstag, in:
Arbeiter-Zeitung, 6.3.1970, Kreisky bildet SP-Regierung (Kasten: Abbruch in der 17.
Runde), in: Arbeiter-Zeitung, 21.4.1970 sowie »Das war eine Wende…«, in: Kronen-
Zeitung, 1.3.2010.
1349 Kriechbaumer, Österreichs Innenpolitik 1970–1975, S. 25 ff.
1350 Fischer, Die Kreisky-Jahre 1967–1983, S. 61, Kriechbaumer, Österreichs Innenpolitik
1970–1975, S. 37 ff.

keine Regierungskoalition mit der SPÖ eingehen werde,[1351] war damit die Erfüllung eines alten Wunschtraums in greifbare Nähe gerückt. Kreisky hingegen ermöglichte es eine härtere Gangart in den Verhandlungen mit der ÖVP. In der SPÖ sprachen sich zwar anfangs noch maßgebliche Kräfte – etwa Vertreter des ÖGB und Klubobmann Pittermann – für eine Zusammenarbeit mit der ÖVP unter geänderten Vorzeichen aus. Nachdem die Gespräche mit der ÖVP nur schleppend voran gingen, fanden sich aber immer mehr Anhänger für eine Minderheitsregierung.[1352] Das endgültige Scheitern der Regierungsverhandlungen mit der Volkspartei stand am 20. April 1970 fest. Bereits einen Tag später, das heißt am 21. April, wurde von Bundespräsident Jonas – vornehmlich deswegen, da auch nicht die Alternative einer ÖVP-FPÖ-Koalition bestand und auch Karl Waldbrunner seine Zustimmung hierfür gegeben hatte[1353] – eine Minderheitsregierung unter der Führung von Kreisky angelobt.[1354] Diese galt für viele anfangs noch als »Betriebsunfall« der Verhandlungen, für Kreisky und die SPÖ bedeute sie aber das Durchgangsstadium zu einer über zehnjährigen Alleinregierung.

Unter den Ministern der ersten sozialistischen Alleinregierung war Christian Broda der einzige, der schon in einer Koalitionsregierung ein Ministerium geleitet hatte. Wesentlich dafür, dass er 1970 erneut das Justizministerium übernahm, war – wie ausgeführt – sein Anteil an der Ausarbeitung des Justizprogramms der SPÖ. Broda, der 1966 noch am Tiefpunkt seiner politischen Karriere war, hatte sich so seinen Platz in einer neuen Regierung gesichert. Kreisky hatte im Wahlkampf 1970 auf die Präsentation eines Schattenkabinetts verzichtet, um dieses nicht der ÖVP-Propaganda auszusetzen, aber betont, dass die SPÖ über genug personelles Know-how verfüge.[1355] Namen zu nennen, vermied er, was im Wahlkampf unter anderem dazu führte, dass die ÖVP vor den »Schatten- oder Kapuzenmännern« der SPÖ oder einer »Zukunft voller Fragezeichen« warnte.[1356] Tat er dies doch einmal – wie etwa vor CVern der »Austria« im Dezember 1969 – so verwies er auf neue und frische Gesichter. Namentlich genannt wurden Hertha Firnberg, Josef Moser, Josef Staribacher, Hannes Androsch, Ernst Eugen Veselsky, Leopold Gratz oder Heinz Fischer. Der Name Broda, der im Wahlkreis 7 (Wien-West) als Spitzenkandidat der SPÖ auftrat, der

---

1351 Frischenschlager, Friedhelm, Die Ära Klaus aus der Perspektive der FPÖ, in: Schausberger, Franz (Hg.), Die Transformation der österreichischen Gesellschaft und die Alleinregierung von Bundeskanzler Dr. Josef Klaus, Salzburg 1995, S. 220 ff.

1352 Vgl. hierzu auch: Bruno Kreisky. Im Strom der Politik, S. 409 f.

1353 Fischer, Heinz, Stichworte für Festakt anlässlich des 100. Geburtstages von Karl Waldbrunner im Parlament am 22. November 2006, online: http://www.androsch.com/media/publikationen/708_waldbrunner%20rede%20heinz%20fischer.pdf (24.4.2009).

1354 Kreisky bildet SP-Regierung, in: Arbeiter-Zeitung, 21.4.1970.

1355 Kreisky, Bruno, Die sozialistische Alternative, in: Die Zukunft 1 (1970) S. 4.

1356 Hölzl, Propagandaschlachten, S. 140 ff.

die Bezirke Penzing, Ottakring und Hernals umfasste, fehlte jedoch.[1357] Nicht weiter verwunderlich ist dies vor allem deshalb, weil Broda und Kreisky im Olah-Konflikt in unterschiedlichen »Lagern« gestanden hatten und Broda Kreisky bei seiner Wahl zum Parteiobmann 1967 seine Unterstützung verwehrt hatte. Im Februar 1970, das heißt unmittelbar vor der Wahl, betonte Kreisky dann, dass seinem Team Männer und Frauen angehören werden, die sich bewährt hatten und dass sich hierunter auch VertreterInnen aus den Ländern befinden würden.[1358] Angesprochen wurden damit wohl auch die Arbeit an den Reformprogrammen der SPÖ und die Personen, die hinter diesen standen. Teile der SPÖ konnten sich demgegenüber – wie sich Michael Neider und Heinrich Keller erinnern – aber auch den Oberösterreicher Rupert Hartl an der Spitze des Justizministeriums vorstellen.[1359] Große Erfolgsaussichten hatten solche Pläne angesichts dessen, dass Broda hinter dem Justizprogramm der SPÖ stand und dass er seit den Auseinandersetzungen mit Franz Olah gute Verbindungen zu Anton Benya und Karl Waldbrunner hatte, jedoch nicht. Auch wenn sein Verhältnis zu Bruno Kreisky nicht das Beste war und sich Kreisky Broda wohl nicht unbedingt als neuen Justizminister wünschte, zog Christian Broda 1970 wieder in die Regierung ein.[1360]

An deren Spitze standen Bruno Kreisky und Rudolf Häuser als Kanzler und Vizekanzler. Der junge Hannes Androsch übernahm das Finanzministerium, Hertha Firnberg das Wissenschaftsressort, das erst noch zu errichten war, Josef Staribacher das Handels-, Leopold Gratz das Unterrichts- und Rudolf Kirchschläger das Außenministerium. Besondere Schwierigkeiten bei der Regierungsbildung bereitete die Bestellung eines Landwirtschaftsministers. Nachdem ursprünglich Ernst Eugen Veselsky für das Handels- und Josef Staribacher für das Landwirtschaftsministerium vorgesehen war, Staribacher (aus der Arbeiterkammer kommend) schlussendlich aber die Leitung des Handelsministeriums übernahm und Veselsky Staatssekretär im Bundeskanzleramt wurde, musste Kreisky innerhalb kurzer Zeit einen neuen Landwirtschaftsminister finden.[1361] Vorgeschlagen wurde ihm in dieser Situation aus Kärnten der ihm völlig unbekannte Hans Öllinger, der dem Landwirtschaftsministerium nur rund einen Monat vorstand. Bald wieder verlassen musste er das Ministerium

1357 SPÖ-Schattenkabinett, in: Wochenpresse, Nr. 51 vom 17. 12. 1969.
1358 Kreisky: Fundamente eines modernen Staates legen, in: Sozialistische Korrespondenz, vom 14. 2. 1970.
1359 Interview mit Dr. Michael Neider am 31. 5. 2006 und mit Dr. Heinrich Keller am 12. 10. 2009. Hartl selbst gibt in seinen Memoiren keinen Hinweis darauf, dass er als Justizminister in Diskussion war. Vgl.: Hartl, Rupert, Österreich oder der schwierige Weg zum Sozialismus, Wien 1986.
1360 Dass Hartl keine großen Chancen gegen Broda hatte, räumte auch Alfred Ströer in einem Interview mit der Verfasserin ein. Interview mit Prof. Alfred Ströer am 20. 2. 2007.
1361 Fischer, Die Kreisky-Jahre 1967–1983, S. 67.

offiziell aus gesundheitlichen Gründen, de facto jedoch wegen seiner früheren SS-Mitgliedschaft.[1362] Ihm folgte mit Oskar Weihs allerdings erneut ein Minister nach, der früher (ab 1932) in den Reihen der NSADP gestanden hatte.[1363] Eine nationalsozialistische Vergangenheit hatten jedoch nicht nur Öllinger und Weihs, auch Innenminister Rösch (seit 1.1.1940),[1364] Bautenminister Josef Moser (mit einer Mitgliedsnummer aus dem sogenannten »Illegalenblock«)[1365] und Verkehrsminister Erwin Frühbauer (seit 1944)[1366] schienen einst in den Mitgliederkarteien der NSDAP auf. Die Regierungsbildung war deshalb von einem Protest in den in- und ausländischen Medien begleitet. Kreisky stellte sich nach dem Bekanntwerden dieses Umstandes schützend vor seine Minister und verteidigte sowohl Öllinger als auch Rösch, die im Zentrum der Kritik standen. Simon Wiesenthal hingegen, der in der SPÖ als Informant der Medien galt und sich auch dazu bekannte, den deutschen »Spiegel« über die Vergangenheit von Rösch informiert zu haben,[1367] wurde sowohl von Kreisky als auch von Leopold Gratz hart angegriffen.[1368] Maßgeblich hierfür war – so Oliver Rathkolb – nicht zuletzt, dass Wiesenthal als ÖVP-Sympathisant seine Kritik an der ungenügenden Ahndung von NS-Verbrechen ausschließlich der SPÖ angelastet und die ÖVP von einer (Mit-) Verantwortung weitgehend ausgenommen hatte. Außerdem hatte Wiesenthal – was in der SPÖ ebenfalls Ärger erregte – die ehemaligen

---

1362 Vgl. zu Hans Öllinger: Sottopietra, Doris, Hans Öllinger, in: Mesner, Maria (Hg.), Entnazifizierung zwischen politischem Anspruch, Parteienkonkurrenz und Kaltem Krieg. Das Beispiel der SPÖ, Wien/München 2005, S. 317 – 319.

1363 Oskar Weihs wurde am 1.8.1932 in die NSDAP aufgenommen. Da er von 1934 bis 1938 keine Mitgliedsbeiträge bezahlte, erlosch seine Mitgliedschaft wieder. 1938 bemühte sich Weihs erneut um eine Aufnahme in die NSDAP, zu der es jedoch nicht kam. Vgl. zu Oskar Weihs: Wirth, Maria, Oskar Weihs, in: Mesner, Maria (Hg.), Entnazifizierung zwischen politischem Anspruch, Parteienkonkurrenz und Kaltem Krieg. Das Beispiel der SPÖ, Wien/München 2005, S. 330 – 333.

1364 Vgl. zur NSDAP- und SA-Mitgliedschaft von Otto Rösch sowie seiner Involvierung in den Soucek-Prozess: Wirth, Maria, Otto Rösch, in: Mesner, Maria (Hg.), Entnazifizierung zwischen politischem Anspruch, Parteienkonkurrenz und Kaltem Krieg. Das Beispiel der SPÖ, Wien/München 2005, S. 320 – 325.

1365 Josef Moser wurde am 1.5.1938 mit der Nummer 6.269.837 in die NSDAP aufgenommen. Beides, sowohl das Aufnahmedatum 1.5.1938 als auch eine Mitgliedsnummer im Bereich von 6.100.000 und 6.600.000, wurden für eine illegale Betätigung in der NSDAP vergeben. Vgl. zu Josef Moser: Wirth, Maria, Josef Moser, in: Mesner, Maria (Hg.), Entnazifizierung zwischen politischem Anspruch, Parteienkonkurrenz und Kaltem Krieg. Das Beispiel der SPÖ, Wien/München 2005, S. 310 – 311.

1366 Vgl.: Sottopietra, Doris, Kärnten, in: Mesner, Maria (Hg.), Entnazifizierung zwischen politischem Anspruch, Parteienkonkurrenz und Kaltem Krieg. Das Beispiel der SPÖ, Wien/München 2005, S. 122.

1367 Vgl.: Die Mörder sind noch unter uns, Interview mit Simon Wiesenthal, in: Die Weltwoche, 3.7.1970 und Wiesenthal, Recht, nicht Rache, S. 357 f.

1368 Wiesenthal, Recht, nicht Rache, S. 354 ff., Horvath, Elisabeth, Ära oder Episode. Das Phänomen Bruno Kreisky, Wien 1989, S. 133 ff., Segev, Simon Wiesenthal, S. 303 f.

Nationalsozialisten in den Reihen der ÖVP, wie etwa Reinhard Kamitz, zuvor nicht thematisiert.[1369] Christian Broda, der noch einige Monate zuvor rund um die »Affäre Ableitinger« in heftige Auseinandersetzungen mit Wiesenthal verstrickt war, schwieg hingegen zur Regierungsbildung und zu Wiesenthal. Dieser, das heißt Wiesenthal, soll gegenüber Fritz Molden auf einem Flug von Zürich nach Wien hingegen beteuert haben, dass er sich weiterhin mit der Regierung Kreisky beschäftigen wolle und zu Broda festgehalten haben, dass es bei seinem Prozess 1943 »nicht mit rechten Dingen zugegangen sein könne, da andere im gleichen Komplex Verhaftete vom Volksgerichtshof zum Tod verurteilt und hingerichtet worden seien.«[1370]

Christian Broda verzichtete mit dem neuerlichen Einzug in die Bundesregierung erneut auf die Ausübung seiner Tätigkeit als Anwalt. Im Gegensatz zu 1960 stellte er – angesichts dessen, dass 1966 eine Neueintragung in die Liste der Rechtsanwälte notwendig war – seine anwaltliche Tätigkeit diesmal jedoch nur ruhend.[1371] Ins Justizministerium, wo sein Portrait bereits in die Reihe der ehemaligen Justizminister aufgenommen und nun durch jenes von Hans Klecatsky ersetzt werden musste,[1372] zog er nach der feierlichen Angelobung der Regierung am 21. April 1970 ein. Eine offizielle Amtsübergabe durch Hans Klecatsky gab es – wie sich dieser erinnert – nicht, nachdem Broda eine solche 1966 auch nicht durchgeführt hatte.[1373] Sein Ministerzimmer begriff Broda, wie bereits in den Jahren zuvor, als Arbeits- und nicht als Repräsentationsraum.[1374] Zu seinen engsten Mitarbeitern in den kommenden Jahren zählten neben Her-

---

1369 Rathkolb, Die paradoxe Republik, S. 383 ff. Vgl. hierzu auch: Segev, Simon Wiesenthal, S. 306 f.

1370 Wörtlich heißt es im Bericht Brodas an Kreisky vom 6.7.1970 über die Mitteilung Moldens: »Was Dr. Broda anlange, habe W. mit dem seinerzeitigen amerikanischen Chefankläger in Nürnberg, Kempner, gesprochen. Dieser habe ihm bestätigt, dass es bei der Verhaftung bzw. Enthaftung Dris. Broda im Jahre 1943 nach nur 90 Tagen Haft nicht mit rechten Dingen zugegangen sein könne, da andere im gleichen Komplex Verhaftete vom Volksgerichtshof zum Tod verurteilt und hingerichtet worden seien, während die Übergabe Dris. Broda an den Volksgerichtshof durch die Wehrmacht abgelehnt worden sei und Dr. Broda in der Folge in einem nominellen Kriegsgerichtsverfahren faktisch freigesprochen und freigelassen wurde.« Vgl. in diesem Zusammenhang auch ein an Simon Wiesenthal gerichtetes Schreiben vom 4.7.1970, das Wiesenthal darin bestärkt haben dürfte, weiter gegen Broda vorzugehen, sowie ein Schreiben von Fritz Molden an Simon Wiesenthal aus dem Jahr 1997. StBKA, Wiesenthal Box IV, Mappe Informationen für BK 1, Simon Wiesenthal Archiv Wien, Personenmappe zu Christian Broda.

1371 Schreiben der Rechtsanwaltskammer Wien an die Verfasserin vom 12.12.2007.

1372 Dem Parlament am nächsten. Kreiskys Kabinett unter der Lupe (VII) – »Presse«-Gespräch mit Justizminister Broda, in: Die Presse, 5.5.1970.

1373 Interview mit Univ.-Prof. Dr. Hans Klecatsky am 20.4.2009. Auch Dr. Michael Neider bestätigt, dass es auf Ministerebene keine formelle Amtsübergabe gab, dass auf Ebene der Ministersekretäre eine solche jedoch – und das in sehr freundlicher Atmosphäre – durchgeführt wurde. Interview mit Dr. Michael Neider am 27.5.2010.

1374 Interview mit Dr. Sepp Rieder am 20.5.2010.

mine Wagner, die aus der Kanzlei von Albrecht Alberti stammte und Broda bereits als Anwalt als Sekretärin unterstützte hatte,[1375] Michael Neider und Heinrich Keller. Beide wechselten nun aus dem Bezirksgericht Wien-Innere Stadt ins Justizministerium.[1376] Als Heinrich Keller 1977 Generalsekretär des ORF wurde, wurde der Strafrechts- und Medienrechtsexperte Sepp Rieder, der bereits seit 1965 im Justizministerium tätig war, der neue Pressereferent von Christian Broda.[1377] Keller, der in den Medien zuweilen als »linker Bürgerschreck« gehandelt wurde, hatte sich in der Strafrechtsfrage besonders für die Entkriminalisierung der Homosexualität und die Fristenlösung eingesetzt. Später hatte er sich für den – noch zu erörternden – »Häftlingsurlaub« ausgesprochen und Mitte der 1970er Jahre vehement gegen die TV-Serie »Aktenzeichen XY ungelöst« protestiert bzw. thematisiert, inwiefern diese zu einer »Panikmache« beitragen würde.[1378] Viktor Pickl und Ernst Weber, die in den 1960er Jahren zu Brodas Sekretariat zählten, gehörten diesem nicht mehr an.

Seine mit Spannung erwartete Regierungserklärung hielt Kreisky am 27. April 1970 im Nationalrat. Gestützt auf die in der Oppositionszeit ausgearbeiteten Reformprogramme wurde hierin ein weit gestecktes Ziel anvisiert. Die Eckpfeiler der kommenden Politik sollten »Modernisierung« und »Vermenschlichung« sein.[1379] An der Spitze der Regierungserklärung stand die Wahlrechtsreform, die die Basis für die Unterstützung der SPÖ-Minderheitsregierung durch die FPÖ bildete, aber auch die Position der SPÖ im Parlament verbessern sollte. Ausdrücklich verwiesen wurde hierbei auch auf den Umstand, dass die ÖVP 1966 mit ähnlich viel Stimmen wie die SPÖ 1970 die absolute Mehrheit erreichen konnte, womit die SPÖ zum dritten Mal nach 1953 und 1959 deutlich vom geltenden Wahlrecht benachteiligt worden war. Weitere Punkte betrafen die Ankündigung einer Verwaltungsreform und die Absichtserklärung zu neuen Wegen in der Bildungs-, Wissenschafts- und Kulturpolitik. Im wirtschaftspolitischen Bereich beschränkte sich Kreisky darauf, eine Orientierung an den zeitgemäßen Erfordernissen zu postulieren, womit in erster Linie der Angst vor einem »Einzug des Sozialismus« begegnet werden sollte.[1380]

Hinsichtlich der Dauer der Minderheitsregierung wusste zum Zeitpunkt der Regierungserklärung wohl niemand, wie lange diese bestehen würde. Absehbar

---

1375 Interview mit Dr. Michael Neider am 27.5.2010.
1376 Immer im Dienst. Im Vorzimmer der Macht (3), in: Wochenpresse, 22.11.1972.
1377 Vgl. hierzu: Rieder wird Kellers Nachfolger, in: Kurier, 16.3.1977.
1378 Vgl.: hierzu etwa: Erika Wantoch über Heinrich Keller, Der Bürger als Bürgerschreck, in: Profil 15 (1977) S. 23.
1379 Pleschberger, Werner, Zehn Jahre Politik in Österreich: Reformpolitik?, in: Österreichische Zeitschrift für Politikwissenschaft 1 (1981) S. 5.
1380 Regierungserklärung vom 27. April 1970. StPNR, XII. GP, 2. Sitzung, abgedruckt in: Gottschlich/Panagl/Welan, Was die Kanzler sagten, S. 182 ff.

Arbeitszimmer von Christian Broda, im Hintergrund der Schreitisch des Ministers

war aber wohl, dass sie keine ganze Legislaturperiode betragen würde. In den kommenden Monaten galt es somit, soviel als möglich in der zur Verfügung stehenden Zeit umzusetzen, um bei einem für die SPÖ günstigen Zeitpunkt Neuwahlen auszurufen. 1970 kam es zunächst zur Bildung eines Wissenschaftsministeriums, einer ersten Reform im Familienrecht und zur so genannten »Kleinen Wahlrechtsreform«, bei der im Wesentlichen das Modell, das Olah als Innenminister 1963/64 ausgearbeitet hatte, umgesetzt wurde, während der Wahlrechtsvorschlag von Broda/Gratz aus der Parlaments- und Demokratiereform-Debatte der späten 1960er Jahre nur am Anfang der Beratungen und hier auch nur eine marginale Rolle spielte.[1381] 1971 folgten dann die »kleine

---

1381 In den Beratungen zur Wahlrechtsreform wurde bald von allen Reformvorschlägen – so auch vom Modell Broda/Gratz – abgegangen, die eine Zweidrittelmehrheit und somit die Unterstützung der ÖVP erfordert hätten. Die am 27. November 1970 verabschiedete Wahlrechtsreform bezog sich somit lediglich auf die Nationalratswahlordnung. Sie brachte neben einer Erhöhung der Abgeordnetenzahl von 165 auf 183 und der Einteilung des Bundesgebiets in neun anstatt 25 Wahlkreise und zwei statt vier Wahlkreisverbände eine neue Ermittlung der Mandate, die den Proportionalitätseffekt stärkte und garantieren sollte, dass ein Mandat nun annähernd gleich viel Stimmen kostet. Bis dato war vor allem die ÖVP vom geltenden Wahlrecht bevorzugt. Die neue Berechnung der Mandate sollte dies ändern und die bestehende Benachteiligung von kleinen Parteien – sprich der FPÖ – aber auch der SPÖ aufheben. Eingeführt wurde zudem (als direkte Folge der Demokratiereform-Diskussion der vorhergehenden Jahre, in der immer wieder darauf hingewiesen

Strafrechtsreform«, erste Maßnahmen im Schulbereich (Einführung der Schü-
lerInnenfreifahrt, Ankündigung von Gratisschulbüchern, Entfall der Aufnahmeprüfungen für Allgemeinbildende Höhere Schulen[1382]) sowie die Bundes-
heerreform, die die Erfüllung eines zentralen Wahlversprechens aus dem
Wahlkampf 1970 umsetzte: jene nach einer Herabsetzung des Grundwehr-
dienstes auf sechs Monate (allerdings mit zusätzlich 60 Tagen Waffenübung nach
dem Abschluss des Präsenzdienstes). Konkrete Maßnahmen, die sich zudem
positiv auf das Image der SPÖ auswirken sollten, waren eine Lohn- und Ein-
kommenssteuernovelle, die eine Milderung der Steuerprogression brachte sowie
eine Erhöhung der Kinderbeihilfen und Witwenpensionen. Die Ankündigung
einer direkten Heiratsbeihilfe von 15.000 Schilling erfolgte bereits im Wahlkampf 1971.[1383]

Dass das Ende der Minderheitsregierung Kreisky gekommen war, stand
spätestens im Frühjahr 1971 fest. Maßgeblich hierfür war einerseits, dass die
SPÖ die Bundespräsidentenwahlen vom 25. April 1971 für sich verbuchen
konnte – hatte sich doch ihr Kandidat Franz Jonas bereits im ersten Wahlgang
mit absoluter Mehrheit gegen den Kandidaten der Volkspartei, Kurt Waldheim,
den letzten Außenminister der ÖVP-Alleinregierung Klaus, durchsetzen können.[1384] Andererseits war die FPÖ wegen ihrer Unterstützung der Minderheitsregierung Kreisky zunehmend unter Druck geraten und signalisierte, dass sie
keinem weiteren Budget der SPÖ zustimmen würde. Die SPÖ erklärte sich in
Folge zu Budgetgesprächen mit der ÖVP bereit, stellte hier aber für diese un-
annehmbare Forderungen, da Kreisky einen anderen Plan verfolgte: Er wollte
Neuwahlen herbeiführen, die der SPÖ die gewünschte absolute Mehrheit bringen sollten. In der Partei wurde deshalb der Entschluss zu Neuwahlen gefasst
und ein entsprechender Initiativantrag am 7. Juli 1971 im Nationalrat eingebracht und am 14. Juli mit den Stimmen der FPÖ beschlossen.[1385]

---

wurde, dass die WählerInnen mehr Einfluss auf die Zusammensetzung der Abgeordneten
nehmen können sollen) ein Vorzugsstimmensystem, das allerdings erst 1983 (bei der Wahl
von Josef Cap in den Nationalrat) erste Folgen zeigte. Vgl. zur Wahlrechtsreform ausführlich: Wirth, Demokratiereform, S. 168 ff.

1382 Vorerst wurden die Aufnahmeprüfungen sistiert, zu einem endgültigen Entfall kam es erst
1982.

1383 Mauhart, Beppo, Ein Stück des Weges gemeinsam. Die Ära Kreisky/Androsch – das
»Goldene Jahrzehnt« – in Texten und Bildern, Wien 2006, S. 138 ff. Vgl. zur Leistungsbi-
lanz der SPÖ-Minderheitsregierung auch: Was die Regierung Kreisky für sie geleistet hat,
Heft 8/9 des »Sozialistischen Akademikers« vom August/September 1971 sowie Broda,
Christian, Halbzeit der Gesetzgebungsperiode. Legislative Zwischenbilanz 1971 – 1973.
Rückblick und Ausblick, in: Die Zukunft 17 (1973) S. 3 – 7.

1384 Vgl. zur Bundespräsidentenwahl 1971 auch: Broda, Christian, Die verfassungsmäßige
Stellung des österreichischen Bundespräsidenten, in: Der Sozialistische Akademiker 4
(1971) S. 2 f.

1385 Kriechbaumer, Österreichs Innenpolitik 1970 – 1975, S. 67 ff. sowie Eder, Hans, Die Politik

Die WählerInnen wurden aufgerufen »Kreisky und sein Team« arbeiten las-
sen. Im Wahlkampf setzen sich prominente KünstlerInnen wie Johannes Mario
Simmel, Dietmar Schönherr, Fritz Muliar und Senta Berger für Kreisky als
Kanzler ein[1386] und trugen neben dem erfolgreichen Reformprogramm der SPÖ,
dem »Erfolgsfaktor Kreisky«[1387] und dem Umstand, dass sich die ÖVP nach ihrer
Wahlniederlage nicht hatte konsolidieren können, zum neuerlichen Wahlsieg
der SPÖ nach 1970 bei. Die ÖVP war seit dem überstürzten Rücktritt von Josef
Klaus an der Parteispitze von einem Tauziehen der Bünde um Funktionen und
Personen gekennzeichnet und bot ein orientierungsloses Bild, das die Führungskrise der Partei offensichtlich werden ließ. Withalm war Klaus im Frühjahr
1970 als neuer Parteiobmann gefolgt und übernahm mit dem neuen Generalsekretär Schleinzer die Parteispitze, wurde in dieser Funktion aber bereits rund
ein Jahr später von Karl Schleinzer (gemeinsam mit dem neuen Generalsekretär
Heribert Kohlmaier) abgelöst.[1388] Schleinzer, einst selbst Mitglied der NSDAP,[1389]
versuchte, den Handlungsspielraum der ÖVP durch eine Öffnung zur FPÖ bzw.
nach rechts zu vergrößern, konnte damit aber weder bei der FPÖ noch bei den
WählerInnen reüssieren.[1390] Mit der Kandidatur der »Unabhängigen« Ernst
Strachwitz, Rudolf Heinz Fischer und Felix Ermacora erhoffte er sich – so Robert
Kriechbaumer – rund 30 Prozent der FPÖ-WählerInnen zu gewinnen, sein Plan
ging jedoch nicht auf.[1391] Vielmehr schadete besonders die Reaktivierung des
ehemaligen ÖVP-Abgeordneten, Gründers der »Jungen Front« sowie der Zeitschrift »Neue Ordnung« Strachwitz, der als prononciert Rechter galt, dem Ansehen der ÖVP.[1392]

---

in der Ära Kreisky, in: Sieder, Reinhard / Steinert, Heinz / Tálos, Emmerich (Hg.),
Österreich 1945 – 1995. Gesellschaft – Politik – Kultur, Wien 1995, S. 190.

1386 Vgl. dazu: Österreich Spiegel vom September 1971 bzw. gesamt AChB, ÖNB, Handschriftensammlung, V.1033.

1387 So ergab auch eine unmittelbar nach der Wahl durchgeführte Umfrage der Sozialwissenschaftlichen Gesellschaft, dass die Persönlichkeit des Bundeskanzlers das stärkste
Motiv der WählerInnen war, die SPÖ zu wählen. Vgl.: Kriechbaumer, Österreichs Innenpolitik 1970 – 1975, S. 80.

1388 Vgl. zu Karl Schleinzer etwa: Rauter, Ulrike, Karl Schleinzer. Landwirtschafts- und Verteidigungsminister (1961 – 1970). Eine biographische Annäherung, Dipl.-Arb., Wien 2001
oder Pisa, Karl, Karl Schleinzer, in: Dachs, Herbert / Gerlich, Peter / Müller, Wolfgang C.
(Hg.), Die Politiker. Karrieren und Wirken bedeutender Repräsentanten der Zweiten
Republik, Wien 1995, S. 513 – 519.

1389 Schleinzer wurde am 1.9.1942 mit der Mitgliedsnummer 9244264 in die NSDAP aufgenommen. Vgl.: BA, ehemaliges BDC, NSDAP-Zentralkartei, Schleinzer, Karl, 8.1.1924.

1390 Kriechbaumer, Österreichs Innenpolitik 1970 – 1975, S. 83 ff. Vgl. zur ÖVP in der Ära
Kreisky ausführlich: Stifter, Gerald, Die ÖVP in der Ära Kreisky 1970 – 1983, Innsbruck/
Wien/Bozen/München 2006.

1391 Kriechbaumer, Robert, Die Ära Kreisky. Österreich 1970 – 1983 in der historischen Analyse, im Urteil der politischen Kontrahenten und in Karikaturen von Ironimus, Wien/
Köln/Weimar 2004, S. 113.

1392 Fischer, der vormals FPÖ-Gemeinderat war, war Mitglied der Waffen-SS. Ermacora

Dass die SPÖ im Gegensatz zu 1970 nicht nur die relative Mandatsmehrheit sondern auf Basis des neuen Wahlrechts, das die Erringung absoluter Mehrheiten erschwert hatte, sogar die absolute Mandatsmehrheit erreicht hatte, stand jedoch erst einige Tage nach der Wahl vom 10. Oktober 1971 fest, als auch die Wahlkarten ausgezählt waren. Die WählerInnenkoalition, die der SPÖ bereits 1970 zum Erfolg verholfen hatte, ließ die SPÖ auch 1971 reüssieren. Zudem gelang der Partei, die 1971 in allen Bundesländern zulegen konnte, ein weiterer »Einbruch im Dorf«. Mit 50,04 Prozent der Stimmen erreichte sie 93 Mandate, die ÖVP mit 43,11 Prozent der Stimmen 80 Mandate und die FPÖ mit 5,45 Prozent der Stimmen 10 Mandate. Die Neuwahlen hatten sich für die SPÖ somit gelohnt. Für sie hatte sich ihr alter Wunschtraum von der Erringung des 51. Prozent erfüllt, der es ihr erlauben sollte, weiter am »modernen Österreich« zu bauen.[1393]

Kreisky konnte aufgrund des klaren Wahlergebnisses rasch zu einer Regierungsbildung schreiten. Das Kabinett Kreisky II konnte bereits am 4. November 1971 angelobt werden und unterschied sich in seiner Zusammensetzung nur marginal von Kreiskys bisheriger Regierungsmannschaft.[1394] Neu war jedoch, dass Unterrichtsminister Gratz die Nachfolge von Bruno Pittermann als Klubobmann im Parlament antrat und sein Regierungsamt von Fred Sinowatz übernommen wurde. In dieser Funktion verblieb Gratz jedoch nur rund ein-

---

Universitätsprofessor für öffentliches Recht an der Universität Wien. Strachwitz hatte 1949 die »Junge Front« gegründet, um die »nationale Jugend«, auch die ehemaligen Frontsoldaten, anzusprechen. 1949 zog er für die ÖVP in den Nationalrat ein. Da er im Bundespräsidentenwahlkampf 1951 nicht den von der ÖVP aufgestellten Kandidaten Heinrich Gleißner, sondern einen Gegenkandidaten (Burghard Breitner) unterstützte, wurde er jedoch wieder aus der ÖVP ausgeschlossen. In der Folge fand eine Annäherung an den VdU statt. Strachwitz gründete mit Unterstützung von Wilfried Gredler und Gustav Canaval die »Aktion zur politischen Erneuerung«, die ein Wahlbündnis mit dem VdU einging. Eine Fusion mit dem VdU scheiterte jedoch an dessen Widerstand. Am Aufbau der FPÖ beteiligte sich Strachwitz, der 1958 die rechts-konservative Zeitschrift »Neue Ordnung« gründete, nicht. Vgl. zu Strachwitz im Wahlkampf 1971: »Mit unveränderten Grundsätzen«: Ernst Strachwitz soll Schleinzers ÖVP die Rechtsradikalen zutreiben – Seine Ansichten sind danach, in: Arbeiter-Zeitung, 6.10.1971 und zu allen drei »Unabhängigen«: Wir stellen vor: die unabhängigen Kandidaten Liste 2 (ÖVP), in: Neue Ordnung 10 (1971) S. 12 – 14.

1393	Vgl. zum Wahlkampf 1971 aus der Sicht der SPÖ: AChB, ÖNB, Handschriftensammlung, V.1033.

1394	Anzumerken ist dabei, dass Verteidigungsminister Freihsler bereits in der Zeit der Minderheitsregierung durch Karl Lütgendorf abgelöst worden war. Lütgendorf war bereits 1970 ein möglicher Kandidat für das Amt des Verteidigungsministers gewesen. Vorerst übernahm dieses jedoch Freihsler, der 1971 aus gesundheitlichen Gründen (eigentlich aber wegen einer Überforderung) zurücktrat. In Folge war Lütgendorf immer wieder harter Kritik ausgesetzt. 1977 musste er wegen seiner Verwicklung in den illegalen Export von Munition und Gewehren nach Syrien zurücktreten. Gertrude Wondrack war im Juli 1971 tödlich verunglückt. Vgl. hierzu: Fischer, Die Kreisky-Jahre 1967 – 1983, S. 77 f. sowie S. 149 ff. und Kriechbaumer, Die Ära Kreisky, S. 49.

einhalb Jahre bis er Felix Slavik als Wiener Bürgermeister nachfolgte. Ingrid Leodolter, eine Tochter Leopold Zechners und somit eine Verwandte von Christian Broda, trat zunächst als Ministerin ohne Portefeuille in die Regierung ein und übernahm später das Bundesministerium für Gesundheit und Umwelt. Anton Benya, der dem Nationalrat bereits seit 1956 angehört hatte, wurde erster Präsident desselben, nachdem Karl Waldbrunner aus dieser Funktion ausschied und an die Spitze der Österreichischen Nationalbank wechselte.

Christian Broda blieb im Justizministerium und konzentrierte sich, nachdem er sich während seiner ersten Ministerschaften immer wieder aktiv in die österreichische Innenpolitik eingebracht hatte, in den kommenden Jahren auf die Rechtsreform wie sich das bereits ab 1970 abzeichnete. Lediglich Fragen der Demokratiereform, des Menschenrechtsschutzes und die Sozialismus-Diskussion fanden weiterhin seine Aufmerksamkeit. Im Vergleich zu früheren Jahren dominierte jedoch der »Fachminister«. Wie in den österreichischen Medien mehrfach festgehalten wurde, fand auf Seiten Brodas ab 1970 somit ein partieller Rückzug aus der Politik statt.[1395] Broda schwieg – bis zum »Fall Androsch« – zu allen innenpolitisch und innerparteilich umstrittenen Fragen (wie in der Slowenenfrage oder bei der Atomkraft) oder stellte sich – wie in den Auseinandersetzungen mit Simon Wiesenthal – auf die Seite Kreiskys. Andererseits gab er mit der Einführung der Fristenlösung in der Frage der Schwangerschaftsunterbrechung aber auch Anlass zu einer der heißesten Kontroversen der 1970er Jahre. Gesehen wurde diese »innenpolitische Enthaltsamkeit« von vielen nicht zuletzt als eine Konsequenz aus den Erfahrungen vor 1966, vor allem aus der »Causa Habsburg«, den Auseinandersetzungen mit Franz Olah oder jenen mit der »Kronen-Zeitung«.[1396] Von Christian Broda selbst wurden solche Beobachtungen retrospektiv insofern bestätigt, als er festhielt, dass diese Entwicklung dialektisch zu betrachten sei und er durch seinen »Rücktritt aus der großen Innenpolitik« doch einiges bewirken konnte.[1397] Abgesehen von solchen strategischen Überlegungen – falls sie in dieser Form überhaupt angestellt wurden – kanalisierte vor allem aber die Umsetzung der Rechtsreform enorme Kräfte. Auch in publizistischer Hinsicht konzentrierte sich Broda in den kommenden Jahren fast ausschließlich auf Fragen der Rechtspolitik.

Die SPÖ konnte nach ihrem Wahlsieg 1971 ihr Reformprogramm fortsetzen.

1395 Vgl. hierzu etwa: Broda: linker Rechtsreformer, in: Wochenpresse, 15.5.1974, Erster Mann im zweiten Glied, in: Kleine Zeitung, 29.6.1976, Hoffmann-Ostenhof/Nagy/Wimmer, Der lange Marsch zum Seelenfrieden, 12.

1396 Vgl. etwa: Erster Mann im zweiten Glied, in: Kleine Zeitung, 29.4.1976, Freundlichkeit ist seine beste Waffe, in: Kleine Zeitung, 30.6.1976 oder Anti-Typ als Androsch-Freund, in: Kurier, 1.9.1978.

1397 Hoffmann-Ostenhof/Nagy/Wimmer, Der lange Marsch zum Seelenfrieden, S. 12 sowie Pelinka, Anton, Am Beispiel Christian Brodas, in: Extrablatt 2 (1978) S. 10.

Neben einem weiteren Ausbau des Sozialstaates, wurde die Bildungsreform vorangetrieben und mit der bereits in der Minderheitsregierung angekündigten Ausgabe kostenloser Schulbücher und der Abschaffung der Hochschulstudiengebühren 1972, die den freien Zugang zu den Universitäten gewährleisten sollte, wichtige Schritte zu mehr Chancengleichheit im Bildungsbereich gesetzt. Das im Februar 1974 beschlossene Schulunterrichtsgesetz, das die Mitbeteiligung von Eltern und SchülerInnen am schulischen Leben brachte, und das Universitätsorganisationsgesetz (1975), das eine drittelparitätische Mitbestimmung für die StudentInnen und den universitären Mittelbau in den universitären Gremien vorsah, zielte hingegen auf mehr Mitsprachemöglichkeiten und somit auf eine gewisse Demokratisierung von Schule und Universität ab. Gleichfalls verfolgte auch das am 14. Dezember 1973 beschlossene Arbeitsverfassungsgesetz, das eine drittelparitätische Vertretung für den Betriebsrat im Aufsichtsrat von Kapitalgesellschaften vorsah, eine Demokratisierung, für viele KritikerInnen setzte es die Forderungen nach mehr Mitbestimmung und einer »Sozialisierung« der Wirtschaft aber zu wenig um. Die Einführung des Zivildiensts 1974 wurde hingegen als direktes Angebot an die Jugend und Alternative zum Militärdienst geschaffen.[1398] In der Rechtspolitik konnten mit dem neuen Strafgesetzbuch und dem »Herzstück« der Familienrechtsreform, dem Bundesgesetz über die Neuordnung der persönlichen Rechtswirkungen der Ehe, bis 1975 ebenfalls wichtige Schritte umgesetzt werden. Weitere Reformen im Familienrecht folgten in den kommenden Jahren.

Christian Broda, der wiederholt als einer der fleißigsten Minister der Ära Kreisky bezeichnet wurde und dessen Arbeitstag regelmäßig um 7.00 Uhr früh begann und nicht selten bis 22.00 oder sogar 23.00 Uhr dauerte,[1399] befand sich 1975 auf dem Höhepunkt seiner Karriere. Ganz im Gegensatz zu den Jahren vor 1970 galt Broda nun als umsetzungsfähiger und starker Justizminister, der – so Michael Neider – nach der Strafrechts- und Familienrechtsreform mit den SPÖ-Frauen erstmals über so etwa wie eine »Hausmacht« verfügte[1400] und aus dessen Ministerium wichtige Positionen besetzt wurden. So stammte der neue Generalintendant des ORF, Otto Oberhammer, nach der ORF-Reform des Jahres 1974 aus dem Justizministerium. 1977 wechselte auch der Pressereferent von Christian Broda, Heinrich Keller, in den ORF, wo er Generalsekretär wurde. Empfohlen wurde Oberhammer von Broda, nachdem Kreisky einen Juristen als

---

1398 Eder, Die Ära Kreisky, S. 191 f.

1399 Vgl. hierzu etwa: Etappensieger Broda, in: Wochenpresse, Nr. 24, 16. 6. 1971, Broda: linker Rechtsreformer, in: Wochenpresse, 15. 5. 1974, Gestärkter Buhmann, in: Wiener Zeitung, 29. 7. 1982. Auch das Arbeitsumfeld von Christian Broda beteuert, dass er ein »schwerer Workaholic« war.

1400 Interview mit Dr. Michael Neider am 31. 5. 2006. Vgl. hierzu auch: SP-Frauen bedanken sich bei Broda, in: Die Presse, 13. 10. 1982.

neuen ORF-Generalintendanten wünschte.[1401] Nach seinem Ausscheiden aus
dem ORF kehrte Oberhammer 1979 ins Justizministerium zurück[1402] und wurde
1990 von Franz Vranitzky sogar als möglicher Justizminister erwogen.[1403]
Heinrich Keller wurde nach seinem Ausscheiden aus dem ORF 1979 Anwalt und
vertrat die SPÖ 1979 zunächst im Bundesrat und von 1986 bis 1988 dann auch im
Nationalrat. Zentralsekretär der SPÖ war Keller ebenfalls von 1986 bis 1988.[1404]

Als im Vorfeld der Nationalratswahlen 1975 in den Medien darüber spekuliert
wurde, welche Regierungsform in Österreich nach den Wahlen bestehen würde,
wurde Christian Broda sogar als Kanzler einer möglichen Großen Koalition
gehandelt, was wohl nicht nur darauf zurückführbar ist, dass Broda zu jener Zeit
eines der ältesten Regierungsmitglieder war, sondern dass er auch – wie noch zu
zeigen sein wird – über ein vergleichsweise gutes Gesprächsklima zu ÖVP-
Justizsprecher Hauser verfügte. Von Broda wurden solche Spekulationen jedoch
prompt als eine »groteske Kombination, die jeder Grundlage entbehrt«, abge-
wehrt.[1405] Getan hat dies Broda wohl nicht darum, weil er – wie ebenfalls in den
Medien festgehalten wurde – wusste, dass er nicht über die Ausstrahlungskraft
Kreiskys verfügte,[1406] sondern weil er auch das ohnedies (seit der Einführung der
Fristenlösung nochmals mehr) angeschlagene Verhältnis zu Kreisky nicht weiter
belasten wollte. Als Leopold Gratz und Hannes Androsch nach dem Tod von
Bundespräsident Jonas überlegt hatten, ob Kreisky ein geeigneter Nachfolger für
Jonas sein könnte, hatte er dies als schweren Affront gegen seine Person bzw. als
ein Abschieben auf ein zwar sehr ehrenhaftes aber doch weniger einflussreiches
Amt empfunden. Kreisky sorgte deshalb dafür, dass nicht er selbst, sondern der
bisherige parteilose Außenminister Rudolf Kirchschläger als Bundespräsident-
schaftskandidat nominiert wurde, der sich bei den Bundespräsidentenwahlen
vom 23. Juli 1974 gegen den Kandidaten der ÖVP, den Innsbrucker Bürgermeister Alois Lugger, auch durchsetzen konnte. Die Beziehung Kreiskys zu
seinem »Kronprinzen« Hannes Androsch erhielt dadurch einen ersten Riss,
nachdem es bereits ein Jahr zuvor in einer währungspolitischen Frage zu Un-

---

1401 Vgl. zur ORF-Reform im Überblick: Kriechbaumer, Österreichs Innenpolitik 1970–1975,
      S. 335–376, zur Empfehlung Oberhammers durch Kreisky insbesondere S. 369.
1402 Oberhammer kehrt zu Broda zurück, in: Die Presse, 5. 1. 1979.
1403 Fischer, Reflexionen, S. 513.
1404 Vgl. zur Biographie von Heinrich Keller: http://www.parlament.gv.at/WW/DE/
      PAD_00791/pad_00791.shtml (2. 6. 2009).
1405 Großparteien rechnen mit Neuwahlen. Broda Chef einer SP-VP-Regierung?, in: Die
      Presse, 25. 10. 1974, Kanzlergerücht ärgert Broda. »Groteske Kombinationen…«, in: Ku-
      rier, 26. 10. 1974, Unterhaltsvorschuss schon ab Jänner?, in: Arbeiter-Zeitung, 26. 10. 1974,
      Justizminister Christian Broda: Der stille Gewinner, in: Kronen-Zeitung, 15. 12. 1974,
      Broda gibt Schützenhilfe, in: Die Presse, 13. 9. 1975, Austria Pressedienst, Nr. 23/24,
      Dez. 1974, Kommt Broda?, in: Kontrast, Nr. 1, März 1975.
1406 Kommt Broda?, in: Kontrast, Nr. 1, März 1975.

stimmigkeiten gekommen war.[1407] Langfristig blieb, dass Kreisky misstrauisch darüber wachte, ob es in der Partei Kräfte gab, die ihn von der Parteispitze verdrängen wollten. Dass die Medien nun Broda als möglichen Kanzler einer großen Koalition ins Spiel brachten, konnte Kreisky daher keineswegs freuen. Aber auch als er Monate zuvor darauf angesprochen worden war, dass Broda wohl sein »bestes Zugpferd« sei, hatte dies Kreisky brüsk abgelehnt und darauf verwiesen, dass auch die anderen Mitglieder seines Kabinetts »hervorragende Leistungen« vorweisen könnten.[1408]

Der ÖVP gelang es auch in den Jahren nach 1971 nicht, ihre internen Probleme zu bereinigen. Ganz im Gegenteil litt sie, als Kreisky von den Medien als »Sonnenkönig« gefeiert wurde, weiterhin unter einer latenten Führungskrise. Auch die Oppositionsarbeit funktionierte nicht so gut wie dies geplant war. Die bereits nach der Wahl 1970 eingesetzten Arbeitsausschüsse der Partei, die die Schlagkraft der Bundespartei erhöhen und als »Schattenkabinett« die Oppositionspolitik im Parlament vorbereiten sollten, waren zu wenig effektiv. Der Parlamentsklub hatte damit de facto die gesamte Oppositionspolitik zu tragen, was Kohlmaier dazu bewog, das Konzept der Länderfront zu entwickeln. Nach diesem sollte die Opposition gegen die SPÖ-Regierung in erster Linie von den ÖVP-regierten Bundesländern betrieben werden, was von diesen jedoch abgelehnt wurde. In den Wochen und Monaten nach dem 1. März 1970 war für die ÖVP jedoch nicht nur die Entwicklung einer effektiven Oppositionspolitik vordringlich. Auch die Frage einer strukturellen und ideologischen Reform musste angegangen werden, weshalb Generalsekretär Kohlmaier das Jahr 1972 zum »Jahr der Parteiarbeit« erklärte. Durch eine Statutenreform wurde ein erster zaghafter Versuch unternommen, die Gesamtpartei gegenüber den Bünden zu stärken. Das Ende 1972 beschlossene Salzburger Programm sollte vor allem eine »Antwort auf die geistigen Umwälzungen der sechziger Jahre [...] und die in allen Lebensbereichen beobachtbare Enthierarchisierung des sozialen Alltagsverhaltens [...], die Studentenbewegung und die Demokratiereform« geben. Der Beginn der Programmarbeit erfolgte durch Karl Pisa bereits 1971, worauf unter seiner Leitung vor allem eine Reihe jüngerer Autoren, die aus dem linken Teil des CV und aus der Katholischen Hochschuljugend kamen, am Parteiprogramm arbeiteten. Eine Reihe »linker Formulierungen« konnte so in den Diskussionsentwurf einfließen, die allerdings teilweise wieder eliminiert wurden.[1409] Schlussendlich definierte sich die ÖVP darin als Partei der »progressiven Mitte«, die die »partnerschaftliche Gesellschaft« anstrebt. Wie die SPÖ dies bereits sehr erfolgreich seit den späten 1960er Jahren getan hatte, hielt die ÖVP somit im

---

1407 Fischer, Reflexionen, S. 231 f., Rathkolb, Die paradoxe Republik, S. 196.
1408 Broda: linker Rechtsreformer, in: Wochenpresse, 15. 5. 1974.
1409 Kriechbaumer, Parteiprogramme im Widerstreit der Interessen, S. 492.

Salzburger Programm fest, dass sich die Demokratie nicht nur auf den politischen Bereich beschränken, sondern dass sie alle Lebensbereiche kennzeichnen
soll. Durch eine stärkere Betonung des Freiheitsbegriffes und den Hinweis auf
christliche und liberale Werte – auch im Rechtsbereich – wollte sie sich als
Alternative zur bestimmenden SPÖ positionieren.[1410] Das Jahr 1973 sollte dann
zum »Jahr der Konfrontation«, 1974 zum »Jahr der Alternativen« und 1975 zum
»Jahr der Ablöse« werden, wobei gemeinsam von Wissenschaftern und Politikern erarbeitete Alternativkonzepte der ÖVP zu einem ähnlichen Effekt verhelfen sollten wie es bei den Reformprogrammen der SPÖ aus ihrer Oppositionszeit der Fall war. Im Wesentlichen blieb dieser jedoch aus. Vielmehr hatte die
ÖVP, nachdem ihr Parteiobmann Schleinzer bei einem Autounfall am 19. Juli
1975 tödlich verunglückt war, erneut – und das mitten in einem Wahlkampfjahr
– ihre Führungsspitze neu zu bestimmen. Zum neuen Parteiobmann wurde noch
im Juli 1975 Josef Taus und zum Generalsekretär Erhard Busek gewählt, der
jedoch bereits im Herbst 1976 an die Spitze der Wiener Landespartei wechselte.[1411]

Im Parlament standen sich SPÖ, ÖVP und FPÖ nach den Nationalratswahlen
vom 5. Oktober 1975 unverändert stark mit 93 zu 80 zu 10 Mandaten gegenüber,[1412] wenngleich die SPÖ auch leicht an Stimmen gewinnen konnte. Die SPÖ
konnte somit ihre absolute Mehrheit halten und die Regierungsarbeit mit einer
vorerst unveränderten Mannschaft fortsetzen. Zu einer Regierungsumbildung
kam es erst 1976 und dann nochmals 1977. Wäre dies nicht der Fall gewesen,
hätte sich Kreisky (wie bereits 1971) eine Kleine Koalition mit der FPÖ vorstellen
können. Kreisky zeigte sich deshalb persönlich angegriffen, als Simon Wiesenthal unmittelbar nach der Wahl mit einem Dossier über die SS-Mitgliedschaft
Friedrich Peters an die Öffentlichkeit ging, in dem er darauf hinwies, dass Peter
einer SS-Einheit angehört hatte, die an Vernichtungsaktionen beteiligt war.[1413]
Bereits während des Wahlkampfs, am 29. September 1975, hatte Wiesenthal die
entsprechenden Papiere an Bundespräsident Kirchschläger übergeben, damit
dieser – im Ernstfall – eine Zusammenarbeit von SPÖ und FPÖ verhindern
sollte. Auf die Unterlagen, aus denen hervorging, dass Peter der 1. SS-Infante-
riebrigade angehört hatte, soll Wiesenthal, der im Wahlkampf 1975 dazu aufrief,
die ÖVP zu wählen, »zufällig« einige Wochen vor der Wahl beim Aufräumen

---

1410 Vgl.: Das Salzburger Programm der Österreichischen Volkspartei, beschlossen am 15.
        außerordentlichen Parteitag im November 1972.
1411 Pisa, Karl Schleinzer, S. 516 ff., Kriechbaumer, Österreichs Innenpolitik 1970–1975,
        S. 297 ff.
1412 Vgl. zum Einsatz von Christian Broda im Wahlkampf 1975: AChB, ÖNB, Handschrif-
        tensammlung, V.1034
1413 Fischer, Die Kreisky-Jahre 1967–1983, S. 146.

seines Schreibtisches gestoßen sein.[1414] Nun aber, nachdem ein »Einschreiten« Kirchschlägers aufgrund des Wahlerfolgs der SPÖ nicht nötig war, ging Wiesenthal am 9. Oktober 1975 selbst an die Öffentlichkeit. In Folge entwickelte sich eine wüste Auseinandersetzung, in der es bald nicht mehr um den »Auslöser« des Konflikts, Friedrich Peter, sondern vor allem um das Verhalten von Kreisky und Wiesenthal ging und bei der auch unterschiedliche Haltungen zum Judentum eine Rolle spielten.[1415] Kreisky ließ es nicht an wilden Anschuldigungen fehlen und schreckte auch nicht davor zurück, Wiesenthal der Kollaboration mit der Gestapo und »Mafia-Methoden« zu bezichtigen. Gestützt hat er sich dabei auf vermeintliche »Beweise« aus der Tschechoslowakei und Polen, was auch in Zusammenhang mit der Kritik Wiesenthals am polnischen Nachkriegsantisemitismus bzw. damit zu sehen ist, dass er in der Tschechoslowakei und Polen als Antikommunist höchst unbeliebt war.[1416] Friedrich Peter hingegen, dem er das »Recht auf politischen Irrtum« als jungem Menschen zusprach und dem er glaubte, als ihm dieser versicherte, persönlich an keinen Erschießungen oder sonstigen Verbrechen beteiligt gewesen zu sein, verteidigte Kreisky vehement. Ebenfalls entlastet wurde Peter – wie in einem Beitrag von Ingrid Böhler über den Kreisky-Wiesenthal-Konflikt nachgelesen werden kann – mehrfach auch von Seiten des Justizministeriums. So wurde der Öffentlichkeit etwa Anfang November 1975 seitens des Ministeriums mitgeteilt, dass eine Anfrage bei den deutschen Behörden ergeben habe, dass kein konkretes Belastungsmaterial gegen Peter vorliege, dem in der Tat keine persönliche Verwicklung in »Säuberungsaktionen und Judeneinsätze« nachgewiesen werden konnte. Dass die Vorwürfe gegen Peter dem Justizministerium schon seit 1965 aufgrund von Unterlagen der Zentralstelle zur Verfolgung von NS-Verbrechen in Ludwigsburg bekannt waren, war bereits am 10. Oktober mitgeteilt worden.[1417] Als Paul Blau, der frühere Chefredakteur der »Arbeiter-Zeitung«, im Februar 1976 Kritik an Kreisky äußerte – die »Aktion Kritischer Wähler« und das Komitee »Österreicher für Kreisky« hatten dies bereits zuvor getan –, stellte sich Broda dann auch

---

1414 Wiesenthal schilderte den »Fund« der entsprechenden Unterlagen in seinen Memoiren als eine »Laune des Zufalls«. Zuletzt wurde dies jedoch von Tom Segev in Frage gestellt. So berichtet er u. a. davon, dass auch der holländische Journalist Jules Huf für sich in Anspruch genommen hat, an einer Geschichte über Friedrich Peter gearbeitet und in diesem Zusammenhang Simon Wiesenthal kontaktiert zu haben. Vgl.: Wiesenthal, Recht nicht Rache, S. 360 ff. und Segev, Simon Wiesenthal, S. 345 ff.

1415 Vgl. in diesem Zusammenhang zu Kreisky: Pelinka/Sickinger/Stögner, Kreisky – Haider.

1416 Vgl. hierzu: Rathkolb, Die paradoxe Republik, S. 383 ff.

1417 Vgl. hierzu auch: Broda kann sich alles leisten, wonach die Beamten des Justizministeriums kritisierten, dass »die Entlastungsoffensive für die SS-Vergangenheit von FPÖ-Obmann Peter in Form offizieller Aussendungen des Justizministerium abgewickelt« werde, in: Austria Pressedienst, 15. 11. 1975 sowie AChB, ÖNB, Handschriftensammlung, V.597.

persönlich hinter Kreisky. Er beteuerte, dass auch er den Angriff Simon Wiesenthals gegen Friedrich Peter als einen Angriff in Richtung SPÖ und ihres Vorsitzenden werte und dass die sozialistischen Abgeordneten bereits 1969 im Zusammenhang mit der »Causa Ableitinger« Stellung zu Wiesenthal bezogen hätten.[1418] Bezug genommen wurde von Broda somit auf seinen eigenen Konflikt mit Simon Wiesenthal,[1419] wobei angemerkt werden muss, dass die »Causa Ableitinger« 1975 insofern eine Rolle spielte, als sowohl Kreisky an diese erinnerte[1420] und seitens der SPÖ (nach Klagsdrohungen auf beiden Seiten) auch die Einsetzung eines parlamentarischen Untersuchungsausschusses in Aussicht gestellt wurde. Beschäftigen sollte sich dieser mit den Untersuchungsmethoden Wiesenthals bzw. in Kreiskys Worten mit Wiesenthals »Selbst-« oder »Privatjustiz« und seinen »Mafia-Methoden«. Schlussendlich unterblieb dessen Einsetzung jedoch. Nach wochenlangen Vermittlungsversuchen von Kreiskys Freund, dem Großindustriellen Karl Kahane, und dem damaligen Präsidenten der Israelitischen Kultusgemeinde, Ivan Hacker, konnte der Konflikt vorerst deeskaliert werden. Rund zehn Jahre später kam es jedoch zu einer erneuten Klage von Simon Wiesenthal gegen Bruno Kreisky, bei der dieser zu einer Geldstrafe von 270.000 Schilling verurteilt wurde, nachdem Kreisky Wiesenthal erneut der Nazi-Kollaboration bezichtigt hatte.[1421]

Innenpolitisch verschoben sich nach den Nationalratswahlen 1975 die Prioritäten – die Wirtschafts- und Beschäftigungspolitik trat zunehmend in den Vordergrund. Der erste Erdölschock 1973 stürzte die westlichen Industriestaa-

---

1418 Interessant ist in diesem Zusammenhang auch, dass Hella Pick in ihrer Biographie über Simon Wiesenthal erwähnt, dass Ableitinger auch »einen dunklen Hinweis auf angebliche Gestapo-Kontakte in der Kriegszeit gab«. Broda soll dies zusammen mit den anderen Anschuldigungen, die im Zuge der »Causa Ableitinger« gegen Wiesenthal erhoben wurden, aufbewahrt haben. Quellen für ihre Aussage führt sie jedoch nicht an. In der Literatur ist demgegenüber vor allem zu lesen, dass der Vorwurf, wonach Wiesenthal Kontakte zur Gestapo gehabt habe, auf Informationen aus Osteuropa zurückging. Vgl. hierzu: Pick, Hella, Simon Wiesenthal. Eine Biographie, Reinbek bei Hamburg 1997, S. 331, Rathkolb, Die paradoxe Republik, S. 383 ff., Segev, Simon Wiesenthal, S. 363 ff.

1419 Broda, Christian, Die SPÖ, die Vergangenheit, die Gegenwart und die Zukunft, in: Die Zukunft 3 (1976) S. 31–34 sowie Wiesenthal-Diskussion innerhalb der SPOe, in: Die Presse, 9.2.1976.

1420 Vgl. hierzu etwa: Lingens, Peter Michael, Kreiskys inakzeptabler Rückzug, in: Profil 49 (1975) S. 10.

1421 Vgl. zur Kreisky-Peter-Wiesenthal-Affäre: Böhler, Ingrid, »Wenn die Juden ein Volk sind, so ist es ein mieses Volk«. Die Kreisky-Peter-Wiesenthal-Affäre 1975, in: Gehler, Michael / Sickinger, Hubert (Hg.), Politische Affären und Skandale in Österreich. Von Mayerling bis Waldheim, 2. erw. Ausg., Thaur/Wien/München 1996, S. 502–531, Von Amerongen, Martin, Kreisky und seine unbewältigte Vergangenheit, Graz/Wien/Köln 1977, Kriechbaumer, Die Ära Kreisky, S. 137 ff., Horvath, Ära oder Episode, S. 143 ff., Segev, Simon Wiesenthal, S. 339 ff. und zuletzt auch eine Artikelserie im »Profil« (Nr. 37–39/2010) von Herbert Lackner.

ten in eine schwere Krise. Das Wirtschaftswachstum sank, international begannen die Arbeitslosenzahlen zu steigen, und auch in Österreich, wo die SPÖ
bisher von einer Phase der wirtschaftlichen Blüte profitiert hatte, wurde (vor
allem der sozialpolitische) Handlungsspielraum der Regierung enger. Die Bewahrung der Vollbeschäftigung erhielt besonders angesichts der traumatischen
Erfahrungen in den 1930er Jahren Priorität,[1422] wobei als Teil eines »policy mix«,
der später als »Austrokeynesianismus« bezeichnet wurde,[1423] auch durch verstärkte Staatsausgaben versucht wurde, die Wirtschaft anzukurbeln und die
Arbeitslosigkeit zu bekämpfen.[1424] Eine Belastung des Staatsbudgets wurde
dabei in Kauf genommen – insbesondere als man anfangs davon ausging, dass es
sich um eine kurze Rezession handeln würde, die »übertaucht« werden könne.
Legendär geworden ist in diesem Zusammenhang Kreiskys Aussage, wonach
ihm ein paar Milliarden Schulden weniger schlaflose Nächte bereiten würden, als
ein paar hunderttausend Arbeitslose mehr. Als 1979 eine zweite Ölkrise folgte,
wurde jedoch sichtbar, dass es mit einem kurzen Übertauchen nicht getan war.
War die Politik des Austrokeynesianismus in den 1970er Jahren noch erfolgreich, indem sie für vergleichsweise niedrige Arbeitslosenzahlen sorgte, stiegen
in den 1980er Jahren nun auch in Österreich die Arbeitslosenzahlen.[1425] Die
Staatsverschuldung, die in den anderen Staaten ebenfalls angestiegen war (und
in Österreich nach 1983 erst richtig weitergegangen ist[1426]), erreichte – wenn
man auch um eine Gegensteuerung bemüht war – ein hohes Ausmaß. Spätestens
in den 1980er Jahren wurde dann auch deutlich, dass die Wirtschaftspolitik des
Austrokeynesianismus dazu geführt hatte, eine massive Strukturkrise der Verstaatlichten Industrie zu verschleppen.[1427] Kreisky, der in der Öffentlichkeit als
Garant für Vollbeschäftigung und Stabilität galt, brachte sein Primat der Beschäftigungspolitik 1979 jedoch seinen größten Wahlsieg ein. Die SPÖ konnte
bei den Nationalratswahlen vom 6. Mai 1979 über 51 Prozent der gültig abgegebenen Stimmen für sich verbuchen und zwei Mandate dazu gewinnen und war
damit die erfolgreichste sozialdemokratische Partei Europas. Entscheidender

---

1422 Eder, Die Ära Kreisky, S. 193.
1423 Der Begriff wurde 1979 vom späteren Staatssekretär für Wirtschaftsfragen im Finanz-
     ministerium Hans Seidel geprägt.
1424 Vgl. hierzu etwa: Weber, Fritz / Venus, Theodor (Hg.), Austro-Keynesianismus in Theorie
     und Praxis, Wien 1993 oder Tichy, Gunther, Austrokeynesianismus. Ein Konzept erfolg-
     reicher Wirtschaftspolitik?, in: Sieder, Reinhard / Steinert, Heinz / Tálos, Emmerich (Hg.),
     Österreich 1945 – 1995. Gesellschaft – Politik – Kultur, Wien 1995, S. 213 ff.
1425 Tálos/Fink, Arbeitslosigkeit: eine Geißel, die nicht verschwindet, S. 237.
1426 Vgl. hierzu das Transkript einer Ö1-»Diagonal«-Sendung mit Bernhard Felderer (Institut
     für Höhere Studien) und Hannes Androsch zum Thema »Der Austrokeynesianismus und
     das Schuldenmachen« am 27.2.2010, online: http://www.hannes-androsch.at/media/
     news/10.02.27.OE1.Diagonal.HA.Schuldenmachen.pdf (1.5.2010).
1427 Rathkolb, Die Kreisky-Ära 1970 – 1983, S. 320.

Wahlfaktor war – wie in den Jahren zuvor – Bruno Kreisky,[1428] während ÖVP-Obmann Taus nach 1975 abermals eine herbe Niederlage hinnehmen musste. Im Wahlkampf hatte er den Plan seines Vorgängers Karl Schleinzer aufgenommen und engeren Kontakt zur FPÖ gesucht, was durch die Ablöse Friedrich Peters durch den Grazer Bürgermeister Alexander Götz an der Spitze der FPÖ ermöglicht wurde. Götz schlug im Gegensatz zu Peter einen scharfen Anti-Kreisky-Kurs ein, die ÖVP ließ dies im Wahlkampf jedoch nicht reüssieren. Taus erklärte im Juni 1979 seinen Rücktritt, neuer Parteiobmann wurde Alois Mock, dem 1982 mit Michael Graff (nach Sixtus Lanner) auch ein neuer Generalsekretär zur Seite gestellt wurde. Alexander Götz wurde im März 1980 von Norbert Steger an der Spitze der FPÖ abgelöst.[1429] Das Kabinett Kreisky IV wurde am 5. Juni 1979 in unveränderter Zusammensetzung angelobt. Eine Umbildung der Regierung, die die Aufnahme von vier Staatssekretärinnen in die Regierung beinhaltete – darunter Johanna Dohnal als Staatssekretärin für Frauenfragen im Bundeskanzleramt – erfolgte erst im November 1979.[1430]

In den folgenden Jahren sollte eine Reihe von Problemen und Entwicklungen, die die SPÖ bereits 1979 beschäftigten und bei der Nationalratswahl noch durch die Erfolge in der Beschäftigungspolitik überlagert werden konnten, offen zutage treten. Die Entscheidung gegen die Inbetriebnahme des Kernkraftwerks Zwentendorf bei der Volksabstimmung 1978 machte deutlich, dass sich neue Bruchlinien in der Gesellschaft entwickelten. Das Wachstumsdenken geriet zunehmend in Konflikt mit neuen Anliegen wie Umweltschutz und Friedenserhaltung. Die Opposition begann die SPÖ stärker unter Druck zu setzen, auf die wachsende Staatsverschuldung hinzuweisen und neokonservative Politikmuster zu propagieren. In der Öffentlichkeit wurde die SPÖ immer mehr als Partei wahrgenommen, die sich weniger durch Reformelan auszeichnet, sondern mit Korruption, Parteienfilz und Skandalen assoziiert wurde und es sich an der Macht bequem gemacht hatte. Nicht nur die Partei selbst, sondern auch die Medien und die Opposition beschäftigte ein massiver Konflikt zwischen Kanzler Kreisky und Finanzminister Hannes Androsch.[1431]

Nicht ausgenommen von der Kritik blieb auch Christian Broda, der – gestützt auf das neue Parteiprogramm von 1978 – die Rechtsreform weiter vorantreiben

---

1428   Bei den Wahlmotiven für die SPÖ rangierte Kreisky mit 85 Prozent einsam an der Spitze, gefolgt von der mit seiner Person verbundenen Hoffnung auf die Sicherheit der Arbeitsplätze mit 78 Prozent. Vgl.: Kriechbaumer, Die Ära Kreisky, S. 123.

1429   Kriechbaumer, Die Ära Kreisky, S. 122 ff. sowie S. 144 ff.

1430   Fischer, Die Kreisky-Jahre 1967–1983, S. 245 ff. Vgl. zur sozialdemokratischen Frauen- und Geschlechterpolitik in den 1970er Jahren: Mesner, Maria, Sozialdemokratische Frauen- und Geschlechterpolitik im Österreich der Siebziger Jahre, in: Bacher, Monika / Floßmann, Ursula u. a. (Hg.), Wahsinnsweiber? Weiberwahnsinn? Wer braucht Feminismus? (Erw. Dokumentation des 6. Linzer AbsolventInnentages), Linz 2000, S. 29–50.

1431   Eder, Die Ära Kreisky, S. 193 f.

wollte, als sich gesamtpolitisch der Handlungsspielraum für die Regierung Kreisky verschlechtert hatte.[1432] Formuliert wurde diese oftmals im 1970 neu gegründeten »Profil« von Peter Michael Lingens, wobei wiederholt aufgeworfen wurde, ob diese Kritik nicht auch persönlich motiviert sei – war Broda doch als Anwalt in die Scheidung seiner Eltern eingebunden und war Lingens in den 1960er Jahren auch ein Mitarbeiter von Simon Wiesenthal gewesen.[1433]

Christian Broda konnte auch in den späten 1970er Jahren stets einen Gesetzesvorschlag aus der Lade ziehen oder die Öffentlichkeit mit der Ankündigung neuer Reformen beschäftigen.[1434] Seine Gesetzesmaschinerie erfolgte scheinbar problemlos und auch an »Visionen« für die Zukunft mangelte es Broda nicht – wie das Beispiel der heftig diskutierten »gefängnislosen Gesellschaft« belegt. Auf zum Teil massive Ablehnung stieß jedoch nicht nur diese, sondern vor allem Brodas Amtsführung. Der Grund hierfür war – stärker als jemals zuvor – Brodas Inanspruchnahme seines ministeriellen Weisungsrechtes bzw. der Vorwurf, Broda würde zum Schutz seiner Freunde in die Justiz eingreifen bzw. die Justiz zu deren Vorteil lenken. Neben das Image des visionären Rechtsreformers trat somit besonders gegen Ende des Jahrzehnts und zu Beginn der 1980er einmal mehr jenes des Machtpolitikers.

Erste Ablösegerüchte um Christian Broda traten 1978 nach einer schweren Erkrankung auf, wobei als möglicher Broda-Nachfolger in den Medien bereits SPÖ-Justizsprecher Karl Blecha gehandelt wurde.[1435] Broda musste sich nach einem Besuch bei seiner Tochter Johanna in Mexiko im September 1978 einer schweren Schädeloperation unterziehen. Nachdem er am 6. September 1978 nach heftigen Kopfschmerzen bewusstlos zusammengebrochen war, wurde er in die Neurologische Universitätsklinik in Wien gebracht. Dort wurde er am 14. Oktober ein zerebrales Anorysma operiert, das bereits im Jahre 1934 vermutet worden war, als sich Broda ebenfalls in neurologischer Behandlung befunden hatte.[1436] Danach war ein mehrwöchiger Erholungsaufenthalt in Jugo-

---

1432 Heinz Fischer verweist in seiner Darstellung der »Ära Kreisky« darauf, dass es »sicher kein Zufall« war, dass »sich die Reformtätigkeit in dieser Periode deutlich auf den Bereich des sogenannten gesellschaftlichen Überbaus, also auf Rechts-, Verfassungs- und Gesellschaftsreform konzentrierte, während der soziale und sozialpolitische Sektor den knapper werdenden Budgetspielraum deutlich zu spüren begann. Vgl.: Fischer, Die Kreisky-Jahre 1967–1983, S. 154

1433 Vgl. hierzu auch einen Artikel von Peter Michael Lingens im »Profil«, in dem er auf die Diskussionen über seine Broda-kritische Berichterstattung einging: Lingens, Peter Michael, Liebe Leser!, in: Profil 6 (1977) S. 4.

1434 Vgl. hierzu etwa: Oelzweig für einen Optimisten, Gesetzesmaschine Christian Broda, in: Die Presse, 18.7.1980.

1435 Austria Pressedienst, Nr. 17/18, 30.9.1978.

1436 Vgl.: AChB, ÖNB, Handschriftensammlung, X.8.1 und Minister Brodas Befinden »relativ günstig«, in: Die Presse 18.9.1978, Kreisky: Brodas Befinden »bessert sich rasch«, in: Die Presse, 20.9.1978, Broda in einigen Wochen wieder im Amt, in: Arbeiter-Zeitung, 20.9.

slawien notwendig. Im Vorfeld der Nationalratswahlen 1983 gab Kreisky dann den Ausschlag dafür, dass er keiner weiteren Regierung mehr angehören sollte, obwohl sich Broda – wie zu zeigen sein wird – durchaus nicht amtsmüde fühlte.

7.1. Die Rechtsreform

Die Rechtsreform wurde 1970, gestützt auf das Justizprogramm von 1969, während der Minderheitsregierung Kreisky in Angriff genommen und 1971 nach der Erreichung der absoluten Mehrheit fortgesetzt. Die Umsetzung des Programms, das ursprünglich als Arbeitsprogramm für eine Legislaturperiode gedacht war, wenn sich die Autoren wohl dessen bewusst sein mussten, dass sie damit ein rechtspolitisches Grundsatzprogramm geschaffen hatten,[1437] dauerte fast die gesamte Ära Kreisky.[1438]

Vorgegangen wurde – so Heinrich Keller – in der Regel so, dass am Beginn jeder Initiative die öffentliche Ankündigung stand. Dann folgte die Regierungsvorlage, die nicht nur einer Diskussion im Parlament, sondern auch einer Diskussion in der Öffentlichkeit unterzogen wurde. Nach der Beschlussfassung wurde wiederum die Öffentlichkeit informiert, wobei darauf zu verweisen ist, dass parallel zur parlamentarischen Arbeit häufig eigene Broschüren – ganz im Sinne einer modernen PR-Arbeit – herausgegeben und den Interessierten kostenlos zur Verfügung gestellt wurden.[1439] Wie Broda es bereits in früheren Jahren betont hatte, war für ihn die Gewinnung der Öffentlichkeit für die Rechtsreform von enormer Wichtigkeit – und das nicht nur, weil er hierin einen Weg sah, die Opposition zu einem Konsens zu bringen, sondern die Unterstützung der Öffentlichkeit auch die Akzeptanz der Rechtsreform in der Gesellschaft gewährleisten sollte.[1440] Der in dieser Arbeit bereits beschriebene, sich seit den späten 1960er Jahren beschleunigende gesellschaftliche Wandel, verbunden mit neuen Wert- und Moralvorstellung, sollte den Reformvorhaben Brodas Rückenwind verschaffen und fand auch in den Parteiprogrammen der anderen Parteien seinen Niederschlag. Zweifellos positiv auf das Reformklima wirkte sich – so

---

1978, Justizressort für Blecha, in: Austria Pressedienst, 30. 9. 1978, Warten auf Christian Broda, in: Kurier, 26. 10. 1978, Zurück in Wien: Broda gut erholt, in: Die Presse, 9. 11. 1978.

1437 Fiedler, Bilanz der österreichischen Rechtspolitik, S. 126.

1438 Keller, Heinrich, Die Rechtsreform seit 1970, in: Fröschl, Erich / Zoitl, Helge (Hg.), Der österreichische Weg 1970–1985. Fünfzehn Jahre, die Österreich verändert haben, Wien 1986, S. 179.

1439 Zu verweisen ist hier vor allem auf folgende Broschüren: Was sollen die Eltern eines unehelichen Kindes über dessen Rechtsstellung wissen?, 1971, Strafrechtsreform konkret 1971, Familienrechtsreform konkret, 3 Aufl., 1972, 1973 und 1975, Strafrecht konkret, 1975 und 1976, Entwurf eines Mediengesetzes, 1975, Scheidungsreform konkret, 2 Aufl., 1976.

1440 Keller, Die Rechtsreform seit 1970, S. 183 sowie Mauhart, Ein Stück des Weges gemeinsam, S. 264 f.

Sepp Rieder – aber auch die gute wirtschaftliche Entwicklung in den frühen
1970er Jahren aus.[1441]

In der ersten Regierungserklärung Kreiskys wurde die Rechtsreform als
zweiter Punkt nach dem Bekenntnis zu einer Wahlrechtsreform angesprochen,
womit sie an der Spitze der Reformvorhaben der ersten SPÖ-Alleinregierung
stand. Innerhalb Kreiskys Reformpolitik hatte diese – wie etwa im »Kurier«
bemerkt wurde – somit immer mehr an Bedeutung gewonnen,[1442] war sie – wie
Christian Broda im März 1971 in der »Zukunft« betonte – doch für das Image
einer Gesellschaft von entscheidender Bedeutung bzw. »meist weit größer als die
Austragung vordergründig gesellschaftlicher Gruppeninteressen.«[1443] Als erster
konkreter Reformpunkt wurde hierin – wie es im Justizprogramm von 1969 hieß
– die Familienrechtsreform bzw. die Neuordnung des gesetzlichen Erbrechtes
des Ehegatten und des gesetzlichen ehelichen Güterstandes sowie die Neuordnung der Rechtsstellung der unehelichen Kinder angesprochen. Im Anschluss
folgte die Ankündigung einer Strafrechtsreform und eines Strafprozessände-
rungsgesetzes, wobei diese durch das Zusammenwirken von Parlament und
Bundesregierung zeitgemäß gelöst werden sollten.[1444] Ausdrücklich genannt
wurden – wenn in der Regierungserklärung auch optimistisch davon die Rede
war, dass die Strafrechtsreform zu einem Abschluss gebracht werden sollte –
legislative Sofortmaßnahmen in der Strafrechtsreform, die »nach allgemeiner
Auffassung nicht mehr länger aufgeschoben werden dürfen«.[1445] Weitere An-
kündigungen betrafen unter anderem eine Presserechtsreform, die Schaffung
einer modernen Arbeits- und Sozialgerichtsbarkeit und die Einrichtung einer

---

1441　Rieder, Strafrecht und Gesellschaft, S. 7.

1442　Geldbuße statt Arrest ist geplant, in: Kurier, 22.4.1970.

1443　Broda, Christian, Rechtsentwicklung – Spiegelbild der Gesellschaft, in: Die Zukunft 5
　　　(1971) S. 13.

1444　»Kleine Strafrechtsreform« noch im Mai. Broda für Aufhebung des Klubzwangs bei der
　　　Abstimmung im Parlament, in: Die Presse, 6.5.1970.

1445　Diese wurden in der Regierungserklärung nicht näher definiert. Von Broda waren diese in
　　　den Wochen vor und nach der Wahl jedoch genannt worden. Hierunter befanden sich eine
　　　Reform des Militärstrafgesetzes sowie die Aufhebung der Strafbestimmungen gegen den
　　　Ehebruch, gegen die Ehestörung, die Unzucht mit Tieren und gegen die gleichge-
　　　schlechtliche Betätigung sofern keine Verführung von Jugendlichen durch Erwachsene
　　　erfolgt, da man hier »schon übereinstimmend oder doch ganz überwiegend der Auffas-
　　　sung ist, dass sie künftig nicht mehr gerichtlich bestraft werden sollen«. Vgl. Schwer-
　　　punkte der österreichischen Strafrechtsreform in der XII. Gesetzgebungsperiode des
　　　Nationalrates. Vortrag in der Wiener Juristischen Gesellschaft am 11. März 1970, AChB,
　　　ÖNB, Handschriftensammlung, IV.68.2, Dringende Strafrechtsreformgesetze sollen vor-
　　　gezogen werden. Undatiertes Manuskript. AChB, ÖNB, Handschriftensammlung, IV.246,
　　　»Justizprogramm« in Bewährung. Die österreichische Strafrechtsreform in der Zielgera-
　　　den, in: Die Zukunft 1 (1970) S. 12 – 15 sowie Für Sofortmaßnahmen im Strafrecht, in:
　　　Arbeiter-Zeitung, 13.2.1970.

Anwaltschaft des öffentlichen Rechts, wie sie in Brodas Justiz- und Parlamentsreformprogramm aus der Oppositionszeit genannt worden war.[1446]

Erste Schritte in Richtung Umsetzung der Regierungserklärung wurden von Seiten Brodas unmittelbar nach der Ankündigung der Reformen gesetzt. Bereits im Juni waren vier wichtige Regierungsvorlagen betreffend die Rechtsstellung des unehelichen Kindes, das eheliche Güterrecht, ein Strafrechtsänderungsgesetz und zu einer Reform des Militärstrafrechts im Nationalrat eingebracht worden,[1447] womit der Justizausschuss mehr als ausreichend mit Arbeit eingedeckt war. Trotzdem ließ es Broda nicht an der Ankündigung weiterer Reformen fehlen. Es schien ihm in der Rechtsreform 1970/1971 nicht schnell genug gehen zu können.[1448] Sein größter Hemmschuh wurde in den kommenden Monaten – wie auch in den Medien vermerkt wurde – jedoch der Mangel an Arbeitsterminen, wenn auch der Justizausschuss »für permanent« erklärt worden war und sich die Abgeordneten der Opposition dazu bereit erklärt hatten, auch während der parlamentsfreien Zeit im September und Oktober 1970 die Beratungen fortzusetzen. Anknüpfend an die Demokratiereformdiskussion der letzten Jahre verwies Broda deshalb auch weiterhin darauf, dass eine Parlamentsreform erforderlich sei, die ein effektiveres Arbeiten im Parlament – etwa durch eine Straffung der Budgetdebatte und die Einrichtung eines »Justizausschusses in Permanenz« – ermögliche. Notwendig sei dies insbesondere deshalb, weil im Justizbereich »die Entscheidungen im Gesetzgebungsverfahren wirklich erst im Nationalrat« fielen,[1449] da der Einfluss der Sozialpartner hier im Vergleich zu anderen Politikbereichen ein geringerer sei. Ein wichtiger Schritt in Richtung der Verbesserung der parlamentarischen Arbeitsbedingungen inklusive einem Ausbau der parlamentarischen Kontrollrechte wurde nicht zuletzt mit dem neuen Geschäftsordnungsgesetz des Nationalrats 1975 getan.[1450]

1446 Regierungserklärung vom 27. April 1970. StPNR, XII. GP, 2. Sitzung, abgedruckt in: Gottschlich/Panagl/Welan, Was die Kanzler sagten, S. 182 ff.

1447 Broda mit Rechtsreform in Verzug. Vor dem Sommer bestenfalls ein Gesetz »reif« / Widerstand gegen schlechte Texte, in: Kurier, 15. 6. 1970.

1448 Hauser, Walter, Reform durch Übereinkunft – Die Haltung der ÖVP zur kleinen Strafrechtsreform, in: Parlamentsklub der Österreichischen Volkspartei (Hg.), ÖVP: Die klare Alternative. Strafrecht – Vom Slogan zur Reform, Wien 1971, S. 6.

1449 Broda, Christian, Die österreichische Rechtsreform. Bisherige Ergebnisse und zukünftige Aufgaben, in: Die Zukunft 18 (1971) S. 9 sowie Broda, Halbzeit der Gesetzgebungsperiode. Legislative Zwischenbilanz 1971 – 1973, S. 3 – 7.

1450 Die Geschäftsordnungsnovelle brachte eine Abschaffung der Sessionen – bisher tagte der Nationalrat in einer Frühjahrs- und Herbstsession, während der es äußerst schwer war, den Nationalrat einzuberufen –, eine eingehendere Regelung des Verfahrens der Ausschüsse und Unterausschüsse sowie des Plenarverfahrens und einen Ausbau der Kontroll- und Minderheitsrechte. Anzumerken ist dabei jedoch, dass viele Forderungen der Opposition, etwa jene nach einer Umgestaltung des Untersuchungsrechts in ein Minderheitsrecht,

Was die Rechtsreform betrifft, wurden in der Zeit der Minderheitsregierung Kreisky, das heißt bis zu den Wahlen vom 10. Oktober 1971, eine Neuregelung des Militärstrafgesetzes, ein Strafrechtsänderungsgesetz bzw. die so genannte »kleine Strafrechtsreform« sowie ein Bundesgesetz über die Neuordnung der Rechtsstellung des unehelichen Kindes beschlossen. Nach den Wahlen konnte die Rechtsreform fortgesetzt werden. In der zweiten Regierungserklärung Kreiskys vom 4. November 1971 war diese im Vergleich zu 1970 jedoch bereits merklich nach hinten gerutscht. Angeknüpft wurde hierin an das Regierungsprogramm vom 27. April 1970 und eine Fortsetzung der Familienrechtsreform bzw. einen Abschluss der Strafrechts- bzw. Strafprozessreform, wobei Regierungsvorlagen zu folgenden Themen in Aussicht gestellt wurden: einem neuen Strafgesetzbuch, einem neuen Tilgungsgesetz, der Neuordnung der Rechtsstellung des ehelichen Kindes sowie der Geschäftsfähigkeit und Ehemündigkeit. Eine weitere Priorität sollte dem Konsumentenschutz, dem Medienrecht und der Schaffung einer zeitgemäßen Arbeits- und Sozialgerichtsbarkeit zukommen.[1451] In der Regierungserklärung 1975 konnte dann bereits auf die Verabschiedung der »großen Strafrechtsreform« und das »Herzstück« der Familienrechtsreform, das Bundesgesetz über die Neuordnung der persönlichen Rechtswirkungen der Ehe, verwiesen werden.[1452] Im Mittelpunkt der nächsten Legislaturperiode sollte die Vollendung der Familienrechtsreform mit einer Gleichstellung von Mann und Frau im Kindschaftsrecht und einem neuen Scheidungsrecht stehen. Thematisiert wurden des Weiteren – da noch immer nicht abgeschlossen – ein neues Medienrecht, der Ausbau des Konsumentenschutzes sowie eine Verbesserung des Strafverfahrens.[1453] Die Arbeit an der Rechtsreform, die Broda als wichtigen Beitrag zu einem neuen gesellschaftlichen Klima sah, sollte somit ohne Unterbrechung weitergehen.[1454]

1977 folgte als direktes Ergebnis der Demokratiereform-Diskussion der späten 1960er Jahre die Schaffung der Volksanwaltschaft, nachdem die Arbeiten

---

nicht berücksichtigt wurden. Insgesamt wurde die Reform aber auch von der Opposition positiv rezipiert. Vgl.: Wirth, Demokratiereform, S. 183–190.

1451 Regierungserklärung von Bundeskanzler Bruno Kreisky am 5. November 1971, StPNR, XIII. GP, 2. Sitzung vom 5.11.1971, S. 32 f. Vgl. hierzu auf Seiten Christian Brodas auch: Broda, Österreichische Rechtsreform. Bisherige Ergebnisse und zukünftige Aufgaben, S. 10 f.

1452 Vgl. hierzu: Es gibt mehr Gerechtigkeit in Österreich. 1970–1975. Fünf Jahre Arbeit an der Rechtsreform. 1975–1979. Vier weitere Jahre für die Rechtsreform, Wien 1975 sowie Broda, Christian, Es gibt mehr Gerechtigkeit in Österreich, in: Der Sozialistische Akademiker 10 (1975) S. 11–13.

1453 Regierungserklärung von Bundeskanzler Bruno Kreisky am 5. November 1971, StPNR, XIV. GP, 2. Sitzung, S. 36.

1454 Broda, Christian, Es gibt mehr Gerechtigkeit in Österreich. Die Arbeit geht weiter, in: Es gibt mehr Gerechtigkeit in Österreich. 1970–1975. Fünf Jahre Arbeit an der Rechtsreform. 1975–1979. Vier weitere Jahre für die Rechtsreform, Wien 1975, S. 6.

zu einer »Übertragung« des skandinavischen Ombudsmanns auf Österreich vom Bundeskanzleramt bereits 1970 in Angriff genommen worden waren. Eingebunden war hierin – in enger Zusammenarbeit mit Heinz Fischer, der 1975 geschäftsführender Obmann des SPÖ-Klubs wurde[1455] – auch Christian Broda. Bis die Volksanwaltschaft schlussendlich als eine der wichtigsten Verfassungsreformen in den 1970er Jahren umgesetzt werden konnte,[1456] wurden die Entwürfe jedoch noch mehrfach und gründlich überarbeitet. Als sie 1977 installiert wurde, hatte sie sich nicht nur vom skandinavischen Original sondern auch vom Vorschlag von Broda und Gratz zur Schaffung eines »Anwalts des öffentlichen Rechts« aus dem Jahr 1969 stark entfernt.[1457]

1978 war dann auch die Familienrechtsreform und damit der große »Nachziehprozess« in der Rechtsreform – wie Christian Broda seine Reformen gerne charakterisierte – abgeschlossen. Von Broda wurde angesichts des Abschlusses der Familienrechtsreform bei der Parlamentsdebatte am 15. Juni 1978 die Familien- und die Strafrechtsreform als die größte gesetzgeberische Leistung bezeichnet, die ein österreichisches Parlament seit 1848 vollbracht hat. Hierbei sei man in den jahrelangen Arbeiten im Unterausschuss und dann im Justizausschuss »bis in die äußersten Regionen des bewohnten parlamentarischen Raumes vorgedrungen«. »Mehr vermag […] ein Parlament als echter Gesetzgeber nicht zu geben«.[1458] Das neue Mediengesetz als Reform des alten Pressegesetzes, das Broda noch in den 1960er Jahren ebenfalls als nötige »Nachziehreform« bezeichnet hatte, wurde nach mehreren Entwürfen jedoch erst 1981 verabschiedet.

Die Beschlussfassung über die vorgelegten »Justizvorlagen« erfolgte fast ausschließlich einstimmig. Zum Scheitern kam der Konsensmobilisierungsprozess[1459] – wie zu zeigen sein wird – in der »großen Strafrechtsreform« lediglich in der Frage der Schwangerschaftsunterbrechung, nachdem das Strafrechtsänderungsgesetz 1971 (bzw. die so genannte »kleine Strafrechtsreform«) zwar nicht einstimmig aber mit einer überwiegenden Mehrheit beschlossen worden war. In der Familienrechtsreform war dies in der Frage des neuen

---

1455 Horvath, Heinz Fischer, S. 92.
1456 Fischer, Die Kreisky-Jahre 1967–1983, S. 154.
1457 Vgl. hierzu: Fischer, Christian Broda und die Volksanwaltschaft, S. 92–101 sowie Wirth, Demokratiereform, S. 208–221.
1458 Christian Broda in der Parlamentsdebatte vom 15. Juli 1978. StPNR, XIV. GP, 96. Sitzung, 15. 7. 1978, S. 9377. Vgl. hierzu auch Christian Broda in der Radio-Sendung »Von Tag zu Tag« am 4. 8. 1986.
1459 Vgl. zum Konsens grundsätzlich: Broda, Christian, Einige Überlegungen zum Konsensproblem in der parlamentarischen Demokratie, in: Mock, Alois (Hg.), Durchbruch in die Moderne. Von der industriellen zur nachindustriellen Gesellschaft, Graz/Wien/Köln 1981, S. 67–74.

Scheidungsrechts, später auch im neuen Medien- und Mietrecht der Fall.[1460]
Immer wieder anerkennend hervorgehoben wurde in der Rechtsreform die
Bereitschaft Brodas zum Kompromiss und zum Konsens, der freilich dort seine
Grenzen hatte, wo Kernpunkte des Reformprogramms oder rechtspolitische
Grundsatzpositionen der SPÖ angesprochen wurden. Positiv auf die Rechtsre-
form der 1970er Jahre, das – so Oskar Lehner – »unbeeinflusst vom jeweiligen
Stand der Beziehungen zwischen SPÖ und ÖVP ein gedeihliches Arbeiten an der
österreichischen Rechtsreform ermöglichte«, wirkte sich aber auch aus, dass
Broda mit den Justizsprechern von ÖVP und FPÖ, Walter Hauser und Gustav
Zeilinger, zwei – bei aller Verschiedenheit der politischen Einstellung – liberale
Politiker gegenüberstanden,[1461] die zu einer Zusammenarbeit in der Rechtsreform bereit waren. Durch sie wurde das viel beschworene konstruktive und gute
Justizklima der 1970er Jahre erst möglich, wenngleich dies nicht hieß, dass es in
der Sache nicht auch zu harten Konfrontationen zwischen den Dreien kommen
konnte und mit Ende der 1970er bzw. in den frühen 1980er Jahren tendenziell
eine Verschlechterung im Verhältnis zwischen Hauser und Broda feststellbar ist.

Walter Hauser, geb. 1922 in Wien, war nach seiner Promotion an der Universität Wien im Jahr 1947 in der Bundeskammer der gewerblichen Wirtschaft
(Fachgebiet Arbeits- und Sozialversicherungsrecht) tätig und gehörte dem Nationalrat seit 1962 an. Justizsprecher der ÖVP war Hauser von 1970 bis 1983, das
heißt während der gesamten Kreisky-Jahre.[1462] Von Broda wurde er wiederholt
als kompromissbereiter Partner in der Rechtsreform gewürdigt und ihm 1985
auch attestiert, dass er in seinem parlamentarischen Arbeitsstil »Grundsatz-
festigkeit, Sachkenntnis und Toleranz« vereinigt habe.[1463] In der ÖVP bestand
hinsichtlich des Vorgehens Hausers, von dem in den Medien sogar als »Justiz-
zwilling« Brodas zu lesen war, jedoch keine Einigkeit. Während die einen wür-
digten, dass er so manchem Reformwerk Brodas einen »Giftzahn« gezogen bzw.
so manche Unstimmigkeit korrigiert habe, kritisierten die anderen, dass er zu
sehr am Kompromiss orientiert gewesen sei und Broda zu sehr die Bühne in der
Rechtsreform überlassen habe.[1464]

Gustav Zeilinger, geboren 1917 in Wien und gestorben 1997 in Oberalm
(Salzburg), war in den 1970er Jahren nicht nur der Justizsprecher der FPÖ,

1460 Vgl. hierzu im Überblick: Fiedler, Bilanz der österreichischen Rechtspolitik, S. 125–154.
1461 Lehner, Familie – Recht – Politik, S. 238 und Interview mit Dr. Michael Neider am
     31.5.2006.
1462 http://www.parlament.gv.at (25.4.2009).
1463 Broda, Christian, Die österreichische Rechtsreform (1970–1983), in: Broda, Christian /
     Deutsch, Erwin / Schreiber, Hans-Ludwig / Vogel, Hans-Jochen (Hg.), Festschrift für
     Rudolf Wassermann zum sechzigsten Geburtstag, Darmstadt 1985, S. 14.
1464 Wille, Heinrich, Das Ende einer Ära. Die »Justiz-Zwillinge« suchten den Konsens, in: Die
     Furche 50 (1982) S. 4.

sondern von 1970 bis 1977 auch Obmann des Justizausschusses. Danach, das
heißt nach seinem Wechsel in die Volksanwaltschaft (wo Heide Schmidt, die
spätere Gründerin des Liberalen Forums, seine Assistentin war), wurde er in
dieser Funktion zuerst von Tassilo Broesigke (1977 bis 1980) und dann von
Norbert Steger, beide ebenfalls von der FPÖ, abgelöst.[1465] Zeilinger, der in ein
großdeutsch-liberales Elternhaus in Wien geboren worden war, hatte als
Werkstudent von 1937 bis 1940 Rechtswissenschaften an der Universität Wien
studiert und war 1940 zur Deutschen Wehrmacht eingezogen worden. 1945 ließ
er sich in Salzburg nieder und schlug die Laufbahn eines Anwalts ein. 1949 stieß
er aufgrund einer anwaltlichen Vertretung – knapp vor den Landtagswahlen
waren drei VdU-Abgeordnete verhaftet worden – zum VdU, dem er bald darauf
beitrat und dessen Landesverband er 1950 bereits gemeinsam mit dem Journalisten Viktor Reimann vorstand. Drei Jahre später zog Zeilinger für den VdU
in den Nationalrat ein, dem er später (nach der Transformation des VdU in die
FPÖ) als Vertreter der FPÖ bis 1977 angehörte und wo er, der einst davon
geträumt hatte, Conferencier zu werden, zu den beeindruckendsten Rednern
zählte. Mitglied der Strafrechtskommission wurde Zeilinger, der stets zum liberalen Flügel der FPÖ gerechnet wurde, im Jahr 1954. Landesparteiobmann der
FPÖ-Landesgruppe Salzburg war Zeilinger von 1955 bis 1965. In der FPÖ-
Bundesparteileitung übte er, der in den Annäherungen zwischen SPÖ und FPÖ
in den 1960er Jahren der Verbindungsmann der FPÖ war, ab 1956 verschiedene
Funktionen aus. Unter anderem war er von 1959 bis 1978 stellvertretender
Bundesparteiobmann.[1466]

In der Rechtspolitik konnten mit der Verabschiedung der großen Strafrechts-
und Familienrechtsreform neue Ziele anvisiert werden. Von Broda, der zuvor –
und das wohl auch aus strategischen Gründen[1467] – vor allem in der Öffentlichkeit betont hatte, dass es sich bei der Rechtsreform um ein Nachziehverfahren an eine veränderte gesellschaftliche Wirklichkeit handle, wurde nun
stärker als zuvor betont, dass die Rechtsreform natürlich auch eine gesellschaftsverändernde Wirkung habe. Zuvor waren solche klare Aussagen Brodas,
die Gesellschaft mittels der Rechtsreform zu verändern – nur vereinzelt und vor

---

1465 Broda, Die österreichische Rechtsreform (1970–1983), S. 14.
1466 Vgl. zu Gustav Zeilinger: http://www.parlament.gv.at (25.4.2009), Marx, Erich, Gustav
        Zeilinger, in: Dachs, Herbert / Gerlich, Peter / Müller, Wolfgang C. (Hg.), Die Politiker.
        Karrieren und Wirken bedeutender Repräsentanten der Zweiten Republik, Wien 1995,
        S. 622–629, »Mehr miteinander reden«. Zeilinger feierte seinen 75. Geburtstag, in: Die
        Presse, 7.2.1995, Ein FP-Politiker mit Witz, in: Die Presse, 1.2.1997, Mit Witz und Ironie
        gegen die Koalition – ein langes Leben in Opposition, in: Die Presse, 19.8.1997.
1467 Auch Heinrich Keller sagt, dass Broda den Begriff des »Nachvollzugs« auch immer aus
        taktischen Gründen verwendet hat, »obwohl er durchwegs wusste, dass manchmal auch
        etwas anderes geschah, als nur ›Nachvollzug‹«. Vgl.: Keller, Die Rechtsreform seit 1970,
        S. 183.

allem vor der engeren Parteiöffentlichkeit – wie etwa auf dem Villacher Parteitag in der Frage der Schwangerschaftsunterbrechung zu hören.[1468] Nun wurde dieser Aspekt stärker betont, wenn Broda auch weiterhin vermerkte, dass es sich bei der Familien- und Strafrechtsreform um große »Nachziehreformen« gehandelt habe.[1469] So verwies er etwa in mehreren Texten, die einmal mehr Ausdruck davon sind, dass Broda eine Vorliebe für theoretische Fragestellungen hatte und die Rechtsreform durch einen intensiven gesellschaftlichen Reflexionsprozess begleitete, darauf, dass zwischen Recht und Gesellschaft ein ständiger Wechselprozess, ein dialektisches Spannungsverhältnis bestehe:

> »Die Rechtsreform in der Demokratie steht im Dienste des Nachziehverfahrens, durch das die Rechtsordnung an die veränderte Gesellschaft angepasst wird. So ist es und nicht umgekehrt. Dennoch ist die Änderung der Rechtsordnung im Rahmen und im Zug des gesellschaftlichen Nachziehverfahrens durchaus nicht ohne Bedeutung für die Weiterentwicklung der Gesellschaft. Die Veränderung der Gesellschaft und die Änderung der Rechtsordnung stehen zueinander im Verhältnis von Ursache und Wirkung. Aber sie wirken aufeinander auch im umgekehrten Sinn. Sie regen einander an und befruchten einander.«

Zu berücksichtigen sei bei der Rechtsreform auf jeden Fall, dass sie nur nach einem vorherigen Prozess der gesellschaftlichen Bewusstseinsbildung erfolgreich sein könne, wie die Geschichte am Beispiel Josephs II. im Habsburgerreich oder Kemal Atatürks in der Türkei gezeigt habe. Reformen, die ihrer Zeit und der Bevölkerung zu weit voraus seien, wären zum Scheitern verurteilt. Dann aber,

---

1468 Vgl. zum Thema Rechtsreform und Gesellschaftsveränderung auch: Matzka, Manfred, Rechtspolitik: Sozialismus im Bundesgesetzblatt?, in: Hindels, Josef / Pelinka, Peter (Hg.), Roter Anstoß. Der »österreichische Weg«. Sozialistische Beiträge, Wien/München 1980, S. 301 – 317.

1469 Vgl. zum gesamten Themenkomplex Rechtsreform und Gesellschaftsentwicklung: Broda, Rechtsentwicklung – Spiegelbild der Gesellschaft, S. 13 – 15, Broda, Christian, Vision und Wirklichkeit. Gesellschaftsreform und Reform der Gesellschaft, in: Die Zukunft 7/8 (1972) S. 1 – 3, Broda, Christian, Die österreichische Strafrechtsreform. Referat des BSA-Bundestages 1973, in: Der Sozialistische Akademiker 6/7 (1973) S. 3 – 6, Broda, Christian, Die Sozialisten und die Rechtsreform. Die Verwirklichung des sozialistischen Justizprogramms, in: Die Zukunft 2 (1974) S. 1 – 4, Broda, Christian, Dreißig Jahre Zweite Republik. Die SPÖ und die österreichische Rechtsentwicklung. Vortrag des Justizministers Dr. Broda vor der Hauptversammlung Sozialistischer Juristen Österreichs am 15. April 1975, in: Die Zukunft 9 (1975) S. 3 – 7, Broda, Christian, Gesetzgebung und sozialer Wandel, in: Die Zukunft 18 (1975) S. 10 – 15, Broda, Christian, Die Rechtsreform und das gesellschaftliche Bewusstsein, in: Recht und Politik 4 (1976) S. 209 – 215, Broda, Gesetzgebung und Gesellschaftsstruktur, S. 2, Broda, Rechtsreform und Gesellschaftsveränderung, S. 29 – 31, Broda, Christian, Rechtskontinuität und Rechtsreform, in: Recht und Politik 1 (1984) S. 1 – 4, Broda, Christian, 1945 – 1985. Die Sozialisten und die Rechtsreform. Vortrag gehalten bei der Generalversammlung des Vereins für Geschichte der Arbeiterbewegung am 28. Mai 1985 in Wien. Sonderdruck aus Archiv – Jahrbuch des Vereins für Geschichte der Arbeiterbewegung, Wien 1985.

wenn den Veränderungen der Gesellschaft durch die evolutionäre Anpassung der Rechtsordnung Rechnung getragen würde, leiste die Rechtsreform einen wichtigen Beitrag zum Abbau gesellschaftlicher Spannungen. Gesellschaftliche Fragen müssten beantwortet werden, wenn sich die Gesellschaft nicht selbst Schaden zufügen wolle. Veränderungen im Unterbau der Gesellschaft müssten solche im juristischen Überbau folgen.[1470]

Christian Broda und Michael Neider (rechts) in einer Arbeitssitzung mit dem deutschen Justizminister Hans-Jochen Vogel (zweiter von links), 1975

Insgesamt gewann im Rechtsdiskurs der späten 1970er Jahre der Zugang zum Recht, die Entwicklung von der Gleichheit vor dem Gesetz zu mehr Gleichheit durch das Gesetz bzw. vom »bürgerlichen« zum »sozialen Recht« immer mehr an Bedeutung. Ihren Niederschlag fand diese Diskussion nicht zuletzt im neuen Parteiprogramm der SPÖ aus dem Jahr 1978, in dem festgehalten wurde, dass die Rechtsreform Einfluss auf die Weiterentwicklung der Gesellschaft hin zur sozialen Demokratie habe. Maßgeblich bestimmt war das rechtspolitische Kapitel

---

1470 Wörtlich sagte Broda in Anlehnung an Gustav Heinemann (deutscher Justizminister, 1966–1969, Anm. M. W.), dass es schlecht sei, wenn man in der Rechtsreform einen Schritt hinter der öffentlichen Meinung wäre, gut, wenn man dieser einen Schritt voraus wäre, aber katastrophal, wenn dies zwei Schritte wären. Vgl.: Broda, Gesetzgebung und sozialer Wandel, S. 10–14 oder aus dem Jahr 1971: Broda, Rechtsentwicklung – Spiegelbild der Gesellschaft, S. 13 f.

– wie bereits 1958 – von Christian Broda. Die Regierungserklärung 1979, auf die hier an späterer Stelle eingegangen wird, war bereits deutlich vom neuen Parteiprogramm geprägt.

7.1.1. Die »kleine Strafrechtsreform«

Im Bereich des Strafrechts wurde dem Nationalrat in der Zeit der Minderheitsregierung am 2. Juni 1970 zunächst eine Regierungsvorlage für ein Strafrechtsänderungsgesetz (»kleine Strafrechtsreform«)[1471] und eine Woche später eine Regierungsvorlage für ein neues Militärstrafrecht zugeleitet,[1472] die beide in einem Unterausschuss des Justizausschusses beraten wurden.

Beschlossen wurde zunächst, noch im Herbst 1970, das neue Militärstrafgesetz, das – so Christian Broda – keine bloße Reform sondern einen völligen Ersatz der geltenden militärrechtlichen Bestimmungen brachte, die noch aus der Zeit stammten, als Radetzky Befehlshaber des österreichischen Heeres gewesen war.[1473]

Das Strafrechtsänderungsgesetz wurde am 8. Juli 1971 verabschiedet, nachdem zur Beratung der im Juni 1970 eingebrachten Regierungsvorlage ebenfalls ein Unterausschuss eingesetzt worden war. Hierin kam es zu substantiellen Beratungen der Regierungsvorlage, die Broda einerseits gerne als Zeichen dafür wertete, wie ernst die parlamentarische Beratung genommen wurde,[1474] andererseits aber auch dafür verantwortlich machte, dass – von der »großen Strafrechtsreform« bis hin zur Presserechtsreform – in der Minderheitsregierung nicht noch mehr Reformgesetze beraten und eventuell sogar verabschiedet werden konnten. Vorstellen konnte sich Broda in diesem Sinn im Sommer 1970 sogar die Einbringung eines zweiten Strafrechtsänderungsgesetzes, was von der ÖVP jedoch gestoppt wurde, da diese – wie dies Broda zuvor immer getan hatte – zum Konzept der Gesamtreform zurückkehren wollte.[1475] Die Abstimmung im Nationalrat erfolgte – wie sich dies Broda bei einer Abstimmung über die Strafrechtsreform bereits seit längerem vorstellen konnte und auch in der Opposition immer wieder vorgeschlagen hatte[1476] – unter Aufhebung des Klub-

---

1471 StPNR, XII. GP, Blg. 39
1472 StPNR, XII. GP, Blg. 53.
1473 Vgl. zum neuen Militärstrafgesetz: Gleiches Recht für alle. Interview mit Christian Broda, in: Hallo. Die Zeitschrift der Gewerkschaftsjugend 11 (1970) S. 19 sowie Es gibt mehr Gerechtigkeit in Österreich, S. 15 f.
1474 Vgl. zum Anteil der ÖVP an der kleinen Strafrechtsreform: Parlamentsklub der Österreichischen Volkspartei, ÖVP: Die klare Alternative.
1475 Vgl. hierzu Walter Hauser in der Parlamentsdebatte über das Strafrechtsänderungsgesetz am 7. Juli 1971. StPNR, XII. GP, 50. Sitzung, 7.7.1971, S. 3799.
1476 Vgl. hierzu zudem: Schwerpunkte der österreichischen Strafrechtsreform in der XII.

zwangs und führte am 8. Juni 1971 bei 150 zu 9 Stimmen (alle von der ÖVP) zu einer mehrheitlichen Annahme des Strafrechtsänderungsgesetzes bzw. der so genannten »kleinen Strafrechtsreform«.[1477]

Inhaltlich umfasste das Gesetz als Vorgriff auf das neue Strafgesetzbuch bereits alle wesentlichen Gehalte der späteren »großen Strafrechtsreform«.[1478] In der Öffentlichkeit erlangte es – nicht zuletzt, weil am 7. Juni 1971, dem Tag, an dem die Debatte über die »kleine Strafrechtsreform« im Nationalrat begann, auch der sozialistische Initiativantrag zur Auflösung des Nationalrats eingebracht wurde – jedoch nicht jene Aufmerksamkeit, die ihm entsprochen hätte.[1479] Die »kleine Strafrechtsreform« brachte eine Entkriminalisierung der lesbischen Liebe und der männlichen Homosexualität unter Erwachsenen,[1480] der Unzucht mit Tieren und der Ehestörung. Der Ehebruch wurde gegen die Absicht der sozialdemokratischen Reformer nur teilweise entkriminalisiert bzw. insoweit eingeschränkt, als die Tat nicht mehr verfolgt werden konnte, wenn die eheliche Gemeinschaft seit einem Jahr aufgehoben war.[1481] Gleichfalls wurden auch einige »flankierende Maßnahmen« eingebaut, die auf den Wunsch der ÖVP zurückzuführen sind und das Verbot der gleichgeschlechtlichen Prostitution, der Werbung für die Unzucht und Verbindungen zur Begünstigung gleichgeschlechtlicher Unzucht betrafen.[1482] Von Walter Hauser wurde die Homosexualität in der Parlamentsdebatte vom 7. Juli in diesem Sinn auch weiterhin als »sozial nicht wünschenswert« bzw. als »widernatürlich« bezeichnet.[1483]

Einige »heiße Eisen« der Strafrechtsreform wurden damit vorgezogen, wobei

---

Gesetzgebungsperiode des Nationalrates. Vortrag von Christian Broda in der Wiener Juristischen Gesellschaft am 11. März 1970, AChB, ÖNB, Handschriftensammlung, IV. 68.2 oder »Kleine Strafrechtsreform« noch im Mai. Broda für Aufhebung des Klubzwangs bei Abstimmung im Parlament, in: Die Presse, 6.5.1970.

1477 Broda, Christian, Die österreichische Strafrechtsreform. Referat anlässlich des BSA-Bundestages 1973, in: Der Sozialistische Akademiker 6/7 (1973) S. 3 sowie Broda, Christian, Die österreichische Rechtsreform. Bisherige und zukünftige Aufgaben, in: Die Zukunft 18 (1971) S. 7.

1478 Pohoryles, Ronald, Determinanten und Resultate der österreichischen Strafrechtsreform in den siebziger Jahren, in: Österreichische Zeitschrift für Politikwissenschaft 1 (1981) S. 41.

1479 Kriechbaumer, Österreichs Innenpolitik 1970–1975, S. 216 sowie Fischer, Die Kreisky-Jahre 1967–1983, S. 82.

1480 Die männliche Homosexualität wurde nur mehr bestraft, wenn ein Partner unter 18 Jahren war. Dies wurde durch die Einführung des heftig umstrittenen § 209 umgesetzt, der erst 2002 abgeschafft wurde. Vgl. zu diesem Themenkomplex u. a.: Repnik, Ulrike, Die Geschichte der Lesben- und Schwulenbewegung in Österreich, Wien 2006.

1481 Erst mit dem Strafrechtsänderungsgesetz 1996 wurde die Strafbarkeit des Ehebruchs vollkommen aufgehoben.

1482 Stangl, Die neue Gerechtigkeit, S. 91 sowie Parlamentsklub der Österreichischen Volkspartei, Strafrecht – Vom Slogan zur Reform, S. 22 ff.

1483 Walter Hauser in der Parlamentsdebatte vom 7. Juli 1971. StPNR, XII. GP., 50. Sitzung, 7. 7. 1971, S. 3801.

dies – so Heinrich Keller – ganz bewusst in der Absicht geschah, die »große Strafrechtsreform« hiervon zu entlasten[1484] und hier sehr deutlich wurde, wie sehr die katholische Kirche ihre führende Rolle im ÖVP-Lager in der Frage der Strafrechtsreform bereits eingebüßt hatte.[1485] Nicht aufgenommen in die Regierungsvorlage wurde jedoch die Frage der Schwangerschaftsunterbrechung, obwohl Broda deren Regelung wiederholt als vordringlich bezeichnet hatte.[1486] Hier schien eine Konsensfindung, und das besonders unter den Rahmenbedingungen der Minderheitsregierung, wohl nicht möglich.

Mit dem Strafrechtsänderungsgesetz wurden jedoch neue Bestimmungen gegen das Quälen von Unmündigen, Jugendlichen oder Wehrlosen sowie gegen Tierquälerei geschaffen. Vorgenommen wurde zudem eine Neuregelung im Bereich der Beamtendelikte sowie der Amtsehrenbeleidigung, womit einerseits Korruptionsbestimmungen angesprochen wurden und andererseits eine gewisse Liberalisierung der Delikte gegen die Obrigkeit vorgenommen wurde. Schließlich brachte das Strafrechtsänderungsgesetz wichtige Neuerungen dahingehend, dass leichte Verkehrsdelikte nicht länger strafgerichtlich verfolgt wurden, sowie eine Erweiterung der Möglichkeit, für geringfügige Delikte Geldstrafen zu verhängen bzw. bedingte Strafen auszusprechen.[1487] Die Entkriminalisierung des Verkehrsstrafrechts[1488] wurde aufgrund einer Initiative der ÖVP vorgezogen, wobei im Zuge der Diskussion auch die Frage aufgeworfen wurde, was den nun für mehr Personen etwas bringen werde und somit dringender sei: die von Broda befürwortete Reform der Sittlichkeitsdelikte oder jene des Verkehrsstrafrechts.[1489]

Insgesamt intendierte das Strafrechtsänderungsgesetz somit eine Entkrimi-

---

1484 Keller, Die Rechtsreform seit 1970, S. 178.
1485 Stangl, Die neue Gerechtigkeit, S. 91 f.
1486 Schwerpunkte der österreichischen Strafrechtsreform in der XII. Gesetzgebungsperiode des Nationalrates. Vortrag von Christian Broda in der Wiener Juristischen Gesellschaft am 11. März 1970, AChB, ÖNB, Handschriftensammlung, IV.68.2.
1487 Bundesgesetz vom 8. Juli 1971, mit dem das Strafgesetz, die Strafprozessordnung und das Gesetz über die bedingte Verurteilung geändert und ergänzt werden (Strafrechtsänderungsgesetz 1971) BGBl. Nr. 273/1971.
1488 Hinzuweisen ist in diesem Zusammenhang darauf, dass mit dem Strafrechtsänderungsgesetz auch ein Verkehrsrechtsanpassungsgesetz beschlossen wurde, das die Modernisierung des Verkehrsstrafrechts auch auf den Bereich des Verwaltungsstrafverfahrens ausdehnte.
1489 Auch der ARBÖ, dem Christian Broda vorstand, legte im Herbst 1969 ein Programm zu einer Verkehrsstrafrechtsreform vor. Aus der Regierungsvorlage wurde die Reform des Verkehrsstrafrechts jedoch ausgespart und später aufgrund eines Abänderungsantrages der ÖVP, dem ein Entschließungsantrag der SPÖ (Skritek und Hobl) folgte, in die Beratungen um das Strafrechtsänderungsgesetz einbezogen. Vgl. hierzu: Parlamentsklub der Österreichischen Volkspartei, Strafrecht – Vom Slogan zur Reform, S. 43 ff. und Broda, Christian, Probleme der österreichischen Rechtsreform, in: Der Sozialistische Akademiker 9/10 (1970) S. 8.

nalisierung der Massen- und Moraldelikte, die auch Fernwirkungen auf das Familienrecht hatte,[1490] einen »Abbau [des] obrigkeitsstaatlichen Verkehrs zwischen dem politisch-administrativen System und dem ›mündigen Staatsbürger‹« und einen Ausbau der Geldstrafe.[1491] Im Bereich der Strafprozessordnung brachte das Strafrechtsänderungsgesetz hingegen einen Ausbau der Rechte des Beschuldigten unter anderem durch eine einschränkende Präzisierung der zulässigen Haftgründe, der Einführung eines besonderen Haftprüfungsverfahrens mit mündlichen Verhandlungen in Anwesenheit des Beschuldigten und der teilweisen Ersetzung der Untersuchungshaft durch gelindere Mittel. Die Untersuchungshaft wurde beschränkt und die Rechte, Berufung gegen ein Strafausmaß zu ergreifen, erweitert. Die materiellrechtlichen Bestimmungen des Strafrechtsänderungsgesetzes traten am 17. August 1971 in Kraft, die verfahrensrechtlichen Vorschriften am 1. Jänner 1972.[1492]

Die dritte dem Strafrechtsbereich zuzuordnende Regierungsvorlage betraf ein neues Tilgungsgesetz und wurde dem Nationalrat am 18. Mai 1971 zugeleitet.[1493] Im Gegensatz zum neuen Militärstrafgesetz und der »kleinen Strafrechtsreform« blieb sie vorerst jedoch unerledigt. Zu einer Verabschiedung des neuen Tilgungsgesetzes kam es erst in der nächsten Legislaturperiode – wie auch die »große Strafrechtsreform«, die in der Rhetorik Brodas in der Zeit der Minderheitsregierung allgegenwärtig war, erst in den kommenden Jahren verwirklicht wurde.

7.1.2. Die »große Strafrechtsreform« und das Konfliktthema Fristenregelung

Die Arbeit an der »großen Strafrechtsreform« wurde bereits nach dem Wahlsieg der SPÖ im März 1970 wieder aufgenommen. Bezug genommen wurde hierbei auf die Arbeiten der Strafrechtskommission und den Ministerialentwurf 1964, wobei grundlegende Abweichungen – insgesamt umfasste eine entsprechende Zusammenstellung 82 Seiten – aufgrund einer Entschließung des Nationalrats vom 18. Dezember 1970 neuerlich einer Begutachtung unterzogen wurden.[1494] Die Drucklegung des neuen Strafgesetzentwurfes wurde am 21. Juli 1971, dem Tag, an dem der Bundesrat beschloss, gegen das Strafrechtsänderungsgesetz

---

1490 Lehner, Familie – Recht – Politik, S. 239.
1491 Pohoryles, Determinanten und Resultate der österreichischen Strafrechtsreform in den siebziger Jahren, S. 41.
1492 Es gibt mehr Gerechtigkeit in Österreich, S. 16 f.
1493 StPNR, XII. GP, Blg. 403.
1494 Broda, Dreimal österreichische Strafrechtsreform, in: Die Zukunft 6 (1971) S. 13 ff. sowie Strafrechtsreform konkret, Wien 1971, S. 18.

keinen Einspruch zu erheben, veranlasst,[1495] wobei Broda öffentlich immer wieder betonte, dass nun so bald als möglich die parlamentarische Beratung der »großen Strafrechtsreform« beginnen sollte. Eine entsprechende Regierungsvorlage, die 330 Paragraphen und 424 Seiten Begründung umfasste, wurde dem Nationalrat jedoch erst am 16. November 1971, das heißt erst nach der Nationalratswahl vom 10. Oktober 1971 zugeleitet[1496] – und das wohl nicht nur deswegen, weil der Justizausschuss mit Arbeit eingedeckt war, sondern auch um die »große Strafrechtsreform« aus dem Wahlkampf heraus zu halten.[1497] Zeitgleich eingebracht wurden im Nationalrat auch ein Entwurf für ein neues Tilgungsgesetz[1498] sowie ein vom Sozialministerium ausgearbeiteter Entwurf für ein Bundesgesetz über die Gewährung von Hilfeleistungen an Opfer von Verbrechen,[1499] der – so Christian Broda – auf eine Initiative von Walter Hauser anlässlich der Beschlussfassung des Strafvollzugsgesetzes 1969 zurückging.[1500]

Im Parlament wurde der Strafgesetzentwurf einem Unterausschuss des Justizausschusses zugewiesen, der seine Beratungen ursprünglich bis 30. Juni 1973 abgeschlossen haben sollte,[1501] aufgrund der hier noch genauer darzustellenden Entwicklung jedoch bis 12. November 1973 tätig war.[1502] Der Öffentlichkeit wurde der Strafgesetzentwurf 1971 in einer eigenen Broschüre mit dem Titel »Strafrechtsreform konkret« vorgestellt,[1503] da – wie Broda immer wieder betonte – die Strafrechtsreform beides brauche, um voranzukommen: ein »Strafrechtsbewusstsein« in der öffentlichen Meinung und einen aktiven, dynamischen Gesetzgeber.[1504]

Die tragenden Grundsätze der Strafrechtsreform, die Broda wie in den Jahren zuvor durch eine Reihe von Vorträgen und Beiträgen in den Medien begleitete, fasste er im »Sozialistischen Akademiker« Anfang 1972 erneut folgendermaßen zusammen: Im Sinne eines rationalen Rechtsgüterschutzes sollte das Strafgesetz nur dort zum Tragen kommen, wo es zum Schutz der Gesellschaft unbedingt erforderlich sei und wo andere Mittel gesellschaftlicher Reaktion gegenüber Verhaltensweisen der Menschen, die die Gesellschaft korrigieren will, versagen.

1495 Broda, Christian, Die österreichische Rechtsreform. Bisherige Ergebnisse und zukünftige Aufgaben, in: Die Zukunft 18 (1971) S. 8.

1496 StPNR, XIII. GP, Blg. 30.

1497 Mesner, Frauensache?, S. 183.

1498 StPNR, XIII. GP, Blg. 31.

1499 StPNR, XIII. GP, Blg. 40.

1500 Broda, Christian, Die österreichische Strafrechtsreform. Referat anlässlich des BSA-Bundestages 1973, in: Der Sozialistische Akademiker 6/7 (1973) S. 4.

1501 Broda, Christian, Die Strafrechtsreform in der Zielgeraden, in: Der Sozialistische Akademiker 3 (1973) S. 2.

1502 Bundespressedienst (Hg.), Das neue Strafrecht, Wien 1975, S. 8.

1503 Bundesministerium für Justiz, Strafrechtsreform konkret.

1504 Broda, Christian, Dreimal österreichische Strafrechtsreform, S. 13.

Es sollten bessere Voraussetzungen für die Rückführung besserungsfähiger Rechtsbrecher in die Gesellschaft, insbesondere der Mitbürger, die sich nur geringfügiger Gesetzesverletzungen zuschulden kommen ließen, geschaffen werden und die Strafgerichte von Bagatellsachen entlastet werden. Eine Einschränkung der kurzfristigen Freiheitsstrafen, die für die Gesamtheit nutzlos und für den Betroffenen und seine Familie schädlich seien, sollte vorgenommen und dafür das Geldstrafensystem ausgebaut werden. Zur besseren Bekämpfung der schweren Kriminalität sollten Verwahrungsanstalten zur Unterbringung geistig abnormer Rechtsbrecher bzw. Entwöhnungsanstalten für straffällig gewordene Süchtige eingerichtet werden. Berufs- und existenzgefährdende Rechtsfolgen, soweit es sich nicht um schwere Fälle handelte, sollten beseitigt und die automatische Tilgung von Vorstrafen nach Ablauf der gesetzlichen Fristen eingeführt werden. Die Bewährungshilfe für Erwachsene sollte etabliert werden, um dem straffällig Gewordenen den Rückweg in die Gesellschaft zu erleichtern. Neue Bestimmungen, die das Telefongeheimnis, den Umweltschutz, Flugzeug- und Geiselentführungen aber auch die Verhetzung betrafen, sollten – wie dies bereits in den 1960er Jahren im Zusammenhang dem Gesetz zum Schutz des inneren Friedens diskutiert worden war – geschaffen werden. In der Frage der Schwangerschaftsunterbrechung rekurrierte die Regierungsvorlage auf den Kommissionsentwurf aus dem Jahr 1960 und das Justizprogramm der SPÖ aus dem Jahr 1969. Festgehalten wurde somit wieder eine medizinische Indikation mit sozialer, ethischer und eugenischer Komponente. Die Strafdrohung wurde wieder auf ein Jahr herabgesetzt. Zudem sollte das Gesetz beim Vorliegen besonders berücksichtigungswürdiger Gründe wieder von einer Strafe absehen können, womit – so Broda – »einer besonderen seelischen, einer Indikation vergleichbaren Konfliktsituation der Frau« Rechnung getragen werden sollte.[1505]

Insgesamt barg die Regierungsvorlage, die von Broda bei ihrer Präsentation im Presseclub Concordia als »in der progressiven Mitte stehend« charakterisiert wurde,[1506] nur wenig Konfliktpotential mit einer Ausnahme: der Frage der Schwangerschaftsunterbrechung.[1507] Gerade sie führte in den kommenden Jahren jedoch zu einer der heftigsten innenpolitischen Auseinandersetzungen der Zweiten Republik, nachdem das andere »heiße Eisen« der Strafrechtsdiskussion der vergangenen Jahre, die Frage der Entkriminalisierung der Homosexualität unter Erwachsenen, mit dem Strafrechtsänderungsgesetz 1971 vergleichsweise harmonisch geklärt worden war.

1505 Vgl.: Broda, Christian, Die Stunde der Strafrechtsreform, in: Der Sozialistische Akademiker 1/2 (1972) S. 9–14. Vgl. zur Entwicklung des Abtreibungsparagraphen auch: AChB, ÖNB, Handschriftensammlung, V.727/1.
1506 »Neutraler Abtreibungsparagraph«, in: Arbeiter-Zeitung, 16.11.1971.
1507 Pohoryles, Determinanten und Resultate der österreichischen Strafrechtsreform in den siebziger Jahren, S. 44.

Maßgeblich für den sich in der Frage der Schwangerschaftsunterbrechung entwickelnden »Kulturkampf« war, dass die vorgeschlagene Indikationenlösung auf verschiedenen Seiten auf heftige Kritik stieß – und das bereits ab dem Zeitpunkt, als der neue Strafrechtsentwurf zur Begutachtung ausgesandt wurde. Kritisiert wurde einerseits, dass die neue Regelung viel zu weit gehe bzw. andererseits, dass sie nicht weit genug reichen würde. So erneuerte Kardinal König im Juni 1971 im Namen »aller Mitglieder der österreichischen Bischofskonferenz« die Position der Amtskirche, dass das Recht auf Leben, auch des ungeborenen Lebens, zu den unantastbaren Grundrechten gehöre,[1508] während die Katholische Aktion, eine Laienorganisation innerhalb der katholischen Kirche, in etwa zeitgleich ein Aktionskomitee zur Gesamtreform des Strafrechts gründete, das in seiner ersten Pressekonferenz im Juni 1971 vehement gegen eine Legalisierung des »Mord am ungeborenen Leben« auftrat und noch vor den Wahlen vom 10. Oktober 1971 den Start einer Unterschriftenaktion gegen eine Liberalisierung der Schwangerschaftsunterbrechung ankündigte. Nötigenfalls sollte auch die Einleitung eines Volksbegehrens – wie es bereits im Sommer 1971 zu hören war – nicht ausgeschlossen werden, wenn die Unterschriftenaktion, die unter dem Titel »Aktion Leben« gestartet werden sollte, nicht ausreichen würde, um die Strafrechtsreform im gewünschten Sinn zu beeinflussen.[1509]

Andererseits wurde in den Reihen der SPÖ, innerhalb der Jungen Generation und unter den Frauen, Kritik am Indikationenmodell laut, da vielen von ihnen eine Indikationenlösung zu wenig liberal schien und sie eine Freigabe der Schwangerschaftsunterbrechung, zumindest in einer bestimmten Frist, verlangten. Aufgegriffen wurde damit ein Modell, das bereits in der Ersten Republik Gegenstand eines parlamentarischen Antrags von Adelheid Popp war, bevor die SdAP (nach der Verankerung eines entsprechenden Passus im Parteiprogramm 1926) auf die Indikationenlösung überging.[1510] So forderten anlässlich des

---

1508 Der steirische Bischof Weber modifizierte diese Aussage zwar umgehend dahin, als er für »äußerste Milde«, allenfalls Straffreiheit für »hilflose, überforderte Menschen« plädierte. Die Position der Bischöfe stand jedoch fest, wenn sie – so Robert Kriechbaumer – im Gegensatz zu früheren Jahren auch um eine gemäßigtere Position bemüht waren und im Folgenden auch unter den Druck radikalerer Organisationen – wie der Katholischen Aktion – gerieten, die z. T. auch ohne die Zustimmung der Amtskirche agierten. Vgl.: Kriechbaumer, Österreichs Innenpolitik 1970 – 1975, S. 221 ff. sowie Kriechbaumer, Robert, Die Ära Kreisky. Österreich 1970 – 1983 in der historischen Analyse, im Urteil der politischen Kontrahenten und in Karikaturen von Ironimus, Wien/Köln/Weimar 2004, S. 162 f.

1509 Mesner, Frauensache?, S. 185 ff. Vgl. zur Entstehung der »Aktion Leben« auch: AChB, ÖNB, Handschriftensammlung, V.732.6.

1510 Vgl. zur Abtreibungsdiskussion in der Ersten Republik im Detail: Lehner, Karin, Verpönte Eingriffe. Sozialdemokratische Reformbestrebungen zu den Abtreibungsbestimmungen in der Zwischenkriegszeit, Wien 1989 sowie zur Willensbildung in der SPÖ im Überblick: Grießler, Erich, »Policy Learning« im österreichischen Abtreibungskonflikt. Die SPÖ auf

Muttertages 1971 FrauenrechtlerInnen, die zumindest teilweise aus dem »Arbeitskreis Emanzipation der Frau« in der Jungen Generation der SPÖ stammten, bei einer Demonstration auf der Wiener Mariahilfer Straße nicht nur eine Reform des patriarchalen Familienrechts sondern auch die »Selbstbestimmung über den eigenen Bauch«. Im September 1971 schlossen sich dann acht Frauen aus dem Arbeitskreis der Jungen Generation – darunter auch die Politologin und Schwiegertochter des Bundeskanzlers, Eva Kreisky – zu einer »Aktionsgemeinschaft zur Abschaffung des § 144« zusammen und beschränkten sich nicht mehr darauf, ihre Anliegen ausschließlich in der Partei vorzubringen. Sie gingen an die Öffentlichkeit, nutzten aber auch den Parteiapparat, um den Druck auf die SPÖ zu erhöhen. Wichtig ist hierbei zu betonen, dass das Thema Abtreibung zu dieser Zeit nicht nur in Österreich debattiert wurde, sondern auch in vielen anderen Staaten, in denen im Gefolge der StudentInnenbewegung eine neue Frauenbewegung entstanden war. Die Abtreibungsdiskussion war zu Beginn ihr zentrales Thema.[1511] Die Frauen verlangten das Selbstbestimmungsrecht über den eigenen Körper. In der Kontrolle der Sexualität und der Fruchtbarkeit von Frauen wurde ein konstitutives Element einer Männergesellschaft gesehen. Mit der Parole »Mein Bauch gehört mir!« wurden deshalb die Verfügungsansprüche der Gesellschaft auf ihre Fähigkeit, Kinder zu gebären, zurückgefordert. Verlangt wurde damit – wie Reinhard Sieder festhält – eine »nachholende Individualisierung der Frau«.[1512] In Frankreich veröffentlichte die Zeitschrift »Le Nouvel Observateur« im April 1971 ein Manifest, in dem 343 Frauen – darunter Simone de Beauvoir, Francoise Sagan oder Catherine Deneuve – bekannten, dass sie abgetrieben hatten. In der BRD erklärten im Juni 1971 auf Initiative von Alice Schwarzer mehr als 350 Frauen – darunter Romy Schneider – dasselbe.[1513]

In Österreich nahm der Druck der Frauen auf Broda und das Justizministerium nach der Präsentation der Regierungsvorlage im Dezember 1971 zu, wobei von ihnen – so Maria Mesner – auch das alte sozialdemokratische Argument aufgegriffen wurde, wonach der Abtreibungsparagraph Klassencharakter habe. Angesprochen wurde damit, dass sich reiche Frauen schon immer eine Abtreibung leisten konnten, während der § 144 die armen Frauen in die Illegalität

---

dem Weg zur Fristenregelung (Institut für Höhere Studien. Reihe Soziologie 76), Wien 2006, online: http://www.ihs.ac.at/publications/soc/rs76.pdf (12.5.2009). Vgl. hinsichtlich der Rezeption bei der Arbeit an der Strafrechtsreform in den 1970er Jahren zudem: AChB, ÖNB, Handschriftensammlung, V.727.2.

1511 Vgl. hierzu auch: Frauenpolitik in Österreich. Ein Gespräch mit der Wegbereiterin des österreichischen Feminismus und ehemaligen Frauenministerin Johanna Dohnal, in: Maderthaner, Wolfgang / Mattl, Siegfried / Musner, Lutz / Penz, Otto, Die Ära Kreisky und ihre Folgen. Fordismus und Postfordismus in Österreich, Wien 2007, S. 193.

1512 Sieder, Nach dem Ende der biographischen Illusion, S. 25.

1513 Feigl, Susanne, Was gehen mich seine Knöpfe an? Johanna Dohnal. Eine Biographie, Wien 2002, S. 44 ff. sowie Mesner, Frauensache?, S. 188 ff.

getrieben habe und sie zwingen würde, den Eingriff unter katastrophalen medizinischen Bedingungen vornehmen zu lassen. Das »Aktionskomitee zur Abschaffung des § 144« forderte im Jänner 1972 nicht nur eine umfassende Aufklärungskampagne sondern auch eine Abschaffung des § 144 und verteilte in Hinblick auf den für April geplanten Parteitag der SPÖ gezielt Anträge zu einer Abschaffung des § 144 an die Parteimitglieder.[1514] Fritz Csoklich, Chefredakteur der »Kleinen Zeitung« und späterer Sprecher der »Aktion Leben«, sprach sich im November 1971 in der »Furche« vehement gegen die vorgeschlagene Indikationenlösung aus und forderte, dass der »eigentliche Schwerpunkt zur Behebung der gegenwärtigen Situation« außerhalb des Strafrechts gesucht werden müsse. Schließlich zog er eine Parallele zwischen der Indikationenlösung und der Euthanasie.[1515] Und auch in der ÖVP fiel der Vorschlag Brodas auf keine Gegenliebe, wenn diese – ganz im Gegensatz zum Strafrechtsentwurf 1968 – nun auch bemüht war, sich nicht von der katholischen Kirche einspannen zu lassen.[1516] Insgesamt war die ÖVP in der Frage der Schwangerschaftsunterbrechung nun jedoch weitaus weniger homogen als in den Jahren vor 1970. Eine gewisse Liberalisierung zeichnete sich, beschleunigt durch die neuerliche Wahlniederlage 1971, ab, die sich auch in der Frage der Strafrechtsreform zeigte.

Christian Broda hielt vorerst an der Regierungsvorlage fest, nachdem er bereits vor deren Präsentation öffentlich beteuert hatte, dass die SPÖ nicht ihre absolute Mehrheit einsetzen werde, um die bevorstehende »große Strafrechtsreform« zu beschließen und dies bei der Präsentation des Strafgesetzentwurfes wiederholt hatte.[1517] Hinsichtlich der parlamentarischen Beratungen des Strafgesetzentwurfes hielt er fest, dass die SPÖ zwar zu gewissen Konzessionen bereit sei, gleichzeitig merkte er aber auch an, dass er die Strafrechtsreform nicht an einer Neufassung des § 144 scheitern lassen werde.[1518] Die vorgeschlagene Indikationenlösung bezeichnete er angesichts der aufgetretenen Kritik von beiden Seiten als »einen fairen und maßvollen Kompromissvorschlag [...], der jeden weltanschaulichen Standpunkt respektiert« bzw. als einen »Minimalvorschlag«, der keine weiteren Abstriche vertrage.[1519] Mit dem zunehmenden Druck seitens der Frauen und dem Umstand, dass auch einzelne Mediziner darauf hinwiesen, dass sie die vorgeschlagene Indikationenlösung überfordern würde – wenn die

---

1514 Mesner, Frauensache?, S. 189 f.
1515 Kriechbaumer, Österreichs Innenpolitik 1970–1975, S. 220 f.
1516 Kriechbaumer, Die Ära Kreisky, S. 162.
1517 »Neutraler« Abtreibungsparagraph, in: Arbeiter-Zeitung, 17.11.1971.
1518 Kriechbaumer, Österreichs Innenpolitik 1970–1975, S. 220.
1519 Der Streit um die Abtreibung erreicht neuen Höhepunkt, in: Neue Kronen-Zeitung, 16.1.
     1972.

Ärzteschaft auch großteils gegen eine Fristenregelung war[1520] –, ging Broda jedoch von seiner Regierungsvorlage ab.[1521]

Öffentlich erklärten sowohl die Frauenvorsitzende Hertha Firnberg, die in der Frage der Schwangerschaftsunterbrechung eine noch vorsichtigere Position als Christian Broda eingenommen hatte,[1522] als auch Broda im April 1972 dass die Regierungsvorlage von ihrer Idee her bereits überholt sei bzw. dass eine »so massive Willensbildung« in der Partei nicht übergangen werden könne.[1523] Anvisiert wurde eine Fristenregelung, das heißt die Freigabe der Schwangerschaftsunterbrechung in einem bestimmten Zeitraum, wobei die Eingabe eines entsprechenden Antrags von Seiten der Frauen für den geplanten Parteitag der SPÖ in Villach von 17. bis 19. April geplant war. Eingebunden in die Antragsvorbereitung war – wie Maria Mesner ausführt und auch in dessen Nachlass dokumentiert ist – auch Christian Broda. In den ersten Entwürfen zu einer Fristenregelung war noch eine Straffreiheit von drei Monaten bei der Schwangerschaftsunterbrechung vorgesehen, im auf dem Parteitag eingebrachten Antrag war dann jedoch keine Frist mehr vorgegeben, um Raum für die parlamentarischen Verhandlungen zu lassen.[1524] Bruno Kreisky, den Hertha Firnberg und Christian Broda vor dem Parteitag aufgesucht hatten, um dessen Meinung einzuholen, hatte den beiden freie Hand in der Frage der Schwangerschaftsunterbrechung gelassen, fürchtete bald darauf aber, dass das Vorgehen Brodas das Verhältnis zur katholischen Kirche belasten bzw. die Aussöhnung zwischen SPÖ und katholischer Kirche zunichte machen könne. Insgesamt war die Strafrechtsreform (bzw. die Rechtsreform allgemein[1525]) – wie Heinz Fischer festhält – ein Politikbereich, bei dem die Weichenstellungen völlig ohne Bruno Kreisky fielen.[1526]

1520 Lehner, Oskar, Schwangerschaftsabbruch in Österreich. Legistische, politische und soziale Aspekte, in: Engl, Marianne / Perthold, Sabine (Hg.), Der weibliche Körper als Schlachtfeld. Neue Beiträge zur Abtreibungsdiskussion, Wien 1993, S. 120 f. Vgl. hierzu auch ein Schreiben der Österreichischen Gesellschaft für Gynäkologie und Geburtshilfe vom 24. 7. 1972 sowie ein Schreiben der Organisation der Ärztinnen vom 20. 11. 1972 an Christian Broda, in: AChB, ÖNB, Handschriftensammlung, V. 727/1.

1521 Fischer, Die Kreisky-Jahre 1967–1983, S. 110.

1522 Interview mit Dr. Heinrich Keller am 12.10.2009. Vgl. zu dieser Einschätzung auch: Steininger, Hertha Firnberg, S. 138.

1523 Vgl. hierzu: SN-Kurzinterview. Firnberg zu Frauenforderungen, in: Salzburger Nachrichten, 7. 4. 1972 und § 144: Reformentwurf überholt, in: Die Presse, 12. 4. 1972.

1524 Mesner, Frauensache?, S. 195 f. Vgl. hierzu einen Entwurf des »Antrag des Bundesfrauenkomitees an den Parteitag der SPÖ« vom 22. 3. 1972, in dem von einer Dreimonatsfrist die Rede ist, in: AChB, ÖNB, Handschriftensammlung, V.727/1.

1525 Christian Broda sprach 1983 davon, dass ihm Kreisky in der Rechtsreform vollkommen freie Hand ließ. Interview von Christian Broda in der Radio-Sendung »Im Brennpunkt« am 29. 4. 1983.

1526 Fischer, Die Kreisky-Jahre 1967–1983, S. 109 f.

Als auf dem Parteitag der SPÖ die bereits angesprochene Resolution zur Freigabe der Schwangerschaftsunterbrechung eingebracht und von der Bundesfrauensekretärin Anna Demuth (und nicht von Hertha Firnberg als Frauenvorsitzender) vertreten wurde, sprach sich Broda nicht nur für den Antrag der Frauen aus, sondern appellierte auch an die Parteitagsdelegierten, den Antrag der Bundesfrauenkonferenz zu unterstützten, da die Vorschläge, die über die Indikationenlösung hinausgehen, »sehr viel für sich haben«. Er betonte in Hinblick auf die von kirchlicher Seite vorgebrachte Kritik an einer Reform des § 144, dass der Primat der positiven Maßnahmen zur Eindämmung der Schwangerschaftsunterbrechung natürlich unbestritten sei, aber auch eine Änderung der strafrechtlichen Bestimmungen erforderlich sei. Der Vorschlag, der nun vorliege, würde den Frauen die Entscheidung, ob eine Schwangerschaftsunterbrechung durchgeführt werde, überlassen und damit bessere Voraussetzungen für Beratung und Hilfe schaffen. »Helfen statt Strafen« sollte die Devise in dieser Frage bzw. der Strafrechtsreform insgesamt sein. Hinsichtlich der Umsetzung der Strafrechtsreform zeigte sich Broda einmal mehr entschlossen, dass diese noch in der laufenden Legislaturperiode abgeschlossen werden sollte, wobei er auch die Frage ansprach, ob bei der Durchsetzung einer Fristenlösung mit Schwierigkeiten zu rechnen sei und diese klar beantwortete:

> »Werden wir politische Schwierigkeiten haben, wenn der Parteitag den Antrag der Bundesfrauenkonferenz zum Beschluss erheben sollte? Vielleicht, vielleicht auch nicht. Manchmal [...] muss man den Mut zu Grundsätzen haben. Anders geht es in der Gesellschaft nicht, wenn wir sie verändern wollen – und das wollen wir ja; das ist auch unsere Standortbestimmung.«[1527]

Unter der Kritik am vorgeschlagenen Indikationenmodell und dem Druck der Frauen war Broda somit von seiner ursprünglichen Regierungsvorlage abgegangen, wobei hierfür – wie er etwa in der Parlamentsdebatte über das neue Strafgesetzbuch ausführte – besonders ein Gespräch in der Redaktion der sozialistischen Grazer Tageszeitung »Neue Zeit« Anfang März 1972 maßgeblich gewesen sein soll. Anwesend waren hier Vertreter der »Aktion Leben«, des »Komitees zur Abschaffung des § 144«, der Grazer Bischof Weber und der Arzt Prof. Heiß, wobei dieser Broda gegenüber einmal mehr beteuerte, dass die erweiterte Indikationenlösung die Ärzte überfordern würde. »Ab da« meinte Broda, dass der »bis dahin ohnedies abgelehnte und schärfstens kritisierte Vermittlungsvorschlag der Regierungsvorlage mit einer erweiterten medizinischen Indikation nicht mehr zu halten« war.[1528] Für Johanna Dohnal, damals

---

1527 Protokoll des Bundesparteitages 1972, Kongresshaus Villach, 17. bis 19. April 1972, S. 70–73.
1528 Christian Broda in der Parlamentsdebatte vom 27. November 1973. StPNR, XIII. GP, 84.

noch Bezirksrätin in Penzing, ab 1972 Wiener Landesfrauensekretärin bzw. ab 1973 Wiener Gemeinderätin und Landtagsabgeordnete,[1529] war für den Meinungsumschwung Brodas hingegen eine Diskussionsveranstaltung im Bildungsheim in der Penzinger Straße entscheidend. Christian Broda selbst, neben dem Dohnal bei den Mai-Aufmärschen der SPÖ immer ging, habe ihr das selbst einmal gesagt:

> »Nach dem Abend im Bildungsheim und dem Gespräch mit uns ist er zu Hertha Firnberg gegangen und hat sie von unserem Standpunkt informiert. Dann haben beide mit Bruno Kreisky geredet.«[1530]

Innerparteiliche Unterstützung in seiner Entscheidung fand Broda – wie sich der »Vater der Fristenregelung«, der Arzt Alfred Rockenschaub, erinnert – unter anderem bei Karl Waldbrunner.[1531] Außerhalb der Partei traten sowohl sein alter Schulfreund, der katholische Publizist Friedrich Heer, als auch der evangelische Moraltheologe Wilhelm Dantine für die Entscheidungsfreiheit der Frau aus christlicher Sicht ein.[1532] Eine Konsensfindung über das neue Strafgesetz, die Broda zuvor immer betont und angestrebt hatte, war mit der Entscheidung für die Fristenregelung de facto ausgeschlossen. Zu sehen ist dieser Meinungsumschwung Brodas einerseits – wie er gerne, und das noch in der Opposition betont hatte – vor dem Hintergrund, dass die gesellschaftliche Entwicklung vorangeschritten war und es nicht um das »Zurück zu früheren Entwürfen«, sondern um ein »Vorwärts zu besseren Lösungen« gehen müsse.[1533] Andererseits spielte zweifellos auch eine Rolle, dass die SPÖ in der Schwangerschaftsfrage internationalen Rückenwind spürte und ihr die Erlangung der absoluten Mehrheit bei

---

Sitzung, 27.11.1973, S. 8023. Vgl. zur Diskussion in der Neuen Zeit auch: AChB, ÖNB, Handschriftensammlung, V.731.

1529 Johanna Dohnal, die 1956 der SPÖ beitrat, wurde 1969 Bezirksrätin in Penzing. 1971 wurde sie zur Vorsitzenden der Penzinger Sozialistinnen gewählt. 1972 wurde sie Wiener Landesfrauensekretärin, 1973 Wiener Gemeinderätin und Landtagsabgeordnete. 1979 wurde sie Staatssekretärin für allgemeine Frauenfragen im Bundeskanzleramt, von 1990 bis 1995 war sie Bundesministerin für Frauenangelegenheiten. 1987 wurde sie zur Bundesvorsitzenden der SPÖ-Frauen gewählt, was sie bis 1995 blieb.

1530 Feigl, Was gehen mich seine Knöpfe an?, S. 47 f. Leider nennt Feigl nicht, wann diese Veranstaltung stattfand.

1531 Rockenschaub, Alfred, Es gibt kein ungeborenes Leben. Der »Vater der Fristenlösung« erzählt über die »Zufälligkeiten«, die die österreichische Gesetzesregelung Wirklichkeit werden ließ, in: Engil, Marianne / Perthold, Sabine (Hg.), Der weibliche Körper als Schlachtfeld. Neue Beiträge zur Abtreibungsdiskussion, Wien 1993, S. 133. Vgl. hierzu auch: Fischer, Karl Waldbrunner, S. 584.

1532 Vgl. etwa: Christliche Freiheit – auch für die Frau. Katholik Heer: Selbstverantwortung der Frau in dieser großen und schwierigen Sache ist das kleinere Übel, in: Arbeiter-Zeitung, 25.11.1973 oder Broda, Die österreichische Rechtsreform 1970 – 1983, S. 18.

1533 Broda, Christian, Schwerpunkte in der österreichischen Strafrechtsreform in der XII. Gesetzgebungsperiode des Nationalrates, in: Österreichische Richter Zeitung 4 (1970) S. 68.

den letzten Nationalratswahlen ein gestärktes Selbstbewusstsein verliehen hatte.[1534] Meinungsumfragen zur Frage der Schwangerschaftsunterbrechung ergaben bereits zu dieser Zeit, dass sich eine deutliche Mehrheit für eine Milderung der Strafbestimmungen bei der Abtreibung aussprach. In der Frage, wie diese umgesetzt werden sollte, bestanden jedoch deutliche Differenzen.[1535]

Die katholische Kirche und die »Aktion Leben« reagierten auf den Parteitagsbeschluss der SPÖ vom April 1972 erwartungsgemäß mit Kritik. Kardinal König erklärte zwar, dass er »keine Konfrontation« mit der SPÖ suchen, ihr aber auch nicht ausweichen werde. Die Bischofskonferenz beharrte auf ihrem Standpunkt, dass jede Form der Abtreibung Mord sei.[1536] Die »Aktion Leben« hatte bereits am 16. April 1972, das heißt an jenem Tag, an dem die Bundesfrauenkonferenz ihren Antrag zur Fristenregelung beschlossen hat, der Öffentlichkeit mitgeteilt, dass bis zu diesem Zeitpunkt bereits 750.000 ÖsterreicherInnen für den Schutz des ungeborenen Lebens unterschrieben hatten. Eine solch »massive Willensbildung breiter Bevölkerungsschichten« könne – mit Bezug auf ein Zitat von Broda – »nicht einfach übergangen werden.« Im Sommer 1972 legte sie dann einen eigenen Gesetzesvorschlag zu einer äußerst restriktiven medizinischen Indikation vor, wobei hier auch ein nachträgliches Absehen von einer Strafe in einer ausgewiesenen Konfliktsituation vorgesehen war.[1537] Für die ÖVP erklärte Justizsprecher Hauser ebenfalls unmittelbar nach dem Parteitag der SPÖ, dass die Fristenregelung für sie inakzeptabel sei. Eine Volksabstimmung, wie sie damals bereits von verschiedenen katholischen Organisationen gefordert wurde, lehnte er jedoch ab.[1538] In der Frage einer Indikationen- bzw. Konfliktlösung zeigte er sich als Vertreter des liberalen Flügels in der ÖVP, der sich in der Strafrechtsfrage nun immer mehr durchsetzen konnte, jedoch gesprächsbereit – und das bereits vor dem April 1972. Nachdem Parteiobmann Schleinzer noch im Wahlkampf erklärt hatte, dass sich die ÖVP zum unbedingten Schutz des ungeborenen Lebens bekenne, hieß es nun auch im neuen Parteiprogramm, das die ÖVP im Dezember 1972 in Salzburg beschloss, dass die Abtreibung als Instrument der Geburtenregelung abzulehnen sei, ihre straf-

---

1534 Mesner, Frauensache?, S. 197.
1535 Bei einer Meinungsumfrage des Fessel Instituts sprachen sich Ende 1971 61 Prozent der Befragten für eine Milderung der Abstimmungsbestimmungen aus. 1974 befürworteten in einer IMAS-Umfrage 36 Prozent der Befragten eine Fristenlösung, 49 Prozent eine kombinierte medizinische und soziale Indikation und 10 Prozent eine Beibehaltung des § 144, wobei eine Mehrheit der SPÖ-WählerInnen für eine Fristenregelung und die Mehrheit der ÖVP-WählerInnen für eine Indikationenlösung aussprach. Vgl.: Kriechbaumer, Österreichs Innenpolitik 1970–1975, S. 227 sowie Lehner, Schwangerschaftsabbruch in Österreich, S. 120.
1536 Kriechbaumer, Die Ära Kreisky, S. 165.
1537 Mesner, Frauensache?, S. 201 f.
1538 Kriechbaumer, Österreichs Innenpolitik 1970–1975, S. 226.

rechtliche Verfolgung aber auf Konfliktsituationen Rücksicht nehmen müsse.[1539]
Ein von Walter Hauser formulierter Gegenvorschlag in der Frage der Schwangerschaftsunterbrechung, den er Ende 1972/Anfang 1973 in den »Österreichischen Monatsheften«, dem theoretischen Organ der ÖVP, publizierte, umfasste
neben einem Konfliktmodell sogar eine »kleine Fristenregelung«, wonach der
Schwangerschaftsabbruch bis zur Nidation (Einnistung des befruchteten Eies in
der Gebärmutter, ca. 12 Tage nach der Befruchtung) straffrei bleiben sollte.[1540]
Christian Broda hielt jedoch an einer »großen Fristenregelung« fest, wenn er –
wie Heinz Fischer in seiner Darstellung der Ära Kreisky festhält – auch kurz
schwankte bzw. kurz über einen von Franz Pallin ausgearbeiteten »Vermittlungsvorschlag« nachdachte.[1541] Innerhalb der SPÖ forderte das »Aktionskomitee zur Abschaffung des § 144« weiterhin die Beseitigung des § 144. Außerhalb der Partei tat dies die im Herbst 1972 entstandene Aktion Unabhängiger
Frauen, die – aus dem Kampf gegen den § 144 hervorgegangen – als parteiunabhängige Gruppe auch auf gezielte Provokationen setzte und in der Frage der
Schwangerschaftsunterbrechung weitergehendere Forderungen als die Frauen,
die in der Partei blieben, stellten.[1542]

Im Parlament lag noch immer die Regierungsvorlage zu einem neuen Strafgesetz, die eine Indikationenlösung umfasste. Um die Fristenregelung umsetzen
zu können, galt es daher einen entsprechenden Initiativantrag vorzubereiten.
Ausgearbeitet wurde dieser – wie sich Heinrich Keller und Sepp Rieder erinnern
– jedoch nicht im Justizministerium, sondern von einer kleinen Gruppe (darunter unter anderem Franz Pallin) außerhalb des Ministeriums. Maßgeblich
hierfür war laut Keller, dass sich der Leiter der Straflegistik-Sektion, Eugen
Serini, in einer rund 70seitigen Stellungnahme gegen die Fristenregung ge-
wendet hatte,[1543] während Rieder anmerkt, dass möglicherweise auch taktische
Erwägungen eine Rolle für diese Vorgehensweise spielten.[1544] Eingebracht wurde
der entsprechende Initiativantrag im Mai 1973 in jenen parlamentarischen

---

1539 Vgl. hierzu Punkt 5,3,6 im Kapitel »Familie« des Salzburger Programms der ÖVP, be-
      schlossen auf dem 15. a.o. Bundesparteitag am 1.12.1972 in Salzburg.
1540 Vgl. hierzu: Hauser, Walter, Die Abtreibungsfrage – ein Prüfstein der Reform, Teil 1, in:
      Österreichische Monatshefte 12 (1972) S. 9–20 und Die Abtreibungsfrage – ein Prüfstein
      der Reform, Teil 2, in: Österreichische Monatshefte 1 (1973) S. 10 sowie Mesner, Frau-
      ensache?, S. 198 ff., Kriechbaumer, Die Ära Kreisky, S. 164 f. und Kriechbaumer, Öster-
      reichs Innenpolitik 1970–1975, S. 226 ff.
1541 Fischer, Die Kreisky-Jahre 1967–1983, S. 111. Vgl. in diesem Zusammenhang auch einen
      Artikel von Pallin, in dem er schreibt, dass er eine der Fristenlösung nahekommende
      Regelung bereits vor dem Parteitag 1972 entwickelt hatte und Broda zunächst auf diese
      Linie eingeschwenkt sei, dann aber der Beschluss des Parteitags folgte. Pallin, Zum
      70. Geburtstag von Christian Broda, S. 115.
1542 Feigl, Was gehen mich seine Knöpfe an, S. 51 ff.
1543 Interview mit Dr. Heinrich Keller am 12.10.2009.
1544 Interview mit Dr. Sepp Rieder am 20.5.2010.

Unterausschuss, der sich mit der Reform des Strafgesetzes befasste. Vorgesehen war nun, dass der Schwangerschaftsabbruch innerhalb der ersten drei Schwangerschaftsmonate straffrei bleiben sollte, danach sollte nur mehr eine eingeschränkte Indikationslösung gelten.[1545] In den kommenden parlamentarischen Beratungen, die – wie vorausgeschickt – bis 12. November 1973 verlängert wurden, kam es zu keiner Annäherung in der Frage der Schwangerschaftsunterbrechung mehr. FPÖ und ÖVP sprachen sich gegen die Fristenregelung aus und brachten Abänderungsvorschläge ein. Broda und die SPÖ blieben bei der Fristenregelung, da diese schon einen Kompromiss gegenüber jenen darstellen würde, die eine völlige Freigabe der Abtreibung wünschten. Nötigenfalls würde die SPÖ das neue Strafgesetz auch gegen die Stimmen der Opposition beschließen, was schlussendlich auch geschah, nachdem eine kurze (von der FPÖ angeregte) Diskussion darüber, ob die Schwangerschaftsunterbrechung aus dem Strafgesetz herausgelöst werden soll, damit dieses einvernehmlich beschlossen werden könne, ergebnislos blieb.[1546]

Die Debatte und Abstimmung über das neue Strafgesetz erfolgte im Plenum des Nationalrats von 27. bis 29. November 1973 und markiert einen Höhepunkt in der Geschichte des Parlamentarismus der Zweiten Republik. Am 29. November verabschiedete das Parlament mit 93 zu 88 Stimmen das neue Strafrecht, das in den Ausschussberatungen an insgesamt 155 Stellen geändert worden war.[1547] Maßgeblich dafür, dass das neue Strafrecht nicht mit einer größeren Mehrheit (oder einstimmig wie viele andere Reformgesetze jener Jahre), sondern nur mit den Stimmen der SPÖ beschlossen wurde, war die Einführung der Fristenregelung. Hierbei war im Gesetz festgeschrieben worden, dass kein Arzt verpflichtet werden kann, einen Schwangerschaftsabbruch durchzuführen, es sei denn die Frau müsse aus einer unmittelbaren Lebensgefahr gerettet werden. Die Durchführung einer geheimen Abstimmung, wie sie die SPÖ wünschte, war von der ÖVP abgelehnt worden.[1548] An der Debatte über die Strafrechtsreform nahmen sowohl die Justizsprecher von ÖVP und FPÖ, Walter Hauser[1549] und Gustav Zeilinger, als auch Bruno Kreisky und Christian Broda teil. Kreisky, der als einfacher Abgeordneter und nicht als Bundeskanzler das Wort erhob – was bis dahin einzigartig war –, äußerte hier seine Skepsis gegenüber der Fristen-

---

1545 Vgl. hierzu: Blecha, Karl, Recht und Menschlichkeit. Eine Dokumentation zur Änderung des § 114, Wien 1976, S. 82 f.

1546 Mesner, Frauensache?, S. 212 ff.

1547 Abg. Reinhart in der Parlamentsdebatte zum neuen Strafgesetzbuch am 27. November 1973. StPNR, XIII. GP, 84. Sitzung, 27. 11. 1973, S. 7967.

1548 Abg. Skritek in der Parlamentsdebatte vom 27. November 1973. StPNR, XIII. GP, 84. Sitzung, 27. 11. 1973, S 7981.

1549 Vgl. hierzu auch: Hauser, Walter, Die Volkspartei und die Strafrechtsreform, in: Österreichische Monatshefte 12 (1973) S. 8 – 12.

regelung und erklärte, dass er diese nie als »Kompromisslösung« gesehen habe. In Richtung der katholischen Kirche betonte er – auch mit einem Verweis auf die politische Entwicklung in der Ersten Republik und den Bürgerkrieg –, es in der Abtreibungsfrage nicht zu einer Eskalation kommen zu lassen. Was die »römisch-katholische Kirche größer und in vielem anderen Religionen überlegener gemacht hat, ist, dass sie zu verzeihen vermag. Daher braucht sie am wenigsten Strafsanktionen.«[1550] Im Parlament war es – so Michael Neider – während der Rede Kreiskys so still, dass man eine Stecknadel hätte fallen hören können.[1551] Gegenüber Heinz Fischer meinte Bruno Kreisky einen Tag später:

> »Du bist Dir bewusst, dass dies der Kardinalfehler unserer Arbeit ist. Dieser Beschluss kostet uns die Mehrheit. Es ist der dritte wahlentscheidende Fehler von Broda – nach Habsburg und Olah-Kronenzeitung. Im Grund ist ein 20jähriges Aufbauwerk von mir zerstört – nämlich die Aussöhnung mit der Kirche. Das kann uns die Kirche nicht verzeihen – nicht der Kardinal – aber jene, die an diesem guten Verhältnis zur Sozialdemokratie gar nicht so interessiert sind.«[1552]

Christian Broda erklärte das neue Strafgesetzbuch in der Debatte um das neue Strafrecht im Parlament am 29. November 1973 als die umfassendste materiellrechtliche Gesetzeskodifikation in der mehr als hundertjährigen Geschichte des Parlamentarismus. Er betonte das neue Strafgesetzbuch als Ergebnis der parlamentarischen Arbeiten, wobei er – wie auch Walter Hauser und Gustav Zeilinger[1553] – die gute Zusammenarbeit der Parteien bzw. jene zwischen Parlament und Justizministerium festhielt.[1554] Er verwies auf seine Vorgänger und den Anteil der Beamtenschaft am neuen Strafgesetzbuch – allen voran den Leiter der Straflegislativ-Sektion Eugen Serini, an anderer Stelle auch auf Friedrich Nowakowski in Hinblick auf dessen Bedeutung für den Allgemeinen Teil des neuen Strafgesetzbuches[1555] – und appellierte noch einmal an die Oppositionsparteien, diesem doch noch ihre Zustimmung zu geben. Trotz seines Hinweises darauf, dass die Parteien schon über die von der ÖVP geforderten positiven Maßnahmen gegen den Schwangerschaftsabbruch Einigkeit erzielt hätten,[1556] blieb sein Appell jedoch erfolglos. Die Frage der Fristenregelung war für ÖVP

1550 Bruno Kreisky in der Parlamentsdebatte vom 29. November 1973. StPNR, XIII. GP, 84. Sitzung, 29. 11. 1973, S. 8176–8179.
1551 Interview mit Dr. Michael Neider am 31. 5. 2006.
1552 Fischer, Die Kreisky-Jahre 1967–1983, S. 108. Vgl. hierzu auch: Rathkolb, Die paradoxe Republik, S. 192.
1553 Gustav Zeilinger in der Parlamentsdebatte vom 27. November 1973. StPNR, XIII. GP, 84. Sitzung, 27. 11. 1973, S. 7972 sowie Walter Hauser in der Parlamentsdebatte vom 27. November 1973. StPNR, XIII. GP, 84. Sitzung, 27. 11. 1973, S. 7986.
1554 Strafrecht beschlossen, in: Wiener Zeitung, 30. 11. 1973.
1555 Broda, Die österreichische Rechtsreform (1970–1983), S. 16.
1556 Christian Broda in der Parlamentsdebatte vom 29. November 1973. StPNR, XIII. GP, 84. Sitzung, 29. 11. 1973, S. 8158–8162.

und FPÖ eine zu zentrale Frage, um diese einer einstimmigen Beschlussfassung des Strafrechtsgesetzes unterzuordnen. Ebenso abgelehnt wurde der Antrag der FPÖ, eine Volksabstimmung über die Fristenregelung durchzuführen.

Im Bundesrat, wo die ÖVP zu dieser Zeit die Mehrheit hatte, wurde in der Folge Einspruch gegen das Gesetz erhoben. Im Nationalrat musste das neue Strafgesetz deshalb mittels eines Beharrungsbeschlusses am 23. Jänner 1974 bestätigt werden. Kreisky stellte sich nach dem Beschluss des neuen Strafgesetzes inklusive der Fristenregelung zwar vor dieses.[1557] Angesichts dessen, dass die österreichische Bischofskonferenz das Verhältnis zur SPÖ nach ihrem Beharrungsbeschluss als »belastet« erklärt hatte und nun die »Aktion Leben« in ihrem geplanten Volksbegehren unterstützte, mussten Kreiskys Befürchtungen, dass seine Aussöhnung mit der katholischen Kirche gefährdet sei, aber erneut zugenommen haben.[1558] Anzumerken ist dabei, dass auf den Plakaten der »Aktion Leben« unter anderem zu lesen war, dass Kreisky »durch Mörderhand den Kommunismus in das Land« bringen würde, und dass vor allem Kardinal König wesentlich dazu beigetragen hat, dass es zu keiner Eskalation bzw. zu keinem Abbruch der Beziehungen zwischen der SPÖ und der katholischen Kirche kam. Aber auch Kreisky setzte in den kommenden Monaten und Jahren wiederholt Schritte, um die eingetretenen Schäden im Verhältnis zwischen SPÖ und katholischer Kirche zu kitten.[1559] Die ÖVP stand dem geplanten Volksbegehren der »Aktion Leben« distanziert gegenüber, unterstützte aber eine Verfassungsbeschwerde des Landes Salzburg, die sich unter anderem auf die Europäische Menschenrechtskonvention berief und im Oktober 1974 mit der Begründung zurückgewiesen wurde, dass der Artikel 2 der Menschenrechtskonvention (Recht des Menschen auf Leben) nicht auf keimendes Leben angewendet werden könne.[1560] In der BRD, wo ab 1970 drei weitere Strafrechtsreformgesetze folgten, die eine Reform des Besonderen Teils des deutschen Strafgesetzes betrafen, wurde im April 1974 ebenfalls eine Fristenregelung beschlossen. Aufgrund einer Beschwerde von Abgeordneten der CDU/CSU beim Bundesverfassungsgerichtshof wurde diese wenig später jedoch zurückgenommen, was in Österreich vor allem von Brodas Pressesekretär Heinrich Keller hart kritisiert wurde und hier beinahe einen ähnlichen Sturm der Entrüstung auslöste wie seinerzeit Brodas Kritik am Habsburg-Erkenntnis des Verwaltungsgerichtshofes.[1561] In der Folge wurde die Fristenlösung in der BRD durch eine Indikationenlösung ersetzt. Eine ähnliche Regelung wie in Österreich, wonach eine Ab-

---

1557 Kriechbaumer, Österreichs Innenpolitik 1970–1975, S. 242.
1558 Kriechbaumer, Die Ära Kreisky, S. 166.
1559 Mesner, Frauensache?, S. 222 f.
1560 Vgl. hierzu ausführlich: Lehner, Schwangerschaftsabbruch in Österreich, S. 241 ff.
1561 Vgl. etwa: Proteststurm gegen Broda-Staatsanwalt Keller, in: Die Presse, 1.3.1975 sowie AChB, ÖNB, Handschriftensammlung, V.247.

treibung in den ersten drei Schwangerschaftsmonaten zwar rechtswidrig, aber straffrei ist, besteht in Deutschland erst ab 1995.[1562]

In Österreich trat das aus 324 Paragraphen bestehende neue Strafgesetz inklusive der Fristenregelung am 1. Jänner 1975 in Kraft, nachdem das neue Tilgungsgesetz bereits mit 1. Jänner 1974[1563] und das Bundesgesetz über die Gewährleistung von Hilfeleistungen an Opfer von Verbrechen, mit dem Österreich gesetzgeberisch europäisches Neuland betreten hat, bereits am 1. September 1972 in Kraft getreten waren.[1564] Inhaltlich brachte das neue Strafgesetz – wie in der Reformdiskussion schon mehrfach angesprochen worden war und nun auch in einem Leistungsbericht über vier Jahre erfolgreiche Rechtspolitik festgehalten wurde[1565] – ein Strafgesetzbuch, das in gleicher Weise den Erfordernissen des Schutzes der Gesellschaft als auch dem Gedanken der Resozialisierung des Rechtsbrechers Rechnung tragen sollte. Dazu gehörte die Möglichkeit einer erhöhten Sanktionierung im Fall der Rückfälligkeit ebenso wie die breitere Anwendbarkeit der Bestimmungen über die bedingte Strafnachsicht und die bedingte Entlassung, die Regelung über die Beendigung des Verfahrens aus Gründen »mangelnder Strafwürdigkeit der Tat« und die Ausdehnung der Geldstrafe in Form des Tagsatzsystems (nach skandinavischem Muster).[1566] Gleichfalls ist hierzu auch die Einführung der Bewährungshilfe für Erwachsene zu zählen, die Christian Broda im Mai 1983 kurz vor seinem Ausscheiden aus der Regierung als die »revolutionärste Neuerung der Strafrechtsreform« bezeich-

---

1562 Vgl.: Eser, Hundert Jahre deutscher Strafgesetzgebung, online http://www.freidok.uni-freiburg.de/volltexte/3854/pdf/Eser_Hundert_Jahre_deutscher_Strafgesetzgebung.pdf (20. 2. 2009) und Staupe, Gisela / Vieth, Lisa, Unter anderen Umständen. Zur Geschichte der Abtreibung, Dresden/Berlin 1993.

1563 Das neue Tilgungsgesetz hat die automatische Tilgung von Vorstrafen nach einer bestimmten Zeit unter Einsatz von elektronischen Datenverarbeitungsanlagen ohne besondere Antragstellung und eine Auskunftsbeschränkung bei geringfügigen Verurteilungen gebracht. Vgl.: Bundespressedienst, Das neue Strafgesetz, S. 12.

1564 Das Bundesgesetz über die Gewährung von Hilfeleistungen an Opfer von Verbrechen sah unter gewissen, im Gesetz festgesetzten Voraussetzungen eine finanzielle Entschädigung des Bundes an hilfsbedürftige Opfer von Gewaltverbrechen vor. Im Falle der Arbeitsunfähigkeit und mangels anderer Einkommen konnte diese Entschädigung auch in Form einer fortdauernden Rente gewährt werden.

1565 Es gibt mehr Gerechtigkeit in Österreich. 1970–1975. Fünf Jahre Arbeit an der Rechtsreform. 1975–1979. Vier weitere Jahre für die Rechtsreform, Wien 1975.

1566 Die Verhängung von Geldstrafen war zwar schon möglich. Dem Richter bzw. der Richterin war bisher aber keine Richtlinie an die Hand gegeben, außer der Vorschrift, dass die wirtschaftlichen Verhältnisse des Täters/der Täterin zu berücksichtigen seien. Die Einführung des Systems der Tagessätze nach skandinavischem Muster sollte es ermöglichen, die verhängte Geldstrafe stärker auf den Verurteilten/die Verurteilte und die Straftat abstimmen zu können. Vgl. zum Tagsatzsystem und dessen Bedeutung in der Strafrechtsreform: Fischlschweiger, Hagen, Das System der Tagsätze im Strafrecht, in: Der Sozialistische Akademiker 3 (1973) S. 8–10.

nete.[1567] Generell sollte die kurze Haft (bis sechs Monate) vermieden werden und die Haft nur dort zur Anwendung kommen, wo strafbare Handlungen das Zusammenleben in der Gesellschaft schwer beeinträchtigen. Wie bereits mit der »kleinen Strafrechtsreform« vorweg genommen wurde, sollten die RichterInnen keine SittenrichterInnen sein. Anstelle der alten Dreiteilung der Delikte in Verbrechen, Vergehen und Übertretungen wurde nun eine Unterscheidung in Verbrechen und Vergehen vorgenommen und die Einheitsstrafe eingeführt. Frühere urteilsmäßige Verschärfungen (hartes Lager, Fasten, einsames Absperren in dunkler Zelle), Überreste der »Leibesstrafe«, wurden beseitigt. Als vorbeugende Maßnahmen wurden Anstalten für geistig abnorme Rechtsbrecher, Entwöhnungsbedürftige und gefährliche RückfalltäterInnen eingerichtet, wobei im ersten und zweiten Fall das System des Vikariierens bestand und die Anhaltung in einer Anstalt auf die Haftzeit angerechnet werden sollte.[1568] An der Spitze des neuen Strafgesetzbuches standen – wie bereits im Ministerialentwurf 1964 – die Delikte gegen den Einzelnen und nicht mehr jene gegen den Staat wie dies noch im alten Strafgesetz der Fall war. Um eine leichtere Wiedereingliederung in die Gesellschaft nach einer verbüßten Haft zu ermöglichen, wurden die Rechtsfolgen einer strafgerichtlichen Verurteilung abgeschwächt, wobei hier auch auf das neue Tilgungsgesetz zu verweisen ist. Es gehört ebenso wie das Strafrechtsänderungsgesetz 1971, die Strafprozessnovelle 1972, das Bundesgesetz über die Gewährung von Hilfeleistungen an Opfer von Verbrechen, das neue Strafgesetzbuch und verschiedene Begleitgesetze vom 11. Juli 1974 zur Strafrechtsreform der 1970er Jahre.[1569]

Das von der »Aktion Leben« bereits seit längerer Zeit angekündigte Volksbegehren wurde von 24. November bis 1. Dezember 1975 durchgeführt, um es auf Vorschlag von Kardinal König aus dem Wahlkampf 1975 herauszuhalten. Gegenstand des Volksbegehrens war das Bundesgesetz zum Schutz des menschlichen Lebens, das vier Teilbereiche umfasste und in strafrechtlicher Hinsicht eine Rücknahme der Fristenregelung zum Ziel hatte, aber für eine

---

1567 Die Reform ist irreversibel, in: Arbeiter-Zeitung, 25.5.1983. Vgl. hierzu auch: Broda, Rechtsreform und Gesellschaftsveränderung, S. 30.

1568 Gleichzeitig wurde das Arbeitshaus für Rückfalltäter abgeschafft. Bei der Anhaltung in einer Anstalt für geistig abnorme Rechtsbrecher bzw. in einer Anstalt für Entwöhnungsbedürftige sollte zuerst die Maßnahme und dann die Haft vollzogen werden, wobei die Zeit der Maßnahme auf eine eventuell noch verbleibende Haftzeit angerechnet werden sollte. Demgegenüber sollte bei einer Unterbringung in einer Anstalt für gefährliche RückfalltäterInnen zunächst die im Urteil verhängte Freiheitsstrafe und dann die allenfalls noch erforderliche Anstaltsunterbringung vollzogen werden. Vgl.: Bundespressedienst, Das neue Strafrecht, S 40 f.

1569 Vgl. zusammenfassend zur Strafrechtsreform etwa: Es gibt mehr Gerechtigkeit in Österreich. 1970–1975, S. 11 ff., Bundespressedienst, Das neue Strafrecht, Strafrecht konkret, Wien 1975 und 1976, Stangl, Die neue Gerechtigkeit, S. 95 f.

Konfliktlösung, die dem Vorschlag der ÖVP sehr ähnlich war, eintrat. Während sich die VertreterInnen der »Katholischen Aktion« bzw. der aus ihr entstandenen »Aktion Leben« noch 1971 vehement gegen jegliche Liberalisierung in der Abtreibungsfrage ausgesprochen hatten, hat sich ihr Standpunkt somit deutlich gewandelt.[1570] Unterstützt wurde das Volksbegehren von 895.665 ÖsterreicherInnen, womit es das bis dahin erfolgreichste Volksbegehren der Zweiten Republik war und aufgrund seiner ausreichenden Unterstützung auch parlamentarisch behandelt werden musste.

Für die parlamentarische Beratung wurde im April 1976 ein eigener Sonderausschuss eingerichtet, in den ÖVP und FPÖ Abänderungsvorschläge zur Fristenlösung einbrachten. Die SPÖ blieb jedoch bei ihrer Haltung und betonte, dass sich das Gesetz seit seiner Einführung bewährt habe und verwies auf die ergriffenen sozialpolitischen Maßnahmen, mit der Broda noch während der Strafrechtsdebatte im Parlament am 29. November 1973 versucht hatte, die Opposition doch noch zu einer Stimmabgabe für die Strafrechtsreform zu gewinnen. Dazu gehörte der Ausbau von Familienberatungsstellen, vor allem im Hinblick auf die Beratung von Möglichkeiten der Empfängnisverhütung, eine Erhöhung der Geburten- und Familienbeihilfe, die Verlängerung der Mutterschutzfrist vor und nach der Entbindung und die Erhöhung des Karenzgeldes, vor allem auch von allein erziehenden Müttern sowie das Unterhaltsvorschussgesetz. Dieses sollte – worauf im Zuge der Familienrechtsreform noch genauer einzugehen sein wird – den Unterhalt von Kindern auch dann sicherstellen, wenn ein Elternteil, meist der Vater, seinen Unterhaltsverpflichtungen nicht nachkam.[1571] Andererseits wurden von der SPÖ auch nie Schritte unternommen, um zu garantieren, dass alle Frauen – unabhängig von ihrer geografischen, sozialen und finanziellen Lage – denselben Zugang zur Fristenlösung haben, was nicht zuletzt von der späteren Staatssekretärin für Frauenfragen bzw. Frauenministerin Johann Dohnal immer wieder gefordert wurde.[1572]

Broda hatte seinerseits bereits vor der parlamentarischen Behandlung des Volksbegehrens erklärt, dass sich am Gesetz nichts ändern dürfe, da der Vorschlag der »Aktion Leben« eine Strafandrohung für die abtreibende Frau vorsehe und nach Ansicht der Regierung Strafe sowie Strafandrohung eine Beratung der Frau ausschließen würde. Stützen konnte er sich dabei – wie verschiedene Studien zur Einführung der Fristenregelung festhalten – auch auf die öffentliche Meinung: Hatte doch eine Ende 1974 durchgeführte Umfrage des

---

1570 Mesner, Frauensache?, S. 221.

1571 Feigl, Was gehen mich seine Knöpfe an?, S. 54.

1572 Vgl. hierzu etwa auch den letzten öffentlichen Auftritt von Johanna Dohnal kurz vor ihrem Tod bei einer Veranstaltung anlässlich 35 Jahre Fristenregelung im Museum für Verhütung und Schwangerschaftsunterbrechung am 25.1.2010, online: http://www.muvs.org/museum/presse/35jahre-fristenloesung.php (4.3.2010).

Gallup Instituts ergeben, dass sich bereits 50 Prozent der ÖsterreicherInnen für die Fristenregelung oder eine völlige Freigabe der Schwangerschaftsunterbrechung aussprachen, was von der Agentur IMAS im Frühjahr 1975 mit einer nochmals höheren Zustimmung bekräftigt wurde. In der Abstimmung im Sonderausschuss des Nationalrats am 28. April 1977 wurden somit sowohl das Bundesgesetz zum Schutz des menschlichen Lebens als auch die Abänderungsanträge der ÖVP und der FPÖ von der stimmenstärksten SPÖ abgelehnt.[1573]

7.1.3. Die Familienrechtsreform

Die ersten Regierungsvorlagen, die dem Parlament noch in der Zeit der Minderheitsregierung zugeleitet wurden, betrafen das Familienrecht. Trotzdem wurde die Familienrechtsreform, in der Broda entsprechend der Regierungserklärung vom 27. April 1970 zum Konzept der Teilreformen zurückkehrte,[1574] erst nach der »großen Strafrechtsreform« abgeschlossen. Beschlossen wurde sie in großen Teilbereichen im Einvernehmen mit der Opposition. Kein Kompromiss konnte hingegen in der Frage der Scheidungsreform erreicht werden, in der es zudem – wie in der Frage der Fristenregelung – nicht nur harte Auseinandersetzungen mit der katholischen Kirche, sondern auch mit Teilen der SPÖ-Frauen gab.

Im Mai 1970 passierte zunächst eine Regierungsvorlage zur Neuordnung der Rechtsstellung des unehelichen Kindes den Ministerrat,[1575] eine Woche später dann eine Regierungsvorlage für die Neuordnung des gesetzlichen Erbrechtes des Ehegatten und des gesetzlichen ehelichen Güterstandes.[1576] Beide Regierungsvorlagen wurden unmittelbar nach ihrer Verabschiedung im Ministerrat im Parlament eingebracht und von Broda angekündigt, dass die Neuordnung der Rechtsstellung der ehelichen Kinder der nächste Punkt in der Familienrechtsreform sein werde.[1577] Schließlich wurde im Juni 1971 eine weitere Regierungsvorlage, mit der die Bestimmungen über die Geschäftsfähigkeit und Ehemündigkeit abgeändert werden sollten, im Parlament vorgelegt. Beschlossen wurde in der Zeit der Minderheitsregierung Kreisky jedoch nur die Neuordnung der Rechtsstellung des unehelichen Kindes, nachdem in der BRD bereits 1969 eine ähnliche Reform durchgeführt worden war. Umgesetzt wurde damit die Erfüllung einer alten rechtspolitischen Forderung der SPÖ, die für Broda vor allem

---

1573 Kriechbaumer, Österreichs Innenpolitik 1970–1975, S. 247 f.
1574 Lehner, Familie – Recht – Politik, S. 238.
1575 StPNR, XII. GP, Blg. 6.
1576 StPNR, XII. GP, Blg. 7.
1577 Broda, Christian, Vater und Mutter: Gleiche Rechte, in: Arbeiter-Zeitung, 29.11.1970.

deswegen von großer Bedeutung war, weil Österreich einen relativ hohen Prozentsatz – im Jahr 1969 waren dies 12,2 Prozent, im Jahr 1970 12,8 Prozent[1578] – an unehelich geborenen Kindern hatte.[1579] Das Gesetz brachte unter anderem eine Verbesserung der Unterhaltsansprüche des unehelichen Kindes gegenüber den zur Unterhaltsleistung gesetzlich verpflichteten Personen und ein gesetzliches Erbrecht für die unehelichen Kinder gegenüber dem Vater. Von einer Gleichstellung mit den ehelichen Kindern im Erbrecht konnte jedoch bei Weitem nicht gesprochen werden.[1580] Eine Regelung, die die Position der unehelichen Kinder noch stärker verbessert hätte, als es die Reform schlussendlich tat, war – so Elisabeth Schilder – dem Kompromiss mit der ÖVP und der FPÖ bzw. den Interessensvertretungen zum Opfer gefallen.[1581]

Weitere Teilschritte in der Familienrechtsreform folgten erst nach der Erringung der absoluten Mehrheit durch die SPÖ nach den Nationalratswahlen 1971 und 1975. Brodas Plan, die Familienrechtsreform und die Strafrechtsreform parallel in zwei getrennten Unterausschüssen des Justizausschusses zu beraten, ließ sich nicht verwirklichen. Wie Broda bereits in der Zeit der Minderheitsregierung sehen musste, scheiterte dieser Plan an den arbeitstechnischen Voraussetzungen im Parlament. Seine im Frühsommer 1972 gemachte Ankündigung, dass die Familienrechtsreform bis 1975 abgeschlossen sei, ließ sich nicht umsetzen.[1582] Vorgezogen wurde zunächst die Strafrechtsreform, da hier die Vorarbeiten bereits weiter vorangeschritten waren.[1583] Mit Ausnahme

---

1578 Gleiches Recht für alle. Interview mit Christian Broda, in: Hallo. Die Zeitschrift der Gewerkschaftsjugend 11 (1970) S. 18 sowie Familienrecht. Ein Schwerpunkt der Arbeit des österreichischen Justizministeriums. Vortrag, gehalten von Justizminister Dr. Christian Broda bei der österreichischen Richterwoche 1972 am 9. Juni in Weißenbach am Attersee, in: Die Zukunft 13/14 (1972) S. 7–9.

1579 Das Gesetz wurde nicht nur in einem Unterausschuss des Justizausschusses beraten, es wurde auch ein interfraktioneller Ausschuss eingerichtet, der während der Parlamentsferien im Juli und September 1970 tagte. Vgl.: Lehner, Familie – Recht – Politik, S. 276 und S. 292 sowie Eypeltauer, Doris, Die Familienrechtsreform im parlamentarischen Willensbildungsprozess, Univ.-Diss., Wien 1981, S. 133.

1580 Bis dato, nach dem ABGB und der 1. Teilnovelle 1914, bestand nur ein Erbrecht gegenüber der Mutter bzw. ihren Verwandten. Nun wurde ein vielfach abgeschwächtes Erbrecht gegenüber dem Vater eingeführt. So waren uneheliche Kinder vom Erbrecht etwa weiterhin ausgeschlossen, wenn es eheliche Kinder gab. Die im Erbrecht zunächst noch verbliebenen Nachteile wurden erst durch das Erbrechtsänderungsgesetz 1989 per 1.1. 1991 beseitigt. Vgl.: Floßmann, Ursula, Österreichische Privatrechtsgeschichte, 5. aktualisierte Aufl., Wien/New York 2005, S. 308 f.

1581 Schilder, Elisabeth, Ein großer Fortschritt, in: Die Zukunft 22 (1970) S. 7. Vgl. zur Reform ebenso: Bundesministerium für Justiz, Was sollen die Eltern eines unehelichen Kindes über dessen Rechtsstellung wissen?

1582 Broda: Familienrecht bis 1975! Aber Ausschusschef Zeilinger winkt ab: »Geht sich nicht aus!«, in: Kurier, 10.6.1972.

1583 Vgl. hierzu auch: Schilder, Elisabeth, Große Strafrechtsreform – kleine Familienrechtsreform, in: Die Zukunft 4 (1975) S. 1.

einer Änderung der Geschäftsfähigkeit und Ehemündigkeit,[1584] die eine Senkung des Volljährigkeitsalters brachte und im Zuge der Studentenproteste der späten 1960er Jahre bzw. einer bereits 1968 erfolgten Wahlaltersenkung zu sehen ist, folgten die weiteren Schritte in der Familienrechtsreform erst nach der Verabschiedung des neuen Strafgesetzbuches – wenn im Justizministerium auch schon an den entsprechenden Entwürfen gearbeitet und neue Regierungsvorlagen im Parlament eingebracht wurden.

Als nach dem Abschluss der »großen Strafrechtsreform« entschieden werden musste, in welcher Reihenfolge die Regierungsvorlagen zur persönlichen Rechtswirkung der Ehe, dem Eltern-Kind-Verhältnis und dem Ehegüterrecht im Parlament verhandelt werden sollten, konnte sich Broda mit seinem Plan erneut nicht durchsetzen. Er wollte sich von den »Randgebieten« zum »Kern«, der persönlichen Rechtswirkung der Ehe, vorarbeiten, um so Präjudizien für deren Reform zu schaffen. Aufgrund des Wunsches der ÖVP wurde aber der umgekehrte Weg beschritten und folgende Reihenfolge bei den Beratungen eingehalten: persönliche Rechtswirkung der Ehe, Eltern-Kind-Verhältnis, Ehegüterrecht. Das Unterhaltsvorschussgesetz wurde außerplanmäßig nach den persönlichen Rechtswirkungen der Ehe beschlossen. Der Absicht Brodas, die Reform des Scheidungsrechts zwischendurch »einzuschieben«, damit er diese unpopuläre Maßnahme im Verband mit publikumswirksameren Maßnahmen beschließen könnte, widersetzte sich die ÖVP ebenfalls erfolgreich.[1585] Broda, der in der Rechtsreform bestrebt war, einen größtmöglichen Konsens über die geplanten Reformgesetze zu erreichen, zeigte sich somit auch in der Vorgangsweise bestrebt, der ÖVP entgegenzukommen. Maßgeblichen Anteil an der Ausarbeitung der gesamten Familienrechtsreform, und das zum Teil schon in den Jahren vor 1970, hatten seitens des Justizministeriums Oskar Edlbacher, Herbert Ent, Peter Radel und Gerhard Hopf. Die Frauen konnten – abgesehen von öffentlicher Kritik – am stärksten in den Verhandlungen im Unterausschuss auf die Gestaltung des neuen Familienrechts einwirken. Zahlenmäßig nahm die Vertretung der Frauen im Unterausschuss ständig zu, bis sie schließlich die Mehrheit bildeten. Zu nennen sind auf Seiten der SPÖ vor allem Erika Seda, Edith Dobretsberger, Beatrix Eypeltauer und Jolanda Offenbeck und auf Seiten der ÖVP insbesondere Marga Hubinek, wobei in einzelnen Fragen auch eine Fraktionen übergreifende »Frauensolidarität« entstand, nachdem auch die ÖVP-Frauen seit den späten 1960er Jahren verstärkt auf eine Familienrechts-

---

1584 Vgl.: Bundesministerium für Justiz, Familienrechtsreform konkret (1972), S. 33 sowie Lehner, Familie – Recht – Politik, S. 309–335, Eypeltauer, Familienrechtsreform, S. 24 f., Bundesministerium für Justiz, Familienrechtsreform konkret (1975), S. 88 ff.

1585 Lehner, Familie – Recht – Politik, S. 240, Eypeltauer, Die Familienrechtsreform im parlamentarischen Willensbildungsprozess, S. 139 f. Vgl. hierzu auch Walter Hauser in der Parlamentsdebatte vom 1. Juli 1975. StPNR, XIII. GP, 149. Sitzung, 1.7.1975, S. 14415.

reform gedrängt hatten.[1586] Gleichfalls eingebunden in die Familienrechtsreform war auf Seiten der SPÖ auch Hertha Firnberg als Frauenvorsitzende, wenn ihre zeitlichen Ressourcen als Wissenschaftsministerin nun im Vergleich zu früheren Jahren auch wesentlich beschränkter waren.

Christian Broda und Hertha Firnberg

Das programmatische »Herzstück« der Familienrechtsreform, das Bundesgesetz über die Neuordnung der persönlichen Rechtswirkungen der Ehe, wurde am 1. Juli 1975 einstimmig im Nationalrat beschlossen. Begonnen wurde mit der Ausarbeitung des Gesetzes im Justizministerium bereits im Sommer 1970. Eine entsprechende Regierungsvorlage wurde jedoch erst im Juli 1973 im Parlament eingebracht.[1587] In den parlamentarischen Beratungen, die im Herbst 1974 begonnen wurden, spielte vor allem die Frage des Unterhalts der Frau bzw. deren Berufstätigkeit eine wichtige Rolle, nachdem zwischen den Parteien (etwas verhaltener bei der FPÖ) Einigkeit darüber bestand, dass die Reform vom Grundsatz der Partnerschaftlichkeit in der Ehe auszugehen habe.[1588] Begrüßt wurde diese im Frühjahr 1974 auch in einer IMAS-Umfrage – sprachen sich damals doch 73 Prozent der Frauen und 66 Prozent der Männer für die recht-

---

1586 Lehner, Familie – Recht – Politik, S. 244 sowie Weinzierl, Der Anteil der Frauen an der Reform des österreichischen Familienrechts, S. 226 f. und S. 231 ff.
1587 StPNR, XIII. GP, Blg. 851.
1588 Vgl. zu den Grundsätzen der Familienrechtsreform etwa: Radel, Peter, Worum geht es bei der Familienrechtsreform?, Wien 1975.

liche Gleichstellung der Frau aus. Von Seiten der ÖVP war die Partnerschaft in der Ehe 1972 auch in ihrem neuen Parteiprogramm festgeschrieben worden. Besonders in diesem Punkt sollten sich somit die gesellschaftlichen Veränderungen der späten 1960er und frühen 1970er Jahre positiv auf die Rechtsreform auswirken. In ihren Postulaten zur Familienrechtsreform bekannte sich die ÖVP ebenfalls zur Partnerschaftlichkeit, gleichzeitig ordnete sie die Haushaltsführung aber nach wie vor tendenziell der Frau zu und kritisierte am Entwurf Brodas, dass dieser zu stark von der »Berufsehe« ausgehen bzw. einen Zwang zur Berufstätigkeit der Frau umfassen würde. Wichtig war es Walter Hauser – wie er auch in späteren Jahren betonte – sicherzustellen, dass jene Familien, die nach einem traditionellen rollendifferenzierenden Modell leben wollten, dies auch tun könnten. Schlussendlich konnte aber auch hier bei einer geschlechtsneutralen Formulierung ein Kompromiss erzielt werden, der für Broda nicht zuletzt deswegen erforderlich war, da Teile der SPÖ-Frauen Vorbehalte gegen die neue Regelung zeigten und die Befürchtung im Raum stand, dass es der ÖVP gelingen könnten, das neue Eherecht in diesem Punkt als frauenfeindlich darzustellen. Die Haushaltsführung wurde nun im Unterhaltsrecht stärker berücksichtigt und als gleichwertiger Beitrag zum Unterhalt festgeschrieben;[1589] den absoluten Unterhaltsanspruch, den die Frau nach dem alten ABGB noch hatte, sollte sie in der »Partnerehe« jedoch verlieren.

Mit dem neuen Gesetz wurde der Mann als »Haupt der Familie« abgeschafft und festgehalten, dass die Ehegatten einander in einer umfassenden Lebensgemeinschaft verbunden sind, in der sie einander nach Kräften wechselseitigen Beistand leisten. Die Entscheidungen in der Ehe sollten gemeinsam und einvernehmlich erfolgen. Die Ehegatten sollten nach ihren Kräften und gemäß der Gestaltung ihrer ehelichen Lebensgemeinschaft zur Deckung der ihren Lebensverhältnissen angemessenen Bedürfnisse gemeinsam beitragen – sei es durch Erwerbstätigkeit oder durch Hausarbeit. Jeder Ehegatte sollte somit ein uneingeschränktes Recht auf eine eigene Berufstätigkeit haben, wobei die Hausarbeit erstmals als gleichwertiger Beitrag zum Unterhalt anerkannt wurde bzw. der haushaltsführende Ehegatte (unter angemessener Berücksichtigung allfälliger Einkünfte) weiterhin einen Unterhaltsanspruch gegen den berufstätigen Ehegatten haben sollte.[1590] An der Führung des gemeinsamen Haushalts sollten beide Ehegatten nach ihren persönlichen Verhältnissen – besonders unter Berücksichtigung ihrer beruflichen Belastung – mitwirken. Der Familiensitz und der Familienname sollten nach partnerschaftlichen Grundsätzen

---

1589 Lehner, Familie – Recht – Politik, S. 337–384, Eypeltauer, Die Familienrechtsreform im parlamentarischen Willensbildungsprozess, S. 140 ff.

1590 Vgl.: hierzu auch: Lingens, Peter Michael, Was ist die Scheidungsreform wert?, in: Profil 24 (1978) S. 10.

festgelegt werden. Die frauenfeindliche Folgepflicht des alten ABGB wurde somit beseitigt und eingeführt, dass die Ehegatten wählen konnten, ob sie als gemeinsamen Namen jenen des Mannes oder der Frau führen wollten. Wurde nicht der Name der Frau gewählt, hatte die Frau das Recht, ihren Mädchennamen dem Familiennamen anzuhängen.[1591]

Der nächste Schritt in der Familienrechtsreform wurde 1976, das heißt bereits in der neuen Legislaturperiode, mit der Verabschiedung des Unterhaltsvorschussgesetzes getan. Den Ausgangspunkt des Gesetzes bildete das Problem, dass sich in vielen Fällen der Unterhaltspflichtige (in der Regel der Vater) seiner Unterhaltsleistung entzog oder diese nicht durch Exekution hereingebracht werden konnte, worauf in solchen Fällen zumeist die Mutter einspringen musste, häufig aber ohne über die nötigen finanziellen Mittel zu verfügen. Um diesen Missstand zu beseitigen, wurde nun eingeführt, dass der Bund Vorschüsse auf den Unterhalt bezahlt und diese später vom Unterhaltspflichtigen zurückfordern kann.[1592] Zurückgegangen ist das Unterhaltsvorschussgesetz, das von Broda in der Diskussion um einen besseren Zugang zum Recht oft als erster Schritt in Richtung eines kompensatorischen Rechtsschutzes gewertet wurde,[1593] auf eine Initiative der Arbeiterkammer und der ÖVP-Frauenorganisation. Im Justizministerium wurden die Arbeiten zum neuen Gesetz im August 1973 aufgenommen, wobei Broda bemüht war, einem zu erwartenden Initiativantrag der ÖVP zuvorzukommen. Dennoch wurde zuerst ein entsprechender Initiativantrag der ÖVP im November 1974 und erst im Jänner 1975 die Regierungsvorlage eingebracht.[1594] Einstimmig verabschiedet wurde das neue Gesetz am 20. Mai 1976.[1595]

Ebenfalls einstimmig wurde am 30. Juni 1977 die Neuordnung der Rechtsstellung der ehelichen Kinder beschlossen, die im Gegensatz zu Broda für Walter Hauser das eigentliche »Kernstück« der Familienrechtsreform war. Die Gleich-

---

1591 Gleichfalls wurde an jenem Tag, an dem das Bundesgesetz über die Neuordnung der persönlichen Rechtswirkungen der Ehe den Nationalrat passierte, ein neues Wohnungseigentumsgesetz beschlossen, das das gemeinsame Wohnungseigentum der Ehepartner vorsah. Vgl. zur Reform im Detail: Bundesministerium für Justiz, Familienrechtsreform konkret (1975), Olscher, Werner, In der Ehe gleichberechtigt. Das neue Familienrecht, Wien 1975 oder Ent, Herbert / Hopf, Gerhard, Die Neuordnung der persönlichen Rechtswirkungen der Ehe, Wien 1976 sowie zum Wohnungseigentumsgesetz Broda, Christian, 50 Jahre Familienrechtsreform, in: Die Zukunft 15/16 (1975) S. 5 f.

1592 In der Praxis sollte sich die Rückforderung jedoch als schwierig erweisen.

1593 Vgl. hierzu etwa: Gespräch mit Christian Broda, in: Die Ohnmacht der Henker, S. 55.

1594 Lehner, Familie – Recht – Politik, S. 396.

1595 Vgl. hierzu: Lehner, Familie – Recht – Politik, S. 385–410, Eypeltauer, Familienrechtsreform, S. 27, Fiedler, Franz, Auswirkungen der Familienrechtsreform, in: Khol, Andreas / Stirnemann, Alfred (Hg.), Österreichisches Jahrbuch für Politik 1983, Wien/München 1984, S. 445 ff. 1980 wurde das Unterhaltsvorschussgesetz auf die Kinder von Strafgefangenen ausgedehnt. Rieder, Strafrecht und Politik, S. 33.

stellung der rechtlichen Position der Mutter mit der des Vaters gegenüber dem
ehelichen Kind, war in den 1970er Jahren eine unüberhörbare Forderung, die in
der Diskussion immer wieder damit bekräftigt wurde, dass die Mutter nicht
einmal in der Lage war, für ihr Kind einen Reisepass zu beantragen. Vorarbeiten
auf diesem Gebiet gab es (ähnlich wie bei den beiden zuletzt behandelten Bereichen) in den 1960er Jahren nicht. Man konnte hier lediglich auf die Richtlinien
1951 zurückgreifen. Für Broda, der diesen Bereich in der Zeit der Minderheitsregierung wiederholt ankündigte,[1596] schien die Reform der Rechtsstellung
des ehelichen Kindes nach der Reform des Unehelichenrechts als logischer
nächster Schritt in der Familienrechtsreform. In relativ kurzer Zeit wurde deshalb im Herbst 1970 ein Entwurf ausgearbeitet, der im Jänner 1972 als Regierungsvorlage im Nationalrat eingebracht wurde.[1597] Da sich SPÖ und ÖVP nach
dem Abschluss der Strafrechtsreform und der Verabschiedung des neuen Voll-
jährigkeitsgesetzes auf die persönliche Rechtswirkung der Ehe als nächsten
Verhandlungspunkt einigten, kam es jedoch erst im Sommer 1976 zu Verhandlungen über das neue Kindschaftsrecht, nachdem nach den Wahlen vom
5. Oktober 1975 eine leicht veränderte Regierungsvorlage im Parlament eingebracht worden war. Abgeschlossen wurden die Beratungen mit dem Bundesgesetz vom 30. Juni 1977 über die Neuordnung des Kindschaftsrechts, das die
Gleichstellung beider Elternteile im Kindschaftsrecht bezweckte, den Gedanken
der Partnerschaftlichkeit einführte und die väterliche Gewalt durch elterliche
Rechte und Pflichten ersetzte. Das Kind, dessen Wohl bei der Erziehung im
Mittelpunkt stehen sollte, wurde nunmehr als eigenständiger Träger von
Rechten und Pflichten und nicht bloß als Gegenstand elterlicher Bestimmung
und Sorge betrachtet.[1598]

Ihren Abschluss fand die Familienrechtsreform 1978 mit der Neuordnung des
Ehegattenerbrechts, des Ehegüterrechts und des Ehescheidungsrechts, womit
Teilbereiche der Familienrechtsreform von besonderer Brisanz angesprochen
wurden. Die Neuordnung des Ehegüter- und Erbrechts hatte Broda bereits in den
frühen 1960er Jahren beschäftigt, eine Lösung war damals nicht erreichbar gewesen. Ab 1970 hatten sich das politische Klima und die Mehrheitsverhältnisse
verändert. Eine Reform konnte diesmal umgesetzt werden. Sprengstoff – und das
nicht nur zwischen den Parteien, sondern auch innerhalb der SPÖ, zwischen
(Teilen) der SPÖ-Frauen[1599] und dem Justizministerium, bzw. zwischen der SPÖ
und der katholischen Kirche – barg jedoch die Scheidungsreform. Von den
Anwälten bereits seit längerer Zeit gefordert, war sie bis dato in den ministeri-

---

1596 Broda, Christian, Vater und Mutter: Gleiche Rechte, in: Arbeiter-Zeitung, 29.11.1970.
1597 StPNR, XIII. GP, Blg. 144.
1598 Lehner, Familie – Recht – Politik, S. 411–453, Eypeltauer, Familienrechtsreform, S. 27 ff.
1599 Der Weg zur Scheidungsreform: »Die Sternstunde«, in: Profil 24 (1978) S. 14.

ellen Reformvorschlägen (auch aus den Richtlinien Tschadeks 1951) ausgeklammert worden, da in diesem Bereich große Widerstände erwartet wurden.
Von Broda wurde die Scheidungsreform nun aber in Angriff genommen, wobei
sein Engagement nicht selten polemisch damit begründet wurde, dass er seit
Jahren von seiner Frau getrennt lebe, aber nicht geschieden war und somit
persönliche Motive für sein »Lieblingsthema« in der Familienrechtsreform habe.
Broda selbst, der schon als Anwalt mit dieser Thematik zu tun gehabt hatte,[1600]
verwies in der Frage der Scheidungsreform hingegen darauf, dass diese der
Inhalt vieler Schreiben an das Justizministerium wäre und hier ein starker
Wunsch seitens der Bevölkerung bestehe. Auch für die Frauen könne es kein
wünschenswerter Zustand sein, nur aufgrund ökonomischer Gründe an einer
heillos zerrütteten Ehe festhalten zu müssen.[1601]

Die erste Regierungsvorlage der SPÖ-Alleinregierung zur Neuordnung des
gesetzlichen Erbrechts des Ehegatten und des gesetzlichen ehelichen Güterstandes wurde 1970 noch während der Minderheitsregierung eingebracht.[1602] Zu
einer parlamentarischen Beratung kam es nicht. Es erfolgten jedoch Gespräche
auf verschiedenen Ebenen,[1603] wobei wie in den Jahren zuvor der Vorschlag einer
Zugewinngemeinschaft hinsichtlich der Beseitigung der Annahme, dass im
Zweifelsfall während der Ehe erworbenes Vermögen vom Manne her stammt,
einer starken Kritik ausgesetzt war. Eine zweite Regierungsvorlage folgte
1972.[1604] Aufgrund des Vorziehens der Strafrechtsreform und anderer famili-
enrechtlicher Teilreformen wurde aber auch diese nicht in Beratung gezogen. Im
März 1976 brachte die Regierung deshalb eine dritte Regierungsvorlage im
Nationalrat ein (insgesamt, das heißt seit 1960, war es der achte Entwurf des
Justizministeriums), der zwei weitere Entwürfe des Justizministeriums folgten,
die schließlich eine grundsätzliche Einigung mit der ÖVP noch vor den eigentlichen Verhandlungen im Unterausschuss ab Oktober 1977 ermöglichten.
Maßgeblich hierfür war ein Abgehen Brodas vom ursprünglich geplanten Sys-

---

1600 Hoffmann-Ostenhof/Nagy/Wimmer, Der lange Marsch zum Seelenfrieden, S. 9.
1601 Vgl. hierzu etwa: Broda, Christian, Vorwort zur ersten Aufl., in: Bundesministerium für
       Justiz (Hg.), Scheidungsreform konkret, 2. Aufl., Wien 1976, S. 5 und S. 7 oder Broda,
       Christian, Warum Familienrechtsreform, in: Die Zukunft 6 (1977) S. 12, Broda, Christian,
       Die Familienrechtsreform und das Recht der Frau in Österreich. Festvortrag des öster-
       reichischen Justizministers am 10. Dezember 1975 in Wien, in: Das Menschenrecht 1
       (1976) S. 5 oder Broda zur Scheidungsreform: »Papierehe diskriminiert die Frau«, in:
       Arbeiter-Zeitung, 13. 7. 1977.
1602 StPNR, XII. GP, Blg. 7.
1603 Es gab direkte Gespräche seitens des Justizministeriums mit der Bundeswirtschafts-
       kammer, der Industriellenvereinigung, der Landwirtschaftskammer und dem katholi-
       schen Familienverband sowie die Einsetzung einer Kommission mit Vertretern des Jus-
       tizministeriums und führenden Rechtswissenschaftern, um diese von ihrer ablehnenden
       Haltung abzubringen.
1604 StPNR, XIII. GP, Blg. 143.

tem der Zugewinngemeinschaft, die nicht nur Walter Hauser als Vertreter der Bundeswirtschaftskammer (vor allem wenn sie das Betriebsvermögen betraf) vehement ablehnte, sondern auch die FPÖ. Aufgeteilt sollten nur mehr bestimmte, genau definierte Werte (unter Ausklammerung des Betriebsvermögens) werden, wofür Broda – ähnlich wie in der Frage der Scheidungsreform – zum Teil heftige Kritik seitens der SPÖ-Frauen erntete, die er bisher in der Rechtsreform hinter sich wusste.[1605]

In der Frage der Scheidungsreform wurde das Justizministerium ab 1973 aktiv, wobei wichtige Impulse vom Österreichischen Anwaltstag 1972 und der Diskussion in der BRD ausgingen. Geplant war wie in der Strafrechtsreform zunächst die Durchführung einer kleinen Scheidungsreform, die die einvernehmliche Scheidung bringen sollte und dann eine Gesamtreform des Scheidungsrechts, die – wie es sich in der BRD abzeichnete[1606] – nur mehr drei Scheidungsgründe zulassen sollte: die einverständliche Scheidung, die Scheidung aufgrund eines ehewidrigen Verhaltens des anderen Ehegatten und die Scheidung wegen der Auflösung der häuslichen Gemeinschaft, wobei der Scheidungsgegner (im Gegensatz zur bestehenden Rechtslage) kein Widerspruchsrecht mehr haben sollte. Wie Broda es formulierte, sollte damit die leichtere Auflösung von »Papierehen«, das heißt von Ehen, die nur mehr auf dem Papier bestanden, erleichtert werden.

Bis zum Herbst 1974 ging er von diesem Plan jedoch ab und stellte eine Scheidungsreform in den Mittelpunkt seiner Überlegungen, die die einvernehmliche Scheidung wieder ausklammerte. Ende 1974 wurde dann zur politischen Aufbereitung der Reform ein Arbeitskreis eingesetzt. Kurz nach der Regierungsbildung 1975 folgte der Entwurf zu einer Änderung des Ehegesetzes, der Anfang Jänner 1976 zur Begutachtung ausgesendet[1607] und der breiteren Öffentlichkeit in Form einer eigenen Broschüre vorgestellt wurde.[1608] Vorgesehen war darin eine Änderung des § 55 EheG, wonach es nur mehr ein befristetes

---

1605 Lehner, Familie – Recht – Politik, S. 455 ff.

1606 Nachdem 1968 beim deutschen Justizministerium eine Eherechtskommission gebildet worden war, die für die Reform des Scheidungsrechts auf Grundlage des Zerrüttungsprinzips eingetreten war, wurde diese 1976 im Gesetz festgeschrieben. Verankert wurde, dass eine Ehe geschieden werden kann, wenn sie gescheitert ist. Als gescheitert galt eine Ehe dann, wenn die Lebensgemeinschaft der Ehegatten nicht mehr bestand und nicht erwartet werden konnte, dass sie wieder hergestellt wird. Unterschieden wurde zwischen einer Scheidung vor und nach einer einjährigen Trennung. Nach einer dreijährigen Trennung wurde unwiderlegbar vermutet, dass die Ehe gescheitert ist. Bis zum Ablauf des fünften Jahres nach der Trennung galt eine Kinderschutz- und Härteklausel. Vgl.: Lehner, Familie – Recht – Politik, S. 527 f.

1607 Ebenda, S. 528 ff.

1608 Bundesministerium für Justiz, Scheidungsreform konkret. Eine erste Auflage wurde Ende Februar 1976 herausgegeben. Eine zweite Auflage, die den weiteren Fortgang in der Reformdiskussion berücksichtigte, folgte im Juli 1976.

Widerrufsrecht für jenen Partner geben sollte, der gegen eine Scheidung der Ehe war. Bis dato konnte ein Ehepartner nach einer dreijährigen Aufhebung der häuslichen Gemeinschaft die Scheidung beantragen. Der an der Zerrüttung ganz oder überwiegend unschuldige Ehepartner hatte jedoch ein Widerspruchsrecht, das in der Rechtssprechung seit 1945 de facto immer für beachtlich erklärt worden war. Die ÖVP präsentierte ihre Vorstellungen zu einer Scheidungsreform ebenfalls im Jänner 1976 und schlug – was der Entwurf des Justizministeriums noch ausgeklammert hatte – auch die Einführung der einvernehmlichen Scheidung vor. Die Auflösung der Ehe gegen den Willen eines Ehepartners lehnte sie jedoch ab und forderte (zumindest) die Einführung einer Härteklausel.[1609] Eine Regierungsvorlage zur Änderung des Ehegesetzes wurde schließlich am 29. Juni 1976 im Nationalrat eingebracht.[1610] Vorgesehen waren darin die einvernehmliche Scheidung und eine Härteklausel, wonach eine einseitig verlangte Scheidung in bestimmten Fällen nicht möglich sein sollte. Generell sollte das Widerspruchsrecht aber nach einer bestimmten Frist erlöschen, was nicht nur bei der ÖVP, sondern auch bei der katholischen Kirche bzw. kirchennahen Organisationen, wie dem katholischen Familienverband, auf massive Kritik stieß.[1611] Brodas griffigem Slogan der »Papierehe« wurde jener der »Wegwerffrau« entgegengehalten. Von Seiten der SPÖ-Frauen – vorgebracht von Jolanda Offenbeck, Beatrix Eypeltauer, Maria Metzker und Erika Seda – entzündete sich die Kritik an der Scheidungsreform hingegen vor allem in der Sicherstellung der unterhalts- und sozialrechtlichen Absicherung der schuldlos gegen ihren Willen geschiedenen Frau.[1612] Und auch in den Medien wurde Broda vorgeworfen, dass er zu stark von der Grundidee ausgehen würde, dass die alte Familie der Gründung einer neuen Familie nicht im Wege stehen dürfe.[1613]

An der (in Teilbereichen) unversöhnlichen Haltung zwischen SPÖ und ÖVP in der Scheidungsreform konnten auch die Parteiengespräche, die im Sommer 1977 stattfanden und zu einer grundsätzlichen Einigung im Ehegüter- und -erbrecht führten, nichts ändern. Ein erneuter Entwurf des Justizministeriums

---

1609 VP für eine einvernehmliche Scheidung. Materieller Vorrang für die Frau verlangt, in: Neues Volksblatt, 23. 1. 1976.

1610 StPNR, XIV. GP, Blg. 289.

1611 Eypeltauer, Die Familienrechtsreform im parlamentarischen Willensbildungsprozess, S. 191 ff. und Lehner, Familie – Recht – Politik, S. 537.

1612 Verwiesen wurde hierbei auch auf die Regierungserklärung vom 5. November 1975, in der eine wirksame unterhalts- und pensionsrechtliche Absicherung der schutzbedürftigen Ehefrau für den Fall der Ehescheidung versprochen wurde. Vgl.: Regierungserklärung vom 5. November 1975, StPNR, XIV. GP, 2. Sitzung, 5. 11. 1975, S. 36.

1613 Nach der Regierungsvorlage konnte es zu einer Verschlechterung des unterhaltsrechtlichen Anspruchs der geschiedenen Frau (des geschiedenen Ehegatten) kommen. Es galt der Vorrang der schutzbedürftigeren Frau. Lehner, Familie – Recht – Politik, S. 544.

sah nur mehr eine leichte Korrektur bei der einvernehmlichen Scheidung vor.[1614]
Der Konflikt mit Teilen der SPÖ-Frauen, der seinen Höhepunkt in einem Interview von Jolanda Offenbeck in der »Neuen Zeit« vom 29. September 1977[1615]
und der SPÖ-Klubklausur im Oktober 1977 in Villach fand, konnte hingegen im
Herbst 1977 mit Zugeständnissen an die Frauen deeskaliert werden. Der un-
terhaltsrechtliche Vorrang der geschiedenen Frau wurde nun stärker normiert.
Trotzdem verließ Jolanda Offenbeck in Folge des Konflikts mit Christian Broda,
bei dem sich Hertha Firnberg auf die Seite Brodas gestellt hatte, den Justizausschuss.[1616] Der katholische Familienverband und der österreichische Laienrat
demonstrierten gegen die Scheidungsreform, und auch die Bischofskonferenz
sprach sich gegen ein zu freizügiges Scheidungsrecht und eine Schwächung der
»Ehemoral« aus.[1617]

Was die parlamentarischen Beratungen der noch offenen Regierungsvorlagen
zum Ehegüter- und Ehescheidungsrecht betraf, hatte man sich zu jenem Zeitpunkt bereits darauf geeinigt, zunächst die Regierungsvorlage über die Neuordnung des gesetzlichen Erbrechts des Ehegatten und des gesetzlichen ehelichen Güterstandes und erst anschließend die Reform des Scheidungsrechts zu
beraten. Vorsitzender jenes Unterausschusses, der obzwar bereits im März 1977
konstituiert, erst ab Oktober 1977 die noch offenen Punkte der Familienrechtsreform beriet, war Tassilo Broesigke. Wie bereits genannt, löste er Gustav
Zeilinger als Justizsprecher der FPÖ ab, nachdem Zeilinger in die Volksanwaltschaft gewechselt war.[1618] »Chefverhandler« der SPÖ im Parlament war Karl
Blecha, der 1975 Otto Skritek als Justizsprecher der SPÖ abgelöst hatte. Auf
Seiten der ÖVP blieb es Walter Hauser, der bereits im Vorfeld der parlamentarischen Diskussion vor einer neuen »Abtreibungsdebatte« gewarnt hatte.[1619]

Finalisiert wurden die parlamentarischen Beratungen im Frühjahr 1978 – wie
es bereits zu erwarten war – mit einem weitgehenden Konsens über das neue
Ehegüter- und Ehegattenerbrecht, nicht jedoch mit einer Einigung über das neue
Scheidungsrecht. Die Parteien beschlossen deshalb, über jene Punkte, über die
man sich geeinigt hatte, getrennt von jenem Punkt abzustimmen, in dem ein
Konsens nicht möglich war. Angesprochen war damit jene Bestimmung, wonach
eine unheilbar zerrüttete Ehe nach einer bestimmten Frist (sechs Jahre) auch

---

1614 Lehner, Familie – Recht – Politik, S. 538 f.
1615 Interview mit Jolanda Offenbeck, in: Neue Zeit, 29. 9. 1977.
1616 Rohrer, Anneliese, Das Misstrauen der Partei-Damen, in: Die Presse, 18. 10. 1977, Bo-
     hatsch, Charles, Die Reform der Scheidungsreform, in: Profil 48 (1977) S. 13 ff., Der Weg
     zur Scheidungsreform: »Die Sternstunde«, in: Profil 24 (1978) S. 14 ff. sowie Lehner,
     Familie – Recht – Politik, S. 545.
1617 Eypeltauer, Die Familienrechtsreform im parlamentarischen Willensbildungsprozess,
     S. 200 ff.
1618 Eypeltauer, Familienrechtsreform, S. 20 f.
1619 Hauser befürchtet neue »Abtreibungsdebatte«, in: Die Presse, 27. 2. 1978.

gegen den Widerspruch des Ehegatten geschieden werden kann. Infolge wurde das Bundesgesetz über Änderungen des Ehegattenerbrechtes, des Ehegüterrechts und des Ehescheidungsrechts am 15. Juni 1978 mit den Stimmen von SPÖ und ÖVP (nicht aber mit jenen der FPÖ, die gegen die neuen Bestimmungen über das gesetzliche Erbrecht des Ehegatten war) beschlossen. Die Änderung des Ehegesetzes, die die Scheidung auch gegen den Willen eines Ehepartners vorsah, wurde hingegen nur mit den Stimmen von SPÖ und FPÖ verabschiedet. Geändert wurde mit diesem zweiten Gesetz lediglich ein einziger Paragraph. Aufgrund eines Vetos, das die ÖVP im Bundesrat einlegte, musste das Gesetz, das von Kardinal König als »Affront gegen die Kirche« bezeichnet wurde, aber nicht jenen Sturm der Entrüstung auslöste wie wenige Jahre zuvor die Fristenregelung,[1620] jedoch mit einem Beharrungsbeschluss bestätigt werden. Erfolgt ist dieser am 30. Juni 1978, womit beide Gesetze mit 1. Juli 1978 in Kraft treten konnten.[1621]

Das erste hier genannte Gesetz bildete von seinem Umfang her den größten Teil der Ehereform. Inhaltlich brachte es (bei einer Beibehaltung der Gütertrennung) unter anderem eine Beseitigung der Bestimmung, dass der Mann von Gesetz wegen der Verwalter des Vermögens der Frau ist und der gesetzlichen Vermutung, dass während der Ehe erworbenes Vermögen im Zweifelsfall von Manne herrührt. Die Frau sollte nun am während der Ehe Erworbenen einen Anteil haben, das eheliche Gebrauchsvermögen (darunter auch die Ehewohnung), die ehelichen Ersparnisse und der Hausrat (nicht aber das Betriebsvermögen) sollten im Falle der Scheidung, Aufhebung oder Nichtigerklärung der Ehe nach Billigkeit aufgeteilt werden. Zudem sollte dem Ehegatten, der im Erwerb des anderen mitwirkte, ein Entgeltanspruch zukommen, der – was ebenso wie das Abgehen von der Zugewinngemeinschaft vor allem von Seiten der Frauen kritisiert wurde – jedoch drei Jahre nach Erbringung der Leistung verjähren sollte.[1622] Begründet wurde durch die Reform des Weiteren ein erbrechtlicher Pflichtteilanspruch des überlebenden Ehegatten sowie die Anhebung des gesetzlichen Erbteils[1623] und die Möglichkeit einer einvernehmlichen

---

1620 Kardinal: »Scheidungsgesetze ein Affront gegen die Kirche«, in: Die Presse, 28. 6. 1978.

1621 Anzumerken ist hierbei, dass diese Vorgehensweise insofern mit der ÖVP akkordiert war, als beide Gesetze mit 1. 7. 1978 in Kraft treten konnten. Vgl.: Der Weg zur Scheidungsreform: »Die Sternstunde«, in: Profil 24 (1978) S. 13, Bundesgesetz vom 15. Juni 1978 über Änderungen des Ehegattenerbrechts, des Ehegüterrechts und des Ehescheidungsrechts, BGBl. Nr. 280/1978 sowie Bundesgesetz vom 30. Juni 1978 über eine Änderung des Ehegesetzes, BGBl. Nr. 303/1978.

1622 Seit dem 1. 1. 2000 (EheRÄG 1999) beträgt diese Verjährungsfrist sechs Jahre vom Ende des Monats an gerechnet, in dem die Leistung erbracht worden ist.

1623 Neben den ehelichen Kindern von einem Viertel auf ein Drittel, neben den Eltern bzw. deren Nachkommen oder den Großeltern des verstorbenen Gatten von der Hälfte auf zwei

Scheidung, die – wie die Familienrechtsreform insgesamt – die Partner-
schaftsbeziehung in den Mittelpunkt der Ehe rückte bzw. den Eheleuten die
Entscheidung überließ, ob sie eine Ehe auflösen wollen. Ansonsten wurde in
Hinblick auf die Scheidung am bestehenden Ehegesetz wenig geändert. So hieß
es nach wie vor, dass jeder Ehegatte, wenn die Gemeinschaft seit mindestens drei
Jahren aufgelöst und unheilbar zerrüttet ist, die Auflösung der Ehe begehren
kann, der an der Zerrüttung überwiegend unschuldige Teil aber ein Widerspruchsrecht hat und diesem nachzugeben ist, wenn die Scheidung den Beklagten härter oder gleich hart träfe wie die Abweisung des Antrags. Was die
Unterhaltsregelung betrifft, wurde festhalten, dass ein nach § 55 aus überwie-
gendem Verschulden des anderen Ehegatten geschiedener Ehegatte denselben
Unterhaltsanspruch haben sollte, wie bei aufrechter Ehe. Wenn der unterhaltspflichtige Partner eine neue Ehe einging, sollte die Unterhaltspflicht für den
neuen Ehegatten nur dann ins Gewicht fallen, wenn es bei Abwägung aller
Gründe billig erschien. Die Bestimmung in § 55 Abs. 3, wonach dem Schei-
dungsbegehren in jedem Fall stattzugeben sei, wenn die häusliche Gemeinschaft
seit sechs Jahren aufgelöst ist, wurde erst durch das zweite hier genannte Gesetz
und den Beharrungsbeschluss vom 30. Juni 1978 verabschiedet.[1624]

Abgeschlossen wurde mit diesem die Familienrechtsreform der 1970er Jahre,
die etwa für Heinrich Keller ein gesellschaftspolitisch noch viel größerer oder
wichtiger Schritt in die Zukunft war als die Strafrechtsreform.[1625] Von Christian
Broda war die Familienrechtsreform bzw. dessen »Herzstück«, das Bundesgesetz
über die Neuordnung der persönlichen Rechtswirkungen der Ehe, bereits im
August 1975 unter die ganz Reformen der Moderne – Aufhebung der Leibei-
genschaft und Erbuntertänigkeit, Privilegienabbau und Beseitigung der Vorrechte des Adels, allgemeines Wahlrecht und Frauenstimmrecht – eingereiht
worden. Betont wurde von ihm dabei insbesondere, dass die Familienrechtsreform mehr Demokratie in die Familien als »Keimzelle« der Gesellschaft bringen
werde:

> »Wer kennt nicht das Wort von der Familie als der »Keimzelle« des Staates. Demokratie
> und Partnerschaft sind unteilbar. Die demokratische Gesellschaft kann auf die De-
> mokratie in dieser »Keimzelle« nicht verzichten, ohne selbst Schaden an ihrer Substanz
> zu erleiden. Umgekehrt wird die Partnerschaft in der Familie auch dem Partner-
> schaftsgedanken in der Gesellschaft neue Impulse zuführen.«[1626]

Drittel des Nachlasses. Zudem sollten dem überlebenden Ehepartner auf jeden Fall die
beweglichen Sachen des Haushalts als Vorausvermächtnis gehören.

1624 Eypeltauer, Familienrechtsreform, S. 29 ff. sowie Fiedler, Auswirkungen der Familienrechtsreform, S. 424 ff.

1625 Interview mit Dr. Heinrich Keller am 12. 10. 2009.

1626 Broda, Christian, 50 Jahre Familienrechtsreform, in: Die Zukunft 15/16 (1975) S. 5 – 8. Vgl.
zur Familienrechtsreform als Mittel der Demokratisierung der Familie auch: Broda,
Christian, Warum Familienrechtsreform, in: Die Zukunft 6 (1977) S. 9 – 12, insbesondere

1978, beim Abschluss der Familienrechtsreform, betonte er erneut die historische Bedeutung der Familienrechtsreform, womit er wohl nicht nur den Reformen, sondern auch sich selbst einen wichtigen Platz in der österreichischen
Rechtsgeschichte einräumen wollte. Betont wurde seitens Broda dabei – wie
bereits voraus geschickt wurde – insbesondere auch ihre parlamentarische
Entstehungsgeschichte:

> »Es hat niemals eine parlamentarische materielle Strafrechtsreform gegeben, es hat
> auch niemals eine parlamentarische Familienrechtsreform oder parlamentarische
> Scheidungsreform gegeben.«

Insgesamt habe kein Parlament seit 1848 eine solche Leistung wie das österreichische Parlament der 1970er Jahre in der Frage des Strafrechts und der
Familienrechtsreform vollbracht.[1627]

7.2. Das Ende der NS-Prozesse – Symposien »Justiz und Zeitgeschichte«

Als Christian Broda 1970 neuerlich Justizminister wurde, galt es für ihn, nicht
nur die Familien- und Strafrechtsreform weiter voranzutreiben, auch die justizielle Ahndung von NS-Verbrechen war wieder ein Thema, mit dem er sich
beschäftigen musste.

Simon Wiesenthal hatte – wie in dieser Arbeit bereits an früherer Stelle genannt wurde – im Oktober 1966, das heißt zu einem Zeitpunkt als bereits die
Alleinregierung Klaus im Amt war, ein Memorandum an die österreichische
Bundesregierung gerichtet, in dem er nicht nur ein stärkeres Engagement des
österreichischen Staates bei der Verfolgung von NS-Verbrechern forderte,
sondern auch die personellen Voraussetzungen für deren Durchführung und das
System der Geschworenengerichtsbarkeit kritisiert hatte. In einem Bericht aus
dem Jahr 1967, der im Nachlass von Christian Broda erhalten ist, wurde seitens
des Justizministeriums hierzu wie folgt Stellung genommen: In Hinblick auf die
kritisierte personelle Situation in der Abteilung 18 des Innenministeriums
wurde festgehalten, dass in der Tat zu wenig Personal für die anfallende Arbeit
verfügbar sei. »Durch eine im Rahmen der gegebenen Möglichkeiten durchgeführte Personalaufstockung und verschiedene organisatorische Maßnahmen«

S. 9, Broda, Es gibt mehr Gerechtigkeit in Österreich, S. 11 f. sowie Christian Broda in der
Parlamentsdebatte vom 1. Juli 1975. StPNR, XIII. GP, 149. Sitzung, 1.7.1975, S. 14429–
14431. Hingewiesen wurde von Broda in der Parlamentsdebatte auch auf die Wechselwirkung von Rechtsreform und Gesellschaftsentwicklung, nachdem das Thema Nach-
vollzug auch in der Parlamentsdebatte angesprochen worden war.

1627 Christian Broda in der Parlamentsdebatte vom 15. Juni 1978. StPNR, XIV GP, 96. Sitzung,
15.6.1978, S. 9377.

seien in dieser Frage jedoch bereits erste erfolgversprechende Maßnahmen gesetzt worden. Was die viel zu geringe Anzahl von Staatsanwälten betreffe, wurde festgehalten, dass eine Erhöhung des Personalstandes der Staatsanwaltschaften bei der derzeitigen Situation auf dem Personalsektor kaum zu erwarten sei. Es werde jedoch versucht, von der sich ab 1.1.1967 eröffnenden Möglichkeit, Richteramtsanwärter länger als bisher der Staatsanwaltschaft zur Dienstleistung zuzuteilen, Gebrauch zu machen, um so die Situation bei den Staatsanwaltschaften zu entschärfen. Ein Abgehen von der Geschworenengerichtsbarkeit – wie dies ebenfalls gefordert worden war – wurde angesichts der hierfür notwendigen Zustimmung der SPÖ als unwahrscheinlich bezeichnet. Schwierig wäre es auch, den von Wiesenthal geforderten Ausschluss von ehemaligen Nationalsozialisten oder politisch Verfolgten aus dem Kreis der Geschworenen zu erwirken.[1628] Eine Antwort von Bundeskanzler Klaus auf sein Memorandum erhielt Wiesenthal nie. Wie er Christian Broda im Herbst 1970 schrieb, blieb diese aus, obwohl ihm eine solche von Seiten des Innen- und Justizministers zugesagt worden war.[1629]

Das zitierte Schreiben Wiesenthals erreichte Broda als er neuerlich die Leitung des Justizministeriums übernommen hatte. In diesem nannte Wiesenthal – wie bereits schon so oft zuvor – jene Bereiche, in denen die Verfolgung von NS-Tätern vordringlich sei. An Broda geschrieben hatte er – wie Wiesenthal eingangs ausführte – nur nach längerer Überlegung. Als Grund hierfür wurden jedoch nicht die Auseinandersetzungen zwischen Broda und Wiesenthal im Zuge der »Affäre Ableitinger« genannt, sondern die nach der Regierungsbildung 1970 erfolgten Angriffe der SPÖ, vor allem von Leopold Gratz, auf ihn bzw. sein Dokumentationsarchiv. Geführt habe der Angriff zu einer ganzen Reihe von Schmäh- und Drohbriefen, was besonders schwer ins Gewicht falle, sei jedoch nicht die Attacke gegen ihn, sondern dass damit auch die Verfolgung von Naziverbrechen in der Öffentlichkeit verteufelt werde. So wäre nach dem Freispruch des Gaswagenfahrers Josef Wendl jeder Protest, der in den letzten Jahren zumindest von Seiten der Medien und engagierter Jugendgruppen gekommen sei, ausgeblieben. Zudem wäre auch eine bedenkliche Entwicklung im Bereich der Abteilung 18 des Innenministeriums eingetreten. Hier hätten sich (soweit dies Wiesenthal bekannt war) nach den Angriffen auf ihn vier der elf Beamten der Abteilung 18 im Innenministerium abgemeldet oder ersucht, in andere Abteilungen versetzt zu werden, um nicht dem Vorwurf ausgesetzt zu sein, »für Wiesenthal zu arbeiten«. Und auch der Leiter der Abteilung, Sektionsrat Robert

---

1628 Undatierter Bericht des Bundesministeriums für Justiz, 32.180 – 11/67, AChB, ÖNB, Handschriftensammlung, V.506.8.
1629 Schreiben von Simon Wiesenthal an Christian Broda vom 11.11.1970. AChB, ÖNB, Handschriftensammlung, V.508.1.

Danzinger, sei in eine andere Abteilung versetzt worden. Vorbildlich würde sich demgegenüber die Bestellung von Staatsanwalt Dr. Kovacs zum Leiter der Abteilung 11 des Justizministeriums ausnehmen, in den Wiesenthal – wenn auch mit der Anmerkung, dass natürlich auch er die notwendigen Voraussetzungen brauche – große Hoffnung setzte.[1630]

Und in der Tat scheint es so, dass durch die Bestellung von Kovacs eine neue Dynamik in die justizielle Ahndung von NS-Verbrechen kam. So hält eine Unterlage im Nachlass von Christian Broda fest, dass Kovacs nach der Übernahme der Abteilung 11 nicht nur bestrebt war, einen Überblick über die noch offenen Verfahren zu erhalten,[1631] sondern auch eine Beschleunigung der Verfahren zu erreichen. Festgehalten wurde in diesem Zusammenhang, dass »noch ca. 800 Verfahren bei den Staatsanwaltschaften anhängig sind« – Wiesenthal nannte demgegenüber in seinem Schreiben an Christian Broda, dass der österreichischen Justiz 873 Verdächtige bekannt seien[1632] – und dass Dienstbesprechungen mit den zuständigen Sachbearbeitern der Staatsanwaltschaften im Jänner 1971 gezeigt hätten, dass vor allem in den beiden großen Komplexen Auschwitz und Mauthausen eine »Konzentration und Beschleunigung der Verfahren notwendig« sei. Hierbei wurde als von vornherein klar festgehalten, dass eine beschleunigte Endantragstellung mit Anklageerhebung nur durch die Freistellung von Staatsanwälten möglich sein werde und notiert, dass die Oberstaatsanwälte diesem »Wunsch des BMJ [Bundesministerium für Justiz, Anm. M. W.] sofort entsprochen und die vom BMJ angeregten Personalmaßnahmen auch tatsächlich getroffen haben. So wurden für die Bearbeitung des Auschwitz-Komplexes der Referent der StA Wien Dr. Kresnik und für die Bearbeitung des Aktenkomplexes Mauthausen der Referent der StA Linz Dr. Bauer freigestellt.« Bewertet wurde das Ergebnis der im Jänner 1971 abgehaltenen Dienstbesprechung positiv,

> »weil auf Grund der aktenmäßig belegten Vorträge der jeweiligen Sachbearbeiter die weitere Bearbeitung in Richtung auf eine Endantragstellung auf jene Verfahren [Komplex Auschwitz und Mauthausen, Anm. M. W.] konzentriert werden konnte, in denen nach fast 30 Jahren voraussichtlich noch ein Schuldnachweis zu erbringen sein wird.«[1633]

1630 Ebenda.
1631 Anzumerken ist hierbei, dass sich im Nachlass von Christian Broda mehrere Aufstellungen über die NS-Verfahren befinden, die in die frühen 1970er Jahre datieren. Vgl.: AChB, ÖNB, Handschriftensammlung, V.506.
1632 Schreiben von Simon Wiesenthal an Christian Broda vom 11.11.1970. AChB, ÖNB, Handschriftensammlung, V.508.1.
1633 Übersicht über den dzt. Stand in den NS-Verfahren. Beilage A zu JMZ 34.4040–11/71. AChB, ÖNB, Handschriftensammlung, V.506.10.

1972 hieß es dann in einer weiteren Unterlage für Klubobmann Gratz (und auch in einem Dienstzettel für eine bevorstehende Israel-Reise von Außenminister Kirchschläger[1634]), dass drei Staatsanwälte für die Komplexe Auschwitz und Mauthausen freigestellt worden waren,[1635] womit wohl eine Verbesserung erreicht wurde, die Anzahl der Staatsanwälte aber immer noch viel zu gering war.

Insgesamt entsteht trotzdem – wie auch Winfried Garscha von der Zentralen österreichischen Forschungsstelle für Nachkriegsjustiz festhält – der Eindruck, dass die österreichische Justiz zu Beginn der 1970er Jahre bestrebt war, eine größere Anzahl von Verfahren wegen NS-Gewaltverbrechen abzuschließen.[1636] Nachdem bereits unter Justizminister Klecatsky 1969 sechs Angeklagte wegen NS-Gewaltverbrechen vor Gericht gestellt worden waren,[1637] wurde zwischen 1970 und 1972 Anklage gegen 14 Personen erhoben, die schlussendlich in acht Fällen zu einem Freispruch, in vier Fällen zu einem Schuldspruch und in zwei Fällen zu einer späteren Verfahrenseinstellung führten.

Unter jenen, die freigesprochen wurden, befanden sich auch die vier im ersten und zweiten Auschwitz-Prozess Angeklagten Walter Dejaco, Fritz Ertl, Otto Graf und Franz Wunsch sowie der im Mauthausen-Prozess angeklagte Johann Vinzenz Gogl, womit gerade in jenen Fällen, von denen es 1971 hieß, dass hier die Kräfte gebündelt werden sollten, weil noch ein Schuldspruch möglich sei, mit einem Freispruch durch die Geschworenen endeten. Walter Dejaco und Fritz Ertl wurden im sogenannten »ersten Auschwitz-Prozess« angeklagt, durch die Errichtung und Instandhaltung der Gaskammern und Krematorien in Auschwitz-Birkenau unmittelbar an der Mordplanung beteiligt und eine nicht bekannte Anzahl an Menschen ermordet zu haben. Dejaco wurde zudem der Mord an 12 Häftlingen durch Schüsse und Schläge angelastet. Als schwierig erwies sich im Verfahren besonders, dass nur ein Teil der geladenen ZeugInnen tatsächlich zur Hauptverhandlung erschien und dass ehemalige Auschwitz-Häftlinge zum Teil abweichend von ihren Aussagen im Vorverfahren aussagten bzw. sich der Kronzeuge in zahlreiche Widersprüche verstickte und auch den Angeklagten Dejaco mit einem Geschworenen verwechselte. Otto Graf und Franz Wunsch, die

---

1634　Garscha, Eichmann: Eine Irritation, kein Erdbeben, S. 210.
1635　Information für den Herrn Klubobmann Minister außer Dienst Leopold Gratz (Besprechung vom 15. 3. 1972 mit Herrn MR Dr. Kovács), AChB, ÖNB, Handschriftensammlung, V.506.12.
1636　Garscha, Eichmann: Eine Irritation, kein Erdbeben, S. 211 ff.
1637　Nach der Amtsübernahme von Justizminister Klecatsky kam es 1966 zu Verhandlungen gegen vier Personen, wobei drei bereits während der Amtszeit von Christian Broda vor Gericht gestanden hatten, 1967 und 1968 wurde keine Anklage erhoben, 1969 standen dann sechs Personen vor Gericht – darunter auch Franz Novak, der die Deportationstransporte aus verschiedenen Teilen Europas in die Konzentrations- und Vernichtungslager in den besetzten Ostgebieten organisiert hatte. Sein Verfahren endete erst 1972 mit einem Schuldspruch, nachdem er bereits 1964 vor Gericht gestanden hatte.

im sogenannten zweiten Auschwitz-Prozess angeklagt wurden, gehörten der Stabskompanie der SS-Standortverwaltung an und wurden angeklagt, Häftlinge erschossen und erschlagen zu haben, bei Ermordungsaktionen von Angehörigen der »Sonderkommandos«, die sich aus jüdischen Häftlingen zusammensetzten, mitgewirkt zu haben und an »Selektionen« beteiligt gewesen zu sein. Und auch hier zeigte sich – so Sabine Loitfellner – die Problematik des Zeugenbeweises, da die zeitliche Distanz vielen ZeugInnen in Detailfragen Probleme bereitete und der Verteidigung die Gelegenheit bot, deren Glaubwürdigkeit zu untergraben.[1638] Johann Vinzenz Gogl wurde wegen der Ermordung mehrerer Häftlinge im KZ Mauthausen und im KZ Ebensee, wegen der Ermordung von Angehörigen eines aus alliierten Fallschirmspringern gebildeten Steineträgerkommandos und der Ermordung von Angehörigen der Widerstandsgruppe »Welser Gruppe« angeklagt. Sein Freispruch am 2. Dezember 1975, bei dessen Verkündung im Gerichtssaal es zu zahlreichen »Bravo«-Rufen von ehemaligen SS-Männern kam, stellte das letzte Urteil wegen nationalsozialistischer Gewaltverbrechen in Österreich dar.[1639]

Hiernach kam es in den folgenden Jahren nur mehr zu Verfahrenseinstellungen.[1640] Die zu diesem Zeitpunkt bereits erheblich verkleinerte Abteilung 18 im Innenministerium wurde 1975 aufgelöst und dieses Sachgebiet der Abteilung II/7 der Gruppe C (Staatspolizei) zugeteilt.[1641] Ein Prozess wegen NS-Verbrechen wurde von Seiten der österreichischen Justiz erst wieder 1997 eingeleitet bzw. im Jahr 2000 eröffnet. Angeklagt wurde damals der Arzt Heinrich Gross wegen des Verdachts der Ermordung von Kindern in der Wiener »Kinderfachabteilung« Am Spiegelgrund,[1642] wobei hier vermerkt werden soll, dass die Tätigkeit von Gross in der NS-Zeit bereits während der Amtszeit Brodas ein Thema war. So hat sowohl Friedrich Zawrel, ein Opfer von Gross,[1643] auf dessen Tätigkeit in der NS-

---

1638 Vgl. zu den österreichischen Auschwitz-Prozessen: Loitfellner, Sabine, Auschwitz-Verfahren in Österreich. Hintergründe und Ursachen eines Scheiterns, in: Albrich, Thomas / Garscha, Winfried R. / Polaschek, Martin F. (Hg.), Holocaust und Kriegsverbrechen vor Gericht. Der Fall Österreich, Innsbruck/Wien/Bozen 2006, S. 183–197.

1639 Vgl. hierzu: Eibelsberger Peter (mit Vorarbeiten von Irene Leitner), »Mauthausen vor Gericht«. Die österreichischen Prozesse wegen Tötungsdelikten im KZ Mauthausen und seinen Außenlagern, in: Albrich, Thomas / Garscha, Winfried R. / Polaschek, Martin F. (Hg.), Holocaust und Kriegsverbrechen vor Gericht. Der Fall Österreich, Innsbruck/Wien/ Bozen 2006, S. 198–228.

1640 Vgl. hierzu: Garscha/Kuretsidis-Haider, Die strafrechtliche Verfolgung nationalsozialistischer Verbrechen – eine Einführung, S. 16 f. sowie Interview mit Thomas Albrich, in: Echo 2006, online auf: http://echo-online.at (17. 6. 2006).

1641 Garscha, Eichmann: Eine Irritation, kein Erdbeben, S. 209.

1642 Das Verfahren wurde jedoch bereits 2000 abgebrochen und 2006, nach dem Tod von Gross 2005, schließlich eingestellt.

1643 Verwiesen sei an dieser Stelle noch einmal auf die bereits zitierte Publikation von Oliver

Zeit hingewiesen, als auch der Wiener Unfallchirurg Werner Vogt bzw. die AG Kritische Medizin. Als Werner Vogt in einem Ehrenbeleidigungsprozess gegen Gross 1981 vom Oberlandesgericht Wien freigesprochen wurde, wurde von diesem festgehalten, dass sich »aus den vom Berufungsgericht zum Thema des Wahrheitsbeweises getroffenen eigenen Feststellungen ergibt, [...] dass Dr. Heinrich Gross an der Tötung einer unbestimmten Zahl von geisteskranken, geistesschwachen oder stark missgebildeten Kindern [...] mitbeteiligt war.« In Folge wurde Gross 1981/1982 aus der SPÖ und 1988 auch aus dem BSA, über den Gross Karriere gemacht hatte, ausgeschlossen. Er blieb aber weiterhin (bis 1997) als Gerichtsgutachter beschäftigt,[1644] und auch eine Anklageerhebung erfolgte nicht.[1645]

Über den Grund dafür, warum ab Mitte der 1970er Jahre keine Prozesse wegen NS-Verbrechen in Österreich mehr geführt wurden, ist mehrfach spekuliert worden. Von Bedeutung ist in diesem Zusammenhang einerseits, dass das neue Strafgesetzbuch (von einigen wenigen Ausnahmen abgesehen) nur mehr für im Inland begangene Straftaten galt und den Entfall der Strafbarkeit einer Handlung vorsah, »wenn die Strafbarkeit der Tat nach den Gesetzen des Tatorts erloschen ist«. Wesentlich sollte diese Regelung bzw. »ihre undifferenzierte, von historischen Fakten unbeeindruckte Anwendung durch die österreichische Justizverwaltung in den siebziger Jahren« besonders für Verbrechen werden, die in Polen, einem »Hauptschauplatz« des Holocaust, begangen worden waren.[1646] Andererseits kann der Umstand, dass keine Anklage wegen NS-Verbrechen mehr erhoben wurde, wohl auch als Reaktion auf die Entscheidungen der Geschworenengerichte gesehen werden. Eine zentrale Weisung Brodas, aus der hervorgeht, dass keine weiteren Verfahren wegen NS-Verbrechen mehr durchgeführt werden sollen, wird – wie Winfried Garscha bereits im

---

Lehmann und Traudl Schmid zu Heinrich Gross sowie den Film »Meine liebe Republik« von Elisabeth Scharang.

1644　Gross war seit 1958 einer der meist beschäftigten Gerichtspsychiater.

1645　Aus einer parlamentarischen Anfragebeantwortung an Justizminister Michalek aus dem Jahr 1997 geht in diesem Zusammenhang hervor, dass Staatsanwaltschaft, Oberstaatsanwaltschaft und Justizministerium 1981 übereinstimmten, »unter Verneinung der Niedrigkeit der Beweggründe« die Euthanasiehandlung nicht als Mord, sondern als Totschlag zu bewerten, wodurch Verjährung gegeben war. Vgl.: Neugebauer/Schwarz, Der Wille zum aufrechten Gang, S. 267–295, insbesondere S. 275, S. 287 und S. 293. Im Index zum Nachlass von Christian Broda findet sich kein Eintrag zu Heinrich Gross.

1646　Garscha/Kuretsidis-Haider, Die strafrechtliche Verfolgung nationalsozialistischer Verbrechen – eine Einführung, S. 16 f. Vgl. zu diesem Themenkomplex auch: Zur gerichtlichen Aufarbeitung von NS-Gewaltverbrechen in Österreich. Eine Veranstaltung der Fachgruppe Strafrecht der Österreichischen Richtervereinigung und der Zentralen österreichischen Forschungsstelle Nachkriegsjustiz aus Anlass des 30. Jahrestages des letzten Urteils wegen NS-Verbrechen in Österreich (2. Dezember 1975) im Großen Schwurgerichtssaal des Wiener Landesgerichts für Strafsachen, in: Justiz und Erinnerung 11 (2005) S. 15.

Jahr 1998 richtig feststellte – im Nachlass von Christian Broda jedoch vergeblich gesucht.[1647] Die zeitgleiche Vorgangsweise aller mit Verfahren wegen national-sozialistischer Verbrechen befassten Staatsanwaltschaften legt jedoch den Schluss nahe, dass man sich Mitte der 1970er Jahre dazu entschloss, keine weiteren Freisprüche durch die Geschworenen mehr zu riskieren.[1648] Von den Geschworenengerichten, die sich insgesamt häufig für Freisprüche entscheiden (siehe etwa den Fall Schattendorf in der Ersten Republik) wurde somit keine Änderung in der Rechtssprechung mehr erwartet. Ein Abgehen von der Ge-schworenengerichtsbarkeit, zu der sich Broda immer bekannt hatte und es auch nun tat, wurde auch angesichts der jüngsten Urteile nicht erwogen.[1649] Wie be-reits ausgeführt, war die Geschworenengerichtsbarkeit für Broda eine so zentrale demokratische Errungenschaft, dass an ihr nicht gerüttelt werden sollte. Ver-teidigt wurde sie von Broda immer wieder mit dem Argument, dass die Ge-schworenengerichtsbarkeit immer dann (so etwa 1934) abgeschafft worden sei, wenn auch die Demokratie beseitigt wurde,[1650] sie somit ein zentraler Bestandteil unserer Demokratie sei und auch konkrete Einzelfälle nicht zum Anlass ge-nommen werden sollten, sie grundsätzlich in Frage zu stellen.[1651] Dass Verbes-serungsmöglichkeiten denkbar sind, wurde – nachdem dies auch in den 1960er Jahren schon Gegenstand der Diskussion war – jedoch unter anderem im neuen Parteiprogramm der SPÖ aus dem Jahr 1978 festgehalten.

Die Schuld an den Freisprüchen der 1970er Jahre allein den handelnden Geschworenen zuzuschreiben, wäre jedoch – wie etwa Hellmut Butterweck vermerkt und auch Broda bewusst war[1652] – verkürzt. Zu sehen sind ihre Ent-scheidungen nicht im »luftleeren« Raum bzw. nur vor dem Hintergrund, dass die Beweisführung im Laufe der Jahrzehnte immer schwieriger wurde, sondern vor allem auch vor dem Hintergrund der seit den späten 1940er Jahren stattfin-denden Pardonierung ehemaliger Nationalsozialisten durch die Politik.[1653] Nicht

---

1647 Vgl. hierzu etwa: Garscha, Simon Wiesenthals Beitrag zur gerichtlichen Verfolgung der NS-Täter in Österreich, S. 9.

1648 Ebenda, S. 9 und zuletzt auch Petritsch mit Bezug auf die internationalen Reaktionen: Petritsch, Bruno Kreisky, S. 207.

1649 Vgl. hierzu: Auch bei NS-Verfahren korrekt, in: Wiener Zeitung, 30.5.1972 sowie Broda: Es bleibt bei Geschworenengerichten, in: Die Presse, 3.8.1972.

1650 Vgl. zur Geschichte der Geschworenengerichtsbarkeit in Österreich: Sadoghi, Thesen zur Geschworenengerichtsbarkeit – historische Aufarbeitung und Perspektiven, S. 37 ff.

1651 Geschworenengerichte gehören zur Demokratie, in: Salzburger Nachrichten, 29.10.1966.

1652 Vgl. in diesem Zusammenhang einen Briefwechsel mit Thomas Lachs aus dem November 1966. Schreiben von Christian Broda an Thomas Lachs vom 22.11.1966, AChB, ÖNB, Handschriftensammlung, IV.54.2.

1653 Vgl. hierzu: Butterweck, Hellmut, Wie waren die Freisprüche am laufenden Band mög-lich?, in: Justiz und Erinnerung 11 (2005) S. 16–18.

auszunehmen ist hierbei auch die Ära Kreisky,[1654] insbesondere hinsichtlich der geschilderten »Affäre Peter-Wiesenthal-Kreisky« im Jahr 1975. Öffentliche Kritik an den Urteilen der Geschworenen war von Seiten der Regierung nur vereinzelt zu hören. Lediglich Vizekanzler Häuser, selbst ein Opfer des Nationalsozialismus,[1655] meldete sich diesbezüglich zu Wort, nachdem Johann Vinzenz Gogl 1972 erstmals von einem Geschworenengericht freigesprochen und hiergegen auch in den USA demonstriert worden war.[1656] Insgesamt zeichnete sich die österreichische Gesellschaft bis weit in die 1980er Jahre hinein durch eine »obstinate, mitunter aggressive Weigerung [aus], die nationalsozialistische Diktatur als Bestandteil ihrer Geschichte zu begreifen.«[1657] Nur eine Minderheit kritischer KünstlerInnen und Intellektueller – wie der in dieser Arbeit bereits im Zuge der NS-Richter-Diskussion genannte Oscar Bronner – schrieb dagegen an. In den österreichischen Tageszeitungen wurde zwar über die NS-Prozesse berichtet – und das mit Beginn der 1970er Jahre mit einem deutlich zurückgehenden Interesse –, rezipiert wurden die Prozesse (häufig in der Rubrik »Chronik«) jedoch nicht selten als »ahistorische« Phänomene ohne Anstrengungen zu einer historisch-politischen Aufklärung.[1658] Von der österreichischen Bevölkerung wurden weitere Kriegsverbrecherprozesse – wie eine IFES-Umfrage im Jahr 1976 zeigte – zu 83 Prozent abgelehnt.[1659] Aufgebrochen wurde der Mythos von einem »Land der Opfer« erst im Zuge der Waldheim-Debatte 1986 und einer von Bundeskanzler Vranitzky 1991 abgegebenen Erklärung im Na-

---

1654 Vgl. hierzu auch: Problematik der Nazi-Prozesse in Österreich, in: Neue Zürcher Zeitung, 16.8.1972.

1655 Häuser war im Widerstand gegen den Nationalsozialismus aktiv. Er wurde 1941 von der Gestapo verhaftet und nach siebenmonatiger Untersuchungshaft ins KZ Dachau überstellt. Wieder frei kam er erst 1945. Vgl. zu Häuser: Dokumentationsarchiv des Österreichischen Widerstandes (Hg.), Rudolf Häuser. Dachau 1945. Letzte Tage im KZ – Evakuierung – Flucht, Wien 1995.

1656 Gogl wurde am 4. Mai 1972 erstmals freigesprochen. Aufgrund einer Nichtigkeitsbeschwerde der Staatsanwaltschaft Linz wurde das Urteil 1973 durch den Obersten Gerichtshof jedoch aufgehoben und an das Wiener Landesgericht verwiesen. Am 2. Dezember 1975 wurde er neuerlich freigesprochen. Vgl. zu Häuser: Häuser: Kritik an Freispruch für Gogl, in: Kurier, 15.5.1972, Rache und Recht, in: Kronen-Zeitung, 16.5.1972, Unteilbare Wachsamkeit, in: Die Presse, 16.5.1972, »Filter« für NS-Prozesse, in: Kurier, 17.5.1972, Die Distanz der dreißig Jahre, in: Die Furche 21 (1972) S. 2.

1657 Garscha, Simon Wiesenthals Beitrag zur gerichtlichen Verfolgung der NS-Täter in Österreich, S. 4.

1658 Vgl.: Loitfellner, Sabine, Das Projekt »Die Rezeption von Geschworenengerichtsprozessen wegen NS-Verbrechen in ausgewählten österreichischen Tageszeitungen 1956–1975«, in: Justiz und Erinnerung 6 (2002) S. 3–10.

1659 Kuretsidis-Haider, NS-Verbrechen vor österreichischen und bundesdeutschen Gerichten, S. 329.

tionalrat, in der er sich »zur Mitverantwortung Österreichs« an den Taten des
NS-Staates bekannte.[1660]

Den Vorwurf, dass die österreichische Justiz zu wenig zur »juristischen Bewältigung des NS-Problems« getan habe, wollte Broda jedoch nicht gelten lassen.
In einem bereits genannten Beitrag in der »Zukunft«, in dem Broda zu den
harten Auseinandersetzungen zwischen Bruno Kreisky und Simon Wiesenthal
im Zuge der Regierungsbildung 1975 Stellung nahm (und sich hier auf der Seite
Kreiskys positionierte), verwies er (wie auch die oben zitierte Stellungnahme
zum Wiesenthal-Memorandum aus dem Jahr 1967) auf die über 13.000
Schuldsprüche, die nach 1945 von den Volksgerichten gefällt worden waren –
allerdings ohne anzumerken, dass sich die Volksgerichte oft mit »Illegalität«
oder Registrierungsbetrug und somit im Gegensatz zu den wahren Gewaltverbrechen häufig mit vergleichsweise »harmloseren« Delikten beschäftigen mussten. Weiters betonte er, dass die österreichische Justiz auch noch in den 1960er
Jahren »verspätet entdeckte« Angeklagte zu hohen Strafen, darunter auch lebenslanger Freiheitsstrafe verurteilt habe und sie – wenn es auch in dieser Zeit
Freisprüche gab – schuldig gesprochen worden seien, »weil in diesen Gerichtsverfahren der unmittelbare Zusammenhang zwischen dem, was in der
noch nicht so fernen Vergangenheit geschehen war, und der Gegenwart noch
lebendiger gewesen ist als in den Prozessen der siebziger Jahre«. Und auch in den
Folgejahren hätten die Staatsanwälte ihr Bestes getan, um ihre Pflicht gegenüber
der Republik Österreich zu tun. Die Anklageschriften, »wahre Geschichtswer-
ke«, und die Verhandlungsprotokolle wären zu wichtigen historischem Quel-
lenmaterial geworden. Insgesamt wäre der österreichischen Justiz

> »Jahrzehnte nach Kriegsende [jedoch] eine Aufgabe gestellt [worden], wie sie noch
> niemals zuvor in irgendeiner Geschichtsphase einer Justiz – wie wir sie verstehen –
> gestellt war. Die Schwierigkeiten, die der Bewältigung entgegenstanden, sind größer, als
> es jemals Schwierigkeiten waren, denen sich eine staatliche Justiz – wie sie unseren
> Vorstellungen entspricht – gegenübergestanden hat.«

Den besonders von Wiesenthal gerne erhobenen Vorwurf, dass die Justiz in den
anderen betroffenen Ländern, vor allem jene in der BRD, »erfolgreicher bei der
Bewältigung der apokalyptischen Vergangenheit des NS-Unrechtsstaates gewesen« sei bzw. dass die Justiz in Österreich weniger als in anderen vergleichbaren
Ländern zur Verfolgung von NS-Kriegsverbrechern beigetragen hat, bestritt er
vehement. Spätestens mit der Einstellung aller NS-Prozesse in Österreich traf
dies jedoch nicht mehr zu, da in der BRD, wo die deutsche Justiz ebenfalls mit
stetig zunehmenden Beweislastschwierigkeiten und langen Verfahren kämpfte,

---

1660 Garscha, Simon Wiesenthals Beitrag zur gerichtlichen Verfolgung der NS-Täter in
      Österreich, S. 4 f.

auch in den folgenden Jahren Anklage gegen mutmaßliche NS-Verbrecher erhoben wurde.[1661] Wie bereits genannt wurde, fiel hier 1979 auch die Entscheidung, dass es keine Verjährungsfrist für Mord geben soll,[1662] nachdem in
Österreich bereits 1965 entschieden und dann auch ins neue Strafgesetzbuch
aufgenommen worden war, dass es keine Verjährung für schwerste Verbrechen
geben soll. Anzumerken ist dabei, dass sich im Vorfeld dieser Entscheidung
nicht nur einflussreiche Politiker wie etwa Franz-Josef Strauß oder der Historiker Golo Mann für eine »Generalamnestie für die Vergangenheit« aussprachen.[1663] Auch Friedrich Nowakowski, der von Broda zu Beginn der 1970er Jahre
als ordentliches Mitglied des Verfassungsgerichtshofes erwogen worden war,[1664]
wogegen nicht zuletzt Elisabeth Schilder wegen dessen NS-Vergangenheit vehement protestiert hatte,[1665] brachte sich in die deutsche Debatte ein. Er veröffentlichte Ende 1978 unter dem Titel »Schlusstrich unter NS-Verbrechen« einen
Beitrag in der »Furche« und nahm in diesem – ähnlich wie in den 1960er Jahren,
als eine solche Entscheidung in Österreich anstand – zum Problem der Verjährung Stellung. Genannt wurden von ihm sowohl Gründe, die für als auch
wider eine Verjährung sprechen. Gleichfalls machte er – ebenfalls ähnlich wie
1965 – deutlich, dass er grundsätzlich gegen eine Unverjährbarkeit sei und auch
die Diskussion über die NS-Verbrechen nicht dazu herangezogen werden sollte,
generell für eine Unverjährbarkeit zu plädieren. Gebe es doch auch Erfahrungen
– etwa stetig abnehmende Erfolgsaussichten im Strafprozess –, die für das Institut der Verjährung sprechen würden.[1666]

Von Broda wurde die Frage der Verjährbarkeit in seinem Beitrag in der
»Zukunft« nicht angesprochen. Nach dem ersten Freispruch von Gogl und der
Kritik Häusers an der Entscheidung der Geschworenen hatte er, als aufgeworfen

---

1661 Vgl.: Kuretsidis-Haider, NS-Verbrechen vor österreichischen und bundesdeutschen Gerichten, S. 347 sowie Halbrainer, Heimo / Kuretsidis-Haider, Claudia (Hg.), Kriegsverbrechen, NS-Gewaltverbrechen und die europäische Strafjustiz von Nürnberg bis Den
Haag, Graz 2007 (hierin besonders der Artikel »Zur justiziellen Ahndung von NS- und
Kollaborations-Verbrechen in Europa abseits der alliierten Prozesse – Ein Überblick« von
Claudia Kuretsidis-Haider).
1662 Vgl. zum Anteil von Simon Wiesenthal an der deutschen Entwicklung bzw. einer vom ihm
lancierten Postkarten-Aktion gegen die Verjährung: Segev, Simon Wiesenthal, S. 432 ff.
1663 Verjährung für Nazi-Morde: Ihr letzter Kampf, in: Profil 49 (1978) S. 49 f.
1664 Nowakowski war bereits seit 1962 Ersatzmitglied des Verfassungsgerichtshofes (und blieb
dies bis 1984). Vgl. zur Nominierung Nowakowskis in den 1960er Jahren ein Schreiben von
Christian Broda an Adolf Schärf vom 9.12.1961, in VGA, Nachlass Adolf Schärf, 4/301
sowie zur Diskussion in den 1970er Jahren: Wider Streit um Verfassungsgericht. SP will
Prof. Nowakowski nominieren – ÖVP: Bruch aller Vereinbarungen, in: Die Presse, 30.3.
1972, Auch bei NS-Verfahren korrekt, in: Wiener Zeitung, 30.5.1972 sowie Nowakowski
ins Höchstgericht, in: Die Presse, 18.12.1973.
1665 Interview mit Dr. Heinrich Keller am 12.10.2009.
1666 Nowakowski, Friedrich, Schlusstrich unter NS-Verbrechen, in: Die Furche 47 (1978) S. 3.

worden war, ob es nicht unter bestimmten Bedingungen doch eine Verjährung geben sollte, diese jedoch strikt abgelehnt. Für möglich hielt man 1972 hingegen im Justizministerium, dass künftig bei der Anklageerhebung gegen ehemalige Kriegsverbrecher strengere Maßstäbe angelegt werden.[1667] Hingewiesen wurde von Broda in der »Zukunft« 1976 aber darauf, dass die Republik neben den bereits genannten Leistungen der österreichischen Justiz auch auf anderen Gebieten »außerordentliches bei der Bewältigung der Vergangenheit, für die sie keine Verantwortung trägt (sic!)« geleistet habe: durch den Aufbau eines funktionierenden demokratischen Gemeinwesens, durch die Sicherung der parlamentarischen Demokratie und des Rechtsstaates; und auch die Rechtsreform wurde als ein Beitrag zu mehr Toleranz und Freiheit in der Gesellschaft genannt. Natürlich könne niemals genug »zur geistigen Überwindung der Vergangenheit« getan werden, gefordert sei daher eine verstärkte politische Bildung, wobei Broda auch von Seiten der Justiz – wie sie dies bereits durch die Zurverfügungstellung von Sondergerichtsakten für die Widerstandsforschung getan habe – der zeitgeschichtlichen Quellenforschung, wissenschaftlichen und gesellschaftlichen Darstellung jede »nur mögliche konkrete Hilfe und Unterstützung zukommen lassen« wollte. Wenn auch keine neuen Prozesse mehr geführt wurden, sollte die Justiz – wie dies bereits in früheren Jahren zu vernehmen war – durch eine Unterstützung der Forschung weiterhin zu einem »Erziehungsprozess« beitragen. Darauf, dass ein Erziehungsprozess auch von Prozessen gegen mutmaßliche NS-Verbrecher ausgehen könne bzw. Broda diesen durch offensichtliche Fehlurteile gefährdet sah – wie er noch 1964 im zitierten Interview mit »Maariv« festgehalten hatte –, war 1976 jedoch keine Rede mehr.[1668]

Die zugesagte Unterstützung für die Zeitgeschichte bewies Broda in den folgenden Jahren etwa im Zusammenhang mit der Etablierung der erstmals 1976 durchgeführten »Justiz und Zeitgeschichte«-Tagungen, wenn der Zugang zu den Akten der NS-Gerichtsbarkeit – wie etwa Wolfgang Neugebauer festhält – auch

---

1667 Häuser hatte nach dem ersten Freispruch von Johann Vinzenz Gogl bei einer Gedenkfeier in der KZ-Gedenkstätte Mauthausen die Frage aufgeworfen, ob »in all diesen Fällen nach Recht und Gerechtigkeit entschieden« worden sei oder »ob Einflüsse neofaschistischer Kräfte entscheidend gewesen« seien. Wenige Tage später hatte er diese Aussage dahingehend relativiert, dass er die Rechtsstaatlichkeit der Gerichte nicht anzweifeln wollte und er der Meinung sei, dass die Staatsanwälte bei der Vorbereitung von Kriegsverbrecherprozessen nur jene Fälle auswählen sollten, wo die Beweislage eine Verurteilung erwarten lasse. Darüber hinaus war er auch für eine Verjährungsmöglichkeit unter bestimmten Voraussetzungen eingetreten. Vgl.: »Filter« für NS-Prozesse, in: Kurier, 17.5.1972, Auch bei NS-Verbrechen korrekt, in: Wiener Zeitung, 30.5.1972. Vgl. zu Häuser auch zwei Korrespondenzen zwischen Simon Wiesenthal und Rudolf Häuser vom 15.5.1972 und vom 3.7.1972, in: Simon Wiesenthal Archiv, Wien, Mappe Österreich 4, in: Karton Österreich 1–6.

1668 Broda, Die SPÖ, die Vergangenheit, die Gegenwart und die Zukunft, S. 32–34.

weiterhin oft mit nicht geringen Schwierigkeiten für die wissenschaftliche Forschung verbunden war. Bei den »Justiz und Zeitgeschichte«-Tagungen selbst, wurde – so wiederum Neugebauer – im Gegensatz zu den bereits beschriebenen Arbeiten an der Buchreihe »Das einsame Gewissen« eine kritische Aufarbeitung durch jüngere Zeitgeschichteforscher zugelassen.[1669]

Zurückzuführen sind die Tagungen, die nicht nur Fragen der NS-Justiz oder deren Nachgeschichte fokussierten, sondern ein breit gefächertes Themenspektrum an der Schnittstelle von Justiz und Zeitgeschichte behandelten, auf eine Fernsehdiskussion anlässlich des Nationalfeiertages 1975. An dieser nahm damals nicht nur Christian Broda, sondern auch die Zeithistorikerin Erika Weinzierl teil, die bedauerte, dass der österreichische Nationalfeiertag »immer mehr in Gefahr gerate, sich nur in einigen staatlichen Zeremonien und in Fitnessläufen zu manifestieren«. Broda schlug hierauf vor, zukünftig zum Nationalfeiertag gemeinsam mit dem Bundesministerium für Wissenschaft und Forschung Symposien über juridische und zeitgeschichtliche Themen zu veranstalten. Die Planung sollten Zeithistoriker, Rechtswissenschafter und Richter übernehmen. Wesentlich beteiligt waren hieran in den folgenden Jahren vor allem Brodas Freund Karl R. Stadler, mit dem er – wie ausgeführt – schon früher bei zeitgeschichtlichen Projekten zusammengearbeitet hatte, sowie die bereits genannte Erika Weinzierl. Stadler war mittlerweile nicht nur zum Professor für Zeitgeschichte an der Universität Linz avanciert, sondern hatte auch die Leitung des 1972 gegründeten Renner-Instituts, der Bildungsakademie der SPÖ, übernommen. Broda selbst nahm bis zu seinem Tod 1987 aktiv an den Planungen für die Symposien teil und leitete gemeinsam mit Hertha Firnberg (in ihrer Funktion als Wissenschaftsministerin) auch die Diskussionen.[1670]

Einige Jahre vor der Initiierung der »Justiz und Zeitgeschichte«-Tagungen hatte Broda gemeinsam mit Firnberg in Hinblick auf den 90. Geburtstag von Hans Kelsen nach einer Initiative des Salzburger Rechtsprofessors Kurt Ringhofer auch wesentlich dazu beigetragen, dass in Wien ein Hans-Kelsen-Institut als Bundesstiftung gegründet werden konnte. Damit sollte eine wichtige Grundlage zur Auseinandersetzung mit Kelsen, der im April 1973 im 92. Lebensjahr in den USA verstorben war,[1671] bzw. zur Pflege seines Werkes gelegt werden.[1672]

1669 Neugebauer, Wolfgang, Zur wissenschaftlichen Erforschung der NS-Justiz in Österreich, in: Form, Wolfgang / Neugebauer, Wolfgang / Schiller, Theo (Hg.), NS-Justiz und politische Verfolgung in Österreich, München 2006, S. 9 f.

1670 Vorwort, in: Weinzierl, Erika / Rathkolb, Oliver / Ardelt, Rudolf G. / Mattl, Siegfried (Hg.), Justiz und Zeitgeschichte, Symposionsbeiträge 1976–1993, Bd. 1, Wien 1995, S. 5 ff. sowie AChB, ÖNB, Handschriftensammlung, Ia.164-Ia.169.

1671 Vgl. zum Tod Kelsens: Broda, Christian, Er war der Vater der Verfassung, in: Arbeiter-Zeitung, 21. 4. 1973 sowie Transkript der Ö1-Sendung »Weltanschauung in der Staatsform.

Karl R. Stadler, 1975

Bei den »Justiz und Zeitgeschichte«-Tagungen trat Broda nach seinem Ausscheiden aus der Regierung auch als Vortragender auf.[1673] Als 1980 hier über das
Thema der justiziellen Ahndung von NS-Verbrechen gesprochen wurde, äußerte
er sich nicht unähnlich wie er es bereits in früheren Jahren getan hatte und
räumte – wenn auch nur moderat – Mängel in der Nachkriegsjustiz ein:

> »Das Dritte Reich war ein so apokalyptisches Ereignis, das menschliche Kraft und
> menschliches Vermögen einfach überfordert hat; es nachher mit den uns zur Verfü-

Zur Erinnerung an Hans Kelsen« mit Beiträgen von Christian Broda, Hans Klecatsky,
Norbert Leser, Herbert Schambeck, Ernst Topitsch, Alfred Verdross und Robert Walter am
8. 5. 1973, in: AChB, ÖNB, Handschriftensammlung, V.252.4 (abgedruckt in: Hans Kelsen-
Institut, Hans Kelsen zum Gedenken, S. 47 – 74.) bzw. insgesamt AChB, ÖNB, Handschriftensammlung, V.252.

1672 Nach der Gründung des Hans Kelsen-Instituts war Christian Broda auch in dessen Vorstand vertreten. Vgl. zum Hans Kelsen-Institut: AChB, ÖNB, Handschriftensammlung,
V.249 – V.262 und VI.35/1.

1673 Vgl.: Broda, Christian, Der Strafvollzug und die Rechtspolitik in der Zweiten Republik, in:
Weinzierl, Erika / Rathkolb, Oliver / Ardelt, Rudolf G. / Mattl, Siegfried (Hg.), Justiz und
Zeitgeschichte, Symposionsbeiträge 1976 – 1993, Bd. 1, Wien 1995, S. 787 – 799 sowie
Broda, Christian, Parlamentarische Demokratie und richterliche Unabhängigkeit in der
Zweiten Republik – Äußere und Innere Unabhängigkeit des Richters, in: Weinzierl, Erika /
Rathkolb, Oliver / Ardelt, Rudolf G. / Mattl, Siegfried (Hg.), Justiz und Zeitgeschichte,
Symposionsbeiträge 1976 – 1993, Bd. 2, Wien 1995, S. 132 – 140.

gung stehenden Mitteln des demokratischen Rechtsstaates, zu dem wir uns bekennen, zu bewältigen, war ein Vorhaben, das menschliche Kraft überstiegen hat.

Ich will gar nicht davon sprechen, dass man nicht das eine oder andere hätte anders machen können, machen sollen und machen müssen. Aber insgesamt scheint mir die Vorstellung an der Wirklichkeit vorbeizugehen, dass durch einige Prozesse mehr, einige Dienstrechtsverfahren mehr, Wesentliches an der inneren Bewältigung des Problems geändert worden wäre.

Hingegen bekenne ich mich uneingeschränkt zu dem [...], was unsere Gesellschaft zur vollständigen Aufhellung dessen, was geschehen ist und wie es gewesen ist, tun konnte und noch tun kann. Dies sind wir der heutigen Generation, aber auch späteren Generationen schuldig. Die Aufgabe dieses Symposions sollte auch in diesem Sinn definiert werden.«[1674]

Heute werden Gerichtsverfahren gegen Kriegsverbrecher als Teil eines umfassenden Gesamtprozesses gesehen, für den sich im Diskurs der Begriff »Transitional Justice« durchgesetzt hat. In diesem geht es nicht um die Sühne oder das Vergelten, sondern um das Aufdecken von Verbrechen, die Benennung der Verantwortlichen und die Verhinderung einer Wiederholung. Die Anklageerhebung und Prozessführung stellt darin nur einen, aber wesentlichen Bereich dar. Ausgenommen darf sie keinesfalls werden. In dem von Broda immer wieder gerne zitierten Erziehungsprozess stellt sie ein wesentliches Element dar.[1675]

7.3.   Das Parteiprogramm 1978

Die Nationalratswahlen ab 1970 machten die SPÖ zur hegemonialen Kraft der 1970er Jahre. Hatte zuletzt der Wahlverlust bei den Nationalratswahlen 1966 in der SPÖ zu einer Diskussion über ihre Standortbestimmung geführt, ließ nun der genau umgekehrte Umstand, das heißt jener, dass die SPÖ nun die alleinige Regierungsverantwortung trug, verbunden mit den weltpolitischen und gesellschaftlichen Veränderungen den Ruf nach einer Ideologiedebatte laut werden. Gültigkeit hatte noch bis weit in die 1970er Jahre hinein das Parteiprogramm aus dem Jahr 1958. Bald nach der Erringung der absoluten Mehrheit bei den Nationalratswahlen 1971 wurde in der Partei aber eine Diskussion angestoßen, die

---

1674 Stellungnahme von Christian Broda beim Symposion Justiz und Zeitgeschichte 1980, in: Bundesministerium für Justiz / Bundesministerium für Wissenschaft und Forschung in Zusammenarbeit mit dem Institut für Zeitgeschichte der Universität Wien und dem Institut für neuere Geschichte und Zeitgeschichte der Johannes-Kepler-Universität Linz (Hg.), 25 Jahre Staatsvertrag. Protokolle des wissenschaftlichen Symposions »Justiz und Zeitgeschichte«, 24.–25. Oktober 1980, Wien 1980, S. 110.

1675 Vgl. hierzu: Kuretsidis-Haider, Claudia / Garscha, Winfried R. (Hg.), Gerechtigkeit nach Diktatur und Krieg. Transitional Justice 1945 bis heute. Strafverfahren und ihre Quellen, Graz 2010.

danach fragte, inwiefern dieses noch den seither eingetretenen politischen und gesellschaftlichen Veränderungen gerecht werde bzw. wie das Programm einer Regierungsverantwortung tragenden Partei in den kommenden Jahren aussehen müsse. 1972 erschienen zunächst »Rote Markierungen« für eine SPÖ-Politik der 1970er Jahre.[1676] In Folge wurde auch auf den Parteitagen 1972 und 1974 die Forderung nach einer Ideologiedebatte bzw. nach einer Standortbestimmung in der Partei – von Seiten der (jungen) Linken auch verbunden mit der Kritik, dass die SPÖ in ihrer Regierungszeit zuwenig »sozialistische Handschrift« hinterlassen habe – immer deutlicher.[1677] Kreisky, für den der Parteivorsitz – so Heinz Fischer – sogar noch größere Bedeutung als das Amt des Bundeskanzlers hatte,[1678] nahm dies zum Anlass, sowohl den Startschuss zu einer Parteireform als auch zur Ausarbeitung eines neuen Parteiprogramms zu geben. Kanalisieren sollte dies nicht nur die aufkommende Diskussion in der Partei, sondern Kreisky, der dem Erbe der Sozialdemokratie in hohem Maß verpflichtet war, auch die Gelegenheit geben, mit einem eigenen Programm in die Geschichte der Partei einzugehen.[1679] Das Leitmotiv, das Kreisky für das neue Programm ausgab, war jenes der »sozialen Demokratie«, womit nicht zuletzt eine Anleihe bei Max Adler genommen wurde.[1680] Nach der Erringung der politischen Demokratie und der Verwirklichung des Wohlfahrtsstaates sollte es nun an die Umsetzung der sozialen (oder gesellschaftlichen) Demokratie gehen, die durch eine »Demokratisierung sämtlicher Lebensbereiche« geprägt sein sollte, wie sie Kreisky seit den späten 1960er Jahren wiederholt in den Demokratie-Diskurs eingebracht hatte.[1681]

Christian Broda, der – wie in dieser Arbeit bereits an mehreren Stellen festgehalten wurde – eine große Vorliebe für programmatische Fragestellungen hatte, war in beide Diskussionsbereiche eingebunden und nahm sowohl intensiven Anteil an der Ausarbeitung des neuen Parteiprogramms als auch an der Parteireform. So sah er – im Gegensatz zu Norbert Leser oder Fritz Klenner – wie der Großteil in der Partei in der »relativen Kürze unseres zeitlichen Abstandes seit der Beschlussfassung über das Wiener Programm 1958 auch kein Argument gegen eine neue Programm-Diskussion« und begründete deren Notwendigkeit

---

1676 Blecha, Karl (Hg.), Rote Markierungen. Beiträge zur Ideologie und Praxis der österreichischen Sozialdemokratie, Wien/München/Zürich 1972.
1677 Neugebauer, Modelle für die Zukunft, S. 99.
1678 Fischer, Die Kreisky-Jahre 1967–1983, S. 211 ff.
1679 Leser, Norbert, Die SPÖ sucht sich ein Programm, in: Österreichische Zeitschrift für Politikwissenschaft 2 (1978) S. 142.
1680 Max Adler unterschied zwischen politischer und sozialer Demokratie, wobei die soziale Demokratie für ihn nur in einer klassenlosen Gesellschaft zu verwirklichen war. Vgl.: Göschl, Winfried, SPÖ-Programm 1978. Entstehungsgeschichte, Diskussionsverlauf und Reaktionen, Dipl.-Arb., Wien 1986, S. 21.
1681 Fischer, Die Kreisky-Jahre 1967–1983, S. 218.

unter anderem damit, dass ein Großteil des Forderungskatalogs von 1958 bereits erfüllt sei. Besonders gut sichtbar wäre dies an den rechtspolitischen Forderungen des Wiener Programms und den seither umgesetzten Rechtsreformen bzw. vor allem der Umsetzung der Strafrechts- und Familienrechtsreform. Neue Grundlagen für die Rechtspolitik waren somit notwendig.[1682] Im Gegensatz zu 1958, als sich Broda publizistisch ausschließlich zu programmatischen Grundsatzfragen geäußert hatte, nahm er hierzu – etwa in der »Zukunft« oder im »Neuen Forum«, in dem im Oktober 1977 zum zweiten Mal seit der NS-Richter-Affäre des Jahres 1965 wieder ein Beitrag von ihm erschien[1683] – auch öffentlich intensiv Stellung und verteidigte das neue Rechtskapitel im Parteiprogramm der SPÖ, das vor allem aufgrund seiner Aussagen zur Strafrechtspolitik und der »Vision einer gefängnislosen Gesellschaft« heftig kritisiert wurde.

Christian Broda in den 1970er Jahren

Noch bevor der offizielle Startschuss zur Ausarbeitung eines neuen Parteiprogramms fiel, wurde jedoch die Parteireform in Angriff genommen. Unmit-

---

1682 Broda, Christian, Vor der Programm-Diskussion, in: Die Zukunft 21 (1976) S. 1–3.
1683 Im Februar 1971 wurde eine parlamentarische Anfrage-Beantwortung von Christian Broda abgedruckt: Vgl.: Broda, Christian, Heimerziehungsgesetz unterwegs, in: Neues Forum 207 (Februar/März 1971) S. 41.

telbar nach dem Parteitag 1974 wurden von Kreisky sieben Arbeitskreise eingesetzt, die sich mit Organisationsfragen, den Informationsaufgaben und der
Öffentlichkeitsarbeit oder den Frauen und Generationen in der Partei beschäftigen sollten. Ein wichtiges Anliegen war hierbei vor allem die Stärkung der
innerparteilichen Demokratie.[1684] Aber auch zur Frage der »offenen Partei« galt
es für die SPÖ Stellung zu beziehen – und das besonders angesichts dessen, dass
sie (wie dies auch Kreisky für seine Partei in Anspruch genommen hatte[1685]) auf
Basis einer sozial-liberalen WählerInnenkoalition regierte bzw. die WählerInnen
wiederholt aufgerufen hatte, ein »Stück des Weges« mit zu ihr gehen, auch wenn
sie keine Parteimitglieder waren.[1686] Verantwortlich für den Arbeitskreis zur
»offenen Partei« war neben Leopold Gratz, Roman Heinz, Karl Steinocher und
Erich Weisbier auch Christian Broda, wobei die interne Arbeitsaufteilung so
aussah, dass Broda für die Begriffsbestimmung der »offenen Partei« zuständig
war, während sich die anderen Untergruppen unter anderem mit dem Verhältnis
zu den (immer mehr an Bedeutung gewinnenden) Bürgerinitiativen beschäftigten.[1687] Ergebnis der Parteireform, die auf dem Parteitag vom 11. bis 13. März
1976 verabschiedet wurde,[1688] war einerseits eine Korrektur des Parteistatuts, die
sowohl eine Verpflichtung zur öffentlichen Diskussion und Information als auch
zur Behandlung von Entschließungen an den Parteivorstand sowie eine verstärkte Funktionskontrolle und Deklarierungspflicht vorsah. Andererseits
wurden mehrere Deklarationen, darunter auch eine zur »offenen Partei«, verabschiedet, in der sich die SPÖ gesprächsbereit gegenüber allen Menschen erklärte, auch wenn sie keine Mitglieder der Partei waren.[1689] In der Diskussion
über die »offene Partei« und auf dem »Reformparteitag« brachte Broda wiederholt ein, dass er quasi als Vorgriff auf die nun zu beschließende Parteireform

---

1684 Vgl. hierzu auch: Broda, Christian, Parteien und individuelle Freiheitsrechte. Vortrag vor
      dem Europäischen Forum Alpbach am 2. September 1976, in: Die Zukunft 19 (1976)
      S. 1 – 4.
1685 Rathkolb, Die Kreisky-Ära 1970 – 1983, S. 305.
1686 Konkret wurden folgende Arbeitskreise eingesetzt: Partei und Betrieb, Die Frau in der
      Partei, Die Generationen in der Partei, Das Freizeitproblem in der modernen Gesellschaft,
      Die offene Partei, Fragen der Organisation, Bildungsaufgaben und Mitbestimmung,
      Pressewesen in der Partei, Informationsaufgaben und Öffentlichkeitsarbeit. Vgl.: Marsch,
      Fritz, Den neuen Aufgaben anpassen, in: Kreisky, Bruno / Marsch, Fritz / Blecha, Karl, Die
      offene Partei. Die Ergebnisse der Parteireform, Wien 1977, S. 13.
1687 Vgl. hierzu das Protokoll der 1. Plenarsitzung der Arbeitsgemeinschaft 5 Die offene Partei
      am 25. Oktober 1974 im ÖGB-Jugendheim in Salzburg, AChB, ÖNB, Handschriften-
      sammlung, IX.57.7.
1688 Vgl. hierzu: Zentralsekretär Karl Blecha auf dem Parteitag 1976, in: Protokoll des 23.
      ordentlichen Bundesparteitages der SPÖ im Großen Saal des Wiener Konzerthauses vom
      11. bis 13. März 1976, S. 28 ff. sowie Broda, Christian, Der Parteitag, in: Die Zukunft 6/7
      (1976) S. 1 – 2.
1689 Vgl.: Die wichtigsten Resolutionen des Parteitages 1976, in: Kreisky, Bruno / Marsch, Fritz
      / Blecha, Karl, Die offene Partei. Die Ergebnisse der Parteireform, Wien 1977, S. 31 – 34.

bereits die Rechtsreform als Ergebnis der »offenen Partei« betrachte.[1690] Gewertet wurde sie von ihm einmal mehr nicht nur als Ergebnis des Konsenses und der Koalition mit der öffentlichen Meinung, sondern auch als jenes gesellschaftspolitische Erbe, das die SPÖ nach der Revolution von 1848 vom Liberalismus übernommen und seither verwaltet habe.[1691] Bezug genommen wurde auf den Liberalismus im Zuge der Parteireform jedoch nicht nur von Christian Broda. Auch Zentralsekretär Karl Blecha nahm auf dem Parteitag 1976 zum Liberalismus Stellung, indem er ausführte, dass der »Sozialismus ein zu Ende gedachter Liberalismus« sei:

> »Der politische Liberalismus des 19. Jahrhundert hat sich im Spannungsverhältnis von Freiheit als politischem Prinzip und Privateigentum an Produktionsmitteln als gesellschaftliches Prinzip des Kapitalismus entwickelt. Seine Abkehr von den Forderungen der bürgerlichen Revolution hat er mit der starren Formel 'je mehr Gleichheit, desto weniger Freiheit' begründet. Für uns Sozialdemokraten aber ist gerade mehr Freiheit und Gerechtigkeit in der Gesellschaft die Bedingung für mehr Freiheit des einzelnen Menschen, um dessen Selbstverwirklichung es uns in unseren Programmen geht. Die Österreichische Volkspartei konkurriert mit uns um die Liberalen. Vom liberalen Erbe überlassen wir das uneingeschränkte Bekenntnis zum Kapitalismus gerne der ÖVP. Die Sicherung von Menschenwürde und Kampf um Geistesfreiheit aber, das ist unser Erbe!«[1692]

Gleichfalls war das Verhältnis von Liberalismus und Sozialdemokratie im Rahmen der Parteireform und Programmdiskussion auch Gegenstand mehrerer Beiträge in der »Zukunft« oder im »Sozialistischen Akademiker«, die deutlich machen, dass sich die SPÖ Mitte/Ende der 1970er Jahre im Zuge ihrer Stand-

---

1690 Christian Broda auf dem Parteitag der SPÖ 1976. Protokoll des 23. ordentlichen Bundesparteitages im Großen Konzerthaus vom 11. bis 13. März 1976 in Wien, S. 38–40.

1691 Liberale Zielsetzungen habe die Rechtsreform insofern verfolgt, als sie einen Beitrag zur freien Entfaltung des Menschen geleistet habe, als sie den Schutt gesellschaftlicher Zwangsvorstellungen, die die Entfaltung der menschlichen Persönlichkeit gehindert haben, weggeräumt, die obrigkeitsstaatliche Bevormundung abgebaut und den Weg zu mehr äußerer und innerer Freiheit, zu mehr Entscheidungsfreiheit, Selbstachtung, aber auch Verantwortung gebahnt habe. Vgl. zur Parteireform und zum Liberalismus: AChB, ÖNB, Handschriftensammlung, IX.57, IX.59–62, IX.68 sowie zu den »bürgerlich-liberalen Spuren« in der Strafrechtsreform: Stangl, Wolfgang, Bürgerlich-liberale Spuren in der österreichischen Kriminalpolitik in: Hauer, Nadine (Hg.), Strafe, Strafrecht und Politik, Wien 1996, S. 9–20. Als zentrale Grundsätze von bürgerlich-liberalem Denken nennt Wolfgang Stangl Rationalität, Humanität und die Betonung individueller Freiheit. Als Beispiele für die Umsetzung dieser Grundsätze in der Strafrechtsreform nennt er die Zurückdrängung der Freiheitsstrafe (besonders der kurzen Freiheitsstrafe), der Entkriminalisierung der homosexuellen Beziehung unter Erwachsenen, der Ehestörung als Vorform des Ehebruchs und der Abtreibung.

1692 Zentralsekretär Karl Blecha auf dem Parteitag der SPÖ 1976. Protokoll des 23. ordentlichen Bundesparteitages im Großen Konzerthaus vom 11. bis 13. März 1976 in Wien, S. 29 f.

ortbestimmung nicht nur mit dem Sozialismus, sondern auch mit ihrem Verhältnis zum Liberalismus auseinandersetzen musste.[1693] Als Diskussionspunkt war der Liberalismus bereits in der Oppositionsdiskussion in den späten 1960er Jahren aufgeschienen, nun wurde er jedoch stärker als zuvor, vor allem auch was den Rechtsbereich betrifft, zu einem wichtigen Thema in der Reform- und Programmdiskussion.

Die Ausarbeitung eines neuen Parteiprogramms wurde Anfang 1976 in Angriff genommen und erfolgte in vier Phasen. Hierbei fanden – so Norbert Leser – besonders in der ersten Phase (bis Dezember 1976) einige neomarxistische Überlegungen Eingang in die Programmdiskussion. Maßgeblich hierfür war, dass die Ausarbeitung eines Problemkatalogs für das neue Parteiprogramm einer Arbeitsgruppe unter der Leitung des Wirtschaftsprofessors Egon Matzner anvertraut wurde, in der die »junge linke Intelligenz« maßgeblich vertreten war. Diese verband in ihrer Kapitalismuskritik »klassisches marxistisches Gedankengut« mit einer Reihe »neulinker Gedanken« – reichend von Milovan Djilas über die Theoretiker der Neuen Linken bis hin zu Antonio Gramsci. Durch die Pragmatiker in der Partei wurden ihre Formulierungen jedoch teilweise wieder abgeschwächt bzw. stärker an das Parteiprogramm von 1958 angebunden.[1694] Aufgabe der rund 60-köpfigen Arbeitsgruppe war es, zu prüfen, ob das alte Parteiprogramm Forderungen enthielt, die auf Grund neuer Entwicklungen und Erfahrungen revisionsbedürftig waren und ob die schon bestehenden oder in den nächsten 25 Jahren zu erwartenden Probleme durch das geltende Programm abgedeckt seien. Untersucht werden sollte somit, inwiefern der operative Teil des Parteiprogramms von 1958 noch ausreichende Orientierungsmöglichkeiten für die Reformarbeit der Sozialdemokraten bot, während die Grundsätze, wie sie das Programm 1958 formuliert hatte, außer Diskussion standen.[1695] Ergebnis der Arbeitsgruppe, in der zwar die jungen Linken vertreten waren, »Altlinke« wie Josef Hindels aber ausgeschlossen blieben, war ein umfangreicher Problemkatalog, der sich mit einer Reihe theoretischer und gesellschaftlicher Grundprobleme beschäftigte und nach einer Überarbeitung und Kürzung im Frühjahr 1977 in der Partei zur Diskussion gestellt wurde.[1696] In einer zweiten Phase (bis

---

1693 Vgl. hierzu etwa: Ernst, Werner E., Zum Verhältnis des Sozialismus zum Liberalismus, in: Die Zukunft 1/2 (1976) S. 25–27 sowie Der Sozialistische Akademiker 4 (1978) mit Beiträgen von Rudolf Wassermann, Helmut H. Haschek und Ewald Nowotny.

1694 Leser, Die Partei gibt sich ein Programm, S. 144 ff. sowie Kriechbaumer, Parteiprogramme im Widerstreit der Interessen, S. 543 ff., Schneider, Heinrich, Das neue Parteiprogramm der SPÖ – eine kritische Analyse, in: Khol, Andreas / Stirnemann, Alfred (Hg.), Österreichisches Jahrbuch für Politik 1978, Wien/München 1979, S. 108.

1695 Göschl, SPÖ-Programm 1978, S. 6 f.

1696 Dr. Karl Renner Institut (Hg.), Der Problemkatalog für das neue Parteiprogramm, Wien 1977. Zudem wurde im Februar 1977 auch ein eigener »Informationsdienst für Redner« herausgegeben.

Juni 1977) wurden sodann sechs Kommissionen eingesetzt, in denen das Parteiestablishment bereits stärker vertreten war : die Politische Kommission (unter
dem Vorsitz von Bruno Kreisky), die Wirtschaftskommission (unter dem Vorsitz
von Hannes Androsch), die Kommission Humane Umwelt (unter dem Vorsitz
von Hertha Firnberg), die Kommission Soziale Sicherheit (unter dem Vorsitz
von Anton Benya), die Kulturkommission (unter dem Vorsitz von Fred Sinowatz) und die Kommission Demokratisierte Gesellschaft (unter dem Vorsitz von
Leopold Gratz). Aufgabe der Kommissionen war es, einen neuen Forderungskatalog zu entwickeln,[1697] worauf nach einer Parteivorstandsklausur im Juni
1977 in einer dritten Phase (bis Oktober 1977) ein Redaktionskomitee eingesetzt
wurde, das einen (über den Forderungsteil hinausreichenden) Programmentwurf ausarbeiten und einem Parteirat im Oktober desselben Jahres vorlegen
sollte. Umfassen sollte der Programmentwurf – im Gegensatz zu 1958 – auch ein
Analysekapitel.[1698] Mitglieder des Redaktionskomitees unter dem Vorsitz von
Bruno Kreisky waren neben Egon Matzner als Koordinator der Programmdiskussion und Karl Blecha als Zentralsekretär der SPÖ (als redaktionelle Mitglieder) Heinz Fischer, Irmtraud Gössler-Leirer, Erich Irschik, Heinz Komm-
enda, Albrecht K. Konecny, Helmut Kramer, Eva Kreisky, Herbert Ostleitner,
Manfred Scheuch, Heinz Steinert und Hannes Swoboda.[1699] Christian Broda, der
bereits in früheren Stadien – so an den Arbeiten der Politischen Kommission
und der Kommission Demokratisierte Gesellschaft – intensiven Anteil an der
Programmdiskussion genommen hatte, gehörte dem Redaktionsteam ebenfalls
an und arbeitete dabei eng mit Heinrich Keller, der Journalistin Trautl
Brandstaller und dem Kriminalsoziologen und ersten Leiter des 1972 gegründeten Ludwig Boltzmann Instituts für Rechts- und Kriminalsoziologie, Heinz
Steinert, zusammen.[1700] In einer letzten (vierten) Phase wurde der Programmentwurf schließlich erneut zur Diskussion gestellt, wobei neben den Parteimit-
gliedern – ganz im Sinne der »offenen Partei« – auch interessierte BürgerInnen
eingeladen wurden, sich mit dem Entwurf auseinanderzusetzen. Eingegangen
sind im Zuge der Programmdiskussion – wie Zentralsekretär Blecha auf dem
Parteitag als Beleg für das große Interesse festhielt – 1125 Anträge,[1701] die es vom
Redaktionskomitee zu berücksichtigen galt. Gearbeitet wurde am Programm,

---

1697 Zentralsekretär Karl Blecha auf dem Parteitag der SPÖ 1978. Protokoll des 14. ordentli-
     chen Parteitags der SPÖ vom 18. bis 20. Mai 1978, Konzerthaus Wien, S. 32 f.
1698 Vgl. hierzu: Kreisky, Bruno / Blecha, Karl, Bereit für die 80er Jahre. Die Reden beim
     Parteirat in Graz am 13. Oktober 1977, Wien 1977.
1699 Fischer, Die Kreisky-Jahre 1967 – 1983, S. 218.
1700 Vgl.: AChB, ÖNB, Handschriftensammlung, IX.70 – 71, IX.74 – 81, IX.84 – 91 sowie zur
     Gründung des Instituts: Pilgram, Arno, Kriminalsoziologie als Produkt der österreichi-
     schen Strafrechtsreform, in: Kriminalsoziologische Bibliographie 36/37 (1982) S. 39 – 51.
1701 Zentralsekretär Karl Blecha auf dem Parteitag der SPÖ 1978. Protokoll des 14. ordentli-
     chen Parteitags der SPÖ vom 18. bis 20. Mai 1978, Konzerthaus Wien, S. 35.

um es termingerecht präsentieren zu können, bis in die frühen Morgenstunden des 13. Mai. Auf dem Parteitag der SPÖ vom 18. bis 20. Mai 1978, der wie die gesamte Reformdiskussion unter dem Motto »Bereit für die achtziger Jahre« stand, wurde das neue Programm der SPÖ schließlich einstimmig angenommen.[1702] Die SPÖ hatte damals mit 721.000 Mitgliedern den höchsten Mitgliederstand in ihrer Geschichte.[1703]

Inhaltlich geprägt war das neue Parteiprogramm – entsprechend der Vorgabe Kreiskys – von der sozialen Demokratie, die sich wie ein roter Faden durch das neue Programm zog und als ständige Aufgabe beschrieben wurde. Hiernach sollte sich die Demokratie nicht nur auf die Gewährleistung freier Wahlen zwischen gleichberechtigten Parteien beschränken, sondern in allen gesellschaftlichen Bereichen, verbunden mit dem ständigen Ausbau der Chancengleichheit, verwirklicht werden. Die Menschen sollten ihr Leben, wo immer möglich, in sozialer Verantwortung selbst gestalten und an den Entscheidungen mitwirken, die sie betreffen. Auch in der Wirtschaft sollten die Entscheidungs- und Eigentumsverhältnisse so gestaltet werden, dass eine größtmögliche Entfaltung und Mitverantwortung des Einzelnen ermöglicht werden sollte. Dem gemeinwirtschaftlichen Sektor wurde zwar weiterhin – und das vor allem in seiner historischen Dimension – eine große Bedeutung eingeräumt. Ähnlich wie dies Broda bereits im Zuge der Programmdiskussion 1958 festgehalten hatte, wurde nun aber auch deutlich festhalten, dass eine Veränderung der Eigentumsverhältnisse allein noch keine Veränderung im Sinne des demokratischen Sozialismus schaffe, sondern hierzu Mitbestimmungs- und Mitentscheidungsmöglichkeiten, eine demokratische Planung, eine gerechte Einkommensverteilung und eine Humanisierung der Arbeit gehören würden. Das Bekenntnis zur klassenlosen Gesellschaft, die – so Heinz Fischer – ähnlich wie 1958 eine intensive Diskussion in der Partei hervorrief,[1704] wurde im Programm beibehalten, wenn es auch vom neuen »Generalthema« der sozialen Demokratie überlagert wurde. Für Christian Broda war die Festschreibung der klassenlosen Gesellschaft – wie bereits 1958 – ein »Muss« für ein sozialistisches Parteiprogramm. So hielt er im Oktober 1977 im »Neuen Forum« anlässlich einer Umfrage zum neuen Programm fest, dass man hinzufügen könne, dass »man unter klassenloser Gesellschaft auch die Demokratisierung aller Lebensbereiche versteht und dass klassenlose Gesellschaft vollendete Demokratie ist«, unerlässlich sei jedoch das Bekenntnis zu ihr. Ein Programm ohne die Zielvorstellung von der klassenlosen Gesellschaft sei kein sozialistisches Programm mehr.[1705]

1702 Fischer, Die Kreisky-Jahre 1967–1983, S. 220.
1703 Ebenda, S. 243.
1704 Ebenda, S. 218.
1705 Broda, Christian, Nicht nach den Wünschen der Gegner, in: Neues Forum 286 (Oktober 1977) S. 18–19 sowie AChB, ÖNB, Handschriftensammlung, IX.80.1.

Gleichfalls wurde – ebenfalls wie 1958 – beteuert, dass die Sozialisten »unbeugsame Gegner der kommunistischen und faschistischen Diktatur« seien und festgehalten, dass sie die Veränderungen in den kommunistischen Staaten und Parteien mit Aufmerksamkeit verfolgen würden. Angesprochen wurde damit nicht nur die gewaltsame Niederschlagung des Prager Frühlings in der Tschechoslowakei 1968 sondern auch die Entwicklung des so genannten Eurokommunismus, die als Reaktion auf die »doppelte Krise« des Jahres 1968 gesehen werden kann: den Einmarsch sowjetischer Truppen in der ČSSR und die »Krise des Kapitalismus« wie sie sich in den Maiunruhen des Jahres 1968 gezeigt hatte. Vor allem in Italien, Spanien und Frankreich hatte sich eine Entwicklung in den kommunistischen Parteien breit gemacht, die durch folgende Charakteristika geprägt war: eine deutliche Abgrenzung zum Staatssozialismus sowjetischer Prägung, die Suche nach einem eigenständigen kommunistischen Weg in den westlichen Demokratien, die zu einem dritten Weg zwischen Sozialdemokratie und Stalinismus zum Sozialismus führen sollte, einem Weg, der die nationalen Gegebenheiten beachten und auch die Zusammenarbeit mit bürgerlichen Kräften nicht ausschließen sollte und der davon ausging, dass Demokratie und Sozialismus vereinbar seien.[1706] So wurde im neuen Programm festgehalten, dass die Sozialdemokraten diese Entwicklung »mit kritischer Sorgfalt beobachten und auf ihre Ernsthaftigkeit prüfen« würden und dass sich bei »einem echten, tiefgreifenden Gesinnungswandel« durchaus neue »Perspektiven für die Entwicklung der Demokratie« ergeben könnten. Und auch Christian Broda hatte bereits im August 1977 festgehalten, dass die Sozialisten »die schrittweise Loslösung der großen Massenparteien, die sich zum ›Eurokommunismus‹ bekennen, aus der Verstrickung totalitärer kommunistischer Ideologie« mit »Aufmerksamkeit und Sympathie« beobachten würden. Ergebnis dieser Entwicklung konnte für ihn – wenn die Bewährungsprobe auch noch ausstand – jedoch nur eine »beträchtliche Stärkung der Stellung des demokratischen Sozialismus [und nicht des Kommunismus, Anm. M. W.] in Europa« sein, da jeder »Kommunist, der ein Demokrat werden will, aufhören muss, Kommunist zu sein und demokratischer Sozialist werden wird.«[1707] Wie bereits bei der Parteiprogramm-Diskussion 1958 brachte Broda somit auch 1978 seine persönliche Abkehr vom Kommunismus in die Programm-Debatte ein. Im Gegensatz zu 1958 hatte der damit verbundene biographische Druck aber enorm abgenommen. Grund dafür ist nicht zuletzt, dass Broda nun seit mehreren Jahren ein wichtiges Mitglied der österreichischen Bundesregierung war, das nicht versucht hatte, Österreich zum

---

1706 Eberhard, Erik, Politische Strömungen der Arbeiterbewegung I. Radikale Strömungen der Arbeiterbewegung, online: http://www.voegb.at/bildungsangebote/skripten/pzg/PZG-01.pdf (4.8.2009).
1707 AChB, ÖNB, Handschriftensammlung, IX.80.1.

Kommunismus zu führen, wie ihm in den 1960er Jahren noch vorgeworfen worden war. Zugleich war es nun, angesichts der »Neuen Linken«, auch nicht mehr vollends verwerflich, als »Linker« zu gelten. Persönlich machte Broda – wie es 1978 im »Extrablatt« hieß – den Eindruck, dass er mit seiner Vergangenheit »im Reinen« sei.[1708] Insgesamt wurde der internationalen Politik und der internationalen Solidarität im neuen Programm 1978 ein ausführliches Kapitel gewidmet, was wohl auch darauf zurückführbar ist, dass Kreisky als ehemaliger Außenminister der Außenpolitik einen hohen Stellenwert einräumte und sich auch als Bundeskanzler als »wichtigster Außenpolitiker« der Republik verstand.

Ebenfalls von besonderer Wichtigkeit war für Kreisky – wie bereits in den Jahren zuvor – die Betonung eines positiven Verhältnisses zur katholischen Kirche, und das vor allem auch deswegen, weil es in den letzten Jahren in der Rechtsreform – so bei der Einführung der Fristenregelung und der Scheidungsreform – zu harten Konflikten mit der Kirche gekommen war.[1709] So hieß es im Gegensatz zu 1958 im neuen Parteiprogramm von 1978 nun nicht mehr nur, dass Sozialismus und Religion keine Gegensätze darstellen würden, sondern vielmehr, dass die Sozialisten »der christlichen Botschaft, die in gleicher Weise zur Nächstenliebe wie zum Eintreten für die Schwachen und Entrechteten verpflichtet« sei, mit tiefer Sympathie begegnen würden. In ihrem Ziel wurden das Christentum und die Sozialdemokratie somit als gleichgelagerte Bewegungen beschrieben, weshalb es nicht verwundert, das in einem eigenen Kapitel zur »offenen Partei«, die sich nach der Parteireform 1976 nun auch im neuen Parteiprogramm findet, auch alle (gesellschaftlich engagierten) Christen aufgerufen wurden, den Weg zur sozialen Demokratie gemeinsam mit der SPÖ zu gehen. Ergangen ist der Aufruf zur Mitarbeit an der Verwirklichung der sozialen Demokratie jedoch nicht nur an die Christen. Auch die Liberalen wurden nach einer expliziten Anerkennung der »großen Leistung des politischen Liberalismus« zur Zusammenarbeit mit der SPÖ aufgerufen. In Aussicht gestellt wurde ihnen hierbei nicht nur, in der SPÖ eine neue Heimat zu finden, sondern vielmehr noch, dass sie hier »ihre politischen Grundideen auf einer höheren Stufe verwirklichen« könnten.[1710]

1708 Wörtlich hieß es: »Er steht seiner Vergangenheit im großen und ganzen positiv gegenüber. Er schaut nicht weg, wenn er einen Exgenossen aus der KP in der Öffentlichkeit trifft, wird berichtet. Er hat seine Vergangenheit in seine politische Identität integriert. Der Justizminister ist mit seiner Lebensgeschichte so ziemlich im reinen.« Hoffmann-Ostenhof/Nagy/Wimmer, Der lange Marsch zum Seelenfrieden, S. 34.
1709 Fischer, Die Kreisky-Jahre 1967–1983, S. 218.
1710 Das neue Parteiprogramm. Beschlossen vom Bundesparteitag der SPÖ am 20.5.1978, in: Neugebauer, Modelle für die Zukunft, S. 101 ff., insbesondere S. 148 f.

7.3.1. Neue Perspektiven in der Rechtspolitik – der verbesserte Zugang zum Recht und die »Vision einer gefängnislosen Gesellschaft«

Der neue rechtspolitische Forderungskatalog des Parteiprogramms ließ sich – wie Christian Broda im Jänner 1978 in der »Zukunft« ausführte – in fünf Kapitel einteilen,[1711] nachdem bereits einleitend die Bedeutung der Rechtspolitik für die Weiterentwicklung der Gesellschaft betont worden war. Während 1958 im Parteiprogramm noch lediglich verankert worden war, dass die »Veränderungen des gesellschaftlichen Lebens dazu geführt haben, dass das geschriebene Recht in vielen Fällen nicht mehr den tatsächlichen Verhältnissen entspricht und dieses in Form eines Nachziehprozesses an die veränderten gesellschaftlichen Verhältnisse angepasst werden müsse, hieß es nun, dass »die Rechtsordnung – der juristische Überbau der ökonomischen Struktur der Gesellschaft – [...] der ständigen Anpassung an die sich ändernden gesellschaftlichen Verhältnisse« bedarf und dass die Rechtsreform »in diesem Anpassungsprozess [...] ihren Einfluss auf die Weiterentwicklung der Gesellschaft zur sozialen Demokratie aus[übt].« Das Recht wurde somit klar als gesellschaftspolitisches »Steuerungsinstrument« beschrieben, wobei Christian Broda auch die marxistische Herkunft bzw. Terminologie dieser Aussage, die sonst weitgehend aus dem Parteiprogramm verschwunden war,[1712] nicht verleugnete, sondern sich vielmehr ausdrücklich zu dieser bekannte.[1713]

Inhaltlich verpflichteten sich die Sozialdemokraten zu einer Achtung der Menschenrechte, wobei erstmals in einem Parteiprogramm ausdrücklich auf die Verwirklichung der Europäischen Menschenrechtskonvention verwiesen wurde. Betonung fand zudem der (weltweite) Kampf gegen die Todesstrafe, dem Christian Broda bereits seit Jahren große Beachtung geschenkt hatte und der im Frühjahr 1977 in Österreich insofern wieder größere Aufmerksamkeit erforderte, als das Thema Todesstrafe auch in den Medien wieder anzutreffen war. So führte ein Sexualmord in der Umgebung von Gloggnitz nicht nur zur Forderung des Vaters der Ermordeten nach einem Volksbegehren für Strafverschärfungen, Todesstrafe und Zwangsarbeit, sondern auch zum Start der Leserbriefaktion »Volksbegehren Todesstrafe« in der »Kronen-Zeitung«, die Ende März 1977 ebenso plötzlich wieder abgebrochen wurde, wie sie lanciert worden war.[1714]

1711　Vgl.: Broda, Christian, Für die Weiterentwicklung der demokratischen Rechtsordnung, in: Die Zukunft 1 (1978) S. 13.
1712　Göschl, SPÖ-Programm 1978, S. 38.
1713　Broda, Christian, Sozialdemokratische Rechtspolitik. Die Bedeutung der Rechtspolitik für die Sozialdemokratie, in: Fischer, Heinz (Hg.), Rote Markierungen '80, Wien 1980, S. 277 oder Gespräch mit Christian Broda, in: Die Ohnmacht der Henker, S. 41.
1714　Vgl. hierzu: Broda, Christian, Die Todesstrafe ist einer Kulturnation nicht würdig, in: Kleine Zeitung, 23. 3. 1977, Broda, Christian, Wider Medienterror. Aus einer Rede in

Gleichfalls wurde die Todesstrafe Mitte der 1970er Jahre auch in Zusammenhang mit Terroraktivitäten, jenen der Roten Armee Fraktion, aufgegriffen.[1715] So hatte Peter Michael Lingens 1975 im »Profil« zur Diskussion gestellt, ob man die Todesstrafe nicht für Terroristen wieder einführen sollte und damit eine Aussage getätigt, die er bereits 1977 öffentlich bedauerte und widerrief.[1716] Zweifellos dominiert wurde das neue Parteiprogramm der SPÖ jedoch durch seine Aussagen zum Zugang zum Recht[1717] und (vor allem in der Öffentlichkeit) durch seine Ausführungen zu einer modernen Strafrechtspflege, während die Bekundungen zu einer zeitgemäßen Gerichtsorganisation und einer demokratischen Kontrolle der Justiz weniger Beachtung fanden. Generell sollte mit dem Parteiprogramm 1978 in der Rechtspolitik eine qualitativ weitgehend neue Entwicklung eingeschlagen werden, die den Schritt vom »bürgerlichen« zum »sozialen« Recht setzen sollte. Während in der Rechtspolitik der letzten Jahre – wie Christian Broda immer wieder betont hatte – vor allem die Erfüllung liberaler Anliegen bzw. der »Abschluss« der liberalen Revolution von 1848 dominiert hatte, sollte nun das Recht in seiner vollen sozialen Dimension erkannt werden und die Rechtsverwirklichung in den Vordergrund treten:

> »Nach der Periode der großen Kodifikation im Strafrecht und im Familienrecht, mit denen wir das Nachziehverfahren in der Angleichung der Rechtsordnung an die geänderten gesellschaftlichen Verhältnisse vollzogen und damit geschichtlich so weit zurückliegende Anliegen des Liberalismus erfüllt haben, tritt neben der Rechtsgestaltung die Rechtsverwirklichung in den Vordergrund der uns gestellten Aufgaben.«[1718]

Alpbach, in: Neues Forum 287 (November 1977) S. 28 und Pilgram, Der österreichische Strafvollzug in der Medienberichterstattung, S. 762.

1715 Miklau, Roland, »Sittliche Idee« und Restposten, in: Die Presse - Spectrum, 2.2.2008.

1716 Lingens, Peter Michael, Strafrechtsfaschismus, in: Profil 27 (1977) S. 13 f. Bezug genommen hat Lingens auf folgenden Artikel: Lingens, Peter Michael, Die Pflicht zum Gegenterror, in: Profil 18 (1975) S. 9. In diesem schrieb er: »… damit dürfte auch der Weg für die Zukunft vorgezeichnet sein: Alle Geiselnahmen linksfaschistischer deutscher Gruppierungen der nächsten Zeit werden im Zweifelsfalle auf dem harten Wege zu entscheiden zu sein. Das legt der Bundesregierung die Pflicht auf, ihre Bürger innerhalb eines solchen Kriegszustandes – denn nichts anderes ist es, wenn in Miniaturausgabe – maximal zu schützen. Dazu zählt, dass Terroristen so kurz wie möglich in Haft zu behalten sind. Der einzige Weg dorthin ist die Wiedereinführung der Todesstrafe für die betreffenden Delikte, verbunden mit blitzartiger Rechtssprechung durch eigens einzurichtende Sondersenate. Ein besseres Standrecht. Auch ein so belasteter Staat wie die Bundesrepublik sollte davor nicht zurückschrecken. Die BRD hat ihr grundsätzliches Bekenntnis zum liberalen demokratischen Rechtsstaat hinlänglich unter Beweis gestellt. Man darf erwarten, dass auch so gefährliche Instrumente wie Todesstrafe und Schnellgerichte rechtsstaatlich gehandhabt würden…«

1717 Im Jänner 1978 fand hierzu auch eine große Enquete im Justizministerium statt. Vgl.: Broda eröffnete Enquete seines Ministeriums - Vier Referate schlossen an, in: Wiener Zeitung, 24.1.1978.

1718 Broda, Für die Weiterentwicklung der demokratischen Rechtsordnung, S. 13.

War in der Regierungserklärung 1970 noch die Herstellung von mehr Gleichheit vor dem Gesetz verlangt worden, sollte nun mehr Gleichheit durch das Gesetz geschaffen werden und – so Heinrich Keller – der Schritt vom »bürgerlichen« zum »sozialen Recht« getan werden, »zu einem Recht, das sich nicht mit bloßer formaler Gleichheit begnügt, sondern ausgleichende Gerechtigkeit üben will«.[1719] Im Zentrum der zukünftigen Rechtspolitik sollten somit die Gleichheit im Zugang zum Recht bzw. bei der Durchsetzung des Rechts und der Ausbau eines kompensatorischen Rechtsschutzes stehen. Demnach sollte – wie es im neuen Parteiprogramm verankert wurde – jeder Mensch ohne Unterschied des Vermögens, des Einkommens, der Bildung und der gesellschaftlichen Stellung zu seinem Recht kommen können. Wirtschaftliche und soziale Ungleichheit sollten nicht zu einer rechtlichen Benachteiligung führen. Die allgemeine und kostenlose Rechtsinformation, -beratung und -auskunft sollte ausgebaut und der Rechtsschutz und die Verfahrenshilfe für die sozial Schwachen gestärkt werden. Im Konsumentenschutz, dem im Parteiprogramm der SPÖ von 1978 ein eigener Abschnitt außerhalb des Rechtskapitels gewidmet war, wurde ebenso wie im Mieterschutz ein wichtiger Ansatzpunkt für die Umsetzung eines solchen kompensatorischen Rechtsschutzes gesehen.[1720] Wie Broda in den »Roten Markierungen '80« ausführte, die ähnlich wie die »Roten Markierungen« aus dem Jahr 1972 eine Orientierung für die Politik der SPÖ im nächsten Jahrzehnt geben sollten, wurde hinsichtlich der Forderung nach einem besseren Zugang zum Recht an frühere Parteiprogramme der SPÖ angeknüpft. Bezug genommen wurde auf das Hainfelder Programm 1888/89 und das Wiener Programm 1901 mit seiner Forderung nach einer Unentgeltlichkeit der Rechtspflege (und des Rechtsbeistandes) sowie auf das Linzer Programm und die verlangte »Organisierung und Verbilligung der Rechtsberatung und Rechtsverfolgung«, während sich das Wiener Programm aus dem Jahr 1958 zum Zugang zum Recht verschwiegen hatte.[1721]

Wesentlich mehr Aufmerksamkeit als die Forderung nach dem Übergang zum sozialen Recht, die die Rechtspolitik der nächsten Jahre dominieren sollte, riefen jedoch die im Parteiprogramm festgehaltenen Aussagen zu einer zeitgemäßen Strafrechtspolitik hervor – und das vor allem deswegen, weil Christian Broda im Rahmen der Programm-Diskussion aussagte, dass er sich durchaus auch einmal eine Gesellschaft ohne Gefängnisse vorstellen könne. Geboren wurde damit das Schlagwort von der »Vision einer gefängnislosen Gesellschaft«, die in der Öffentlichkeit, aber auch in der Partei auf mindestens genauso viel

---

1719 Keller, Heinrich, Vom bürgerlichen zum sozialen Recht, in: Die Zukunft 4 (1979) S. 15–17 und Keller, Die Rechtsreform seit 1970, S. 182 f.

1720 Das neue Parteiprogramm. Beschlossen vom Bundesparteitag der SPÖ am 20. Mai 1978, in: Neugebauer, Modelle für die Zukunft, S. 115 f.

1721 Broda, Sozialdemokratische Rechtspolitik, S. 273.

Unverständnis und Kritik stieß wie der im Zuge des Strafvollzugsanpassungs-
gesetzes 1974 vorgeschlagene »Häftlingsurlaub«, der bereits Mitte der 1960er
Jahre Gegenstand der Strafvollzugsdiskussion gewesen war. Nach diesem sollte
(zu den bereits seit 1969 bestehenden Lockerungen im Strafvollzug)[1722] als
bessere Voraussetzung für die Resozialisierung von entlassenen Strafgefangenen
eingeführt werden, dass ein Häftling bis zu zwei Mal im Jahr fünf Tage »Urlaub«
bekommen kann, wenn er bereits zwei Jahre in Haft war. Zu lebenslanger Haft
verurteilte Schwerverbrecher sollten nur dann zu einem »Hafturlaub« zugelassen werden, wenn sie für eine bedingte Entlassung in Frage kamen und wenn sie
sieben Jahre in Haft waren.[1723] Kein »Urlaub« sollte regelmäßig oder routine-
mäßig bzw. dann bewilligt werden, wenn die Begehung weiterer Straftaten oder
eine Fluchtgefahr befürchtet wurde. Aufgrund der Kritik am »Häftlingsurlaub«,
der sich vor allem in der Aussage kanalisierte, dass Schwerverbrecher auf »Urlaub« neue Verbrechen begehen könnten, konnte sich Broda mit seinem Vorschlag jedoch nicht durchsetzen. In anderen Staaten, wie der Schweiz, der BRD,
Holland oder Schweden, waren solche Modelle jedoch bereits verwirklicht
worden. Kritik kam von Seiten der Medien insbesondere von der »Kronen-
Zeitung« (bzw. hier vom Journalisten Richard Nimmerrichter alias »Staberl«),
nachdem sich die »Kronen-Zeitung« in der Strafrechtsreform noch für eine
Liberalisierung der heftig umstrittenen Abtreibungsfrage ausgesprochen
hatte.[1724] Christian Broda wurde als altes Feindbild sozusagen reaktiviert[1725] –
oftmals verbunden mit dem Vorwurf, dass die Gefängnisse unter ihm zu »Sa-
natorien« würden, wenn Schritte zu einer Humanisierung des Strafvollzugs
gesetzt wurden.[1726] Aber auch innerhalb der Partei wurde Unmut gegen Brodas
Pläne laut, wobei vor allem die Niederösterreicher und Vorarlberger, wo 1974
Landtagswahlen auf der Tagesordnung standen, eine Schwächung ihrer Wahlchancen durch Brodas Vorschlag des »Häftlingsurlaubs« befürchteten.[1727] Von

---

1722 So verwies Broda im Zuge der Debatte etwa darauf, dass bereits mit dem Strafvollzugs-
     gesetz 1969 die Unterbrechung der Freiheitsstrafe bei Regelung wichtiger Familienange-
     legenheiten, sogenannte »Ausführungen« zur Erledigung persönlicher und wirtschaftli-
     cher Angelegenheiten, und der Gruppenausgang für jugendliche Straftäter eingeführt
     worden waren bzw. im Rahmen des Entlassungsvollzugs dem Häftling zur Vorbereitung
     seiner Entlassung ein Ausgang von mehreren Tagen bewilligt werden konnte. Vgl.: Häft-
     lingsurlaub ist kein Novum, in: Wiener Zeitung, 9.5.1974 oder Broda, Christian, »Häft-
     lingsurlaub?«, in: Arbeiter-Zeitung, 24.4.1974.
1723 Nun Parteienstreit um Urlaub für Verbrecher, in: Kronen-Zeitung, 29.3.1974.
1724 Mesner, Frauensache?, S. 211.
1725 Vgl. hierzu auch: Molny, Erika, Broda und die »Krone«, in: Profil 44 (1977) S. 49–50 sowie
     eine Serie von Karikaturen: Deix, Manfred, Aus Staberls Geheimarchiv, in: Extrablatt 2
     (1978) S. 17–19.
1726 Stark kritisiert wurde etwa die Anschaffung von Farbfernsehern für die österreichischen
     Strafvollzugsanstalten.
1727 Nun Parteienstreit um Urlaub für Verbrecher, in: Kronen-Zeitung, 29.3.1974, Differenzen

Broda selbst wurde das Vorgehen in der Frage des »Häftlingsurlaubs« retrospektiv als einziger »Fehler« in der Rechtsreform bezeichnet, da er es in diesem
Punkt – ganz im Gegensatz zu seinem sonstigen Vorgehen – verabsäumt habe,
die Öffentlichkeit entsprechend vorzubereiten.[1728]

Insgesamt begann die zuvor feststellbare zustimmende Haltung zu Reformen
im Strafvollzug – wie der Rechtssoziologe Arno Pilgram in einem Beitrag über
den Mediendiskurs zum Strafvollzug in den Jahren 1971 bis 1983 festhält –
abzubröckeln bzw. sich in ihr Gegenteil zu verkehren. Damit wurde auch für
Broda die weitere Arbeit an der Strafrechts-, vor allem aber Strafvollzugsreform
immer schwerer. Die Medien, die Broda zu Beginn bzw. Mitte der 1970er Jahre
noch hinter sich hatte, richteten sich nicht zuletzt angesichts einer Serie von
Banküberfällen, dem Gloggnitzer Sexualmord, dem Terror der Roten Armee
Fraktion, der mit der Entführung des Industriellen Walter Palmers auch auf
Österreich überschwappte, und auch vor dem Hintergrund von Brodas »Vision
einer gefängnislosen Gesellschaft« gegen ihn und seine Pläne.[1729] Zum Erliegen
kam die »konzertierte Reform des Strafvollzugs« nicht zuletzt aber auch in dem
Augenblick, »als die Lösbarkeit wirtschaftlicher und gesellschaftlicher Probleme
von Staats wegen immer mehr angezweifelt wurde« und die »Wirtschafts- und
Finanzierungskrisensymptome des Staates« immer deutlicher wurden.[1730]

Im neuen Parteiprogramm wurde hinsichtlich einer zeitgemäßen Strafrechtspflege festgehalten, dass die SPÖ davon ausgeht, dass Vorbeugung und
Wiedergutmachung nützlicher und wichtiger sind als Strafen, dass das beste
Mittel zur Bewältigung von Kriminalität der Abbau von gesellschaftlichen
Spannungen sowie die Freiheit von Furcht und Not, Angst und Unterdrückung
ist, dass die SPÖ für eine stärkere Berücksichtigung der Schadenersatzansprüche von Verbrechensopfern und den Ausbau der Sozialarbeit und der Bewährungshilfe sowie einen humanen Strafvollzug nach sozialpädagogischen
Grundsätzen eintritt. Die »Vision der gefängnislosen Gesellschaft« verbarg sich
hinter der vergleichsweise harmlos klingenden Forderung einer »schrittweisen
Ersetzung und Ergänzung der Anhaltung Verurteilter in geschlossenen Anstalten durch Resozialisierungsmaßnahmen und Maßnahmen des offenen Strafvollzugs, soweit das unter Bedachtnahme auf den Schutz der Gesellschaft

---

in der SPOe. Parteiinterne Kritik am geplanten »Häftlingsurlaub«, in: Die Presse, 20. 4.
1974, Broda vertagte den Häftlingsurlaub, in: Kurier, 9. 5. 1974.

1728 Vgl. etwa: Nur ein Vorschlag blieb erfolglos, in: Salzburger Nachrichten, 13. 5. 1983 oder
Rechtspolitik als Lebensaufgabe, in: Salzburger Nachrichten, 27. 1. 1984.

1729 Vgl.: Pilgram, Arno, Der österreichische Strafvollzug in der Medienberichterstattung, in:
Weinzierl, Erika / Rathkolb, Oliver / Ardelt, Rudolf G. / Mattl, Siegfried (Hg.), Justiz und
Zeitgeschichte, Bd. 1, Wien 1995, S. 757–774.

1730 Pilgram, Arno, Die Zweite Republik in der Kriminalpolitik, in: Sieder, Reinhard / Steinert,
Heinz / Tálos, Emmerich (Hg.), Österreich 1945–1995. Gesellschaft – Politik – Kultur,
Wien 1995, S. 493.

möglich ist«,[1731] und rief während der gesamten Programm-Diskussion wohl die heftigste Kritik hervor. Ausdruck hiervon sind – wie bereits beim »Häftlingsurlaub« – zahlreiche Medienbeiträge, die unter anderem in der »Kronen-Zeitung« nachgelesen werden können, als auch der Protest der Opposition und von Teilen der SPÖ. So erklärte nicht zuletzt ÖVP-Justizsprecher Hauser, mit dem Broda bisher ein gutes Gesprächsklima hatte, Ende 1977 mehrfach, dass die »visionären Äußerungen des Justizministers über die weitestgehende Abschaffung von Gefängnisstrafen« das Konsensklima im parlamentarischen Justizausschuss gefährden und sie »derart gegen das Rechtsgefühl der Menschen gerichtet [seien], dass auch andere Rechtsbereiche schwer davon betroffen sind«. Gefährdet hiervon sei insbesondere der erfolgreiche Abschluss der Familienrechtsreform – waren zu diesem Zeitpunkt doch das eheliche Güterrecht und das neue Scheidungsrecht noch in parlamentarischer Behandlung.[1732] Von SPÖ-Justizsprecher Blecha als Gegenüber von Hauser im Parlament wurden solche Drohungen zwar umgehend zurückgewiesen. Gleichzeitig wurde aber auch von ihm erklärt, dass er die »Vision einer gefängnislosen Gesellschaft« nicht teile und die Äußerungen Brodas ablehne,[1733] womit er – angefangen bei Kreisky, dem das unpopuläre Vorpreschen Brodas in der Strafrechtsfrage keinesfalls gefiel – kein Einzelfall in der Partei war. Ausdruck hiervon sind nicht zuletzt die Diskussionen im Parteirat der SPÖ am 13. Oktober 1977[1734] oder auf dem SPÖ-Parteitag von 18. bis 20. Mai 1978[1735] sowie die eingebrachten Abänderungsvorschläge und -anträge zum Strafrechtskapitel im neuen Parteiprogramm,[1736] die zumindest teilweise berücksichtigt werden mussten, wenn das neue Parteiprogramm mit seinem beschriebenen Rechtskapitel beschlossen werden sollte.[1737]

1731 Das neue Parteiprogramm. Beschlossen vom Bundesparteitag der SPÖ am 20. Mai 1978, in: Neugebauer, Modelle für die Zukunft, S. 116.

1732 Walter Hauser in der Parlamentsdebatte vom 6. Dezember 1977. StPNR, XV. GP, 75. Sitzung, 6. 12. 1977, S. 7156.

1733 Karl Blecha in der Parlamentsdebatte vom 6. Dezember 1977. StPNR, XV. GP, 75. Sitzung, 6. 12. 1977, S. 7157.

1734 Vgl. hierzu auch: Schilder, Elisabeth, Freiheitsentzug ist inhuman. Zum Diskussionsbeitrag von Ernst Federn »Gesellschaft ohne Gefängnisse« aus dem Dezember 1977, in: Die Zukunft 4 (1978) S. 50.

1735 Vgl.: Protokoll des 14. ordentlichen Parteitags der SPÖ vom 18. bis 20. Mai 1978 im Konzerthaus Wien, insbesondere auch das Statement von Christian Broda (S. 131 – 134) sowie: Trotz allem: Viele Ovationen für Christian Broda, in: Kurier, 20. 5. 1978.

1736 Restlos hinter das neue Rechtskapitel stellte sich die Bezirksorganisation Mürzzuschlag. Sie verlangte, dass die Forderungen dieses Kapitels vollständig erhalten bleiben müssen und dass die Angriffe bürgerlicher Medien und politischer Gegner auf Broda die SPÖ zu keinen Abstrichen veranlassen dürfen. Die Stadtorganisation Salzburg forderte hingegen eine komplette Streichung des Rechtskapitels im neuen Parteiprogramm. Vgl.: AChB, ÖNB, Handschriftensammlung, IX.85.

1737 So wurde etwa – während im Problemkatalog für das neue Parteiprogramm noch von

An der grundsätzlichen Aussage dieser Passage wollte Broda, der mehrfach darauf hinwies, dass er die »Vision einer gefängnislosen Gesellschaft« nie als ein kurz- oder mittelfristig zu erreichendes Ziel bezeichnet hatte, und dass diese auch vor Psychopathen und gefährlichen Rechtsbrechern Halt machen würde, jedoch festhalten. Wichtige Schritte könnten aber schon jetzt parallel zu einem Ausbau des Schadenersatzes für Verbrechensopfer, der bereits von Anfang an Bestandteil des neuen Programms der SPÖ war, durch die Forcierung alternativer Maßnahmen gesetzt werden: durch den Ausbau der gestaffelten Geldstrafe und des offenen sowie halboffenen Strafvollzugs, sofern kein unzumutbares Sicherheitsrisiko für die Gesellschaft besteht, durch die systematische Berufsausbildung und Berufsfortbildung in der Zeit der Strafverbüßung und durch die Unterstützung der Bewährungshilfe.[1738] Als langfristige Zielvorgabe bzw. wünschenswerte Utopie könne die Vorstellung einer gefängnislosen Gesellschaft aber allemal fungieren, wobei Broda wiederholt auf den Rechtsphilosophen und Reichsjustizminister der Weimarer Republik Gustav Radbruch Bezug nahm, den er bereits bei der Beschlussfassung des neuen Strafgesetzbuches zitiert hatte.[1739] Demnach könne das »unendliche Ziel der strafrechtlichen Entwicklung« nur das »Strafgesetzbuch ohne Strafen« bzw. dessen Ersatz durch etwas Besseres als das Strafrecht, durch ein Besserungs- und Bewahrungsrecht, durch eine rationale Behandlung des Rechtsbrechers im Sinne seiner Erziehung und der Sicherung der Gesellschaft sein. Dass das »Einsperren« allein weder der Weisheit letzter Schluss noch der »Stein der Weisen« in der Strafrechtspflege sei und die Menschen nicht besser mache, habe alle praktische Erfahrung mit dem Strafvollzug in seiner überlieferten Gestalt gezeigt. Verwirklicht worden wären schon ganz andere Utopien. So hätte man etwa zu Zeiten Maria Theresias noch geglaubt, dass die Aufhebung der Folter den Zusammenbruch des Strafrechts überhaupt bedeuten würde. So hätte man damals – wie in einem Gutachten der Wiener juridischen Fakultät festgehalten wurde – geglaubt, dass nach der Abschaffung der Folter keine Hoffnung mehr auf die Aufklärung von Verbrechen bestehen würde und jene, die für die Abschaffung der Folter waren, als weltfremde Idealisten abgetan. Notwendig für die Verwirklichung solcher Utopien wäre jedoch – wie Broda in der Rechtsreform insgesamt gerne betonte und es auch an dieser Stelle tat – die Schaffung eines entsprechenden Bewusstseins in der Be-

---

einem »möglichst weitgehenden Ersatz der Anhaltung in geschlossenen Anstalten durch Betreuung in Freiheit« die Rede war – in der Diskussionsgrundlage bereits von einem »Ersetzen und Ergänzen der Anhaltung in geschlossenen Anstalten« gesprochen und beginnend mit diesem Entwurf die Einschränkung, dass dies nur unter Bedachtnahme auf den notwendigen Schutz der Gesellschaft erfolgen könne, immer stärker betont. Vgl. hierzu auch: Strafvollzug ohne Utopie, in: Neues Volksblatt, 11.5.1978.

1738 Broda, Für die Weiterentwicklung der demokratischen Rechtsordnung, S. 15.
1739 Christian Broda in der Parlamentsdebatte vom 29. November 1973. StPNR, XIII. GP, 84. Sitzung, 29.11.1973, S. 8159.

völkerung bzw. – wie es in seinem Nachlass an mehreren Stellen festgehalten ist –
noch mehr: die Schaffung eines »neuen Menschen« als Träger der neuen Gesellschaft wie ihn im Roten Wien einst Max Adler als Ziel sozialistischer Politik
definiert hatte.[1740] Auch den Hinweis, dass seine »Visionen« für eine ferne Zukunft möglicherweise konkrete Reformen in der Gegenwart verunmöglichen
könnten bzw. – wären diese früher ausgesprochen worden – wohl auch die
Verabschiedung des neuen Strafgesetzbuches gefährdet hätten, ließ er nicht
gelten. Broda blieb bei seiner Vision für eine zukünftige Strafrechtspolitik und
begründete diese auch mit den Schrecken des NS-Staates und dessen »Strafrechtspolitik«.[1741] Und auch Hans Weigel, bei dem Christian Broda nach dem
»Anschluss« untergetaucht war, sah den Grund dafür, dass Broda »berührt und
verständnisvoll für das Phänomen der Haft« war, darin begründet, dass er ein
Verfolgter der Jahre 1938 bis 1945 war.[1742]

Komplettiert wurde das rechtspolitische Kapitel des neuen Parteiprogramms
der SPÖ durch Aussagen zu einer modernen Gerichtsbarkeit und einer demokratischen Kontrolle der Justiz durch die Öffentlichkeit.[1743] Zugleich fällt im
neuen Programm einmal mehr – und das besonders angesichts der Entwicklung
im Bereich der NS-Prozesse – das unbedingte Bekenntnis der SPÖ zur Laien-
gerichtsbarkeit auf, wenn auch angemerkt wurde, dass ihre Wirksamkeit durch
eine entsprechende Ausbildung der Laienrichter zu gewährleisten und zu verbessern sei. Von Broda wurde dabei einmal mehr darauf verwiesen, dass er die
Geschworenengerichtsbarkeit zu den großen Errungenschaften der bürgerlichen Revolution zähle und dass diese nur in den Zeiten der Diktatur abgeschafft
worden sei. Unfehlbar sei die Geschworenengerichtsbarkeit nicht, sie unterliege

---

1740 Vgl. zum »neuen Menschen«: AChB, ÖNB, Handschriftensammlung, IX.71.2.
1741 Vgl. zur »gefängnislosen Gesellschaft« zudem: Broda, Für die Weiterentwicklung der
     demokratischen Rechtsordnung, S. 14 f., Broda, Nicht nach den Wünschen der Gegner,
     S. 18 f., »Wir haben ein traditionell gestörtes Verhältnis zum Freiheitsentzug«, in: Profil 23
     (1978) S. 20 – 21, Nur ein Vorschlag blieb erfolglos, in: Salzburger Nachrichten, 13. 5. 1983,
     »Einsperren allein nützt nichts«, in: Wochenpresse, Nr. 13, 29. 3. 1983, Die Reform ist
     irreversibel, in: Arbeiter-Zeitung, 25. 5. 1983, Rechtspolitik als Lebensaufgabe. Mit Ex-
     minister Christian Broda sprach SN-Redakteur Herbert Godler, in: Salzburger Nach-
     richten, 27. 7. 1984 oder Die Freiheitsstrafe und ihre Alternativen. Vortrag gehalten vor der
     Arbeitsgemeinschaft Christentum und Sozialismus in Linz am 18. März 1986, in: An-
     waltsblatt 6 (1986) S. 331 – 335.
1742 Plädoyer für Christian Broda, in: Kleine Zeitung, 12. 8. 1982.
1743 Festgehalten wurde hierbei u. a., dass die SPÖ für eine zeitgemäße, leistungsfähige und
     lebensnahe Gerichtsorganisation eintritt, die raschen und wirksamen Rechtsschutz bietet,
     dass noch vorhandene obrigkeitsstaatliche Erscheinungsformen der Justiz abgebaut
     werden sollen und eine umfassende Sozialgerichtsbarkeit geschaffen werden soll, wie sie
     bereits seit den 1960er Jahren zum fixen Forderungsprogramm der SPÖ gehörte. Die
     bereits eingeleitete Gerichtsreform sollte durch die weitere Zusammenlegung von Zwerg-
     und Kleingerichten und den Ausbau von Schiedsinstanzen und Schlichtungsstellen zur
     Vermeidung von Gerichtsverfahren vorangetrieben werden.

wie die Demokratie allgemein einem Lernprozess. Als demokratische Einrichtung, die das allgemeine gesellschaftliche Bewusstsein widerspiegle, könne zwar darüber nachgedacht werden, wie sie zu verbessern sei. Eine Abschaffung käme jedoch nicht in Frage. Für eine weitere Demokratisierung der Rechtssprechung im Sinne der Einführung der Richterwahl – wie sie von der Sozialdemokratie etwa in ihrem Linzer Programm gefordert und nun von Heinrich Keller vorgeschlagen worden war – konnte sich Broda jedoch nicht erwärmen.[1744]

Die Regierungserklärung 1979, in der die rechtspolitischen Vorhaben am Anfang des neuen Aufgabenkatalogs für die nächste Legislaturperiode standen, war bereits geprägt vom geforderten neuen Zugang zum Recht. So hieß es darin, dass die Bundesregierung Initiativen in Richtung einer auskunftsfreundlichen Justiz fördern und das bereits in den letzten Jahren geschaffene Netz von Auskunftsstellen, insbesondere bei den Gerichten und Justizbehörden, ausbauen will. Gleichfalls sollte eine leistungsfähige Gerichtsorganisation einen raschen und wirksamen Rechtsschutz ermöglichen sowie die Modernisierung der Justizeinrichtungen dem besseren Zugang zum Recht dienen. Die Kosten des Rechtsschutzes sollten zumutbar und tragbar sein. Umfassende Reformen der aus dem 19. Jahrhundert stammenden Verfahrensgesetze sollten dem Einzelnen die Rechtsdurchsetzung erleichtern. Zudem sollten die Verbesserung des sozialgerichtlichen Verfahrens, der Ausbau der Verfahrenshilfe und der Ersatz der Verteidigerkosten bei einem Freispruch ein Schwerpunkt der zukünftigen Arbeit sein und eine Reform der veralteten Entmündigungsordnung sowie die Schaffung neuer Grundlagen für die Unterbringung psychisch Kranker in einer Krankenanstalt auf der Tagesordnung stehen.[1745]

Quasi als erster Vorgriff auf die neue Schwerpunktsetzung im verbesserten Zugang zum Recht bzw. die Entwicklung hin zu einem kompensatorischen Rechtsschutz wurden das im November 1973 in Kraft getretene Verfahrenshilfegesetz (das anstelle des diskriminierenden Armenrechts getreten ist), das im Mai 1976 beschlossene Unterhaltsvorschussgesetz und das noch in der abgelaufenen Legislaturperiode beschlossene und mit 1. Oktober 1979 in Kraft getretene Konsumentenschutzgesetz gesehen,[1746] das bereits in der Regierungserklärung 1971 als prominenter Programmpunkt in Hinblick auf die Herstellung

---

1744 Das neue Parteiprogramm. Beschlossen vom Bundesparteitag der SPÖ am 20. Mai 1978, in: Neugebauer, Modelle für die Zukunft, S. 116 f., Broda, Für die Weiterentwicklung der demokratischen Rechtsordnung, S. 16 und Broda, Sozialdemokratische Rechtspolitik, S. 275 ff.
1745 Regierungserklärung von Bundeskanzler Kreisky am 19. Juni 1979. StPNR, XV. GP, 2. Sitzung, 19.6.1979, S. 18. Vgl. hierzu auch: Broda legt 10-Punkte-Programm vor. Justizvorhaben in den nächsten 4 Jahren: Vor allem einfacherer Zugang zum Recht, in: Arbeiter-Zeitung, 12.5.1979.
1746 Broda, Die österreichische Rechtsreform (1970–1983), S. 9 f.

von mehr Chancengleichheit genannt worden war. Bringen sollte das neue
Konsumentenschutzgesetz – so Broda – »überall dort kompensatorischen
Rechtsschutz, wo übermächtige Organisationen und Institutionen, internationale Konzerne und marktbeherrschende Unternehmen als Verkäufer dem
wirtschaftlich schwächeren Konsumenten als Käufer gegenübertreten.«[1747] In
der neuen Legislaturperiode wurde 1981 nur mit den Stimmen der SPÖ ein
neues Mietrecht und mit den Stimmen von SPÖ und FPÖ ein neues Medienrecht
beschlossen, das das alte Presserecht ersetzen sollte. Es folgten ein zweites Antikorruptionsgesetz, die einstimmige Beschlussfassung über die Zivilverfah-
rensnovelle 1983, das neue Sachwaltergesetz, das anstatt der veralteten
Entmündigungsordnung eine moderne Sachwalterschaft brachte, das Strafverfahrensänderungsgesetz 1983 und eine Änderung des Dienstnehmerhaft-
pflichtgesetzes.[1748] Die Regierungsvorlage zur Schaffung einer modernen Sozialgerichtsbarkeit, die alle Zweige der Arbeits- und Sozialgerichtsbarkeit als
einen besonderen Zweig der ordentlichen Gerichtsbarkeit bei den Sozialge-
richten konzentrieren sollte und eine Laienbeteiligung in allen Instanzen vorsah,
wurde ebenso wie die Regierungsvorlage für ein Bundesgesetz über die
Rechtsfürsorge für psychisch Kranke in Krankenanstalten und die Regierungsvorlage für ein neues Jugendgerichtsgesetz zwar noch unter Justizminister
Broda im Nationalrat eingebracht, konnte vor den Wahlen vom 24. April 1983
aber nicht mehr behandelt bzw. verabschiedet werden.[1749] Das Arbeits- und
Sozialgerichtsgesetz folgte 1985, das neue Jugendgerichtsgesetz 1988 und das
Bundesgesetz über die Unterbringung psychisch Kranker in Krankenanstalten
erst 1991. Eine Reform der 1975 wiederverlautbarten Strafprozessordnung
wurde von 1974 bis 1983 in einem Arbeitskreis im Justizministerium beraten
und seither in verschiedenen Einzelgesetzen umgesetzt.

Das Strafverfahrensänderungsgesetz 1983 brachte einen Verteidigerkosten-
ersatz bei einem Freispruch im Strafverfahren sowie eine Änderung des Un-
tersuchungshaftrechts mit dem Ziel die Untersuchungshaft zurückzudrän-
gen.[1750] Maßgeblich hierfür war, dass Österreich zu Beginn der 1980er Jahre –
entgegen Brodas »Vision einer gefängnislosen Gesellschaft« – europaweit zu den
Ländern mit den höchsten Häftlingszahlen zählte. Zurückführbar war der Anstieg an Häftlingen sowohl auf gestiegene Zahlen bei den Strafgefangenen als
auch bei den Untersuchungshäftlingen.[1751] Nachdem die tägliche Durch-
schnittsbelegung in den österreichischen Justizanstalten 1970 bei 8770 Personen

---

1747 Broda, Sozialdemokratische Rechtspolitik, S. 279.
1748 Broda: »Strebe keine Funktion mehr an«, in: Die Presse, 13. 4. 1983.
1749 Fiedler, Bilanz der österreichischen Rechtspolitik, S. 142 ff.
1750 Broda, Rechtsreform und Gesellschaftsveränderung, S. 30.
1751 Die folgenden Zahlen umfassen sowohl die Untersuchungshäftlinge als auch die Strafge-
      fangenen, ausgenommen sind hier jene Personen, die eine Verwaltungsstrafe verbüßten.

lag und zu Beginn bzw. Mitte der 1970er Jahre ein Sinken der Haftzahlen auf rund 7600 in den Jahren 1975 und 1976 feststellbar war, zeichnete sich ab 1977 wieder ein Ansteigen ab, was dazu führte, dass sich mit Stand 30. September 1981 insgesamt 8685 Personen (davon 6077 Strafgefangene und 2608 Untersuchungshäftlinge) in den österreichischen Strafvollzugsanstalten befanden.[1752] In den Medien war hierauf zu lesen, dass Österreichs Gefängnisse »überfüllt sind« und im »Häfen« kein Platz mehr sei,[1753] und auch Broda musste zugeben, dass es zu keiner »Entvölkerung« der Gefängnisse gekommen war.[1754] Den Vorwurf, dass die Strafrechtsreform angesichts dieser Zahlen gescheitert sei, wollte Broda jedoch nicht gelten lassen, vielmehr wurden die hohen Haftzahlen zum Anlass für weitere Reformforderungen genommen. So ergab auch eine Analyse der aktuellen Zahlen, dass die Strafrechtsreform im Bereich der Zurückdrängung der kurzfristigen Haft und ihre Ersetzung durch die sozial gestaffelte Tagsatzgeldstrafe durchaus Wirkung gezeigt hatte, es gleichzeitig aber zu einem Anstieg im Bereich der Untersuchungshäftlinge[1755] gekommen war und sich die Dauer der zu verbüßenden Freiheitsstrafen erhöht hatte. Wenn nun auch weniger Personen ins Gefängnis kamen, blieben sie länger. Die Auswirkungen der Zurückdrängung der kurzfristigen Freiheitsstrafen wurden durch längere mittel- und langfristige Freiheitsstrafen somit »überkompensiert«. Zudem wurden die Möglichkeiten der bedingten Entlassung nur vorsichtig in Anspruch angenommen,[1756] was zuweilen mit einer zwar nicht offenen, aber verdeckten Kritik Brodas an der Richterschaft kommentiert wurde.[1757] Insgesamt kam die Strafrechtsreform der 1970er Jahre, die – wie ausgeführt – keine generelle, sondern nur eine partielle Entkriminalisierung gebracht hatte,[1758] – so Wolfgang Stangl im Jahr 1985 – primär im sogenannten Bagatellbereich voll zum Tragen. Sie

---

1752 Broda, Christian, Österreichische Häftlingszahlen – Aktuelle Probleme des Strafvollzuges, in: Anwaltsblatt 1 (1982) S. 4.

1753 Vgl. etwa: Österreich an Spitze bei Häftlingszahlen, in: Arbeiter-Zeitung, 21.3.1981, Österreichs Gefängnisse sind überfüllt, in: Die Presse, 21.11.1981, Weil derzeit jeder 800. aus dem Blechnapf frißt: Im Häfen ist kein Platz mehr frei, in: Kurier, 26.11.1981.

1754 Broda, Christian, Kriminalpolitik in unserer Zeit, in: Die Zukunft 12 (1984) S. 10.

1755 Vgl. hierzu etwa auch: Untersuchungshaft: Brodas strenge Kammern, in: Profil 9 (1982) S. 44–48.

1756 Vgl. hierzu auch: Das Strafrecht ist nicht milder geworden, in: Salzburger Nachrichten, 5.1.1980.

1757 So schrieb Broda etwa 1986 im »Anwaltsblatt« von der »Scheu vor der Anwendung der Rechtseinrichtung der bedingten Entlassung in einem vernünftigen Ausmaß im Sinne des Gesetzgebers«. Vgl.: Broda, Christian, Die Freiheitsstrafe und ihre Alternativen, in: Anwaltsblatt 6 (1986) S. 333.

1758 Anzumerken ist in diesem Zusammenhang, dass später auch an der Strafrechtsreform kritisiert wurde, dass Eigentumsdelikte im Vergleich zu den Körperverletzungsdelikten im österreichischen Strafrecht überbewertet sind. Interview mit Dr. Sepp Rieder am 20.5.2010.

reduzierte die Freiheitsstrafen bei kleinen, erst- und einmaligen Delikten und bewirkte auf der anderen Seite aufgrund der richterlichen Sanktionspolitik eine Verschärfung der unbedingten Freiheitsstrafe. Profitiert von der Reform haben – so Arno Pilgram 1981 – neben Frauen und Jugendlichen insbesondere respektable, das heißt unbescholtene, reichere, angepasste Personen. »Für den männlichen, erwachsenen, sozial benachteiligten Vorbestraften warf die Strafrechtsreform vergleichsweise wenig ab«.[1759] Anfang 1983, das heißt am Ende der Ära Kreisky, kamen auf 100.000 EinwohnerInnen 114 Gefangene (Strafgefangene und Untersuchungshäftlinge), womit Österreich die höchste Gefangenenrate der Europaratsstaaten außer der Türkei aufwies.[1760] Ein leichtes Sinken der Zahl der Untersuchungshäftlinge war zu diesem Zeitpunkt aufgrund der in diesem Bereich geführten Diskussion bereits bemerkbar.[1761] Bis die Haftzahlen insgesamt (Strafgefangene und Untersuchungshäftlinge zusammen) stärker zurückgingen, sollte es jedoch noch einige Jahre dauern und weiterer gesetzlicher Maßnahmen bedürfen.[1762] Immer wieder in die Diskussion eingebracht wurden hierbei von Broda (in Anlehnung an einen Vorschlag Pallins) eine Ausdehnung der Geldstrafe auf den Bereich der mittleren Kriminalität und Reformen im Bereich der bedingten Entlassung mit dem Ziel, dass diese auch wirklich zur Anwendung kommt bzw. nicht mit der Berufung auf eine Generalprävention umgangen wird.[1763]

Widersprachen die hohen Haftzahlen zu Anfang der 1980er Jahre Brodas »Vision einer gefängnislosen Gesellschaft«, so tat dies der Protest der Richter bzw. ein von der Richterschaft vorgelegter Notstandsbericht zur Lage der Justiz Brodas Zielvorgabe von einem besseren Zugang zum Recht. Nachdem es bereits 1967 zu einem Notstandsbericht gekommen war, wiesen Teile der Justiz – vor allem die Richter, aber auch die Staatsanwälte und Rechtspfleger – ab den späten 1970er Jahren vermehrt auf die schwierigen Arbeitsbedingungen im Bereich der Justiz hin.[1764] Der aus dem Jänner 1981 stammende »Notstandsbericht zur Lage

---

1759 Beides zitiert nach: Stangl, Die neue Gerechtigkeit, S. 108. Vgl. hierzu auch: Pilgram, Die Zweite Republik in der Kriminalpolitik, S. 492.

1760 Vgl. hierzu: In der BRD gab es 103, in England-Wales 87 und in den übrigen Mitgliedsstaaten des Europarates zwischen 28 und 72 Gefangene je 100.000 Einwohner. Vgl.: Broda, Die Zurückdrängung der Freiheitsstrafe im Strafrecht, in: Anwaltsblatt 2 (1985) S. 69.

1761 Broda, Kriminalpolitik in unserer Zeit, S. 7 f.

1762 Vgl. hierzu: Pilgram, Arno, Die Entwicklung der Gefangenenraten in Österreich (1980–2004) und ihre Hintergründe, http://www.irks.at/downloads/LandesberichtAustria(deutsch).pdf (1.11.2009).

1763 Vgl. hierzu: Broda, Kriminalpolitik in unserer Zeit, S. 8 f., Broda, Die Zurückdrängung des Freiheitsentzuges im Strafrecht, S. 70 ff., Broda, Die Freiheitsstrafe und ihre Alternativen, S. 334 sowie das Strafrechtsänderungsgesetz 1987, BGBl. Nr. 605/1987.

1764 Vgl. hierzu etwa: Unzufriedene Richter drohen mit Warnstreik, in: Die Presse, 31.5.1978, Rechtspfleger im »Notstand«. 400 Rechtspfleger und B-Beamte der Justiz tagen in Salzburg – Eröffnung mit Forderungen, in: Salzburger Nachrichten, 30.9.1978, Richter drohen

der Justiz in Österreich«, verfasst von der Vereinigung Österreichischer Richter unter ihrem damaligen Vorsitzenden Udo Jesionek, der auch in den Medien und bei der Opposition große Aufmerksamkeit fand, markiert somit nur den Höhepunkt einer bereits länger andauernden Kritik.[1765] Angesprochen werden im Bericht – zum Teil ähnlich wie 1967 – ein eklatanter Personalmangel im Bereich des richterlichen und nichtrichterlichen Personals, eine unzeitgemäße Ausbildung der Richter, ein schlechter baulicher Zustand vieler Gerichte, eine veraltete interne Gerichtsorganisation und ein verbürokratisierter Gerichtsbetrieb. Nicht ausgeklammert wurde im Bericht auch ein Seitenhieb auf die »Rechtsexplosion der letzten Jahre« und den damit verbundenen arbeitsmäßigen Mehraufwand (darunter die Einarbeitung in die neuen Gesetze)[1766] bzw. der Umstand, dass im Bereich der Verfahrensgesetze noch ein Nachziehprozess vonnöten sei, den Broda zwar – und das besonders in den Jahren nach der Umsetzung der materiellen Rechtsreform – wiederholt angekündigt hatte, wo aber noch zu wenig passiert sei.[1767] Christian Broda lehnte in seiner Reaktion auf den Bericht der Richtervereinigung zwar ab, dass von einem »Notstand« im Bereich der Justiz gesprochen werden könne, Schwachstellen und Verbesserungsmöglichkeiten räumte er jedoch ein. Und auch sein neuer Pressesekretär Sepp Rieder, der 1977 Heinrich Keller in dieser Funktion abgelöst hatte, bestritt in einem großen Doppel-Interview mit Jesionek, der 1982 die Leitung des Jugendgerichtshofes übernahm, gar nicht, dass im Bereich des Zugangs zum Recht noch viel geschehen könne – nicht zuletzt deshalb wäre diesem im neuen Parteiprogramm auch ein Schwergewicht eingeräumt worden.[1768] Den Vorwurf, dass die Rechtsreform der vergangenen Jahre zu einer zusätzlichen Arbeitsbelastung geführt

---

Streik an. Unzufriedenheit mit Dienstrecht, in: Oberösterreichische Nachrichten, 6.10.1978, Wenn die Rechtspflege nicht funktioniert, in: Salzburger Nachrichten, 28.7.1979, Wegen Richtermangels in Österreich: Der Zugang zum Recht wird erschwert, in: Neues Volksblatt, 14.5.1979 sowie nach der Vorlage des Berichts: Zweiter Notstandsbericht aus dem Justizbereich. Gerichtsvollzieher drohen mit Streik, in: Die Presse, 13.3.1981.

1765 Mit dem Notstandsbericht beschäftigte sich auch eine »Club 2«-Fernsehdiskussion am 17.2.1981.

1766 Abgelehnt wurde von der Richtervereinigung insbesondere angesichts der drückenden Personalnot zudem Brodas Ankündigung, die Rechtsberatung und Auskunftserteilung bei den Gerichten auszubauen. Geeignet hierfür wären – besonders auch angesichts des Umstandes, dass die Gerichte ja später in einer Rechtssache zu entscheiden hätten – die Rechtsanwaltschaften, während sich die Notariatskammer für Wien, NÖ und das Burgenland bereits im März 1978 zu einer kostenlosen ersten Rechtsauskunft entschieden hatte. Im Bereich der Anwaltschaft fiel eine ähnliche Entscheidung bereits 1970. Vgl.: Anwälte helfen ohne Honorar, in: Express, 31.10.1970, Kostenlose Rechtsauskunft in Notariatskanzleien, in: Wiener Zeitung, 16.3.1978 sowie Bundesministerium für Justiz (Hg.), Verbesserter Zugang zum Recht: Unentgeltliche Rechtsauskunft. Ein Wegweiser, Wien 1979.

1767 Vereinigung der österreichischen Richter, Notstandsbericht zur Lage der Justiz in Österreich, Jänner 1981, in: AChB, ÖNB, Handschriftensammlung, V.503.1.

1768 Notstand in der Justiz: Mehr als Etikettenfrage, in: Arbeiter-Zeitung, 21.2.1981.

habe, wehrte Broda jedoch ab. Ganz im Gegenteil hätte etwa die »große Strafrechtsreform«, das neue Tilgungsrecht oder die Einführung der einvernehmlichen Scheidung zu einer Entlastung der Gerichtsarbeit geführt. Dass die Ver-
fahrensvorschriften immer erst nach der Veränderung des materiellen Rechts
erfolgt seien, sei in der Geschichte immer der Fall gewesen – gearbeitet werde
derzeit insbesondere an einer Reform der Zivilprozessordnung, die 1983 auch
beschlossen wurde.[1769] Die Modernisierung des Gerichtsbetriebes, die seit dem
Justizprogramm 1969 immer Gegenstand der Regierungserklärung gewesen sei,
wäre im Gang und werde weiter voranschreiten. Auch in diesem Bereich sei das
Justizministerium nicht untätig gewesen. In den aktuellen Reformplänen wurde
sie nun in Reaktion auf die Kritik aber stärker als zuvor betont,[1770] war Broda,
dem auch von Walter Hauser – und das noch Jahre später – entgegengehalten
wurde, dass er sich während seiner Amtszeit zu sehr für die Rechtsreform eingesetzt und die innere Gerichtsorganisation vernachlässigt habe, nun doch
stärker als zuvor auch in diesem Bereich zum Handeln gezwungen.[1771]

7.4. Das neue Mediengesetz

Das neue Medienrecht, das das Pressegesetz des Jahres 1922 ersetzen sollte,
wurde – wie bereits vorausgeschickt – erst 1981 beschlossen. Es gehörte damit zu
den langwierigsten Gesetzesvorhaben der Zweiten Republik und wurde von
Christian Broda, der die Presserechtsreform in den frühen 1960er Jahren als
»Herzensangelegenheit« bezeichnet hatte, in seiner Bedeutung auch in den
1970er Jahren betont.[1772] Im Vergleich zu früheren Jahren hatte das Thema – wie
auch Heinrich Keller bestätigt[1773] – jedoch für Broda jene zentrale Bedeutung

---

1769 Amtsmüde? »Keineswegs«, in: Die Presse, 20. 12. 1980.
1770 Vgl. hierzu besonders eine Presseaussendung vom 6. 2. 1981 und Stellungnahmen zum
     Notstandsbericht aus dem Juli 1981, in: AChB, ÖNB, Handschriftensammlung, V.503.2
     und V.503.4, Christian Broda in der Nationalratssitzung vom 26. Februar 1981. StPNR, XV.
     GP, 65. Sitzung, 26. 2. 1981, S. 6564–6569 sowie Schwerpunkte im Justizbereich, in: Wiener
     Zeitung, 6. 2. 1981, »Notstand in der Justiz«. Broda vor Richter-Revolte, in: Kleine Zeitung,
     7. 2. 1981, Richter mahnen die Justizverwaltung, in: Salzburger Nachrichten, 7. 2. 1981.
     Eine Übersicht über die in den 1970er Jahren erfolgten Maßnahmen auf dem Personal-
     sektor im Bereich der Gerichtsorganisation findet sich in: Besserer Zugang zum Recht.
     Christian Broda zur österreichischen Rechtsreform (Politik und Dokumentation 12),
     Wien 1983.
1771 Debatte um Zugang zum Recht. Dringliche Anfrage der VP bot Anlass zur Analyse der
     Arbeitsmöglichkeiten der Gerichte, in: Wiener Zeitung, 27. 2. 1981 und Hauser, Walter,
     Utopie ohne Verliebtheit. Rechtsreform ist notwendig – aber mit Augenmaß, in: Die
     Furche 13 (1986) S. 5.
1772 Vgl. hierzu etwa: Broda für Pressegesetz, in: Salzburger Nachrichten, 21. 9. 1970.
1773 Interview mit Dr. Heinrich Keller am 12. 10. 2009.

eingebüßt, die es noch bei seiner erstmaligen Bestellung zum Justizminister eingenommen hatte.

Nachdem der Pressegesetzentwurf 1961 gescheitert war und auch während der ÖVP-Alleinregierung Klaus kein neues Pressegesetz verabschiedet worden war, wurden die Arbeiten an der Pressereform bereits 1970 wieder aufgenommen. Ausgehend von der Regierungserklärung 1970 wurde dem Nationalrat am 12. Februar 1971 ein Bericht des Justizministers zu einer Reform des Presserechts vorgelegt, der die Schwerpunkte für deren Reform bezeichnete und die parlamentarische Anhörung von Vertretern der Presse und anderen Experten auf dem Gebiet der Massenmedien anregte.[1774] Wie im Bereich der Familien- und Strafrechtsreform sollte es zu einer Verbindung von Teilreformen und Gesamtreform kommen, weshalb dem Nationalrat bereits im Juni 1971 Regierungsvorlagen zu einer Pressegesetznovelle 1971 bzw. Journalistengesetznovelle 1971 zugeleitet wurden.[1775] Vorgesehen war in beiden Vorlagen – und das wohl vor allem in Reaktion auf den »Fall Kronen-Zeitung« – die gesetzliche Verpflichtung zur Offenlegung der Eigentumsverhältnisse periodischer Druckschriften.[1776] Sowohl die Pressegesetznovelle 1971 als auch die Journalistengesetznovelle 1971 wurden jedoch nicht verabschiedet.

Eingesetzt wurde aber – ebenfalls in Folge des genannten Berichts – Anfang 1972 ein Arbeitskreis aus Vertretern der Berufsverbände der Presse, Wissenschaftlern, Praktikern des Pressewesens, Nationalratsabgeordneten und Vertretern der Justiz, der ein neues Pressegesetz bzw. darüber hinaus ein neues Medienrecht beraten sollte. Wie Broda 1973 ausführte, sollten damit bereits im vorparlamentarischen Raum Wissenschaft und Praxis, Presse, Rundfunk und Abgeordnete zusammengeführt werden, da man mit dieser Methode auch bei der Familien- und Strafrechtsreform einen erfolgreichen Weg beschritten habe.[1777] Ein Zurück zum Pressegesetzentwurf 1961 sollte es nicht geben. Als Ausgangspunkt der Beratungen konnten die früheren Ergebnisse und Erfahrungen aber allemal dienen, wenn es Anfang der 1970er Jahre auch nicht mehr nur darum ging, lediglich das Presserecht zu reformieren. Vielmehr galt es nun, neue gesetzliche Grundlagen für die Tätigkeit der Medien insgesamt unter Berücksichtigung der Veränderungen am Mediensektor, der gestiegenen Bedeutung

---

1774 Hartmann, Presserecht 1945–1982, S. 626.
1775 Broda, Die österreichische Rechtsreform. Bisherige Ergebnisse und zukünftige Aufgaben, S. 8 ff.
1776 Jandl, Das Medienrecht, S. 127.
1777 Broda, Christian, Die Reform des österreichischen Presserechts, Teil 1, in: Der Staatsbürger 5 (1973) S. 1.

des Rundfunks und dem Aufkommen neuer elektronischer Medien, zu schaffen.[1778]

Abgeschlossen wurden die Beratungen des Arbeitskreises, der als Plattform für einen unverbindlichen Gedankenaustausch diente und in dem es keine Abstimmungen gab, nach 20 Sitzungen am 10. Juni 1974.[1779] In Folge wurde auf diesen Ergebnissen aufbauend im Justizministerium eine Regierungsvorlage zu einem Bundesgesetz über die Presse und andere publizistische Medien ausgearbeitet und am 26. November 1975 im Nationalrat eingebracht bzw. – wie es auch in der Strafrechts- und Familienrechtsreform der Fall war – der Öffentlichkeit in Form einer kommentierten Publikation vorgestellt.[1780] Vorgesehen war im Entwurf des Mediengesetzes 1975, dass nicht nur das Grundrecht der individuellen Meinungs- und Informationsfreiheit als Verfassungsbestimmung verankert werden sollte, sondern auch dass Medien eine öffentliche Aufgabe erfüllen. Wichtig war dies für Broda bereits 1961 gewesen, eine Übereinstimmung konnte damals aber gerade in diesem Punkt nicht hergestellt werden. Zudem sollte die innere Pressefreiheit gestärkt und der Schutz des Redaktionsgeheimnisses verstärkt werden. Der persönliche Lebensbereich der BürgerInnen sollte in der Berichterstattung stärker als bisher geschützt werden, das Entschädigungs- und Entgegnungsrecht sollten ebenso wie die Möglichkeiten einer Beschlagnahme neu gefasst und die Gerichtssaalberichterstattung, der Broda große Aufmerksamkeit schenkte, reformiert werden. Vorgebeugt werden sollte insbesondere einer vorsätzlichen Einflussnahme auf den Ausgang einer Strafhandlung. Vorgesehen war zudem – wie es auch die Pressegesetznovelle 1971 beinhaltet hatte – die Pflicht zur Offenlegung der Eigentums- und Beteiligungsverhältnisse am Unternehmen und der grundlegenden Richtung des periodischen Mediums. Generell sollte es auch im Medienrecht zu einer Entkriminalisierung und einer Verlagerung von den strafrechtlichen hin zu den zivilrechtlichen Sanktionen kommen.

Zu einer parlamentarischen Beratung der Regierungsvorlage kam es jedoch nicht. Vorerst galt es – wie mit der ÖVP vereinbart – die Familienrechtsreform abzuschließen.[1781] Verabschiedet wurden 1974 aber das Bundesgesetz über die Aufgaben und Einrichtung des Österreichischen Rundfunks (Rundfunkgesetz 1974) und das Bundesverfassungsgesetz über die Sicherheit der Unabhängigkeit des Rundfunks (Rundfunkverfassungsgesetz), das die Anerkennung der öf-

---

1778 Vgl. zu den Beratungen des Arbeitskreises auch: Rieder, Sepp, Für ein modernes Medienrecht, in: Österreichische Zeitschrift für Politikwissenschaft 3 (1973) S. 243–252.
1779 Nach den ersten 14 Sitzungen wurde ein erster Referentenentwurf im Justizministerium ausgearbeitet, der dann in sechs weiteren Sitzungen beraten wurde.
1780 Bundesministerium für Justiz, Entwurf eines Mediengesetzes.
1781 Vgl. hierzu auch: Broda widerspricht Blecha. Mediengesetz kommt erst 1978, in: Die Presse, 20. 4. 1977.

fentlichen Aufgabe der Journalisten vorsah. Vorausgegangen war den beiden
Gesetzen die Einsetzung einer Reformkommission im Bundeskanzleramt,
nachdem Kreisky die ORF-Reform zur »Chefsache« erklärt hatte. 1975 folgte
schließlich, nachdem 1972 bereits ein Publizistikförderungsgesetz verabschiedet worden war, auch ein Presseförderungsgesetz. Ziel des Gesetzes war es, der
voranschreitenden Pressekonzentration zu begegnen und eine möglichst große
Meinungsvielfalt zu unterstützen.[1782] Beschlossen wurde das Presseförderungsgesetz 1975 zeitgleich mit dem neuen Parteiengesetz, um negativen Medienre-
aktionen vorzubeugen – brachte das neue Parteiengesetz doch nicht nur die bis
dato fehlende Rechtsgrundlage für die Parteien und ihre Tätigkeit sondern vor
allem auch die öffentliche Parteienfinanzierung, die als eigentlicher Motor des
Parteiengesetzes verstanden werden kann.[1783]

Weitere Beratungen in der Frage der Medienrechtsreform schloss dies jedoch
nicht aus. Öffentlich und auch zwischen SPÖ und ÖVP führte vor allem die
Neufassung des Persönlichkeitsschutzes zu harten Kontroversen.[1784] Befürchtet
wurde, dass nach dem neuen Mediengesetz keine kritische Berichterstattung
mehr über Politiker möglich sein würde, wenn diese – wie im noch zu erörternden »Fall Androsch« – auch das Privatleben der Politiker betreffen würde.

Broda, der sich in dieser Frage zu Beginn der 1960er Jahre noch äußerst liberal
gezeigt hatte und seither (vor allem Ende der 1960er Jahre von der »Kronen-
Zeitung«) selbst scharf von den Medien angegriffen worden war, betonte den
Persönlichkeitsschutz nun stärker als zuvor.[1785] Zu einem besonders wichtigen
Anliegen wurden für ihn nun die Frage der Kriminalberichterstattung und jene
der Medienjustiz, womit er ein Thema aufgriff, das auch Heinrich Keller besonders am Herzen lag.[1786] Das Thema Medien erlangte für ihn somit vor allem
dann wieder eine besondere Bedeutung, wenn es sich mit jenem der Strafrechtspolitik verband, das für Broda immer stärker zum beherrschenden Thema
geworden war. So beschäftigte sich etwa im Sommer 1976 eine vom Justizministerium veranstaltete Enquete mit Problemen der Kriminalberichterstattung.
Broda selbst hielt auf dem Europäischen Forum Alpbach, dem 1945 von Otto

---

1782 Hartmann, Presserecht 1945–1982, S. 626 f.
1783 Wirth, Demokratiereform, S. 202.
1784 Vgl. hierzu etwa: Blecha: Mediengesetz ist akkordiert, in: Arbeiter-Zeitung, 25.11.1978,
     Ein unhaltbarer Paragraph, in: Kronen-Zeitung, 26.11.1978, Mediengesetz: Sogar Hauser
     warnt vor dem Broda-Entwurf, in: Kleine Zeitung, 30.11.1978, Broda will Konflikt um
     Medienrecht entschärfen, in: Die Presse, 30.11.1978.
1785 Vgl. hierzu auch die Berichterstattung zum Linzer Medientag 1978: Linzer Medien-Le-
     ckerbissen, in: Kurier, 11.5.1978, Neuordnung des Medienrechts, in: Wiener Zeitung,
     11.5.1978, Persönlichkeitsschutz hat Vorrang, in: Arbeiter-Zeitung, 11.5.1978, Wenig
     Jubel um Mediengesetz. Broda feuert gegen »Fernsehpranger«, in: Südost-Tagespost, 11.5.
     1978.
1786 Interview mit Dr. Sepp Rieder am 20.5.2010.

Molden begründeten Forum für Zukunftsfragen, im September 1977 ein viel beachtetes Referat zum Thema »Pressefreiheit – Schutz und Bedrohung der Menschenwürde«. Darin äußerte er nicht nur heftige Kritik an der bestehenden Kriminalberichterstattung, sondern betonte auch, dass keine Medien- oder Parajustiz vor der Rechtssprechung der unabhängigen Gerichte gewünscht sei bzw. eine solche Nebenjustiz durch den Boulevard mit ihren Vorverurteilungen den fundamentalen Grundsätzen der Europäischen Menschenrechtskonvention widerspreche. Erzeugen würde die praktizierte Art der Kriminalberichterstattung vielfach ein Klima der Angst und Verunsicherung, das oft nicht der realen Bedrohungssituation entspreche und vielmehr noch zu Nachahmungstätern führen könne. Vor allem würde mit einer gezielten Panikmache aber auch versucht, die Justiz unter Druck zu setzen. In die Diskussion über die Sicherheit würden auch die Bemühungen um einen humanen Strafvollzug hineingezogen, obzwar doch bewusst sein müsse, dass »kein gesellschaftlicher Bereich so exponiert und so sensibilisiert wie das Strafverfahren und der Strafvollzug« sei und alles das, was in der Strafrechtspflege für die Bewahrung der Menschenwürde getan werde, geschehe, damit es in Zukunft weniger Opfer gebe. Ausdrücklich verwiesen wurde von Broda in seiner Kritik insbesondere auf die bereits genannte Leserbriefaktion »Volksbegehren Todesstrafe« der »Kronen-Zeitung« aus dem März 1977 sowie die Fernsehsendung »Aktenzeichen XY ungelöst«, die bereits seit längerer Zeit auf massive Kritik Brodas gestoßen war, nachdem diese erstmals von Brodas Pressesekretär Heinrich Keller geäußert worden war.

In Hinblick auf die Medienrechtsreform hielt Broda es somit nicht nur für erforderlich, die Medienfreiheit im neu zu schaffenden Gesetz als wichtigen Bestandteil eines demokratischen Staates im Verfassungsrang festzuschreiben und die innere Pressefreiheit zu stärken, sondern vor allem mehr Selbstdisziplin bei den Medien einzufordern, da auch die Institutionalisierung des Presserats hier keine sichtbaren Erfolge gebracht habe:

> »Das Medienklima, und zwar sowohl das Verhalten der Medien gegenüber den Grundrechten als auch das Verhalten der anderen gesellschaftlichen Institutionen zu den Medien, ist in der freien demokratischen Gesellschaft nicht in erster Linie Ergebnis gesetzgeberischer Eingriffe und behördlichen Einschreitens. Das positive Recht mag einige Stütze sein. Wichtiger ist die innere Einstellung der Beteiligten und Betroffenen. Entscheidend ist die Selbstverantwortung und Selbstdisziplin der Medienmitarbeiter.«[1787]

1787 Vgl. Broda, Christian, Pressefreiheit – Schutz und Bedrohung der Menschenwürde (Zeitdokumente 9), hg. vom Dr. Karl Renner-Institut, Wien 1977, insbesondere S. 16, sowie Medienjustiz widerspricht Menschenrecht. Alpbach: Scharfe Kritik Justizminister Brodas an der Presse, in: Arbeiter-Zeitung, 3.9.1977.

Später – im Zusammenhang mit den hohen Haftzahlen zu Beginn der 1980er Jahre – ergänzte Broda, dass die Kriminalberichterstattung auch ihren Anteil dazu beitragen habe, die Durchschnittsdauer der mittleren und längeren Freiheitsstrafen zu erhöhen.[1788]

Ein Unterausschuss zur Beratung des neuen Mediengesetzes wurde vom Justizausschuss am 12. Juni 1978 eingesetzt. Dieser hielt insgesamt 26 Sitzungen ab und führte zur Ausarbeitung einer neuen Regierungsvorlage, die am 5. Juni 1979 im Nationalrat eingebracht wurde. Der Mediengesetzentwurf 1979 wurde neuerlich einem Unterausschuss des Justizausschusses zugewiesen und am 12. Juni 1981 schließlich in der Fassung des Abänderungsantrages zweier Abgeordneter, von Karl Blecha (SPÖ) und Norbert Steger (FPÖ), mit den Stimmen von SPÖ und FPÖ angenommen. Die ÖVP, in der sich der konfliktbereitere Flügel um Heribert Steinbauer gegenüber dem stärker konsensorientierten Flügel um Walter Hauser durchsetzten konnte, verweigerte ihre Zustimmung, da ihr das neue Gesetz zu wenig liberal war und »mehr Bürokratie« schaffen würde, es einen Etikettenschwindel vornehmen würde, weil die neuen Medien wie Kabel-TV oder Teletext nicht ausreichend berücksichtigt worden seien und es zu wenig entkriminalisiere bzw. dem Geist von Friedrich Austerlitz [ehemaliger Chefredakteur der »Arbeiter Zeitung«, Anm.: M. W.] widersprechen würde, wonach ein Gesetz dann ein gutes Gesetz sei, wenn es so wenig wie möglich in Pressedingen regeln wolle. Kritisiert wurde aber auch die festgehaltene Offenlegungspflicht und der Umstand, dass sich die SPÖ angesichts verschiedener Krisen und Skandale in ihren Umfeld – wie dem »Fall Androsch« und dem AKH-Skandal – generell mit den kritischen Medien derzeit schwer tun würde.[1789]

Gebracht hat das neue Medienrecht, das im Gegensatz zum Pressegesetzentwurf 1961 von einem neuen Medienbegriff ausging, neben der Einführung einer neuen Terminologie und einer neuen Gliederung folgende inhaltliche Neuerungen: Eine verfassungsmäßige Verankerung der öffentlichen Aufgabe der Medien und der Meinungs- und Pressefreiheit scheiterte an der hierfür notwendigen Zustimmung der ÖVP. Im neuen Mediengesetz wurde die Meinungs- und Pressefreiheit aber in einer Präambel verankert. Die Eigentumsverhältnisse an Medienunternehmen sowie die Blattlinie mussten offen gelegt werden. Die innere Pressefreiheit sollte durch die gesetzliche Regelung des Zustandekommens von Redaktionsstatuten gestärkt werden, der journalistische Meinungsschutz wurde neu definiert und sollte prinzipiell gelten bzw. nur an der »Blattlinie« seine Grenzen finden. Der Schutz der Persönlichkeitsrechte sollte

---

1788 Broda, Österreichische Häftlingszahlen, S. 5.
1789 Vgl.: Abg. Steinhauser bei der Beschlussfassung des Mediengesetzes. StPNR, XV. GP, 79. Sitzung, 12.6.1981, S. 7932–7938 sowie VP destruktiv: Nein zum Medienrecht, in: Arbeiter-Zeitung, 26.5.1981.

durch den Schutz des höchstpersönlichen Lebensbereiches gewährleistet werden. Zulässig sollte eine Berichterstattung nur dann sein, wenn sie wahr ist und in einem unmittelbaren Zusammenhang mit dem öffentlichen Leben steht. Fernsehen und Hörfunk wurden aus dem Gerichtssaal verbannt und der Anspruch auf die Veröffentlichung einer korrespondierenden Mitteilung über den Ausgang des Strafverfahrens verankert. Generell sollte das Strafrecht nicht mehr das primäre Mittel zur Durchsetzung des Persönlichkeitsschutzes sein, publizistische Wiedergutmachung und Entschädigung sollten Vorrang haben. Eine Entkriminalisierung des Medienrechts sollte aber auch durch die Abschaffung des verantwortlichen Redakteurs, der bisher für fast alle presserechtlichen Verfehlungen den Kopf hinhalten musste, durch die Einführung der Straflosigkeit bei der Wahrnehmung der journalistischen Sorgfaltspflicht sowie der Verweisung einiger Tatbestände von den Strafgerichten zu den Verwaltungsbehörden (Unterlassung des Impressums, Kennzeichnung von entgeltlichen Beiträgen etc.) erreicht werden. Die zensurähnliche Herausgeberanzeige, die vor jeder Herausgabe eines neuen Periodikums an die Polizeibehörde erstattet werden musste, wurde abgeschafft, ebenso die Ablieferung von »Pflichtexemplaren« von jeder Nummer eines periodischen Druckwerks an Polizei und Staatsanwaltschaft mit Beginn der Verbreitung, womit ein sofortiger behördlicher Zugriff sichergestellt worden war. Die Möglichkeiten einer Beschlagnahme wurden neu geregelt, prinzipiell zurückgedrängt. Unwahre Entgegnungen sollten unterbunden werden.[1790]

In seiner Einschätzung blieb das neue Mediengesetz – wie bereits die Beschlussfassung zeigt – umstritten. Während den einen die Entkriminalisierungsbestrebungen nicht weit genug gingen und festgehalten wurde, dass die JournalistInnen bei ihrer Arbeit in Zukunft vorsorglich Rechtsanwälte konsultieren sollten und das Netz an Kosten, Geldbußen und Entschädigungsansprüchen vor allem für kleine Medien gefährlich werden könne, wollten andere wiederum die strafrechtlichen Ansprüche stärker fixiert wissen. Ging den einen – wie Bruno Kreisky – die Absicherung des Redakteurs gegenüber dem Verleger nicht weit genug,[1791] verwiesen andere darauf, dass die gesetzlichen Möglichkeiten in diesem Bereich ohnehin beschränkt seien. Das Gesetz blieb somit in Diskussion. Christian Broda wandte sich der von ihm im Zuge der Diskussion aufgegriffenen Thematik der Medienjustiz auch in den folgenden Jahren zu.[1792]

1790 Vgl.: Jandl, Medienrecht, S. 135 ff. sowie Rieder, Sepp, Das österreichische Mediengesetz, in: Broda, Christian / Deutsch, Erwin / Schreiber, Hans-Ludwig / Vogel, Hans-Jochen (Hg.), Festschrift für Rudolf Wassermann zum sechzigsten Geburtstag, Darmstadt 1985, S. 497 – 510.

1791 Rathkolb, Oliver / Kunz, Johannes / Schmidt, Margit (Hg.), Bruno Kreisky. Der Mensch im Mittelpunkt. Der Memoiren dritter Teil, Wien/München/Zürich 2000, S. 64.

1792 Vgl. hierzu etwa: Broda, Christian, Justiz und Medien. Vortrag gehalten bei der Eröff-

7.5. Der »Fall Androsch«

Wenn Broda in den späten 1970er Jahren gestützt auf das neue Parteiprogramm der SPÖ die Rechtsreform weiter vorantreiben wollte und eine Vielzahl von Gesetzesentwürfen plante, war der Reformeifer der SPÖ in diesen Jahren doch eindeutig rückläufig. Die späten 1970er Jahre waren geprägt von massiven Auseinandersetzungen zwischen Bruno Kreisky und Hannes Androsch, in denen auch Christian Broda eindeutig Stellung nahm und sich wie eine Reihe anderer wichtiger FunktionärInnen in der SPÖ, darunter Hertha Firnberg und Anton Benya, auf der Seite Androschs positionierte.

Der Konflikt Kreisky-Androsch hatte – wie mittlerweile in verschiedenen Arbeiten zu diesem Thema nachgelesen werden kann[1793] – mehrere Komponenten. Es war ein Konflikt, der sich sowohl in Sachfragen, vor allem unterschiedlichen Positionen in der Währungspolitik, aber auch hinsichtlich der Verstaatlichen Industrie, äußerte und die Frage von Politik, Moral und Geschäft betraf. Es war ein Konflikt, der starke persönliche Komponenten – reichend von der Angst, von der Spitze verdrängt zu werden, bis zu einer persönlichen Enttäuschung durch den prolongierten »Nachfolger« – aufwies, sich um Machtzentren in der SPÖ drehte und wesentlich über die Medien ausgetragen wurde.[1794] Ihnen kam im sich rapide verschlechternden Verhältnis zwischen Kreisky und Androsch, das mit einer immer schlechter werdenden Gesprächssituation verbunden war, geradezu eine Katalysatorwirkung zu. In der Partei konnte sich (mit Ausnahme von Heinz Fischer) dem Konflikt zwischen Kreisky und Androsch – ähnlich wie beim »Fall Olah« in den 1960er Jahren – kaum jemand entziehen.

Hannes Androsch, geboren 1938, stammte aus einem sozialdemokratischen Haus und war bereits als Student an der Hochschule für Welthandel politisch in den Reihen der SPÖ aktiv. 1963 wurde er Sekretär für Wirtschaftsfragen des sozialistischen Parlamentsklubs, 1967 zog er als Abgeordneter in den Nationalrat ein, 1970 wurde Androsch der bis dato jüngste Finanzminister der Zweiten Republik, nachdem er in den Jahren zuvor am Wirtschaftsprogramm der SPÖ, einem der Reformprogramme der »1400 Experten« für ein modernes

nungssitzung des IX. Österreichischen Juristentages am 17. September 1985 in Wien, in: Anwaltsblatt 2 (1986) S. 107 – 113.

1793 Vgl. hierzu: Liegl, Barbara / Pelinka, Anton, Chronos und Ödipus, Der Kreisky-Androsch-Konflikt, Wien 2004 und Dickinger, Christian, Der Konflikt zwischen Bundeskanzler Bruno Kreisky und Finanzminister Hannes Androsch. Versuch einer Annäherung, Univ.-Diss., Wien 2000, Palme, Liselotte, Androsch. Ein Leben zwischen Geld und Macht, Wien 1999, Mauhart, Ein Stück des Weges gemeinsam, S. 436 – 489 sowie Kriechbaumer, Die Ära Kreisky, S. 86 – 98.

1794 Dickinger, Christian, Der Kreisky-Androsch-Konflikt, in: Ders., Die Skandale der Republik. Haider, Proksch & Co., Wien 2001, S. 109.

Österreich mitgearbeitet hatte, an dem auch Christian Broda als Rechtsberater mitgewirkt hatte. Als Finanzministers war Androsch zwar nicht Kreiskys erste Wahl. Kreisky soll diesen Posten zuerst Alfred Schachner-Blazizek, Rudolf Häuser, Felix Slavik und Franz Ockermüller angeboten haben. Nachdem diese (aus unterschiedlichen Gründen[1795]) abgelehnt und sich sowohl der Wiener Vizebürgermeister Slavik als auch der Länderbank-Generaldirektor Ockermüller für Androsch ausgesprochen hatten, zog dieser jedoch ins Finanzministerium ein.[1796] In Folge avancierte Androsch bald zum wichtigsten Regierungsmitglied für Kreisky, dem dieser nicht nur in Fragen der Wirtschaftspolitik traute, sondern den er auch in viele Bereiche einband, die nicht in seinem eigentlichen Kompetenzbereich lagen. Am Wort von Androsch lag Kreisky – wie viele WeggefährtInnen berichten – viel.[1797] Die beiden bildeten ein eigenes Team in der Regierung, in den Medien wurde nicht selten der Begriff des »Ziehsohns« verwendet, auf den Kreisky auch international mit einem gewissen Stolz hinwies.

Ab Mitte der 1970er Jahre begann sich das Verhältnis der beiden jedoch zu verschlechtern, wobei ein wesentlicher Bruch im Zusammenhang mit der Bundespräsidentenwahl 1974 bzw. der Suche eines Nachfolgers für den verstorbenen Franz Jonas erfolgte. Leopold Gratz und Hannes Androsch hatten damals – wie auch Anton Benya – Kreisky gefragt, ob er nicht als Nachfolger von Jonas für das höchste Amt im Staat kandidieren möchte. Kreisky, der in den 1950er Jahren gegenüber Adolf Schärf ähnlich gehandelt hatte, als es um die Nachfolge von Bundespräsident Theodor Körner ging,[1798] empfand dies jedoch als Affront und wollte nicht von der Spitze der Regierung verdrängt werden. Trotzdem machte er Androsch nach dem Ausscheiden von Rudolf Häuser aus der Regierung 1976 zu seinem Vizekanzler, womit eine Reihe älterer und verdienter Regierungsmitglieder übergangen wurden: Hertha Firnberg, die Kreisky mit den Worten »alt bin ich selbst« ablehnte, aber auch Christian Broda, der für Kreisky in dieser Funktion wohl nie in Frage kam.[1799] Nach außen hin und auch in der Partei wurde damit ein deutliches Signal in Hinblick auf eine Nachfolge Kreiskys gegeben – war Androsch seit dem SPÖ-Parteitag 1974 in der Nachfolge des mächtigen Karl Waldbrunner doch auch stellvertretender Parteivorsitzender.[1800] In den Medien avancierte Androsch zum »Kronprinzen«.

1795 Alfred Schachner-Blazizek litt an Krebs, Slavik und Ockermüller wollten ihre alten Positionen nicht aufgeben.
1796 Palme, Androsch, S. 101 und Wysocki, Josef, Hannes Androsch, in: Dachs, Herbert /
      Gerlich, Peter / Müller, Wolfgang C. (Hg.), Die Politiker. Karrieren und Wirken bedeutender Repräsentanten der Zweiten Republik, Wien 1995, S. 42.
1797 Liegl/Pelinka, Chronos und Ödipus, S. 9 f.
1798 Mauhart, Ein Stück des Weges gemeinsam, S. 445 f.
1799 Liegl/Pelinka, Chronos und Ödipus, S. 15 f.
1800 Mauhart, Ein Stück des Weges gemeinsam, S. 453.

Doch schon ein Jahr später, 1977, kam es in einer währungspolitischen Frage zu einem weiteren Bruch im Verhältnis der beiden. Kreisky konnte sich damals angesichts des ersten Ölpreisschocks ein Abrücken von der Härtwährungspolitik Androschs bzw. ein Abgehen von der Bindung des Schillings an die harte D-Mark vorstellen. Androsch konnte sich, unterstützt vom damaligen Vizepräsidenten der Nationalbank, Karl Waldbrunner, und ÖGB-Präsident Benya, mit seinem Kurs in der Währungspolitik – ähnlich wie es bereits 1973 der Fall gewesen war, als es zu einer ersten Verschlechterung im Verhältnis der beiden gekommen war – jedoch durchsetzen. Kreisky, der erst in die Entscheidungsfindung eingebunden wurde, als es bereits zu einer Einigung zwischen Androsch und der Gewerkschaft gekommen war, erlebte dies als schwere Niederlage und als ein Übergehen seiner Person. Die wachsende Freundschaft mit Anton Benya beobachtete er misstrauisch.[1801] Ebenfalls nicht auf Gegenliebe stieß bei Kreisky, dass Androsch angesichts der wachsenden Staatsschulden für mehr Eigenvorsorge und Eigenverantwortung und eine Überprüfung der Sozialleistungen plädierte, was er als persönliche Kritik an dem von ihm eingeschlagenen sozialpolitischen Kurs empfand.[1802] Ähnlich sollte es sich später auch verhalten, als Androsch dafür plädierte, die Subventionen für die Verstaatlichte Industrie zurückzuschrauben, die in Kreiskys Zuständigkeitsbereich als Bundeskanzler ressortierte und die für ihn eine wichtige Rückgratfunktion für die österreichische Wirtschaft einnahm. Verbunden war damit aber auch die Frage nach dem Primat der Wirtschaft über die Politik oder umgekehrt – gehörte Kreisky doch einer Generation an, die versuchte, die Wirtschaft mittels der Politik zu gestalten, während Androsch einer Generation angehörte, die durch das »Mitdenken privatwirtschaftlicher, privatkapitalistischer Interessen« versuchte, Politik zu machen.[1803]

Einen Wechsel Androschs an die Spitze der Nationalbank wollte Kreisky im Jahr 1977 jedoch nicht unterstützen. Vielmehr empfand er den Wunsch Androschs, der zu diesem Zeitpunkt – so die Journalistin und Androsch-Biographin Liselotte Palme – Kreisky gegenüber bereits zweimal angekündigt hatte, dass er gerne aus der Regierung ausscheiden würde,[1804] nicht nur als Undankbarkeit, sondern auch als »Verrat an der Politik«. Sein Bestreben, in die Nationalbank zu wechseln, passte nicht in die Vorstellungswelt Kreiskys, der – so der ehemalige Innenminister Erwin Lanc – einen »fast biblisch-archaischen Zugang« zu politischen Funktionen hatte und für den es nichts Wesentlicheres gab,

---

1801 Liegl/Pelinka, Chronos und Ödipus, S. 27 ff., Mauhart, Ein Stück des Weges gemeinsam, S. 454 ff.
1802 Kriechbaumer, Die Ära Kreisky, S. 91 f.
1803 Liegl/Pelinka, Chronos und Ödipus, S. 30 ff.
1804 Palme, Androsch, S. 249.

»als die Bewegung des Jahrhunderts zu führen.«[1805] Kreisky, der selbst nur unter
größten Mühen an die Spitze der Partei gelangt war, der für die Sozialdemokratie
im Gefängnis gesessen hatte und den die Partei erst weggeschickt hatte, als er in
den 1940er Jahren aus dem schwedischen Exil nach Österreich zurückkehren
wollte, konnte es nicht verstehen, dass jemand, dem er den Weg zu den höchsten
Ämtern geebnet hatte, eine Tätigkeit in der Nationalbank der Politik vorziehen
wollte. In späteren Jahren wurde Androsch von Kreisky in diesem Zusammenhang vorgeworfen, dass sein Bestreben nach einem Wechsel in die Nationalbank
vor allem finanziell motiviert gewesen sei, dass es ihm in erster Linie um das
Geld ginge.[1806]

Deutlich an Schärfe zugenommen hat der Konflikt schließlich ab dem Sommer 1978, wobei beide immer stärker über die Medien miteinander kommuni-
zierten. Daneben hatte wohl auch der sich zunehmend verschlechternde ge-
sundheitliche Zustand Kreiskys Auswirkungen auf seine Persönlichkeit und sein
Misstrauen, von der Parteispitze verdrängt zu werden, und Verrat zu wittern,
verstärkt.[1807] Kreisky musste sich 1974 in Innsbruck einer Prostata-Operation
unterziehen, wobei eine Niereninsuffizienz festgestellt wurde. Im Juni 1978
wurde er im AKH an der Galle operiert. Zudem litt er seit Jahren an erhöhtem
Blutdruck und an Diabetes und wurde in Folge zum Dialyse-Patienten. 1985
musste er sich schließlich in Hannover einer Nierentransplantation unterziehen.
Eine Folge des Bluthochdrucks wiederum war ein schmerzhaftes Augenleiden,
das Ende 1978 akut wurde und ihm im Wahlkampf 1979 sehr zu schaffen
machte.[1808] Maßgeblich für das sich weiter zuspitzende Verhältnis zu Androsch
war, dass im Sommer 1978 eine heftige Diskussion in der Frage nach der Ver-
einbarkeit von Androschs Beteiligung an der Steuerberatungskanzlei »Consultatio« mit seinem Amt als Finanzminister losgetreten wurde. In der Folge wurde
auch dessen aufwendiger Lebensstil nicht ausgeklammert, der bereits in den
Jahren zuvor immer wieder in den Medien angesprochen worden war und von
Kreisky nun mit immer größerer Skepsis und wohl auch einer gewissen Frus-
tration, wenn nicht Neid beobachtet wurde – übertrumpfte ihn der jüngere
Androsch, der zunehmend an Popularität und an Einfluss in der SPÖ gewonnen
hatte, nun doch auch in der Lebensführung.

Als Hannes Androsch 1970 zum Finanzminister bestellt wurde, übte er den

---

1805 Liegl/Pelinka, Chronos und Ödipus, S. 37. Vgl. hierzu auch: Dickinger, Christian, Der
     Konflikt zwischen Bundeskanzler Kreisky und Finanzminister Androsch, in: SWS-
     Rundschau 1 (1998) S. 76.
1806 Mauhart, Ein Stück des Weges gemeinsam, S. 462, Palme, Androsch, S. 250 f.
1807 Androsch, Hannes, Audiatur et altera pars (Man höre auch die andere Seite), in:
     Kriechbaumer, Robert, Die Ära Kreisky. Österreich 1970–1983, Wien/Köln/Weimar 2006,
     S. 486 f.
1808 Palme, Androsch, S. 265.

Beruf eines beeideten Wirtschaftsprüfers und Steuerberaters aus. Androsch
besaß seit den späten 1960er Jahren seine eigene Kanzlei und war Kanzleiver-
weser des Witwenfortbetriebes der Buchprüfungs- und Steuerberatungskanzlei
seines 1965 verstorbenen Vaters. 1970 wurde hieraus die »Consultatio«, an der
Androsch 51 Prozent der Anteile hielt.[1809] Um seine Berufsbefugnis nicht zu
verlieren, behielt er nach dem Wechsel in die Regierung – wie er oftmals betonte
– seine eigene Kanzlei, die erst bei seinem Ausscheiden aus der Regierung an die
»Consultatio« verkauft wurde, zugleich aber auch seine Anteile an der »Consultatio«. In beiden Fällen wurde jedoch in Übereinstimung mit den Bestimmungen des Unvereinbarkeitsgesetzes für politische Mandatare und der Wirt-
schaftstreuhänderverordnung[1810] ein Stellvertreter bzw. was die »Consultatio«
betrifft ein berufsrechtlich eigenverantwortlicher Geschäftsführer in der Stell-
vertretung von Androsch bestimmt.[1811] Die »Consultatio« erlebte in den 1970er
Jahren einen raschen Aufstieg, wobei eine Reihe ihrer Klienten aus dem Umfeld
der Gemeinde Wien bzw. der verstaatlichten Unternehmen stammten.[1812] Als im
Sommer 1978 ausgehend von der Opposition und den Medien die »Consultatio«
in den Blickpunkt der Öffentlichkeit geriet, traten in der SPÖ unter anderem
Leopold Gratz und Christian Broda als Verteidiger von Hannes Androsch auf,
während Kreisky über die Medien ausrichten ließ, dass er für ein schärferes
Unvereinbarkeitsgesetz und für eine Vermögenstransparenz bei öffentlichen
Funktionären sei.[1813] Kreisky, der sich in den Jahren zuvor, als das Verhältnis zu
Androsch gut war, wohl gar nicht so genau für die »Consultatio« interessiert
hatte, verkündete nun, in dieser Frage sehr genau sein zu wollen.[1814] Die »Consultatio« wurde im Folgenden – so Norbert Leser – zum Stein des Anstoßes,
wobei sich viele BeobachterInnen des Eindrucks nicht erwehren konnten, dass

---

1809 Kriechbaumer, Die Ära Kreisky, S. 87.

1810 Eine Orientierung erfolgte hierbei an den Bestimmungen für Notare und Rechtsanwälte,
      da eine Unvereinbarkeitsregelung für Wirtschaftsprüfer und Steuerberater damals nicht
      bestand. Die Wirtschaftstreuhänderordnung schloss zur damaligen Zeit die Ausübung
      einer politischen Funktion nicht aus, sah aber im Falle einer längeren Behinderung die
      Verpflichtung vor, einen Stellvertreter zu bestellen. AChB, ÖNB, Handschriftensammlung,
      V.6.

1811 Androsch, Audiatur et altera pars, S. 487 sowie Schreiben der Kammer der Wirtschafts-
      treuhänder an Hannes Androsch vom 28. 11. 1978. AChB, ÖNB, Handschriftensammlung,
      V.6.3.

1812 Palme, Androsch, S. 246.

1813 SP-Verteidiger für Androsch, in: Kurier, 8. 8. 1978, Broda: In Demokratie brauchen Poli-
      tiker sicheres Einkommen, in: Kleine Zeitung, 8. 8. 1978, »Fall Androsch«: SP bohrt weiter,
      in: Kurier, 9. 8. 1978.

1814 Kreisky für Vermögensstriptease der Prominenz, in: Kronen-Zeitung, 10. 8. 1978, Kanzler
      nimmt Androsch nur vorsichtig in Schutz, in: Die Presse, 11. 8. 1978, Kreisky für schär-
      feres Unvereinbarkeitsgesetz: Vermögenstransparenz bei öffentlichen Funktionären, in:
      Arbeiter-Zeitung, 15. 8. 1978.

Kreisky diese nun auch dazu benutzte, eine »unabhängig davon bestandene Rechnung« mit Androsch zu begleichen.[1815]

Christian Broda hingegen verkündete im Sommer 1978, als die Diskussion über die »Consultatio« einen ersten Höhepunkt erreichte, dass er die gegen Androsch entfesselte »Diffamierungskampagne« als verleumderisch und heuchlerisch empfinde. Die Demokratie könne »die Übernahme politischer Spitzenfunktionen nicht mit der Vernichtung bisheriger und grundsätzlich auch künftiger beruflicher Existenzgrundlagen derer bestrafen, denen sie Verantwortung überträgt, wenn sie nicht negative Auslese betreiben will. Das gilt vor allem für die Angehörigen der freien Berufe. Es ist ein Grundsatzproblem, das sich in allen Demokratien stellt.«[1816] In Hinblick auf seine eigene Situation hielt er Mitte August 1978 fest, dass seine Anwaltskanzlei stillgelegt sei. Wie bereits ausgeführt, hatte Broda sich bei seinem ersten Eintritt in die Regierung 1960 aus der Anwaltsliste streichen lassen. 1970 wurde für ihn ein Stellvertreter – zuerst Theodor Schwager und dann Nikolaus Siebenaller[1817] – bestellt, wobei Broda nun vermerkte, dass seit 1970 durch den mittlerweiligen Stellvertreter die alten Causen nicht mehr weitergeführt und keine Neuen angenommen worden seien und er, da die alten Fälle abrechnet waren, kein Einkommen neben seinem Amtseinkommen beziehen würde. Gelegentliche Einnahmen aus seiner publizistischen Tätigkeit wende er regelmäßig der österreichischen Sektion von Amnesty International zu.[1818]

Ende des Jahres, in der Sitzung des SPÖ-Parteipräsidiums vom 6. Dezember, sprach sich dieses über Initiative von Kreisky für verstärkte Unvereinbarkeitsregelungen bei Regierungsmitgliedern aus. Androsch erklärte sich dazu bereit, seine Anteile an der »Consultatio« einem Treuhänder zu übertragen.[1819] Damit konnte die SPÖ angesichts der herannahenden Nationalratswahlen im Jahr 1979 ihre Reihen noch einmal schließen. Kreisky, der in Folge der Volksabstimmung

1815 Leser, Salz der Gesellschaft, S. 229.

1816 Broda, Christian, Gegen die Verleumder und die Heuchler. Aussendung über die Sozialistische Korrespondenz vom 7.8.1978. ACHB, ÖNB, Handschriftensammlung, V.5.1.

1817 Schreiben der Rechtsanwaltskammer Wien an die Verfasserin vom 28.12.2009.

1818 Handschriftliche Notizen vom 13.8.1978. ACHB, ÖNB, Handschriftensammlung, V.6.

1819 Beschluss des Parteipräsidiums vom 6. Dezember 1978. ACHB, ÖNB, Handschriftensammlung, V.6.5 sowie Fischer, Reflexionen, S. 271 f. Vgl. hierzu auch: Graff, Michael, Warnung an Kreisky, in: Profil 19 (1980) S. 18 f. sowie Josef Votzi sprach mit dem »Consultatio«-Treuhänder Dr. Walter Schuppich: »Das ist eine Gradwanderung«, in: Profil 20 (1980) S. 22 f. Walter Schuppich, Präsident der Rechtsanwaltskammer und einer der Treuhänder – beauftragt mit dieser Aufgabe wurden die drei Präsidenten der Kammern der Freien Berufe –, äußerte sich folgendermaßen zum Vertrag: »Die Pointe des Vertrages ist, dass ›Consultatio‹-Gesellschafter Androsch in die Verwaltung des Unternehmens nur dann nicht dreinreden darf, wenn es sich um Maßnahmen handelt, die seine Stellung als Regierungsmitglied betreffen könnten. Das ist das treuhändische Element [...] Ansonsten kann Androsch frei über seine Firma verfügen«.

über das Kernkraftwerk Zwentendorf über eine »Generalvollmacht« in der SPÖ
verfügte, schien es damals noch nicht zum endgültigen Bruch kommen lassen zu
wollen, wenn er auch nicht mit Kritik an seinem Finanzminister zurückhielt.
Nach der Volksabstimmung über das AKW-Zwentendorf, für dessen Inbetriebnahme sich Kreisky im Vorfeld vehement ausgesprochen hatte und dessen
Ergebnis er indirekt mit seiner weiteren politischen Zukunft verband, hatte er
erweiterte, jedoch nicht näher spezifizierte Vollmachten in der SPÖ erhalten. Die
Partei wollte damit Kreisky, der bereit war, die Konsequenzen für die Zwent-
endorf-Niederlage auf sich zu nehmen, signalisieren, dass sie auf ihn nicht
verzichten könne. Sein Wunsch nach größeren Vollmachten wurde daher gewährt,[1820] wenn dies auch den im Zuge der Parteireform 1976 erhobenen An-
sprüchen nach mehr innerparteilicher Demokratie widersprach und in den
Medien Brodas Aussage aus der »Olah-Krise«, dass die SPÖ keine »Führerpartei« sei, zitiert wurde. So wurde im »Profil« ein fingiertes Interview mit Broda,
der selbst krankheitshalber nicht am SPÖ-Präsidium teilnehmen konnte, abgedruckt, was bei Kreisky wohl nicht auf Wohlwollen gestoßen sein dürfte.[1821]
Seine neuen Vollmachten, die sich Kreisky im November 1978 vorstellen konnte,
etwa bei einer Regierungsumbildung oder beim Privilegienabbau anzuwen-
den,[1822] wollte er im Dezember 1978 und nach den Nationalratswahlen 1979, bei
denen Kreisky den größten Wahlsieg für die SPÖ in ihrer Geschichte einfahren
konnte, jedoch nicht geltend machen. »Das politische Erdbeben« erfolgte – so
Robert Kriechbaumer – erst 1980 mit der Thematisierung Androschs im Zuge
des AKH-Skandals.[1823]

Am 17. April 1980 wurde ein parlamentarischer Untersuchungsausschuss
unter der Leitung des neugewählten FPÖ-Obmanns Norbert Steger eingesetzt. In
diesem sollten die im Zusammenhang mit dem Bau des Allgemeinen Krankenhauses in Wien, dem größten Krankenhausneubau Europas, erhobenen
Vorwürfe um Schmiergeldzahlungen, Korruption und eine angebliche
(schlussendlich nicht nachgewiesene) Parteienfinanzierung im Zusammenhang
mit Auftragserteilungen untersucht werden.[1824] Die SPÖ wollte damit den Schritt
nach vorne wagen – entwickelte sich der AKH-Skandal, der sukzessive vom
Journalisten Alfred Worm im Nachrichtenmagazin »Profil« aufgedeckt
wurde,[1825] doch in ihrem Umfeld. Ein erstes Opfer der Untersuchungen des

---

1820 Fischer, Die Kreisky-Jahre 1967 – 1983, S. 162 f.
1821 Der SPÖ-Führerkult, in: Profil 46 (1978) S. 15 f.
1822 SPÖ: Volles Vertrauen für Kreisky, in: Arbeiter-Zeitung, 8. 11. 1978.
1823 Kriechbaumer, Die Ära Kreisky, S. 88.
1824 Fischer, Reflexionen, S. 292 f.
1825 Vgl. zum AKH-Skandal: Worm, Alfred, Der Skandal: Story, Analyse, Dokumente. Europas
      größter Krankenhausbau, Wien 1981, Pelinka, Anton, »Wanzenjournalismus« und »Zer-
      fall der Geschlossenheit«. Der AKH-Skandal, in: Gehler, Michael / Sickinger, Hubert (Hg.),

»Profil« rund um den Spitalneubau war bereits 1979 Gesundheitsministerin Ingrid Leodolter geworden.[1826] Entscheidend hinsichtlich Androschs war, dass sein »Consultatio«-Geschäftsführer (und Miteigentümer) Franz Bauer, ein alter Freund aus dem VSStÖ, eine eigene Firma namens »Ökodata« gegründet hatte, mit der er lukrative AKH-Aufträge abwickelte. Zudem bestanden auch geschäftliche Beziehungen zwischen der »Consultatio« und der »Ökodata«.[1827] Vier Tage später kam es zu einer Vierpunkte-Vereinbarung zwischen Kreisky und Androsch, die der »Consultatio« und deren Miteigentümern untersagte, Aufträge von öffentlichen Unternehmen oder anderen öffentlichen Organisationen anzunehmen.[1828] Wie so vieles zuvor wurde auch dieses Programm durch die Medien publik. Da der AKH-Skandal von einem investigativen Journalismus in die breite Öffentlichkeit getragen wurde, musste auch Kreiskys »Aktion saubere Partei« den gleichen Weg nehmen.[1829]

Die erhoffte Beruhigung trat damit jedoch nicht ein. Als im Frühsommer 1980 Androsch gegen Kreiskys Plan opponierte, eine Quellensteuer auf Sparbuchzinsen einzuführen, wurde der Konflikt ein weiteres Mal um eine sachpolitische Komponente verstärkt.[1830] Am 21. August 1980 beschäftigte sich auf Wunsch der ÖVP dann auch eine parlamentarische Sondersitzung mit Hannes Androsch, bei der es nicht nur um die »Consultatio« und die »Ökodata«, sondern – ausgehend von einem anonymen Schreiben an Kreisky, Vertreter der ÖVP und einige Medien – auch um die Begleitumstände der Finanzierung von Androschs Villa in Neustift am Walde ging. Im Zentrum stand dabei ein Kredit, den sein Schwiegervater Paul Schärf zur Finanzierung der Androsch-Villa aufgenommen hatte, wobei maßgeblich war, dass der Kredit der Zentralsparkasse zu unüblich günstigen Konditionen gewährt worden war und dieser »Zinsbonus« im Zusammenhang mit niedrig verzinsten Festgeldeinlagen des Wiener Vereins und der Donau Versicherung, wo Schärf zur Zeit der Kreditgewährung im Auf-

---

Politische Affären und Skandale in Österreich. Von Mayerling bis Waldheim, 2. erw. Ausg., Thaur/Wien/München 1996, S. 532 – 545, Dickinger, Christian, »Wir müssen die Sümpfe trocken legen und, wir sind auf einer Landwirtschaftsmesse, nehmen wir gleich die sauren Wiesen dazu«, in: Ders., Die Skandale der Republik. Haider, Proksch & Co., Wien 2001, S. 87 – 117.

1826 Die Arbeitsgemeinschaft Kostenrechnung, deren Geschäftsführer – wie bei der Ökodata – Armin Rumpold war, hatte in der zweiten Hälfte der 1970er Jahre einen hoch dotierten Auftrag zur Erstellung einer Kostenrechnung für Österreichs Spitäler erhalten, der vom Rechnungshof und in Folge vom »Profil« hart kritisiert wurde und 1979 zum Rücktritt von Ingrid Leodolter führte.

1827 Palme, Androsch, S. 261.

1828 Fischer, Die Ära Kreisky, S. 249.

1829 Fauler Friede, in: Profil 18 (1980) S. 18 (S. 14 – 19)

1830 Dickinger, Der Konflikt zwischen Bundeskanzler Kreisky und Finanzminister Androsch (SWS-Rundschau), S. 82.

sichtsrat war, gesehen wurde.[1831] Ein weiterer Aspekt der Villenfinanzierung, der Umstand dass Androsch zur Finanzierung auch auf anonyme Wertpapierdepots bzw. Konten zugreifen konnte, hinter denen nicht versteuerte Gelder des Finanzministers vermutet wurden, geriet erst später in den Blickpunkt der Öffentlichkeit und wurde durch die Selbstanzeige des »Wahlonkels« von Hannes Androsch, Gustav Steiner, wegen Steuerhinterziehung beflügelt[1832] – sollte dieser durch die Überlassung seiner Wertpapiere doch zum Kauf der Villa beigetragen haben.[1833]

Kreisky verkündete Anfang September bei einer Versammlung des Pensionistenverbandes in Linz ein »Zehn-Punkte-Programm«, in dem er Sauberkeit im öffentlichen Leben und »eine rigorose Trennung von Politik und Geschäft« forderte.[1834] Reagiert hat er damit – so sein ehemaliger Pressesekretär Wolfgang Petritsch – auf eine Aussage von Armin Rumpold, dem zweiten Gesellschafter der »Ökodata«, im Zusammenhang mit dem AKH-Skandal. Rumpold hatte am 3. September vor der Untersuchungsrichterin Helene Partik-Pablé[1835] ausgesagt, dass es eine verdeckte Beteiligung Androschs an der »Ökodata« gebe – eine Aussage, die nach einem großen Artikel im »Profil« Ende September 1980 auch die Öffentlichkeit beschäftigte, von Rumpold aber nie bewiesen werden konnte.[1836] Kreisky sah sich zum sofortigen Handeln veranlasst.[1837] Noch stärker als in den vorhergehenden Monaten positionierte sich Kreisky damit als moralische Instanz in der Partei und versammelte damit auch viele »Linke« in der Partei um

---

1831 Vgl.: Alfred Worm, Die Villa Androsch, in: Profil 49 (1980) S. 22 – 27 und Seco, E., Der Fall Androsch, Wien 1981, S. 41 ff.

1832 Die Selbstanzeige Steiners erfolgt am 25. August 1981 und blieb nicht die einzige, ihr folgte jene von Paul Schärf. Vgl. Seco, E., Der Fall Androsch, Wien 1981, S. 49 f.

1833 Vgl.: Alfred Worm, Die Villa Androsch, in: Profil 49 (1980) S. 22 – 27 und Seco, E., Der Fall Androsch, S. 46 ff.

1834 Dieser Katalog umfasste folgende Punkte: Begleitende Kontrolle bei öffentlichen Großbauvorhaben, eigene Gesellschaften, die solche Bauvorhaben durchführen, Ausschreibung und Auftragserteilungen in aller Öffentlichkeit, bessere Möglichkeiten für Gerichte, die Unzulänglichkeiten verfolgten (Pallin-Kommission), Offenlegung der Vermögensverhältnisse der obersten Organe, Verwaltung von Unternehmen, die sich im Besitz von Regierungsmitgliedern befinden, kein Firmenbesitz von sozialistischen Regierungsmitgliedern, Ehrensenat für Anschuldigungen gegen hohe Amtsträger, volle Besteuerung von Politikereinkommen, Verschärfung der Schadenersatzpflicht für Bestecher und Bestochene. Vgl.: Dickinger, Der Konflikt zwischen Bundeskanzler Bruno Kreisky und Finanzminister Hannes Androsch, S. 137.

1835 Partik-Pablé war Untersuchungsrichterin, Richter im Prozess war Paul Weiser.

1836 Vgl. hierzu: Lingens, Peter Michael, So packte Rumpold aus, in: Profil 39 (1980) S. 8 – 12 sowie Schachter, Herbert, Steuersache Doktor Hannes Androsch, in: Kriechbaumer, Robert, Die Ära Kreisky. Österreich 1970 – 1983, Wien/Köln/Weimar 2006, S. 406.

1837 Petritsch, Wolfgang, Bruno Kreisky. Ein politisches Leben, in: Perger, Werner / Petritsch, Wolfgang, Bruno Kreisky gegen die Zeit, Heidelberg 1995, S. 143 sowie Worm, Der Skandal, S. 170 ff.

sich.[1838] Kreisky gelang es – wie etwa in der »Zukunft« nachzulesen ist[1839] – speziell den linken Flügel der Partei sowie VertreterInnen der Jugendorganisationen als MitstreiterInnen zu gewinnen, die »ohnehin mit zunehmender Intensität die ideologische Aushöhlung durch ›Technokraten‹ und ›Nadelstreifsozialisten‹ beklagten« und deren »Machtzuwachs in Partei und Regierung skeptisch beäugten« – wurde Androsch doch gleichsam als Symbol einer »neuen Klasse« der Aufsteiger und weitgehend entideologisierten »Macher« gesehen.[1840]

Androsch erklärte sich in der Sitzung des Parteipräsidiums vom 9. September 1980, obwohl er bereits ein Rücktrittsschreiben vorbereitet hatte und auch in den Medien schon von seinem Rücktritt zu lesen war,[1841] sowohl zur Annahme dieses Zehn-Punkte-Programms als auch zu einem Verkauf der »Consultatio« bereit. Maßgeblich hierfür war, dass sich mit Anton Benya, Hertha Firnberg, dem Kärntner Landeshauptmann Leopold Wagner, dem burgenländischen Landeshauptmann Theodor Kery und dem Wiener Bürgermeister Leopold Gratz wichtige Vertreter der SPÖ für einen Verbleib von Kreisky und Androsch aussprachen[1842] und sich vor allem Anton Benya um eine Aussprache der beiden bemüht hatte. Christian Broda hatte – wie in den Medien festgehalten wurde – »termingerecht« einen Tag vor dem SP-Präsidium und dem geplanten Sturz des Finanzministers per Presseaussendung verkündet, dass die Erhebungen wegen der Kreditaufnahme Schärfs für die Finanzierung von Androschs Villa keine strafbare Handlung von Androsch ergeben hätten und er an der Kreditbeschaffung für Dr. Schärf weder beteiligt war noch sonst darauf eingewirkt habe.[1843]

Im Nationalrat wurde am 5. November 1980 eine Reform der Unvereinbarkeitsbestimmungen beschlossen, die in direktem Zusammenhang mit dem »Fall

---

1838 Am 8. September erklärte auch Peter Michael Lingens, der lange pro-Androsch eingestellt war, dass »jeder anständige Mensch, gleichgültig aus welchem Lager er kommt, […] in diesen Tagen die Pflicht [hat], voll und ganz hinter Bruno Kreisky zu stehen«. Vgl.: Lingens, Peter Michael, Moral steigert den Profit, in: Profil 37 (1980) S. 10 f.

1839 Vgl. etwa die September-Nummer der »Zukunft« aus dem Jahr 1980.

1840 Dickinger, Der Kreisky-Androsch-Konflikt, S. 112.

1841 Vgl. etwa: Tramontana, Reinhard, Hannes Androsch: Auf Wiedersehen?, in: Profil 37 (1980) S. 14–18.

1842 Fischer, Reflexionen, S. 295.

1843 ÖVP-Attacke gegen Androsch und Paul Schärf zusammengebrochen, in: Arbeiter-Zeitung, 9.9.1980 sowie VP beschuldigt Dr. Broda: Einmischung für Androsch, in: Neues Volksblatt, 16.9.1980. Wörtlich hieß es in der Presseaussendung, die am 7. und 8. Oktober von der Opposition auch im Parlament aufgegriffen wurde: »Die Erhebungen brachten auch keinen Hinweis darauf, dass Vizekanzler Dr. Androsch eine strafbare Handlung anzulasten wäre, weil er entgegen der Anzeigebehauptung an den Verhandlungen über die Gewährung eines Zinsenbonus für Dr. Schärf weder beteiligt war noch sonst darauf hingewirkt hat«. StPNR, XV. GP, 45. Sitzung, 7.10.1980, S. 4322.

Androsch« gesehen werden kann.[1844] Als sich der SP-Parteivorstand rund einen
Monat später, im Dezember 1980, erneut mit Androsch beschäftigte, erklärte
Broda im Vorfeld noch einmal, dass es keinen Anhaltspunkt dafür gäbe, dass der
Finanzminister auf die Gewährung eines Zinsenbonus bei der Kreditgewährung
an Dr. Schärf Einfluss genommen habe und man die Justizbehörden in Ruhe
entscheiden lassen soll.[1845] Ein Ausscheiden Androschs aus der Regierung würde
er bedauern.[1846] Dieses stand jedoch unmittelbar bevor. Hannes Androsch teilte
am 11. Dezember 1980 dem Parteipräsidium seinen Rücktritt mit,[1847] der diesmal auch akzeptiert wurde. Grund hierfür war wohl einerseits, dass sich in der
Partei die Erkenntnis durchgesetzt hatte, dass das Verhältnis von Kreisky und
Androsch nicht mehr zu kitten war und der »Fall Androsch« in der Öffentlichkeit nicht zur Ruhe kam. Der Abgang des Vizekanzlers und Finanzministers
sollte nach außen jedoch nicht als »moralische Verurteilung« erfolgen, sondern
als Wechsel in eine adäquate finanzpolitische Spitzenfunktion. Von der SPÖ
wurde daher ein Abgang Androschs in die Creditanstalt vorbereitet. Franz
Vranitzky, der von der SPÖ über diesen Plan nicht informiert worden war,
sondern hiervon durch FPÖ-Obmann Peter erfuhr,[1848] sollte vor dem Hintergrund der Länderbank-Krise seine Vorstandsfunktion in der CA aufgeben und
an die Spitze der schwer angeschlagenen Länderbank überwechseln.[1849] Im CA-
Vorstand, in dem sich 13 ÖVP- und SPÖ-Vertreter und einer der FPÖ befanden,
musste die notwendige Zustimmung des FPÖ-Vertreters jedoch erst noch eingeholt werden. Stark gemacht hat sich für diese vor allem Anton Benya, der auch
Kreisky gegenüber vehement dafür eingetreten war, dass Androsch in die CA
wechseln sollte.[1850] Bedingung für die Zustimmung der FPÖ war zum einen eine
Unbedenklichkeitsbescheinigung Kreiskys für Androsch und zum anderen die

---

1844 Fischer, Die Kreisky-Jahre 1967–1983, S. 204
1845 Am 22. 8. 1980 erstattete der ÖVP-Politiker Fritz Hahn, zweiter Präsident des Wiener
     Landtags, vertreten durch Michael Graff Strafanzeige gegen Paul Schärf, Dr. Erich Gött-
     licher und Hannes Androsch wegen des Verdachts der Untreue. Später wurde auch ein
     Schutzverband der Geschädigten der Donau Versicherung und des Wiener Vereins ge-
     bildet, der ebenfalls von Graff vertreten wurde. Die Ermittlungen wurden am 17. 11. 1980
     eingestellt, da keine ausreichenden Gründe für ein Strafverfahren gefunden wurden. Al-
     fred Worm schrieb in diesem Zusammenhang im Dezember 1980 im »Profil«, dass Broda
     und Androsch den Kreditfall stets anders dargestellt hatten, als er tatsächlich gewesen sei
     und dass auch Kritik am Vorgehen der Justiz angebracht sei, dass aber zwischen Un-
     wahrheit und einem strafrechtlich relevanten Tatbestand unterschieden werden müsse.
     Eine Befragung von Richtern und Staatsanwälten wäre zu dem Schluss gekommen, dass ein
     Gerichtsverfahren gegen Androsch oder Schärf mit einem glatten Freispruch geendet
     hätte. Vgl.: Worm, Alfred, Kreiskys »Krankheitsherd«, in: Profil 50 (1980) S. 18 f.
1846 Broda deckt Androsch, in: Kurier, 2. 12. 1980.
1847 Fischer, Reflexionen, S. 297.
1848 Vranitzky, Franz, Politische Erinnerungen, Wien 2004, S. 73.
1849 Kriechbaumer, Die Ära Kreisky, S. 95.
1850 Mauhart, Ein Stück des Weges gemeinsam, S. 488.

Zusage der »Objektivierung der Postenvergabe« im verstaatlichten Bereich, sprich ein Aufsichtsratsposten für die FPÖ.[1851] FPÖ-Obmann Steger, der im Zuge des AKH-Untersuchungsausschusses einen Kreisky kennen gelernt hatte, der Androsch lieber heute als morgen »vernichten« wollte, verstand die Welt nicht mehr, als Kreisky im Zuge von Gesprächen mit der FPÖ, die die nötige Zustimmung des FPÖ-Vertreters im CA-Vorstand bringen sollten, Androsch nun als den »besten Finanzminister der Zweiten Republik« bezeichnete – ein Lob, das Kreisky Mitte Dezember anlässlich des beschlossenen Ausstiegs von Androsch aus der Regierung auch gegenüber der Öffentlichkeit aussprach und damit seinem Handeln in den vergangenen Monaten drastisch widersprach.[1852] Der Austritt Androschs aus der Regierung wurde am 20. Jänner 1981 vollzogen. Sein Nachfolger als Finanzminister wurde der Kreisky-Vertraute und bisherige Gesundheitsminister Herbert Salcher, sein Nachfolger als Vizekanzler wurde Unterrichtsminister Fred Sinowatz.[1853] Im Parteivorstand verblieb Androsch bis 1983. In der CA nahm er zunächst die Funktion eines Vizegeneraldirektors, bald jedoch jene eines Generaldirektors ein,[1854] wobei anlässlich der Bestellung zum Generaldirektor in den Medien erneut von einem »Persilschein« Brodas hinsichtlich des Verdachts der Steuerhinterziehung die Rede war.[1855] Generaldirektor der CA blieb Androsch bis 1988, bis zu seiner Verurteilung wegen einer falschen Zeugenaussage vor dem AKH-Untersuchungsausschuss im Jahr 1981.[1856] Das Steuerverfahren gegen Androsch, das durch seinen Nachfolger Herbert Salcher vorangetrieben wurde und das etwa bei Liselotte Palme sowie in einer Darstellung von Androschs Anwalt Herbert Schachter nachgelesen werden kann, beschäftigte die Gerichte über Jahre und endete (nach einer Verurteilung wegen Steuerhinterziehung) erst 1996. Hierbei gelang es »in dem der Allgemeinheit geläufigsten Anklagepunkt [...], dem des Villen-Kaufs mit Schwarzgeld [...] nicht, Steuerbehörden und Richter von Androschs Unschuld zu überzeugen«, und auch ein zweiter Vorwurf, wonach es bei einer internen Ver-

---

1851 Kriechbaumer, Die Ära Kreisky, S. 96 und Buchacher, Robert, So kam Androsch in die CA, in: Profil 3 (1981) S. 12 f.
1852 Androsch geht im Jänner in Creditanstalt-Vorstand, in: Arbeiter-Zeitung, 12. 12. 1980.
1853 Fischer, Reflexionen, S. 297.
1854 Vgl.: Gemischte Gefühle, in: Profil 14 (1981) S. 21.
1855 Persil-Schein Brodas für Androsch, in: Kurier, 5. 4. 1981, Wenn's für die SPÖ brenzlig wird, ist sie da: Die unsichtbare Hand des Christian Broda, in: Kurier, 14.4.1981. Eine (wiederum von Michael Graff) erstattete Anzeige wegen Steuerhinterziehung im Zusammenhang mit der Villenfinanzierung wurde am 27.3.1981 zurückgelegt. Der Verdacht der Steuerhinterziehung war damit jedoch nur kurzfristig abgeblockt worden. Vgl.: Hannes Androsch, in: Profil 15 (1981) S. 71.
1856 Kriechbaumer, Die Ära Kreisky, S. 98.

kaufs-Transaktion seiner Steuerberatungskanzlei eine »verdeckte Gewinnaus-
schüttung« gegeben habe, blieb – so Liselotte Palme – letztendlich bestehen.[1857]

In den Medien, die im »Fall Androsch« und dem Konflikt mit Bruno Kreisky
eine wesentliche Rolle spielten, wurde das Eintreten Brodas für Androsch
deutlich registriert und auch danach gefragt, wie es möglich sei, dass Broda, der
als »Linker« galt und die »klassenlose Gesellschaft« anstrebte, der persönlich
(ebenso wie Anton Benya) bescheiden lebte,[1858] für jemanden eintrat, der bereits
im VSStÖ als »Pragmatiker« gegolten hat und nun quasi zum Symbol des Kapitalismus schlechthin wurde. Gründe dafür wurden im »Kurier« 1978, das heißt
noch zu Beginn des »Falles Androsch«, etwa darin gesehen, dass Broda selbst in
den 1960er Jahren heftigen Angriffen der Medien ausgesetzt war und dies eine
»gewisse Empathie« bei ihm ausgelöst haben soll. Festgehalten wurde aber auch,
dass es Androsch gewesen sein soll, der Broda in den Morgenstunden des
2. Dezember 1969 vor Olahs Anti-Broda-Pamphlet gewarnt habe.[1859]

In einer 2004 veröffentlichten Studie von Barbara Liegl und Anton Pelinka
zum Kreisky-Androsch-Konflikt, die auf Interviews mit einer großen Anzahl
von ZeitzeugInnen beruht, wurde das Partei-Ergreifen von Christian Broda,
Hertha Firnberg und Anton Benya, zu denen Broda wegen der gemeinsamen
Arbeit an der Rechtsreform bzw. seit der »Olah-Krise« gute Verbindungen hatte,
hingegen vorwiegend auf deren persönliches, nicht einfaches Verhältnis zu
Kreisky zurückgeführt.[1860] Neben einer Wertschätzung der Fähigkeiten Androschs als Finanzminister und der immer weniger nachvollziehbaren Heftigkeit, mit der Kreisky nun gegen seinen einstigen »Kronprinzen« vorging, wurde
in der Positionierung von Broda, Firnberg und Benya auch die Austragung einer
Art von »Stellvertreterkonflikt« gesehen, bei dem »verhinderte SP-Obleute« dem
Bundeskanzler einmal Widerstand entgegensetzten wollten. Zudem habe Broda
– so Karl Blecha – auch nie verstanden, dass ihm Kreisky nicht die notwendige

---

1857 Palme, Androsch, S. 155 ff. Vgl. ebenfalls: Schachter, Steuersache Doktor Hannes Androsch, S. 494 ff. sowie Hannes Androsch im Interview: »Der Kanzler war einfach eifer-
süchtig«, in: Die Presse, 20.3.2010, »Du hast keine Chance gehabt«, in: Die Presse, 27.3.
2010 und zum Verfahren gegen Alfred Worm wegen verbotener Einflussnahme auf ein
Steuerverfahren: http://www.menschenrechte.ac.at/docs/97_5/97_5_07.htm (2.5.2010).
Heinz Fischer gibt in seinen »Reflexionen« ebenfalls einen kurzen Überblick über das
Verfahren: Fischer, Reflexionen, S. 299 f.
1858 Interview mit Marietheres Frauendorfer am 16.3.2007.
1859 Anti-Typ als Androsch-Freund, in: Kurier, 1.9.1978.
1860 Interessant ist in diesem Zusammenhang, dass laut Medienberichten auch Hertha Firnberg 1967 gegen Kreisky als SPÖ-Vorsitzenden gestimmt haben soll. Als Regierungsmitglied war ihr Handlungsspielraum in den Jahren ab 1970 relativ groß, das Verhältnis zu
Kreisky wurde als »korrekt« beschrieben. »Sowohl innerhalb der SPÖ als auch innerhalb
der Regierungsmannschaft war Firnberg eine der wenigen Personen, die Kreisky wirklich
respektierte«. Vgl. Steininger, Hertha Firnberg, S. 137 und Schachinger, Hertha Firnberg,
S. 116–120.

Wertschätzung seiner »intellektuellen Kapazität, seines ungebrochenen Reformwillens« und seines »beispiellosen Einsatzes für eine Veränderung der österreichischen Gesellschaft« entgegengebracht habe. Sein Parteiergreifen für Androsch könnte – so der Journalist Paul Lendvai – möglicherweise aber dadurch bedingt gewesen sein, dass Broda befürchtete, von Kreisky abgesetzt zu werden[1861] oder – so Heinrich Keller – dadurch beeinflusst gewesen sein, dass sich Anton Benya, die parteiinterne »Schutzmacht« Brodas, auf der Seite Androschs befand.[1862]

Für Norbert Leser bedeutete das Verhalten Brodas 1980 nicht nur eine Enttäuschung. Vielmehr warf er Broda, der einst der Anwalt von Milovan Djilas war und der immer wieder dessen Buch »Die neue Klasse« zitiert hatte, vor, nun genau jene »neue Klasse«, ihre Exponenten und ihre Praktiken abzusichern. Er, der Olah mehr oder weniger gestürzt hatte, weil er in ihm eine Gefahr für die Substanz der Partei gesehen hatte, würde nun bei Androsch keine sehen.[1863]

Für Christian Broda, der 1983 in der Radio-Sendung »Im Brennpunkt« zum »Fall Androsch« Stellung nahm, waren – angesprochen auf den Auslöser des Konflikts – ideologische Spannungen zwischen Kreisky und Androsch »sicher da«. Seinen eigenen Standpunkt beschrieb er damit, dass er sich immer »links von der Mitte der Sozialistischen Partei angesiedelt« habe, was für den Finanzminister »sicher nicht« gegolten habe. Dies habe jedoch nichts daran geändert, dass er mit Androsch gut zusammengearbeitet und er zu jenen gehört habe, die gemeint haben, dass in der Führung der Sozialistischen Partei sowohl für den Bundeskanzler wie den damaligen Vizekanzler hätte Platz sein müsse.[1864] Von Hannes Androsch wurde Broda bis zuletzt – so etwa im Frühjahr 2010

1861 Liegl/Pelinka, Chronos und Ödipus, S. 61 ff. Vgl. in diesem Zusammenhang auch: Lingens, Peter Michael, Kreiskys falsche Rechnung, in: Profil 38 (1980) S. 8 f.

1862 Interview mit Dr. Heinrich Keller am 12.10.2009.

1863 Anzumerken ist dabei, dass ein direkter Vergleich zwischen dem »Fall Olah« und der »Causa Androsch« freilich unzulässig ist, gewisse Parallelen können aber festgemacht werden: Wurden mit dem nicht legitimierten Gebrauch von ÖGB-Geldern, allerdings nicht zur persönlichen Bereicherung, und dem Vorwurf der Steuerhinterziehung unterschiedliche Tatbestände angesprochen, handelte es sich in beiden Fällen um ein Ringen um innerparteiliche Macht, das im »Fall Androsch« jedoch nur beschränkt mit einem Richtungsstreit gleichgesetzt werden kann, um einen Konflikt, der mit starken (persönlichen) Aggressionen verbunden war und der in der Öffentlichkeit keineswegs konsequent kommuniziert wurde. Musste bei Olah irritieren, dass er 1964 noch im niederösterreichischen Wahlkampf eingesetzt wurde, als sein Sturz in der SPÖ bereits begonnen hatte, war es im Fall Androsch sein durch die SPÖ ermöglichter Wechsel an die Spitze der CA, nachdem Kreisky an seinem Vizekanzler zuvor öffentlich kein gutes Haar gelassen hatte. Vgl.: Robert Buchacher sprach mit Norbert Leser: »Kreisky muss sich von Androsch trennen«, in: Profil 50 (1980) S. 20 f. und Dickinger, Der Konflikt zwischen Bundeskanzler Kreisky und Finanzminister Androsch (SWS-Rundschau), S. 88

1864 Interview mit Christian Broda in der Radio-Sendung »Im Brennpunkt« am 29.4.1983.

Christian Broda mit Hannes und Brigitte Androsch bei dessen 60. Geburtstag, 1976

anlässlich eines Rückblicks auf 40 Jahre Beginn der Ära Kreisky – als »Freund« bezeichnet.[1865]

7.6. Der AKH-Skandal und die Diskussion um das ministerielle Weisungsrecht

In den Blickpunkt der Medien gerieten jedoch nicht nur die Beweggründe Brodas, für Androsch einzutreten, sondern vor allem seine öffentliche Verteidigung Androschs im Herbst 1980 wurde heftig in Frage gestellt, wenn nicht sogar von einer »schützenden« oder »bremsenden« Hand des Justizministers die Rede war. Broda und mit ihm der Leiter der Staatsanwaltschaft, später der Oberstaatsanwaltschaft Wien, Otto F. Müller, gerieten so ins Kreuzfeuer der Kritik, die auch – wenn nicht noch vehementer – im Zusammenhang mit dem AKH-Prozess, der unabhängig vom parlamentarischen Untersuchungsaus-

---

1865 So bezeichnete Androsch Broda etwa in folgender »Club 2«-Diskussion als Freund: Bruno Kreisky – Staatsmann mit Widersprüchen. Vor 40 Jahren wurde die erste Regierung Kreisky angelobt, 21.4.2010.

schuss stattfand, erhoben wurde. Aufgeworfen wurde hier auch die Frage nach einem Eingreifen Brodas in die Justiz. Losgetreten wurde damit eine Debatte über das ministerielle Weisungsrecht,[1866] bei der auch der Verweis auf die mittlerweile schon »legendäre« Vorstandsverfügung aus dem Wahlkampf 1966 im Zusammenhang mit den Angriffen der »Kronen-Zeitung« gegen ihn und Bruno Pittermann nicht fehlte[1867] und die ihren Höhepunkt darin fand, dass Broda im Mai 1982 im Parlament offen legen musste, wie viele Weisungen im AKH-Verfahren erteilt worden waren.[1868] Auslöser für diesen »Weisungsstriptease«, der auf Grund eines Initiativantrages von SPÖ-Klubobmann Heinz Fischer erfolgte, war ein Vortrag des AKH-Staatsanwalts Herbert Hofer in Linz Ende April 1982. Bei diesem hatte Hofer erst allgemein vor der Gefahr einer Verflechtung von Politik und Wirtschaft einerseits und dem Weisungsrecht andererseits gewarnt und auf den AKH-Prozess angesprochen mitgeteilt, dass in diesem Fall rund 20 Weisungen ergangen seien. Auf die Nachfrage, ob er im Zusammenhang mit diesen Weisungen politische Aspekte sehe, hielt Hofer schließlich fest, dass er sich »vorstellen kann, dass Weisungen, die von einer politischen Instanz erteilt werden, unter anderem auch politische Motivationen haben«. Er selbst könne diese zwar nicht genau überprüfen, da er nicht in der Politik stehe, man könne sich aber da und dort seinen Reim drauf machen.« Damit platzte im wahrsten Sinne des Wortes eine Bombe – auch wenn Hofer bereits in Linz ausgesagt hatte, dass er sich in der Sache selbst im Wesentlichen nicht behindert oder auf einen bestimmten Weg hin geführt gefühlt habe und sie [die Staatsanwaltschaft] ihre Vorstellungen im Wesentlichen habe durchsetzen können, was von ihm wenig später erneut bekräftigt wurde.[1869]

Broda hatte sich – wie in dieser Arbeit bereits ausgeführt wurde – stets zu

---

1866 Vgl. aus der Vielzahl an Artikeln zu diesem Thema etwa: Brodas Kameraljustiz im Kreuzfeuer der VP, in: Kurier, 13.6.1980, Broda weist Verdächtigungen zurück, in: Wiener Zeitung, 18.10.1980, Lingens, Peter Michael, Wer kontrolliert Broda?, in: Profil, 27.10. 1980, Wenn's für die SPÖ brenzlig wird, ist sie da: Die unsichtbare Hand des Christian Broda, in: Kurier, 14.4.1981, Politjustiz, in: Wochenpresse, 1.6.1982, Offenlegung der AKH-Weisungen. Ein fahler Beigeschmack bleibt, in: Präsent, 3.6.1982, Unabhängiger Bundesgenosse, in: Wochenpresse, 15.6.1982.

1867 Politjustiz, in: Wochenpresse, 1.6.1982.

1868 Vgl.: Anfragebeantwortung/Schreiben an den Präsidenten des Nationalrats vom 18.5. 1982, BMJ GZ 7143/1-Pr 1/82 und eine Übersicht über die weiteren ergangenen Weisungen vom 6.10.1982: JMZ 1053/407-IV 2/82, beides in AChB, ÖNB, Handschriftensammlung, V.1037.1. Insgesamt wurden nach diesen beiden Aufstellungen im Zeitraum 14.4.1980 bis 6.10.1982 rund 25 Weisungen bzw. Berichtsaufträge seitens des Bundesministeriums für Justiz bzw. der Oberstaatsanwaltschaft Wien erteilt. Vermerkt sind in der Übersicht über die weiteren ergangenen Weisungen vom 6.10.1982 noch drei Dienstbesprechungen.

1869 Politjustiz, in: Wochenpresse, Nr. 22, 1.6.1982, S. 10 sowie AKH-Staatsanwalt Hofer: 20 »Weisungen« erhalten, APA, 117, 28.4.1982, 12:38 und Berichtigte Wiederholung, APA, 101, 29.4.1982, 11:46, beide in: AChB, ÖNB, Handschriftensammlung, V.1037.1.

seinem Weisungsrecht bekannt und auch an diesem festgehalten bzw. sogar von einer Weisungspflicht des Justizministers gesprochen, als Klecatsky für die Abschaffung des Weisungsrechts eingetreten war und dies in seinem Programm zu einer Gesamtreform der österreichischen Justiz aus dem Jahr 1969 niedergelegt hatte. Erneut bekräftigt wurde sein Festhalten am ministeriellen Weisungsrecht unmittelbar nach seiner neuerlichen Amtsübernahme 1970,[1870] wobei Broda sowohl damals als auch zu Beginn der 1980er Jahre betonte, dass die Weisungsgebundenheit der Staatsanwälte der Verfassung entspreche, er – wie jeder andere auch – an die Gesetze gebunden und dem Parlament gegenüber verantwortlich sei, das Weisungsrecht die Einheitlichkeit der Rechtssprechung gewährleisten soll und dem Justizministerium in großen Verfahren natürlich eine Koordinierungsfunktion zukomme.[1871] Angesichts des immer lauter werdenden Vorwurfs von Medien und Opposition, dass Broda aus politischen Gründen in die Justiz eingreifen würde – vorgebracht vor allem vom ÖVP-Abgeordneten Steinbauer und Michael Graff, der seit dem Sommer 1980 auch als Anwalt gegen Androsch vorging –, sah er sich jedoch dazu gezwungen, auf die immer massivere Kritik zu reagieren. Maßgeblich hierfür war nicht zuletzt, dass auch Kreisky, dessen Verhältnis zu Broda durch sein Agieren im »Fall Androsch« einen historischen Tiefststand erreichte, sich im Oktober 1980 in die Diskussion einbrachte und eine Reform des Weisungsrechts bzw. insbesondere mehr Transparenz forderte, damit die Justiz nicht solch massiven Vorwürfen ausgesetzt werden könne.[1872] Und auch die Justiz selbst machte Druck auf eine Reform des Weisungsrechts. Angesprochen – wenn auch nur knapp – wurde die Frage des Weisungsrechts etwa im bereits genannten Notstandsbericht der Richter aus dem Jahr 1981 oder bei einer Versammlung der Staatsanwälte in Lindabrunn im Jänner 1981. Erhoben wurde hier die Forderung nach einem differenzierten Weisungsrecht – bei Anklageerhebungen sollte es weiterhin Weisungen geben, nicht aber bei Anklageeinstellungen –,[1873] während Heinrich Keller, der ehemalige Pressesekretär von Broda, ein völlig anderes Modell in die Diskussion einbrachte und vorschlug, eine Art »Justizanwalt« im Parlament zu installieren, der das bisher dem Justizminister zustehende Weisungsrecht gegenüber der Generalprokuratur, den Oberstaatsanwälten und Staatsanwälten ausüben sollte. Geschaffen werden sollte ein eigenes Organ, das vom Parlament gewählt werden sollte und das diesem bzw. einem eigens gebildeten Ausschuss verantwortlich

---

1870 »Kleine Strafrechtsreform« noch im Mai, in: Die Presse, 6.5.1970.
1871 Vgl.: Parlamentarische Demokratie und Rechtsstaat. Die »Weisungsgebundenheit« der Staatsanwälte. Undatiertes Manuskript, V.1038.4.
1872 Besser Weisungen als gar nichts, in: Die Presse, 24.10.1980, Weisungen neu überdenken, in: Wiener Zeitung, 22.10.1980, Justitia, in: Kurier, 9.12.1980.
1873 Vgl.: Müllers Alleingang, in: Profil 7 (1981) S. 15 f., »Hohe Tiere schlüpfen durch die Maschen«, in: Kurier, 4.2.1981 und AChB, ÖNB, Handschriftensammlung, V.806.2.

sein sollte. Problematisch erschien Keller, der in einem Interview in der »Wochenpresse« darauf hinwies, dass freilich vieles (auch mündlich) ohne den Titel einer Weisung geregelt werden könne, vor allem die Kombination von Weisungsrecht und Personalhoheit, die mit der Trennung durch die Schaffung eines »Justizanwalts« aufgehoben würde.[1874]

Vorgesehen wurde 1981 im Entwurf für ein Strafrechtsänderungsgesetz jedoch ein anderes Modell: Weisungen sollten nur mehr schriftlich ergehen und begründet werden. Zudem sollte ein Gewissensschutz für den Staatsanwalt festgeschrieben werden, das heißt ein Staatsanwalt sollte sich von einem Verfahren entbinden lassen können, wenn er von der Rechtswidrigkeit oder Unvertretbarkeit einer Weisung überzeugt war. Daneben sollte ein Protokollierungszwang von Dienstbesprechungen eingeführt werden, schriftliche Aktenvermerke und die Weisungserteilung sollten der Öffentlichkeit bekannt gegeben werden dürfen. Aufgrund des Drucks der Staatsanwälte in Hinblick auf die Schaffung eines eigenständigen Dienst- und Organisationsrechts – bis dato bestanden eine Vielzahl an verstreuten Bestimmungen – wurde das Weisungsrecht aus dem Strafrechtsänderungsgesetz jedoch wieder ausgenommen.[1875] Aufgegriffen wurde mit der Neuregelung des staatsanwaltschaftlichen Organisations- und Dienstrechtes eine Forderung, die bereits seit längerem bestand und in die nun auch jene nach einer Demokratisierung der Ernennungsvorschläge einfloss. Dem in diesem Zusammenhang geäußerten Wunsch der Staatsanwälte nach der Einführung eigener unabhängiger Personalsenate – nur unabhängige Personalkommissionen sollten wie bei den Richtern das Vorschlagsrecht besitzen – widersetzte sich Broda jedoch von Anfang an. Einigkeit über ein staatsanwaltschaftliches Organisations- und Dienstrecht, das auch das Parlament beschäftigte und unter anderem zu zwei Initiativanträgen von ÖVP und SPÖ führte,[1876] konnte in den frühen 1980er Jahren nicht erzielt werden. Auch die beiden Initiativanträge wurden von den Staatsanwälten abgelehnt, da sie auf eine Beibehaltung des absoluten Weisungsrechts abzielten und aus Sicht der 172 befragten Staatsanwälte mit dem Vorschlag der SPÖ auch keine Demokratisierung des Ernennungsvorganges erreicht werden worden wäre.[1877] Anzumerken ist dabei, dass auch die ÖVP Anfang der 1980er Jahre – in Gegensatz zu Klecatsky in den 1960er Jahren – nicht an eine generelle Abschaffung

---

1874 Keller, Heinrich, Warum das Weisungsrecht des Justizministers auf einen Parlamentsanwalt übergehen sollte, in: Österreichische Richterzeitung 11 (1980) S. 235–238 und »...nur telephoniert«. Interview mit Heinrich Keller, in: Wochenpresse, Nr. 40, 1.10.1980.

1875 Unterlage des Justizministeriums zur Neuordnung des Weisungsrechtes, 23.6.1982, AChB, ÖNB, Handschriftensammlung, V.1038.10.

1876 Vgl. zum Antrag der ÖVP StPNR, XV. GP, Blg. II-4384 und zum Antrag der SPÖ StPNR, XV. GP, Blg. II-4477.

1877 Vgl. hierzu: BMJ, GZ 617.00/1-III 1/83, in: AChB, ÖNB, Handschriftensammlung, V.806.1.

des Weisungsrechts oder an eine völlige Neukonstruktion desselben dachte. Beschlossen wurde ein neues Staatsanwaltschaftsgesetz inklusive der bereits unter Broda angekündigten Reformen im Weisungsrecht erst 1986, als Broda das Justizministerium bereits verlassen hatte.[1878] Zum Abschluss kam die Diskussion um das Weisungsrecht hiermit jedoch nicht, wie sich in den folgenden Jahren und Jahrzehnten zeigen sollte. In den frühen 1980er Jahren war Broda auf Grund von Medien und Opposition[1879] gefordert, seine Reformbereitschaft immer wieder aufs Neue zu bekräftigen.[1880] Insgesamt wurde er nach dem Ausscheiden von Androsch in den frühen 1980er Jahren zum Hauptangriffsziel der Medien und der Opposition in der SPÖ-Regierung. Von Norbert Steger, dem neuen FPÖ-Obmann, der auch Vorsitzender des Justizausschusses und des parlamentarischen Untersuchungsausschusses zum AKH war, wurde Broda sogar als »Staatsfeind Nummer 1« bezeichnet.[1881]

Angriffsflächen boten neben dem Vorwurf der »Politjustiz« und der Diskussion über das ministerielle Weisungsrecht vor allem folgende Punkte: der bereits zitierte Notstandsbericht der Richter aus dem Jahr 1981, auf den auch Kreisky mit Kritik reagierte,[1882] die hohe Anzahl an Untersuchungshäftlingen, die Broda selbst ein Dorn im Auge waren, und der Vorwurf, dass Broda, der einst so vehement für die Schaffung des ersten Antikorruptionsgesetzes eingetreten war, angesichts des AKH-Skandals in der Verfolgung der Wirtschaftskriminalität versagt habe.

Geäußert wurde damit eine Kritik, die sich Broda freilich nicht gefallen lassen wollte. So zeigte er sich in der Diskussion über ein zweites Antikorruptionsgesetz, die durch ein geplantes Volksbegehren von vier der ÖVP angehörenden oder nahestehenden Juristen – darunter Michael Graff[1883] –, die Parlamentssitzung vom 21. August und das »Zehn-Punkte-Programm« Kreiskys vorangetrieben wurde, auch davon überzeugt, dass die bestehenden gesetzlichen Be-

---

1878 Bundesgesetz vom 5. März 1986 über die staatsanwaltschaftlichen Behörden (Staatsanwaltschaftsgesetz, StAG), BGBl. Nr. 164/1986.
1879 Vgl. zum Thema staatsanwaltschaftliches Dienstrecht und Weisungsrecht: AChB, ÖNB, Handschriftensammlung, V.802 – 807 sowie V.1037 – 1038.
1880 Vgl. aus der Vielzahl an Pressemeldungen etwa: Staatsanwälte müssen Weisungen nicht befolgen, in: Salzburger Nachrichten, 22.8.1981, Mehr Rechte für den Staatsanwalt, aber Broda behält die Zügel, in: Die Presse, 14.8.1981, Justizminister Broda macht 1983 Schluss. Vorher Reform des Weisungsrechtes, in: Oberösterreichische Nachrichten, 8.6. 1982, Unabhängiger Bundesgenosse, in: Wochenpresse, 15.6.1982, Broda kündigt Transparenz bei Weisungen an, in: Kurier, 24.6.1982, Broda will Weisungen schriftlich geben, in: Die Presse, 1.9.1982, VP: Untersuchungsausschuss gegen Justizminister Broda. Aufklärung über Weisungen gefordert / Missstände in Verwaltung, in: Kurier, 8.10.1982.
1881 Steger über Broda: Staatsfeind Nr. 1, in: Neues Volksblatt, 27.4.1981.
1882 Kreisky rügt indirekt Broda, in: Oberösterreichische Nachrichten, 11.2.1981.
1883 Vgl.: Kampf der Korruption, in: Profil 22 (1980) S. 23.

stimmungen ausreichen würden.[1884] Angesichts dessen, dass die Opposition, die Medien und Kreisky auf ein zweites Antikorruptionsgesetz drängten, wurde jedoch mit der Ausarbeitung eines solchen begonnen. Die Initiative in der Strafrechtspolitik, die bisher eindeutig bei Broda lag und völlig ohne Kreisky erfolgte, wurde ihm somit ein Stück weit entzogen. Beauftragt mit der Ausarbeitung von Vorschlägen für den verstärkten Schutz vor Missbräuchen bei der Vergabe und Durchführung öffentlicher Aufträge wurde eine eigene Kommission unter der Leitung des ehemaligen Präsidenten des Obersten Gerichtshofes Franz Pallin. Diese legte im Oktober 1980 ein umfangreiches Gutachten vor und hielt darin fest, dass »die Unzulänglichkeiten und Korruptionserscheinungen in Verwaltung und Wirtschaft nicht so sehr auf einen Mangel an (strafrechtlichen) Normen als einem solchen an Kenntnissen, Verantwortungsbewusstsein, geschäftlicher Moral und beruflichen Ethos beruhen«. Vorgeschlagen wurden daher nicht nur Änderungen im Bereich des Strafrechts, sondern auch umfangreiche Empfehlungen auf dem Gebiet des Vergabewesens – insbesondere die Schaffung eines umfassenden Bundesvergabegesetzes.

Das auf den Empfehlungen der Pallin-Kommission im Justizministerium ausgearbeitete zweite Antikorruptionsgesetz wurde am 1. April 1982 einstimmig beschlossen und brachte eine Erweiterung der Bestimmung gegen fahrlässige Krida sowie der Geschenkannahme bei Beamten und leitenden Angestellten eines Unternehmens.[1885] Die ÖVP, die im Zuge des »Falles Androsch« und des AKH-Skandals massive Kritik an der SPÖ geübt hatte, war inzwischen durch die »Affäre Rabelbauer«, eine Parteispendenaffäre, die bereits 1980 publik geworden war, und den WBO-Skandal, einen großen Wohnbau-Skandal in Niederösterreich und dem Burgenland, in den auch Politiker der ÖVP involviert waren, selbst unter Beschuss geraten. Die SPÖ veranlasste dies – nicht ohne eine gewisse Genugtuung – dazu, bei der Beschlussfassung des zweiten Antikorruptionsgesetzes die ÖVP aufzufordern, dass sie – so wie dies die SPÖ nach dem AKH-Skandal getan hatte – die Konsequenzen aus dem WBO-Skandal ziehen solle. Von Broda wurde bei der Beschlussfassung des Gesetzes im Parlament neuerlich darauf hingewiesen, dass bereits mit dem ersten Antikorruptionsgesetz, das 1975 in das neue Strafrecht aufgenommen worden war, die Wirtschaftskriminalität erfasst werden konnte, insgesamt stellte er sich aber hinter das neue

---

1884 Vgl.: Parteiaussendung vom 30.6.1980, AChB, ÖNB, Handschriftensammlung, V.13/1.2 sowie: Erste Schritte, in: Wochenpresse, Nr. 10, 11.3.1981.

1885 Vgl.: Bundesgesetz vom 1. April 1982, mit dem die Bestimmungen des Strafgesetzbuches zur Bekämpfung von Misswirtschaft und Korruption geändert und ergänzt werden (Zweites Antikorruptionsgesetz), BGBl. Nr. 205/1982 und Weniger Heimlichkeiten. Beste Barriere für Korruption, in: Arbeiter-Zeitung, 2.4.1982.

Gesetz und bezeichnete dieses nun als wesentlichen Beitrag zur Korruptions-
bekämpfung.[1886]

7.7.   Die Nationalratswahl 1983 und das Ende der Ära Kreisky

Die Nationalratswahlen vom 24. April 1983 brachten das Ende der Ära Kreisky.
Die SPÖ verlor zwar ihre absolute Mehrheit, behauptete sich aber mit großem
Abstand nach wie vor als die stärkste Partei. Mit 47,6 Prozent der WählerIn-
nenstimmen und 90 Mandaten erreichte sie jedoch um fünf Mandate weniger als
bei den für sie so erfolgreichen Nationalratswahlen 1979, während die ÖVP mit
43,2 Prozent der WählerInnenstimmen und 81 Mandaten vier Mandate und die
FPÖ mit 5 Prozent der WählerInnenstimmen – trotz Stimmenverlusten – ein
Mandat (nun insgesamt 12 Mandate) auf Grund der geltenden Wahlarithmetik
gewinnen konnte.[1887] Stimmen abgeben musste die SPÖ, die sich vor allem in den
Krisengebieten halten konnte, sowohl bei den ArbeiterInnen und Angestellten,
der so genannten »neuen Mittelschicht«, und den JungwählerInnen. Zugute
kamen ihre Stimmverluste in erster Linie der ÖVP, aber auch den im Zuge der
Abstimmung über die Inbetriebnahme des AKWs Zwentendorf entstandenen
Grünparteien. Die sozial-liberale WählerInnenkoalition, die Basis für die SPÖ-
Erfolge der 1970er Jahre, war zerbrochen.[1888]
Maßgeblich für die Wahlniederlage der SPÖ waren vor allem wirtschaftpo-
litische Gründe bzw. die im Zuge der Ölkrise 1979 weiter voran schreitende
Staatsverschuldung. Kreisky hielt zwar weiterhin am Primat der Vollbeschäfti-
gung fest. Im Zuge der weltweiten ökonomischen Krise begannen nun aber auch
in Österreich die Arbeitslosenzahlen zu steigen. Die Staatsverschuldung als
Ergebnis der »austrokeynesianischen« Wirtschaftspolitik hatte weiter zugenommen und zwang Kreisky unmittelbar vor der Wahl 1983 sein so genanntes
»Mallorca-Paket«, benannt nach Kreiskys Urlaubsdomizil, bekannt zu geben.
Vorgesehen war in diesem neben anderen Maßnahmen – Vorschläge zur Besteuerung des 13. und 14. Gehalts sowie kleinere Korrekturen bei den Trans-
ferzahlungen – die Einführung einer Quellensteuer auf Sparzinsen,[1889] was nicht
nur vom Bankenapparat, an dessen Spitze Hannes Androsch stand, abgelehnt
wurde,[1890] sondern vor allem auch von der ÖVP im Wahlkampf gekonnt als

---

1886 Christian Broda in der Nationalratssitzung vom 1. April 1982, StPNR, XV. GP, 109. Sitzung,
        1. 4. 1982, S. 11195.
1887 Fischer, Die Kreisky Jahre 1967–1983, S. 256.
1888 Kriechbaumer, Die Ära Kreisky, S. 132.
1889 Schmid, Gerhard, Österreich im Aufbruch. Die österreichische Sozialdemokratie in der
        Ära Kreisky (1970–1983), Innsbruck/Wien 1999, S. 281.
1890 Kreisky sagte später, dass er an den Bankdirektoren gescheitert sei, da sie gegen sein

»Sparbuchsteuer« dramatisiert wurde. Kreisky hatte sich bewusst zur Bekanntgabe seines »Mallorca-Pakets« noch vor den Wahlen entschlossen, da er
um Ehrlichkeit im Wahlkampf bemüht war. Aus wahltaktischer Hinsicht erwies
sich die Verkündung des geplanten Belastungspakets jedoch als Fehler. Für
72 Prozent der WählerInnen und 54 Prozent der WechselwählerInnen rangierte
das »Mallorca-Paket« an erster Stelle der Wahlkampfthemen, gefolgt vom Themenkomplex Staatsverschuldung/Budgetdefizit (59 bzw. 72 Prozent). Die Frage
der »richtigen« Wirtschaftspolitik bildete für ein Drittel der WechselwählerInnen ein zentrales Wahlkampfthema und wurde von der ÖVP, der es damit gelang,
nach mehr als einem Jahrzehnt sozialdemokratischer Themenführerschaft
wieder Themen vorzugeben, geschickt bedient.[1891] Doch nicht nur in wirt-
schaftspolitischer Hinsicht – verbunden mit der Propagierung neokonservativer
Politikmuster –, sondern auch mit dem Aufgreifen der geschilderten Skandale
im Umfeld der SPÖ konnte die ÖVP zu Beginn der 1980er Jahre erstmals eine
erfolgreiche Oppositionspolitik entwickeln. Parteiobmann Taus hatte – wie geschildert – nach der Wahlniederlage 1979 seinen Rücktritt von der Spitze der
ÖVP erklärt. Seinem Nachfolger Alois Mock gelang nicht nur, woran seine
Vorgänger gescheitert waren – eine Parteireform umzusetzen, die den Vorrang
der Gesamtpartei vor den Bünden stärkte –, sondern vor allem auch Kreisky in
seinem ureigensten Metier zu schlagen: im Fernsehwahlkampf.[1892] Mock gelang
damit, was bisher noch keinem Politiker glückte, wobei freilich anzumerken ist,
dass Kreisky, im 73. Lebensjahr stehend, als kranker Mann in den Wahlkampf
1983 ging. 1983 war er auf einem Auge nahezu erblindet und musste dreimal in
der Woche zur Dialyse.[1893] Sein Gesundheitszustand war ein Thema, das von der
ÖVP im Wahlkampf auch nicht ausgeklammert wurde.[1894]

Kreisky gab noch in der Wahlnacht seinen Rücktritt bekannt, nachdem er
bereits vor den Wahlen angekündigt hatte, dass er nur dann weiter als Regie-
rungschef zur Verfügung stehen werde, wenn die SPÖ wieder die absolute
Mehrheit erhalten würde. Als am folgenden Tag das Parteipräsidium zusam-
mentrat, schlug er Fred Sinowatz, seinen bisherigen Unterrichtsminister, als
seinen Nachfolger vor. Sinowatz war zwar anfangs keineswegs darüber erfreut,
schlussendlich fügte er sich aber der Entscheidung Kreiskys. Die der Wahl folgenden Koalitionsgespräche führte noch Kreisky, wobei er von Anfang an
durchblicken ließen, dass ihm die Bildung einer Kleinen Koalition mit der FPÖ,
die bereits in früheren Jahren beim Verlust der absoluten Mehrheit nicht aus-

---

»Mallorca-Paket« waren. Vgl.: Dickinger, Der Konflikt zwischen Bundeskanzler Bruno
    Kreisky und Finanzminister Hannes Androsch, S. 146.
1891 Kriechbaumer, Die Ära Kreisky, S. 102.
1892 Ebenda, S. 127 ff. sowie Fischer, Reflexionen, S. 311.
1893 Fischer, Die Kreisky-Jahre 1967–1983, S. 254.
1894 Fischer, Reflexionen, S. 311.

geschlossen war, deutlich lieber war als eine eventuelle Wiederbelebung der Großen Koalition. In der Ressortverteilung schlug Kreisky der FPÖ das Handels- und das Justizministerium sowie ein drittes Ressort, eventuell das Landesver- teidigungsministerium vor. Hinsichtlich einer Überlassung der Position des Vizekanzlers an die FPÖ war Kreisky angesichts des Größenunterschieds zwi- schen SPÖ und FPÖ anfangs noch zögerlich. Schlussendlich gestand er der FPÖ aber auch diesen Posten zu. Die neue Regierung mit Bundeskanzler Fred Sino- watz und Vizekanzler Norbert Steger an der Spitze wurde am 24. Mai 1983 angelobt. Auf dem Parteitag der SPÖ vom 27. bis 29. Oktober 1983 löste Sino- watz Kreisky dann auch als Parteivorsitzenden ab.[1895] Kreisky wurde nach Karl Seitz zum zweiten Ehrenvorsitzenden der SPÖ gewählt. In den folgenden Jahren kam es jedoch zu einem Entfremdungsprozess zwischen ihm und der Partei, der – nach der Bildung einer Großen Koalition im Jahr 1986 und der Übernahme des Außenministeriums durch Alois Mock – unter anderem dazu führte, dass Kreisky diesen Ehrenvorsitz zurücklegte.[1896]

Dass Christian Broda keiner weiteren Regierung angehören würde, stand bereits vor den Nationalratswahlen 1983 fest. Entscheidend hierfür war, dass er am 16. März 1981 das 65. Lebensjahr vollendet hatte, womit er die im SPÖ-Statut vorgesehene Altersgrenze für Funktionen in der SPÖ erreicht hatte. Eingeführt wurde die Altersgrenze 1959 als Empfehlung im Erneuerungsprogramm von Pittermann. 1968, als Kreisky bereits die Parteiführung übernommen hatte, wurde sie mit der Möglichkeit, Ausnahmen mit einer Zweidrittelmehrheit im Bundesparteivorstand zu beschließen, im Parteistatut verankert. Ihr erstes prominentes Opfer wurde 1970 Bruno Pittermann, nachdem auf Wunsch Krei- skys die Möglichkeit zu Ausnahmeregelungen aus dem Parteistatut gestrichen worden war. Da Kreisky 1975 selbst das Opfer der Altersregelung geworden wäre, wurde 1974 jedoch wieder die Möglichkeit einer Ausnahmeregelung mit Zwei- drittelmehrheit durch den Parteirat geschaffen. Ausnahmen wurden 1975 und 1979 unter anderem für Kreisky, Benya und Firnberg, 1983 für Kreisky, der diese schlussendlich wegen des schlechten Wahlergebnisses für die SPÖ nicht in Anspruch nahm, und für Anton Benya, der bis 1986 Präsident des Nationalrats blieb, beschlossen.[1897] Broda hatte im Sommer 1982 signalisiert, dass er gerne auch nach den Wahlen wieder das Justizministerium führen würde. Aufgrund seines Agierens im »Fall Androsch«, in dessen Zusammenhang Kreisky Broda auch »Putsch«-Absichten unterstellte,[1898] der Kritik an seiner Amtsführung und – so Sepp Rieder – wohl auch deswegen, weil Kreisky Ministerien für eine

1895 Fischer, Die Kreisky-Jahre 1967–1983, S. 256 ff.
1896 Schmid, Österreich im Aufbruch, S. 284
1897 Müller, Die Organisation der SPÖ, 1945–1995, S. 284.
1898 Interview mit Dr. Heinrich Keller am 12.10.2009.

mögliche Koalitionsregierung freibekommen musste bzw. diese nicht vorab an alteingesessene Regierungsmitglieder vergeben konnte,[1899] erhielt er hierfür aber keine Unterstützung von diesem.[1900] Mehr noch war in den Medien sogar von einer »öffentlichen Hinrichtung« durch Kreisky die Rede, nachdem Broda am 28. Juni 1982 im Presseclub Concordia verkündet hatte, dass er wieder zur Verfügung stehen werde, wenn man ihn brauche – ließ Kreisky einen Tag darauf in einem »Kurier«-Interview doch wissen, dass er gehört habe, dass die Wiener Partei keine Lust habe, Ausnahmebestimmungen zu machen und er diese Entscheidung nicht beeinflussen werde.[1901] Als ÖVP-Obmann Mock im Zuge der immer lauter werdenden Kritik an Broda kurz darauf die Abberufung Brodas forderte, stellte sich Kreisky aber zumindest insofern hinter seinen Justizminister, als er sagte, dass Broda bis zu den Wahlen Minister bleiben werde.[1902] In der (Wiener) Partei sprachen sich nur wenige – wie etwa der Ottakringer Bezirksobmann und Wiener Landtagspräsident Hubert Pfoch – für Broda aus.[1903] Öffentliche Unterstützung erhielt er jedoch von seinem alten Freund Hans Weigel[1904] sowie einer Reihe prominenter Juristen: Leo Kaltenbäck (Präsident der steirischen Rechtsanwaltskammer), Franz Pallin (ehemaliger Präsident des OGH), Fritz Schwind (Präsident des Österreichischen Juristentages), Kurt Wagner (Chef der Notariatskammer) und Walter Schuppich (Präsident des Österreichischen Rechtsanwaltskammertages).[1905] Im Oktober 1982 war schließlich in den Medien zu lesen, dass Broda seine Partei gebeten habe, von einer neuerlichen Kandidatur Abstand zu nehmen, wobei bereits darüber spekuliert wurde, ob Broda die Funktion eines Volksanwalts oder des Chefs der SP-Pensionisten übernehmen werde.[1906] An Bruno Kreisky hatte Broda bereits am 1. September geschrieben, dass es wegen seiner Person »in der Partei keinen Streit« geben soll, und dass er seine Bezirksorganisation gebeten habe, von seiner Aufnahme in die Kandidatenlisten für die Nationalratswahlen abzusehen

---

1899 Interview mit Dr. Sepp Rieder am 20.5.2010.
1900 Vgl. etwa: Politjustiz, in: Wochenpresse, 1.6.1982, S. 11 oder »Einsperren allein nützt nichts«, in: Wochenpresse, Nr. 13, 29.3.1983.
1901 Brodas Ende, in: Profil 31 (1982) S. 14–16. Vgl. hierzu auch: Gratz von Broda nicht sehr begeistert, in: Neues Volksblatt, 31.7.1982 sowie Keine Beschlüsse über Broda-Kandidatur, in: Wiener Zeitung, 31.7.1982.
1902 Mock fordert die Abberufung Brodas, in: Die Presse, 7.8.1982 sowie Broda bleibt bis zur Wahl, in: Kronen-Zeitung, 10.8.1982.
1903 Christian Broda, in: Profil 32 (1982) S. 62 f.
1904 Plädoyer für Christian Broda, in: Kleine Zeitung, 12.8.1982.
1905 Scheidl, Hans Werner, Letztes Aufgebot für Christian Broda. Schuppichs Plädoyer machte hellhörig, in: Die Presse 1.9.1982. Vgl. hierzu auch: Prominente Juristen für Broda, in: Wiener Zeitung, 25.8.1982.
1906 Broda geht, in: Kurier, 9.10.1982.

sowie keinen Vorschlag für die Ausnahme von der Altersklausel zu machen.[1907] Nach den Nationalratswahlen vom 24. April 1983 verkündete er schließlich, dass er keine Funktion mehr, auch nicht jene eines Volksanwalts, anstrebe und dass er sich vollkommen aus der Öffentlichkeit zurückziehen wolle. Verbleiben wollte er lediglich in der Bundes- und Bezirkspartei und an der Spitze des ARBÖ.[1908]

Das Justizministerium verließ Christian Broda Ende Mai 1983, wobei er, der gerne geblieben wäre, Zuversicht demonstrierend aus seinem Amt schied. Als die beiden wichtigsten Reformwerke mit den größten gesellschaftspolitischen Auswirkungen bezeichnete er in einem großen Rückblick auf seine Regierungstätigkeit die Strafrechts- und die Familienrechtsreform. Charakterisiert wurden diese nun von ihm – nachdem er im Laufe der 1970er Jahre immer stärker betont hatte, dass die Rechtsreform natürlich auch eine gesellschaftsverändernde Wirkung habe – als »irreversibel«, da sie unumkehrbar seien und in die Tiefe der Gesellschaft wirken würden:

> »Natürlich prüft man sich, welches die Ergebnisse sind. Ich glaube, dass das Wesentliche ist, dass die großen Reformen im Rechtswesen, die auch große gesellschaftspolitische Änderungen gewesen sind, irreversibel sind. Das wird heute auch allgemein anerkannt. Niemand glaubt, dass man etwa die Grundsätze der Strafrechtsreform wieder aufheben oder die Familienrechtsreform zurückdrehen könnte. Das gibt natürlich, ich möchte es gar nicht leugnen, ein Gefühl der Befriedigung. Und für die Fortsetzung dieser Arbeit ist die Ausgangslage eine andere geworden.«[1909]

Persönlich am wichtigsten wäre ihm in all den Jahrzehnten seiner öffentlichen Betätigung jedoch der Kampf gegen die Todesstrafe gewesen, und das sowohl auf nationaler und – wie noch darzustellen sein wird – auch auf internationaler Ebene. Seinen Nachfolger im Justizministerium versuchte er nicht ungeschickt in die Pflicht zu nehmen, indem er mehrfach bekräftigte, dass sich dieser zur Kontinuität in der Rechtsreform bekannt habe und er hieran nicht zweifeln würde.[1910] Angesprochen wurde damit Harald Ofner von der FPÖ. Geboren 1932, hatte Ofner erst die Ausbildung zum Starkstrommonteur gemacht und dann im zweiten Bildungsweg Rechtswissenschaft studiert und den Beruf eines Anwalts

---

1907 Schreiben von Christian Broda an Bruno Kreisky vom 1. September 1982, in: StBKA, Korrespondenzen, Broda Christian.

1908 Broda: »Strebe keine Funktion mehr an«, in: Die Presse, 13.4.1983, Nur ein Vorschlag blieb erfolglos, in: Salzburger Nachrichten, 13.5.1983.

1909 Christian Broda scheidet zuversichtlich: Rechtserneuerung geht weiter. Die Reform ist irreversibel, in: Arbeiter-Zeitung, 25.5.1983. Vgl. zur irreversiblen Rechtsreform auch: Broda, Gesetzgebung und Gesellschaftsstruktur, S. 2 – 4.

1910 Christian Broda scheidet zuversichtlich: Rechtserneuerung geht weiter. Die Reform ist irreversibel, in: Arbeiter-Zeitung, 25.5.1983. Vgl. zudem: Der große Wechsel im Justizressort, in: Kurier, 26.5.1983, Abseits vom Rampenlicht, in: Die Presse, 8.2.1984, Broda: Spanisch lernen für die Enkelin in Mexiko, in: Oberösterreichische Nachrichten, 6.7.1984, »mit einem Zeugen vom Hörensagen«, in: Wochenpresse, Nr. 35, 28.8.1984.

ergriffen. Politische Funktionen übte er seit den 1970er Jahren zuerst in Mödling und dann in Niederösterreich auf der Landesebene aus. Abgeordneter zum Nationalrat wurde Ofner 1979. Nach der Übernahme des Justizministeriums ordnete er sich selbst dem nationalen Lager zu, gleichzeitig sprach er aber auch davon, dass er – etwa in der Frage der Fristenregelung oder der Scheidungsreform – das »Rad der Rechtsgeschichte« nicht zurückdrehen wolle, was jedoch nicht heiße, dass er im einen oder anderen Fall andere, härtere Maßstäbe – wie etwa beim »Häftlingsurlaub« – anlegen wolle.[1911] Insgesamt war das Arbeitsprogramm der neuen SPÖ-FPÖ-Regierung im Justizbereich jedoch noch in vielen Bereichen durch Gesetzesvorschläge, die unter Broda nicht mehr abgeschlossen werden konnten, vorbestimmt.[1912] Broda war nach seinem Ausscheiden aus der Regierung nicht nur wichtig, dass die Rechtspolitik in seinem Sinn weitergeführt wird, sondern vor allem dass diese ihren bisherigen gesellschaftlichen Stellenwert behält.[1913] Hierzu versuchte er, der 1983 zwar aus der Regierung ausschied, aber nicht in den Ruhestand ging, auch in den folgenden Jahren einen wesentlichen Beitrag zu leisten.

1911 Neuer Justizchef Ofner bezeichnet Häfenurlaub als verfehlte Aktion, in: Kronen-Zeitung, 26. 5. 1983, Brodas Reformwerk abrunden, in: Salzburger Nachrichten, 4. 6. 1983, Ofner würdigt Justizreformer Broda, in: Wiener Zeitung, 16. 12. 1983.
1912 Vgl. hierzu auch: Fiedler, Bilanz der österreichischen Rechtspolitik, S. 150.
1913 Rechtspolitik als Lebensaufgabe, in: Salzburger Nachrichten, 27. 1. 1984.

8. Justizminister außer Dienst 1983 – 1987

Als Christian Broda bei seinem Ausscheiden aus der Regierung von Seiten der Medien gefragt wurde, was er denn jetzt zu tun gedenke, antwortet er zumeist damit, dass sein »Sofortprogramm« darin bestehen würde, Spanisch zu lernen, damit er sich mit seiner 1983 geborenen zweiten Enkeltochter[1914] in Mexiko in deren Sprache unterhalten könne. Wirklich gelernt hat er die Sprache jedoch nie.[1915] Zugleich gab er an, dass er über sein Lebenswerk nachdenken wolle.[1916] Die Anwaltstätigkeit nahm Broda im Mai 1983 neuerlich auf, sein Substitut wurde am 24. Mai aufgehoben. Rund ein Jahr später, mit 30. April 1984, verzichtete er jedoch endgültig auf die Ausübung der Rechtsanwaltschaft.[1917] Sein Hauptinteresse galt – wie er auch gegenüber JournalistInnen sagte – weiterhin der Rechtspolitik. Die Arbeit an der permanenten Rechtsreform wollte er weiterhin mitgestalten.[1918]

Wie Manfred Matzka in einem hier bereits mehrfach zitierten Artikel ausführt, arbeitete Christian Broda mit »seinem« Kreis – darunter Michael Neider, Sepp Rieder und Roland Miklau – in seinem kleinen Garten in der Oberwiedengasse in Wien-Hernals, wo er seit den 1960er Jahren mit Maria Strasser zusammen lebte, bis beide in eine kleine Wohnung in der Schottengasse 4 übersiedelten, in gewohnter Weise an der Rechtsreform weiter. Hinsichtlich Arbeitsintensität und Teilnehmerkreis ließ sich kaum ein Unterschied zur Zeit der Ministerschaft erkennen. Mit einem offiziellen Auftrag ausgestattet wurde dieser Arbeitskreis jedoch nicht. Ein Anlauf dazu, eine »justizpolitische Kommission« der Partei zu installieren, um so eine dynamische Gegenkraft zu Justizminister Ofner ins politische Spiel zu bringen, soll – so Matzka – an per-

---

1914 Brodas erste Enkeltochter war 1965 in Spanien geboren worden.
1915 Gespräch mit Univ.-Prof. Dr. Johanna Broda am 22.7.2010.
1916 Nur ein Vorschlag blieb erfolglos, in: Salzburger Nachrichten, 13.5.1983, Die Reform ist irreversibel, in: Arbeiter-Zeitung, 25.5.1983, Was wurde eigentlich aus Justiz-Minister Christian Broda, in: Kurier, 10.7.1983.
1917 Schreiben der Rechtsanwaltskammer Wien an die Verfasserin vom 12.12.2007.
1918 Rechtspolitik als Lebensaufgabe, in: Salzburger Nachrichten, 27.1.1984.

sönlichen Eifersüchteleien gescheitert sein.[1919] Nach Sepp Rieder und Michael Neider, die diesem Kreis selbst angehörten, wurde seitens dessen jedoch nie der Versuch unternommen, eine formelle Kommission zu bilden, da eine Institutionalisierung – so Rieder – diesen zweifelsohne auch gewissen Zwängen unterworfen hätte. Gegangen wäre es bei der Bildung des Arbeitskreises in erster Linie darum, das vorhandene Wissen und das Interesse an der Rechtspolitik – über die Parteigrenzen hinweg – zu nutzen.[1920] Trotzdem kam alle rechtspolitische (Öffentlichkeits-) Arbeit, die die SPÖ nach 1983 setzte – so noch einmal Matzka – über Sepp Rieder, der seit 1983 Abgeordneter zum Nationalrat und Justizsprecher der SPÖ war, und somit aus dem Umfeld Brodas. Auch die programmatische Aussage der »Perspektiven 90«[1921] zur Justizpolitik war »praktisch eine Privatarbeit«,[1922] ebenso wie das von Walter Schuppich (Präsident des österreichischen Rechtsanwaltskammertags), Udo Jesionek (Präsident des Jugendgerichtshofs), Kurt Wagner (Präsident der österreichischen Notariatskammer) und Sepp Rieder vorgelegte überparteiliche Justizprogramm 1987–1990,[1923] das auch von Christian Broda unterzeichnet wurde und von ihm als wichtige Chance zu einer Belebung der rechtspolitischen Diskussion gesehen wurde.[1924]

Offiziell eingebunden als Vertreter der SPÖ[1925] wurde Broda jedoch in die 1985 (im Bundeskanzleramt unter dem Vorsitz von Staatssekretär Franz Löschnak) angesiedelte so genannte politische Grundrechtskommission, die die Grundrechtsreform nach der Einsetzung eines Expertenkollegiums 1964 und eines Redaktionskomitees 1974 aus dem Expertenkreis in eine politische Phase überleiten sollte. Ausgesprochen hat sich Broda in dieser – wie er dies bereits seit den 1960er Jahren tat – vor allem für die Zurückdrängung, ja die Beseitigung der Freiheitsstrafe in der Verwaltungsrechtspflege.[1926] Ziel der Reform sollte es sein, dass der österreichische Vorbehalt zur Europäischen Menschenrechtskonven-

---

1919 Matzka, Reformen abseits der Partei, S. 309 f.

1920 Interview mit Dr. Sepp Rieder am 20.5.2010 und Interview mit Dr. Michael Neider am 27.5.2010.

1921 Anzumerken ist hinsichtlich der »Perspektiven 90«, dass in diesen auch auf das Wahlmodell, das Broda und Leopold Gratz Ende der 1960er vorgelegt hatten, rekurriert wurde. Vgl. hierzu: Matzka, Manfred, Pragmatischer Reformer und utopischer Sozialist. Ein Nachruf auf Christian Broda, in: Falter 7 (1987) S. 5.

1922 Matzka, Reformen abseits der Partei, S. 310.

1923 Vgl. zum Justizprogramm: AChB, ÖNB, Handschriftensammlung, VI.34 und VI.35.

1924 Brodas Vermächtnis: Einmal errungene Rechte nicht aufgeben, in: Kurier, 3.2.1987.

1925 Rede bei der Fachkonferenz der SPD in Essen am 22.9.1986 (Fachgruppe 2 »Leben mit Minderheiten«). AChB, ÖNB, Handschriftensammlung, VI.4.3.

1926 Löschnak, Franz, Zum Tode Christian Brodas, in: Wiener Zeitung, 3.2.1987. Vgl. hierzu auch: Broda, Christian, Strafrecht und Todesstrafe, in: Anwaltsblatt 4 (1984) S. 138 oder Broda, Christian, Die Zurückdrängung des Freiheitsentzuges im Strafrecht, in: Anwaltsblatt 2 (1985) S. 70.

tion zurückgenommen werden kann – hatte Österreich die Europäische Menschenrechtskonvention 1958 doch mit einem Vorbehalt ratifiziert, da hier auch
Verwaltungsbehörden Freiheitsstrafen verhängen können.[1927]

Publizistisch beschäftigte sich Broda in den Jahren nach 1983 mit einer Reihe
von Themenbereichen – reichend von einer Fortführung der Strafrechtsreform
bis hin zur Frage der künstlichen Befruchtung.[1928] Zu seiner heftig umstrittenen
»Vision einer gefängnislosen Gesellschaft« bekannte er sich mehr denn je und
betonte, dass das, was ihn an der gesamten Diskussion irritiert habe, »der
Glaube an die Macht der Gefängnisse« sei, da doch alle Erfahrung gezeigt habe,
wie wenig die Sicherheit eines Landes von der Zahl seiner Gefängnisse abhängen
würde und jede künftige Strafrechtsreform daran gemessen werde, welche neuen
Alternativen zur Freiheitsstrafe sie zu entwickeln vermag:

> »Die Aufgabe, die die rechtspolitische Zielvorstellung von der gefängnislosen Gesell-
> schaft zu erfüllen vermag, entspricht der gesellschaftspolitischen Funktion, die auch
> sonst der Utopie zukommt. Eine dynamische, vorwärtsdrängende menschliche Ge-
> sellschaft kann auf die Utopie mit ihren Impulsen zur Gesellschaftsveränderung nicht
> verzichten.«[1929]

Die weitere Zurückdrängung der Haft war nicht zuletzt angesichts der hohen
Haftzahlen in Österreich für ihn ein Thema von vordringlicher Bedeutung –
befand sich Österreich Mitte der 1980er Jahre mit rund 8500 Gefangenen doch
noch immer an der Spitze der Europaratsstaaten hinter der Türkei.[1930] Große
Aufmerksamkeit schenkte er in verschiedenen Beiträgen zudem der Frage der
lebenslangen Haft. Nachdem 1950 und 1968 in Österreich ein entscheidender
Sieg gegen die Todesstrafe errungen werden konnte und Broda sich seither über
Österreich hinaus für die Ächtung der Todesstrafe eingesetzt hatte, erklärte er
nun – wie auch auf einem Vortrag vor dem Europäischen Forum Alpbach 1985

1927 Dadurch ergab sich ein Konflikt zu den Artikeln 5 und 6 der Europäischen Menschenrechtskonvention. Ein konkretes Ergebnis der Diskussion über das Verwaltungsstrafrecht
in den 1980er Jahren war das Bundesverfassungsgesetz über den Schutz der persönlichen
Freiheit und die Bundesverfassungsgesetz-Novelle 1988, die die Einrichtung sogenannter
unabhängiger Verwaltungssenate in den Ländern vorsah.

1928 Vgl. hierzu etwa: Broda, Christian, Lebensbeginn durch Menschenhand, in: Recht und
Politik 1 (1986) S. 4 – 10.

1929 Broda, Die österreichische Rechtsreform (1970 – 1983), S. 23 f.

1930 Mit 114 Häftlingen auf 100.000 Einwohner lag Österreich damals vor der Bundesrepublik
Deutschland, wo es 103 Gefangene auf 100.000 Einwohner gab. Die Kennziffern für einige
andere vergleichbare demokratische Staaten Europas lauteten: England: 84, Frankreich
68, Italien 51, Schweden 40, Niederlande 22. Eine größere Anzahl von Gefangenen gab es in
den USA – die Kennziffer lautete 193 pro 100.000 Einwohner – und in den kommunistischen Ländern. Vgl.: Broda, Christian, Kriminalpolitik unserer Zeit, in: Die Zukunft 12
(1984) S. 8, Broda, Christian, Die Zurückdrängung des Freiheitsentzuges im Strafrecht, in:
Anwaltsblatt 2 (1985) S. 67 – 73, Broda, Die Freiheitsstrafe und ihre Alternativen, S. 331 –
335.

deutlich wurde[1931] – der »Halbschwester der Todesstrafe« oder der »Todesstrafe auf Raten« den Kampf an. Wichtig schien es Broda eine längst fällige Diskussion über den Wert und Unwert der langen und überlangen Freiheitsstrafe loszutreten nicht nur deswegen, weil die Aufrechterhaltung der lebenslangen Freiheitsstrafe im Strafgesetzbuch zwangsläufig eine automatische Sogwirkung auf den ganzen Strafenkatalog des Strafgesetzbuches nach oben habe und prägend für dessen Charakter sei. Erforderlich war sie für ihn auch, da die Haft bei überlanger Dauer ihren Zweckgedanken verliere, dafür aber persönlichkeitszerstörenden Charakter habe. »Ein 45jähriger kann ein ganz anderer sein, als der 25jährige«, man dürfe daher einem Menschen nicht absprechen, sich zu ändern. Österreich solle sich daher ein Beispiel an den jungen Demokratien wie Portugal und Spanien nehmen, in denen es die lebenslange Freiheitsstrafe nicht mehr gäbe.[1932] Insgesamt wurde Broda in seiner Kritik am Gefängnis als Institution deutlich als je zuvor.

> »Wenige Institutionen, die von den Menschen ersonnen wurden, sind so offenkundig erfolglos geblieben wie die Gefängnisse. Und trotz ihres totalen Scheiterns haben die Gefängnisse ein zähes Leben«

schrieb er etwa Anfang 1985 im »Anwaltsblatt«. »Die schrittweise Zurückdrängung des Freiheitsentzuges als Mittel der Strafrechtspflege mit dem Ziel seiner schließlichen gänzlichen Aufhebung« müsse die »nächste große Aufgabe der Rechtspolitik« sein.[1933]

1931 Vortrag von Christian Broda beim Europäischen Forum Alpbach zum Thema »Justiz und Menschenrechte« am 21.8.1985. AChB, Nachtrag, ÖNB, Handschriftensammlung, XVIII.35.1.

1932 Ebenda, S. 10, Broda Christian, Tod auf Lebenszeit? Einige Überlegungen zur Frage der lebenslangen Freiheitsstrafe, in: Die Zukunft 4 (1985) S. 23 – 26 (abgedruckt auch in: Die Ohnmacht der Henker. Franz Kreuzer im Gespräch mit Hans Zeisel und Christian Broda, Wien 1986, S. 75 – 83), Umfrage: Lebenslänglich, in: Die Zukunft 2 (1986) S. 17 – 22, Broda, 1945 – 1985. »Die Sozialisten und die Rechtsreform«, Broda, Christian, Die Entwicklung der Menschenrechte in Österreich seit 1945, in: Amnesty International info 2 (1986) S. 7, Broda Christian, Die Abschaffung der Todesstrafe in jeder Form. Untrennbarer Bestandteil der unteilbaren Menschenrechte, in: Machacek, Rudolf / Pahr, Willibald P. / Stadler, Gerhard (Hg.) für die Österreichische Juristenkommission, 70 Jahre Republik. Grund- und Menschenrechte in Österreich. Grundlagen, Entwicklung und internationale Verbindungen, Kehl am Rhein/Straßburg/Arlington 1991, S. 516 f. sowie ACHB, ÖNB, Handschriftensammlung, VI.89 und VI.90.

1933 Broda, Christian, Die Zurückdrängung des Freiheitsentzuges im Strafrecht, in: Anwaltsblatt 2 (1985) S. 72 f. Vgl. zur Weiterführung der Strafrechtsreform nach 1983 auch Kapitel IV. Die Rechtsreform geht weiter, in: Broda, Rechtspolitik – Rechtsreform, S. 499 ff.

8.1. Asyl- und Menschenrechte und die Ächtung der Todesstrafe

Aktiv – und das über Österreich hinaus war – war Christian Broda in den Jahren nach 1983 vor allem aber im Menschenrechtsbereich: im Kampf gegen die Todesstrafe und für ein menschenwürdiges Asylrecht.[1934] Besonders zu betonen ist hierbei sein Engagement im Rahmen von Amnesty International. Broda war bereits 1970 in die Gründung der österreichischen Sektion von Amnesty International eingebunden, gehörte später auch deren Ehrenkuratorium an[1935] und war für wichtige und dringende Anliegen – ebenso wie seine Lebensgefährtin Maria Strasser – Tag und Nacht telefonisch erreichbar. Ebenso agierte er auch im Rahmen von C.E.D.R.I., dem 1982 in Basel gegründeten Europäischen Kongress zur Verteidigung der Flüchtlinge und Gastarbeiter, der seit seiner Gründung besonders der Menschrechtssituation in der Türkei bzw. türkischen und kurdischen Flüchtlingen besondere Aufmerksamkeit schenkte.[1936] Auch hier war Broda – wiederum wie Maria Strasser – für Bitten nach Hilfe immer erreichbar und zur aktiven Mitarbeit bereit.[1937]

Eine große Ehrung – nach der Überreichung des Ehrendoktorats der Universität Uppsala 1977 – wurde ihm Ende November 1986 mit der Verleihung der Beccaria-Medaille in Gold zu Teil. Verliehen wurde sie Broda von der Deutschen Kriminologischen Gesellschaft in Frankfurt für seine Verdienste um die Kriminalpolitik. Benannt war die Medaille nach dem Vorkämpfer gegen die Todesstrafe Cesare Beccaria, der 1764 im österreichischen Mailand sein Buch »Über Verbrechen und Strafen« veröffentlicht hatte.[1938] Das Buch machte den knapp 20jährigen weltweit zum immer wieder – auch von Broda[1939] – zitierten

---

1934 Vgl. hierzu auch: Oberkofler, Gerhard, Asylrecht als Menschenrecht. Eine Forderung des sozialistischen Juristen Christian Broda, in: Mitteilungen der Alfred Klahr Gesellschaft 2 (2010) S. 11 – 21.

1935 AChB, ÖNB, Handschriftensammlung, VI.77. Vgl. hierzu auch: Fischer, Reflexionen, S. 186 sowie Schneider, Franz, Amnesty International. Grundsätze – Entstehung und Aufbau, in: Schneider, Franz, Menschenrechte. Herausforderung und Verpflichtung. Beiträge zur Menschenrechtsproblematik anlässlich des zehnjährigen Bestehens der Österreichischen Sektion von Amnesty Internatonal, St. Pölten/Wien 1980, S. 109 ff.

1936 Vgl. zur Entstehung von C.E.D.R.I.: Vorstellung des C.E.D.R.I., in: ACHB, ÖNB, Handschriftensammlung, VI.5.1. sowie zu Christian Brodas Einsatz für die Kurden: Oberkofler, Gerhard, Eine internationalistische Solidaritätserklärung von Christian Broda für die Kurden (1984), in: Mitteilungen der Alfred Klahr Gesellschaft 4 (2008) S. 13 – 17.

1937 Vgl. hierzu insbesondere: In memoriam Christian Broda, in: C.E.D.R.I. Bulletin, Nr. 16, Februar 1987, S. 2 f., wo festgehalten ist, dass Christian Broda ein Freund war, »auf den Tag und Nacht Verlass war.«

1938 Auszeichnung für Exminister Broda, in: Wiener Zeitung, 26.11.1986 und AChB, ÖNB, Handschriftensammlung, VI.21.

1939 Vgl. etwa: Die Freiheitsstrafe und ihre Alternativen, S. 332, Broda, Christian, Im Geiste der unteilbaren Menschenrechte: Der Kampf gegen die Todesstrafe geht weiter, in: Europäi-

Vorkämpfer gegen die Todesstrafe und führte nicht zuletzt dazu, dass unter Leopold II. im Großherzogtum Toskana und Kaiser Joseph II. in den habsburgischen Erbländern die Todesstrafe erstmals – wenn auch nur kurzzeitig – abgeschafft wurde.[1940]

Nur wenig später, am 28. Jänner 1987, wurde Broda gemeinsam mit dem argentinischen Präsidenten Raoul Alfonsin vor der Parlamentarischen Versammlung des Europarats der seit 1980 bestehende und alle drei Jahre vergebene Europäische Menschrechtspreis (durch den Präsidenten der Parlamentarischen Versammlung, den französischen Senator Louis Jung, Europarats-Generalsekretär Marcelino Oreja und den Vorsitzenden des Ministerkomitees, den türkischen Außenminister Vahit Halefoglu) verliehen.[1941] Vorgeschlagen wurde Broda von der französischen Regierung.[1942] Die eigentliche Initiative zur Verleihung des europäischen Menschenrechtspreises ging jedoch von Brodas Nachfolger Harald Ofner aus. Nachdem das Justizministerium über das Außenministerium nach Nominierungsvorschlägen für den Europäischen Menschrechtspreis gefragt worden war, schlug Ofner Christian Broda vor. Gemeinsam mit dem damaligen Außenminister Leopold Gratz entwickelte er die Idee, dass ein Dritter diesen Vorschlag vorbringen sollte, worauf sich Gratz an den französischen Justizminister Robert Badinter wandte, der sich für Broda einsetzte. Broda und Badinter teilten, dass sie Gegner der Todesstrafe waren – wurde die Todesstrafe in Frankreich doch erst unter Justizminister Robert

---

sche Rundschau 1 (1986) S. 96 oder Broda, Die Abschaffung der Todesstrafe in jeder Form, S. 500 ff.

1940 Die Todesstrafe wurde 1786 im Großherzogtum Toskana und 1787 im Kaisertum Österreich beseitigt. Bereits 1795 führte Kaiser Franz II. (aufgeschreckt durch die Verschwörung der österreichischen Jakobiner) die Todesstrafe zunächst für Hochverrat wieder ein. Ab 1803 wurde die Todesstrafe dann auch für Raubmord, räuberischen Totschlag, Meuchelmord, bestellten Mord an Vater, Mutter, Ehemann und Ehefrau, für drei Fälle der Brandstiftung und für die Nachahmung öffentlicher Kreditpapiere angedroht. Der nächste Durchbruch im Kampf gegen die Todesstrafe folgte – nachdem Anläufe in der Frankfurter Nationalversammlung 1848 und im österreichischen Parlament 1867 nicht zum Ziel geführt hatten – erst 1919. Vgl.: Hautmann, Hans, Todesurteile in der Endphase der Habsburgermonarchie und im Ersten Weltkrieg, in: Kuretsidis-Haider, Claudia / Halbrainer, Heimo / Ebner, Elisabeth (Hg.), Mit dem Tode bestraft. Historische und rechtspolitische Aspekte zur Todesstrafe im 20. Jahrhundert und der Kampf um ihre weltweite Abschaffung, Graz 2008, S. 15.

1941 Der Europäische Menschenrechtspreis, bestehend aus einer Urkunde und aus einer goldenen Medaille, wurde 1980 gestiftet und wurde seither alle drei Jahre verliehen. 1980 ging er an die Internationale Juristenkommission Genf, 1983 an die medizinische Sektion von Amnesty International. Vgl.: Presseaussendung des Europarats vom 19.1.1987, AChB, ÖNB, Handschriftensammlung, VI.77/7.

1942 Menschenrechtspreis für Christian Broda, in: Kurier, 29.1.1987, Christian Broda: Das Recht auf Asyl verankern!, in: Arbeiter-Zeitung, 29.1.1987, Christian Broda erhielt den Europäischen Menschenrechtspreis in Straßburg: »Menschenrechte sind unteilbar!«, in: Wiener Zeitung, 29.1.1987.

Badinter im Jahr 1981 abgeschafft.[1943] Von der juristischen Kommission der Parlamentarischen Versammlung wurde Broda hierauf an die erste Stelle ihres Vorschlages für den Europäischen Menschenrechtspreis 1986 gesetzt und Broda im Jänner 1987 der Preis für seine Verdienste um die Menschenrechte, insbesondere für seinen Einsatz für die Abschaffung der Todesstrafe, verliehen.[1944]

Angesprochen wurde damit insbesondere sein Beitrag zur Ausarbeitung des sechsten Zusatzprotokolls zur Europäischen Menschenrechtskonvention, der ins Jahr 1978 zurückreicht. Broda hatte im Juni 1978 bei der XI. Konferenz der Europäischen Justizminister in Kopenhagen den Appell der Stockholmer Konferenz von Amnesty International aus dem Dezember 1977 gegen die Todesstrafe aufgenommen – Broda war selbst bei der Konferenz als Redner aufgetreten – und der Justizministerkonferenz des Europarates ein Memorandum vorgelegt, in dem er die Aufnahme der Abschaffung der Todesstrafe ins Arbeitsprogramm des Europarates vorschlug. In Folge befassten sich die Leitungskomitees des Europarates für Menschenrechte und für Strafrechtsfragen mit der Todesstrafe bzw. der Möglichkeit eines Ausbaus der Europäischen Menschenrechtskonvention und sprachen sich klar gegen die Todesstrafe aus. Die parlamentarische Versammlung beschloss sodann im April 1980 sowohl eine Resolution, die sich an jene Mitgliedsstaaten wendete, die die Todesstrafe in Friedenszeiten beibehalten hatten, als auch eine Empfehlung zur Ergänzung der Menschenrechtskonvention, die beide auf eine Abschaffung der Todesstrafe abzielten. Ebenfalls über österreichische Initiative haben sich hiernach die Europäischen Justizministerkonferenzen in Luxemburg und Athen im Mai 1980 und im Mai 1982 sowie die inoffizielle Justizministerkonferenz in Montreux im September 1981 mit der Frage der europaweiten Zurückdrängung der Todesstrafe beschäftigt. Hierauf wurde am 28. April 1983 das – so Roland Miklau – ursprünglich im österreichischen Justizministerium formulierte, sechste Zusatzprotokoll zur Europäischen Menschenrechtskonvention zur Unterzeichnung aufgelegt. Österreich gehörte (nach einstimmiger Beschlussfassung im Nationalrat) zu den ersten Staaten, der seine Unterschrift unter den Vertrag setzte, worauf es hier am 1. März 1985 in Kraft trat. Geschaffen wurde mit dem sechsten Zusatzprotokoll

---

1943 Anzumerken ist in diesem Zusammenhang, dass Broda die Nominierung Badinters für den Friedensnobelpreis unterstützte. Vgl. Oberkofler, Asylrecht als Menschenrecht, S. 19.

1944 AChB, ÖNB, Handschriftensammlung, VI.77. Elisabeth Horvath zitiert in diesem Zusammenhang eine Erzählung von Kreisky, wonach ursprünglich er für den Europäischen Menschenrechtspreis vorgesehen gewesen sein soll und Broda nur zum Zuge kommen sollte, wenn Kreisky auf seine Erstnominierung verzichten würde. Diese Aussage konnte im Nachlass von Christian Broda, wo seine Nominierung für den Europäischen Menschenrechtspreis nachgelesen werden kann, jedoch nicht verifiziert werden, ebenso nicht in Interviews, die im Rahmen dieser Arbeit geführt wurden. Vgl.: Horvath, Ära oder Episode, S. 58 f., Interview mit Dr. Sepp Rieder am 20. 5. 2010 und mit Dr. Michael Neider am 27. 5. 2010.

zur Europäischen Menschenrechtskonvention der erste völkerrechtlich verbindliche Vertrag über den Ausschluss der Todesstrafe, dessen Bedeutung angesichts dessen, dass die Todesstrafe zu jener Zeit noch in vielen Staaten, auch in Europa bestand, nicht unterschätzt werden darf. So wurde die Todesstrafe 1976 in den USA wieder eingeführt, in Frankreich wurde sie – wie genannt – erst 1981 abgeschafft,[1945] in den kommunistischen Staaten existierte sie weiterhin, und auch in vielen westlichen Staaten wurde sie erst in den 1980er und 1990er Jahren vollständig abgeschafft.[1946] Die in Artikel 2 festgehaltene Ausnahmemöglichkeit für Straftaten, die in der Zeit eines Krieges oder einer unmittelbaren Kriegsgefahr begangen werden, konnte erst 2002 durch das 13. Zusatzprotokoll zur Europäischen Menschenrechtskonvention beseitigt werden.[1947] Auf Ebene der Vereinten Nationen kam es am 15. Dezember 1989 zur Annahme eines zweiten Zusatzprotokolls zum Pakt über bürgerliche und politische Rechte betreffend die Todesstrafe.[1948] 2007 hat die Generalversammlung der Vereinten Nationen nach langen Bemühungen eine Resolution zu einem weltweiten Moratorium in der Anwendung der Todesstrafe angenommen, dennoch gibt es noch immer 46 Staaten und Territorien, die die Todesstrafe im Gesetz beibehalten und in den letzten zehn Jahren auch Hinrichtungen durchgeführt haben.[1949]

1945 Die letzte Hinrichtung hatte es in Frankreich 1977 gegeben.

1946 In den Niederlanden 1982, in Liechtenstein 1987, in Irland 1990, in der Schweiz 1992, in Italien 1994, in Spanien 1995, in Belgien 1996, in Großbritannien 1998. Vgl. hierzu und zu weiteren Staaten: http://www.amnesty-todesstrafe.de/index.php?id=42 (15.12.2009). Eine Aufstellung, die auch die letzten Hinrichtungen umfasst, findet sich hier: http://www.initiative-gegen-die-todesstrafe.de/todesstrafe-in-der-welt.html (28.12.2010).

1947 Miklau, Roland, Österreich und die Abschaffung der Todesstrafe, in: Kuretsidis-Haider, Claudia / Halbrainer, Heimo / Ebner, Elisabeth (Hg.), Mit dem Tode bestraft. Historische und rechtspolitische Aspekte zur Todesstrafe im 20. Jahrhundert und der Kampf um ihre weltweite Abschaffung, Graz 2008, S. 138 ff. sowie: Broda, Christian, Europäische Menschenrechtskonvention und Todesstrafe, in: Adamovic, Ludwig / Pernthaler, Peter (Hg.), Auf dem Weg zur Menschenwürde und Gerechtigkeit. Festschrift für Hans Klecatsky, 1. Teilband, Wien 1980, S. 75 – 84, Broda, Christian, Die Zurückdrängung der Todesstrafe in den Mitgliedsstaaten des Europarates. Eine Zwischenbilanz, in: Europäische Rundschau 2 (1982) S. 35 – 38, Broda, Christian, Auf dem Weg zur weltweiten Ächtung der Todesstrafe, in: Europäische Rundschau 4 (1984) S. 149 – 151, Broda, Christian, Strafrecht und Politik, in: Anwaltsblatt 4 (1984) S. 136, Broda, Christian, Im Geiste der unteilbaren Menschenrechte: Der Kampf gegen die Todesstrafe geht weiter, in: Europäische Rundschau 1 (1986) S. 95 – 100, Broda, Christian, Europas Kampf gegen die Todesstrafe. Vortrag gehalten vor der Österreichischen Akademie der Wissenschaften, Kommission für Europarecht, ausländisches und internationales Privatrecht und der österreichischen Gesellschaft für Rechtsvergleichung am 12.12.1985, in: Zeitschrift für Rechtsvergleichung 1 (1986) S. 1 – 10, Broda, Die Abschaffung der Todesstrafe in jeder Form, S. 499 – 517.

1948 Vgl.: Internationale Menschenrechtsinstrumente, http://www.initiative-gegen-die-todesstrafe.de/menschenrechtsinstrumente.htm (2.4.2010).

1949 Vgl.: http://www.initiative-gegen-die-todesstrafe.de/todesstrafe-in-der-welt.html (12.6.2010).

Christian Broda bei der Verleihung des Europäischen Menschenrechtspreises am 28. Jänner 1987
in Straßburg

In seiner Rede vor der parlamentarischen Versammlung des Europarats, die
Brodas letzte Rede sein sollte, skizzierte er anlässlich der Überreichung des
Europäischen Menschenrechtspreises nicht nur die Entstehungsgeschichte des
sechsten Zusatzprotokolls zur Europäischen Menschenrechtskonvention, sondern erläuterte auch, was die Abschaffung der Todesstrafe für einen »Vertreter
seiner Generation« bedeute, der den »Ständestaat« und den Nationalsozialismus
miterlebt hatte:

> »Ich war ein sehr junger Mann, als die Verteidiger der Demokratie in meinem Hei-
> matland 1934 am Galgen der Standgerichte starben. In den Jahren des nationalsozia-
> listischen Unrechtsstaates zwischen 1938 und 1945 sind in einem einzigen Gerichtshof
> in Wien – allerdings dem größten – 1184 Frauen und Männer durch das Fallbeil
> hingerichtet worden, darunter Hunderte österreichische Patrioten und Antifaschisten
> sowie Widerstandskämpfer aus vielen Nationen Europas.
> Noch am 5. April 1945 wurden – wenige Stunden vor der Befreiung durch die Truppen
> der Roten Armee – in unserem größten Gefängnis 60 km von Wien entfernt – 387
> waffenlose friedliche politische Häftlinge und 4 österreichisch gesinnte antinational-
> sozialistische Gefängnisbeamte, darunter der Anstaltsleiter und sein Stellvertreter, mit
> den Maschinengewehren fanatischer SS- und SA-Männer, aber auch von Angehörigen
> anderer Formationen auf Befehl des örtlichen Kreisleiters der NSdAP niedergemetzelt

und ermordet. Das war der Faschismus, der damals Europa beherrschte! Verstehen Sie daher, weshalb ich einmal gesagt habe, dass mein schönster Tag im Parlament das einstimmige Votum der österreichischen Volksvertretung gegen die Todesstrafe in jeder Art von Verfahren – auch im außerordentlichen bzw. Standgerichtsverfahren – am 7. Februar 1968 gewesen ist.«[1950]

Insbesondere hielt er aber ein flammendes Plädoyer für den weiteren weltweiten Kampf gegen die Todesstrafe, im Zuge dessen er auch dem sowjetischen Bürgerrechtler Andrej Sacharow seine Unterstützung versicherte und die Gelegenheit nützte, darauf hinzuweisen, dass der »Zeitpunkt zu einer umfassenden europäischen Initiative zum Schutze der Menschenrechte der Flüchtlinge und Ausländer, vor allem der Gastarbeiter, gekommen« sei.

Angesprochen wurde damit ein Thema, das Broda, der selbst auch immer wieder für Flüchtlinge intervenierte, in seinen letzten Lebensjahren intensiv beschäftigte bzw. – so Michael Neider – in seinen letzten Lebensjahren einen Großteil seiner Zeit in Anspruch nahm.[1951] Broda forderte bei seiner Rede vor der Europäischen Versammlung ein genau definiertes Maßnahmenpaket, das auf der »Charta des demokratischen Europa für den wirksamen Schutz der Menschenrechte der Flüchtlinge und Gastarbeiter« aufbaute und noch immer visionär wirkt.[1952] Entstanden ist die 16 Punkte umfassende Charta unter maßgeblicher Beteiligung von Christian Broda auf dem dritten C.E.D.R.I.-Kongress im Mai 1986 in Limans (Frankreich).[1953] Teilgenommen am Kongress, bei dem Broda auch ein Referat hielt[1954] und in dem in sechs Kommissionen gearbeitet wurde, haben über 400 Personen aus 47 Ländern.[1955] Von Broda war die Charta der österreichischen Öffentlichkeit bereits in einer großen Rede zum Thema »Asylrecht – Menschenrecht« auf dem Europäischen Forum Alpbach am

---

1950 Vgl. zur Bedeutung der NS-Vergangenheit für die Initiative zum sechsten Zusatzprotokoll zur Europäischen Menschenrechtskonvention auch: Broda, Christian, Rechtsreform und Gesellschaftsveränderung, in: Die Zukunft 7/8 (1983) S. 30, Broda, Christian, Im Geiste der unteilbaren Menschenrechte: Der Kampf gegen die Todesstrafe geht weiter, in: Europäische Rundschau 1 (1986) S. 96 f.
1951 Interview mit Dr. Michael Neider am 28. 5. 2010.
1952 Abgedruckt als Anhang 1 in: Renner Institut / C.E.D.R.I. / Amnesty International (Hg.), Asylrecht ist Menschenrecht. Internationales Symposium in memoriam Christian Broda, Wien/Basel 1987, S. 97 f.
1953 Bruno Kreisky hatte am zweiten C.E.D.R.I. Kongress 1985 teilgenommen.
1954 Für den wirksamen Schutz der Menschenrechte der Flüchtlinge und Gastarbeiter. Diskussionsbeitrag von Christian Broda auf dem dritten Kongress des C.E.D.R.I. in Limans, in: AChB, ÖNB, Handschriftensammlung, VI.7.4.
1955 Vgl. zum dritten Kongress des C.E.D.R.I. in Limans vom 4.–10. 5. 1987: AChB, ÖNB, Handschriftensammlung, VI.7., insbesondere C.E.D.R.I. Bulletin Nr. 13, Mai/Juni 1986 (Spezialnummer) und Nr. 16, Februar 1987.

22. August 1986 vorgestellt worden.[1956] Bestandteil seines Vortrags war damals auch die Ankündigung, dass er sich als Mitglied der Grundrechtskommission dafür aussprechen werde, das Recht auf Asyl als ein Menschenrecht in den neuen Grundrechtskatalog aufzunehmen, wie dies in den 1950er Jahren bereits René Marcic gefordert hatte.[1957] Nun wollte Broda, der auch mit dem damaligen Innenminister Karl Blecha im Schriftverkehr wegen einer Umsetzung der C.E.D.R.I.-Forderungen stand[1958] und die C.E.D.R.I.-Charta zudem persönlich per Post bekannt machte,[1959] ganz gezielt die Verleihung des Europäischen Menschenrechtspreises benutzen, um die Charta einer europäischen Öffentlichkeit zu präsentieren.[1960] Eingetreten ist er in seiner Rede für die »Verankerung des Rechtes auf Asyl für politische Flüchtlinge in der Europäischen Menschenrechtskonvention« und die Festschreibung eines europäischen Mindeststandards für Flüchtlinge und Ausländer durch ein Zusatzprotokoll zur Europäischen Menschenrechtskonvention mit folgenden Schwerpunkten:

– Rechtsstaatliches Verfahren ohne Einschränkung für Asylwerber und bei der Erteilung der Aufenthaltserlaubnis an Ausländer
– Entscheidung in jedem Fall durch unabhängige und weisungsfreie Tribunale im Sinne der Europäischen Menschenrechtskonvention
– Interessenabwägung bei Ausweisung eines Ausländers, wobei in jedem Fall auf die allgemeine Menschenrechtssituation in dem Land, in das ausgewiesen werden soll, Rücksicht zu nehmen ist
– Rechtsanspruch auf Familienzusammenführung im Gastland
– Rechtsanspruch auf Verleihung der Staatsbürgerschaft nach vier Jahren ununterbrochenen Aufenthalts
– Aktives und passives Wahlrecht für anerkannte Flüchtlinge und Ausländer nach vier Jahren ununterbrochenen Aufenthalts im Gastland
– Gleichstellung der Flüchtlinge und Ausländer in arbeits- und sozialrechtlicher Beziehung mit Inländern

---

1956 Vgl. die Rede in: AChB, Nachtrag, ÖNB, Handschriftensammlung, XVIII.8.2 sowie die Korrespondenzen in: AChB, ÖNB, Handschriftensammlung, VI.6.
1957 AChB, ÖNB, Handschriftensammlung, XIII.8.2. Die Rede wurde auch abgedruckt in: Amnesty International information 10 (1986) S. 5 – 10. Dass er sich für die Aufnahme des Asylrechts in den Grundrechtskatalog einsetzen werde, sagte Broda auch bei der Innenpolitischen Fachkonferenz der SPD in Essen am 22.9.1986 (Fachgruppe 2 »Leben mit Minderheiten«) sowie in einem Beitrag in der Zeitschrift »International«. AChB, ÖNB, Handschriftensammlung, VI.4.3 und Broda, Christian, Das Europäische Flüchtlingsproblem. Vorschläge für den verbesserten Schutz der Menschenrechte der Flüchtlinge und Gastarbeiter, in: International. Zeitschrift für internationale Politik 4 (1986) S. 42 – 45.
1958 Vgl. hierzu auch: Oberkofler, Asylrecht ist Menschenrecht, S. 16 ff.
1959 AChB, ÖNB, Handschriftensammlung, VI.6. Vgl. hierzu auch: Matzka, Manfred, Pragmatischer Reformer und utopischer Sozialist. Ein Nachruf auf Christian Broda, in: Falter 7 (1987) S. 5 und Oberkofler, Asylrecht als Menschenrecht, S. 16 ff.
1960 In memoriam Christian Broda, in: C.E.D.R.I. Bulletin Nr. 16, Februar 1987, S. 3.

– Schaffung eines Ombudsmannes zum Schutz vor Diskriminierung von Ausländern und zur Wahrung der Rechte der Ausländer

Wichtig war es Broda – wie er sowohl in Alpbach, als nun auch in Straßburg betonte –, zu verhindern, dass »unsere Gesellschaft dauernd in zwei Gruppen mit mehr und mit weniger Rechten zerfällt, in die Klasse der Einheimischen und in die Klasse der Fremden«. Der Schutz von Minderheiten hatte für Broda, der mit einer Gruppe von Experten an einer Weiterentwicklung und Konkretisierung der in der Charta enthaltenen Forderungen arbeitete,[1961] nicht zuletzt deswegen eine herausragende Bedeutung, da im Rassismus und der Diskriminierung der Minderheiten der Faschismus fortlebt und sich der Wert des Schutzes der Menschenrechte dort erweist, wo man sie braucht.[1962]

Heimgekehrt nach Wien, war Christian Broda noch mit dem Studium des Presseechos zur Verleihung des Menschenrechtspreises beschäftigt, als er am Sonntag, dem 1. Februar 1987, noch nicht 71 Jahre alt um 8.45 Uhr völlig unerwartet einem Herzinfarkt erlag.[1963] Zahlreiche Projekte von Broda – darunter auch die Arbeit an einem geplanten Gedenkbuch für seinen engen Freund und politischen Wegbegleiter Peter Strasser – wurden damit jäh unterbrochen.[1964] Der Öffentlichkeit wurde der Tod von Christian Broda in der ORF-»Pressestunde«, bei der Leopold Gratz zu Gast war, bekannt gegeben.[1965] Die Einäscherung von Christian Broda fand am 10. Februar 1987 statt. In der Folge wurde seine Urne in einem Ehrengrab auf dem Wiener Zentralfriedhof beigesetzt.[1966] Seinen Grabstein zieren die Worte »Rechtsreformer – Europäer – Humanist – Visionär«. Das noch von Broda mitorganisierte internationale Symposium »Asylrecht ist Menschenrecht« fand im März 1987 in memoriam

---

1961 Ehrung für Christian Broda, in: C.E.D.R.I. Bulletin Nr. 15, Dezember 1986, S. 15.

1962 Die Rede von Christian Broda wurde – insbesondere, weil es sich um seine letzte Rede handelte bzw. Broda kurz nach der Verleihung des Europäischen Menschenrechtspreises gestorben ist – mehrfach abgedruckt. Vgl.: Anstelle eines Vorwortes: Ansprache von Dr. Christian Broda vor der Parlamentarischen Versammlung des Europarates anlässlich der Überreichung der Europäischen Menschenrechtspreises am 28. Januar 1987 in Straßburg, in: Renner Institut/C.E.D.R.I./Amnesty International, Asylrecht ist Menschenrecht, S. 1–8 oder Broda, Christian, Für die unteilbaren Menschenrechte, in: Anwaltsblatt 3 (1987) S. 107–110 (Sondernummer zum Gedenken an Christian Broda).

1963 Sterbeurkunde von Christian Broda, in: AChB, Nachtrag, ÖNB, Handschriftensammlung, XXI.2.13/4.

1964 Christian Broda: Mit ihm starb ein Architekt des »Österreichischen Wegs«, in: Arbeiter-Zeitung, 3.2.1987.

1965 Vgl.: Christian Broda völlig überraschend gestorben (insbesondere »Die Vision mit der Arbeit verbunden«), in: AZ Tagblatt, 2.2.1987.

1966 Die Ansprachen anlässlich der Kremation sind abgedruckt in: Anwaltsblatt 3 (1987) und in einer Gedenkschrift des ARBÖ zum Ableben von Christian Broda. Beides in: AChB, Nachtrag, ÖNB, Handschriftensammlung, XXI.17.

Christian Broda statt.[1967] Ein im Februar 1987 gegründeter Verein zur finanziellen Unterstützung von entlassenen Häftlingen mit Hannes Androsch als Obmann wurde Christian Broda und Elisabeth Schilder, die am 18. Februar 1983 verstorben war, gewidmet.[1968]

1967 Renner Institut/C.E.D.R.I./Amnesty International, Asylrecht ist Menschenrecht.
1968 Prominente helfen ehemaligen Sträflingen bei neuem Start. Verein übernimmt Bürgschaft für Schulden der Haftentlassenen, in: AZ-Tagblatt, 12. 2. 1987.

9. »Nachleben« – Die Sicht auf Broda 1987–2010

In den zahlreichen Nachrufen, die in den österreichischen und internationalen Medien nach dem Tod von Christian Broda erschienen, wurde vor allem sein Anteil an der Rechtsreform gewürdigt. Insbesondere in den ausländischen Medien bis hin zur »New York Times« wurde hierbei – wohl auch, weil die Verleihung des Europäischen Menschenrechtspreises nur wenige Tage zurücklag – sein Kampf gegen die Todesstrafe und sein Verdienst um die Ausarbeitung des sechsten Zusatzprotokolls zur Europäischen Menschenrechtskonvention hervorgehoben.[1969]

Wiederholt, beinahe als durchgängiger Tenor, war hierbei zu lesen, dass mit Christian Broda ein Politiker gestorben sei, der zweifellos in die neuere Rechtsgeschichte eingehen werde und der – vor allem mit den Reformen im Familien- und Strafrecht – die österreichische Gesellschaft entscheidend mitgeprägt habe. So hieß es nicht nur von Seiten zahlreicher Vertreter der SPÖ (über Heinrich Keller, Fred Sinowatz bis zu Anton Benya),[1970] dass Broda in die »Reihe der großen Rechtsreformer unserer Geschichte einzuordnen« ist, sondern auch in Medien, die Broda seit seines Lebens immer wieder kritisch gegenüberstanden waren (wie der »Kronen-Zeitung« oder auch der »Furche«), war nun zu lesen, dass »wer immer eine Justizgeschichte unseres Jahrhunderts schreibt«, an Christian Broda »nicht vorbeikommen« werde und sein Reformwerk »aus dem, was von der Regierungszeit Bruno Kreiskys bleiben wird, unumstritten her-

---

1969 Christian Broda of Austria: Helped to End Death Penalty, in: New York Times, 2.2.1987 sowie Christian Broda, Former Austrian Justice Minister, in: Newsday, 2.2.1987, Christian Broda gestorben, in: Frankfurter Allgemeine, 2.2.1987, Wien trauer um Christian Broda, in: Die Welt, Nr. 27, 2.2.1987, Christian Broda gestorben, in: Neue Zürcher Zeitung, 2.2.1987.

1970 Vgl. hierzu insbesondere die Sozialistische Korrespondenz vom 2., 3., 10. und 11.2.1987, in: AChB, Nachtrag, ÖNB, Handschriftensammlung, XXI.18.2 sowie Scheuch, Manfred, Unumkehrbar, in: AZ-Tagblatt, 2.2.1987, Keller, Heinrich, Brodas Werk bleibt uns Verpflichtung und Auftrag, in: Neue AZ, 2.2.1987, Löschnak, Franz, Zum Tode Christian Brodas, in: Wiener Zeitung, 3.2.1987.

aus[ragt]«.[1971] Er, der »wie kaum ein anderer Politiker mit seinen gesell-
schaftsverändernden Ideen auf leidenschaftliche Zustimmung und Ablehnung
zugleich gestoßen ist«, habe »die Rechtsgeschichte der 2. Republik entscheidend
geprägt«[1972] bzw. sei – so die »Süddeutsche Zeitung« – einer der »herausragenden
Rechtspolitiker in Europa nach dem Krieg« gewesen.[1973] Selbst die »Österreichische Juristen-Zeitung«, die festhielt, »aus grundsätzlichen Erwägungen im
allgemeinen mit laudationes zu Jubiläen oder Nachrufen zurückhaltend zu sein,
bezeichnete Christian Broda »zweifelsfrei seit den Zeiten Franz Kleins« als den
»größten Rechtsreformer in Österreich, wie immer man zu Einzelheiten der von
ihm eingeleiteten oder oft mit zäher Beharrlichkeit gestalteten Reformwerke
stehen mag«.[1974] Bezug genommen wurde mit Franz Klein auf einen ehemaligen
österreichischen Justizminister, der vor allem als Verfasser der Zivilprozessordnung von 1898 bekannt wurde. Getroffen wurde damit eine Einschätzung, die
Broda zweifelsfrei gefreut hätte, war er selbst – wie in dieser Arbeit etwa bei der
Verabschiedung der Strafrechtsreform und dem Abschluss der Familienrechtsreform gezeigt wurde – doch immer wieder bemüht gewesen, die geschichtliche
Bedeutung seines Reformwerkes bis hin zur Revolution von 1848 zu betonen.

Eine andere Traditionslinie, in die Broda (bis zuletzt) gestellt wurde, war jene
Josephs II.[1975] Aufgegriffen wurde damit eine historische Figur, die Broda selbst –
wie sich auch seine Tochter erinnert[1976] – intensiv beschäftigte. So wurde bereits
an früherer Stelle ausgeführt, dass Broda beim Vorgehen in der Rechtsreform an
Joseph II. dachte und darauf verwiesen hat, dass dieser bei seiner »Revolution
von oben« der Gesellschaft zu weit voraus war, Reformen aber nur erfolgreich
sein können, wenn sie der gesellschaftlichen Entwicklung nicht zu viel vor-
wegnehmen würden, die Rechtsreform als Reform im Überbau einer Gesellschaft somit immer von der Entwicklung im Unterbau ausgehen müsse. Später
hatte Broda in einem 1985 erschienenen Buch mit Portraits bedeutender
ÖsterreicherInnen dem großen Rechtsreformer des aufgeklärten Absolutismus
auch einen eigenen Beitrag gewidmet und damit – wenn auch nicht explizit
ausgesprochen – in vielfältiger Weise (wiederum) Parallelen zur eigenen Biographie und Arbeit gezogen: von der Abschaffung der Todesstrafe, die bei Jo-

1971 Christian Broda ist tot, in: Die Furche 6 (1987) S. 5.
1972 Kindermann, Dieter, Broda starb an Herzinfarkt!, in: Kronen-Zeitung, 2.2.1987.
1973 Christian Broda gestorben, in: Süddeutsche Zeitung, 2.2.1987.
1974 Christian Broda zum Gedenken, in: Österreichische Juristen Zeitung 3 (1987) S. 1 f.
1975 So betitelte auch Robert Kriechbaumer das Kapitel über die Rechtsreform in seiner Arbeit
      über die »Ära Kreisky« mit »Die Schatten des Josephinismus. Etatistischer Reformismus
      oder Reformen im gesellschaftlichen Überbau«. Vgl.: Kriechbaumer, Die Ära Kreisky,
      S. 157.
1976 Interview mit Univ.-Prof. Dr. Johanna Broda am 18.7.2006. Vgl. zum Interesse an Joseph II.
      auch: Broda: Spanisch lernen für die Enkelin in Mexiko, in: Oberösterreichische Nach-
      richten, 6.7.1984.

seph II. allerdings durch ein äußerst brutales Strafrecht »erkauft« worden war, einem unermüdlichen, nicht immer bedankten Einsatz für die Rechtsreform bis hin zum Umstand, starken Anfeindungen ausgesetzt gewesen zu sein. Nicht ausgeklammert wurde hierbei – und das wohl auch im Sinne eines Resümierens über die eigene Tätigkeit – die Frage nach dem, was bleibt bzw. woran die Geschichte schlussendlich einen erfolgreichen Rechtsreformer misst – wurde vieles von dem, was Joseph II. reformierte, im Gegensatz zu den Broda'schen Reformen doch bald wieder rückgängig gemacht. Der Geist Josephs II. blieb – so Broda 1985 – jedoch bestehen und wurde zu einem wichtigen Katalysator für die Rechtsreformen der kommenden Jahrhunderte.[1977]

Unter den zahlreichen Nachrufen, die zum Tod Brodas erschienen, befanden sich jedoch nicht nur wohlwollende Stimmen. Zu finden sind in der Medienberichterstattung – wenn diese (wie es bei Nachrufen üblich ist) auch in der Minderzahl blieben – auch eine Reihe von Beiträgen, die Broda selbst in der Stunde seines Todes kritisch betrachtet haben wollten. So war nicht nur vom »pragmatischen Reformer und utopischem Sozialisten in einer Person«[1978] zu lesen oder die Rede von einem Politiker, der seiner Überzeugung aus der Jugend treu geblieben ist, dass eine bessere Gesellschaft möglich sei.[1979] So hieß es nicht nur, dass aus dem Revolutionär von einst ein behutsamer Reformer wurde, der den Konsens suchte[1980] und er – so der damalige Bundeskanzler Franz Vranitzky – »d e r politische Aufklärer der Nachkriegszeit« gewesen sei.[1981] Verwiesen wurde auch auf seine Rolle in den Causen Olah und Androsch und aufgefordert, nicht zu vergessen, dass sein Name auch mit einer Diskussion über Politikjustiz verbunden sei[1982] bzw. unter seiner Ministerschaft die Prozesse gegen NS-Verbrecher zu einem Ende gekommen sind. Festgehalten wurde in diesem Sinn in einem (vermutlich von Eduard Rabofsky) verfassten Artikel in den »Mitteilungen der Österreichischen Vereinigung Demokratischer Juristen«, dass der

---

1977 Broda, Christian, Joseph II., in: Jung, Jochen (Hg.), Österreichische Portraits. Leben und Werk bedeutender Persönlichkeiten von Maria Theresia bis Ingeborg Bachmann, Bd. 1, Salzburg/Wien 1985, S. 42–59.

1978 Vgl.: Matzka, Manfred, Pragmatischer Reformer und utopischer Sozialist. Ein Nachruf auf Christian Broda, in: Falter 7 (1987) S. 5 sowie Wassermann, Rudolf, Das Portrait: Christian Broda. Ein großer Rechtsreformer, in: Frankfurter Rundschau, 3.2.1987.

1979 Vgl. in diesem Zusammenhang auch die beiden Lieblingszitate von Christian Broda: »Es gibt nichts Gutes außer man tut es« (Erich Kästner) sowie »Die Aufgabe eines Politikers ist das Bohren von harten Brettern mit Leidenschaft, Zähigkeit und Augenmaß.« Vgl.: Hoffmann-Ostenhof/Nagy/Wimmer, Der lange Marsch zum Seelenfrieden, S. 12.

1980 Vgl. zur Konsensbereitschaft Brodas sowie zur Entwicklung vom »Revolutionär zum behutsamen Reformer« eine ältere Charakterisierung aus dem Jahr 1976: Freundlichkeit ist seine beste Waffe, in: Kleine Zeitung, 30.6.1976.

1981 Ansprache von Franz Vranitzky bei der Kremation und Urnenbeisetzung. Abgedruckt in: Anwaltsblatt 3 (1987) S. 114 f. (hier S. 114).

1982 Visionen und Gesetze, in: Süd-Ost-Tagespost, 3.2.1987.

Umstand, »dass die juristische Bewältigung der NS-Verbrechen unterblieb, [...]
neben vielen guten Erinnerungen an Christian Broda eine auch ihn belastende
historische Schuld gegenüber Österreichs Nachkriegs›rechtspflege‹ [bleibt]«.[1983]
Mehrfach kritisch angesprochen wurde in den Nachrufen zudem die Einführung der Fristenregelung im Zuge der »großen Strafrechtsreform«, wobei
deutlich wird, welche Polarisierungskraft das Thema Abtreibung noch immer
für Teile der österreichischen Gesellschaft hatte (und hat). So wurde sowohl in
der »Furche« als auch in der »Kleinen Zeitung« von Fritz Csoklich, dem Sprecher
der »Aktion Leben«, erneut betont, dass die Einführung der Fristenregelung ein
Fehler gewesen sei und es schmerze, »dass seine Hochachtung vor dem Leben
nicht auch dem werdenden Leben gegolten« habe[1984] bzw. der Ausbau flankie-
render Maßnahmen verlangt.[1985] Und in der ÖVP-Zeitung »Neues Volksblatt«
aus Linz hieß es sogar, dass nun, angesichts des Todes von Broda, zu hoffen sei,
»dass ein Gott, an den Broda nicht glaubte, dem Toten mehr Gnade schenke, als
Broda den Ungeborenen zuzugestehen bereit war«[1986] – eine Äußerung, die ob
ihrer Pietätlosigkeit auf zahlreiche Reaktionen stieß.[1987] Von Seiten der SPÖ-
Frauen wurde Broda hingegen neuerlich für seinen Anteil an der Einführung der
Fristenregelung und die Umsetzung der Familienrechtsreform gedankt und
festgehalten, dass Broda, der auch Vorsitzender des Trägervereins der ersten
Zufluchtsstätten für misshandelte Frauen in Österreich war, den Frauen damit
erst die »volle Menschenwürde gegeben« habe.[1988]
In den folgenden Jahren wurde an die Reformen Christian Brodas in ver-
schiedener Hinsicht erinnert bzw. diese zum Ausgangspunkt für einschlägige
Symposien zu den Themen Rechtspolitik, Menschenrechte, Parlamentarismus
oder Demokratieentwicklung gemacht.[1989] Sein Nachlass wurde Ende 1992, nach
einer mehrjährigen Ordnung und Indizierung durch den Historiker Béla Rásky,
für die wissenschaftliche Forschung in der Handschriftensammlung der
Österreichischen Nationalbibliothek zugänglich gemacht. Initiiert wurde die
Schaffung des Broda-Archivs 1986 anlässlich des 70. Geburtstages von Christian

---

1983 O.A. (Rabofsky, Eduard), Im Gedenken an Christian Broda, in: Mitteilungen der Öster-
      reichischen Vereinigung Demokratischer Juristen (ÖVDJ), März 1987, S. 7.
1984 Christian Broda ist tot, in: Die Furche 6 (1987) S. 5.
1985 Csoklich, Fritz, Die Reform nun ergänzen, in: Kleine Zeitung, 3. 2. 1987.
1986 Tod eines Ministers, in: Neues Volksblatt, 2. 2. 1987.
1987 Haß über das Grab hinaus, in: AZ Tagblatt 6. 2. 1987.
1988 Karlsson, Irmtraut, Christian Broda. Er hat den österreichischen Frauen die Menschen-
      würde gegeben, in: Neue Frau, 10. 3. 1987.
1989 Vgl. hierzu etwa die beiden Symposien »Asylrecht ist Menschenrecht« (Wien 1987) und
      »Die Erneuerung des Strafverfahrensrechts in den deutschsprachigen Ländern« (Bad
      Homburg 1988) sowie die vom Institut für Rechts- und Kriminalsoziologie und von
      NEUSTART organisierten Christian-Broda-Vorlesungen. AChB, Nachtrag, ÖNB, Hand-
      schriftensammlung, XXI.17.11 sowie http://www.irks.at/pub_broda.html (29. 3. 2010).

Broda durch Heinz Fischer und Michael Neider, die von Broda gemeinsam mit Sepp Rieder neben Maria Strasser auch testamentarisch zu den Verwaltern seines schriftlichen Nachlasses bestimmt worden waren.[1990] Wie sich Michael Neider erinnert, wurden aber auch schon in den Jahren zuvor – und das noch von Broda selbst – mit einem ersten Ordnen von Unterlagen Vorbereitungsarbeiten für die Schaffung des Broda-Archivs geleistet.[1991] Gesetzt wurde damit bzw. insbesondere durch die Schaffung eines ausführlichen Index durch Rásky (im Rahmen des Ludwig Boltzmann Instituts für Geschichte und Gesellschaft unter der Leitung von Erika Weinzierl) ein wichtiger Schritt, ohne den die vorliegende Arbeit nicht möglich gewesen wäre.[1992] Verbunden war mit der Schaffung eines Broda-Archivs anfangs auch die Ausschreibung eines Christian Broda-Förderungspreises, der einen zusätzlichen Anreiz dafür geben sollte, sich mit dem Nachlass von Broda zu beschäftigen. Wie Bruno Kreisky hatte Christian Broda 1992 somit sein eigenes, äußerst umfangreiches Archiv erhalten. Die Überlegung, dieses ins bereits seit längerer Zeit bestehende Kreisky-Archiv zu integrieren, hatte Bruno Kreisky – so Oliver Rathkolb – brüsk mit den Worten »Seine Papierln liegen nicht neben meinen« abgewiesen.[1993] Die seit dem Olah-Konflikt angespannte Beziehung der beiden bzw. die Ablehnung Brodas, die sich seitens Kreiskys durch den »Fall Androsch« noch einmal dramatisch intensiviert hatte, überdauerte somit sogar den Tod. Maria Strasser, der langjährigen Lebensgefährtin von Christian Broda, schrieb Kreisky nach dem Tod von Christian Broda jedoch folgendes: »Um ehrlich zu sein, es hat mich Vieles bedrückt, wie es halt so ist, wenn einem trotz alledem und alledem jemand fehlt als wär' s ein Stück von mir.«[1994]

1996, anlässlich des 80. Geburtstages von Christian Broda, wurde von Justizminister Nikolaus Michalek eine Gesamtausgabe der Symposien »Justiz und Zeitgeschichte« im Justizministerium vorgestellt.[1995] Elf Jahre später wurde nach der Übernahme des Justizministeriums durch Maria Berger (SPÖ), die sich ebenso wie Hannes Jarolim, Justizsprecher der SPÖ,[1996] zu seinem »Erbe« »be-

---

1990 In diesem Zusammenhang erfolgte 1986 auch die Gründung des Vereins »Archiv Christian Broda«.
1991 Interview mit Dr. Michael Neider am 27. 5. 2010.
1992 Vgl. zur Entstehungsgeschichte des Archiv Christian Broda: AChB, Nachtrag, ÖNB, Handschriftensammlung, XXI.26.
1993 Liegl/Pelinka, Chronos und Ödipus, S. 62.
1994 Schreiben von Bruno Kreisky an Maria Strasser, Februar 1987, in: AChB, Nachtrag, ÖNB, Handschriftensammlung, XXI.20/1.
1995 Justiz und Zeitgeschichte, in: Wiener Zeitung, 13. 3. 1996 sowie Ein großer Reformer, in: Salzburger Nachrichten, 12. 3. 1996.
1996 Jarolim zum 20. Todestag Christian Brodas: Sein Erbe verpflichtet uns auch heute, Presseaussendung des SPÖ-Parlamentsklubs vom 1. 2. 2007.

kannte« bzw. sich in eine Tradition mit ihm stellte,[1997] im Justizministerium eine
Vitrine zur Erinnerung an Christian Broda eingerichtet.[1998] Unmittelbar nach
dem Ausscheiden von Berger aus der Regierung wurden die Schriften Brodas
vom ÖVP-Politiker und Interimsjustizminister Johannes Hahn jedoch durch
jene des Strafrechtsprofessors Manfred Burgstaller ersetzt.[1999] Von Bergers
Nachfolgerin, Claudia Bandion-Ortner, wurde die Vitrine im Rahmen der Umgestaltung ihrer Arbeitsräume schließlich verräumt.[2000]

2008 führte die von der »Sektion Andersrum« bzw. Wolfgang Wilhelm initiierte Schaffung eines Christian-Broda-Platzes in Wien Mariahilf bzw. die
Umbenennung des vormaligen »Mariahilfer-Platzls« in Christian-Broda-Platz
zu Diskussionen.[2001] So wurde von den AnrainerInnen und der Opposition im
sozialdemokratisch regierten Bezirk die Umbenennung nicht nur damit abgelehnt, dass Broda keine besonderen Beziehungen zum sechsten Wiener Gemeindebezirk gehabt habe, sondern auch mit seinem Weg in der Rechtspolitik
und dem Umstand, dass er Leute wie den NS-Arzt Heinrich Gross gedeckt
habe.[2002] Trotzdem wurde die Umbenennung des Platzes mit den Stimmen von
SPÖ und Grünen gegen jene von ÖVP und FPÖ beschlossen. Maßgeblich für die
Zustimmung der Grünen war, dass unter Broda 1971 das Totalverbot der Homosexualität fiel und Österreich damit Anschluss an die europäische Entwicklung fand.[2003] Seither erinnern im Wiener Stadtbild nicht nur ein Christian-
Broda-Bildungsheim in Wien Penzing, dem Wahlbezirk Brodas, sondern auch

---

1997 So antwortete Maria Berger in einem Interview mit der »Presse« auf die Frage, ob sie in die
      »Fußstapfen« Brodas treten wolle, mit »Ja!«. Vgl.: Berger: »Gefängnislose Gesellschaft ist
      Utopie«, in: Die Presse, 28. 09. 2007.
1998 Auf leisen Sohlen. Ein Vierteljahrhundert nach Christian Broda setzt die sozialdemo-
      kratische Justizministerin Maria Berger still und beharrlich dessen Vermächtnis um, in:
      Profil 34 (2007) S. 18 f.
1999 Wer ist der Nächste in der Vitrine?, in: Die Presse, 17. 1. 2009.
2000 Rechtspolitik von links, in: Die Presse, 28. 2. 2010.
2001 Ziel der »Sektion Andersrum« ist es, »Lesben, Schwule und Transgenderpersonen, aber
      auch am Thema interessierten Heterosexuellen, eine niederschwellige und basisorien-
      tierte Plattform in Mariahilf, dem Bezirk mit den meisten Einrichtungen für Lesben,
      Schwule und Transgenderpersonen, anzubieten«. Die Initiative wurde ergriffen, »weil
      Broda die Streichung des sogenannten Totalverbots der Homosexualität im Zuge der
      Strafrechtsreform 1971 zu verdanken ist, die ein erster großer und immens wichtiger
      Schritt in Richtung Antidiskriminierung und Gleichstellung von Schwulen und Lesben in
      unserer   Gesellschaft   war.«   Vgl.:   http://www2.mariahilf.spw.at/domi
      no%5Chtml%5C906 %5Chpbo906.nsf/WebPages/CEFC426C7813952FC1257367003F8
      F89?OpenDocument (2. 4. 2010).
2002 FP-Herzog: Christian Broda-Platz – Schluss mit Zwangsbeglückung, Aussendung des
      freiheitlichen Pressediensts vom 23. 6. 2008, http://www.ots.at/presseaussendung/OT
      S_20080623_OTS0045 (2. 4. 2010).
2003 Vgl. hierzu die Website der Wiener Grün-Politikerin Marie Ringler: http://marie
      goessmscam.twoday.net/stories/5247276/ (2. 4. 2010).

der Christian-Broda-Platz an der Schnittstelle von Mariahilfer-Straße und Mariahilfer Gürtel an den ehemaligen Justizminister.

Wie nicht zuletzt diese Szenen zeigen, ist Broda noch heute umstritten. Seine Biographie ist Identitätsplattform und ein positiv besetzter »Erinnerungsort« für die einen und wird von den anderen deutlich kritischer gesehen. Beinahe 25 Jahre nach seinem Tod gehört Christian Broda noch immer zu den am kontrovers diskutiertesten Politikern der Zweiten Republik. Dass er – wie bereits nach seinem Tod geschrieben wurde – einen fixen Platz in der österreichischen Rechtsgeschichte einnehmen wird, ist heute in der Zeitgeschichte ebenso unumstritten wie die Feststellung, dass keine Geschichte der Ära Kreisky geschrieben werden kann, ohne auf die großen Rechtsreformen jener Jahre einzugehen. Insgesamt ist Christian Broda mit 19 Jahren an der Spitze des österreichischen Justizministeriums nach wie vor der mit großem Abstand am längsten amtierende Justizminister der Zweiten Republik bzw. (nach Bruno Kreisky mit 26 Jahren) überhaupt eines der am längsten amtierenden Regierungsmitglieder. Sein Kampf gegen die Todesstrafe hat sich – wie in der »Presse« anlässlich eines großen Rückblicks auf 40 Jahre Beginn der Ära Kreisky festgehalten wurde – »zu einer europäischen Erfolgsgeschichte« entwickelt. »Zu Europa gehört heute nur, wer ihr abschwört«.[2004]

Als gescheitert wurde hingegen – angesichts der tatsächlichen Haftzahlen – oftmals Brodas »Vision einer gefängnislosen Gesellschaft« bezeichnet,[2005] wenngleich auch dieses Scheitern differenziert zu betrachten ist. Denn wohl keine Aussage eines ehemaligen Justizministers hat so lange überlebt und wurde bzw. wird so häufig zitiert, wie jene Brodas aus den späten 1970er Jahren, wonach er sich durchaus einmal eine Gesellschaft vorstellen kann, die ohne Gefängnisse auskommt. Auch zahlreiche PolitikerInnen – über die ihm nachfolgenden JustizministerInnen, vor allem Maria Berger, bis zu Heide Schmidt nach der Gründung des Liberalen Forums 1993[2006] – wurden um ihre Meinung zur »gefängnislosen Gesellschaft« gefragt. Wie es scheint, wurde diese nicht zuletzt auch deshalb eingeholt, um klar einordenbar zu sein. Broda selbst wird heute zuweilen sogar auf diese Aussage verkürzt bzw. ausschließlich mit dieser identifiziert. Wie keine andere Äußerung von ihm polarisiert die »gefängnislose Gesellschaft« noch heute. Gleichzeitig wird sie – besonders wenn die Haftzahlen hoch sind – in Justizkreisen aber auch nach wie vor zum Aufhänger für eine Diskussion genommen.[2007] Generell gilt wohl noch immer was einst Winston

---

2004 Rechtspolitik von links, in: Die Presse, 28. 2. 2010.
2005 Ebenda.
2006 Vgl.: »Im Geiste Brodas«. Heide Schmidt über Strategie, Programm und erste politische Signale des Liberalen Forums, in: Profil 12 (1993) S. 16 f. (hier S. 17).
2007 Vgl. u. a. das von der Rechtsanwaltskammer Wien Ende 2007 veranstaltete Justizgespräch

Churchill sagte und später sowohl von Peter Strasser als auch Christian Broda im Zuge der Strafrechts- bzw. Strafvollzugsreform aufgegriffen wurde: »Die Stimmung und Haltung der Öffentlichkeit zu Verbrechen und Rechtsbrechern sind die untrüglichsten Anzeichen der Zivilisationsstufe eines Staates.«[2008]

Die vorliegende Arbeit stellt – wie eingangs vorausgeschickt wurde – die erste größere biographische Annäherung an Christian Broda dar. Diese hat versucht, den politischen Lebensweg Christian Brodas und seine Tätigkeit mit einem Fokus auf die Themen Rechts-, Medien- und Demokratiepolitik, Umgang mit der NS-Vergangenheit, Kampf um die Wahrung der Menschenrechte und Abschaffung der Todesstrafe nachzuzeichnen und Christian Broda im Diskurs der Zweiten Republik zu verankern. Unternommen wurde damit der erste größere Versuch, jenes Portrait zu zeichnen, von dem es 1982 anlässlich seines bevorstehenden Ausscheidens aus der Regierung hieß, dass es »niemals vollständig gelingt«[2009] oder hinsichtlich dessen im Zusammenhang mit einer größeren biographischen Darstellung 1978 im »Extrablatt« festgehalten wurde, dass er »freilich nicht einer jener Politiker [ist], die man so leicht in den Griff bekommt.«[2010] Befragt wurde hierfür eine Vielzahl von Quellen; zurückgegriffen wurde immer wieder auf den Nachlass von Christian Broda. Dieser stellt zweifellos einen wichtigen zeitgeschichtlichen Bestand dar und bietet allemal noch »Stoff« für eine Reihe weiterer Arbeiten zur jüngeren österreichischen Rechtsgeschichte, der in der Zeitgeschichtsforschung zweifellos mehr Aufmerksamkeit geschenkt werden sollte. Hierbei auch biographische Schnittstellen oder Herangehensweisen mitzudenken, erscheint auch für weitere Arbeiten lohnenswert.

»Gefängnislose Gesellschaft – Wünschenswerte Vision?«, http://www.rakwien.at/userfiles/file/News/gefaengnislose_gesellschaft.pdf (2. 4. 2010).
2008 Broda, Legislative und administrative Probleme des Strafvollzugs, S. 57.
2009 Der spezielle Fall. Zum Ruhestand verurteilt?, in: Tiroler Tageszeitung, 18. 12. 1982.
2010 Hoffmann-Ostenhof/Nagy/Wimmer, Der lange Marsch zum Seelenfrieden, S. 7.

Dank

Das vorliegende Buch ist eine leicht überarbeitete Fassung meiner Dissertation, die im Sommer 2010 an der Universität Wien approbiert wurde. Es stellt das Ergebnis einer mehrjährigen Auseinandersetzung mit der Person und dem Politiker Christian Broda dar, die nur durch die Unterstützung zahlreicher Personen fertig gestellt werden konnte.

Mein Dank gilt an erster Stelle meinen beiden Dissertationsbetreuern Univ.-Prof. DDr. Oliver Rathkolb und Univ.-Prof. Dr. Reinhard Sieder, die diese Arbeit mit großem Engagement über einen langen Zeitraum begleitet und durch zahlreiche Hilfestellungen gefördert haben.

Besonders danken möchte ich zudem Dr. Michael Neider und Univ.-Prof. Dr. Johanna Broda. Dr. Michael Neider hat mir als Verwalter des Nachlasses von Christian Broda nicht nur sein privates Archiv geöffnet, sondern nach dem Tod von Maria Strasser auch den Zugang zu Dokumenten aus dem Nachlass von Christian Broda ermöglicht, die der wissenschaftlichen Forschung bis dato nicht zur Verfügung gestanden sind. Gemeinsam mit Unterlagen, die Maria Strasser 1998 ins Österreichische Staatsarchiv gebracht hat,[2011] konnte ich diese mit der Unterstützung von Generaldirektor Prof. Dr. Lorenz Mikoletzky vom Österreichischen Staatsarchiv im Sommer 2010 dem Broda-Archiv in der Handschriftensammlung der Österreichischen Nationalbibliothek als geschlossenen Nachtrag übergeben.[2012] Der Nachlass von Christian Broda konnte durch meine Dissertation somit um zahlreiche Dokumente ergänzt werden. Univ.-Prof. Dr. Johanna Broda möchte ich nicht nur für zahlreiche Gespräche über ihren Vater, sondern vor allem auch für ihre Unterstützung bei der Bebilderung dieses Buches danken. Ebenso gilt mein Dank in diesem Zusammenhang insbesondere

---

2011 Grund hierfür war, dass die Stiftung Bruno Kreisky Archiv damals in Kooperation mit dem Österreichischen Staatsarchiv und der Österreichischen Nationalbibliothek eine Digitalisierung (von Teilen) des Nachlasses von Christian Broda plante.

2012 Vgl.: Nachtrag zum Archiv Christian Broda, in: Newsletter der Österreichischen Nationalbibliothek 4 (2010) S. 10, online: http://www.onb.ac.at/files/newsletter10-4.pdf (20. 12. 2010)

Marietheres Frauendorfer, der Stiftung Bruno Kreisky Archiv und dem Verein für Geschichte der Arbeiterbewegung (Mag. Regina Wonisch). Mein Buch hat durch die zur Verfügung gestellten Fotos zweifellos einen großen Gewinn erfahren – wird besonders eine Biographie doch erst dann »lebendig«, wenn sie auch in Bildern erzählt werden kann.

Bei Herrn Bundespräsident Dr. Heinz Fischer möchte ich mich nicht nur dafür bedanken, dass er meiner Arbeit mit Interesse begegnet ist, sondern diese auch mit einem persönlichen Vorwort unterstützt hat. Seine persönlichen Erinnerungen an Christian Broda betrachte ich als wertvolle Ergänzung meines Textes.

Dem Präsidenten des Verwaltungsgerichtshofes, Univ.-Prof. Dr. Clemens Jabloner, danke ich für die Begutachtung meiner Dissertation und seine Anregungen für die Überarbeitung zu vorliegendem Buch. Gleichfalls möchte ich auch Univ.-Prof. Dr. Johanna Broda, Dr. Michael Neider, Mag. Christoph Mentschl (Österreichisches Biographisches Lexikon, Österreichische Akademie der Wissenschaften) und Dr. Marion Wisinger (Liga für Menschenrechte) danken, dass sich Zeit dafür genommen haben, meine Dissertation einer kritischen Durchsicht bzw. einem Korrektorat zu unterziehen.

Ebenso gilt mein Dank allen meinen InterviewpartnerInnen, die bereit waren, mit mir ihr Wissen und ihre Erfahrungen über Christian Broda zu teilen: Marietheres Frauendorfer, Dr. Heinrich Keller, Univ.-Prof. Dr. Hans Klecatsky, Prof. Fritz Molden, Dr. Sepp Rieder, Dr. Herbert Schachter, Dr. Nikolaus Siebenaller, Jenny Strasser (†), Maria Strasser (†) und Prof. Alfred Ströer.

Für die Unterstützung bei meinen Archivrecherchen, den Hinweis auf wichtige Quellen, den Austausch von Dokumenten und inhaltliche Anregungen gilt mein Dank den MitarbeiterInnen der Handschriftensammlung der Österreichischen Nationalbibliothek, Mag. Peter Steiner (Österreichische Nationalbibliothek), Dr. Rudolf Jerabek, Heinz Placz, Mag. Hana Keller, Roman Eccher (Österreichisches Staatsarchiv), Dr. Gernot Obersteiner (Steiermärkisches Landesarchiv), Dr. Claudia Kuretsidis-Haider und Dr. Winfried Garscha (Zentrale österreichische Forschungsstelle Nachkriegsjustiz), Univ.-Doz. Dr. Maria Mesner und Mag. Maria Steiner (Stiftung Bruno Kreisky Archiv), Mag. Manfred Mugrauer (Alfred Klahr Gesellschaft), Mag. Gertrude Mergili (Simon Wiesenthal Archiv, Wien), Mag. Manuel Swatek (Wiener Stadt- und Landesarchiv), Mag. Wolf-Erich Eckstein (Israelitische Kultusgemeinde, Wien), Ing. Felix Gundacker (Institut für Historische Familienforschung), Prof. Dr. Elisabeth Lebensaft und Mag. Christoph Mentschl (Österreichisches Biographisches Lexikon, Österreichische Akademie der Wissenschaften), Mag. Christian Stifter (Österreichisches Volksschularchiv), Mag. Ulrike Majdan (Bibliothek der Wirtschaftskammer Wien), Mag. Werner Siegel (Archiv des Akademischen Gymnasiums Wien), Jana Ratajova (Archiv der Karls Universität Prag), Univ.-Prof. Dr. Hans Hautmann,

Univ.-Doz. Dr. Barry McLoughlin, Botschafter Dr. Ferdinand Trauttmansdorff und Gerald Patsch.

Roman Koppler und Gernot Schwarz möchte ich für technischen Support danken.

Archive und Quellen

Archive

Archiv des Akademischen Gymnasiums Wien
Archiv der Karls-Universität Prag
Archiv der Rechtsanwaltskammer für Wien
Archiv der Universität Wien
Deutsches Bundesarchiv Berlin
Deutsches Bundesarchiv – Militärarchiv Freiburg
Dokumentationsarchiv des Österreichischen Widerstandes, Wien
Handelsgericht Wien
Lutherische Stadtkirche, Wien (Tauf- und Heiratsmatriken)
Oberösterreichisches Landesarchiv, Linz
Österreichisches Staatsarchiv / Archiv der Republik, Wien
Österreichisches Staatsarchiv / Allgemeines Verwaltungsarchiv, Wien
Pfarramt St. Karl, Wien (Taufmatriken)
Pfarramt St. Christoph, Baden bei Wien (Heiratsmatriken Pfarre St. Helena)
Simon Wiesenthal Archiv, Wien
Steiermärkisches Landesarchiv, Graz
Stiftung Bruno Kreisky Archiv, Wien
Verein für Geschichte der Arbeiterbewegung, Wien
Wehrmachtsauskunftsstelle Berlin
Wiener Stadt- und Landesarchiv
Zentrales Parteiarchiv der KPÖ (Alfred Klahr Gesellschaft), Wien

Nachlässe

Archiv Christian Broda, Österreichische Nationalbibliothek, Sammlung von Handschriften und alten Drucken (zitiert als Handschriftensammlung), Wien
Nachlass Engelbert Broda, Zentralbibliothek für Physik, Wien
Nachlass Karl R. Stadler, Österreichisches Volkshochschularchiv, Wien

Nachlass Adolf Schärf, Verein für Geschichte der Arbeiterbewegung, Wien
Nachlass Peter Strasser, Verein für Geschichte der Arbeiterbewegung, Wien

Pressearchive/Schnittsammlungen

Sozialwissenschaftliche Dokumentation (SOWIDOK) der Arbeiterkammer Wien
Tagblattarchiv, Wienbibliothek
Pressedokumentation der Wirtschaftskammer Wien

Audiovisuelle Quellen[2013]

Private Tonbandaufzeichnung über die Jugenderlebnisse von Christian Broda
Christian Broda in der Radio-Sendung »Im Brennpunkt« am 29.4.1983
Christian Broda in der Radio-Sendung »Von Tag zu Tag« am 4.8.1986
Christian Broda in der Sendereihe »Zeitzeugen«, ORF-Landesstudio Salzburg, 1985
TV-Bericht über den Tod von Christian Broda, »Zeit im Bild«, 1.2.1987
Recht und Politik. Christian Broda im Gespräch mit Franz Kreuzer, ausgestrahlt in memoriam Christian Broda, ORF FS 1, 1.2.1987[2014]

Sonstiges

Parteitagsberichte und -protokolle der SPÖ 1957–1983
Stenographische Protokolle des Nationalrats 1959–1983

2013 Mitschnitte aus dem Nachlass von Maria Strasser befinden sich im Besitz der Verfasserin. Die originalen Audio- und VHS-Kassetten wurden dem AChB übergeben.
2014 Vgl. hierzu: Die Ohnmacht der Henker.

Interviews

Interviews mit Univ.-Prof. Dr. Johanna Broda am 18.7.2006, 22.7.2010 und 6.8.2010
Interviews mit Marietheres Frauendorfer am 16.3.2007 und am 13.12.2010
Interview mit Dr. Heinrich Keller am 12.10.2009
Interview mit Univ.-Prof. Dr. Hans R. Klecatsky am 20.4.2009
Interview mit Prof. Fritz Molden am 21.2.2007
Interviews mit Dr. Michael Neider am 26.9.2005, 31.5.2006 und 28.5.2010
Interview mit Dr. Sepp Rieder am 20.5.2010
Interview mit Dr. Herbert Schachter am 31.10.2005
Interview mit Dr. Nikolaus Siebenaller am 6.7.2006
Interviews mit Jenny Strasser (†) am 30.11.2007 und 7.1.2008
Interview mit Maria Strasser (†) am 12.4.2006
Interview mit Prof. Alfred Ströer am 20.2.2007

Literatur

Ableitinger, Alfred, Die Ära Klaus – Politikfelder, in: Schausberger, Franz (Hg.), Die Transformation der österreichischen Gesellschaft und die Alleinregierung von Bundeskanzler Dr. Josef Klaus, Salzburg 1995, S. 153 – 181.

Adamovich, Ludwig / Pernthaler, Peter, Auf dem Weg zur Menschenwürde und Gerechtigkeit. Festschrift für Hans R. Klecatsky, Wien 1980.

Adunka, Evelyn, Friedrich Heer (1916 – 1983). Eine intellektuelle Biographie, Innsbruck/ Wien 1995.

Afritsch, Josef, Nicht überschätzen, nicht bagatellisieren, in: Die Zukunft 2 (1962) S. 34.

Andics, Hellmut, Der Fall Otto Habsburg, Wien/München 1965.

Androsch, Hannes (Hg.), Karl Waldbrunner. Pragmatischer Visionär für das neue Österreich, Wien 2006.

Androsch, Hannes, Audiatur et altera pars (Man höre auch die andere Seite), in: Kriechbaumer, Robert, Die Ära Kreisky. Österreich 1970 – 1983, Wien/Köln/Weimar 2006, S. 485 – 491.

Aumayr, Doris / Gratz, Sabine / Hüttler, Bernhard, / Kiesenhofer, Gerhard / Lehner, Oskar / Floßmann, Ursula, Die Rechtsstellung der Frau in der Familie im 19. und 20. Jahrhundert, in: Floßmann, Ursula / Lehner, Oskar (Hg.), Frau. Recht. Gesellschaft. Seminar zur Frauengeschichte, Linz 1985, S. 111 – 173.

Autorenkollektiv der Historischen Kommission beim ZK der KPÖ unter der Leitung von Friedl Fürnberg. Geschichte der Kommunistischen Partei Österreichs, 1918 – 1955. Kurzer Abriss, Wien 1977.

Bair, Deirdre, Die Biografie ist akademischer Selbstmord, in: Literaturen 7/8 (2001) S. 38 – 39.

Barnes, Julian, Flauberts Papagei, Berlin 1984.

Bauer, Ingrid, Frauen, Männer, Beziehungen. Sozialgeschichte der Geschlechterverhältnisse in der Zweiten Republik, in: Burger, Johann / Morawek, Elisabeth (Hg.), 1945 – 1995. Entwicklungslinien der Zweiten Republik (Sonderband der Informationen zur Politischen Bildung), Wien 1995, S. 102 – 118.

Bayer, Pia (Red.), Konsens und Konflikt. Schattendorf 1927 – Demokratie am Wendepunkt. Begleitband zur Ausstellung (Wissenschaftliche Arbeiten aus dem Burgenland 119), Eisenstadt 2007.

Beer, Siegfried, Oberösterreich nach dem Krieg. Vertrauliche Berichte des amerikanischen Geheimdienstes OSS aus dem Jahre 1945. Eine exemplarische Dokumentation, in:

Marckhgott, Gerhart (Red.), Oberösterreich April bis Dezember 1945 (Quellen Oberösterreichs 2), Linz 1991, S. 177–232.

Beer, Siegfried, Laßt die Dokumente sprechen, in: Risse im Context XXI. Magazin zur Alpenbegradigung 3 (1999), online: http://www.contextxxi.at/context/content/view/ 77/28/ (14.3.2010).

Benedek, Wolfgang, Internationale Aspekte der Todesstrafe aus historischer und aktueller Sicht. Die weltweite Abschaffung der Todesstrafe als internationales und europäisches Anliegen, in: Kuretsidis-Haider, Claudia / Halbrainer, Heimo / Ebner, Elisabeth (Hg.), Mit dem Tod bestraft. Historische und rechtspolitische Aspekte zur Todesstrafe im 20. Jahrhundert und der Kampf um ihre weltweite Abschaffung, Graz 2008, S. 159–177.

Benya, Anton, Mein Weg. Lebenserinnerungen eines Gewerkschafters und Demokraten ergänzt um Aussagen aus seinem letzten Lebensjahrzehnt, 2., erg. Aufl., Wien 2002.

Berlepsch, Hans-Jörn von, Die Wiederentdeckung des »wirklichen Menschen« in der Geschichte. Neue biographische Literatur, in: Archiv für Sozialgeschichte 1989, S. 488– 510.

Bernold, Monika / Gehmacher, Johanna, Auto/Biographien einer Akteurin der Frauenbewegung. Tradierungspraxen, biographische Darstellungsmuster und feministisches Geschichtsbewusstsein, in: Wolfgruber, Elisabeth / Grabner, Petra (Hg.), Politik und Geschlecht, Innsbruck/Wien/München 2000, S. 107–125.

Besserer Zugang zum Recht. Christian Broda zur österreichischen Rechtsreform (Politik und Dokumentation 12), Wien 1983.

Bischof, Günter, Die Instrumentalisierung der Moskauer Deklaration nach dem 2. Weltkrieg, in: Zeitgeschichte 11/12 (1993) S. 345–367.

Bischof, Günter, Die Planung und Politik der Alliierten 1940–1954, in: Steininger, Rolf / Gehler, Michael (Hg.), Österreich im 20. Jahrhundert, Band 2, Vom Zweiten Weltkrieg bis zur Gegenwart, Wien/Köln/Weimar 1997, S. 107–146.

Bitschnau, Wolfram, Heimkehr der Habsburger. Der Kampf um das Ende der Landesverweisung, Graz 2005.

Blänkner, Reinhard, Nach der Volksgeschichte, in: Hettling, Manfred (Hg.), Volksgeschichten im Europa der Zwischenkriegszeit, Bonn 2003, S. 326–366.

Blau, Paul, In der falschen Partei?, in: Die Zukunft 3 (1976) S. 27–29.

Blecha, Karl, Analyse einer Wahl (I), in: Die Zukunft 5/6 (1970) S. 5–10.

Blecha, Karl, Analyse einer Wahl (II), in: Die Zukunft 7 (1970) S. 2–6.

Blecha, Karl / Kienzl, Heinz, Österreichs Wähler sind in Bewegung, in: Die Zukunft 8/9 (1966) S. 26–30.

Blecha, Karl (Hg.), Rote Markierungen. Beiträge zur Ideologie und Praxis der österreichischen Sozialdemokratie, Wien/München/Zürich 1972.

Bleier-Bissinger, Barbara Hanna, Bundeskanzler Alfons Gorbach und seine Zeit. Leben und Sterben der Nachkriegskoalition, Graz 1988.

Bock, Hans-Michael, Biographie, in: Jacobsen, Wolfgang (Hg.), G. W. Pabst, Berlin 1997, S. 251–284.

Böhler, Ingrid, »Wenn die Juden ein Volk sind, so ist es ein mieses Volk«. Die Kreisky-Peter-Wiesenthal-Affäre 1975, in: Gehler, Michael / Sickinger, Hubert (Hg.), Politische Affären und Skandale in Österreich. Von Mayerling bis Waldheim, 2. erw. Ausg., Thaur/ Wien/München 1996, S. 502–531.

Botz, Gerhard / Hautmann, Hans / Konrad, Helmut (Hg.), Geschichte und Gesellschaft. Festschrift für Karl R. Stadler zum 60. Geburtstag, Wien 1974.

Bourdieu, Pierre, Die biographische Illusion, in: Ders., Praktische Vernunft. Zur Theorie des Handelns, Frankfurt/Main 1998, S. 75 – 83.

Braun, Fritz, Der politische Lebensweg des Bürgermeisters Richard Schmitz. Beiträge zur Innenpolitik der Ersten Republik und zur Geschichte der Christlichsozialen Partei, Univ.-Diss., Wien 1968.

Broda, Christian, Volk und Führung. Ein Beitrag zum Problem der politischen Willensbildung im zweiten Deutschen Reich, Univ.-Diss., Wien 1940.

Broda, Christian, Die alten Losungen gelten noch, in: Forum 36 (Dezember 1956) S. 435 – 438.

Broda, Christian, Das neue dänische Gesetz über die Schwangerschaftsunterbrechung, in: Die Zukunft 9 (1956) S. 259 – 262.

Broda, Christian, Die sozialistische Bewegung und das »Endziel«, in: Die Zukunft 1 (1957) S. 8 – 11.

Broda, Christian, Das Zwischenspiel »Restauration«, in: Forum 47 (November 1957) S. 388 – 389.

Broda, Christian, Die Neuerungen im Programm der SPÖ, in: Forum 49 (Jänner 1958) S. 9 – 12.

Broda, Christian, Was ist Sozialismus? Zum grundsätzlichen Teil des Programmentwurfs, in: Die Zukunft 1 (1958) S. 2 – 5.

Broda, Christian, Das Wiener Programm und die klassenlose Gesellschaft, in: Die Zukunft 6 (1958) S. 155 – 158.

Broda, Christian, Fazit der Erneuerung, in: Forum 54 (Juni 1958) S. 209 – 212.

Broda, Christian, Um den Stil der Zweiten Republik. Zur 40. Wiederkehr des Gründungstages der Republik Österreich, in: Forum 59 (November 1958) S. 393 – 396.

Broda, Christian, Das neue Programm der jugoslawischen Kommunisten, in: Die Zukunft 2 (1959) S. 39 – 45.

Broda, Christian, Das Antikorruptionsgesetz, in: Die Zukunft 4/5 (1959) S. 110 – 115.

Broda, Christian, Gegen die Hektik in der Demokratie, in: Forum 69 (September 1959) S. 318 – 320.

Broda, Christian, Österreich geht seinen eigenen Weg. Die Wahlen vom 10. Mai 1959 und ihre Bedeutung, in: Neue Generation 3 (1959) S. 2 – 3.

Broda, Christian, Hat das Parlament noch Funktionen?, in: Forum 73 (Januar 1960) S. 8 – 9.

Broda, Christian, Der Entwurf für ein neues Pressegesetz, in: Die Zukunft 3 (1960) S. 65 – 68.

Broda, Christian, Österreich auf dem Weg zum neuen Strafrecht, in: Der Staatsbürger 24 (1960) S. 1 – 2.

Broda, Christian, Die Presse ist am Zug, in: Forum 85 (Januar 1961) S. 9 – 13.

Broda, Christian, Das Pressegesetz der Zweiten Republik, in: Die Zukunft 9 (1961) S. 249 – 253.

Broda, Christian, Die Funktion der Justiz in der Zweiten Republik, in: Der Sozialistische Akademiker 5 (1961) S. 2.

Broda, Christian, Demokratie – Recht – Gesellschaft. Ausgewählte Aufsätze, Vorträge und Reden, Wien/Stuttgart/Zürich 1962.

Broda, Christian, Die Grenzen der Toleranz, in: Die Zukunft 2 (1962) S. 33–34.

Broda, Christian, Wie schützt man den Staat?, in: Forum 100 (April 1962) S. 131–135.

Broda, Christian, Wie sichern wir den Rechtsstaat?, in: Der Sozialistische Akademiker 10 (1962) S. 7.

Broda, Christian, Wie funktioniert die Demokratie, in: Die Zukunft 1 (1963) S. 2–3.

Broda, Christian, Der neue Nationalrat und die Presse, in: Die Zukunft 3 (1963) S. 10–12.

Broda, Christian, Verfassungsrecht und Verwaltungswirklichkeit, in: Die Zukunft 4 (1963) S. 7–9.

Broda, Christian, Die Intellektuellen und der Sozialismus, in: Die Zukunft 6 (1963) S. 1–3.

Broda, Christian, Wir alle müssen Ombudsmann sein, in: Die Zukunft 8 (1963) S. 1–4.

Broda, Christian, Sozialistische Initiative. Die Junischlacht und ihre Lehren, in: Die Zukunft 15 (1963) S. 1–5.

Broda, Christian, Sozialismus – die Hoffnung unserer Zeit, in: Die Zukunft 16–17 (1963) S. 3–6.

Broda, Christian, Das Parlament muss arbeitsfähig sein, in: Die Zukunft 20 (1963) S. 2–3.

Broda, Christian, Ein Programm für Österreich, in: Die Zukunft 20 (1963) S. 12–13.

Broda, Christian, Das Antikorruptionsgesetz, in: Die Zukunft 24 (1963) S. 5–7.

Broda, Christian, Rundfunk in Bewegung. Zwischenbilanz einer Diskussion, in: Forum 114 (Juni 1963) S. 282–283.

Broda, Christian, Rettung der Legalität, in Forum 115–116 (Juli/August 1963) S. 339–342.

Broda, Christian, Zwei Programme für Österreich, in: Forum 120 (Dezember 1963) S. 567–569.

Broda, Christian, Gesetzgeber und Richter, in: Der Staatsbürger 13–14 (1963) S. 1 f.

Broda, Christian, Die »Habsburg-Krise« – politische und juristische Zwischenbilanz, in: Der Sozialistische Akademiker 7/8 (1963) S. 2–4.

Broda, Christian, Vorwort in: Das Widerstandsrecht in unserer Gesellschaft. Vortrag von Generalstaatsanwalt Dr. Fritz Bauer (Frankfurt) am 27. Mai 1963, S. 1–7.

Broda, Christian, Gesellschaftliche Wirklichkeit und Rechtsentwicklung, in: Die Zukunft 1 (1964) S. 6–8.

Broda, Christian, Die sozialistische Partei ist keine »Führer«-Partei, in: Die Zukunft 7 (1964) S. 21–22.

Broda, Christian, Richter und Rechtsreform, in: Die Zukunft 13/14 (1964) S. 15–17.

Broda, Christian, Erinnerung an Josef Afritsch, in: Die Zukunft 24 (1964) S. 6–7.

Broda, Christian, Sie wurden auch Opfer Stalins, in: Forum 122 (Februar 1964) S. 70–71.

Broda, Christian, Das Parlament ist am Zug, in: Forum 126–127 (Juni/Juli 1964) S. 287–288.

Broda, Christian, Strafrechtsreform – dritter Anlauf, in: Forum 129 (September 1964) S. 413–415.

Broda, Christian, Strafrechtsreform – dritter Anlauf (II), in: Forum 130 (Oktober 1964) S. 487–489.

Broda, Christian, Gesellschaft und individuelle Freiheit, in: Forum 132 (Dezember 1964) S. 587–589.

Broda, Christian, Gesellschaft und individuelle Freiheitsrechte, in: Der Sozialistische Akademiker 10 (1964) S. 8–15.

Broda, Christian, Das Recht geht vom Volk aus, in: Der Chemiearbeiter 11 (1964) S. 1–2.

Broda, Christian, Peter Strasser, in: Leser, Norbert (Hg.), Werk und Widerhall. Große Gestalten des österreichischen Sozialismus, Wien 1964, S. 403 – 408.

Broda, Christian, Heraus aus der Sackgasse. Die sozialistische Initiative für Österreich. Reden und Aufsätze, Juni – Dezember 1963, Wien 1964.

Broda, Christian, Ideologie und Koalition, in: Die Zukunft 1 (1965) S. 5 – 6.

Broda, Christian, Anatomie des Schreckens, in: Die Zukunft 4 (1965) S. 3 – 6.

Broda, Christian, Den Anfängen wehren, in: Die Zukunft 4 (1965) S. 6 – 7.

Broda, Christian, Gesellschaftliche Wirklichkeit und Revisionismus, in: Die Zukunft 5 (1965) S. 22 – 26.

Broda, Christian, Richter und Rechtsreform, in: Die Zukunft 13/14 (1965) S. 15 – 17.

Broda, Christian, Das Parlament muss arbeitsfähig sein, in: Die Zukunft 20 (1965) S. 2 – 5.

Broda, Christian, Es geht um die Zukunft der Republik – nicht um die Vergangenheit, in: Die Zukunft 24 (1965) S. 13 – 14.

Broda, Christian, Gesellschaft und individuelle Freiheit (II), in: Forum 133 (Januar 1965) S. 22 – 25.

Broda, Christian, Der Journalisten neue Kleider, in: Forum 142 (Oktober 1965) S. 426 – 428.

Broda, Christian, Die Republik hat den Schlusstrich gezogen. Was 1945 Recht war, muss 1965 billig sein, in: Forum 144 (Dezember 1965) S. 570 – 572.

Broda, Christian, Erfüllung einer Ehrenschuld. NS-Kriegsverbrechen werden nicht verjähren, in: Der Sozialistische Akademiker 3 (1965) S. 3 – 4.

Broda, Christian, Richter und Staat in der Zweiten Republik, in: Der Sozialistische Akademiker 11/12 (1965) S. 5 – 6.

Broda, Christian, Über das Buch, in: Wiener Bücher Briefe 3 (1965) S. 75 – 76.

Broda, Christian, Die österreichische Sozialgerichtsbarkeit. Referat im Rahmen der 46. Tagung der Hauptversammlung des österreichischen Arbeiterkammertages am 22. April 1965.

Broda, Christian, Die österreichische Strafrechtsreform, Wien 1965.

Broda, Christian, Die Rechtsreform in der Zweiten Republik, in: Ders., Die österreichische Strafrechtsreform, Wien 1965, S. 11 – 21.

Broda, Christian, Legislative und administrative Probleme des Strafvollzugs. Nach einem Vortrag, gehalten am 3. Mai 1962 in der Österreichischen Gesellschaft für Strafrecht und Kriminologie [erstmals erschienen in: Juristische Blätter 15/16 (1962) S. 407 – 413], in: Ders., Die österreichische Strafrechtsreform, Wien 1965, S. 41 – 57.

Broda, Christian, Einige Probleme der österreichischen Strafrechtsreform. Vortrag gehalten vor dem Polnischen Juristenverein in Warschau, in: Ders., Die österreichische Strafrechtsreform, Wien 1965, S. 75 – 89.

Broda, Christian, Die Legitimation zur Führung, in: Die Zukunft 2 (1966) S. 1 – 3.

Broda, Christian, Die Partei in der Opposition, in: Die Zukunft 10 (1966) S. 14 – 18.

Broda, Christian, Vor dem Parteitag, in: Die Zukunft 17 (1966) S. 14 – 18.

Broda, Christian, Opposition – aber wie?, in: Die Zukunft 19 (1966) S. 20 – 24.

Broda, Christian, Die Partei in der Opposition, in: Die Zukunft 20 (1966) S. 14 – 18.

Broda, Christian, Am 6. Mai 1966: »Programm für Österreich« der Sozialisten!, in: Der Sozialistische Akademiker 1/2 (1966) S. 3 – 4.

Broda, Christian, Die ÖVP ist nicht der Staat, in: Der Sozialistische Akademiker 6/7 (1966) S. 7.

Broda, Christian, Verfassung, Recht und Gesellschaftsordnung, in: Der Sozialistische Akademiker 11/12 (1966) S. 3–5.

Broda, Christian, Die veränderte Gesellschaft und die neuen Aufgaben der Sozialisten. Österreich nach dem 6. März 1966, Wien 1966.

Broda, Christian, »Sozialismus in der Gegenwart«, in: Das Gesellschaftsbild des Sozialismus. Mit Beiträgen von Christian Broda, Josef Hindels, Fritz Klenner, Norbert Leser, Wien 1966, S. 9–36.

Broda, Christian, Die legislativen Arbeiten im Bereich des Justizressorts in der X. Gesetzgebungsperiode des Nationalrates, in: Österreichische Notariats-Zeitung 1 (1966) S. 1–6.

Broda, Christian, Die Kontrollrechte des Parlamentes. Abbau oder Aktivierung? Eine Grundsatzdiskussion über Demokratie, in: Die Zukunft 1 (1967) S. 21–22.

Broda, Christian, Die Ideen der Sozialisten werden die Ideen der ganzen Gesellschaft. Die Bedeutung der Nationalratsdebatte über die Abschaffung des standrechtlichen Verfahrens, in: Die Zukunft 3–4 (1967) S. 2–3.

Broda, Christian, Geschworenengerichte und Demokratie, in: Die Zukunft 3–4 (1967) S. 41–42.

Broda, Christian, Den Anfängen wehren. Die Diskussion über die parlamentarischen Kontrollrechte, in: Die Zukunft 11 (1967) S. 4–5.

Broda, Christian, Der Weg zur Strafrechtsreform, in: Die Zukunft 13 (1967) S. 8–12.

Broda, Christian, Die Sozialistische Partei in der Opposition. Vor dem Beginn der parlamentarischen Herbsttagung – Rückblick und Ausblick, in: Die Zukunft 17/18 (1967) S. 19–24.

Broda, Christian, »Wozu braucht man noch ein Parlament?«. Eine Rekapitulation der Diskussion über die parlamentarischen Kontrollrechte, in: Die Zukunft 20 (1967) S. 17–18.

Broda, Christian, Parlament und Akademiker, in: Der Sozialistische Akademiker 5 (1967) S. 11–12.

Broda, Christian, Das Standrecht gehört der Geschichte an, in: Die Zukunft 5 (1968) S. 10–12.

Broda, Christian, Innerpolitische Bilanz der Gesetzgebungsperiode, in: Die Zukunft 20 (1968) S. 3–7.

Broda, Christian, Wie lernt man aus der Geschichte. Über das neue Buch von Norbert Leser, in: Die Zukunft 23/24 (1968) S. 34–38.

Broda, Christian, Die Strafrechtsreform, die noch nicht stattfand, in: Stadler, Karl (Hg.), Probleme der österreichischen Politik, Band 2, Wien 1968, S. 23–49.

Broda, Christian, Der Weg zur Verwirklichung der Strafrechtsreform, in: Der modernen Gesellschaft ein modernes Strafrecht!, Wien/Frankfurt/Zürich 1968, S. 9–14.

Broda, Christian, Mehr Rechtsschutz für den Staatsbürger, in: Der Sozialistische Akademiker 1/2 (1968) S. 7–8.

Broda, Christian, Fünfzig Jahre Republik. Demokratisierungsprobleme in Österreich, in: Der Sozialistische Akademiker 11/12 (1968) S. 14–15.

Broda, Christian, Der Stand der parlamentarischen Beratungen über den Strafgesetzentwurf, in: Die Zukunft 1/2 (1969) S. 19–25.

Broda, Christian, »Demokratiereform« – »Parlamentsreform«. Schwerpunkte und Möglichkeiten einer Reform, in: Die Zukunft 8/9 (1969) S. 16–20.

Broda, Christian, Abschied von einer Gesetzgebungsperiode. An der Wende zwischen der XI. und XII. Gesetzgebungsperiode des Nationalrates, in: Die Zukunft 18 (1969) S. 1 – 4.

Broda, Christian, Leopold Zechner. Worte der Erinnerung zum 85. Geburtstag, in: Die Zukunft 13 – 14 (1969) S. 16 – 17.

Broda, Christian, Otto Tschadek, in: Der Sozialistische Akademiker 3 (1969) S. 2.

Broda, Christian, »Justizprogramm« in Bewährung. Die österreichische Strafrechtsreform in der Zielgeraden, in: Die Zukunft 1 (1970) S. 12 – 15.

Broda, Christian, Ein offenes Programm, in: Die Zukunft 8 (1970) S. 20 – 22.

Broda, Christian / Gratz, Leopold, Für ein besseres Parlament – für eine funktionierende Demokratie. Vorschläge für den Ausbau unserer parlamentarischen Einrichtungen, 2 Aufl., Wien 1969 und 1970.

Broda, Christian, Die Stunde der Parlamentsreform ist gekommen. Gesammelte Aufsätze aus der XI. Gesetzgebungsperiode 1966 – 1970, Wien 1970.

Broda, Die Stunde der Parlamentsreform ist gekommen, in: Ders., Die Stunde der Parlamentsreform ist gekommen. Gesammelte Aufsätze aus der XI. Gesetzgebungsperiode 1966 – 1970, Wien 1970, S. 9 – 30.

Broda, Christian, Schwerpunkte in der österreichischen Strafrechtsreform in der XII. Gesetzgebungsperiode des Nationalrates, in: Österreichische Richter Zeitung 4 (1970) S. 67 – 73.

Broda, Christian, Demokratiereform und Justizprogramm, in: Der Sozialistische Akademiker 1/2 (1970) S. 6 – 7.

Broda, Christian, Probleme der österreichischen Rechtsreform, in: Der Sozialistische Akademiker 9/10 (1970) S. 8.

Broda, Christian, Probleme des Strafvollzugs. Aus einer Rede, die Justizminister Dr. Christian Broda vor Leitenden Strafvollzugsbeamten und Anstaltsärzten hielt, in: Der Staatsbürger 21 (1970) S. 20 – 21.

Broda, Christian, Tragödie und Triumph. Otto Leichters Buch über Otto Bauer, in: Die Zukunft 3 (1971) S. 7 – 10.

Broda, Christian, Rechtsentwicklung – Spiegelbild der Gesellschaft, in: Die Zukunft 5 (1971) S. 13 – 15.

Broda, Christian, Dreimal österreichische Strafrechtsreform, in: Die Zukunft 6 (1971) S. 12 – 17.

Broda, Christian, Gabriele Proft 1879 – 1971, in: Die Zukunft 8 (1971) S. 12.

Broda, Christian, Die österreichische Rechtsreform, in: Die Zukunft 18 (1971) S. 7 – 11.

Broda, Christian, Heimerziehungsgesetz unterwegs, in: Neues Forum 207 (Februar/März 1971) S. 41.

Broda, Christian, Die verfassungsmäßige Stellung des österreichischen Bundespräsidenten, in: Der Sozialistische Akademiker 4 (1971) S. 2 – 3.

Broda, Christian, Redebeitrag bei der Bundeshauptversammlung der Sozialistischen Freiheitskämpfer, in: Der Sozialistische Kämpfer. Sondernummer Juli 1971, S. 12 – 13.

Broda, Christian, Für ein modernes Recht – in einem modernen Österreich, in: Der Sozialistische Akademiker 8/9 (1971) S. 10.

Broda, Christian, Karl Waldbrunner – Intellektueller, Sozialist, Mensch, in: Sozialistische Partei Österreichs / Klub der Sozialistischen Abgeordneten und Bundesräte von der Sozialistischen Fraktion des Österreichischen Gewerkschaftsbundes / Bund Sozialis-

tischer Akademiker, Intellektueller und Künstler (Hg.), Festschrift für Karl Waldbrunner. Zum 65. Geburtstag, Wien 1971, S. 137–153.

Broda, Christian, Vision und Wirklichkeit. Gesellschaftsreform und Reform der Gesellschaft, in: Die Zukunft 7/8 (1972) S. 1–3.

Broda, Christian, Familienrecht. Ein Schwerpunkt der Arbeit des österreichischen Justizministeriums. Vortrag, gehalten bei der österreichischen Richterwoche 1972 am
9. Juni in Weißenbach am Attersee, in: Die Zukunft 13/14 (1972) S. 7–9.

Broda, Christian, Die Stunde der Strafrechtsreform, in: Der Sozialistische Akademiker 1/2
(1972) S. 9–14.

Broda, Christian, Die Reform des österreichischen Presserechts, in: Der Staatsbürger 5
(1973) S. 1–2, 6 (1973) S. 2, 7 (1973) S. 2–8, 8 (1973) S. 2.

Broda, Christian, Halbzeit der Gesetzgebungsperiode. Legislative Zwischenbilanz 1971–
1973. Rückblick und Ausblick, in: Die Zukunft 17 (1973) S. 3–7.

Broda, Christian, Die Strafrechtsreform in der Zielgeraden, in: Der Sozialistische Akademiker 3 (1973) S. 2.

Broda, Christian, »Presserechtsreform in Permanenz«. Referat anlässlich des BSA-Semi-
nars »Massenmedien und Gesellschaft«, in: Der Sozialistische Akademiker 4 (1973)
S. 10–13.

Broda, Christian, Die österreichische Strafrechtsreform. Referat des BSA-Bundestages
1973, in: Der Sozialistische Akademiker 6/7 (1973) S. 3–6.

Broda, Christian, Über die österreichische Anwaltschaft und ihren Anteil am Widerstand
gegen das NS-Regime, in: Österreichisches Anwaltsblatt 5 (1974) S. 143–144.

Broda, Christian, 1938–1974: Was ist geblieben? Rede bei der Jahresversammlung des
Dokumentationsarchivs des Österreichischen Widerstandes am 11. März 1974 in
Wien, in: Zeitgeschichte 8 (1974) S. 181–186.

Broda, Christian, Die Sozialisten und die Rechtsreform. Die Verwirklichung des sozialistischen Justizprogramms, in: Die Zukunft 2 (1974) S. 1–4.

Broda, Christian, Vorwort, in: Botz, Gerhard / Hautmann, Hans / Konrad, Helmut (Hg.),
Geschichte und Gesellschaft. Festschrift für Karl R. Stadler zum 60. Geburtstag, Wien
1974, S. 9–12.

Broda, Christian, Dreißig Jahre Zweite Republik. Die SPÖ und die österreichische
Rechtsentwicklung. Vortrag des Justizministers Dr. Broda vor der Hauptversammlung
Sozialistischer Juristen Österreichs am 15. April 1975, in: Die Zukunft 9 (1975) S. 3–7.

Broda, Christian, 50 Jahre Familienrechtsreform, in: Die Zukunft 15/16 (1975) S. 5–8.

Broda, Christian, Gesetzgebung und sozialer Wandel, in: Die Zukunft 18 (1975) S. 10–15.

Broda, Christian, Es gibt mehr Gerechtigkeit in Österreich, in: Der Sozialistische Akademiker 10 (1975) S. 11–13.

Broda, Christian, Bei der AG, in: AZ-Journal, Nr. 18, 3.5.1975, S. 11.

Broda, Christian, Die österreichische Sozialdemokratie und die Familienrechtsreform, in:
Frühauf, Wolf (Hg.), Wissenschaft und Weltbild. Festschrift für Hertha Firnberg, Wien
1975, S. 57–79.

Broda, Christian, Ried im Innkreis – Mai 1945, in: Zeitgeschichte 7 (1975) S. 162–168.

Broda, Christian, Soziologen und Juristen. Vom Nutzen des Gesprächs zwischen 2 Wis-
sensbereichen, in: Institut für Gesellschaftspolitik / Ludwig Boltzmann-Institut für
Kriminalsoziologie (Hg.), Recht und Politik. 5 Vorträge, Wien 1975, S. 5–8.

Broda, Christian, Die österreichische Strafrechtsreform – Zwischenbilanz, in: Olscher, Werner (Hg.), Recht und Strafe, Wien/München/Zürich 1976, S. 9 – 21.

Broda, Christian, Die SPÖ, die Vergangenheit, die Gegenwart und die Zukunft, in: Die Zukunft 3 (1976) S. 31 – 34.

Broda, Christian, Der Parteitag, in: Die Zukunft 6/7 (1976) S. 1 – 2.

Broda, Christian, Parteien und individuelle Freiheitsrechte. Vortrag vor dem Europäischen Forum Alpbach am 2. September 1976, in: Die Zukunft 19 (1976) S. 1 – 4.

Broda, Christian, Vor der Programm-Diskussion, in: Die Zukunft 21 (1976) S. 1 – 3.

Broda, Christian, Die Rechtsreform und das gesellschaftliche Bewusstsein, in: Recht und Politik 4 (1976) S. 209 – 215.

Broda, Christian, Die Familienrechtsreform und das Recht der Frau in Österreich. Festvortrag des österreichischen Justizministers am 10. Dezember 1975 in Wien, in: Das Menschenrecht 1 (1976) S. 3 – 6.

Broda, Christian, Warum Familienrechtsreform, in: Die Zukunft 6 (1977) S. 9 – 12.

Broda, Christian, Nicht nach den Wünschen der Gegner, in: Neues Forum 286 (Oktober 1977) S. 18 – 19.

Broda, Christian, Wider Medienterror. Aus einer Rede in Alpbach, in: Neues Forum 287 (November 1977) S. 28 – 29.

Broda, Christian, Die Parteien und die Demokratie, in: Gaetano, Arfe / Aubert, Pierre / Broda, Christian / FitzGerald, Garret / Hamon, Léo / Kahn-Ackermann, Georg / Sontheimer, Kurt, Die verlorenen Inseln. Hat die europäische Demokratie noch eine Zukunft (Edition Europarat 1), Baden-Baden 1977, S. 57 – 82.

Broda, Christian, Pressefreiheit – Schutz und Bedrohung der Menschenwürde. Vortrag gehalten von Justizminister Christian Broda vor dem Europäischen Forum Alpbach 1977 am 2. September 1977 (Zeitdokumente 9), hg. vom Dr. Karl Renner-Institut, Wien 1977.

Broda, Christian, Für die Weiterentwicklung der demokratischen Rechtsordnung, in: Die Zukunft 1 (1978) S. 13 – 16.

Broda, Christian, Für die weltweite Abschaffung der Todesstrafe, in: Die Zukunft 2 (1978) S. 26 – 29.

Broda, Christian, Resozialisierung und Gesellschaft, in: Entschluss 9 (1978) S. 10 – 11.

Broda, Christian, Für die Überwindung der Todesstrafe, in: Forum Europarat 4 (1978) S. 11 – 12.

Broda, Christian / Lanc, Erwin, Sicherheit in der Demokratie, Wien 1978.

Broda, Christian, Die Zeichen nahenden Unglücks mehrten sich, in: Bundesvorstand Sozialistischer Freiheitskämpfer Österreichs (Hg.), Gedenken und Mahnen, Wien, März 1938, Wien 1978, S. 27 – 30.

Broda, Christian, Von der Gleichheit vor dem Gesetz zur Gleichheit durch das Gesetz. Referat anlässlich des BSA-Bundestages 1980, in: Der Sozialistische Akademiker 7 – 8 (1980) S. 2 – 6.

Broda, Christian, Europäische Menschenrechtskonvention und Todesstrafe, in: Adamovich, Ludwig / Pernthaler, Peter (Hg.), Auf dem Weg zur Menschenwürde und Gerechtigkeit. Festschrift für Hans Klecatsky, 1. Teilband, Wien 1980, S. 75 – 84.

Broda, Christian, Strafvollzug und Menschenrechte, in: Schneider, Franz (Hg.), Menschenrechte. Herausforderung und Verpflichtung. Beiträge zur Menschenrechtsproblematik anlässlich des zehnjährigen Bestehens der Österreichischen Sektion von Amnesty International, St. Pölten/Wien 1980, S. 11 – 14.

Broda, Christian, Gleichheit und Gesetz: Recht – Information, in: Molden, Otto (Hg.), Der Mensch in der unvollkommenen Gesellschaft, Wien/München/Zürich 1980, S. 56 – 61.

Broda, Christian, Weltweite Abschaffung der Todesstrafe, in: Der Staatsbürger, 20. 5. 1980, S. 1.

Broda, Christian, Sozialdemokratische Rechtspolitik. Die Bedeutung der Rechtspolitik für die Sozialdemokratie, in: Fischer, Heinz (Hg.), Rote Markierungen '80, Wien 1980, S. 267 – 279.

Broda, Christian, Einige Überlegungen zum Konsensproblem in der parlamentarischen Demokratie, in: Mock, Alois (Hg.), Durchbruch in die Moderne. Von der industriellen zur nachindustriellen Gesellschaft, Graz/Wien/Köln 1981, S. 67 – 74.

Broda, Christian, Gesetzgebung und Gesellschaftsstruktur, in: Die Zukunft 1 (1982) S. 2 – 4.

Broda, Christian, Rechtsfürsorge für psychische Kranke, in: Die Zukunft 4 (1982) S. 27 – 29.

Broda, Christian, Die Zurückdrängung der Todesstrafe in den Mitgliedsstaaten des Europarates, in: Europäische Rundschau 10 (1982) S. 35 – 38.

Broda, Christian, Österreichische Häftlingszahlen – Aktuelle Probleme des Strafvollzuges, in: Anwaltsblatt 1 (1982) S. 4 – 8.

Broda, Christian, Bauvorhaben im Justizbereich, in: Anwaltsblatt 8 (1982) S. 429.

Broda, Christian, Familienrechtsreform – Gesetz und Wirklichkeit, in: Die Zukunft 1 (1983) S. 19 – 21.

Broda, Christian, Rechtsreform und Gesellschaftsveränderung, in: Die Zukunft 7/8 (1983) S. 29 – 31.

Broda, Christian, Besserer Zugang zum Recht (Politik und Dokumentation 12), Wien 1983.

Broda, Christian, Karl Stadler, der Mensch und sein Werk. Karl Stadler zum 70. Geburtstag, in: Konrad, Helmut (Hg.), Geschichte als demokratischer Auftrag. Karl Stadler zum 70. Geburtstag, Wien/München/Zürich 1983, S. 301 – 305.

Broda, Christian, Vom Recht und der Gerechtigkeit, in: Die Zukunft 6 (1984) S. 32 – 33.

Broda, Christian, Licht ins Dunkel. Einige Bemerkungen zur »Petition« der Plattform »Geborene für Ungeborene« an die Mitglieder des National- und Bundesrates, in: Die Zukunft 7/8 (1984) S. 2 – 4.

Broda, Christian, Kriminalpolitik in unserer Zeit, in: Die Zukunft 12 (1984) S. 7 – 10.

Broda, Christian, Rechtskontinuität und Rechtsreform, in: Recht und Politik 1 (1984) S. 1 – 4.

Broda, Christian, Auf dem Weg zur weltweiten Ächtung der Todesstrafe, in: Europäische Rundschau 4 (1984) S. 149 – 151.

Broda, Christian, Strafrecht und Politik. Vortrag, gehalten am 23. Jänner 1984 bei der gemeinsamen Veranstaltung des Vereines für Bewährungshilfe und Soziale Arbeit mit der Jungen Generation in der SPÖ in Salzburg, in: Österreichisches Anwaltsblatt 4 (1984) S. 135 – 138.

Broda, Christian, Die Zurückdrängung des Freiheitsentzuges im Strafrecht. Vortrag, gehalten vor dem interdisziplinären Arbeitskreis für Kriminalpolitik in Salzburg (Universität Salzburg) am 15. November 1984, in: Österreichisches Anwaltsblatt 2 (1985) S. 67 – 74.

Broda, Christian, Tod auf Lebenszeit? Einige Überlegungen zur Frage der lebenslangen Freiheitsstrafe, in: Die Zukunft 4 (1985) S. 23–26.

Broda, Christian, Josef II., in: Jung, Jochen (Hg.), Österreichische Portraits. Leben und Werk bedeutender Persönlichkeiten von Maria Theresia bis Ingeborg Bachmann, Salzburg/Wien 1985, S. 42–59.

Broda, Christian, Kollegen, die nicht wiederkamen, in: Österreichisches Anwaltsblatt, Sondernummer, Juli 1985, S. 17–19.

Broda, Christian, Der Geist von 1945, in: Forstner, Herbert / Mackhgott, Gerhart / Slapnicka, Harry / Zauner, Alois (Hg.), Oberösterreicher. Landeshauptmann Heinrich Gleißner. Zeitgenossen berichten, Linz 1985, S. 232–243.

Broda, Christian, Das war Friedrich Heer. Ein Brief an junge Freunde, in: Leser, Norbert (Hg.), Heer-Schau. Briefe an und über Friedrich Heer, Wien/Köln/Graz 1985, S. 47–49.

Broda, Christian, Vom »Vorentwurf« 1957 [neunzehnhundertsiebenundfünfzig] zum Parteiprogramm 1958. Über ein Stück sozialistischer Ideengeschichte in Österreich, in: Fischer, Heinz (Hg.), Bruno Pittermann. Ein Leben für die Sozialdemokratie, Wien/München/Zürich 1985, S. 27–40.

Broda, Christian, Die österreichische Rechtsreform (1970–1983), in: Broda, Christian / Deutsch, Erwin / Schreiber, Hans-Ludwig / Vogel, Hans-Jochen (Hg.), Festschrift für Rudolf Wassermann zum sechzigsten Geburtstag, Darmstadt 1985, S. 3–26.

Broda, Christian, 1945–1985. Die Sozialisten und die Rechtsreform. Vortrag gehalten bei der Generalversammlung des Vereins für Geschichte der Arbeiterbewegung am 28. Mai 1985 in Wien, Sonderdruck aus Archiv. Jahrbuch des Vereins für Geschichte der Arbeiterbewegung, Wien 1985.

Broda, Christian, Rechtspolitik – Rechtsreform. Ein Vierteljahrhundert Arbeit für Demokratie und Recht, Wien/München/Zürich 1986.

Broda, Christian, Die Entwicklung der Menschenrechte in Österreich seit 1945, in: ai (Amnesty International) info 2 (1986) S. 5–8.

Broda, Christian, Das Europäische Flüchtlingsproblem. Vorschläge für den verbesserten Schutz der Menschenrechte der Flüchtlinge und Gastarbeiter, in: International. Zeitschrift für internationale Politik 4 (1986) S. 42–45.

Broda, Christian, Justiz und Medien. Vortrag gehalten bei der Eröffnungssitzung des IX. Österreichischen Juristentages am 17. September 1985 in Wien, in: Anwaltsblatt 2 (1986) S. 107–113.

Broda, Christian, Die Freiheitsstrafe und ihre Alternativen, in: Anwaltsblatt 6 (1986) S. 331–335.

Broda, Christian, Lebensbeginn durch Menschenhandel. Zur rechtlichen Problematik der künstlichen Fortpflanzung, in: Recht und Politik 1 (1986) S. 4–10.

Broda, Christian, Im Geiste der unteilbaren Menschenrechte: Der Kampf gegen die Todesstrafe geht weiter, in: Europäische Rundschau 1 (1986) S. 95–100.

Broda, Christian, Europas Kampf gegen die Todesstrafe. Vortrag gehalten vor der Österreichischen Akademie der Wissenschaften, Kommission für Europarecht, ausländisches und internationales Privatrecht und der österreichischen Gesellschaft für Rechtsvergleichung am 12. Dezember 1985, in: Zeitschrift für Rechtsvergleichung 1 (1986) S. 1–10.

Broda, Christian, Für die unteilbaren Menschrechte, in: Anwaltsblatt 3 (1987) S. 107–110 (Sondernummer zum Gedenken an Christian Broda).

Broda, Christian, Die Menschenrechte und die Medien, Sonderdruck aus: Renger, Annemarie / Stern, Carola / Däubler-Gmelin, Herta (Hg.), Festschrift für Claus Arndt zum 60. Geburtstag, Heidelberg 1987.

Broda, Christian, Karl Stadler, der Mensch und sein Werk, in: Konrad, Helmut (Hg.), Geschichte als demokratischer Auftrag. Karl R. Stadler zum 70. Geburtstag, Wien/München/Zürich 1988, S. 301–305.

Broda, Christian, Die Abschaffung der Todesstrafe in jeder Form. Untrennbarer Bestandteil der unteilbaren Menschenrechte, in: Machacek, Rudolf / Pahr, Willibald P. / Stadler, Gerhard (Hg.), für die Österreichische Juristenkommission, 70 Jahre Republik. Grund- und Menschenrechte in Österreich. Grundlagen, Entwicklung und internationale Verbindungen, Kehl am Rhein/Straßburg/Arlington 1991, S. 499–517.

Broda, Christian, Der Strafvollzug und die Rechtspolitik in der Zweiten Republik, in: Weinzierl, Erika / Rathkolb, Oliver / Ardelt, Rudolf G. / Mattl, Siegfried (Hg.), Justiz und Zeitgeschichte, Symposionsbeiträge 1976–1993, Bd. 1, Wien 1995, S. 787–799

Broda, Christian, Parlamentarische Demokratie und richterliche Unabhängigkeit in der Zweiten Republik – Äußere und Innere Unabhängigkeit des Richters, in: Weinzierl, Erika / Rathkolb, Oliver / Ardelt, Rudolf G. / Mattl, Siegfried (Hg.), Justiz und Zeitgeschichte, Symposionsbeiträge 1976–1993, Bd. 2, Wien 1995, S. 132–140.

Broda, Engelbert, Ludwig Boltzmann. Mensch – Physiker – Philosoph, Wien 1955.

Broda, Engelbert, Dr. Egon Schönhof, in: Historische Kommission beim ZK der KPÖ (Hg.), Aus der Vergangenheit der KPÖ. Aufzeichnungen und Erinnerungen zur Geschichte der Partei. Genossen Johann Koplenig zum 70. Geburtstag, Wien 1961, S. 37–43.

Broda, Engelbert, Wissenschaft, Emigration und Exil, Reflexion und Erinnerungen, in: Stadler, Friedrich (Hg.), Vertriebene Vernunft II. Emigration und Exil österreichischer Wissenschaft. Internationales Symposion 19. bis 23. Oktober 1987 in Wien, Wien/München 1988, S. 681–692.

Broda, Paul, Meine Aufzeichnungen über E. B., in: Broda, Paul / Deutsch, Gitta / Markl, Peter / Schönfeld, Thomas / Springer-Lederer, Helmut (Hg.), Engelbert Broda. Wissenschaft – Verantwortung – Frieden. Ausgewählte Schriften, Wien 1985, S. 303–330.

Bronner, Oscar, »Bitte um eine Spende für Novak!«, in: Forum 134 (Februar 1965) S. 76–78.

Bronner, Oscar, Die Richter sind unter uns, 1. Sonderheft des Forum, Herbst 1965.

Bronner, Oscar, Die Richter bleiben unter uns, in: Forum 143 (November 1965) S. 492–494.

Bundeskanzleramt (Hg.), Erfolg für Österreich. Durchführung der Regierungserklärung 1966, Wien 1970.

Bundesministerium für Justiz (Hg.), Gesamtreform der Justiz. Plan einer Neugestaltung der Organisation der Gerichtsbarkeit und ihrer Stellung im Verfassungsgefüge, Wien 1969.

Bundesministerium für Justiz (Hg.), Was sollen die Eltern eines unehelichen Kindes über dessen Rechtsstellung wissen?, Wien 1971.

Bundesministerium für Justiz (Hg.), Strafrechtsreform konkret, Wien 1971.

Bundesministerium für Justiz (Hg.), Familienrechtsreform konkret, Wien 1972, 1973 und 1975.

Bundesministerium für Justiz (Hg.), Strafrecht konkret, Wien 1975 und 1976.

Bundesministerium für Justiz (Hg.), Entwurf eines Mediengesetzes, Wien 1975.

Bundesministerium für Justiz (Hg.), Scheidungsreform konkret, 2 Auflagen, Wien 1976.

Bundesministerium für Justiz (Hg.), Verbesserter Zugang zum Recht: Unentgeltliche Rechtsauskunft. Ein Wegweiser, Wien 1979.

Bundesministerium für Justiz / Bundesministerium für Wissenschaft und Forschung in Zusammenarbeit mit dem Institut für Zeitgeschichte der Universität Wien und dem Institut für neuere Geschichte und Zeitgeschichte der Johannes-Kepler-Universität Linz (Hg.), 25 Jahre Staatsvertrag. Protokolle des wissenschaftlichen Symposions »Justiz und Zeitgeschichte«, 24.–25. Oktober 1980, Wien 1980.

Bundesministerium für Justiz (Hg.), Der Wiener Justizpalast, Wien 2007.

Bundesministerium für Justiz / Ludwig Boltzmann-Institut für Geschichte und Gesellschaft / Cluster Geschichte (Hg.), 80 Jahre Justizpalastbrand, Innsbruck/Wien/Bozen 2008.

Bundespressedienst (Hg), Das neue Strafrecht. Ergebnis einer umfassenden Reform, Wien 1975.

Burnham, James, Die Revolution der Manager (Deutsche Übersetzung von »The Managerial Revolution«), Wien 1949.

Busch, Tim, Die deutsche Strafrechtsreform. Ein Rückblick auf die sechs Reformen des Deutschen Strafrechts (1969 – 1989), Baden-Baden 2005.

Busek, Erhard / Wilflinger, Gerhard (Hg.), Demokratiekritik – Demokratiereform, Wien 1969.

Busek, Erhard / Peterlik, Meinrad, Die unvollendete Republik, Wien 1969.

Butterweck, Hellmut, Wie waren die Freisprüche am laufenden Band möglich?, in: Justiz und Erinnerung 11 (2005) S. 16 – 18.

Christian Broda, in: Uni Salzburg / ORF Landesstudio Salzburg (Hg.), Zeitzeugen. Wege zur Zweiten Republik, Wien 1987, S. 53 – 67.

Corbin, Anne-Marie, »Das FORVM ist mein Kind«. Friedrich Torberg als Herausgeber einer publizistischen Speerspitze des kalten Krieges, in: Atze, Marcel / Patka, Marcus G. (Hg.), Die »Gefahren der Vielseitigkeit«. Friedrich Torberg 1908 – 1979, Wien 2008, S. 201 – 221.

Czernetz, Karl, 6. März – und was weiter?, in: Die Zukunft 6 (1966) S. 1 – 6.

Csoklich, Fritz, Massenmedien, in: Weinzierl, Erika / Skalnik, Kurt (Hg.), Das neue Österreich. Geschichte der Zweiten Republik, Graz/Wien/Köln 1975, S. 259 – 276.

Danneberg, Bärbel / Keller, Fritz / Machalicky, Aly / Mende, Julius (Hg.), die 68er. eine generation und ihr erbe, Wien 1998.

Dausien, Bettina, Biographieforschung als »Königinnenweg«. Überlegungen zur Relevanz biographischer Ansätze in der Frauenforschung, in: Diezinger, Angelika / Kitzer, Hedwig / Anker, Ingrid / Bingel, Irma / Haas, Erika / Odierna, Simone (Hg.), Erfahrung mit Methode. Wege sozialwissenschaftlicher Frauenforschung, Freiburg/Breisgau 1994, S. 129 – 153.

Dausien, Bettina, Leben für andere oder eigenes Leben? Überlegungen zur Bedeutung der Geschlechterdifferenz in der biographischen Forschung (Werkstattberichte des Forschungsschwerpunktes Arbeit und Bildung 19), Bremen 1992, S. 37 – 70.

Der modernen Gesellschaft ein modernes Strafrecht! Mit Beiträgen von Christian Broda, Hans Hoff, Rudolf Machacek, Friedrich Nowakowski, Franz Pallin, Theodor Sagl und Otto Tschadek, Wien/Frankfurt/Zürich 1968.

Derndarsky, Michael, Der Fall der gesamtdeutschen Historie: Heinrich von Srbik im Spannungsfeld von Wissenschaft und Politik, in: Hanák, Péter / Heindl, Waltraud / Malfèr, Stefan / Somogyi, Eva (Hg.), Kultur und Politik in Österreich und Ungarn, Wien/Köln/Weimar 1994, S. 153–176.

Dichand, Hans, Kronen-Zeitung, Die Geschichte eines Erfolgs, Wien 1977.

Dickinger, Christian, Der Konflikt zwischen Bundeskanzler Kreisky und Finanzminister Androsch, in: SWS-Rundschau 1 (1998) S. 73–98.

Dickinger, Christian, Der Konflikt zwischen Bundeskanzler Bruno Kreisky und Finanzminister Hannes Androsch. Versuch einer Annäherung, Univ.-Diss., Wien 2000.

Dickinger, Christian, Die Habsburg-Krise, in: Ders., Die Stunde der Republik. Haider, Proksch & Co., Wien 2001, S. 11–25.

Dickinger, Christian, »Wir müssen die Sümpfe trocken legen und, wir sind auf einer Landwirtschaftsmesse, nehmen wir gleich die sauren Wiesen dazu«, in: Ders., Die Stunde der Republik. Haider, Proksch & Co., Wien 2001, S. 87–117.

Dickinger, Christian, Der Kreisky-Androsch-Konflikt, in: Ders., Die Skandale der Republik. Haider, Proksch & Co., Wien 2001, S. 97–117.

Diem, Peter / Neisser, Heinrich, Zeit zur Reform. Parteireform, Parlamentsreform, Demokratiereform, Wien/München 1969.

Diem, Peter, Das Wahlergebnis im Zahlenspiegel, in: Österreichische Monatshefte 3 (1966) S. 13–14.

Dokumentationsarchiv des Österreichischen Widerstandes (Hg.), Erzählte Geschichte. Berichte von Widerstandskämpfern und Verfolgten, Bd. 3: Jüdische Schicksale, Wien 1992.

Dokumentationsarchiv des Österreichischen Widerstandes (Hg.), Rudolf Häuser. Dachau 1945. Letzte Tage im KZ – Evakuierung – Flucht, Wien 1995.

Dunajtschik, Harald, Volksaufstand gegen Schiffstaufe, in: Gehler, Michael / Sickinger, Hubert (Hg.), Politische Affären und Skandale in Österreich. Von Mayerling bis Waldheim, 2. erw. Ausg., Thaur/Wien/München 1996, Thaur/Wien/München 1995, S. 455–485.

Dr. Karl Renner Institut (Hg.), Der Problemkatalog für das neue Parteiprogramm, Wien 1977.

Eberhard, Erik, Politische Strömungen der Arbeiterbewegung I. Radikale Strömungen der Arbeiterbewegung, online: http://www.voegb.at/bildungsangebote/skripten/pzg/PZG-01.pdf (4.8.2009).

Eder, Hans, Politik in der Ära Kreisky, in: Sieder, Reinhard / Steinert, Heinz / Tálos, Emmerich (Hg.), Österreich 1945–1995. Gesellschaft – Politik – Kultur, Wien 1995, S. 186–200.

Ebner, Paulus / Vocelka, Karl, Die zahme Revolution, Wien 1998.

Edlinger, Gertrude, Dokumentation der politischen Geschichte zur Reform des § 144 StG (Studien zur Reform des Österreichischen Strafgesetzes II), Wien 1981.

Eibelsberger Peter (mit Vorarbeiten von Irene Leitner), »Mauthausen vor Gericht«. Die österreichischen Prozesse wegen Tötungsdelikten im KZ Mauthausen und seinen Außenlagern, in: Albrich, Thomas / Garscha, Winfried R. / Polaschek, Martin F. (Hg.), Holocaust und Kriegsverbrechen von Gericht. Der Fall Österreich, Innsbruck/Wien/Bozen 2006, S. 198–228.

Eisterer, Klaus, Österreich unter alliierter Besatzung, in: Steininger, Rolf / Gehler, Michael

(Hg.), Österreich im 20. Jahrhundert, Bd 2: Vom Zweiten Weltkrieg bis zur Gegenwart, Wien/Köln/Weimar 1997, S. 147 – 216.

Eichsteininger, Hannes, Die Trümmer der Erinnerung. Kriegsende, amerikanische Besatzung und Aufbauzeit. Skizzen aus der »Republik Ried« 1945/1946, Dipl.-Arb., Salzburg 2004.

Ein Gott, der keiner war. Arthur Koestler, Andre Gide, Ignazio Silone, Louis Fischer, Richard Wright, Stephen Spender schildern ihren Weg zum Kommunismus und ihre Abkehr, Zürich/Stuttgart/Wien 1952.

Enderle-Burcel, Gertrude, Die österreichischen Parteien 1945 bis 1955, in: Sieder, Reinhard / Steinert, Heinz / Tálos, Emmerich (Hg.), Österreich 1945 – 1995. Gesellschaf – Politik – Kultur, Wien 1995, S. 80 – 94.

Engelberg, Ernst / Schleier, Hans, Zu Geschichte und Theorie der historischen Biographie, in: Zeitschrift für Geschichtswissenschaft 3 (1990) S. 195 – 217.

Ent, Herbert, Österreichisches Familienrecht – Fünf Jahrzehnte Reform. Beitrag zur Festschrift »50 Jahre Fachverband der österreichischen Standesbeamten«, 1997, online auf: http://www.ris.at/company/standesbeamte/download/Familienrecht_50_Jahre_Herbert_Ent.pdf (1. 2. 2008).

Ent, Herbert / Hopf, Gerhard, Die Neuordnung der persönlichen Rechtswirkungen der Ehe, Wien 1976.

Ernst, Werner E., Zum Verhältnis des Sozialismus zum Liberalismus, in: Die Zukunft 1/2 (1976) S. 25 – 27.

Es gibt mehr Gerechtigkeit in Österreich. 1970 – 1975. Fünf Jahre Arbeit an der Rechtsreform. 1975 – 1979. Vier weitere Jahre für die Rechtsreform, Wien 1975.

Eser, Albin, Hundert Jahre deutscher Strafgesetzgebung. Rückblick und Tendenzen, in: Kaufmann, Arthur (Hg.), Rechtsstaat und Menschenwürde. Festschrift für Werner Maihofer zum 70. Geburtstag, Frankfurt am Main, 1988, S. [109] – 134, online http:// www.freidok.uni-freiburg.de/volltexte/3854/pdf/Eser_Hundert_Jahre_deutscher_Strafgesetzgebung.pdf (20. 2. 2009).

Eypeltauer, Doris, Die Familienrechtsreform im parlamentarischen Willensbildungsprozess, Univ.-Diss., Wien 1981.

Eypeltauer, Doris, Familienrechtsreform (Politische Bildung 14), Wien 1981.

Fabris, Hans Heinz, Zwischen Lager-Öffentlichkeit und Telekratie. Vom schwierigen Umgang der SPÖ mit den Medien, in: Pelinka, Peter / Steger, Gerhard (Hg.), Auf dem Weg zur Staatspartei. Zu Geschichte und Politik der SPÖ seit 1945, Wien 1988, S. 391 – 402.

Feigl, Susanne, Was gehen mich seine Knöpfe an? Johanna Dohnal. Eine Biographie, Wien 2002.

Felber, Ulrike (Hg.), »Auch schon eine Vergangenheit«. Gefängnistagebuch und Korrespondenzen von Bruno Kreisky, Wien 2009.

Fellner, Fritz, Heinrich Ritter von Srbik (1878 – 1951), in: Lehmann, Hartmut (Hg.), Paths of Continuity, Washington DC 1994, pp. 171 – 186.

Fellner, Fritz, Geschichtsschreibung und nationale Identität. Probleme und Leistungen der österreichischen Geschichtswissenschaft, Wien 2002.

Fetz, Bernhard, Die vielen Leben der Biographie. Interdisziplinäre Aspekte einer Theorie der Biographie, in: Ders. (Hg.), Die Biographie – Zur Grundlegung ihrer Theorie, Berlin/New York 2009, S. 3 – 66.

Fetz, Bernhard (Hg.), Die Biographie – Zur Grundlegung ihrer Theorie, Berlin/New York 2009.

Fiedler, Franz, Auswirkungen der Familienrechtsreform, in: Khol, Andreas / Stirnemann, Alfred (Hg.), Österreichisches Jahrbuch für Politik 1983, Wien/München 1984, S. 417 – 450.

Fiedler, Franz, Bilanz der österreichischen Rechtspolitik, in: Khol, Andreas / Stirnemann, Alfred (Hg.), Österreichisches Jahrbuch für Politik 1983, Wien/München 1984, S. 125 – 154.

Filmarchiv Austria (Hg.), Geheimnisvolle Tiefe. G. W. Pabst. Katalog zur Ausstellung und Film-Retrospektive vom 16.–29. April 1998, Wien 1998.

Fischer, Dieter, Das Rundfunk-Volksbegehren 1964, Univ.-Diss., Wien 2005.

Fischer, Heinz, Christian Broda und die Volksanwaltschaft, in: Neider, Michael (Hg.), Christian Broda – Zum 70. Geburtstag, Wien 1986, S. 92 – 101.

Fischer, Heinz, Die Kreisky-Jahre 1967 – 1983, 3. Aufl., Wien 1994.

Fischer, Heinz, Karl Waldbrunner, in: Dachs, Herbert / Gerlich, Peter / Müller, Wolfgang C. (Hg.), Die Politiker. Karrieren und Wirken bedeutender Repräsentanten der Zweiten Republik, Wien 1995, S. 578 – 585.

Fischer, Heinz, Reflexionen, Wien 1998.

Fischlschweiger, Hagen, Das System der Tagsätze im Strafrecht, in: Der Sozialistische Akademiker 3 (1973) S. 8 – 10.

Floßmann, Ursula / Lehner, Oskar (Hg.), Frau. Recht. Gesellschaft. Seminar zur Frauengeschichte, Linz 1985.

Floßmann, Ursula, Österreichische Privatrechtsgeschichte, 5. aktualisierte Aufl., Wien/ New York 2005.

Foregger, Egmont / Serini, Eugen, Das österreichische Strafgesetz samt den wichtigsten Novellen und Nebengesetzen, Wien 1962.

Form, Wolfgang / Neugebauer, Wolfgang / Schiller, Theo (Hg.), NS-Justiz und politische Verfolgung in Österreich 1938 – 1945. Analysen zu den Verfahren vor dem Volksgerichtshof und dem Oberlandesgericht Wien, München 2006.

Forster, David / Geldmacher, Thomas / Walter, Thomas, Österreicher vor dem Feldkriegsgericht der Division 177, in: Manoschek, Walter (Hg.), Opfer der NS-Militärjustiz. Urteilspraxis – Strafvollzug – Entschädigungspolitik in Österreich, Wien 2003, S. 399 – 419.

Frischenschlager, Friedhelm, Die Ära Klaus aus der Perspektive der FPÖ, in: Schausberger, Franz (Hg.), Die Transformation der österreichischen Gesellschaft und die Alleinregierung von Bundeskanzler Dr. Josef Klaus, Salzburg 1995, S. 211 – 227.

Gaisbauer, Adolf, »Heer-Bilder« oder: Ein Widerruf mit Folge(rungen), in: Faber, Richard / Scheichl, Sigurd Paul (Hg.), Die geistige Welt des Friedrich Heer, Wien/Köln/Weimar 2008, S. 251 – 312.

Gallus, Alexander, Biographik und Zeitgeschichte, in: Aus Politik und Zeitgeschichte 01 – 02/2005, online: http://www.bpb.de/veranstaltungen/C3BULDpublikationen/249NFW,1,0,Biographik_und_Zeitgeschichte.html (4.2.2008).

Garscha, Winfried R., NS-Strafrecht in Österreich. Zur Einführung deutscher Rechtsnormen in der »Ostmark«, in: Rosner, Willibald (Hg.), Recht und Gericht in Niederösterreich. Die Vorträge des 17. Symposions des Niederösterreichischen Instituts für Landeskultur im Stift Ardagger, 30. Juni bis 4. Juli 1997, St. Pölten 2002, S. 233 – 246.

Garscha, Winfried R., Eichmann: Eine Irritation, kein Erdbeben. Zu den Auswirkungen des Prozesses von Jerusalem auf das Österreich des »Herrn Karl«, in: Falch, Sabine / Zimmermann, Moshe (Hg.), Israel – Österreich. Von den Anfängen bis zum Eichmann-Prozess 1961, Innsbruck/Wien/Bozen 2005, S. 186 – 226.

Garscha, Winfried, Simon Wiesenthals Beitrag zur gerichtlichen Verfolgung der NS-Täter in Österreich. Referat im Rahmen der Tagung »Österreichs Umgang mit der NS-Täterschaft« anlässlich des 90. Geburtstags von Simon Wiesenthal, S. 9, online: http://www.doew.at/thema/wiesenthal/garscha.pdf (29. 3. 2009).

Garscha, Winfried R. / Kuretsidis-Haider, Claudia, Die strafrechtliche Verfolgung nationalsozialistischer Verbrechen – eine Einführung, in: Albrich, Thomas / Garscha, Winfried R. / Polaschek, Martin F. (Hg.), Holocaust und Kriegsverbrechen von Gericht. Der Fall Österreich, Innsbruck/Wien/Bozen 2006, S. 11 – 25.

Garscha, Winfried, Entnazifizierung, Volksgerichtsbarkeit und die »Kriegsverbrecherprozesse« der sechziger und siebziger Jahre, in: Karner, Stefan / Mikoletzky, Lorenz (Hg.), Österreich. 90 Jahre Republik. Beitragsband zur Ausstellung im Parlament, Innsbruck/Wien/Bozen 2008, S. 127 – 138.

Gärtner, Heinz, Eine sowjetorientierte KP – Die Kommunistische Partei Österreichs – Ein Vergleich, in: Österreichische Zeitschrift für Politikwissenschaft 1 (1978) S. 43 – 58.

Geiss, Imanuel, Die Rolle der Persönlichkeit in der Geschichte: zwischen Überbewerten und Verdrängen, in: Bosch, Michael (Hg.), Persönlichkeit und Struktur in der Geschichte. Historische Bestandsaufnahmen und didaktische Implikationen, Düsseldorf 1977, S. 10 – 24.

Geldmacher, Thomas, Der gute Mensch von Kiel? Marinerichter Otto Tschadek (1904 – 1969), in: Geldmacher, Thomas / Koch, Magnus / Metzler, Hannes / Pirker, Peter / Rettl, Lisa (Hg.), »Da machen wir nicht mehr mit …« Österreichische Soldaten und Zivilisten vor Gerichten der Wehrmacht, Wien 2010, S. 215 – 227.

Gerbel, Christian, Zur »gesamtdeutschen« Geschichtsauffassung, der akademischen Vergangenheitspolitik der Zweiten Republik und dem politischen Ethos der Zeitgeschichte, in: Gerbel, Christian / Lechner, Manfred / Lorenz, Dagmar C. G. / Marchart, Oliver / Öhner, Vrääth / Steiner, Ines / Strutz, Andrea / Uhl, Heidemarie (Hg.), Transformationen gesellschaftlicher Erinnerung. Studien zur »Gedächtnisgeschichte« der Zweiten Republik, Wien 2005, S. 86 – 130.

Glaser, Herbert, Erbe ohne Zukunft. Die Geschichte der SPÖ von Karl Marx bis Bruno Pittermann, Wien/Melk 1966.

Glatzl, Matthias, Wien im Brennpunkt der Entwicklung, in: Österreichische Monatshefte 3 (1966) S. 18 – 24.

Göhring, Walter, Der illegale kommunistische Jugendverband Österreichs, Univ.-Diss., Wien 1971.

Göhring, Walter, Der kommunistische Jugendverband in den Jahren der Halblegalität von 1931 – 1934, in: Weg und Ziel 4 (1972) S. 161 – 163.

Göhring, Walter, Junge Österreicher im Kampf gegen den Hitlerstaat, in: Der Widerstandskämpfer 17 (1972) S. 62 – 67.

Göhring, Walter, 1000 Daten SPÖ, Wien 1985.

Göschl, Winfried, SPÖ-Programm 1978. Entstehungsgeschichte, Diskussionsverlauf und Reaktionen, Dipl.-Arb., Wien 1986.

Gottschlich, Maximilian / Panagl, Oswald / Welan, Manfried, Was die Kanzler sagten. Regierungserklärungen der Zweiten Republik 1945 – 1987, Wien/Köln 1989.

Gradmann, Christoph, Geschichte, Fiktion und Erfahrung – kritische Anmerkungen zur neuerlichen Aktualität der historischen Biographie, in: Internationales Archiv für Sozialgeschichte der deutschen Literatur 2 (1992) S. 1 – 16.

Gradmann, Christoph, »Historische Belletristik«. Die historischen Biographien Werner Hegemanns und Emil Ludwigs in der Weimarer Republik, in: BIOS 1 (1990) S. 95 – 112.

Grass, Nikolaus, Österreichische Rechts- und Staatswissenschaften. Die Gegenwart in Selbstdarstellungen, Innsbruck 1952.

Greve, Michael, Täter oder Gehilfen. Zum strafrechtlichen Umgang mit NS-Gewaltverbrechen in der Bundesrepublik Deutschland, in: Weckel, Ulrike / Wolfrum, Edgar (Hg.), »Bestien« und »Befehlsempfänger«. Frauen und Männer in NS-Prozessen nach 1945, Göttingen 2003, S. 194 – 221.

Grießler, Erich, »Policy Learning« im österreichischen Abtreibungskonflikt. Die SPÖ auf dem Weg zur Fristenregelung (Institut für Höhere Studien. Reihe Soziologie 76), Wien 2006, online: http://www.ihs.ac.at/publications/soc/rs76.pdf (12. 5. 2009).

Haas, Hans, Der »Anschluss«, in: Tálos, Emmerich / Neugebauer, Wolfgang / Sieder, Reinhard (Hg.), NS-Herrschaft in Österreich. Ein Handbuch, Wien 2002, S. 26 – 54.

Haas, Karl, Zur Frage der Todesstrafe in Österreich 1945 bis 1950, in: Weinzierl, Erika / Rathkolb, Oliver / Ardelt, Rudolf G. / Mattl, Siegfried (Hg.), Justiz und Zeitgeschichte. Symposionsbeiträge 1976 – 1993, Band 1, Wien 1995, S. 386 – 405.

Hähner, Olaf, Historische Biographik. Die Entwicklung einer geschichtswissenschaftlichen Darstellungsform von der Antike bis ins 20. Jahrhundert, Frankfurt am Main/ Berlin/Bern/New York/Paris/Wien 1999.

Halbrainer, Heimo / Kuretsidis-Haider, Claudia (Hg.), Kriegsverbrechen, NS-Gewaltverbrechen und die europäische Strafjustiz von Nürnberg bis Den Haag, Graz 2007.

Hamerow, Theodore S., Die Kunst der historischen Biographik in Deutschland von 1871 bis zur Gegenwart, in: Grimm, Reinhold / Jost, Hermann (Hg.), Vom Anderen und vom Selbst. Beiträge zu Fragen der Biographie und Autobiographie, Königstein/Ts. 1982, S. 30 – 44.

Hanisch, Ernst, Der lange Schatten des Staates. Österreichische Gesellschaftsgeschichte im 20. Jahrhundert, Wien 1994.

Hans-Kelsen-Institut Wien (Hg.), Hans Kelsen zum Gedenken. Mit Beiträgen von Walter Antoniolli, Christian Broda u. a., Wien 1974.

Hartl, Rupert, Österreich oder der schwierige Weg zum Sozialismus, Wien 1986.

Hartmann, Rudolf, Presserecht 1945 – 1982, in: Weinzierl, Erika / Rathkolb, Oliver / Ardelt, Rudolf G. / Mattl, Siegfried (Hg.), Justiz und Zeitgeschichte. Symposionsbeiträge 1976 – 1993, Bd. 2, Wien 1995, S. 624 – 627.

Hauser, Gunther, Der Parlamentarismus während der ÖVP-Alleinregierung 1966 – 1970 (Rechts- und Sozialwissenschaftliche Reihe 16), Berlin/Bern/New York/Paris/Wien 1996.

Hauser, Walter, Reform durch Übereinkunft – Die Haltung der ÖVP zur kleinen Strafrechtsreform, in: Parlamentsklub der Österreichischen Volkspartei (Hg.), ÖVP: Die klare Alternative. Strafrecht – Vom Slogan zur Reform, Wien 1971, S. 5 – 12.

Hauser, Walter, Die Abtreibungsfrage – ein Prüfstein der Reform, Teil 1, in: Österreichische Monatshefte 12 (1972) S. 9 – 20.

Hauser, Walter, Die Abtreibungsfrage – ein Prüfstein der Reform, Teil 2, in: Österreichische Monatshefte 1 (1973) S. 23–24.

Hauser, Walter, Die Volkspartei und die Strafrechtsreform, in: Österreichische Monatshefte 12 (1973) S. 8–12.

Hausjell, Fritz, Die gleichgeschaltete österreichische Presse als nationalsozialistisches Führungsmittel (1938–1945), in: Tálos, Emmerich / Hanisch, Ernst / Neugebauer, Wolfgang / Sieder, Reinhard (Hg.), NS-Herrschaft in Österreich. Ein Handbuch, Wien 2002, S. 627–641.

Hautmann, Hans, Geschichte der Rätebewegung in Österreich 1918–1924, Wien 1987.

Hautmann, Hans, Die Weltjugendfestspiele 1959 in Wien, in: Mitteilungen der Alfred Klahr Gesellschaft 3 (1999), online: http://www.klahrgesellschaft.at/Mitteilungen/Hautmann_3_99.html (1.2.2008).

Hautmann, Hans, Todesurteile in der Endphase der Habsburgermonarchie und im Ersten Weltkrieg, in: Kuretsidis-Haider, Claudia / Halbrainer, Heimo / Ebner, Elisabeth (Hg.), Mit dem Tode bestraft. Historische und rechtspolitische Aspekte zur Todesstrafe im 20. Jahrhundert und der Kampf um ihre weltweite Abschaffung, Graz 2008, S. 15–37.

Haydn, Ludwig, Reform des Ehe- und Familienrechtes, in: Der Staatsbürger 3 (1959) S. 1–2.

Heissenberger, Eva Anna, Die Wiener Boulevardpresse in der ersten Hälfte der Zweiten Republik unter besonderer Berücksichtigung des »Express«, Dipl.-Arb., Wien 1995.

Heiss, Gernot, Von Österreichs deutscher Vergangenheit und Aufgabe. Die Wiener Schule der Geschichtswissenschaft und der Nationalsozialismus, in: Heiss, Gernot / Mattl, Siegfried / Meissl, Sebastian / Saurer, Edith / Stuhlpfarrer, Karl (Hg.), Willfährige Wissenschaft. Die Universität Wien 1938–1945, Wien 1989, S. 39–76.

Heiss, Gernot, Von der gesamtdeutschen zur europäischen Perspektive? Die mittlere, neuere und österreichische Geschichte sowie die Wirtschafts- und Sozialgeschichte an der Universität Wien 1945–1955, in: Grandner, Margarete / Heiss, Gernot / Rathkolb, Oliver (Hg.), Zukunft mit Altlasten. Die Universität Wien 1945 bis 1955, Innsbruck/Wien/München/Bozen 2005, S. 189–210.

Helmer, Oskar, 50 Jahre erlebte Geschichte, Wien 1957.

Hemecker, Wilhelm (Hg.), Die Biographie – Beiträge zu ihrer Geschichte, Berlin/New York 2009.

Hindels, Josef, Die zwei Gesichter des Franz Olah, in: Die Zukunft 21/22 (1964) S. 12–16.

Hindels, Josef, Warum gibt es in Österreich Nazirichter?, in: Die Zukunft 23 (1965) S. 7–9.

Hindels, Josef, Was ist moderner Sozialismus?, in: Die Zukunft 10 (1966) S. 21–24.

Hindels, Josef, Die Legende von den jungen, dynamischen Reformern, in: Die Zukunft 20 (1966) S. 22–24.

Hindels, Josef, Österreichs Sozialisten in der Opposition. Konzept einer grundsatztreuen Oppositionspolitik des demokratischen Sozialismus, Wien/Frankfurt/Zürich 1966.

Hindels, Josef, Robert Danneberg. Gelebt für den Sozialismus – ermordet in Auschwitz, Wien 1985.

Hindels, Josef, Erinnerungen eines linken Sozialisten, Wien 1996.

Historische Kommission beim ZK der KPÖ (Hg.), Beiträge zur Geschichte der kommunistischen Jugendbewegung, Wien 1981.

Höbelt, Lothar, Von der vierten Partei zur dritten Kraft. Die Geschichte des VdU, Graz 1999.

Hölzl, Norbert, Propagandaschlachten. Die österreichischen Wahlkämpfe 1945 bis 1971, Wien 1974.

Hoffmann-Ostenhof, Georg / Nagy, Peter / Wimmer, Gebhard, Der lange Marsch zum Seelenfrieden, in: Extrablatt 2 (1978) S. 26 – 34.

Holaubek, Josef / Hirschfeld, Alexander (Hg.), Josef Holaubek zum 90. Geburtstag. Privatdruck für die Teilnehmer am Festakt »90. Geburtstag Polizeipräsident Josef Holaubek« im Bundesministerium für Inneres am 15. Jänner 1997, Wien 1997.

Holzheu, Barbara, Zurückgekehrt oder nur zu Besuch?, Dipl.-Arb., Wien 2001.

Holzschuster, Josef, Das Preßgesetz vom 7. April 1922. Die Forderungen an ein freiheitliches Pressgesetz, Dipl.-Arb., Graz 1995.

Horvath, Elisabeth, Ära oder Episode. Das Phänomen Bruno Kreisky, Wien 1989.

Horvath, Elisabeth, Heinz Fischer. Die Biografie, Wien 2009.

Interview mit Dr. Hans Klecatsky, in: Kriechbaumer, Robert (Hg.), Die Ära Klaus. Österreich in den »kurzen« sechziger Jahren, Bd. 2: Aus der Sicht von Zeitgenossen und in Karikaturen von Ironimus, Wien/Köln/Weimar 1999, S. 189 – 201.

Interview mit Dr. Franz Hetzenauer, in: Kriechbaumer, Robert (Hg.), Die Ära Klaus. Österreich in den »kurzen« sechziger Jahren, Bd. 2: Aus der Sicht von Zeitgenossen und in Karikaturen von Ironimus, Wien/Köln/Weimar 1999, S. 203 – 210.

Interview mit Thomas Albrich, in: Echo 2006, online auf: http://echo-online.at (17.6. 2006).

Irnberger, Harald, Nelkenstrauß ruft Praterstern. Am Beispiel Österreich: Funktion und Arbeitsweise geheimer Nachrichtendienste in einem neutralen Staat, 2. Ausg., Wien 1983.

Jacobsen, Wolfgang (Hg.), G. W. Pabst, Berlin 1997.

Jandl, Birgit, Das Medienrecht – Vom Ursprung bis zur Gegenwart, Univ.-Diss., Graz 1994.

Janitschek, Hans, Nur ein Journalist. Hans Dichand. Ein Mann und drei Zeitungen, Wien 1992.

Jestaedt, Matthias (Hg.) in Kooperation mit dem Hans Kelsen-Institut, Hans Kelsen im Selbstzeugnis, Tübingen 2006.

Kadan, Albert / Pelinka, Anton, Die Grundsatzprogramme der österreichischen Parteien. Dokumentation und Analyse, St. Pölten 1979.

Kaindl-Widhalm, Barbara, Demokraten wider Willen. Autoritäre Tendenzen und Antisemitismus in der Zweiten Republik, Wien 1990.

Karlhofer, Ferdinand / Lichtenberger, Eva, Franz Olah – Eine anachronistische Karriere. Zum Funktionswandel politischer Eliten in der Zweiten Republik, in: Pelinka, Anton (Hg.), Populismus in Österreich, Wien 1987, S. 36 – 59.

Karner, Stefan / Stelzl-Marx, Barbara, Die Rote Armee in Österreich. Sowjetische Besatzung 1945 bis 1955, Graz/Wien 2005.

Kasemir, Gérard, Spätes Ende für »wissenschaftlich« vorgetragenen Rassismus. Die Borodajkewycz-Affäre 1965, in: Gehler, Michael / Sickinger, Hubert (Hg.), Politische Affären und Skandale in Österreich. Von Mayerling bis Waldheim, 2. erw. Ausg., Thaur/Wien/München 1996, S. 486 – 501.

Kaufmann, Fritz, Sozialdemokratie in Österreich. Idee und Geschichte einer Partei von 1889 bis zur Gegenwart, Wien/München 1978.

Kautsky, Benedikt, Der Weg zum neuen Programm der SPÖ. Bericht und Erläuterungen von Benedikt Kautsky. Eine Diskussionsgrundlage, Wien 1958.

Kehr, Eckart, Der neue Plutarch. Die »historische Belletristik«, die Universität und die Demokratie, in: Wehle, Hans-Heinrich (Hg.), Eckart Kehr, der Primat der Innenpolitik, Berlin 1970, S. 270–278.

Keller, Fritz, KPÖ und nationale Frage, in: Österreichische Zeitschrift für Politikwissenschaft 2 (1977) S. 183–191.

Keller, Fritz, Gegen den Strom. Fraktionskämpfe in der KPÖ. Trotzkisten und andere Gruppen 1919–1945, Wien 1978.

Keller, Fritz, Wien, Mai 68. Eine heiße Viertelstunde?, Neuauflage, Wien 2008.

Keller, Heinrich, Das Problem der Abtreibung im österreichischen Strafrecht, in: Die Zukunft 12 (1971) S. 9–13.

Keller, Heinrich, Vom bürgerlichen zum sozialen Recht, in: Die Zukunft 4 (1979) S. 15–17.

Keller, Heinrich / Leirer, Herbert / Neider, Michael / Steinert, Heinz (Hg.), Sozialarbeit und soziale Demokratie. Festschrift für Elisabeth Schilder, Wien 1979.

Keller, Heinrich, Unabhängigkeit für Staatsanwälte?, in: Die Zukunft 9 (1980) S. 16–19.

Keller, Heinrich, Warum das Weisungsrecht des Justizministers auf einen Parlamentsanwalt übergehen sollte, in: Österreichische Richterzeitung 11 (1980) S. 235–238.

Keller, Heinrich, Die Rechtsreform seit 1970, in: Fröschl, Erich / Zoitl, Helge (Hg.), Der österreichische Weg 1970–1985. Fünfzehn Jahre, die Österreich verändert haben, Wien 1986, S. 177–187.

Keller, Heinrich, Christian Brodas Werk bleibt Auftrag und Verpflichtung, in: Sozialistische Korrespondenz, 2. 2. 1987, S. 4–8.

Kenner, Klara, Der zerrissene Himmel. Emigration und Exil der Wiener Individualpsychologie, Göttingen 2007.

Kerschbaumer, Gert, Meister des Verwirrens. Die Geschäfte des Kunsthändlers Friedrich Welz, Wien 2000.

Klamper, Elisabeth, Ein einig Volk von Brüdern: Vergessen und Erinnern im Zeichen des Burgfriedens, in: Zeitgeschichte 5–6 (1997) S. 170–185.

Klaus, Josef, Macht und Ohnmacht in Österreich. Konfrontationen und Versuche, 2. Aufl., Wien/München/Zürich 1971.

Klaus, Josef, Die »Ära Klecatsky« oder: Der Rechtsstaat ist nicht bequem, in: Adamovich, Ludwig / Pernthaler, Peter (Hg.), Auf dem Weg zur Menschenwürde und Gerechtigkeit. Festschrift für Hans R. Klecatsky, Wien 1980, 1. Teilband, S. 415–430.

Klecatsky, Hans R., Die »Große Strafrechtsreform« in der XI. Gesetzgebungsperiode des Nationalrates, in: Bonin, Herma (Hg.), Festschrift für Ernst Kolb, Innsbruck 1971, S. 161–186.

Klein, Christian, Lebensbeschreibung als Lebenserschreibung? Vom Nutzen biographischer Ansätze aus der Soziologie für die Literaturwissenschaften, in: Ders. (Hg.), Grundlagen der Biographik. Theorien und Praxis des biographischen Schreibens, Stuttgart/Weimar 2002, S. 69–85.

Klein, Christian, Grundlagen der Biographik. Theorien und Praxis des biographischen Schreibens, Stuttgart/Weimar 2002.

Klein, Christian (Hg.), Handbuch Biographie. Methoden, Traditionen, Theorien, Stuttgart/Weimar 2009.

Klenner, Fritz, Das Unbehagen in der Demokratie, Wien 1956.

Klenner, Fritz, Der Fall Olah, in: Die Zukunft 23 (1964) S. 3–6.

Klenner, Fritz, Zu wenig und zu spät, in: Die Zukunft 7 (1966) S. 3–4.

Klenner, Fritz, Umdenken tut not! Die sozialistische Alternative, Wien/Frankfurt/Zürich 1966.

Klecatsky, Hans R., in: Jabloner, Clemens / Mayer, Heinz (Hg.), Österreichische Rechtswissenschaft in Selbstdarstellungen, Wien/New York 2003, S. 73–91.

Kocka, Jürgen, Struktur und Persönlichkeit als methodologisches Problem der Geschichtswissenschaft, in: Bosch, Michael (Hg.), Persönlichkeit und Struktur in der Geschichte. Historische Bestandsaufnahme und didaktische Implikationen, Düsseldorf 1977, S. 152–168.

König, Erich / Weninger, Hannes / Hausjell, Fritz, Geschichte sozialdemokratischer Medienpolitik in Österreich (Medienpapiere 2 der Themeninitiative Medienpolitik in der SPÖ Wien), Wien 1995.

Konrad, Helmut, Karl R. Stadler (1913–1987), online: http://www.ifz.jku.at/index. php?section=62 (20.12.2009).

Konrad, Helmut, Karl R. Stadler, in: Stadler, Friedrich (Hg.), Vertriebene Vernunft II. Emigration und Exil österreichischer Wissenschaft. Internationales Symposion 19. bis 23. Oktober 1987 in Wien, Wien/München 1988, S. 509–514.

Konrad, Helmut / Lechner, Manfred, »Millionenverwechslung«. Franz Olah – Die Kronenzeitung – Geheimdienste, Wien/Köln/Weimar 1992.

Konrad, Helmut / Maderthaner, Wolfgang (Hg.), … der Rest ist Österreich. Das Werden der 1. Republik, 2 Bde., Wien 2008.

Kracauer, Siegfried, Die Biographie als neubürgerliche Kunstform, in: Ders., Das Ornament der Masse. Essays, Frankfurt/Main 1963, S. 75–80.

Kramser, Annemarie (Red.), Anton Benya – »Der Vertrauensmann«, Wien 2003.

Kraßnitzer, Michael, Widerstand in Hietzing. Freiheitskampf 1934–1938 und 1938–1945 am Beispiel eines Wiener Bezirks, Wien 2004.

Kreisky, Bruno / Marsch, Fritz / Blecha, Karl, Die offene Partei. Die Ergebnisse der Parteireform, Wien 1977.

Kreisky, Bruno / Blecha, Karl, Bereit für die 80er Jahre. Die Reden beim Parteirat in Graz am 13. Oktober 1977, Wien 1977.

Kreissler, Felix, Die Entwicklung der SPÖ in ihren Programmen und in ihrer Politik: Vom Austromarxismus zum »Austrosozialismus« (1945–1973), in: Botz, Gerhard / Hautmann, Hans / Konrad, Helmut (Hg.), Geschichte und Gesellschaft. Festschrift für Karl R. Stadler zum 60. Geburtstag, Wien 1974, S. 209–246.

Kreuzer, Franz, Die Ohnmacht der Henker. Franz Kreuzer im Gespräch mit Hans Dichand und Christian Broda, Wien 1986.

Kriechbaumer, Robert, Der 18. Parteitag der SPÖ vom 30. Jänner bis 1. Februar 1967, in: Zeitgeschichte 4 (1974) S. 129–148.

Kriechbaumer, Robert, Der zweite Zeitungskrieg. Ein Kapitel österreichischer Zeitgeschichte, in: Zeitgeschichte 2 (1980) S. 43–60.

Kriechbaumer, Robert, Österreichs Innenpolitik 1970–1975 (Österreichisches Jahrbuch für Politik, Sonderband 1), München/Wien 1981.

Kriechbaumer, Robert, Parteiprogramme im Widerstreit der Interessen. Die Programmdiskussion und die Programme von ÖVP und SPÖ 1945–1986 (Österreichisches Jahrbuch für Politik, Sonderband 3), Wien/München 1990.

Kriechbaumer, Robert, Alfons Gorbach, in: Dachs, Herbert / Gerlich, Peter / Müller,

Wolfgang C. (Hg.), Die Politiker. Karrieren und Wirken bedeutender Repräsentanten der Zweiten Republik, Wien 1995, S. 160 – 167.

Kriechbaumer, Robert (Hg.), Die Ära Klaus. Österreich in den »kurzen« sechziger Jahren, Bd. 2: Aus der Sicht von Zeitgenossen und in Karikaturen von Ironimus, Wien/Köln/ Weimar 1999.

Kriechbaumer, Robert, Ein Vaterländisches Bilderbuch. Propaganda, Selbstinszenierung und Ästhetik der Vaterländischen Front 1933 – 1938, Wien 2002.

Kriechbaumer, Robert, Die Ära Kreisky. Österreich 1970 – 1983 in der historischen Analyse, im Urteil der politischen Kontrahenten und in Karikaturen von Ironimus, Wien/ Köln/Weimar 2004.

Kuretsidis-Haider, Claudia, »Persönliche Schuld ist faktisch keine vorhanden« – Innenminister Oskar Helmer und die Begnadigung von verurteilten NS-Tätern, in: Justiz und Erinnerung 8 (2003) S. 1 – 6.

Kuretsidis-Haider, Claudia, NS-Verbrechen vor österreichischen und bundesdeutschen Gerichten, in: Albrich, Thomas / Garscha, Winfried R. / Polaschek, Martin F. (Hg.), Holocaust und Kriegsverbrechen vor Gericht. Der Fall Österreich, Innsbruck 2006, S. 329 – 352.

Kuretsidis-Haider, Claudia / Halbrainer, Heimo / Ebner, Elisabeth (Hg.), Mit dem Tod bestraft. Historische und rechtspolitische Aspekte zur Todesstrafe im 20. Jahrhundert und der Kampf um ihre weltweite Abschaffung, Graz 2008.

Kuretsidis-Haider, Claudia / Garscha, Winfried R. (Hg.), Gerechtigkeit nach Diktatur und Krieg. Transitional Justice 1945 bis heute. Strafverfahren und ihre Quellen, Graz 2010.

Lackinger, Otto, Die gesellschaftspolitischen Aussagen des 6. März, in: Österreichische Monatshefte 4 (1966) S. 13 – 17.

Lackinger, Otto, Die gesellschaftspolitischen Aussagen des 6. März (II), in: Österreichische Monatshefte 5 (1966) S. 25 – 29.

Lang-Kremsmayer, Ulrike, Aspekte zur Funktion der Intellektuellen in der SPÖ – am Beispiel des BSA. Unter besonderer Berücksichtigung der Wiederaufbauphase in Österreich, Univ.-Diss., Wien 1987.

Langbein, Hermann, Die Stärkeren. Ein Bericht aus Auschwitz und anderen Konzentrationslagern, 2. überarbeitete Aufl., Köln 1982.

Le Goff, Jacques, Wie schreibt man eine Biographie?, in: Braudel, Fernand u. a. (Hg.), Der Historiker als Menschenfresser. Über den Beruf des Geschichtsschreibers, Berlin 1990, S. 103 – 125.

Lechner, Manfred, Franz Olah, in: Dachs, Herbert / Gerlich, Peter / Müller, Wolfgang C. (Hg.), Die Politiker. Karrieren und Wirken bedeutender Repräsentanten der Zweiten Republik, Wien 1995, S. 426 – 434.

Lechner, Manfred, ».. Jener, dessen Namen unter den Lebenden nicht genannt werden mag.« Der »Fall Olah« – Ein Megaskandal der Zweiten Republik?, in: Gehler, Michael / Sickinger, Hubert (Hg.), Politische Affären und Skandale in Österreich. Von Mayerling bis Waldheim, 2. erw. Ausg., Thaur/Wien/München 1996, S. 419 – 454.

Lehmann, Oliver / Schmidt, Traudl, In den Fängen des Dr. Gross. Das misshandelte Leben des Friedrich Zawrel, Wien 2001.

Lehner, Karin, Verpönte Eingriffe. Sozialdemokratische Reformbestrebungen zu den Abtreibungsbestimmungen in der Zwischenkriegszeit, Wien 1989.

Lehner, Oskar, Familie – Recht – Politik. Die Entwicklung des österreichischen Familienrechts im 19. und 20. Jahrhundert. Mit einem Geleitwort von Christian Broda und Walter Hauser, Wien/New York 1987.

Lehner, Oskar, Schwangerschaftsabbruch in Österreich. Legistische, politische und soziale Aspekte, in: Enigl, Marianne / Perthold, Sabine (Hg.), Der weibliche Körper als Schlachtfeld. Neue Beiträge zur Abtreibungsdiskussion, Wien 1993, S. 103–127.

Lehner, Oskar, Von der bürgerlich-patriarchalen zur partnerschaftlichen Ehe. Die Stellung der Frau im Familienrecht des 19. und 20. Jahrhunderts, in: Floßmann, Ursula / Lehner, Oskar (Hg.), Frau. Recht. Gesellschaft. Seminar zur Frauengeschichte, Linz 1985, S. 126–142.

Leidinger, Hannes, »... von vornherein provisorischer Natur«: Rätebewegung und Kommunismus in Österreich 1918–1924, in: Karner, Stefan / Mikoletzky, Lorenz (Hg.), Österreich. 90 Jahre Republik. Beitragsband zur Ausstellung im Parlament, Innsbruck/Wien/Bozen 2008, S. 91–99.

Leistung – Aufstieg – Sicherheit. Die Alternative der SPÖ für ein modernes Österreich, Wien 1969.

Lendvai, Paul / Ritschel, Karl Heinz, Kreisky. Portrait eines Staatsmannes, Düsseldorf/Wien 1974.

Lendvai, Paul, Mein Österreich. 50 Jahre hinter den Kulissen der Macht, Salzburg 2007.

Leser, Norbert, Kein Rückfall in die Vergangenheit, in: Die Zukunft 10 (1966) S. 16–20.

Leser, Norbert, Die SPÖ gibt sich ein Programm, in: Österreichische Zeitschrift für Politikwissenschaft 2 (1978) S. 141–154.

Leser, Norbert (Hg.), Heer-Schau. Briefe an und über Friedrich Heer, Wien/Köln/Graz 1985, S. 47–49.

Leser, Norbert, Salz der Gesellschaft. Wesen und Wandel des österreichischen Sozialismus, Wien 1988.

Leser, Norbert, Zeitzeuge an Kreuzwegen. Autobiographische Bekenntnisse, Wien 2003.

Lichtenegger, Susanne, Die Rechts- und Staatswissenschaftliche Fakultät der Universität Innsbruck 1945–1955. Zur Geschichte der Rechtswissenschaft in Österreich im 20. Jahrhundert, Frankfurt/Main 1999.

Liebau, Eckart, Laufbahn oder Biographie? Eine Bourdieu-Lektüre, in: BIOS. Zeitschrift für Biographieforschung und Oral History 1 (1990) S. 83–89.

Liegl, Barbara / Pelinka, Anton, Chronos und Ödipus, Der Kreisky-Androsch-Konflikt, Wien 2004.

Lingens, Ella, Gefangene der Angst. Ein Leben im Zeichen des Widerstands, hg. und mit einem Vorwort versehen von Peter Michael Lingens, Wien 2003.

Lingens, Peter Michael, Ansichten eines Außenseiters, Wien 2009.

Loebenstein, Edwin, Verfassungspolitische Zielvorgaben des Jahres 1945 und ihre Verwirklichung aus der Sicht eines Zeitzeugen, in: Weinzierl, Erika / Rathkolb, Oliver / Ardelt, Rudolf G. / Mattl, Siegfried (Hg.), Justiz und Zeitgeschichte. Symposionsbeiträge 1976–1993, Bd. 2, Wien 1995, S. 808–832.

Löffler, Sigrid, Biografie. Ein Spiel, in: Literaturen 7/8 (2001) S. 14–17.

Loitfellner, Sabine, Auschwitz-Verfahren in Österreich. Hintergründe und Ursachen eines Scheiterns, in: Albrich, Thomas / Garscha, Winfried R. / Polaschek, Martin F. (Hg.), Holocaust und Kriegsverbrechen vor Gericht. Der Fall Österreich, Innsbruck/Wien/Bozen 2006, S. 183–197.

Loitfellner, Sabine, Simon Wiesenthals »Schuld und Sühne Memorandum« an die Bundesregierung 1966 – Ein zeitgenössisches Abbild zum politischen Umgang mit NS-Verbrechen in Österreich, in: Halbrainer, Heimo / Kuretsidis-Haider, Claudia (Hg.), Kriegsverbrechen, NS-Gewaltverbrechern und die europäische Strafjustiz von Nürnberg bis Den Haag, Graz 2007, S. 281–288.

Loitfellner, Sabine, Das Projekt »Die Rezeption von Geschworenengerichtsprozessen wegen NS-Verbrechen in ausgewählten österreichischen Tageszeitungen 1956–1975«, in: Justiz und Erinnerung 6 (2002) S. 3–10.

Luza, Radomir, Der Widerstand in Österreich 1938–1945, Wien 1985.

Machacek, Rudolf / Kostelka, Peter / Martinek, Oswin, Wilhelm Rosenzweig, sein Leben und Wirken. Würdigung des Jubilars durch die Herausgeber, in: Kostelka, Peter / Machacek, Rudolf (Hg.), Dimensionen und Perspektiven des Rechts. Festschrift für Wilhelm Rosenzweig, Wien 1988, S. 1–6.

Machacek, Rudolf, Über Wilhelm Rosenzweig – Das Leben eines Kronjuristen, in: Kienzl, Heinz / Kirchner, Susanne (Hg.), Ein neuer Frühling wird in der Heimat blühen. Erinnerungen und Spurensuche, Wien 2002, S. 89–91.

Maderthaner, Wolfgang, Die Sozialdemokratie, in: Tálos, Emmerich / Dachs, Herbert / Hanisch, Ernst / Staudinger, Anton (Hg.), Handbuch des politischen Systems Österreichs. Erste Republik 1918–1933, Wien 1995, S. 177–194.

Maderthaner, Wolfgang / Müller, Wolfgang C. (Hg.), Die Organisation der österreichischen Sozialdemokratie, Wien 1996.

Maderthaner, Wolfgang, 12. Februar 1934: Sozialdemokratie und Bürgerkrieg, in: Steininger, Rolf / Gehler, Michael (Hg.), Österreich im 20. Jahrhundert. Von der Monarchie bis zum Zweiten Weltkrieg, Wien/Köln/Weimar 1997, S. 153–202.

Maderthaner, Wolfgang / Mattl, Siegfried / Musner, Lutz / Penz, Otto, Die Ära Kreisky und ihre Folgen. Fordismus und Postfordismus in Österreich, Wien 2007.

Maimann, Helene, »Die Rückkehr beschäftigt uns ständig«. Vom Flüchten und Wiederkommen, in: Dies. (Hg.), Die ersten 100 Jahre. Österreichische Sozialdemokratie. 1888–1988, Wien/München 1988, S. 235–242.

Malota, Ursula, Die Konsolidierung der SPÖ 1966–1970. Für ein modernes Österreich, Dipl.-Arb., Wien 1999.

Manoschek, Walter (Hg.), Opfer der NS-Militärjustiz. Urteilspraxis – Strafvollzug – Entschädigungspolitik in Österreich, Wien 2003.

Marcic, René, Vom Gesetzesstaat zum Richterstaat. Recht als Maß der Macht. Gedanken über den demokratischen Rechts- und Sozialstaat, Wien 1957.

Marcic, René, Die Zukunft der Koalition. Im Lichte der Wiener rechtstheoretischen Schule. Mit Stellungnahmen von Christian Broda et. al., Wien/Frankfurt/Zürich 1966.

Mark, Karl, Roter Hund. Lebenserinnerungen, Wien/Köln 1990.

Marsch, Fritz, Den neuen Aufgaben anpassen, in: Kreisky, Bruno / Marsch, Fritz / Blecha, Karl, Die offene Partei. Die Ergebnisse der Parteireform, Wien 1977, S. 13–17.

Marx, Erich, Gustav Zeilinger, in: Dachs, Herbert / Gerlich, Peter / Müller, Wolfgang C. (Hg.), Die Politiker. Karrieren und Wirken bedeutender Repräsentanten der Zweiten Republik, Wien 1995, S. 622–629.

Maßl, Wolfgang / Noll, Alfred J. / Oberkofler, Gerhard (Hg.), Eduard Rabofsky. Wider die Restauration im Recht. Ausgewählte Artikel und Aufsätze, Wien 1991.

Massiczek, Albert, Ich habe nur meine Pflicht erfüllt. Von der SS in den Widerstand, Wien 1989.

Matzka, Manfred, Rechtspolitik: Sozialismus im Bundesgesetzblatt?, in: Hindels, Josef / Pelinka, Peter (Hg.), Roter Anstoß. Der »österreichische Weg«. Sozialistische Beiträge, Wien/München 1980, S. 301 – 317.

Matzka, Manfred, Reformen abseits der Partei, in: Pelinka, Peter / Steger, Gerhard (Hg.), Auf dem Weg zur Staatspartei. Zu Geschichte und Politik der SPÖ seit 1945, Wien 1988, S. 303 – 312.

Mauhart, Beppo, Ein Stück des Weges gemeinsam. Die Ära Kreisky/Androsch – das »Goldene Jahrzehnt« – in Texten und Bildern, Wien 2006.

McLoughlin, Barry / Leidinger, Hannes / Moritz, Verena, Kommunismus in Österreich 1918 – 1938, Innsbruck/Wien/Bozen 2009.

McLoughlin, Barry, Die Partei, in: McLoughlin, Barry / Leidinger, Hannes / Moritz, Verena, Kommunismus in Österreich 1918 – 1938, Innsbruck/Wien/Bozen 2009, S. 257 – 370.

McLoughlin, Barry, Kommunistische Fememorde in Österreich, in: McLoughlin, Barry / Leidinger, Hannes / Moritz, Verena, Kommunismus in Österreich 1918 – 1938, Innsbruck/Wien/Bozen 2009, S. 450 – 470.

Mehr Rechtsschutz für den Staatsbürger. Justizprogramm für 1970 – 1974, 2. unveränderte Aufl., Wien 1974.

Meier, Christian, Die Faszination des Biographischen, in: Niess, Frank (Hg.), Interesse an der Geschichte, Frankfurt/Main und New York 1989, S. 100 – 111.

Meisel, Josef, Die Mauer im Kopf. Erinnerungen eines ausgeschlossenen Kommunisten 1945 – 1970, Wien 1986.

Mesner, Maria, Frauensache? Zur Auseinandersetzung um den Schwangerschaftsabbruch in Österreich, Wien 1994.

Mesner, Maria, Die »Neugestaltung des Ehe- und Familienrechts«: Re-Definitionspotentiale im Geschlechterverhältnis der Aufbau-Zeit, in: Zeitgeschichte 5 – 6 (1997) S. 186 – 210.

Mesner, Maria, Sozialdemokratische Frauen- und Geschlechterpolitik im Österreich der Siebziger Jahre, in: Bacher, Monika / Floßmann, Ursula u. a. (Hg.), Wahsinnsweiber? Weiberwahnsinn? Wer braucht Feminismus? (Erw. Dokumentation des 6. Linzer AbsolventInnentages), Linz 2000, S. 29 – 50.

Mesner, Maria (Hg.), Entnazifizierung zwischen politischem Anspruch, Parteienkonkurrenz und Kaltem Krieg. Das Beispiel der SPÖ. Mit Beiträgen von Matthew Paul Berg, Maria Mesner, Sonja Niederacher, Doris Sottopietra, Theodor Venus und Maria Wirth, Wien/München 2005.

Miklau, Roland, Die Überwindung der Todesstrafe in Österreich und Europa, in: Weinzierl, Erika / Rathkolb, Oliver / Ardelt, Rudolf G. / Mattl, Siegfried (Hg.), Justiz und Zeitgeschichte. Symposionsbeiträge 1976 – 1993, Bd. 1, Wien 1995, S. 720 – 731.

Miklau, Roland, Österreich und die Abschaffung der Todesstrafe, in: Kuretsidis-Haider, Claudia / Halbrainer, Heimo / Ebner, Elisabeth (Hg.), Mit dem Tode bestraft. Historische und rechtspolitische Aspekte zur Todesstrafe im 20. Jahrhundert und der Kampf um ihre weltweite Abschaffung, Graz 2008, S. 133 – 141.

Molden, Berthold, »Die Ost-West-Drehscheibe«. Österreichs Medien im Kalten Krieg, in: Rauchensteiner, Manfried (Hg.), Zwischen den Blöcken. NATO, Warschauer Pakt und Österreich, Wien/Köln/Weimar 2010, S. 687 – 774.

Molden, Fritz, Besetzer, Toren, Biedermänner. Ein Bericht aus Österreich 1945 – 1962, Wien 1980.

Molden, Fritz, »Vielgeprüftes Österreich«. Meine politischen Erinnerungen, Wien 2007.

Molden, Otto, Der Ruf des Gewissens. Der österreichische Freiheitskampf 1938 – 1945. Beiträge zur Geschichte der österreichischen Widerstandsbewegung, Wien/München 1958.

Mommsen-Reindl, Margareta, Die österreichische Proporzdemokratie und der Fall Habsburg, Wien/Köln/Graz 1976.

Mommsen, Margareta, Die »Staatskrise« über den »Justizputsch« in der Causa Habsburg 1963 und der Niedergang der Großen Koalition, in: Gehler, Michael / Sickinger, Hubert (Hg.), Politische Affären und Skandale in Österreich. Von Mayerling bis Waldheim, 2. erw. Ausg., Thaur/Wien/München 1996, S. 437 – 454.

Morscher, Siegbert / Pernthaler, Peter / Wimmer, Norbert (Hg.), Recht und Verantwortung. Festschrift für Hans R. Klecatsky, Wien 1990.

Mugrauer, Manfred, Die Politik der KPÖ in der Provisorischen Regierung Renner, Innsbruck/Wien/Bozen 2006.

Mugrauer, Manfred, Die Politik der Kommunistischen Partei Österreichs in der Provisorischen Regierung Renner, in: Mitteilungen der Alfred Klahr Gesellschaft 2 (2005), online: http://www.klahrgesellschaft.at/Mitteilungen/Mugrauer_2_05.html (4. 10. 2007).

Mugrauer, Manfred, Die Politik der KPÖ in den Jahren 1945 bis 1955/56, in: Ders. (Hg.), 90 Jahre KPÖ. Studien zur Geschichte der Kommunistischen Partei, Wien 2009, S. 37 – 52.

Mugrauer, Manfred (Hg.), 90 Jahre KPÖ. Studien zur Geschichte der Kommunistischen Partei Österreichs, Wien 2009.

Müller, Wolfgang / Suppan, Arnold / Naimark, Norman M. / Bordjugov, Gennadij (Hg.), Sowjetische Politik in Österreich 1945 – 1955. Dokumente aus russischen Archiven, Wien 2005.

Müller, Wolfgang, Die sowjetische Besatzung in Österreich 1945 – 1955 und ihre politische Mission, Wien 2005.

Müller, Wolfgang, Die gescheiterte Volksdemokratie. Zur Österreich-Politik von KPÖ und Sowjetunion 1945 bis 1955, in: Jahrbuch für historische Kommunismusforschung 2005, S. 141 – 170.

Müller, Wolfgang, Sowjetische Österreich-Planungen 1938 – 1945, in: Bruckmüller, Ernst (Hg.), Wiederaufbau in Österreich 1945 – 1955. Rekonstruktion oder Neubeginn?, Wien/München 2006, S. 27 – 54.

Müller, Wolfgang C., SPÖ und große Koalition. Zur innerparteilichen Begründung und Diskussion der Regierungsbeteiligung (1945 – 1966), in: Pelinka, Peter / Steger, Gerhard (Hg.), Auf dem Weg zur Staatspartei. Zu Geschichte und Politik der SPÖ seit 1945, Wien 1988, S. 23 – 46.

Müller, Wolfgang C., Bruno Pittermann, in: Dachs, Herbert / Gerlich, Peter / Müller, Wolfgang C. (Hg.), Die Politiker. Karrieren und Wirken bedeutender Repräsentanten der Zweiten Republik, Wien 1995, S. 446 – 452.

Müller, Wolfgang C., Bruno Kreisky, in: Dachs, Herbert / Gerlich, Peter / Müller, Wolfgang C. (Hg.), Die Politiker. Karrieren und Wirken bedeutender Repräsentanten der Zweiten Republik, Wien 1995, S. 353 – 363.

Müller, Wolfgang C., Die Organisation der SPÖ, 1945 – 1995, in: Maderthaner, Wolfgang / Müller, Wolfgang C. (Hg.), Die Organisation der österreichischen Sozialdemokratie, Wien 1996, S. 195 – 356.

Müller, Wolfgang C., Das Regierungssystem 1966 – 1970, in: Schausberger, Franz (Hg.),

Die Transformation der österreichischen Gesellschaft und die Alleinregierung von Bundeskanzler Dr. Josef Klaus, Salzburg 1995, S. 119 – 139.

Muzik, Peter, Die Zeitungsmacher. Österreichs Presse. Macht, Meinungen und Milliarden, Wien 1984.

Neider, Michael (Hg.), Festschrift für Christian Broda zum 60. Geburtstag, Wien 1976.

Neider, Michael (Hg.), Christian Broda – Zum 70. Geburtstag, Wien 1986.

Neider, Michael, Friedrich Austerlitz, der Schöpfer des Presserechtes der Ersten Republik, in: Weinzierl, Erika / Rathkolb, Oliver / Ardelt, Rudolf G. / Mattl, Siegfried (Hg.), Justiz und Zeitgeschichte. Symposionsbeiträge 1976 – 1993, Bd. 2, Wien 1995, S. 559 – 564.

Nenning, Günther, Anschluss an die Zukunft. Österreichs unbewältigte Gegenwart und Vergangenheit, Wien 1963.

Nenning, Günther (Hg.), Richter und Journalisten. Über das Verhältnis von Recht und Presse, Wien/Frankfurt/Zürich 1965.

Nenning, Günther, Abschied von einem Freund. Brief an Christian Broda, in: Forum 144 (Dezember 1965) S. 573 – 574.

Neugebauer, Wolfgang, Bauvolk der kommenden Welt. Geschichte der sozialistischen Jugendbewegung in Österreich, Wien 1975.

Neugebauer, Wolfgang, Modelle für die Zukunft. Die österreichische Sozialdemokratie im Spiegel ihrer Programme 1889 – 1978, Wien 1985.

Neugebauer, Wolfgang / Ganglmair, Siegwald, Remigration, in: Dokumentationsarchiv des österreichischen Widerstandes (Hg.), Jahrbuch 2003, Wien 2003, S. 96 – 102.

Neugebauer, Wolfgang / Schwarz, Peter, Der Wille zum aufrechten Gang. Offenlegung der Rolle des BSA bei der gesellschaftlichen Reintegration ehemaliger Nationalsozialisten, Wien 2005.

Neugebauer, Wolfgang, Zur wissenschaftlichen Erforschung der NS-Justiz in Österreich, in: Form, Wolfgang / Neugebauer, Wolfgang / Schiller, Theo (Hg.), NS-Justiz und politische Verfolgung in Österreich, München 2006, S. 5 – 12.

Neugebauer, Wolfgang, Der österreichische Widerstand 1938 – 1945, Wien 2008.

Nevlacsil, Anton, Die Alleinregierung der ÖVP und die neue Rolle der Opposition, in: Sieder, Reinhard / Steinert, Heinz / Tálos, Emmerich (Hg.), Österreich 1945 – 1995. Gesellschaft – Politik – Kultur, Wien 1995, S. 152 – 166.

Nevlacsil, Anton, Die SPÖ in der XI. Gesetzgebungsperiode, Univ.-Diss., Wien 1986.

Niederkofler, Heidi, Die Krux mit der Gleichheit, in: Österreichische Zeitschrift für Geschichtswissenschaft 3 (2009) S. 108 – 133.

Niethammer, Lutz, Kommentar zu Pierre Bourdieu: Die biographische Illusion, in: BIOS 1 (1990) S. 91 – 93.

Nowakowski, Friedrich, Die Todesstrafe in Österreich, in: Die Zukunft 2 (1960) S. 37 – 41.

Nowakowski, Friedrich, Die Todesstrafe in Österreich (Schluss), in: Die Zukunft 3 (1960) S. 73 – 77.

Nowakowski, Friedrich, Die Todesstrafe in Österreich, in: Koestler, Arthur / Camus, Albert / Müller-Meiningen, Ernst / Nowakowski, Friedrich, Die Rache ist mein, Stuttgart 1961, S. 325 – 352.

Nowakowski, Friedrich, Zur Fragestunde des Nationalrates, in: Die Zukunft 12 (1967) S. 12 – 16.

Nowakowski, Friedrich, Fragerecht und Interpellationsrecht, in: Die Zukunft 23/24 (1967) S. 34 – 36.

Nowakowski, Friedrich, Das neue Strafgesetz, in: Die Zukunft 21 (1968) S. 22–28.

Nowakowski, Friedrich, Die deutsche Strafrechtsreform (I), in: Die Zukunft 18 (1969) S. 9–13.

Nowakowski, Friedrich, Die deutsche Strafrechtsreform (II), in: Die Zukunft 19 (1969) S. 17–21.

Nowakowski, Friedrich, Probleme der österreichischen Strafrechtsreform, Opladen 1972.

Oberkofler, Gerhard / Rabofsky, Eduard, Pflichterfüllung für oder gegen Österreich. Historische Betrachtungen zum März 1938, Wien 1988.

Oberkofler, Gerhard / Goller, Peter, Geschichte der Universität Innsbruck (1669–1945), Frankfurt am Main/Berlin/New York/Paria, Wien 1996.

Oberkofler, Gerhard, Eduard Rabofsky. Jurist der Arbeiterklasse. Eine politische Biographie, Innsbruck/Wien 1997.

Oberkofler, Gerhard, Universitätszeremoniell. Ein Biotop des Zeitgeists, Wien 1999.

Oberkofler, Gerhard, Das Regierungsprojekt einer Dokumentation über den Beitrag Österreichs zu seiner Befreiung, in: Mitteilungen der Alfred Klahr Gesellschaft 3 (2003) S. 7–17.

Oberkofler, Gerhard, Eine internationalistische Solidaritätserklärung von Christian Broda für die Kurden (1984), in: Mitteilungen der Alfred Klahr Gesellschaft 4 (2008) S. 13–17.

Oberkofler, Gerhard, Asylrecht als Menschenrecht. Eine Forderung des sozialistischen Juristen Christian Broda, in: Mitteilungen der Alfred Klahr Gesellschaft 2 (2010) S. 11–21.

Oels, David / Promobka, Stephan, Netzlebenslinien. Probleme der Biographie im digitalen Zeitalter, in: Klein, Christian (Hg.), Grundlagen der Biographik. Theorie und Praxis des biographischen Schreibens, Stuttgart/Weimar 2002, S. 129–142.

Olah, Franz, Die Erinnerungen, Wien/München/Berlin 1995.

Olscher, Werner, In der Ehe gleichberechtigt. Das neue Familienrecht, Wien 1975.

Öllinger, Theo, Der Rückgriff auf die Bundesverfassung 1929, in: Weinzierl, Erika / Rathkolb, Oliver / Ardelt, Rudolf G. / Mattl, Siegfried (Hg.), Justiz und Zeitgeschichte. Symposionsbeiträge 1976–1993, Bd. 2, Wien 1995, S. 746–759.

Österreichische Gesellschaft für Politik (Hg.), Symbiose von Politik und Wissenschaft. Aktion 20, Wien 1967.

Pallin, Franz, Zum 70. Geburtstag von Christian Broda, in: Neider, Michael (Hg.), Christian Broda – Zum 70. Geburtstag, Wien 1986, S. 112–115.

Palme, Liselotte, Androsch. Ein Leben zwischen Geld und Macht, Wien 1999.

Parlamentsklub der Österreichischen Volkspartei (Hg.), ÖVP: Die klare Alternative. Strafrecht – Vom Slogan zur Reform, Wien 1971.

Pelinka, Anton, Zur Reform der Geschworenengerichte, in: Die Zukunft 3/4 (1967) S. 39–40.

Pelinka, Anton, Die große und die kleine Demokratiereform, in: Arbeit und Wirtschaft 4 (1970) S. 24–27.

Pelinka, Anton, Brodas permanente Reformation, in: Neues Forum 204 (Dezember 1970) S. 1091–1092.

Pelinka, Anton / Welan, Manfried, Demokratie und Verfassung in Österreich, Wien/ Frankfurt/Zürich 1971.

Pelinka, Anton, »Wanzenjournalismus« und »Zerfall der Geschlossenheit«. Der AKH-Skandal, in: Gehler, Michael / Sickinger, Hubert (Hg.), Politische Affären und Skandale in Österreich. Von Mayerling bis Waldheim, 2. erw. Ausg., Thaur/Wien/München 1996, S. 532–545.

Pelinka, Anton / Sickinger, Hubert / Stögner, Karin, Kreisky – Haider. Bruchlinien österreichischer Identitäten, Wien 2008.

Pelinka, Peter, Erbe und Neubeginn. Die Revolutionären Sozialisten in Österreich 1934– 1938 (Materialien zur Arbeiterbewegung 20), Wien 1981.

Pelinka, Peter, Gespräch mit einem Großen. Zum 70. Geburtstag von Christian Broda, in: Die Zukunft 4 (1986) S. 10–11.

Pelinka, Peter / Scheuch, Manfred, 100 Jahre AZ, Wien 1989.

Pesendorfer, Harald, Bruno Kreisky – Transformation der SPÖ? Bruno Kreisky wird Parteiobmann, Dipl.-Arb., Wien 1996.

Petritsch, Wolfgang, Bruno Kreisky. Ein politisches Leben, in: Perger, Werner / Petritsch, Wolfgang, Bruno Kreisky gegen die Zeit, Heidelberg 1995, S. 86–150.

Petritsch, Wolfgang, Bruno Kreisky. Ein biografischer Essay, Wien 2000.

Petritsch, Wolfgang, Bruno Kreisky. Die Biografie, St. Pölten/Salzburg 2010.

Petznek, Friedrich, Ein bedeutender Brucker – Dr. Otto Tschadek, Bruck a. d. Leitha 2004.

Piperger, Alois, Zu meiner Zeit. Ein Leben im Spiegel unseres Jahrhunderts, Wien/Köln/ Graz 1988.

Piperger, Alois, Bruno Pittermann und das Parteiprogramm von 1958, in: Fischer Heinz (Hg.), Bruno Pittermann. Ein Leben für die Sozialdemokratie, Wien/München/Zürich 1985, S. 145–153.

Pick, Hella, Simon Wiesenthal. Eine Biographie, Reinbek bei Hamburg 1997.

Pilgram, Arno, Kriminalsoziologie als Produkt der österreichischen Strafrechtsreform, in: Kriminalsoziologische Bibliographie 36/37 (1982) S. 39–51.

Pilgram, Arno, Der österreichische Strafvollzug in der Medienberichterstattung, in: Weinzierl, Erika / Rathkolb, Oliver / Ardelt, Rudolf G. / Mattl, Siegfried (Hg.), Justiz und Zeitgeschichte, Bd. 1, Wien 1995, S. 757–774.

Pilgram, Arno, Die Zweite Republik in der Kriminalpolitik, in: Sieder, Reinhard / Steinert, Heinz / Tálos, Emmerich (Hg.), Österreich 1945–1995. Gesellschaft – Politik – Kultur, Wien 1995, S. 485–496.

Pilgram, Arno, Die Entwicklung der Gefangenenraten in Österreich (1980–2004) und ihre Hintergründe, http://www.irks.at/downloads/LandesberichtAustria(deutsch).pdf (1. 11.2009).

Pisa, Karl, Karl Schleinzer, in: Dachs, Herbert / Gerlich, Peter / Müller, Wolfgang C. (Hg.), Die Politiker. Karrieren und Wirken bedeutender Repräsentanten der Zweiten Republik, Wien 1995, S. 513–519.

Pleschberger, Werner, Zehn Jahre Politik in Österreich: Reformpolitik?, in: Österreichische Zeitschrift für Politikwissenschaft 1 (1981) S. 3–17.

Pohoryles, Ronald, Determinanten und Resultate der österreichischen Strafrechtsreform in den siebziger Jahren, in: Österreichische Zeitschrift für Politikwissenschaft 1 (1981) S. 39–50.

Pollak, Oscar, Presse und Recht. Ein Vorschlag zur Bildung eines österreichischen Presserates, in: Forum 12 (Dezember 1954) S. 8–10.

Pollak, Walter, Sozialismus in Österreich. Von der Donaumonarchie bis zur Ära Kreisky, Wien/Düsseldorf 1979.

Porta, Hans T., Fall Olah. Ein Symptom, Wien/Melk 1965.

Portisch, Hugo, Über das »Rundfunk-Volksbegehren«, in: medien & zeit. Kommunikation in Geschichte und Gegenwart 3 (1999) S. 48–56.

Posch, Herbert / Ingrisch, Doris / Dressel, Gert, »Anschluss« und Ausschluss 1938. Vertriebene und verbliebene Studierende der Universität Wien, Wien 2008.

Preining, Othmar, Engelbert Broda, in: Stadler, Friedrich (Hg.), Vertriebene Vernunft II. Emigration und Exil österreichischer Wissenschaft. Internationales Symposion 19. bis 23. Oktober 1987 in Wien, Wien/München 1988, S. 706–708.

Rabofsky, Eduard, Die Blutjustiz des Dritten Reiches, in: Weg und Ziel 12 (1962) S. 818–828.

Rabofsky, Eduard, Zu einer Methode der Geschichtsschreibung, in: Weg und Ziel 4 (1971) S. 171–173.

Rabofsky, Eduard, Über das Wesen der »Gruppe Soldatenrat«. Erinnerungen und Einschätzungen, in: Konrad, Helmut / Neugebauer, Wolfgang (Hg.), Arbeiterbewegung – Faschismus – Nationalbewusstsein. Festschrift zum zwanzigjährigen Bestand des Dokumentationsarchivs des Österreichischen Widerstandes und zum 60. Geburtstag von Herbert Steiner, Wien/München/Zürich 1983, S. 213–224.

Rabofsky, Eduard, Die Gruppe Soldatenrat. Aus einer Arbeit von Eduard Rabofsky, in: Weg und Ziel 7/8 (1983) S. 295–297.

o.A. (Rabofsky, Eduard), Im Gedenken an Christian Broda, in: Mitteilungen der Österreichischen Vereinigung Demokratischer Juristen (ÖVDJ), März 1987, S. 7.

Rabofsky, Eduard, Mit verkehrten Vorzeichen, Die parteifeindliche Fraktion »Ziel und Weg«, in: Weg und Ziel 7/8 (1988) S. 298–301.

Rabofsky, Eduard, Hitlers Überfall auf die Sowjetunion und der österreichische Widerstand, in: Österreichisch-Sowjetische Gesellschaft (Hg.), 70 Jahre Friedenspolitik und die österreichisch-sowjetischen Beziehungen, Wien 1989, S. 75–77.

Rabofsky, Eduard, Friedrich Nowakowski. Ein Beitrag zur österreichischen Rechtsgeschichte, in: Mitteilungen der Österreichischen Vereinigung Demokratischer Juristen (ÖVJD), Juni 1989, S. 1–3.

Radel, Peter, Worum geht es bei der Familienrechtsreform?, Wien 1975.

Rásky, Béla, Christian Broda, in: Dachs, Herbert / Gerlich, Peter / Müller, Wolfgang C. (Hg.), Die Politiker. Karrieren und Wirken bedeutender Repräsentanten der Zweiten Republik, Wien 1995, S. 87–93.

Rathkolb, Oliver (Hg.), Gesellschaft und Politik am Beginn der Zweiten Republik. Vertrauliche Berichte der US-Militäradministration aus Österreich 1945 in englischer Originalfassung, Wien/Köln/Graz 1985.

Rathkolb, Oliver, NS-Problem und politische Restauration. Vorgeschichte und Etablierung des VdU, in: Meissl, Sebastian / Mulley, Klaus-Dieter / Rathkolb, Oliver (Hg.), Verdrängte Schuld, verfehlte Sühne. Entnazifizierung in Österreich 1945–1955, Wien 1986, S. 73–99.

Rathkolb, Oliver, »Transformation« der Strafprozessordnung und das nationalsozialistische Regime in Österreich, in: Weinzierl, Erika / Rathkolb, Oliver / Ardelt, Rudolf G. / Mattl, Siegfried (Hg.), Justiz und Zeitgeschichte. Symposionsbeiträge 1976–1993, Bd. 2, Wien 1995, S. 425–439.

Rathkolb, Oliver, »Verfassungs«-Projekte der Alliierten, der Exilanten und der Gründungsväter der Zweiten Republik 1944/45, in: Weinzierl, Erika / Rathkolb, Oliver /

Ardelt, Rudolf G. / Mattl, Siegfried (Hg.), Justiz und Zeitgeschichte. Symposionsbeiträge 1976–1993, Bd. 2, Wien 1995, S. 877–888.

Rathkolb, Oliver, Bruno Kreisky. »Seiner Zeit voraus«, in: Dankelmann, Otfried (Hg.), Lebensbilder europäischer Sozialdemokraten des 20. Jahrhunderts, Wien 1995, S. 249–271.

Rathkolb, Oliver, Transformation der SPÖ, 1966–1970, in: Schausberger, Franz (Hg.), Die Transformation der österreichischen Gesellschaft und die Alleinregierung von Bundeskanzler Dr. Josef Klaus, Salzburg 1995, S. 199–211.

Rathkolb, Oliver, Washington ruft Wien. US-Großmachtpolitik und Österreich 1953–1963. Mit Exkursen zu CIA-Waffenlagern, NATO-Connection, Neutralitätsdebatte, Wien/Köln/Weimar 1997.

Rathkolb, Oliver, Die Kreisky-Ära 1970–1983, in: Steininger, Rolf / Gehler, Michael (Hg.), Österreich im 20. Jahrhundert, Band 2, Vom Zweiten Weltkrieg bis zur Gegenwart, Wien/Köln/Weimar 1997, S. 305–355.

Rathkolb, Oliver / Kunz, Johannes / Schmidt, Margit (Hg.), Bruno Kreisky. Memoiren in drei Bänden, überarbeitete Neuausgabe, Wien/München/Zürich 2000.

Rathkolb, Oliver / Kunz, Johannes / Schmidt, Margit (Hg.), Bruno Kreisky. Zwischen den Zeiten. Der Memoiren erster Teil, Wien/München/Zürich 2000.

Rathkolb, Oliver / Kunz, Johannes / Schmidt, Margit (Hg.), Bruno Kreisky. Im Strom der Politik. Der Memoiren zweiter Teil, Wien/München/Zürich 2000.

Rathkolb, Oliver / Kunz, Johannes / Schmidt, Margit (Hg.), Bruno Kreisky. Der Mensch im Mittelpunkt. Der Memoiren dritter Teil, Wien/München/Zürich 2000.

Rathkolb, Oliver, Die paradoxe Republik. Österreich 1945 bis 2005, Wien 2005.

Rathkolb, Oliver, Ludwig Jedlicka: Vier Leben und ein typischer Österreicher. Biographische Skizze zu einem der Mitbegründer der Zeitgeschichtsforschung, in: Zeitgeschichte 6 (2005) S. 351–370.

Rauchensteiner, Manfried, Die Zwei. Die Große Koalition in Österreich 1945–1966, Wien 1987.

Rauchensteiner, Manfried, »Die Zwei«. Die Große Koalition 1945–1966 mit einem Ausblick, in: Steininger, Rolf / Gehler, Michael (Hg.), Österreich im 20. Jahrhundert. Vom Zweiten Weltkrieg bis zur Gegenwart, Bd. 2, Wien/Köln/Weimar 1997, S. 259–305.

Rauchensteiner, Manfried / Etschmann, Wolfgang (Hg.), Österreich 1945. Ein Ende und viele Anfänge, Graz/Wien/Köln 1997.

Rauchensteiner, Manfried, Stalinplatz 4. Österreich unter der alliierten Besatzung, Wien 2005.

Raulff, Ulrich, Das Leben – buchstäblich. Über neuere Biographik und Geschichtswissenschaft, in: Klein, Christian (Hg.), Grundlagen der Biographik. Theorie und Praxis des biographischen Schreibens, Stuttgart/Weimar 2002, S. 55–68.

Rauter, Ulrike, Karl Schleinzer. Landwirtschafts- und Verteidigungsminister (1961–1970). Eine biographische Annäherung, Dipl.-Arb., Wien 2001.

Rehak, Günter, Antifaschismus, Olah-Krise, Koalitionsende – Die sechziger Jahre, in: Weber, Fritz u. a., SPÖ – was sonst?, Wien 1983, S. 42–59.

Reichhold, Ludwig, 25 Jahre Arbeit für Österreich. Der Weg der österreichischen Volkspartei 1945–1970, Wien 1970.

Reimann, Viktor, Bruno Kreisky. Das Portrait eines Staatsmannes, Wien/München/Zürich 1972.

Repnik, Ulrike, Die Geschichte der Lesben- und Schwulenbewegung in Österreich, Wien 2006.

Requate, Jörg (Hg.), Recht und Justiz im gesellschaftlichen Aufbruch (1960–1975). Bundesrepublik Deutschland, Italien und Frankreich im Vergleich, Baden-Baden 2003.

Renner Institut / C.E.D.R.I. / Amnesty International (Hg.), Asylrecht ist Menschenrecht. Internationales Symposium in memoriam Christian Broda, Wien/Basel 1987.

Reulecke, Anne-Kathrin, »Die Nase der Lady Hester«. Überlegungen zum Verhältnis von Biographie und Geschlechterdifferenz, in: Röckelein, Hedwig (Hg.), Biographie als Geschichte, Tübingen 1993, S. 117–142.

Rieder, Sepp, Für ein modernes Medienrecht, in: Österreichische Zeitschrift für Politikwissenschaft 3 (1973) S. 243–252.

Rieder, Sepp, Das österreichische Mediengesetz, in: Broda, Christian / Deutsch, Erwin / Schreiber, Hans-Ludwig / Vogel, Hans-Jochen (Hg.), Festschrift für Rudolf Wassermann zum sechzigsten Geburtstag, Darmstadt 1985, S. 497–510.

Rieder, Sepp, Strafrecht und Gesellschaft (Politische Bildung 57/58), Wien 1988.

Ringhofer, Kurt, Grenzen der verwaltungsrechtlichen Kontrolle, in: Österreichisches Verwaltungsarchiv 4/5 (1964) S. 105–114 und 5 (1964) S. 155–163.

Ritschel, Karl Heinz (Hg.), Demokratiereform. Die Existenzfrage Österreichs, Wien/Hamburg 1969.

Rittler, Theodor / Nowakowski, Friedrich, Dr. Dr. h.c. Ferdinand Kadecka, Gesammelte Aufsätze, Innsbruck 1959.

Rockenschaub, Alfred, Es gibt kein ungeborenes Leben. Der »Vater der Fristenlösung« erzählt über die »Zufälligkeiten«, die die österreichische Gesetzesregelung Wirklichkeit werden ließ, in: Enigl, Marianne / Perthold, Sabine (Hg.), Der weibliche Körper als Schlachtfeld. Neue Beiträge zur Abtreibungsdiskussion, Wien 1993, S. 128–143.

Röckelein, Hedwig, Der Beitrag der psychohistorischen Methode zur »neuen historischen Biographie«, in: Dies. (Hg.), Biographie als Geschichte, Tübingen 1993, S. 17–38.

Röhrlich, Elisabeth, Kreiskys Außenpolitik. Zwischen österreichischer Identität und internationalem Programm (Zeitgeschichte im Kontext 2), Göttingen 2009.

Röwekamp, Marion, Juristinnen – Lexikon zu Leben und Werk, Baden-Baden 2005.

Rosenzweig, Wilhelm, Der politische Weg Christian Brodas, in: Neider, Michael (Hg.), Christian Broda – Zum 70. Geburtstag, Wien 1986, S. 123–131.

Rudzio, Wolfgang, Entscheidungszentrum Koalitionsausschuß – zur Realverfassung Österreichs unter der Großen Koalition, in: Politische Vierteljahresschrift 1 (1971) S. 87–118.

Sadoghi, Alice, Thesen zur Geschworenengerichtsbarkeit – historische Aufarbeitung und Perspektiven, Linz 2007.

Schachinger, Marlen, Hertha Firnberg. Eine Biographie, Wien 2009.

Schachter, Herbert, Steuersache Doktor Hannes Androsch, in: Kriechbaumer, Robert, Die Ära Kreisky. Österreich 1970–1983, Wien/Köln/Weimar 2006, S. 493–542.

Schärf, Adolf, Österreichs Erneuerung 1945–1955. Das erste Jahrzehnt der Zweiten Republik, Wien 1955.

Schärf, Adolf, Erinnerungen aus meinem Leben, Wien 1963.

Schefbeck, Günther, Anton Benya, in: Dachs, Herbert / Gerlich, Peter / Müller, Wolfgang C. (Hg.), Die Politiker. Karrieren und Wirken bedeutender Repräsentanten der Zweiten Republik, Wien 1995, S. 48–57.

Scheu, Friedrich, Wie reformiert man die Demokratie?, in: Die Zukunft 13/14 (1969) S. 40 – 42.

Scheuba-Tempfer, Mena Maria, Ella Lingens (Eine Biographie), Dipl.-Arb., Wien 2005.

Scheuch, Manfred, Der Weg zum 1. März 1970, Wien 1970.

Scheuer, Georg, Die Moskauer Prozesse und ihr Echo in Wiener Linksgruppen 1936 – 38, in: Archiv. Jahrbuch des Vereins für die Geschichte der Arbeiterbewegung 1986, S. 172 – 182.

Scheuer, Georg, Nur Narren fürchten nichts. Szenen aus dem dreißigjährigen Krieg 1915 – 1945, Wien 1991.

Scheuer, Georg, Christian Brodas »unbekannte« Dissertation. Eine marxistische Analyse deutscher Zustände vor 1914, in: Archiv. Jahrbuch des Vereins für Geschichte der Arbeiterbewegung, 1993, S. 177 – 188.

Scheuer, Helmut, Biographie. Studien zur Funktion und zum Wandel einer literarischen Gattung vom 18. Jahrhundert bis zur Gegenwart, Stuttgart 1979.

Scheuer, Helmut, »Nimm doch Gestalt an« – Probleme einer modernen Schriftsteller/innen-Biographik, in: Von der Lühe, Irmela / Runge, Anita (Hg.), Biographisches Erzählen (Querelles. Jahrbuch für Frauenforschung 6), Stuttgart/Weimar 2001, S. 19 – 30.

Schilder, Elisabeth, Bemerkungen zur Reform des Familienrechts, in: Die Zukunft 4 (1950) S. 93 – 96.

Schilder, Elisabeth, Ein neues deutsches Familienrecht, in: Die Zukunft 12 (1957) S. 331 – 335.

Schilder, Elisabeth, Die rechtliche Stellung des unehelichen Kindes, in: Die Zukunft 9/10 (1958) S. 277 – 279.

Schilder, Elisabeth, Ein neues Adoptionsrecht in Sicht, in: Die Zukunft 12 (1958) S. 3 – 6.

Schilder, Elisabeth, Rechtspolitik und Gesetzgebung, in: Die Zukunft 4 (1966) S. 17 – 20.

Schilder, Elisabeth, Willkommen für Christian Broda, in: Forum 6/7 (1966) S. 355 – 357.

Schilder, Elisabeth, Strafvollzugsreform ohne Strafgesetzreform?, in: Die Zukunft 17 (1968) S. 8 – 11.

Schilder, Elisabeth, Ein großer Fortschritt, in: Die Zukunft 22 (1970) S. 7 – 8.

Schilder, Elisabeth, Große Strafrechtsreform – kleine Familienrechtsreform, in: Die Zukunft 4 (1975) S. 1 – 3

Schilder, Elisabeth, Freiheitsentzug ist inhuman. Zum Diskussionsbeitrag von Ernst Federn »Gesellschaft ohne Gefängnisse« (Dezember 1977), in: Die Zukunft 4 (1978) S. 50.

Schmid, Gerhard, Österreich im Aufbruch. Die österreichische Sozialdemokratie in der Ära Kreisky (1970 – 1983), Innsbruck/Wien 1999.

Schneider, Heinrich, Das neue Parteiprogramm der SPÖ – eine kritische Analyse, in: Khol, Andreas / Stirnemann, Alfred (Hg.), Österreichisches Jahrbuch für Politik 1978, Wien/München 1979, S. 103 – 130.

Schuppich, Walter, Christian Broda, in: Neider, Michael (Hg.), Christian Broda – Zum 70. Geburtstag, Wien 1986, S. 132 – 135.

Schuster, Walter / Weber, Wolfgang (Hg.), Entnazifizierung im regionalen Vergleich: der Versuch einer Bilanz, Linz 2004.

Schwarz, Ursula, Zur Frage der personellen Kontinuität im Richtertum. Entlassungen und Weiterverwendungen von Richtern 1938 und 1945, in: Helige, Barbara / Olechowski, Thomas (Hg.), 100 Jahre Richtervereinigung, Wien 2007, S. 139.

Schwendtner, Rolf, Das Jahr 1968. War es eine kulturelle Zäsur?, in: Sieder, Reinhard / Steinert, Heinz / Tálos, Emmerich (Hg.), Österreich 1945 – 1995. Gesellschaft – Politik – Kultur, Wien 1995, S. 166 – 176.

Schwind, Fritz, Begegnung mit Christian Broda, in: Neider Michael (Hg.), Christian Broda – Zum 70. Geburtstag, Wien 1986, S. 136 – 140.

Schödl, Ingeborg, Im Fadenkreuz der Macht. Das außergewöhnliche Leben der Margarethe Ottillinger, Wien 2004.

Secher, Pierre, Bruno Kreisky. Chancellor of Austria. A Political Biography, Pittsburg 1993.

Seco, E., Der Fall Androsch, Wien 1981.

Segev, Tom, Simon Wiesenthal. Die Biographie, München 2010.

Serini, Eugen, Die parlamentarische Enquete zur Vorbereitung einer Strafrechtsreform, in: Österreichische Juristenzeitung 13/14 (1954) S. 341 – 345.

Serini, Eugen, Entwicklung des Strafrechtes, in: Weinzierl, Erika / Sklanik, Kurt (Hg.), Österreich. Die Zweite Republik, Graz/Wien/Köln 1972, S. 109 – 134.

Sieder, Reinhard (Hg.), Brüchiges Leben. Biographien in sozialen Systemen, Wien 1999.

Sieder, Reinhard, Gesellschaft und Person. Geschichte und Biographie. Nachschrift., in: Ders. (Hg.), Brüchiges Leben. Biographien in sozialen Systemen, Wien 1999, S. 234 – 264.

Sieder, Reinhard, Die Rückkehr des Subjets in den Kulturwissenschaften, in: Ders., Die Rückkehr des Subjekts in den Kulturwissenschaften, Wien 2004, S. 15 – 59.

Sieder, Reinhard, Nach dem Ende der biographischen Illusion: Leben im Konditional, in: Petschar, Hans / Rigele, Georg (Hg.), Geschichte. Schreiben, Wien 2004, S. 21 – 47.

Simon, Josef T., Augenzeuge, Wien 1979.

Simon, Maria, Von der Fürsorge zur Sozialarbeit, Vortrag im Rahmen des Workshops »Vom Umgang mit fachlichen Traditionen in der Sozialarbeit – oder: Wie packe ich einen Rucksack?« am 16.2.2006 in Wien, online: http://www.sozialearbeit.at/veran staltung.php?documentation=true&detail=4&event=true&getDoc=b382dd96... (26.6.2008).

Slapnicka, Harry, Oberösterreich – zweigeteiltes Land: 1945 – 1955, Linz 1986.

Sozialistische Partei Österreichs / Klub der Sozialistischen Abgeordneten und Bundesräte / Sozialistische Fraktion des Österreichischen Gewerkschaftsbundes / Bund Sozialistischer Akademiker, Intellektueller und Künstler (Hg.), Festschrift für Karl Waldbrunner zum 65. Geburtstag, Wien 1971.

Sozialwissenschaftliche Arbeitsgemeinschaft, Gesellschaft und Strafrecht, Wien 1968.

SPÖ Wien (Hg.), Tage im April. Festschrift aus Anlass des 50. Jahrestages der Neugründung der SPÖ am 21. April 1945, Wien 1995.

Speiser, Wolfgang, Die sozialistischen Studenten Wiens 1927 – 1938, Wien 1986.

Spira, Leopold, KPÖ und SPÖ 1945 – 1982, in: Weber, Fritz u.a., SPÖ – Was sonst? Die Linke in der SPÖ – Geschichte und Bilanz, Wien 1983, S. 131 – 148.

Stadler, Karl R., Christian Broda, nach 55 Jahren, in: Neider, Michael (Hg.), Christian Broda – Zum 70. Geburtstag, Wien 1986, S. 141 – 144.

Stadler, Karl, Adolf Schärf. Mensch, Politiker, Staatsmann, Wien/München/Zürich 1982.

Stadler, Wolfgang, »Juristisch bin ich nicht zu fassen.« Die Verfahren des Volksgerichtes Wien gegen Richter und Staatsanwälte 1945 – 1955, Wien/Berlin 2007.

Stangl, Wolfgang, Die Entstehung des Antikorruptionsgesetzes – Ein Stück österreichischer Koalitionsfolklore, in: Kriminalsoziologische Bibliographie 34 (1982) S. 49 – 62.

Stangl, Wolfgang, Die neue Gerechtigkeit. Strafrechtsreform in Österreich 1954 – 1975, Wien 1985.

Stangl, Wolfgang, Bürgerlich-liberale Spuren in der österreichischen Kriminalpolitik in: Hauer, Nadine (Hg.), Strafe, Strafrecht und Politik, Wien 1996, S. 9 – 20.

Staudinger, Anton / Müller, Wolfgang C. / Steininger, Barbara, Die Christlichsoziale Partei, in: Tálos, Emmerich / Dachs, Herbert / Hanisch, Ernst / Staudinger, Anton (Hg.), Handbuch des politischen Systems Österreichs. Erste Republik 1918 – 1933, Wien 1995, S. 160 – 176.

Staupe, Gisela / Vieth, Lisa, Unter anderen Umständen. Zur Geschichte der Abtreibung, Dresden/Berlin 1993.

Steiner, Herbert, První rakouský vyslanec v Praze Ferdinand Marek: jeho osudy v letech 1938 – 1947 / Der erste österreichische Gesandte in Prag Ferdinand Marek: sein Schicksal in den Jahren 1938 – 1947, Praha/Prag 1995.

Steininger, Barbara, Hertha Firnberg, in: Dachs, Herbert / Gerlich, Peter / Müller, Wolfgang C. (Hg.), Die Politiker. Karrieren und Wirken bedeutender Repräsentanten der Zweiten Republik, Wien 1995, S. 134 – 140.

Steinmaurer, Thomas, Österreichs Mediensystem – Ein Überblick, in: Steinmaurer, Thomas (Hg.), Konzentriert und verflochten. Österreichs Mediensystem im Überblick (Beiträge zur Medien- und Kommunikationsgesellschaft 10), Innsbruck/Wien/München/Bozen 2002.

Stiefel, Dieter, Entnazifizierung in Österreich, Wien/München/Zürich 1981.

Stifter, Gerald, Die ÖVP in der Ära Kreisky 1970 – 1983, Innsbruck/Wien/Bozen/München 2006.

Stiftung Bruno Kreisky Archiv / Historisches Museum der Stadt Wien (Hg.), Bruno Kreisky. Seine Zeit und mehr. 1911-1970-1983-1990. Wissenschaftliche Begleitpublikation zur 240. Sonderausstellung des Historischen Museums der Stadt Wien 18.9.–15. 11.1998, Wien 1998.

Stimeder, Klaus / Weissenberger, Eva, Trotzdem. Die Oscar Bronner Story, Wien 2008.

Stimmer, Kurt (Hg.), Die Arbeiter von Wien. Ein sozialdemokratischer Stadtführer, Wien 1988.

Strasser, Isa, Land ohne Schlaf, Wien/Frankfurt/Zürich 1970.

Strasser, Maria, Zerstörte Hoffnung – Der Anfang vom Ende. Ungarn 1956, Eigenverlag, Wien 1991.

Strasser, Peter, Sozialistische Initiative. Reden und Aufsätze, Wien 1963.

Streibel, Robert / Mulley, Klaus-Dieter / Ludwig, Michael (Hg.), Der Oktoberstreik 1950. Ein Wendepunkt der Zweiten Republik, Wien 1991.

Svoboda, Wilhelm, Franz Olah. Eine Spurensicherung, Wien 1990.

Svoboda, Wilhelm, Die Partei, die Republik und der Mann mit den vielen Gesichtern. Oskar Helmer und Österreich II. Eine Korrektur, Wien 1993.

Szecsi, Maria / Stadler, Karl, Die NS-Justiz in Österreich und ihre Opfer (Das einsame Gewissen. Beiträge zur Geschichte Österreichs 1938 bis 1945 1), Wien/München 1962.

Tálos, Emmerich (Hg.), Sozialpartnerschaft. Kontinuität und Wandel eines Modells, Wien 1993.

Tálos, Emmerich / Kittel, Bernhard, Sozialpartnerschaft. Zur Konstituierung einer Grundsäule der Zweiten Republik, in: Sieder, Reinhard / Steinert, Heinz / Tálos, Emmerich (Hg.), Österreich 1945–1995. Gesellschaft – Politik – Kultur, Wien 1995, S. 107–122.

Tálos, Emmerich, Sozialpartnerschaft. Ein zentraler politischer Gestaltungsfaktor in der Zweiten Republik, Innsbruck/Wien 2008.

Tálos, Emmerich, Austrofaschistische Diktatur 1933–1938, in: Achenbach, Michael / Moser, Karin (Hg.), Österreich in Bild und Ton. Die Filmwochenschau des austrofaschistischen Ständestaates, Wien 2002, S. 11–27.

Tálos, Emmerich / Neugebauer, Wolfgang (Hg.), Austrofaschismus. Politik – Ökonomie – Kultur 1933–1938, 5., völlig überarb. und erg. Aufl., Wien 2005.

Tálos, Emmerich / Fink, Marcel, Arbeitslosigkeit: eine Geißel, die nicht verschwindet, in: Karner, Stefan / Mikoletzky, Lorenz (Hg.), Österreich. 90 Jahre Republik. Beitragsband der Ausstellung im Parlament, Innsbruck/Wien/Bozen 2008, S. 229–240.

Tichy, Gunther, Austrokeynesianismus. Ein Konzept erfolgreicher Wirtschaftspolitik?, in: Sieder, Reinhard / Steinert, Heinz / Tálos, Emmerich (Hg.), Österreich 1945–1995. Gesellschaft – Politik – Kultur, Wien 1995, S. 213–223.

Tidl, Marie, Die Roten Studenten. Dokumente und Erinnerungen 1938–1945 (Materialien zur Arbeiterbewegung 3), Wien 1976.

Toth, Wilhelm, Alfred Ströer. Eine Biographie. Vom Volksgerichtshof in die Gewerkschaftsspitze, Wien 2003.

Tozzer, Kurt / Tozzer, Max, Das Netz der Schattenmänner, Geheimdienste in Österreich, Wien 2004.

Tschadek, Otto, Justizreformpläne, in: Die Zukunft 2 (1950) S. 37–39.

Tschadek, Otto, Die Familienrechtsreform, in: Die Zukunft 12 (1951) S. 325–327.

Tschadek, Otto, Die Rechtsstellung des unehelichen Kindes, in: Die Zukunft 1 (1952) S. 4–6.

Tschadek, Otto, Familienpolitik und Familienrecht, in: Die Zukunft 11 (1959) S. 298–300.

Tschadek, Otto, Erlebtes und Erkanntes, Wiener Neustadt 1962.

Tschadek, Otto, Die heißen Eisen des Strafgesetzentwurfes, in: Der modernen Gesellschaft ein modernes Strafrecht!, Wien/Frankfurt/Zürich 1968, S. 59–63.

Tweraser, Kurt, US-Militärregierung Oberösterreich, Bd. 1: Sicherheitspolitische Aspekte der amerikanischen Besatzung in Oberösterreich-Süd 1945–1950, Linz 1995.

Ucakar, Karl, Demokratie und Wahlrecht in Österreich. Zur Entwicklung von politischer Partizipation und staatlicher Legitimationspolitik, Wien 1985.

Ucakar, Karl, Österreichs Geschichte, in: Wehling, Hans Georg (Red.), Österreich, Stuttgart 1988, S. 54–75.

Uhl, Heidemarie, Das »erste Opfer«. Der österreichische Opfermythos und seine Transformationen in der Zweiten Republik, in: Österreichische Zeitschrift für Politikwissenschaft 1 (2001) S. 93–108.

Uhl, Heidemarie, Gesellschaft – Gedächtnis – Kultur. Zu den Transformationen der österreichischen Zeitgeschichtsforschung, in: Franz, Margit / Halbrainer, Heimo / Lamprecht, Gerald / Schmidlechner, Karin M. / Staudinger, Eduard G. / Stromberger, Monika / Strutz, Andrea / Suppanz, Werner / Zettlbauer, Heidrun, Mapping Contemporary History. Zeitgeschichten im Diskurs. Festschrift zum 60. Geburtstag von Helmut Konrad, Wien 2008, S. 27–49.

Ulram, Peter, Thematischer Wandel im österreichischen Parteiensystem, in: Pelinka,

Anton / Plasser, Fritz (Hg.), Das österreichische Parteiensystem, Wien 1988, S. 209 – 232.

Venus, Theodor, Zerbrochene Medienträume. »Express«, »Kronen-Zeitung« und »Arbeiter-Zeitung«, in: Bruno Kreisky. 1911-1970-1983-1990. Seine Zeit und mehr. Wissenschaftliche Begleitpublikation zur 240. Sonderausstellung des Historischen Museums der Stadt Wien, 18. September bis 15. November 1998, Wien 1998, S. 127 – 147.

Veselsky, Ernst Eugen, Die 1400 Experten der SPÖ, in: Khol, Andreas / Stirnemann, Alfred (Hg.), Österreichisches Jahrbuch für Politik 1981, Wien 1982, S. 181 – 189.

Vodopivec, Alexander, Wer regiert in Österreich? Ein politisches Panorama, Wien 1960.

Vodopivec, Alexander, Die Balkanisierung Österreichs. Die große Koalition und ihr Ende, Wien/München 1966.

Vogel, Hans-Jochen, Christian Broda, in: Neider, Michael (Hg.), Christian Broda – Zum 70. Geburtstag, Wien 1986, S. 145 – 147.

Vogel, Hans-Jochen, Nachsichten. Meine Bonner und Berliner Jahre, München/Zürich 1996.

Von Amerongen, Martin, Kreisky und seine unbewältigte Vergangenheit, Graz/Wien/Köln 1977.

Von der Lühe, Irmelda / Runge, Anita (Hg.), Biographisches Erzählen (Querelles. Jahrbuch für Frauenforschung 6), Stuttgart/Weimar 2001.

Von Mayenburg, David, Mitteleuropäische Strafrechtsvereinheitlichung – Internationale Zusammenarbeit versus Großraumkonzeption (1914 – 1933), in: Duss, Vanessa / Lindner, Nikolaus / Kastl, Kartin / Börner, Christina / Hirt, Fabienne / Züsli, Felix (Hg.), Rechtstransfer in der Geschichte, München 2006, S. 135 – 160.

Vranitzky, Franz, Politische Erinnerungen, Wien 2004.

Walter, Robert (Hg.), Hans Kelsen: Leben – Werk – Wirksamkeit, Wien 2009.

Wassermann, Rudolf, Einführung, in: Broda, Christian, Rechtspolitik – Rechtsreform. Ein Vierteljahrhundert Arbeit für Demokratie und Recht, Wien/München/Zürich 1986, S. 1 – 7.

Weber, Fritz, Der Kampf für eine austromarxistische Partei – Die ersten Nachkriegsjahre, in: Weber, Fritz u. a., SPÖ – Was sonst? Die Linke in der SPÖ – Geschichte und Bilanz, Wien 1983, S. 11 – 28.

Weber, Fritz, Der Kalte Krieg in der SPÖ. Koalitionswächter, Pragmatiker und Revolutionäre Sozialisten 1945 – 1950, Wien 1986.

Weber, Fritz, Die Angst der Parteiführung vorm Klassenkampf. Die SPÖ 1945 – 1950, in: Pelinka, Peter / Steger, Gerhard (Hg.), Auf dem Weg zur Staatspartei. Zu Geschichte und Politik der SPÖ seit 1945, Wien 1988, S. 11 – 21.

Weber, Fritz, Rechtsvorrang. Wie die Linken 1945 in die Sackgasse gerieten, in: Maimann, Helene (Hg.), Die ersten 100 Jahre. Österreichische Sozialdemokratie 1888 – 1988, Wien/München 1988, S. 241 – 246.

Weber, Fritz / Venus, Theodor (Hg.), Austro-Keynesianismus in Theorie und Praxis, Wien 1993.

Weber, Fritz, Zusammenbruch, Inflation und Hyperinflation. Zur politischen Ökonomie und Geldentwertung in Österreich 1918 – 1922, in: Konrad, Helmut / Maderthaner, Wolfgang (Hg.), … der Rest ist Österreich, Bd. 2, Wien 2008, S. 7 – 32.

Weinert, Willi, Der Anwalt an der Seite des Proletariats. Ein Name bekommt ein Gesicht, in: Mitteilungen der Alfred Klahr Gesellschaft 1 (2007) S. 5 – 9.

Weinzierl, Erika, Demokratiereformdiskussion in Österreich, in: Zeitgeschichte 3 (1974) S. 76 – 81.

Weinzierl, Erika, Emanzipation? Österreichische Frauen im 20. Jahrhundert, Wien/ München 1975.

Weinzierl, Erika: Zum Anteil der Frauen an der Reform des österreichischen Familienrechts, in: Weinzierl, Erika / Stadler, Karl R. (Hg.), Geschichte der Familienrechtsgesetzgebung in Österreich. Beiträge des Symposion »Justiz und Zeitgeschichte« 1977, Wien 1978, S. 217 – 243.

Weinzierl, Erika, Justizreformvorschläge in österreichischen Parteiprogrammen, in: Neider, Michael (Hg.), Christian Broda – Zum 70. Geburtstag, Wien 1986, S. 156 – 164.

Weinzierl, Erika / Rathkolb, Oliver / Ardelt, Rudolf G. (Hg.), Justiz und Zeitgeschichte, Symposionsbeiträge 1976 – 1993, 2 Bde., Wien 1995.

Welan, Manfried, Demokratische Demokratiereform, in: Der Staatsbürger 19 (1969) S. 1 – 2.

West, Franz, Die Linke im Ständestaat Österreich. Revolutionäre Sozialisten und Kommunisten 1934 – 1938, Wien 1978.

Wiesenthal, Simon, Recht, nicht Rache. Erinnerungen, Frankfurt am Main/Berlin 1989.

Wiltschegg, Walter, Die Heimwehr. Eine unwiderstehliche Volksbewegung?, Wien 1985.

Winkler, Günther, Fußtritte für den Rechtsstaat, in: Forum 7/8 (1963) S. 343 – 347.

Wirth, Maria, Demokratiereform – Diskussion und Reformen in der Zeit der Alleinregierungen Klaus und Kreisky 1966 – 1983, Dipl.-Arb., Wien 1997.

Wirth, Maria, Personelle (Dis-)kontinuitäten im Bereich der Österreichischen Bundesforste / Reichsforstverwaltung 1938-1945-1955, in: Rathkolb, Oliver / Wirth, Maria / Wladika, Michael, Die »Reichsforste« in Österreich 1938 – 1945. Arisierung, Restitution, Zwangsarbeit und Entnazifizierung, Wien/Köln/Weimar 2010, S. 15 – 128.

Wirth, Maria, Oscar Bronner: »Die Richter sind unter uns« – Zur NS-Richterdiskussion im FORVM 1965, in: Pirker, Peter / Wenninger, Florian (Hg.), Wehrmachtsjustiz. Kontext – Praxis – Nachwirkungen (im Erscheinen).

Wisinger, Marion, Über den Umgang der österreichischen Justiz mit nationalsozialistischen Gewaltverbrechern, Univ.-Diss., Wien 1991.

Wisinger, Marion, Verfahren eingestellt. Der Umgang der österreichischen Justiz mit NS-Gewalttätern in den 1960er und 1970er Jahren, in: Schuster, Walter / Weber, Wolfgang (Hg.), Entnazifizierung im regionalen Vergleich, Linz 2004, S. 637 – 650.

Wolfgruber, Gudrun, Schilder, Elisabeth, in: Keintzel, Brigitta / Korotin, Ilse (Hg.), Wissenschafterinnen in und aus Österreich. Leben – Werk – Wirken, Wien/Köln/Weimar 2002, S. 646 – 649.

Worm, Alfred, Der Skandal: Story, Analyse, Dokumente. Europas größter Krankenhausbau, Wien 1981.

Wysocki, Josef, Hannes Androsch, in: Dachs, Herbert / Gerlich, Peter / Müller, Wolfgang C. (Hg.), Die Politiker. Karrieren und Wirken bedeutender Repräsentanten der Zweiten Republik, Wien 1995, S. 41 – 47.

Zentralbibliothek für Physik (Hg.), Engelbert Broda (1910 – 1983). Wissenschaft und Gesellschaft, Wien 1993.

Zentralsekretariat der Sozialistischen Partei Österreichs (Hg.), Programm für Österreich. Unterlagen zur Ausarbeitung der Endfassung des »Programms für Österreich«, zusammengestellt aus den Anträgen und Diskussionsbeiträgen zum Vorentwurf für ein »Programm für Österreich«, Wien 1965.

Zerbs, Hans, Marxist auf Samtpfoten, in: Wochenpresse 51 (1963) S. 1 – 2.

Abkürzungen

ABGB	Allgemeines Bürgerliches Gesetzbuch
AChB	Archiv Christian Broda
AdR	Archiv der Republik
AKH	Allgemeines Krankenhaus (Wien)
AI	oder ai, Amnesty International
Anm.	Anmerkung
ARBÖ	Auto-, Motor- und Radfahrerbund Österreichs
ASKÖ	Arbeitsgemeinschaft für Sport und Körperkultur
Art.	Artikel
ASVG	Allgemeines Sozialversicherungsgesetz
Aufl.	Auflage
Ausg.	Ausgabe
AVA	Allgemeines Verwaltungsarchiv
AZ	Arbeiter-Zeitung
BA	Bundesarchiv
BAWAG	Bank für Arbeit und Wirtschaft AG
Bd.	Band
Bde.	Bände
BDC	Berlin Document Center
BGBl.	Bundesgesetzblatt
Blg.	Beilagen
BKA	Bundeskanzleramt
BM	Bundesminister
BMJ	Bundesministerium für Justiz
BMU	Bundesministerium für Unterricht
BSA	Bund Sozialistischer Akademiker
B-VG	Bundes-Verfassungsgesetz
CA	Creditanstalt
C.E.D.R.I.	Comité Européen pour la Défense des Réfugiés et Immigrés
Ch	Christlichsoziale
CIA	Central Intelligence Agency
CIC	Central Investigation Command

CDU/CSU	Christlich Demokratischen Union Deutschlands / Christlich Soziale Union
CV	Cartellverband
Ders.	Derselbe
Dies.	Dieselbe
DÖW	Dokumentationsarchiv des Österreichischen Widerstandes
DWM	Deutsche Wehrmacht
EheG	Ehegesetz
EheRÄG	Eherechtsänderungsgesetz
EMRK	Europäische Menschenrechtskonvention
Fasz.	Faszikel
FDP	Freie Demokratische Partei
FN	Fußnote
F.Ö.	Freies Österreich
FPÖ	Freiheitliche Partei Österreichs
FU	Familienunterhalt
GA	»Gauakt«
Ges.m.b.H.	Gesellschaft mit beschränkter Haftung
Gestapo	Geheime Staatspolizei
GP	Generalprokuratur
GP	Gesetzgebungsperiode
GPU	oder OGPU, Gossudarstwennoje Polititscheskoje Uprawlenije, Staatliche politische Verwaltung
GZ	Geschäftszahl
Hg.	HerausgeberIn
HR	Hofrat
IMAS	Institut für Markt- Sozialanalysen
k. und k.	kaiserlich und königlich
KELAG	Kärntner Elektrizitäts AG
KJV	Kommunistischer Jugendverband
KJVOe	Kommunistischer Jugendverband Österreichs
KP	Kommunistische Partei
KPÖ	Kommunistische Partei Österreichs
Ktn.	Karton
KZ	Konzentrationslager
LG	Landesgericht
LGStrS	Landesgericht für Strafrechtssachen
LGZRS	Landesgericht für Zivilrechtssachen
MA	Magistratsabteilung
MG-Detachments	Military Government-Detachments
MR	Ministerialrat
Nr.	Nummer
NS	Nationalsozialismus, nationalsozialistisch
NSDAP	Nationalsozialistische Deutsche Arbeiterpartei
NSKK	Nationalsozialistisches Kraftfahrkorps
NSFK	Nationalsozialistisches Fliegerkorps

o. A.	ohne Autor
o. J.	ohne Jahr
OGH	Oberster Gerichtshof
ORF	Österreichischer Rundfunk
OSS	Office of Strategic Services
ÖGB	Österreichischer Gewerkschaftsbund
ÖMV	Österreichische Mineralölverwaltung
ÖNB	Österreichische Nationalbibliothek
ÖAAB	Österreichischer Arbeiter- und Angestelltenbund
ÖStA	Österreichisches Staatsarchiv
ÖVA	Österreichisches Volkshochschularchiv
ÖVDJ	Österreichische Vereinigung Demokratischer Juristen
ÖVP	Österreichische Volkspartei
POEN	Provisorisches Österreichisches Nationalkomitee (der Widerstands-bewegung)
POUM	Partido Obrero de Unificación Marxista, Arbeiterpartei der Marxis-tischen Einheit
RGBl.	Reichsgesetzblatt
RM	Reichsmark
RS	Revolutionäre Sozialisten
RSJ	Revolutionäre Sozialistische Jugend
RSHA	Reichssicherheitshauptamt
RStG	Reichsstrafgesetzbuch
SA	Sturmabteilung
SAJ	Sozialistische Arbeiterjugend
SD	Sicherheitsdienst
SdAP	Sozialdemokratische Arbeiterpartei Österreichs
Sign.	Signatur
SJ	Sozialistische Jugend
SOWIDOK	Sozialwissenschaftliche Dokumentation
SP	Sozialdemokratische Partei
SPÖ	Sozialistische Partei Österreichs[2015]
StBKA	Stiftung Bruno Kreisky Archiv
StA	Staatsanwaltschaft
STG	Strafgesetz
StGB	Strafgesetzbuch
StGBl.	Staatsgesetzblatt
StL	Strafsachenliste
StPNR	Stenographisches Protokoll des Nationalrats
SS	Schutzstaffel
USIA	Uprawlenje Sowjetskim Imuschestwom w Awstrij, Verwaltung des sowjetischen Eigentums in Österreich
VdU	Verband der Unabhängigen

2015 Seit 1991 Sozialdemokratische Partei Österreichs.

VfGH	Verfassungsgerichtshof
Vgl.	Vergleiche
VGA	Verein für Geschichte der Arbeiterbewegung
VÖZ	Verband Österreichischer Zeitungen
VSM	Verband Sozialistischer Mittelschüler
VSStÖ	Verband Sozialistischer Studenten Österreichs
VwGH	Verwaltungsgerichtshof
WASt	Wehrmachtsauskunftsstelle
WS	Wintersemester
WStLA	Wiener Stadt- und Landesarchiv
ZK	Zentralkomitee

Bildnachweis

Personenregister

Ableitinger, Alfred   351
Ableitinger, Johann 88, 376, 378 – 380,
   382 f., 390, 402, 449
Adamovic, Ludwig   524
Adler, Jenny   44
Adler, Max   64, 462, 478
Afritsch, Anton   165
Afritsch, Josef   97, 152, 154, 163, 165 f.,
   193, 205, 265, 309
Alberti, Albrecht   97, 113 f., 381, 391
Alfonsin, Raoul   522
Almassy, Susanne   149
Altmann, Karl   84, 135
Andersen, Hans-Christian   37
Andics, Hellmut   250 f., 255
Androsch, Brigitte 505
Androsch, Hannes   17, 348, 369, 378, 385,
   387 f., 396, 398, 404, 467, 487, 489, 491 –
   505, 507, 509 – 511, 513, 529, 533, 535
Atatürk, Kemal   413
Auspitz, Abraham   39, 44
Auspitz, Therese   39
Austerlitz, Friedrich   214, 489

Bacher, Gerd   176, 178 – 182
Badinter, Robert   522 f.
Balzac, Honoré de   107 f.
Bandion-Ortner, Claudia   536
Barnes, Julian   22
Bauer, Franz   498
Bauer, Helene   39 f., 44
Bauer, Ingrid   236

Bauer, Otto   44, 50 f., 140, 144, 155, 183,
   187
Baumgartner, Oktavian   89, 119, 128
Beauvoir, Simone de   422
Beccaria, Cesare   521
Behrmann, Hans   176
Benya, Anton   270, 272, 314, 324, 327, 335,
   341, 343, 348, 388, 396, 467, 491 – 493,
   500 f., 503 f., 513, 531
Benya, Friedrich   270
Berger, Dr. 77
Berger, Maria   535 – 537
Berger, Senta 394
Bernaschek, Ludwig   123, 125, 141
Best, Werner   26
Bettelheim, Kurt   96
Bismarck, Otto von   93 – 95
Blaschofsky, Andreas   129 f., 382
Blau, Paul   155, 401
Blecha, Karl   405, 445, 465, 467, 476, 489,
   503, 527
Blöchl, Johann   126
Blum, Franz   38, 123
Bögl, Hans   273 f.
Böhler, Ingrid   401
Böhm, Johann   263 f.
Borodajkewycz, Taras   204, 275, 303
Bourdieu, Pierre   31, 35
Brandstaller, Trautl   467
Branting, Hjalmar   40
Broda, Emmi   40, 43
Broda, Engelbert   37, 39 f., 42, 44 – 46,

Zur Autorin

Dr. Maria Wirth

Geboren 1974 in Dornbirn/Vorarlberg. Studium der Geschichte und einer Fächerkombination (Politikwissenschaft und Soziologie) an der Universität Wien, Diplomarbeit zum Thema »Demokratiereform – Diskussion und Reformen in der Zeit der Alleinregierungen Klaus und Kreisky 1966–1983«. Seit 1998 als Historikerin tätig. Wissenschaftliche Mitarbeit und Archivbetreuung in der Stiftung Bruno Kreisky Archiv (1998–2005), Provenienzforschung für die Wiener Stadt- und Landesbibliothek (1999–2000), Historikerin und Webredakteurin im Demokratiezentrum Wien (2000–01/2011), derzeit Projektmitarbeiterin am Institut für Zeitgeschichte der Universität Wien. Mitarbeit an einer Studie für die Historikerkommission der Republik Österreich, einer Studie des Instituts für Zeitgeschichte der Universität Wien zum Umgang der SPÖ mit der NS-Vergangenheit sowie einer Studie über die Reichsforstverwaltung in der NS-Zeit im Auftrag der Österreichischen Bundesforste, Prüfung der Bibliotheksbestände in den österreichischen Justizanstalten im Auftrag der Vollzugsdirektion. Autorin des Österreichischen Biographischen Lexikons. Forschungsschwerpunkte: Österreichische Zeitgeschichte, Demokratie- und Rechtspolitik, Umgang mit der NS-Vergangenheit, Biographieforschung.

Weitere Bände dieser Reihe:

Band 1
Friedrich Stadler / Oliver Rathkolb (Hg.)
Das Jahr 1968 – Ereignis, Symbol, Chiffre
2010. 294 Seiten, gebunden
€ 43,90 D / € 45,20 A / SFr 62,50
ISBN 978-3-89971-666-5

Der Bogen dieser »Zeitreise« spannt sich
von 1968 als transnationalem Phänomen
bis hin zu einem Österreich-Fokus im internationalen Kontext.

Band 2
Elisabeth Röhrlich
Kreiskys Außenpolitik
Zwischen österreichischer Identität und internationalem Programm
2009. 437 Seiten mit zahlreichen Abbildungen,
gebunden
€ 57,90 D / € 59,60 A / SFr 94,00
ISBN 978-3-89971-553-8

Kreiskys internationales Programm als
österreichischer Identitätsstifter.

Band 3
Thomas Riegler
**Im Fadenkreuz: Österreich und der Nahost-
terrorismus 1973 bis 1985**
2010. 520 Seiten, gebunden
€ 61,90 D / € 63,70 A / SFr 87,90
ISBN 978-3-89971-672-6

Ein vergessenes Kapitel österreichischer
Zeitgeschichte neu erschlossen und zur
Diskussion gestellt.

VR unipress

www.vr-unipress.de | Email: info@vr-unipress.de | Tel.: +49 (0)551/50 84-301 | Fax: +49 (0)551/50 84-333